Eugen Drewermann
Das Matthäusevangelium

Eugen Drewermann

Das Matthäusevangelium

Erster Teil: Mt 1,1–7,29

Bilder der Erfüllung

WALTER-VERLAG
OLTEN UND FREIBURG IM BREISGAU

2. Auflage 1992

Umschlag, Lithos und Satz:
Jung Satzcentrum GmbH, Lahnau
Druck: Nord-West-Druck, Trimbach
Einband: Walter-Verlag, Heitersheim
Printed in Switzerland

ISBN 3-530-16891-2

Inhalt

I.
Schwerpunkte und Leitlinien oder: Von der fünffachen Notwendigkeit tiefenpsychologischer Schriftauslegung

Wie kann man den Menschen erlösen von der Daseinsverkrümmung der Angst, von der verzweifelten Flucht vor sich selbst, von dem Unvermögen, zu sein und zu tun, was er im Innersten selbst als seine Berufung und Wahrheit erkennt? Das *Markus*evangelium antwortete auf Fragen dieser Art mit der Überlieferung von Worten und mit der Darstellung von Taten des Jesus von Nazareth; es schilderte die Kraft eines Vertrauens, das dieser erstaunliche Mann durch jenes verborgene Geheimnis gewann, das er seinen «Vater» nannte und das ihn befähigte, Menschen, die sich ihr Leben lang in den Winkelecken des Daseins hatten verkriechen müssen, von den Fesseln der Angst zu befreien und sich innerlich aufzurichten: Gelähmte, Taubstumme, Blinde, Aussätzige... Wenn ein Mensch aufhört, die Menschen zu fürchten, und zu dem Bild zurückfindet, zu dem Gott ihn geschaffen hat, wenn er seine Würde zurückerhält und seinen eigenen Wert zu begreifen beginnt, wird selbst die Nähe des Todes seine Öffnung ins Licht nicht mehr verhindern können – das war die Überzeugung Jesu, das war die Wunder wirkende, überzeugende Kraft, die von ihm ausging. Wohl beschreibt Markus, wieviel an Angst, Haß und Gewalt freigesetzt wird, sobald jemand die Stimme der «Abergeister» in unserem Leben zurückdrängt; aber er beschreibt auch, daß die Angst kein wirklicher Einwand ist gegen die Wahrheit. Man mag Menschen töten können; doch lebendig ist nur die Liebe, und all die Worte des Jesus von Nazareth erweisen sich am Ende, wenn alles vorüber scheint, als Anfang, als Leben: «Nach Galiläa geht er euch voraus.» Mit diesen Worten des Engels zu den Frauen am Grab endet das *Markus*evangelium (Mk 16,7). «Wir werden ihn wiedersehen», will Markus sagen, wenn wir uns dorthin zurückbegeben, wo zum erstenmal seine Stimme uns rief: «Erfüllt ist die Zeit, nahe das Königtum Gottes» (Mk 1,15).[1]

Doch ist damit wirklich alles gesagt? Matthäus, wie wir den Verfasser des «Ersten Evangeliums» nennen[2], hat den Markus-Text vollständig vorliegen, und doch steht er vor einer Reihe neuer Fragen und alter Probleme, auf die ihm das früheste uns erhaltene Evangelium keine rechte Antwort zu geben scheint. Er besitzt zudem (wie auch der Evangelist Lukas) eine Sammlung unverbundener Aussprüche und vereinzelter Taten Jesu (die sogenannte Q = *qol* = Rede-Quelle)[3], aber auch sie enthält keine theologische Konzeption, keine plausible Antwort auf das Problem, das jetzt, im letzten Drittel des ersten Jahrhunderts nach Christus, immer bedrängender wird: Wie läßt sich der befreiende und heilende Aufbruch, den die Person und die Botschaft Jesu in diese Welt der Not und der Entfremdung gebracht hat, vom Erleben einzelner her, die zum «Glauben» gefunden haben, sozial an eine größere Gruppe von Menschen weitergeben; wie kann man das absolut Ungewöhnliche: die Person und die Botschaft des Jesus von Nazareth, auf Dauer stellen – als Vorbild vieler, als Urbild aller, als Grundlage des Zusammenlebens einer größtmöglichen Zahl von Menschen?

Die Frage scheint zunächst unbeantwortbar. Niemals wird die Ausnahme des Genies der Standpunkt der Menge sein, nie die Einsamkeit des Visionärs die Wirklichkeit der Masse; die größte Einsamkeit aber, die leidenschaftlichste Ausnahme durchlebt und durchleidet das Genie des Religiösen. Exegetisch mag es eine Preisfrage bleiben, wie lange eigentlich das öffentliche Wirken des Jesus von Nazareth gewährt haben wird: dreiviertel Jahr, zwei bis drei Jahre? Länger hat sich noch niemals ein Mensch das Leben Jesu inmitten der Menschen seiner Zeit vorstellen können.

Da explodiert in einer ungeheuren Dichte an Zeit und Energie eine Supernova; in einem Sturm von Licht und radioaktiver Strahlung entlädt sie sich der Übergröße ihrer Masse und schleudert in einem verschwindenden Augenblick ihre schweren Elemente in das dunkle Meer des Alls; Äonen an Zeit und Lichtjahre an Entfernung braucht es, bis aus diesem Schauer sich entladender, einander überlagernder Wellen von Materie und Energie neue Welten in den Weiten des Kosmos kondensieren, neue Sonnen zu glühen beginnen und der Reigen neuer Planeten von vorn anhebt[4], auf einem Millionenstel unter den Sternen vielleicht günstig sogar für neues Leben, für fühlende, denkende Wesen ... In die kosmische Nähe eines solchen Ausbruchs an Kraft zu geraten birgt tödliche Gefahren; es ist beim Ausbruch einer solchen verglühenden Sonne allein der Abstand, zeitlich wie räumlich, der rettet. Wie aber, das ist die Frage aller «Bürger» im Gegenüber des Mannes aus Nazareth, «rettet» man sich vor der Übernähe dieses «Retters» aus Israel (Mt 1,21.25)? Seine Zeitgenossen haben ihn getötet, um sich vor ihm zu schützen. Nur ein paar wenige, die bereits schutzlos genug waren, erlebten ihn als einen glücklichen Umsturz, als den Beginn «wirklichen Lebens», als die lang ersehnte Befreiung aus Krankheit und Wahnsinn – so schilderte es bereits Markus; und sie gehen jetzt, rund 50 Jahre danach, in der Darstellung des Matthäus in eine immer noch feindliche Welt hinaus, gleich «Schafen mitten unter Wölfen» (Mt 10,16 ff.), um bis an die Grenzen der Erde (Mt 28,16–20) die Botschaft und den Beistand ihres Herrn zu verkünden.

Beim Ausbruch eines «Überriesen» im Weltall bleibt etwa 100 Jahre später, während die Explosionswolke des Sternenmaterials nach allen Seiten in das Weltall rast, ein rasch rotierender Neutronenstern zurück, der regelmäßige Radioimpulse aussendet.[5] Es mag sein, daß die Jünger Jesu sich selbst als eine solche «Wolke von Zeugen» (Hebr 12,1) verstanden, die von dem «Explosionszentrum» des Auftretens Jesu hinausgetrieben wurde in die Weiten der Welt; doch die Person ihres Meisters selbst war für sie absolut nicht ein totes Gebilde, das nur noch um die eigene Achse sich dreht; sie blieb und sollte für sie bleiben: ihr ewiger Beistand (Mt 28,20), ihr Ziel und ihre Zukunft (Mt 26,64), ihr Richter und ihr Richtmaß (Mt 25,31–46), ihr unsichtbarer Mittelpunkt (Mt 18,20), ihr Vorbild (Mt 11,28–30) und ihr Grund (Mt 14,22–33). Wie also schildert man eine Explosion, die immer weitergeht, eine Entladung von Kraft, die niemals Anfang, sondern ständige Gegenwart ist, wie beschreibt man etwas historisch Vergangenes so, daß es in die Gegenwart spricht und alle denkbare Zukunft gestaltet?

Keine geringere Aufgabe als diese stellt sich das Matthäusevangelium – eine Quadratur des Kreises, möchte es scheinen, eher aber der Versuch, auf einer Welle zu reiten in dem Vertrauen, daß sie nicht eher abrollt, als bis sie sich gischtend am Strand bricht.

Von den Photonen weiß man, daß für sie die Zeit stillsteht; weitaus die meisten von ihnen kommen aus der Hintergrundstrahlung des Alls, sie wurden ausgesandt bei der Entstehung der Welt, sie sind die gegenwärtigen Zeugen jenes ungeheueren Lichtblitzes, mit dem vor 12 Milliarden Jahren der Kosmos gebildet wurde; aber es gibt für die Lichtteilchen keine Zeit[6]; zwischen dem Anfang der Schöpfung und der Welt heute liegt für sie kein Abstand – nicht eine einzige Nanosekunde. Alles ringsum hat sich geändert, sie aber sind nicht gealtert und ewig neu wie am Schöpfungsmorgen. Solche «Lichtteilchen», die in das Dunkel dringen, unverändert an sich selbst, doch alles ringsum erhellend, sollten für Matthäus die Worte und die Taten Jesu sein. Wie aber lebt man als «Licht der Welt» (Mt 5,14–16), als «Stadt auf dem Berge» (Mt 5,14), als «Salz der Welt» (Mt 5,13)? Das ist die alles entscheidende Frage des Evangelisten Matthäus; in gewissem Sinne stellte sie sich auch bereits im Markusevangelium, doch keinesfalls in dieser Dringlichkeit und Zuspitzung.

Es sind mindestens fünf Probleme oder Konflikte, die Matthäus bei seinem Unternehmen lösen oder beantworten muß. Er findet sie zum Teil bereits in seinen Quellen vor, unausgesprochen in der Redesammlung Q, mehr oder weniger deutlich bei Markus; doch diese Fragen können jetzt nicht länger mehr unerledigt stehenbleiben.

Da ist einmal das Verhältnis zwischen Jesus und seiner Kirche, zwischen dem Glaubenden und den Gläubigen, zwischen dem Verkündiger und dem Verkündigten; wir wollen es nennen den Unterschied von Asche und Glut, von Kirche und Christus, von Gestaltung und Gestalt, von Organisation und Person.

Zum zweiten: In der Stimmung des Aufbruchs am Anfang lebte eine innere Erfahrung, eine unmittelbare Evidenz, eine mitreißende Freiheit, die keiner Absicherungen, Verordnungen und Reglementierungen bedurfte; was aber ist, wenn die Hitzegrade des Anfangs auskühlen und die Energie des Aufbruchs sich «materialisiert», um als «gefrorene», als «träge» Masse zurückzubleiben? Wie erhält man den Strom einer verglühenden Energie in lebenden, lebendigen Strukturen? Wir wollen diesen Punkt bezeichnen als den Konflikt von Gesetz und Evangelium beziehungsweise als den Gegensatz von Zwang und Freiheit.

Zum dritten: Die Frage stellt sich, wie die Person Jesu, die historisch an Ort und Zeit gebunden war, sich «in aller Welt» (Mt 28,19–20) und zu aller Zeit mitteilen läßt. Es ist – noch einmal – wie in der Teilchenphysik: Entweder man interessiert sich für die genaue Festlegung eines Ereignisses in Ort und Zeit, dann wird dem Betrachter der Impuls des Teilchens vollkommen aus den Augen geraten, oder man interessiert sich ganz und gar für die Wirkung, die von dem Ereignis ausgeht, dann wird es alternativisch unmöglich, den Ort des jeweiligen Teilchens festzulegen.[7] Eines von beiden; man muß als Beobachter wählen, was von Interesse sein soll. Das Interesse des Evangelisten Matthäus ist eindeutig der «Impuls», nicht der «Ort» der Person und der Botschaft Jesu; nicht was war, sondern was ist, bildet den «Gegenstand» seiner Darstellung, nicht auf der Vergangenheit, sondern auf den Dimensionen von Gegenwart und Zukunft ruht sein Interesse. Daher kann er nicht anders, als die Geschichte des Jesus von Nazareth als ein immerwährendes Geschehen zu schildern, das uns erreicht, indem sich die Historie wandelt in den Mythos[8]. Auch darin folgt Matthäus gewissen Ansätzen, die schon bei Markus vorliegen, doch erweitert er, ähnlich wie der Evangelist Lukas, ganz entscheidend das Bild und den Rahmen.

Daraus folgt notwendig ein viertes, das ebenfalls bei Markus auftaucht, doch nicht in dieser Konsequenz dargestellt wird: das Problem des Antijudaismus. Indem für Matthäus der Ausgangspunkt sich gewissermaßen auflöst in die reine Bewegung, wird von dieser Verformung auch die Darstellung des Anfangs selbst betroffen. Der «Anfang» – das ist das Judentum zur Zeit Jesu; Matthäus wird nicht die geringsten Skrupel haben, alle Konflikte zwischen der Kirche seiner Zeit und der Synagoge in das Leben Jesu zurückzuprojizieren und die Mentalität der Pharisäer in ihrem Bemühen, die Botschaft der Bibel nach dem Untergang Jerusalems zu einem neuen «Tempel» im Herzen der Diaspora umzugestalten, in nahezu rigoroser Weise an der prophetischen Weisung für ein kommendes Israel der Völker zu messen; wir wollen diesen Punkt nennen: von Juden und Heiden oder: das Galiläa der Völker (Mt 4,15).

Und schließlich: die Konzeption der Geschichte! Wenn wirklich die Person und die Botschaft Jesu als die innere Achse der Welt begriffen werden sollen, dann muß alles, was war, und alles, was kommen wird, von daher gedeutet und verstanden werden; eben deswegen erweitert Matthäus das schon bei Markus vorgegebene Schema von Verheißung und Verwirklichung, von Prophezeiung und Erfüllung, von Urbild und Abbild um ein erhebliches. Ließ sich das Markusevangelium überschreiben als «Bilder von Erlösung», so ist das Matthäusevangelium in diesem Punkte wesentlich eine Sammlung von «Bildern der Erfüllung». Wir werden diesen Fragenkomplex bezeichnen als: «Der kommende Menschensohn oder: Weltgeschichte als Heilsgeschichte.»

Nicht zu vergessen ist schließlich, als sechster Punkt, ein Problem, das für uns Heutige existiert: die Sprache des Matthäus! Sie ist, bezeichnend genug, aramäisch auf Griechisch; an dieser Stelle wird zu sprechen sein von den Schwierigkeiten und den Eigenarten einer Übersetzung des Matthäusevangeliums ins Deutsche, um dann den Leser zu bitten, sich anhand des Textes selber ein eigenes Bild zu machen, ehe er sich den nachstehenden Interpretationen im einzelnen zuwendet. Also beginnen wir.

1. Jesus und die Kirche oder: Von Asche und Glut

Jesus sprach:
«Wer mir nahe ist, ist dem Feuer nahe,
und wer mir fern ist, ist fern dem Reich.»
(Thomasevangelium, 82)

Das erste Problem für jeden «Mann der Kirche» ergibt sich aus der Person Jesu selbst: sie läßt sich nicht verallgemeinern! Es ist schwer, ja unmöglich, sich in der Geschichte einen Menschen vorzustellen, der allem «Normalen» so weit entrückt scheint wie die Person des Jesus von Nazareth; gerade diese Gestalt aber will und muß Matthäus einpassen und anpassen dem Alltag der Gläubigen in der Kirche seiner Zeit. Es ist ein schier bizarres Unterfangen, dessen Scheitern immer wieder eklatant ist und das dennoch gewagt sein will, soll die Botschaft Jesu sein, was sie ist: die Rettung des Menschen (Mt 1,21.25).

a) Das Genie und der Bürger oder: Das göttliche Entweder–Oder

Was hier auf dem Spiel steht, hat HERMANN HESSE einmal in dem «Tractat vom Steppenwolf» mit dem warnenden Untertitel «Nur für Verrückte» dargestellt, indem er die Lebensweise der Genies, der Mozarts, der Unsterblichen, der losgelösten Sonderlinge, dem Leben inmitten der «bürgerlichen Kleinwelt» gegenüberstellte und meinte: «Das ‹Bürgerliche› . . ., als ein stets vorhandener Zustand des Menschlichen, ist nichts andres als der Versuch eines Ausgleiches, als das Streben nach einer ausgeglichenen Mitte zwischen den zahllosen Extremen und Gegensatzpaaren menschlichen Verhaltens. Nehmen wir irgendeines dieser Gegensatzpaare als Beispiel, etwa das des Heiligen und des Wüstlings, so wird unser Gleichnis alsbald verständlich werden. Der Mensch hat die Möglichkeit, sich ganz und gar dem Geistigen, dem Annäherungsversuch ans Göttliche, hinzugeben, dem Ideal des Heiligen. Er hat umgekehrt auch die Möglichkeit, sich ganz und gar dem Triebleben, dem Verlangen seiner Sinne hinzugeben und sein ganzes Streben auf den Gewinn von augenblicklicher Lust zu richten. Der eine Weg führt zum Heiligen, zum Märtyrer des Geistes, zur Selbstaufgabe an Gott. Der andre Weg führt zum Wüstling, zum Märtyrer der Triebe, zur Selbstaufgabe an die Verwesung. Zwischen beiden nun versucht in temperierter Mitte der Bürger zu leben. Nie wird er sich aufgeben, sich hingeben, weder dem Rausch noch der Askese, nie wird er Märtyrer sein, nie in seine Vernichtung einwilligen – im Gegenteil, sein Ideal ist nicht Hingabe, sondern Erhaltung des Ichs, sein Streben gilt weder der Heiligkeit noch deren Gegenteil. Unbedingtheit ist ihm unerträglich, er will zwar Gott dienen, aber auch dem Rausche, will zwar tugendhaft sein, es aber auch ein bißchen gut und bequem auf Erden haben. Kurz, er versucht es, in der Mitte zwischen den Extremen sich anzusiedeln, in einer gemäßigten und bekömmlichen Zone ohne heftige Stürme und Gewitter, und dies gelingt ihm auch, jedoch auf Kosten jener Lebens- und Gefühlsintensität, die ein aufs Unbedingte und Extreme gerichtetes Leben verleiht. Intensiv leben kann man nur auf Kosten des Ichs. Der Bürger nun schätzt nichts höher als das Ich (ein nur rudimentär entwickeltes Ich allerdings). Auf Kosten der Intensität also erreicht er Erhaltung und Sicherheit, statt Gottbesessenheit erntet er Gewissensruhe, statt Lust Behagen, statt Freiheit Bequemlichkeit, statt tödlicher Glut eine angenehme Temperatur. Der Bürger ist deshalb seinem Wesen nach ein Geschöpf von schwachem Lebensantrieb, ängstlich, jede Preisgabe seiner selbst fürchtend, leicht zu regieren. Er hat darum an Stelle der Macht die Majorität gesetzt, an Stelle der Gewalt das Gesetz, an Stelle der Verantwortung das Abstimmungsverfahren.»[1]

In diesem Sinne ist der ewige «Bürger» das genaue Gegenbild aller hochgetriebenen Individuation. «Der Mensch ist ja keine feste und dauernde Gestaltung (dies war, trotz entgegengesetzter Ahnungen ihrer Weisen, das Ideal der Antike), er ist vielmehr ein Versuch und Übergang, er ist nichts andres als die schmale, gefährliche Brücke zwischen Natur und Geist. Nach dem Geiste hin, zu Gott hin treibt ihn die innerste Bestimmung – nach der Natur, zur Mutter zurück zieht ihn die innigste Sehnsucht: zwischen beiden Mächten schwankt angstvoll bebend sein Leben. Was die Menschen jeweils unter dem Begriff Mensch verstehen, ist stets nur eine vergängliche bürgerliche Übereinkunft. Gewisse roheste Triebe werden von dieser Konvention abgelehnt und verpönt, ein Stück Bewußtsein, Gesittung und Entbestialisierung wird verlangt, ein klein wenig Geist ist nicht nur erlaubt, sondern wird sogar gefordert. Der Mensch dieser Konvention ist, wie jedes Bürgerideal, ein Kompromiß, ein schüchterner und naivschlauer Versuch, sowohl die böse Urmutter Natur wie den lästigen Urvater Geist um ihre heftigen Forderungen zu prellen und in lauer Mitte zwischen ihnen zu wohnen. Darum erlaubt und duldet der Bürger das, was er Persönlichkeit nennt, liefert die Persönlichkeit aber gleichzeitig jenem Moloch Staat aus und spielt beständig die beiden gegeneinander aus.

Darum verbrennt der Bürger heute den als Ketzer, hängt den als Verbrecher, dem er übermorgen Denkmäler setzt.»[2]

Was aber ergibt sich nun daraus? HERMANN HESSE ersinnt zwischen den Charakteren des Unbedingten und dem «Bürger», zwischen den tragisch Scheiternden und den Daseinsgesicherten einen dritten Typ in der Gestalt der «Steppenwölfe», jener Existenzen eines ständig schlechten Gewissens und eines ständig faulen Kompromisses. Er schreibt: «Daß der ‹Mensch› nicht schon Erschaffenes sei, sondern eine Forderung des Geistes, eine ferne, ebenso ersehnte wie gefürchtete Möglichkeit, und daß der Weg dahin immer nur ein kleines Stückchen weit und unter furchtbaren Qualen und Ekstasen zurückgelegt wird, eben von jenen seltenen Einzelnen, denen heute das Schafott, morgen das Ehrendenkmal bereitet wird – dies Ahnen lebt auch im Steppenwolf. Was er aber im Gegensatz zu seinem Wolf in sich Mensch nennt, das ist zum großen Teil nichts andres als eben jener mediokre Mensch der Bürgerkonvention. Den Weg zum wahren Menschen, den Weg zu den Unsterblichen kann Harry zwar recht wohl ahnen, geht ihn auch hie und da ein winziges, zögerndes Stückchen weit und bezahlt das mit schweren Leiden, mit schmerzlicher Vereinsamung. Aber jene höchste Forderung, jene echte, vom Geist gesuchte Menschwerdung zu bejahen und anzustreben, den einzigen schmalen Weg zur Unsterblichkeit zu gehen, davor scheut er sich doch in tiefster Seele. Er fühlt recht wohl: das führt zu noch größeren Leiden, zur Ächtung, zum letzten Verzicht, vielleicht zum Schafott, – und wenn auch am Ende dieses Weges Unsterblichkeit lockt, so ist er doch nicht gewillt, alle diese Leiden zu leiden, alle diese Tode zu sterben. Obwohl ihm vom Ziel der Menschwerdung mehr bewußt ist als den Bürgern, macht er doch die Augen zu und will nicht wissen, daß das verzweifelte Hängen am Ich, das verzweifelte Nichtsterbenwollen der sicherste Weg zum ewigen Tod ist, während Sterbenkönnen, Hüllenabstreifen, ewige Hingabe des Ichs an die Wandlung zur Unsterblichkeit führt. Wenn er seine Lieblinge unter den Unsterblichen anbetet, etwa Mozart, so sieht er ihn letzten Endes doch immer noch mit Bürgeraugen an und ist geneigt, Mozarts Vollendung recht wie ein Schullehrer bloß aus seiner hohen Spezialistenbegabung zu erklären, statt aus der Größe seiner Hingabe und Leidensbereitschaft, seiner Gleichgültigkeit gegen die Ideale der Bürger und dem Erdulden jener äußersten Vereinsamung, die um den Leidenden, den Menschwerdenden alle Bürgeratmosphäre zu eisigem Weltäther verdünnt, jener Vereinsamung im Garten Gethsemane.»[3]

Es leidet keinen Zweifel, meint HERMANN HESSE, daß insbesondere die «allermeisten Intellektuellen», der größte Teil der «Künstlermenschen», wir dürfen hinzufügen: auch ein großer Teil der «Gottesgelehrten» und «Priester» der Kirche, diesen «Steppenwölfen» zugehören. Sie bekommen es fertig, ihre Wohnungen mit tropischen Edelhölzern auszustatten, während sie gleichzeitig auf einem Kongreß für die Theologie der unterdrückten Völker mit glühenden Worten die solidarische Armut mit den Menschen in der Not anhand des Gleichnisses vom Großen Weltgericht (Mt 25,31–46) erläutern können; hernach aber, kaum daß sie unter dem Beifall der Menge in ihre Limousine gestiegen sind, hassen sie sich selber für diese gelungene Umwandlung der Botschaft Jesu in ein Possenstück der Eitelkeit; doch nutzen sie die Energie ihrer Einsicht niemals zum Sprengen ihrer Fesseln, sondern einzig zum Schleifen der Bissigkeiten ihrer antibürgerlichen Affekte bei der Vorbereitung ihres nächsten Redemanuskriptes. Solchen Charakteren, meint HERMANN HESSE, reicht es «nicht zur Tragik, wohl aber zu einem recht ansehnlichen Mißgeschick und Unstern, in dessen Hölle ihre Talente gar gekocht und fruchtbar werden. Die wenigen, die sich losreißen, finden ins Unbedingte und gehen auf bewundernswerte Weise unter, sie sind die Tragischen, ihre Zahl ist klein.»[4] Was aber bleibt den anderen? HERMANN HESSES erstaunliche Antwort lautet: der Humor. «Die friedlosen Steppenwölfe», schreibt er, «diese beständig und furchtbar Leidenden, denen die zur Tragik, zum Durchbruch in den Sternenraum erforderliche Wucht versagt ist, die sich zum Unbedingten berufen fühlen und doch in ihm nicht zu leben vermögen, ihnen bietet sich, wenn ihr Geist im Leiden stark und elastisch geworden ist, der versöhnliche Ausweg in den Humor. Der Humor bleibt stets irgendwie bürgerlich, obwohl der echte Bürger unfähig ist, ihn zu verstehen. In seiner imaginären Sphäre wird das verzwickte, vielspältige Ideal aller Steppenwölfe verwirklicht: hier ist es möglich, nicht nur gleichzeitig den Heiligen und den Wüstling zu bejahen, die Pole zueinander zu biegen, sondern auch noch den Bürger in die Bejahung einzubeziehen. Es ist ja dem Gottbesessenen sehr wohl möglich, den Verbrecher zu bejahen, und ebenso umgekehrt, ihnen beiden aber, und allen anderen Unbedingten, ist es unmöglich, auch noch jene neutrale laue Mitte, das Bürgerliche, zu bejahen. Einzig der Humor, die herrliche Erfindung der in ihrer Berufung zum Größten Gehemmten, der beinahe Tragischen, der höchstbegabten Unglücklichen, einzig der Humor (vielleicht die eigenste und genialste Leistung des Menschentums) vollbringt dies Unmögliche, überzieht und vereinigt alle Bezirke des Menschenwesens mit den Strahlungen seiner Prismen. In der Welt zu leben, als sei es nicht die Welt, das Gesetz zu achten und doch über ihm zu stehen, zu besitzen, als besäße man nicht, zu verzichten, als sei es kein Verzicht – alle diese beliebten und oft formulierten Forderungen einer hohen Lebensweisheit ist einzig der Humor zu verwirklichen fähig.»[5]

Ist also das Matthäusevangelium, dieser widerstrebende Versuch eines Bindegliedes zwischen dem Unbedingten der Gestalt Jesu und der Bedingtheiten des Bürgerlichen, eine solche humorvoll zu lesende Betrachtung für «Steppenwölfe» des Religiösen? Es gibt Stellen, da möchte es so scheinen. Im 13. Kapitel des Matthäusevangeliums (24–30) zum Beispiel werden wir mit der brennenden Ungeduld der «Knechte» eines «Hausherrn» konfrontiert, in dessen Weizen «ein böser Mensch» Unkraut gesät hat; die Knechte drängen darauf, in die Saaten zu fahren und das Unkraut auszureißen – da verwarnt sie ihr Herr, sie würden mit einem solchen Vorgehen auch das Getreide verwüsten: Ungeduld tötet. Also wird man wohl oder übel bis zum Erntetag warten müssen. Man muß mit dem Bösen leben, man darf es nicht ausrotten, oder man würde den Bestand des Ganzen gefährden! Das riecht so recht nach Bürgerschläue, das braucht und lehrt, wenn man es leben will, unzweifelhaft Humor; das ist freilich, in einem unendlichen Abstand zum Standpunkt des «Bürgers», auch wiederum nur möglich in dem rein irdisch nie begründbaren Vertrauen, daß es trotz allem eine übergreifende Ordnung und Gerechtigkeit zumindest bei Gott, am «Ende», geben wird.

Doch damit allerdings ist auch der «Humor» des Matthäusevangeliums bereits zu Ende. Wie kein anderer warnt absolut unduldsam und unhumorig immer wieder Matthäus vor dem Großen Gericht: Johannes der Täufer hatte damit begonnen (Mt 3,9–12; 13,30), und ebenso unerbittlich wird auch die Botschaft Jesu, wie Matthäus sie schildert, damit fortfahren, die Menschen vor ein ganz und gar unbürgerliches, nicht zu vermittelndes Entweder–Oder zu stellen: Entweder man beschreitet den Weg des Lebens, der durch die enge Pforte führt und nur von «wenigen», das heißt von Einzelnen, Entschiedenen gegangen wird (Mt 7,13–14), oder man verliert sich auf dem breiten Weg der Masse und geht sehenden Auges ins Verderben; ein Mittleres ist ausgeschlossen. Entweder man dient dem Götzen Mammon, oder man läßt alles irdische Eigentum fahren, um wirklich Gott zu dienen (Mt 6,19–21.24). Entweder man lebt angeberisch, um die Gunst der Menge buhlend, vor den Augen aller zum Fenster hinaus und wird dabei immer leerer und leerer, oder man bleibt bei dem, was wirklich stimmt, und tritt in der Stille des Herzens vor den Gott hin, «der im Verborgenen sieht» (Mt 6,3.6.17). Entweder man lebt wirklich, was Jesus wollte, oder man verurteilt sich selbst mitten im Sprechen von Gott oder Christus zu einem eitlen Geschwätz, das weder Grund noch Halt besitzt (Mt 7,21–27)[6]. Nicht den «Frieden» – das «Schwert» zu bringen, ist der Jesus des Matthäus gekommen (Mt 10,34) – nicht die Beruhigung, sondern die Entscheidung, nicht den bürgerlichen Zusammenhalt, sondern das Zerreißen aller natürlichen Bindungen (Mt 10,35). Und über allem, hinter allem wird stehen der Ausblick auf die endgültige Scheidung, auf das «Gericht» des Menschensohnes, wenn «die Handlanger der Gesetzlosigkeit» «in den Feuerofen» geworfen werden (Mt 13,41–42.49–50). Vor der *«Hölle»* zu warnen, wird Matthäus nicht müde; gleich sechsmal (Mt 8,12; 13,42; 13,50; 22,13; 24,51; 25,30) spricht er von der verzweifelten Wut, von dem «Heulen und Zähneknirschen», das die ohnmächtige, weil allzu späte «Reue» der Verworfenen kennzeichnen wird. Offensichtlich will Matthäus mit solchen Schilderungen ein Maximum an Angst erzeugen[7], um die Gemeinde seiner Zeit vor dem Absturz in die Verspießerung, in die Verbürgerlichung oder auch nur in den Zwischenzustand einer humorigen «Steppenwolfexistenz» zu bewahren. Unter den Augen des Absoluten, unter der Perspektive der Ewigkeit gibt es keine Kompromisse. Ja, es kann sein, versichert er im Gleichnis von dem königlichen Hochzeitsmahl (Mt 22,1–14), daß jemand (im Raum der Kirche!) in den «Hochzeitssaal des Königs» eingeladen ist und sich gleichwohl als unwürdig erweist. Selbst die Zugehörigkeit zu der Gemeinde Christi bietet mithin keine Beruhigung; es darf und soll nicht zur bloßen Formalie, zum bloßen Verwaltungsakt degenerieren, ein Christ zu sein; Matthäus hat die größte Angst vor dieser Möglichkeit, und so erzeugt er gegen diese Möglichkeit die größte Angst. Die Botschaft Jesu, die Person des Mannes aus Nazareth duldet keinen bürgerlichen Kompromiß.

b) Der kirchliche Kompromiß oder: Die geregelte Vergebung

Aber die «Kirche» muß Kompromisse mit den Menschen schließen. Das ist Matthäus genauso klar. Und zwischen diesen beiden Einsichten kommt er ersichtlich nicht zurecht, so wenig wie zwischen all den anderen logischen Unverträglichkeiten seiner Aufgabe. Da kann er sich auf der einen Seite gar nicht genug tun, die Würde und Bedeutung derer zu schildern, die an Jesus glauben: «Ihr seid das Licht der Welt» (Mt 5,14–16)! «Geht und macht alle Völker zu Jüngern» (Mt 28,19); auf der anderen Seite aber weiß er natürlich, daß das Unnachahmliche sich nicht nachahmen läßt, daß das Vorbild Jesu einen nie einholbaren Abstand behalten wird, daß selbst das «Wirken» in Christi Namen womöglich mit der Wirklichkeit des Christus durchaus nichts zu tun hat

(Mt 7,22). Mit aller Leidenschaft möchte Matthäus die Gruppe der an Jesus Glaubenden als die eigentliche Elite der Menschheit verstehen, auf welcher alle Hoffnungen und Verheißungen Israels ruhen (Mt 5,14); und doch fürchtet er um das Schalwerden des Salzes (Mt 5,13). Schon eine Generation nach Jesus, nur knapp ein halbes Jahrhundert später – und alles scheint wie ins Wanken geraten.

Es ist bezeichnend, wie Matthäus das Problem der Anpassung des absolut Außergewöhnlichen an das Gewöhnliche, der drohenden Verflachung des Erhabenen zum Durchschnittlichen, der jederzeit möglichen Verformung des Unerhörten zum Trivialen zu begegnen versucht; es ist ein Verfahren, das bis in die Gegenwart hinein vor allem in der katholischen Kirche Gültigkeit erlangt hat und das man bezeichnen könnte als die geregelte Vergebung bzw. als die Maßregelung des Paradoxen. Gemeint damit ist dieses:

Gerade das Matthäusevangelium überliefert aus dem Munde Jesu Gleichnisse, die in der Voraussetzungslosigkeit ihrer Güte schier revolutionär anmuten. In Mt 18,21–35 zum Beispiel, im Gleichnis vom «Schalksknecht», erzählt Matthäus die Geschichte eines Mannes, der bei seinem «König» mit 10 000 Talenten sich in Schulden gewirtschaftet hat; dieser Mann, wenn es gerecht zuginge, wäre verloren, er könnte machen, was er wollte. Schon befiehlt der König, er müsse verkaufen: seine Frau, seine Kinder, sich selbst, im Wissen jedoch, daß selbst eine solche lebenslängliche Sippenhaft nicht einmal die Zinsen der Schulden dieses Mannes würde tilgen können – da wirft der Knecht sich zu Boden und bittet um Erbarmen, und der «König», aus lauter Mitleid, erläßt ihm all seine Schuld. So leben wir, will Jesus sagen, vor den Augen Gottes: Wir wären verloren, legte Gott an uns den Maßstab der Gerechtigkeit an. Er tut es nicht, und daraus existieren wir – aus dem reinen Erbarmen Gottes[8]; Gott gibt, wie Jesus im Gleichnis von den Arbeitern im Weinberg erzählt (Mt 20,1–16), auch dem Letzten noch, was er braucht.[9] Aus der Erfahrung einer solchen Güte ergibt sich für Jesus das Bild eines Gottes, «der seine Sonne aufgehen läßt über Bösen und Guten, und der es regnen läßt über Rechten und Unrechten» (Mt 5,45); und aus dem Bild dieses Gottes ergibt sich für ihn als das Zentrum seiner ganzen Verkündigung vor allem die Forderung einer grenzenlosen Bereitschaft zur Vergebung. Beides hängt für ihn voneinander ab: die Fähigkeit der Menschen, einander zu vergeben, gründet sich einzig in der Evidenz, ohne das Erbarmen Gottes bis in die Wurzeln der Existenz hinein das Recht zum Dasein verwirkt zu haben; doch auch umgekehrt: Gott, meint Jesus, wird die Menschen richten einzig nach ihren eigenen Maßstäben (Mt 7,1–5): Wenn jener Knecht zum Beispiel, dem die maßlose Summe seiner

Schuld ganz und gar gratis erlassen wurde, nun hingeht, um einem seiner Mitknechte für nichtige Beträge an die Gurgel zu gehen, wird sein «König» schließlich genauso unnachsichtig an ihm handeln (Mt 18,32–34). «Und laß uns nach, was wir verschuldet, wie auch wir nachgelassen haben denen, die sich uns verschuldet», mit diesen Worten wird Jesus seine Jünger beten lehren (Mt 6,12), und Matthäus fügt noch hinzu: «Denn wenn ihr den Menschen ihre Verfehlungen nachlaßt, wird euer Vater, der himmlische, auch euch Nachlaß erteilen. Wenn aber ihr den Menschen nicht nachlaßt, wird auch euer Vater nicht nachlassen eure Verfehlungen» (Mt 6,14–15). Alles gründet hier in einem Zusammenhang grundloser Güte und innerer Freiheit; nicht die moralische Tugend, sondern die innere Weite ist, wenn es so steht, der Maßstab; und nicht, was jemand getan hat, sondern wie man den Fehler bei sich selber sucht (Mt 7,1–5) und sich bemüht, dem anderen nachzugehen wie einem verlorenen Schaf (Mt 18,12–14), in der Bereitschaft, ihm notfalls «77mal» zu vergeben (Mt 18,22), ist der Blickwinkel, unter dem Jesus das «Böse» im Menschen besiegen möchte. Er möchte nicht, daß die Macht der Bosheit die Handlungsfreiheit der Güte einengt – «überhaupt nicht reagieren auf das Böse» (Mt 5,39), lautet seine Weisung. Es ist der ganze Inhalt seiner Botschaft, daß das Vertrauen auf Gott die Angst vor den Menschen zu überwinden vermag (Mt 10,26–33).

Das alles überliefert Matthäus selbst; das alles sind ihm heilige Worte und oberste Anliegen; und dennoch steht er vor einer Frage, auf die es in der Botschaft Jesu scheinbar keine Antwort gibt: Was ist, wenn Menschen diesen Spielraum der Güte und des Erbarmens inmitten der Kirche schamlos ausnutzen? Wie geht die Gemeinde der Jünger Jesu mit dem «Bösen» und den «Bösen» um, wenn die Selbstheilungskräfte des Guten zu versagen drohen? Matthäus weiß an dieser Stelle keinen anderen Rat, als mit Berufung auf Jesus ein Verfahren zu ersinnen, das von der ursprünglichen Botschaft Jesu weit entfernt ist: Wenn jemand in der Kirche «sündigt», erklärt Matthäus, so soll ein anderer ihn unter vier Augen «brüderlich» zurechtweisen und, wenn das nicht hilft, entsprechend der Weisung von Dtn 19,15, vor zwei anderen Zeugen ihn zur Rede stellen; wenn der Betreffende auch dann noch nicht hören will, so soll man an die Gemeinde appellieren; die allerdings wird ihn notfalls ausstoßen wie einen «Heiden oder Zöllner», und selbst Gott im Himmel wird sich in diesem Falle an die Entscheidung seiner Gläubigen gebunden fühlen (Mt 18,15–18).[10] Da ist bei allem Suchen nach Verständigung kein Gedanke mehr, daß der andere zum «Sünder» vielleicht nur werden konnte durch fremde Fehlerhaftigkeit; da ist entgegen der Botschaft Jesu der Maßstab ganz eindeutig, der die Guten und die Bösen voneinander trennt; da ist kein Gott mehr, der es gleichermaßen über beide regnen läßt; da wird nicht einmal mehr für möglich gehalten, daß ein wirklich «Unbelehrbarer» unter Umständen für ein Recht kämpft, das die anderen nur (noch) nicht bereit sind zu verstehen oder einzugestehen[11]; und vor allem: wenn es sich denn schon um etwas wirklich «Böses» handeln sollte, so soll es jetzt, in der kirchlichen Notverordnung des Matthäus, mit eben jenen Waffen bekämpft werden, die Jesus den Menschen im Namen Gottes gerade aus der Hand nehmen wollte: da wird «Gericht» gehalten, da wird das «Unkraut» ausgemerzt, da wird der Mann mit seinem nicht-festtäglichen Gewand des Saales verwiesen (Mt 22,12–13) – jetzt schon, keinesfalls erst am Ende der Tage; da übernimmt die Kirche des Matthäus im Widerspruch zum Gleichnis vom Unkraut im Acker selbst bereits das Richteramt des Menschensohns. Eine ungeheuere Verschiebung ist hier eingetreten, ein Erdrutsch der Angst, ein klarer Kontrast zu allem, was Matthäus eigentlich sagen mochte und was er Jesus den Worten nach in seinem Evangelium sagen läßt.

Doch gerade mit diesem «Erdrutsch»: von der Ungebundenheit und Offenheit eines gütigen Vertrauens weg in Richtung einer Gemeindeordnung mit einem göttlich garantierten Entscheidungs- und Weisungsrecht, beginnt jene «amtliche Maßregelung des Paradoxen», die man als das katholische Prinzip im Matthäusevangelium bezeichnen kann. Denn wenn diese neue Ordnung des Matthäus gilt, bleibt der einzelne Gläubige in alle Zukunft, falls er – in den Augen der Kirche! – in Schuld gerät, auf die Leitung und Übereinstimmung der kirchlichen Instanzen angewiesen. Gewiß: das ist noch weit entfernt etwa vom «Sakrament» der «Beichte» in der katholischen Kirche[12], aber es tendiert doch bereits in diese Richtung; es macht aus dem freien Umgang mit menschlicher Schuld unter den einzelnen, zwischen Ich und Du, zwischen der Einsicht in die eigene Person und der Bereitschaft zum Verständnis der Handlung und der Haltung eines anderen, so etwas wie ein objektives Reglement, wie ein göttliches Tribunal, das die Kirche verwaltet bzw. schon auf Erden vorwegnimmt, es macht aus der geschwisterlichen Güte, die Jesus uns lehrte, einen Rechtstitel zur «correctio fraterna«[13] bis hin zu Schiedsspruch und Verurteilung. Man kann es nicht anders sagen: So tritt das Recht wieder an die Stelle des Erbarmens, so verdrängt die Angst vor dem Chaos die Anarchie der Liebe, so etabliert sich an Stelle der Botschaft Jesu vom Vertrauen auf Gott die Ordnung der Kirche im Namen Gottes. So wird die Glut zur Asche, der Regen zu Schnee, das rinnende Wasser vereist.

Es ist freilich klar, worin der «Vorteil» einer solchen «Lösung» liegt, wie

Matthäus sie vorschlägt. Indem der Evangelist die bedingungslose Vergebungsbereitschaft, die Jesus in die Welt tragen wollte, an die Bedingungen einer kirchlichen Verfassung knüpft, gelingt es ihm, die Kluft zwischen Ideal und Wirklichkeit, zwischen dem Vorbild Jesu und dem Nachbild im Leben der Gläubigen zu überbrücken. Je schwächer die Erfahrung jener inneren Befreiung wird, die Jesus zu vermitteln kam, desto mehr verwandelt sich die Person und die Botschaft des Mannes aus Nazareth in eine moralische Forderung, in ein sittliches Ideal, und desto mehr erscheinen die Menschen, gemessen daran, als unvollkommen, schuldig und sündhaft; das «Ideal» selbst aber braucht dadurch keine Einbuße zu erleiden, im Gegenteil: es ist ein und dieselbe Kirche, die fortan den Menschen die Botschaft Jesu als ein erhabenes Ziel, als eine göttliche Notwendigkeit vorstellen und die dennoch fehlbare Menschen in ihren Reihen dulden kann; das Verfahren dazu liegt in der Institutionalisierung der Vergebung selbst durch ein kirchliches Amt. An den Idealen des Christus braucht solange nichts geändert zu werden, als es gelingt, die Menschen bei jeder Abweichung von den Zielsetzungen ihre Schuld empfinden zu lassen, und sie können mit ihren Schuldgefühlen leben, in dem Wissen, daß ihnen Vergebung wird durch den Mund der Kirche; von dem aber werden sie nun zunehmend abhängig. Denn daß der Glaube an die Vergebung der Schuld durch Gott wesentlich in der Fähigkeit wurzelt, gegen die Kräfte der Selbstablehnung und des anerzogenen Selbsthasses sich selber zu vergeben[14], ist kein Gegenstand einer solchen kirchlichen Unterweisung mehr. Tatsächlich führt ein derartiges Arrangement von Ideal und Schuld, von moralischer Forderung und amtlicher Vergebung je länger, je mehr zu eben jener Haltung, die HERMANN HESSE als die Einstellung des «Bürgers» gegenüber dem Staat beschrieben hat: Macht, Gesetz und eine delegierte Verantwortung sind die Koordinaten einer solchermaßen verfaßten Kirche.

c) Geschwisterliche Gottunmittelbarkeit oder die Hierarchisierung des Heils: Von einer falschen Alternative und einer falschen Ideologie

Hat Jesus, muß man sich jetzt bereits fragen, überhaupt so etwas wie eine Kirche gewollt? Es gibt Autoren, die glauben, genau beschreiben zu können, «wie Jesus Gemeinde gewollt hat»[15]. Es ist das Matthäusevangelium selbst, das die größten Zweifel daran aufkommen läßt, daß Jesus eine «Gemeinde» oder «Kirche» hat einrichten wollen.[16] Dem ganzen Erscheinungsbild nach hat Jesus durchaus nichts von dem Gehabe eines Priesters oder Schriftgelehrten an sich[17]; ja, Matthäus dürfte auch historisch ganz zutreffend berichten, wenn er Jesus mit seiner Predigt von der Nähe des «Königtums der Himmel» unmittelbar in die Fußstapfen Johannes des Täufers treten läßt (Mt 3,2; 4,17). Ein Prophet zu sein ist denn auch die Meinung der Zeitgenossen über Jesus (Mt 16,14). Etwas lebt in dem Mann aus Nazareth in ihren Augen von der Wucht eines Elija, der am Karmel das Gottesurteil über die Baalspriester erzwang (1 Kön 18,1–46)[18] und die Menschen von Götzenangst befreite; etwas scheint in ihm auf von der verzweifelten Hoffnung beziehungsweise von der tragischen Größe eines Jeremia, der Gott förmlich anflehte, sein Gericht nur ja bald über Jerusalem und den Tempel zu werfen (Jer 7,1–15; 25,1–14)[19] und alles Äußere zu zerstören, damit endlich, nach den Tagen des Zusammenbruchs, Gott von vorne in das Innere des Menschen sein «Gesetz» schreiben könne. «Da wird keiner mehr den anderen, keiner seinen Bruder belehren und sprechen: ‹Erkennet den Herrn!›, sondern sie werden mich alle erkennen, klein und groß, spricht der Herr; denn ich werde ihre Schuld verzeihen und ihrer Sünden nimmermehr gedenken» (Jer 31,33–34). Es sind diese Worte, an die Matthäus erinnert, wenn er Jesus (gegen die Darstellung von Mk 14) im Abendmahlssaal den Kelch an seine Jünger segnen läßt als das «Blut des Bundes ... zur Vergebung der Sünden» (Mt 26,28).[20] Mit einer solchen prophetischen, an Jeremia gemahnenden Haltung läßt sich nicht gut die Frage verbinden, in welcher Form Jesus eine Gemeinde gestiftet und organisiert habe. Wie Menschen gemeinschaftlich miteinander leben, das war die Frage, die Jesus immer wieder stellte und die er von Gott her zu beantworten suchte; aber vollkommen unwichtig war ihm die Frage des Aufbaus einer Gemeinde, die Konstruktion einer Gemeindeordnung und die Einrichtung ihrer Instanzen und Gremien.

Matthäus selber weiß am besten, daß es sich so verhält. Er überliefert Worte Jesu, die in aller Eindringlichkeit aufs äußerste den Geist des Jeremia atmen: «Laßt ihr euch nicht Rabbi nennen; denn einer ist euer Meister, ihr alle aber seid Brüder. Nennt auch niemand auf Erden euren Vater; denn einer ist euer Vater, der himmlische» (Mt 23,8.9). Es ist, wenn solche Worte gelten, keine «Gemeinde» vorstellbar, in welcher der eine sich hinstellt vor den anderen, um ihn über Gott oder über Gut und Böse belehren zu wollen, und noch weniger vorstellbar ist so etwas wie eine beamtete Gelehrtenschicht im Namen Gottes oder ein «Lehramt» im Namen Christi.[21] Mit demselben Zorn, mit dem Jeremia den Schriftgelehrten seiner Zeit vorwarf, mit ihrem «Lügengriffel» die Ordnung des Herrn verdorben zu haben (Jer 8,8)[22], wird der Jesus des Matthäusevangeliums Gott dafür danken, daß er das Geheimnis seines Königtums den «Gebildeten» und «Vernünftigen» verborgen, es den «Kindlichen» aber enthüllt hat (Mt 11,25). Die «Einfältigen», die «Kleinen», wie Matthäus sie oft nennt, tragen ihre Wahrheit unmittelbar von Gott her in sich, und so warnt er in eindringlichen Worten davor, einen «dieser Kleinen» zu verachten oder zur «Sünde» zu verführen (Mt 18,6.10); sie sind es, die ihm gelten als das 100. Schaf, dem Jesus als der gute Hirte nachgegangen ist (Mt 18,14). Diese «Kleinen» brauchen keine «Lehrer» (Mt 23,10), sondern einzig die Geduld einer suchenden, begleitenden, mittragenden Güte.[23] Wenn sich aus solchen Grundlagen eines gemeinschaftlichen Zusammenlebens die «Ordnung» einer «Gemeinde» ableiten läßt, so ist sie im Sinne des Matthäus gewiß das strikte Gegenteil dessen, was wir heute als die Verfassung insbesondere der katholischen Kirche vor uns sehen: Sie ist eindeutig und in aller Entschiedenheit nicht patriarchalisch, nicht autoritär, nicht lehramtlich verfaßt, nicht macht- und weisungsgebunden. Sie ist eine Gemeinschaft von Menschen, denen nur Christus selber als Lehrer gilt (Mt 23,10) und die in sich selber die Gegenwart ihres Meisters verkörpern: «Denn wo zwei oder drei in meinem Namen versammelt sind, da bin ich mitten unter ihnen» (Mt 18,20).

Eine kleine chassidische Legende berichtet: Ein Schüler fragte seinen Rabbi: Wie kommt es nur – wenn man den Namen des Allmächtigen schreibt, setzt man zwei «Jud» nebeneinander; wenn man aber das Ende eines Satzes bezeichnet, setzt man ein «Jud» über das andere. Antwortete der Rabbi: Gerade so ist es: Steht ein Jud neben dem anderen, so bedeutet es die Gegenwart Gottes (Jahwes, Jejah), steht aber ein Jud über einem anderen, so bedeutet dies, daß die Gottesrede zu Ende ist.[24] – Dieser Gedanke, ausgesagt von der Gegenwart Christi – das ist die Gemeinschaft von Menschen, wie Matthäus sie möchte – im Namen Jesu.

Aber die Gemeinde! Kann es denn ein Zusammenleben unter Menschen geben ohne eine innere Ordnung und Gliederung? Nein, das kann es nicht. Eine nicht geringe Anzahl theologischer Autoren setzt heute ihren Ehrgeiz darein, die hierarchische Struktur der Kirche als einen bereits in der Bibel nachzuweisenden Verrat an der Botschaft Jesu auf die Anklagebank zu bringen; nie habe der Mann aus Nazareth eine Schichtung von Menschen über Menschen gewollt, begründet oder geduldet, er habe sie gerade auf das heftigste bekämpft. Das ist zweifellos richtig. Matthäus selbst überliefert im 23. Kapitel seines Evangeliums Worte Jesu von solcher Heftigkeit, daß es unmöglich ist, zu glauben, derselbe Mann, der dem Stand der Theologen und der Priester seiner Zeit so radikal entgegentrat, habe auch nur von ferne ähnliche Stände und Zustände für die Gemeinschaft seiner Jünger konzipieren oder rezipieren wollen. «Sie binden schwere Bürden und legen sie den Menschen auf die Schultern; selber aber rühren sie nicht mit dem Finger daran» (Mt 23,4) – das war das Urteil Jesu über die Zunft der «Kleriker» und «Fachtheologen» seiner Zeit.[25] Er sah in ihnen nichts anderes als Leute, die wie eine Fettschicht auf dem Wasser schwimmen und den Lebewesen im Meer den Sauerstoff nehmen. «Wehe euch...», fügt er hinzu, «daß ihr das Königtum der Himmel vor den Menschen zuschließt. Denn ihr kommt nicht hinein, und die, welche hinein wollen, laßt ihr nicht hinein» (Mt 23,14).[26] Ja, noch einmal gesteigert: «Wehe euch..., daß ihr Meer und Land durchzieht, um einen einzigen zum rechten Glauben zu bekehren; und wenn ihr ihn gewonnen habt, macht ihr einen Sohn der Hölle aus ihm, doppelt so schlimm wie ihr selber» (Mt 23,15).[27] Es sind diese Worte, mit denen im Matthäusevangelium Jesus endgültig den Konflikt mit der geistigen Führerschaft des Volkes ins Tödliche treibt; so wie diese Kreise ihn im Namen Gottes verurteilt haben, so verurteilt er jetzt sie – im Namen Gottes. Erneut: ein Entweder-Oder. Entweder die abgehobene, von keiner Menschennot berührte Rechthaberei eines «gelehrten» Standes, der in der Länge seiner heiligen Traditionen am Ende nur noch sich selber interpretiert, oder die Unmittelbarkeit des «Volkes», der «Scharen», der «Kleinen», die bei Matthäus als «Chor» des Staunens, Erschreckens, Jubelns und Zustimmens Stelle um Stelle die Worte und Wunder Jesu begleiten. Wer nach Gott nur fragt in der «objektiven» Unbetroffenheit «gelehrter» Distanz, dem wird sich das Geheimnis Jesu niemals erschließen, meint Matthäus (21,23–27) entsprechend bereits der Vorlage des Markus (11,27–33); doch er sieht in eben dieser «hohenpriesterlichen» Haltung den Kern aller Verworfenheit: als Johannes die «Pharisäer» und Sadduzäer ein letztes Mal aufrief zur Umkehr (Mt 3,7–10), waren sie außerstande, auch nur zu begreifen, was sie an ihrem Leben hätten ändern sollen (Mt 21,28–32); und immer wieder werden sie «Beweise» verlangen und können nicht merken, daß Gott sich nur dem zeigt, der ihn mit dem Herzen sucht und sieht (Mt 12,38f.). Es ist im Matthäusevangelium immer wieder dasselbe: alle Menschen, die wissen, was psychisches, physisches und soziales Leid ist, verstehen aufs Wort, wovon Jesus zu ihnen redet, wenn er von Gott spricht; die anderen aber, die Gott schon kennen oder fertig erklärt haben wollen, können sich allenfalls bedroht und in Frage gestellt fühlen, wenn Menschen auftreten wie Johannes der Täufer oder wie Jesus; gegen diese müssen sie ihren «Gott» verteidigen auf «Teufel komm raus», indem sie alles Heilige und Heilende zum Gottwidrigen und Teuflischen pervetieren (Mt 12,24–32). Kein Zweifel: ein «Lehramt» und ein «Priesteramt» dieser Prägung ist im Sinne Jesu buchstäblich «die Sünde wider den Heiligen Geist». Gott ist Person, meinte

Sören Kierkegaard; «und da kannst du wohl sehen, wie es ihm gefällt, wenn du ihm den Mund mit Musterblättern wischen willst»[28].

Und doch läßt sich nicht leugnen, daß Matthäus selbst seine Gemeinde hierarchisch gegliedert sehen will und daß er sich, wie in mutwilligem Widerspruch zu seinen eigenen Worten, alle Mühe gibt, diese Gliederung auf Jesus selbst zurückzuführen.

Da gibt es, als erstes, den Kreis der (zwölf) Jünger, denen in Mt 18,15–18 Jesus die Vollmacht zu binden und zu lösen überträgt[29] – sie sind es, denen Jesus immer wieder in besonderer Belehrung den Sinn seiner Worte erschließt (Mt 13,10; 13,36; 13,51; 15,15)[30]; sie sind es auch, die er nach und nach in den Sinn seines Leidens einführt (Mt 16,21; 17,22–23; 20,18–19)[31]; sie sind es vor allem, die Jesus mit der Macht über die unreinen Geister ausstattet und befähigt, «jede Krankheit und jedes Gebrechen» zu heilen (Mt 10,1)[32], so wie sie dazu bestimmt sind, den Hungernden Nahrung zu geben (Mt 14,13–21; 15,32–39); ja, in einer der längsten Reden des ganzen Evangeliums setzt Jesus, laut Matthäus, dieses Gremium der Zwölf bevorzugt dazu ein, auf Leben und Tod von ihm Zeugnis abzulegen, bereit zum Leiden nach dem Vorbild ihres Meisters (Mt 10,1–39), aber auch wert aller Ehre als seine Jünger (Mt 10,40–42).[33] Innerhalb dieses Kreises der 12 Jünger oder «Abgesandten» (Apostel) wird indessen noch einmal das Dreiergremium von Petrus, Jakobus und Johannes bevorzugt von Jesus zu den Zeugen seiner Verklärung (Mt 17,1) und seines Leidens in Gethsemane erwählt (Mt 26,37)[34]; beide Stellen gehen bereits auf die Vorlage des Markusevangeliums zurück (Mk 9,2; 14,33); Matthäus aber tut noch ein übriges, indem er die Berufung dieser drei vollkommen von der Berufung der anderen «Apostel» isoliert (Mt 4,18)[35] und sie somit zu den «ersten» Hörern der Botschaft Jesu erklärt, die da lautet: «Genaht hat sich das Königtum der Himmel» (Mt 4,18); zusammen mit dem Simon-Bruder Andreas, der in allem folgenden keinerlei besondere Rolle spielen wird, sind es diese drei, die sich mit Jesus zusammenschließen, als er vom Berge herab an die Menge der Kranken und Gequälten die Worte der Seligpreisungen richtet (Mt 5,1). Alles das bedeutet zweifellos eine besondere Erwählung, eine besondere Vollmacht, eine besondere Aufgabe und eine besondere Kenntnis der Botschaft Jesu für den besonderen Kreis der Zwölf und innerhalb des Zwölferkreises insbesondere für das Gremium der drei.

Doch mit all diesen Besonderheiten noch nicht genug! Innerhalb des Dreiergremiums beziehungsweise innerhalb der Zwölf nimmt besonders Petrus eine herausragende Stellung ein[36]: Er ist buchstäblich der «Ersterwählte» unter den Jüngern (Mt 4,18); er ist es, der Jesus stellvertretend für die Zwölf um eine nähere Auslegung seiner Rede über die Beseitigung der Unreinheit bestimmter Speisen ersucht (Mt 15,15); er ist es, der Jesus fragt, wie oft er seinem «Bruder» vergeben soll (Mt 18,21); und er ist es, der im Namen der anderen Jünger Jesus fragt, welche Belohnung ihnen zuteil werde dafür, daß sie «alles verlassen» haben und Jesus «nachgefolgt» sind (Mt 19,27). Die Rolle, die Petrus im Matthäusevangelium spielt, wird besonders deutlich in der legendären Szene vom Seewandel Petri (Mt 14,28–33): Da löst Jesus seine Jünger, die in ihm ein Gespenst erblicken, aus der Starrnis der Furcht mit den begütigenden Worten: «Faßt Mut. Ich bin!» (Mt 14,27.) Petrus aber «antwortet» ihm mit der Bitte, zu ihm über das Wasser gehen zu dürfen, und Jesus spricht zu ihm: «Komm!»; doch wie er aus dem Schiff steigt und über dem Wasser Jesus entgegengeht, sieht er den Wind und gerät in Furcht, und augenblicklich beginnt er zu sinken. Da streckt Jesus dem Versinkenden die Hand entgegen und rettet den «so wenig Glaubenden». Es ist dieser Augenblick, da im Matthäusevangelium die Jünger im Boot vor ihrem Meister sich niederwerfen und ihm bekennen: «Du bist in Wahrheit Gottes Sohn» (Mt 14,33). Das Bekenntnis, das bei Markus einzig der römische Hauptmann unter dem Kreuz im Schatten des Todes Jesu zu sprechen vermag (Mk 15,39)[37], legen bei Matthäus die Jünger Jesu in diesem Moment ab, da sie sehen, wie Jesus den Ersten der Apostel aus dem drohenden Untergang rettet.[38] Nur vor dem Hintergrund dieser Erfahrung wird verständlich, daß Petrus in Mt 16,16, stellvertretend erneut für die Jünger, das Bekenntnis zu Jesus als dem Christus, dem Sohn des lebendigen Gottes, ablegen kann.

Aus all dem geht hervor, welch einen großen Wert Matthäus auf eine hierarchische Gliederung der Jesus-Gemeinde legt, indem Jesus vom ersten Moment seines öffentlichen Wirkens an den Petrus (mit seinem Bruder Andreas) nebst den beiden Zebedäus-Söhnen Jakobus und Johannes in den Kreis seiner Jünger beruft (Mt 4,18–22), und diesen Kreis dann (Mt 10,1–4) auf die Zwölfzahl erweitert. Deutlich sind es besondere Vollmachten und Befähigungen, die in einer abgestuften hierarchischen Gliederung die Zwölf von den namenlosen «Scharen» unterscheiden. Also doch ein Oben und Unten in der Gemeinde Jesu? Also soll doch der eine als «Rabbi» und «Vater» vor den anderen hintreten und ihn belehren? Insbesondere die katholische Kirche hat mit Berufung gerade auf das Matthäusevangelium ungehemmt die entsprechende Folgerung daraus gezogen: Petrus – das ist für sie der kommende Papst[39], die Zwölf – das sind die späteren Bischöfe[40], die gemeinsam die unfehlbare Lehre Christi unfehlbar dem gläubigen Volke vorlegen können und müssen.[41] Aber so einfach verhält es sich nicht. Die hierarchische Struktur der Kirche ergibt sich bei Matthäus in deutlichem Kontrast zu dem «prophetischen» Ideal der Verkündigung

Jesu; sie folgt einer faktischen Notwendigkeit jedes geordneten Zusammenlebens in Gruppen, aber sie ist historisch nur sehr schwer mit der Botschaft Jesu zu vereinbaren; mit anderen Worten: wer die hierarchische Gliederung der (heutigen) Kirche mit den Vorstellungen einer besonderen Amts- und Lehrgewalt «theologisch» rechtfertigen will, der kann sich zwar zu einem Gutteil auf das Matthäusevangelium berufen, doch die wahre Begründung einer hierarchischen Verfassung der Kirche ergibt sich nicht aus den Worten des Jesus von Nazareth selbst, sondern «nur» aus den ganz und gar «profanen», «naturhaften» Gesetzmäßigkeiten sozialer Gruppenbildungen, und dann bleibt vor allem die Frage völlig offen, inwieweit man berechtigt sein kann, die hierarchische Gliederung der Kirche, die zunächst rein funktional besteht, zugleich sakramental zu verstehen und mit göttlichem Anspruch zu überhöhen.

Da man in Theologenkreisen sich selten klar macht, ein wie universelles Prinzip die Hierarchisierung von Schaltungen in der Evolution des Lebens darstellt, sei die «Naturnotwendigkeit» hierarchischer Ordnungen ein wenig näher beleuchtet. Bereits mit den Mitteln der Physik, Chemie und Biologie läßt sich heute die hierarchische Gliederung alles Seienden und alles Lebendigen nachweisen, ja, man kann zeigen, daß nicht einmal der DNA-Strang eines Einzellers funktionsfähig wäre ohne eine feste hierarchische Gliederung. Dafür ein Beispiel: 1959 entdeckten A. PARDEE, F. JACOB und J. MONOD die Steuerung der Zuckerverdauung beim Coli-Bakterium: Ein Regulator-Gen produziert Repressormoleküle, die ihrerseits das Operator-Gen verriegeln, den Einschalter einer Reihe von Struktur-Genen. Ist nun im Milieu Zucker genug vorhanden, so driften seine Moleküle ins Plasma, «legen sich an die Repressormoleküle und verändern diese dadurch so, daß sie den Operator nicht mehr verriegeln können. Folglich werden die Struktur-Gene laufend abgelesen und die Botschaften in die zuckerspaltende Lactose übersetzt. Ist der Zucker abgebaut, so kann der Repressor nicht mehr deformiert werden; er verriegelt den Operator, und die Produktion der Lactose wird eingestellt. Sobald aber Zucker erneut auftritt, schaltet die Produktion wieder ein.»[42] Es gibt mithin bereits auf der Ebene der Mikroorganismen so etwas wie ein Lernen der Moleküle in Regelkreisen, deren Steuerung in den Erbinformationen verankert wird; und diese Strategie, fertige Regulationsformen durch die Etablierung geschlossener Programme zu codieren und damit den Spielraum des Möglichen vorweg zu kanalisieren, ist nicht eine Randerscheinung der Evolution, sondern sie bildet deren innere Achse. Je höher man in der Entwicklung des Lebens steigt, desto mehr nimmt die Anzahl solcher Regelkreise zu. Vor allem bei der Entwicklung der höheren Sinnesorgane, die eine Fülle von Informationen in den Körper leiten, bedarf es eines Filter-Auslöser-Systems, das die entsprechenden Reaktionen steuert, und selbst diese müssen hierarchisch geordnet sein, um erfolgreich zu werden. So zeigte PAUL WEISS zum Beispiel, «daß allein die Schaltung der Motorik wenigstens sechs Schichten enthält. Sehr viele Einzelbefehle sind zum Befehl an einen Muskel, diese (Muskeln, d. V.) zu den Antagonistengruppen um ein Gelenk zusammengefaßt, die Gruppen zu koordinierten Befehlen für eine Extremität, die Extremitäten zueinander und endlich alle Extremitäten zur Bewegung des ganzen Körpers geordnet. Solche Gesamtprogramme wiederum besitzen völlig festgelegte Abfolgen und Alternativen, wie wir das von allen Stereotypien der Bewegungsabfolgen kennen»[43]. Auf der Basis solcher hierarchischer Verdrahtungen der Programme sämtlicher Instinktbewegungen erhebt sich schließlich auch die hierarchische Struktur der Gruppenbildungen sozial lebender Tiere. Aufgrund eines unübersehbaren selektiven Vorteils entstehen Rollen, Ränge und Autoritäten, die erneut den Spielraum von an sich möglichen Verhaltensweisen auf das wahrscheinlich Nützlichste einengen und damit die Last der Entscheidungsfindung verringern.[44] Insbesondere im Zusammenleben des Menschen wird es nötig, die Unsicherheit im Gegenüber einer immer komplizierter werdenden Umwelt und Gesellschaft durch entsprechende Ordnungssysteme zu kompensieren, indem sich Kompetenzen, spezialisierte Zuständigkeiten und mithin hierarchisch strukturierte Verbürgungen des vermeintlich Richtigen ausbilden. Die Hierarchie der Gruppen ist, so betrachtet, «nichts als die selbstverständliche Folge ihrer eigenen Systembedingungen»[45].

Die Frage kann also nicht lauten, ob man «für» oder «gegen» die hierarchische Verfassung einer bestimmten religiösen Gruppe, wie zum Beispiel der Kirche, ist, die Frage kann nur sein, welch eine Form von Hierarchie den jeweiligen Anforderungen der Gruppe in einer bestimmten Situation am besten entspricht; und ferner ist klar, daß es nicht möglich ist, die Struktur der Kirche, wenn schon nicht mit der positiven Einsetzung durch die Person des historischen Jesus von Nazareth, dann vielleicht mit einem besonderen Wirken des «Heiligen Geistes» in den ersten zwei oder drei Jahrhunderten nach Christus erklären zu wollen, wie es noch immer für gewöhnlich in den dogmatischen Traktaten zum Thema «Kirche und Amt» zu geschehen pflegt[46]. Wenn wirklich der «Geist Gottes» die hierarchische Gliederung der Kirche gewirkt hat, so ist es, wie wir sehen, allenfalls der «Geist» der Schöpfung selbst, dem die Kirche, wie alle anderen vergleichbaren sozialen Systeme, ihre hierarchische Struktur verdankt; und über diesen «Geist» der Schöpfung muß es erlaubt sein, offen, pragmatisch, flexibel und undogmatisch zu sprechen, denn er ist kein starres Sein, er ist das Leben selbst.

Da gilt es vor allem zu beachten, daß es verschiedene Hierarchieformen gibt, denn auf diese Weise zeigt sich alsbald, daß speziell das Matthäusevangelium in zwei Weisen als ein ganz guter Maßstab zur Bewertung des gegenwärtigen Zustands der (katholischen) Kirche gelten kann, indem es einmal die Art der Hierarchie relativ genau vorgibt, die es mit der Botschaft Jesu zumindest entfernt für vereinbar hält, und indem es zum zweiten eine Reihe von Steuermechanismen vorsieht, um ein Ausufern der Hierarchisierung zu verhindern.

Was die Hierarchieformen angeht, so lassen sich im Grunde drei Formen unterscheiden.[47] Da ist als erstes die Massenhierarchie, die aus dem ungegliederten Primitivzustand einer Menschenansammlung hervorgeht: die Arbeiterheere der Pharaonen oder der frühen Industrialisierung in England mögen als Beispiele dafür dienen; auf dieser Stufe der Entwicklung sind individuelle Differenzierungen noch nicht durchsetzbar oder delegierbar, die besonderen Fähigkeiten einer Persönlichkeit werden von den Obristen weder entfaltet noch wahrgenommen; man hat es mit einer archaischen Primitivform von Hierarchie zu tun. Diese Beschreibung vorausgesetzt, spricht es wohl für sich selbst, daß kein geringerer als S. FREUD vor 60 Jahren die Sozialpsychologie der katholischen Kirche als gerade diesen Zustand beschrieb: als eine Massenhierarchie[48], in der ein einzelner als Führer und Identifikationsgestalt allen anderen vorsteht, ganz so, als wenn die Kirche mitten im zwanzigsten Jahrhundert sozusagen die einzige verbliebene undifferenzierte archaische Organisationsform neben dem Militär repräsentierte. – Eine zweite Form der Hierarchie entspricht einem entwickelteren Stadium: die Dichotomhierarchie. Hier herrscht eine Struktur steter Zweiseitigkeit: «Führer werden zu Anwälten, zu ersten Dienern, Dienende der Gruppenanwälte zu Führern»[49]. – Als einer dritten Form begegnen wir schließlich der Senilform der Hierarchie. «Diese besteht darin, daß die Schichten nur mehr durch einseitige oder Scheindichotomien aufrechterhalten werden ... Die obersten Instanzen sind so alt wie Generalstäbe, Aufsichtsräte oder Kurien, so daß manche Seitenzweige bereits aussterben oder von ‹lateralen Arabesken› ersetzt werden konnten, ohne die unnötig gewordenen Ränge aufzulösen.»[50] Auch für diese Senilform der Hierarchie liefert die katholische Kirche in ihrer heutigen Form offenbar geradezu das Modellbeispiel. Mißt man diesen ihren Zustand indessen an dem Grundgedanken des Matthäus, so kann man nur sagen, daß das, was dem Redaktor des Ersten Evangeliums vor 2000 Jahren vorschwebte, um Meilen dem faktischen Zustand des real existierenden Typs der Kirche heute vorausliegt.

d) Vertrauen statt Dirigismus oder: Drei wichtige Steuerungen aller Machtgelüste in der Kirche – das Verbot von Herrschaft, Eigentum und Eid

Noch einmal dazu Mt 18,15–20: «Wenn aber dein Bruder sündigt, so geh hin und weise ihn zurecht unter vier Augen.» Das heißt doch wohl: so wenig hierarchische Aufsicht wie möglich; das heißt: so viel an offenem Dialog als irgend denkbar; es heißt: als erstes Vertrauen und persönliche Begegnung – Maßnahmen und hierarchisch gebundene Entscheidungen hingegen nur im Notfall. Man vergleiche nur diesen einen Vorschlag des Matthäus mit der immer noch üblichen Vorgehensweise der katholischen Kirche in «Glaubens- und Sittenfragen», und man kommt nicht umhin, von einem krassen Abfall, ja, von einem strukturellen Widerspruch des heutigen Zustands von Kirche gegen die ausdrücklichen Anweisungen des Matthäusevangeliums zu sprechen[51]. Fühlbar ist hier die «Asche» des Matthäus immer noch weit heißer als der Ruß der Buchstaben des kirchlichen Gesetzbuches heute.

Hinzu aber kommt ein zweites, das diese negative Bilanz geradewegs schreiend bestätigt: das ist ein Katalog von mindestens drei konkreten Steuermaßnahmen, die Matthäus der jederzeit drohenden Degeneration der kirchlichen Hierarchie zur Vermassung oder zum Senilwerden entgegengestellt hat; doch um es vorweg zu sagen: jede dieser Steuerungsmaßnahmen, die Matthäus eigens mit gut tradierten Jesusworten zu untermauern sucht, offenbaren mit brennender Schärfe genau den Fall, den Matthäus am meisten fürchtet: daß das Salz schal wird ...

Die erste «Steuerung» kann der Evangelist ohne Mühe seiner Vorlage: dem Markus-Text, entnehmen; sie besteht in dem strikten Verbot jedweder Form von Herrschaft. Schon Mk 10,35–45 erzählt, wie auf dem Weg nach Jerusalem Jakobus und Johannes, die Söhne des Zebedäus, zu Jesus traten mit der Bitte, sie nach Möglichkeit «in seiner Herrlichkeit» zur Rechten und Linken Platz nehmen zu lassen.[52] Matthäus (20,20–28) schwächt diese Szene in gewissem Sinne ein Stück weit ab: es sei die Mutter der Söhne des Zebedäus gewesen, die sich mit dieser Bitte für ihre Söhne verwandt habe; nicht Herrschsucht also, sondern mütterliche Fürsorge habe als Motiv hinter der Frage nach den ersten Plätzen im Himmel gestanden. Doch wie auch immer – die Antwort Jesu fällt so eindeutig aus, wie sie schon bei Markus zu lesen steht: selbst Jesus persönlich maßt sich nicht an, in Sachen Gottes irgend etwas zu «entscheiden», er hat nichts zu «vergeben» – außer dem Vertrauen in die Fügungen und Führungen Gottes. Und dann: «Ihr wißt, daß die Fürsten der Völker sie knechten und die

Großen über sie Gewalt üben. Unter euch soll es nicht so sein, sondern wer unter euch groß sein will, sei euer Diener, und wer unter euch der Erste sein will, sei euer Knecht» (Mt 20,25–28).

Was Matthäus mit diesen Worten für die Kirche sagen will, ist eindeutig: Wenn es denn schon eine hierarchische Gliederung, eine Rangpyramide in der Kirche geben muß, so ist sie nach diesen Worten nur zu rechtfertigen als das klare Gegenstück zur Ausübung staatlicher Macht. Der Kontrast ist an dieser Stelle nicht durch einen Kompromiß zu vermitteln, denn das übliche wohlfeile Argument verschlägt nicht, mit dem man zu betonen pflegt, auch die Bediensteten, Fürsten und Staatsbeamte seien nichts weiter als «ministri», als die obersten Diener des Volkes, zu dessen Wohl sie das Opfer und die Bürde ihres Amtes in Pflicht und Verantwortung auf sich nähmen. Derlei Harmonisierungen scheitern nicht nur an ihrer Blauäugigkeit gegenüber der Wirklichkeit, sie verkennen vor allem das eigentlich religiöse Problem. Jede menschliche Gruppenbildung sonst kommt zustande in einem Feld des Mangels; sie hat die Frage zu beantworten, wie man als Gruppe der Gefahr der Auflösung von außen entgegentreten kann; alle menschliche Gruppenbildung stellt bis heute eine Antwort auf die fundamentale Angst der Gruppenmitglieder vor der Schutzlosigkeit der Vereinzelung dar; jede menschliche Gruppenbildung – der «Staat», wie er mit Beginn der altorientalischen Hochkulturen seit etwa 5000 Jahren (erst!) besteht[53], sogar in besonders ausgeprägter Weise – konstituiert sich mithin wesentlich als eine Antwort auf die gemeinsame Bedrohung aller durch Mangel und Angst, und so verfestigt sie in sich selber strukturell die Faktoren des Mangels in Form verinnerter Gewalt und die Faktoren der Angst in Form des Terrors, den die Gruppe selbst auf ihre eigenen Mitglieder ausübt.[54] Die Gewaltform der Herrschaft ist der staatlichen Organisation nicht äußerlich, sondern wesentlich, und so lassen die pessimistischen Worte Jesu über die Herrscher der Völker sich nicht historisch mit dem Hinweis relativieren, in jenen Tagen damals habe besonders das Vorbild der römischen Machtausübung für allerlei skeptische Feststellungen halt auch aus dem Munde Jesu einen seinerzeit verständlichen Anlaß gebildet. Nein, was Jesus hier meint, betrifft nicht eine bestimmte Staatsform zu einer bestimmten Zeit, sondern die Staatenbildungen aller Völker zu allen Zeiten; und wenn es je möglich sein soll, in seinem Namen eine Gruppe von Menschen zusammenzuschließen, so kann das nur in vollkommenem Widerspruch zu den Zielsetzungen der Staatengebilde der menschlichen Geschichte geschehen.

Entscheidend dabei ist der vollkommen unterschiedliche Ausgangspunkt. Die zentrale Erfahrung, die Jesus vermitteln möchte, ist gerade nicht die gemeinsame Flucht aller vor dem Mangel und der Angst; Kern der Verkündigung Jesu ist gerade im Gegenteil die Erfahrung des inneren Reichtums, der Größe und der Würde eines jeden Menschen in der Nähe Gottes sowie, parallel dazu, der heilenden Macht des Vertrauens und der Güte. Nicht die Erfahrung des Fehlens an Existenzvoraussetzungen und der Vielzahl der Fehler menschlicher Existenzvollzüge bildet den Mittelpunkt des Lebens Jesu, sondern ein tiefes Gefühl für die absolute Geschenkhaftigkeit des menschlichen Daseins und der absoluten Bejahung unseres Lebens durch die Vergebung aller Schuld in Gott, der möchte, daß wir sind – trotz allem.[55] Einzig auf dieser Grundlage eines absoluten Vertrauens und einer absoluten Vergebung kann ein soziales Gebilde errichtet werden, dem eine solch unglaubliche Verheißung zuteil wird wie die Worte Jesu in Mt 16,18, «die Pforten des Totenreiches» (die Macht der Vergänglichkeit) würden es nicht überwältigen. Nur eine «Kirche», die selber wesentlich von Vertrauen und Vergebung getragen ist, wird eine derartige Verheißung tragen können[56]; oder vom anderen Ende her ausgedrückt: immer wenn die Kirche sich der Angst vor der Welt oder, schlimmer noch, vor den eigenen Gläubigen(!) ausliefert, wird sie, allen heiligen Worten zum Trotz, ihre hierarchische Macht nicht besser, sondern schlechter verwalten als der Staat. Alle irdische Macht kennt zumindest gewisse pragmatische Korrekturen, die den schlimmsten Auswüchsen Einhalt gebieten; die geistliche Macht der Kirche hingegen ist in sich selber ideologisch absolut, und hier gilt uneingeschränkt: corruptio optimi pessumum – die Verderbnis des Besten ist das Allerschlechteste und bis zum Ruinösen das Allerzerstörerischste für die Kirche selbst.

Konkret gesprochen: Jede staatliche Behörde wird eine immerwährende Neigung zum Filz der Parteien und Protektoren zeitigen, sie wird dem Druck des Pöstchenfestschreibens erliegen, sie wird immer wieder so etwas wie eine Selektion der Geschicktesten, Skrupellosesten, Machtbesessensten und theatralisch Routiniertesten hervorbringen. Eine kirchliche Behörde, wenn es sie denn schon geben muß, sollte demgegenüber in vollkommener Angstfreiheit offen, durchschaubar, flexibel und jederzeit personell veränderbar sein. Es ist mit anderen Worten beim besten Willen nicht zu sehen, warum ausgerechnet in der katholischen Kirche ein Priester, der mit 25 Jahren geweiht wird, sein Amt bis mindestens zum 75. Lebensjahr ausüben muß[57], wieso jemand, den sein Domkapitel (oder der Papst auf Weisung des Opus Dei!) nach langem Hin und Her mit 45 Jahren «in die Nachfolge der Apostel in besonderer Weise zum Bischof beruft» (sagt man so?), dieses sein Amt, bis auf wenige Ausnahmen, lebenslänglich zu verkörpern hat und warum es in der 2000jährigen Geschichte der Kirche bis auf den unglückseligen Coelestin V. (1294)[58] noch niemals vorgekommen ist, daß ein Papst sein Amt, wenn er damit menschlich, moralisch oder geistig nicht mehr zurechtkam, zur Verfügung gestellt hätte.

Der Mangel an Beweglichkeit, die Pflicht zur Erstarrung sowie vor allem das ständige Mißtrauen der klerikalen Obrigkeit gegenüber den «Laien» macht die heutige Form der (katholischen) Kirche zu einem wahren Zerrbild sogar der Kirche des Matthäus, geschweige denn der ursprünglichen Visionen Jesu vom Königtum Gottes.

Wie wenig Matthäus selber an die Doktrin von der «einen, heiligen und apostolischen Kirche» zu glauben vermag, macht er in gewissem Sinne bei jeder sich bietenden Gelegenheit deutlich. Kaum hat in Mt 16,16 Petrus sein messianisches Bekenntnis zu Jesus abgelegt, da zeigt sich schon, wie sehr er selbst es mißversteht. Jesus als der Messias – das ist für ihn der König der Herrlichkeit, nicht der leidende Menschensohn, und so wird er fünf Verse später schon (Mt 16,21–23) zum leibhaftigen Gegenspieler Jesu, zu einem wahren «Teufel». Auch diese Möglichkeit besteht also für Matthäus: daß die oberste Leitung der Kirche aus «Sorge» um die Sache Jesu gerade verhindert, was Jesus will! Mehr noch: wie gerade geschildert, erweisen sich die beiden Söhne des Zebedäus (Mt 20,20), die hierarchische Spitze im Kreise der Zwölf also, als höchst anfällig für jede Art von Herrschsucht. Und schließlich der ganze Apostelkreis selbst! Wie schon Markus (14,26–42.66–72) berichtete, wird Petrus im Abendmahlssaal mit großen Worten Jesus Treue schwören, und doch wird gerade er aus lauter Angst sein Versprechen nicht halten (Mt 26,33.69–75); während Jesus in äußerster Einsamkeit in Gethsemane mit der eigenen Todesangst ringt, wird ausgerechnet das Dreiergremium von Petrus, Jakobus und Johannes schlafend daliegen; und in der Stunde der Entscheidung, bei der Festnahme Jesu, werden «alle Jünger» ihren Meister verlassen und fliehen (Mt 26,56). Wenn überhaupt im Sinne des Matthäus etwas von der Wahrheit Jesu in seiner Gemeinde lebt, dann nach dieser Darstellung sicher nicht durch die menschliche Vortrefflichkeit ihrer Vertreter, sondern weil Jesus selber buchstäblich immer wieder inmitten der Angst seine Jünger, wie Petrus auf dem See, vor dem Untergang rettet. In aller Radikalität setzt Matthäus jedem Denken in den Kategorien von Amt und Macht die Erfahrung der Gebrochenheit der eigenen Person entgegen, und es bleibt sein ewiges Menetekel über alle kirchliche Ämterhierarchie, wenn er (Mt 23,10) in krasser Abgrenzung von der Synagoge in aller Schärfe erklärt: «Laßt ihr euch nicht Lehrer (das heißt Doktor oder Professor der Theologie!) nennen[59]; denn einer ist euer Lehrer: Christus!» Erst wenn dieses Wort gilt, läßt sich über die Verheißung diskutieren, die Matthäus (in Erweiterung von Mk 10,28–31) an die Jünger richtet: sie würden (nach altägyptischem Vorbild!)[60] bei der Wiedergeburt, wenn der Menschensohn auf dem Thron seiner Herrlichkeit Platz nehmen wird, «auf zwölf Thronen sitzen und die zwölf Stämme Israels richten» – die antijüdischen Spitzen dieses Satzes seien an dieser Stelle vorerst zurückgestellt.

Eine zweite entscheidende «Steuerung», die Matthäus für seine Kirche gegenüber jeder menschlichen Gruppenbildung geltend macht, ist die Frage der Armut beziehungsweise, besser, des Reichtums in Gott. Jede staatliche Organisationsform ist wesentlich auf die Durchsetzung eines Maximums an nationalem Egoismus gerichtet. Möglichst großer wirtschaftlicher Wohlstand der Mitbürger, angefangen freilich bei den Herrschern selbst, ist das unabdingbare Ziel aller Staatskunst[61]; alle anderen Staatsgebilde neben dem eigenen treten innerhalb des politischen Denkens der «Staatsmänner» stets nur als Randbedingungen der Wahrung und Wahrnehmung des eigenen Vorteils auf. Als eherner Grundsatz muß gelten: je mehr Besitz, desto besser.[62] In vollkommenem Gegensatz dazu möchte Matthäus seine Gemeinde eingerichtet sehen. Die maßgeblichen Worte dazu entnimmt er bereits Markus 6,7–11, wo Jesus den zwölf Jüngern, als er sie in die Städte Galiläas schickt, ausdrücklich verbietet, irgend etwas auf den Weg mitzunehmen: «kein Brot, keine Tasche, kein Geld im Gürtel, allein Sandalen untergebunden, und: Zieht euch nicht doppelte Gewänder an!» Lediglich einen Stab mitzunehmen gestattet Jesus den Jüngern bei Markus. Matthäus indessen, der in 10,5–10 diesen Worten folgt, korrigiert sogar diesen rigorosen Text nach dem noch radikaleren Vorbild der Q-Quelle (vergleiche Lk 9,1–5): nicht einmal Schuhe sollen die Jünger mitnehmen, auch einen Stab sollen sie nicht mitführen, und (natürlich!) sollen sie weder Gold noch Silber noch Kupfer mitnehmen. Vollkommen mittellos, barfuß und wehrlos also – das ist die Art, wie Matthäus sich die «Apostel» des «Herrn» vorstellt, wenn sie in seinen Augen glaubwürdig bleiben sollen. Gewiß, das folgt der Einstellung, die sich auch sonst bei dem Ersten Evangelisten zeigt, zum Beispiel wenn Jesus in der Bergpredigt die Menschen zwischen Gott und dem Geld vor die alternative Wahl stellt: «Ihr könnt nicht Gott dienen und dem Mammon» (Mt 6,26)[63]; doch entscheidend ist, daß Matthäus die Armut zu einer unbedingten Forderung der Verkündigung selbst erhebt, und zwar erneut, weil er von einem absoluten Reichtum in Gott ausgeht: «Umsonst habt ihr empfangen, umsonst gebt!» (Mt 10,8.) Diese Erfahrung stellt für ihn die Grundlage dar, um sich rückhaltlos vor allem den «Kranken» und «Besessenen» zuzuwenden. Es ist die gelebte Bitte des «Vater-unsers»: «Gib uns heute das Brot, das wir brauchen» (Mt 6,11). Es ist die realisierte Tagelöhnerexistenz aus den Händen Gottes, ohne Vorrat, ohne Absicherung, ohne Sorge für morgen; denn: «Genug ist dem Tag seine eigene Plage» (Mt 6,34).

Würde diese Haltung als Grundlage der Kirche in Geltung sein, so wäre in der Tat aller verselbständigten Menschenmacht von vornherein ihr unerläßliches Unterpfand entrissen: Besitz und Geld. Statt daß es erlaubt scheinen könnte, die kirchliche «Verwaltung» der staatlichen anzugleichen, müßte der Kirche im Sinne des Matthäus geradewegs die Aufgabe zufallen, die staatlichen Sozialgebilde der menschlichen Geschichte aus ihrer tödlichen Gefangenschaft in den Kreisläufen der Erhaltung und Vermehrung von Macht und Geld zu erlösen und ihnen durch das Beispiel zu zeigen, daß ein anderes Leben möglich ist als ein Denken in bloßen Vorkehrungen gegen jene Angst, die immer wieder nur fragt, «was kommt morgen»? Man vergleiche nun aber mit diesem Maßstab die Praxis und Praktik der katholischen Kirche quer durch die Jahrhunderte bis heute! Man lese zum Beispiel MARSILIUS VON PADUA[64], der in den Tagen des Investiturstreites als Vertreter des Kaisertums die Kirche rund 1000 Jahre nach Konstantin daran erinnern wollte, daß sie von ihrem Auftrag her etwas anderes zu sein hätte als der Affe des Staates oder gar als sein Präceptor. Man lese den teils milden, teils sarkastischen Spott, mit dem ERASMUS VON ROTTERDAM im sechzehnten Jahrhundert in seinem «Lob der Torheit» die Geld- und Machtgier der Prälaten geißelt.[65] Und dann lese man, wie in unseren Tagen der Vatikan nachweislich sich nicht scheut, Milliardengeschäfte sogar mit der Mafia zu tätigen[66], während er gleichzeitig die Gläubigen vor allem in der Bundesrepublik zur Vermehrung ihres Spendenaufkommens ersucht[67], und man kann es nur als einen absolut unentschuldbaren, Jahrtausende währenden Skandal betrachten, wie sehr die «Amtskirche» aus dem Matthäusevangelium immer wieder bis in die Gegenwart nur ihre Privilegien abzuleiten versucht hat, ohne jemals die Bedingungen zu erfüllen, die Matthäus mit asketischer Strenge an die Ausübung eines «apostolischen Amtes» geknüpft hat. Wie sagte doch JAN HUS vor 500 Jahren: «Die Bischöfe und Prälaten sind nicht die Nachfolger der Apostel, es sei denn, sie lebten wie diese!»[68]

Noch klarer als all dieses ist indessen die dritte «Steuerung», mit der Matthäus seine Kirche von jeder staatlichen bzw. bürgerlichen Vergesellschaftung von Menschen zu unterscheiden sucht: das strikte Verbot des Eides. Jede menschliche Gemeinschaft sonst gründet, gemeinsam mit dem Mangel und der Angst, notwendig auf der Lüge. Zu lügen stellt in gewissem Sinne nichts anderes dar als eine intelligente, also weniger brutale Form von Gewalt[69], und so wird die Lüge in keiner Gesellschaft fehlen können, deren Strukturprinzip die Gewalt nicht auszuschließen vermag. Andererseits kann keine menschliche

Gemeinschaft auf dem Boden der Lüge bestehen. Die Lösung dieses Problems besteht allüberall in einem Kompromiß von typisch «bürgerlicher» Schläue: es mag im großen und ganzen so viel gelogen werden, als es will, wenn nur in den staatstragenden Fragen – ausnahmsweise – Ehrlichkeit garantiert werden kann. Die garantierte Insel der Ehrlichkeit inmitten eines Sumpfes der Verlogenheit – das ist (oder soll sein) der Eid[70]. Da beschwört der (säkulare) Staat Gott als den obersten Zeugen und Richter, um einen einzelnen in dem, was er spricht, unter Strafandrohung auf die Wahrheit zu verpflichten. Wenn nur an diesen für das staatliche Zusammenleben so wichtigen Punkten wirklich Wahrheit herrscht, so verfügt man vermeintlich über ein genügendes Maß an Sicherheit, um ein Auseinanderbrechen der Gemeinschaft zu verhindern. Der «Kirche» fällt bei diesem Arrangement mit Regelmäßigkeit die Aufgabe eines gewissermaßen metaphysischen Garantieträgers zu; sie wird auf diese Weise zum Hort der bürgerlichen Sicherheitsbedürfnisse; sie fungiert als Adjunkt und Büttel der staatlichen Strafgewalt, indem sie die irdische Obrigkeit mit der Mandorla göttlicher Weihen umkleidet.[71]

Erst wenn man sich klarmacht, wie weit verbreitet und nahezu unvermeidlich ein solches Zusammenspiel von Kirche und Staat, von Thron und Altar in der Eidesfrage ist, kann man ermessen, was geschieht, wenn Jesus im Matthäusevangelium gleich zweimal (Mt 5,33–37; 23,16–22) das Schwören verbietet. Gott ist für Jesus der Ort jener Stille, die den Sturm auf dem Meere beruhigt (Mt 14,32), keinesfalls ist er eine oberste Angstinstanz, von der her sich die «normale» Angst aller vor allen, wie sie in der chronischen Verlogenheit des bürgerlichen und staatlichen Alltagslebens erscheint, überwinden ließe. Die Grundfrage für Jesus lautet nicht, wie man jemanden gewaltsam dazu bringen und zwingen kann, nicht zu lügen, das eigentliche Problem für ihn besteht in der Frage, wie man einen Menschen dahin geleiten kann, wahrhaftig zu werden. Und dann kommt es, wie auch sonst im Umgang mit Unrecht und Gewalt (Mt 5,38–42), im Sinne Jesu darauf an, das Böse zu besiegen durch die Kraft des Guten, die Lüge also durch die Wahrheit, die Angst durch das Vertrauen, die Gewalt durch die Wehrlosigkeit. Es gibt bis heute keine «Politik», die diesen «therapeutischen» Regeln der Religion Jesu Folge leisten könnte oder auch nur entfernt Folge leisten wollte[72]; Matthäus aber verlangt zumindest von der Gemeinde der Jünger Jesu, daß sie damit aufhören, die öffentliche Lüge aller notdürftig zu verwalten, statt diese Hypothek der Kinder Evas im Namen der Erlösung abzutragen. Zumindest in der «Kirche» Jesu soll es keine Eide geben dürfen noch geben müssen. Klarer als Matthäus diese Auffassung Jesu wiederholt zum Ausdruck bringt, läßt es sich nicht sagen.

Doch nun schaue man sich daraufhin, ein letztes Mal, die Praxis der (katholischen) Kirche an! In keiner Gruppe von Menschen wird heute so oft, so maßlos, ja so süchtig nach eidlichen Garantien für alles und jedes verlangt wie in der (katholischen) Kirche[73], derart, daß, gemessen daran, die staatliche Forderung nach Eidesleistungen schon fast wieder wohltuend moderat erscheinen muß! Alle, die irgend zum «Lehramt» der Kirche zählen, haben, vom Priester aufwärts bis zum Bischof, unter Eid ihre Treue zu eben diesem Lehramt zu beschwören[74], und man scheint bis heute in der römischen Verwaltungszentrale nicht zu merken, welch einen Offenbarungseid der Angst vor der Persönlichkeit und der Freiheit ihrer eigenen Mitglieder die (katholische) Kirche selber mit dieser Eidespraxis leistet. Diese eingeschworene Kirche scheint auch nicht zu merken, welch einen Götzendienst gegenüber ihrer eigenen an die Stelle Gottes gesetzten «Autorität» sie mit dieser ihrer Eidespraxis etabliert! Eine Kirche, die Eide nötig hat, offenbart sich selbst als eine Kirche der Angst, der Gewalt und der Unwahrheit, mithin als ein genaues Widerspiel der Kirche, die Matthäus wollte. Man kann, gestützt auf das Erste Evangelium, gewiß keine systematische Kirchenlehre erstellen; aber Hinweise dafür, wie die erlösende Botschaft Jesu sich in den Raum des Sozialen übersetzen ließe, enthält das Matthäusevangelium in ausreichender Fülle. Und da scheint es kein Zufall, daß es gerade diese Hinweise sind, die zu befolgen die (katholische) Kirche bis heute die größte Angst hat.

Doch es gibt hier keine Wahl. Nur eine nicht-autoritäre Kirche hat das Recht, die Autorität Jesu für sich zu beanspruchen. Nur eine innerlich gewaltfreie Kirche kann sich berufen auf die Macht des Geistes Jesu. Nur eine heilsame, menschliche Kirche kann sich zurückführen auf die Sendung des Jesus von Nazareth, der seine Jünger nachdrücklich anwies: «Geht zu den verlorenen Schafen des Hauses Israel ... Heilt Kranke, weckt Tote auf, macht Aussätzige rein, treibt Abergeister aus» (Mt 10,6–8). Nur eine humanitäre, die Not der Menschen lindernde oder gar verhindernde Kirche hat etwas zu tun mit jener Gemeinschaft, die Matthäus nach den Worten Jesu gestalten wollte.

Dann freilich wird man darüber nachdenken können und müssen, ob die «Steuerungsmechanismen», die Matthäus der hierarchischen Leitung seiner Kirche verordnet, wirklich greifen können, ohne eine konkrete Verfassung, die den Prinzipien der Offenheit, der Machtkontrolle, der Transparenz und der Dialogbereitschaft Realität verleiht. Alles, was Matthäus vorschlägt beziehungsweise in höchster Autorität, mit Hilfe wirklicher oder nachgetragener Jesus-Worte, vorschreibt, ist aus einer tiefen Sorge um den Zustand der Kirche seiner Zeit geboren; in seiner asketischen Strenge mutet es dem heutigen Leser an wie ein äußerstes Notprogramm zur Überwindung einer äußersten Krise. Mit einem Blick in die Geschichte aber muß man bezweifeln, daß es möglich ist, nach matthäischem Vorbild reinweg mit den Mitteln von Kirchenzucht und moralischer Disziplin eine Großgruppe zu leiten, ohne daß über kurz oder lang die «normalen», die «bürgerlichen» Kräfte: der Drang nach Sicherheit, Ansehen, Macht und Gelderwerb, sich auf Seitenwegen ihren Zugang in das Innerste des Heiligtums zurückerobern würden. Will man die spätere Kirchengeschichte nicht einfach als eine Bankrotterklärung vor dem Matthäusevangelium lesen, so muß man die Ansätze und Tendenzen des Ersten Evangeliums kreativ weiterentwickeln und mit Fragen und Lösungswegen verbinden, die zur Zeit der Entstehung des Neuen Testamentes noch ganz außerhalb des kulturgeschichtlichen Horizontes lagen. Die Weisung des Matthäus: «Dann sage es der Kirche» (Mt 18,17) zum Beispiel hat bis heute in der (katholischen) Kirche zu nichts anderem geführt als zu der Institution der Beichte; mit der Beichte aber hat diese Stelle, wie wir sahen, durchaus nichts zu tun, sehr viel hingegen mit der Bereitschaft zu offenem und öffentlichem Gespräch. Wäre es nicht möglich, das, was Matthäus möchte, in Richtung derjenigen politischen Kultur weiterzuinterpretieren, die seit 200 Jahren die Länder Westeuropas sich zu eigen gemacht haben?[75] Paradox genug – die (katholische) Kirche müßte heute bei den Instanzen staatlicher Macht, die von der Macht zu erlösen sie eigentlich beauftragt wäre, auf lange Zeit hin selber in die Lehre gehen, um den Anschluß an ihre eigenen Quellen wiederzufinden! Demokratisierung der Kirche: das hieße Machtbegrenzung durch die institutionelle Ausbildung von kontrollierenden Gegenmächten, das hieße Aufsicht des Volkes über das Finanzgebaren und über die Machtausübung ihrer Vorgesetzten, das hieße auch die Absetzbarkeit von Amtsträgern durch allgemeine Wahlen; das hieße nicht zuletzt die Möglichkeit, Informationen auszutauschen, Kritik öffentlich zuzulassen und Erfahrungen rückzumelden; es hieße freilich auch, daß in der Kirche wie in der bürgerlichen Gesellschaft sonst um Macht gerungen, um Geld geschachert, um Stimmen gefeilscht werden müßte. Doch vielleicht könnte eines Tages eine Gemeinde Christi entstehen, in der Freiheit und Solidarität, «Demokratie» und «Sozialismus», Autonomie und Gemeinsamkeit zusammenkämen, indem wirklich wird, was Kirche sein sollte: eine Gemeinschaft von Menschen, gegründet auf das Geschenk des Vertrauens, auf der spürbaren Berechtigung zum Sein, auf der heilenden Kraft gelebten Verstehens und auf der Kraft einer Hoffnung, die den Tod nicht mehr fürchtet. In einer solchen «Demokratie» von morgen würde immer noch gerungen und gestritten, doch nicht um Macht, sondern um Erkenntnis und Wahrheit; in einer solchen Gemeinschaft von Glaubenden würde es immer noch Oben und Unten geben, doch nicht mehr Hoch und Niedrig; in einer solchen Kirche wie Matthäus sie wünschte, würden das Recht und die Liebe, die Macht und die Gnade nicht immer wieder einander bekämpfen. In einer solchen Form von Gemeinschaft wäre der Gedanke der Systemtheorie weitgehend verwirklicht, daß das Leben ein sich selbst organisierendes System ist, das man schon aufgrund seiner nichtlinearen Komplexität nicht mit Maßnahmen, Programmen und Direktiven definieren oder strukturieren kann.[76] Statt in einem linearen hierarchischen Denken und Verhalten gefangen zu bleiben[77], sollte die Kirche sich nicht ungeistiger und weniger lebendig darstellen und gestalten als die mannigfaltigen Erscheinungsformen von Ordnung und Leben ringsum, in denen es keine «Instanzen» gibt, die fundamentaler wären als andere, sondern in denen alles ein Netzwerk von Gesetzen und Vorgängen bildet, das in einem unübersehbaren Gewebe von Vernetzungen und Rückkoppelungen die verschiedenen Ebenen dynamisch miteinander verflochten hält.[78] Eine Gemeinschaft von Menschen, in der jeder weiß, daß er nur lebt von der Vergebung des anderen – das mindestens war es, was Matthäus als seine Kirche gewollt hat; man lese noch einmal und immer wieder als Kommentar dazu das Gleichnis vom großmütigen König und vom unbarmherzigen Knecht (Mt 18,23–35).

2. Von Zwang und Freiheit oder: Gesetz und Evangelium

«Denn das Gesetz ist durch Moses gegeben worden,
die Gnade und die Wahrheit (aber)
ist durch Jesus Christus gekommen.» (Joh 1,17)

Dabei kann man gerade Matthäus nicht vorwerfen, er habe sich nicht bis aufs äußerste um Konkretisierung seiner Vorstellungen sogar im Sinne gesetzlicher Festlegungen bemüht. Kein Evangelist ist so sehr bestrebt, seiner Gemeinde eine «Verfassung», ein «geschriebenes Gesetz», eine Art göttlicher «bill of rights» mit auf den Weg zu geben, wie Matthäus. Freilich begibt er sich damit erneut in dieselbe Dialektik, die bereits zwischen der Botschaft Jesu und der Einrichtung der Gemeinde selbst bestand, nur daß die Widersprüchlichkeiten die Verformungen, die Gegensteuerungen und die Aporien dabei noch weit deutlicher und sozusagen ungebremst zu Tage treten müssen als bisher. Zu erklären – wie Matthäus es tut –, Jesus selber habe die Kirche samt ihren hierarchischen Strukturen gegründet oder begründet, fügt der Geschichte Jesu «nur» etwas hinzu, was so nicht war; aber jetzt mit Matthäus zu sagen, Jesus habe seinen Worten den Charakter eines neuen Gesetzes für eine neue Gemeinde (außerhalb Israels!) verliehen, das verändert ganz entschieden die Geschichte des Jesus von Nazareth, die es wirklich gegeben hat.

a) Johannes der Täufer und Jesus oder: Von der Notwendigkeit der Gnade

Die Botschaft Jesu – kein Evangelist weiß das so gut wie Matthäus – ist ganz und gar parallel und alternativ zu der Botschaft Johannes des Täufers, und sie steht damit, auf dem gemeinsamen Boden des Prophetischen, zugleich in einer unerhörten inneren Spannung zu der Frömmigkeitshaltung der etablierten Religion ihrer Zeit und jeder Zeit. Ein erster Paukenschlag erdröhnte bereits aus den Worten des Täufers selbst, aus dieser Stimme eines «Rufers in der Wüste» (Mt 3,1). Allein schon, daß Johannes, unter dem Einfluß offenbar der Wüstengemeinde von Qumran[1], abseits von Jerusalem und abseits vom Tempel den Menschen seiner Zeit auf Sein oder Nichtsein, in einem Krisenaugenblick der äußersten Entscheidung, das drohende Gericht des kommenden Messias predigte, der schon auf der Tenne bereitsteht, um die Spreu vom Weizen zu trennen, ist nicht anders zu werten denn als eine endgültige Absage an Tempel und Priesterschaft, an Kult und Altar, an die Religion der institutionellen Sicherungen und Versicherungen.[2] Endlich, nach Jahrhunderten der staubtrockenen, immer dürrer werdenden, immer enger und erstickender sich gestaltenden Traditionsgläubigkeit und Autoritätshörigkeit der Religion der Schriftgelehrten und der Hohenpriester (plus der süffisant geschmeidigen, für die Essener völlig undiskutablen Appeasement-Politik der herrschenden Sadduzäer[3]), tritt hier ein Mann auf, in dem der Geist alter Prophetie wieder Atem schöpft – ein zweiter Elija, läßt schon Markus (Mk 9,11–13; Mt 17,10–13) Jesus von seinem großen Lehrmeister sagen.[4] Von ihm, diesem Feuersturm glühender Gottergriffenheit und kompromißloser Unbedingtheit, muß Jesus von Nazareth sich wie magisch angezogen gefühlt haben; und er wird zwei Grunderfahrungen des Täufers auch späterhin unverändert beibehalten.

Die erste lautet: «Kehrt um! Denn genaht hat sich das Königtum der Himmel!» (Mt 3,2; 4,17)! «Bringt jetzt Frucht, würdig der Umkehr!» (Mt 3,8; 7,19)! Nichts, soll das heißen, steht mehr zu erhoffen von der erklärten, kommentierten, legitimierten, autorisierten, institutionalisierten Religion der herrschenden Kreise in Jerusalem; alles muß noch einmal beginnen, wie in den Tagen des Jeremia; ein prophetischer Neuanfang der Gottunmittelbarkeit, in Sehnsucht und Ekstase, und zwar unverzüglich, ohne Aufschub. Auch Jesus wird in dieser Erwartung glauben und hoffen, warten und beten, und er wird seine Jünger lehren zu sprechen: «Dein Reich (deine Wirklichkeit) komme!» (Mt 6,9.) Ja, das Reich Gottes wird kommen, aber, das ist genau so sicher, ohne jede Rücksicht auf Rang oder Amt, auf Hoch oder Niedrig, auf Titel oder Ansehen; es geht um eine radikale Scheidung der Menschen entlang der Entscheidung, die ein jeder für sich selber, jetzt oder nie, unter den Augen Gottes treffen muß. Das ist die eine der beiden bleibend wahren Grunderfahrungen des Johannes.

Die andere lautet: Es gilt, weit innerlicher, weit wahrhaftiger, weit «existentieller»: das heißt persönlicher, menschlicher, ehrlicher, offener und in sich geschlossener, als es die Priesterreligion und die Verordnungen der Schriftgelehrten nahelegten, endlich mit ganzem Herzen zu befolgen, was Gott will. Es kommt, ganz wörtlich, darauf an, «das rechte Leben vor Gott» (seine «Gerechtigkeit») ganz zu verwirklichen (Mt 3,15). Die Priesteranweisungen, die Rabbinererklärungen, das ist ganz klar, verführen lediglich die Menschen durch falsche Beruhigungen zu einem äußerlichen Legalismus, zu einem entfremdeten Hersagen heiliger Formeln, zu einem Götzendienst sinnloser Formalien. Es geht um die «Reinheit des Herzens» (Mt 5,8; Ps 24,4; 51,12; 73,1), nicht um die Reinheit der Rituale und der Ritualien (Mt 7,14–23; Mt 15,10–20); wenn Gott den Menschen «nahe» ist, so gilt die alte Einsicht der Propheten, daß er nur «nahe» denen ist, die zerbrochenen Herzens sind (Ps 34,19; 51,19; Jes 57,15). «Einen solchen sehe ich an, der demütig ist und zerschlagenen Geistes und der erzittert vor meinem Wort» (Jes 66,2)[5] – dieses Wort des (Trito)Jesaja könnte auch aus dem Munde des Täufers und ebenso aus dem Munde Jesu stammen.

Und doch hat Jesus bei aller Übereinstimmung mit seinem Lehrer Johannes den Ton und den Akzent, ja, die Sache selbst auf eine andere, noch einmal alles verändernde dritte Erfahrung gestellt. «Umkehr» des Menschen – gewiß; «Buße» und «Werke», schon wohl; doch alles wird falsch unter dem Zwinggriff der Angst; alles verformt sich unter dem Diktat des «Du mußt». Am Anfang «muß» etwas ganz anderes stehen als Drohung und Flucht. Die Menschen fliehen und flüchten ohnehin viel zu viel, und selbst die ausgesuchteste Frömmigkeit kann noch eine letzte Fluchtburg der Seelenversteinerung sein gegenüber dem «wirklichen Leben vor Gott», gegenüber der «Gottesgerechtigkeit in Gänze», ja, sie kann es nicht nur sein, sie ist es ihrem ganzen Wesen nach. Wenn es aber so steht, dann genügt es nicht, sich an den Jordan zu stellen und die Menschen mit der Drohung des kommenden Gerichtes zur Ernstnahme der Gottesbotschaft förmlich zu zwingen; dann muß alles daran gelegen sein, zuallererst die Voraussetzungen dafür zu schaffen, daß die Menschen aus ihrer Verlorenheit zurückfinden können. Die Menschen, wie Jesus sie sieht (oder besser, wie er sie nach und nach immer tiefer verstehen lernte), sind viel zu ausgesetzt, hilflos und getrieben, um von sich aus zur «Umkehr» imstande zu sein; man muß ihnen nachgehen, man muß sie sich «aufladen», man muß sie begleiten und «tragen», bis sie zu sich selber zurückgelangen – so schildert es Jesus im Gleichnis vom verlorenen Schaf (Mt 18,12–14); man muß nach ihnen «suchen», selbst wenn man dafür das ganze Haus auf den Kopf stellen müßte, wie jene Frau auf der Suche nach ihrer verlorenen Drachme (Lk 15,8–10). Denn die Wahrheit, wie Jesus sie erlebt, besteht in der vollkommenen Aussichtslosigkeit des menschlichen Daseins unter den Augen Gottes. So überliefert es Matthäus selber in dem schon erwähnten zentralen Gleichnis vom großmütigen König (18,21–23): dieser Mann, der da kniefällig seinen König um Erbarmen bittet, kann sich drehen und wenden wie er will, er kann jedes Opfer bringen sein Leben lang, er kann verpfänden und verkaufen, was ihm das Liebste ist: seine Frau, seine Kinder, sich selbst – er wird nichts, buchstäblich nichts von seiner maßlosen Schuldsumme abzahlen können; es ist nicht möglich, mit Gott ins Reine zu kommen durch eigenes Tun und Bemühen; wenn wir leben können, dann einzig, weil Gott uns erträgt und uns vergibt. Das ist die große, die revolutionierende, die alles umstürzende Einsicht des Jesus von Nazareth: daß der Standpunkt des «Rechtes»: des Rechthabens, des Richtigseins, des Anspruchsdenkens vor Gott eine einzige haltlose Selbsttäuschung darstellt.

Freilich gibt es im «Weinberg des Herrn» die «Arbeiter der ersten Stunde» (Mt 20,1–16)[6], es gibt Menschen, die sich ernsthaft einbilden, sie hätten «verdient», daß Gott sie «entlohnt», aber weder Gott noch die Menschen können es sich leisten, daß nach einem solchen Maßstab von «Gerechtigkeit» die Taten der Menschen «gemessen» würden. Gott kann es sich nicht leisten, denn er mag es nicht leiden, mitleidlos all die vielen «stehen»zulassen, die bei einer «gerechten» Entlohnung am «Abend» weder etwas zu essen noch zu beißen hätten; und die Menschen können es sich genausowenig leisten, denn selbst jene am frühen Morgen Berufenen sind doch nichts anderes als eben: von Gott Berufene. Ist es etwa ihr «Verdienst», daß der «Hausherr» sie frühzeitig «in Dienst» genommen hat? Daß der eine hier steht und der andere da, wer hätte das «verdient»? Nein, wir Menschen, meint Jesus, können nur existieren unter einem freien, offenen Himmel der Güte, der unterschiedslos alle Menschen umfaßt und nicht länger mehr trennt zwischen Gut und Böse, Rechtschaffen und Falsch, Ordentlich und Lasterhaft – oder wie immer die Schablonen religiös verbrämter Spießerei auch heißen mögen. Die einzig «richtige» Antwort auf die offensichtliche Ungerechtigkeit des Lebens ist die Güte. Eine anarchische Botschaft, gewiß, eine jede Einordnung sprengende Erfahrung, ja – so unerhört, so neu, daß sie eine neue Spaltung wird aufbrechen lassen: Sie wird all diejenigen bedrohen, die mit Gott und der Welt ihr Auskommen gefunden zu haben glauben; all diejenigen, die in ihrer Selbstzufriedenheit noch etwas zu verlieren haben, werden derartige Anmutungen als Zumutung erleben und sich gegen diese Bedrohung ihrer selbstgeschaffenen Existenzgrundlage energisch zur Wehr setzen; die «Armen» aber, die «Zerbrochenen», die «Leidenden» und die «Wehrlosen» (Mt 5,4.5), die «Kranken» und «alle, die übel dran sind» (Mt 4,24), werden diese Herausforderung eines bedingungslosen Erbarmens Gottes nicht als Gefahr und Zerstörung, sondern gerade umgekehrt als Rettung und Heil erleben. Nur wer sehr glücklich oder sehr verzweifelt ist, wird nicht «verstört» werden von dieser neuen, unerhört erneuernden Botschaft Jesu, die selbst für Johannes den Täufer auf eine äußerste Infragestellung seiner ganzen Person hinausläuft (Mt 11,6): eine Entscheidung auch jetzt, im ganzen Ernst des Johannes, aber nicht mehr, wie an den Ufern des Jordan, zwischen Gut und Böse, sondern, weit abgründiger, weit fundamentaler, zwischen einem Leben aus Angst und einem Leben aus Vertrauen, zwischen einem Leben der selbstgeschaffenen Sicherheiten und einem Leben des Getragenwerdens in den unsichtbaren Armen Gottes, zwischen einem Leben in den Kategorien von Sittlich und Unsittlich, Richtig und Falsch und einem Leben in dem Erfahrungsraum von Gnade und Vergebung. Entweder-Oder auch hier, doch nunmehr zu Heil oder Unheil, Gesundheit oder Krankheit, Rettung oder Tod, nicht mehr nur zwischen Tugend und Laster, Lohn und Strafe, Verdienst und Verlust.

Es ist gut, sich an einem Beispiel einmal grundlegend die enorme Sprengkraft (oder Heilkraft) dieser dramatischen Veränderung des Ausgangspunktes in der Botschaft Jesu klarzumachen, um die Schwierigkeiten zu verstehen, vor die speziell Matthäus sich in der Formulierung seines Evangeliums gestellt sieht. Vor bereits 200 Jahren hat J. W. v. GOETHE in den «Wahlverwandtschaften» am Beispiel einer Kernfrage auch des Matthäus (Mt 5,31–32; 19,1–9): am Problem der Ehescheidung, einmal gezeigt, wie prinzipiell tödlich der Standpunkt einer gesetzlich gefaßten, statuarisch als gültig gesetzten Moralordnung in Anbetracht der Not des menschlichen Herzens sich auswirken muß. Gleich zu Beginn des Romans läßt GOETHE den sonderbar umtriebigen, stets um das christliche Seelenheil seiner «Schäfchen» bemühten Prediger mit dem beziehungsreichen Namen «Mittler» als das «ceterum censeo» all seiner «Vermittlungsversuche» erklären: «Wer mir den Ehestand angreift..., wer mir durch Wort, ja durch Tat diesen Grund aller sittlichen Gesellschaft untergräbt, der hat es mit mir zu tun; oder wenn ich sein nicht Herr werden kann, habe ich nichts mit ihm zu tun. Die Ehe ist der Anfang und der Gipfel aller Kultur. Sie macht den Rohen mild, und der Gebildetste hat keine bessere Gelegenheit, seine Milde zu beweisen. Unauflöslich muß sie sein: denn sie bringt so vieles Glück, daß alles einzelne Unglück dagegen gar nicht zu rechnen ist. Und was will man von Unglück reden? Ungeduld ist es, die den Menschen von Zeit zu Zeit anfällt, und dann beliebt er sich unglücklich zu finden. Lasse man den Augenblick vorübergehen, und man wird sich glücklich preisen, daß ein so lange Bestandenes noch besteht. Sich zu trennen, gibt's gar keinen hinlänglichen Grund. Der menschliche Zustand ist so hoch in Leiden und Freuden gesetzt, daß gar nicht berechnet werden kann, was ein Paar Gatten einander schuldig werden. Es ist eine unendliche Schuld, die nur durch die Ewigkeit abgetragen werden kann. Unbequem mag es manchmal sein, das glaub' ich wohl, und das ist eben recht. Sind wir nicht auch mit dem Gewissen verheiratet, das wir oft gerne loswerden möchten, weil es unbequemer ist als uns je ein Mann oder eine Frau werden könnte?»[7] Diese unumstößliche, absolut unantastbare

Sakrosanktheit des heiligen Standes der Ehe trifft in GOETHES Roman in der Gestalt von Charlotte und Eduard auf ein Paar, das sich selbst in der ganzen Art des Umgangs miteinander als artig und zärtlich, sensibel und rücksichtsvoll, kultiviert und gebildet, mit einem Wort: als geadelt in Sitte und Sittsamkeit einführt und aufführt. Und dennoch schwebt über ihnen, zunächst noch verborgen, dann beseligend funkelnd, dann als furchtbares Verhängnis, der Unstern der Trennung. GOETHES psychologisches Interesse ist in diesem Roman mit der Beobachtungsschärfe eines Naturforschers gerade auf jenes Gesetz gerichtet, wonach Menschen, gleich dem Verhalten bestimmter chemischer Moleküle, aus dem bisherigen Zusammenhang ihrer Verbindung durch das Auftreten eines stärker wirkenden Elementes herausgelöst und zu einem neuen, «spontan» sich fügenden Zusammenschluß bestimmt werden können. Charlotte selber, nichtsahnend, ist es, die sich bei ihrem Gatten dafür verwendet, die junge, schöne, in sich gekehrte Ottilie aus einem Heim, in welchem sie sich mancherlei Mißverständnissen ausgesetzt sieht, zu sich zu nehmen; und zufällig fügt es sich, daß zur gleichen Zeit auch Eduard für einen befreundeten Hauptmann einen ähnlichen Plan hegt; ja, es spricht für das gute Einvernehmen der beiden Gatten, daß sie einander sich die Erfüllung ihres Wunsches, trotz aller Bedenken, zum gegenseitigen Geschenk machen. Unmerklich indessen, doch sehr bald, geschieht es, daß Eduard Zuneigung faßt zu Ottilie und Charlotte unwiderstehlich sich hingezogen fühlt zu dem Hauptmann. Beide bemerken im stillen die Veränderung, die in den Gefühlen des anderen statthat, doch keiner vermag die Grenzen der Rücksicht und Vorsicht zu übersteigen, um den Gatten, die Gattin auf jenes nur allzu mühsam verborgene Geheimnis anzusprechen. Ein Kind bringt Charlotte zur Welt, das zum Erstaunen wie zum Erschrecken der Umstehenden untrüglich die Züge des Hauptmanns trägt, während der Ausdruck seiner Augen ebenso deutlich dem Vorbild Ottiliens zu gleichen scheint; ja, wenn man in diesen Spiegel der Natur unvoreingenommen hineinblicken wollte, so müßte man darin wohl das Konterfei eines doppelten Ehebruchs erkennen, indem Eduard bei der Zeugung dem Kinde die Seele Ottiliens einhauchte, während Charlotte in Wahrheit sich mit dem Hauptmann vermählte, als sie es empfing.

Wie läßt sich die Bindung einer ehelichen Gemeinschaft bewahren, wenn die Gesetze der «Wahlverwandtschaften» in der geheimnisvollen «Chemie» der Liebe derart zu wirken beginnen?

Man könnte, scheint GOETHE vorzuschlagen, nach dem Vorbild eines in «wilder» Ehe lebenden gräflichen Paares den moralischen Zwang der Unauflöslichkeit der Ehe mit zynisch erscheinenden Späßen verspotten[8], doch ist es so falsch gedacht, zu meinen, dem menschlichen Herzen müsse es vergönnt sein, sich wandeln zu dürfen, und eine Ehe könne nur solange Bestand haben, als die Übereinkunft der Herzen gewahrt sei? Vielleicht, so der Scherz des Frivolen, würde manche Ehe in der Tat länger Bestand haben, wenn es, gemäß dem gräflichen Ansinnen, alle fünf Jahre in das Belieben der Liebenden gestellt wäre, sich neu entscheiden zu dürfen? Eduard und Charlotte jedenfalls sind nach langem Ringen und Prüfen schließlich willens, einander freizugeben, da ist es Ottilie, die, als sie nach langer Zeit der Trennung endlich Eduard wiedersieht und sich leidenschaftlich seiner Liebe versichert, beim Besteigen eines Bootes Charlottes Kind so unglücklich umfaßt hält, daß sie mitsamt dem ihr Anvertrauten ins Wasser stürzt; das Kind stirbt, und dieser Vorfall erfüllt Ottilie mit solcher Schuld, daß sie in einem heiligen Gelübde schwört, auf ihre Liebe zu Eduard für immer Verzicht zu tun. Immer mehr siecht sie, jede Speise vermeidend, dahin, um wie eine Heilige in den Tod zu gehen. In jenen Tagen aber, da Ottiliens Leben zusehends dahinwelkt, nimmt, noch einmal, der rührige Mittler Gelegenheit zu einem letzten glanzvollen Auftritt. Muß denn das Gesetz, die Moral, das Gebot der Sitte und Sittlichkeit, so fragt er, stets einen so strengen und verbietenden Charakter an sich tragen? Sollte es nicht, so erwägt er, des Menschen Glück und Seligkeit bilden, das Schickliche und Gebotene mit Freude und Inhalt zu füllen? So klagt er: «Wie verdrießlich ist mir's oft, mit anzuhören, wie man die zehn Gebote in der Kinderlehre wiederholen läßt. Das vierte ist noch ein ganz hübsches, vernünftiges, gebietendes Gebot: Du sollst Vater und Mutter ehren. Wenn sich das die Kinder recht in den Sinn schreiben, so haben sie den ganzen Tag daran auszuüben. Nun aber das fünfte, was soll man dazu sagen? Du sollst nicht töten. Als wenn irgend ein Mensch im mindesten Lust hätte, den andern tot zu schlagen! Man haßt einen, man erzürnt sich, man übereilt sich und in Gefolg von dem und manchem andern kann es wohl kommen, daß man gelegentlich einen tot schlägt. Aber ist es nicht eine barbarische Anstalt, den Kindern Mord und Totschlag zu verbieten? Wenn es hieße: sorge für des andern Leben, entferne, was ihm schädlich sein kann, rette ihn mit deiner eigenen Gefahr; wenn du ihn beschädigst, denke, daß du dich selbst beschädigst: das sind Gebote, wie sie unter gebildeten vernünftigen Völkern statt haben, und die man bei der Katechismuslehre nur kümmerlich in dem Wasistdas nachschleppt. Und nun gar das sechste, das finde ich ganz abscheulich! Was?, die Neugierde vorahnender Kinder auf gefährliche Mysterien reizen, ihre Einbildungskraft zu wunderlichen Bildern und Vorstellungen aufregen, die gerade das, was man entfernen will, mit Gewalt heranbringen! Weit besser wäre es, daß dergleichen von einem heimlichen

Gericht willkürlich bestraft würde, als daß man vor Kirch' und Gemeinde davon plappern läßt ... Du sollst nicht ehebrechen ... wie grob, wie unanständig! Klänge es nicht ganz anders, wenn es hieße: Du sollst Ehrfurcht haben vor der ehelichen Verbindung; wo du Gatten siehst, die sich lieben, sollst du dich darüber freuen und teil daran nehmen wie an dem Glück eines heitern Tages. Sollte sich irgend in ihrem Verhältnis etwas trüben, so sollst du suchen es aufzuklären: du sollst suchen sie zu begütigen, sie zu besänftigen, ihnen ihre wechselseitigen Vorteile deutlich zu machen, und mit schöner Uneigennützigkeit das Wohl der andern fördern, indem du ihnen fühlbar machst, was für ein Glück aus jeder Pflicht und besonders aus dieser entspringt, welche Mann und Weib unauflöslich verbindet.»[9]

Niemals in der Literatur sind die 10 Gebote milder und menschlicher ausgelegt worden. Doch selbst wenn es so wäre, daß der Sinn der Gebote sich derart ins Helle gemalt spiegeln dürfte, wie Mittler es hier ausmalt – wie kontrastreich noch heute nimmt sich die kirchliche Wirklichkeit demgegenüber aus! Und selbst wenn der Geist GOETHES von der Kirche Besitz ergreifen würde, was wäre wirklich gewonnen? Ottilie stirbt zur selben Zeit, da Mittler seine Deutung der Gebote vorträgt, an verbotener Liebe; sie geht zugrunde an dem Verbot ihrer Liebe, die keine noch so menschenfreundlich sich gebende Interpretation des Gesetzes je gutheißen würde. Das Gesetz müßte aufhören, das Gesetz zu sein, wenn Ottilie leben könnte; es müßte Lücken bekommen, es müßte Ausnahmen dulden, es müßte die tragische Unfreiheit des menschlichen Herzens anzuerkennen bereit sein, in jenen Bereichen zumindest, die zu dem Heiligsten zählen, dessen wir Menschen fähig sind: der Liebe. Das Gesetz tötet, einfach weil es das Gesetz ist – das ist die bitter wahre Quintessenz aus GOETHES «Wahlverwandtschaften», und es müßte, um uns leben zu lassen, so etwas geben wie eine Vertiefung des Gesetzes oder, besser, wie seine Aufhebung in einer tieferen Barmherzigkeit beziehungsweise in einem gütigeren Begleiten und Verstehen.

Wohlgemerkt hat GOETHE seine «Wahlverwandtschaften» in einer Zeit geschrieben, in der ihm zum Verständnis für die jeder moralischen Anstrengung spottende Zwangsbindung der Liebe sich nichts weiter anbot als ein Bild der Chemie, also im Grunde nichts weiter als eine Annäherung von außen, durchaus kein Begreifen, nur eine Ahnung. Die Psychoanalyse, die Entdeckung des Unbewußten, die Lehre von Übertragung, Projektion und anima-Liebe wird noch 70 Jahre danach nicht geboren sein; und nicht einmal für Ottiliens Krankheit gibt es in GOETHES Sprache einen klinischen Begriff: Magersucht! Von der Notwendigkeit, zum Verständnis solcher Gefühle die Eindrücke der frühen Kindheit – der Vaterbindung und der Muttersehnsucht – nachzuarbeiten, weiß der psychologische Roman des neunzehnten Jahrhunderts noch nichts. Ja, es ist deutlich, daß GOETHE selber, in herber Altersabkehr von den «Leiden des jungen Werthers»[10], seine «Wahlverwandtschaften» sehr wohl als einen lebendigen Kommentar zu den Worten aus Mt 5,28 verstehen möchte: «Wer ein Weib ansieht, ihrer zu begehren ...», wie er 1821 an Zauper, den Benediktinerchorherren in Pilsen schreibt. GOETHE selber hatte sich bereits im Jahre 1807 seiner schicksalhaft erscheinenden Zuneigung zu der 18jährigen Minchen Herzlieb in Jena zu erwehren gehabt, in deren Bild die unglückliche Altersliebe Eduards zu Ottilie vorgeprägt scheint – und dies, nachdem er 1806 erst die kirchliche Trauung mit seiner langjährigen Lebensgefährtin Christiane Vulpius vollzogen hatte[11]; auch die 22jährige Sylvie von Zisegar und die junge Bettina Brentano hatten GOETHES leidenschaftlich entfachten Gefühle seinerzeit zu einem herben Verzicht genötigt.[12] Die «Wahlverwandtschaften» sollten, entsprechend dem Willen ihres Autors, daher so etwas werden wie eine illustrierte Predigt der Entsagung und der himmlischen Apotheose der asketisch gemaßregelten Tugend. Doch, mit Verlaub gesagt, ist es gerade das Finale, das GOETHE dem Schicksal Ottiliens verordnet, in dem der Kitsch katholischer Reinheitsmystik und die Pathologie neurotischer Triebverdrängungen auf unerträgliche Weise sich miteinander vermischten. Wie denn, fragte zu Recht BETTINA VON ARNIM: «Ich verstehe es nicht, dieses grausame Rätsel; ich begreife es nicht, warum sie alle sich unglücklich machen. Ist die Liebe nicht frei?»[13] GOETHES Intuition als Dichter, seine poetische Symbolik der naturhaften Zwangsgesetzlichkeit der Verschmelzung bestimmter Charaktere miteinander im Bilde der Wahlverwandtschaften überragt hier bei weitem die Intransigenz eines Moralapostels vom Schlag seines «Mittlers»; und die Ehrlichkeit Eduards, als er diesen bigotten Schwätzer für eine Weile zum Teufel schickt[14], scheint menschlich weit glaubwürdiger als die madonnenhafte Verklärung der masochistischen Quälerei, mit der Ottilie sich am Ende des Romans zu Magersucht und Tod verdammt[15], als die rührend ärgerliche Pose und Posse von Heiligkeit und Weltentsagung, der auch Eduard schließlich durch eigene Hand zum Opfer fällt.[16] Die Ahnung des Dichters GOETHE von dem Unrecht, das der Standpunkt von Recht und Gesetz unter Umständen den Liebenden zufügt, wird in seiner Erzählung nur notdürftig kompensiert durch den erklärten Willen einer affirmativen Restauration der bestehenden moralischen Ordnung gegen die Infragestellungen von Aufklärung und Romantik, von Denken und Gefühl, von Freiheit und Erfahrung.

b) Die Angst vor der Gesetzlosigkeit und die Reaktionsbildung einer neuen Gesetzlichkeit

Das Problem freilich, das GOETHE in seinen «Wahlverwandtschaften» vor sich sah, im Falle er der Liebe hätte Freispruch erteilen sollen gegenüber dem Gesetz, ist kein anderes als die Frage, die in Furcht und Warnung das gesamte Matthäusevangelium durchzieht: das Problem der «Gesetzlosigkeit». Kann es nicht sein, daß die Erfahrung Jesu von der absoluten Angewiesenheit des Menschen auf das vergebende Erbarmen Gottes jetzt, ein halbes Jahrhundert später, in manchen Kreisen lediglich als Alibi für jede Art von Willkür und Entartung mißbraucht wird? Für Matthäus handelt es sich hier keinesfalls um eine akademische Möglichkeit, sondern um eine brennende, längst eingetretene Gefahr. Gerade das «prophetische» und «therapeutische» Element der Botschaft Jesu scheint in diese Zerrform geraten zu sein, so wenn der Evangelist in Mt 7,22–23 «viele» am Tage des Gerichtes sagen läßt: «Herr, Herr, haben wir nicht in deinem Namen prophetisch geredet und in deinem Namen Abergeister ausgetrieben und in deinem Namen viele Machttaten vollbracht? Doch dann gerade werde ich (Jesus) ihnen bekennen: Niemals habe ich euch gekannt. Weichet von mir, ihr Handlanger der Gesetzlosigkeit.»[17] Hier ist es, den Worten des Matthäus nach, der erhöhte Herr selber, der «Herr» der Kirche also, der sich von seinen eigenen Anhängern lossagt, die ihm als «Propheten» und «Therapeuten» zu folgen meinen, während sie für nichts anderes gelten müssen denn für Frevler und «Gesetzlose». Das «Prophetische» und «Therapeutische» schützt hier ganz offensichtlich vor einer solchen endgültigen, in höchster Autorität ausgesprochenen Verwerfung der Verworfenen nicht nur nicht, es scheint im Gegenteil sogar in seiner ungebundenen Freiheit geradewegs zum Ursprungsherd der «Gesetzlosigkeit» geworden zu sein.[18] Mehr noch: Matthäus sieht recht eigentlich in diesen Kreisen von «Propheten» und «Therapeuten» das wahre «Unkraut im Weizen» (Mt 13,36–43), das er inmitten der Kirche auszureißen sich selber zwar verbietet, das aber, wie er als sicher in Aussicht stellt, um so radikaler von den «Engeln» im «Königtum des Menschensohnes» (Mt 13,41) ausgerissen werden wird. Verzweifelter und hilfloser kann der Evangelist seine Situation kaum formulieren: Da erwächst aus der Mitte der Botschaft Jesu in seinen Tagen selber etwas, das all das gut Begonnene zu überwuchern und zu gefährden droht, und man kann diesen anscheinend «gnostischen» Kreisen offenbar nicht mit einem bloßen Veto entgegentreten.[19] Die Botschaft Jesu ist unverrückbar «Prophetie» und «Therapie», sie ist unabdingbar Freiheit und Gnade, Offenheit und Güte, aber eben: sie ist nicht Gesetzlosigkeit, und sie ist nicht Willkür. Die Liebe selber steht am Ende in Gefahr, denn das ist es, was Matthäus wie die Selbsterfüllung einer apokalyptischen Weissagung bereits vor sich sieht: «Viele falsche Propheten werden auftreten und werden viele irreführen. Denn weil die Gesetzlosigkeit überhandnimmt, wird die Liebe in vielen erkalten» (Mt 24,11.12). Wie rettet man die Liebe vor ausufernder Libertinage und gnostisierender Ausschweifung? Das ist die Frage des Matthäus. Es ist eine Frage, die innerhalb der Religionsgeschichte immer dann aufzutauchen pflegt, wenn eine religiöse Gemeinschaft in ihrer Sehnsucht nach Erlösung den Zustand der Vollendung bereits mitten im Strom der Zeit vorwegzunehmen sucht.[20] In der jüdischen Bewegung des Chassidismus zum Beispiel, die in vielem mit der Grundhaltung Jesu sich vergleichen läßt, steht dafür im siebzehnten Jahrhundert die Gestalt des messianisch auftretenden Sabbatai Zwi[21] und, aus seinem Einfluß erwachsend, die Sekte des Jakob Frank[22], zu deren Kennzeichnung M. Buber von einem «Wahn» spricht, «der hemmungslos macht..., um auf die Menschen magisch zu wirken», beziehungsweise von einer «Sucht, geglaubt zu werden, um glauben zu können».[23]

Insbesondere das Problem der sexuellen Ausschweifung stellt sich nach der religiös begründeten Aufhebung der sittlichen Normen des Zusammenlebens in solchen Kreisen offenbar immer wieder mit großer Regelmäßigkeit.[24] Auch das Matthäusevangelium steht vor diesem Problem; aber es ist charakteristisch, wie der Evangelist es zu lösen versucht. Nicht allein, daß er gleich zweimal ausdrücklich die Ehescheidung kategorisch untersagt (Mt 5,31–32; 19,1–9), er schließt sich zugleich auch dem Urteil der rabbinischen Schule des Rechtsgelehrten Schammai an, der die Hurerei beziehungsweise den Ehebruch so sehr verurteilte, daß er (nach Dtn 24,1) einzig darin einen Grund sah, eine Ehe aufzulösen.[25] Matthäus aber tut noch ein übriges: In Mk 9,43–47 findet sich der Satz: «Wenn deine Hand dich verführt, hau sie ab! ... Und wenn dein Fuß dich verführt, hau ihn ab! ... Und wenn dein Auge dich verführt, reiß es aus...» Bei Markus geht es in diesen Worten um die «Verführung» der «Kleinen», um den Abfall vom Glauben und um das Schalwerden des Salzes.[26] Matthäus übernimmt in 18,6–10 diese Worte und verstärkt dabei noch die Fürsorge für die «Kleinen» – man soll sie in der Kirche nicht verachten, denn: «Ihre Engel in den Himmeln schauen allezeit das Angesicht meines Vaters in den Himmeln» (Mt 18,10). Dann aber, in der Bergpredigt, als er auf die Gefahr des Ehebruchs zu sprechen kommt, nimmt er dieselben Worte erneut auf, verwendet sie jetzt aber als eine massive Warnung vor sexueller Versuchbarkeit: «Jeder, der eine (verheiratete) Frau anblickt, um Verlangen nach ihr zu spüren, hat schon mit ihr die Ehe gebrochen in seinem Herzen. Wenn aber dein rechtes Auge dich verstört, reiß es aus und wirf es von dir. Denn es hilft dir ja, damit (nur) eines deiner Glieder zugrunde geht und nicht dein ganzer Leib in die Hölle geworfen wird» (Mt 5,28–30). Die Angst vor der sexuellen Verführung hat im Umkreis des Matthäusevangeliums diesen Worten nach offenbar einen solchen Grad erreicht, daß selbst das Mittel der Selbstverstümmelung als empfehlenswert gelten muß im Kampf der Männer gegen «das» Böse: gegen den Anblick einer schönen Frau.[27] Der Ratschlag oder vielmehr: der strikte Befehl – denn um nichts Geringeres handelt es sich – entbehrt dabei nicht einer absurden Komik: Woher denn, wenn ein Mann eine Frau «begehrlich» anschaut, will er wohl wissen, ob sie «verheiratet» ist oder nicht? Letztlich ist nicht mehr der «Ehebruch», sondern die Wollust und Unzucht das eigentliche Thema dieser sonderbaren Mahnungen zur Selbstverstümmelung im Notfall; ja, wenn es so steht, wie Matthäus es hier sieht, dann ist der Auslegung Leo Tolstois durchaus zuzustimmen, der meinte, daß schon der begehrliche Anblick der *eigenen* Frau eine tödliche Sünde sei.[28] Die Selbstverstümmelung und die Ehelosigkeit bilden dann den einzigen Ausweg, die einzige Rettung der Männer vor sich selbst und vor der Hölle.

Daß Matthäus selbst vor solchen Konsequenzen keinesfalls zurückschreckt, ja, sie sogar zusätzlich einfordert, zeigt er selber überdeutlich in dem berühmten Eunuchenspruch von Mt 19,10–12: Die Kastration um des Himmelreiches willen wird hier zu einem vorbildlichen Zustand, wenn es gilt, der Gefahr des Ehebruchs zu entgehen, und die Ehelosigkeit wird zu einem seligen Stand erhoben, denn besser für die Männer erscheint es allemal, gar nicht erst in eine Heirat einzuwilligen, als Zeit des Lebens untrennbar und unrettbar an der Seite ein- und derselben Frau das Dasein zubringen zu müssen: eine «logische» Folgerung scheinbar, wenn eine Ehescheidung partout nicht in Frage kommt, wie Matthäus, gleich zweimal, energisch versichert (Mt 5,31–32; 19,1–9).[29] Wie stark dabei die ganze Fragestellung einzig und allein aus männlicher Sicht formuliert ist, bedarf keines weiteren Kommentars.

Nun könnte man vielleicht meinen, es handle sich hier lediglich um Nebenbeispiele eines an sich doch lobenswerten Idealismus oder, je nachdem, um die singulären Auswüchse spezifischer Moralvorstellungen, wie sie zum Beispiel unter den Wüstenmönchen in Qumran gepflegt wurden.[30] Doch unterschätzt, wer so denken wollte, den System- und Ordnungswillen des Matthäus. Insbesondere die Sexualangst gibt allemal einen günstigen Nährboden für die zwangsneurotische Vergesetzlichung von Gefühlen ab – sie ist niemals nur ein Randphänomen, sondern steht immer, wenngleich selten offen erkennbar, im

Zentrum der gesamten Weltbetrachtung.[31] Zumindest legt der Eindruck sich nahe, daß jene Furcht vor dem «gnostischen» Chaos im Matthäusevangelium ihre zentralen Wurzeln gerade in der Angst vor bestimmten sexuellen Ausschweifungen beziehungsweise vor einer Lockerung der Ehemoral ganz im Sinne der anfänglichen Ausführungen von GOETHES quirligem Prediger Mittler hat; denn auch dieses Paradox, das bis heute die katholische Kirche kennzeichnet, läßt sich bereits bei Matthäus im Ansatz beobachten: daß über die Einhaltung einer rigorosen Ehemoral am rigorosesten ein Kreis von Leuten Wache hält, der, wenn man Worten glauben darf, im Grunde alle Sexualität weit von sich «abgetan» hat.[32]

Freilich lassen die Fragen, um deren Lösung Matthäus bemüht ist, sich nicht allein auf das Thema Sexualität verengen. In seinem Bestreben, die Zustände der Gemeinde zu ordnen, unternimmt das Matthäusevangelium den Versuch, die Worte Jesu in der *Bergpredigt* zur Grundlage eines neuen, für die Gemeinde schlechthin gültigen Gesetzes auszugestalten. Die Hinweise auf ein solches Verständnis dieses zweifellos wichtigsten Redeabschnittes des ganzen Matthäusevangeliums sind unübersehbar. Schon die Tatsache, daß Matthäus, anders als Lukas in Lk 6,20–49, Jesus seine Lehre vom *Berge* herab verkündigen läßt, steht in bewußter Parallele zu der Szene vom Sinai, als Gott selbst an sein Volk die Gebote erließ (Ex 20,1–21). So wie dort (in Ex 19,23 f.) das Volk sich abseits vom Berg halten mußte und es nur Moses und Aaron gestattet war, sich dem Herrn zu nahen, so treten in Mt 5,1 die «Jünger» zu Jesus, der seinen Mund auftut, um die Gesetzesworte des Neuen Bundes (Mt 26,28) an die «Scharen» zu richten; und wie damals die «Scharen» selbst sich aus Menschen der Flucht und der Angst, der Wüstenentbehrung und Sehnsucht nach dem Land der Verheißung miteinander zusammensetzten, so sind es jetzt die Elenden und Kranken, an welche die Worte der Seligpreisung ergehen. – Indem es übrigens in Ex 19,23 den Priestern ausdrücklich untersagt ist, den Berg Gottes zu betreten, dürfte auch für die Einleitungsszene der Bergpredigt feststehen, daß Matthäus die «Jünger», die sich um Jesus auf jenem zweiten Sinai versammeln, gewiß nicht einfach als Nachfolger oder «Ersatz» der «Priester» des Alten Bundes verstanden wissen möchte.

Allerdings verfolgt die Bergpredigt bei Matthäus den Zweck, das mosaische Gesetz in den Hauptstücken des jüdischen Frömmigkeitslebens, darunter vor allem in der klassischen Dreiheit: Almosen, Gebet und Fasten (Mt 6,1–4.5–15.16–17)[33], einer letztgültigen Neuinterpretation zu unterziehen. Von Anfang an, als das erste Wort, das wir bei Matthäus überhaupt aus dem Munde Jesu hören, gilt die bereits erwähnte programmatische Erklärung, die Jesus an Johannes den Täufer richtet: «Wir sind es schuldig, das rechte Leben (vor Gott) in Gänze zu verwirklichen» (Mt 3,15), und genau so erklärt Jesus jetzt in der Bergpredigt: «Setzt nicht, ich sei gekommen, aufzulösen: das Gesetz oder die Propheten; nicht bin ich gekommen, aufzulösen, sondern zu verwirklichen» (Mt 5,17). Das Gesetz des Moses gilt in diesem Verständnis als etwas nur Vorläufiges, das erst jetzt, in der Botschaft Jesu, seinen eigentlichen Sinn und seine gemeinte Wirklichkeit enthüllt. «Gesetz und Propheten» – das heißt hier so viel wie: das Gesetz in seinem vorausweisenden Charakter.[34] Wenn man so will, sind Moses und sein Gesetz, so verstanden, nichts weiter als Vorausgestalten der wahren Bedeutung, die in der Person und Botschaft Jesu nunmehr in Erscheinung tritt. Insofern wird das Gesetz des Moses nicht für ungültig erklärt, sondern im Gegenteil: Es wird in seine endgültige Form und Wirklichkeit gesetzt.

Der Gewinn, den Matthäus mit dieser theologischen Konzeption beziehungsweise Konstruktion erzielt, liegt auf der Hand. Denn steht es so, wie Matthäus seine Leser glauben macht, so ist jede Form von «Gesetzlosigkeit» ein für allemal in der Gemeinde Jesu als ein fundamentales Mißverständnis der christlichen Botschaft erkannt und verbannt. Im Umgang mit dem Gesetz verhält sich der Jünger Jesu nach diesem Verständnis keineswegs großzügiger und offenherziger, sondern ganz im Gegenteil: weit strenger, buchstabengetreuer und radikaler als die Anhänger des Moses, indem er jedes Jota und Häckchen (Mt 5,18) nicht nur in seinem geschriebenen Wortlaut, sondern vor allem in der inneren Gesinnung, in der Motivation, in der Vorbereitung des bösen Tuns ernst nimmt. So «übersteigt» das «Leben vor Gott», die «Gerechtigkeit» der Jünger Jesu, wirklich «bei weitem» die Lebensführung der «Schriftgelehrten und Pharisäer», und das wiederum ist nach Matthäus die unerläßliche Voraussetzung dafür, «in das Königtum der Himmel» zu gelangen (Mt 5,20).[35] Mosaischer als Moses zu sein – wenn das der Auftrag ist, so darf die Gefahr der «gnostischen» Verzerrung der Botschaft Jesu zur Ungesetzlichkeit in der Tat mit Stumpf und Stil als ausgerottet gelten. – Dies, unleugbar, ist der «Gewinn» der Theologie des Matthäus.

Doch es gibt auf dieser Welt nichts umsonst, und so muß Matthäus für den Vorteil seiner theologischen Konzeption von dem «verwirklichten Gotteswillen» mit zwei Nachteilen: einem historischen und einem psychologischen, bezahlen, die letztlich auf ihre Weise das ganze Anliegen und Bemühen Jesu gefährden können.

Historisch kommt man an dem Urteil nicht vorbei, daß Matthäus einen Hauptkonflikt im Leben des Jesus von Nazareth nachträglich zu verharmlosen und zu harmonisieren sucht.[36] Wie denn?! Jesus erklärt selbst nach dem Zeugnis des Matthäus (Mt 12,1–8) zum Beispiel, daß der «Mensch(ensohn)» «Herr» ist über den Sabbat; gewiß, Matthäus versucht, über seine Vorlage Mk 2,23–28 hinaus zur Begründung der Haltung Jesu eine Art schriftgelehrten Midrasch vorzutragen und das Tun der Priester am Sabbat für eine «Aktivität» zu erklären, die trotz des formalen Bruchs der Sabbatordnung ohne Schuld sei (Mt 12,5), ja, er versteht das Wort «Menschensohn», das in der Markusvorlage ganz einfach «Mensch» heißt[37], an dieser Stelle als einen Hoheitstitel, der Jesus als denjenigen zeigt, der «größer» ist als sogar das Heiligtum (Mt 12,6) und der folglich, im Unterschied zu den gewöhnlichen Menschen wohlgemerkt, das Recht besitzt, ein heiliges Gesetz neu zu interpretieren.[38] Gleichwohl kann Matthäus die Sache drehen und wenden, wie er will: Es ist nicht aus der Welt zu schaffen, daß Jesus sich gegen das heiligste Gesetz seiner Zeit und seines Volkes, gegen das Sabbatgebot in seiner lebensfeindlichen Starrheit und volksfernen, schriftgelehrten Versponnenheit, mit Leidenschaft gewehrt hat. Jesus hat damit gerade den Punkt in Frage gestellt, an dem das nachexilische Israel sich am deutlichsten von den «heidnischen» Völkern abgrenzen zu können und zu müssen glaubte – ein Attentat also gegen den wesentlichen Identifikationspunkt jedes frommen Israeliten, und er hat für sein Verhalten keinen anderen Grund geltend gemacht als die Not und das Leid, als den Hunger und den Schmerz von Menschen und Tieren (Mt 12,9–14, nach Mk 3,1–6)!

Aber der Theologie des Matthäus ist eine solche Freiheit des Mitleids absolut zuviel. Als hätte der Evangelist nicht in Mt 12,7 selber das Wort von Hos 6,6 geltend gemacht: «Erbarmen will ich, nicht Opfer», bekommt er es in der apokalyptischen Rede von Mt 24,3–51 fertig, in dem Abschnitt der Schilderung der Wehen der Endzeit zu seiner Vorlage von Mk 13,14–23 einen Zusatz anzubringen, der dem Denken Jesu vollends ins Gesicht schlägt: «Betet», läßt Matthäus seinen Jesus dort sagen, «daß eure Flucht (in den Tagen des Endes, d. V.) nicht in den Winter oder auf den Sabbat falle!» (Mt 24,20.)[39] Die Sabbatordnung soll demnach auch in den Augen Jesu als so unantastbar gelten, daß es selbst in einer äußersten Notlage für verboten gelten muß, am Sabbat zu fliehen; mehr als das Leben von Menschen, muß man also denken, gilt die exakte Einhaltung des Gebotes, das es untersagt, am Sabbat mehr als 2000 Schritte zu gehen. Es leidet keinen Zweifel: so waren niemals die Gedanken Jesu, so steht es ganz im Gegenteil in diamentralem Widerspruch zu dem zentralen Kampf Jesu um die Vermenschlichung der Religion; aber so war es die Haltung der jüdischen Zeloten[40] und der Kreise der Pharisäer, wie sie während des Kampfes gegen die Römer zum Ausdruck kam. Von der Meinung Jesu kann man nicht weiter entfernt sein als mit einem «Gebet», wie es Matthäus im Fall der Bedrohung der Endzeit empfiehlt: von dem Sabbat verschont zu bleiben, wenn es gilt, die Flucht zu ergreifen!

Andere Beispiele sind vor allem im Vergleich mit dem Markusevangelium leicht zu beschaffen. In Mk 7,19 erklärt Jesus (entsprechend der Redaktion des Markus) im Widerspruch zum jüdischen Gesetz «alle Speisen für rein», Matthäus, der in 15,10–20 diesen Abschnitt übernimmt, streicht wohlweislich diesen Satz. In Mk 2,18–22 weigert sich Jesus, für sich und seine Jünger die Fastenpraxis der Pharisäer und der Johannes-Jünger zu übernehmen; Matthäus greift diesen Text in 9,14–17 auf, einschließlich dem Wort von der Unvereinbarkeit des neuen Weins mit alten Schläuchen; aber es ist, als wenn irgend etwas ihn hindern würde, die wirkliche Konsequenz aus diesen wahrhaft revolutionären Worten Jesu zu ziehen. Nicht nur, daß Matthäus in der Bergpredigt (6,16–18) die jüdische Fastenpraxis wieder aufgreift – wie der Evangelist sich selber in der Auseinandersetzung mit dem mosaischen Gesetz versteht, wird unübertroffen deutlich in dem kleinen selbstgeformten Abschnitt von Mt 13,51–52, als Jesus seine Gleichnisreden und -erklärungen vor den Jüngern mit den Worten schließt: «Deswegen: jeder Schriftgelehrte, der zum Jünger für das Königtum der Himmel geworden, ist vergleichbar einem Hausherrn, der aus seinem Vorrat hervorholt Neues und Altes.» Nicht der Widerspruch des Jesus von Nazareth gegenüber der veräußerlichten Gesetzesfrömmigkeit der religiös dominierenden Kreise seiner Zeit ist es, was Matthäus zum Inhalt seines Evangeliums erklärt; sein Ziel ist vielmehr, zwischen den Gegensätzen, die für den historischen Jesus tödlich waren, unter dem Druck der Not seiner Zeit zu vermitteln, indem er das «Alte» in neuem Licht und Glanz erscheinen läßt; er selber definiert sich damit als eben jenen «Schriftgelehrten», der zum Jünger Jesu geworden ist. Der Standpunkt der jüdischen Schriftgelehrten macht sich auf diese Weise in der frühen Kirche geltend gegenüber der Gefahr der «gnostischen» «Gesetzlosigkeit»[41], aber der Preis dafür ist hoch; er besteht in einer weitgehenden Verfälschung der eigentlichen Herausforderung Jesu. Am Ende hat man eine «wohlgeordnete» Gemeinde, aber die Frage wird sein, was diese Gemeinde noch mit Jesus selbst zu tun hat.

Ein zweites, *psychologisches* Moment wiegt noch schwerer. Indem Matthäus die Angst der Gemeinde seiner Zeit vor der drohenden Gesetzlosigkeit durch eine Art neuer «Gesetzgebung» zu überwinden sucht, weist er die Kirche auf einen Weg, den sie in den folgenden Jahrhunderten nur allzugern weitergegangen ist. Statt die Spannung der Freiheit auszuhalten, die Jesus den Menschen zurückschenken wollte, muß jetzt die Leine der Verordnungen und der Anweisungen immer enger gezogen werden, bis eben jener Zustand wiederkehrt, den Jesus gerade überwinden wollte. Psychologisch gesehen, besteht eine der großen Leistungen der Gestalt Jesu unzweifelhaft darin, den autoritären Typ der Religion[42] seiner Zeit durch die Kraft seiner eigenen Persönlichkeit vermenschlicht zu haben beziehungsweise, in psychoanalytischer Diktion, die bestehende Über-Ich-Religion mit ihren rigiden Reglements auf die Ebene der individuellen Verantwortung heruntergeholt zu haben.[43]

Man macht sich nur sehr schwer klar, was es psychisch bedeutet, wenn Jesus zum Beispiel in Mt 12,9–14 (nach Mk 3,1–6) sich das Recht herausnimmt, am Sabbat einen Menschen zu heilen. Im Sinne der Gesetzesreligion hat der Sabbat die Aufgabe, die Ruhe Gottes am siebten Schöpfungstage nachzubilden[44] – ein Gedanke ursprünglich von gewiß hoher Menschlichkeit und starker symbolischer Kraft; daraus werden aber kann im Felde der Angst und der Gesetzesstarre ein Betätigungstabu sinnloser Langeweile, das niemandem nutzt außer dem narzißtischen Gefühl der Selbstgefälligkeit gewisser frommer Kreise, die ihren Stolz dareinsetzen, selbst die absurdesten Bestimmungen buchstabengetreu als den vermeintlichen Willen Gottes erfüllt zu haben. Was aber ist eigentlich der «Wille Gottes», wie teilt er sich mit, und wie erkennt man ihn? An dieser Frage Jesu scheiden sich zu allen Zeiten die Geister. Die einen geben sich sicher: was Gott will, weiß man, denn es steht ein für allemal geschrieben in den heiligen Schriften, und falls es darüber irgendwelche Zweifel und Ungewißheiten geben sollte, so gibt es die Lehrtradition der Väter mit ihren Kommentaren und zusätzlichen Erklärungen und Ergänzungen, und wem selbst das noch nicht genügen sollte, dem steht jederzeit die Hilfe der anerkannten Autoritäten der Gegenwart zur Seite. Der «Wille Gottes», wenn es so steht, erscheint strukturell als die Summe der in Geschichte und Gegenwart gesammelten und verinnerlichten Außenlenkung, gepaart mit der Furcht vor sozialer Ächtung im Falle des Widerspruchs und einer ständigen Strafangst gegenüber Gott und den Menschen: den Sabbat zum Beispiel zu brechen wurde geahndet mit Todesstrafe! Daß Jesus es trotzdem wagt, das heiligste Gesetz Israels zu messen an der konkreten Not eines Menschen, setzt einen völlig anderen Glauben und eine gänzlich andere Art von Menschsein voraus. Der Wille Gottes, meint Jesus, erscheint nicht abstrakt, als etwas statuarisch Hingestelltes, als ein Geßlerhut der Gedanken und Gefühle, Gott spricht lebendig und konkret zum Menschen, er ist kein Gott der Toten, sondern der Lebenden (Mt 22,32, nach Mk 12,27). Aus der lebendigen Situation heraus redet der Gott Israels, der auf die Frage: Wie heißt du? am brennenden Dornbusch dem Moses keine andere Antwort zu geben vermochte als: «Ich bin da als der ich dasein werde»

(Ex 3,14)[45] – ein ständig loderndes Geheimnis, eine Wegmarke in den Nächten, ein Leuchtfeuer der Hoffnung, nie aber ein starrer Klumpen toten Stoffs, niemals ein Gegenstand gelehrten Wissens (Mt 11,25–27). Solange auf dieser Welt ein Mensch leidet, wird der Gott Jesu sich nicht «zur Ruhe setzen» und befinden, daß diese Welt «sehr gut» sei (Gen 1,31), da wird er mit dem Leid dieses Menschen mitfühlen und leidenschaftlich wollen, daß es Menschen gibt, die alles in ihren Kräften Stehende tun, es zu beseitigen. Dazu aber gehört die seltene Fähigkeit, auf eine gegebene Situation von Person zu Person zu antworten und eben in diesem beginnenden Dialog zwischen Ich und Du die mögliche Anrede Gottes zu vernehmen. Nicht das Über-Ich mit seinen fertigen Inhalten, sondern das Ich in seiner unableitbaren Freiheit und Verantwortung ist der Ort, an dem Gott sich mitteilt.[46] Wer aber diesen Ort betritt, der begibt sich auf einen schwindelnden Grat zwischen Starre und Willkür, zwischen Enge und Ausschweifung, zwischen Zwang und Chaos. Je zwanghafter eine bestehende Religionsform geprägt ist, desto kennzeichnender wird es für sie sein, daß sie überhaupt nur in einem solchen polaren Gegensatz sich zu artikulieren vermag: Das Gesetz «muß sein», denn sonst droht die Anarchie, die feste Bindung «muß sein», denn sonst verkommt der Mensch in Ungebundenheit und Laster, und nur das Leitseil der Ordnung bewahrt ihn vor Verwesung und Auflösung. Kennzeichnend für die Botschaft Jesu hingegen ist gerade die unerhörte Spannkraft, um den mittleren Pfad zwischen den Extremen zu beschreiten: den Pfad einer Freiheit, die von innen her sich bindet in Verantwortung gegenüber dem anderen, ja, die kreativ und sensibel genug ist, das unableitbar Neue, das niemals noch so Gesehene, geschweige denn jemals Verordnete als eine reale Möglichkeit, als eine unentrinnbare menschliche Forderung spontan zu entdecken und mit aller Entschiedenheit, ungewiß über die Zukunft, im Vertrauen allein, daß es jetzt so stimmt, aus ganzem Herzen zu leben. Eine solche Freiheit verliert sich nicht, sie gibt sich nur hin, sie entartet nicht, sie formt sich nur selbst, sie bedarf keines Drucks von außen, um sich zu gestalten, sie besitzt Energie und Mut genug, auch auf nicht vorgezeichneten Linien gerade zu schreiben und selbst bei nötigen Umwegen das Ziel nicht aus den Augen zu verlieren.

Eine solche Freiheit des inneren Vertrauens, eine solche Personalität, die zwischen den zwangsneurotischen Polaritäten buchstäblich durch geschlossene Türen geht, wird wohl von jeder Institution, ob kirchlich, ob staatlich, gefürchtet werden; doch gerade sie macht die ganze Person des Jesus von Nazareth aus. Im Namen Jesu muß man der neuen Vergesetzlichung der Bergpredigt im Matthäusevangelium vorhalten, daß sie, wenngleich in verständlicher

Angst, auf verhängnisvolle Weise gerade nicht tut, was ihr eigener Inhalt ist: die menschliche Furcht zu überwinden durch ein größeres Vertrauen in Gott oder, schwieriger unter Umständen noch: durch ein größeres Vertrauen gegenüber den Menschen im Namen Gottes.

Soll es wirklich eine christliche Grundüberzeugung sein, daß Menschen nur gerade zu wachsen vermögen, wenn man sie fest an die Spaliere und Haltestangen gesetzlicher Vorschriften bindet? Ohne Frage bedürfen Menschen, bedarf jede Gesellschaft einer Fülle von Gesetzen und Verordnungen, um den Spielraum nicht-definierter Möglichkeiten auf ein überschaubares Maß zu begrenzen. Kein Mensch wäre ohne ein Hunderterlei von Regeln und Gesetzen, deren größter Teil unbewußt, wie selbstverständlich befolgt wird, imstande, des Morgens auch nur den Weg von seinem Zuhause zum Arbeitsplatz zurückzulegen[47]: von der Art, sich zu waschen und sich zu kleiden, zu essen und sprachlich sich zu verständigen, die Verkehrsmittel zu benutzen und sich im Verkehr zurechtzufinden, bis hin zu der festgelegten Zeit und den im voraus übernommenen Verpflichtungen umhüllt einen Menschen in jedem wachen Augenblick des Tages ein unsichtbares Netz von höchst komplizierten, recht engmaschig geknüpften Regelungen, und dieses System vorgegebener Ordnung muß wirklich sein, weil sonst weder individuell noch kollektiv ein wirkliches Zusammenleben möglich wäre.[48] Dieser Gesichtspunkt, der allezeit zugunsten aller möglichen Gesetze spricht, ist nicht zu leugnen, doch führt er uns als erstes zu derselben Problematik zurück, der wir vorhin bereits bei der Frage nach der hierarchischen Gliederung einer Gemeinschaft begegnet waren: Ein bestimmtes Ordnungssystem benötigt jeder soziale Verband, äußerlich in der Differenzierung bestimmter Rollen und Ränge, innerlich durch ein Arsenal vorgefertigter Entscheidungen und Entscheidungshilfen.[49] Doch wer diese Begründung von Hierarchie und Gesetz vom systemtheoretischen Ansatz her bejaht, der muß sich zugleich davor hüten, in Hierarchie und Gesetz etwas anderes zu sehen als eine für den mittleren Bereich des Lebens bzw. des Zusammenlebens entworfene Strategie des Überlebens im Gruppenverband.[50] Eine heilige Wahrheit, ein göttlicher Wille gar wäre solchen Ordnungen und Verordnungen allenfalls abzugewinnen, wenn man die Einrichtung einer bestimmten Gruppe selber als von Gott gegeben unterstellen wollte. Und selbst dann bliebe die Notwendigkeit bestehen, die logischen Grenzen systemhafter Regelungen zu beachten: Sie sind niemals mehr als die Produkte eines unablässigen Spiels von produktiven Zufällen und kanalisierenden Außenbedingungen[51], niemals sind sie die ganze, die umfassende Wahrheit, und um selber erneuerungsfähig, wandlungsbereit und lebendig-offen zu bleiben, darf ein gegebenes System verordneter Gesetze und moralischer Regeln sich gerade nicht den Anschein einer unumstößlichen, einer ein für allemal gültigen, göttlich geoffenbarten Wahrheit geben. Mit anderen Worten: Die Toleranz gegenüber der legitimen Ausnahme ist der Inbegriff jedes Systems vernünftig begründbarer Legalität.

c) Ordnung, die aus innen wächst, oder: Die eigentliche Herausforderung des Jesus von Nazareth

Eben an dieser Stelle aber befindet sich das Bohrloch, an welchem die Botschaft Jesu das Sprengmaterial ihrer Freiheit in dem Mauerwerk jeder denkbaren Gruppierung in Kirche und Gesellschaft zur Zündung bringt, und besonders das Matthäusevangelium überliefert viel zu ehrlich und getreu die Worte Jesu, um dieses Anliegen verdecken zu können: Es ist der jede Ethik unterminierende Gedanke der Verlorenheit des Menschen! Nicht nur an den «Rändern» – an seinem ganzen Anspruchsrecht muß das Recht selbst sich relativieren, wenn es gilt, im Sinne Jesu den Menschen als erstes aus dem Exil seiner selbst zurückzuholen und ihn zu befähigen, im Vertrauen auf Gott das neue Geschenk einer voraussetzungslosen Gnade zu leben. «Kehrt um» – das hieß für Jesus zentral eben nicht mehr, wie in der Predigt seines Lehrmeisters Johannes: «Strengt euch an, die Gebote Gottes zu erfüllen; nehmt euch zusammen, und tut dies und das»; es hieß für Jesus: «Vertraut auf Gott. Lernt gegen die Angst euch ihm anzuvertrauen. Hört auf, eure Armut zu fürchten. Laßt ab, euch für eure vermeintliche Kleinheit zu schämen. Tut als erstes gar nichts, sondern lernt die heilige Sorglosigkeit Gottes, indem ihr spürt, was er für euch tut.»

Der Kern jeder Ethik, jeden Gesetzes besteht in der Anthropozentrik, in der Wahl des Ausgangspunktes von der menschlichen Freiheit her; entscheidend für die Grunderfahrung Jesu hingegen ist es, daß dieser Ausgangspunkt verlassen werden muß, um der Verlorenheit der Menschen nachzugehen und sie wiederzufinden in ihrer Ausgesetztheit und Ohnmacht, in ihrer Schuld und Verzweiflung, in ihrer Tragik und in ihrem Unvermögen zur «Umkehr». Das Zentrum der gesamten Botschaft Jesu besteht in der Entdeckung, daß ein Mensch von Gott ausgehen muß, um bei sich selber anzukommen; denn nur in der Theozentrik des Vertrauens läßt sich der Abgrund menschlicher Angst, wie in der Erzählung vom «Seewandel» (Mt 14,22–33), überschreiten.[52]

Erst von dieser alles verändernden Einstellung her lassen sich die Worte Jesu in der Bergpredigt auch und gerade bei Matthäus verstehen. – Erst wenn der «Sturm» sich gelegt hat und «Stille» eingetreten ist (Mt 8,23–27, nach Mk 4,35–41), gewinnen all die Regeln Halt und Grund, in denen Jesus die Weite und Offenheit von Menschen beschreibt, die zu ihrer wahren Wirklichkeit, zu einem neuen Sein hinübergefunden haben.[53] Nur wer im eigenen Dasein erlebt hat, was alles Gott ihm zu «bieten» vermag, wird verstehen, was diese Einsicht nach Jesu Meinung gebietet: Wer spürt, daß er sein ganzes Dasein der Vergebung Gottes verdankt, der kann nicht ungnädig und rechtsversessen seinem «Bruder», seiner «Schwester» gegenübertreten (Mt 5,21–26; 18,21–35); wer weiß, daß allein Gott ihn schützt und trägt, der wird auch die Bedrohung durch die Bosheit des anderen anders erleben – er wird sich nicht zwingen lassen, immer wieder Gleiches mit Gleichem zu beantworten, sondern das dumpfe Gesetz von actio und reactio zu verlassen suchen (Mt 5,38–42); ja, er wird selbst die «normalen» Grenzziehungen zwischen Freund und Feind als aufgehoben ansehen (Mt 5,43–48), denn für jemanden, der sich in Gott getragen weiß, haben die Menschen, hat die Menschenfurcht aufgehört, den letzten Maßstab und Zielpunkt seines Handelns zu bilden. Wie man die Menschen so herzensweit macht wie zwischen Sonnenaufgang und Sonnenuntergang (Mt 5,45), wie man sie spüren läßt, daß jede «gute» Tat wie von selbst geschieht und keiner «Belohnung» bedarf, da einzig das «Gutsein» wirklich «guttut» (Mt 6,14), und wie man sie lehrt, ihren wahren Wert zu begreifen, den sie «im Himmel» besitzen (Mt 6,19–21), vor allem aber, wie man sie von der Angst befreit, die sie immer wieder nötigt, sich wie Ertrinkende an ihr irdisches Hab und Gut zu klammern, wie wenn die Gier nach Geld Gott wäre oder Gott ersetzen könnte (Mt 6,24) – das waren die Fragen Jesu im Hintergrund all der Aussprüche, die Matthäus in seiner Bergpredigt zusammengestellt hat. Es sind Worte, die in ihren paradoxen Wendungen wie selbstverständlich sind für jeden, der die Befreiung von der Angst mit dem Blick auf Gott, so wie Jesus ihn den Menschen nahebringen wollte, am eigenen Leibe erfahren hat; ihm sind sie wie Wegweiser in ein Land der Großzügigkeit und der inneren Weite, der sorglosen Heiterkeit und eines mutigen Mitleids, einer schutzlosen Offenheit und einer hellsichtigen Empfindsamkeit – für ihn sind sie wie das Sichtbarwerden der Berge und Hügel, die wiedererscheinen, wenn die Wasser der Sintflut sich zu verlaufen beginnen – Lieder der Verheißung sind es, geformt aus den Tönen der Erinnerung an jenes Land, das seit Urzeiten her verstellt schien von den zwei Cheruben mit der Flamme des zuckenden Schwertes, den beiden Wächtern am Wege zurück zu dem verbotenen Baume des Lebens (Gen 3,24)[54]. Nimmt man indessen den Worten Jesu auch nur ein weniges von dieser tragenden Grundlage eines unbedingten Vertrauens und einer Heilung des Lebens von der schier allmächtig scheinenden Angst im Gegenüber Gottes fort, so verwandeln sich Hände, die bestimmt sind zum Tragen und Schützen, unfehlbar in grausame Strangulationsinstrumente des Luftabpressens und Würgens. Für die Auslegung des Matthäusevangeliums, insbesondere der Bergpredigt, muß gelten, daß man den Hintergrund der fundamentalen Alternative von Angst und Vertrauen nie aus den Augen verlieren darf und jedes Wort auf diese Grundentscheidung zurückbeziehen muß[55]; denn nur vor der Alternative von Angst und Vertrauen wird man es vermeiden, in die Alternative des Gesetzesdenkens zwischen Tugend und Laster, Ordnung und Chaos, Heiligkeit und Sünde abzugleiten. Es ist dies ein Punkt, an dem man das Matthäusevangelium offensichtlich vor seiner eigenen Wirkungsgeschichte in Schutz nehmen muß, um das eigentliche Anliegen Jesu gegenüber dem Anspruch eines rigiden kirchlichen Formalismus und Legalismus zu retten. Weder die Angst vor den Menschen noch die Angst um den Menschen läßt sich im letzten beantworten durch Gesetzesmaßnahmen und gesetzlichen Druck, sondern einzig durch ein angstüberwindendes Vertrauen in Gott – und in den Menschen, der Gottes Geschöpf ist. Außerhalb dieses Vertrauens verwandeln sich gerade die Worte der Bergpredigt sehr rasch in eine Sammlung lebensfeindlicher, neurotisierender Maximen.

Nehmen wir noch einmal das Beispiel Ottiliens aus Goethes «Wahlverwandtschaften». Ist es denn wahr, daß das menschliche Herz notwendig gewisser Gesetze und Weisungen von außen bedürfte, weil anders es seiner Neigung zum Chaos niemals entrinnen könnte? Gerade von der Psychoanalyse müssen wir heute zur Auslegung des Matthäusevangeliums etwas wiedererlernen, das unmittelbar zum Innenbereich der Haltung Jesu gehört: die Überzeugung, daß die menschliche Psyche mit einem untrüglichen Gespür ausgestattet ist und sehr wohl weiß, was zu ihr gehört und was buchstäblich «ungehörig» ist für sie; man kann sie nicht von außen dazu zwingen, ihre eigene Gestalt zu finden, es genügt völlig, ist aber eben deshalb auch unerläßlich, die Verzerrungen und Verstellungen der Angst aufzulösen, die der Gestaltwerdung des eigenen Wesens hemmend oder verformend im Wege stehen. In Ottiliens Falle etwa wird deutlich, daß die starre Formel: Du sollst nicht ehebrechen (Mt 5,27), noch so intensiv radikalisiert und verschärft werden kann – sie wird nicht nur ohnmächtig sein, die Gefühle des Herzens zu ordnen, sie wird im Endeffekt geradewegs das Leben gefährden, das zu schützen sie vorgibt. Was Goethe mehr ahnt als wirklich schildert, ist die Tatsache, daß Ottilie wirklich geheilt werden müßte, um leben zu können. Sie ist in ihrer Liebe zu

Eduard eine Kranke, und dies nicht erst aufgrund der Widerstände, welche die Schranken der Schicklichkeit und der Sittlichkeit vor ihrer Liebe auftürmen. Von Anfang an beschreibt GOETHE das junge Mädchen als ein äußerst in sich gekehrtes Waisenkind, jeder wärmenden Zuwendung entbehrend, überernst den Dingen des Lebens gegenüber – man versteht sehr, warum gerade sie in der ersten starken Liebe ihres Lebens sich an einen Mann bindet, der von Alter und Stand her gut und gerne ihr Vater sein könnte. Um eine solche Zuneigung ohne Schaden sich entfalten zu lassen, müßte Eduard merken, wieviel an Ottiliens Liebe gar nicht ihm als Person gilt, sondern eigentlich der Sehnsucht nach ihrem Vater entstammt, und er müßte in beides einwilligen: auf eine unabsehbare Zeit hin für das junge Mädchen an Vaters Statt einen Ort der Zuwendung, des Schutzes und der Geborgenheit zu bieten und andererseits eben deshalb als Mann sich weitgehend aus dem Spiel zu nehmen. Genau das aber kann Eduard nicht; es ist ihm keine Warnung, sondern sein eigener Wunsch, daß Ottilie ihm das Amulett mit dem Bild ihres Vaters aushändigt[56], ihn so an die Stelle des seit jeher Vermißten setzend; er erschrickt durchaus nicht, als er bemerkt, daß das Mädchen bei der Erledigung seiner Schreibarbeiten die Züge seiner eigenen Handschrift annimmt[57], im Gegenteil: er sieht darin voll Dankbarkeit und Rührung nichts weiter als einen untrüglichen Beweis für die Zuneigung Ottiliens. In Wahrheit ist Eduard selber ein Suchender, ohne es zu wissen. Hinter all der artigen Galanterie der Umgangsformen zwischen Eduard und Charlotte spürt man von der ersten Silbe an eine Künstlichkeit und Gestelztheit heraus, auf die GOETHE selbst gerade den größten Wert legt, ohne zu merken, daß es offenbar eben dieser schmerzliche Mangel an spontaner Natürlichkeit ist, der Eduard als Mann für die Reize des heranblühenden Mädchens derart empfänglich macht. Ottilie selber verkörpert für Eduard offenbar all das an ursprünglicher Kindlichkeit und Freude, was dem beherrschten Wesen seiner Gattin so sehr mangelt; und vor allem die Unbewußtheit der wirklichen Motive im Hintergrund der Gefühle ist es, die schließlich allen Beteiligten zum tragischen Verhängnis wird.

Dabei sei jetzt einmal dahingestellt, ob es möglich wäre, mit Mitteln etwa der Psychoanalyse Gefühlsverstrickungen von so heftiger Natur wie in GOETHES «Wahlverwandtschaften» aufzulösen. Entscheidend für unsere Frage nach dem Wert moralischer Gesetze ist die Feststellung, daß die Definition dessen, was man tun muß bzw. was man nicht tun darf, in Anbetracht der Hilflosigkeit der Menschen völlig ins Leere geht. Weder das strikte Scheidungsverbot Mittlers noch die Einwilligung in eine Scheidung von seiten Charlottes vermag das Dilemma der tragischen Liebe zwischen Ottilie und Eduard, zwischen Schuldgefühl und Verlangen, zwischen Über-Ich und Es zu lösen. Ganz deutlich müßte Ottilie überhaupt erst lernen, eine eigene «Handschrift» auszubilden, das heißt, eigene Gefühle zu hegen, eigene Wünsche zu äußern, und nicht weniger zu leben müßte sie lernen, um sich von Eduard lösen zu können, sondern intensiver zu leben; und Eduard wiederum müßte lernen, daß nicht seine Liebe zu der Jugend Ottiliens sein eigentliches Problem darstellt, sondern daß es nicht angeht, seine Sehnsucht nach Jugend und Schönheit in einem anderen Menschen wiederzusuchen, statt sie im eigenen Leben zu verwirklichen, und sie, wenn gefunden, womöglich sogar in seiner Ehe unterzubringen. Doch all das läßt sich nur lernen ohne die fixe Regel: Du sollst nicht ehebrechen. Indem die moralische Bewertung des Verhaltens eines Menschen sich außerstande zeigt, die Gründe seines Tuns zu verstehen und durchzuarbeiten, richtet sie sich viel zu schnell auf die Außenseite des menschlichen Lebens; sie bewertet vorschnell als irreduzibles Faktum, was allenfalls den Wert eines Symptoms hat, und verstärkt damit in Wahrheit die Krankheitsursache im Hinter- und Untergrund des menschlichen Handelns. Entsprechend der moralischen Wertung muß zum Beispiel Ottilie am Ende wirklich von sich glauben, daß sie ihre Triebhaftigkeit, ihr Liebesverlangen, ihren Wunsch nach persönlichem Glück wie feindselige Tiere behandeln und wortwörtlich aushungern muß. Für die gesamte Dialektik ihres ungelebten Lebens, für die Gegensätzlichkeit von Bewußtsein und Unbewußtem, von moralischem Wollen und wirklichem Verhalten, von Hemmung und Haltung erweist sich ihr Denken in den Kategorien von Gesetz und Ordnung als vollkommen blind, und so wirkt es letztlich mehr Zerstörung als Nutzen.

Gerade von seiten der Psychoanalyse kann man und muß man daher in Anbetracht des Scheiterns des moralischen Standpunktes heute lernen, wie recht Jesus mit seiner Mahnung hatte: «Richtet nicht, damit ihr nicht gerichtet werdet» (Mt 7,1–2), und: «Ziehe zuerst den Balken aus deinem Auge, dann magst du hingehen und den Splitter aus dem Auge deines Bruders ziehen» (Mt 7,5). Verstehen statt verurteilen, die Rücknahme der Projektionen durch Bewußtmachung, therapieren statt dirigieren – wem diese Grundsätze als «gnostisch» verdächtig gelten sollten, der möge bedenken, daß der erlösende Anspruch der Botschaft Jesu von dieser Art des «Gnostizismus» offensichtlich nicht zu trennen ist.[58] Wer irgend Mitleid genug besitzt, um die Einstellung Jesu gegenüber dem «Sabbat» zu billigen, der wird wissen, daß es unter Umständen unvermeidbar sein kann, um der Not eines Menschen willen lieber ein Gesetz, und sei es das heiligste, zu brechen, als in moralischer Korrektheit sich unempfindsam zu stellen. Und ein solcher Mut zur Ausnahme hat durchaus nichts zu tun mit der

Gleichgültigkeit degenerierter Bequemlichkeit. Er mag sehr verwandt dem erscheinen, was die «Gnostiker» in den ersten Jahrhunderten wollten, als sie die Botschaft Jesu als eine autoritätsfreie, den Frauen und Kindern offene, therapeutische und das hieß auch: moralisch weniger festgelegte Kirche konzipierten[59]; aber muß es deshalb heute, fast 2000 Jahre danach, immer noch als «falsch» gelten? Gerade in der Auslegung des Matthäusevangeliums ist es sehr wichtig, die alten zeitbedingten Einseitigkeiten einer bestimmten theologischen Konzeption aufzugeben und zu lernen, daß die Abspaltung der berechtigten Anliegen einer innerlich gelebten Frömmigkeit sich aus dem kirchlichen Leben nicht ausklammern lassen, ohne das Christentum eines auch nach Einschätzung des Matthäusevangeliums wichtigsten Momentes zu berauben: der Fähigkeit, Kranke zu heilen! Es ist heute aber vor allem die Psychoanalyse, welche die Auslegung des Matthäusevangeliums davor bewahren kann, am Ende selber der verleugneten «Dialektik des guten Willens» anheimzufallen, die notgedrungen das Befreiende in das Unterdrückende, das Hilfreiche in das Quälende, das Lebenerweiternde in das Lebenerstickende umwandelt, wie es geschehen muß, sobald die Ohnmacht der menschlichen Freiheit im Felde der Gottesferne nicht an jeder Stelle mitgesehen und mitartikuliert wird.

Wie sehr diese Korrektur sich im übrigen der Intention des Matthäus anschließt, zeigt dieser erstaunliche Evangelist an einer wichtigen Stelle der langen Rede Jesu gegen die Schriftgelehrten und Pharisäer. In Mt 23,27–28 formuliert er als einen zentralen Kritikpunkt gegenüber jeder veräußerlichten, rein lehrhaften Form von Frömmigkeit mit jesuanischer Schärfe: «Wehe euch, ihr Schriftgelehrten und Pharisäer, ihr Angeber, daß ihr getünchten Gräbern gleich seid, die von außen schön scheinen, inwendig aber voll sind von Totengebein und Verwesung aller Art. So erscheint auch ihr den Menschen von außen als richtig lebend (vor Gott), inwendig aber seid ihr nichts als Angeberei und Gesetzlosigkeit.» Dieselbe Gefahr also, die Matthäus aus der prophetisch-therapeutischen Leugnung der Gesetzesbindungen aufsteigen sieht, kann offensichtlich auch vom anderen Ende her drohen: Es gibt eine «Gesetzlosigkeit», die sich in Gestalt von makelloser Fehlerlosigkeit und lupenreiner Korrektheit ausbreitet; sie tritt zwar nicht vital und leidenschaftlich nach außen wie der offene Bruch des Gesetzes in der Liebe etwa zwischen Ottilie und Eduard, dafür aber wächst sie um so verderblicher im verborgenen, gleich einer Pilzkultur, die am besten gedeiht, wenn man sie in schwüler Wärme gegen den Sauerstoff abschließt: das Verschimmeln, nicht das Ausufern ist hier die «Gesetzlosigkeit». Wann aber, so muß man jetzt fragen, hätte eigentlich die Kirche, insbesondere die katholische, die sich so gern auf das Matthäusevangelium als auf «ihr» Evangelium beruft, diese lebensgefährliche Bedrohung im Herzen jeder nur äußerlich gelebten, nur im Über-Ich verankerten, nur autoritär, das heißt «schriftgelehrt» verfügten Gesetzesfrömmigkeit ernst genommen? Man übertrage den Vorwurf, ja, die totale Verurteilung eines ganzen Standes im Munde des matthäischen Jesus auf die Theologenschaft der heutigen Kirche – und es hebt an wie in Wagners «Ring der Nibelungen», 3. Teil! Noch immer ist der (katholischen) Kirche die Wahrung von Anschein und Ansehen weit wichtiger als Wahrheit und Wahrhaftigkeit; noch immer ist ihr jede Lüge, Vertuschung und Heimlichkeit vor allem im Umgang mit der Liebe in den Reihen ihrer eigenen Kleriker weit lieber als Menschlichkeit, Offenheit und Ehrlichkeit[60], noch immer liefert sie damit das Beispiel für eine Kirche, wie Matthäus sie mindestens ebenso fürchtete wie eine Kirche «gnostischer» Schwarmgeister. Das Schwierigste aber steht noch bevor und ist von einer wirklichen Interpretation des Ersten Evangeliums zu fordern: die Überwindung der Angst in jeder Form, gleichgültig ob nach «rechts» oder «links», und der Aufgang einer Humanität, die einfach lebt, was sie sieht und fühlt.

Das Beste, was Matthäus zur Frage der moralischen Ordnung der Gemeinde Jesu zu sagen hat, hebt er sich auf bis zuletzt, bis zu dem Gleichnis vom Großen Weltgericht. Hier, in Mt 25,31–46, bekennt sich der Evangelist zu einer Ethik des Mitleids, die in dem Moment, da sie sich vollzieht, weder an Gott denkt noch an Christus: Sie sieht nur einfach den Hungernden, den Nackten, den Kranken, den Gefangenen, und sie tut, was die Notleidenden brauchen. Diese Art von Ethik ist international; sie lebt in allen Völkern, in allen Kulturen, in allen Religionsformen; und es wird am Jüngsten Tage der «Menschensohn» beziehungsweise Gott selber sein, der den Menschen des Mitleids erklärt, daß er es selber war, dessen Antlitz sie sahen, als sie den Ärmsten der Armen nahe zu sein versuchten. «Erbarmen will ich, nicht Opfer» – dieses Wort des Propheten Hosea (Hos 6,6), dieses Lieblingswort des Matthäus (Mt 9,13; 12,7), ist oder sollte doch sein der bleibende Maßstab im Leben des einzelnen, im Leben der Kirche – und einer lebendigen Auslegung des Evangeliums selber.

3. Wie glaubt man Jesus als den Christus oder: Zwischen Mythos und Geschichte

«Niemand, der zu mir sagt: Herr (bist du), Herr, kommt in das Königtum der Himmel hinein.»

(Mt 7,21)

a) Ein Glaube, der Kranke heilt, oder: Die Wunder träumender Güte

Eine Menschlichkeit, die heilt, ein Mitleid, das keine Grenzen kennt – das ist nicht nur ein Hauptunterschied zwischen der Gestalt Johannes' des Täufers und der Person Jesu, das ist in diesem Unterschied zugleich der beste Zugang zu dem Geheimnis des Jesus von Nazareth. Schon Markus hat das erkannt. Gleich bei der ersten Predigt in der Synagoge zu Kapharnaum läßt er Jesus einen Besessenen heilen, so daß «alle erschauderten … und überlegten: Was ist das! Eine neue Lehre in Vollmacht! Sogar den unreinen Geistern gebietet er, und sie gehorchen ihm» (Mk 1,27). Für Markus liegt in dieser Heilung ein ganzes Programm, das er in einem quasi mythischen Szenarium zu beschreiben sucht: Die gesamte Welt ist seiner Darstellung nach in der Hand des Bösen, und bis in das Innerste des menschlichen Herzens hinein ist es dem Heerbann der Dämonen gelungen, ihre widergöttliche Schreckensherrschaft aufzurichten; wenn dieser Welt aus Grab und Dunkelheit je wieder etwas von dem Schimmer des Göttlichen zurückgegeben werden soll, so muß Jesus sie förmlich freikämpfen durch das Geheimnis seiner Person und die Strahlkraft seiner Botschaft. Es wird ein Kampf sein auf Leben und Tod, aber gerade der Tod Jesu, die Überwindung der Todesangst durch das Vertrauen, wird den Menschen das Leben zurückschenken … Es ist nicht schwer, den Erlösungsmythos des Markus psychologisch in die Erfahrungen von Angst und Zerrissenheit, Zuversicht und Heilung zurückzuübersetzen.[1] Denn bei aller beginnenden Überhöhung der Gestalt Jesu in Richtung der Titel «Messias» (Mk 8,27–30), «Menschensohn» (Mk 14,62) und «Gottessohn» (Mk 1,11.24; 5,7; 9,7; 15,39) läßt sich im Markusevangelium doch noch sehr deutlich die Art herausspüren, in der Jesus auf Menschen zuging.

Als zum Beispiel in Mk 10,17.18 der reiche Jüngling Jesus anredet mit «Guter Meister», entgegnet Jesus ihm geradezu schroff: «Was nennst du mich gut? Keiner ist gut denn einer: Gott.» Ausdrücklich will Jesus überhaupt nicht, daß man seine Person auch nur irgendwie verfeierlicht oder zum Himmel hin verflüchtigt[2]; das einzige, was er möchte, besteht in der unnachahmlichen Kunst, sich selber so weit durchscheinend zu machen, daß das Licht des Himmels möglichst schattenlos einen Menschen umspielt, bis daß er aufblüht zu seiner Schönheit und sich aufrichtet zu seinem Maß. Nirgendwo deshalb macht Jesus selbst sich zum Thema; nirgendwo erfahren wir aus seinem Munde irgend etwas aus seinem Werdegang oder von seiner Biographie. Ja, es gibt im Markusevangelium eine Stelle, die «christologisch» zu den erstaunlichsten des ganzen Neuen Testamentes zählt: Als Jesus in Mk 13,32 auf das «Ende» der «Welt» zu sprechen kommt, wagt er es das erste und einzige Mal bei Markus, von sich selbst als dem «Sohn» (Gottes) zu sprechen; es handelt sich um eine deutlich von Markus selbst redigierte und in die Vorlage eingeschobene Antwort auf die Frage, welche «Gewißheit» Menschen denn von dem entscheidenden, vermeintlich bald schon bevorstehenden Ereignis des Untergangs der Welt gewinnen können; der Jesus des Markus sagt hierzu: «Von jenem Tag aber oder der Stunde weiß niemand, nicht einmal die Engel im Himmel, nicht einmal der Sohn, nur der Vater.» Da gibt es also eine Stelle im Markusevangelium, an welcher Jesus selber sich als «Sohn» Gottes bezeichnet, aber ganz anders, als es nach den Vorstellungen der christlichen Dogmatik zu erwarten wäre, verbindet sich mit der «Gottessohnschaft» an dieser Stelle gerade nicht die übliche Blütenlese göttlicher Eigenschaften wie Allmacht und Allwissenheit, sondern im Gegenteil: die «Sohnschaft» Jesu besteht offensichtlich darin, selbst im Zusammenbruch der Welt und im Einsturz des Himmels nicht mehr wissen zu wollen, als möglich ist, und sich bedingungslos auch und gerade in dieser Ungewißheit in die Hände Gottes als des «Vaters» zu geben[3]; «Gottessohnschaft» bedeutet hier eine äußerste Form vertrauensvoll gelebter Menschlichkeit; sie bietet die Möglichkeit, die eigene Schwäche und Ohnmacht so zu akzeptieren, daß es auch anderen Mut macht, nicht mehr (und nicht weniger) zu sein, als sie selber wirklich sind.

Diese Haltung einer vertrauensvoll gelebten Menschlichkeit stellt für Markus auch den Hintergrund der «Wunder» Jesu dar. Keinesfalls sieht er in dem Mann aus Nazareth einen übermächtigen Alleskönner, vielmehr heilt der Jesus des Markusevangeliums die Kranken einzig durch das Vertrauen, das er in ihnen erzeugt.[4] Er blickt auf zum Himmel, da, wo für den Taubstummen im Gebiet der Zehnstädte an sich keine Aussicht ist (Mk 7,34), er legt seinen Speichel und seine Hände auf die Augen des Blinden, die den Anblick der Welt schon seit langem nicht mehr vertragen (Mk 8,23), er berührt die Haut eines Aussätzigen und spricht bezwingend zu ihm: Ich will, sei rein! (Mk 1,41.) Allerorten ist es der persönliche Kontakt und die Dichte der persönlichen Nähe, die ein solches Vertrauen auf den jeweils Kranken überträgt, daß darunter die Verformungen der Angst bis ins Physische hinein sich auflösen können. Erstmalig, nicht einmalig wirkt Jesus seine Wunder, und er möchte die Heilungen, die sich im Kontakt mit ihm ereignen, gerade nicht (im Sinne der frühchristlichen Apologetik)[5] als eine Demonstration seiner Einzigartigkeit betrachten, sondern er verlangt in aller Deutlichkeit von seinen Jüngern, darin so etwas zu sehen wie ein Handlungsvorbild und einen Maßstab des eigenen Tuns; denn mit eben diesem Auftrag ziehen die Jünger Jesu in die Dörfer Galiläas, daß sie «viele Dämonen austreiben, viele Kranke mit Öl salben und sie heilen» (Mk 6,13); sie können dies tun, weil Jesus ihnen «Macht» dazu gibt (Mk 6,7); worin aber bestünde diese «Macht» sonst außer in dem vollkommenen Vertrauen Gott gegenüber? Der Jesus, der den Jüngern die Fähigkeit, Menschen zu heilen, bis zum Wunderbaren verleiht, ist derselbe, der noch eine Zeile zuvor in Mk 6,5.6 sich außerstande zeigt, in seiner Heimatstadt Nazareth «auch nur einen einzigen Machterweis zu wirken», «wegen ihres Mißtrauens», «außer daß er einigen Kranken die Hände auflegte und dadurch heilte». Es ist gerade der Kontrast zwischen der persönlichen Armut und Ohnmacht auf der einen Seite und der Größe der Macht Gottes, die Markus an der Gestalt Jesu (und seiner Jünger!) so fasziniert. «Nehmt nichts mit auf den Weg ...», das ist die Mahnung, mit der Jesus die «Macht» erläutert, die er seinen Jüngern mit auf den Weg gibt (Mk 6,8).

Wie also «versteht» man die «Wunder» Jesu? Für das Markusevangelium trifft noch ganz und gar zu, was der libanesische Dichter KHALIL GIBRAN darüber sagte: «Jesus kam aus dem Herzen der Menschen.»[6] «Er war kein Gott (sc. im Sinne der Machtbesessenheit der Römer, d. V.), sondern ein Mensch wie wir alle, und dennoch wuchs in Ihm die Myrrhe der Erde empor, um den Weihrauch des Himmels zu berühren, und in Seinen Worten erreichte unser Gestotter das Flüstern des Unsichtbaren; in Seiner Stimme vernahmen wir ein unergründliches Lied.»[7] «Er nahm sich des Tempels der Seele an, die der Körper ist. Er spürte die bösen Geister auf, die sich gegen unsere Nerven verschwören, ebenso wie die guten, die der Nerven Fäden weben. Meines Erachtens heilte Er die Kranken durch die Kräfte des Gegensatzes und Widerstandes. Er überraschte das Fieber durch eine Berührung, die so kühl war wie der Schnee, und das Fieber zog sich zurück. Den erschöpften und verkrampften Gliedern begegnete Er mit Ruhe und Gelassenheit; sie lockerten sich und waren geheilt. Er erkannte die versiegende Kraft im Innern der zerfurchten Rinde, aber wie Er sie mit Seinen Fingern berühren konnte, weiß ich nicht ... Manchmal schien mir, daß Er die stummen Klagen aller Lebewesen vernahm, die unter der Sonne aufwachsen, und Er stand ihnen bei. Er half ihnen nicht nur mit Seinem Wissen, sondern indem Er ihnen die Kraft verlieh, sich über ihr Leid zu erheben und zu gesunden.»[8] «In Jesus vereinten sich die Elemente unseres Körpers mit den Elementen unserer Träume. Alles, was vor Ihm außerhalb der Zeit lag, trat mit Ihm in die Zeit ein. Man sagt, daß Er Blinde sehend und Lahme gehend machte und daß Er aus den Besessenen die Dämonen vertrieb. Vielleicht ist Blindheit nur ein dunkler Gedanke, den ein heller Gedanke vertreiben kann. Ein lahmes Glied ist möglicherweise nur Trägheit, die sich durch Energieübertragung beleben läßt. Und vielleicht können Dämonen, diese Unruhegeister unseres Lebens, durch Engel des Friedens und der Heiterkeit verscheucht werden. Ja, man sagt sogar, daß Er Tote ins Leben zurückrief. Wenn ihr mir sagen könnt, was der Tod ist, werde ich euch sagen, was das Leben ist. Auf einem Feld sah ich einmal eine Eichel, ein scheinbar nutzloses und unscheinbares Ding. Als ich aber im Frühling wiederkam, hatte die Eichel Wurzel geschlagen und streckte sich zur Sonne aus; es war der Beginn eines mächtigen Eichenbaums. Sicher werdet ihr das als Wunder bezeichnen. Und solches Wunder vollzieht sich tausend und abertausend Male im Schlummer jedes Herbstes und in der Leidenschaft jedes Frühlings. Warum soll es sich nicht auch im Herzen der Menschen ereignen können. Warum sollen sich die Jahreszeiten nicht treffen in den Händen oder auf den Lippen eines Gesalbten? Wenn Gott der Erde die Kraft schenkte, eine scheinbar tote Saat in ihrem Innern zum Leben keimen zu lassen, warum sollte Er dem Menschenherzen nicht die Kraft verleihen, Leben in ein anderes Herz zu hauchen, das scheinbar tot ist? Ich sprach von jenen Wundern, die ich für gering erachte im Vergleich zu dem ungleich größeren Wunder, das dieser Mann selber ist, dieser Wanderer, dieser Mann, der meinen Unrat in Gold verwandelte, der mich lehrte, diejenigen zu lieben, die mich hassen, der meinem Leben Erquickung schenkte und meinem Schlaf die angenehmsten Träume. Das ist das Wunder in meinem Leben. Meine Seele war blind und lahm, und ich war besessen von ruhelosen Geistern, und ich war tot. Nun aber sehe ich klar und gehe aufrecht. Ich lebe in Frieden mit mir, und jede Stunde des Tages bezeuge und verkünde ich mein lebendiges Sein ... Ich habe die Abenddämmerung meines Lebens erreicht, und wenn ich das Morgenrot meines Lebens suche, dann halte ich Ausschau nach der Jugend Jesu.»[9]

Von dieser Art waren die Wunder und Machttaten des Jesus von Nazareth im Markusevangelium; es waren Wunder der Menschlichkeit und Machttaten eines angstbesiegenden Vertrauens.

Doch nun Matthäus. Ihm liegt die Konzeption des Markus zugrunde; aber um so wichtiger ist jetzt, wie er mit dieser Vorlage umgeht. Als erstes: er systematisiert wie kein anderer der Evangelisten die Vorstellung von Jesus als dem Heiler. Nicht aufgrund eigener historischer Informationen, sondern als theologisches Konzept malt er immer wieder das Bild, wie Jesus die Kranken heilt, alle Kranken wohlgemerkt, wie er in Mt 4,23 (gegenüber Mk 1,39) sagt: «Er zog umher in ganz Galiläa, als Lehrer in ihren Synagogen, als Verkünder der Heilsbotschaft vom Königtum (Gottes) und als Heiler aller Krankheit und allen Gebrechens im Volk.» Ganz entsprechend formuliert er in Mt 9,35, um zwei Verse weiter (Mt 10,1) zu schildern, wie Jesus die «Vollmacht über die unreinen Geister, sie auszutreiben, und zu heilen alle Krankheit und alles Gebrechen» auch an die zwölf «Sendboten» (Apostel) weitergibt. Es ist eine Lieblingszene des Matthäus, die er immer wieder beschwört, wie die Kranken und Verzweifelten Jesus umdrängen und Jesus sie heilt (Mt 4,24), und deutlich sieht er darin die Prophezeiung des Deutero-Jesaja (Jes 53,4.11) verwirklicht: «Er – unsere Gebrechen hat er weggenommen, die Krankheiten hat er hinweggetragen» (Mt 8,16–17). Ja, es enthüllt sich im Fortgang des Matthäusevangeliums immer mehr, daß Jesus gerade für seine Heilungen, die er am Sabbat wirkt (Mt 12,9–14, nach Mk 3,1–6), von den Pharisäern und Schriftgelehrten verfolgt und getötet werden wird, doch gerade so tritt Jesus für Matthäus in die Gestalt des «Knechtes Gottes» ein, der «das geknickte Rohr nicht zerbricht und den glimmenden Docht nicht auslöscht» (Mt 12,15–21, nach Mk 3,7–12; Jes. 42,1–4). «Bist du es, der da kommen soll?» – auf diese Frage Johannes' des Täufers aus dem Gefängnis besteht die Antwort Jesu bereits in der Q-Quelle in dem Hinweis auf all die Wunder der Heilung, die schon Jesaja erhoffte (Jes 29,18–19; 35,5.6; 61,1), und darauf, daß «Armen die Heilsbotschaft verkündet» wird (Mt 11,5). Gerade die Wunder der Heilung beweisen für Matthäus die göttliche Kraft, die in Jesus als dem «Gottesknecht» und «Messias», ja, als dem «Sohn Gottes» lebt. Eben noch bekennen die Jünger nach der Beruhigung des Sturms auf dem See ihren Meister kniefällig als den «Sohn Gottes» (Mt 14,33), da bringt man zu ihm aus der ganzen Umgegend «alle, die übel dran waren», und wenn sie auch nur «den Saum seines Mantels» berühren, werden sie gerettet (Mt 14,34–36, nach Mk 6,53–56). Der Gott Israels wirkt in Jesus, indem er all die «Lahmen, Krüppel, Blinden, Taubstummen und viele andere» heilt, die man ihm in ihrer Not buchstäblich «vor die Füße» legt (Mt 15,29–31, nach Mk 7,31–37).

In diesen Heilungen aber, das ist die zweite Aussage des Matthäus, liegt zugleich auch das Urbild christlicher Existenz enthalten. Es ist erstaunlich, mit welcher Heftigkeit auch heute noch manche Theologen in Abwehr einer tiefenpsychologischen Deutung der Bibel kategorisch die wesentlich «therapeutische» Seite an der Gestalt Jesu zu leugnen suchen.[10] Ob man es wahrhaben will oder nicht: Insbesondere das Matthäusevangelium legt das größte Gewicht auf die untrennbare Einheit von «Verkündigung» und Krankenheilung; nach diesem Evangelium kann man im Sinne Jesu glaubwürdig von Gott nur sprechen, indem man im Herzen der Menschen die Folgezustände der Angst: Entfremdung (Besessenheit) und Verzweiflung (Krankheit) aufzulösen beginnt. Die Botschaft vom «Königtum» Gottes und die Heilung der Menschen gehören für Matthäus zusammen wie «Theorie» und «Praxis» oder besser: wie «Wort» und «Zeichen»; sie bilden die beiden Spannungspole ein und derselben «sakramentalen» Wirklichkeit.

Für die (katholische) Kirche, die in ihrer dogmatischen Selbstdarstellung gern das «Ursakrament» Christi zu sein beansprucht[11], müßte allein diese Konzeption des Matthäusevangeliums, auf das sie sich mit solcher Vorliebe bezieht, bereits eine geradezu dramatische Veränderung des gesamten Gehabes in Theologie und Frömmigkeit nach sich ziehen. Was heute «Theologie» heißt, hat schon der Definition nach mit «Religiösität» kaum noch etwas zu tun. Es handelt sich um ein kirchlich kontrolliertes, kirchlich konfirmiertes und kirchlich konformiertes Mischgebilde, das sich «objektiv» und «wissenschaftlich» gerade darin gibt, daß es mit keinerlei subjektiver Lebenswirklichkeit etwas zu tun haben muß, und das doch wiederum in seinem Anpassungszwang an die Vorgaben des kirchlichen «Lehramtes» auch des Vorzugs wirklichen wissenschaftlichen Forschens und Suchens entbehren muß. Ein solcher Typ von Theologie leistet gerade so viel und so wenig wie jede Ideologie: Sie stabilisiert die Machtverhältnisse einer bestimmten Gruppe, rechtfertigt die «Göttlichkeit» ihrer Einrichtungen sowie die Wahrheit ihrer Lehren und hält im übrigen für den «persönlichen» Bereich gerade so viel an Prämien, Ehren und Titel bereit, um einer besonderen Schar von speziellen Charakteren als erstrebenswert zu erscheinen. Das Ergebnis einer solchen «Theologie», die studiert zu haben heute die Voraussetzung jedes «kompetenten» Sprechens von Gott im Raum der Kirche darstellt, läuft notgedrungen auf eine «Verkündigung» hinaus, die wesentlich nichts weiter ist als eine endlose Repetition von vorgesetzten Redensarten. Eine solche «Verkündigung» ist nicht nur völlig außerstande, irgendein seelisches oder psychosomatisches Leid von Gott her zu verstehen und auf Gott hin durchzuarbeiten, sie ist in sich selber der Entstehungsort zahlreicher seelischer Leiden und Krankheiten. Ein Denken, das nicht verbunden ist mit der Welt der Gefühle und Affekte, verwandelt in seiner Vereinseitigung selbst die «Lehren» der Religion in bloße Theorien, deren «Aneignung» allenfalls zum Gegenstand des moralischen Willens, sicher aber nicht der lebendigen Erfahrung werden kann. Die Abspaltung theologischer Anschauungen und Vorstellungen von der Welt der Symbole und Bilder in den Tiefenschichten der menschlichen Psyche macht aus poetisch verdichteten Evidenzen der Existenz aufgezwungene Doktrinen zum Auswendiglernen; und je länger und umfangreicher ein solcher Typos von Theologie sich breitmacht, desto verwüsteter, ausgezehrter und zerstörter wird darunter die Seele des Menschen. Religion, wenn es so steht, ist am Ende wirklich nur noch der Entfremdungszustand der menschlichen Psyche[12], ein heiliger Terror der Außenlenkung und Versklavung von Gefühl, Bewußtsein, Freiheit und Persönlichkeit, sie tritt dann auf als die vollständige Tabuisierung des Subjekts inklusive seines Rechts auf ein Leben in Wahrheit, Glück und Selbstentfaltung[13]. Eine helfende, heilende Theologie ist unter den Umständen heute, am Ende des zwanzigsten Jahrhunderts, nur formulierbar, indem die rationalisierende Verstandeseinseitigkeit mit ihrer Spaltung von Bewußtsein und Unbewußtem aufgegeben wird zugunsten einer traumnahen, dichterischen Sprache, die all die Erfahrungen aufgreift, die in unserer Zeit eher in den Gesprächsräumen der Psychoanalyse als in den Kathedralen der bestehenden Religionsform ermöglicht und zugelassen werden.

In dieser Hinsicht liegt ein unübersehbar wichtiger Hinweis darin, daß Matthäus gleich zu Beginn seines Evangeliums, in der sogenannten Kindheitsgeschichte, Schritt für Schritt schildert, daß einzig der Empfang göttlicher Träume es ist, der das Leben des Erlösers aus Israel zu schützen und zu retten imstande ist. In einem Traum wird Joseph über die Bedeutung der Schwangerschaft seiner Geliebten aufgeklärt und in das Wesen ihres Kindes eingeführt (Mt 1,20–21); im Traum werden die «Magier» gewarnt, zu König Herodes zurückzukehren (Mt 2,12); im Traum ergeht die dringende Aufforderung an Joseph, mit dem Kind und seiner Mutter vor dem Mordplan des Herodes nach Ägypten zu fliehen (Mt 2,13), und in Ägypten erfährt Joseph wiederum durch einen Traum, daß es an der Zeit ist, nach Israel zurückzukehren (Mt 2,19–20), um schließlich erneut im Traum Anweisung zu empfangen, daß er wohnhaft werden soll in Nazareth (Mt 2,22). Der Traum ist für Matthäus der Erfahrungsort, da der Engel Gottes einem Menschen erscheinen kann und göttliche Weissagungen sich zu verwirklichen beginnen; ja, die Tatsache selbst, daß es solche Träume wieder (!) gibt, stellt für ihn nichts Geringeres dar als das Indiz einer Zeitenwende, als das Signal des endgültigen Endes einer Religion der toten Schriftgelehrsamkeit, als den Beginn einer stets erwarteten, doch jetzt endlich in der Person Jesu ermöglichten Form der Innerlichkeit und Gottunmittelbarkeit. Ja, es ist für Matthäus keine Frage, daß Jesus niemals hingerichtet worden wäre, wenn die Machthaber dieser Welt auf Träume zu hören gelernt hätten – auf die Träume von Frauen insbesondere. Denn als in Mt 27,19 Pilatus, wohl wissend, daß einzig «aus Neid» «die Ältesten und Hohenpriester» Jesus dem Tod überliefern wollen, gleichwohl dem Volk die Wahl läßt zwischen dem berüchtigten «Barabbas» und dem verborgenen König Israels, da ist es seine eigene Frau, die ihn auffordert, an «diesem recht vor Gott Lebenden» sich nicht schuldig zu machen, denn «viel gelitten» habe sie «im Traum seinetwegen». Eine Denkweise und Lebensform, die patriarchalisch und verstandeseinseitig genug ist, um die Sprache der Frauen, um die Stimmen der Nächte, um die Bilder des Unbewußten in der Alltagslogik männlicher Vernunft gar nicht erst zu beachten, ist in sich selbst ein unausgesetzter Prozeß des Ungehorsams gegen Gott und der Hinrichtung dessen, was Gott uns in der Gestalt des Jesus von Nazareth sagen möchte. Wie soll im Sinne des Matthäus eine Theologie, eine Bibelexegese insbesondere, im Raum der Kirche berechtigt sein, die sich strukturell und methodisch außerstande zeigt, auch nur einen einzigen Traum, auch nur ein einziges mythisches Bild, auch nur eine Märchenerzählung oder das Spiel eines Kindes menschlich zu würdigen und zu verstehen? Wirklich: alles, was Matthäus seinen Jesus sagen läßt, ist eine «Enthüllung» allein für die «Kindlichen» (Mt 11,25). Die Psychoanalyse ist für die heutige Theologie schon deshalb ein unerläßliches Nadelöhr, weil sie im Umgang mit seelischem Leid gelernt hat und lehren kann, den Standpunkt der «Erwachsenen», die Einstellung der Wissenden, die Haltung männlicher Tüchtigkeit zu revidieren und von vorn zu beginnen mit einem Leben, wie es niemals sein durfte und dennoch in uns seit Urzeittagen darauf wartet, in der Botschaft des «Menschensohns» lebendig zu werden. So viel ist jedenfalls klar: nur in einer gewissermaßen «träumenden» Haltung wird man das Evangelium des Matthäus verstehen und auslegen können und dürfen.

b) Die Umwandlung von Erfahrung in Lehre oder: Die Überhöhung des Christusbildes

Und doch ... ist dies nur die eine Seite des Bildes, das Matthäus von «seinem» Jesus als dem Verkünder und Heiler entwirft. Die andere Seite liegt darin, daß gerade die theologische Systematisierung, in welcher Matthäus die Vorlage des Markus-Textes ausgestaltet, wie von selber dazu führt, die Menschlichkeit Jesu im Hintergrund seiner «Machterweise» immer stärker auszudünnen beziehungsweise ins Göttliche zu überhöhen. Aus der Erfahrung von der Rettung aus der «Dämonie» der Angst und Verlorenheit bei Markus wird bei Matthäus immer mehr eine Lehre von der göttlichen Person des «Retters Israels», die Erlösungslehre (die «Soteriologie») des Markus verschiebt sich bei Matthäus zunehmend in Richtung einer dogmatischen Christologie. An drei kleinen, aber wichtigen Beobachtungen läßt sich das festmachen.

Da ist einmal die schon bemerkte Formelhaftigkeit selbst, mit der Matthäus (in 4,23 und 9,35 sowie in 4,24–25; 8,16–17; 9,20–21 und 15,29–31) schildert, wie Jesus ineins als Verkünder und Heiler auftritt und wie die «Scharen» ihn in ihrer Not umdrängen. Dieses immer wieder vermittelte Bild gerät bei Matthäus zu dem typischen Erkennungszeichen, an dem die Person des Jesus von Nazareth als des Erfüllers und Vollenders der prophetischen Weissagungen (vor allem der Gottesknechtslieder des Deutero-Jesaja) wahrzunehmen und folglich als des «Messias» Israels zu glauben und zu beglaubigen ist; was vormals erlebte und erlebbare Wirklichkeit war, wird auf diese Weise zu einer künstlichen dogmatischen Inszenierung, die sich in dem gleichen Maße mit theologischem Anspruch auflädt, wie sie an historischer und menschlicher Erfahrung verliert. Das Erlebnis eines befreiten Daseins in der Nähe Jesu wird immer mehr zu einer Glaubensbehauptung über die Frage, wer der Mann aus Nazareth «eigentlich» (gewesen) ist.

Damit zusammen hängt zum zweiten das ausgesprochene Desinteresse des Matthäus an den konkreten Begebenheiten, in denen Markus die Heilungen schildert. Für das Verständnis der «Wunder», die Jesus an den Kranken und Notleidenden wirkt, sind gerade die Einzelheiten: die Darstellung ihrer Krankheit sowie die Art des Vorgehens Jesu, psychologisch von größter Bedeutung.[14] Um so erstaunlicher ist es, daß Matthäus ganze Passagen aus dem Markusevangelium einfach wegstreichen kann oder sie mitunter so verändert, daß ihr psychischer Sinn dabei völlig verlorengeht. Ein Paar Beispiele mögen das illustrieren.

In Mk 5,1–20 erzählt Markus zum Beispiel die Heilung eines Besessenen im Gebiet von Gerasa (von Gadara, korrigiert Matthäus in 8,28), und ausführlich schildert er dabei, wie der Mann in Grabhöhlen haust, Tag und Nacht «am Schreien ist» und mit Steinen auf sich einschlägt; schon oft war er mit Ketten und Fesseln gebunden worden, aber immer wieder hatte er die Versuche, ihn häuslich zu machen, in seiner Wildheit abgewehrt. Diese äußerst eindringliche Beschreibung bei Markus faßt Matthäus in einem einzigen Wort zusammen: «überaus wild», sagt er dazu und fährt dann mit einer Bemerkung fort, die er sich selbst zurechtlegt: «so daß niemand die Kraft besaß, vorüberzugehen auf jenem Weg». Die ganze Aussage der ursprünglichen Erzählung bei Markus wird durch diese Änderung verschoben: statt zu sehen, wie dieser Mann an sich selber leidet, hat Matthäus offenbar nur Augen dafür, daß die anderen gezwungen sind, seinetwegen Umwege zu machen. Aus der hochsensiblen psychischen Schilderung bei Markus wird bei Matthäus mithin eine einfache soziale Information, und das Schicksal der Leute ist ihm erkennbar wichtiger als die Not eines einzelnen. Aber noch mehr: Wer die Beschreibung des Besessenen bei Markus aufmerksam liest, begreift sofort, daß dieser Mann in einer radikalen Einsamkeit existiert und daß für ihn gerade die Beziehung zu anderen Menschen ein unauflösliches Dilemma von Sehnsucht und Angst, von Verlangen und Abwehr, von unerträglicher Nähe und einer ebenso unerträglichen Distanz darstellt; Matthäus hingegen zeigt für derlei Zusammenhänge nicht das geringste Gespür, indem er statt von einem Besessenen gleich von zwei Besessenen spricht. Gewiß, das läßt die Wundermacht Jesu gleich doppelt groß erscheinen (ähnlich wie in Mt 9,27–31, wo Matthäus aus dem Bartimäus in Mk 10,46–52 gleich zwei Blinde macht), aber es verkennt vollkommen die wesentliche Isolation dieses Typs von «Besessenheit» – als ob es Menschen dieser Art irgendwo auf Erden jemals zu zweit miteinander aushielten! Und weiter: Bei Markus ist es (Mk 5,9) für die Art der Heilung sehr wichtig, daß Jesus den Besessenen fragt: «Wie heißt du?», und daß der Besessene antwortet: «Legion ist mein Name!, denn viele sind wir.»[15] Matthäus läßt diesen entscheidenden Abschnitt ganz einfach fort und geht sofort zu der Szene über, wie Jesus die Dämonen in die Schweine schickt; aus einem therapeutischen Prozeß wird durch diese Redaktionsweise ein bloßer «Beweis» für die Macht, die Jesus über die Dämonen besitzt. Und auch für das weitere Schicksal des Besessenen, das Markus (Mk 5,18–20) ausführlich schildert, hat Matthäus keinerlei Interesse. Die Gestalt Jesu als des göttlichen Wundertäters wird so übergroß, daß alle menschlichen Belange dahinter zurücktreten; das Durcharbeiten seelischer Not schrumpft mithin zu einer bloßen göttlichen Machtgebärde zusammen. Und ähnliches läßt sich Stelle für Stelle beobachten.

In Mt 9,18–26 zum Beispiel übernimmt Matthäus aus Mk 5,21–43 die Geschichte von der Heilung der Tochter des Jaïrus und der blutflüssigen Frau. Die Tochter des Jaïrus bei Markus «ist am Ende» (5,23), sie droht zu sterben, bei Matthäus (Mt 9,18) ist sie bereits «geendet»; aus einer Heilungsgeschichte wird von Anfang an eine Totenauferweckung. Erneut erhöht sich damit natürlich die Demonstration der Machttaten des Messias Jesus, aber es verfälscht nicht nur die historische Vorlage zugunsten einer bestimmten theologischen Aussage, es geht erneut auch zu Lasten all der menschlichen Details, die Markus mit großer Wärme und Einfühlung berichtet. Bei Markus fällt Vater Jaïrus

Jesus zu Füßen und bittet den Heiland inständig für sein «Töchterlein». Bei Matthäus erfahren wir nicht einmal den Namen dieses Mannes, und aus seinem «Töchterlein» wird kalt und kurz die «Tochter». Der Synagogenvorsteher Jaïrus ist bei Matthäus ein bloßer «Vorsteher». Und vor allem: Die ganze Dramaturgie der Erzählung bei Markus wird von Matthäus erneut rigoros zusammengestrichen: Bei Markus kommen unterwegs die Leute und melden dem Vater, seine Tochter sei gestorben, er solle den Meister nicht weiter belästigen; in dieser Situation richtet Jesus gerade an Jaïrus die alles entscheidenden Worte: «Fürchte dich nicht, hab nur Vertrauen» (Mk 5,36). Markus schildert des weiteren, wie Jesus die Menge vertreibt, die seine Erklärung: «Das Kind ist nicht gestorben, es schläft nur», verlacht, und wie er neben den drei Jüngern: Petrus, Jakobus und Johannes, nur die Eltern mit in den Raum nimmt, in dem das Kind «schläft». Geradezu zärtlich schildert Markus, wie Jesus das Kind anredet und ihm sagt: «Talitha kum – Mädchen, ich sage dir, steh auf», und wie er dem Kind, das doch schon 12 Jahre alt ist, zu essen geben läßt; im übrigen aber verbietet Jesus es streng, das Wunder herumzureden. Von all diesen wichtigen Details bleibt bei Matthäus buchstäblich nichts übrig: Bei ihm jagt Jesus die Leute fort, er faßt das Mädchen bei der Hand, und es steht auf. Punkt. «Und hinaus ging die Kunde davon ins ganze dortige Land» (Mt 9,26). In diesem Stenogramm geschehen die Wunder Jesu bei Matthäus. Mit anderen Worten: die Verkündigung von Jesus als dem messianischen Wundertäter überwiegt bei diesem Evangelisten ganz deutlich jedes menschliche Interesse; die Theologie, wenn man so will, verdrängt die Anthropologie, oder, wie eben gesagt: die Soteriologie wird eingeschmolzen in die Christologie.

Wer etwa noch zögert, einer so weitgehenden Folgerung zuzustimmen, braucht nur an der gleichen Stelle sich anzusehen, wie Matthäus mit der blutflüssigen Frau verfährt. Markus schildert ausführlich, welche Qualen diese Frau mit ihrer Krankheit bei allen möglichen Ärzten durchgemacht hat, wie sie all ihr Vermögen aufgewendet hat, nur damit alles schließlich immer noch schlimmer wurde (Mk 5,25–26). Von dieser ergreifenden Darstellung kein Wort bei Matthäus. Markus schildert, wie schwer es der Frau wird, ihren Entschluß durchzuführen, wenigstens die Kleider Jesu zu berühren – wie sie bei der verstohlenen Berührung erlebt, daß der Blutfluß nachläßt, wie Jesus, umringt von der Menge, fragt, wer ihn berührt hat, wie die Jünger sich ärgern über diese scheinbar unsinnige Frage und wie schließlich die Frau, zitternd und ängstlich, ihm «die ganze Wahrheit» sagt.[16] All das ist bei Matthäus nicht der geringsten Beachtung wert; bei ihm erklärt Jesus wie aus der Pistole geschossen: «Dein Vertrauen hat dich gerettet. Und gerettet ward die Frau von jener

Stunde an» (Mt 9,22). Der Unterschied ist auch inhaltlich klar: Während bei Markus die Frau bereits geheilt ist, noch ehe Jesus sie anredet, liegt bei Matthäus die Heilung ganz und gar in dem Machtwort Jesu selbst, das den Glauben der Frau bestätigt und belohnt. Alle menschlichen Gefühlsregungen und Verhaltensweisen reduzieren sich für Matthäus auf eine einzige Frage: Glauben die Betreffenden an Jesus als den «Retter aus Israel», oder glauben sie so nicht, und was bei Markus als eine Haltung einfachen Vertrauens erscheint, tritt bei Matthäus als ein christologischer Bekenntnisglaube auf.

Natürlich entsteht unter diesen Umständen sehr bald die Frage, wie es denn möglich sein soll, bei einer solchen Neutralisierung der menschlichen Gefühle noch wirklich zu tun, was Jesus wollte: den Krankheiten der menschlichen Seele im Namen Gottes heilend entgegenzutreten. Daß die Jünger Jesu auch ihrerseits Kranke heilen und Dämonen vertreiben sollen, betont auch Matthäus (Mt 10,8) sehr deutlich, ja, er fügt gegenüber der Markus-Vorlage (Mk 6,7.13) sogar noch hinzu, sie sollten Tote auferwecken, und ohne Zweifel meint Matthäus das wörtlich. Doch je mehr er auf diese Weise den «Verkündigungsanspruch» an die Gläubigen steigert, desto mehr nimmt er an ursprünglicher Erfahrung aus seinen theologischen Setzungen fort.

In welche Richtung der ganze Duktus der theologischen Konzeption des Matthäus geht, zeigt er selbst recht deutlich zum Beispiel in der Geschichte von der Stillung des Seesturms (Mt 8,23–27). In der Vorlage des Markus (Mk 4,35–41) wecken die Jünger in ihrer Angst den «Lehrer» auf, der schlafend im Heck des Bootes liegt, und werfen ihm seine vermeintliche Gleichgültigkeit vor, mit der er sich um die Not seiner Jünger nicht zu kümmern scheint; Jesus aber richtet sich auf, herrscht den Wind an und sagt dem «Meer»: «Schweig. Sei still.» – «Da legte sich der Wind, und eine große Ruhe trat ein. Und er sagte ihnen: Was seid ihr Feiglinge. Noch immer habt ihr kein Vertrauen? Da gerieten sie in Furcht, eine große Furcht...» (Mk 4,38–41). Anders bei Matthäus. Da bitten die Jünger Jesus, den sie als «Herrn» anreden, unmittelbar: «Rette uns, wir gehen verloren.» Schon diese Änderung ist wichtig. Doch nun das Entscheidende: Statt daß Jesus als erstes dem dringenden Bitten seiner Jünger nachkommt, stellt er zuvörderst ihren Glauben auf die Probe: «Ihr so wenig Vertrauenden», schilt er sie (Mt 8,26); dann erst besänftigt er den Sturm. Aus der Wundergeschichte des Markus wird bei Matthäus mit ein paar Veränderungen also eine Geschichte von dem erfüllten Glauben an Jesus als den «Herrn».

Und diese Veränderungen haben System und Methode. Dahinter steht eine Verschiebung des gesamten Ausgangspunktes. Wenn es bei Markus noch die

Menschlichkeit Jesu selber ist, die als so dicht und nah erfahren wird, daß sich dabei die Riegel zwischen Himmel und Erde, zwischen Gott und Mensch, zwischen Vertrauen und Angst zu lösen beginnen, so verwandelt sich bei Matthäus das mühsam errungene Ergebnis einer menschlich erfahrbaren Zuversicht in einen neuen, fertig vorliegenden Ausgangspunkt, in eine theologische Behauptung, die in sich selber eingefordert werden kann und nunmehr durch sich selber die Wunder der Heilung wirken muß. Nicht die Art, wie Menschen im Namen Jesu einander begegnen, erscheint jetzt als das Heilsame und Befreiende, das dazu führt, Jesus als den «Heiland der Welt» zu erkennen, sondern umgekehrt: geheilt wird, wer Jesus als den Messias Gottes, als den Sohn Gottes glaubt. Die Allmacht Gottes, nicht die vertrauende Ohnmacht des Menschen wird jetzt zum Agens des Wunderbaren.

Es versteht sich, daß Matthäus, um diese enorme theologische Akzentverschiebung durchzusetzen, zum dritten seine eigenen Quellen jetzt von allem «reinigen» muß, was in die christologische Überhöhung seines Jesus-Bildes nicht (mehr) hineinpaßt, und das ist eine Menge. Hörten wir nicht eben noch, wie der Jesus des Markusevangeliums die Anrede des reichen Jünglings «Guter Meister» zurückwies, um hinzuweisen auf Gott als den einzig Guten (Mk 10,17–18)? Bei Matthäus (Mt 19,17) lesen wir statt dessen, daß der Jüngling einfach sagt: «Meister, was muß ich Gutes tun ...» Und Jesus antwortet: «Warum fragst du mich über das Gute? Einer ist der Gute.» Da wird aus einer Frage nach der Person Jesu eine Sachfrage nach dem Guten, und dann wieder wird die Frage nach dem Guten als sittlicher Pflicht zu einer Frage nach dem Guten als der Person Gottes; beide Verschiebungen scheinen Matthäus nötig, um die «christologische Frage» auszuklammern, die der Markus-Text aufwirft. – Oder noch anders: Wenn wir in Mk 13,32 hörten, daß Jesus selbst auch als «der Sohn» nicht «allwissend» ist und «den Tag und die Stunde» des Weltuntergangs durchaus nicht kennt, so finden wir bei Matthäus (Mt 24,36) den Hinweis auf den «Sohn» einfach gestrichen: die Engel Gottes wissen nicht, was nur der Vater weiß – vom «Sohn» geht keine Rede mehr. Zudem: Wir hörten, daß der Jesus des Markusevangeliums auch nicht als «allmächtig» erscheint: in jener Szene von der Heilung des Besessenen von Gerasa zum Beispiel (Mk 5,1–20) befiehlt Jesus mit Nachdruck dem Dämon: «Ausfahre, unreiner Geist aus diesem Menschen» (Mk 5,8); doch das Ergebnis ist nur, daß der Besessene Jesus mit lauter Stimme anschreit: «Was habe ich mit dir zu schaffen, Jesus, Sohn des höchsten Gottes? Ich beschwöre dich bei Gott: quäle mich nicht» (Mk 5,7). Matthäus umgeht das «Problem» dieses ohnmächtigen Exorzismus-Versuches Jesu auf seine charakteristische Art: er läßt es einfach weg.

Notfalls freilich ändert Matthäus auch den Text: Wie war das in Nazareth, als Jesus nach dem Zeugnis des Markus «nicht auch nur einen einzigen Machterweis zu wirken vermochte» und «verwundert ward wegen ihres Mißtrauens» (Mk 6,5–6)? Da findet die Wundermacht Jesu ihre Grenze an dem Unglauben der Menschen. Matthäus indessen setzt: «Es wirkte dort nicht viele Machttaten wegen ihres Mißtrauens» (Mt 13,58), und das heißt unzweifelhaft: Jesus konnte Wunder der Heilung wirken, wo und wieviel er nur wollte – auch in Nazareth natürlich; daß er dort «nur wenige» Machttaten zeigte, liegt einzig daran, daß er den Unglauben der Leute strafen wollte. Der Unterschied kann nicht größer sein. Bei Markus hängen die Wunder Jesu ganz und gar ab von der Einstellung des Vertrauens, das die Menschen ihrem Heiland entgegenbringen; die Perspektive richtet sich hier aus der menschlichen Not auf den Erlöser und Retter. Matthäus hingegen wählt mit Vorliebe die «theologische» Perspektive eines fertigen Wissens: von Jesus als dem Sohn Gottes her geht er auf den Menschen zu. Die «Natur» des Erlösers löst sich in dieser Sichtweise immer weiter aus den Erfahrungsbedingungen heraus und wird zum Gegenstand christologischer Überhöhung beziehungsweise dogmatischen Wissens.

«Überhöhung» ist bei Matthäus übrigens ganz wörtlich zu nehmen. Derselbe Evangelist, der in Mt 10,8 so klar betonen konnte, daß auch die Jünger Jesu Wunder der Heilung vollbringen sollen nach dem Vorbild ihres Meisters, stellt die Person Jesu bereits rein räumlich immer wieder hoch über die Menschen: Vom Berge herab sieht Jesus auf die Scharen der Kranken und Besessenen und trägt ihnen die Botschaft von den wahrhaft Glücklichen vor (Mt 5,1); auf den Berg steigt Jesus in Mt 15,29–30 und heilt die Scharen der Kranken; auf den Berg begibt Jesus sich, um in der Einsamkeit zu beten (Mt 14,23, nach Mk 6,46); auf dem Berg empfängt Jesus die Himmelsstimme, die ihn als Sohn Gottes verkündet (Mt 17,1 ff., nach Mk 9,2 ff.); auf den Berg schließlich beruft Jesus die Jünger, um sie auszusenden bis an die Enden der Erde und bis an das Ende der Tage (Mt 28,16). Der «Berg» mit anderen Worten ist das Zentrum zwischen Himmel und Erde, an dem die Person Jesu wesentlich «angesiedelt» ist; der «Berg» ist der Ausgangspunkt seines Kraftempfangs, seiner Sendung, seines göttlichen Wirkens sowie der göttlichen Mission seiner Jünger; nicht als «irdisch», rein horizontal, als Mensch unter Menschen kann man nach Matthäus die Person Jesu verstehen, sondern nur in der Vertikalen vom Himmel her und zum Himmel hin. Es ist, ganz wörtlich, diese überhöhte Zwischen- und Mittlerstellung, die Matthäus als das Wesen Jesu versteht. Der Berg, auf dem Jesus steht, ist dabei immer derselbe – ein zweiter oder, besser, der wahre Berg Zion oder der Sinai oder der Horeb; es ist der Gottesberg selber, da der

Gott Israels wohnt und sich den Menschen zu erkennen gibt; die Erkenntnisform Gottes aber, seine Offenbarungsgestalt – das ist Jesus von Nazareth.

c) Von der metaphorischen zur metaphysischen Gottessohnschaft oder: Wie interpretiert man die Christusmythe?

Doch selbst das ist Matthäus theologisch noch nicht genug. Die räumlichen Chiffren deuten ja nur an, was es jetzt explizit zu sagen gilt: Jesus ist wesenhaft der Sohn Gottes. «Wesenhaft» – das heißt in der Sprache des Mythos: von Anfang an[17], der Herkunft nach, und so gilt es, mit einer eigenen Kindheitsgeschichte die «Unvollständigkeiten» der Markus-Vorlage zu korrigieren. Die Veränderungen, die dabei entstehen, haben auf Jahrhunderte hin, im Grunde bis heute, zu Glaubenskämpfen und Verketzerungen aller Art inmitten der Gläubigen geführt, indem die Darstellung des Markus ersichtlich eine andere «Theologie» vermittelt, als Matthäus sie jetzt durchsetzt. Bei Markus (1,9–11) «beginnt» die «Christologie» mit der Taufszene: In dem Moment, da Jesus «emporstieg» aus dem Wasser des Jordan, «sah er die Himmel gespalten und den Geist wie eine Taube herabsteigen auf ihn. Und eine Stimme geschah aus den Himmeln: Du bist mein Sohn, der geliebte, an dir habe ich Gefallen gefunden.» Die Redewendung erinnert deutlich an die Gottesknechtlieder des Deutero-Jesaja, an Jes 42,1 und 44,2, und was Markus sagen will, geht aus dem Prophetenzitat selbst hervor: Im Moment der Taufe wird Jesus eine Vision zuteil, in der er sich selber dazu bestellt sieht, die «Weissagung» des Propheten zu verwirklichen und die Rolle und Aufgabe des «Gottesknechtes» zu übernehmen. Noch ein zweites Mal greift Markus diese Vorstellung auf, als er über Jesus auf dem Berg der Verklärung, im Gespräch mit Moses und Elija, eine Himmelsstimme ausrufen läßt: «Dies ist mein Sohn, mein geliebter. Ihn hört» (Mk 9,7). Es handelt sich um eine göttlich beglaubigte «Theologie», die beschreiben will, welche Funktion Jesus innerhalb der Geschichte Gottes mit seinem Volke zugedacht ist.

Allerdings ist in dieser Theologie auch eine Aussage über das «Wesen» des Funktionsträgers selbst enthalten. «Mein Sohn bist du, heute habe ich dich gezeugt» – das ist nach den Worten des Psalms (Ps 2,7) die Formel, mit der Gott sich zu seinem «Gesalbten», dem König, dem «Messias» bekennt. Es handelt sich um eine Vorstellung, die der Königstheologie des Alten Ägyptens entstammt und über 1000 Jahre älter ist als die Anfänge der Bibel[18]; Israel hat, wie man weiß, nur gegen den heftigen Widerstand prophetischer Kreise und erst in

Abwehr der Dauergefahr der Philister, die mit dem Monopol der Eisenherstellung die bronzezeitliche Ära der Kulturgeschichte Palästinas beendeten, die Institution eines «Königtums» akzeptiert[19]; die dazugehörige altorientalische Vergöttlichung des Königs aber hat es stets abgelehnt. Texte wie Ps 2,7 oder Ps 110 bilden daher die äußerste Grenze dessen, was die Theologie des Alten Testaments zuläßt: es greift die Symbolik der altägyptischen Königsvorstellung auf, aber nur als Metapher, als dichterisches Bild, gerade nicht als religiöse Wirklichkeit. Genau diese Unterscheidung, auf die das Alte Testament das größte Gewicht legt, geht in der Messiastheologie des Neuen Testaments verloren, indem bereits Markus die Szene der «Inthronisation» in gerade dem Sinne versteht, den die Alten Ägypter ihr zumaßen: Am Tag, da der König den Thron der Beiden Länder von Ober- und Unterägypten bestieg, wurde er zum «Sohn der Sonne»[20], wurde er auf Erden, was der Sonnengott am Himmel war, trat er ein in die Gestalt des von den Toten erstandenen Gottes Osiris, der fortlebte in seinem Sohn Horus.[21] «Heute habe ich dich gezeugt» oder: «Auf dir liegt meine Huld» – in solchen Wendungen bekannte sich im Alten Ägypten der Wind- und Sonnengott Amun-Re zu dem neuen König. Im Augenblick der Thronbesteigung hörte der «neugeborene» König auf, ein bloßer Mensch zu sein, er übernahm die Funktion und damit das Wesen Gottes. Genau dies stellt Markus in der Szene der Taufe dar: die Inthronisation des Messias, seine Gottwerdung, seine Geburt aus Geist. Es handelt sich um ein überaus komplexes, tiefsinniges Bild über das, was ein Mensch ist oder sein kann, wenn man ihn ganz und gar von Gott her betrachtet. Doch was geschieht, wenn man eine solche mythische Symbolsprache in die rationale Diktion christlicher Dogmatik beziehungsweise griechischer Philosophie übersetzen will? Jesus wird in der Taufe von Gott als Sohn anerkannt, also «adoptiert». Das meint Markus auch, es ist aber dennoch viel zu wenig. Die «Irrlehre» der «Adoptianer» wird noch Jahrhunderte später sich ganz zu Recht auf Markus berufen[22] und dennoch unfähig sein zu begreifen, daß Adoption auf ägyptisch unendlich viel mehr meint als nur «Adoption».

Matthäus (und parallel zu ihm Lukas) hat dieses Mißverhältnis deutlich gesehen. Wenn es schon zum Verständnis des Geheimnisses der Person Jesu als des wahren Königs und Retters aus Israel unumgänglich ist, sich eines zentralen mythischen Vorstellungsschemas zu bedienen, so drängt das Bild der königlichen Adoption wie von selbst danach, sich im Sinne des Alten Ägyptens zu vervollständigen. Um das «Wesen» ihres Königs zu beschreiben, kannten bereits die Alten Ägypter eine ausführliche Mythe, wie der Götterbote Thot, der ibisköpfige, zu der Königsmutter gesandt wird und der Wind- und Geistgott Amun, der schöpfungsmächtige, zu ihr kommt und jungfräulich das Kind in ihr zeugt, das allem Volke Heil bringen wird.[23] Die spätere «Inthronisation», mit anderen Worten, hat ein eigenes Vorspiel; sie schafft keine neue Wirklichkeit, sie enthüllt nur das Wesen dessen, was im Plan Gottes schon immer beschlossen war. Wer an Jesus glaubt als den Messias, der kann, wenn es so steht, nicht einfach bei der Darstellung des Markus stehenbleiben, der muß, nach der Art des Matthäus, unbedingt das mythische Schema nach vornhin ergänzen und *die Geburt* des Königs aus Israel schildern.

Man hat in der Auslegung der Kindheitsgeschichte des Matthäus (Mt 1,18–25) immer wieder auf die alttestamentlichen Vorbilder hingewiesen.[24] Isaak wird wider Erwarten von der alternden Sara geboren, nachdem die drei Götterboten der Spottenden die Ankunft ihres Sohnes mit dem Namen Jitzchak («er wird Spaß haben») in Aussicht gestellt haben (Gen 18,9–16); Hanna gebiert Samuel, den sie im Heiligtum von Silo unter bitteren Tränen von dem «Gott, der erhört», erbeten hat (1 Sam 1,1–28). Elisäus verkündet der Sunamitin gegen alle Zweifel die Geburt eines Sohnes (2 Kön 4,8–17). All diese Erzählungen bilden ein gewisses Schema, dem auch die Kindheitsgeschichte des Matthäus sich anschließt: Eine Geburt, die wider alles Erwarten beziehungsweise wider alle Hoffnung durch ein göttliches Eingreifen zustande kommt, dessen Art zugleich den Namen und damit das Wesen des neugeborenen Kindes bestimmt.[25] Gleichwohl ist es vollkommen unmöglich, die Geschichte von der Geburt Jesu bei Matthäus aus solchen Erzählungen abzuleiten – der Unterschied ist weit größer als die Gemeinsamkeit; denn gerade den Gedanken, den Israel in der gesamten biblischen Tradition als eine heidnische und gotteslästerliche Vorstellung mit aller nur denkbaren Schärfe unterdrückt und abwehrt, greift Matthäus im ersten Kapitel seines Evangeliums auf: den Gedanken von der jungfräulichen Geburt des Gottessohnes. Mögen auch Isaak, Samuel und der Sohn der Sunamitin durch Gottes Gnade zur Welt gekommen sein – was immer sie sind, ob Patriarch, Prophet oder Namenlos, ganz sicher sind weder ihre Mütter jungfräulich, noch sind sie selber Gottessöhne. Man versteht von den altestamentlichen Vorlagen her recht gut eine Legende wie die von der Geburt Johannes' des Täufers im Lukasevangelium (Lk 1,5–25.57–80); aber was man von daher ganz sicher nicht versteht, ist die in jedem Betracht auf eine absolute Überbietung angelegte Geschichte von der Geburt Jesu bei Lukas (Lk 1,26–37; 2,1–40), und ebensowenig versteht man die Kindheitsgeschichte des Matthäus. Es hilft auch nicht weiter, dem Beispiel des Matthäus selbst zu folgen und in der Erzählung von der rettenden Geburt des Gottessohnes lediglich eine «Erfüllung» der «Weissagung» aus Jes 7,17 (vgl. 8.10) zu sehen: «Da, die Jungfrau, im Schoß wird sie tragen und wird gebären einen Sohn, und sie wird nennen seinen Namen Emmanuel, das heißt übersetzt: Mit uns ist Gott» (Mt 1,23). Das mythische Motiv der jungfräulichen Geburt läßt sich in dem Jesaja-Zitat nur wiederfinden, wenn man nicht den hebräischen Urtext, sondern die griechische Übersetzung der Stelle in der Septuaginta zugrunde legt. Denn der hebräische Text spricht ganz eindeutig nicht von einer «Jungfrau», sondern von einer «jungen Frau», und das «Zeichen» der Geburt eines Kindes, das der Prophet dort gegenüber dem glaubenslosen König Achaz ankündigt, ist nicht ein Symbol von Hoffnung und Rettung, sondern ganz im Gegenteil von Strafe und Untergang. Ja, es scheint, als sei die Formel «Gott ist mit uns» aus der Vorstellung des Heiligen Krieges hervorgegangen.[26] Die griechische Übersetzung der Septuaginta von der jungfräulichen Geburt eines Sohnes ist für jüdische Ohren überhaupt nur erträglich und verständlich, wenn man in der Ankunft des «Kindes» bei Jessaja den Messias und in der «Jungfrau» Israel selber erblickt, das in den Tagen der Endzeit durch Gottes Beistand den «Retter» hervorbringen wird.[27] Gerade die «entmythologisierende» Umdeutung aber, die der Septuagintatext voraussetzt, indem er die individuelle Person der «Jungfrau» als eine kollektive beziehungsweise korporative Chiffre für das israelitische Volk versteht, wird bei Matthäus wieder zugunsten der älteren ganz und gar unjüdischen Völkermythe von der jungfräulichen Geburt eines Gottessohnes rückgängig gemacht. Der Eindruck einer gewissen Ähnlichkeit der Kindheitsgeschichte des Matthäus mit den alttestamentlichen Legenden von der wunderbaren Geburt eines Kindes entsteht einzig dadurch, daß diese Legenden selber nur die vergeschichtlichte rationalisierte Form des älteren mythischen Symbols von der jungfräulichen Geburt eines beziehungsweise *des* Sohnes Gottes darstellen. Matthäus aber «vergeschichtlicht» den altägyptischen Königsmythos selbst.[28] Er erzählt als historische Begebenheit, was die Alten Ägypter (und in ihrer Nachfolge beziehungsweise parallel zu ihnen viele andere Völker: die Perser und Griechen bis hin zu den Römern[29]) sich als die Mythe der göttlichen Geburt ihres Königs oder Heros zu erzählen wußten.

Und eben damit handelt Matthäus sich (nicht anders als Lukas) gleich zwei Probleme ein, die solange nicht lösbar sind, als man die Kindheitsgeschichte Jesu bei Matthäus (und Lukas) im traditionellen Sinne als eine «wahre», das heißt «historische» Geschichte interpretiert. Indem Matthäus die alte mythische Erzählung der Alten Ägypter von der göttlichen Abkunft ihres Königs aufgreift und auf Jesus als den wahren König Israels überträgt, legt er als erstes den Grundstein zu einer Christologie, die auf geradem Wege in das christliche

Dogma von der göttlichen Natur des Erlösers einmündet. Die Symbolsprache des Mythos wird nicht mehr symbolisch gedeutet, sondern als Ausdruck einer an sich bestehenden, mit rationalen Begriffen (der griechischen Philosophie) zu beschreibenden Wirklichkeit verstanden, und das mit gewissem Recht. Denn indem Matthäus das mythische Bild als eine historische Begebenheit schildert, geht das Bewußtsein von der mythischen Herkunft der entsprechenden Vorstellungen vollkommen unter.[30] Und zum anderen macht Matthäus damit den Weg für ein Argumentationsmuster frei, das die frühchristliche Theologie in breiter Front gegen die «heidnischen» Religionsformen richten wird: was dort «nur» Mythos sei, das sei eben in der Person Jesu historische Wirklichkeit geworden.[31] Und mit diesem «Argument» sitzen wir spätestens heute, 200 Jahre nach der Aufklärung, im Grunde aber schon seit dem Ende des zweiten Jahrhunderts nach Christus, als die kleine Schrift des brillanten griechischen Philosophen CELSUS «Über das wahre Wort» erschien[32], in einem redlicherweise nicht zu lösenden Dilemma.

Denn natürlich: wenn die gesamte «Christologie» sich von der «Mythologie» der «Heiden» einzig durch bestimmte historische Setzungen unterscheiden soll, so müßte alles daran gelegen sein, die historische Glaubwürdigkeit des Matthäusevangeliums in den einschlägigen Kapiteln zu erweisen. Und eben das ist bei einiger historischer Ehrlichkeit nicht möglich. In keinerlei Hinsicht will oder kann Matthäus eine «Geschichte» Jesu im Sinne der Geschichtsschreibung der Griechen und Römer seiner Zeit zu Papier bringen. Gemessen an den Prinzipien historischer Treue und methodischer Sorgfalt, mit denen HERODOT und THUKYDIDES[33] ein halbes Jahrtausend vor Matthäus die Maßstäbe antiker Geschichtsschreibung verpflichtend gemacht haben, sind alle vier Evangelisten alles andere als Geschichtsschreiber. Man vergleiche, mit welcher Ironie LIVIUS von der jungfräulichen Geburt der Gründer Roms: von Romulus und Remus, berichtet[34], oder man nehme zum Vergleich die Schriften der Zeitgenossen des Matthäus: von FLAVIUS JOSEPHUS, TACITUS und PLUTARCH, in die Hand, und man wird den Unterschied ermessen, der die Darstellungsweise der Evangelien von all dem trennt, was im Sinn einer historisch-kritischen und glaubwürdigen Geschichtsschreibung im jüdischen, römischen und griechischen Sprachraum der damaligen Zeit möglich und üblich war. Gerade in historischem Betracht mißversteht Matthäus, wer ihn «historisch» zu verstehen sucht, haben wir doch bereits gesehen, wie dieser Evangelist mit seinen Quellen verfährt, wenn es gilt, das christologische Dogma durchzusetzen. Die historische Wirklichkeit begründet hier nicht die Darstellung von der Person und den Taten des Messias Jesus, sondern umgekehrt: die Wahrnehmung der historischen Wirklichkeit formt sich nach den Vorgaben des christlichen Glaubens. Gerade die historisch-kritische Bibelauslegung von Beginn des neunzehnten Jahrhunderts an bis heute mußte Zug um Zug die Unmöglichkeit entdecken, hinter den «Glaubenszeugnissen» der Evangelien die historische Wirklichkeit des Jesus von Nazareth freizulegen.[35]

Wie aber dann? – Historisch gesehen hängt die «Christologie» des Matthäusevangeliums, ja, der kirchlichen Verkündigung insgesamt in der Luft. Der springende Punkt liegt eben in dem Schwebezustand, den Matthäus selbst durch die Historisierung der mythischen Vorlagen erzeugt. In diesem Verstande gilt das Mythische als das an sich Heidnische, Widergöttliche, Nichtige und Unwirkliche, während das Christliche, Göttliche, Wahre und Wirkliche in die Historie gesetzt wird. Wenn sich nun aber erweist, daß der Behauptung einer historischen Wirklichkeit in der christlichen Verkündigung keine nachprüfbare Realität entspricht, so scheint der Glaube der Christen an ihren Christus selbst widerlegt. Aus dieser Schwierigkeit führt offenbar nur ein einziger, recht schmaler Weg heraus, der darin besteht, das Verhältnis von Mythos und Geschichte noch einmal neu zu durchdenken und ein Stück tiefer zu verstehen, als es im Matthäusevangelium bei oberflächlicher Betrachtung erscheinen will. Drei Schritte sind dazu vonnöten.

Zum ersten: Man muß ehrlicherweise zugestehen, daß es sich in der Kindheitsgeschichte des Matthäus (ebenso wie des Lukas) nicht um historische Erzählungen, sondern um mythische Bilder handelt.

Zweitens: Um den Sinn dieser Bilder zu verstehen, kommt es darauf an, sie in der Form zu betrachten, die sie in ihrem ganzen Reichtum am vollkommensten sichtbar macht. Konkret gesprochen setzt das voraus, die Symbolsprache der Kindheitsgeschichte des Matthäus auf die Leinwand der altägyptischen Königsmythologie zu reprojizieren und sich religionsgeschichtlich die Frage vorzulegen, was für ein Menschenbild in der Gestalt des «Königs» als der Korporativperson eines ganzen Volkes vermittelt wird – also: Was bedeutet das Symbol einer (Wieder-)Geburt aus dem Geist (altägyptisch, aus dem Gott Amun) am Tag der «Thronbesteigung»[36]? Was besagt das Symbol der «jungfräulichen» Geburt für das Wesen eines königlichen Menschen?[37] Was heißt es, «der Sohn Gottes» zu sein? All diese Fragen gilt es zunächst einmal mit Hilfe der Religionsgeschichte vor allem am Beispiel des Alten Ägyptens so umfassend wie möglich zu beantworten.

Dann allerdings kommt der dritte Schritt, und er ist eigentlich der wichtigste. Im Rahmen einer nur religionsgeschichtlichen Betrachtung würden wir zum Beispiel von der Religion des Alten Ägyptens eine Menge nützlicher Informationen gewinnen, die uns helfen könnten, in etwa auch den Rahmen der christologischen Aussagen der entsprechenden Bilder im Matthäusevangelium zu verstehen; doch all die so gewonnenen Informationen und Erklärungen blieben für uns Heutige vollkommen bedeutungsleer. Wir erführen auf diese Weise zwar, was die Alten Ägypter vor 4000 Jahren hatten sagen wollen, doch was das so Gedachte und Gesagte für unser Denken heute zu sagen hat, ginge daraus mit keinem Wort hervor. Im Gegenteil, wir blieben bei einer solchen Vorgehensweise notgedrungen verurteilt zu einem bloß historischen Sprechen über historische Anschauungsformen.[38]

Es ist dabei sehr wichtig zu begreifen, daß selbst die Zentralbegriffe der christlichen Dogmatik zur Deutung der Person Jesu, wie: Messianität, Gottessohnschaft, Menschensohn und andere mehr, voll und ganz in den Strudel dieser Problematik hineingezogen werden: Keiner dieser Begriffe gewinnt dadurch einen lebendigen Sinn, daß er als eine historische Anschauungsform in höchster Autorität und Feierlichkeit weitertradiert wird; keiner dieser Begriffe ist ein Stück «Wirklichkeit an sich», er stellt, wie jeder Begriff, «nur» einen Versuch dar, ein Stück Wirklichkeit für das menschliche Bewußtsein zu interpretieren. Die entscheidende Frage stellt sich also jetzt, welch ein bleibend gültiger Sinn bestimmten mythischen Anschauungsformen selbst zukommt, ja, ob es einen solchen Sinn gibt oder nicht. Je nachdem, wie man diese Frage beantwortet, ob mit Ja oder Nein, läßt sich die Darstellungsform des Matthäusevangeliums von der Person Jesu als etwas Lebendiges auch heute noch vermitteln, oder sie ist nur noch als eine historische Erinnerung an etwas endgültig Vergangenes und schlechthin Unwiederholbares bewußtzumachen. Der Ort aber, an dem diese Frage entschieden wird, kann nicht die «objektive» Historie selbst sein, denn diese liegt, wie wir wissen, unauffindbar *hinter* der Bilderwand der mythischen Chiffren, nach deren «Realität» im Sinne von Bedeutung und Wahrheit jetzt die Untersuchung geht.

Das Problem, das sich uns auf diese Weise stellt, ist nicht sehr verschieden von der Frage nach der «Wahrheit» von Dichtung, Malerei oder Musik. So eingebunden in ihre gegenwärtige Zeit bestimmte Stil- und Ausdrucksformen, Themenstellungen und Techniken auch immer sein mögen, so können sie doch eine menschheitliche Bedeutung an sich tragen, indem sie etwas mitteilen, das alle Menschen zu allen Zeiten und in allen Zonen angeht. Die Voraussetzung dafür ist freilich, daß es Wahrheiten gibt, die im Menschen selber liegen und sich nur in bestimmten Formen des Denkens und der Anschauung mitteilen lassen. Solche «ewigen» Themen des menschlichen Daseins bilden den Gegenstand der «Weltliteratur», sie sind seit alters her das Terrain der «archetypischen» Erzählformen von Mythos, Märchen, Sage und Legende.[39] Entscheidend für ein lebendiges religiöses Verständnis des Matthäusevangeliums (ebenso wie der christlichen Dogmatik!) ist daher die Frage, ob es gelingt, ein Deutungsverfahren zu finden, das vor allem die Darstellungsweise des Mythos als Ausdruck einer bleibend gültigen, menschheitlichen Wahrheit verstehen läßt. Der fehlende Außenhalt insbesondere der Kindheitsgeschichte des Matthäus in der Historie läßt sich nur durch eine Anthropologie kompensieren, die zeigt, daß in den Symbolen und Themen des Mythos Denk- und Anschauungsweisen enthalten sind, die zum Menschen gehören und zu allen Zeiten und Zonen unverzichtbar und gültig sind; und eben dies ist erneut ein Punkt, an dem sich zeigt, daß die Theologie heute wesentlich der Tiefenpsychologie bedarf, um sich selber zu begründen und sich selber auszulegen. Denn einzig mit Hilfe der Tiefenpsychologie läßt sich der Graben schließen, den die historisch-kritische Forschung aufwerfen mußte, indem sie entdeckte, wie ganz anders geartet die Ebene der Bilder in den Darstellungsweisen der Evangelien ist als die Ebene der historischen Wirklichkeit; einzig mit Hilfe der Deutungsverfahren, die aus der Traumpsychologie genommen wurden, läßt sich, «amplifiziert» durch ein entsprechendes Vergleichsmaterial aus Religionsgeschichte und Ethnologie, die Eigenart der «Christologie» des Matthäusevangeliums, statt sie als bloße Verfälschung des Historischen zu kritisieren oder als Festschreibung bestimmter Glaubensformen und -formeln zu ideologisieren, positiv interpretieren und in die lebendige Erfahrung von Menschen heute im Umgang mit sich selbst und anderen hineinübersetzen. Einzig die Tiefenpsychologie weist in der Auslegung der «Christologie» des Matthäusevangeliums mit seinem mythischen Eingangsgemälde von der jungfräulichen Geburt des Gottessohnes einen Weg zwischen Historismus und Fundamentalismus, zwischen religionsgeschichtlichem Formalismus und einem veräußerlichten Dogmatismus, zwischen dem «nur» Menschlichen und dem «nur» Göttlichen der Person Jesu. Nur eine Auslegungsmethode, die von den Tiefenschichten der menschlichen Psyche ausgeht, in denen die Bilder einer jungfräulichen, göttlichen Geburt ihren Ursprung haben, vermag die religiösen Symbole des Matthäusevangeliums ebenso wie der christlichen Dogmatik ohne Zwang und Entfremdung zu vermitteln.

d) Der Surrealismus der Wahrheit oder: In welchem Sinne Jesus doch ein König war

Insofern muß man die Darstellungsweise des Matthäusevangeliums weit wörtlicher und ernster nehmen, als es in der Auslegung bisher geschehen ist. Wenn Matthäus immer wieder gerade in den ersten beiden Kapiteln seines Evangeliums betont, daß kein Ereignis der «Menschwerdung» Gottes sich außerhalb heiliger Träume hätte vollziehen können, so ist darin offenbar nicht nur ein Begleitmoment der Erzählung, sondern in sich selbst bereits die Interpretationsbedingung der gesamten Darstellung des Wesens der Person des Jesus von Nazareth als des Messias Israels zu erblicken. So wie Joseph nach der Schilderung des Matthäus die Jungfräulichkeit seiner Verlobten nicht als eine «historische» (biologische) Tatsache durch einfache Nachprüfung «feststellen», sondern nur durch die Traumbotschaft eines Engels über den wahren Zustand Mariens belehrt werden konnte, so bleibt auch ein Ausleger von Texten dieser Art notwendig zum Scheitern verurteilt, der nicht vom Traumerleben selber her die Symbolsprache des Matthäus zu verstehen sucht. Wir haben soeben gesehen, daß die Verwendung der Tiefenpsychologie unerläßlich ist, um die Funktion und Form der Kirche im Aufbau des Matthäusevangeliums zu verstehen; wir haben sodann erlebt, wie wichtig die «psychoanalytische Grundregel» zum Verständnis der Problematik von «Gesetz» und «Evangelium» innerhalb der Redaktion des Matthäus ist; wir merken jetzt aber, daß die tiefenpsychologische Deutungsmethode sogar entscheidend dafür ist, ob sich die «Christologie» des Matthäus in die Erfahrung und Sprache unserer Zeit übersetzen läßt oder nicht, ja, ob sie überhaupt in sich selbst verstehbar und begründbar ist oder ob sie lediglich als eine geschichtsferne Entlehnung außerisraelitischer «heidnischer» Mythologeme erscheinen muß. Nicht irgendeine Nebensache, sondern der Kern des christlichen Glaubens steht hier auf dem Spiel, und es ist die Tiefenpsychologie, die dabei den Ausschlag gibt.

Vielleicht läßt sich die Darstellungsweise des Matthäus an diesem wichtigen Punkt an einem Bild des surrealistischen Malers Salvador Dali erläutern (siehe Tafel 1). In der National Gallery of Art in Washington hängt ein Bild aus dem Jahre 1955 vom «Sakrament des Letzten Abendmahles»[40]. Dali folgt hier äußerlich der überragenden Vorlage des Leonardo da Vinci, dessen Mailänder Fresko Jesus im Kreis seiner Jünger zeigt, im Moment, da er den Verrat durch einen seiner Jünger ankündigt und alle, in Dreiergruppen angeordnet, miteinander diskutieren und Jesus fragen: «Doch nicht ich, Herr?» (Mt 26,22, nach Mk 14,19.) Auf Leonardos Bild ist die Vorderseite des Tisches ganz frei zum Betrachter hin, als sei er, im Raum der Kapelle selbst, eingeladen, an der Tafel Platz zu nehmen, die Fluchtlinien der Perspektive aber laufen im Haupt Jesu zusammen und setzen sich fort in dem Hintergrund einer abendlichen Landschaft, die die Gestalt Jesu durch die geöffneten Wände aufnimmt als ihren verborgenen Herrn.[41] Auch DALI stellt in den Mittelpunkt des Bildes die Person Jesu, auf dessen Hals hin er die gesamte Blickrichtung ausrichtet: Sein Wort ist das Zentrum der Welt. Dargestellt ist der Augenblick, da Jesus – die linke Hand auf seine halbentblößte Brust gelegt, die Rechte mit ausgestrecktem Daumen und Zeigefinger zum Himmel weisend, den Blick nach oben ins Weite gerichtet – über zwei vorgelegte Brote und einen Glasbecher mit Wein die Wandlungsworte spricht. Die Jünger haben sich, je zu dritt links und rechts von Jesus, zu zweit an den beiden Stirnseiten und zu zweit vor dem Tisch, der erscheint wie ein Altarstein, niedergekniet, den Kopf tief gebeugt, wie vor dem Empfang der heiligen Speise in der katholischen Messe. Das Besondere aber an DALIS Gemälde ist die kunstvolle Aufhebung der Dimensionen von Raum und Zeit, mithin die bewußte Aufhebung des Historischen bzw. die Transparenz der wahren Wirklichkeit des Göttlichen. Denn überwölbt wird die Szene des letzten Abendmahles von einer hexagonal erscheinenden Dach- und Wandkonstruktion, deren Streben so gestellt sind, daß sie nach hinten den Raum zu umschließen scheinen, während sie in Wirklichkeit nach vorne weisen, beziehungsweise so, daß sie umgekehrt auf den Betrachter zulaufen, während sie das Rückliegende umfangen. Der Raum selber wandelt sich auf diese Weise in eine Metapher der Zeit, die sich auflöst, indem die Zukunft nur möglich wird aufgrund einer Vergangenheit, deren einzige Wirklichkeit darin liegt, sich zur Zukunft zu öffnen; Jesus selbst aber ruht im Zentrum dieser Raum-Zeit in einer ewigen Mitte. Das wird noch deutlicher dadurch, daß die Dach- oder Wandkonstruktion um so durchsichtiger, gläserner und luftiger wird, je näher sie der Erde kommt. Alle Wände und Decken, alle Einordnungen in den Kategorien von Raum und Zeit erscheinen, so betrachtet, als etwas Unwirkliches, Künstliches, das nur in der menschlichen Vorstellung existiert; es gibt keinen Abstand zwischen damals und heute, es existiert nur eine einzige kohärente Wirklichkeit aus Wolken und Licht. So öffnet sich der «Abendmahlssaal», der in Wahrheit die Mitte der Welt ist, in das Bild eines Sees, dessen Ufer von teils sanft, teils schroff abfallenden verkarsteten Bergen gebildet werden – Erinnerungen an die Heimat des Malers nicht weniger als an den See von Gennesareth als dem «Ort», da alles begann. Ein winziges Boot liegt am Ufer – jenes in den Evangelien so oft erwähnte Gefährt an diesem einzigartigen Gestade zwischen Diesseits und Jenseits, zwischen der scheinbar so sicheren Alltagswirklichkeit und der einzig wahren Traumwirklichkeit, zwischen Zeit und Ewigkeit. – Einher geht diese Verzeitlichung des Raumes in der Horizontalen auf DALIS Bild mit einer Verräumlichung der Zeit in der Vertikalen. Denn selbst der «sakramentale» Christus des Abendmahlssaales ist nur die personhafte, sichtbare Form seines «Leibes», der nackt und gesichtslos, mit schützend ausgebreiteten Armen über allem zu schweben scheint: der «Leib» des «Herrn» – das ist die ganze Welt. Freilich: um so zu sprechen, bedarf es der Stilmittel des Surrealismus als der angemessenen Darstellungsform einer anderen Wirklichkeit, die sich nur dem zeigt, der mit den inneren Augen des Traums zu sehen vermag. Der «Surrealismus», die mythische Anschauung ist nicht eine Verfälschung des Historischen, wohl aber seine Umwandlung in ein ewiges Bild beziehungsweise in ein Abbild der Ewigkeit. Der «Surrealismus» des Mythos mit anderen Worten ist das unersetzliche, weil einzig angemessene Medium religiöser Sprache.

Auf die gegen eine solche Auffassung immer wieder geltend gemachte Frage: Ist denn dann Jesus als der Christus «nur» ein Mythos oder «nur» ein Traum, liegt nach dem Gesagten jetzt eine doppelte Antwort schon bereit. Zum einen ist der «Mythos» und der «Traum» keineswegs das nur Erdichtete, das rein Subjektive, das Unwirkliche und Unwahre, sondern gerade umgekehrt: Die ganze Religion besteht darin, den Schwerpunkt der Wahrnehmung zu verlagern und eine Welt der Lüge zu zeihen, in welcher die Menschen nur geboren zu sein scheinen, um nach wenigen Jahren zu sterben, und in der all ihr Streben nach Erkenntnis und Vervollkommnung durchkreuzt wird von dem Hohn des Irrtums und dem Spott der Vergeblichkeit; wenn etwas wahr ist an dieser Welt, so ist es die traumhafte Ahnung und die symbolisch vermittelte Erfahrung des Menschen von jener anderen Welt und Wirklichkeit, als deren Prophet und Verkörperung Jesus von Nazareth auftrat: sein «Leib» – das ist, wie auf dem Bild SALVADOR DALIS, ein Stück Himmel in Menschengestalt, und so «surrealistisch» muß offenbar denken und fühlen, wer als «Christ»-Gläubiger leben will. Und zum anderen: Es wird vor unseren Augen in der Kindheitsgeschichte des Matthäus ein Wechselverhältnis sichtbar, in dem der (altägyptische) Mythos des göttlichen Königs die Person und Geschichte des Jesus von Nazareth deutet und innerhalb dessen wiederum die Person und Geschichte des Jesus von Nazareth den Mythos des göttlichen Königs deutet. Beide Bewegungen lohnen noch eine kurze Betrachtung.

Wie es möglich ist, daß der Mythos des göttlichen Königs mit dem Titel: Sohn Gottes, die Person Jesu zu deuten vermag, beschreibt Matthäus selbst in einer unübertrefflich dichten Szene, die zugleich zeigt, was dieser Evangelist unter «Glauben» versteht. Es ist – noch einmal – das Bild vom Seewandel Jesu in Mt 14,22–33, in dem die Gestalt Jesu als des Sohnes Gottes besonders hell aufleuchtet. Schon bei Markus (Mk 6,50) gibt Jesus seinen Jüngern sich mit der Formel zu erkennen, in welcher im Alten Testament der Gott Jahwe sich offenbart: «Ich bin.»[42] Das Da(Sein) Gottes ist die einzige tragende Wirklichkeit, meint diese Formel, die Jesus in seiner eigenen Person übernimmt und gegen die Angst seiner Jünger setzt. Dann aber, im Vertrauen auf seinen «Herrn» (Mt 14,30), wagt Petrus sich auf das Wasser und droht augenblicklich an seiner eigenen Angst zugrunde zu gehen, würde Jesus dem «so wenig Vertrauenden» Mt 14,31) nicht die rettende Hand entgegenstrecken und mit ihm in das Boot steigen. «Die im Boot aber warfen sich nieder vor ihm, sprechend: Wahrhaftig, Gottes Sohn bist du» (Mt 14,33). An Jesus als den Sohn Gottes glaubt im Sinne dieses Bildes nur, wer selber durch den Beistand Jesu sich aus dem Abgrund gerettet fühlt; oder, anders gesagt: Nur derjenige, dem Jesus buchstäblich «alles» geworden ist: Heil und Rettung, Grund und Ziel, Ausgangspunkt und Endpunkt seines Daseins, kann von innen her die Chiffre berechtigt finden, die in der menschlichen Psyche bereitliegt, um die Erfahrung von etwas Absolutem wiederzugeben. Es ist, daran gemessen, zwar lehrreich, aber nicht wesentlich, daß die Alten Ägypter die Mitte ihres Lebens, die Verkörperung von Sinn und Auftrag ihres Daseins: ihren König, als «Sohn Gottes» bezeichneten und diese Chiffre selber durch entsprechende symbolische Erzählungen der Verkündigung und der Geburt des Pharao auszudeuten suchten; wesentlich ist, daß jeder, der eine analoge Erfahrung von Einheit und Sinn durchlebt hat, zu der Verwendung der gleichen traumnahen Bilder zur Beschreibung seines Erlebens sich gedrängt sieht. Wenn wir soeben feststellten, daß Matthäus die individuellen Gefühlsmomente vor allem bei den Heilungswundern gegenüber der Vorlage des Markusevangeliums rigoros zusammenstreicht, so sind es jetzt offenbar die archetypischen Bilder des kollektiven Unbewußten, mit denen er den Ausfall an unmittelbarer persönlicher Erfahrung zu kompensieren sucht. Zumindest das Angebot der deutenden Bilder des Mythos stellt eine Brücke dar, um sich in der Weise einer traumnahen Meditation auf die Person des Jesus von Nazareth zubewegen zu können. Insofern sind es als erstes die Chiffren des Mythos, von denen her die historische Person des Jesus von Nazareth von einer bestimmten Tiefe des Erlebens her ihre (Be)Deutung empfängt.

Aber auch umgekehrt: Die Gestalt Jesu deutet ihrerseits die archetypischen Deutungsschemata. Gewiß, für den Glaubenden ist er ein König, aber das «Königtum» der Himmel, das er verkündet, unterscheidet sich bereits innerhalb der endzeitlichen Erwartungen weiter Kreise des zeitgenössischen Judentums ganz erheblich von all den nationalpolitischen Machtphantasien und ressentimentgeladenen Rachewünschen, die sich seit alters her mit der Messiashoffnung der Propheten Israels mischten. Die Diskrepanz geht so weit, daß Jesus im Markusevangelium seine Jünger «anherrscht», ihn niemals «Christus» (Messias) zu nennen (Mk 8,30), und auch Matthäus greift diese Stelle wörtlich auf (Mt 16,20). Will man die «Königswürde», die auf dem Haupt Jesu lag, verstehen, so darf man sie nicht mit Macht und Gewalt assoziieren, sondern allein mit jener Kraft, die nur der Liebe eigen ist, sowie mit jener Größe, die allein in der Freiheit liegt. «Wenn ihr anderes erstrebt als das Königreich des Geistes», läßt KHALIL GIBRAN einmal seinen Jesus sagen, «dann ist es besser, ihr verlaßt mich sofort und steigt in die Totengrüfte hinab, wo die gekrönten Häupter von einst Hof halten und den Gebeinen eurer Vorväter Ehre erweisen. Versucht nicht, mich zu einer Krone aus Blech zu überreden! Meine Stirn verlangt nach den Pleiaden oder nach euren Dornen.»[43] «Mein Reich ist da, wo sich zwei oder drei von euch in Liebe versammeln, über die Schönheit der Schöpfung staunen, sich freuen und meiner gedenken.»[44] Wohl: «Judäa will einen König haben und gegen die Legionen Roms aufmarschieren. Ich aber werde nicht ihr König sein. Die Diademe Zions wurden für kleinere Stirnen angefertigt. Und der Ring Salomos ist zu eng für diesen Finger. Schaut meine Hand an! Seht ihr nicht, daß sie zu stark ist, um ein Szepter zu halten, und zu kraftvoll für ein gewöhnliches Schwert? Nein, ich habe nicht die Absicht, die Syrer gegen die Römer anzuführen. Ihr aber werdet mit meinen Worten die Stadt wecken, und mein Geist wird zu ihrer zweiten Morgenröte sprechen. Meine Worte werden eine unsichtbare Armee sein mit Pferden und Streitwagen; ohne Beil und ohne Schwert werde ich die Priester von Jerusalem und seine Caesaren besiegen. Ich will auf keinem Thron sitzen, auf dem Sklaven saßen, die andere Sklaven regierten. Ebensowenig habe ich vor, gegen die Söhne Italiens ins Feld zu ziehen. Vielmehr werde ich ein Sturm an ihrem Himmel sein und ein Lied in ihrem Herzen. Und sie werden sich meiner erinnern. Sie werden mich Jesus, den Gesalbten, nennen.»[45]

In welchem Sinne also war (oder ist!) Jesus ein «König»? Es ist nicht falsch, ja, es ist unumgänglich für jeden, der die Person des Mannes aus Nazareth als seinen «Retter» erlebt hat, ihn zu erschauen «in Kraft und in Macht und in Herrlichkeit», und doch ist das Gold seiner Krone der Stirnreif der Freiheit seines Geistes und der Mantel seiner Schönheit das Gewand seiner Güte und das Szepter seiner Macht der Zauber eines jeden seiner Worte; alles, was sonst das Bild und die Erscheinung eines «Königs» bestimmt, trifft in vollem Umfang auf Jesus zu und ist doch völlig falsch, solange es äußerlich vorgestellt bleibt; denn eben dies: daß alles «Königliche» sich aufhebt in ein archetypisches Bild, in ein reines Symbol, bestätigt alle Hoffnungen und Erwartungen, die Menschen je in der Geschichte auf ihren Herrscher gelegt haben, und widerlegt doch zugleich all diese Erwartungen und Hoffnungen durch die Innerlichkeit, mit welcher allein der seelische Gehalt der Sehnsucht aller Menschen zur Wahrheit erhoben wird. Man kann der Darstellung GIBRANS nur folgen, wenn er fortfährt: «Nein, der Nazaräer war weder mit dem Knecht gegen seinen Meister, noch mit dem Meister gegen seinen Knecht. Er unterstützte niemanden gegen einen anderen. Er war ein Mensch über allen Menschen. Und die Kraft des Lebens, die durch Seine Nerven und Venen strömte, sang von Liebe und Macht zugleich. Wenn Edelmut darin besteht, ein Beschützer der Unterdrückten zu sein, dann war Er der edelste aller Menschen. Wenn sich die Freiheit in Gedanken, Worten und Taten äußert, so war Er der freieste aller Menschen. Und wenn sich die gute Herkunft im Stolz manifestiert, der nur der Liebe den Vorrang einräumt, sowie in einer Zurückhaltung, die stets freundlich und wohlwollend ist, dann war Er der Höchstgeborene von allen Menschen.»[46]

Der entscheidende Unterschied, der Jesus von allen «Königen» der Erde trennt, liegt darin, daß er nicht den Titel eines Königs trug oder beanspruchte, sondern daß er in seiner ganzen Person «königlich» war und nur in dieser Aura erlebt werden konnte. Die Könige des Alten Ägyptens übernahmen an einem bestimmten Tag die Nomenklatur all der für sie vorgesehenen Namen und Bezeichnungen des «Horus», des «Goldhorus», des «Sonnen-Sohn-Namens», des Namens eine Königs von Ober- und Unterägypten[47] und so weiter; doch ihre eigene Person ging unter in der Fülle der ihnen verliehenen Funktionen. Nur jemand wie Jesus, der keinerlei Titel und Namen benötigt, um wirklich zu sein, kann aus der Unwirklichkeit eines nur geliehenen, eines nur von außen verliehenen Daseins heraustreten und uns zu dem machen, was wir wirklich sind. Ein solcher tut, was ein «König» tun sollte, und sein Weg kommt stets von den Sternen zur Erde. Er schenkt den Ärmsten der Menschen ein königliches Bewußtsein ihrer Würde und Größe, indem er sich selbst aller «Würde» und «Größe» begibt, und so wird er zum «König», indem er die Freiheit des menschlichen Daseins, seine Schönheit und Gottesunmittelbarkeit aus den Fesseln ihrer Projektionen in die überragende Rolle eines einzelnen löst und sie öffnet für die Stirn jedes Denkenden, für das Herz jedes Liebenden, für die Hand jedes Gütigen. Ein königlicher Mensch, ein «Sohn Gottes» zu sein, bedeutet selbst für Matthäus so viel wie ein mit sich versöhnter Mensch, ein Menschen versöhnender Mensch zu sein; denn so läßt er Jesus in seiner Bergpredigt sprechen: «Glücklich die Friedensstifter, sie werden Söhne Gottes heißen» (Mt 5,9). Und: «Ich sage euch: Liebt eure Feinde und betet für die, die euch verfolgen, auf daß ihr werdet Söhne eures Vaters, des in den Himmeln» (Mt 5,45). Man muß die Bilder der «Gottessohnschaft» Jesu im Matthäusevangelium offenbar immer wieder von neuem in sich solange nachträumen, bis darunter das eigene Wesen sich erschließt und die Wirklichkeit berührt, aus der Jesus kam: aus jenem Vertrauen in Gott, daß das «Wasser» uns trägt hinüber zu jener anderen Welt, die unsere wahre Heimat ist. Nur so wird gelten, was Matthäus nicht müde wird zu betonen: Es ist sinnlos, Jesus als «Herrn» zu bekennen und immer von neuem die christlichen Bekenntnisformeln aufzusagen, es kommt vielmehr alles darauf an, so zu sein und zu leben, wie Jesus es verkörpert; denn: «In das Königtum der Himmel kommt nur hinein, wer tut, was mein Vater will, der in den Himmeln» (Mt 7,21).

Und doch, meint Matthäus, kann nur so leben, wer ähnlich wie Petrus beim Gang über das Wasser die Gestalt Jesu *vor sich* sieht. Es ist nicht möglich, den altägyptischen Königsmythos «christologisch» nur in den Anfang, in die Kindheitsgeschichte hinein, zu verlängern; es bedarf gegenüber der Vorlage des Markusevangeliums offenbar auch einer Erweiterung zum Abschluß hin, indem, wie der Anfang, so auch das Ende des Lebens Jesu in seiner Göttlichkeit vorgestellt wird. Das Markusevangelium schließt mit der Szene der Frauen am Grab und mit dem Hinweis des Engels: «Vorausgeht er euch nach Galiläa. Dort werdet ihr ihn sehen, wie er euch gesagt hat» (Mk 16,7). Matthäus mag dabei nicht stehenbleiben. Nicht nur, daß er die Diskussion über das «leere» Grab als eine vermeintlich historische Tatsache in breiter Form mit seinen jüdischen Kontrahenten aufnimmt, er setzt vor allem eine neue und jetzt endgültige «Inthronisation» Jesu als des Herrn des «Himmels und der Erde» an das Ende seines Evangeliums (Mt 28,16–20); und auch mit dieser Szene vervollständigt er seine «Christologie» in Richtung der altägyptischen Mythologie. Bereits in den Pyramidentexten des Alten Reiches, im letzten Drittel des dritten Jahrtausends vor Christus, findet sich die Vorstellung, daß der König im Augenblick seines Todes auffliegt zum Himmel und Platz nimmt zur Rechten des Sonnengottes.[48] Ein König, wenn er stirbt, sinkt nicht zur Bedeutungslosigkeit herab, sondern er dehnt im Gegenteil seine Macht vom Himmel her aus bis zu den Grenzen der Erde. Selbst der römische Kaiserkult in den Tagen der Entstehung des Neuen Testaments greift Vorstellungen dieser Art auf, indem der Caesar im Moment seines Todes aufhört, ein Mensch zu sein und zum Gott wird.[49] Eben in diesem Sinne berichtet uns Livius, wenngleich mit aufgeklärtem Augenzwinkern, wie Romulus, der Stadtgründer Roms, der «Vater» aller Caesaren, selber am Ende seines Lebens in den Himmel aufgenommen wurde.[50] Der Tod enthüllt in dieser Sicht das Wesen eines sterblichen Menschen, wenn er ein König ist, als in Wahrheit unsterblich.

Insofern ist es im Grunde nur logisch, daß Matthäus sein Evangelium mit dem Ausblick und Aufblick einer absoluten Machtverleihung an die Person Jesu endet. Der Tod Jesu, so zeigt er, ist in Wirklichkeit der Eintritt des Messias in das Reich, das ihm der Vater verleiht, und die Jünger Jesu sind, trotz aller menschlichen Zweifel (Mt 28,17), unter dem Beistand des «erhöhten» Herrn die Herolde seiner Herrschaft; ja, die Kirche selbst erweist sich jetzt schon als das Reich des Menschensohnes (Mt 13,41), das sich ausbreitet, indem «alle Völker» in der Taufe «auf den Namen des Vaters und des Sohnes und des heiligen Geistes» zu «Jüngern» Jesu gemacht werden. Wir aber stehen in Anbetracht dieser Bilder und Formeln des Glaubens vor dem gleichen Problem einer lebendigen Interpretation der «Inthronisation» Jesu am Ende seines Lebens wie vorhin bei der Frage nach den Bildern der jungfräulichen Geburt des wahren Königs Israels am Anfang seines Lebens; entsprechend kurz können wir uns jetzt fassen.

Denn soviel ist bereits deutlich: Man muß Jesus als den «König» der Welt glauben, um seinen Tod am Kreuz als die «Inthronisation» des Messias «schauen» zu können. Die Schlußszene des Matthäusevangeliums begründet diesen Glauben nicht durch eine neue Erfahrung, sie legt vielmehr ein religionsgeschichtlich überliefertes und in der menschlichen Psyche tief verankertes Bild vor, um diesen Glauben selber bis in seine letzten Konsequenzen hinein erlebbar zu machen. Der «Mythos» des göttlichen Königs verdrängt niemals die Person des historischen Jesus von Nazareth, sondern umgekehrt: Er wird ganz und gar ermöglicht von der Erfahrung, die Menschen auf Heil und Unheil in ihrem Leben mit der Person des historischen Jesus von Nazareth machen mußten und machen durften. «Mir ist (von Gott) alle Gewalt gegeben im Himmel und auf Erden» – ein solcher Satz muß in der Auslegung zurückübersetzt werden in all die Erfahrungen jener geheimnisvollen Macht, mit welcher Jesus die Menschen seiner Zeit in seinen Bann zog und mit der er sein unsichtbares «Königtum» begründete. Deutlicher gesagt: Man muß in der Auslegung des Matthäusevangeliums Punkt für Punkt Partei ergreifen für den armen «Christus», für den Menschen Jesus von Nazareth entgegen der symbolischen Poesie all der Bilder von «Größe» und «Macht», die doch nur Sinn machen in der Paradoxie der Anfangsworte der Bergpredigt, mit denen Jesus «die aus Geist Armen» «glücklich» preist, weil «ihrer ist das Königtum der Himmel»

(Mt 5,3). Eindeutig wenden muß man sich vor allem dagegen, die Symbolik von dem göttlichen Königtum Jesu zum ideologischen Alibi einer Rückverlagerung dieser Symbolik in die Außenseite einer sehr realen Kirchenpolitik der rituellen Repräsentanz und autoritären Machtausübung zu erheben. Denn es läßt sich nicht leugnen, daß gerade die Wirkungsgeschichte der «Christologie» des Matthäusevangeliums in eben diese Richtung gegangen ist. Die Wahrheit der Botschaft Jesu vom Königtum Gottes läßt sich nur richtig verstehen, wenn man diese Botschaft in der personalen Spannung des Vertrauens zwischen Jesus und seinem «Vater» beläßt, den er als Vater auch der Verlorenen, die wir in Wirklichkeit alle sind, uns «nahe»-bringen wollte. Die mythischen Bilder der Gottessohnschaft des Königs hingegen, der jungfräulich aus der Sphäre des Göttlichen in die Menschenwelt eingeht und in seinem Tode der Macht Gottes selber teilhaftig wird, können nicht nur dazu beitragen, sie haben in der Dogmengeschichte des Christentums dazu beigetragen, die Christologie selber an die Stelle der Person Jesu zu setzen und die Stelle Gottes von der Ekklesiologie besetzen zu lassen. Die «Kirche» und «Christus» vertreten und zertreten, wenn es so steht, die entscheidende existentielle Spannung des Glaubens zwischen Jesus und Gott, in die einzutreten das Heil eines jeden Menschen ist, der sich aufmacht, aus dem «Boot» zu steigen und sich auf das «Wasser» zu wagen. Die Kirche erklärt sich dann selber zu einer Instanz absoluten Wissens und göttlicher Unfehlbarkeit, und da sie selber es ist, die fortan die «Christologie» diktiert, ist auch die Person des Jesus von Nazareth mit der Provokation seines Glaubens und Hoffens nichts weiter mehr als der ideologische Spiegel zur Betrachtung der Selbstherrlichkeit seiner Kirche. Mit dem Blick auf diesen Christus der Kirche sieht man schließlich nur noch die Physiognomie der kirchlichen «Würdenträger» selber, und das «Königtum Gottes» in «Christus» steht am Ende, 2000 Jahre nach Christus, als ein System geistiger Unfreiheit und Unterwerfung nicht weniger autoritär, zentralistisch und entfremdend da wie der altägyptische Pharaonenstaat, nach unseren heutigen Wertvorstellungen gemessen, um 2000 vor Christus. Die Veräußerlichung jedes Sprechens von Jesus als dem Christus läßt sich nur vermeiden, indem man die Symbole des «Gottkönigtums» Jesu mit Hilfe der tiefenpsychologischen Auslegungsverfahren wie Traumbilder liest, in denen der persönliche Glaube an Gott, wie Jesus ihn uns vermittelte, in den heilenden Visionen der Tiefenschichten der menschlichen Psyche für die Menschen aller Zeiten und Zonen sich kollektiv auslegt. Ob der «Taufbefehl» des «erhöhten» «Herrn» am Ende des Matthäusevangeliums an die «Jünger» dazu führt, die «Völker» einem imperialen Apparat geistlicher Gewalt zu unterwerfen und in kollektivem Gesinnungszwang gleichzuschalten, oder ob darin eine Chance liegt, zu tun, «was mein Vater will, der in den Himmeln» (Mt 7,21), nämlich: den «Menschensohn» wiederzuentdecken in allen Hungrigen, Durstigen, Fremden und Nackten, Kranken und Gefangenen (Mt 25,31–46), entscheidet sich ganz und gar an der Humanität, mit der man das Matthäusevangelium auslegt; und nur, wer die mythischen Bilder der «Christologie» des Matthäusevangeliums mit Hilfe der Tiefenpsychologie «vermenschlicht», vermag sie zum Heil der Menschen gewaltfrei zu verstehen als den Widerschein Gottes in unseren Herzen. Ohne eine anthropologische Grundlage der «Offenbarung» hingegen wirkt selbst das Sprechen von Gott oder von seinem Sohn Jesus Christus als eine gottgewollte Entfremdung und zerreißt den Menschen zwischen Denken und Fühlen, Sollen und Wollen, Bewußtsein und Unbewußtem; es zerreißt nicht zuletzt auch den Dialog zwischen den Menschen in den verschiedenen Religionsformen der «Völker», indem es die Gegensätze einer absolut gesetzten, göttlich garantierten Kirchenwahrheit dem vermeintlichen «Ungehorsam» gegenüberstellt, den die in Finsternis gehaltenen «Heiden» der Botschaft des Messias Jesus leider immer noch entgegensetzen. Über Gewalt und Freiheit, Zerstörung und Erlösung entscheidet die Art der Auslegung selbst, mit der man das Evangelium des Matthäus liest. KHALIL GIBRAN stellte einmal «Judas» und Jesus, Verrat und Verheißung, in der Frage des Gottesreiches einander so gegenüber: «Ein Mann sehnte sich nach einem Königreich, in dem er ein Prinz ist. – Ein anderer Mann trachtete nach einem Königreich, in dem alle Menschen Prinzen sind.»[51] Dazwischen muß die Kirche, die sich auf «Christus» beruft, bis heute wählen; daran entscheidet sich zugleich, wie man die «Christologie» des Matthäusevangeliums interpretiert.

4. Von Juden und Heiden oder: Das Galiläa der Völker

«Ihr, die ihr mir nachgefolgt seid,
werdet in der Wiedergeburt ... auf zwölf Thronen sitzen
und die zwölf Stämme Israels richten.»

(Mt 19,28; Lk 22,30)

a) Das Christusbekenntnis und der Kampf des Matthäus gegen die «Pharisäer» und Schriftgelehrten

Man kann die Botschaft Jesu an die «Völker» der Menschheit heilend und heilsam nur weitergeben, wenn man die Glaubensaussagen über Jesus als traumnahe Bilder versteht, deren Grundgestalten in der Psyche des Menschen selber verankert sind. Damit auf das engste zusammen aber hängt ein anderes: Man kann die Botschaft Jesu nur verstehen als die *des Juden* Jesus aus Nazareth, und hier liegt das bis heute schmerzlichste aller Probleme, die das Matthäusevangelium aufwirft.

Die Stelle, an der es sich in furchtbarer Zuspitzung äußert, ist Mt 27,43. Da stehen unter dem Kreuz, wie bereits Markus (15,31–32) berichtet, die Hohenpriester und die Schriftgelehrten und verhöhnen Jesus, er habe sich als Messias, als König Israels, ausgegeben – er solle nur vom Kreuz herabsteigen, daß man ihm glauben könne; Matthäus fügt diesem Kreis der Spötter noch «die Ältesten» hinzu und läßt sie das Wort aus Ps 22,9 (vergleiche Weish 2,13.18–20) zitieren: «Er hat auf Gott vertraut, der helfe ihm jetzt heraus, wenn er ihn liebhat.» Selbst der Hohn der Führer des jüdischen Volkes, will Matthäus sagen, gehört mit in das Bild des leidenden Gerechten und bestätigt nur die Botschaft Jesu. Doch dann, nach dem «erfüllten» Psalm-Zitat, läßt Matthäus all die Schmähreden der Widersacher Jesu mit der Aussage motivieren und darin zusammenfassen: «Er hat ja gesagt: Ich bin Gottes Sohn.» Diese Stelle, das kann man ohne jede Übertreibung sagen, enthält die schwerwiegende Weichenstellung, die das christliche Bekenntnis ineins gesetzt hat mit einem dogmatischen Antijudaismus. Da töten «die Juden» ihren eigenen Messias, indem sie das christliche Bekenntnis verhöhnen, Jesus sei der Sohn Gottes, und die Wirkungsgeschichte dieser Stelle wird sein, daß, kaum an die Macht gelangt, die Christen ihr Bekenntnis zu Jesus als dem Gottessohn dazu verwenden werden, ihrerseits die Juden zu verspotten, zu unterdrücken und zu töten, so «gut», so «gründlich» und so «fromm» sie nur können.[1] Ein ungeheuerlicher Konflikt entsteht hier, der die gesamte Botschaft Jesu hat pervertieren lassen und der die christliche Theologie bzw. Christologie bis heute vor aller Welt, besonders gegenüber dem Volk der Erwählung, gegenüber den Juden, unglaubwürdig macht. Denn so viel ist klar: das christliche Bekenntnis kann solange nicht als wahr gelten, wie es sich gerade dem Volk, aus dem Jesus selber kam, nicht vermitteln läßt, und es ist gerade dieser Begriff von dem «Sohn Gottes», der das Christentum bis heute von der mosaischen Religion (ebenso wie vom Islam!) an entscheidender Stelle trennt.

Der Konflikt beginnt freilich nicht erst bei Matthäus, sondern schon in der Passionsgeschichte, die dem Markusevangelium zugrunde liegt. An der entscheidenden Stelle des Verhörs steht dort der Hohepriester auf und fragt Jesus: «Du, bist du der Messias, der Sohn des Gepriesenen?» Jesus aber hat gesagt: «Ich bin» (Mk 14,61–62). Und der Hohepriester zerreißt sein Gewand und ruft: «Ihr habt die Lästerung gehört» (14,64). Worin, das ist die Frage, besteht die «Gotteslästerung», die Jesus hier begangen haben soll? Eine Antwort darauf ist unmöglich, solange man die Szene mit rein jüdischen oder mit rein christlichen Augen liest; sie wird aber sofort verständlich als ein Bekenntnis des Kampfes zwischen Juden und Christen.[2] Rein jüdisch gelesen, kann der «Messias» natürlich in metaphorischem Sinne als «der Sohn des Gepriesenen» bezeichnet werden, aber er kann es eben nicht in metaphysischem, in gotteslästerlichem Sinne. Hätte der Hohepriester seine Redewendung von dem «Sohn des Gepriesenen» lediglich in den poetischen Anspielungen von Ps 2,7 und Ps 110,3 (beziehungsweise Ps 89,27.28) verstanden wissen wollen, so hätte Jesus darauf antworten können, was immer er wollte – man hätte ihn als Lügenpropheten oder Pseudomessias, aber nicht als Gotteslästerer verurteilen können. Ohne Zweifel indessen soll Jesus bereits nach dem Selbstverständnis von Mk 14,61–62 sich vor dem Hohenpriester als «Gottes Sohn», in metaphysischem Sinne, bekennen, und eben deshalb ist seine bejahende Antwort für jüdische Ohren in der Tat eine todeswürdige Lästerung, eine absolut «heidnische» Ungeheuerlichkeit. Andererseits aber kann es eben deshalb auch nicht sein, daß jemals ein jüdischer Hohepriester dem Juden Jesus eine solche Frage vorgelegt und dieser eine solche Antwort darauf gegeben hätte. Es gibt auch sonst eine Menge guter Gründe, daran zu zweifeln, ob es ein Verhör zwischen dem Hohenpriester und Jesus überhaupt gegeben hat; aber daß es in der Weise, wie Markus es überliefert, stattgefunden haben könnte, ist vollkommen ausgeschlossen. Mit anderen Worten: Wir haben es an der entscheidenden Stelle der Passionsgeschichte des Markusevangeliums mit einer Szene zu tun, die nicht aus orthodox jüdischer, sondern nur aus «hellenistischer» Sicht verständlich zu machen ist. In dieser Szene stehen eigentlich nicht der Hohepriester und der

Mann aus Nazareth einander gegenüber, sondern hier kreuzen sich der Standpunkt der Synagoge und das Dogma der frühen Kirche von der metaphysisch verstandenen Gottessohnschaft Jesu als des Messias. Es ist ein Streit, der zwischen «hellenistischen» Christen und orthodoxen Juden um das rechte Verständnis der Person Jesu entbrannt zu sein scheint, und dieser Streit findet hier seinen Niederschlag. Fragt man, in welchen Kreisen dieser Konflikt auf Leben und Tod zuerst formuliert und ausgetragen wurde, so wird man etwa an einen Kreis um den «Erzmartyrer» Stephanus denken können. Auch im Prozeß gegen Stephanus tauchen «die Ältesten» und die «Schriftgelehrten» auf und klagen den «Diakon» an wegen seiner «Lästerreden wider Moses und Gott» (Apg 6,11), und auch dort taucht das Wort Jesu von der Zerstörung des Tempels auf (Apg 6,14; Mk 14,58). Die frühchristliche Änderung der Gebräuche und Gesetze, «die... Moses überliefert hat» (Apg 6,14), steht offensichtlich hinter dem Vorwurf, «Moses» zu lästern; doch die «Gotteslästerung» liegt allem Anschein nach in der «Vision» des Stephanus selbst, als er «Jesus zur Rechten Gottes stehen» sieht (Apg 7,55).[3] Spätestens von dem Moment an, da die Beschreibung der Person Jesu sich wie bei Lukas und Matthäus im Sinne des heidnischen Mythos nach vorn und nach hinten um die Erzählung von der jungfräulichen Geburt und der Machtverleihung (beziehungsweise Himmelfahrt) zur Rechten Gottes ausdehnt, ist der Verstehensraum der jüdischen Orthodoxie beziehungsweise des israelitischen Monotheismus endgültig ins Heidnische überschritten; spätestens von diesem Punkt an ist der Glaube an Jesus als an den Messias Israels mit dem Glauben Israels selber nicht mehr zu vereinbaren; spätestens von da an verändert sich die Botschaft Jesu vom Königtum der Himmel in ein christologisches Bekenntnis zu dem Gottessohn Christus.[4] Eben diese Situation aber, da der Glaube hellenistischer Kreise der frühen Kirche die Ansätze der Messiastheologie des (ägyptischen) Mythos von dem Sohn Gottes aufgreift und erweitert, setzt bereits das Markusevangelium, wie man sieht, voraus; es geht von dem bereits eingetretenen Bruch mit der Synagoge um dieser Christologie willen schon aus und projiziert nun diese Spannung in die Person und die Botschaft des Jesus von Nazareth zur eigenen Rechtfertigung zurück.

Gleichwohl gibt es bei Markus nur eine einzige Stelle, die von der Verfolgung durch die jüdische Behörde spricht: in der «apokalyptischen» Rede (Mk 13,9) stellt Jesus seinen Jüngern als Zukunft vor Augen, man werde sie «in den Synagogen auspeitschen». Matthäus hingegen übernimmt jetzt diese Stelle; er setzt sie aber nicht mehr ins Futur, sondern er fügt sie unmittelbar in die große Rede ein, mit der Jesus seine Jünger aussendet, und er formuliert dabei ein vollendetes Paradox: die Jünger sollen den Worten Jesu nach ausdrücklich weder zu den «Heiden» noch zu den Samaritanern gehen, sondern ausschließlich zu den verlorenen Schafen Israels (Mt 10,5.6)[5], und dennoch wird die christliche Mission bei den Juden unfehlbar dazu führen, daß man die Herolde des Gottessohnes in den Synagogen auspeitschen wird (Mt 10,17). Ja, es gehört am Ende, ganz wie in der Abrechnung des Stephanus mit dem Volk der Erwählung (Apg 7,1–53, besonders Vers 51–52), zu den zentralen Vorwürfen, die der Jesus des Matthäus gegenüber der jüdischen Obrigkeit, gegenüber den Schriftgelehrten und den Pharisäern, vorträgt: «Siehe, ich sende ... zu euch Propheten und Weise und Schriftgelehrte; etliche von ihnen werdet ihr töten und kreuzigen, etliche von ihnen werdet ihr in euren Synagogen geißeln und von einer Stadt zur anderen verfolgen, damit alles gerechte Blut über euch komme, das auf Erden vergossen ward, vom Blute Abels, des Gerechten, an bis zum Blute des Sacharja, des Sohnes des Barachja, den ihr zwischen Tempel und Altar ermordet habt» (Mt 23,34–35). Diese Worte stehen bei Matthäus in deutlicher Parallele zu den furchtbaren Zeilen, die er selber der Szene des Verhörs Jesu vor Pilatus in Mk 15,6–13 hinzufügt: dort verlangen die Hohenpriester, Jesus zu kreuzigen; Matthäus hingegen spricht zunächst in aller Form den römischen Landpfleger von jeglicher Schuld frei: «Ich bin unschuldig am Blute dieses Gerechten», erklärt Pilatus selbst in Mt 27,24; das Volk aber, verhetzt durch die Hohenpriester und Ältesten, ruft ihm zu: «Sein Blut komme über uns und über unsre Kinder!» (Mt 27,25.) Dieser schreckliche «Wunsch» des Volkes wird bald schon auf bittere Weise in Erfüllung gehen – das ist der Sinn der «apokalyptischen» Drohungen Jesu im Matthäusevangelium![6] Und alles Unheil, das die Geschichte für das Volk der Erwählung bereit halten wird, soll betrachtet werden als eine «gerechte» Strafe für die mutwillige Tötung des «Gerechten» Gottes! Man kann nicht sagen, daß die «Theologie» des Matthäus den Holocaust der Faschisten an dem jüdischen Volk verursacht hat, aber ermöglicht und begründet hat sie ihn, je länger die Geschichte währte, mit zunehmender Sicherheit.[7]

Dabei kann Matthäus, wenn man genauer in sein Evangelium hineinhört, für seine Vorstellungen von dem drohenden Strafgericht Gottes über sein Volk ein scheinbar eindeutiges Beispiel anführen, denn alles ist in gewissem Sinne schon geschehen! Als im Jahre 70 nach Christus die Legionen des Titus Jerusalem samt dem Tempel in Schutt und Asche legen, sehen die frühen Christen darin offenbar die Folge der Ablehnung Jesu durch die Juden seiner Zeit.[8] Aus der Q-Quelle übernimmt Matthäus jetzt sogar als einen Ausspruch Jesu die «prophetischen» Worte, die in seinen Augen nunmehr sich erfüllt zu haben scheinen (beziehungsweise jetzt so formuliert werden): «Jerusalem, Jerusalem, das die Propheten tötet und die steinigt, die zu ihm gesandt sind, wie oft habe ich deine Kinder sammeln wollen, wie eine Henne ihre Küchlein unter ihre Flügel sammelt, ihr aber habt nicht gewollt! Siehe, euer Haus wird euch öde gelassen. Denn ich sage euch: Ihr werdet mich von jetzt an nicht (mehr) sehen, bis ihr sprechen werdet: Gepriesen sei, der da kommt im Namen des Herrn»[9] (Mt 23,37–39; vergleiche Lk 13,34.35).

Man muß diese Worte dabei in die *Komposition* des Matthäus einordnen. Liest man diesen Evangelisten genau, so ist der Ausruf: «Gepriesen sei, der da kommt», mit dem Israel in den Psalmen seinen König empfängt (vergleiche Ps 118,26), bereits beim Einzug Jesu in Jerusalem in dem Hosiannah-Ruf der Menge vorweggenommen worden (Mt 21,9), und sein Tod jetzt muß als die Erfüllung jener dunklen Verheißung aus Ps 69,26 betrachtet werden, wo es heißt: «Ihr Lagerplatz möge veröden und niemand wohne in ihren Zelten.» Die Person Jesu selber ist in dieser verschlüsselten Symbolsprache das «wahre» Heiligtum Gottes, die wahre «heilige» Stadt[10], und was ihm zugefügt wird, erweitert sich mithin im Grunde nur folgerichtig auch auf die Stadt und das Heiligtum von Jerusalem, nur daß die Reihenfolge sich umkehrt: stand am Anfang der Einzug Jesu unter dem messianischen Jubel der Menge und folgte darauf der bittere Tod des Königs Israels, eben die «Ödnis» des «Zeltplatzes» Gottes unter den Menschen, so wird jetzt die Zerstörung Jerusalems der Wiederkunft des Christus vorausgehen. In spiegelbildlicher Symmetrie aber hängt das eine mit dem anderen zusammen; ja, es ist, recht verstanden, der Untergang der heiligen Stadt durch die Römer zufolge dieser Theologie lediglich der Reflex der Hinrichtung Jesu.

Die letzten Zweifel darüber, daß Matthäus die Ereignisse des Jahres 70 n. Christus so und nicht anders betrachtet wissen möchte, räumt er selber in der Bearbeitung des Gleichnisses Jesu vom großen Gastmahl beiseite (Mt 22,1–10; vergleiche Lk 14,15–24). Aus dieser Parabel Jesu, die Matthäus in der Q-Quelle vorliegt, wird bei ihm jetzt eine groß angelegte Geschichtsdeutung über Israel. Wir werden diese Deutung später im einzelnen betrachten müssen; hier genügt die Feststellung, daß in der Darstellung des Matthäus die «Eingeladenen», also die Mitglieder des auserwählten Volkes, nicht nur sich ausnahmslos weigern, dem Ruf ihres «Königs» zum «Hochzeitsmahl» zu folgen, sondern daß sie die «Knechte» des «Königs» immer wieder «mißhandeln» und «töten». «Da wurde», schreibt jetzt Matthäus, «der König zornig und sandte seine Heere aus, ließ jene Mörder umbringen und ihre Stadt anzünden» (Mt 22,7).[11] Da treten also die Legionen Roms als die Racheheere eines erzürnten Himmelsgottes auf, der den Tod seines Sohnes rächt an der Stadt der Mörder – an dem ehemals heiligen, jetzt aber verfluchten Jerusalem! Kein Antisemit des zwanzigsten Jahrhunderts, das muß man mit Schrecken feststellen, könnte eine ungeheuerlichere «Theologie» gegen «das Judentum», gegen das Volk der Erwählung, erfunden haben, als es hier bei Matthäus geschieht. Diese «Theologie» liefert die Perspektiven einer Geschichtsdeutung, die, je länger die Geschichte zwischen Juden und Christen unter diesen Voraussetzungen voranschreitet, zu immer schlimmeren Exzessen von Rache und Gewalt Grund und Anlaß bietet, selbst wenn man zugeben muß, daß Matthäus diese geistigen und psychischen Konsequenzen seiner Theologie nicht hat kommen sehen können und sie gewiß niemals gutgeheißen hätte.

Denn andererseits ist gerade Matthäus, wie stets, doch insbesondere hier, zugleich auch der erklärte Widerspruch zu dem, was er eben noch gesagt hat. Derselbe Evangelist, der in Namen Jesu – nicht anders als der Hellenist Stephanus in Apg 7! – das Volk der Erwählung für verdammt und verurteilt erklärt, entstammt nicht nur selber in all seinem Denken dem Judentum, er bemüht sich zudem wie kein anderer Evangelist, die Botschaft des Juden Jesus in «christlicher» Sicht den Juden seiner Zeit zu vermitteln. Die schrecklichen Ereignisse des Jahres 70 nach Christus sollen nicht nur als göttliches Strafgericht verstanden werden, sie sollen im Sinne des Matthäus vor allem die gläubigen Juden im Volk neuerlich zur «Umkehr», das heißt jetzt: zur «Bekehrung» zu der Bewegung der Christus-Gläubigen nötigen; und so verfolgt Matthäus in der Auseinandersetzung mit den Juden zwei Hauptlinien: Als erstes nimmt er dem eigentlichen Konfliktpunkt: der Konfrontation zwischen Jesus und den gesetzestreuen Frommen seiner Zeit, die Spitze und reduziert diesen damals tödlichen Gegensatz zwischen Jesus und Jerusalem auf das erwähnte Schema von «Verheißung» und «Verwirklichung»: Jesus, so lehrt Matthäus neuerdings, hat das Gesetz und die Propheten nicht etwa aufgehoben, er hat sie vielmehr nur im eigentlichen Sinne «verwirklicht» (Mt 5,17). Die «Vergesetzlichung» der «Bergpredigt» ist bei Matthäus in diesem Zusammenhang nicht bloß, wie wir bisher gesehen haben, ein Steuerinstrument gegenüber der «Ungesetzlichkeit» seiner eigenen Gemeinde, sie ist, so merken wir jetzt, zugleich auch so etwas wie der letzte Versuch eines Brückenschlages zwischen «Judentum» und «Christentum», so wie beide sich damals in der Zeit nach den Erschütterungen des Jahres 70 nach Christus formieren. Gerade die Frommen in Israel will Matthäus ansprechen, die Botschaft Jesu als eine prophetische Reform, nicht aber als einen völligen Bruch mit der Religionsform der Väter zu verstehen und sich ihr anzuschließen.

Ein zweites geht mit diesem Bemühen des Matthäus notgedrungen einher und ist doch im Grunde von vornherein zum Scheitern verurteilt: der Versuch einer Spaltung zwischen dem «gläubigen» «Volk» der «Juden» und seinen «Führern». In strenger Konsequenz achtet Matthäus darauf, daß die «Scharen», das «Volk vom Lande» also, die «Kleinen», von jedem Verdacht der Ablehnung Jesu freigesprochen werden. Das jüdische Volk *war*, so schildert er es, und wäre, so denkt er, auch jetzt noch bereit, sich zu dem Messias Jesus zu bekennen, wenn es nicht von seinen Anführern: den Hohenpriestern, den Ältesten und den Pharisäern (mitunter auch von den Sadduzäern) verhetzt und irregeführt worden wäre und immer noch würde. Natürlich handelt es sich auch bei dieser Darstellung, der alle drei synoptischen Evangelien (Mk, Mt, Lk) mehr oder weniger folgen, um eine theologische Konstruktion, nicht um historisch glaubwürdige Berichterstattung, doch um so wichtiger ist sie für das Verständnis des Matthäusevangeliums.

Historisch dürfte manches dafür sprechen, daß Jesus, wie es zum Beispiel Mk 12,13–17 (das Gespräch mit den Pharisäern und Herodianern über die Steuermünze) oder Mk 12,18–27 (die Frage der Sadduzäer nach der Auferstehung der Toten) noch zeigt, sehr früh zwischen die Mühlsteine der wesentlich an politischer Ruhe und Ordnung interessierten Herodianer und Sadduzäer sowie der vor allem auf strenge Gesetzestreue bedachten Pharisäer geraten ist.[12] Die reale Macht aber, wenn davon unter der römischen Besatzungsmacht die Rede sein kann, lag damals in den Händen der Sadduzäer, deren Politik des gemäßigten Ausgleichs mit den Römern in den Wirren der jüdischen Widerstandskämpfe endgültig scheiterte.[13] Die Stunde der Pharisäer hingegen schlug eigentlich erst nach dem Untergang Jerusalems, als es galt, das Judentum ohne den Tempel, ohne die heilige Stadt, neu zu begründen, gestützt einzig und allein auf das geschriebene Wort, auf das Gesetz, auf die Propheten, auf die dichterischen «Bücher» des (Alten) Bundes. Ursprünglich dürfte SCHALOM BEN CHORIN recht haben, wenn er meint, daß Jesus so wenig oder so viel ein «Gegner» der Pharisäer gewesen sei wie Sokrates in bezug zu den Philosophen Athens[14]: er entstammte selber erkennbar ihrem Kreis! Jetzt aber, nach 70, sind es die Pharisäer, die den Grundstein zu der Gestalt legen, die für das Judentum bis heute verpflichtend ist: Mischna und Talmud sind das Werk jener großen pharisäischen Reformbewegung[15], die nach dem politischen Untergang des alten Israel das «Frühjudentum» geistig erneuert. Doch gerade diese Bestrebungen der jüdischen Orthodoxie widersprechen diametral dem religiösen Anliegen der frühen Christengemeinde, ja, es wird jetzt, nach der Katastrophe des Jahres 70, offenbar unerläßlich, um der Rettung des Restbestands Israels willen die Grenzen immer enger zu ziehen, «jenseits deren einer als Abtrünniger angesehen wurde ... Damals ist es als ein Mangel empfunden worden, daß wegen dieser neu entstandenen Not Gott nicht auch sollte angefleht werden. So wurde der Spruch über die Abtrünnigen (sc. im Achtzehnbittengebet, der Verfasser) um einen Satz erweitert. Mit einer solchen neu eingeführten Bitte stand den Gemeinden ein Rechtsmittel zur Verfügung, um die Ketzer, die auch aus missionarischen Gründen bei ihren Synagogen verblieben, fernzuhalten. Wer nämlich diesen Spruch nicht mitsagen konnte, war daran als Ketzer zu erkennen.»[16] Es ist klar, daß neben einer Vielzahl anderer Gruppen jetzt vor allem die Anhänger Jesu als des vermeintlichen Messias aus der Synagoge als Ketzer aufgeschlossen wurden beziehungsweise beim Ketzerspruch des Achtzehnbittengebets als Abweichler entlarvt und «ausgepeitscht» werden konnten (Mt 10,17!). Nicht «Verinnerlichung» oder «Verwirklichung» des «eigentlichen» Gotteswillens durch die Botschaft des Schwarmgeistes Jesus von Nazareth also, sondern möglichst genaue Befolgung des geschriebenen Gesetzes plus der mündlichen Gesetzesauslegung der pharisäischen Lehrtradition bilden jetzt das Notprogramm der jüdischen Gemeinde nach 70. Was hilft es da, wenn Matthäus seinen Jesus sagen läßt, auch er verlange die pünktliche Befolgung jedes Jotas und Strichleins im Gesetz (Mt 5,18)! Es läßt sich nicht leugnen, daß Jesus nicht nur das geschriebene Gesetz oft genug mit Füßen getreten hat (vergleiche zum Beispiel Mt 12,9–14, nach Mk 3,1–6), sondern daß er vor allem die «mündliche Thora», die «Überlieferung der Väter», mithin die pharisäische Lehrtradition auf das heftigste angegriffen hat (Mt 15,1–9, nach Mk 7,1–13). Die Pharisäer und die Rabbinen seiner Zeit sind und bleiben trotz allem schon von daher die eigentlichen «Gegner» der Theologie des Matthäus; entscheidend aber tritt jetzt das christologische Dogma hinzu und verschärft die Auseinandersetzung, und so macht Matthäus, erneut in Rückprojizierung der eigenen Situation, insbesondere die Pharisäer jetzt zu den Gegnern der Person und Verkündigung Jesu.

Die Entschiedenheit, mit der Matthäus nunmehr seinen Kreuzzug gegen die Pharisäer und Schriftgelehrten (seiner Zeit!) führt, ist von kompromißloser Strenge und läßt nur eine unbedingte Alternative zu: entweder die vollkommene Verwerfung und Verurteilung der Juden im Namen Gottes oder ihr Übertritt zu dem «Schriftgelehrtentum» der Jünger des Königtums der Himmel, die, wie Matthäus sich selber versteht, «Neues und Altes» aus ihrem Vorrat hervorzuholen wissen (Mt 13,52). Um zu sehen, wie Matthäus dabei vorgeht, muß man nur die Art betrachten, in welcher der Evangelist seine Quellen (Markus und Q) bearbeitet; man wird dann sofort erkennen, in welcher

Heftigkeit er die pharisäischen Führer des Judentums seiner Zeit anklagt, weil sie in seinen Augen die «Konversion» der «Scharen» zu der Botschaft Jesu verhindern.

In der Q-Quelle (vergleiche Lk 3,7–9) wendet sich Johannes der Täufer an die Volksmenge, die sich von ihm taufen lassen möchte, und fährt sie an: «Ihr Schlangenbrut! Wer unterwies euch zu fliehen vor dem aufbrechenden Zorn (Gottes)!» Matthäus übernimmt diese Worte vollständig, aber er adressiert sie anders: nicht der Volksmenge gilt der Zorn des Johannes, sondern einzig den vielen «Pharisäern und Sadduzäern», die er zur Taufe kommen sieht (Mt 3,7). Ja, Matthäus findet die Beschimpfung «Schlangenbrut» für die Pharisäer offensichtlich so passend, daß er sie Jesus gleich noch einmal in den Mund legt: In der Q-Quelle (vergleiche Lk 11,14–23) treibt Jesus einen Dämon aus, und die Volksmenge verwundert sich; «etliche von ihnen sagten jedoch: Durch Baalzebul, den Herrscher der Dämonen, treibt er die Dämonen aus» (Lk 11,14.15). Matthäus hingegen ersetzt erneut die Volksmenge durch die «Pharisäer» (Mt 12,24) und läßt Jesus sie anfahren: «Schlangenbrut, wie könnt ihr Gutes reden, da ihr doch böse seid!» (Mt 12,34.) Die Anspielung auf die Johannes-Predigt ist deutlich: die Pharisäer hätten bereits bei dem Täufer am Jordan lernen können und müssen, daß es jetzt oder nie darauf ankommt, «das richtige Leben (vor Gott) in Gänze zu verwirklichen» (Mt 3,15) und «Frucht» (nicht «Früchte», wie bei Lk 3,8) zu bringen, «würdig der Umkehr»; nur so wären sie fähig gewesen, sich auf die Ankunft des «Retters aus Israel» vorzubereiten. Statt dessen aber haben die Pharisäer nach der Darstellung des Matthäus so wenig wie «die Ältesten und die Hohenpriester» (Mt 21,23) auf die Predigt des Johannes mit seiner «Lehre von dem richtigen Leben (vor Gott)» gehört; «die Zöllner und die Dirnen ... haben ihm geglaubt; ihr dagegen habt, als ihr es saht, nicht einmal hinterdrein Reue empfunden, daß ihr ihm geglaubt hättet» (Mt 21,32); drum werden die Zöllner und die Dirnen in das Himmelreich kommen – die Hohenpriester, die Ältesten und, wie man hinzufügen muß, die Pharisäer aber nicht (Mt 21,31); denn daß Matthäus die Hohenpriester und die Pharisäer hier wie auch sonst gewissermaßen unterschiedslos unter eine Decke steckt, zeigt er an der gleichen Stelle, wenn er in Mt 21,45 den Hörerkreis im Gleichnis von den bösen Weingärtnern (Mt 21,33–44, nach Mk 12,1–12), der bis dahin nur aus den Ältesten und Hohenpriestern bestand, gegen die Hohenpriester und die Pharisäer austauscht. Auch hier «erfindet» Matthäus die Pharisäer einfach hinzu, indem er die Vorlage des Markusevangeliums, das von den Hohenpriestern, den Schriftgelehrten und den Ältesten spricht (Mk 11,27), entsprechend verändert. Die Pharisäer sind in den Augen des Matthäus mit den

«Schriftgelehrten» offenbar völlig identisch geworden, und sie mitsamt den Hohenpriestern gelten dem Evangelisten daher jetzt als die wirklich «bösen Winzer», die den Erben des Pächters getötet haben, um den Weinberg des Herrn durch Raub und Mord in ihre Hände zu bringen (Mt 21,38).

Was aber ist die eigentliche «Schuld» der Pharisäer? Da gilt es bei Matthäus dreierlei zu unterscheiden.

Zum einen: Sie befolgen zwar auf das genaueste die äußeren Einzelheiten des Gesetzes, verstoßen mit ihrem Legalismus aber immer wieder gegen den Sinn der Gottesworte. Dieser Vorwurf ist freilich nicht neu; Matthäus übernimmt ihn schon aus Mk 7,1–13, wo Jesus in einer scharfen Rede gegen die Pharisäer und etliche Schriftgelehrte die menschliche Seite der Gebote Gottes höher stellt als «die Überlieferung der Alten» (Mk 7,5); in Mt 15,1–8 formuliert Matthäus allerdings noch weit schärfer als Markus, wenn er Jesus sagen läßt: «Weshalb gerade ihr – ihr übertretet das Gebot Gottes (nur) wegen eurer Tradition!» (Mt 15,3; vergleiche Mt 23,23.24.)

Zum zweiten: Die Pharisäer und Rabbinen sind in den Augen des Matthäus «Angeber», «die nach außen schön scheinen, inwendig aber voll sind von Totengebein und allem Unrat» (Mt 23,27). Man muß, um die Zuspitzung dieses Vorwurfs zu verstehen, all die Mahnungen der Bergpredigt vor Augen haben, in denen der Jesus des Matthäus gegen die «Angeber» verlangt, daß man Punkt für Punkt die klassischen «Werke» jüdischer Frömmigkeit: Almosen (Mt 6,1–4), Gebet (Mt 6,5–6) und Fasten (Mt 6,16–18), im Verborgenen tut, um nur von Gott, nicht aber von den Menschen gesehen zu werden. Wirklich, wenn es so steht, kommt es darauf an, eine Lebensform vor Gott zu finden, die «bei weitem die der Schriftgelehrten und Pharisäer übersteigt», oder man wird «nimmermehr hineinkommen in das Königtum der Himmel» (Mt 5,20). Denn das scheint Matthäus klar zu sein: die Pharisäer und Rabbinen sind ein einziges Hindernis auf dem Weg zu Gott; sie schließen, wie er Mt 23,13 sagt, das Königtum der Himmel vor den Menschen zu; sie selber kommen nicht hinein, und sie lassen auch niemanden hinein; sie sind «blinde Führer» (Mt 23, 16.17.24.26), die alles nur äußerlich verstehen und nach außen hin tun und dabei vor Ehrgeiz und Eitelkeit sich selber beschämen (Mt 23,1–12; nach Q, vergleiche Lk 11,37–44). Man kann mithin nur warnen vor der Lehre und der Lebensart der Pharisäer und der Sadduzäer wie vor einem alles vergiftenden Sauerteig (Mt 16,5–12, nach Mk 8,14–21).

Am schlimmsten aber wiegt, zum dritten, der Vorwurf, daß sie mit ihrer Ablehnung Jesu «das Maß ihrer Väter», auf die sie sich so gerne berufen, vollgemacht hätten (Mt 23,32). Wiederholt, in einer selbst geschaffenen Dublette, verlangen die Pharisäer und die Rabbinen beziehungsweise die Sadduzäer bei Matthäus nach einem «Beweis» für die Messianität Jesu (Mt 12,38–42, nach Mk 8,11–13; Mt 16,1–4). Und doch zeigt sich darin erneut nur die Äußerlichkeit ihrer ganzen Geisteshaltung, die Verkehrtheit dieser «bösen Menschenart», die nicht imstande ist, die Zeichen der Zeit, das heißt vor allem jetzt den Untergang Jerusalems, wenn schon nicht das Auftreten Jesu, zu verstehen. Wie viele «Zeichen» hat Jesus vor ihren Augen gewirkt! Sie aber hatten nötig, die offenbaren Wunder einer heilenden Menschlichkeit, die Jesus wirkte, an ihren Sabbatvorschriften zu messen (Mt 12,9–21, nach Mk 3,1–6) oder sogar zu behaupten, daß die Dämonenaustreibungen, in denen Jesus den buchstäblich «Verlorenen» ihr eigenes Ich zurückgab, gar nicht durch Gott, sondern im Namen und im Auftrag des Baalzebul, des Obersten der Abergeister, zustandegekommen wären (Mt 12,22–24, nach Mk 3,22). Auch an dieser Stelle ersetzt Matthäus die Jerusalemer «Schriftgelehrten» des Markus durch die «Pharisäer». Sie sind es, auf die Matthäus die Warnung der Q-Quelle vor der unvergebbaren «Sünde wider den heiligen Geist» bezieht (Mt 12,31–32, vergleiche Lk 12,10): Wer an der Seite Jesu miterlebt, wie Menschen selber wieder ihren Geist zurückgewinnen, und doch nichts anderes zu tun hat, als gegen jedes bessere Wissen diese Beweise einer vertrauensvoll gelebten Menschlichkeit ins Widergöttliche und Dämonische umzufälschen, dem ist beim besten Willen nicht zu helfen, der wird in seiner Blindheit vor Gott und den Menschen «gebunden» bleiben (Mt 16,19). Für Matthäus ist diese Feststellung über die Pharisäer so wichtig, daß er sie in einer eigenen Dublette, die er ebenfalls aus Mk 3,22 entwickelt, noch einmal ausspricht: in Mt 9,32–34 heilt Jesus die Dämonie der Stummheit, so daß «die Scharen» sich verwunderten, sprechend: «Noch nie ist erschienen so etwas in Israel»; die Pharisäer aber sagten (immer wieder, Imperfekt!): «Mit dem Vorsteher der Abergeister treibt er die Abergeister aus» (Mt 9,33.34). Gegenüber diesem pharisäischen Dogma, Jesus sei nichts weiter gewesen als ein Lügenprophet beziehungsweise als ein dämonischer Magier, weiß Matthäus kein anderes Mittel, als die Pharisäer selbst für «verstockt», das heißt von Gott in ihre eigene Herzensverhärtung eingeschlossen, zu erklären (Mt 13,10–17, nach Mk 4,10–12.25).

So bleibt nur noch, im letzten den Pharisäern die Hauptschuld an der Hinrichtung Jesu zuzuschreiben, und auch das unternimmt Matthäus mit aller Konsequenz nicht nur gegen das Zeugnis der faktischen Historie, sondern zur Not auch gegen das Zeugnis seiner eigenen Quellen, die ihrerseits schon schlimm genug antipharisäisch und antijudaistisch zurechtfrisiert sind. Im einzelnen: Schon in Mk 2,16 nehmen die «Schriftgelehrten und die Pharisäer» Anstoß daran, daß Jesus mit Zöllnern und Sündern sich an einen Tisch setzt; Matthäus übernimmt die Stelle, schiebt sie aber allein den Pharisäern zu (Mt 9,11). In Mk 2,23–28 schildert Markus den Vorwurf der Pharisäer gegenüber dem Ährenraufen der Jünger am Sabbat; Matthäus übernimmt die Stelle (Mt 12,2), ergänzt aber die Antwort Jesu: selbst die Priester, sagt Jesus, brechen doch durch ihren Tempeldienst den Sabbat; doch vor allem: Jesus selber ist «größer» als der Tempel mitsamt den Tempelvorschriften einschließlich der Sabbatverordnungen, und dies, so muß man hinzufügen, ist der eigentliche Punkt, den die Pharisäer selbst in den Tagen des Matthäus immer noch nicht begreifen wollen. Schon ganz am Anfang des Markusevangeliums (Mk 3,6) gehen die Pharisäer hin «und suchten gleich mit den Herodianern einen Beschluß zu fassen gegen ihn, wie sie ihn vernichten könnten»; Matthäus greift auch diese Stelle auf, macht aber allein die Pharisäer für den Todesbeschluß gegen Jesus verantwortlich (Mt 12,14), indem sie bei all ihrer Schriftgelehrtheit nicht merken wollen, daß sie in Wirklichkeit mit ihrem Widerspruch gegen Jesus nur das Schicksal des Gottesknechtes an ihm vollstrecken, das bereits Jesaja geweissagt hat (Mt 12,17–21, nach Jes 42,1–4). In dieselbe Richtung geht die Redaktion des Matthäus auch in dem Streitgespräch um die Steuermünze (Mt 22,15–22). In der Vorlage des Markusevangeliums «schicken einige der Pharisäer und der Herodianer zu Jesus, um ihn mit einem Wort zu fangen» (Mk 13,13). Bei Matthäus hingegen verschieben sich erneut die Gewichte zu Lasten der Pharisäer; denn diese sind es in Mt 22,15, die «beratschlagen, wie sie ihn (sc. Jesus) bei einem Ausspruch fangen könnten; und so sandten sie ihre Jünger mit den Anhängern des Herodes zu ihm.» In dieser Version sollen die Pharisäer ganz offensichtlich als die eigentlichen Antreiber an der Ermordung Jesu hingestellt werden. Und sie lassen mit ihren hinterhältigen Anschlägen im Matthäusevangelium so wenig nach, wie umgekehrt der Evangelist in seinem Evangelium nicht nachläßt, die Pharisäer als die Mörder Jesu zu beschuldigen. Denn gleich im übernächsten Abschnitt, nachdem die Sadduzäer mit der Frage nach der Auferstehung von den Toten die Thoratreue Jesu auf die Probe gestellt haben, tritt in Mk 12,28 ein Schriftgelehrter auf und fragt Jesus nach dem wichtigsten Gebot; daraus macht Matthäus in Mt 22,34 eine groß angelegte konspirative Versammlung der Pharisäer, die er erneut hinzuerfindet: «Als aber die Pharisäer hörten», schreibt er, «daß Jesus den Sadduzäern den Mund gestopft hatte, versammelten sie sich (alle) an demselben Ort», und einer von ihnen ist jetzt dieser «Gesetzeskundige», der Jesus «versuchen» will.

Die entscheidende Frage indessen, die im Matthäusevangelium im Kern mit den Pharisäern ausgetragen wird, stellt sich in Mt 22,41–46: «Was dünkt euch von dem Messias? Wessen Sohn ist er?» Bei Markus stellt Jesus diese Frage in Reaktion auf die Fangfragen seiner schriftgelehrten Gegner an das Volk (Mk 12,35.37b); Matthäus hingegen läßt Jesus diese Frage nach der «Gottessohnschaft» des Messias, wie er sie versteht, ausdrücklich an die Versammlung der Pharisäer richten (Mt 22,41). Es ist, noch einmal, zentral die Leugnung des christologischen Dogmas, die Matthäus den Pharisäern als ihre Hauptschuld anrechnet. Die «Frucht», die sie hätten bringen sollen oder zumindest jetzt bringen müßten (Mt 3,8), bestünde wesentlich in der Anerkennung der Messianität Jesu beziehungsweise in der Zustimmung zum christlichen Glaubensbekenntnis; alles andere erscheint von daher lediglich als Folge dieser negativ entschiedenen Schicksalsfrage: daß die Hohenpriester und die Ältesten, verworfen von Jesus (Mt 21,23.31), nun ihrerseits, im Verein mit den Pharisäern, Jesus verwerfen (Mt 21,45–46). Ein Schritt folgt hier dem anderen! Kaum hat Judas Ischarioth Jesus bei den Hohenpriestern verraten (Mt 26,14, nach Mk 14,10), da marschieren sie mit ihm samt einer großen Schar mit Schwertern und Stöcken bewaffnet in den Ölberg-Garten (Mt 26,47, nach Mk 14,43), nehmen Jesus fest und bringen ihn zum Hohenpriester Kajaphas, wo bereits die Schriftgelehrten und die Ältesten sich versammelt haben (Mt 26,57, nach Mk 14,53), um über Jesus das längst beschlossene Todesurteil zu sprechen. Ja, die Ältesten und Hohenpriester wissen das unwissende Volk so zu beeinflussen, daß schließlich auch Pilatus dem Drängen der Menge nachgeben muß (Mt 27,20, nach Mk 15,11), und es wird, wie eben erwähnt, der grausame Hohn der Hohenpriester und Ältesten auf die «Gottessohnschaft» Jesu sein, der den gekreuzigten Messias in den Tod begleiten wird (Mt 27,41, nach Mk 15,31–32, doch radikalisiert durch den Bekenntnistitel «Gottessohn»). Doch selbst dann noch hört die Infamie der Hohenpriester im Matthäusevangelium nicht auf. Die Pharisäer und Hohenpriester müssen, laut Matthäus, eigens bei Pilatus vorsprechen, um eine römische Wache vor dem Grab Jesu postieren zu lassen, aus Sorge, die Jünger Jesu könnten den Leichnam ihres hingerichteten Meisters stehlen, um seine «Auferstehung» zu inszenieren (Mt 27,62–66). Ja, als durch die Erscheinung eines Engels, der in einem Erdbeben den Stein vom Grab wegwälzt, die Wächter wie tot daliegen vor Furcht (Mt 28,4), versuchen die Hohenpriester, statt sich durch diese Tat Gottes, durch dieses Zeichen des Jona (Mt 12,39; 16,4) bekehren zu lassen, nun ihrerseits ein gemeines Betrugswerk in Gang zu setzen: sie bestechen die Soldaten mit viel Geld, sie sollten sagen, die Jünger hätten, als sie schliefen, den Leichnam Jesu gestohlen; für die etwaigen Folgen dieser sonderbaren Aussage beim Statthalter würden notfalls schon sie, die Hohenpriester selber, aufkommen (Mt 28,11–15).

b) Die Überwindung des Antijudaismus durch symbolische Geschichtsdeutung

Hält man sich dieses Gesamtbild vor Augen, das Matthäus in seinem Evangelium von den Führern des jüdischen Volkes: von den Hohenpriestern und den Ältesten, vor allem aber von den Schriftgelehrten und Pharisäern malt, so sind zwei Feststellungen unvermeidbar, die beide das Zentrum des christlichen Selbstverständnisses betreffen und beide zunächst in eine schlimme Aporie führen.

Die erste Feststellung: Für den christlichen Begriff der Offenbarung Gottes spielt bereits im Erbe des Judentums die «Geschichtlichkeit» des Handelns Gottes die größte Rolle. Im Gegensatz zu dem vermeintlich «geschichtslosen» Mythos soll die biblische Botschaft als «real», das heißt in Raum und Zeit spielend, vorgestellt werden. Um so verwirrender muß es für diese Vorstellung sein, jetzt zu sehen, wie bereits die Passionsgeschichte des Markus und Teile der Q-Quelle, ganz besonders aber die Redaktion des Matthäusevangeliums in der Darstellung der Ursachen und Umstände des Todes Jesu auf eine einzigartige Mythologie oder, wenn man so will, auf eine in ihren Folgen verheerende antijudaistische Geschichtslüge hinausläuft. Wir sagten schon: Es ist möglich, hinter den Übermalungen der Evangelisten als historisch plausibel anzuerkennen, daß es zwischen dem Auftreten Jesu und den gesetzestreuen Pharisäern zu erheblichen Spannungen gekommen sein dürfte; vermutlich dürfte es auch von einem gewissen Zeitpunkt an ein Interesse bei den politisch federführenden Kreisen der Sadduzäer und der Hohenpriester gegeben haben, den Pseudopropheten aus Nazareth als einen lästigen Unruhestifter und messiaspolitischen Wirrkopf zu liquidieren, ehe er größeres Unheil anrichten konnte.[17] In jedem Falle aber bleibt festzuhalten, daß es die Römer waren, die Jesus als selbsternannten «König» hingerichtet haben. Wie groß auch immer eine «Mitschuld» jüdischer Kreise an der Hinrichtung Jesu gewesen sein mag – historisch ist es vollkommen unglaubwürdig, im Sinne des Matthäus daraus eine Haupt- oder Alleinschuld zu machen. Vor allem aber stellt es historisch die absolute Willkür dar, den Konflikt der frühen Kirche nach dem Jahre 70 mit den Pharisäern und Rabbinen in die Zeit Jesu zu reprojizieren und die gegenwärtigen Gegensätze mit den damaligen Spannungen nicht nur zu verwechseln, sondern dreist zu vertauschen. Am allerschlimmsten aber muß sich die geschichtliche Rachetheologie des Matthäus auswirken, mit der er den Untergang Jerusalems im Jahre 70 nach Christus als Strafe und Folge für die Hinrichtung Jesu interpretiert (Mt 21,41; 22,7; 23,37–39; 27,25). Man steht hier an einer absoluten Wegscheide, in welcher Weise man die Bibel lesen will – Halbheiten helfen hier nicht mehr. Zwar ist es menschlich unbedingt notwendig, daß inzwischen auch christliche Exegeten die antijudaistische Theologie des Matthäus von Herzen bedauern, sie in ihrer historischen Bedingtheit zu relativieren suchen und die ganze folgende Wirkungsgeschichte einfach für einen schrecklichen Irrtum erklären; aber an den Voraussetzungen und schädlichen Folgen eines grundsätzlich falschen Denkens über das Verhältnis von Geschichte und Offenbarung ändert sich dabei auch in diesem wichtigen Punkte allein noch nichts. Das Problem, das sich hier ergibt, stellt sich ganz einfach so: Wer die Pharisäer theologisch in der Weise verurteilt wie Matthäus es tut, der setzt, ob er will oder nicht, das gesamte Judentum auf die Anklagebank; denn was seit dem Jahre 70 nach Christus als Judentum religiös sich entwickelt hat, ist wesentlich die Frucht pharisäischer Schriftgelehrsamkeit. Der christliche Antijudaismus hat an dieser Stelle Matthäus nicht falsch, sondern nur allzu richtig verstanden, wenngleich der gewalttätige Judenhaß der christlichen Frommen mit den Worten der Bergpredigt, die schließlich auch bei Matthäus stehen, sich keinesfalls vereinbaren läßt.

Nun könnte man geneigt sein, das Problem einfach dadurch für gelöst zu halten, daß man die Pharisäer historisch für unschuldig am Tode Jesu erklärt und alle Schuld den Römern zuschreibt, wie es heute vielfach mit Nachdruck geschieht.[18] Wie aber dann? Was man historisch auf diese Weise gewonnen zu haben hofft, geht religiös dafür verloren. Denn: Solange man das Matthäusevangelium historisch zu interpretieren sucht, wird man zu nichts anderem gelangen als zu eben jener bedauerlichen antijudaistischen Geschichtslüge, und wie immer man die Sache auch wenden mag – man wird durch eine Korrektur der historischen Fehldarstellung allein niemals die theologische Zentralaussage des Matthäusevangeliums zurückgewinnen, daß Jesus als der Knecht Gottes habe sterben müssen «zur Vergebung der Sünden», wie Mt 26,28 in den Einsetzungsworten des Abendmahles sagt. Die historische Frage: wer die Schuld trägt am Tode Jesu – die Juden oder die Römer? –, lenkt gerade ab von der religiös einzig entscheidenden Frage: wer oder was die wesentliche Schuld daran trägt, daß der Sohn Gottes nicht durch historischen Zufall, sondern notwendig sterben mußte. Die Frage nach der vermeintlichen Schuld oder Unschuld der Pharisäer, der Schriftgelehrten oder der Römer damals verdeckt nur die weit wichtigere Frage, was es denn mit dem «Pharisäertum», mit dem «Schriftgelehrtentum» und dem «Römertum» in der eigenen Existenz, inmitten der Kirche heute und inmitten der Gesellschaft heute auf sich hat. Wohl hat man auch im Rahmen der historisch-kritischen Exegese inzwischen anerkannt, daß Matthäus bei seinen zornigen Worten über die «Schriftgelehrten und Pharisäer» in Mt 23,1–36 nicht nur die «Juden», sondern unter anderem auch gewisse Zustände in seiner eigenen Kirche geißeln will.[19] Aber es geht letztlich nicht darum, ob Matthäus bei seiner Kritik an den Pharisäern und den Schriftgelehrten auch die Kirche mitgemeint hat, wenn er diese Kreise des Mordes am Sohn Gottes schuldig spricht; es geht darum, daß es, religiös gesehen, insgesamt ein folgenschwerer Irrtum und ein unauflöslicher Widerspruch ist, im Gefälle der Theologie des Matthäusevangeliums die Schuld am Tod Jesu historisch festmachen zu wollen. Die historische Geschichtsklitterung des Matthäus läßt sich nicht dadurch wiedergutmachen, daß man den antijudaistischen Mythos dieses Evangelisten an die «Römer» weiterreicht, die, historisch betrachtet, in den Tagen des Augustus, als Jesus das Licht der Welt erblickte, zur Zivilisierung und zum kulturellen Fortschritt der damals bekannten Welt gewiß weit mehr beigetragen haben als jedes andere Volk der Geschichte. Wenn man die theologische Dramaturgie von dem «Erlösertod» Jesu bei Matthäus nicht gleichzeitig mit seinen antijudaistischen Attacken einfach über Bord werfen will, so muß man das, was der Evangelist über die Pharisäer und Schriftgelehrten als den wahren Handlangern des Todes Jesu sagt, aus seiner historischen Verklammerung lösen und als eine wesentliche Aussage über den Menschen, über uns selber, zu verstehen suchen. Oder anders ausgedrückt: Wenn das Matthäusevangelium an einer entscheidenden Stelle seiner Theologie uns auch heute noch mehr zu bieten haben soll als eine antijudaistische Propagandalüge von der Schuld der Juden am Tode Jesu, dann müssen wir ein für allemal aufhören, die Pharisäer und Schriftgelehrten in der Vergangenheit vor 2000 Jahren zu suchen; dann müssen wir sie ab sofort dort suchen, wo sie all die Zeit über sich wirklich verborgen hielten: in uns selber; das Wort «Pharisäer» aber müssen wir in Zukunft stets in Anführungsstriche setzen, wenn wir es nicht überhaupt als zu mißverständlich streichen wollen. Dieses Wort bezeichnet dann im Sprachgebrauch der Evangelisten ab sofort nicht eine Gruppe des historischen Judentums, sondern einen Typos von Frömmigkeit in der Kirche und in uns selber.

Mit anderen Worten: Wir müssen an dieser entscheidenden Stelle die historische Darstellung des Matthäus über «die Juden» in eine psychologische und existentielle, kirchen- und gesellschaftskritische Frage verwandeln und dürfen sie gerade nicht historisch-äußerlich stehenlassen. Noch einmal: Der «Antijudaismus» des Matthäusevangeliums läßt sich ohne Verlust der gesamten Erlösungslehre dieses Evangelisten solange nicht wirklich beseitigen, als wir nicht begreifen, daß die Rede von «Juden», «Pharisäern», «Schriftgelehrten» und

«Hohenpriestern» wesentlich etwas meint, das in uns selber existiert. Erst wenn wir die antijudaistischen Projektionen der Theologie des Matthäusevangeliums mit Hilfe eines typologischen Verständnisses der Tiefenpsychologie in die eigene Psyche zurückholen, werden wir imstande sein, die furchtbare Hypothek des christlichen Judenhasses abzubauen und doch zugleich all das, was Matthäus uns wirklich zu sagen hat, befreiend und erlösend an uns heranlassen und an andere weitergeben können. Recht hatte Th. Reik, als er psychoanalytisch die Überzeugung vertrat, das christliche Dogma selbst führe notgedrungen dazu, die eigenen Zweifel im Inneren zu verleugnen und zu verdrängen, um sie desto intensiver nach außen zu verlegen und dort fanatisch zu verfolgen.[20] In der Tat muß eine «Christologie» dogmatischer Lehrtraditionen die «Gläubigen» aufspalten in einen verbalen Glaubensgehorsam und einen emotionalen Zustand der Widersetzlichkeit bzw. der latenten Auflehnung, und nicht erst der Inhalt, besonders die Form der christlichen Glaubenslehre verlangt in ihrer rationalen Äußerlichkeit immer wieder nach projektiven Selbstentlastungen: nicht die Christen selber – «die Juden» sind es, die Jesus als den Christus verleugnen, es war (beziehungsweise ist) «Judas», der «ewige Jude» nicht der einzelne Christ, der seinen Herrn verraten hat[21], nicht die Christen, die «Juden» sind die eigentlich Schuldigen. Alles, was aufgrund der historisierenden Veräußerlichung des christologischen Mythems an Zweifeln und Abspaltungen in der Seele der Christusgläubigen sich anlagert, muß ausgelagert werden in die antijudaistischen (antiketzerischen und antiheidnischen) Projektionen. Eine tiefenpsychologische Interpretation des Matthäusevangeliums ist unter diesen Umständen schon deshalb unerläßlich, weil einzig ein symbolisches beziehungsweise typologisches Verständnis der «Pharisäer», «Schriftgelehrten» und «Hohenpriester» in diesem Evangelium die Alternative zwischen antijudaistischem Historismus oder historisch aufgeklärter Bedeutungslosigkeit in Fragen der Christologie und Erlösungslehre überwinden kann. Erst eine solche Betrachtung kann zu dem führen, was Matthäus eigentlich sagen will. Denn: wenn es wirklich nur die «Pharisäer» und «Schriftgelehrten» damals gewesen wären, die Jesus als den Sohn Gottes getötet hätten, wie hätte dann der Messias Israels sterben können, wie Matthäus doch auch sagt: «für viele», das heißt für alle (Mt 26,28)?

Ja, wir müssen, zum zweiten, sogar noch einen Schritt weiter gehen. Denn es stellt sich hier bereits die Frage, inwiefern es überhaupt möglich ist, historische Ereignisse wie zum Beispiel den Untergang Jerusalems im Jahre 70 theologisch als «Geschichtshandeln» oder «Gerichtshandeln» Gottes zu deuten; wir werden diese Frage im nächsten Kapitel noch ausführlich erörtern, doch läßt sich hier schon sagen: Wenn ein Mensch wie zum Beispiel Petrus, symbolisch gesprochen, erfährt, daß die Gestalt Jesu ihn beim Gang über das «Wasser» vor dem Versinken bewahrt (Mt 14,28–33), so mag er darin ein Handeln Gottes erkennen und Jesus selber als «Sohn Gottes» bekennen. Aber es ist offenbar nicht möglich, diesen inneren, symbolisch geschützten Raum existentiell verdichteter Wahrnehmung und Wahrheit nach außen auf die Geschehnisse der Geschichte zu projizieren und zu extrapolieren. Das biblisch-christliche Dogma, daß Gott in der Geschichte machtvoll und erkennbar handle, führt offenbar in die Irre, sobald es die symbolisch vermittelte Spannung zwischen dem Glaubenden und seinem Gott verläßt und sich zu einer absoluten, weil in göttlicher Autorität vorgetragenen Deutung konkreter historischer Ereignisse vermißt.

Matthäus selbst liefert dafür ungewollt das beste beziehungsweise schlimmste Beispiel. Es ist möglich, den Tod Jesu, wie Matthäus es schildert, zu erleben wie eine Sonnenfinsternis (Mt 27,45, nach Mk 15,33; Amos 8,9), wie ein Erdbeben, das den Tod besiegt und die Toten freigibt aus ihren Grüften (Mt 27,51–52); dieser symbolisch verdichteten Erfahrung schließt sich an, daß Matthäus auch das Grab Jesu in einem Erdbeben sich öffnen sieht (Mt 28,2) – die gesamte Symbolik dieser Darstellungsweise des Matthäus ist hier bezogen auf die innere Wahrnehmung eines historischen Ereignisses, alles erscheint hier als der symbolische Ausdruck einer geschichtlich erlebten Wahrheit. Doch etwas ganz anderes ist es, aus dem Symbolismus des Todes Jesu, wie Matthäus es tut, eine geschichtstheologische Deutung vom Untergang Jerusalems abzuleiten. Denn auf der Stelle wird dann aus der «Heilsbedeutung» des Todes Jesu für alle Menschen ein ideologisches Instrument zur Verurteilung einer bestimmten religiösen Gruppe durch eine andere religiöse Gruppe. Man kann den Unterschied zwischen einer religiös symbolischen und einer historisch theologischen Deutung auch so formulieren: Wirklich religiös ist die Interpretation eines historischen Ereignisses nur solange, als sie in der Perspektive des persönlichen Existierens gehalten bleibt; sobald sie beginnt, sich von einer Aussage für mich (beziehungsweise für die Gemeinschaft der jeweils Glaubenden) in eine Aussage zu verwandeln, die eine Geltung an sich beziehungsweise eine Geltung wesentlich für und über andere zu besitzen beansprucht, verwandelt sich Theologie in Ideologie, da wird aus einer Glaubensaussage eine vermeintliche Tatsachenbehauptung, da wird Gott nicht mehr geglaubt, sondern gewußt oder bewiesen, da wird die Projektion der eigenen Glaubensvorstellung bereits für wahre Erkenntnis genommen.

Man muß, was hier auf dem Spiel steht, sich nur ja recht klarmachen. Immer noch vertritt die christliche Dogmatik klassischer Prägung die Ansicht, daß die Aussageabsicht des letzten Redaktors eines biblischen Buches «unfehlbar», weil von Gott «inspiriert», sei.[22] Das Beispiel zeigt, daß es so nicht sein kann. Die theologische Beurteilung des Untergangs Jerusalems im Jahre 70 nach Christus durch den Evangelisten Matthäus will ohne Zweifel, wie wir gesehen haben, die Behauptung als göttlich inspiriert aufstellen, daß Gott «sein» Volk durch die furchtbaren Ereignisse für die Hinrichtung Jesu bestraft habe, und diese Behauptung ist erkennbar nicht nur falsch, sie ist in der Geschichte des christlichen Abendlandes so schädlich gewesen wie kaum eine andere Theorie, die in den letzten 2000 Jahren jemals von Menschen aufgestellt wurde. Man kann die theologische Meinung des Matthäus an dieser Stelle auch nicht damit in Schutz nehmen, daß er im Grunde «nur» die Position der Propheten im Rahmen des biblischen Denkens fortgesetzt habe – auch Amos etwa habe sein Volk verurteilt und die Vernichtung des Heiligtums in Bethel und Gilgal als Strafe geweissagt (Am 4,4; 5,1–7)[23]; auch Jeremia habe die falschen Propheten und Priester verurteilt, die Juda in die Irre geführt hätten (Jer 23,9–40)[24], und was der Beispiele mehr sein mögen. Der entscheidende Unterschied liegt darin, daß Amos und Jeremia oder einer der anderen Propheten Israels als Betroffene inmitten eines Volkes gesprochen haben, dem sie selber auf Gedeih und Verderb angehörten, während Matthäus als Christ ein Volk beziehungsweise eine Religionsgemeinschaft verurteilt beziehungsweise als von Gott bereits verurteilt ansieht, der er erkennbar zwar selber entstammt, von der er aber gerade dabei ist, sich endgültig loszusagen; und in diesem Stadium, mit dieser Zielsetzung wird aus einer «prophetischen» Strafrede und Mahnung zur «Umkehr» eine theologische Aburteilung, die nicht mehr der «Rettung» der Bestraften, sondern weit mehr der Selbstvergewisserung der im Namen Gottes Strafenden dient. Anders gesagt: Was richtig sein mag, wenn es ein Jeremia seinem Volk sagt, ist völlig falsch im Munde eines Nebukadnezzars oder eines Titus – oder eines Christen.

Wie die theologische Darstellung des Untergangs Jerusalems im Sinne des Matthäus gewirkt hat und offensichtlich wirken mußte, demonstriert unübertroffen das im Jahre 1846 von Wilhelm von Kaulbach vollendete über 40 Quadratmeter große Gemälde «Die Zerstörung Jerusalems durch Titus» in der neuen Pinakothek zu München (siehe Tafel 2), das uns hier zur Verdeutlichung als Beispiel dienen kann.[25] Kaulbach, der nach eigenen Angaben in diesem Bild den «Geist Gottes in der Geschichte» malen wollte, stellt die Szene dar, wie der römische General Titus hoch zu Pferde an der Spitze seiner Truppen vom rechten oberen Bildrand her in das brennende Jerusalem einreitet, ihm vorweg Posaunenbläser, die, hoch erhoben das römische Staatswappen, mit apokalytischem Klang den Jüngsten Tag der heiligen Stadt gellend den Ohren aller verkünden. Es ist aber nicht einfach ein weltgeschichtlicher Sieg, der sich hier vollzieht, es vollendet sich durch die Macht der Römer in diesem Augenblick der Wille Gottes selbst. Die Engel Gottes, in weiblich-lieblicher Kleidung, schweben vom Himmel her auf die Erde nieder, während über ihnen, auf Wolken, die vier Evangelisten thronen, jeder das geschriebene Gotteswort seines Evangeliums in Händen, das die Schriftgemäßheit dieses Ereignisses einmütig bezeugt. Alle Schrecknisse der Szene sind in den linken oberen Bildrand gebannt, im Gegenüber zu dem triumphalen Einzug des Titus. Da sieht man in Flammen und Rauch die berstenden Säulen und Mauern der heiligen Stadt, welche die in rote Gewänder gehüllten jüdischen Verteidiger trotz des Flehens der Frauen und des wütenden Drohens ihrer Fäuste den Angreifern preisgeben müssen. Da sieht man Erschlagene am Boden liegen, andere, bereits zu Schemen verflüchtigt, ringen mit dem Höllenmeer der Flammen; auf den Treppen eines Säulenaufsatzes versucht eine Frau, mit erschrockenem Blick zu den siegreichen Feinden, ihre Kinder an ihrem Körper zu bergen. Im Mittelpunkt dieses Bildes aber steht der Hohepriester, in weißem Gewande hoch aufgerichtet, umringt von seinen Frauen und Töchtern, deren eine gerade halbnackt von einem römischen Ritter hinweggerissen wird; schon hat er das Messer an seine Brust gesetzt, bereit, sich selber, stellvertretend für die ganze Religion seines Volkes, in den Tod zu stürzen; denn was auch sonst bliebe ihm noch? Händeringend und haareraufend knien oder liegen andere Menschen vor seinen Füßen – unnütz der Korb mit den zu Boden gerollten Geldstücken, ohne Hoffnung das Kind auf dem Schoß, ohne Schutz das Aneinanderdrängen der Freundinnen und Freunde! Ein Heer von Erinnyen jagt im linken unteren Bildrand den ewigen Juden in die Welt, ins Nichts hinaus, sein rotes Gewand aufgerissen vor Schmerz, die Brust entblößt, die Haare wild sein Haupt umflatternd. Im rechten Bildrand aber, ganz im Kontrast dazu, begibt sich unter Gebeten und Liedern in einer heiligen Prozession eine Gruppe von Christen hinaus aus der verdorbenen Stadt. Eine Frau auf dem Pferd stillt gerade ihr Kind, ein anderes hält sie im Arm, drei Engel mit dem heiligen Kelch (oder Gral) in der Hand schirmen den Zug der Geretteten. Ein Christenkind vom Pferd herab streckt sich voll Mitleid drei Judenkindern entgegen, die am Wege kniend und flehend die Hände um Erbarmen ausstrecken. Doch es gibt, so schmerzhaft auch immer, keine Gemeinsamkeit mehr zwischen Juden und Christen, nicht einmal mehr zwischen den Kindern. Die Trennung zwischen den Geretteten und den von Gott Verfluchten ist endgültig.

Man mag über dieses Bild KAULBACHS kunsttheoretisch und ästhetisch sagen, was man will; was uns hier interessiert, ist die Frage, ob man Geschichte, wie Matthäus es tut, in absoluten, göttlichen Begriffen sehen und «malen» kann. Nichts an dem Bild von KAULBACH ist «historisch», was er darstellt, ist ein reines Ideengemälde im Sinne des matthäischen Antijudaismus. Und eben deshalb wird der furchtbare Irrtum dieser ganzen theologischen Sichtweise in seinem Werk so überaus deutlich. Von dem Ort, da KAULBACHS Bild heute hängt, erworben von Ludwig I. von Bayern, von der neuen Pinakothek bis zum Konzentrationslager von Dachau sind es keine 30 Kilometer! So äußerlich historisch darf man nicht denken noch malen – das ist das einzige, was sich aus KAULBACHS Bild lernen läßt, und so ist dieses Gemälde ein schreckliches Mahnbild für die Folgen einer Theologie, die nicht gelernt hat noch lernen will, daß man «Gottes Geschichtshandeln» allenfalls symbolisch, nie aber ideologisch ausdeuten darf. Mit anderen Worten: auch die Zerstörung der Stadt der Mörder in Mt 22,7 beziehungsweise die Worte Jesu vom Untergang der heiligen Stadt in Mt 23,37–39 darf man nicht als eine Aussage über das historische Jerusalem verstehen; wenn Texte dieser Art uns trotz all der furchtbaren Wirkungen, die sie hinterlassen haben, religiös (noch!) etwas zu sagen haben sollen, so muß man sie mit Hilfe der Tiefenpsychologie nach innen ziehen und sich auf die Suche machen nach dem «Jerusalem» in uns, nach der Verfestigung und Veräußerlichung des Heiligen in unserer eigenen Religion und nach der Weise Gottes, in unserem Leben, zu «strafen», indem er uns den Folgen unseres eigenen Denkens und Handelns ausliefert.

c) Abendmahl und Neuer Bund

Korrigieren muß man das Matthäusevangelium dann aber auch vor allem in seiner Konzeption von dem Neuen Bund, den KAULBACH in seinem Bild, ganz entsprechend der Theologie des Ersten Evangeliums, so eindrucksvoll darstellt, indem er das Allerheiligste, den Kelch des Blutes Christi, dem Exodus der Christengemeinde aus Israel als Schutz mit auf den Weg gibt. In der Szene des Abendmahles, in Übernahme der Einsetzungsworte aus Mk 14,24, läßt Matthäus in 26,28 seinen Jesus in seinem Wort über den Segensbecher des Passahmahles[26] in der Tat sprechen: «Das ist mein *Bundesblut*, das vergossen wird für viele (= alle) – zur Vergebung der Sünden»; es handelt sich um ein Zitat, das Matthäus aus Mk 1,4, aus der Taufe des Johannes, herausnimmt und an diese Stelle setzt.[27] Die Wendung vom «Bundesblut» erinnert an Ex 24,8, an den Bundesschluß des Moses am Sinai[28], aber auch an Sach 9,11, wo die Rede ist von der Freilassung der Gefangenen aus der Grube, in der kein Wasser ist[29]. Das Wort erinnert vor allem aber an Jer 31,31 ff., wo es heißt: «Siehe, es kommen Tage ..., da schließe ich mit dem Hause Israel und mit dem Hause Juda einen neuen Bund, nicht einen Bund, wie ich ihn mit ihren Vätern schloß ..., denn sie haben meinen Bund gebrochen, ich aber habe sie verworfen ... Nein, das ist der Bund, den ich in jenen Tagen mit dem Hause Israel schließen will ...: Ich werde mein Gesetz in ihr Inneres legen und es ihnen ins Herz schreiben; ich werde ihr Gott sein, und sie werden mein Volk sein. Da wird keiner mehr den anderen ... belehren und sprechen: Erkenne den Herrn, sondern sie werden mich alle erkennen, klein und groß.»[30] Gerade diese Verheißung ist es, deren «Erfüllung» die Theologie des Matthäus darstellen will. «Israel und Juda» – das ist die Wiederherstellung des ganzen «Hauses Israel», und gerade diesem Bemühen gilt für Matthäus die Aussendung der «12 Sendboten» zu «den verlorenen Schafen des Hauses Israel» in Mt 10,6 (vergleiche Mt 9,36)[31]; nur der Zusammenführung der Einheit Israels galt ursprünglich die ganze Botschaft Jesu, einzig dazu fühlte Jesus sich gerufen (Mt 15,24), und schon die 12-Zahl der Apostel hatte allein den Sinn, den Verband der 12 Stämme symbolisch zu repräsentieren; ja, die «Apostel» selber erscheinen Matthäus als die Anführer und Richter der Stämme Israels, wie er in Mt 19,28 zu dem Text von Mk 10,28–31 ausdrücklich hinzufügt.[32]

Freilich ist diese Wiederherstellung Israels im Verständnis des Matthäus ganz und gar innerlich zu verstehen, besteht sie doch bereits nach den Worten des Jeremia in der Verinnerlichung des «Alten Bundes» selbst. Alles, was Matthäus als die «größere» Frömmigkeit in seiner Bergpredigt gegenüber der «Äußerlichkeit» der «Pharisäer» in ihrer «Angeberei» schildern will, verlangt eine entsprechende Vertiefung des Willens Gottes im Herzen des Menschen. Insofern ist die «Gemeinde», die sich um die Botschaft Jesu schart, kein *anderes* Israel, sondern im Sinne des Matthäus zunächst eine Sammlung des *wahren* Israels inmitten von Israel.[33] Und dennoch führt die Ablehnung der frühen Kirche durch die Synagoge nach 70, in Verbindung mit der Hinrichtung Jesu, mehr und mehr dazu, dieses «wahre Israel» als eine Gemeinschaft *außerhalb* Israels zu etablieren, und mit dem vollzogenen Bruch gegenüber dem Judentum wandelt sich jetzt auch der Gedanke von dem Neuen Bunde bei Jeremia in etwas, das er dort niemals war. Ein «Neuer Bund» ist für prophetische Vorstellungen niemals der Austausch des einen Volkes Gottes gegen eine neue Gemeinde, sondern einzig ein Neuanfang Gottes mit seinem Volk, das in all seiner Starrheit und Herzenshärte doch niemals aufgehört hat, sein Volk zu bleiben.[34] Gerade mit der Berufung auf Jeremia ist es völlig undenkbar, einen Neuen Bund, ein «Neues Testament» *gegen* Israel, *gegen* das Judentum zu stellen; doch genau das tut Matthäus in den Einsetzungsworten im Abendmahlssaal (Mt 26,28).

Denn: allein schon das «Wandlungswort» über den «Kelch»: von dem «Blut», das getrunken werden soll, ist für jüdische Ohren vollkommen unerträglich. Erneut muß man sagen, daß es gerade die nicht-jüdischen, die heidnischen Eintragungen bis in das kultisch-rituelle Geschehen hinein sind, mit denen Matthäus es den jüdischen Lesern seines Evangeliums nicht nur schwer, sondern ganz und gar unmöglich macht, seiner Theologie zu folgen.[35] Stets hat die (katholische) Kirche in den «Einsetzungsworten» im Abendmahlssaal die Begründung des «Altarssakramentes» gesehen und aus der Sakramentalität des Essens und Trinkens des Leibes und Blutes des Gottmenschen Jesus Christus des weiteren sogar die Sakralisierung eines eigenen Standes von sakramental geweihten Klerikern abgeleitet.[36] Doch selbst wenn man bezweifeln muß, daß Matthäus selber solch weitgehenden Folgerungen aus seinem Text zugestimmt hätte, so ist doch unbezweifelbar, daß schon die Einsetzungsworte bei Markus, die der Stelle im Matthäusevangelium zugrundeliegen, trotz aller Anklänge an das jüdische Passahmahl sich im Entscheidenden gerade nicht daraus ableiten lassen. Man kann im Gegenteil zeigen, daß die Ritualbestimmungen des Passahmahles im Detail sich geradewegs gegen diejenigen Vorstellungen richten, die im christlichen «Altarssakrament» wieder aufleben.

So wird zum Beispiel in Ex 23,19; 34,26 und Dtn 14,21 verfügt, das Passahlamm nicht zu zerteilen und nicht in der Milch seiner Mutter zu kochen. Der Sinn dieser merkwürdigen Bestimmung wird erst klar, wenn man weiß, daß es den Texten von Ras Schamra zufolge offenbar ein semitisches Dionysosfest gegeben hat, bei dem ein Böckchen (bei den Griechen in sieben Teile) zerrissen und (bei den Griechen nicht bezeugt) in der Milch seiner Mutter gekocht wurde. Es handelte sich allem Anschein nach um ein göttliches Mahl, denn das Zicklein selbst galt in dem Ritual als Gott, der sich mit seiner Mutter wiedervereinigt, so wie es Dionysos mit seiner göttlichen Mutter tat; speziell der Weinstock galt als das Holz, aus welchem das Bild der Mutter Rhea geschnitzt wurde, die das zerstückelte Dionysos-Kind wieder zusammensetzte.[37] Die jüdische Passahagende tut erkennbar alles, um jede Verwechslung mit derartigen mythischen Vorstellungen beim Essen des Lammes zu vermeiden: das Lamm wird nicht zerrissen (wie Dionysos), es ist kein Gott (wie das Zicklein des Dionysos), es geht im Tod auch nicht zurück in die Einheit mit seiner göttlichen Mutter, aus welcher es wiedergeboren wird (wie Dionysos), und vor allem: es gibt keinen Wein zu trinken, der sich in das Blut eines sterbenden Gottes verwandelt; speziell dieser letztere Gedanke ist dem Judentum so ungeheuerlich, daß selbst die mosaischen Bestimmungen hier keinerlei Gefahr der Vermischung mit den «heidnischen» Bräuchen des Dionysoskultes befürchten mußten. Von der christlichen Abendmahlsfeier hingegen muß man sagen, daß sie im Rahmen oder zumindest in Fortführung der jüdischen Passahfeier exakt die theologischen Eintragungen vornimmt, die außerhalb Israels wohlbekannt und weitverbreitet, innerhalb Israels aber ganz unzumutbar waren und es bis heute sind: Da wird der zerrissene Leib des Gottes gegessen und sein Blut getrunken als Feier und Zeichen von Tod und Auferstehung, und ein solcher Ritus ist, ob man es christlicherseits zugibt oder nicht, religionsgeschichtlich gesehen eine rituelle Theophagie, ein sakramentales Gottessen, es ist das reine Heidentum mitten im Rahmen jüdischer Kulttradition![38] Mit anderen Worten: Selbst und gerade die Worte, mit denen Matthäus seinen Glauben an die Gemeinschaft der Jesus-Jünger als Verkörperung des «Neuen Bundes», des «wahren Israels», zum Ausdruck bringen will, schaffen kein «neues», sondern ein ganz und gar «anderes Israel»; gerade das Kernstück des christlichen Gemeindelebens wird somit zum Signum einer schier unüberwindbar scheinenden Spaltung zwischen Christen und Juden, in einer Weise, die dem Juden Jesus vollkommen fremd gewesen wäre und die er unter keinem Umstand gutgeheißen hätte. Es ist ein zentrales Problem des Christentums und es stellt eine Kernfrage an die Auslegung des Matthäusevangeliums dar, wie sich die entsprechenden Texte dieses Evangeliums so interpretieren lassen, daß sie nicht länger mehr die Unversöhnlichkeit zwischen der Religionsform, der Jesus angehörte, und der Religionsform, die ihm doch zugehört, festschreiben müssen, sondern in ihrem Verständnis zu vermitteln beginnen, was in dem Zeichen des Mahles als einem Bild der Versöhnung und der Einheit eigentlich zum Ausdruck kommt.

d) Ein symbolisches Verständnis der Christologie als Schlüssel der Verständigung zwischen Juden, Christen und Muslimen

Nun ist natürlich das christliche Sakrament des «Gottesessens» in jüdischen Augen nur der letzte Gipfel, sozusagen die Vervollkommnung dessen, was mit der Vergöttlichung Jesu durch die Christusmythe begann; und auch hier ist die Haltung des Matthäus gegenüber dem Judentum so zwiespältig wie nur möglich – ein ständiges Schwanken zwischen einladender Werbung und schroffer dogmatischer Zurückweisung.

Wir haben die «Kindheitsgeschichte» Jesu in Mt 1; 2 bisher nur unter dem Gesichtspunkt der «Christologie» betrachtet; es ist jetzt nachzutragen, daß diese Geschichte im Kern bereits die gesamte Auseinandersetzung zwischen Jesus und dem Judentum, das heißt genauer: zwischen dem Christusdogma des Matthäus und der Synagoge, vorwegnimmt und sogar bereits die Folgerung formuliert, die sich für Matthäus aus dieser Spannung ergibt. Deutlich genug für jeden, der in Bildern zu sehen und zu denken vermag[39], stellt der Evangelist in Mt 2,1–19 einander prinzipiell gegenüber: den jüdischen König Herodes und die Sterndeuter vom (Sonnen-)Aufgang – die letzteren stehen da als die ehrlich suchenden Vertreter der Heiden, der erstere aber, als Vertreter des Judentums, obwohl im Besitz aller schriftgelehrten Informationen, täuscht lediglich vor, den «König der Juden», den Messias, den Christus, anzubeten, in Wahrheit dient ihm die Religion nur als ein heuchlerisches Instrument zu Machtgewinn und Mord. Wer irgend auf den «Engel» Gottes hört, der kann, wie die Sterndeuter, wie Joseph und Maria, vor Menschen dieser Art nur fliehen, ja, er muß in gewissem Sinne den Exodus Israels aus Ägypten noch einmal umkehren und seine Zuflucht gerade dort suchen, wo scheinbar nichts ist als «Heidenland»; nur dort, außerhalb Israels, wird der wahre «König der Juden» aufwachsen können, ehe er heimkehrt zu seinem Volk und sich dort sein Schicksal erfüllt, das als sein Stern oder Unstern bereits über dem Ort seiner Geburt stand.

Auch diese Darstellung des Matthäus hat mit einer historischen Schilderung der Umstände und Ereignisse der frühen Kindheit Jesu natürlich nichts zu tun; sie verbindet vielmehr das Bekenntnis zu Jesus als dem Messias und Sohn Gottes mit dem Kontrast, wie auf diese Botschaft auf der einen Seite die «Führer» der Juden: der König, die Schriftgelehrten und die Hohenpriester, auf der anderen Seite die «Sterndeuter» als die Repräsentanten der «Völker» antworten. Auf diese Weise entsteht ein Vorausbild, eine Art Ouvertüre, die das gesamte Leben Jesu inklusive der Situation der Kirche des Matthäus selber vorwegnimmt beziehungsweise als ein wesentliches Moment der christlichen Verkündigung deutlich machen will. Alles hängt dabei aber von dem entscheidenden Inhalt der christlichen Botschaft selber ab: von dem Glauben an die Gottessohnschaft Jesu. Wir wissen bereits, daß dieser Glaube aus der Messiashoffnung Israels nicht ableitbar ist, so wenig wie die christliche Abendmahlslehre aus der jüdischen Passahfeier. Religionsgeschichtlich steht der Glaube an die metaphysische Gottessohnschaft Jesu gewiß der mythischen Königsvorstellung der Alten Ägypter näher als der Messiastheologie des Alten Israel. Insofern ist die «Kindheitsgeschichte» des Matthäus der Sache nach die schlechthin treffendste Darstellung des geistigen Zusammenhangs zwischen dem Christusdogma und dem (altägyptischen) Mythos: das Auftreten des «Gottessohnes» Jesus von Nazareth muß die «Heiden» in ihren Bann ziehen, während es für das Judentum eine Herausforderung auf Leben und Tod darstellt, bedeutet doch diese Vorstellung selber etwas zentral «Heidnisches» mitten im Judentum.

In der Auseinandersetzung zwischen Juden und Christen hat sich in dieser Frage bedauerlicherweise bis heute nichts geändert, und man muß hinzufügen, es kann sich auch nichts ändern, solange die christliche Theologie so tut, als gehe es gar nicht um die Frage, woher der Glaube an die Gottessohnschaft Jesu subjektiv komme, sondern als handle es sich hier um ein objektives, an sich selbst existierendes Faktum, das Gott nun mal gewirkt habe und das nur leider von den ungläubigen Juden immer noch nicht geglaubt werde. Selbst so dialogbereite jüdische Theologen wie M. Buber[40], D. Flusser[41] und P. Lapide[42] kommen mit dieser Einstellung der christlichen Theologie verständlicherweise nicht zurecht. Ein so ausgezeichneter Kenner des Judentums ebenso wie des Christentums wie Schalom Ben Chorin[43] brachte in einem Interview den bestehenden Konflikt einmal auf die Formel: «Der Glaube Jesu verbindet Juden und Christen miteinander, die Anbetung Jesu trennt Juden und Christen von einander.» Es ist nicht zu sehen, wie dieses Problem sich lösen ließe, außer man nimmt den Begriff «Gottessohn» nicht als eine metaphysisch aufgefaßte «göttliche» Tatsache, sondern erkennt darin ein Symbol, das in den Tiefenschichten der menschlichen Psyche archetypisch angelegt ist und sich dementsprechend häufig und vielfältig in den Mythen der Völker ausdrückt. Die Frage lautet dann nicht: «War» oder «ist» Jesus von Nazareth der Sohn Gottes?, sondern sie muß, wie wir gesehen haben, lauten: Von welcher Art sind die Erfahrungen, die dazu führen, den archetypischen Vorstellungskomplex vom Sohne Gottes zu aktivieren und auf die Person Jesu zu beziehen?, und: In welchem Sinne deutet die Person des historischen Jesus von Nazareth ihrerseits die Vorstellungen von der Gottessohnschaft (des Königs)? Erst wenn die christliche Theologie ehrlich genug ist, die Wurzeln ihrer Lehre von dem Christus in der ägyptisch-hellenistischen Mythologie, vermischt mit der Messiastheologie des Alten Israel sowie mit bestimmten legendären Traditionen der Bibel, einzugestehen und anzuerkennen, wird sich das Gespräch zwischen Juden und Christen aus seiner dogmatischen Verhärtung lösen lassen. Erst dann läßt sich ohne jeden Vorwurf der Glaubenslosigkeit feststellen, daß Israel bis heute an eben dem Glauben festhält, den auch Jesus selber in allen wesentlichen Punkten geteilt hat und der jeder Beimischung mythischer beziehungsweise «heidnischer» Vorstellungen sich widersetzt. Auf der anderen Seite aber ist es dann vielleicht auch ohne den Vorwurf des Glaubensabfalls möglich anzuerkennen, daß die Haltung des Vertrauens zu Gott sich nicht erfahren und vermitteln läßt, ohne all die Bilder freizusetzen, die in der menschlichen Seele wie Wegweiser auf den verschlungenen Pfaden zurück zu sich selbst und zum eigenen Ursprung bereitstehen. Die mythischen Bilder von der Menschwerdung Gottes verhalten sich zur Vermenschlichung des Menschen im Vertrauen zu Gott, wie Jesus es uns nahebringen wollte, nicht wie die Ursache zur Wirkung, sondern sie wirken im strengen Sinne «sakramental»: sie setzen und schaffen durch ihr Auftreten selbst die Wirklichkeit, von der sie sprechen, und umgekehrt: sie treten erst auf, wenn diese Wirklichkeit sich ereignet. Anders gesagt: die Menschwerdung Gottes tritt zu der Person Jesu nicht als ein fremdes Dogma von außen hinzu, sondern wer die Person dieses Mannes «richtig» begreift, der erfährt in ihr die Nähe Gottes, und er kann sie nur erleben, indem in ihm selber jene Bilder zu sprechen beginnen, die uns als einzige von altersher zur Verfügung stehen, um eine absolute Erfahrung zwischen Gott und Mensch wiederzugeben.

Eine solche Deutung des christlichen Dogmas mit Hilfe der Tiefenpsychologie bietet nicht nur den Vorteil, die Ergebnisse der historisch-kritischen Erforschung der Bibel sowie die Einsichten der Religionsgeschichte an sich selbst zu würdigen und zu integrieren, sie gibt auch endlich den Weg frei, zu einem offenen Gespräch mit den jüdischen Gläubigen zu gelangen. In jüdischer Sicht sind die Christen, vereinfacht gesagt, Juden, die zu den Heiden abgefallen sind, und an dieser Auffassung ist, wie wir sehen, etwas sehr Richtiges. Wie aber, wenn dieses «Heidnische» in uns selber, in jedem Menschen liegt – wenn es sich also nicht draußenhalten, verdrängen oder nach außen projizieren läßt, sondern anerkannt, als zugehörig akzeptiert und menschlich gelebt sein will um einer tieferen, nicht einer weniger intensiven Form des Vertrauens willen? Aus ihrer dogmatischen Starre entlassen, sind die Symbole des christlichen Glaubens so etwas wie Träume, die sich notwendig einstellen, wenn der Himmel sich herniedersenkt und die Erde erschauert wie unter der zärtlichen Berührung ihres Geliebten. Die «Kindheitsgeschichte» in den ersten beiden Kapiteln des Matthäusevangeliums etwa erscheint dann nicht länger mehr nur als eine legendäre Erzählung, die an gewisse Vorstellungen aus Judentum und Heidentum über die Geburt eines Königs anknüpft und dabei immer wieder von bestimmten Träumen erzählt, die den Gang der Handlung ermöglichen – wir finden, tiefenpsychologisch gelesen, in der Geschichte der Jungfrauengeburt, der mühsamen Anerkennung des göttlich gezeugten Kindes durch Joseph, der Ankunft der «Sterndeuter», des mörderischen Widerstandes des Herodes und schließlich in der Flucht nach Ägypten eine Abfolge von Chiffren, die in Inhalt und Zuordnung in einem einzigen großen Traum beschreiben, wie lang der Weg eines Menschen (beziehungsweise des «männlich» geprägten Bewußtseins) ist, wenn es gilt, die Angst vor sich selbst zu verlieren und in einem tieferen Vertrauen das Leben noch einmal neu zu beginnen.

Das Erzählen des Glaubens in Bildern ist, so gesehen, nicht einfach mehr ein «pädagogisches» Stilmittel der Verkündigung Jesu, es stellt in tiefenpsychologischer Betrachtung den einzigen Weg dar, ein Vertrauen zu ermöglichen und auszusagen, das sich zwischen Menschen unter den Augen Gottes zu bilden beginnt. Nur ein Glaubensverständnis, das ganze Teile der menschlichen Psyche als unbedeutend neutralisieren oder gar als schädlich dissoziieren wollte, könnte im Ernst die Ermöglichung und Interpretation – mit Hilfe entsprechender archetypischer Bilder – jenes Vertrauens, zu dem die Menschen in der Nähe Jesu zurückzufinden vermochten – eines ganz und gar jüdischen Vertrauens! –, für illegitim halten. Wenn erst einmal feststeht, daß das Heidnische, daß die Bilder der Mythen, daß die großen Träume der Menschheit nicht außerhalb unserer selbst liegen, wird das Christentum aufhören, als ein illegitimer Verrat am Judentum und umgekehrt das Judentum als ein Verrat an der «endgültigen» Offenbarung Gottes in Jesus Christus zu erscheinen. Wir müßten freilich als Christen begreifen, daß es nicht möglich ist, über die Person des Jesus von Nazareth Aussagen zu treffen, die eine «objektive» Geltung außerhalb unseres eigenen Existenzvollzuges besäßen. Wer Jesus von Nazareth «wirklich» ist, läßt sich nicht als eine «Sachfrage» behandeln, wie Mt 21,23–27 (nach Mk 11,27–33) – die Frage der Hohenpriester und Ältesten nach der Vollmacht Jesu – zeigt, sie läßt sich nur stellen unter Einsatz der eigenen Person, indem man sich von der Botschaft Jesu in eine Entscheidung auf Heil oder Unheil geführt sieht; in diesem Falle freilich muß man die Abwehrkämpfe des «Herodes», der «Pharisäer» und der «Schriftgelehrten» im eigenen Herzen und im eigenen Leben noch einmal durchgehen, bis daß man schließlich Jesus zu «träumen» beginnt als den wahren Maßstab der Welt, als den Richter der Lebenden und der Toten, bis man den Himmel offen sieht und den «Menschensohn» «stehend zur Rechten der Kraft».

Wer eine solche Auffassung als «zu subjektiv» oder als bloße Anthropologie beziehungsweise als «Psychologismus» zu verwerfen geneigt ist, der übersieht, daß wir anders als in Bildern und Vorstellungsformen, die in unserer Psyche angelegt sind, die Erfahrung von etwas Göttlichem niemals gewinnen noch wiedergeben können. Kein Bild von Gott ist Gott oder erschafft Gott, aber die

Bilder, die Gott in unsere Seele gelegt hat, sind die einzigen Fenster in den Wänden der Welt, durch die etwas Licht aus jener anderen Welt in unser Inneres fallen kann. Wir sehen unsere eigenen Bilder nur in dem Glanz jenes Lichtes, das sie erhellt und durchstrahlt, doch nur in der Wahrnehmung unserer Bilder wird jenes fließende Licht uns erkennbar, das wir Gott nennen. Bezogen auf die Person Jesu: es ist allein die Wärme und Güte seiner Person, die jene Bilder in uns erweckt, in denen wir uns den «König», den «Retter», den «Knecht Gottes», den «Sohn Gottes» oder dergleichen vorstellen; und indem es einzig die Macht seiner Liebe und die Kraft seines Vertrauens ist, das uns aufrichtet und leben läßt, beginnt er sich zugleich zu unterscheiden von allem, was bisher «König» und «Gottessohn» war, da wird er der «wahre» König, der «wirkliche» Sohn Gottes, der «einzige», der «jungfräulich» zur Welt kam. Doch es ist eine Wahrheit und Wirklichkeit und Einzigkeit, die allein das Leben bestätigen kann, indem sie nur dort existiert. Mit anderen Worten: Man kann zwischen Juden und Christen über Jesus von Nazareth nicht «dogmatisch» diskutieren, sondern nur in der Weise, wie Jesus selber geredet hat: poetisch, lebendig, im Austausch von Träumen und Bildern, von Erfahrungen und Anregungen, in dem einzigen Zeugnis, das für das Herz eines Menschen glaubwürdig ist: in einer Liebe, die den Gegensatz auch der Konfessionen und der verschiedenen Religionsformen übersteigt. In diesem Sinne kann man durchaus dem jüdischen Religionsphilosophen Sch. Ben Chorin zustimmen, wenn er zum Beispiel bezüglich der «Kindheitsgeschichte» meint: «Wir haben es hier mit einem Mythos zu tun, dessen zeugende Kraft aber nicht unterschätzt werden darf. Die Vorstellung des Gottesmenschen, der ein Sohn des Höchsten ist, gehört offenbar zu den archetypischen Wunschbildern der Seele, die nicht weniger Wirklichkeit sind als historische Vorgänge, nur in einem anderen Sinne.»[44] Mehr als die Richtigkeit dieses Satzes zu bestätigen, vermag keine tiefenpsychologische Auslegung von Mt 1; 2. Man muß dieser Aussage allerdings als Theologe hinzufügen, daß es sich bei diesen «Wunschbildern» um eben die Wünsche handelt, von denen Gott, wenn es ihn gibt, offenbar selber wünscht, daß wir sie haben.

Ganz entscheidend spricht für eine solche Auffassung der Dinge nicht zuletzt die Tatsache, daß ein solcher Dialog zwischen Judentum und Christentum, wie wir ihn hier vorschlagen, sich zugleich öffnen und zu einem Gespräch auch mit den außerbiblischen Religionsformen der Menschheit sich erweitern würde. Die Verstehensschwierigkeiten eines Juden gegenüber dem Christentum laufen im wesentlichen auf dieselben Fragen hinaus, die ein gebildeter Moslem an das Christentum richten wird. Was Mohammed eigentlich wollte, war nicht die Gründung einer neuen Religion, sondern die Rückkehr zu der Religion Abrahams: «Abraham», sagt er in der 3. Sure des Koran (Vers 68), «war weder Jude noch Christ, sondern er war fromm und gottgläubig und kein Götzendiener.»[45] Und: «Die wahre Religion vor Allah ist Islam (die vollkommene Hingabe).»[46] Es ist dieselbe Sure, in welcher der Prophet auch die Kindheitsgeschichte Jesu, zum Teil in den Legenden der Apokryphen[47], aufgreift und sogar die «Jungfrauengeburt» erwähnt.[48] Dennoch gilt: «Vor Allah ist Jesus Adam gleich, den er aus Erde geschaffen», denn: «außer Allah gibt es keinen Gott» (3. Sure, Vers 60.63).[49] Wenn es möglich ist, Bewußtsein und Unbewußtes, Person und Traum, historische Wirklichkeit und mythisches Symbol von der Tiefenpsychologie her als Einheit und nicht länger mehr als Gegensatz zu denken, so könnten die scheinbaren Unvereinbarkeiten ihr Ende finden, die auch heute noch, 1300 Jahre nach Mohammed, die Religionsform der Christen daran hindert, sich mit ihren älteren Schwestern und Brüdern: mit Abraham und Sara, mit Moses und Zippora, mit Mohammed und Chadidscha, ins Einvernehmen zu setzen.

e) Die Berufung der «Heiden» oder: Die universelle Sprache der «Völker»

Und vor allem: der Dialog mit den «Heiden», mit den Völkern! Für Matthäus ist die Verkündigung an die «Heiden» der letzte Auftrag Jesu an seine Jünger (Mt 28,19), es durchzieht aber dieses Motiv sein ganzes Evangelium. Wohl ist es wahr, daß der Engel des Herrn im Traum den Namen «Jesus» («Gott rettet») damit erklärt, das neugeborene Kind werde «sein Volk retten aus seinen Sünden» (Mt 1,21); aber zum «Volk Gottes» gehören für Matthäus erkennbar nicht länger mehr allein die Juden, sondern auch und sogar mehr noch die «Heiden».

Auch das will gleich zu Beginn in Mt 2,1–12 die Szene von der Ankunft der Sterndeuter vom Sonnenaufgang in Jerusalem und in Bethlehem besagen: Jesus wird es sein, der alle Menschen ohne Unterschied in die Nähe Gottes ruft und sie zu seinem «auserwählten Volk» macht. Freilich muß Jesus selber in der Szene der Versuchung sich davor hüten, den Traum des Teufels von einer weltweiten irdischen Messiasherrschaft über die Reiche der Völker zu Ende zu denken (Mt 4,8): Weltherrschaft im Sinne politischer Machtausübung, das wäre nichts als Teufelsanbetung (Mt 4,9). Aber gleich in der nächsten Szene, als Jesus zurückkehrt aus der Wüste und in Kapharnaum wohnhaft wird

(Mt 4,13), sieht Matthäus in dieser Tatsche die Erfüllung eines Jesaja-Zitats aus Jes 8,23: «Land Zabulon und Land Nephthalim, meerwärts hin, jenseits des Jordan, Galiläa der Völker: Das Volk, das da sitzt in Finsternis – Licht sah es, groß!» (Mt 4,15–16.) Dabei übersetzt Matthäus das Wort gelil haggojim, das eigentlich heißt: «Bezirk der Völker», entsprechend der Septuaginta mit: Galiläa der Völker. Der «Ort», das heißt die geistige Konstellation des ganzen öffentlichen Wirkens Jesu, ist es demnach, Israel so lebendig zu machen, daß es die «Völker» erleuchtet. «Galiläa», die «Heimat» Jesu, wird dementsprechend für den Flüchtling aus dem Land «Ägypten», diesem Terrain des äußersten Gegenpols zu der Botschaft Israels, stets so etwas wie «Heidenland» bleiben, ja, es ist, meint Matthäus, von Anfang an die Enklave eines weltweiten prophetischen Auftrags inmitten und vermittels des Volkes der Erwählung. Der gleichen Logik entspricht es, wenn Jesus bald darauf, zu Beginn der Bergpredigt, seine Jünger als das Salz der Erde (Mt 5,13) und das Licht der Welt (Mt 5,14) erklärt. In Kapharnaum, seinem Wohnsitz, trägt Jesus keine Scheu, den Burschen des römischen Hauptmanns zu heilen und ihm ein Vertrauen zuzusprechen, wie er es in Israel noch bei niemandem gefunden hat; und dann, mit Emphase: «Ich sage euch aber: Viele vom Aufgang und Niedergang werden kommen und werden (zu Tisch) liegen mit Abraham, Isaak und Jakob im Königtum der Himmel; die Söhne des Königtums aber werden hinausgeworfen in die Finsternis, ins Draußen» (Mt 8,11.12). Matthäus nimmt hier ein Wort der Q-Quelle (vgl. Lk 13,28.29) auf und stellt es in einen deutlich «antijüdaistischen» Zusammenhang: die Berufung der Heiden ergibt sich in dieser Redaktion als die logische Folgerung aus der Ablehnung des Messias durch die Juden. Dem widerspricht nicht, daß die «zwölf Sendboten» in Mt 10,5 zunächst ausdrücklich gehalten sind, «nicht zum Weg der Völker fortzugehen und auch in eine Stadt der Samariter nicht zu gehen»; denn es wird nicht lange dauern, da wird der Jesus des Matthäus, erneut mit Worten der Q-Quelle (vergleiche Lk 10,12–15), die galiläischen Städte Chorazin, Bethsaida und Kapharnaum verfluchen und die Heidenstädte Tyrus und Sidon, ja, sogar das sündhafte Sodom glücklich preisen am Tage des Gerichtes (Mt 11,20–24); gleichwohl aber, mitten in der Ablehnung, verwirklicht sich in den Augen des Matthäus gerade deshalb für Jesus insgeheim bereits die Weissagung des «Gottesknechtes» des Jesaja, die da lautet: «auf ihn hoffen die Völker» (Mt 12,21 nach Jes 42,1–4).

Daß es sich so verhält, bezeugt für Matthäus die Bibel selbst. War denn nicht dies eigentlich immer schon prophetische Erfahrung, daß sich Ninive auf die Predigt des Jona hin bekehrte und daß die Königin von Saba zu Salomon kam (Mt 12,41.42), während die «Pharisäer» und «Schriftgelehrten» nach wie vor dastehen und nicht wahrhaben wollen, daß in der Person Jesu etwas weit Größeres vor ihnen steht als sogar Salomon oder Jona? Für Matthäus ist es ein erschütternder Kontrast, immer wieder zu sehen, wie «die Juden» Jesus mit ihrer Ablehnung zwingen, sich ihnen zu entziehen, und insofern ist die «Flucht nach Ägypten», das «Entweichen» ins Heidenland, ein Motiv, das die gesamte Darstellung des Matthäus durchzieht (Mt 2,12.13; 4,12; 12,15; 14,13; 15,21); auf der anderen Seite aber ergibt sich gerade das Gegenteil: der Zustrom der «Heiden».

Als zum Beispiel Jesus wieder einmal «entweicht» in die Landesteile von Tyrus und Sidon, fleht eine Kanaanäerin Jesus um die Heilung ihrer dämonisch besessenen Tochter an und bekennt ihn als König und Gottessohn, indem sie ihn anredet: «Herr, du Sohn Davids» (Mt 15,22). Wohl entgegnet Jesus ihr selber, er sei nur gesandt zu den verlorenen Schafen des Hauses Israel (Mt 15,24), und erneuert so noch einmal die spezielle und absolut vorrangige Sendung an Israel (vergleiche Mt 10,5.6); doch wie groß ist das Vertrauen dieser «heidnischen» Frau, dieser Repräsentantin des Heidenlandes mit seiner Sehnsucht und Not! Wie dankbar auch ist parallel dazu der samaritanische Aussätzige, den Jesus mit neun anderen im Grenzgebiet zwischen Samaria und Galiläa heilt (Mt 17,11–19) – nur er allein kehrt zurück, um kniefällig in Jesus als seinem Heiland den Gott Israels zu preisen! Stelle für Stelle erweist das Volk der Erwählung sich als seiner Einladung unwürdig, und was bleibt also Gott selbst anderes übrig, als die Einladung zur «Hochzeit» seines Sohnes an die Leute an den Kreuzungen der Straßen draußen vor der Stadt zu vergeben? Gerade das erzählt Matthäus im Gleichnis vom königlichen Hochzeitsmahl, das er (mit Lk 14,15–24) der Q-Quelle entnimmt, aber ganz und gar zugunsten seiner Auffassung von der Berufung der «Heiden» umgestaltet (Mt 22,1–10); wir werden auf dieses Gleichnis im nächsten Kapitel noch ausführlich eingehen. Wie universell aber Matthäus die Einbeziehung der Heiden zu Ende denkt, zeigt er in Mt 25,31–46: Wenn der Menschensohn kommen wird, so werden «alle Völker vor seinem Throne versammelt werden» (Mt 25,31), und der einzige Maßstab seines «Gerichtes» wird dann für alle Menschen die Menschlichkeit selber sein. Von daher ist es der bleibende Auftrag der Jünger Jesu jetzt, die Botschaft Jesu an «alle Völker» weiterzugeben (Mt 28,19) und damit die Herrschaft Jesu «im Himmel und auf Erden» (Mt 28,18) zu bezeugen und zu verwirklichen.

Eines nur kommt dabei nicht in Frage: die Rückkehr zum Alten Israel! Wie genau Matthäus hier arbeitet, zeigt in dieser Sache ein kleiner letzter Vergleich mit dem Markusevangelium. In der Szene der «Tempelreinigung», in

Mk 11,12–26, sagt Jesus zu den Händlern und Käufern vorwurfsvoll mit einem Wort aus Jes 56,7 über den Tempel: «Mein Haus soll ein Bethaus heißen für alle Völker» (Mk 11,17). Manches spricht dafür, daß Jesus wirklich diese Stelle aus Deuterojesaja im Sinn trug, als er mit seinem Gang nach Jerusalem die Tore der Heiligen Stadt öffnen wollte für all die «Verlorenen» vom Hause Israel an seiner Seite, ja, daß er sogar die Öffnung des Tempels auch für die «Heiden» erwirken wollte[50]; jedenfalls könnte man denken, daß die Formulierung bei Markus dem Anliegen des Matthäus an sich sehr entgegenkäme. Das tut sie natürlich in gewissem Sinne auch, nur geht sie ihm jetzt, nach dem Jahre 70, durchaus noch nicht weit genug, ja, sie erscheint ihm sogar als falsch. Wenn Jesus wirklich gewollt hätte, daß der Jerusalemer Tempel sich den «Heiden» öffne, wie hätte er dann den Untergang des Tempels verkünden können (vergleiche Mt 24,1–2 nach Mk 13,1–2)? Matthäus streicht bei dem Tempelwort Jesu von dem «Haus des Gebetes» die Bemerkung «für alle Völker» ganz einfach fort (Mt 21,13). Die «Heiden» sind von Jesus berufen, das steht für Matthäus außer Frage, aber nicht in den Jerusalemer Tempel, sondern, wenn schon, dann in das «wahre» Heiligtum, das die Gemeinschaft der Jünger Jesu darstellt und in das man eintritt durch die Taufe «auf den Namen des Vaters und des Sohnes und des heiligen Geistes» (Mt 28,19). Die Kirche ersetzt jetzt den Tempel; sie ist für Matthäus der «nach drei Tagen» neu errichtete «Tempel», den Jesus (durch seinen Tod und durch seine Auferstehung) wieder aufzubauen versprach (Mt 26,61, nach Mk 14,58).[51]

Wie aber, das ist jetzt die Frage, die Matthäus uns stellt, läßt sich die Botschaft Jesu an «die Völker» weitergeben als eine Entscheidung auf Heil oder Unheil? So viel ist bereits klar: Solange die christliche Glaubenslehre auf dem traditionellen Standpunkt beharrt, daß nur sie Symbole besitzt, die den Menschen zu seiner eigenen Wirklichkeit zurückrufen können, wird ihr nichts anderes übrig bleiben, als sich selber mit einem absoluten Exklusivitätsanspruch zu umkleiden und sich damit gegen alle anderen Religionsformen zu stellen. Dabei muß sie natürlich verleugnen, was aus der Sicht des Judentums (und des Islam) ganz klar erscheint: daß ihre zentralen Bilder selber, religionsgeschichtlich betrachtet, dem «Heidentum» entstammen beziehungsweise daß sie, tiefenpsychologisch gesehen, im kollektiven Unbewußten des Menschen verankert sind. Indem die christliche Dogmatik konventioneller Prägung so tut, als seien die Symbole des Glaubens von außen, d. h. durch Vermittlung historischer beobachtbarer Ereignisse an uns herangetreten, bringt sie nicht nur das Verhältnis von Geschichte und Mythos durcheinander, sie nimmt den Menschen vor allem die Bilder wieder weg, in denen er sich selber in der Nähe Jesu zu träumen und zu leben vermochte. An die Stelle einer existentiell im Glauben verdichteten Form des Daseins tritt, psychologisch betrachtet, auf diese Weise ein gewalttätiger Zustand verinnerlichter Entfremdung und Außenlenkung.[52]

Und dieselbe Gewalt, die ein solcher Religionstyp auf die eigenen Glaubenden ausübt, muß sich jetzt auch nach außen richten. Mission der Heiden – das bedeutet jetzt als erstes, die Kulturen der Völker durch Einsatz von viel Macht, Geld und zivilisatorischem Druck zu zerstören, und statt bei dem universellen Gleichklang der Bilder im Herzen der Menschen anzuknüpfen, kommt eine solche Form der «Verkündigung» nicht umhin, mit dogmatischem Anspruch die Gleichartigkeit ihrer eigenen Symbole mit denen der nicht-christlichen Religionsformen (nicht «Religionen» – denn es gibt nur eine «Religion» in vielen Formen) zu leugnen, um dann im nächsten Schritt sich selber an die Stelle des Vorgefundenen zu setzen.[53]

Wenn hingegen die Auffassung berechtigt ist, die wir soeben vorgeschlagen haben: das Christentum bringe mit seinen Glaubenssymbolen an sich keine neuen Bilder in die Welt, es greife ganz im Gegenteil sehr alte Bilder auf, die es dann freilich von der Person des Jesus von Nazareth her neu zu interpretieren und aus ihrer Ambivalenz zwischen Aufbau und Zerstörung des Menschen zu lösen versuche, so kann es bei der «Taufe» der «Völker» in Mt 28,19 nicht primär um die «Lehre» der symbolischen «Inhalte» des Glaubens gehen; dann bedeutet der Auftrag zur «Bekehrung» der «Ungläubigen» vor allem, daß man die Bilder der Sehnsucht im Herzen der Menschen durch jenes Vertrauen vermenschlicht, das Jesus uns im Gegenüber Gottes ermöglichen wollte; und dann hat offenbar G. E. LESSING ganz recht, wenn er den Besitz des väterlichen «Ringes» nicht an die Form einer besonderen Lehre, sondern wesentlich an das Tun der Liebe binden wollte.[54] Statt, wie die vorherrschende Form der christlichen Glaubenslehre noch heute, die Bilder des Glaubens als erstes von der rechten Hirnhälfte in die linke Hirnhälfte zu überführen und sie in reine Begriffe beziehungsweise in rational erscheinende Gedankenketten der gegenseitigen Verketzerung und wechselseitigen Ausschließung zu verwandeln, müßte man sich mit den Gläubigen anderer Religionsformen zusammensetzen, um von ihnen und mit ihnen zu lernen, was der Gleichklang der Bilder außerhalb des eigenen Kulturkreises, im Kontext anderer Wege zum Menschsein, zu bedeuten vermag. Die Bilder des Glaubens – man müßte sie betrachten wie die Bilder GAUGUINS und VAN GOGHS, man müßte ihre Botschaft vernehmen wie die Musik BEETHOVENS oder CHOPINS, man müßte ihre Gestalt wahrnehmen wie die Plastiken MICHELANGELOS oder RODINS. Und dann müßte man sie undogmatisch nehmen!

Wie streng zum Beispiel droht Matthäus selber immer wieder mit der Hölle und wieviel Angst lehrt dieser Evangelist, wie wir sahen, vor der Liebe! Doch wie man ihn verstehen muß, wenn man die Bilder in sich aufnimmt, in denen er schreibt, sah ich an einem Morgen vor dem Kunstmuseum in Zürich. Dort steht vor dem Eingang die Reproduktion einer Plastik RODINS, die entsprechend den Schilderungen DANTES das letzte Gericht darstellt: «Das Höllentor.» In einem schrecklichen Sturz werden dort auf der linken Seite die Verdammten in das ewige Feuer gestoßen, und unter ihnen, pars pro toto sozusagen, auch zwei Liebende, die sich in «schamloser» Nacktheit umfangen halten. An diesem Morgen hatte ein Betrachter sich die Freiheit genommen, eine Rose zwischen die Arme der beiden Liebenden, der beiden Verdammten, zu stecken – die Darstellung selbst forderte ihn dazu auf. Im Unterschied zu den festen Begriffen der Theologen bleiben die Bilder der Dichter, der Musiker, der Maler fließend; sie lösen Erfahrungen aus, die selbst in ihrer äußersten Verzweiflung noch fähig der Erlösung sind; in der Sprache der Künstler gibt es wohl die Hölle unglücklicher Liebe, doch nie eine Hölle, die lieblos genug wäre, daß nicht doch noch Christus in sie hineintreten könnte, um den Verdammten Erlösung zu bringen. «Bis an das Ende der Welt» (Mt 28,20)... wie weit muß man gehen, bis das Licht der Liebe das Dunkel menschlicher Verzweiflung erleuchtet! Alle Bilder des Glaubens versteht man erst richtig, wenn sich «am Ende» die Angst beruhigt und nur die Liebe noch Geltung besitzt.

Dann meldet sich freilich ein letztes Mal die jüdische Frage zurück. Solange die matthäische Theologie der Heidenmission in fundamentalistischer Weise wörtlich genommen wird, ist die Hinwendung der christlichen Verkündigung an die «Völker» stets identisch mit der Abwendung von den Juden, eine Art Strafe für die Ablehnung Jesu durch seine Zeitgenossen ebenso wie der Mission der frühen Kirche durch die Synagoge. Tatsächlich teilen sich in dieser Frage nach dem Jahre 70 die Wege des Judentums, sie spalten sich gewissermaßen zwischen Synagoge und Kirche, und die Frage des Gesetzes wird dabei neben der Messiasfrage zu der entscheidenden Weichenstellung in die eine oder in die andere Richtung. Meisterlich beschreibt der jüdische Schriftsteller LION FEUCHTWANGER in seiner Trilogie über den Jüdischen Krieg die Neugründung des zerstörten Israels insbesondere durch die pharisäischen Schriftgelehrten in der Zeit nach der Zerstörung des Tempels, indem er die damalige Situation aus jüdischer Sicht so kennzeichnet:

«An Stelle der Aristokraten und der Tempelpriester von Jerusalem, von denen im Krieg die meisten umgekommen waren, hatten die Schriftgelehrten die Führung übernommen, die Juristen und Doktoren. Der Großdoktor Jochanan

Ben Sakkai hatte, um die Einheit der Nation zu erhalten, den schlauen und kühnen Plan ersonnen, den Staat durch die Lehre zu ersetzen; sein Nachfolger, Gamaliel, führte diesen Plan mit Kraft und Umsicht zum Ziel. Das von ihm und seinem Kollegium in Jabne bis ins kleinste ausgetüftelte Zeremonialgesetz hielt die Juden fester zusammen als früher der Staat.

Allein dieses System zwang die Doktoren, die Lehre immer mehr einzuengen und ein bestes Teil von ihr preiszugeben: ihren Universalismus. ‹Der Fremde soll bei euch wohnen wie ein Einheimischer, und du sollst ihn lieben wie dich selber›, hatte, durch den Mund des Moses, Jahve befohlen, und, durch den Mund Jesajas: ‹Es ist ein Geringes, daß du die Stämme Jakobs aufrichtest; vielmehr habe ich dich auch zum Licht der Heiden bestimmt.› Auf diese kosmopolitische Sendung, bisher Jahrhunderte hindurch treulich erfüllt, begannen die Juden jetzt zu verzichten. Nicht mehr der ganzen Erde verkündeten sie ihre Botschaft, sondern viele hielten dafür, nach der Zerstörung des Tempels sei das Volk Israel Jahves Haus, und allein diesem Volke gehöre er. Der Druck der Römer, das Beschneidungsverbot vor allem, machte, daß immer mehr Mitglieder des Doktorenkollegiums dieser fremdenfeindlichen Auffassung zufielen. Sie glitten hinweg über die Stellen, in denen die Schrift die Juden an ihre Weltmission mahnte, und ihr Mund war voll von jenen Sätzen, in denen sie das Bündnis Jahves mit Israel als mit seinem Lieblingsvolk feierte. Mit Hilfe des Zeremonialgesetzes nationalisierten sie das Leben der Juden. Sie verboten ihnen, die Sprache der Heiden zu erlernen, ihre Bücher zu lesen, ihr Zeugnis vor Gericht anzuerkennen, Geschenke von ihnen anzunehmen, sich mit ihnen durch Beischlaf zu mischen. Der Wein war unrein, den eine nichtjüdische Hand berührte, die Milch, die eine nichtjüdische Hand molk. In strengem, blindem Hochmut schieden sie durch immer höhere Mauern das Volk Jahves von den anderen Völkern der Erde.»[55] «Binnen kurzer Frist wurden die Juden, die als die ersten auf der bewohnten Erde verkündet hatten, ihr Gott gehöre nicht ihnen allein, sondern der ganzen Welt, zu den fanatischsten Partikularisten. Die Doktoren zentralisierten die Lehre immer strenger, verboten immer unduldsamer jeden Widerspruch.»[56] «Sollten die Juden nicht in den anderen Völkern aufgehen, dann mußte ihre Lehre klar sein, einheitlich bis ins Letzte. Ein Brauch und eine Sitte mußte sein, an der man die Juden von den andern unterschied. Das ganze Leben mußte unter das Gesetz gestellt, keine Abweichung durfte geduldet werden.

Bis jetzt hatte es über den Messias viele Meinungen gegeben. Die einen glaubten, er werde das Schwert, die andern, er werde die Palme des Friedens bringen. Viele hatten in vielen den Messias gesehen, man hatte sie gewähren lassen. Jetzt schrieben die Doktoren den Glauben an einen einzigen Messias vor, der da in Bälde erscheinen, die Römer aus dem Land werfen, Jerusalem wieder aufrichten und alle Völker zwingen werde, den Gott Israels anzuerkennen.

Da gab es aber Leute, die Minäer, die ‹Gläubigen›, auch Christen genannt, die da erklärten, der Messias sei bereits erschienen; seine Sendung sei freilich nicht von dieser Welt gewesen, vielmehr sei er gekommen, um allem Volk den Weg der Gnade zu zeigen, so daß nicht nur die Doktoren, sondern ein jeder, auch der Einfältige im Geiste, fähig sei, Jahve zu erkennen. Man habe aber dem Messias nicht geglaubt, sondern ihn verleugnet und schließlich umgebracht.»[57]

«Auch was die Minäer weiter lehrten, ging den Leuten leicht in Sinn und Herz. Die Doktoren stellten das Leben unter das Gesetz, sie verordneten sechshundertdreizehn Hauptgebote und Hauptverbote, von denen ein jedes in zahllose kleinere Vorschriften zerfiel, sie regelten den Ablauf des Tages vom frühen Morgen bis tief in die Nacht hinein mit tausend kleinen, strengen Zeremonien und Gebeten und bedrohten jeden Verstoß mit Strafen in dieser und in jener Welt. Die Minäer hingegen lehrten, gut sei das Leben nach dem Gesetz; aber es genüge, an den lieben Messias zu glauben, der die Menschen entsühnt habe, um für die Entbehrungen dieser Erde durch ein süßes Jenseits entschädigt zu werden. Und sehr viele gaben sich der neuen, weicheren Lehre hin.

Die Doktoren hatten gegen diese alle zu kämpfen, gegen die griechischen, kosmopolitischen Neigungen der Gebildeten, gegen den linden Erlöserglauben der Armen im Geiste. Sie kämpften zäh und geschmeidig, bald mit Sanftheit, bald mit Gewalt, immer das Ziel vor Augen: die Einheit des Gesetzes. Sie kämpften mit Erfolg. Die weitaus meisten unter den Juden vertrauten ihnen, unterwarfen sich ihrer Führung. Stellten das ganze Leben unter ihre Zeremonien und Vorschriften, vom ersten Erwachen bis in den Schlaf. Aßen und fasteten, beteten und verfluchten, feierten und arbeiteten, wann sie es ihnen befahlen. Verzichteten auf geliebte Träume und Meinungen, schlossen sich ab von den Nichtjuden, mit denen sie bisher Freundschaft gehalten. Freund wich vom Freund, wenn der Nichtjude war. Nachbar vom Nachbarn, Geliebter von der Geliebten. Sie nahmen auf sich das Joch jener sechshundertdreizehn Gebote und Verbote, machten ihr Leben eng und kahl, hielten sich aufrecht durch den Gedanken, daß sie das eine, auserwählte Volk Jahves seien, und durch die inbrünstige Hoffnung, daß bald der Messias in seiner Glorie erscheinen und die blinden Völker dem sehenden Volke unterwerfen werde. Sie starrten nach dem zerstörten Jerusalem, und das Jerusalem, das nicht mehr war, band die Juden, die im Lande Israel und die Verstreuten über die ganze Welt, enger zusammen als jenes Jerusalem, das einstmals weiß und golden und allen sichtbar den Tempel Jahves beherbergt hatte.»[58]

Die Einstellung der frühen Christen war in der Tat diametral verschieden von der Situation der Synagoge nach 70. Sie betonten nicht nur, der Messias Israels sei schon gekommen, sie mußten auch den alten prophetischen Anspruch wieder aufgreifen, die Herrschaft Jahwes, das Königtum der Himmel, das Reich des Messias auszudehnen bis an das Ende der Welt, bis an die Grenzen der Zeit. Doch die Kernbehauptung: daß der Messias schon gekommen sei – wie läßt sie sich anders «beweisen», als indem man innerhalb eines Vertrauens, wie der Jude Jesus es lehrte und lebte, die Angst überwindet, die immer wieder den Menschen von Gott, von sich selbst und von der Schwester, dem Bruder an seiner Seite trennt? Die Probe aufs Exempel, ob der Messias Israels bereits gekommen ist oder nicht, wird nicht entschieden durch fertige Lehrsätze, sondern nur durch den Einsatz des eigenen Lebens. Dies aber, das Christentum zu verstehen als ein «Judentum für die Heiden», als die Form der Verkündigung, die den alten Universalismus der Propheten zu verwirklichen sucht, ist manchem jüdischen Theologen heute bereits ein vertrauter Gedanke geworden – mehr als manchem christlichen Dogmatiker. Die «Mission» des «Messias» dürfte nicht länger mehr dem Religionsstreit unter den Völkern dienen, sondern der Befriedung aller Religionsformen miteinander, indem das Christentum so jüdisch ist wie das Judentum, so monotheistisch und theozentrisch wie der Islam, so heidnisch und mythisch und bilderverliebt, wie unter den Hochreligionen heute leider nur noch der Hinduismus, und so geistig, innerlich und mystisch wie der Buddhismus, und jede dieser Religionsformen könnte und müßte von der anderen lernen, wer sie selber ist, indem sie das Eigene im Fremden wiedererkennt und durch das Eigene das Fremde zu bestätigen und zu bereichern trachtet.

5. Der kommende Menschensohn oder: Weltgeschichte als Heilsgeschichte

«Dies ganze aber ist geschehen, damit verwirklicht werde, was angesagt ist vom Herrn durch den Propheten.»

(Mt 1,22)

Mit der Frage der Stellung des Christentums zu der Religion Israels und den Religionsformen der Völker haben wir indirekt bereits den Boden eines Problems betreten, das sich als letztes wie ein roter Faden durch die Konzeption des Matthäusevangeliums hindurchzieht: die Frage nach der Rolle der Person Jesu und der Kirche des Christus inmitten der menschlichen Geschichte.

a) Verheißung und Verwirklichung oder: Gleichartigkeit und Innerlichkeit

Wer nach der «Geschichtstheologie» des Matthäus fragt, der wird, je nachdem, die offensichtliche Enge der ganzen Betrachtungsweise des matthäischen Denkens entweder verachten oder als Weisheit preisen. Um es so zu sagen: Wenn wir von «Geschichte» im Matthäusevangelium sprechen, dann müssen wir als erstes einmal aufzählen, was alles *nicht* dazu gehört. «Geschichte» – das heißt für uns heute «Entwicklung»: das bedeutet die Entfaltung des Kosmos vom Urknall bis zum Zerfall[1], das bedeutet die Entstehung von Sonnen und Planeten, die Bildung erster Aminosäureketten und dann im Verlauf von mehr als zwei Milliarden Jahren den mühsamen Aufstieg zu den ersten einzelligen Lebewesen, das bedeutet in immer rascherem Tempo die unglaubliche Ausformung des Lebens zu den Wirbeltieren, zu den Säugetieren, zu den Primaten, das bedeutet schließlich die allmähliche Menschwerdung des Menschen in den Jahrmillionen des ersten Werkzeuggebrauchs bis hin zu dem Erwerb von Sprache und Denken, von Kult und Kunst, von Kultur und Technik; Geschichte – das ist für uns heute jener so vielfältige Prozeß der Entwicklung des Menschen spätestens seit dem Ende der letzten Eiszeit[2]: das ist vor allem der Beginn des Seßhaftwerdens an den Seeufern und Waldrändern in den 2000–3000 Jahren des «Mesolithikums», das ist der Anfang von Ackerbau und Viehzucht in der Jungsteinzeit mit ihrem fast schon rapide zu nennenden Aufstieg in Richtung der beginnenden Kulturzentren an den großen Strömen in Mesopotamien, Ägypten und China; Geschichte, das ist am Ende das geschriebene Wort und das methodische Nachdenken über sich selbst. Geschichte – das bedeutet für uns trotz all des nicht zu leugnenden Fortschritts vor allem aber auch eine unerschöpfliche Vielfalt von Fragen ohne Antwort, von Hoffnungen ohne Sinn, von Bemühungen ohne Erfolg, von Siegen ohne Verdienst, von Fortschritten ohne Ziel, von Triumphen wider Recht, von ständig wachsenden Konzentrationen an Menschenmassen, Macht, Konsumgütern, Erfindungen und Innovationen aller Art bei einem ständigen Wachstum an Gefahr und Vernichtung und einem ständig sich mehrenden Zweifel bezüglich aller Aussichten von Erfüllung und Weisheit, Glück und Gelingen, Humanität und Segen. Am Ende einer langen Entwicklung des Lebens wissen wir nicht mehr, was diese gigantische Veranstaltung, die wir «Geschichte» nennen, für einen Sinn macht, und auch das Christentum hält keine Formel bereit, die imstande wäre, das Geschehen der Welt zu erklären oder auch nur zu verstehen.[3] Und doch will Matthäus mit seinem Evangelium nicht mehr und nicht weniger darstellen als die Erlösung der «Welt» – ein scheinbar grotesker Kontrast, wie er indessen für diesen sonderbaren Verkünder der «Heilsbotschaft» des Messias Jesus Stelle um Stelle charakteristisch ist und wie er im Grunde, christlich betrachtet, eigentlich nur konsequent ist.

Denn worum geht es? Es geht als erstes darum zu bemerken, daß das Christentum, wie es wesentlich in der Konzentration des Matthäus sich ausspricht, letztlich nur ein einziges Thema kennt, auf das es in rigoroser Vereinfachung alle anderen Fragen reduziert, und dieses Thema lautet: der Mensch vor Gott. Es ist das uralte Thema Israels, das Matthäus da aufgreift, und doch wird es in seiner Feder anders, indem er alles wegläßt, was nicht dazu gehört, und das ist gerade die Weite der Natur, die im Alten Testament, wenngleich recht spät, in den beiden Schöpfungsberichten der Bibel doch immerhin anklingt[4]; das ist zum anderen auch die Konkretheit der historischen Ereignisse, mit deren Darstellung die hebräische Geschichtsschreibung vor allem in den «Königsbüchern» ein halbes Jahrtausend vor den Griechen in unübertrefflicher Meisterschaft einsetzt.[5] Für Matthäus existiert die Naturgeschichte überhaupt nicht, und auch die konkrete Geschichte der Menschheit ist für ihn kein Thema. Seine «Ur-Kunde» der Herkunft Jesu als des Messias im 1. Kapitel beginnt denn auch nicht, wie man erwarten sollte, bei Adam und Eva, sie erwähnt nicht den Bund Gottes mit Noah (Gen 9,9 ff.), sie setzt unmittelbar bei der Erwählung Abrahams ein und führt dann in dreimal vierzehn Generationen geradewegs von dem Stammvater Israels zu David, von David zum babylonischen Exil und dann von Babylon zu Christus (Mt 1,2–17). Deutlicher kann Matthäus nicht sagen, daß ihn nicht die Geschichte an sich, sondern einzig die

«Heilsgeschichte» interessiert, und daran wiederum vor allem das Schema von «Verheißung» und «Erfüllung», innerhalb dessen er die Gestalt des Messias in den Worten der Psalmen und Propheten bereits vorweg beschrieben findet und sie in seinem Evangelium entsprechend auf- und nachzeichnet: Von der Geburt Jesu an (Mt 1,23) über den Geburtsort (Mt 2,6), bei der Flucht nach Ägypten (Mt 2,15) ebenso wie bei der Ermordung der Kinder in Bethlehem (Mt 2,23), findet Matthäus in entsprechenden Schriftzitaten die Ahnung und Hoffnung der Alten bestätigt: «Bilder der Erfüllung» ist denn auch der beste Titel, den man dem Matthäusevangelium geben kann.

Eine entsprechende theologische Vorstellung liegt bereits dem Markusevangelium, insbesondere der Passionsgeschichte (Mk 14; 15), zugrunde[6]: – man versteht, will Markus sagen, das Leiden des Messias nur, wenn man es als die Erfüllung des Willens Gottes begreift, der sich bereits in den «prophetischen» Texten der Bibel aussprach. Doch Matthäus läßt es dabei nicht bewenden. Nicht nur das Leiden Jesu, seine ganze Person ist für ihn eine einzige «Verwirklichung des rechten Lebens vor Gott» (Mt 3,15). Für Markus bereits ist zum Beispiel das Auftreten Johannes des Täufers die Erfüllung einer «Weissagung» aus Jes 40,3 (Mk 1,2–3); Matthäus übernimmt das Zitat natürlich (Mt 3,3; vergleiche Mt 11,10) und ebenso in der Szene der Taufe die Anspielung des Markus auf Jes 42,1 (Mk 1,11; Mt 3,17). Dann aber, in der groß angelegten Szene der «Versuchung» Jesu, die Matthäus in der Q-Quelle findet (vgl. Lk 4,3–13), nimmt der Evangelist sogleich die Gelegenheit wahr, in einer Kette von Schriftzitaten aus dem Munde Jesu zu zeigen, wie programmatisch der «Christus» die Erfüllung des Gotteswillens «in Gänze» (Mt 3,15) zu realisieren gedenkt (Mt 4,1–11).

In der Lebensführung Jesu gibt es für Matthäus daher nichts «Unbedeutendes», alles folgt vielmehr auf symbolischen Brücken diesem System erfüllter Schriftzitate. Wenn beispielsweise Jesus nach der Verhaftung des Täufers nach Galiläa «entweicht» und in Kapharnaum wohnhaft wird, so sieht Matthäus darin, wie wir schon hörten, eine Weissagung aus Jes 8,23–9,1 verwirklicht, die das Land Zabulon und Nephthalim, das «Galiläa der Völker», preist für das große Licht, das ihm zu sehen gegeben wird (Mt 4,15–16). In Mk 1,32–34 schildert der Evangelist Markus, wie am Abend eines Tages, an welchem Jesus in der Synagoge von Kapharnaum einen Besessenen heilte und im Hause des Petrus die Schwiegermutter vom Fieber befreite, die Leute nach Sonnenuntergang all die Kranken und Besessenen zu Jesus bringen und er viele von ihnen gesund macht; allerdings läßt er die «Abergeister» nicht zu Wort kommen, auf daß sie ihn nicht verraten; bei Matthäus hingegen heilt Jesus alle Kranken, auf daß eine Weissagung aus den Gottesknechtsliedern des Deuterojesaja in Erfüllung gehe, die da sagt: «Er – unsere Gebrechen hat er weggenommen...» (Jes 53,4.11; Mt 8,16–17). Ja, Matthäus malt das Bild des Gottesknechtes, der durch seine Geduld und Güte die Kranken heilt, durch ein langes Reflexionszitat aus Jes 42,1–4 noch weiter aus, indem er in Mt 12,15–21 schildert, wie Jesus dem Todesbeschluß der «Pharisäer» ausweicht, jedoch die Kranken heilt, die ihm folgen; und wenn es bei Jesaja heißt, der «Knecht Gottes» lasse nicht seine Stimme auf den Plätzen hören, so sieht Matthäus diese «Weissagung» eben darin bestätigt, daß Jesus im Markusevangelium den Menschen beziehungsweise den Dämonen immer wieder verbietet, seine Wunder der Heilung öffentlich bekanntzumachen (Mk 3,12; Mt 12,16.19). In die gleiche Richtung wies freilich schon Markus selbst, wenn er Jesus seine Gleichnisse nur als «Rätsel» erzählen ließ, die «denen draußen» bewußt unverständlich bleiben sollten (Mk 4,1,11–12.33–34); auf diese Weise sollte sich auch bei Markus die bittere Weissagung des Jesaja über die Verstockung des Volkes erfüllen (Jes 6,9–10). Matthäus aber greift diese Stelle erneut nicht nur auf (Mt 13,14–15), er ergänzt die Aussage noch durch weitergehende Anspielungen auf Dtn 29,3–4, Jer 5,21 und Ez 12,2 (vergleiche Mt 13,13). Andererseits aber korrigiert er in gewissem Sinne auch das Ziel der Gleichnisreden bei Markus: nicht um das Geheimnis des Königtums der Himmel zu wahren, spricht der Jesus des Matthäus in Bildreden, sondern um eine Stelle aus Ps 78,2 zu erfüllen, die da sagt: «Ich will in Rätselreden meinen Mund auftun...» (Mt 13,34).

Andere Stellen braucht Matthäus nur aus seiner Haupt-Quelle, dem Markusevangelium, zu übernehmen, so beim *Einzug Jesu in Jerusalem*, wo Mk 11,9–10 bereits die Hosiannah-Rufe aus Ps 118,25 f. aufgreift; wieder aber ergänzt Matthäus die Szene, indem er sie als die Erfüllung einer Weissagung aus Jes 62,11 und Sach 9,9 ausformt: «Sprecht zur Tochter Sion: Siehe dein König kommt zu dir, sanft, aufgestiegen auf einen Esel und auf ein Füllen, das Junge eines Zugtiers» (Mt 21,5). Erneut zitiert Matthäus hier die griechische Übersetzung des Alten Testaments, die Septuaginta, die den hebräischen Text allerdings äußerst mißverständlich, ja, eigentlich *falsch*, wiedergibt: das «Füllen», von dem der Prophet spricht, ist ursprünglich kein zweites Tier neben dem Esel, sondern soll im Sinne eines erläuternden Parallelismus nur näherhin bezeichnen, um welch eine Art von Esel es sich handelt: es ist «männlich», «*und zwar* ein Füllen», müßte es heißen, nicht aber «*und* ein Füllen»; Matthäus hingegen übernimmt den Septuaginta-Text, wie er dasteht, und mißversteht ihn bis zum Grotesken: tatsächlich liest er hier zwei Esel in die Stelle hinein und traut Jesus das Unglaubliche zu, daß er sich beim Einzug in Jerusalem auf beide Tiere gesetzt habe (Mt 21,7). Die Erfüllung der geschriebenen Weissagung ist dem Evangelisten, wie man sieht, unter allen Umständen wichtiger als die historische Glaubwürdigkeit der Szene.

Und dann schließlich die Passionsgeschichte selbst! Hier folgt Matthäus wortgetreu der Kette der Erfüllungszitate des Markus: Vor seiner Verhaftung im Garten Gethsemane weist Jesus selber seine Jünger auf Sach 13,7 hin, der davon spricht, wie man den Hirten schlagen wird, so daß seine Schafe sich zerstreuen (Mk 14,27; Mt 26,31); als Jesus die drei Jünger: Petrus, Jakobus und Johannes, mitnimmt, daß sie mit ihm wachen, zitiert er Ps 42,6.12; 43,5: «Voll Trauer ist meine Seele.» Nur Matthäus aber berichtet, wie die Hohenpriester mit den Silberstücken, die Judas ihnen zurückbringt, den Acker des Töpfers zum Begräbnis für die Fremden kaufen und damit im Grunde eine Prophezeiung aus Sach 11,13 erfüllen, wo es heißt: «Und sie nahmen die dreißig Silberstücke, den Schätzpreis für den Geschätzten, den man von seiten der Söhne Israels eingeschätzt hatte, und gaben sie für den Acker des Töpfers – wie der Herr mir befohlen hatte» (Ex 9,12: griech. Übersetzung). Die ganze Szene der Verzweiflung des Judas ist Sondergut des Matthäus und wohl überhaupt erst aus dem Prophetenzitat herausgelesen worden. – Als Jesus bereits am Kreuz hängt, verteilen schon bei *Markus* die römischen Soldaten durch Loswurf seine Kleider (Mk 15,24), und sie erfüllen damit, ohne es zu wissen, die Stelle von Ps 22,19 – das heißt auch diese Stelle dürfte aus dem Psalm herausgelesen sein; *Matthäus* übernimmt selbstredend den Vers (Mt 27,34). Lediglich *ein* Schriftzitat streicht er, offenbar weil es in seinen Augen der Würde des gekreuzigten Messias Abbruch tut: *Markus* berichtet, daß Jesus zwischen zwei Räubern gekreuzigt worden sei, und er sieht darin eine Weissagung aus Jes 53,12 bestätigt, die von dem «Gottesknecht» schreibt: «Unter die Verbrecher ward er gerechnet» (Mk 15,27–28). Diese Bemerkung läßt *Matthäus* weg, ergänzt sie aber durch ein anderes Schriftzitat: als die Hohenpriester und Schriftgelehrten Jesus am Kreuz verhöhnen, rufen sie ihm mit den Worten aus Ps 22,9 zu: «Er hat vertraut auf Gott, der rette ihn jetzt, wenn er will» (Mt 27,43). Matthäus scheint auch hier nicht zu merken, daß diese Art von «Schrifterfüllung» historisch völlig unglaubwürdig ist – niemals würden die jüdischen Hohenpriester und Schriftgelehrten mit dem Gebet eines zu Unrecht Leidenden jemanden verspotten, den sie zu Recht verurteilt zu haben meinen. Anders wieder in dem letzten Schriftzitat, mit dem Matthäus den Tod Jesu schon bei *Markus* gedeutet findet: als Jesus in der neunten Stunde (gegen 15 Uhr) stirbt, betet er mit lauter Stimme die Anfangsworte des Psalms 22,2: «Mein Gott, mein Gott, warum hast du mich verlassen?» (Mk 15,34.) *Matthäus* übernimmt sogar das aramäische Zitat des Psalms bei Markus, nur daß er das «*Eloi*» des Markus durch das hebräische «*Eli*» – «mein Gott» ersetzt.

Überblickt man dieses Geflecht erfüllter Verheißungen, das die gesamte Darstellung des Matthäus durchzieht, so ergibt sich ein Problem, das heute erneut am besten *die Tiefenpsychologie* zu lösen vermag. *Zum einen:* Man kann die Erfüllungszitate, mit denen Matthäus die Sendung Jesu als des Messias Israels geschichtlich zu beweisen sucht, selber nur noch «geschichtlich» verstehen. Sie entstammen einer Auslegungsweise, wie sie im Judentum seiner Zeit üblich war; aber gerade dort wurden die «Beweisführungen» des Matthäus nicht akzeptiert. Mit anderen Worten: Demonstrationen und Argumentationen dieser Art überzeugen nur den bereits Glaubenden, sie lassen sich nur von rückwärts her lesen, und sie sind an ein Schema von Verheißung und Erfüllung gebunden, das die verwendeten Texte selber historisch in aller Regel nicht teilen. Wichtiger noch ist *ein zweites:* Es zeigt sich gerade bei Matthäus ganz deutlich, daß er eine «Geschichte» als von Gott gewollt hinstellen möchte, die ihm als Geschichte, als historisch plausibles Geschehen völlig gleichgültig ist. Nicht nur, daß manche Erzählungen sich überhaupt erst aus bestimmten Schriftstellen des Alten Testamentes herausentwickeln und historisch nichts weiter sind als *Erfüllungslegenden,* es stellt sich auch hier dieselbe Frage, der wir bereits in der Auseinandersetzung mit der Christologie des Matthäus begegnet sind: wie ist es möglich, einen Glauben, der sich an geschichtliche Ereignisse festzumachen sucht, glaubwürdig zu finden, wenn die herangezogenen geschichtlichen Ereignisse sich so, wie berichtet, erkennbar nicht zugetragen haben? Oder anders gefragt: was bleibt für uns Heutige von der ganzen mühsam errichteten Konstruktion erfüllter Schriftzitate im Matthäusevangelium anderes übrig als eine «Glaubensaussage», die sich nur noch rein abstrakt, als eine bloße Tatsachenbehauptung, daß es «im Glauben» sich so verhalte, wiederholen läßt? Gerade die Konkretheit der jeweiligen historischen Einsicht geht Stelle um Stelle notgedrungen verloren, wenn es nicht gelingt, die «Exegese» des Matthäus in sich selber tiefer zu verstehen, als sie sich selber darstellt. Wir müssen freilich, wie bei der Lösung jedes wirklichen Problems, die Negativität des Befundes selbst in die Position einer neuen Erkenntnis verwandeln.

Das Problem, so sehen wir, liegt darin, daß die typologische Argumentation des Matthäus solange ins Leere greift, als sie sich *an Texten* des Alten Testamentes festzumachen sucht, um *Erfahrungen* zu deuten, die Menschen mit der Person des Jesus von Nazareth machen konnten, und daß der Evangelist diese Erfahrungen zudem an bestimmte *historische* Tatsachen zu binden sucht; in diesen beiden Punkten nimmt er *Ungereimtheiten* auf sich, die bis heute ungelöst fortbestehen und die zu *Unredlichkeiten* werden müssen, wenn wir sie auch heute noch, trotz des historischen Wissens des neunzehnten und zwanzigsten Jahrhunderts, in den kirchlichen Verlautbarungen und in den exegetischen Vorlesungen ungerührt so weiter nachsprechen, wie Matthäus sie uns hinterlassen hat – man verbreitet mit diesem Vorgehen nicht Glauben, sondern Unglauben und Langeweile. Soll es demgegenüber eine konstruktive Deutung der matthäischen «Auslegung» der Bibel geben, so nur unter *zwei* Voraussetzungen: Die *Typologie* zwischen «Altem» und «Neuem», zwischen Vergangenheit und Gegenwart darf *nicht auf der Ebene von Textvergleichen* gesucht werden, vielmehr müssen die Texte selber als Ausdruck *wirklichen Erlebens* verstanden werden; und dann gilt es, sich zu fragen, warum Menschen, die sich in dieser Welt auf Gott einlassen, *immer wieder* vergleichbare Erfahrungen machen werden. *Menschliche Erfahrungen* im Umgang mit Gott, *nicht göttliche Texte* im Umgang mit Menschen müssen den Ausgangspunkt der Exegese bilden. *Und zum anderen* darf *die Art der Erfahrungen nicht im äußeren*, in den historischen Fakten gesucht werden; was Menschen von Gott erfahren, erleben sie *innerlich* oder gar nicht. Die Frage kann daher nicht lauten, welche Ereignisse «damals» im Leben der Propheten oder im Leben des Jesus von Nazareth sich im Sinne äußerer Tatsachen zugetragen haben, sondern was sich *in Menschen* auf Heil oder Unheil ereignet, wenn sie Personen wie Jesaja oder Jeremia, Johannes oder Jesus begegnen. *Gleichartigkeit* und *Innerlichkeit* des Erlebens also sind die beiden kardinalen Punkte, von denen aus die Theologie des Matthäus in der Geschichtsdarstellung von «Verheißung» und «Erfüllung» unter den Voraussetzungen der historischen Kritik an der Bibel nachzuzeichnen ist, und in beiden Punkten fällt *der Tiefenpsychologie* eine Schlüsselrolle zu.

Denn was die Gleichartigkeit des Erlebens betrifft, so haben wir schon in der Exegese des Markusevangeliums uns die Frage vorlegen müssen, wie sich die Auffassung der frühen Kirche verstehen läßt, daß Jesus als der Messias Israels leiden mußte, um gerade so den Willen Gottes zu «erfüllen».[7] Es genügt offensichtlich nicht, an dieser entscheidenden Stelle neutestamentlicher Theologie bei einem reinen Positivismus oder Voluntarismus stehenzubleiben und es für eine Erklärung zu halten, daß eben alles so habe geschehen müssen, weil Gott es so gewollt habe. Wir haben damals schon gesehen, daß insbesondere die Frage nach dem Leiden des Messias solange falsch gestellt ist, als man sie aus der Sicht Gottes selber glaubt beantworten zu können; nicht Gott bedarf des Leidens eines Unschuldigen, seines Sohnes, um die gefallene Menschheit mit sich zu versöhnen, sondern wir Menschen werden immer wieder uns am heftigsten gegen gerade diejenigen Wahrheiten sträuben und wehren, die wir doch dringend brauchen, um aus dem Zustand innerer Entfremdung zu uns selbst zurückzufinden. Gerade die Tiefenpsychologie aber ist mit ihren Erfahrungen und Theoriekonzepten von Behandlungswiderstand und Widerstandsbearbeitung, von Übertragung und Gegenübertragung, von Widerholungszwang, Erinnern und Durcharbeiten ein vorzügliches Instrument, um die Projektionen zurückzunehmen, mit denen die christliche Dogmatik bis heute als ein Drama in Gott zu beschreiben versucht, was in Wirklichkeit ganz und gar eine Dramaturgie der menschlichen Psyche im Felde der Angst darstellt. Immer wieder, so lehrt die Erfahrung, werden Menschen, die ihre Angst überwinden im Vertrauen zu Gott, denen Angst machen, für die das Streben nach Angstsicherung in Selbstverzicht und Anpassung zu einer göttlich verordneten Notwendigkeit geronnen ist; immer wieder werden diejenigen beunruhigend wirken, die es wagen, in ihrer Freiheit durch verschlossene Türen und Wände zu gehen und den «Bürger» im Sinne HERMANN HESSES als eine Scheinexistenz offenbar zu machen; immer wieder werden diejenigen den Haß und den Widerstand der Menge auf sich ziehen, die es wagen, unter den Augen Gottes Individuen zu sein. Das «Typische» an der Gestalt des «Gottesknechtes», des «Menschensohnes», des «Messias», des «königlichen» Menschen, dem Gott selbst im Himmel «huldigt» (Mt 3,17; 12,18), versteht man nicht durch die feierliche Rezitation altorientalischer Texte, sondern nur durch ein Leben, das sich auf die Wirklichkeit jenes Vertrauens, wie Jesus es uns vorlebte, mit Haut und Haaren einläßt; alle «Leiden» und «Widerstände», wie Jesus sie erlebte, alle Verdrehungen und schriftgelehrten Tüfteleien bis hin zur «Hinrichtung» wegen der «Gotteslästerung», den Menschen im Namen Gottes «zu ernst» genommen zu haben, melden sich «unfehlbar» immer wieder von neuem zu Wort. Es ist aber landauf, landab derzeit kein Verfahren zu entdecken, das sich in der Offenlegung und Dramatisierung solcher Zusammenhänge derart bewährt hätte wie die Tiefenpsychologie. Also müssen wir als Theologen: als Moraltheologen, Dogmatiker und Exegeten, heute von der Tiefenpsychologie lernen, was Matthäus uns mit seinem penetranten Schematismus von «Verheißung» und «Erfüllung» zwar nicht sagen «will», aber zu sagen hat.

Und die Innerlichkeit! Solange wir nach der Beglaubigung der Botschaft von Jesus als dem «Messias» in den Fakten der Historie Ausschau halten, werden wir allen möglichen Irritationen und Irreführungen ausgeliefert sein, wie denen von den zwei Eseln, auf welchen Jesus beim Einzug in Jerusalem Platz genommen haben soll, oder von den Hohenpriestern und Schriftgelehrten, die den Psalm 22 zitieren, nur um sich mit ihrem Spott selber zu widerlegen. In

Wahrheit sind die äußeren Ereignisse religiös stets neutral; religiös von Belang ist einzig, was sich innerlich in Menschen ereignet; einzig dort liegt die «geschichtliche» Erfahrung, von der die Bibel Kunde geben möchte; die Darstellung innerlicher Erfahrungen aber kann nicht anders geschehen als in der Weise von Traum und Dichtung. Nur mit Hilfe von Bild und Symbol, durch den dichterischen Vergleich innerer Gestimmtheiten mit äußeren Sachverhalten beziehungsweise durch die bis ins Psychosomatische reichende Verschiebung des Inneren ins Äußere läßt sich wiedergeben, nicht: was gewesen ist, sondern was es bedeutet, daß etwas so und nicht anders gewesen ist. Die Bilder, mit deren Hilfe unsere Psyche Bedeutungen verdichtet, lassen sich dabei niemals in Informationen über äußere historische Ereignisse rückübersetzen; sie sagen prinzipiell nicht aus, wie etwas an sich selber, objektiv, gewesen ist; sie können nur schildern, was sich in einem Menschen ereignet hat, der dies und das erlebt hat. Alle Rückschlüsse aus dem verdichteten Erleben bedeutsamer Ereignisse auf die historische Natur dieser Ereignisse selber müßten den Raum der Aussage sprengen, in den die symbolische Mitteilung in ihrer Verschmelzung von Subjekt und Objekt, von Ereignis und Erfahrung, von Sachverhalt und Bedeutung gebannt ist, und sie enden daher notgedrungen stets in einem Feld von Hypothesen, die sich nur durch den Eintrag symbolfremder zusätzlicher Informationen widerlegen oder bestätigen lassen. Es ist daher nicht der Mangel, es ist die notwendige Eigenart religiöser Darstellung, daß sie, wie in der Bibel, gerade diejenigen Erfahrungen, die uns am meisten zu sagen haben, am intensivsten symbolisch verdichtet und daher von der Ebene der objektiven Tatsachen abzieht.

Dementsprechend können wir es auch dem Matthäusevangelium nicht vergargen, daß es «Geschichte» nicht nach der Art des THUKYDIDES und TACITUS, sondern eher nach der Art des HESIOD und OVID darstellt. Freilich benötigen wir auch hier wieder als Theologen die Tiefenpsychologie; denn nur diese Methode der Interpretation ist heute imstande, der Ebene der Bilder und Symbole in den Tiefenschichten der menschlichen Psyche eine Realität zuzusprechen, die über Gelingen und Mißlingen, über Heil und Unheil des menschlichen Daseins entscheiden kann. Allein die Traumpsychologie der Psychoanalyse lehrt uns heute, daß man bei der Deutung traumnaher Symbole nicht fragen darf, welche historischen Erinnerungen sich «wahrheitsgemäß» in den Bildern der Vorstellung niedergeschlagen haben, sondern welche Erfahrungen und Erlebnisse, welche Gefühlsbedeutungen und Eindrücke sich in den jeweiligen Bildern aussprechen.[8] Mehr, als daß die «objektive» Wirklichkeit wohl so gewesen sein muß, daß sie subjektiv so wirken konnte, wie es sich in den Traumbildern ausspricht, wird man aus den symbolischen Inszenierungen der Sprache des Unbewußten niemals erschließen können. Und ganz analog verhält es sich bei der Lektüre der Geschichtsdarstellung des Matthäus: Sobald wir versuchen, aus der «Kindheitsgeschichte» zum Beispiel zu erschließen, ob König Herodes die Kinder in Bethlehem «wirklich» hat töten lassen und wie «arm» wohl die heilige Familie bei der Flucht nach Ägypten war, wo doch die «Sterndeuter» aus dem Osten ihr Gold mitgebracht haben, werden wir ohne jegliche Antwort bleiben; sobald wir aber fragen, was die entsprechenden Texte uns selbst auf dem Weg zu uns selber zu sagen vermögen, da nehmen sie uns geduldig und leise bei der Hand und erklären uns recht zuverlässig alles, was wir wirklich wissen müssen, wenn es darum geht, etwas von der «Nähe» Gottes zu spüren.

b) Glauben und Geschichte im Zeichen der Apokalypse oder: Religion und Politik

«Aber dann reduziert sich ja das Christentum auf die bloße Innerlichkeit! Dann geht der Raum des Geschichtlichen ganz und gar verloren! Dann wird ja die Gestaltung der Weltverantwortung im Namen des Christus einfach geleugnet.» – Dieser Einwand wird fast schon stereotyp von all denen geltend gemacht, die, aus welchen Gründen auch immer, nicht sehen wollen oder können, wie sehr die Entwicklung der Tiefenpsychologie die Bewußtseinslage des Menschen im zwanzigsten Jahrhundert verändert hat. Insbesondere von seiten der «Theologie der Befreiung» beziehungsweise von seiten der «Politischen Theologie» wird oft so getan, als sei die Betonung der Innerlichkeit des Religiösen geradezu identisch mit einer Abwehr von der Auseinandersetzung mit den real existierenden Konflikten unserer Zeit.

Um es deshalb zum x-ten Male zu sagen: Gerade das Matthäusevangelium gibt der im jüdischen Denken tief verankerten Forderung Jesu so intensiv wie kein anderes Evangelium Ausdruck, man dürfe Gott nicht nur mit den Lippen «bekennen», man müsse vor allem seinen «Willen» tun. In Anbetracht von 50 Millionen Verhungernde weltweit jährlich, darunter 15 Millionen Kindern, haben die Worte des Menschensohnes im Großen Weltgericht unzweifelhaft heute eine unerhörte Aktualität erlangt: «Was ihr dem Geringsten getan habt, das habt ihr mir getan» (Mt 25,40). Kein Zweifel: Eine Theologie, die sich nicht mit allen Kräften für die «Hungernden», die «Gefangenen», die «Nackten» einsetzt, um ihre beschämende Erniedrigung in sozialem Elend und politischer

Abhängigkeit zu überwinden, hat ein Hauptanliegen des Matthäus nicht verstanden. Andererseits aber hieße es die Aufgabe des Religiösen entweder zu überdehnen oder herabzumindern, wenn man aus der Botschaft Jesu so etwas machen wollte wie ein politisches Aktionsprogramm. Es wäre derselbe «messianistische» Irrtum, dessen Jesus selber sich angesichts der Verführung durch den Geist in der «Wüste» erwehren mußte (Mt 4,8–10) und zu dem selbst Petrus offenbar ihn verleiten mochte (Mt 16,22). Ein Mißverständnis, das die Bibel Jesus selber als Möglichkeit zutraut und das sie ausdrücklich dem «Ersten» unter den Aposteln zuschreibt, berührt offenbar den Mittelpunkt von allem, was Jesus sagen wollte. Seine Botschaft verändert die Welt, das ist unbestreitbar wahr, aber nicht mit den Mitteln dessen, was heute «Politik» heißt, sondern, dies sei unsere These, gerade umgekehrt: in der Befreiung des Menschen vom politischen Prinzip.[9]

Wir haben bereits gesehen, daß keine Politik heute, gebunden seit mindestens 5000 Jahren an das Monopol des Staates, etwas anderes sein kann als ein Handeln innerhalb der Grenzen von Gruppenegoismus, Machtstreben und Besitzgier und daß sie damit gerade auf den Grundlagen ruht, von denen Jesus mit seiner Botschaft die Menschen erlösen mochte. Je mehr die Worte des Mannes aus Nazareth wirksam werden sollten, werden sie unfehlbar dazu beitragen, die Grenzen zwischen den Menschen: zwischen den Staaten und Kulturen, zwischen den Völkern und Rassen, zwischen den verschiedenen Religionsformen und Weltanschauungen, zwischen den unterschiedlichen Klassen, Rängen und Ständen, zwischen Mann und Frau, Arm und Reich, Gebildet und Ungebildet, Hoch und Niedrig, zu überwinden, statt sie zu befestigen, und jeder Schritt, der in diese Richtung getan wird: ob im Kampf gegen die Apartheid in Südafrika, ob im Kampf gegen den Rassismus einflußreicher Kreise in den Südstaaten der USA, ob im Kampf für die Rechte der Palästinenser in den von Israel besetzten Gebieten Jordaniens, Syriens, Ägyptens und des Libanon, ob im Kampf für die Gleichberechtigung von Frau und Mann in Kirche und Gesellschaft, ob im Kampf gegen die absolut ungerechten Handelsbedingungen auf dem Weltmarkt in den Austauschrelationen von Rohstoffen und Industriegütern zum ständig sich vertiefenden Nachteil der Länder der Dritten und der Vierten Welt[10], ob im Kampf für die Rettung der letzten Naturoasen in den tropischen Regenwäldern[11], in den Weiten der Weltmeere der Arktis und Antarktis, in den Savannen und Steppen, ob im Kampf gegen die Ausbeutung wehrloser Tiere in den Massentierhaltungen und den Pharmalabors[12] – jeder auch noch so kleine «Erfolg» im Kampf gegen Unrecht, Unmenschlichkeit und Gewalt ist unbestreitbar ein Stückchen mehr «Nähe» zum

Königtum der Himmel, das Jesus uns bringen wollte. Das Paradox aber besteht, daß es eben deswegen zwischen der religiösen Botschaft Jesu und den Zielsetzungen des politischen Handelns kein lineares, sondern nur ein dialektisches Verhältnis geben kann. AMBROSIUS VON MAILAND hat dies erkannt, als er sich nach der «Konstantinischen Wende», die aus dem Christentum die Staatsreligion des antiken Roms machte, dagegen verwahrte, den Staat mit der Kirche zu verwechseln und die Kirche mit dem Staat[13]; MARTIN LUTHER hat das auf seine Weise tausend Jahre später erkannt, als er seinen Protest gegen den Ablaß des Papstes von Anfang an aus den Händeln und dem Handel der Fürsten wie der Fugger heraushalten und jede Beimischung von Fragen der politischen Opportunität aus der Botschaft von der «Freiheit eines Christenmenschen» fernhalten wollte[14] – sein Widerspruch gegenüber dem Messianismus der Widertäufer, sein Veto gegenüber der Sozialrevolution THOMAS MÜNTZERS[15] und, am schmerzlichsten, sein Einspruch gegen den menschlich und sozial mehr als berechtigten Aufstand der Bauern von 1525 zählen zu den immer noch ungelösten Fragen der abendländischen Theologiegeschichte. In jedem Fall scheint heute, 200 Jahre nach der Französischen Revolution, innerhalb der westeuropäischen Kultur kein Zweifel mehr darüber zu bestehen, daß die Trennung von Staat und Kirche, von Politik und Religion eine absolute Kulturschwelle in der Entwicklung der Ordnung des Zusammenlebens zivilisierter Völker darstellt und durch keinerlei Fundamentalismus mehr revidiert werden kann. Ja, wir beginnen zu begreifen, daß diese Trennung sogar im Interesse der Kirche selber liegen muß, so sehr diese auch bis in die Gegenwart hinein sich weigert und geweigert hat, freiwillig irgendeinen Teil des Geld- und Machtbesitzes ihres «Kirchenstaates» abzutreten. Es widerstrebt der Botschaft Jesu diametral, Päpste und Prälaten, Bischöfe und Priester, Professoren der Theologie und Würdenträger der Kirche zu sehen, die in der Aura von Ehre und Macht, Einfluß und Geld, Eitelkeit und Pomp geflissentlich dem «obliegen»[16], was man in der Sprache des Staates die «Repräsentationspflicht» nennt – als ob das Christenvolk im Jahre 1991 immer noch damit zu beeindrucken wäre, daß jemand sich eine Mitra oder eine Tiara aufs Haupt setzt[17], und als ob nicht auch dem Dümmsten hinlänglich klar wäre, daß keines Menschen Stirn, geziert durch solchen «Schmuck», auch nur um ein weniges weiser und klüger zu denken beginnen wird! Die Absage an die Art, wie die «Herrscher der Völker auf ihre Untertanen herunterwillküren» (Mt 20,25, nach Mk 10,42), nicht aber die nacheifernde Abbildung jedweder unchristlichen Unart sollte das Ziel kirchlichen oder, besser, gläubigen Handelns sein; denn nicht die Organisation der Gläubigen, sondern ihr Glaube selber ist es, der diese Welt erlösen kann. Mehr an Verheißung jedenfalls ist uns nicht geschenkt, freilich auch nicht weniger. Der Glaube an die Botschaft des Jesus von Nazareth kann uns helfen, die eigenen Motive zu klären; er kann uns helfen, alle die verkehrten Bindungen aufzugeben, mit denen wir uns selber im Wege stehen, indem wir statt auf Menschen immer noch auf Mehrheiten, statt auf Personen immer noch auf Programme, statt auf die Armut von Menschen immer noch darauf schauen, was wir mit ihnen zugunsten bestimmter Zwecke «machen» können; er kann uns darin bestärken, um die Rechte von Menschen zu kämpfen, die nur geboren zu sein scheinen, um beim Bau der Tempel, Paläste und Lustschlösser der Mächtigen behilflich zu sein. Aber vor allem kann er uns daran erinnern, daß die Erfahrung der Gnade dort beginnt, wo der Kampf um gewisse Rechte und das Abarbeiten bestimmter Pflichten an sein Ende gelangt ist; er kann uns die Trauer darüber nehmen, daß oft in unserem Leben die besten Motive zum Scheitern verurteilt sind, daß wir keine Wahrheit kennen, die uns unfehlbare Wege zu einem Reich des Friedens und der Gerechtigkeit weisen würde, und daß es auf dieser Welt keine Entdeckung, keine Einsicht, keine Errungenschaft, keine Entwicklung gibt, die nicht auch neue Opfer, Schattenseiten, Nachteile, Gefahren und Katastrophen in sich bergen würde. Mächtig ist die Religion als Motiv, als Motor, als Quelle des Suchens und Hoffens, doch untauglich ist sie als Landkarte oder Wegweiser.[18] Einen Menschen verstehen zu wollen, kann ein guter Grund sein, Arabisch zu lernen, doch keinerlei Kenntnis der Vokabeln und Grammatik der arabischen Sprache geht aus diesem bloßen Verstehenwollen hervor. Einem Menschen aus seinem sozialen Elend helfen zu wollen, kann ein wichtiges Motiv sein, sich für Entwicklungshilfe, Volkswirtschaftslehre oder Sozialökonomie zu interessieren; doch ist es nicht möglich, gestützt auf die Bibel, irgendeine Antwort auf die Frage zu gewinnen, wie viele Menschen auf diesem Planeten beim heutigen Stand von Politik und Technik leben können[19], welche Formen der Energiegewinnung gegen Ende des zwanzigsten Jahrhunderts am intensivsten zu fördern sind[20], welche Formen von Rüstung oder Abrüstung ein bestimmter Staat in einer bestimmten geschichtlichen Lage sich leisten kann oder sich auferlegen muß[21], welche Hilfsmaßnahmen in einem Land der Dritten Welt so einzurichten sind, daß nicht nach wenigen Jahren scheinbaren Aufblühens der Zusammenbruch ganzer Ökosysteme zu erwarten steht[22], und anderes mehr. An jeder Stelle gilt es, die politischen Aufgaben von ihren ethischen Vorgaben zu unterscheiden und das, was Menschen «machen» können, nicht mit dem zu verwechseln, was nur Gott uns schenken kann.

So zu denken richtet sich freilich gegen einen Glauben, der auch heute noch mit Berufung auf die Bibel theologischerseits immer wieder gepflegt und bestärkt wird: der Glaube, daß es möglich sei, aus der konkreten Geschichte das «Heilshandeln Gottes» zu erkennen und zu sehen, wie die Taten des Messias auch heute noch weitergehen.[23] Es ist dies eigentlich der Punkt, an welchem sich die christliche Erfahrung der Erlösungsbedürftigkeit aller «Ordnungen» dieser «Welt» mit Nachdruck zurückmeldet: es ist definitiv nicht möglich, irgendein historisches Ereignis außerhalb der Bedeutung, die es psychisch für einen Menschen annehmen kann, als «Wirken» Gottes zu deuten. Matthäus selbst erklärt das sehr deutlich, indem er die gesamte Apokalypse aus dem 13. Kapitel des Markus in sein Evangelium übernimmt (Mt 24,1–44) und ihr sogar noch das Gleichnis vom guten und vom bösen Knecht aus der Q-Quelle (Lk 12,41–48) als Mahnung zur Wachsamkeit hinzufügt (Mt 24,45–51). Matthäus ist so sehr überzeugt von der Hinfälligkeit aller irdischen Ordnungen und Einrichtungen, daß er Jesus bereits in der Aussendungsrede an seine Jünger sagen läßt: «Ihr werdet (bei eurer Mission) mit den Städten Israels nicht zu Ende kommen, bis der Menschensohn kommt» (Mt 10,23). Vollends das Erlebnis des Karfreitags bedeutete für die Gemeinde der Jünger Jesu die Widerlegung all der «normalen» Vorstellungen von Sinn und Bedeutung, Wert und Ziel, die der immanenten Logik der menschlichen Geschichte zugrundeliegen[24]; ja, das ganze Geflecht verborgener Schrifterfüllungen bei Markus und Matthäus verfolgt überhaupt keinen anderen Zweck, als die üblichen Deutungsschemata von Geschichte als ungültig zu erklären. Im Grunde, wenn das apokalyptische Weltbild zu Recht besteht, nähert sich die Weltgeschichte nicht nach und nach dem Reich Gottes an, sondern sie treibt sich selber unaufhaltsam in den Untergang. Nicht in Fortsetzung, allenfalls im Gegensatz lassen sich in der Apokalypse der Welt die menschliche Geschichte und das Reich Gottes aufeinander beziehen.

Dabei ist es wichtig zu betonen, daß man bereits das apokalyptische Weltbild nicht nach Art einer Geschichtsphilosophie verstehen kann. Wer in den apokalyptischen Visionen Hinweise und Auskünfte über reale Ereignisse der nahen oder fernen Zukunft erwartet, wird sich immer wieder getäuscht sehen. Man kann die Endzeit- und Weltuntergangsphantasien der Apokalyptiker nur verstehen als eine verzweifelte Hoffnung wider alle Hoffnung, als einen Versuch, die religiösen Erwartungen der Propheten, da sie durch den Gang der realen Geschichte ad absurdum geführt scheinen, für eine ganz andere Welt offen zu halten, dieser unwürdigen, ungerechten, gottlosen und verkommenen Welt aber von Herzen den Untergang herbeizuwünschen – er kommt gewiß, er läßt sich berechnen, er tritt so gewiß ein wie der Aufgang der Sonne am Morgen.[25] Als «Offenbarung» wirklicher Geschichte genommen, kann man am

Ende des zwanzigsten Jahrhunderts nur empört sein, bei Matthäus (Mt 24,6, nach Mk 13,7) zum Beispiel die endlosen Kriege der Menschheit als ein göttliches «Muß» geschildert zu finden – es handelt sich um eine Weltsicht, die jedes Bemühen um vernünftige irdische Ziele wie Gerechtigkeit für alle, Beseitigung von Hochrüstung und Kriegsgefahr, Nahrung und Unterhalt für alle Menschen etc. von vornherein zum Scheitern verurteilt. Wenn man Betrachtungen dieser Art einen Sinn für uns Heutige abgewinnen will, dann darf man sie gerade nicht als Aussagen über objektive historische Ereignisse in Gegenwart und Zukunft lesen, sondern man muß sie lesen als Projektionen von Angst und Verzweiflung, Hoffnung und Erwartung, Resignation und «Wachsamkeit»; das Verstehensschema dafür aber liefert, wie anderenorts gezeigt, am besten ein Vergleich mit den Weltuntergangsphantasien des *schizophrenen* Erlebens[26], und wieder muß dabei bevorzugt die Tiefenpsychologie behilflich sein, um den Symbolismus derartiger Bilder in seiner psychischen Bedeutung: in dem Ausmaß ihrer Not und Verzweiflung wie ihrer projektiven Hoffnung zu erfassen.

Wenn dies von den Totalaussagen über die menschliche Geschichte in der Apokalyptik gilt, so gilt es gewiß noch viel mehr für die einzelnen theologischen Interpretationen konkreter historischer Begebenheiten. Wir haben vorhin schon gesehen, in welch ein Dilemma es führen muß, auch nur ein einziges geschichtliches Datum wie den Untergang Jerusalems im Jahre 70 in höchster Autorität als von Gott gewollt auszugeben. Diese Welt ist zu gebrochen, um irgend etwas in ihr gradlinig und eindeutig auf «Gott» zurückführen zu können. Was die Zerstörung der Heiligen Stadt (von El Quds, wie die Araber von Jerusalem sagen) angeht, so wird man in Theologenkreisen heute wohl zugeben, daß eine solche Deutung, wie Matthäus sie vornimmt, «rein zeitbedingt» war, das heißt für uns Heutige ein verhängnisvoller Irrtum wäre. Doch warum, scheint man zu denken, sollte es nicht möglich sein, Gott für all das Positive und Gute zu danken, das er vermeintlich so sichtbar immer von neuem in der Geschichte wirkt? Insbesondere die «Theologie der Befreigung» gibt sich oft erstaunlich sicher, die «Heilstaten» Gottes zu kennen, ja, man erklärt es für ein Zeichen häretischen Unglaubens, wenn jemand sagen wollte, er sei nicht gleichermaßen eingeweiht in die Absichten des Allerhöchsten.[27]

Aber wie denn? – Nehmen wir zwei historische Begebenheiten wirklicher Befreiung aus der Geschichte des zwanzigsten Jahrhunderts als Beispiele.

Zum ersten: die Befreiung Kretas von der Türkenherrschaft durch die Griechen; – der Dichter Nikos Kazantzakis schildert in seinem Roman «Alexis Sorbas» die Szene, als Prinz Georg die Insel betrat: «Hast du», sagt dort Sorbas zu seinem Dichterfreund, «jemals ein Volk in seiner kollektiven Verrücktheit toben sehen, im Anblick der Freiheit? Nein? Dann bist du blind geboren, mein Bester, und wirst blind sterben. Ich, und wenn ich tausend Jahre leben sollte und nur noch ein kleines Stück Fleisch zum Leben hätte, ich könnte das, was ich an jenem Tage erlebte, nie wieder vergessen. Und wenn es jedem Menschen möglich wäre, sich sein Paradies im Himmel auszusuchen, nach seinem Geschmack – so müßte es sein! Das heißt Paradies! – ich würde zu Gott sagen: ‹Laß, lieber Gott, mein Paradies ein mit Myrten und Flaggen geschmücktes Kreta sein! Laß den Augenblick, in dem der Fuß des Prinzen Georg Kreta betritt, ewig währen. Ich will nichts anderes von dir!»[28]

Aber ist es deshalb möglich, einfachhin Gott zu preisen und die Befreiung Kretas als «Heilstat» hinzustellen? Sorbas selbst weiß, was die «Freiheit» gekostet hat: «Chef», sagt er, «du darfst ja nicht glauben, daß ich mich nun hinsetze und dir ausführlich berichte, wie vielen Türken ich den Kopf abgeschlagen und wie viele türkische Ohren ich in Spiritus gelegt habe, wie es in Kreta üblich ist. Nichts davon! Hab' keine Lust. Ich schäme mich. Jetzt, wo ich vernünftig geworden bin, denke ich oft darüber nach, wie furchtbar es doch ist, einem Menschen, der einem nichts zuleide getan hat, die Nase abzuschneiden, das Ohr abzureißen, den Bauch aufzuschlitzen und dabei noch Gott anzuflehen, ‹unsere Waffen zu segnen›, das heißt, ihm zuzumuten, ebenfalls Nasen und Ohren abzuschneiden und Bäuche aufzuschlitzen.

Damals kochte mir freilich, wie du siehst, das Blut in den Adern. Wie hätte ich mir über so etwas Gedanken machen sollen! Die richtigen, die ehrlichen Gedanken brauchen Ruhe, Greisenalter, Zahnlosigkeit. Wenn du keine Zähne mehr hast, ist es keine Kunst, zu sagen: ‹Schämt euch, Jungens, beißt euch nicht!› Aber wenn du noch deine zweiunddreißig Zähne hast... Der Mensch ist in seiner Jugend ein Raubtier, ein wildes Raubtier, und er frißt Menschen!»

«Er wiegte den Kopf. ‹Er ißt Lämmer und Hühner und Ferkel›, fügte er hinzu und zerdrückte die Zigarette auf der Untertasse. ‹Aber wenn er nicht auch einen Menschen verzehrt, wird er nicht satt. Nein, er wird nicht satt. Was meinst du, gelehrtes Haus?› Aber ohne eine Antwort abzuwarten, fuhr er mit prüfenden Blicken fort: ‹Was kannst du auch sagen? Wie ich verstehe, haben Euer Hochwohlgeboren niemals gehungert, niemals gemordet, niemals Ehebruch getrieben. Was weißt du also von der Welt? Gehirnerweichung, der Sonne ausgesetztes Fleisch ...›, murmelte er mit offener Verachtung.

Und ich schämte mich meiner feinen Hände, meines blassen Gesichtes, meines harmlosen Lebens.

‹Meinetwegen›, sagte Sorbas und strich herablassend mit der flachen Hand über den Tisch, als wolle er mit einem Schwamm eine Wandtafel abwischen. ‹Meinetwegen. Eins möchte ich doch nur noch fragen. Du wirst wohl schon einen ganzen Koffer voll Schmöker gelesen haben, du kannst es vielleicht wissen …›

‹Gut! Sprich, Sorbas!›

‹Hier handelt es sich um ein Wunder, Herr… um ein ganz merkwürdiges Wunder, so daß mir der Verstand stillsteht. Alle diese Schandtaten, diese Plündereien und Metzeleien, die wir Rebellen leisteten, brachten den Prinzen Georg nach Kreta und schenkten uns die Freiheit.› Er stierte mich mit aufgerissenen erstaunten Augen an.

‹Eine mysteriöse Geschichte!› murmelte er. ‹Eine seltsame Geschichte. Für den Triumph der Freiheit in der Welt sind Mord und Totschlag nötig. Wenn ich dir nämlich alle Schandtaten aufzählen wollte, die wir damals begingen, würden dir die Haare zu Berge stehen. Und doch, was war das Resultat? Die Freiheit! Anstatt daß der liebe Gott seinen Blitzstrahl gegen uns schleuderte, schenkte er uns die Freiheit! Das kann ich nicht kapieren.›

Er schaute mich hilflos an. Man merkte, daß ihn dieses Problem sehr quälte und daß er mit ihm nicht zu Rande kam. ‹Verstehst du das?› fragte er beklommen.

Was sollte ich davon verstehen? Was sollte ich ihm antworten? Entweder gibt es das, was wir Gott nennen, nicht, oder Gott liebt Mord und Schandtaten. Oder das, was wir mit Mord und Schandtaten bezeichnen, ist für das Ringen um die Freiheit in der Welt unentbehrlich … Ich bemühte mich, für Sorbas eine andere einfachere Erklärung zu finden. ‹Wie wächst und gedeiht aus Mist und Dreck eine Blume?› sagte ich. ‹Nehmen wir an, Sorbas, der Mensch sei der Mist und die Freiheit die Blume.›

‹Gut! Aber das Samenkorn!› entgegnete er, mit der Faust auf den Tisch schlagend. ‹Damit die Blume wächst, ist das Samenkorn not. Wer hat denn ein solches Samenkorn in unsere dreckigen Eingeweide gelegt? Und warum entsteht dann nicht aus diesem Samenkorn die Blume der Güte und Ehrenhaftigkeit? Warum verlangt es Blut und Dreck?›

Ich schüttelte den Kopf. ‹Ich weiß es nicht›, sagte ich.

‹Wer weiß es?›

‹Niemand.›»[29]

Wann in der Theologie wird man begreifen, daß es keineswegs Desinteresse an der Geschichte oder Geschichtsflucht in die «Innerlichkeit» ist, wenn man nicht glauben mag, Gott mit irgendeinem Ereignis in der Geschichte identifizieren zu können? Nicht die Gleichgültigkeit gegenüber der Geschichte, sondern im Gegenteil ein Übermaß an Leid an der konkreten Geschichte steht einer jeden triumphalistischen Ideologie im Wege. «Die Ereignisse im Jahre 1989 haben gezeigt, daß das Heilshandeln Gottes auch in unseren Tagen weitergeht», erklärte 1990 der Dekan einer theologischen Fakultät, ein Dozent für Exegese des Alten Testamentes. Doch kann man so sprechen? Kein Zweifel, wie wünschenswert und langersehnt die Befreiung der Länder Osteuropas von dem Joch der sowjetischen Zwangsherrschaft war, wie unerhört glücklich die Wiedervereinigung Deutschlands; doch die Bedingung von all dem: der Zusammenbruch der Wirtschaftsordnung eines Riesenreiches mit all ihren Folgen – sollte «Gott» dafür Sorge getragen haben?

Nehmen wir zum zweiten als das dramatischste Beispiel des zwanzigsten Jahrhunderts die Öffnung der Konzentrationslager von Auschwitz und Dachau durch die Truppen der Roten Armee und der Alliierten. Wenn irgend von einer «Befreiung» in der Geschichte unserer Tage die Rede sein kann, so fand sie hier statt. Wenn irgend man deshalb Gott auf den Knien danken möchte, daß der Tag der Freiheit endlich kam, so am Beginn des Jahres 1945. Verständlich auch, daß jeder Gerettete sein Schicksal pries, das ihn noch einmal vor dem schon sicheren Tode bewahrt hatte, und wenn er ein frommer Mensch war, nannte er gewiß sein Schicksal «Gott». Aber wiederum jetzt: man kann Aussagen der subjektiven Evidenz gläubiger Interpretationen von Geschichte nicht rückverwandeln in eine theologische Behauptung von objektiver Geltung und Gültigkeit.[30] Wenn Gott 1945 höchstselbst die Lagertore von Auschwitz und Dachau geöffnet hätte, warum konnte er es dann nicht schon 1942, nach der Wannseekonferenz mit dem Beschluß der «Endlösung» der Judenfrage, warum nicht schon 1936 oder bereits 1933 – warum verhindert er nicht überhaupt all das Unheil in der Welt, das Menschen Menschen zufügen? Aber noch viel schlimmer: soll man wirklich über das Ende des Dritten Reiches sich «freuen» können, wenn der Weg dahin bezahlt werden muß mit Dresden, Hamburg, Tokio, Hiroshima und Nagasaki? Was, wenn ein Pazifist wie ALBERT EINSTEIN beschließen muß, den amerikanischen Präsidenten zu bitten, die erste Atombombe zu bauen, um den Faschismus endgültig niederringen zu können?[31] Wie, wenn sich immer wieder die Hölle nur mit einer anderen Hölle, der Teufel nur mit Baal-Sebub bekämpfen läßt? Offensichtlich ließen sich die Lagertore von Auschwitz nur durch russische T 34 und die Lagertore von Dachau nur durch amerikanische Sherman-Panzer öffnen; aber welch einem Gott soll man dafür danken? Der Sieg der «richtigen» Sache – er muß errungen werden, ja, wenn wir nur wüßten, was «richtig» ist; aber jegliche Freude und jeglicher Jubel und jeglicher Dank an einen gnädigen Gott erstirbt an den Schreien der Sterbenden, erstickt an den Schicksalen der Verlierer, vergeht an den notwendigen Verbrechen der Sieger, und weit menschlicher als das Glockengeläut der Kirchen, als die Dankgebete der Prediger und die Festgottesdienste der Triumphalisten mutet die schiere Verzweiflung an, mit der z. B. STEFAN ZWEIG im Jahre 1942 sich das Leben nahm, weil er das Entzücken über abgeschossene Bomber, brennende Tanker, zerstörte Städte und zurückeroberte Wüsteneien nicht länger mehr teilen mochte.[32]

Matthäus selber hätte womöglich dem jüdischen Dichter in gewissem Sinne bei dem Thema der Gewalt von Herzen zugestimmt: Als Jesus im Garten Gethsemane festgenommen wird und einer der Begleiter Jesu mit dem Schwert auf den Knecht des Hohen Priesters einschlägt, fährt bei Matthäus (in Veränderung der Vorlage von Mk 14,43–52) Jesus selber seinen Jünger an: «Stecke dein Schwert an seinen Ort! Denn alle, die zum Schwert greifen, werden durch das Schwert umkommen» (Mt 26,52). Mit diesen Worten wird das Prinzip der Bergpredigt: «Nicht reagieren auf das Böse» (Mt 5,39), bis zur letzten Konsequenz getrieben: selbst das Heiligste auf Erden, selbst die Person des Gottessohnes, läßt sich nicht schützen um den Preis der Gewalt[33]; und wer weiß, ob Gott nicht sogar das Leiden des Unschuldigen *will*! Dieses Problem wirft Matthäus selber in einer Schärfe wie kein anderer Evangelist oder Autor der Christenheit auf. Aber die Lösung? Gott muß uns vergeben, was immer wir tun – das Schrecklichste oft aus Verantwortung, und es bleibt seine Welt, in der er die Sonne an jedem Morgen aufgehen läßt über Gute und Böse (Mt 5,45). Eine andere Antwort wird es nicht geben. Die Bitte um Nachlaß der Schuld, nicht eine theologische Auskunft über das, was Gott tut oder nicht tut, sollte die religiöse Einstellung demgegenüber bestimmen, was wir heute «Geschichte» nennen. Die Reinigung unserer Motive ist es, die wir «Erlösung» heißen, nicht ein Wissen um «Heilsfortschritte», die wir nicht einmal glauben dürfen, um uns nicht selbst und unseren «Gott» noch obendrein in Aporien zu verwikkeln.

Ja, es ist nicht einmal mehr möglich, die Grundvoraussetzung der biblischen Geschichtstheologie zu teilen, der zufolge Gott am Anfang aller Zeit planvoll und absichtsvoll diese Welt gestaltet hätte: immer schon im Prinzip wissend, was sich zu jedem beliebigen Zeitpunkt später ereignen werde und was er dann zu tun gedenke. Zwar zeichnet die Bibel auf weiten Strecken Gott viel zu anthropomorph, um dem Theologendogma von der Allmächtigkeit und Allwissenheit der Seinsvollkommenheit Gottes günstig zu sein, doch daß sich diese Welt nur verstehen lasse als Folge einer Kette von göttlichen Rat- und Entschlüssen, das ist die feste Überzeugung der gesamten biblischen Theologie.

Die Geschichte selber, so lehrt vor allem das deuteronomistische Geschichtswerk[34], ist für Gott das rechte Mittel, um die Sünden seines Volkes zu bestrafen und seine Verdienste zu belohnen. Die christliche Theologie hat diesen Vorsehungsgedanken des israelitischen Geschichtsdenkens sogar noch weiter vorangetrieben: nicht allein das Volk der Erwählung – jeder einzelne Mensch steht nach der traditionellen kirchlichen Lehrmeinung unter einer besonderen Vorsehung Gottes, die sich im Raum von Welt und Geschichte mitteilt. Die Zuversicht, die der einzelne Gläubige aus dieser Anschauung bis heute gewinnt, durchzieht seine gesamte religiöse Haltung und prägt seine Persönlichkeit bis in die Intimität seiner Gebete und Träume; aber sie ist rein wissenschaftstheoretisch heute nicht mehr zu halten. Der christliche Vorsehungsglaube mochte zur Not noch mit dem Weltbild der NEWTONschen Physik übereinstimmen: am Anfang von allem ließ sich im Sinne von LAPLACE ein «Weltgeist» vorstellen, der aufgrund der genauen Kenntnis des Aufenthaltes und des Energiezustandes jedes Teilchens der Welt den gesamten Verlauf der künftigen Entwicklung des Kosmos zu jedem beliebigen Zeitpunkt vorherwissen konnte.[35] Wir wissen heute, daß selbst der «Weltgeist» des LAPLACE nicht vorhersehen kann, was aus seiner Schöpfung wird. Vor allem die Quantenmechanik zeigt uns zuverlässig, daß es eine Vorhersehbarkeit der Zukunft nicht gibt[36]; die Systemtheorie versucht, das Geschehen der Evolution des Lebendigen bis hin zu den Entwicklungsgesetzen der Sozialgebilde der menschlichen Geschichte als ein ständig rückgekoppeltes, vielseitig vernetztes Spiel aus konstruktiven Zufällen und begrenzenden Notwendigkeiten verständlich zu machen[37]; die Chaostheorie formuliert mathematische Strukturen von Zufallsgegebenheiten, die doch in selbstähnlichen Rhythmen periodischer Wiederkehr überraschende Muster und Ordnungsgefüge von hoher ästhetischer Schönheit und funktionaler Leistungsfähigkeit hervorbringen.[38] All diese Betrachtungen liefern uns Schemata und Modelle des Verstehens, die der beobachtbaren Wirklichkeit immerhin recht gut zu entsprechen scheinen, aber sie widerlegen zugleich den Glauben an einen Gott, der «allwissend», «allmächtig» und «allgütig» diese «seine» Welt durchwaltet. Die Gesetze, die den Gang des Lebens auf unserem kleinen Planeten gestalten, haben unsere Vorstellung von Ethik und Ästhetik, von Gut und Böse, Schön und Häßlich gewiß ermöglicht und hervorgebracht, aber sie selber lassen sich nach diesen Maßstäben nicht messen noch verstehen. Wie also soll ein Mensch den «Schöpfer» einer Welt verstehen, in der ein Tier das andere töten muß, um selbst für eine kurze Zeit zu überleben, in der eine Pflanze die andere verdrängen muß, um sich selber einen Platz an der Sonne zu sichern, in deren «Ordnung» Schmerz und Leid nichts weiter zu sein scheinen als Signale innerhalb der Überlebensstrategie der Individuen, niemals aber etwas, das einen objektiven Anspruch auf Schutz und Schonung begründen könnte? Mit anderen Worten: Wenn es so etwas wie «Sinn» oder «Menschlichkeit» auf dieser Erde geben soll, dann nur, wenn wir sie selbst verwirklichen, und die Frage, ob und wann uns dies gelingen wird, läßt sich auch durch die Offenbarungen eines Gottes nicht beantworten. «Über jenen Tag aber oder jene Stunde weiß niemand etwas, auch die Engel im Himmel nicht, auch der Sohn nicht, sondern nur der Vater» (Mk 13,32)[39] – dieser Satz menschlicher und theologischer Selbstbescheidung bezüglich aller Aussagen von Zeit und Zukunft muß heute sogar noch erweitert werden: auch der «Vater» «weiß» nicht – oder er hätte nicht die Welt erschaffen dürfen, die wir zumindest anfanghaft gerade dabei sind zu enträtseln. Die Lösung des «Theodizeeproblems», das die abendländische Theologiegeschicht immer wieder beunruhigt hat[40], steht bei HERAKLIT: «Zeus (die Gottheit) spielt.»[41]

Alles, was wir heute zu wissen glauben, bestätigt diesen Satz. Ja, es sind, wie wir heute zu sehen beginnen, Unvorhersehbarkeit und Geschichtlichkeit ein und dasselbe, und es ist wichtig, sich diese Tatsache recht klarzumachen. An sich gibt es auf der Ebene der Naturgesetze keinen Unterschied zwischen Vergangenheit und Zukunft – alle Molekülbewegungen im Mikrokosmos etwa gehorchen exakt zeitumkehrbaren Gesetzen, und um auch nur die Wechselwirkung zwischen einem Elektron und einem Photon zu beschreiben, bedarf es der Existenz eines Positrons – eines in der Zeit zurücklaufenden Elektrons. Einzig der Zweite Hauptsatz der Thermodynamik legt fest, daß es makroskopisch ein Zurück in der Zeit nicht gibt: die Unordnung, die Entropie, nimmt in einem geschlossenen System ständig zu; es wächst makroskopisch aber auch die Unvorhersehbarkeit durch die notwendige Unschärfe der Meßbedingungen sowie durch die nichtlineare Dynamik komplexer Systeme, in denen kleine Ursachen unvorhersehbar große Folgen haben können. Im Rahmen der NEWTONschen Mechanik zum Beispiel scheint es möglich, Sonnen- und Mondfinsternisse auf viele Jahre im voraus zu bestimmen, indem man die Bewegungsgleichungen für Erde und Mond sowie ihre Positionen und Geschwindigkeiten miteinander verknüpft; die Zeit zwischen den berechneten Zuständen spielt dabei keine Rolle. Hingegen ist ein solch einfacher Algorithmus, eine Formel, die jeden künftigen Zustand als Funktion der Anfangswerte und der Zeit angibt, ohne dabei durch alle Zwischenzustände gehen zu müssen, auf das Verhalten nichtlinearer komplexer Systeme nicht übertragbar. Das Verhalten chaotischer Systeme in ganz unterschiedlichen Ebenen der Wirklichkeit: wie zum Beispiel des Wetters, eines Erdbebens, der Turbulenz des Wassers an einem Stein, der Phasenverdoppelung der nichtlinearen Entwicklung von Tierpopulationen entsprechend der «logistischen Formel», die P. F. VERHULST 1845 einführte, der ungleichmäßigen Verteilung der Galaxien im Kosmos oder des Herzflimmerns eines Menschen – fast alle Erscheinungen des Lebens sind nicht in einer geschlossenen Form auszudrücken; es gibt hier keine Abkürzung bei der Vorhersage des Verhaltens, und man muß alle Zwischenzustände durchgehen, um zum Ergebnis zu gelangen.[42] Eben das aber ist Geschichte: die unabsehbare Bedeutung aller Einzelzustände.

Wenn jedoch diese Voraussetzung zutrifft, wenn es ein absolutes Wissen und Planen nicht gibt, so können alle religiösen Aussagen über den Verlauf der Geschichte niemals etwas anderes sein als der Ausdruck subjektiver Empfindungen beziehungsweise menschlicher Projektionen, deren Wert darin liegt, auf symbolischen Brücken die Formen menschlicher Selbstwahrnehmung und die Klärung der Motive menschlichen Handelns durchschaubarer zu machen. Anders gesagt: Es kommt als erstes darauf an, die Geschichtstheologie auch und gerade der Bibel, insbesondere des Matthäusevangeliums, mit Hilfe der Tiefenpsychologie in die unabgegoltenen Sehnsüchte, Ängste und Hoffnungen der menschlichen Seele zurückzuübersetzen, ehe man die Frage sinnvoll stellen kann, welch ein Gott es denn sei, der im Medium menschlicher Selbstwahrnehmung in dieser Weise in Erscheinung trete. Wenn aber dies, so ist die objektiv sich vollziehende Historie keinesfalls als der eigentliche «Offenbarungsort» des Göttlichen zu betrachten; ganz im Gegenteil: nur allzu oft widerlegt die Geschichte das beste Wollen von Menschen, und wenn es etwas gibt, das mitten in all den Furchtbarkeiten und Zerstörungen der menschlichen Geschichte von Gott Zeugnis ablegt, so ist es die schier unglaubliche Bereitschaft des Menschen, trotz allem zu hoffen, trotz allem zu lieben, trotz allem zu kämpfen. Die Träume des Menschen sind die wahren Eingebungen und Offenbarungen Gottes; das, was dann als Geschichte geschieht, ist Auftrag, Bewährung, Scheitern, Neuanfang und manchmal vielleicht auch Erfüllung.[43] Doch das, was sich erfüllt, liegt tiefer als alle Geschichte und hat seinen Grund in der Gestalt des Menschen(-sohns) selbst. Im Bild gesprochen: immer wieder wird es in unserem Leben so zugehen wie bei der Komposition von BEETHOVENS 3. Symphonie[44], die er bis wenige Tage vor ihrer Aufführung Napoleon gewidmet hatte; dann aber mußte er in der Zeitung lesen, daß dieser Verkünder von Menschenrecht, Demokratie, Vernunft und Freiheit gegen Fürstenherrschaft und Absolutismus sich selber die Kaiserkrone aufs Haupt gesetzt hatte; und so zerriß Beethoven das Titelblatt seiner 3. Symphonie und widmete es «dem heroischen Menschen». Immer (außerhalb der Person des Jesus von Nazareth) ist der Traum mehr als die Wirklichkeit, ist der Gesang im Herzen der Menschen wahrer als der Gang der Geschichte, und wenn es wirklich so kommt, daß einmal die reale Geschichte die Musik inspiriert, wird (außerhalb der Person des Jesus von Nazareth) nicht mehr daraus als eine kurzlebige Programmusik: niemand mehr mag heute BEETHOVENS Schlachtensymphonie anhören, mit der er den Sieg Wellingtons über Napoleon bei Victoria zu feiern suchte ...

In ihrem Roman «Der Feigenkaktus» hat die palästinensische Schriftstellerin SAHAR KHALIFA dieses durchaus tragische Verhältnis von Traum und Geschichte, von Menschsein und Widerspruch zum Thema gemacht. Sie schildert den Kampf ihres Volkes um so elementare Rechte wie Freiheit, Selbstbestimmung, Heimat und nationale Identität, und nicht zuletzt beschreibt sie die Folgen einer Theologie, die im Erbe der Bibel die Verheißung des «Heiligen Landes» an Abraham und Moses vor mehr als 3000 Jahren noch heute, am Ende des zweiten Jahrtausends, in einem rein historisch-äußerlichen Verständnis zur Ideologie des politischen Zionismus ausgestaltet. Alles Äußerlichnehmen des Religiösen, alle Verdinglichung von Symbolen in «objektiv» festgelegten Aussagen, jede Projektion der Chiffren des Absoluten in den Raum geschichtlicher Erfahrung gebiert, neben Enttäuschung und Schmerz, immer wieder auch Gewalt und Zerstörung. Umgekehrt aber – was ist dann die «Geschichte» anders als der Mühlstein und Schleifstein der Träume? Ab und an dreht der Druck der Sehnsucht das Rad der Geschichte um ein weniges weiter, doch dann drückt die Drehung des Rades sehr bald schon ihre eigenen Erfolge nieder, zermahlt sie, zerreibt sie und zwingt die Menschen zu merken, daß das, was sie suchten, in ihnen selber und nirgendwo sonst liegt. So beschreibt SAHAR KHALIFA die «Heimkehr» des jungen Usama aus den Ölstaaten in das Land seiner Kindheitserinnerungen und Träume, doch er kommt nicht zurück, um in Palästina seine Familie wiederzusehen, er hat in Wahrheit einen militärischen Auftrag zu erfüllen, und zwischen Traum und Wirklichkeit dehnt sich, politisch fixierbar, unüberwindbar, der Todesstreifen, die Grenze, der Kontrollposten der Gewalt – der passiven wie der aktiven, der erlittenen wie der zugefügten. Immer wieder macht sie aus Menschen etwas, das sie nie sein wollten: aus den Engeln des Friedens Boten des Krieges, aus den Verschwisterten der Liebe Kampfgefährten des Hasses und aus gemeinsam in Sehnsucht Suchenden gegeneinander um ein vermeintlich Gemeinsames Streitende. «Warum», fragt KHALIFA, «treffen uns die romantischen Lieder so schmerzlich? Etwa, weil wir ein romantisches Volk sind? Er (sc. Usama, d. V.) war nicht romantisch. Nicht mehr. Oder so glaubte er jedenfalls. Wie war es dazu gekommen? Drill. Schießen. Robben. Koppel enger schnallen. So wird man im Handeln und im Denken unromantisch. Persönliche Träume zerfließen. Der einzelne wird zum Schuß in einer Salve. Und wenn er besonders gut zurechtgeschliffen ist, wird er zur Granate. Zur schußbereiten Granate. Das ist Logik. Sie haben vieles gesagt, und wir haben vieles gesagt, Logisches. Die Existenz des einzelnen wird in historische Gleichungen gezwängt, und er wird zur Ziffer in einer Gleichung. Eine Ziffer. Ziffern. Die Gleichung erscheint wissenschaftlich, realistisch, konkret. Die Romantik zerfällt. Die zarten Träume sterben. Die Poesie stirbt. Die Leidenschaft stirbt. Und alles wird zum Kettenglied dieser Gleichung. Traurige Nächte des Nordens ... Und doch! Die Worte ziehen weiterhin tiefe Furchen in das einsame, fühlende Herz.»[45] «Wann verschwinden all diese samtweichen Gefühle, die mich mein ganzes Leben lang begleitet haben? Und diese dauernde Sehnsucht nach dem Unbekannten, und dieses Gefühl von Traurigkeit in meinem Herzen, wenn ich ein Lied höre oder an einer Blume rieche, und die Stunde des Sonnenuntergangs, wenn die Seele ins Unendliche entschwebt, und dieses Frühlingsland und seine reiche und gesegnete Erde, und all die Zartheit und Milde, die es in mir verströmt. – Romantik? Nein, nichts dergleichen. Drill. Schießen. Robben. So wird man im Handeln und im Denken unromantisch. Das ist Logik. Das ist die Gleichung.»[46]

Nein, die Geschichte, die es «wirklich» gibt, sind nicht die Gärten von Alhambra, da Gottes und der Menschen Träume sich im Spiel der Sonne und der Schatten an den Wänden malen, sich flüsternd aussprechen in den Fontänen der Brunnen und sich jubelnd aussingen in den Liedern der Plätze und Gassen Granadas – Geschichte, wie es sie «wirklich» gibt, das ist der ewige Karfreitag Gottes, das ewige Golgotha des Menschen, und alle Religion besteht nicht darin, dieses Ereignis oder jenes als «göttliches» Geschehen zu verherrlichen, sondern die Welt der Träume und der heiligen Visionen, der Poesie des Herzens und der Leidenschaft der Seele wahrzunehmen, wahrzumachen, wachzuhalten, aufzuwecken, immer wieder, gegen alles und trotz allem, für diese Welt, inmitten dieser Geschichte. Wir dürfen nicht aufhören, in der Geschichte und trotz der Geschichte Menschen zu sein. Wir dürfen unsere Träume nicht endgültig sterben lassen. Mehr vermag keine Religion in dieser Welt zu versprechen und zu bewirken.

Insofern hat Matthäus völlig recht, das wirklich große göttliche Ereignis der Geschichte: die Gestalt des Jesus von Nazareth, des Messias, des Menschensohnes, in ein Kleid von Träumen am Anfang (Mt 1,18–2,23) und in ein Gewand von Visionen am Ende (Mt 27,53; 28,1–20) zu hüllen. Dieser größte aller Träumer und Visionäre wird durch den Gang der Geschichte nicht widerlegt, im Gegenteil: die Geschichte selbst in ihrer immanenten Logik muß als erledigt gelten, wenn sie nichts anderes tun kann, als ihn zu vernichten; sein Scheitern in der Geschichte ist in Wirklichkeit sein Sieg über die Geschichte und der Anfang eines wirklichen Lebens, das eine neue Daseinsform in einer neuen Welt mit einer neuen Geschichte eröffnet.

c) Der Gang der Heilsgeschichte vor und nach Johannes dem Täufer oder: Von Juden und Heiden in der Zeit der Kirche

Was Matthäus über diese Zusammenhänge denkt, muß man sich aus mancherlei verstreuten Andeutungen und Fragmenten zusammenlesen, dann aber formt es sich zu folgendem relativ einheitlichen Bild.

Wenn Matthäus «Geschichte» interpretiert, so zunächst wesentlich und ausschließlich die jüdische Geschichte. Zwar greift Matthäus immer wieder Zitate des (Deutero-)Jesaja auf, wonach der «Gottesknecht» von vornherein berufen ist für die «Völker» (vergleiche Mt 4,15–16: das Auftreten in Galiläa; Mt 8,16–17: die Heilung der Kranken, nach Jes 53,4.11; und besonders Mt 12,15–21: die Heilung der Kranken im verborgenen, nach Jesaja, 42,1–4); doch ergibt sich für ihn die Sendung der Jünger Jesu an die Heiden in letzter Konsequenz erst in Abkehr Gottes von dem Volk der Erwählung. Die Öffnung zur Weltgeschichte erfolgt bei Matthäus stets in der Bitterkeit des Vorwurfs über das vermeintliche Versagen des Judentums: Statt daß, wie die Zionstradition der Propheten in Aussicht stellte, die Völker am Ende der Tage zu dem heiligen Gottesberg wallfahren werden[47], werden nun die Sendboten des Messias hinausgeschickt «an die Kreuzungen der Straßen», um zur königlichen «Hochzeit» einzuladen, so viele sie finden (Mt 22,9).

Diese Erzählung vom königlichen Hochzeitsmahl beim Matthäus (Mt 22, 1–14) ist wohl am besten geeignet, die Geschichtskonzeption des Ersten Evangeliums zu verdeutlichen, wird hier doch ein einfaches Gleichnis Zug um Zug in eine systematisch aufgebaute Geschichtsallegorie umgeformt. Als das Thema der menschlichen Geschichte erscheint die «Hochzeit», die ein «König» seinem «Sohn» ausrichten will.[48] Der «König», ohne Zweifel, ist Gott, sein «Sohn» ist der Messias, für Matthäus also Jesus Christus. Daß es sich so verhält, sollte bereits die lange Geburts-Ur-Kunde des Messias Jesus verdeutlichen, die Matthäus seinem Evangelium vorangestellt hat (Mt 1,1–17): wie ein roter Faden zieht sich dort als Thema der menschlichen Geschichte einzig die Frage nach der Herkunft des israelitischen Königs: von Abraham zu David und von David bis hin zu der Person Jesu, durch das Auf und Ab der Jahrhunderte; alle Generationen der Menschheit haben einzig den Zweck und verdienen allein in dem Zusammenhang Erwähnung, daß sie in einer langen Kette von Namen und Schicksalen schließlich den verheißenen Retter Israels hervorbringen. Die «Hochzeit» – das ist, so verstanden, der Triumph, der dem Messias, wenn er kommt, von seinem «Volk» entgegengebracht wird: der Einzug Jesu in Jerusalem entspricht in etwa bereits einer solchen «Vermählung» des «Königs» mit der «Tochter Sion» (Mt 21,1–11, nach Mk 11,1–11). Schon Markus läßt Jesus die Zeit seines Auftretens als eine «Bräutigams-Zeit» schildern, in welcher sich Trauerriten wie das rituelle Fasten von selber verbieten (Mk 2,18–29)[49], und Matthäus übernimmt diese Worte, nur leicht gekürzt (Mt 9,14–15). Freilich: um diese «Hochzeit», die Ankunft des Messias, vorzubereiten, sendet der König in dem Hochzeitsgleichnis des Matthäus mehrfach seine Knechte aus – das Auftreten der israelitischen Propheten vor allem wird von Matthäus in diesem Sinne gedeutet: der gesamte Inhalt all dessen, was sie sagten, wird jetzt, im Rückblick, aus der konkreten Situation ihrer Zeit herausgenommen und linear dem Schema von Verheißung und Verwirklichung unterworfen – ihr einziges Thema, so lehrt Matthäus, war die Einladung in das Reich des Messias, war die Vorbereitung der Botschaft Jesu. Vor allem im Negativen ergeben sich für Matthäus demgemäß die entscheidenden Entsprechungen: alle «Knechte» des «Königs», alle Propheten Israels mit anderen Worten, sind von den Eingeladenen «mißhandelt» und «getötet» worden.

Es ist klar, daß Matthäus dabei vor allem an die Ermordung Johannes des Täufers denkt (Mt 4,12: die Gefangennahme; Mt 14,1–12, nach Mk 6,14–29: die Ermordung des Täufers). Die Gestalt und das Auftreten dieses Mannes bedeutet für Matthäus nicht mehr und nicht weniger als den Beginn eines absoluten Wendepunktes der menschlichen Geschichte, so daß sich ihre gesamte Erstreckung in zwei Phasen teilt: in eine Zeit vor Johannes und in eine Zeit nach Johannes. Denn so sagt Jesus bereits in der Q-Quelle: «Das Gesetz und die Propheten (galten) bis zu Johannes; von da an wird das Evangelium vom Reich Gottes verkündigt, und jeder drängt sich mit Gewalt hinein» (Lk 16,16). Daß das Gesetz und die Propheten nur Geltung hätten bis zu Johannes dem Täufer, kann Matthäus allerdings unmöglich so stehenlassen – es richtet sich gegen seine gesamte Konzeption von der Verwirklichung des Gotteswillens durch Johannes und Jesus (Mt 3,15; 5,17); das Gesetz ist für ihn gerade nicht suspendiert durch das Evangelium, sondern findet darin überhaupt erst seine eigentliche Geltung. Darum schreibt er (Mt 11,13): «Denn all die Propheten und das Gesetz – auf Johannes hin haben sie prophetisch geredet», und er «beweist» diese These, indem er auf eine Andeutung in der Szene von der Verklärung Jesu auf dem Berge bei Markus zurückgreift: dort (in Mk 9,11–13) heißt es, daß die Jünger Jesus gefragt hätten, warum zuerst (nach Mal 3,23) der Prophet Elija kommen müsse; Jesus habe darauf geantwortet: «Elija – wohl kommt er zuerst, und alles stellt er wieder her... Indessen, ich sage euch: Auch Elija ist gekommen, doch sie haben mit ihm gemacht, was sie wollten.» Matthäus übernimmt diese Stelle (Mt 17,10–13), macht sie aber in doppelter Weise eindeutiger: die willkürliche Behandlung des wiedergekommenen Elija ist für ihn ein Vorausbild des Leidens Jesu, denn, fügt er hinzu: «So wird auch der Menschensohn durch sie leiden müssen» (Mt 17,12). Zum anderen aber konkretisiert er den Hinweis des Markus: «Da verstanden die Jünger, daß er zu ihnen von Johannes dem Täufer redete» (Mt 17,13). Mit Johannes also beginnt für Matthäus das letzte Angebot Gottes, seine letzte «Einladung» in den Hochzeitssaal seines Sohnes, der das Schicksal seines «Vorläufers» teilen wird; und so läßt er Jesus (erneut anhand von Worten der Q-Quelle, vergleiche Lk 7,24–35) zu den Scharen über Johannes sprechen: «Bei Gott, ich sage euch: nicht ist erstanden unter den Weibsgeborenen ein Größerer als Johannes der Täufer; doch der Kleinste im Königtum der Himmel ist größer als er. Doch von den Tagen Johannes des Täufers an bis jetzt wird das Königtum der Himmel vergewaltigt und Vergewaltiger reißen es an sich» (Mt 11,11–12); und erneut: «Ja, wenn ihr es annehmen wollt: er ist Elija, der da kommen soll» (Mt 11,14).

So gliedert sich für Matthäus die Geschichte Israels (und damit der Menschheit!) in zwei klar zu unterscheidende Abschnitte, in deren Mitte Johannes der Täufer als der wiedergekehrte Elija steht: mit dem Mann am Jordan beginnt die endgültige Offenbarung Gottes an sein Volk, mit ihm bricht die «Endzeit» an, mit ihm verwirklichen sich all die Zusagen und Verheißungen Gottes. Und dennoch gehört auch Johannes noch der «alten», der nur symbolisch vorbereitenden, der nur «menschlichen» Welt an. Wohl greift Jesus, wie wir schon gesehen haben, die Predigt des Johannes wörtlich auf: «Kehrt um, denn genaht hat sich das Königtum der Himmel» (Mt 4,17; vergleiche 3,1); aber er ermöglicht und bewahrheitet, was auch in der Wiederkehr des «Elias» nur Gleichnis und Bild sein konnte. Die wirkliche Nähe zu Gott bringt den Menschen erst Jesus – und von ihm her seine Jünger (Mt 10,6!), freilich um den Preis, daß auch sie eintreten in das typische Schicksal der Propheten: in Verfolgung, Schmähung, Mißhandlung und Tod. Es ist ein Kommentar, den Matthäus selber seiner allegorischen Erzählung von der Aussendung und Ablehnung der Boten des «Königs» in dem «Hochzeitsmahlgleichnis» gibt, wenn er zu Lasten der

«Schriftgelehrten» und «Pharisäer» Jesus sagen läßt, wie wenn er selbst an der Stelle Gottes stünde und in höchster geschichtsübergreifender Autorität spräche: «Siehe, ich sende zu euch Propheten und Weise und Schriftgelehrte; etliche von ihnen werdet ihr töten und kreuzigen und etliche von ihnen werdet ihr in euren Synagogen geißeln ...» (Mt 23,34). Der hier spricht, ist nicht mehr Jesus von Nazareth, sondern der Christus der Kirche, und seine «Boten» sind nicht mehr die Propheten «bis zu Johannes», sondern die Verkünder der Kirche; und doch erleiden sie alle nur, was sich bereits an dem Schicksal Jesu selber zeigte, in dem auch das Schicksal des Täufers, des «zweiten Elija», sich wiederholte.

Parallel zum Gleichnis vom königlichen Hochzeitsmahl, als dessen Vorbereitung sozusagen, hat Matthäus deshalb die Allegorie Jesu von den bösen Weingärtnern (nach Mk 12,1–12) gestellt. Es gibt Hinweise darauf, daß diese Erzählung im Munde Jesu einmal ein echtes Gleichnis war, das vielleicht sogar auf bestimmte zeitgenössische Ereignisse der Sozialpolitik anspielte[50]; selbst daß am Ende der Geschichte der Sohn des Weinbergbesitzers von den aufständischen Pachtbauern ermordet wird, könnte man als ein ursprünglich «reales» Ereignis verstehen. Bei Markus indessen ist der «Sohn» des Grundbesitzers bereits mit der Person Jesu identifiziert worden, und das ganze Gleichnis hat sich für ihn schon in eine allegorische Sinndeutung des Todes Jesu verwandelt. Matthäus stimmt diesem Verständnis vollkommen zu (Mt 21,33–43), nur daß er die Geschichte Jesu mit den bösen Winzern, das heißt mit den Hohenpriestern, Ältesten und «Pharisäern» (Mt 21,23.45), um ein entscheidendes Moment weiterführt: Bei Markus suchen am Ende der Erzählung die Hohenpriester, die Schriftgelehrten und die Ältesten (Mk 11,27), als sie merken, daß das ganze Gleichnis auf sie hin gesprochen ist, Jesus festzunehmen, aber sie müssen aus Furcht vor dem Volk unverrichteter Dinge abziehen (Mk 12,12); Matthäus hingegen kehrt den Sachverhalt bezeichnenderweise um: in vollkommener Souveränität sagt dort Jesus als Quintessenz seiner Erzählung von der Ermordung des «Sohnes»: «Deshalb sage ich euch: Das Königtum Gottes wird von euch genommen und einem Volk gegeben werden, das dessen Früchte bringt» (Mt 21,43). Nicht die Menschen sind es hier, die Jesus ablehnen, es zeigt sich vielmehr, daß die Hohenpriester und die «Pharisäer» durch den Mund des Messias «Verworfene» sind, wenn sie Jesus verwerfen; es ist nicht ein Akt ihrer «Freiheit», es ist ein Zeichen ihrer von Gott verhängten «Verstocktheit» (Mt 13,10–16), daß sie die Verhaftung Jesu beschließen.[51] Und doch bleibt es dabei: sie fürchten das Volk, das Jesus für einen Propheten hält (Mt 21,46), und gerade ihre Ablehnung der Person Jesu wird nur bestätigen, daß Jesus wirklich von Gott gesandt ist (Mt 23,24–35).

Jedoch: Gott läßt seine Diener nicht immer wieder mißhandeln und töten! Es ist nach der Hinrichtung Jesu für Matthäus endgültig klar, daß Gott sich von seinem Volk abgewandt und sein «Königtum» ihm entzogen hat; denn es hat die «Frucht» nicht erbracht, die darin bestünde, Jesus als den Messias anzuerkennen (s. o. S. 110ff.). Konkret aber manifestiert sich diese Abwendung Gottes, wie wir gesehen haben, für Matthäus in den Ereignissen des Jahres 70, in den Worten des Hochzeitmahlgleichnisses: «Da sandte der König seine Heere aus, ließ jene Mörder umbringen und ihre Stadt anzünden» (Mt 22,7). Es ist die furchtbare Strafe, die Jesus selber in seiner Fluchrede über die Schriftgelehrten und «Pharisäer» angedroht hatte: «Bei Gott, ich sage euch: Dies alles (sc. was je an Prophetenblut vergossen wurde, d. V.) wird auf diese Art Mensch (zurück)-kommen» (Mt 23,36). Ja, es ist die Erfüllung jenes vermessenen Wunsches, mit dem Matthäus die Hohenpriester und Ältesten gegenüber den Unschuldbeteuerungen des Pilatus alle Verantwortung an der Ermordung Jesu auf sich nehmen läßt: «Sein Blut komme über uns und über unsere Kinder» (Mt 27,25). Auf die extrem antijudaistischen Implikationen und Konsequenzen dieser Sichtweise brauchen wir jetzt nicht mehr einzugehen.

Aber: «das Königtum Gottes wird einem Volk gegeben werden, das dessen Früchte bringt» (Mt 21,43)! Das demonstriert Matthäus jetzt en detail in der Art, wie er seine Geschichtsallegorie im Gleichnis vom königlichen Hochzeitsmahl fortsetzt: «Die Geladenen», erklärt nach seinem Feldzug gegen die Stadt der Mörder der «König», waren (der Hochzeit) unwürdig» (Mt 22,8). Der «König», mit anderen Worten, hat sich geirrt, als er glaubte, mit jenen Achtlosen und Verächtlichen die Hochzeit für seinen Sohn ausrichten zu können; der Gott des Matthäus hat offenbar wirklich nichts gemein mit dem LAPLACEschen Weltgeist – selbst er weiß nicht, ob seine Planungen gelingen. Allerdings ist der «König» der Geschichtsallegorie des Matthäus willens und stark genug, seinen Willen durchzusetzen. Menschen können sich verweigern, sie können den ursprünglichen Plan Gottes vereiteln, doch sich schaden damit stets nur sich selber: – der Hochzeitssaal des «Königs» wird sich füllen, daran ist kein Zweifel; aber es werden andere Menschen sein, die er einladen muß. Erneut also schickt der «König» seine Knechte aus, diesmal an die Kreuzungen der Straßen, und läßt zur «Hochzeit» seines Sohnes «so viele» einladen, wie sich nur finden, «Gute und Böse», das heißt, alle möglichen, *jeden*, mit anderen Worten – an moralische Unterscheidungen ist hier nicht zu denken, so wenig wie in Mt 5,45, wo Gott die Sonne aufgehen läßt über *Gute und Böse*, das heißt, über *alle* Menschen.[52] Alle Menschen, das heißt alle, außer dem Volk der Erwählung, solange es sich jenen «blinden Blindenführern» (Mt 23,16) anvertraut, die da heißen: Hohepriester, Älteste (Mt 21,23) und «Pharisäer» (Mt 21,45; 22,15)! Es ist die Zeit der Kirche des Matthäus, die Zeit nach 70 jetzt, da die «Knechte» des «Königs», die Sendboten Gottes, sich hinausbegeben in die Welt zu den «Heiden», um den «Hochzeitssaal» des «Königssohnes» «voll von Gästen» zu machen. Denn die «Heiden», das ist die feste Überzeugung des Matthäus, werden gerne der Einladung folgen und die «Frucht» bringen, auf die der «König» so sehr wartet: sie stehen gern bereit, das christliche Dogma zu akzeptieren, das – im Widerspruch zum jüdischen Verständnis, aber in Anknüpfung an die «heidnische» Königsmythologie des Alten Orients – Jesus als den Messias und Sohn Gottes in metaphysischem Sinne verehrt und bekennt.

In zwei Beispielen hat Matthäus selbst diese Erfahrung vorbereitet. Das erste Beispiel enthält die Szene von dem römischen Hauptmann (Mt 8,5–13), der um die Heilung seines «gelähmten» Knechtes bittet und dabei Jesus eine Vollmacht zutraut, die ihn alles tun läßt, was immer er will und befiehlt – eine wahrhaft göttliche Vollmacht also; in dieser Szene erklärt Jesus selber, noch ehe er das Wunder der Heilung wirkt, er habe ein solches «Vertrauen» (einen solchen christologischen Glauben, muß man schon sagen) «in Israel bei keinem gefunden»; und dann, als ein flammendes Gericht, das die Szene des königlichen Mahles bereits vorwegnimmt, kündigt der Jesus des Matthäusevangeliums als Schicksal des Judentums und als Schicksal der Heiden den unwiderruflichen Entschluß Gottes an: «Ich sage euch aber: Viele vom Aufgang und Niedergang werden kommen und werden (zu Tisch) liegen mit Abraham, Isaak und Jakob im Königtum der Himmel; die Söhne des Königtums aber werden hinausgeworfen in die Finsternis, ins Draußen» (Mt 8,11–12). Man kann in einem Vergleich mit dem Lukasevangelium (Lk 7,1–10) leicht erkennen, daß die Erzählung von dem Hauptmann in Kapharnaum in der Q-Quelle durchaus noch ohne diese antijudaistische Zuspitzung überliefert wurde; es ist Matthäus, der dieses andere Wort der Q-Quelle (vergleiche Lk 13,28.29) hierher stellt und damit den römischen Hauptmann zu einem Stellvertreter des Heidentums erhebt, das sich in Krankheit und Not zu Jesus bekennt, während das Volk der Erwählung von dem Heil wie von den Heilungswundern des Christus ausgeschlossen bleibt.

Ein zweites noch lehrreicheres Beispiel gibt Matthäus in der Szene von der Heilung der Tochter einer syrophönizischen Frau (Mt 15,21–28), die er freilich in Rahmung und Überlieferung ganz und gar dem Markusevangelium entnimmt (Mk 7,24–30); allerdings ändert Matthäus diese Geschichte, erneut ohne jede Rücksicht auf historische Plausibilität, in seinem Sinne, indem er die ganze Spannung zwischen der Erwählung Israels und der Mission der «Heiden» in der Kirche seiner Zeit erneut an der Frage des Messias-Bekenntnisses zu artikulieren versucht. Bei Markus bittet die Frau inständig um die Heilung ihres «Töchterleins», das von einem unreinen Geist besessen ist (Mk 7,25–26); bei Matthäus hingegen bittet die Frau, laut rufend, um Erbarmen, und noch ehe man erfährt, was sie eigentlich möchte, redet sie, die Kanaanäerin, Jesus an als «Herrn» und «Sohn Davids» (Mt 15,22). Matthäus übernimmt dieses Motiv aus der Anrede, die in Mk 10,47 der blinde Bartimaios am Weg von Jericho an Jesus richtet (vergleiche Mt 20,30), und wie dort die Leute den Bettler zu hindern suchen, so schildert Matthäus jetzt auch hier, die Jünger hätten Jesus gebeten, diese Frau, die laut schreiend hinter ihnen herkomme, «abzufertigen». Man muß auch hier davon absehen, daß ein Messiasbekenntnis, wie Matthäus es dieser Frau in den Mund legt, im Gebiet von Tyrus und Sidon historisch ganz unmöglich ist und daß es jeder Erwartung widerspricht, sich vorzustellen, die gerade bei Matthäus doch inzwischen wundererprobten Jünger hätten eine so großartige Gelegenheit, einer neuen Machtdemonstration ihres Meisters beizuwohnen, als eine bloße Belästigung zurückgewiesen. Nein, was Matthäus sagten will, hat mit historischer und psychologischer Glaubwürdigkeit nichts zu schaffen; woran ihm liegt, ist, ein Lehrbeispiel (ein «halakhisches Paradigma») zu schaffen, wie die Kirche sich zur Heidenmission hin öffnen kann – und muß. Das Hauptgegenargument: Jesus selber sei nicht zu den Heiden gegangen, und er habe seine Jünger auch nicht zu den Heiden und Samaritern gesandt (Mt 10,5–6), wird von Matthäus in dieser Szene zunächst sogar noch dramatisch gesteigert: Jesus selber antwortet auf die Rufe der Frau mit keinem Wort (Mt 15,23), und die Jünger folgen offensichtlich diesem Schweigen Jesu gegenüber einer Nicht-Jüdin, wenn sie diese Frau «abgefertigt» sehen möchten. Wer die Heidenmission unter den Jüngern Jesu aus theologischen Gründen ablehnt, der kann sich zufolge dieser Stelle mithin sogar auf die ursprüngliche Einstellung Jesu berufen! Aber, so interpretiert Matthäus jetzt seine Markus-Vorlage: gerade in dieser Szene habe Jesus die Exklusivität seiner Sendung aufgegeben und dem «Glauben» der «Heiden» Erfüllung geschenkt; keinesfalls habe er hier nur einmal eine Ausnahme geduldet, vielmehr habe er sich selber, wie in der Begegnung mit dem römischen Hauptmann, durch die Macht des Glaubens, der ihm entgegengebracht wurde, «besiegen» lassen. Denn einzig der «Glaube» der Kanaanäerin ist es, auf den hin Jesus ihre Bitte erfüllt. Bei Markus sagt Jesus noch: «Wegen dieses Wortes – geh hin, ausgefahren aus deiner Tochter ist (hiermit) der Abergeist» (Mt 7,29). Bei Matthäus aber geht es nicht mehr um die Linderung menschlicher Not oder um die Erfüllung des menschlichen Willens, sondern so spricht bei ihm der Messias Jesus zu der Heidin: «O Frau, groß ist bei dir das Vertrauen (= dein Glaube). Es geschehe dir, wie du willst» (Mt 15,28). Die Heilung geschieht mithin durch die Kraft des Christusbekenntnisses, und zwar in der Art, wie gerade die «Heiden» es verstehen. Von den «Juden» weg geht die Botschaft Jesu als des Sohnes Gottes über an die «Völker».

Verbunden ist mit der Szene der Syrophönizierin im Hintergrund auch die Frage nach dem «Sieg» über die «Dämonen» und damit zugleich die Frage, welch eine Situation die Sendboten des Messias bei den «Heiden» antreffen werden. Wir hörten bereits (s. o. S. 78), daß es bei Markus eine Art mythischer «Dämonologie» gibt, wonach die Welt unter die Herrschaft der «Abergeister» geraten ist und nur von der Person des Sohnes Gottes wieder freigekämpft werden kann – eine Zerrissenheit des Menschen, die an das Wort MARTIN LUTHERS denken läßt: «Da kämpfen miteinander Gott und der Teufel; der Schlachtplatz aber ist das menschliche Herz.» Matthäus, erkennbar, weiß mit diesem Geschichtsbild nicht viel anzufangen. Zwar übernimmt er es zum Teil, aber er durchlöchert es auch immer wieder und stattet es nicht mit jener Konsequenz aus, die es bei Markus besitzt. Wohl stellt sich auch Matthäus den Satan als den eigentlichen Herrn der Königreiche dieser Erde vor (Mt 4,8–9), es ist auch bei ihm der Teufel, der alle politische Macht in Händen hält und sie nur dem verleiht, der ihn anstelle Gottes anbetet: das Streben nach Politik und Weltherrschaft als Satanskult und Gotteslästerung – schlimmer läßt sich die Dämonie der Macht im Maßstab der Weltgeschichte kaum darstellen. Dennoch bleibt für Matthäus die apokalyptische Auseinandersetzung zwischen Gott und Teufel ganz und gar im Hintergrund; sie ist bei ihm sozusagen vertagt und bildet noch nicht (!) das eigentliche Thema. So läßt er in der Geschichte der Heilung der Besessenen von Gadara (vergleiche Mk 5,1–20) die beiden Kranken Jesus entgegenschreien: «Was haben wir mit dir zu schaffen, Sohn Gottes? Bist du hergekommen, vor der Zeit uns zu quälen?» (Mt 8,29.) Das heißt: die Zeit der großen Abrechnung Gottes mit seinem Widersacher wird noch kommen, jetzt aber geht es nicht um die Auseinandersetzung zwischen Gott und Teufel, es geht entscheidend um den Menschen. Zuvor formuliert Matthäus an dieser Stelle Worte, die im Grunde nicht die Besessenen, sondern nur die Dämonen gesagt haben können; doch eben: nicht die «Geister» reden bei Matthäus, sondern die Menschen.

Näher betrachtet, kann man sehr gut verstehen, was den Ersten Evangelisten an der Theologie des Markus so irritiert: Wer so sehr die Macht der «Abergeister» betont, wie Markus es tut, der schildert den Menschen notgedrungen in einer Ohnmacht, die ihn seines moralischen Selbstvertrauens beraubt, der setzt an die Stelle des guten Willens des Menschen unausweichlich als letzte Hoffnung den Glauben an Gott, der tauscht die Ethik aus gegen die Erlösungslehre. Matthäus denkt in diesem Punkte viel zu sehr «jüdisch», um einer solchen Aufhebung des «Gesetzes» zustimmen zu können. Wenn wir früher sagten, im Matthäusevangelium übernehme die Christologie die Rolle der Soteriologie (s. o. S. 80), so können wir jetzt auch sagen, Matthäus «rationalisiere», zumindest für jetzt, rein pragmatisch, die Dämonologie des Markus zu einer Anthropologie der Entscheidung für oder gegen Christus. In gewissem Sinne ist dem Evangelisten das ständige Reden von den «Abergeistern» bei Markus daher ohnedies recht lästig, und so vermeidet er es, wo er nur kann. An einer besonders herausgehobenen, weil «summarisch» formulierten Stelle zum Beispiel erklärt Markus: «Auch die unreinen Geister, wenn sie ihn (Jesus) erblickten, stürzten auf ihn los und schrien, sprechend: Du bist der Sohn Gottes» (Mk 3,11). Matthäus hingegen streicht die Erwähnung der Abergeister ganz fort – es sind die Menschen, die Jesus mit ihren Krankheiten umdrängen und denen er befiehlt, «ihn nicht öffentlich zu machen» (Mt 12,16); und nicht, um der Dämonen durch das Schweigegebot besser Herr zu werden, befiehlt Jesus im Matthäusevangelium die Geheimhaltung seines Wirkens, sondern damit die Worte des (Deutero)Jesaja (Jes 42,1–4) von dem stillen Auftreten des «Gottesknechtes» verwirklicht werden.

Mitunter tritt bei Matthäus sogar die Psychologie beziehungsweise die Medizin in den Dienst seiner deutlich veränderten entdämonisierenden Perspektive. Markus zum Beispiel schildert in Mk 9,14–29 in gewohnter Eindringlichkeit das Leiden eines Vaters mit seinem Jungen, der von einem «Dämon» mit schäumendem Mund und knirschenden Zähnen hin und her gerissen und lebensgefährlich in Feuer und Wasser geworfen wird. Matthäus übernimmt zwar die Erzählung (Mt 17,14–24), aber er macht auch hier aus dem verzweifelten Ringen des Vaters um Vertrauen gegenüber der Heilkraft Jesu ein einfaches klares Christusbekenntnis: «Herr, erbarme dich meines Sohnes», spricht dieser Mann bei Matthäus (Mt 17,15), und für die Krankheit des Jungen macht Matthäus jetzt nicht so sehr einen «Dämon» verantwortlich, er nennt den Knaben einfach «mondsüchtig»; freilich läßt er Jesus drei Verse weiter dann doch nicht eine Krankheit heilen, sondern einen «Dämon» austreiben (Mt 17,18), aber auch diese Szene verwendet Matthäus nur als Beispiel für die Macht eines bedingungslosen Glaubens an Jesus als den «Gottessohn», wie erneut der Vergleich mit Markus zeigt: schon Markus überliefert das Wort Jesu von einem Vertrauen, das Berge versetzen kann (Mk 11,23); Matthäus aber, der es auch an dieser Stelle übernimmt (Mt 21,21), schafft sich seine eigene Dublette, indem er es auch hier, bei der Heilung des «mondsüchtigen» Knaben, einfügt: Aus dem Vertrauen zu Gott, wie Markus es in der Person Jesu schildert (Mk 11,22), wird bei Matthäus der wundertätige Christusglaube der Jünger (Mt 17,20); die konkrete Krankheit des Jungen indessen ist jetzt mehr ein bloßes Stichwort als ein eigenes Thema – sein Leiden noch als «mondsüchtig» zu bezeichnen ist nur möglich, wenn man all die Merkmale überliest, die Markus erwähnt; medizinisch gesehen ist der Knabe nicht «mondsüchtig», sondern hystero-epileptisch, doch das sind nicht die Probleme des Matthäus. Was er sagen will, ist, daß der Glaube an Jesus als den Sohn Gottes heilt, und zwar von *allen* Krankheiten – die «Besessenheit» ist dabei nur eine Form von Leiden unter anderen; und diese Botschaft gilt es, den Heiden weiterzugeben. Es ist augenscheinlich die wesentlich therapeutische Erwartung des «Volkes» im hellenistischen Raum, die Matthäus auf diese Weise missionarisch zu nutzen sucht.[53]

d) Die endgültige Trennung im Reich des Menschensohnes oder: Von Himmel und Hölle, Lohn und Bestrafung, Integration und Unmenschlichkeit

Doch Matthäus wäre nicht Matthäus, wenn er zu diesem «therapeutischen» beziehungsweise «prophetischen» Charakter der Verkündigung des Messias Jesus nicht auch sogleich wieder in bekannter Manier den ethischen Anspruch stellen würde. Zurück zum Gleichnis vom königlichen Hochzeitsmahl (Mt 22,1–14)! Da sind gerade erst die Gäste von den Straßenkreuzungen in den «Saal» gebeten worden, als auch schon der «König» selber sich die Gäste anschauen kommt, und er findet dort einen, der kein hochzeitliches Gewand trägt; den nimmt er augenblicklich ins Verhör und läßt ihn binden und hinauswerfen «in die Finsternis, ins Draußen; dort wird Heulen und Zähneknirschen sein» (Mt 22,11–14). Das, ohne Zweifel, ist die Art, wie Matthäus sich die Kirche seiner Zeit und ihr künftiges Schicksal vorstellt: Berufen werden die Hochzeitsgäste, das heißt, die «Völker», die «Heiden», ohne jede Voraussetzung, und eben dies ist die Zeit der Kirche für Matthäus: das Hinausgehen der ausgesandten Knechte des «Königs» an die Straßenkreuzungen der Welt; aber dann finden sich die Eingeladenen im Hochzeitssaale wieder, und nur allzu leicht könnten sie meinen, damit sei bereits alles getan. Das ist es nicht, will Matthäus mit allem Ernst und Nachdruck sagen. Es ist dasselbe wie im Gleichnis von dem Unkraut im Weizen (Mt 13,24–30): weder dem Evangelisten noch irgend jemandem in der Kirche steht es zu, in der Zeit der Kirche selber «Ordnung» und «Sauberkeit» zu schaffen; wollte er es dennoch versuchen, er würde nur «beim Zusammenlesen des Unkrautes zugleich damit den Weizen ausreißen» (Mt 13,29), beziehungsweise es würde ihm ergehen wie in dem Bildwort der Q-Quelle von dem unreinen Geist, der aus einem Hause vertrieben wurde: findet er seine Wohnung «gefegt und aufgeräumt» vor, so wird er noch sieben andere Geister hinzuholen, «schlimmer als er selber, die fahren ein und beziehen dort Wohnung. Da wird das Ende eines solchen Menschen ärger als der Anfang» (Mt 12,43–45; vergleiche Lk 11,24–26). Doch wenn es schon schwer genug fällt, diesen Zwischenzustand der Unklarheiten und der Koexistenz von «Unwürdigen» auch und gerade in der Kirche auszuhalten und sich in Geduld zu üben, so meint Matthäus doch auf das eindringlichste warnen zu müssen: inmitten der Kirche seiner Zeit droht offenbar dasselbe Mißverständnis, dem in seinen Augen soeben bereits das Volk der Erwählung zum Opfer gefallen ist: der Aberglaube, es genüge, «berufen» zu sein. «Meint nicht, euch sagen zu können: Zum Vater haben wir Abraham! Denn ich sage euch: Es kann Gott aus diesen Steinen (hier) Kinder erwecken» (Mt 3,9). Diese Worte der Johannespredigt an die «Pharisäer» und die Sadduzäer gleich zu Beginn des Matthäusevangeliums lassen sich jetzt mit der Adresse an die Mitglieder der «Kirche» nur wiederholen. Die Ereignisse um das Jahr 70 sollten sie nicht in Sicherheit wiegen, sondern, im Gegenteil, weit eher beunruhigen. Unfehlbar wird der «König» kommen und den «Hochzeitssaal» betreten, um die Anwesenden zu mustern, und wehe dann dem, der da sitzt ohne ein «hochzeitliches Gewand». Er wird in ohnmächtiger Wut, «im Dunkel» «draußen», in Ewigkeit ausgeschlossen sein von der «Hochzeit» des «Königssohnes».

Matthäus wird nicht müde, diesen seinen Grundgedanken immer wieder neu zu gestalten und zu präzisieren. Im Grunde ist es seiner Auffassung nach nicht eigentlich der «König», der das «Gericht» der «Trennung» zwischen den «würdigen» und den «unwürdigen» «Hochzeitsgästen» durchführen wird, sondern der «Königssohn» – Jesus selber, der «Menschensohn». Er ist es, der den ertragreichen Samen auf den «Acker» der Welt gesät (Mt 13,37) und damit seinen «Feind», den Teufel, provoziert hat, «Unkraut» in den Weizen zu säen, das heißt, «die Söhne des Bösen» mitten in der Kirche anzusiedeln (Mt 13,38.39). Diese Stelle zeigt zugleich noch einmal, wie Matthäus die Rolle des «Satans» einschätzt: Anders als für Markus ist für ihn die Macht des Teufels nicht so sehr weltweit und universell – das mag sie auch sein! –, was Matthäus quält und peinigt, ist die unfaßbare Macht des Bösen mitten in der Kirche. Darum ist es nicht seine Furcht, es ist seine letzte verbleibende Hoffnung, der Tag werde bald kommen, da der Menschensohn seine «Erntearbeiter», die Engel, aussendet, um das «Unkraut» zusammenzulesen und im Feuer zu verbrennen – «all die Verstörungen und die Handlanger der Gesetzlosigkeit» (Mt 13,40.41). In den «Feuerofen», in die Gehenna wird man sie werfen; «dort wird Heulen und Zähneknirschen sein» – immer wieder, sechsmal, verwendet Matthäus dieses Bild (Mt 8,13; 13,42.50; 22,13; 24,51; 25,30). Es ist die Wendung, die bei ihm am häufigsten vorkommt. Er variiert sie gleich in dem nachfolgenden, parallelen Gleichnis von den eßbaren und den ungenießbaren Fischen (Mt 13,47–50), dem er, wie dem «Unkraut»-Gleichnis, eine eigene allegorisierende, jedes Detail ausdeutende Interpretation hinzufügt: da erscheint die Mission der Jünger Jesu, der «Menschenfischer», wie Jesus bei der Berufung des Petrus und Andreas sagte (Mt 4,19), als ein großer Fischzug, bei dem allerlei Fische, genießbare und ungenießbare, ins Schleppnetz gehen, so daß die Fischer sie hernach auslesen müssen. Aus diesem einfachen Gerichtsgleichnis wird in allegorischer Deutung bei Matthäus: «So wird es sein bei der Vollendung der Weltzeit: ausziehen werden die Engel und aussondern die Bösen aus der Mitte der (vor Gott) Rechten, und sie werden sie in den Feuerofen werfen; dort wird Heulen und Zähneknirschen sein» (Mt 13,49–50). Die Aussendung der Engel am Ende der Weltzeit wird erneut von dem «Menschensohn» organisiert werden, wie sich aus der Deutung des «Unkraut»-Gleichnisses erschließen läßt (Mt 13,41). Er ist es, der auf Erden die Jünger, im Himmel aber seine Engel aussenden wird – auf Erden, um alle einzuladen, im Himmel, um endgültig zu trennen und zu scheiden.

Und was, noch einmal gefragt, ist dann die Kirche? Sie ist nicht schon das Reich Gottes, dessen «Nähe» Johannes und Jesus verkündigen wollten (Mt 3,2; 4,17); es hat sich noch nicht verwirklichen können, denn seine Gegenwart bedeutete nicht mehr und nicht weniger als den Zusammenbruch der gesamten bestehenden Weltordnung; auch die Jünger Jesu können daher nichts anderes tun, als «wie Schafe mitten unter Wölfen» (Mt 10,16) die Nähe des Königtums der Himmel weiterzusagen (Mt 10,7). Aber eben deshalb ist die Kirche, wenn schon nicht die vollendete Gottesherrschaft, so doch das Reich des Menschensohnes. So erklärt Matthäus an der eben erwähnten Stelle in der Deutung des Gleichnisses vom Unkraut im Weizen: «Bei der Vollendung der Weltzeit wird der Menschensohn seine Engel aussenden, und sie werden sammeln aus seinem Königtum all... die Handlanger der Gesetzlosigkeit» (Mt 13,41). In diesem Sinne ist die Kirche also eine Zwischengröße, ein Übergang zwischen «Welt» und «Vollendung», zwischen Zeit und Ewigkeit, zwischen Menschengeschichte und Gottesherrschaft. In bezug zu Israel erscheint sie als das bereits ergangene Gottesgericht, aber in bezug zu den «Völkern» ist sie nur erst das Vorspiel des Endgültigen.

Entsprechend schillernd fallen denn auch die «Maßangaben» aus, nach denen das «hochzeitliche Gewand» bei der Musterung des Königs zu schneidern ist. Eindeutig bei Matthäus ist noch seine schier verzweifelte Warnung und Mahnung an die Leiter der Kirche (Mt 24,45–51) – sie ist ihm so wichtig, daß er sie nach den Worten der Q-Quelle (vergleiche Lk 12,41–48) an das Ende seiner großen apokalyptischen Rede setzt: selbst wenn die Welt zerbirst, wird gerade dann die Frage an die «treuen und klugen Knechte» des «Herrn» ergehen, die über sein «Gesinde» gesetzt werden, ob sie ihnen «Speise zur rechten Zeit» gegeben haben (Mt 24,45): Willkür, Saufen, Fressen (und Huren, wird man nach Mt 5,27–30 ergänzen müssen) wird der Herr, «wenn er kommt», unnachsichtig strafen – erneut mit Hinauswurf in die Finsternis draußen; ja, er wird sie «zerstückeln» lassen, eine Strafe, die den schlimmsten Vorstellungen der Alten Ägypter vom Totengericht entspricht[54]; und sie werden ihren Teil haben unter den «Angebern», das heißt, es wird den liederlichen «Knechten» der Kirche nicht besser ergehen als den Führern des jüdischen Volkes, als den Schriftgelehrten und Pharisäern (Mt 24,51).

Doch was gilt für die «einfachen» Gläubigen, für die «Kleinen» in der Kirche selber? Entsprechend dem Zwischenzustand der Kirche, aufgrund ihrer Nähe zum «Ende», hat Matthäus in Mt 19,1–12, anläßlich der Frage der Pharisäer nach der Ehescheidung, eine eigentümliche geschichtliche Abfolge ersonnen, die in dem umstrittenen «Eunuchenspruch» gipfelt. Es ist das einzige Mal, daß das Geschichtsbild des Matthäus sich ausdehnt auf den «Anfang der Welt» und die natürliche Ordnung, den ursprünglichen Gotteswillen, zu formulieren versucht; doch um so bezeichnender ist es, wie Matthäus den Zustand der «Erlösung» versteht: er besteht nicht in der «Rückkehr» zu einem gereinigten Anfang, sondern er läuft auf die konsequente Aufhebung des Bestehenden hinaus. Am Anfang, lehrt Matthäus, wollte der Schöpfer, daß Mann und Frau einander als «ein Leib» «zusammengefügt» seien in Gott (Mt 19,5), und daraus folgt für ihn die Unauflöslichkeit oder, besser, die Sakrosanktheit der Liebe zwischen den Geschlechtern – kein Mensch soll sich vermessen, diesem heiligsten Gefühl im Herzen des Menschen entgegenzuhandeln! Allerdings muß man bereits hier schon bemerken, daß es Matthäus nicht so sehr um die Gefühle der Liebenden, als vielmehr um die Institution der Ehe als eines moralischen Rechtsgutes zu tun ist – er ist und bleibt, was er ist: ein «Schriftgelehrter», «der Neues und Altes aus seinem Vorrat hervorholt» (Mt 13,52). Aber nun zeigt sich, daß jene ursprüngliche Ordnung unverbrüchlicher Treue aufgrund der

«Herzenshärte» der Menschen selber zerbrochen ist und daß Moses sich deshalb genötigt sah, die Ehescheidung zu konzedieren. Es ist, wohlgemerkt, schon in der Vorlage des Markusevangeliums (Mk 10,1–12) nicht mehr die Frage, wie man denn die verbannten Kinder Evas bei der Hand nehmen und sie gegen all ihre Ängste und Schamgefühle dahin zurückführen könnte, sich den Empfindungen einer reinen Liebe wieder mit Leib und Seele, als «ganze» Menschen, hinzugeben; es ist allein die Frage nach der richtigen Rechtsordnung, die sich hier stellt, und sie soll nach Markus beantwortet werden, wie es in der Schule des gestrengen Rabbi Schammai üblich war: eine Ehescheidung (außer im Falle der Unzucht der Ehefrau) kommt nicht in Frage.[55] Matthäus übernimmt das alles, wie es dasteht; doch er fügt jetzt schon einen eigenen Abschnitt hinzu, indem er die Wirkung einer solchen Regelung auf die Jünger, das heißt die Männer, schildert: Sie finden, daß es nicht «gut», das heißt erstrebenswert und vorteilhaft für sie sein kann, unter diesen Umständen: eines ehernen Moralgesetzes, das, mosaischer als Moses, schlechthin lautet: Mitgefangen, mitgehangen, in die Ehe zu willigen – und da kann man ihnen nur beipflichten.[56] Denn wie soll in einer neurotisch zerquälten Ehe ohne eine spürbare Veränderung der Gefühlsgrundlagen ein Zusammenleben unter Menschen möglich sein, nur einfach weil es in «göttlicher» oder kirchlicher Weisung verfügt und befohlen wird? Matthäus sieht das Gefühlsdilemma vollkommen richtig, in das seine Ehemoral die Menschen (das heißt für ihn vor allem: die Männer) treiben muß; doch was folgt für ihn daraus? Etwa, daß an seiner Moralauffassung in Sachen Ehe irgend etwas korrekturbedürftig wäre? Keinesfalls! Gerade umgekehrt: «Wenn die Sache des Mannes mit dem Weibe so steht, ist es nicht gut zu heiraten» – das ist die Konsequenz, die Matthäus zieht (Mt 19,10), und, einmal in diese Richtung geblickt, statuiert er die Empfehlung des ehelosen Standes, ja, der Selbstkastration um des Himmelreiches willen (Mt 19,11–12). Da sollen also die Konflikte des Gefühlslebens gelöst werden nicht mit Hilfe «therapeutischer» Einfühlung und Geduld, sondern auf dem Wege vollkommener Askese und eiserner Disziplin. Man kann es nicht anders sagen: Psychologie ist nicht gerade die Stärke des Matthäusevangeliums. Es ergibt sich aber auf diese Weise zugleich eine neue Art der Zeitenfolge, die auch für die Standortbestimmung der Kirche von Bedeutung ist: am Anfang die «Liebesordnung» des Paradieses, dann die Gesetzesordnung des Moses von der Auflösbarkeit der Ehe, jetzt die «Gottesordnung» des Messias von der Unauflöslichkeit der Ehe, aber am besten: die Endlösung der ganzen leidigen Liebesfrage in der Ordnung des Himmels, wo gar nicht mehr geheiratet wird.[57] In der Kirche des Übergangs zwischen dieser «Welt» und dem «Königtum der Himmel» indessen bedarf es keiner Frage, daß es nach Matthäus im

Sinne der kirchlichen Weisung liegen muß, die Entscheidung zur Selbstkastration um des «Königtums der Himmel» willen mit allen Kräften und Mitteln als ihr eigentliches Ziel zu urgieren und zu favorisieren.

Die Folge, die sich aus dieser gewalttätigen Mißachtung der menschlichen Gefühle zugunsten eines unbedingten moralischen Willens zur «Reinheit» (Mt 5,8!) und zur «Vollkommenheit» (Mt 5,48!) ergibt, besteht in einer unvermeidbaren *Vermehrung von Angst.* Gerade das Matthäusevangelium arbeitet mit System und Absicht an der Erzeugung buchstäblich apokalyptischer Höllenängste, und es findet durchaus kein Bedenken dabei, den «heiligen» Stand der Ehelosigkeit zum Beispiel auf das Motiv der Angst vor den Unannehmlichkeiten einer «Bindung auf ewig» zu gründen, oder die Rechtschaffenheit vor Gott mit den massivsten Strafängsten vor dem furchtbaren Gericht des «Menschensohnes» am Jüngsten Tage zu befördern; und so kommt man nicht umhin, immer wieder auf den Faktor der Angst hinzuweisen, der nicht nur das Kirchenbild und die Moraltheologie dieses Evangelisten, sondern, wie wir jetzt sehen, zugleich seine gesamte Geschichtstheologie durchzieht. Die Frage bleibt dabei unbeantwortbar, was eigentlich hier Ursache, was Wirkung ist. Psychoanalytisch scheint es nicht unberechtigt, zu sagen, es konvertiere im Matthäusevangelium die unterdrückte Sexualität in sadistische Straf- und Rachephantasien, ja, es steigere sich die Angst vor dem Feuer der Liebe zur Angst vor den ewigen Flammen der Hölle.[58] Auf der anderen Seite aber ist es nicht völlig gerecht, Matthäus sozusagen die Alleinschuld an dieser Richtung seiner Theologie zu geben. Die Vorstellung der «Hölle» selber ist Jahrtausende älter als die Religion der Bibel[59], die Drohung vor dem Strafgericht des kommenden Messias ist bereits den Propheten des Alten Testamentes mit ihren gewalttätigen Phantasien über den schrecklichen, «dunklen» Tag Jahwes eigentümlich[60] und wird vor allem in der Predigt Johannes des Täufers mit unheimlicher Wucht und Wut wieder aufgegriffen. Matthäus erfindet also diese Denkmuster nicht, er verwendet sie lediglich zur Interpretation der Situation seiner Zeit: das vom Täufer angekündigte «Gericht» hat sich in der Person Jesu zwar noch nicht vollzogen, aber es ist gewissermaßen nur aufgeschoben: Wenn der Menschensohn kommt auf den Wolken des Himmels (Mt 26,64, nach Mk 14,62), wird er unnachsichtig trennen zwischen der Spreu und dem Weizen (Mt 3,12), zwischen den eßbaren und den ungenießbaren Fischen (Mt 13,47.48), zwischen dem Weizen und dem Unkraut (Mt 13,30), zwischen den Würdigen und den Unwürdigen (Mt 22,11–14), zwischen den Klugen und den Törichten (Mt 25,1–13), zwischen den Böcken und den Schafen (Mt 25,32–33). Und diese Trennung und Scheidung wird das letzte Wort Gottes über eine angstdurchsetzte, verzweifelt ringende, ständig versagende menschliche Geschichte sein. Nicht die Integration, die Vergebung der Schuld für viele (= alle!), wie Matthäus an anderer Stelle die Wirkung von Leben und Sterben des Messias Jesus deutete (Mt 26,28), wird am Ende von allem stehen, sondern die Aufspaltung der Menschheit in die «kleine Schar» der Erwählten, die es geschafft haben, durch die «enge Pforte» Eingang zu finden in das «Königtum der Himmel», und in die große Schar der auf ewig Verdammten, die «auf dem breiten Weg» gegangen sind (Mt 7,13–14). Es ist an dieser Stelle ein letztes und entscheidendes Mal, daß wir erneut zur Interpretation dieses Befundes die Tiefenpsychologie benötigen, wenn irgend die Geschichtstheologie des Matthäus uns etwas sagen soll, das über die Zeitabhängigkeit ihrer Vorstellungen hinaus noch von Belang sein kann.

Denn mehr noch als vorhin, bei der Erörterung des «Antijudaismus» des Matthäusevangeliums oder bei der Auslegung seiner Christologie, scheint es jetzt unerläßlich, die Theologie des Matthäus von dem «Kommen» des «Menschensohnes» und seinem «Gericht», vor allem aber das Geschichtsbild von der (heiligen) «Hochzeit» des «Königssohnes» (Mt 22,1–14; 25,1–13) als eine groß angelegte Projektion zu verstehen, die das Thema der Berufung der «Heiden» ebenso umfaßt wie die «Aufhebung» der Ehe um der «Ordnung» des «Königtums der Himmel» willen. Wenn die Rede geht vom «Kommen» des «Menschensohnes», so muß man sich klarmachen, daß schon in Dan 7,13 das Bild von dem «Menschensohn», der am Throne Gottes steht und am Ende der Zeiten zur Welt kommen wird, ein hoch mythologisches Symbol (der iranischen Apokalyptik) darstellt[61], dessen Bedeutung sich am einfachsten so wiedergeben läßt: Das, was wir als Menschen sind, ist als ein Urbild in das innerste Geheimnis dieser Welt gepflanzt. Noch wissen wir weit weniger von diesem Bild, als wir von ihm ahnen, stehen wir doch nach 2–5 Millionen Jahren Evolution dem Tierreich immer noch weit näher als dem Bild der Sehnsucht, das wir gleichwohl in uns tragen; und dennoch hat uns Jesus diese Ahnungen dessen, was wir sein könnten und wozu wir bestimmt sind, nicht nur bestätigt und bestärkt, sondern auch mit Leben und Lebendigkeit erfüllt; wirklich ist er in diesem Sinne der Menschensohn, die leibhaftige Wesensgestalt unseres Menschenseins, und allein schon deswegen betrifft seine Person und Sendung die Menschen aller Zeiten und Zonen. Die «Mission» an die «Heiden» (Mt 28,19–10) ist somit nichts Sekundäres, sondern liegt in der Menschlichkeit Jesu selber begründet: überall dort, wo «Menschen» sind, sehnt man sich und wartet nun auf die Erscheinung des «Menschensohnes». Das ist die «Erfüllung» der Verheißungen des (Deutero)Jesaja (Jes 42,1–4). Nur in dieser Perspektive, die wesentlich bereits von Paulus vorbereitet wurde (vergleiche Röm 10,12–13), ist es möglich, die Öffnung der Botschaft Jesu an die Völker als in sich folgerichtig zu verstehen: sie ergibt sich keinesfalls erst, wie Matthäus es darstellt, aus der Absage Israels an Gott beziehungsweise aus der Absage Gottes an Israel, sie gründet allein in der Einfachheit, mit der Jesus seine Menschlichkeit lebte.

Erst so versteht man, was Matthäus auch schildert: wie in einem wundervoll friedlichen Bild die Weissagungen der Propheten (Ez 17,23; 31,6; Dan 4,9–18) sich erfüllen – daß die Botschaft Jesu aufgeht wie ein Senfkorn, das zu einer Staude heranwächst, in deren Zweigen die «Vögel des Himmels», das sind in der Allegorie des Matthäus die «Heiden» (!), ihre Nester bauen werden (Mt 13,31–32). Psychologisch gesehen liegt darin natürlich vor allem die innere Integration all dessen, was sonst wohl, rein «jüdisch» betrachtet, als «heidnisch» gelten müßte: nichts, was zum Menschen gehört, darf von der Botschaft des «Menschensohnes» ausgeschlossen bleiben; die Einbeziehung der «Heiden», anders gesagt, ist nicht anders möglich, als in sich selber kraft jenes Vertrauens, das Jesus durch seine Person uns ermöglicht hat, all die Seiten des Fühlens und Träumens, des Denkens und Empfindens zu integrieren, die unter dem Kampf des Gottes Israels gegen die «Götzen» der Völker als rein «mythisch», «nur innerpsychisch», «roh und archaisch», «irrational und subjektiv» verleugnet und verleumdet, verdrängt und verengt werden mußten. Die Einbeziehung der mythischen Deutungsschemata der «heidnischen» Religionsformen in die Christologie ist, so betrachtet, eben nicht der bloße Abfall vom «Judentum», sondern, wie wir schon sahen, eine recht eigentliche Ausdehnung und integrale Ausgestaltung. Es ist nicht anders möglich, als in einem Vertrauen, wie Jesus es lehrte und lebte, allmählich zu lernen, Gott zu lieben «aus ganzem Herzen, aus ganzer Seele, aus ganzem Denken und aus ganzer Kraft» (Mt 22,37, nach Mk 12,29–30). Nichts Menschliches, «Heidnisches», darf da ausgespart werden und ausgeschlossen bleiben.

Wenn es aber somit schon nicht mehr möglich ist, zwischen «Juden» und «Heiden» zu unterscheiden, sondern wenn sich zeigt, daß in der Geburt des Gottessohnes und «Menschensohnes» der Monotheismus Israels ebenso Platz hat wie die Poesie des «heidnischen» Mythos, dann ist es auch nicht mehr möglich, unter dem einen Himmel Gottes zu trennen zwischen den »Guten» und den «Bösen», zwischen den Geretteten und den Verdammten, zwischen dem Endzustand des «Himmels» und der «Hölle». Es ist ein von jeher furchtbarer, ganz und gar unerträglicher Gedanke, der mit keiner Idee eines menschenfreundlichen Gottes übereinstimmt, sich vorzustellen, wie Gott Menschen, kurzlebige, irrende, schwächliche Wesen wie wir, für die wenigen Jahrzehnte unseres irdischen Daseins auf ewig unrettbar den Qualen der Hölle überantworten sollte.[62] Eine solche Vorstellung ist nicht nur vollkommen terroristisch in der Gräßlichkeit und Sinnlosigkeit ihrer Angst[63], sie richtet vor allem die Grundkräfte des Vertrauens zugrunde, von denen Jesus sich eine Erneuerung beziehungsweise eine Wiederaufrichtung des Menschenwesens erhoffte. Und vor allem: eine solche Vorstellung zerreißt zwischen den Menschen das Band der Einheit, durch das wir untrennbar miteinander verbunden sind, und es zerspaltet im Menschen, was zusammengehört. So wenig, wie es möglich ist, im Menschen selber in der Art einer moralistischen Dauerzensur das Gute und das Böse säuberlich voneinander zu trennen, so wenig kann es gelingen, zwischen den Menschen den Zusammenhang aufzulösen, der uns unentrinnbar auf Gedeih oder Verderb aller umfängt. Es geht nicht an, Menschen zu verteufeln, es kommt darauf an, uns selber in ihnen wiederzuerkennen und zu bemerken, welch arme Teufel sie sind, gerade wenn sie uns womöglich am schlimmsten erscheinen. «Vielleicht wäre ja jener andere gar kein Verbrecher», empfiehlt in F. M. DOSTOJEWSKIS «Brüder Karamasoff» der russische Starez Sosima zu denken, «wenn ich selber ein besserer Mensch wäre.»[64] In einer Welt, in der alles mit allem zusammenhängt, sind auch wir Menschen ohne Ausnahme in eine gemeinsame Verantwortung eingebunden, die es als ausgeschlossen erscheinen läßt, daß da in Ewigkeit eine Gruppe von Seligen existieren könnte, während neben ihr andere Menschen einer ewigen Folter anheimfallen sollten. Es gibt nur ein gemeinsames Schicksal aller Menschen, im Guten wie im Bösen, und was es außerhalb bestimmter apokalyptischer Ideen gewiß niemals gibt, ist der Kreuzzug der Kinder des Lichtes gegen die Kinder der Finsternis[65] oder der «Endsieg» Gottes aufgrund der Hekatomben vernichteter Menschen.[66] All das sind Bilder, sind Projektionen, aber keine an sich bestehenden Realitäten, und die Schuld der Theologie ist unabsehbar groß, daß sie die Angst der Gläubigen vor der Strafe der Hölle, ganz im Gefolge des Matthäusevangeliums, zum Erhalt kirchlicher Macht und Verfügungsgewalt jahrhundertelang bis zum Schamlosen ausgebeutet hat.[67] Das gesamte Reden von Gott und Mensch, von Himmel und Hölle, von Lohn und Strafe verändert sich im Kern, sobald die Betrachtungen der Tiefenpsychologie an diese uralten Projektionsformen menschlicher Hoffnungen und Ängste herangeführt werden.

Heißt das aber nun, daß es einen Himmel und eine Hölle überhaupt nicht gibt und daß alles nur eine sinnlose Aufregung des Matthäusevangeliums darstellt? Das gerade nicht; wohl aber stimmt es, daß der Entscheidungsernst des menschlichen Lebens nicht verwechselt werden darf mit einer lähmenden Höllen- und Strafangst, die sich ergäbe, würde man die Drohreden des Matthäusevangeliums in schlechtem Sinne «wörtlich» nehmen. Wie man das Kommen des «Menschensohnes» und sein «Gericht» so verstehen kann, daß die Polarität der Entscheidung, um die es geht, wirklich deutlich wird, hat Matthäus selber unübertroffen in dem abschließenden Gleichnis vom Großen Weltgericht gezeigt (Mt 25,31–46). Wenn Gott uns «straft», so zeigt sich hier, dann nicht durch einen äußeren Richterspruch beziehungsweise durch eine forensische Straffestsetzung, sondern durch die Folgen, die unsere Art, zu leben oder eben nicht zu leben, für uns selber nach sich zieht. «Wenn der Menschensohn kommen wird in seiner Herrlichkeit und alle Engel mit ihm» (Mt 25,31), so stellt sich die Frage, was denn von unserem Leben gültig bleiben wird, gemessen an dem reinen Maßstab der Menschlichkeit, der sich im «Kommen» des «Menschensohnes» beziehungsweise in seinen «heiligen Engeln» verkörpert. Buchstäblich wird es unsere «Hölle» oder unser «Himmel» sein, was wir mit den Menschen gemacht haben, die uns zur Seite gestellt waren. Beides: der Himmel wie die Hölle liegen ganz in uns selber. Es wird unsere brennende Scham sein, dem Menschen wiederzubegegnen, der nackt war, und wir haben ihn nicht bekleidet, oder es wird unser Stolz sein, seine Blöße bedeckt zu haben; es wird unser eigener Hunger nach Liebe sein, den wir spüren, wenn wir dem Menschen wiederbegegnen, der hungrig war, und wir haben ihn nicht gespeist, oder es wird unsere eigene Befriedigung sein, seinen Hunger gestillt zu haben; es wird das Gefühl unserer eigenen Enge und Eingesperrtheit sein, mit dem wir demjenigen wiederbegegnen, der im Gefängnis war, ohne daß wir ihn besuchten, oder es wird uns ein eigenes Gefühl von Freiheit und Unabhängigkeit schenken, die Mauern, die Menschen voneinander trennen, überstiegen zu haben; es wird unser eigenes Fremdheitsgefühl sich zu Wort melden, wenn wir Menschen begegnen, die wir als «zu» fremd draußen haben stehenlassen, und umgekehrt: es wird uns bei uns selber heimisch machen, wenn wir anderen Heimat gegeben haben oder gewesen sind; und es wird kränkend sein für uns selber, wenn wir einen anderen Menschen in seiner Krankheit unversorgt haben liegen lassen; und umgekehrt werden wir spüren, daß wir selber gesunden an jedem «Werk» von Mitleid und Güte, das wir anderen geschenkt haben. Je nachdem, bereiten wir ständig uns selbst entweder ein Stück Himmel oder ein Stück Hölle, und das Ergebnis der Wahl zwischen beiden ist das eigentliche «Gericht», das sich nicht am Ende der Tage, sondern Stunde um Stunde mitten im Alltag unseres Lebens vollzieht. Die «Hölle» – das ist alles, was uns selber verkürzt, verstümmelt, verengt und verformt, der «Himmel» – das ist alles, was uns selber erweitert, vereint, erschließt und gestaltet.

Dabei sind hier die Worte «Himmel» und «Hölle» durchaus in Anführungsstriche zu setzen, indem beide Begriffe immer noch nichts weiter sind als polare Chiffren, die jene endgültigen Entscheidungsrichtungen markieren, zwischen die wir unaufhörlich gestellt sind. Der eigentliche Himmel aber – das wäre die eindeutige Entfaltung aller Möglichkeiten in uns, das wäre ein Sein jenseits aller Zerspaltenheit, das wäre die völlige Identität mit uns selbst, die Aufhebung all der Ambivalenzen unseres Daseins, das wäre das Ende jeder «Hölle» als eines «Pfuhls» aller ungelebten, verdrängten, verteufelten, verformten und verwunschenen Schattenseiten unserer Seele; der wahre Himmel – das ist eine Chiffre für etwas, das sich nicht mehr als der Gegensatz zur «Hölle» bestimmen läßt, sondern das jede Vorstellung übersteigt, die noch innerhalb der Welt der Widersprüche verbleibt. Der Himmel – das ist die reine Bejahung unseres Daseins, die wir Gott nennen.

Insofern ist das Bild durchaus verständlich, das sich bei Matthäus mit dem «Kommen» des «Menschensohnes» mit Vorliebe verbindet: das Symbol der (heiligen) Hochzeit. Es ist ein uraltes Märchenmotiv, daß am Ende allen Suchens und Wanderns die Liebe siegen werde. Der psychische Ausdruck dieser Überzeugung ist das Motiv von dem «Königssohn», der seine – meist minderrangige – Geliebte zu sich heimführt an den Hof. Psychoanalytisch läßt sich dieses Bild als die Verschmelzung von Geist und Seele, Bewußtsein und Unbewußtem, Ich und Es, Person und anima verstehen, ein Symbol der «Vermenschlichung» im Zeichen des «Menschensohnes».[68] Alles, was zwischen Mann und Frau in Liebe geschieht, ermöglicht und bewirkt diese Integration der Persönlichkeit, so daß man selbst die «Aufhebung» der Ehe schließlich als ein sinnvolles Symbol für diesen Zustand der Vollendung in der «Nähe» des «Königtums der Himmel» betrachten kann (vergleiche Mt 22,30, nach Mk 12,25) – vorausgesetzt, man vermeidet dabei erneut alle moralisierenden Implikationen und falschen Festschreibungen der nach außen verlagerten psychischen Bildelemente.[69] Nichts indessen ist mit diesen Bildern vereinbar, was eine unversöhnliche Trennung und Aufspaltung festschreiben möchte. Das Neue Testament verwendet gelegentlich das Bild der «heiligen Hochzeit» als ein Symbol der Einheit von Christus und der Kirche und leitet daraus sogar gewisse Folgerungen für die Ehe ab (vergleiche Eph 5,22–33; Apk 21,1–2.9). Aber man wird die Reihenfolge der Betrachtung umkehren müssen: erst wenn sich seelisch im Leben der Gläubigen innerhalb der Kirche realisiert, was in dem Bild der «Hochzeit» psychisch gemeint ist, vermag man die Kirche auch sozial als so «bräutlich» zu empfinden, daß sie mit der Person und Botschaft des Christus beziehungsweise des «Lammes» in Verbindung gebracht werden kann.

Und so ist selbst zum Verständnis der Bilder, mit denen Matthäus das Ende der Zeiten und das Schicksal aller Menschen beschreibt, die Tiefenpsychologie ein unentbehrlicher Helfer, uns beim Lesen der Bibel gütiger, weiser und weiter und in jedem Falle weniger intolerant, weniger desintegriert und weniger gewalttätig zu machen. Im Grunde ist die Tiefenpsychologie gar kein «neues» Auslegungsverfahren, sie ist im Gegenteil so alt wie die Träume und Sehnsüchte der Menschen selber, und nur weil wir sogar im Herzen des Religiösen unter der Erziehung der herrschenden Form von Kirchenzucht und Theologie uns selber weitgehend fremd geworden sind, bedürfen wir einer eigenen Schule des symbolischen Denkens und Lebens in Gestalt der Tiefenpsychologie, um das Träumen, Meditieren, Beten und Lieben wiederzuerlernen. Am Ende von allem sollte stehen eine «Hochzeit des Lammes» (Apk 19,7) ohne Zerstörung, Sadismus und kriegerischen Triumphalismus.

6. Fragen der Übersetzung oder: Aramäisch auf Griechisch

«Geht hin und machet alle Völker zu Jüngern.» Mit diesen Worten Jesu endet das Matthäusevangelium (Mt 28,19); denn daß ihm als dem «Menschensohn» «alle Gewalt gegeben ist» «im Himmel und auf Erden», ist die Überzeugung, von der her und auf die hin Matthäus sein Evangelium schreibt. Es ist, so besehen, nur konsequent, daß uns dieses Evangelium in jener Sprache vorliegt, die damals «alle Welt» verstand, soweit sie lesen und schreiben konnte: in Griechisch. Allerdings handelt es sich dabei um ein Übersetzungsgriechisch, das sich in Wortwahl und Syntax nur verstehen läßt auf dem Hintergrund der griechischen Übersetzung des Alten Testamentes (der «Septuaginta») sowie – neben den Vorlagen des griechischen Markusevangeliums und der Q-Quelle – unter der Annahme eines ursprünglich aramäischen Originals. Berühmt ist die Stelle des Irenäus (gegen die Häresien, III 1,1)[1], der zum Beweis der «vollkommenen Kenntnis» der Apostel in allen Fragen des «Heilsplanes Gottes» erklärt: «Matthäus verfaßte seine Evangelienschrift bei den Hebräern in hebräischer Sprache (genauer: in deren Muttersprache, d. V.), als Petrus und Paulus zu Rom das Evangelium verkündeten und die Kirche gründeten.» Es ist historisch zweifellos falsch, wenn Irenäus fortfährt: «Nach deren Tode zeichnete Markus, der Schüler und Dolmetscher Petri, dessen Predigt für uns auf.» Zwar übernimmt auch Eusebius (Kirchengeschichte, V 8,1–5)[2] mit einem wörtlichen Zitat diese Darstellung des Irenäus, die dann über die Jahrhunderte hin für unumstößliche theologische Wahrheit gehalten wurde; in Wirklichkeit aber lehrt ein einziger Blick in die Evangelien, daß Markus sicher nicht «die Predigt des Petrus» aufgeschrieben, sondern eine Vielzahl verschiedener Quellen der Wort- und Erzähltradition (der halakhischen und haggadischen Überlieferung) über Jesus von Nazareth als Ersatz für die «mündliche Thora» der jüdischen Schriftgelehrten zusammengestellt hat[3], und zwar so vorbildlich, daß er für Matthäus und Lukas als Hauptquelle gedient hat; des weiteren zeigt ein einfacher synoptischer Vergleich an beliebiger Stelle, zum Beispiel in der Geschichte der Besessenen-Heilung in Gerasa (Mk 5,1–20; Mt 8,28–34), daß das Matthäusevangelium gewiß nicht früher entstanden sein kann als der Markus-Text; vielmehr wird auf Schritt und Tritt eine literarische Abhängigkeit erkennbar, die zwischen Matthäus und Markus besteht, und dabei ist es stets das Matthäusevangelium, dessen Fassung sich als sekundäre Veränderung des Markus-Textes zu erkennen gibt, niemals umgekehrt.[4] Zustimmen aber kann und muß man dem Zeugnis des Irenäus immerhin in der Ansicht, daß es offenbar eine semitische Urform (zumindest weiter Teile) des Matthäusevangeliums gegeben haben wird. Freilich wird diese Urform nicht «hebräisch» gewesen sein; das Hebräische war in den Tagen Jesu bereits eine «heilige Sprache» geworden, die man allenfalls noch im Gottesdienst verwandte[5] (und auch wohl noch im Bar-Kochba-Aufstand, der in gewissem Sinne auch als ein «Gottesdienst», als ein heiliger Messias-Krieg verstanden wurde[6]); die Sprache des Volkes aber war längst das Aramäisch geworden, das in der gesamten semitischen Welt bis nach Mesopotamien hinein gebräuchlich war. In Aramäisch wurden am Sabbat die heiligen Texte vorgetragen und ausgelegt, in Aramäisch wird auch Jesus zu den Leuten von Galiläa geredet haben[7], und so ist es mehr als wahrscheinlich, daß Aramäisch auch die Sprache war, in der man ursprünglich die Worte und Taten Jesu überlieferte. Andererseits gibt es freilich gewisse Hinweise, daß schon dem Markusevangelium *hebräische* Überlieferungen zur Vorlage gedient haben müssen, und so müßte man annehmen, daß bereits sehr früh die Jesus-Überlieferung den Charakter eines heiligen, gottesdienstlichen Textes angenommen hat, der dem Alten Testament gleichrangig zur Seite gestellt werden sollte.[8] Doch wie dem auch sei – für uns Heutige ergibt sich das Problem, wie sich das Matthäusevangelium adäquat übersetzen läßt.

Eines ist von vornherein klar: Es kann nicht erlaubt sein, «gutes» Deutsch in Stellen hineinzuübersetzen, die im Matthäus-Text schon «schlechtes» Griechisch sind, und das ist fast allerorten der Fall – die «Semitismen» *sind* nicht gelegentlich in die Sprache des Matthäus eingestreut – sie sind die Sprache des Matthäus. Also muß man auch in der deutschen Übersetzung versuchen, das semitische Sprachkolorit nach Möglichkeit durchscheinen zu lassen.

Das betrifft vornean die Wortstellung. Anders als im Deutschen, wo die Regel gilt: Subjekt, Prädikat, Objekt, beginnt der hebräische Satz mit einem Verb, gefolgt von dem Subjekt, hernach das Objekt, ganz so, wie es jeder aus dem ersten Vers der Bibel kennt: «Am Anfang schuf Gott Himmel und Erde» (Gen 1,1). Da Matthäus entsprechend der semitischen Syntax, abweichend auch von der griechischen Wortfolge, Satz für Satz das Verb an den Anfang des Satzes stellt, bleibt für eine angemessene Übersetzung nichts anderes übrig, als diese stilistisch sperrige, aber außerordentlich «sprechende» Eigenart des Matthäusevangeliums nachzubilden. Des weiteren der Satzbau: Das Deutsche, nicht anders als das Griechische, liebt die Über- und Unterordnung von Satzteilen, das Hebräische und Aramäische hingegen bevorzugt die Reihung (die Parataxe); auch hierdurch entsteht eine für uns fremde, doch höchst charakteristische Satzmelodie, die in der Übersetzung nicht verloren gehen darf. Insbesondere das ständige «und» am Satzanfang sollte nur in den dringendsten Fällen durch Partikel wiedergegeben werden, die den Zusammenhang präziser beschreiben, wie «doch», «also», «aber», «so daß», «und zwar» et cetera –. Kennzeichnend für die hebräische beziehungsweise aramäische Prosa ist des weiteren die Gliederung des Satzes in rhythmische Atemeinheiten, in Qolen[9]; ganz entsprechend muß in der deutschen Übersetzung durch den Rhythmus der Wortakzente deutlich werden, in welchen Einheiten der jeweilige Satz zu lesen ist.

All das sind Regeln, denen wir bereits bei der Übersetzung des Markusevangeliums zu folgen versuchten.[10] Da das Markusevangelium für Matthäus als literarische Quelle gedient hat, sollte man bestrebt sein, alle Worte, die Matthäus aus dem Markus-Text übernimmt, auch so wiederzugeben, wie sie in der deutschen Version des Markus lauten, und alle Veränderungen entsprechend deutlich zu markieren. Dieselben Grundsätze, nach denen schon die Markus-Übersetzung erfolgte, sind von daher unverändert auch für Matthäus in Geltung. Freilich ergibt sich aus der hebräischen beziehungsweise aramäischen Vorlage des Matthäusevangeliums eine Reihe von Problemen, denen im Grunde keine Übersetzung genügen kann.

a) Fehlübersetzungen im griechischen Text

Da ist zum ersten das Problem der offensichtlichen Übersetzungsfehler bereits im griechischen Text des Matthäus. Was soll man tun – soll man sie korrigieren oder stehen lassen? Einfach fällt die Entscheidung zum Beispiel in Mt 21,5.7, wo Matthäus die zwei Esel einführt, auf denen Jesus wider alle physische Möglichkeit in Jerusalem eingeritten sein soll; diese zwei Esel verdanken ihre Existenz, wie wir sahen, einzig der griechischen Übersetzung der Bibel, der Septuaginta – wenn man ihr Griechisch griechisch und eben nicht «semitisch» liest. Matthäus ohne Zweifel hat diese Stelle «griechisch» gelesen, indem er einen hebräischen Parallelismus als Aufzählung interpretiert hat – doch da er sein Mißverständnis der Prophetenstelle aus Sach 9,9 in seine Erzählung als festen Bestand einbaut und absichtlich sogar die Vorlage des Markus-Textes noch entsprechend korrigiert, ist jeder Übersetzer gehalten, gleichermaßen mit Matthäus sich auf die zwei Esel zu setzen.

Doch es kann ärger kommen. In der Erzählung vom Hauptmann in Kapharnaum (Mt 8,9) stellt sich der römische Gouverneur mit den sonderbaren Worten vor: «Auch ich bin ja ein Mann unter (Befehls)Gewalt, und sage ich zu dem da: Geh!, so geht er...» Natürlich macht der Satz nur Sinn, wenn hier nicht ein Mann «unter» Befehlsgewalt spricht, der selbst gehorchen muß, sondern wenn hier jemand redet, der selbst das Sagen hat, weil er mit Befehlsgewalt ausgestattet ist. Tatsächlich dürfte es auf Aramäisch einmal geheißen haben: «Ich bin doch selbst ein Mann in Autorität»[11] – eine Autoritätsperson also, deren Anweisungen ohne Zögern ausgeführt werden; und eben diese Fähigkeit, Autorität zu besitzen, ist der Vergleichspunkt zwischen ihm selber und der Person Jesu, der nach Meinung des Hauptmanns noch über weit mehr «Befehlsgewalt» verfügt. Dieser entscheidende Vergleichspunkt geht aber verloren, weil der Text schon bei Matthäus allzu «demütig», das heißt ganz einfach falsch übersetzt ist. Was läßt sich im Deutschen da anderes machen, als derartige Kröten zu schlucken und solche Fehler mitzuübersetzen, in der Hoffnung, daß der deutsche Leser heute sich seinen Teil dabei denken mag, nicht anders als vielleicht schon der griechische Leser damals?

Es gibt freilich Stellen griechischer Fehlübersetzungen im Matthäusevangelium, wo sich im Deutschen die Gedankenlosigkeit der Übersetzer geradezu verheerend auswirkt und wo man den Wortlaut des Matthäus korrigieren muß, um seinen Sinn zu retten. Drei besonders schlimme Beispiele mögen das verdeutlichen.

Als relativ harmlos mag als erstes noch die übliche Fehlübersetzung von Mt 5,13 gelten, wo es dem griechischen Text nach heißt: «Wenn aber das Salz stumpf wird, womit soll es salzig gemacht werden?», beziehungsweise: «womit soll dann gesalzen werden?» Sinngemäß aber kann es nur heißen: «was soll man damit salzen?»[12] Es handelt sich um eine Konstruktion, die nur aus dem Semitischen verständlich ist; die absurde Idee, daß man Salz mit Salz salzen könne, um es wieder salzig zu machen, legt erst der griechische Wortlaut nahe, wenn man ihn nicht auf dem Hintergrund des Hebräischen beziehungsweise Aramäischen sieht. Immerhin reduziert der Schaden sich hier noch auf Unverständlichkeit, Lachen oder Kopfschütteln.

Zu einer rechten Katastrophe gerät jedoch bereits das zweite Beispiel. Am Ende der Bergpredigt in Mt 7,21 sagt Jesus, «wörtlich» übersetzt: «Nicht jeder, der zu mir sagt: Herr, Herr, wird in das Königtum der Himmel gelangen, sondern wer den Willen meines Vaters tut, des in den Himmeln.» Diese zentrale Stelle des Matthäusevangelium enthält, so ausgedrückt, gleich drei schwere Übersetzungsfehler auf einmal. Als erstes: das «Herr, Herr»-Sagen.

Die Schwierigkeit der Übersetzung ist hier ähnlich wie in Mt 5,37, wo Jesus, wörtlich übersetzt, sagt: «Deine Rede sei: Ja, Ja – Nein, Nein.» Um den Sinn dieser Stelle wiederzugeben, muß man im Deutschen mit den Artikeln spielen, die im Griechischen nicht dastehen; man müßte übersetzen: «Deine Rede sei: das Ja ein Ja, das Nein ein Nein...»; übrigens: statt des substantivischen «deine Rede» müßte es im Deutschen lauten: «Wenn du redest, dann sei...» Analog verhält es sich in Mt 7,21. Es geht nicht darum, daß die Leute nicht immer nur «Herr, Herr» sagen sollen (wie zum Beispiel am Anfang der katholischen Meßfeier, die gleich neunmal mit «Herr erbarme dich» und «Christus erbarme dich» beginnt), sondern daß sie lediglich «den Herrn als den Herrn» anreden; es genügt nicht, will Matthäus deutlich machen, das christologische Bekenntnis aufzusagen und entsprechend (im Gebet) zu formulieren: «Herr (bist du), Herr», was so viel besagt wie: «Gott bist du als der Messias»; nicht das orthodoxe Hersagen der kirchlich festgelegten Formeln, sondern das «Tun» entscheidet über die Stellung eines Menschen zu Gott. – Immerhin: bis dahin verdirbt die übliche Fehlübersetzung der Stelle zwar den Sinn dieser Aussage, sie richtet aber noch keinen allzu großen Schaden an. Ein solcher hingegen entsteht zum zweiten durch das absolut irreführende: «Nicht jeder...» «Nicht jeder» – das heißt nach den Gesetzen der Logik: immerhin einige doch noch: Selbst also wenn Leute nichts weiter tun, als sich und andere mit christlichen Lehrformeln zu beruhigen, so steht demnach allenfalls zu befürchten, daß von ihnen «nicht jeder» ins Himmelreich kommt! Grotesker kann man das, was der Evangelist an dieser Stelle mit Berufung auf die Haltung Jesu sagen will, nicht auf den Kopf stellen. Denn es ist ganz eindeutig: «Überhaupt niemand, der nur zu mir sagt: Herr (bist du), Herr, wird in das Königtum der Himmel eingehen...» – das ist die radikale und rigorose Abrechnung des Matthäus mit den «Schriftgelehrten», mit den «Theologen» seiner eigenen Kirche! Eine Theologenkommission indessen, die selbst in den achtziger Jahren des zwanzigsten Jahrhunderts noch eine ökumenische Einheitsübersetzung in deutscher Sprache vorlegt, in der dieses Todesurteil des Matthäus über die gesamte Abspaltung der «Theologie» von der Existenz verharmlost wird zu «nicht jeder», gaukelt eine Rettung für den eigenen Stand dort vor, wo durchaus keine Rettung ist noch sein soll. – Der dritte Fehler erinnert an Martin Luthers Übersetzung des Römerbriefes. «Der Mensch wird nicht gerettet durch die Werke des Gesetzes, sondern nur durch Gnade», hatte der Reformator geschrieben. «Da staunen die Ochsen, woher wohl das nur kommt...» meinte er sarkastisch über seine Kritiker.[13] Das «nur» ergibt sich im Hebräischen beziehungsweise Aramäischen aus der Verneinung im Vordersatz: wenn nicht dies, dann nur das – Entweder-Oder, das ist ein Denken in der Logik der Sprache, in welcher der Gott der Bibel sich offenbarte. So jetzt auch hier: «Kein Mensch, der (lediglich) sagt: Herr (bist du), Herr!, wird in das Königtum der Himmel gelangen, sondern nur wer den Willen meines Vaters tut...» Dieses «nur» darf nicht fehlen, oder der ganze Satz stimmt nicht. Er ließe sonst Spielraum für die übliche Sophisterei, daß es zum rechten Tun doch unbedingt des rechten Bekennens bedürfe – und um das rechte Bekennen sorgt sich nun einmal jener Stand von theologischen Gelehrten, denen die Lehre von Gott und seinem Sohn so über alle Maßen wichtig ist, daß man sie geradewegs beleidigt, fragt man sie nach ihrem persönlichen Leben.[14] Nein, was Matthäus sagen will, ist gerade die ausschließliche Bedeutung des wirklichen Lebens. Man vergleiche wie zum Kommentar dazu die Fluchreden Jesu über die «Schriftgelehrten» in Mt 23,3-5 sowie das Gleichnis vom Großen Weltgericht in Mt 25,31-46, und man sieht völlig klar, was der Evangelist in den abschließenden Worten seiner Bergpredigt sagen will. – Ein vierter Fehler kann sich über die Übersetzung hinaus aus dem Wort «Tun» ergeben: da soll gerettet werden nur, wer den Willen Gottes «tut» – und schon hebt seit den Tagen des PAULUS und AUGUSTINUS, des LUTHER, CALVIN und PASCAL die Frage an, ob ein Mensch denn wirklich «tun» könne, was Gott wolle: «Gesetz» und «Evangelium», «Freiheit» und «Gnade» – alle Worte sind hier vieldeutig geworden. Nun ist es gewiß wahr, daß Matthäus die «Vergesetzlichung» der Botschaft Jesu in fast antipaulinischer Zuspitzung betreibt; seine Meinung zur «Werkegerechtigkeit» ist hier nicht anders zu verstehen als die des durch und durch «jüdischen» Jakobus-Briefes, den LUTHER eben wegen des scheinbaren Widerspruchs zur reformatorischen Rechtfertigungslehre eine «Strohepistel» nannte.[15] Doch geht es auch im Sinne des Matthäus ganz sicher nicht um ein «Tun» im Sinne einer «katholischen» Werkfrömmigkeit, sondern was er mit «Tun» meint, ist so viel wie «Existenz» oder «wirkliches Leben». «Nur wer sein Leben auf das hin ausrichtet, was Gott will, gelangt in das Himmelreich», das ist der Sinn der Stelle; «bekennen» und «reden» hingegen kann man vieles. Um das Gemeinte zu verstehen, vergleiche man das Beispiel des Matthäus von den zwei Söhnen (Mt 21,28-31), von denen der eine sagt, er wolle nicht auf dem Feld arbeiten, es aber dann doch tut, während der andere sagt, er wolle schon gehen, es aber nicht «tut». Vor Gott zählt nur, was ein Mensch wirklich macht, das will Matthäus sagen. – Es scheint kein Zufall, daß es in Theologenkreisen bis heute unmöglich scheint, die Stelle von Mt 7,21 so zu übersetzen, daß es wirklich trifft und gilt: Existenz statt Doktrin, Leben statt Lehren, Bekenntnis statt einer «Erkenntnis» toter Redensarten.

Als drittes Beispiel für Fehlübersetzungen schon im griechischen Text des Matthäus mag ein nicht minder brisantes Jesuswort gelten, das bezeichnenderweise ebenfalls immer wieder falsch übersetzt wird. In Mt 21,31 fährt Jesus die Schriftgelehrten und die Pharisäer mit den Worten an: «Die Zöllner und die Huren kommen vor euch in das Königtum der Himmel.» Nun gut, mag, wer dieses Wort hört, bei sich denken, dann werden eben die «Pharisäer» und «Schriftgelehrten» hinterdrein kommen. «Vorher», das macht ja überhaupt nur Sinn, wenn es ein «Nachher» gibt, und eben dies scheint in dem Wort Jesu förmlich garantiert zu werden. «Wörtlich» genommen, verspricht Jesus den «Pharisäern» und den «Schriftgelehrten» also, wenngleich in Abänderung der üblichen Prozessionsordnung, geradewegs den Einzug in den Himmel. Nur: so kann es nicht gemeint sein, und so ist es nicht gemeint. «Vor euch» – das ist (wieder einmal!) schlecht übersetztes Aramäisch beziehungsweise Hebräisch; das dem Griechischen zugrundeliegende semitische Wort lautet ohne Zweifel: «vor euerem Antlitz»[16], und das heißt hier: «vor euerer Nase her»! «Die Zöllner und die Huren kommen in das Königtum der Himmel, – ohne euch! – ihr nicht!»: das will Jesus hier sagen. Wieder wird die unbedingte Schärfe dieser Verfluchung eines ganzen Standes von Theologen im Judentum wie in der Kirche auf eine Weise fehlübersetzt, daß damit die neutestamentlichen «Experten» der Theologie selber ganz gut leben können. Man mag nicht glauben, daß ihre Blindheit an solchen Stellen Zufall ist.

Andere Beispiele sind, gemessen daran, harmlos zu nennen. Laut Mt 13,41 zum Beispiel werden die Engel des Menschensohnes im Endgericht «all die Verstörungen und all die Handlanger der Gesetzlosigkeit» zur Rechenschaft ziehen. Die Stelle ist ganz deutlich ein Zitat aus Ps 6,9; Zeph 1,3; das Wort von den «Handlangern» müßte sich natürlich auf beides beziehen: auf die «Verstörungen» ebenso wie auf die «Gesetzlosigkeit»; bestraft wird, wer das eine tut oder das andere. Erkennbar liegt hier erneut schon im griechischen Matthäusevangelium die Fehlübersetzung eines ursprünglich semitischen Textes vor. In solchen Fällen wird man der (Fehl)Übersetzung des Matthäus wiederum einfach folgen müssen, in der Hoffnung, daß der Leser, gewarnt bereits durch die genannten Beispiele, sich den entsprechenden Satz selber zurechtlegen mag.

Schwerer als derartige «Fehler» des griechischen Matthäus wirken indessen vor allem jene Übersetzungsfehler, die bei der Übertragung ins Deutsche schier unvermeidbar werden, weil es für manche griechischen beziehungsweise hebräischen oder aramäischen Worte und Redewendungen im Deutschen keine entsprechenden Ausdrücke gibt. Was soll man da machen?

b) Unübersetzbare Worte, die dennoch übersetzt werden müssen

Beginnen wir, um das Problem darzustellen, mit dem häufigen «Amen», mit dem Jesus viele seiner Worte einleitet – 31mal kommt dieses Wort allein bei Matthäus vor, 13mal bei Markus, nur 6mal bei Lukas, doch 50mal bei Johannes. Man darf darin eine Formel erkennen, die Jesus selber so gebraucht hat[17], ähnlich der häufigen Redewendung: «Spruch des Herrn», mit der die Propheten sich in ihren Worten als Boten Gottes kennzeichnen wollten.[18] Im Unterschied aber zu dem «Botenspruch» der Propheten ist das «Amen» Jesu eher so etwas wie die souveräne Antwort eines von Gott Angeredeten, eine leidenschaftliche Bestätigung dessen, was Gott ihm gesagt hat. «Amen» – das heißt: «Ich sage, weil Gott mir sagt», es ist aber das Ich, das hier redet, durchaus nicht nur ein «Bote», der einen Auftrag ausrichtet, sondern eine Person, die von sich her ganz und gar bejaht und dazu steht, was sie sagt. Mit diesem «Amen» beginnt niemals eine «schriftgelehrte» Rede, sondern ein Sprechen, das die eigene Person vollkommen umgreift. «Amen» – das ist etymologisch aus dem hebräischen Wort für «glauben» beziehungsweise «vertrauen» abzuleiten, und eben darin gründet jeweils der Ausspruch, den Jesus mit «Amen» beginnt: es ist eine Versicherung, daß das, was jetzt gesagt sein will, unbedingt stimmt, weil Gott es so sagt, im Vertrauen der ganzen eigenen Existenz in das Wort Gottes. Wie also ist dieses «Amen» zu übersetzen? Es ist unmöglich, das semitische Wort – ein Fremdkörper schon im Griechischen! – auch im Deutschen einfach so stehen zu lassen; denn dieses Wort ist durch die kirchliche Gebetspraxis so leergeredet worden, daß es außerhalb davon eher erheiternd als ernst und energisch wirkt. Es soll aber mit «Amen» eine Wahrheit bestätigt werden, die gilt, weil Gott sie so sagt. Das Wort «Gott» ist in den Tagen Jesu für jüdische Ohren bereits fast so tabu wie das Tetragramm des Gottesnamens («Jahwe»); man umschreibt, wenn man «Gott» sagen will, das Tun Gottes in passivischen Wendungen oder setzt für die Wirklichkeit Gottes den «Himmel» (beziehungsweise hebräsierend: «die» Himmel), die «Engel», das «Königtum», die «Macht», oder man nennt Gott den «Höchsten». Es ist Jesus, der sich zwar an diese Gepflogenheiten hält, dafür aber Gott mit dem zärtlichsten Wort anredet, das Menschenkinder neben dem Wort «Mama» sagen können: «Abba», Papa[19], und ohne Zweifel ist der Gott, den Jesus so bezeichnet, jenseits der Differenz von «väterlich» und «mütterlich», von «männlich» und «weiblich» einfach nur gütig, uns grundlos bejahend, uns unbedingt meinend; das Wort «Amen» aber ist die uneingeschränkte Antwort des Gott hörenden Menschen auf diese Bejahung. «Ja, Vater» müßte man «Amen» übersetzen, so wie Jesus es selber in Mt 11,26 sagt; aber so wäre es keine Übersetzung mehr, sondern nur noch Paraphrase, und es machte zudem vergessen, daß Jesus mit der Wendung «Amen» nicht ein Gespräch mit Gott einleitet, sondern eine Rede, die zuvor von Gott kommt, aber an die Menschen gerichtet ist. «Bei Gott» scheint daher die beste Wendung für diese eigentümliche Redeweise Jesu zu sein, mit der er in Gott bei den Menschen ist, um sie zu eben jenem Vertrauen hinzuleiten, das er selber seinem «Vater» entgegenbringt.

Übersetzungschwierigkeiten infolge fehlender deutscher Begriffe treten natürlich gehäuft auf, wenn, wie in diesem Beispiel bereits, die Worte, die im deutschen Sprachraum an sich zur Verfügung stünden, durch die kirchliche Verkündigungssprache ihres Inhaltes weitgehend beraubt oder geradewegs bis zum Sinnwidrigen verfälscht worden sind, und das ist mit Regelmäßigkeit gerade an den besonders wichtigen und deshalb relativ vertrauten Stellen des Matthäusevangeliums der Fall. Als Beispiel braucht man nur die «Seligpreisungen» (Mt 5,3–12) und das «Vater-unser» (Mt 6,9–13) zu betrachten.

Bei den «Seligpreisungen» beginnen die Schwierigkeiten schon bei dem Wort «selig». Es ist im Jargon der Theologensprache so verfeierlicht und vom wirklichen Leben abgehoben, daß es nichts anderes mehr verheißt als eine lächerliche Karikatur des Menschseins. Wer im Alltagsdeutsch etwas «selig» nennt, der macht sich über etwas lustig, und aus diesem Dilemma kommt ein Übersetzer auch nicht heraus, indem er der Sakralsprache der Bibel eine eigene Geltung zuspricht. Jesus hat in den «Seligpreisungen» keine Ikonen und Heiligenbildchen malen, sondern den erdrückenden Alltag leidender Menschen von Gott her verwandeln wollen. Mit anderen Worten: das Wort «Seligpreisung» mag unerläßlich bleiben zur Bezeichnung eines literarischen Abschnittes des Matthäusevangeliums, aber das Wort «selig» in der Übersetzung der «Seligpreisungen» ist völlig unbrauchbar geworden. Auf der Suche nach einem profanen Wort für einen Zustand intensivsten Lebens gibt es im Deutschen wohl nur das Wort «glücklich». Es bezeichnet nicht mehr einen sakrosankten Stand von «Heiligen», denen von fern her schon die Ehre der Altäre der (katholischen) Kirche verheißen wird, es beschreibt ganz einfach ein Gefühl, das sich regt, wenn man das Leben mit den Augen Gottes zu betrachten beginnt. Das allerdings ist dabei zu sagen: «glücklich» in diesem Sinn ist nicht, wer «Glück hat», sondern wer die Wahrheit lebt, die in ihm liegt. Dann aber beschreiben die «Seligpreisungen» eine einzigartige Umwertung der Wirklichkeit, die sich sprachlich nur nachvollziehen läßt, indem man die Schlüsselbegriffe ganz und gar ambivalent formuliert: sie müssen etwas bezeichnen, das dem unmittelbaren Verständnis nach als Inbegriff des Unglücks gelten muß, während es in

Wahrheit gerade als Vollendung des Glücks erscheint, wenn man es von Gott her zu leben beginnt.

Daß es sich so verhält, wird gleich in der ersten «Seligpreisung» deutlich: «Glücklich, die Armen» (Mt 5,3). Armut ist das Schicksal, das man gewiß am liebsten vermeiden möchte; aber es kann ein «Glück» sein, arm zu sein, wenn es «aus Geist» geschieht, wie FRIDOLIN STIER treffend übersetzt, sehr im Unterschied zu dem «wörtlich» korrekten, aber inhaltlich falschen «arm im Geiste», das die meisten Übersetzungen bis heute beibehalten[20]. Es geht nicht darum, arm «im», also «an» Geist zu sein, sondern das «im» des Matthäus ist hier instrumental zu übersetzen: glücklich sind die Menschen, die durch Geist zur Armut finden. Der «Geist», von dem da die Rede geht, ist allerdings nicht der «Geist» des Menschen, also seine subjektive Haltung und Einstellung, sondern der «Geist» Gottes, in dessen Kraft schon (Trito)Jesaja (61,1) kam, «den Elenden (Armen) frohe Botschaft zu bringen». Andererseits geht es natürlich auch darum, nach dem Vorbild aus Jes 57,15 «den Geist der Gebeugten (Armen) zu beleben und das Herz der Zerschlagenen zu erquicken». Was Matthäus schildern will, ist gerade die Verwirklichung dieser «Verheißungen»; eben deshalb gruppierte er ja unterhalb des Berges, von dem herab Jesus zu den Scharen redete, «alle, die übel dran waren», daß Jesus sie heile in der Kraft des Geistes Gottes, in dessen Kraft er selber «empfangen» wurde (Mt 1,20) und dessen Beistand seit der Szene der Taufe auf ihm ruht (Mt 3,16). Gerade so aber ereignet sich in all den «Seligpreisungen» jene vollkommene Umqualifizierung der menschlichen Existenz, indem Menschen in der Nähe Jesu es lernen, «aus» eben jenem «Geiste» zu leben, der in dem Mann aus Nazareth wirksam ist: Das, was an sich als bemitleidenswerte Schande betrachtet wird: die Armut, ist so armselig nicht, wenn sie statt eines Schicksals von außen in innerer Freiheit gelebt wird. Arm sein zu müssen, stellt zweifellos etwas Bejammernswertes dar, doch arm sein zu dürfen, bedeutet eine unerhörte Befreiung. Gerade darin besteht ja die alles verwandelnde Macht Gottes, daß sich von ihm her als Segen erweist, was sonst, nach rein irdischem Maßstab betrachtet, als Fluch erscheinen müßte.

Wenn man so will, kehrt sich in den Seligpreisungen Jesu jene Umqualifizierung des Daseins wieder um, mit der am «Anfang» der Menschheit, nach dem sogenannten «Sündenfall», das gesamte Erleben der Welt sich vom «Guten» ins «Böse», das heißt ins Unheilvolle und Zerstörerische wandelte[21]: «Damals», vor dem «Sündenfall», konnten die Menschen «nackt» sein, ohne sich dessen schämen zu müssen (Gen 2,25); sie konnten aus «Staub» geschaffen sein und mußten dennoch nicht ständig in dem Gefühl leben, hinfällig, ohnmächtig und wertlos zu sein (Gen 2,7); sie konnten arbeiten müssen und brauchten sich dennoch nicht wie entleert und betrogen zu fühlen (Gen 2,15); sie konnten als Mann und als Frau sich aufeinander angewiesen fühlen und mußten dennoch nicht das Empfinden wechselseitiger Erniedrigung haben (Gen 2,25). «Armut» – das ist das gesamte menschliche Dasein; doch wie sie erlebt wird: als Fluch oder Heil, als Schande oder Segen, als Schuld oder Reichtum, das hängt davon ab, wie ein Mensch zu Gott steht. Es ist dieselbe Welt, die dem Menschen jenseits von Eden, dem Menschen im Zerwürfnis mit seinem Ursprung, als Quelle endloser Leiden erscheint: Seine Nacktheit wird ihm zum Inbegriff der Ausgesetztheit und Verlorenheit (Gen 3,7), seine Herkunft aus dem Staub zur Gewißheit einer letzten und endgültigen Sinnlosigkeit und Todverfallenheit (Gen 3,19), all seine Tätigkeiten inmitten der Welt verderben zu einer zwanghaften «Maloche» ohne Ertrag und Bedeutung (Gen 3,17), und seine Verwiesenheit auf die Partnerschaft anderer Menschen verformt sich in eine unentrinnbare Kette demütigender und entehrender Abhängigkeiten.[22] An der wesentlichen «Armut» des Menschen läßt sich nichts ändern; doch wer sie im Feld der Gnadenlosigkeit jenseits von Eden mit äußeren Mitteln wie Geld und Macht, Autarkie und Erfolg zu überwinden trachtet, der dreht die Schraube der Qual und der Mühsal nur immer tiefer ins Holz der Geschichte und ins Fleisch des Menschen. Umgekehrt: wer es vermag, die Armut des Seins nicht länger zu fliehen, sondern von innen heraus zu bejahen, der findet zurück in jenen Frieden und in jene Harmonie, die Gott vorschwebte, als er den Menschen erschuf. Arm sein – das heißt in diesem Sinne, die ursprüngliche Qualität seines Daseins wiederzufinden und einzutauchen in ein Feld der Gnade, wie es «am Anfang» bestand, das heißt: von Gott her *wesentlich* besteht. In dieses Wesen der Dinge den Menschen von Gott her zurückzuführen war die ganze Absicht Jesus; er wollte den Menschen von Gott her, das heißt aus Geist erneuern, indem er gerade die Punkte des Lebens durchgehen und durcharbeiten wollte, die immer wieder im Felde der Angst die stärksten Energien zu Verstörung und Zerstörung freisetzen.

Alle Worte der ersten drei «Seligpreisungen» sind in dieser Dialektik der gegensätzlichen Qualifizierungen des Daseins je nach der Stellung des Menschen vor Gott zu übersetzen. So, wenn es gleich in der zweiten Aussage Jesu heißt: «Glücklich die Trauernden ...» (Mt 5,4). Es ist nicht an eine «Trauer» zu denken, die sich momentan durch eine bestimmte einzelne Erfahrung ergibt, wie zum Beispiel in Mt 2,18, wo die Trauer Rachels, der Ahnfrau Israels, über die Ermordung der Kinder in Bethlehem geschildert wird; gemeint ist vielmehr eine Traurigkeit, die den Menschen erfaßt, wenn sein Leben sich reduziert auf die Leere und Hohlheit eines buchstäblich gottvergessenen Daseins. Traurig wird ein Mensch, wenn er etwas verliert, an dem sein Herz hängt; die Trauer aller Traurigkeiten aber ist es, Gott verloren zu haben. Gewiß, man kann diese Trauer betäuben durch alle möglichen Formen gleißenden «Glücks», aber man verliert dabei nur immer weiter sich selbst. Die ersten drei «Seligpreisungen» Jesu wollen den Schmerz des menschlichen Daseins jenseits von Eden bewußt machen und auf Gott hin öffnen beziehungsweise von Gott her überwinden. Die entscheidenden Worte müssen daher so «negativ» klingen, damit deutlich wird, daß alles Unglück im Feld der Gottesferne selber liegt; dann erst kann sich jene «Umkehr» ergeben, auf die Jesus so sehr hoffte (Mt 4,17).

Die Trauernden – «werden getröstet werden», lautet des weiteren die übliche Übersetzung der Stelle. Aber das griechische Wort heißt nicht «trösten», sondern «zusprechen» oder «zureden»; an den meisten Stellen des Matthäusevangeliums bedeutet es so viel wie «bitten» (Mt 8,5; 8,31; 14,36; 18,29. 32; 26,53); hier aber, sowie in Mt 2,18, hat es die Bedeutung von «zum Herzen reden», «trösten». Es sollte nun freilich als Übersetzungsregel gelten, das gleiche Wort, so gut es geht, auf die gleiche Weise zu übersetzen: «zusprechen» oder «zureden», das ist das Wort, das im Deutschen alle Inhalte des griechischen Ausdrucks umfaßt. Aber dann: «werden die Trauernden Zuspruch erfahren»? Derjenige, der sie «tröstet», ist Gott; es ist sein Tun, das in der Passivwendung umschrieben wird; auch im Deutschen muß man diese charakteristische Ausdrucksweise beibehalten. Schwieriger aber ist es mit dem *Futur* – es ist erneut das Ergebnis einer Fehlübersetzung des Semitischen ins Griechische. Korrekt wäre es zu sagen: «denn sie werden *hiermit* getröstet.» Indem Jesus zu den Trauernden redet, ist er der Zuspruch Gottes an sie. Da wird nichts mehr für eine weitere Zukunft verheißen, da verwirklicht sich die Verheißung aller Propheten im gegenwärtigen Augenblick des Zuspruchs selbst. Was im Griechischen im Futur übersetzt dasteht, ist im Semitischen in Wahrheit als eine vollendete Handlung zu verstehen, deren Ergebnis in der Gegenwart vorliegt. So kennt das Ägyptische die śḏmnf-Form, die zwar meist die Vergangenheit beschreibt, aber vor allem in Ritualtexten als synchrones Präsens übersetzt werden muß.[23] Die häufige altägyptische Formel: djnj nk t^{3}w nbw zum Beispiel darf nicht, wie es oft geschieht, übersetzt werden als: «Ich habe dir alle Länder gegeben», sondern es muß heißen: «Hiermit übergebe ich dir alle Länder.»[24]. Gerade so verhält es sich in Mt 5,4 mit dem Zuspruch Gottes an die Trauernden: auf Altägyptisch mußte hier das synchrone Präsens der śḏmnf-Form stehen: «Die Trauernden sind glücklich zu preisen, denn sie erfahren jetzt Gottes

Zuspruch.» Keinerlei Futur ist mit dem Sinn dieser Stelle vereinbar. – Dasselbe gilt von all den Verbformen der Bergpredigt, die in Mt 5,4–9 im Futur formulieren, was gerade nicht mehr Futur, sondern sich vollziehende Gegenwart ist. Gleichwohl bleibt auch hier im Deutschen keine andere Wahl, als die Fehler des neutestamentlichen Textes als Fehler wiederzugeben und sie nicht durch eine bloße Paraphrase zu «verbessern».

Wie aber dann in Mt 5,5, wo vermeintlich den «Sanftmütigen» «das Land» verheißen wird? Mit «sanftmütig» wird im Deutschen eine Haltung oder Verhaltensweise bezeichnet; gemeint aber ist – nicht anders als bei der Armut und der Trauer – an dieser Stelle keine subjektive Einstellung, sondern ein objektiver Zustand. Wohl beschreibt Jesus in Mt 11,28 sich selbst mit diesem Wort und nennt sich dort «erniedrigt der ganzen Herzensgesinnung nach», und in Mt 21,5 zitiert der Evangelist die Prophezeiung aus Sach 9,9: «Siehe, dein König kommt zu dir sanftmütig, (und) reitend auf einer Eselin.» In der Weissagung des Alten Testamentes soll der verheißene König «sanftmütig» sein, weil er die Kriegswaffen seiner Gegner zerschmettern wird – was aber heißt dann «sanftmütig»? Die in so gut wie allen Übersetzungen verwendete Vokabel steht in geradezu groteskem Kontrast zum Kontext der Prophetenstelle; allenfalls, daß man diesen militanten König Israels für bedingt «pazifistisch» halten müßte, ist er doch offenbar zumindest nach dem Endsieg über seine Feinde «zum Frieden entschlossen». Das in der Seligpreisung Jesu aber eigentlich Gemeinte ist offenbar der Zustand, der nach der erzwungenen «Abrüstung» eintritt: die vollkommene *Wehrlosigkeit.* Auch hier muß der Ausdruck so übersetzt werden, daß er zunächst vollkommen negativ klingt; er gibt gerade keine sittliche Tugend wieder, sondern einen durchaus bejammernswerten Zustand: wer auf dieser Erde *wehrlos* ist – das zeigt die Bibel spätestens mit der Geschichte von Kain und Abel (Gen 4,1–18) –, der ist ein Halt- und Heimatloser, der ist ein Todgeweihter, den wird jeder aus seinem Revier vertreiben können, und er wird ein vollkommen Schutz- und Rechtloser in dieser Welt sein. Aber: es ist möglich, – genauso wie die «Armut» und die «Trauer» –, auch «die Wehrlosigkeit» «aus Geist» zu leben, und dann ereignet sich das Paradox: gerade Menschen der Wehrlosigkeit aus Geist gewinnen recht eigentlich «Heimat» auf Erden und gelangen in das «Land», das Gott schon den Vätern in Aussicht gestellt hat. Nicht in dem Besitz Palästinas besteht die «Erbschaft» dieses «Landes», sondern darin, die äußerste Schutzlosigkeit des Daseins zu akzeptieren und alle Rüstungen abzustreifen, dafür aber in der eigenen Haut und bei sich «zu Hause» und heimisch zu werden.

Und schließlich, als letztes Beispiel aus der Bergpredigt, die Stelle aus

Mt 5,6: «Glücklich die hungernd (und dürstend) sind» – diese Wendung entspricht Lk 6,21, und es ist offensichtlich, daß nur zu ihr die «Sättigung» paßt, die Matthäus in dieser vierten Seligpreisung verwirklicht sieht. Aber er fügt dem Hunger noch den Durst hinzu und ergänzt beide durch ein Wort, das für gewöhnlich mit «Gerechtigkeit» wiedergegeben wird, so daß es heißt: «Selig, die hungernd und dürstend sind nach der Gerechtigkeit.» So aber kann es nicht heißen. Das deutsche Wort «Gerechtigkeit» ist auf das engste gebunden an die Vorstellung von Recht und Ordnung, und es bezeichnet vor allem die angemessene Verteilung von Gütern und Lebensansprüchen. Was Jesus meint, ist demgegenüber etwas völlig anderes und hat mit «Gerechtigkeit» im Deutschen allenfalls sehr entfernt etwas zu tun. Zugrunde liegt dem griechischen Wort für «Gerechtigkeit» das hebräische Wort zdqh, was so viel heißt wie «rechte Lebensart», «Frömmigkeit», «Rechtschaffenheit».[25] In jedem Falle geht es hier wesentlich darum, daß die Stellung des Menschen zu Gott so ist, wie sie sein sollte. Die beste Übersetzung für das griechische Wort dikaiosynä (Gerechtigkeit) scheint deshalb im Deutschen zu lauten: «das richtige Leben (vor Gott)»; und es wird nötig sein, diesen Ausdruck selbst dann beizubehalten, wenn er sich aufgrund seiner Länge ausgesprochen sperrig ausnimmt.

So zum Beispiel gleich am Anfang in Mt 3,15: Da lassen die meisten Übersetzer Jesus zu Johannes sprechen: «So gebührt es uns, alle Gerechtigkeit zu erfüllen.» Doch dieser Satz enthält drei Fehlübersetzungen auf einmal. «Es gebührt uns» ist im Deutschen nicht nur gestelzt, es ist auch falsch; denn es geht nicht darum, daß Johannes und Jesus sozusagen als Belohnung besonderer Verdienste nun in den Genuß kämen, ein besonders kostbares Werk zu verrichten; das griechische Wort, das da steht, ist noch heute auf Neugriechisch in Gebrauch: «posa prepi?», fragt man im Restaurant oder im Laden, und man meint damit gerade nicht: Was gebührt mir?, sondern: Was bin ich schuldig? Zudem geht es nicht um ein «Erfüllen», sondern um ein «Verwirklichen» all der Verheißungen, auf die Matthäus immer wieder hinweist (vergleiche Mt 1,22; 2,15.17.23; 4,14; 8,17; 12,17; 13,35; 21,4; 26,54.56; 27,9): «wahrmachen», «wahrnehmen», «realisieren» sind die Inhaltsbestimmungen des rein quantitativ vorgestellten «Erfüllens». Dann aber «die ganze Gerechtigkeit»! Gemeint ist gerade nicht die Verteilungsordnung unter Menschen, sondern: «alles, was Gott vom Menschen will». Es geht darum, endlich so zu leben, daß die Menschen erkennen, was Gott mit ihnen gemeint hat, als er sie erschuf. Wenn wir setzen: «das rechte Leben vor Gott», ist vor allem die Assoziation noch mitzuhören: «endlich richtig leben» – im Sinne von: sinnerfüllt, glücklich, lohnend, fruchtbar zu leben –, «gut», mit der Vokabel der Paradieserzählung (Gen 2,9.17). Das «gute Leben», nach dem Menschen hungern und dürsten, ist dabei selbstredend so wenig moralisch zu verstehen wie materialistisch; es ist ein Leben, das sich ergibt, wenn ein Mensch mit Gott im Einklang ist. Und diese Blickrichtung wird jetzt entscheidend. An Johannes und Jesus kann man nach Auffassung des Matthäus erkennen, wie ein solches Leben entsprechend der Taufszene neu beginnen kann und innerlich gelebt wird. «Richtig lebend (vor Gott)» – das läßt dann allerdings auch Wortableitungen zu, die das zugehörige griechische Adjektiv dikaios – «gerecht» umfassen. – Die «Gerechten» an Stellen wie Mt 5,45; 9,13; 10,41; 13,17.43.49; 23,28.29.35; 25,37.46 sind im deutschen Sprachgebrauch freilich gerade nicht «Gerechte», sondern eher schon «Heilige», so, wenn Jesus in Mt 9,13 sagt: «Ich bin ja nicht gekommen, recht (vor Gott) Lebende (= Heilige) zu rufen, sondern Sünder.» Das Wort muß in jedem Falle offen bleiben für ein Bedeutungsfeld von «richtig», «rechtschaffen», «korrekt». In Mt 1,19 zum Beispiel wird Joseph als ein Mann geschildert, der zwar «gerecht» im Sinne von «rechtschaffen» und «korrekt» ist, der aber seine schwangere Verlobte doch nicht vor den Menschen bloßstellen will. Meisterlich übersetzt FRIDOLIN STIER die Stelle: «Joseph aber, rechtlich wie er war und doch nicht willens, sie bloßzustellen ...»[26] Es wäre eben nicht «gerecht» gewesen, eine Frau wie Maria öffentlich anzuklagen, es hätte lediglich formal dem geschriebenen Recht entsprochen; dem geschriebenen Recht gehorchen zu wollen oder zu müssen bedeutete für Joseph aber den ganzen Konflikt zwischen Moral und Menschlichkeit, den erst die Erscheinung eines Engels ihm zu lösen vermochte.

Vollends mißverständlich wird die deutsche Übersetzung an der berühmten Stelle der Bergpredigt, an der Jesus, wörtlich übersetzt, sagt: «Seid also ihr vollkommen, wie euer Vater, der himmlische, *vollkommen* ist» (Mt 5,48). Das griechische Wort, ohne Zweifel, bedeutet so viel wie «vollendet», und es erinnert etymologisch an stammverwandte Verbformen wie «beenden», «vollenden», «endigen», «sterben» und so weiter; tatsächlich aber führt es im Rahmen des griechischen Wortfeldes gänzlich in die Irre: es geht für Jesus ganz und gar nicht um einen religiösen Perfektionismus, wonach die Menschen sich Mühe geben sollten, so «perfekt», so «vollendet» zu sein wie das «allervollkommenste Wesen», wie Gott als das ens perfectissimum selber. Was Jesus meint, ergibt sich ganz klar aus dem Kontext: Gott ist so gütig, so integral, so niemanden verstoßend, daß er alle Menschen liebt, und so sollten wir Menschen selber sein. Das hebräische Wort, das hinter dem griechischen teleios steht, ist mit Sicherheit thamim (vergleiche Dtn 18,13), was so viel heißt wie «in Ordnung», «o.k.», «prima» – es bezeichnet etwas, dem man ganz und gar zustimmen kann, weil es ganz und gar «stimmig» beziehungsweise «zustimmend» ist. «Seid ihr also *ganz* ...»[27], ist in etwa wohl die beste Übersetzung. Das Wort vom «Ganzsein» erinnert vor allem deutlich genug an ein wichtiges Leitwort in den ersten fünf Büchern Moses, zum Beispiel an die wichtige Stelle von Gen 17,1, wo der El Schaddai, die überwältigende Gottheit, zu Abraham sagt: «Geh vor meinem Angesicht und sei thamim – sei ganz.»

Ein anderer Abschnitt des Matthäusevangeliums, der ebenfalls aufgrund seiner Vertrautheit nahezu unübersetzbar geworden ist, steht in Mt 6,9–13: das Vaterunser. Die Schwierigkeiten beginnen bereits mit der Anrede: «Vater unser, der du bist im Himmel.» Bis in die Wortstellung hinein ist diese Formulierung die sklavische Wiedergabe der lateinischen Übersetzung (der Vulgata), sie entspricht aber nicht dem griechischen Text, der einfach sagt: «Unser Vater, der in den Himmeln.» Das wiederum ist ganz deutlich die allzu wörtliche Übersetzung einer aramäischen (oder hebräischen) Vorlage, in welcher das Relativpronomen (der) und die adverbiale Bestimmung (in den Himmeln) keinen echten Nebensatz bilden, sondern ein Adjektiv vertreten, das es nicht gibt: «himmlisch». Zwar kennt der griechische Text des Matthäusevangeliums dieses Wort und gebraucht es auch an sieben Stellen (Mt 5,48; 6,14; 6,26; 6,32; 15,13; 18,35; 23,9), doch überwiegend gebraucht wird die semitische Wendung «der in den Himmeln». Beide Formulierungen sollten daher auch in der Übersetzung unterschieden bleiben; man kann den Anfang von Mt 6,9 deshalb nicht übersetzen mit: «Unser himmlischer Vater»; doch zu sagen: «der du bist im Himmel» ist weder im Griechischen noch im Deutschen akzeptabel, und so empfiehlt es sich an dieser Stelle, die adjektivische Wendung mit einer neuerlichen Anrede zu verbinden, also zu sagen: «Unser Vater, himmlischer du.» Soweit, immerhin, ist eine wirkliche Übersetzung möglich.

Die dann folgenden Bitten jedoch lassen im Deutschen nur eine sinngemäße Umschreibung, keine wörtliche Übersetzung zu. Wörtlich müßte es im folgenden heißen: «Geheiligt werde dein Name, es komme dein Königtum (Reich), es geschehe dein Wille.» Doch bereits die Wortstellung, die hier unbedingt einheitlich beibehalten werden muß, bereitet Schwierigkeiten: Die meisten Übersetzungen empfinden die Wendung: «es komme ...», «es geschehe» mit Recht als zu umständlich, der Preis der Wortumstellung in «dein Reich komme» und «dein Wille geschehe» aber ist zu hoch. Zudem geht im Deutschen mit der semitischen Voranstellung des Verbs das Entscheidende der Bitten verloren: nicht die Verben sind hier das Wichtige, sondern die Hauptwörter, die alle die Wirklichkeit Gottes umschreiben; also müssen diese Worte *im Deutschen* an die *erste* Stelle gesetzt werden. – Dann aber zeigt sich, daß die

Bitte um die «Heiligung» des «Namens» Gottes im Deutschen nicht ausdrückt, was gemeint ist. Jemandes «Namen» zu «heiligen» – das bedeutet im Deutschen: sein Gedächtnis zu ehren, wie bei einem Toten, oder nur in feierlicher Weise von ihm als einem Lebenden zu sprechen; keine dieser Bedeutungen trifft auf die Vaterunser-Bitte zu. Um die Sache noch weiter zu verkomplizieren, erinnert die «Heiligung des Namens Gottes» unwillkürlich an die unausrottbare Fehlübersetzung des Ersten Gebotes, das in unzähligen Katechismen und Kinderbibeln lautete: «Du sollst den Namen Gottes nicht verunehren», und dieses «Gebot» wurde noch zusätzlich erklärt als: «Du sollst nicht fluchen.» MARTIN BUBER war es, der Ex 20,7 weit korrekter übersetzte mit: «Du sollst den Namen Gottes nicht zum Wahnhaften heben»[28], und das bedeutet: «Du sollst nicht etwas Gott nennen, was den Namen Gottes nicht verdient.» Aber geht es dabei um «Namen» und «Benennungen»? Der «Name» bedeutet in der Sprache der Bibel das «Wesen» Gottes, und so verbietet das Erste Gebot eigentlich, etwas als Gott zu nehmen, das nicht Gott ist; nicht «Fluchen», sondern Götzendienst ist das Thema dieser Weisung, die Jesus in der ersten Vaterunser-Bitte positiv zu formulieren sucht. Allerdings verändert sich dabei alles, indem in der Bitte Jesu nicht der Mensch aufgefordert wird, etwas zu tun, sondern Gott selber; es geht mithin nicht darum, daß die Menschen Gott die Ehre erweisen, indem sie keine Mächte neben Gott anbeten, sondern daß Gott selbst, ähnlich wie in Jes 29,23, sein eigenes Wesen zur Geltung bringt: «Wenn sie sehen, was meine Hände unter ihnen getan, so werden sie meinen Namen heilig halten» – das in etwa meint die erste Vaterunser-Bitte Jesu. «Dein Wesen bringe zur Geltung» ist daher der Sinn der Passivwendung «geheiligt werde dein Name»; in dieser Formulierung könnte die erste Vaterunserbitte denn auch stehenbleiben, würde sie sich nicht viel zu bombastisch anhören, um der Einfachheit eines «kindlichen» Gebetes zu entsprechen. Statt zu sagen: «dein Name» oder «dein Wesen» läßt sich die Nominalwendung indessen sehr vereinfachen, indem man sie sinngemäß in einen Nebensatz auflöst und übersetzt: «was du bist»; man kann dann aber nicht mehr sagen: «das werde *geheiligt*», sondern es muß heißen: «das *gelte*». Der Text des Vaterunsers lautete also bis dahin: «Unser Vater, himmlischer du, was du bist, das gelte.» So zu übersetzen hat den Vorteil, daß das wiederholte «du» bereits zeigt, worum es Jesus primär geht: wesentlich um Gott selber, und zudem ergibt sich auf diese Weise ein Rhythmus der Sprache, der im folgenden beizubehalten ist.

Beizubehalten ist auch im folgenden vor allem die Ersetzung der Hauptworte durch umschreibende Nebensätze. In der dritten Vaterunser-Bitte ist das kein Problem: statt zu sagen: «dein Wille geschehe», kann es einfach heißen: «was du willst, geschehe.» Schwierig aber wird es mit der zweiten Bitte: «dein Reich komme». Das Wort «Reich» ist im Deutschen nicht nur mit den Erinnerungen an das Dritte Reich belastet, es ist vor allem gebunden an die Vorstellungen territorialer Machtausübung, und genau das ist nicht gemeint, ja, es wäre nach Mt 4,8–10 geradezu eine teuflische Versuchung, sich die «Herrschaft» Gottes nach dem Vorbild der «Reiche» dieser Welt vorzustellen. Aber auch die beliebte Redewendung vom «Himmelreich» gibt nicht wieder, was gemeint ist[29]: «Die Himmel» umschreiben lediglich die Wirklichkeit Gottes; daß Gott, nur er, «König» ist – darum geht es Jesus, und daß Gott selbst diesen Zustand seines «Königtums» herbeiführen möge, ist der Sinn der zweiten Vaterunser-Bitte. «Führe dein Königtum herauf», könnte man daher übersetzen. Doch ist auch das Wort «Königtum» im Deutschen der Gegenwart endgültig zu einem Begriff historisierender Erinnerung geworden, dem nichts Wirkliches mehr entspricht und der zudem immer wieder in der Gefahr stand und steht, monarchistische Herrschaftssysteme in Kirche und Gesellschaft mit der Ideologie des Gottgnadentums zu rechtfertigen. Freilich: «das Königtum der Himmel» ist aus der Verkündigung Jesu nicht wegzudenken, und der Ausdruck ist unverzichtbar, solange man den historischen Jesus oder doch zumindest den Christus des Matthäusevangeliums reden hört. Das Vaterunser aber soll *unser* Gebet sein, und so muß es ausnahmsweise erlaubt sein, die Übersetzung vom «Königtum» Gottes an *dieser* Stelle selbst noch einmal zu übersetzen. Bei «Königtum», «Gottesherrschaft» oder «Reich» ist unvermeidlich an Machtausübung und Autokratentum zu denken, und das sind gerade die Inhalte, die Jesus selbst am meisten aus dem Gottesbild verbannen wollte; doch statt von der «Herrschaft» Gottes zu sprechen, sollte die Rede sein von der «Wirklichkeit» beziehungsweise von der «Wirksamkeit» Gottes; daß das, was Gott wirkt, den Menschen (endlich!) erreicht, das ist der Sinn der zweiten Vaterunser-Bitte. Der ganze Text bis dahin lautet also:

> «Unser Vater, himmlischer du,
> was du bist, das gelte,
> was du wirkst, das komme,
> was du willst, geschehe
> wie im Himmel, so auf Erden.»

Sichtbar wird in diesen drei Bitten, wie sehr es Jesus ganz und gar darum zu tun ist, Gott in den Mittelpunkt von allem zu stellen: in dem, was Gott ist, in dem, was Gott wirkt, in dem, was Gott will – in allem soll gelten, kommen, geschehen, was dem Sein, der Wirklichkeit und dem Willen Gottes entspricht, so daß buchstäblich der Himmel auf die Erde kommt beziehungsweise daß die Nähe Gottes den Menschen (wieder!) so spürbar wird wie am «Anfang» der Welt.

Die folgenden drei Bitten gelten dann den Menschen, und zwar ganz entsprechend: der Sicherung der Existenz (das tägliche Brot), der Reinigung des Wirkens (die Bitte um Vergebung) und der Ausrichtung des Willens («und führe uns nicht in Versuchung»). Man bemerkt diese Symmetrie zwischen Gott und Mensch in den sechs Vaterunser-Bitten aber nur, wenn man von den Stereotypen der üblichen Übersetzungen abkommt und nicht nur wiedergibt, was den Worten nach dasteht, sondern sich fragt, was die Worte eines Gebetes im Munde eines heute Betenden bedeuten.

c) Doppeldeutigkeiten oder falsche Eindeutigkeiten

Etwas einfacher, aber nicht minder wichtig ist die Frage der Übersetzung einiger anderer Worte, die entweder theologisch im Sprachgebrauch des Matthäusevangeliums eine große Rolle spielen, oder aber aufgrund ihrer Doppeldeutigkeit gewisse Schwierigkeiten bereiten. Eine Anrede zum Beispiel, die Matthäus als einziger Evangelist dreimal verwendet, wird im Deutschen zumeist übersetzt mit «Gefährte» oder «Freund»; so aber macht das griechische Wort hétairos keinen Sinn: Im Gleichnis von den Arbeitern im Weinberg (Mt 20,1–16) etwa kann der «Hausherr» den nächstbesten Murrenden nicht anreden, wie es in den meisten deutschen Bibelausgaben heißt: «Freund», allenfalls kann er zu ihm sagen «Freundchen» oder «mein Lieber»[30]; es ist eine Anrede, die nicht gänzlich abweisend gemeint ist, aber doch eine massive, letztlich endgültige Kritik einleitet (Mt 20,13). Nicht anders steht es mit Mt 22,12, wenn der König in dem Hochzeitssaal den Mann mit seinem nichthochzeitlichen Gewand mit «hétaire» anredet; der Ausdruck bezeichnet jemanden, der ein Freund sein sollte, aber nicht ist. Die Bestätigung für diese Auffassung des Wortes liefert Matthäus selber in der Szene von der Festnahme Jesu in Gethsemane: als Judas dort auf seinen Meister zutritt und ihn küßt (Mk 14,43–47), ergänzt Matthäus die Stelle durch eine Frage Jesu: «Mein Lieber, wozu bist du hier?» (Mt 26,50) Deutlich will diese Anrede markieren, daß in diesem Augenblick die «Freundschaft» zwischen Jesus und Judas beendet ist.

Ein ebenfalls aggressiv untertöntes Wort, das Matthäus 19mal (Markus 15mal) verwendet, wird meist übersetzt mit «hingehen», «fortgehen»; ganz deutlich aber hat das griechische Wort «hypagein» oft die Bedeutung «verschwinden» – so zum Beispiel, wenn Jesus in Mt 4,10 den Teufel anfährt: «geh fort», oder wenn er in Mt 16,23 Petrus mit seinem Widerspruch gegen den beginnenden Weg ins Leiden zurückweist, oder wenn in Mt 20,14 der Weinbergbesitzer sein «Freundchen» anweist, zu «verschwinden». An anderen Stellen indessen heißt der Ausdruck wirklich «hingehen» oder «fortgehen», so, wenn Jesus in Mt 5,4 dazu auffordert, mit jemandem, der um eine Meile Wegs anhält, zwei Meilen «zu gehen», oder wenn in Mt 26,24 «der Menschensohn hingeht, wie über ihn geschrieben steht» (vergleiche Mk 14,21). Um das griechische Wort wenigstens einigermaßen einheitlich wiederzugeben, kann man im Deutschen versuchen, es mit «fortgehen» und «fort!» zu übersetzen.

Ein anderes kaum übersetzbares Wort, das bei Matthäus 13mal, bei Markus 5mal auftaucht, ist das griechische Wort «geneá», das zumeist mit «Generation» oder «Geschlecht» wiedergegeben wird; erneut aber kann es so nicht heißen. Zwar paßt der Ausdruck in Mt 1,17, wo der Evangelist die «Geschlechter», das heißt die Generationenfolge von Abraham bis David, von David bis Babylon und vom Exil bis zum Messias auf 3 mal 14 «Geschlechter» auflistet. Doch wenn Jesus in Mt 11,16 fragt: Wem soll ich diese «geneá» vergleichen?, so ist damit keinesfalls die zeitliche Bestimmung in der Abfolge von Generationen gemeint, sondern hier wird auf Heil oder Unheil etwas Qualitatives angesprochen: «diese Art Mensch» könnte als deutsche Umschreibung dafür dienen – «Art» wäre «biologisch» genug, um die griechische Wortbedeutung wiederzugeben, es enthielte aber auch die nötige Anspielung auf die «Eigenart» der Zeitgenossen Jesu, die hier angesprochen wird. Am besten wird es sein, das griechische Wort mit «Gattung» zu übersetzen; denn das läßt im Stammbaum Jesu an «Begattungen» beziehungsweise an die Abstammung von «Geschlechtern» denken, aber es ist auch offen für die «Sorte Mensch», von der da die Rede geht. In diesem Sinne fragt denn auch in Mt 12,39 eine «böse und ehebrecherische Gattung» (= Menschenart) nach einem «Zeichen», das heißt nach einem Beweis, aber es wird ihr nur ein «Hinweis» gegeben werden, der in dem «Zeichen» des Jona liegt (Mt 11,16; 12,41.42.45; 16,4; 17,7; 23,36; 24,34).

Wie aber ist es dann bereits in Mt 1,1 zu übersetzen, wenn die Rede ist von dem «Stammbaum» Jesu? Wörtlich steht dort: «Buch der Abstammung» Jesu. Doch was folgt, ist weder ein «Buch» – höchstens eine Liste, noch ein «Stammbaum», sondern eine theologische Konstruktion beziehungsweise eine heilige Kunde; «Ur-Kunde» ist offenbar das einzig passende Wort, um deutlich zu machen, daß hier quer durch die menschliche Geschichte sich etwas von Gott her mitteilt, das sich äußerlich liest wie eine bloße Liste von «Gattungen», das aber in Wahrheit seit Urzeit her von einem geheimen Plan und einer geheimen Absicht Gottes kündet. Insofern geht es auch nicht um die «Abstammung» des Messias Jesus; Matthäus legt gerade den größten Wert darauf, daß der «Messias» aus Israel sich nicht verstehen läßt durch die «Abstammung» von Menschen; wohl aber gibt es in Mt 1,1 eine Ur-Kunde der «Herkunft» des Messias – menschlich gesehen, und es gibt daneben eine «Ankunft» des Messias, wie Mt 1,18 sie mit demselben Wort in dem Mythos von der «Jungfrauengeburt» wenig später zu schildern versuchen wird.

Andere Wörter sind schwierig zu übersetzen, weil sie im Deutschen differenzierter wiedergegeben werden müssen, als sie im Griechischen (beziehungsweise im Semitischen) dastehen. Ein Beispiel dafür ist das griechische «gut» und «schlecht» beziehungsweise «schön» und «häßlich» oder «faul». Es ist an manchen Stellen wie in Mt 5,45; 12,35; 20,15 oder 22,10 gewiß nicht anders möglich, als das griechische Wort «agathós» mit «gut» wiederzugeben; wie aber in Mt 7,15–20? Da soll nach den üblichen Übersetzungen «jeder gute Baum gute Früchte» hervorbringen, «der faule Baum aber bringt schlechte Früchte». Es stehen in Mt 7,17 jedoch bereits zwei verschiedene griechische Worte da, um zu sagen, daß ein «guter Baum» schöne Früchte hervorbringt; das Wort «schön» (kalós) aber kann natürlich so nicht stehenbleiben, man muß es (wie in Gen 2,9; 3,6) mit «schmackhaft», «eßbar» übersetzen[31]; dann aber kann man auch nicht von einem «faulen» Baum erwarten, daß er «schlechte» Früchte trage; ein «fauler» Baum bringt bekanntlich gar keine Früchte hervor. Der Gegensatz, um den es geht, liegt darin, daß ein «guter», das heißt «brauchbarer» oder «wertvoller» Baum eßbare Früchte hervorbringt, während ein «ungenießbarer» Baum «schlechte», das heißt unbrauchbare, nicht-eßbare Früchte hervorbringt. Dasselbe gilt für Mt 12,33, ebenso aber auch für das Gleichnis vom Unkraut im Weizen (Mt 13,24–30) und seine Deutung (Mt 13,36–43); auch in Mt 13,24.27 wird natürlich kein «schöner» oder «guter», sondern ein «ertragreicher» Same in den Boden gesät; ebenso in Mt 13,37. Daß es nicht möglich ist, mit Worten wie «schön» und «faul» auszukommen, zeigt besonders deutlich das Gleichnis von den unterschiedlichen Fischen in Mt 13,47–50: da sollen laut Standardübersetzung «allerlei Fische» in einem Schleppnetz gefangen worden sein: «gute» und «faule». Solange aber der See von Gennesareth noch nicht so verseucht ist wie im Jahre 1990 die Elbe bei Hamburg, wird man dort keine «faulen» Fische fangen, und «gute» Fische – was sind das? Auch hier geht es erkennbar um den Gegensatz von «eßbaren» und «ungenießbaren» Fischen, und so ist denn in Mt 13,48 zu übersetzen.

Ein Wort, das auch theologisch von Belang ist, heißt auf griechisch: «skandalizesthai» und wird meist mit «Anstoß» oder «Ärgernis» «geben» beziehungsweise «nehmen» übersetzt. Doch läßt sich diese Wiedergabe nicht durchhalten. In Mt 5,29.30 zum Beispiel kann nicht die Rede davon sein, daß «dein Auge» beziehungsweise «deine Hand» «dir Ärgernis gibt», gemeint ist ganz deutlich, daß sie Anlaß zur Sünde gibt. Wenn hingegen Jesus in Mt 11,6 in Erwiderung der Täuferfrage erklärt: «Selig, wer an mir nicht Anstoß nimmt», so ist dabei nicht von einer Verführung zur Sünde, sondern wirklich vom «Ärgernis nehmen» die Rede. Will man im Deutschen ein Wort suchen, das die eine wie die andere Bedeutung umschließt, so bietet sich das Wort «verstören» beziehungsweise «verstört werden» an: Es gibt sowohl die «Störung», den «Skandal», den «Anstoß» wieder wie auch die «Verwirrung», die «Irritation», die «Verführung», die von der «Störung» ausgeht. In Mt 13,21, in der Deutung des Gleichnisses von dem verschiedenen Boden (Mt 13,18–23) zum Beispiel, ist das «Verstörtwerden» angesichts von «Drangsal oder Verfolgung wegen des Wortes» die einzig wirklich passende Vokabel. Ebenso in Mt 13,57, wo die Bewohner in Nazareth an Jesus nicht eigentlich «Anstoß nehmen», sondern durch ihn beziehungsweise an ihm «verstört», irritiert, aus ihren gewohnten Bahnen geworfen werden. (Vergleiche auch Mt 15,12; 17,27; 18,67; 24,10.) Und wenn schließlich Jesus in Mt 26,31 den Jüngern verheißt, sie alle würden «an ihm Anstoß nehmen», so ist offensichtlich erneut gemeint, sie würden an ihm «irre», also «verstört» werden (vergleiche Mt 26,33).

Ein ebenfalls schillerndes, doch theologisch wichtiges Wort ist «pais», ein Ausdruck, der im Griechischen so viel bedeuten kann wie «Kind», «Junge», «Sohn», aber auch «Diener» beziehungsweise «Sklave». In Mt 2,16 zum Beispiel läßt Herodes «all die Kinder» ermorden, die in Bethlehem sind. Entsprechend ist in Mt 17,18 von einem «Sohn» oder «Knaben» die Rede. Vor allem in Mt 21,15 sind es offenbar Kinder, die Jesus im Tempel mit Hosiannah-Rufen empfangen. Wenn aber in Mt 8,6 der Hauptmann in Kapharnaum mit demselben Wort erklärt, sein «Knecht» sei gelähmt, so muß man im Deutschen ein Wort suchen, das zumindest dem Sinn nach auch die Bedeutung «Junge» und «Kind» haben kann: «Mein Bursche», sagt mit treffsicherem Instinkt Fridolin Stier.[32] In Mt 14,2 hingegen kann nur das Wort «Diener» richtig sein – ein König hat keine «Burschen». Zwischen «Sohn» und «Diener» hinwiederum bewegt sich die wichtige Stelle von Mt 12,18, wo Matthäus ein Zitat aus Jes 42,1–4 aufgreift: Es ist nicht möglich, das entsprechende griechische Wort nur als «mein Sohn» oder nur als «mein Diener» zu übersetzen; es wird nichts anderes übrigbleiben, als die beiden Bedeutungsebenen zusammenzuziehen und zu sagen: «mein dienstbarer Sohn.»

Wie entscheidend die Wortwahl im Deutschen den Sinn einer wichtigen Stelle des Matthäusevangeliums verderben kann, zeigt sich besonders in Mt 5,39. Dort setzt Jesus an die Stelle des altorientalischen ius talionis in den üblichen Übersetzungen die Forderung: «Ich aber sage euch: Widersteht dem Bösen nicht.» Es sei einmal davon abgesehen, daß im Griechischen an dieser Stelle der sogenannte «Fuhrmannsimperativ» (Negation plus Infinitiv) steht; das Hauptproblem liegt darin, daß «anthistánai» zwar wörtlich übersetzt «widerstehen» heißt, daß der Satz in dieser Fassung aber etwas zum Gebot erhebt, das so nicht gemeint ist. Immer wieder haben pazifistische Bewegungen auf dieses Wort sich berufen, um das Prinzip der Gewaltlosigkeit zu begründen[33]; andere, um den fatalen politischen Konsequenzen dieses Satzes zu entgehen, haben gemeint, es gehe hier nur darum, privat nicht sein Recht in einem Strafprozeß bedingungslos durchzusetzen. Tatsächlich aber ist die Trennung zwischen «privat» und «politisch» völlig künstlich und von Jesus gewiß nicht beabsichtigt. Worum es ihm zu tun ist, zeigt der Kontext ganz deutlich: Es geht darum, das Böse zu überwinden durch das Gute: «Nicht reagieren» auf das Böse dürfte diese Bedeutung am besten wiedergeben; man *muß* dem Bösen «widerstehen», aber das kann man nur, indem man anders handelt. Zudem denkt Jesus stets konkret; es geht ihm nicht um eine Antwort auf *das* Böse als ein Prinzip, sondern er möchte, daß wir in einer bestimmten Situation einem «bösen», das heißt einem «gefährlichen», «schädlichen», «ärgerlichen», «hinderlichen» Menschen anders begegnen, als er uns begegnet. «Nicht reagieren auf *den* Bösen» ist die eigentlich richtige Übersetzung. Der deutsche Leser aber hört hier ganz richtig etwas Grundsätzliches heraus; seinem Verständnis entspricht daher die Übersetzung *das* Böse noch am ehesten, vorausgesetzt, er gerät darüber nicht gleich wieder in die Dialektik, daß man dann um so mehr den einzelnen Menschen bekämpfen dürfe und müsse. Es gibt eben keine Unterscheidung zwischen «Sünde» und «Sünder»; es gibt nur etwas, das im Einzelnen von Fall zu Fall sichtbar wird.

Ein theologisch zentrales Wort des Matthäusevangeliums ist das Wort «Glauben» (griechisch: pistis). Wir werden es konsequent mit «Vertrauen» übersetzen, denn «Vertrauen» ist das einzige Wort, das in der Sprache Jesu, im Aramäischen beziehungsweise Hebräischen, wirklich vorkommt. Es läßt sich aber nicht leugnen, daß im Matthäusevangelium, abweichend etwa von Markus, an vielen Stellen durchaus nicht mehr nur von der Haltung des «Vertrauens» in Gott beziehungsweise in die Person Jesu die Rede ist, sondern bereits von einem dezidiert «christologischen» «Glauben». Das gilt selbst von Stellen, in denen man ein Messiasbekenntnis schon aus historischen Gründen eigentlich nicht erwarten sollte, wie zum Beispiel, wenn Jesus den römischen Hauptmann lobt für einen «Glauben», wie er ihn in Israel bei niemandem gefunden habe (Mt 8,10). Offenbar gehört es bereits zur «Theologie» der Q-Quelle (vergleiche Lk 7,9!), daß die «Heiden», wie wir sahen, weit bereitwilliger den «Glauben» an die «Gottessohnschaft» «Christi» annehmen als die «Juden», und es ist uns auch schon deutlich geworden, daß diese Auffassung so verkehrt nicht ist, erscheint doch religionsgeschichtlich die Lehre von der «metaphysischen Gottessohnschaft» als ein durchaus «heidnisches» Mythem, das in seiner dogmatisierten Form die Zustimmung keines bibeltreuen Juden finden wird, noch kann. Auch die Art dieses «Glaubens» ist in diesem Zusammenhang als durchaus «griechisch» beziehungsweise «hellenistisch» zu verstehen: Es ist ein «Glauben, daß», so wie es Paulus bereits in Röm 10,9 ausdrückt: «Denn wenn du mit deinem Munde Jesus als den Herrn bekennst und mit deinem Herzen glaubst, daß Gott ihn von den Toten auferweckt hat, wirst du gerettet werden.»[34] Ganz so denkt Matthäus in dem «Taufbefehl» von Mt 28,18–20, mit dem er sein Evangelium schließt. Insofern wäre es eigentlich richtig, das griechische Wort «pistis» bei Matthäus durchweg mit «Glauben» im Sinne des Führwahrhaltens bestimmter Lehrinhalte zu übersetzen. Dennoch klingt bei Matthäus, wenn er vom «Glauben» spricht, doch immer wieder auch die Haltung des Vertrauens durch – so in der entscheidenden Stelle vom Seewandel Petri, da die Jünger zum erstenmal ihren Meister als den Sohn Gottes bekennen (Mt 14,33): der «geringe Glaube» des Petrus (Mt 14,31) ist hier ganz deutlich ein Zuwenig an Vertrauen, und umgekehrt: Erst aus der Bedingungslosigkeit des Vertrauens erwächst in dieser wichtigen Szene der «inhaltliche» Glaube. Schon um dieses Zusammenhanges willen scheint es richtig, an allen entsprechenden Stellen in der deutschen Übersetzung für das griechische pistis einheitlich das Wort «Vertrauen» zu verwenden: Es ist das grundlegende, umfassende, alles weitere ermöglichende Wort; denn während es doch möglich ist, daß ein «Glaube» sich bildet aus Vertrauen, läßt sich aus einem bloßen «Glauben» Vertrauen nicht gewinnen.

d) Leitwortstil bei Matthäus

Wie genau im übrigen Matthäus seine Worte wählt und wie notwendig es daher ist, dieselben Worte im Griechischen auch mit denselben Worten im Deutschen wiederzugeben, sei abschließend an zwei kleinen Beispielen gezeigt, schon weil sich daran die Eigenart des «Leitwortstils» im Matthäusevangelium ganz gut verdeutlichen läßt. Es gibt ein Wort, das Matthäus 10mal, Markus nur einmal (Mk 3,7), Lukas keinmal, Johannes einmal (Joh 6,15) verwendet und das für gewöhnlich mit «sich zurückziehen», «hinwegziehen», «hinweggehen» oder ähnlich übersetzt wird; nur FRIDOLIN STIER übersetzt es konsequent mit «entweichen»[35], was nicht nur der griechischen Wortbildung von «anachorein» am nächsten kommt, sondern auch das Moment von Flucht und Angst sehr zutreffend betont. Nun aber betrachte man, wie Matthäus mit diesem Wort «spielt»[36]: In Mt 2,12 «entweichen» die Magier, belehrt durch einen Traum, auf einem anderen Weg in ihr Land; als sie aber «entwichen» waren (Mt 2,13), fordert ein Engel im Traum Joseph auf, nach Ägypten zu fliehen, und des Nachts noch «entwich er nach Ägypten» (Mt 2,14); selbst noch bei der Rückkehr wird ihm eine Traumweisung zuteil, aus Furcht vor König Archelaos nach Galiläa «auszuweichen» (Mt 2,22). Die «Ankunft» des Messias also vollzieht sich von Anfang an wie ein ständiges «Entweichen» vor dem eigenen Volk, wie eine unablässige Rettungssuche bei den «Heiden», wie ein behütender Gehorsam gegenüber den Bildern der Träume, die immer von neuem das göttliche Leben «entweichen» lassen. In den Zusammenhang von Tod und Leben, Schlaf und Auferweckung stellt Matthäus das gleiche Wort denn auch in der Szene von der Heilung der Tochter des (Synagogen)Vorstehers (Jairus), wenn Jesus in Mt 9,24 die klagende Menge auffordert, zu «entweichen»: Es gibt mithin ein «Entweichen», um das beginnende Leben zu schützen, und es gibt ein «Entweichen», um dem neuen Leben Platz zu schaffen. Desgleichen «entweicht» Jesus in Mt 12,15, als die «Pharisäer» der Sabbatfrage wegen einen Beschluß fassen, «wie sie ihn vernichten könnten». Bald hernach aber wird, als Vorbild des Todes Jesu, Johannes der Täufer ermordet, und noch einmal «entweicht» Jesus, als er davon hört, im Boot an einen einsamen Ort (Mt 14,13). Als er sich dann aber auf das äußerste in die Auseinandersetzung mit den «Pharisäern» und Schriftgelehrten über die Frage von «Reinheit» und «Unreinheit» begibt, entweicht er erneut nach seiner leidenschaftlichen Rede an die «Menge» (beziehungsweise an die *«Scharen»* – ein eigenes Leitwort bei Matthäus, das die Gemeinde der Gläubigen vorausbildet und darstellt) in die Landesteile von Tyrus und Sidon (Mt 15,21). Ein letztes Mal dann «entweicht» Judas, als er das Silbergeld den Hohenpriestern vor die Füße geworfen hat (Mt 27,5), geht hernach hin und erhängt sich. Station für Station war das Leben Jesu, so besehen, nur möglich als ein ständiges «Entweichen» vor dem Tod, doch wenn es endlich gelungen sein wird, ihn zu töten – was bleibt dann den Menschen noch, als nun selbst zu «entweichen» in den Tod? Es ist die ewige Flucht der Menschen vor ihrer eigenen Angst, die das göttliche Leben auf Erden als so «flüchtig» und «traumhaft» «entweichend» erscheinen läßt; doch am Ende bleibt nichts weiter mehr als die Sprache der Alpträume (Mt 27,19) und die Zuflucht des Todes. Ein einziges Wort («entweichen») wird bei Matthäus, wie man sieht, zur Klaviatur, um das ganze Drama der Angst zwischen Gott und Mensch zu intonieren. Eben deshalb aber ist es unerläßlich, solche «Leitworte» auch in der deutschen Übersetzung Stelle um Stelle durchzuhalten.

Als ein anderes wichtiges Beispiel dafür sei auf die Art hingewiesen, wie Matthäus die fünf großen Redeabschnitte seines Evangeliums beschließt[37]: In Mt 7,28 heißt es: «Und es geschah, als geendet hatte Jesus diese Worte ...»; in 11,1: «Und es geschah, als geendet hatte Jesus die Darlegung an seine 12 Jünger ...»; in 13,53 sagt Matthäus: «Und es geschah, als geendet hatte Jesus diese Gleichnisse ...»; in 19,1 heißt es erneut: «Und es geschah, als geendet hatte Jesus diese Worte ...»; dann aber in Mt 26,1 setzt Matthäus ausdrücklich: «Und es geschah, als geendet hatte Jesus *alle* diese Worte ...» Die Redewendung: «und es geschah» ist ein deutlicher Hebraismus; die Formel selbst aber ist offenbar angelehnt an Dtn 31,1; dort heißt es am Ende der Verkündigung des Gesetzes: «Und es ging Moses hin und redete diese Wort zu ganz Israel ...» oder, in der griechischen Übersetzung der Septuaginta: «Und es beendete Moses die Ausführung dieser Worte an all die Söhne Israels.» Der Gleichklang derselben Formel bestätigt noch einmal, was wir bereits angesichts der Rahmung der «Bergpredigt» festgestellt haben: daß die Rede Jesu für Matthäus als die wirkliche Vollendung der Rede des Moses gilt und folglich, wie diese, göttliche Gesetzeskraft beansprucht; ja, mehr noch: im Sinne des Matthäus stellen die Worte Jesu die eigentliche Zusammenfassung und letztgültige Auslegung des göttlichen Willens dar, so daß es erst von daher möglich ist, den Sinn der mosaischen Gesetze zu verstehen (vgl. zum Beispiel die Frage der Ehescheidung in Mt 19,1–9, nach Mk 10,1–12). Jetzt aber wird noch etwas anderes deutlich: Alle Reden Jesu bilden für Matthäus eine Einheit, die sich Rede für Rede bis zum Abschluß hin vervollständigt; es ist, als wenn der Jesus des Matthäus, ähnlich dem Moses des Deuteronomiums, in all seinen Worten eine bestimmte Mission, einen göttlichen Auftrag zu befolgen hätte, den er Zug um Zug erfüllt; und so wie Moses im 31. Kapitel des Deuteronomiums (5. Buch Moses) Abschied nimmt von seinem Volk, nachdem er seine Sendung erfüllt hat, und nur noch der Tod auf ihn wartet, so beendet Jesus die Fülle seiner Worte, um beim Passah-Fest Israels in den Tod zu gehen (Mt 26,2). Der Aufbruch des Exodus unter Moses findet seinen Abschluß in dem Exodus der frühen Kirche unter der Führung Jesu, und es ist nicht zu viel gesagt, wenn man allein schon die stereotype Verwendung der Abschlußformel der Reden des

Moses am Sinai als einen wichtigen Hinweis darauf sieht, daß Matthäus mit seinem Evangelium nicht mehr und nicht weniger beabsichtigt, als eine Art zweites «Deuteronomium» zu schreiben: So wie das deuteronomistische Geschichtswerk entstand als theologische Begründung des Untergangs des ersten Tempels[38], so das Matthäusevangelium in Reaktion auf den Untergang des zweiten Tempels, und so wie damals der Prophet Jeremia einen Neuen Bund verkündete, in dem Gott sein Gesetz in das Herz der Menschen schreiben werde, auf daß sie sein Volk seien (Jer 31,31–34)[39], so wird jetzt Matthäus erklären, daß dieser Neue Bund endgültig gekommen sei mit dem Passah des Christus (Mt 26,28). Das Matthäusevangelium als das vollendete Deuteronomium – so viel kann bereits eine einzige leitwortartige Abschlußformel des Matthäusevangeliums: «als Jesus diese Worte geendet hatte» andeutungsweise sagen. Natürlich aber muß in der Übersetzung exakt wiedergegeben werden, was dasteht, um diese Bedeutungsanklänge wahrnehmbar zu machen.

Im ganzen wird es im folgenden darauf ankommen, das Matthäusevangelium sich selber immer wieder – am besten laut! – in voller Länge vorzulesen, in seinen Wortlaut, in die Eigenart der Wortstellung, in den Satzbau, in die recht häufigen Dubletten von Worten und Szenen hineinzuhören und es auf sich wirken zu lassen wie eine frühkirchliche Predigt. Denn auch darin gleicht das Matthäusevangelium dem deuteronomistischen Geschichtswerk, daß es wesentlich «seelsorglich», als Ansprache an die Gemeinde, gemeint ist[40] und dabei nicht spart mit Mahnung und Warnung und (wie zum Beispiel in den Auslegungen der Gleichnisse in Mt 13) ausgesprochen predigthafte Teile in sich enthält. Für die Exegese bedeutet dies, daß es keine Auslegung des Ersten Evangeliums geben kann, die nicht selbst ihre innere Mitte in der Predigt hätte. Man tut dem Selbstverständnis des Matthäusevangeliums schlechterdings Unrecht, wenn man es lediglich im Rahmen der historisch-kritischen Methode, wie heute üblich, zu «erklären» versucht; was Matthäus möchte, ist gerade nicht die objektivierende Gelehrtendistanz, sondern die lebendige Auseinandersetzung mit seinem Text. Nicht sklavisches Nachreden seiner Worte ist das Ziel dieses Evangelisten, sondern daß ein jeder Ausleger sei, wie Matthäus selber sich sieht: ein «Schriftgelehrter, der zum Jünger für das Königtum der Himmel geworden ist» und nun «aus seinem Vorrat hervorholt Neues und Altes» (Mt 13,52).

Die nachfolgenden Auslegungen des Matthäusevangeliums sind samt und sonders aus Predigten hervorgegangen, die ich Sonntag für Sonntag in der Georgskirche zu Paderborn gehalten habe. Besonders danke ich an dieser Stelle sehr herzlich Frau Gisela Kranz, die seit vielen Jahren all meine Predigten vom

Tonband abgeschrieben hat; ihre Texte sind es, die jetzt den Grundstock der vorliegenden Interpretationen bilden. Die einzelnen «Perikopen» sind dabei weitgehend so zusammengestellt, wie sie im Gottesdienst vorgelegt werden. Die wissenschaftliche Diskussion und Argumentation zur Begründung der vorgetragenen Auslegungen wird der Leser in den ausführlichen Anmerkungen finden. Dabei sind die Erläuterungen zu denjenigen Textabschnitten, die Matthäus dem Markusevangelium entnommen hat, mit Verweis auf die beiden Bände: Das Markusevangelium (Olten 1987–1988) entsprechend kurz gehalten.

Als erstes aber sei der Leser jetzt gebeten, für sich zunächst den Matthäus-Text in eigener Lektüre durchzugehen und sich selber dabei in das Evangelium einzulesen. Um das Verständnis zu erleichtern, sind die Parallelen im Markus- beziehungsweise Lukasevangelium jeweils in der Überschrift der einzelnen Abschnitte mit angegeben, so daß die Abhängigkeit des Matthäus von seinen Quellen sogleich erkennbar wird. Diejenigen Stellen, an denen Matthäus theologisch wichtige Hinzufügungen oder Änderungen vorgenommen hat, sind in Schrägschrift gesetzt, so daß die eigene Akzentuierung dieses Evangelisten schon beim ersten Lesen deutlich wird; die Schriftzitate, mit denen Matthäus die Person und Verkündigung Jesu als die Geschichte des gottgesandten Messias zu deuten sucht, sind in fetter Schrift wiedergegeben und dabei die Zitate aus der Septuaginta mit [LXX] gekennzeichnet. Es mag dem heutigen Leser mühsam scheinen, ist aber zum Verständnis des Matthäus unerläßlich, jeweils die angegebenen Schriftzitate im einzelnen nachzuschlagen – es ist jedenfalls der einzige Weg, um die Bibel einmal mit den Augen dieses Evangelisten sehen zu lernen. Wir müssen ja voraussetzen, daß all die Zitate und Anspielungen, mit denen Matthäus arbeitet, dem bibelkundigen Leser oder, besser Hörer damals ohne weiteres gegenwärtig waren: Er kannte die entsprechenden Stellen seit Kindertagen auswendig, so wie wir Heutigen die Worte des Vaterunsers oder der Bergpredigt auswendig kennen.

Wenn es zur Einstimmung auf die Lektüre der ersten zwei großen Abschnitte des Matthäusevangeliums in diesem 1. Band noch eines eigenen Wortes wie zum Geleit bedarf, so sei es, noch einmal, dem libanesischen Dichter Khalil Gibran entliehen; es enthält das persönliche Bekenntnis beziehungsweise Geständnis dieses Mannes, der nicht «fromm» war im Sinne der Kirche und der doch glaubte an die unsichtbare Gemeinschaft aller Suchenden, an die innere Zusammengehörigkeit aller Gottestrunkenen und an die stumme Einheit all derer, die keine Worte finden, um das Geheimnis zu benennen, aus dem sie wirklich leben. Khalil Gibran schrieb mit Anrede an Jesus selbst:

«Deine Freunde sind immer noch unter uns, Meister,
um uns zu trösten und zu ermutigen,
und deine Feinde sind noch da,
um uns herauszufordern und zu stärken.
Auch deine Mutter ist in unserer Mitte;
ich sehe den Glanz ihres Antlitzes
in den Zügen aller Mütter,
ihre Hände wiegen das Neugeborene
zärtlich in den Schlaf,
und ihre Hände falten sanft das Leichentuch.
Auch Maria Magdalena lebt noch unter uns,
sie, die den Essig des Lebens trank,
bevor sie seinen Wein kostete.
Und Judas, der Mann großer Mühen
und kleinlicher Ambitionen,
geht noch über diese Erde, er nagt an sich selber,
wenn sein Hunger kein anderes Opfer findet.
Und er sucht sein besseres Ich
durch Selbstzerstörung.

Johannes, dessen Jugend die Schönheit liebte,
ist ebenfalls unter uns zugegen.
Er singt, selbst wenn niemand ihn beachtet.
Der übereifrige Simon Petrus,
der dich verleugnete, um länger für dich zu leben,
sitzt wie eh und je an unserem Feuer.
Es mag sein, daß er dich noch einmal verleugnet,
bevor die Sonne eines neuen Tages aufgeht.
Dennoch wird er sich für dich kreuzigen lassen,
und sich dabei solcher Ehre für unwürdig halten.
Und Kaiphas und Annas
thronen heute noch auf ihrem Richterstuhl,
sie verurteilen den Schuldigen
ebenso wie den Unschuldigen.
Sie schlafen gut auf ihren weichgefederten Betten,
während der Unschuldige, den sie verurteilen,
mit Ruten ausgepeitscht wird.

Die Frau, die man in flagranti
beim Ehebruch ertappte, geht immer noch
durch die Straßen unserer Städte.

Sie hungert nach einem Brot,
das noch nicht gebacken ist,
sie lebt alleine
in einem verlassenen, menschenleeren Haus.
Auch Pontius Pilatus steht noch
scheu und ehrfürchtig vor dir.
Er fährt fort, dich auszufragen,
doch er wagt es nicht,
seine Stellung zu gefährden,
seinen Posten zu riskieren
oder eine andere Rasse zu brüskieren.
Immer noch wäscht er seine Hände in Unschuld.
Jerusalem hält die Schale
und Rom den Wasserkrug,
um tausend und abertausend Hände reinzuwaschen.

Meister, Meister aller Dichter,
Meister der gesungenen und gesprochenen Worte,
die Menschen bauten Tempel,
um deinen Namen zu beherbergen.
Auf jedem Gipfel richteten sie dein Kreuz auf,
um ihre unberechenbaren Füße dorthin zu lenken,
nicht aber in Richtung deiner Freude.
Deine Freude ist ein Gipfel
jenseits ihrer Vorstellungen.
Sie denken nicht daran,
in deiner Freude Erfüllung zu finden.
Sie ehren den Mann, den sie nicht kennen.
Doch welchen Trost kann jemand spenden,
der wie sie selber ist,
dessen Güte ihrer Güte gleicht,
dessen Barmherzigkeit nach der ihren bemessen ist?

Sie rühmen nicht diesen lebendigen Menschen,
den ersten, der seine Augen öffnete
und in die Sonne schaute,
ohne mit der Wimper zu zucken.
Nein, sie kennen ihn nicht
und wollen ihm nicht gleichen.
Sie ziehen es vor, unbekannt in der Menge zu bleiben.
Lieber wollen sie Kummer ertragen, ihren Kummer,

als in deiner Freude Erquickung zu finden.
Ihre schwermütigen Herzen suchen Trost,
weder in deinen Worten
noch in der Melodie deiner Worte.
Ihr stummer, gestaltloser Schmerz
macht einsame Kreaturen aus ihnen.
Obgleich sie umgeben sind von Verwandten und Bekannten,
leben sie ohne Freunde, verzehrt von der Angst,
und sie beklagen sich, alleine zu sein.
Sie wenden sich nach Osten,
wenn der Westwind weht.
Sie nennen dich König, in der Hoffnung,
deinem Hofstaat anzugehören.
Sie nennen dich den Messias
und würden am liebsten selber
mit dem heiligen Öl gesalbt.
Ja, sie möchten auf deine Kosten leben.

Meister, Meister aller Sänger,
deine Tränen waren wie Maischauer
und dein Lachen wie die gischtweißen Wellen
des Meeres,
deine Worte waren das ferne Flüstern
vom Feuer entfachter Lippen.
Du lachtest für ihren innersten Nerv,
der noch nicht zum Lachen bereit war,
du weintest für ihre Augen,
die noch trocken waren.
Deine Stimme zeugte ihre Gedanken und Erkenntnisse,
deine Stimme brachte ihre Worte und ihren Atem zur Welt.»

«Meister unserer einsamen Stunden,
da und dort, zwischen Wiege und Sarg
begegne ich deinen schweigenden Brüdern,
den ungefesselten, freien Menschen,
Söhne deiner Mutter, der Erde
und des Weltenraums.
Sie sind wie die Vögel des Himmels
und wie die Lilien des Feldes.
Sie leben dein Leben,
denken deine Gedanken

und singen dein Lied,
aber ihre Hände sind leer.
Zu ihrem großen Kummer
erleiden sie keine aufsehenerregende Kreuzigung,
nur täglich kreuzigt die Welt sie
in unscheinbarer Weise,
ohne daß der Himmel erschüttert ist
und die Erde sich auflehnt.
Sie werden gekreuzigt,
und niemand ist Zeuge ihrer Agonie.
Sie wenden ihr Gesicht nach rechts und links
und erblicken keinen,
der ihnen einen Platz in seinem Königreich verspricht.
Und doch würden sie sich jeden Tag
aufs neue kreuzigen lassen,
damit dein Gott ihr Gott sei,
und dein Vater ihr Vater.»

«Meister, Meister aller Dichter,
Meister unserer verschwiegenen Wünsche,
das Herz der Welt pocht
mit dem Pulsschlag deines Herzens,
doch es entflammt nicht
beim Hören deines Liedes.
Die Welt sitzt da,
deinem Lied fröhlich lauschend,
aber sie erhebt sich nicht vom Sitz,
um die Gipfel deiner Berge zu erklimmen.
Dem Menschen gefällt es,
deine Träume zu träumen,
doch er will nicht erwachen
beim Anbruch deiner Morgenröte,
die sein schönster Traum ist.
Er möchte mit deinen Augen sehen,
aber nicht seine schweren Füße
zu deinem Thron schleppen müssen.
Viele wurden in deinem Namen gekrönt
und erhielten dank deiner Macht die Mitra.
Deinen goldenen Besuch
verwandelten sie in Kronen für ihre Köpfe
und in Szepter für ihre Hände.

Meister, Meister des Lichts, dessen Auge
in den tastenden Fingern des Blinden wohnt,
immer noch wirst du verachtet und verschmäht,
als Mensch, der zu schwach und kraftlos ist,
um Gott zu sein,
und als Gott, der zu menschlich ist,
um anbetungswürdig zu sein.
Ihre Messen und Hymnen,
ihre Sakramente und Rosenkränze
gelten ihrem eingekerkerten Ich.
Du aber bist ihr entferntes Ich,
ihr weittragender Schrei
und ihre Passion.

Doch webst du auch diesen Tag,
Herz, so hoch erhoben wie der Himmel,
Ritter unserer glücklichsten Träume.
Weder Bogen noch Lanzen
können deinen Schritt aufhalten.
Du schreitest inmitten unserer Pfeile,
aus deinen Höhen lächelst du uns zu.
Und bist du auch der jüngste von uns allen,
so bist du dennoch unser aller Vater.

Dichter, Sänger, unermeßliches Herz,
möge Gott deinen Namen segnen,
den Schoß, der dich trug,
und die Brust, die dich stillte.
Und möge Gott uns allein verzeihen.»[41]

II.
Übersetzung von Matthäus 1,1–7,29

A. Person und Sendung Jesu
(Mt 1,1–4,12)

Mt 1,1–17

Die Herkunft des Messias oder: Der menschliche Faktor

1 Ur-Kunde der Herkunft Jesu (als) des Christus
(Messias), des Sohnes Davids, des Sohnes Abrahams (Gen 5,1; 2 Sam 7,12.13):
2 Abraham zeugte Isaak (Gen 21,3–12),
Isaak aber zeugte Jakob (Gen 25,26),
Jakob aber zeugte Judas und seine Brüder
(Gen 29,31–30,24),
3 Judas aber zeugte Phares und Zara – aus der
Thamar (Gen 38,29 f.),
Phares aber zeugte Esrom (Ruth 4,12–22),
Esrom aber zeugte Aram,
4 Aram aber zeugte Aminadab (1 Chron 2,10.11),
Aminadab aber zeugte Naasson,
Naasson aber zeugte Salmon,
5 Salmon aber zeugte Boes – aus der Rachab
(Ruth 4,13–17),
Boes aber zeugte Jobed – aus der Ruth,
Jobed aber zeugte Jessai,
6 Jessai aber zeugte David, den König,
David aber zeugte Salomon – aus der (Frau)
des Urias (2 Sam 12,24),
7 Salomon aber zeugte Rhoboam
(1 Chron 3,5–24),
Rhoboam aber zeugte Abia,
Abia aber zeugte Asaph,
8 Asaph aber zeugte Josaphat,
Josaphat aber zeugte Joram,
Joram aber zeugte Ozias,
9 Ozias aber zeugte Joatham,
Joatham aber zeugte Achaz,
Achaz aber zeugte Ezekias,
10 Ezekias aber zeugte Manasses,
Manasses aber zeugte Amos,
Amos aber zeugte Josias,
11 Josias aber zeugte Jechonias und seine Brüder –
während des babylonischen Exils.
12 Nach dem babylonischen Exil aber:
Jechonias zeugte Salathiel,
Salathiel aber zeugte Zorobabel (1 Chron 3,17;
Esra 3,2),
13 Zorobabel aber zeugte Abiud,
Abiud aber zeugte Eljakim,
Eljakim aber zeugte Azor,
14 Azor aber zeugte Sadok,
Sadok aber zeugte Achim,
Achim aber zeugte Eliud,
15 Eliud aber zeugte Eleazar,
Eleazar aber zeugte Maththan,
Maththan aber zeugte Jakob,
16 Jakob aber zeugte Joseph, den Mann Mariens:
aus ihr ward gezeugt Jesus, der Christus
(Messias) genannt wird (Mt 27,17.22).
17 All die Geschlechter also:
von Abraham bis David: 14 Gattungen,
dann von David bis zum babylonischen Exil:
14 Gattungen,
dann vom babylonischen Exil bis zum Christus
(Messias): 14 Gattungen.

Mt 1,18–25

Die jungfräuliche Geburt oder: Die Ankunft aus Geist

18 Mit Jesu Christi (des Messias) Ankunft aber war
es so: Verlobt war seine Mutter Maria dem Joseph;
eher noch als sie zusammenkamen, ward sie in
ihrem Schoße tragend gefunden von heiligem
Geist. 19 Joseph aber, ihr Mann, rechtlich wie er war
und doch nicht willens, sie bloßzustellen, war entschlossen, insgeheim sie zu entlassen. 20 Jedoch, als
er dazu sich durchgerungen, da: ein Engel des
Herrn im Traum erschien ihm, sprechend: Joseph,

Sohn Davids, nicht habe Angst, Maria (als) deine
Frau anzunehmen; denn das in ihr Gezeugte – aus
Geist ist es, heiligem! [21] Gebären aber wird sie
einen Sohn, und du sollst seinen Namen Jesus
(«Gott rettet») rufen; denn er wird sein Volk retten
aus seinen Sünden. [22] Dies ganze aber ist gesche-
hen, damit verwirklicht werde, was angesagt ist
vom Herrn durch den Propheten, sprechend:

[23] **Da, die Jungfrau, im Schoß wird sie tragen**
und wird gebären einen Sohn,
Und sie werden nennen seinen Namen
Emmanuel, *das heißt übersetzt:* **«Mit uns ist**
Gott» (Jes 8,17; 8,8.10 [LXX]).

[24] Als aber aufwachte Joseph vom Schlaf, tat er, wie
ihm aufgetragen der Engel des Herrn, und so nahm
er seine Frau an. [25] Doch nicht erkannte er sie, bis
daß sie einen Sohn gebar. Und er rief seinen Na-
men Jesus.

Mt 2,1–12

Die Wallfahrt der Völker und der König Israels

[1] Nach der Ankunft Jesu in Bethlehem (Gen 49,10)
in Judäa aber, in den Tagen Herodes' des Königs –
da: Sterndeuter vom (Sonnen)Aufgang fanden sich
ein in Jerusalem, [2] sprechend: Wo ist der neugebo-
rene König der Juden? Denn: Gesehen haben wir
seinen Stern. [3] Aufhorchend da, König Herodes,
erschüttert ward er, und ganz Jerusalem mit ihm,
[4] und er versammelte alle: die Hohenpriester und
Schriftgelehrten des Volkes und suchte zu erfahren
von ihnen, wo der Christus (Messias) geboren
werde. [5] Die aber sagten ihm: in Bethlehem in
Judäa; denn so steht es geschrieben durch den
Propheten:

[6] **Und du Bethlehem,** *Land Juda,*
keinesfalls **die geringste bist du unter den**
Fürstenstädten Judas.
Denn aus dir wird hervorgehen ein Fürst,
der weiden wird mein Volk: Israel
(Mi 5,1.3; 2 Sam 5,2).

[7] Darauf Herodes: insgeheim berief er die Stern-
deuter, ließ genau von ihnen den Zeitpunkt der
Sternerscheinung bestimmen [8] und schickte sie
nach Bethlehem. Er sagte: Auf, erforschet genau
(das) mit dem Kind; doch sobald ihr gefunden,
meldet ihr mir, damit auch ich hingehe, mich nie-
derzuwerfen vor ihm. [9] Sie hörten auf den König,
sie machten sich auf, und da: der Stern, den sie ge-
sehen im Aufgang – voraus zog er ihnen, bis er
hinkam und stillstand hoch drüber, wo das Kind
war. [10] Als sie ihn so sahen, den Stern, freuten sie
sich – eine große Freude gar sehr! [11] Und sie traten
in das Haus und erschauten das Kind mit Maria,
seiner Mutter, und kniefällig warfen sie sich nieder
vor ihm. Dann öffneten sie ihre Schatztruhen und
brachten ihm dar als **Gaben: Gold und Weih-
rauch und Myrrhe** (Jes 60,6; Ps 72,10.11.15; 45,9).
[12] Doch Weisung ward ihnen im Traum, nicht zu-
rückzukehren zu Herodes. Auf einem anderen
Wege entwichen sie in ihr Land.

Mt 2,13–21

Die mörderische Wirklichkeit der menschlichen Geschichte und die rettenden Träume Gottes

[13] Nachdem sie aber entwichen waren, da – ein En-
gel des Herrn erscheint im Traum dem Joseph,
sprechend: Wach auf, nimm das Kind und seine
Mutter und fliehe nach Ägypten, und bleibe dort,
bis wann ich es dir sagen werde. Denn Herodes ist
willens, das Kind zu suchen, um es zu vernichten.
[14] Er aber machte sich auf, nahm das Kind und
seine Mutter des Nachts (noch) und entwich nach
Ägypten. [15] Und dort war er bis zum Ende des He-
rodes – damit sich verwirkliche, was vom Herrn an-
gesagt ist durch den Propheten, sprechend: Aus
Ägypten habe ich gerufen meinen Sohn (Hos 11,1;
Num 23,22; 24,8).
[16] Darauf Herodes, als er sah, daß er von den Stern-
deutern ausgespielt worden, ergrimmte heftig,
schickte aus und ließ hinmorden die Kinder – die in
Bethlehem und in all seinen Grenzorten, vom
Zweijährigen an und darunter, entsprechend dem
Zeitpunkt, den er genau von den Sterndeutern
hatte bestimmen lassen. [17] Da verwirklichte sich,
was angesagt ist durch Jeremias, den Propheten,
sprechend:

[18] **Eine Stimme in Rama ward hörbar,**
Weinen und Klagen viel.

Rachel beweinte ihre Kinder
und wollte keinerlei Zuspruch – weil sie
dahin sind (Jer 31,15).
19 Als es aber zu Ende ward mit Herodes, da – ein
Engel des Herrn erscheint im Traum dem Joseph in
Ägypten, 20 sprechend: Wach auf, nimm das Kind
und seine Mutter und ziehe in das Land Israel.
Denn tot sind, die auf der Suche waren nach dem
Leben des Kindes. 21 Er aber machte sich auf, nahm
das Kind und seine Mutter und kam hinein in das
Land Israel. 22 Als er aber hörte, daß Archelaos Kö-
nig von Judäa sei anstelle seines Vaters Herodes,
fürchtete er sich, dorthin zu gehen. Weisung aber
im Traum ward ihm –, er wich aus in die Gegend
von Galiläa, 23 und er kam und ward wohnhaft in
einer Stadt, Nazareth genannt – auf daß sich ver-
wirkliche, was angesagt ist durch die Propheten:
Nazoräer (Sprößling) wird er gerufen (Jes 11,1; 53,2; 4,2; Jer 23,5; 33,15; Sach 3,8; 6,12).

Mt 3,1–6

(vergleiche Mk 1,2–6)

Johannes der Täufer oder: Das Wetterleuchten des kommenden Reiches

1 In jenen Tagen aber findet sich Johannes der
Täufer ein, als Verkünder in der Wüste von Judäa,
2 sprechend: Kehrt um! Denn genaht hat sich das
Königtum der Himmel. (Mt 4,17!)
3 Dieser ist es ja, der angesagt ward durch Jesaja,
den Propheten, sprechend (vergleiche Mt 11,10):
Stimme eines Rufers in der Wüste:
Bereitet den Weg des Herrn.
Gerade macht seine Pfade (Jes 40,3 [LXX]).
4 Er selbst aber, Johannes, hatte sein Gewand aus
Kamelhaar und einen Ledergürtel um seine Hüfte;
seine Speise aber war: Heuschrecken und wilder
Honig. 5 Damals zog hinaus zu ihm Jerusalem und
ganz Judäa und das ganze Umland des Jordan,
6 und sie ließen sich taufen im Jordanfluß – von
ihm, im Bekenntnis ihrer Sünden.

Mt 3,7–10

(vergleiche Lk 3,7–9)

Die letzte Chance der «Pharisäer» und Sadduzäer

(vergleiche Mt 21,28–32!)

7 Er sah aber viele *von den «Pharisäern» und Sad-
duzäern* zur Taufe kommen; da sprach er zu ihnen:
Schlangenbrut! (Mt 12,34!) Wer unterwies euch zu
fliehen vor dem anbrechenden Zorn (Gottes)?
(Mt 23,33!) 8 Bringt jetzt Frucht, würdig der Um-
kehr! 9 Und meint nicht, euch sagen zu können:
Zum Vater haben wir Abraham. Denn ich sage
euch: Es kann Gott aus diesen Steinen (hier) Abra-
ham Kinder erwecken. 10 Schon aber ist die Axt an
die Wurzel der Bäume gelegt; jeder Baum jetzt, der
nicht gute Frucht bringt, wird ausgehauen und ins
Feuer geworfen (Mt 7,19!).

Mt 3,11–12

(vergleiche Mk 1,7–8; Lk 3,16–18)

Der da kommt in Geist und Feuer

11 Ich freilich taufe euch (nur) mit Wasser auf Um-
kehr hin; der aber nach mir kommt – stärker als ich
ist er, bei dem ich nicht wert bin, (auch nur) seine
Sandalen auszuziehen. Er wird euch taufen in heili-
gem Geist und Feuer, 12 er, bei dem die Worfschau-
fel (schon) in der Hand ist. Ja, aufräumen wird er
seinen Dreschplatz: sammeln wird er sein Korn in
der Scheune, aber die Spreu wird er verbrennen in
unauslöschbarem Feuer. (Vergleiche Mt 13,30!)

Mt 3,13–17

(vergleiche Mk 1,9–11)

Die Herabkunft des Geistes

13 Bald darauf findet sich Jesus von Galiläa her am
Jordan ein bei Johannes, getauft zu werden von
ihm. 14 *Der aber wollte ihn hindern, sprechend: Ich –
nötig habe ich, von dir getauft zu werden, und du
kommst zu mir?* 15 *Geantwortet aber hat Jesus und
hat ihm gesagt: Laß, gerade! Denn so sind wir es
schuldig, das rechte Leben (vor Gott) in Gänze zu
verwirklichen.* (Mt 5,17!) *Darauf läßt er ihn.* 16 Als
aber die Taufe an Jesus vollzogen war, stieg er so-
gleich aus dem Wasser, und da: es öffneten sich die

Himmel, und er sah Gottes Geist herabsteigen wie
eine Taube, kommend zu ihm (Jes 61,1).
17 Und da: eine Stimme aus den Himmeln,
sprechend:
Dies ist mein Sohn, der Geliebte,
dem ich huldige (Jes 42,1; 44,2; Ps 2,7;
Jer 31,20; s. Mt 12,18).

Mt 4,1–11

(vergleiche Mk 1,12–13; Lk 4,3–13)

Der Geist der Wüste oder: Die dreifache Perversion des Religiösen

1 Darauf ward Jesus hinausgeführt in die Wüste
vom Geist, versucht zu werden vom Teufel. 2 Und als
er 40 Tage und 40 Nächte gefastet hatte, am Ende
packte ihn Hunger. 3 Da trat der Versucher heran
und sprach zu ihm: Wenn ein Sohn du bist von Gott,
sprich, daß diese Steine (hier) Brote werden.
4 Er aber als Antwort hat gesagt: Geschrieben
steht:
Nicht vom Brot allein lebt der Mensch,
sondern von alljedem Wort,
das hervorkommt aus Gottes Mund
(Dtn 8,3b; Weish 16,26).
5 Darauf nimmt ihn der Teufel mit in die heilige
Stadt und stellt ihn auf die Zinne des Heiligtums
6 und sagt ihm: Wenn ein Sohn du bist von Gott,
stürz dich hinunter. Geschrieben steht ja:
Seinen Engeln gibt er Auftrag deinetwegen.
Und: **Auf Händen sollen sie dich tragen,**
daß nimmer du stößest an einem Stein
deinen Fuß (Ps 91,11 ff.).
7 Sagt ihm Jesus: Hinwiederum steht geschrieben:
Versuche nicht den Herrn, deinen Gott
(Dtn 6,16 [LXX]).
8 Wiederum nimmt ihn der Teufel mit auf einen
Berg, einen sehr hohen, und zeigt ihm alle König-
reiche der Welt und ihre Pracht, 9 und hat ihm ge-
sagt: Dies alles – dir gebe ich es, wenn du kniefällig
dich niederwirfst vor mir (Mt 2,11).
10 Darauf sagt ihm Jesus: Hinweg, Satan.
Geschrieben steht ja:
Vor dem Herrn, deinem Gott, werfe dich nieder
und ihm *allein* **bringe Verehrung dar**
(Dtn 6,13 [LXX]).
11 Darauf verläßt ihn der Teufel. Und da: Engel
kamen herzu und dienten ihm (Mk 1,13c).

Mt 4,12

(vergleiche Mk 1,14a)

Flucht und Beginn

12 Als er aber hörte, Johannes sei ausgeliefert wor-
den, wich er aus nach Galiläa.

B. Der Gottessohn als Lehrer und Heiler vor den Ohren der Jünger und den Augen der Scharen (Mt 4,13–11,30)

Mt 4,13–17

Die erfüllte Verheißung: Das Galiläa der Völker

[13] *Und nachdem er Nazareth verlassen hatte, ging*
er hin und ward wohnhaft in Kapharnaum
(Mk 1,21), *der Stadt am «Meer» in den Gebieten*
von Zabulon und Nephthalim, [14] *damit verwirklicht*
werde, was angesagt ist durch Jesaja, den Prophe-
ten, sprechend:

[15] **Land Zabulon** *und* **Land Nephthalim,**
«meerwärts» hin, jenseits des Jordan,
Galiläa der Völker:
[16] **Das Volk, das da sitzt in Finsternis –**
Licht sah es, groß! (Jes 8,23–9,1; 58,10
[LXX]).
[17] *Von da an fing* Jesus *an zu künden und zu*
sagen: Kehrt um! Denn genaht hat sich das
Königtum der Himmel. (Mt 3,1! 10,7!)

Mt 4,18–22

(vergleiche Mk 1,16–20)

Die ersten der Jünger

[18] Beim Umherwandeln aber am «Meer» von Gali-
läa sah er *zwei Brüder:* Simon, *der Petrus* (Fels) *ge-*
nannt wird, und Andreas, seinen Bruder, wie sie
ein Rundnetz in das «Meer» warfen, sie waren ja
Fischer. [19] Und er sagt ihnen: Auf, mir nach! Ja, ich
werde euch machen zu Menschenfischern. [20] Die
aber: sogleich ließen sie die Netze und sind ihm
gefolgt. [21] Und wie er weitergezogen von dort, sah
er *zwei andere Brüder:* Jakobus, den Sohn des Ze-
bedäus, und Johannes, seinen Bruder, im Boot mit
Zebedäus, ihrem Vater, beim Zurechtmachen ihrer
Netze, und er hat sie gerufen. [22] Die aber: *sogleich*
ließen sie das Boot und ihren Vater und sind ihm
gefolgt.

Mt 4,23

(vergleiche Mk 1,39)

Der Lehrer, Künder und Heiler

[23] *Und er zog umher in ganz Galiläa, als Lehrer* in
ihren Synagogen, als Verkünder *der Heilsbotschaft*
vom Königtum (Gottes) *und als Heiler aller Krank-*
heit und allen Gebrechens im Volk. (Mt 9,35!)

Mt 4,24–5,2

(vergleiche Mk 1,32–34; 3,7–8 a.13 a)

Die Kulisse der Botschaft: die Kranken und Verzweifelten

[24] *Und hinaus drang die Kunde von ihm nach ganz*
Syrien hinein. Und sie brachten ihm alle, die übel
dran waren, mit mancherlei Krankheiten und Qua-
len behaftet: von Abergeistern Besessene, *Mond-*
süchtige (Mt 17,15!) *und Gelähmte,* und er heilte
sie. [25] Und es folgten ihm *große Scharen* aus Galiläa
und dem Zehnstädteland, aus Jerusalem und Judäa
und von Jenseits des Jordan. [5,1] *Als er aber die Scha-*
ren sah, stieg er hinauf zum Berg *und setzte sich*
(Mt 1,529!); *da traten zu ihm seine Jünger.* [2] *Und er*
öffnete seinen Mund und lehrte sie, sprechend:

Mt 5,3–12

(vergleiche Lk 6,20b–23 zu Mt 5,3–6.11)

Die wahrhaft Glücklichen

[3] Glücklich, die *aus Geist* Armen (Jes 61,1; 57,15),
denn ihrer ist das Königtum *der Himmel.*
[4] *Glücklich die Trauernden, denn sie werden*
Zuspruch (von Gott) erfahren (Mt 2,18!; Jes 61,2;
Ps 126,5).
[5] *Glücklich sie Wehrlosen, denn sie werden das*
Land erben (Ps 37,11).
[6] Glücklich die hungernd *und dürstend* sind *nach*

richtigem Leben (vor Gott), denn sie werden gesättigt werden (Ps 107,5 ff.; Am 8,11; Jes 55,1; Jer 31,25; Bar 2,18).
7 *Glücklich die sich Erbarmenden, denn sie werden Erbarmen finden* (Spr 14,21).
8 *Glücklich die im Herzen Reinen* (Ps 24,4; 51,12; 73,1; Spr 22,11), *denn sie werden Gott schauen.*
9 *Glücklich die Friedenstifter, denn sie werden Söhne Gottes heißen.* (Dtn 14,1; vgl. Mt 5,45!)
10 *Glücklich die Verfolgung leiden um des rechten Lebens* (vor Gott) *willen, denn ihrer ist das Königtum der Himmel.*
11 Glücklich seid ihr, wenn sie euch verfluchen und verfolgen und sagen lügnerisch jedes Böse gegen euch um meinetwillen.
12 Freut euch und jubelt, denn euer Verdienst ist groß in den Himmeln. Grade so haben sie ja verfolgt die Propheten, die vor euch gewesen.

Mt 5,13

(vergleiche Mk 9,49–50; Lk 14,34–35)

Das Salz der Erde

13 Ihr seid das Salz der Erde. Wenn aber das Salz stumpf wird, was soll man damit salzen? Zu nichts taugt es mehr, sondern es wird nach draußen geworfen und zertreten von den Menschen.

Mt 5,14–16

(vergleiche Mk 4,21 zu Mt 5,15)

Das Licht der Welt

14 *Ihr seid das Licht der Welt* (Jes 42,6; 49,6; 60,1.3). *Unmöglich kann eine Stadt verborgen bleiben, die hoch am Berg gelegen ist.*
15 Auch eine Leuchte zündet man nicht an und stellt sie (dann) unter den Scheffel, sondern auf den Leuchter: *dann strahlt sie allen im Hause.*
16 *So erstrahle euer Licht vor den Menschen, auf daß sie von euch sehen die guten Werke und verherrlichen den Vater von euch, den himmlischen.*

Mt 5,17–20

(vergleiche Lk 16,6–17 zu Mt 5,17–18)

Nicht auflösen, sondern verwirklichen

17 Setzt nicht, ich sei gekommen, aufzulösen: das Gesetz oder die Propheten; nicht bin ich gekommen, aufzulösen, sondern zu verwirklichen (Mt 3,15).
18 Denn bei Gott, ich sage euch: bis dahingehen Himmel und Erde – nicht *ein Jota* oder ein Häkchen wird dahingehen vom Gesetz, *bis alles geschieht.*
19 *Wer also auflöst eine dieser Bestimmungen, der geringsten* (auch nur), *und lehrt so die Menschen, der Geringste* (ein Nichtsnutz) *wird der heißen im Königtum der Himmel. Wer sie aber tut und lehrt, der wird ein Großer heißen im Königtum der Himmel.*
20 *Denn ich sage euch: Wenn nicht übersteigt euer Leben* (vor Gott) *bei weitem das der Schriftgelehrten und «Pharisäer», nein, nimmermehr kommt ihr hinein in das Königtum der Himmel.*

Mt 5,21–26

(vergleiche Mk 11,25 zu Mt 5,23–24; Lk 12,57–59 zu Mt 5,24b–26)

Die Wahrheit des menschlichen Herzens: Geschwisterlichkeit und Versöhnung

21 *Ihr habt gehört, daß gesagt ward den Alten:* **Du sollst nicht töten** (Ex 20,13; 21,12; Lev 24,17; Num 35,16 ff.; Dtn 5,18); *wer aber einen Mord begeht – verfallen sei der dem Gericht.*
22 *Ich aber sage euch: Jeder, der zornig ist seinem Bruder – verfallen sei der dem Gericht. Wer aber sagt zu seinem Bruder: Raka* (du Nichtsnutz), *verfallen sei der dem Synhedrium; wer aber sagt: Du Dummkopf, verfallen sei der der Feuerhölle.*
23 *Wenn du also herbeibringst deine Gaben an den Opferaltar und dort dich erinnerst, daß dein Bruder etwas gegen dich hat,*
24 *laß dort deine Gabe vor dem Opferaltar, und geh, versöhne dich mit deinem Bruder, und dann komm und bringe herbei deine Gabe.*
25 *Sei auf Versöhnung bedacht gegenüber deinem Rechtsgegner – schnell,* solange du noch mit ihm auf dem Wege bist; sonst liefert dich dein Rechtsgegner dem Richter aus und der Richter dem Gerichtsdiener, und ins Gefängnis wirst du geworfen.
26 *Bei Gott,*

ich sage dir: Nein, nimmermehr kommst du da
heraus, bis du erstattet hast – den letzten Heller.

Mt 5,27–32

(vergleiche Mk 9,43–48 zu Mt 5,29–30;
Lk 16,18 zu Mt 5,32)

Wann beginnt der Ehebruch und was heißt Ehescheidung?

27 *Ihr habt gehört, daß gesagt ward:* **Du sollst nicht**
ehebrechen. (Ex 20,14; Dtn 5,17) 28 *Ich aber sage*
euch: Jeder der eine (verheiratete) *Frau anblickt,*
um Verlangen nach ihr zu spüren, hat schon mit ihr
die Ehe gebrochen in seinem Herzen. 29 Wenn aber
dein rechtes Auge dich verstört, reiß es aus und
wirf es von dir. Denn es ist dir ja zuträglich, damit
(nur) eines deiner Glieder zugrundegeht und nicht
dein ganzer Leib in die Hölle geworfen wird. 30 Und
wenn deine rechte Hand dich verstört, hau sie ab
und wirf sie von dir; es ist dir ja zuträglich, damit
(nur) eines deiner Glieder zugrundegeht und nicht
dein ganzer Leib in die Hölle fährt (vergleiche
Mt 18,8–9).
31 Es ward aber gesagt: **Wer seine Frau entläßt,**
gebe ihr einen Abstandsbrief (Dtn 24,1). 32 Ich
aber sage euch: Jeder, der seine Frau entläßt – *au-*
ßer der unehrbaren Sache –, macht, daß sie zum
Ehebruch genommen wird, und wer eine entlas-
sene heiratet, begeht Ehebruch:

Mt 5,33–37

(vergleiche Mt 23,16–22)

Wahrhaftigkeit statt Eide

33 *Wiederum: ihr habt gehört, daß den Alten gesagt*
ward: **Du sollst keinen Meineid leisten, son-**
rn erstatte *dem Herrn* **deine Eide** (Ex 20,7;
Lev 19,22; Nu 30,3; Dtn 23,22).
34 *Ich aber sage euch: Überhaupt nicht* schwören!
Nicht **beim Himmel,** *denn* **er ist der Thron Got-**
tes (Jes 66,1; Jer 17,12). 35 *Nicht* **bei der Erde,** *denn*
ein Schemel ist sie seiner Füße (Jes 66,1;
Klg 2,1), *nicht auf* **Jerusalem,** *denn es ist* **die Stadt**
des Großen Königs (Ps 48,3), 36 *noch bei deinem*
Haupt sollst du schwören, denn nicht vermagst du
(auch nur) *ein Härchen weiß zu machen oder*
schwarz. 37 *Es sei vielmehr euer Wort: das Ja ein Ja,*
das Nein ein Nein; was aber darüber hinaus – vom
Bösen ist es (vergleiche Jak 5,12).

Mt 5,38–42

(vergleiche Lk 6,29–30 zu Mt 5,39b–42)

Das Böse überwinden durch das Gute

38 *Ihr habt gehört, daß gesagt ward:* **Aug um**
Auge *und* **Zahn um Zahn** (Ex 21,24 ff.; Lev 24,20;
Dtn 19,21).
39 *Ich aber sage euch: Überhaupt nicht reagieren*
auf den Bösen! Sondern: wer dich schlägt auf deine
rechte Wange – wende ihm auch die andere zu.
40 Und wer dich gerichtlich belangen und deinen
Leibrock nehmen will – laß ihm auch das Oberge-
wand. 41 *Und wer dich nötigt zu einer Meile – geh*
mit ihm zwei. 42 Wer dich bittet – dem gib, und wer
von dir borgen will – weise (ihn) nicht ab.

Mt 5,43–48

(vergleiche Lk 6,27–28.32–36)

Die Gottessohnschaft der Feindesliebe

43 *Ihr habt gehört, daß gesagt ward:* **Liebe deinen**
Nächsten *und: Hasse deinen Feind* (Lev 19,18.34;
Ex 23,4 ff.; Spr 25,21 f.; Ex 34,12; Dtn 7,2; 23,7;
2 Sam 19,7; Spr 26,24).
44 Ich aber sage euch: Liebt eure Feinde und betet
für die, die euch verfolgen; 45 *auf daß ihr werdet*
Söhne eures Vaters, des in den Himmeln (Mt 5,9!);
denn seine Sonne läßt er aufgehen über Bösen und
Guten, und regnen läßt er über Rechten und
Unrechten. 46 Denn: wenn ihr (nur) liebt, die euch
lieben, welch einen Verdienst habt ihr? Tun nicht
auch die Zöllner dasselbe? 47 Und wenn ihr will-
kommen heißt eure Brüder allein, was Außer-
gewöhnliches tut ihr da? Tun nicht auch *die*
aus den Völkern dasselbe? 48 **Seid ihr** *also* **ganz**
(Dtn 18,13; Lev 19,2), wie euer Vater, *der himmli-*
sche, ganz ist.

Mt 6,1–4

Das Gute um des Guten willen

1 Haltet aber darauf, euer rechtes Leben (vor Gott)
nicht den Menschen vorzumachen, zum Theater
für sie. Wenn aber nicht, so habt ihr keinen Ver-

dienst bei eurem Vater, dem in den Himmeln.
2 Wenn du also ein Almosen gibst, posaune es nicht
vor dir her, wie die Angeber tun in den Synagogen
und in den Gassen, auf daß sie verherrlicht werden
von den Menschen. Bei Gott, ich sage euch: sie
haben (schon) ab ihren Verdienst. 3 Du aber, wenn
du ein Almosen gibst, so merke deine Linke nicht,
was deine Rechte tut, 4 auf daß dein Almosen im
Verborgenen sei. Und dein Vater, der sieht (auch)
im Verborgenen, wird es dir erstatten.

Mt 6,5–6

Bete zu Gott, der im Verborgenen ist

5 Und wenn ihr betet, seid nicht wie die Angeber.
Denn die lieben es, in den Synagogen und an den
Ecken der Plätze sich hinzustellen und zu beten,
auf daß sie (möglichst) sichtbar werden vor den
Menschen. Bei Gott, ich sage euch, sie haben
(doch schon) ihren Verdienst. 6 Du aber, wenn du
betest, **geh in dein Gemach und verschließ
deine Tür; dann bete** (Jes 26,20, 2 Kön 4,33) zu
deinem Vater, der im Verborgenen ist. Und dein
Vater, der im Verborgenen sieht, wird dir erstatten.

Mt 6,7–15

(vergleiche Lk 11,2–4 zu Mt 6,9–12;
Mk 11,25–26 zu Mt ,14–15)

«Unser Vater… vergib uns»

7 *Beim Beten aber sagt nicht Formeln daher wie die
aus den Völkern; sie meinen ja,* (nur) *durch ihre
Vielrederei würden sie erhört.* 8 *Macht euch doch
ihnen nicht gleich; denn es weiß Gott, euer Vater,
was ihr nötig habt, vor dem, daß ihr ihn bittet*
(Mt 6,32 b).

9 *So doch betet ihr:*
Unser Vater, *himmlischer du,*
was du bist, das gelte,
10 was du wirkst, das komme,
was du willst, geschehe,
wie im Himmel, so auf Erden.
11 Unser Brot für morgen gib uns heute.
12 Und laß uns nach, was wir verschuldet,
wie auch wir hiermit nachlassen denen, die sich
uns verschuldet.
13 Und führe uns nicht in Versuchung,
sondern entreiße uns dem Bösen.
14 Denn wenn ihr den Menschen ihre Verfehlungen
nachlaßt, wird euer Vater, der himmlische, auch
euch Nachlaß erteilen. 15 Wenn aber ihr *den Men-
schen* nicht nachlaßt, wird euch euer Vater nicht
nachlassen eure Verfehlungen (Mt 18,35!).

Mt 6,16–18

Faste vor Gott, der im Verborgenen ist

16 Wenn ihr aber fastet, werdet nicht wie die Ange-
ber sauertöpfisch; ausgezehrt machen die nämlich
ihre Gesichter, auf daß sie (nur ja) sichtbar werden
vor den Menschen als fastende. Bei Gott, ich sage
euch, sie haben (doch schon) ihren Verdienst. 17 Du
aber, wenn du fastest, salbe deinen Kopf, und dein
Gesicht wasche, auf daß du nicht sichtbar wirst vor
den Menschen als fastend, sondern vor deinem Va-
ter, der im Verborgenen ist. Und dein Vater, der
sieht (auch) im Verborgenen, wird es dir erstatten.

Mt 6,19–21

(vergleiche Lk 12,33–34)

Das himmlische Eigentum

19 Eignet euch kein Eigentum auf Erden an, wo
Motte und Wurm es verzehrt und wo Diebe durch-
graben und stehlen. 20 Eignet euch vielmehr Eigen-
tum im Himmel an, wo weder Motte noch Wurm
es zerzehrt und wo Diebe nicht durchgraben und
stehlen. 21 Denn wo dein Eigentum ist, dort wird
auch dein Herz sein.

Mt 6,22–23

(vergleiche Lk 11,34–36)

Die Seelenverfinsterung (der Habgier)

22 Die Leuchte des Leibes ist das Auge. Also: wenn
dein Auge heil ist, wird dein ganzer Leib hell sein.
23 Wenn aber dein Auge krank ist, wird dein ganzer
Leib finster sein. Also: wenn das Licht, das in dir
ist, Finsternis ist, wie groß dann die Finsternis
(Jes 6,10)!

Mt 6,24

(vergleiche Lk 16,13)

Gott oder Geld – eins von beiden

[24] Niemand kann zweier Herren Diener sein. Denn entweder wird er den einen hassen und den anderen lieben (den einen bevorzugen auf Kosten des anderen) oder er wird an dem einen hängen und den anderen mißachten (zu dem einen halten gegen den anderen). Ihr könnt nicht Gottes und des Mammons Knechte sein.

Mt 6,25–34

(vergleiche Lk 12,22–32)

Sorgt euch allein, daß Gott in euch herrscht

[25] Deswegen sage ich euch: Sorgt euch nicht um
euer Leben, was ihr essen (oder was ihr trinken)
werdet, noch um euren Leib, was ihr anziehen werdet. Ist nicht das Leben mehr als die Nahrung und
der Leib als die Kleidung? [26] Schaut an die Vögel
des Himmels: sie säen nicht noch ernten sie noch
sammeln sie in Scheunen, und doch: euer himmlischer Vater ernährt sie. Seid ihr nicht weit unterschieden von ihnen? [27] Wer aber von euch kann
trotz (all) seinen Sorgen seiner Lebenslänge (auch
nur) eine einzige Elle hinzulegen? [28] Und von
wegen der Kleidung: was sorgt ihr euch? Lernt
nach den Lilien des Feldes – wie sie wachsen: sie
plagen sich nicht (mit dem Scheren der Wolle)
noch spinnen sie; [29] ich aber sage euch: nicht einmal Salomon in all seiner Herrlichkeit war angezogen wie eine von diesen hier. [30] Wenn aber Gott das
Gras des Feldes – heute da, morgen in den Ofen
geworfen – derartig umhüllt, – nicht wieviel mehr
euch, ihr so wenig Vertrauenden? [31] Sorgt euch also
nicht, sprechend: Was werden wir essen? Oder:
Was werden wir trinken? Oder: Was werden wir anziehen? [32] All das nämlich – die Völker kümmern
sich darum. Es weiß ja *euer himmlischer* Vater, daß
ihr das alles braucht. [33] Kümmert euch vielmehr zuerst (= wesentlich nur) um das Königtum *und sein rechtes Leben* (vor Gott), und dies alles wird euch
dazugelegt werden (1 Kön 3,13 f.).
[34] *Sorgt euch also nicht auf das Morgen hin* (Ex 16,19), *denn das Morgen wird um sich selber sorgen. Genug dem Tag sein eigen Übel!*

Mt 7,1–5

(vergleiche Lk 6,37–42; Mk 4,24 zu Mt 7,2 b)

Selbstprüfung statt Verurteilung

[1] Richtet nicht, damit ihr nicht (von Gott) gerichtet
werdet. [2] Denn mit dem Richtspruch, mit dem ihr
richtet, werdet ihr gerichtet werden, und mit welchem Maß ihr meßt, wird euch gemessen werden.
[3] Was aber blickst du auf den Splitter im Auge deines Bruders, den Balken aber in deinem Auge
nimmst du nicht wahr? [4] Oder wie willst du deinem
Bruder sagen: Laß, ich will dir den Splitter aus deinem Auge ziehen, und da: der Balken in deinem
Auge! [5] Angeber! Zieh zuerst aus deinem Auge den
Balken heraus, und dann magst du zusehen, den
Splitter aus dem Auge deines Bruders zu ziehen.

Mt 7,6

Nicht Perlen vor die Säue!

[6] Gebt das Heilige nicht den Hunden, und werft eure Perlen nicht vor die Schweine, damit die sie nicht mit den Füßen zertreten und sich umwenden und euch zerreißen.

Mt 7,7–11

(vergleiche Lk 11,9–13)

Bitten voll Vertrauen

[7] Bittet, und es wird euch (von Gott) gegeben werden. Sucht, und ihr werdet finden. Klopft, und es
wird euch geöffnet. [8] Denn: Jeder Bittende empfängt, und der Suchende findet, und dem Klopfenden wird geöffnet. [9] Oder wer ist von euch ein
Mensch, der, bittet ihn sein Sohn um Brot, etwa
einen Stein ihm geben wollte? [10] Oder bittet er auch
um einen Fisch, etwa eine Schlange ihm geben
wollte? [11] Wenn nun ihr, die ihr böse seid, gute Gaben zu geben wißt euren Kindern, um wieviel mehr
wird euer Vater, der in den Himmeln, Gutes geben
denen, die ihn bitten!

Mt 7,12

(vergleiche Lk 6,31)

Die goldene Regel

[12] Alles nun, was ihr wollt, daß die Menschen euch
tun, das tut auch ihr ihnen ebenso. *Das ist ja das
Gesetz und die Propheten.* (Mt 5,17! Sir 31,15;
Tob 4,15)

Mt 7,13–14

(vergleiche Lk 13,23–24)

Der Weg des Lebens und der Weg des Todes – Entweder – Oder

[13] Geht hinein durch die enge Pforte; *denn weit ist
die Pforte und breit der Weg, der hinführt ins Ver-
derben,* und viele sind, die da hineingehen. [14] *Denn
eng ist die Pforte und schmal der Weg, der hinführt
ins Leben, und wenige sind es, die ihn finden.*
(Dtn 30,19; Jer 21,8; Spr 14,12; Sir 21,10)

Mt 7,15–20

(vergleiche Lk 6,43–45; Mt 12,33–35!)

An ihren Früchten sollt ihr sie erkennen!

[15] *Habt acht vor den Trugpropheten, die zu euch
kommen in Schafspelzen, inwendig aber sind sie
reißende Wölfe.* [16] *An ihren Früchten sollt ihr sie er-
kennen.* Sammelt man etwa von Dornen Trauben
oder von Disteln Feigen? [17] So doch: Jeder gute
Baum bringt eßbare Früchte, der ungenießbare
Baum aber bringt schlechte Früchte. [18] Nicht kann
ein guter Baum schlechte Früchte tragen noch ein
ungenießbarer Baum gute Früchte. [19] *Jeder Baum,
der nicht eßbare Frucht bringt, wird ausgehauen
und ins Feuer geworfen.* (Mt 3,10!) *Mithin: an ihren
Früchten sollt ihr sie erkennen.*

Mt 7,21–23

(vergleiche Lk 6,46; 13,25–27)

Rechtes Handeln statt bloßer Rechtgläubigkeit

[21] *Niemand, der* (nur) *zu mir sagt: «Herr* (bist du),
*Herr!», kommt in das Königtum der Himmel hin-
ein, sondern nur wer tut, was mein Vater will, der in
den Himmeln.* [22] *Viele werden sagen zu mir an je-
nem Tage: «Herr, Herr, haben wir* **nicht in deinem
Namen prophetisch geredet** (Jer 14,14; 27,15)
*und in deinem Namen Abergeister ausgetrieben
und in deinem Namen viele Machttaten vollbracht?*
[23] Doch dann werde ich ihnen bekennen: Niemals
habe ich euch gekannt. **Weichet von mir, ihr
Handlanger der Gesetzlosigkeit** (Zeph 1,3;
Ps 6,9; Mt 13,41; Mt 24,12!).

Mt 7,24–27

(vergleiche Lk 6,47–49)

Das Haus auf Felsen und das Haus auf Sand

[24] Jeder nun, der von mir diese Worte hört und sie
tut, läßt sich vergleichen mit einem *verständigen*
Mann, der sein Haus auf Felsen gebaut hat. [25] Da
ging ein Wolkenbruch nieder, Wasserströme
kamen und Winde schnaubten und fielen jenes
Haus an, und es fiel nicht; denn gegründet war es
auf Felsen.
[26] Doch jeder, der *von mir diese Worte* hört und *sie*
nicht tut, läßt sich vergleichen mit einem *törichten*
Mann, der sein Haus auf Sand gebaut hat. [27] Da
ging ein Wolkenbruch nieder, Wasserströme
kamen und Winde schnaubten und peitschten je-
nes Haus, und es fiel, und sein Fall war groß.

Mt 7,28–29

(vergleiche Mk 1,22)

Der Lehrer in Vollmacht

[28] *Und es geschah, als geendet hatte Jesus diese
Worte,* da waren *die Scharen* außer sich aufgrund
seiner Lehre. [29] Er nämlich war als ihr Lehrer ein
Vollmachtbesitzender, nicht wie die Schriftgelehr-
ten.

III.
Einzelauslegung

Mt 1,1–17

Der Stammbaum Jesu oder: Von dem einzigen Weg, der zum Heil führt

Auf welchem Weg gelangt die menschliche Geschichte zu ihrem Frieden und zu ihrem Heil? Fragt man die großen «Führer» und Wegweiser der Geschichte, so erhält man stets die gleiche Antwort: Das Heil des Menschen ist nur zu verwirklichen, indem man durch ein Meer von Blut watet. Eineinhalb Millionen toter Gallier sind kein zu hoher Preis, um in Rom zu herrschen, dachte Caesar im ersten Jahrhundert vor Christus; 6 Millionen Tote sind kein zu hoher Preis für die Revolution, dachte Lenin 1917; 6 Millionen getöteter Juden sind kein zu hoher Preis für die Reinerhaltung der «Rasse», dachte Adolf Hitler; 50 Millionen Tote in einem Weltkrieg sind kein zu hoher Preis für die Vormachtstellung Deutschlands, dachten die Nationalsozialisten zwischen 1939 und 1945 – alle «Großen» in der Geschichte sind bis zu den Knöcheln, bis zu den Ellenbogen, bis zum Halse durch Blut gewatet. Immer war ihnen eine Idee vom Menschen wichtiger als der wirkliche Mensch; der wirkliche Mensch war für sie nur ein Material zur Hervorbringung des eigentlichen Menschen[1]; und am Ende ihrer Taten hatten sie meist alles unternommen, um ihre Ideen vom Menschen so gründlich wie möglich *ad absurdum* zu führen. Dennoch scheint in unserem Jahrhundert das einzige Dogma, an das die Menschheit glaubt, darin zu bestehen, daß zur Erreichung bestimmter idealer Zustände jedes Mittel gerechtfertigt, kein Preis zu hoch und alles, was dem jeweiligen Zweck diene, in sich schon rechtens sei. Ja, es scheint, als sei der Gedanke selbst im Jahre 1991 noch recht gegenwärtig, daß selbst ein Krieg, wenn er nur von der «richtigen» Macht erklärt werde, als ein weltgeschichtliches «Erziehungsmittel» über die Völker gehandhabt werden könnte. 100 000de von toten arabischen Frauen und Kindern – sie scheinen kein zu hoher Preis für die amerikanischen Vorstellungen einer «neuen Weltordnung» am Golf[2]. Dabei hat man es in dieser Verlagerung der Moral vom Tun in die richtige Zielsetzung eigentlich mit der säkularisierten Form eines letztlich religiösen Problems zu tun. Sollte nicht Gott, so wird sich ein jeder schon gefragt haben, in die nicht endende Kette menschlichen Unrechts eingreifen und dort strafend und schützend wenigstens die schlimmsten Auswüchse menschlichen Unheils beseitigen?[3] Warum nur hält Gott sich so sehr zurück? Gibt es überhaupt einen Gott, wenn er zu allem menschlichen Unrecht schweigt und tatenlos zuschaut?[4] Wäre nicht Gott, wenn es ihn gibt, geradezu verpflichtet, mit einem Handstreich die rechte Welt heraufzuführen? Und wenn er es nicht tut, sollen, ja müssen dann nicht Menschen selber diese Aufgabe in die Hand nehmen? Das unerledigte Problem der «Theodizee», der Rechtfertigung Gottes angesichts seiner eigenen Welt, treibt seit dem 18. Jahrhundert immer neue Formen von Ideologie und Gewalt hervor.[5] Der Mensch, enttäuscht in seinen religiösen Erwartungen, nimmt selber die Sache Gottes in die Hand.

Die Antwort der Theologen auf die drängende Frage der menschlichen Geschichte mit all ihrem Unheil und Leid lautet zumeist, daß Gott unsere Freiheit respektiere; aber das ist in dieser Form eine offenbar nur sehr vordergründige und unzureichende Auskunft. Denn was soll eine Freiheit, die solche Früchte zeitigt und den Menschen zu derartigen Greueltaten veranlaßt, wie er sie in der Geschichte begeht? Die Wahrheit ist, daß selbst Gott nicht durch ein gewaltsames Eingreifen irgend etwas in der Welt mit Aussicht auf Erfolg und Konsequenz verbessern könnte, ohne seine gesamte Schöpfung zugrundezurichten.[6] Es gibt in der Bibel eine Stelle, an der Gott ernsthaft bereut, den Menschen überhaupt geschaffen zu haben; das Böse, das die Menschen tun, nimmt nach der Vertreibung aus dem Paradiese derart überhand, daß Gott beschließt, die Erde in einer verheerenden Flut reinzuwaschen und sie wie einen Augiasstall auszumisten vom Unrat Mensch (Gn 6,5)[7]. Mit anderen Worten: wenn Gott in die menschliche Geschichte mit Gewalt reinigend und säubernd eingreifen wollte, so bliebe ihm gar keine andere Wahl: er müßte alles vernichten. Und eben das tut Gott nicht. Am Anfang der Bibel, gleich nach der Erzählung von der Sintflut, verbietet Gott es sich, ein zweites Mal die Erde derart zu verwüsten um des Menschen willen (Gn 8,20–22)[8]. Was aber hat Gott dann für Möglichkeiten, um die menschliche Geschichte zum Heil zu führen? Im Grunde nur eine einzige: durch die Jahrtausende immer erneut Erbarmen und Geduld zu üben und, ohne gewaltsam einzugreifen, den Menschen auf seinem Weg durch die Geschichte zu begleiten, ihn nicht zu verschrecken und zu verängstigen, sondern durch Güte zu beruhigen. Einen anderen Weg gibt es auch für Gott nicht. Es ist jedenfalls der einzige, von dem die Bibel meint, daß Gott ihn gehen will und seit Urzeiten schon gegangen ist.

Man sollte meinen, wenn es um den Menschheitsweg zum Heil geht, wenn es um die Hervorbringung der einen, bedeutenden Gestalt des Erlösers zu tun ist, so müßte zu diesem Zweck das Beste und Edelste im Menschen versammelt werden, damit es wie ein Turm sich Stein für Stein zur Größe des Göttlichen erhebe. Aber statt dessen überliefert die Bibel im Buche Ruth (4,18–22) und am Anfang des Matthäusevangeliums einen Stammbaum des Messias[9], der selbst für den Bibelkundigen auf weiten Strecken einer Versammlung von absolut unbedeutenden Charakteren gleichkommt. Die meisten Namen sind auch in der Bibel völlig unbekannt. Keinerlei Tat oder Begebenheit im Leben der genannten Personen wird erwähnt, so als genüge es, daß sie biologisch anwesend waren, und als beschränke sich die Bedeutung ihres Lebens auf ihre faktische Präsenz zu einer bestimmten Zeit. Wer große Persönlichkeiten in der Hervorbringung des einmalig Großen in der Bibel erwartet, der muß angesichts solcher Namen schier verzweifeln, es sei denn, er lernte hier bereits die Perspektive seiner Wahrnehmung vollkommen zu verändern – weg von dem vermeintlich «Großen» und «Bedeutenden» in Richtung auf das eher Unscheinbare und Geringe. Wer jedenfalls fragt, wie auf dieser blutgetränkten Erde je etwas «Heilsames» geschehen könne, der muß sich wohl auf die Suche machen nach dem «sanften Gesetz», das vor 140 Jahren ADALBERT STIFTER in der Vorrede zu seinen Betrachtungen über *«Bunte Steine»* pries: «Es ist», schrieb er, «gegen mich bemerkt worden, daß ich nur das Kleine bilde, und daß meine Menschen stets gewöhnliche Menschen seien ... so will ich meine Ansichten darlegen, die wahrscheinlich von denen anderer Menschen abweichen. Das Wehen der Luft, das Rieseln des Wassers, das Wachsen des Getreides, das Wogen des Meeres, das Grünen der Erde, das Glänzen des Himmels, das Schimmern der Gestirne halte ich für groß: das prächtig einherziehende Gewitter, den Blitz, welcher Häuser spaltet, den Sturm, der die Brandung treibt, den feuerspeienden Berg, das Erdbeben, welches Länder verschüttet, halte ich nicht für größer als obige Erscheinungen, ja ich halte sie für kleiner, weil sie nur Wirkungen viel höherer Gesetze sind. Sie kommen auf einzelnen Stellen vor und sind die Ergebnisse einseitiger Ursachen. Die Kraft, welche die Milch im Töpfchen der armen Frau emporschwellen und übergehen macht, ist es auch, die die Lava in dem feuerspeienden Berge emportreibt und auf den Flächen der Berge hinabgleiten läßt. Nur augenfälliger sind diese Erscheinungen und reißen den Blick des Unkundigen und Unaufmerksamen mehr an sich ...»[10] Wer hingegen genauer, das heiß aufmerksamer, kundiger und liebevoller die Dinge und die Menschen betrachtet, der wird dem «Großen» gerade im scheinbar Verborgenen und Unbedeutenden begegnen. «Groß» gemacht hat der Dichter HOMER seine Helden vor Troja, und immer wieder scheint es, als seien nur die leidenschaftlichen Ausbrüche seelischer Affekte und körperlicher Kräfte eines großen Rühmens wert. Der «Groll» des Achill, seine Rache an Hektor, die unversöhnbare Zwietracht der Götter, der Untergang ganzer Städte und Reiche – das, schenkt man einer gewissen Art von Geschichtsschreibung Glauben, ist die bedeutsame, die bemerkenswerte Geschichte. Tatsächlich könnte sich nichts in dieser Geschichte vollziehen ohne die mühsame Geduld, mit welcher das Korn auf den Äckern reift, ohne den unermüdlichen Fleiß der Insekten in den Blüten der Blumen und Bäume, ohne den steten Atem des Windes, ohne die Kunstfertigkeit des Töpfers und Schmieds, ohne die Neugier lernender Kinder, ohne die Anmut lachender Mädchen und ohne die stille Tapferkeit weise gewordener Alter. Nur: Wer besingt all diese «Schlachten» des Alltags: diese Stunden und Tage des Wartens von Liebenden auf den Augenblick des Sich-Wiedersehens, die zerbrochene Hoffnung am Grab eines zu früh Verstorbenen, die Freude der Geburt eines neu erwachenden Lebens, den unmerklichen Kampf gegen Krankheit und Einsamkeit, die sehnsüchtigen Träume einer nie erfüllten und doch stets geahnten Verheißung oder den späten Stolz über so viel an unverdientem Leid in einem Leben voller Entbehrungen? Jedes Menschenleben, betrachtet man es genauer, ist wert einer eigenen «Geschichtsschreibung», und alles, was «groß» sein mag an der «großen» Geschichte, findet man wieder als ein immer wiederkehrendes «fraktales» Muster des Großen im «Kleinen».[11] Offenbar aber muß man sehr tief hinabsteigen, um dem Gott zu begegnen, der sich nicht offenbart in Sturm, Erdbeben und Feuer, sondern am ehesten in der «Stimme eines verschwebenden Schweigens» (1 Kön 19,12)[12]. Ihn dort zu vernehmen, wo er am liebsten sich birgt, im Verborgenen, bestimmt die Kunst der Dichter und Propheten; «sie sind», meinte Stifter, «die hohen Priester, sie sind die Wohltäter des menschlichen Geschlechts»[13]. Gott zu entdecken und am Werke zu sehen im Durchblättern eines Fotoalbums, das auch nur die Gestalten von drei Generationen der eigenen Familie umfaßt, den Geschichten von Menschen zu lauschen, die womöglich noch niemals Gelegenheit fanden, den verlorenen Tagen ihrer Jugend und Kindheit Aufmerksamkeit zu schenken, die Gebäude einer Stadt zu betrachten, die in ihren Stadttoren, Speicherhäusern, Bürgergäßchen und Marktplätzen noch ein Bild vermittelt von einer Zeit vor mehr als «vierzehn Generationen», und dann sich rückwärts zu träumen entlang den Namen von Menschen, die den unermeßlichen Strom der Zeit überbrücken bis hin zum Ort des eigenen Daseins jetzt, das doch auch wieder nur ein weiterer Punkt ist im Übergang all des Kommens und Gehens, des Schiebens und Drängens, des Lebens und Sterbens im Auf und Ab der Geschlechter – es gibt ohne eine solche menschliche Meditation der Dankbarkeit für den Segen der verborgenen Größe des Kleinen, des Außerordentlichen im Gewöhnlichen, des höchst Persönlichen im scheinbar Nebensächlichen keinen Zugang zu der Ur-Kunde der Herkunft des Göttlichen in unserem Leben, der Ankunft Jesu als des wahren

«Königs» dieser Welt (Mt 1,1). Die wirkliche Geschichtsschreibung ist eine dichterische Poesie des stets nur scheinbar «kleinen» Menschenlebens; sie ist stets die Offenlegung der ewigen geheimen Wünsche und Hoffnungen der Menschen[14], ihres Suchens und Irrens, ihrer so wenigen Stunden vollkommenen Glücks und der wenigen Augenblicke, da sie mit zerbrechenden Kräften ihrem Schicksal die Stirn zu bieten suchten. Man muß die Menschen oder doch wenigstens ein, zwei Menschen sehr lieben, um ihr Leben zu sehen als eine große göttliche Dichtung, als einen Teil im «Stammbaum» des Messias, als einen jener Orte, da Gottes Ankunft gegenwärtig wird.

a) Juda und Thamar oder: Wieviel Berechtigung hat das Glück einzelner?

Gleichwohl gibt es im Stammbaum Jesu bei Matthäus neben der Aufzählung von Patriarchen und Königen auch vier Frauen, die namentlich in der Liste der Generationen erwähnt werden: Thamar, Rachab, Ruth und Bathscheba. Ihrem Leben, das oft nur in wenigen Sätzen von der «heiligen» Geschichte der Bibel gestreift wird, mit den Mitteln der Dichtung nachzuträumen, ist wie eine Pflicht für jeden, der die eigentümlichen Wege Gottes mit den Menschen oder, besser, das ständige Ringen des Menschen um Erwählung und Berechtigung unter den Augen Gottes innerlich mitvollziehen will.[1] Denn nicht einmal hier, bei der Wiedergabe menschlicher Geschichte, geht es den Erzählungen der Bibel um historische Informationen über Menschen, die einmal gelebt haben; hier wie auch sonst sind vielmehr die alten Stammessagen Israels in sich selbst verdichtete Schilderungen menschlicher Schicksale, zusammengetragen aus den Mythen und Märchen der Völker aller Zeiten und Zonen und daher geeignet zur Deutung des Lebens von Menschen zu jedem Zeitpunkt menschlicher Geschichte.[2]

«Wenn man Gott näher kommen will», so lautet ein Grundgedanke aller Moraltheologie, «so gilt es, den geraden Weg einzuschlagen, nicht nach Links und nicht nach Rechts zu schauen, sich den Verführungen der Welt zu enthalten und so rein und makellos zu bleiben, wie es dem Willen Gottes entspricht.» Auch das Alte Israel kannte solche vor allem in Priesterkreisen entwickelte Vorstellungen: Wenn es möglich sei, auch nur einen Sabbat lang vollkommen heilig zu leben, so werde alsbald der Messias kommen. Man dürfe sich nicht mit den fremden Völkern, den «Heiden», «vermischen», besagt ein strenges Gesetz, das man dem Volk nach der Zerstörung des ersten Tempels nicht weniger streng einzuprägen suchte als zur Zeit der Entstehung der neutestamentlichen Evangelien nach der Zerstörung des zweiten Tempels. Gottwohlgefällig im Sinne des strikten Verbots jeder Völkervermischung handelte demnach zum Beispiel Pinechas, der Enkel Aarons (Ex 6,25)[3]: «Als Israel sich in Sittim niederließ», berichtet die Schrift, «fing das Volk an, Hurerei mit den Töchtern der Moabiter zu treiben ... Und Israel hängte sich an den Baal Peor. Da entbrannte der Zorn des Herrn über Israel ... Und siehe, es kam einer von den Israeliten und brachte eine Midianitin zu seinen Brüdern, vor den Augen Moses und vor den Augen der ganzen Gemeinde Israels ... Als Pinechas, der Sohn Eleasars, des Sohnes Aarons, des Priesters, das sah, erhob er sich aus der Gemeinde, nahm einen Spieß zur Hand und ging dem Israeliten nach ins Schlafgemach und durchstach sie beide, den Israeliten und das Weib, durch den Bauch ... Und der Herr redete mit Mose und sprach: Pinechas ... hat meinen Grimm von den Israeliten abgewandt, indem er an meiner Statt unter ihnen eiferte ... Darum sprich: Siehe, ich schließe meinen Bund mit ihm zum Heil. Er und sein Geschlecht nach ihm sollen das Recht des Priestertums für alle Zeiten haben, weil er für seinen Gott geeifert und den Israeliten Sühne erwirkt hat. Der getötete Israelit aber, der samt der Midianitin getötet worden war, hieß Simri, Salus Sohn, ein Stammesfürst aus Simeon; und das midianitische Weib, das getötet worden war, hieß Kosbi, Tochter Zurs; der war das Haupt eines Geschlechtes, einer Familie unter den Midianitern. Und der Herr redete mit Mose und sprach: Bekämpft die Midianiter und schlagt sie» (Num 25,1–17)[4]. Folgt man einer solchen «priesterlichen» Geschichtstheologie[5], dann ist Gott ein eifersüchtiger Rächer jeder Abschweifung, und er verlangt erbarmungslos um der Reinheit des Bekenntnisses willen den rigorosen Ausschluß von allem Fremden. Statt Integration Intoleranz, statt Einheit Reinheit des Religiösen, statt Völkerversöhnung Völkerverhöhnung, und zwar in den heiligsten Anschauungen. Man kann Gott nur dankbar sein, daß er, wenn die Schilderung des «Stammbaums» des «Messias» im Matthäusevangelium zumindest das Bild Gottes, wenn schon nicht die Historie der Menschen, richtig zeichnet, offenbar alles andere ist als ein solcher «Priestergott».

Denn noch ehe wir zu Thamar, der ersten Frau in der Ur-Kunde des Matthäus, kommen, lohnt es sich, den Heiraten der Söhne Jakobs nachzugehen, die der Stammvater Israels mit seiner Nebenfrau Lea zeugte. THOMAS MANN faßt diese sonderbaren Eheabschlüsse in seinem Joseph-Roman so zusammen: Ruben hatte «eine Tochter des Landes erworben und mit ihr dem Gotte Abrahams mehrere Kinder gezeugt, den Knaben Hanoch zum Beispiel und den Knaben Pallu, die Jaakob zuweilen auf den Knien schaukelte. Schimeon hatte sich eine aus Schekem als Beute hinweggeführte Bürgerstochter namens Buna zu eigen gemacht, Levi ein jahugläubiges Mädchen geheiratet, das für eine Enkelin Ebers galt, Naphtali ein junges Weib, dessen Herkunft Jaakob etwas künstlich von Nahor, dem Bruder des Chaldäers, ableitete, und Dan einfach eine Moabiterin. Lauter religiös einwandfreie Heiraten waren nicht durchzuführen gewesen.»[6] Mit anderen Worten: Bildete das Reinheitsideal des priesterlichen Denkens den Maßstab des menschlichen Lebens vor Gott, so hätte es eine Geschichte der Kinder Israels niemals gegeben noch jemals geben dürfen, und es stünde immer noch der Anspruch steriler Exklusivität im Namen Gottes der einfachen Menschlichkeit in der Geschichte der Menschen im Wege. Was die Bibel hingegen in Wirklichkeit schildert, ist die ständige *Vermischung*, der uranfängliche *Austausch*, die *Einheit* des Menschlichen bis in die Wurzeln hinein. Nicht die grimmige Askese von Entsagung und Trennung, sondern das mutige Zugehen und Eingehen auf das «Fremde» zeichnet die Söhne Jakobs aus; es ist *das Übersteigen* der Grenzen, es ist *das Niederreißen der Zäune*, es ist *der Blick über die Demarkationslinien der Angst*, in dem der Gott Israels seinen Weg mit den Menschen vorbereitet, und nirgendwo scheint die Logik des priesterlichen Denkens der anarchischen Ordnung der Liebe auf dem Boden der Bibel so sehr zu widersprechen wie bereits schon in der Geschichte der ersten Kinder «Israels». Nicht die «reine» Religion der Priester, sondern die Menschlichkeit der Liebe ist offenbar der Weg, den Gott mit uns zu gehen bereit ist, und wer immer es wagt, die Weisungen der Priester über das Zusammenleben von Menschen zu relativieren oder zu modifizieren, holt allem Anschein nach mehr vom Himmel auf die Erde als jemand, der sie in aller Strenge einhält und geltend macht.

Denn wie steht es mit Juda selbst? THOMAS MANN, indem er die ständige Verführbarkeit «Judas» zur «Hurerei» (das heißt zum Abfall zu den Fruchtbarkeitsriten Kanaans[7]) psychologisch wörtlich nimmt, hält dafür, daß Vater Jakob schon habe froh sein müssen, als sein Sohn «überhaupt in fleischlichen Dingen durch eine Heirat zu einiger Befestigung und Beruhigung gelangt war, denn sein Geschlechtsleben hatte von jung auf ein wirres und schmerzliches Gepräge getragen. Er stand mit Astaroth auf unvergnügt-gespanntem Fuß, litt unter ihrer Geißel, die ihn jagte, und war ihr untertan, ohne sie zu lieben, was einen Riß in seiner Seele bedeutete und eine Uneinigkeit in ihm selber. Der Umgang mit Kedeschen (sc. Tempeldirnen oder «Freudennonnen», der Verfasser) und Ischtar-Huren brachte ihn der Baals-Sphäre und ihren Greueln und Narrheiten nahe, der Sphäre Kanaans, des Schamlosen, und niemanden, auch Jaakob, den Vater, nicht, konnte das schwerer grämen als Jehuda selbst.»[8] Und doch nimmt Juda *eine Hethiterin* zur Ehe! «Durch einen seiner Hirten, Hira geheißen, aus dem Örtchen Adullam, lernte er einen kanaanitischen Mann namens Schua kennen, dessen Tochter gefiel ihm, und er nahm sie mit Jaakobs Zustimmung. Die Söhne, die sie ihm brachte, zwei vorderhand, unterwies er in der Vernunft Gottes. Sie aber schlugen der Mutter nach, wie Ismael der Hagar nachgeschlagen und nicht dem Vater, so wenigstens sah es Jehuda»[9] (vergleiche Gen 38,1–10)[10]. Jedenfalls sah es offenbar *Gott* so, denn ein Verhängnis von mythischer Tragik scheint über dem Schicksal der Juda-Söhne gelegen zu haben. Alle drei: *Er, Onan* und *Schela* mit Namen, sind unauflöslich verwoben mit *Thamar*, einer kanaanäischen Frau von erschütternder Größe.

Wie soll man das Wesen dieser Frau sich vorstellen, die im Leben der Juda-Söhne bald schon beides verkörpern wird: die Liebe wie den Tod, Verheißung wie Schuld, Aufstieg wie Fall? Ein Widerspruchswesen war sie ohne Zweifel, also als erstes ein Widerspruch gegen sich selbst und ein Widerspruch auch gegen die Welt, der sie entstammte. So jedenfalls beschreibt sie, noch einmal, THOMAS MANN: «Sie war schön auf ihre Art, nämlich nicht hübsch und schön, sondern schön auf eine strenge und verbietende Art, also, daß sie über ihre eigene Schönheit erzürnt zu sein schien, und das mit Recht, denn etwas Behexendes war daran, was den Mannsbildern nicht Ruhe ließ, und gegen solche Unruhe eben hatte sie die Furchen zwischen ihre Brauen gepflanzt. Sie war groß und fast mager, von einer Magerkeit aber, die mehr Unruhe hervorrief als noch so reichliche Fleischesform, so daß die Unruhe eigentlich nicht des Fleisches war, sondern dämonisch genannt werden mußte. Sie hatte bewundernswert schöne und eindringlich sprechende braune Augen, fast kreisrunde Nasenlöcher und einen stolzen Mund.»[11] Das wahre Geheimnis der Thamar aber war ihre Unruhe nach Gott, nach dem neuen Gott der Hebräer, und ihr Wille, sich in seine Geschichte zu drängen. «Thamar war eine Sucherin. Die Falten zwischen ihren Brauen hatten nicht nur den Sinn des Zornes über ihre Schönheit, sondern auch den angestrengter Bemühtheit um Wahrheit und Heil. Wo in der Welt trifft man die Gottessorge nicht an? Sie kommt vor auf Königsthronen und in ärmlichsten Bergweilern. Thamar war eine ihrer Trägerinnen, und die Unruhe, die sie erregte, störte und erzürnte sie eben um der höheren Unruhe willen, die sie trug. Man hätte dies Landeskind vom Dorfe für religiös versorgt halten sollen. Der Wald-und-Wiesen-Naturdienst jedoch, den man ihr überlieferte, hatte ihrer Eindringlichkeit... nicht wollen Genüge tun. Sie kam mit den Baalim und Fruchtbarkeitsgöttern nicht aus, denn ihre Seele erriet, daß anderes, Überlegenes in der Welt war, und angestrengt spürte sie ihm nach. Es gibt solche Seelen: ein Neues und Änderndes braucht nur in der Welt zu sein, daß ihre einsame Empfindlichkeit davon berührt und ergriffen wird und sie sich zu ihm auf den Weg machen müssen.»[12]

So, als eine Stolze und Unzufriedene, als eine Hochfahrende aus Ungenügen am Durchschnittlichen, scheint *Thamar* sich in die Geschichtshoffnung Israels gedrängt zu haben, sie selbst, in Erfüllung ihres Namens, wahrhaft eine «Palme» an Schönheit und Größe (vgl. Hld 7,7), und vor allem willens, *Er*, den Erstgeborenen Judas, durch die Kraft ihres Schoßes zur *Palme* am Bache, zum Helden und Löwen aus Juda zu machen. Und Juda selbst willigte in ihren Plan, er gab ihr den Ersten der Schua-Söhne zum Manne. Zwar: die Bibel sagt nur: «Juda freite seinem Erstgeborenen *Er* ein Weib mit Namen Thamar» (Gen 38,6); doch was den Grund gibt, hinter der Wand umworbener Schicklichkeit, wie die Bibel sie darstellt, in Wahrheit eine Geschichte leidenschaftlichen Ringens und Dringens zu erraten, das ist die unerhörte Entschlossenheit, die Thamar in allem folgenden an den Tag legt. Kaum in die Ehe gegeben, stirbt nämlich *Er* – eine Gottesstrafe für seine Bosheit, erläutert der Text, doch auch hier scheinen Zweifel erlaubt. Allerorten galt ein früher Tod damals als Strafe[13]; um der Gerechtigkeit Gottes, nicht um der wirklichen Verfehlung des Menschen willen wird man von einer «Schuld» gesprochen haben, wo sie erkennbar wohl nicht größer sein mochte als auch sonst ringsum. Ein Charakter gewöhnlicher Frömmigkeit jedenfalls hätte sich geduckt und gedemütigt unter dem Härteschlag Gottes, eine Persönlichkeit geringeren Formates hätte in Trauer und Schmerz und allmählicher Stille sich in die allzu frühe und allzu jähe Witwenschaft gefügt und den stumm geduldeten, mitleidig gewährten Anschluß an das Haus der eigenen Eltern für Trost und Abfindung genommen. Doch eine *Thamar* kann sich nicht abfinden!

Sie ertrug es nicht, mit ihrem kühn ersonnenen Plan, dem Volk der Erwählung als Frau und als Mutter anzugehören und dann doch so bald schon als eine Gescheiterte dazustehen; und so scheinen es (wiederum!) *ihre* Worte zu sein, mit denen Juda nunmehr als seinen Willen auch über den Zweitältesten, *Onan*, verkündet, was in Wahrheit der Wille der Schwiegertochter gewesen sein wird: es solle der Bruder des früh Verstorbenen hingehen und seiner Schwägerin-Witwe Kinder verschaffen (Gen 38,8)[14]. Später ward es geschriebenes Recht, eine eigene Institution: Die Schwager-Ehe. Doch Thamar, die Palme, war einer der Menschen, für die nichts geschrieben steht, weil sie selber Gesetz sind und Institution – nach Generationen noch wird man als gültig aufschreiben, was einzig in ihrem Kopf geschrieben stand, wie es die Not ihnen eingab. Statt ihre Witwenschaft zu betrauern, verlangt Thamar Onan, den Schwager, zum

Mann, und sie will es so stark, daß ihr eigener Wille ward wie der Wille Judas, des Schwiegervaters selbst. Und doch konnte es nicht der Wille Onans sein.

Schon damals, so scheint es, liebte insgeheim Juda die Schönheit seiner Schwiegertochter, und vielleicht gab er ihr seine Söhne nur in die Ehe, um sie, Thamar, näher bei sich zu haben, so daß die Schwäche seines Entschlusses der Stärke einer verborgenen Neigung entsprach. Wie auch immer: *Onan,* soviel steht fest, verzagte an dieser Aufgabe, im Willen seines Vaters an Stelle seines Bruders, als doppelter Ersatzgemahl also, an Thamars Seite fruchtbar zu sein und seiner Schwägerin und Gemahlin Kinder zu erwecken, die wiederum nicht seine eigenen, sondern die seines erstgeborenen Bruders und Lagererstlings rechtliches Eigentum bleiben würden. Daher, so sagt die Bibel, «ließ er es, wenn er zum Weibe seines Bruders ging, auf die Erde fallen und so verderben, um seinem Bruder nicht Nachkommen zu verschaffen» (Gen 38,9). Dennoch: Man sage nicht, Onan sei ein bloßer Versager aus Verzagtheit, ein Impotenter aus mangelndem Mannesmut gewesen. Es lag zu viel Trotz und geheimer Protest in seinem Verhalten, um nur als Schwäche gedeutet zu werden. Es war seine Weigerung, nicht seine Schwäche, die Gott «bestrafte», indem er auch ihn schon bald vom Tode hinwegraffen ließ – durch Hirnschlag mutmaßlich, wenn denn das Tun die Art des Todes bestimmte.[15] Doch wieder gefragt: War es *Gott,* der Onan tötete? Und *war* sein Tod eine Strafe?

Doch so zweideutig Gott, so klar tritt uns fortan *Thamar* entgegen. Was für eine Frau sie war, beginnt man erst jetzt aus den Zeilen der Bibel zu ahnen. Erneut muß sie ihren Schwiegervater bestürmt haben, ihr nunmehr den Dritten der Söhne, den *Schela,* zum Mann zu geben. Doch diesmal verwahrte sich Juda, und sein Wort war unwiderruflich. Nicht auch noch Schela, sein Jüngster, sollte dahingerafft werden in Thamars Armen. Ja, wehe jetzt über Thamars Arme, wehe über die Stolze und Schöne, über die Männerverderbende! So wie sie tötete Ischtar den eigenen Geliebten![16] So rächten des Nachts aus den Grüften die Leiber vampirischer Hexen sich für ihr ungelebtes Leben.[17] Auch Thamar galt jetzt als eine von ihnen. Was blieb ihr zu tun? Es ist ihre Größe, ihr wirkliches Anrecht auf Anwartschaft im Stammbaum des Heils: Sie *weigerte* sich, ihr Leben ungelebt fallenzulassen und mitten in der Blüte des Lebens nach Vampirart lebendig ins Grab zu sinken; sie *weigerte* sich, in verletztem Stolz, wie die Große Göttin, auf tödliche Rache zu sinnen.

Immer wieder in der seltsamen Erzählkunst der Bibel werden auch späterhin Frauen ersonnen, deren Liebe astartengleich tötet, und sie heißen dann *Judith*[18] und *Esther*[19] als Heldinnen der Sage, die ihr Volk retten durch Schönheit und Mord, oder es geht im fernen Ekbatana die Rede von *Sara,* der Jungfrau, die unter dem Fluch des Dämons Asmodi in sieben Brautnächten sieben Männer dahinraffte, ehe sie durch die Liebe des jungen Tobits von der Magie ihrer Vaterliebe, denn die war ihr Dämon, befreit ward[20]; oder man gibt der dämonischen Hexe den Namen *Salome,* wie sie im Tanz einen König zu Schwur und Prophetenmord hinreißt[21]. Doch *Thamar* hat nichts gemein mit all diesen ihr so gefährlich Verwandten und dennoch so Wesensverschiedenen. Nicht dem Tode, *dem Leben* hat sich *Thamar* verschrieben, und wenn es in ihr eine Besessenheit gab, so galt sie der unerhörten Entschlossenheit, sich dem doppelten Fluche niemals zu ergeben und trotz allem teilzuhaben an der Geschichte des Heils ihres Wahlvolkes, nach der Art einer Frau: indem sie selber zum Heil ward und Leben gebar. Wie sie, die zweifach Gestrafte, die vermeintliche Jünglingsverderberin, nicht aufhört, an die Kraft ihres Lebens zu glauben, und sich *einsetzt* für ihre unmöglich scheinende Hoffnung, indem sie sich *hinwegsetzt* über jedes Recht, um sich Recht zu verschaffen gegen den Gang der Geschichte als Frau, *das* umstrahlt ihr Portrait mit einer unheimlichen Größe aus Trauer und Trotz, aus Verzweiflung und Verlangen, aus Schande und Schönheit, aus Leid und aus List. Nur Menschen, die man bis zum äußersten treibt, werden wie Thamar das äußerste wagen. Doch scheint es Fluch wie Gnade gerade der großen Seelen, daß allein sie ins äußerste zu gelangen vermögen.

«So gingen viele Tage dahin», bemerkt lakonisch die Bibel (Gen 38,12), und geht damit hinweg über *Thamars* verstummende Klage und betrogene Jungfernschaft. Dann aber stirbt plötzlich *Schuas Tochter,* Judas Gemahlin, die in der Geschichte der Bibel nie einen eigenen Namen gewinnt und offenbar nie etwas anderes war als Tochter und Gattin und Mutter, als die Trägerin dreier Rollen, die sie verließ, sobald sie erfüllt waren. Mit ihrem Tode ergibt sich unverhofft eine Gelegenheit für *Thamar.* Eine Gelegenheit? Nur eine maßlos gewordene Kühnheit läßt hier eine Chance erblicken, wo sich vor den Augen anderer Menschen allein die Trauerzone des Todes nur noch weiter zu dehnen scheint. Ja, man ist erschrocken, zu sehen, mit welcher Berechnung jetzt *Thamar* diese liebeentbehrende Witwe, sich einfühlt in die einsame Witwerschaft ihres Schwiegervaters, so als sei er schon längst ihr Seelenvertrauter. Nur ihrer Arglist gelingt es, die Stunde des scheinbaren Endes der Stammeslinie Judas doch noch in einen unerhörten Neuanfang umzukehren. Aber der Weg dahin ist fatal. Mit Schela, dem Schwächling, dem Jüngsten, ist nicht zu rechnen. Doch *Juda,* der Frauensüchtige, wie könnte er leben ohne neues Verlangen? Es ist nicht vorstellbar, ihn auf legalem Wege in die Ehe zu locken – nicht mit der Frau seiner Söhne! Doch ist er der einzige Mann, der Thamar noch bleibt, wenn sie nicht zurücksinken will in das Nichts ihrer Herkunft. – Ahnungen, Planungen, wirre Gedanken einer verworrenen Zeit.

Da findet ein Schafschurfest statt in Thimna[22], und Juda begibt sich dorthin mit seinem Freund Hira von Adullam. Thamar erfährt es. Ein Schafschurfest: – das ist Hitze und Schweiß, das sind Männerzoten über die «Schäfchen» und Müdigkeit nach dem Scheren, das ist am Ende erschöpfte Zufriedenheit, die nach verdienter Belohnung späht.[23] Das weiß man als Mann, doch wie wußte dies Thamar? Es war des Abends am Tor von Enaim, auf dem Heimweg von Thimna, daß Juda eine Frau fand im Gewand einer Dirne, ihr Antlitz verhüllt, zu der bog er ab, um mit ihr zu schlafen, denn sie galt ihm für eine Kedesche, für eine der Freudennonnen in Kanaan. Gefragt nach dem Preis, versprach er der Fremden freimütig, wie zum Witz auf sich selbst, einen *Ziegenbock* für die Nacht.[24] Sie aber, die Unbekannte am Wege, entlieh sich von ihm ein Pfand: seinen Siegelring, eine Schnur und den Stab; die ließ er ihr, ehe sie ihn einließ. Doch das Antlitz des Tages ist ungleich dem Antlitz der Nacht. Am anderen Morgen schämte sich Juda, und was eben noch schien wie ein heiliges, wenn auch recht heidnisches Tun, wie ein Gottesdienst für die Göttin Ischtar im Taumel der Sinne, das wirkte jetzt, beim Dämmern des Morgens, wie eine Tat, die man besser verhüllt. Seinen Freund Hira von Adullam beauftragte Juda, daß er statt seiner der Dirne das Böckchen bringe und die Pfänder zurückempfange, doch nirgends fand der die Frau von Enaim. «Wo ist sie, die Dienerin der göttlichen Liebe, die ihren Standort am Stadttor hat?», fragte Hira die Leute. «Es hat hier nie eine solche gegeben», lautete die Auskunft. «So mag sie es behalten», sagte Juda, denn er fürchtete, ins Gerede zu kommen. Schon war er dabei, die ganze Angelegenheit zu vergessen, da ward ihm drei Monate später gemeldet: «Deine Schwiegertochter hat Unzucht getrieben, denn sie ist schwanger geworden.» – Es ist eigentümlich, was im Menschen, in Männern vermutlich besonders, vor sich geht, sobald sie mit dem Recht in Berührung kommen. Sie selber können es gerade noch gewesen sein, die sich heimlich «vergingen», doch besteht in der Öffentlichkeit scheinbar die Pflicht, das eigene Tun, wenn es peinlich wird, nach Möglichkeit zu verleugnen, die Gefühle im Inneren zu verschweigen und den Zusammenhang unter den Menschen zur Festschreibung vermeintlich «Schuldiger» aufzulösen. Immer noch scheint es, als bestünde das, was wir Moral und Recht nennen, in nichts anderem als in der Angst vor öffentlicher Strafe und in der Wahrung des guten Anscheins. Derselbe Juda, der sich nicht scheute, soeben noch mit einer der Dirnen Kanaans die Nacht zu verbringen, gibt sich jetzt rigoros mit seiner Schwiegertochter: «Führt Thamar hinaus, sie soll verbrannt werden.»

Man könnte meinen, dieser Text sei wie geschaffen, uns den Wahnsinn der Hexenprozesse zu erklären, der Jahrhunderte lang, gestützt auf die Bibel, unter päpstlicher Weisung das christliche Abendland schlimmer verheert hat als alle Kriege[25]: Man fürchtet die Frau, die «man» begehrt aufgrund einer Moral, die das Begehren verbietet, und so wird bald aus der verbotenen Liebe eine unheimliche Kraft: Die heimlich Geliebte hört auf, noch ein Mensch zu sein – der eigenen Seele erscheint sie als ein seelenloser Gegenstand der Lust, als ein fleischgewordener Dämon, als die Projektionsgestalt aller abgewehrten Wünsche. Juda zum Beispiel kann eine ganze Nacht bei seiner Schwiegertochter verbringen, und er erkennt in der Dumpfheit seiner Sinne nicht einmal ihre Stimme, nicht ihre Augen, nicht ihre Hände[26], für ihn ist sie eine Nacht lang keine Person, nur ein Geschlechtsding, ein abzufindendes Etwas. Doch jetzt, wo sie dasteht als Frau, als werdende Mutter, als *Mensch,* da ist sie ihm *schuldig* des Todes, und es ist, ein echtes *jus talionis,* das *Feuer* der Leidenschaft selbst, das sich in der Strafe des Mannes über die Frau materialisiert zum *Feuer* des Todes.[27] Thamar als Vampir, Thamar die Hexe – was Thamar nie war, dafür gilt sie jetzt. Und doch muß man sagen: wenn je eine Frau mit dem Feuer gespielt hat, so ist es diese Kanaanitin. Sie tat es virtuos.

Schon scheint sie am Ende, schon wird sie hinausgeführt auf den Verbrennungsplatz, da schickt sie zu ihrem Schwiegervater Juda und läßt ihm sagen: «Von dem Manne, dem das hier gehört, bin ich schwanger», und läßt ihn fragen: «Wem gehört doch nur dieser Siegelring und die Schnur und der Stab?» So ungeheuer war das Verbrechen, das Thamar begangen, daß man sie freiließ; und erneut formten sich Unrecht und Recht nach dem Maß ihres Willens. War sie denn wirklich eine Schuldige? Schuldig war *Juda,* doch nicht, wie man sah, wegen seines verwegenen Abweges unterwegs nach Enaim – da war er lediglich das Opfer eines Handels geworden, dessen Bedingungen er zu spät verstand; wohl aber weil er aus Angst sich nicht getraute, für seinen längst erwachsenen Jüngsten, für Schela, in die Ehe mit Thamar zu willigen. Seine Angst vor Thamar, nicht seine Begierde zu Thamar, war seine eigentliche Schuld. «Als Juda genauer zusah», erzählt die Bibel, «mußte er sprechen: Sie ist im Recht gegen mich; warum habe ich sie meinem Sohn Schela nicht gegeben!» (Gen 38,26)[28]

Da kann also ein Mensch todesschuldig werden gegenüber dem Gesetz, und er kann doch Recht haben von seiten des Lebens! Da kann ein Mensch im Widerspruch leben zu allem, was Anstand und Sitte gebieten, und er kann doch anständig und sittsam bleiben, indem er handelt im Dienst seiner Anmut und im Sinn seiner Würde![29] Da kann ein Mensch sich erniedrigen bis zur Grenze des Schamlosen und zynisch Obszönen, und er bewahrt doch gerade so seinen

Stolz! Wo auf Erden gibt es eine Moral, die derartige Brechungen des Lebens verstehen würde und die nicht eine Tat als *Ver*brechen bezeichnet, die lediglich ein Dasein *zer*bricht, das, auf Dauer gestellt, einen Menschen endgültig seiner Hoffnung berauben müßte? Was hätte Thamar, im Ernst gefragt, denn anderes tun sollen? Das Recht und die Sittsamkeit, da ist kein Zweifel, wären ihr sicherer Tod gewesen. Ja, mehr noch: die Geschichte Gottes mit den Menschen selber wäre zuende gewesen, noch ehe sie richtig hätte beginnen können, ohne die Tat der mutigen Thamar. Die «Heilsgeschichte» des Menschen, so müssen wir denken, vollzieht sich, indem Menschen, spätestens mit dem Mut der Verzweiflung, das Äußerste wagen und lieber den Tod riskieren, als sich mit einem Leben zufrieden zu geben, das kein Leben mehr ist.

Mutige Thamar! Wie viele Frauen gibt es, die ihre Schwestern sein könnten – in ihrem Elend wie in ihrem Stolz! Verwitwet mit 40, noch unverheiratet mit 45, aus einer Ordensgemeinschaft von Klosterschwestern ausgetreten mit 50, hören sie dennoch nicht auf zu hoffen. Nach Maßgabe der Moral, die sie umgibt und die sie selber seit Kindertagen in sich tragen, sind sie mit dieser ihrer Hoffnung, mit ihren Suchwanderungen auf den Wegen der Liebe, als *Ver*sucherinnen zu Sünde und Ehebruch, eine Gefahr der bestehenden Ordnung – oder sie blieben unfehlbar verurteilt zu stetem Verzicht. Doch was der Reinheitswille der Priester verurteilt, ist in Wahrheit vielleicht nur ein Krisenmoment des Glücks, und eben dieses *«vielleicht»*, diese Unbestimmtheit im Augenblick, macht das wirkliche Wagnis des menschlichen Lebens aus: *Man kann nicht wissen,* was wird, ob Untergang oder Rettung, endgültiges Scheitern oder endgültiger Eintritt ins Leben; fest steht nur dies, daß einzig die Mutigen die menschliche Hoffnung weitertragen werden und daß einzig auf ihrem Tun der Segen Gottes ruhen wird. Es scheint Forderungen des Daseins zu geben, die verbindlicher sind als alle Mahnungen der Moral, und *wirklich selber zu leben* ist offenbar die erste und vordringliche Aufgabe des Lebens. Denn dies: aus lauter Angst *nicht* wirklich zu sein, scheint die einzige Schuld, die das Leben niemals vergibt.

Wer also will Thamar für schuldig erklären? Wer sich dazu vermessen wollte, der müßte nicht nur Thamar verbrennen, sondern auch das Leben, das sie zur Welt bringen wird. Ein Zwillingspaar wird es sein, wie geschaffen, der leibhaftige Ausdruck ihrer eigenen Doppelnatur zu sein: *Perez* und *Serach* werden die Söhne heißen, die Thamar zur Welt bringt, und sie werden um ihre Erstlingsschaft kämpfen vom Mutterleib an wie Kain und Abel, die Kinder der Stammutter Eva (Gen 38,27–30)[30]. Und doch wird von Perez aus die Linie der Generationen weitergehen; denn so sagt die Bibel: «Perez zeugte den Hezron,

Hezron den Aram ...» (Mt 1,3). Am Ende muß man Gott danken, daß es *Thamar* gab. Was aber «Thamar» war, das wurde sie durch ihren Mut, ihre Entschiedenheit und ihren Stolz. Selbst wenn man sie verbrannt hätte und wenn es nie einen Messias gegeben hätte – *das Leben* gäbe ihr Recht. *Das Leben* stünde auf ihrer Seite. Und alles, was jemals Recht heißen will, muß sich messen lassen an dem Anspruch, den sie selber ans Leben stellte. Selbst die Hoffnung eines von Gott auserwählten Volkes gestaltet sich nur durch das Glück von einzelnen, die es gegen alle Einsprüche wagen, so intensiv zu leben, als es irgend geht.

b) Die Dirne Rachab oder: Was ist des Menschen Glaube?

Kaum ist die Geschichte der Thamar verklungen, da erwähnt Matthäus in seiner «Ur-Kunde» des Heils zwei Verse später (Mt 1,5 a) den Namen einer Frau, die noch weit wirreren Zeiten zugehörte als Thamar. Thamar wurde zur Dirne nur aus Not und Verzweiflung; Rachab *war* eine Dirne. Doch was weiß man schon über Rachab? Auch ihre Gestalt verliert sich im Strom der Geschichte, und nur die Spur ihrer Sage blieb einigermaßen klar konturiert erhalten im Treibsand der Zeit.

Alle ursprünglichen Geschichten von der «Landnahme» unter Josua (Jos 1–11)[1] spielen geographisch auf der kurzen Linie vom Jordan bei Jericho bis in die Gegend von Gibeon und haben mit «Josua» historisch offenbar nichts zu tun[2]; vielmehr handelt es sich allem Anschein nach um die erst später zusammengestellten Überlieferungen der Landnahmetradition einzig des Stammes Benjamin, der von Osten her über den unteren Jordan in die Gegend des längst schon zur Ruine verfallenen Jericho zog[3]; die Überlieferung dieses Stammes wurde später, wohl von Gilgal aus, ins Nationale ausgeweitet und damit zur Grundlage der israelitischen «Landnahme» überhaupt[4]. Die Geschichte der Rachab aber (in Jos 2,1–24; 6,17.22–25) stellt sich in diesem Kontext als eine Sage dar, die begründen will, warum in israelitischem Lande die Existenz einer kanaanäischen Sippe Rachab geduldet wurde (Jos 6,25)[5]. Die Duldung kanaanäischer Lebensformen kam in den strengen Augen der Jahwediener der «Hurerei» mit Fremdstämmigen und mit ihren fremden Gottheiten gleich[6]; und so verdichtete sich allem Anschein nach der religiöse Vorwurf der «Hurerei» zu einer historisierenden Sage von «Rachab», die immer schon eine Hure war. Es ist hier wie auch sonst: nie läßt sich, historisch gesehen, die Wirklichkeit greifen, die uns Sagen erzählen; sie schildern als individuell, was dem Geschichtsforscher allenfalls als ein kollektives Ereignis entgegentritt[7]; historisch sind die Personen einer Sage, wenn wirklich «Personen», dann höchstens «Korporative Persönlichkeiten»[8], nie Menschen im eigentlichen Sinne. Doch mißversteht man mit solchen «Rekonstruktionen» nicht eher die Botschaft, die eine Sage vermitteln möchte und könnte, als sie zu erläutern? Es bildet eine Überzeugung, welcher die Sage als Literaturform ihre Existenz verdankt, daß es keine Geschichte gibt außerhalb des Handelns großer einzelner[9]; und statt das Leben von Menschen aus historischer Sicht auf die Geschichte von Gruppen zu reduzieren, hält das Weltbild der Sage gerade die umgekehrte Betrachtungsweise für angemessen: nur vom Erleben einzelner her läßt sich der Gang der Menge verstehen. Alle Geschichte ist die Geschichte von einzelnen; das heißt unter anderem: selbst wenn, wie wahrscheinlich, niemals eine Dirne Rachab in Jericho gelebt hat, so gibt es sie doch als Person, als Gestalt, als eine Grundfigur, die immer wieder im Verlauf der Geschichte das Leben einzelner prägen wird, selber nie festlegbar in genauen Umrissen, doch stets gegenwärtig am Rande des Schicklichen und immer begabt mit der Macht, selbst Schicksal zu sein.[10]

Noch eine andere gültige Wahrheit enthält vorweg die Erzählform der Sage von Rachab, der Dirne: die Einsicht, daß der Lauf der Geschichte sich formt nach den leidenschaftlichsten Gefühlen von Menschen. An sich sind Sagen durch und durch «profane» Geschichten, die zwar gelegentlich auch, nie aber wesentlich, gewisse religiöse Motive in sich enthalten können.[11] Die Geschichte der Rachab aber treibt es dahin, die Gefühle von Menschen offen heraus so zu behandeln, als seien sie Offenbarungen Gottes. Was Menschen fühlen und was (folglich!) Gott will, bestimmt den Gang der Geschichte; alle äußeren Umstände sind, gemessen daran, wie nebensächlich.

Da schickt Josua, im Bewußtsein mal wieder, einen heiligen Krieg zu beginnen und damit der Sache eines gerechten, das heißt eben *seines* Gottes zu dienen, zwei Kundschafter aus, um die Lage in Jericho auszuspionieren. Die Frage ist nicht gerade neu: Wie bringt man am schnellsten und am sichersten Geheimnisse ans Licht, die für kriegführende Männer von Interesse sind? Seit damals scheinen die Zeiten sich nicht sehr geändert zu haben. Es gibt Augenblicke, in denen die stärksten Männer schwach zu werden pflegen und in denen sie, schon um sich in ihrer wahren Größe zu zeigen, all ihre Geheimaufträge, die sie sonst niemandem verraten würden, doch wenigstens einem einzigen Menschen, der Frau ihrer Liebe, mitteilen möchten, um für so viel verborgene Größe und unbekannte Bedeutung trotz allem geliebt zu werden. Noch in den siebziger Jahren dieses Jahrhunderts gab es für die Armee Nordvietnams zum Beispiel kein besseres Mittel, um die Handlungsspielräume und Handicaps ihrer Gegner im Süden in Erfahrung zu bringen, als die Hunderttausende von Dirnen in Saigon und Bangkok, die man benützte wie eine Reservearmee von Geheimoffizieren. Nützlicher als jede Dechiffriermaschine zur Entschlüsselung gegnerischer Nachrichtencodes sind zu allen Zeiten diese *unknown soldiers* der Liebe, die im Kreis ihrer Mitmenschen ohnehin schon weit genug draußen stehen, um eher den Zusammenbruch als den Erhalt der bestehenden Gesellschaftsordnung herbeizuwünschen; jedenfalls gibt es keine Gruppe von Menschen, die den männlichen Würden- und Geheimnisträgern mehr Informationen zu entlocken vermöchten und sie bereit –, das heißt lohnwilliger weitergeben würden als diese Spezialistinnen der käuflichen Liebe.

Ganz nach Einsicht solcher Erfahrungen verhalten sich denn auch die zwei Kundschafter Josuas: ihr erster Weg führt zum Haus einer Dirne. Schon rein räumlich erscheint Rachab als eine wahre «Außenseiterin»: ihre Wohnung hat sie in der Stadtmauer von Jericho, ja, das Dach ihres Hauses, versichert die Erzählung, liegt auf der Stadtmauer selbst. «Rachab» – das ist, sozial betrachtet, offenbar nichts als der reine Durchgang und Übergang, buchstäblich eine Lücke am Rande der Stadtmauer, eine osmotische Öffnung zwischen drinnen und draußen. Eine rote Schnur kennzeichnet ihr Haus, was wohl so viel heißen will wie die rote Laterne oder die unvermeidliche rote Gardine in den Etablissements heutiger Städte. Also auch hier: erkennbar nichts Neues. Dann aber dies: In dem grellen Putz ihrer Rolle möchte man Rachab auf Anhieb für eine Asoziale halten, doch ein solches vorschnelles Urteil ginge ganz und gar in die Irre. Es ist nicht möglich, einen Menschen beurteilen zu wollen nur nach den äußeren Umständen seines Lebens. In Wahrheit ist Rachab, die «Weite», wie ihr Name assoziieren läßt[12], gewiß weitsichtiger und weitherziger als die allermeisten in Jericho, und statt das Vorurteil einer berechnenden Egoistin zu bestätigen, zeigt sie sich ganz im Gegenteil rührend bemüht um ihren Vater, ihre Mutter, ihre Brüder, ihre Schwestern – die Verantwortung für ihre ganze Sippe scheint auf ihr zu liegen, und das wohl nicht erst seit jetzt, da dieses Volk aus der Wüste unter der Führung seines Gottes in das fruchtbare Ackerland Kanaans drängt. Man kann das scheinbar Unverantwortliche tun aus einem besonderen Maß an Verantwortung, und vielleicht wurde Rachab überhaupt erst zur Dirne, zur vermeintlich Asozialen, gerad aufgrund der besonderen sozialen Bindung an ihre Sippe. Jedenfalls beeindruckt dieser Zug in ihrem Verhalten am meisten: mit welcher Sorgsamkeit sie den Schutz ihrer Angehörigen vorbereitet.

Überhaupt: um Rachab zu verstehen, muß man sich abgewöhnen, zwischen

«Egoismus» und «Altruismus» zu unterscheiden; für diese Frau sind all die scheinbaren Unvereinbarkeiten der bürgerlichen Moral ohne Schwierigkeiten vereinbar, während ihr all die scheinbaren Wohlvereinbarkeiten derselben Moral als absolut unvereinbar und unerträglich erscheinen. Entsprechend der bürgerlichen Moral ist eine Dirne zum Beispiel ein schimpflicher, schändlicher Mensch, und ein Mann, der zu ihr eingeht, entehrt sich; doch es ehrt einen Mann nach dem Maßstab derselben Moral, wenn er Krieg führt und fremdes Land raubt und mordbrennt und tötet «in tapferem Zweikampf», wie man glauben muß, tapfer natürlich, immer nur tapfer, nie hinterrücks, feig und gemein. Gewiß: Recht hat die Faust, die Gewalt ist Gesetz – so muß man glauben in Jericho, und anders glaubt es auch Josua nicht. «Gott», ja, das kennt man, ist das Alibi der Gewinnsucht der Sieger; was ihnen zum Vorwand dient, das nennen sie Gott oder Recht oder Wahrheit – ach, hol sie der Teufel, mag Rachab gedacht haben. Und sie wird das ewige Lied aller «schwachen» Frauen gesungen haben, die sich durchschlagen müssen in heroischen Zeiten, das Lied der *Mutter Courage* bei Berthold Brecht: «Ihr Hauptleut, eure Leut marschieren/ Euch ohne Wurst nicht in den Tod./ Laßt die Courage sie erst kurieren/ Mit Wein von Leibs- und Geistesnot./ Kanonen auf die leeren Mägen./ Ihr Hauptleut, das ist nicht gesund./ Doch sind sie satt, habt meinen Segen/ Und führt sie in den Höllenschlund./ Das Frühjahr kommt. Wach auf, du Christ!/ Der Schnee schmilzt weg. Die Toten ruhn./ Und was noch nicht gestorben ist/ Das macht sich auf die Socken nun.»[13] Warum zum Beispiel soll es für Rachab eine Sünde sein, hundertfach die Leiber der Männer zu salben, zu streicheln, zu kneten und ihrer Lust zu dienen für wenige Stunden, aber keine Sünde soll es sein, dieselben Leiber tausendfach zu zerspießen, zu zerschneiden und zu zerschlagen und ihnen Schmerz zu bereiten oft für den ganzen Rest der Tage? Wer sich erst einmal niederläßt an den Grenzen der städtischen, ständischen Ordnung, der kann nur lachen über so viel Einbildung und Heuchelei, die den Titel Moral trägt, und der wird, was anderen als die Sittlichkeit gelten mag, erleben als Kern der Perversion aller natürlichen und normalen Gefühle.

Man muß überleben, das ist das erste aller Gesetze; und man muß lernen, um die eigene Würde zu kämpfen. Auch das klingt nach Rachabs ewigem Lied, was Berthold Brecht seiner *Jenny* aus «Mahagonny» in den Mund legt: «Meine Herren, meine Mutter prägte/ Auf mich einst ein schlimmes Wort:/ Ich würde enden im Schauhaus/ Oder an einem noch schlimmeren Ort./ Ja, so ein Wort, das ist leicht gesagt./ Aber ich sage euch: Daraus wird nichts!/ Das könnt ihr nicht machen mit mir!/ Was aus mir noch wird, das werden wir sehn!/ Ein Mensch ist kein Tier!/ Denn wie man sich bettet, so liegt man/ Es deckt einen keiner da zu,/ Und wenn einer tritt, dann bin ich es,/ Und wird einer getreten, dann bist's du.»[14] Rachab, weiß Gott, hat nichts dagegen, nach unten zu treten, um oben zu schwimmen, und alles, was sie tut, ist von einer strauchdiebeähnlichen Berechnetheit, aber eben: es ist zugleich auch warmherzig und besorgt. Die beiden israelitischen Männer zum Beispiel würde man hängen, wenn man sie fände. Der Stadtkönig läßt zu ihr senden und will sie verhaften lassen, sie aber, Rachab, rettet ihnen das Leben – mit List: Man hat gesehen, wie die zwei Männer zu Rachab gekommen sind, das ist eine Tatsache, das kann sie nicht leugnen; «aber», erklärt sie den Häschern des Königs, «sie sind schon wieder fort». Wer wird auch schon lange bleiben bei einer vielbeschäftigten Dirne? Die Ausrede klingt allemal glaubhaft. Und: «Die feindlichen Spione hatten es eilig; sie wollten nicht warten, bis man die Stadttore schloß. Soeben erst sind sie verschwunden. Jagt ihnen nach – ihr könnt sie noch finden!» – Man muß sehr geübt sein im Lügen und recht ausgekocht im Umgang mit Menschen, um im Moment der Gefahr derart souverän die Männer an der Nase herumzuführen wie Rachab. Selbst auf eine mögliche Hausdurchsuchung scheint sie gut vorbereitet gewesen – wer weiß, wer alles schon auf der Flucht vor häuslichen oder königlichen Verfolgern auf Rachabs Dach unter den ausgebreiteten Flachsstengeln Zuflucht gesucht und gefunden hat! Es gehört zu der besonderen Moral der Dirne Rachab, es gehört zu ihrer Berufsehre sozusagen, für die Sicherheit ihrer Kunden zu sorgen, sie nicht zu verraten und sie diskret zu behandeln – jeder Hotelportier verhielte noch heute sich nicht anders. Doch ist das nicht alles. In Wirklichkeit ist Rachab dabei, gerade ein Geschäft zu machen, ein Geschäft auf die Zukunft. Eine Nacht lang zu schlafen *bei* ihr und *mit* ihr – das wäre nichts anderes als das Übliche sonst. – Doch Rettung aus Lebensgefahr – das trifft sich vorzüglich, das ist den entsprechenden Lohn wert, das erlaubt, zu verhandeln und selber den Preis zu diktieren. Blitzschnell gelingt es Rachab, den Augenblick der Krise – sie selbst eine Mitwisserin und Verräterin Jerichos! – in ihren Vorteil zu kehren. Hat sie soeben das Leben der Männer gerettet, so werden diese ihr Leben retten müssen!

Auch das ist Rachab! Alle anderen in Jericho lassen sich betören durch ihre förmliche Pflicht, an den Bestand ihrer Stadt, an die Überlebenschance ihres Volkes zu glauben.[15] Es ist unehrenhaft, sich verloren zu geben. Doch eine Verlorene hat keine Ehre, und ihre Augen sehen, daß zweimal zwei vier ist, sie sehen es unverstellt und klar. Sie sehen vor allem *die Angst*, die umgeht in den Gassen und Häusern von Jericho. «Schrecken vor euch ist auf uns gefallen», gesteht sie den beiden Kundschaftern, «schwankend geworden sind alle Bewohner des Landes vor euch.» Und dann zählt sie all die Sagen um Israel auf, die jetzt die Sage vom Untergang Jerichos begründen sollen: wie der Gott Israels das Schilfmeer austrocknete, als sein Volk aus Ägypten zog, und wie Israel mit den beiden Amoriterkönigen jenseits des Jordans verfahren ist, mit Sichon und Og, die geschlagen und in den «Bann» getan wurden – Bann, das heißt: keine Gefangenen, keine Beute, nur Gefallene, nur Getötete, alles ist Eigentum eines eifernden Gottes, so will es die Regel des Heiligen Krieges.[16] Was für eines Gottes? mag Rachab gedacht haben. Eines grausamen, schrecklichen Gottes, wie immer. Denn was sonst in dieser Welt wäre «Gott», wenn nicht das, was am meisten zu fürchten, weil am meisten fürchterlich ist? Der Schrekken des einen ist der Schutz des anderen. Wenn die eigenen Männer in Jericho bereits schwankend geworden sind, dann werden, weiß Rachab, bald schon auch die Mauern Jerichos schwanken; da muß nur das Geschmetter der Kriegstrompeten erschallen, dann wird es aus sein mit Jericho. Und diese Gewißheit nennt Rachab jetzt «Gott»: «Ich», sagt sie, «weiß, daß der Herr euch das Land gegeben hat.» Es gilt, rechtzeitig überzulaufen in den Schutz dieses «Gottes». Mag er mit dem dummen Jericho machen, was er will, wenn er nur Rachab verschont.

Das heißt: Rachab *und ihre Sippe!* Niemals weiß man sicher bei dieser erstaunlichen Frau, an wen sie eigentlich denkt. An sich selbst, ohne Zweifel, aber niemals nur. Sie selbst – das erweitert sich ständig; das sind mal die beiden israelitischen Kundschafter, das sind jetzt ihre Eltern, ihre Geschwister. Niemals lebt Rachab auf anderer Leute Kosten; umgekehrt: Es ist ihr Überlebenswille, der auch den anderen zugute kommt. Besäße die Dirne Rachab auch nur ein wenig weniger Lebenshunger und Lebensmut, es wäre verhängnisvoll für alle anderen. Eine Frau, die allen anderen zum Leben verhilft, indem sie selber so selbstsüchtig lebt wie nur möglich – gibt es auf Erden eine gesündere Moral, mag man fragen. Der englische Moralphilosoph Adam Smith jedenfalls hätte an der Dirne Rachab nichts auszusetzen gefunden.[17] Sie rettet sich und den Boten das Leben, und sie nimmt ihren Preis: das zehnfache Leben ihrer ganzen Familie. Gewiß, das ist Wucher, doch ein wunderbar menschlicher.

Und was jetzt mit Gott? Der Gott, an den Rachab glaubt, mag viele Namen tragen, er mag Baal, Jahwe, Amun oder sonstwie heißen, für Rachab ist er immer derselbe: er heißt Leben, Überleben, Freude am Leben und Vergnügen am Dasein; Schalk und Humor, Lüge und List, Gewalt und Gesetz, all das sind nur die Spielformen, um dieser Gottheit des Lebens zu dienen – man muß lernen, damit zurechtzukommen.

Ein erstaunliches Phänomen urtümlicher Moral an den Rändern der menschlichen Gesellschaft ist die Halunkenehrlichkeit. Inmitten einer Welt, die voll ist von Hinterhältigkeiten und Tricks, von Roheit und Brutalität, gibt es plötzlich so etwas wie einen Pakt der unverbrüchlichen Treue. Zwei Ganoven prügeln sich um den Anteil ihrer Beute, einer von beiden bleibt einen Moment lang siegreich, doch das Versprechen, das der Unterlegene gibt, wird nie mehr gebrochen. Es scheint ein Relikt aus dem Tierreich: Positionskämpfe dürfen nicht endlos dauern, die Umstehenden müssen wissen, woran sie sind, der einmal Siegreiche also ist ein für allemal siegreich – das heißt bis zum nächsten Mal[18]; doch bis dahin muß er erst Anzeichen von Schwäche und mangelnder Führungskraft zeigen, die einen neuen Rivalitätskampf als lohnend erscheinen lassen. In dieser archaischen Logik des Zusammenlebens legen momentane Entscheidungen ganze Bereiche der Zukunft fest. Und darauf vertraut jetzt in Jericho Rachab. Sie, diese Virtuosin der Lüge, dieses Muster an Schläue und Hintertriebenheit, verlangt nun von den Boten Israels Ehrlichkeit. Sie müssen's ihr *schwören:* sie werden Rachab und all ihre Angehörigen retten, sie werden sie schonen, so wie sie verschont wurden bei ihr. Wie können Menschen einander «schwören» lassen bei unterschiedlichen Göttern? Auch das zählt zu den seltsamen Wundern einer urtümlichen Menschlichkeit: zu wissen, daß ein jeder Mensch etwas hat, das ihm heilig ist und das ihn bindet.[19] Die Gestalt der Dirne Rachab ist eine einzige Widerlegung, ein einziger Hohn auf jede Form gesellschaftlicher Moral; doch vieles gibt es in der Lebensart dieser Frau, das zutiefst menschlich ist und angefüllt mit Evidenzen von Güte und Wert: der Schutz der eigenen Angehörigen zum Beispiel oder das Vertrauen in menschliche Treue und das Wissen, daß es in jedem Menschen so etwas gibt wie Anstand, Respekt oder Größe: – irgend etwas ist jedem heilig. «Ein Mensch ist kein Tier.» Er kann zumindest nicht ohne weiteres davon lassen, auf intelligentem Niveau den Ordnungsimpulsen zu folgen, die schon bei den Tieren das Zusammenleben leiten und lenken.

Wie ernst die zwei Kundschafter Josuas das eidliche Versprechen nehmen, das Rachab ihnen des Nachts auf dem Dachboden ihres Hauses an der Stadtmauer Jerichos abnimmt, zeigt die lange (eingeschobene) Passage (Jos 2,17–21)[20], mit der auch sie sich nun ihrerseits gegenüber Rachab absichern: Was wäre, wenn in dem Tumult der Eroberung durch Zufall die Wohnstätte Rachabs verwüstet oder sie selber im Handgemenge erschlagen würde? Dann läge der Eid schwer auf ihnen; auch Rachab, die Dirne, die Entehrte der Fremden, hat Rechte, die es zu respektieren gilt; daher gilt es, jeder Unachtsamkeit vorzubeugen. Also: Sie hat das rote Seil ins Fenster zu hängen, mit dem sie die Männer an der Stadtmauer ins Freie läßt, und sie hat all ihre Angehörigen in ihrem Haus zu versammeln, und niemand darf es verlassen. Menschliche Vorsicht wirkt sich jetzt aus wie ein Gottesgebot. Dann erst, so rückversichert, gehen die beiden Kundschafter fort.

Was dann folgt, ist ein Possenstück: Drei Tage werden die Verfolger des Königs von Jericho im Bergland nach den zwei Kundschaftern suchen und sie nicht finden, und ganz Israel wird sich ins Fäustchen lachen. Doch was die zwei Boten Josua melden werden, wird wichtiger sein als es alle Nachrichten über die Stärke der Stadtmauer, die Art der Verriegelung, die Bewaffnung der Mannschaft, die Vorräte an Wasser und Nahrung, die Anzahl wehrhafter Männer und ähnliches sein könnten: sie werden melden, was Rachab gesagt hat: «Wankend geworden sind die Bewohner des Landes vor euch» (Jos 2,9.24). Hier wird Angst zum Gottesurteil in der Geschichte. Denn es folgt aus der Angst: «Der Herr hat uns alles Land in unsere Hände gegeben.» Die Gefühle von Menschen sind der Ort, da Gott sich selbst offenbart – das ist der Glaube der Rachab; das ist die Überzeugung der Sage als Literaturform, wenn irgend sie einmal von «Gott» spricht.[21]

Die Frage freilich geht da an die Frommen, wie sie mit diesem Gottesbild der Rachab-Sage leben können. Soll es ein Trost der Theologen bleiben, daß es Geschichten dieser Art, Gottlob, nicht gibt im Neuen Testament? So sehr die Sage auch die «wirkliche» Geschichte zur einsamen Höhe eines individuellen Schicksals verklärt, so ist ihr Stoff doch so lebendig und lebensnah, daß eine Religions- oder Frömmigkeitsform, die ihn als «vulgär» und «geschmacklos» übergehen wollte, selbst Schaden litte an ihrer Glaubwürdigkeit und menschlichen Integrationsfähigkeit. Vor allem: Wer es im Namen eines bestimmten Gottesbildes verschmäht, von einer Frau wie Rachab zu lernen, was Gott ihm sagen könnte – welch einem Gottesbild folgt der eigentlich? Das erstaunlichste Wagestück der Bibel im Umgang mit der Rachab-Erzählung ist wohl dies, daß es das Matthäusevangelium fertigbekommt, der Geschichte der Dirne von Jericho einen entscheidenden Platz in dem Stammbaum des Messias Israels einzuräumen (Mt 1,5). Das Buch Ruth (4,18–21) führt eine kleine Genealogie auf, die von Perez, dem Sohn der Thamar, hinüberführt zu Isai und David. In dieser Genealogie wird ein Salma erwähnt, ein Sohn des Nachson, der zum Vater des Boas wurde, des Mannes der Ruth, des Urgroßvaters Davids.[22] Matthäus identifiziert in seiner Ur-Kunde der Geburt des Erlösers der Menschheit eben diesen Salma mit einem der Kundschafter Josuas und erklärt Rachab, die Dirne von Jericho, zur Mutter des Boas.[23] Eine scheinbar nebensächliche Episode aus der Landnahme-Tradition Israels gewinnt damit plötzlich eine weltentscheidende Bedeutung, und auch die bislang namenlosen Spione des sagenhaften

Eroberers des sagenhaften Jericho gewinnen jetzt einen eigenen Namen: Zumindest einer von ihnen tritt aus dem Schatten der Anonymität heraus und wächst auf zum Gemahl einer Frau vom Format – einer Rachab! Man muß es diesem Salma zutrauen, daß er als erster sich über die Gesetze, die Moses noch ein Buch vorher erließ (vgl. die Befehle zur Ausrottung der kanaanäischen Bevölkerung in Dtn 7,1–11!)[24], hinwegsetzte und diese Kanaanäerin Rachab heiratete, sich zu *ihrem* und zu *seinem* Kind bekannte und sich an die Seite dieser Dirne einer eroberten Stadt stellte. Und der Segen Gottes ruhte über dieser Verbindung!

Über Geschichten dieser Art kann man ins Träumen geraten – sie sind derart menschlich, humorig, lebendig und mutig! Und sie sind bereits in sich selber wie *Märchen*, die man in die Geschichte verlegt hat. Wie viele Völkererzählungen gibt es, in denen in einer verwunschenen Stadt eine besonders verachtete, minderrangige Frau wohnt, die doch darauf wartet, «erlöst» bzw. «gerettet» zu werden.[25] Rein traumpsychologisch betrachtet, ist Rachab auch so etwas wie ein Bild für all die Seiten unserer Seele, die wir niemals zu leben gewagt haben, eine echte Anima-Gestalt inmitten eines uns selber fremd gewordenen Terrains, gefährdet von einem Bewußtsein, das sich selber zur Wehr setzt gegen seine eigene Befreiung: der *«König»* von Jericho mag als Personifikation dieser Instanz gelten.[26] Wie viele Tricks, muß man sich dann fragen, benötigt ein Mensch, um in die eigenen «Mauern» aufzunehmen, was ihm zunächst nur erscheint als Gefahr einer vollkommenen Zerstörung all dessen, was er bisher aufgebaut und erreicht hat! Und doch gibt es immer auch diese heilige «Spionage» der Rachab und mithin die Umwandlung all der schwankenden Angst in ein fast verzweifeltes Vertrauen. Oder auch von der anderen Seite her gelesen: was bedeutet es, eine fremde *«Stadt»* zu «erobern»?[27] Ein wirklicher *«Sieg»* – das wäre, die «Seele», die *Anima*, des anderen für sich zu gewinnen.

Deutungen dieser Art sind alles andere als müßige Spielerei oder geschichtsflüchtiger Spiritualismus. Im Gegenteil. Erst wenn es uns gelingt, die Kriegsgeschichten der Vergangenheit in symbolische Szenarien eines therapeutischen Prozesses in uns selber zu übersetzen, können wir einigermaßen zuversichtlich sein, daß wir es nicht mehr nötig haben, in der äußeren Realität auszuagieren, was wir an Konflikten als erstes im eigenen Inneren durcharbeiten müßten. Die einzigen «heiligen Kriege», die wir im Namen Gottes führen sollten, sind diejenigen gegen uns selber: wir gewinnen sie erst, wenn wir merken, daß alle Mauern wie von selber zusammenfallen, sobald wir das «Zerfließen des Herzens», die ständige Angst überwinden und Zugang gewinnen zur eigenen «Seele».

c) «Dein Gott ist mein Gott» oder: Das Leben der Ruth

Wer in der Bibel nach einer Geschichte sucht, die wie ein Trost sein will in Stunden der Fremde und Verlorenheit, der wird sie finden in den wenigen Kapiteln des *Buches Ruth*[1]. Wenn ein Mensch seine Heimat verliert, so verliert er seinen Gott, dachte man in der Antike, denn die Gottheit ist nahe nur den Verwurzelten, nicht den Schwankenden und Schweifenden.[2] Immer wieder aber gibt es Augenblicke der Not, die Menschen auf lange Zeit hin aus ihrer «Heimat» vertreiben, und weil das immer wieder so ist in der Geschichte der Menschen, ist die zeitlos gültige Erzählform der *Sage* wohl am besten geeignet, Erfahrungen dieser Art als eine Geschichte quer durch alle Geschichte in verdichteter Form zu erzählen.[3]

Spielen soll die *Sage der Ruth* in den Tagen der Richter, als ein geschriebenes Recht noch nicht war zwischen den Völkern und noch kein König in Israel herrschte. Nur anfallsweise, von Fall zu Fall, überfiel der Geist Gottes Männer von Kraft und rief sie auf zu Taten des Widerstands gegen die Völker ringsum: gegen die Ammoniter, die Moabiter, die Amalekiter und gegen die eisenführenden Philister im Land Palästina[4] entlang der Küste des Westmeeres. Doch fielen auch Hunger und Dürre über das Land, weil kein Regen fiel, um die Saaten zu tränken, und dann galt es, sich Nahrung zu suchen bei eben jenen verfeindeten Fremden, die wohl die Sitte der Gastfreundschaft pflegten – doch was gilt ein Mensch in der Ferne unter Leuten mit fremder Zunge, die fremde Götter verehren und die heilig halten, was nichts ist als Greuel unter den Augen des rechtmäßigen Gottes des eigenen Volkes? In dieses bittere Los war damals ein Mann namens *Eli-Melech* gezogen, sein Name schon klang wie ein echt israelitisches, wie ein antimonarchisches Programm: «mein Gott ist (der einzige) König»[5]; er und seine Frau *Noemi,* die «Liebliche», zusammen mit ihren zwei Söhnen verließen ihren Grund und Boden in *Bethlehem,* das seinen Namen: «das Brothaus», in jenen Tagen so übel rechtfertigte, und zogen fort in das grüne Weideland der Moabiter jenseits des Jordan, rund hundert Meilen im Osten des Salzmeeres. Dort aber starb Eli-Melech, und seine zwei Söhne, *Machlon* und *Chiljon,* kaum ledig des Einflusses ihres Vaters, nahmen sich gegen den Willen des Herrn, der mit furchtbaren Worten solches verbot, zwei moabitische Frauen zur Ehe: *Orpa* und *Ruth.* Doch bald starben auch sie, und leidgeprüft, von Gott schwer geschlagen, eine Verbitterte, eine *«Mara»* weit mehr denn als das, was sie einst war: als die «Liebliche», stand Noemi da ohne Gatten noch Söhne noch Enkel, allein und mittellos, eine Überzählige, und sehnte sich heim in die Heimat der Väter, denn dort, wie sie hörte, wuchsen inzwischen wieder reich die Erträge und nährten die Hoffnung auf Mitleid bei der Vereinsamten. Doch: die *Hoffnung* auf Mitleid, ist das nicht eher der *Fluch* des Mitleids?

Eine stolze Frau war Noemi, die es demütigte, Mitleid zu heischen. Sie wollte es nicht. Ihr ward es zur Last, anderen lästig zu fallen. Und so trat sie hin vor ihre zwei Schwiegertöchter, vor Orpa und Ruth, und mahnte sie dringlich, an sich selber zu denken: Sie, eine alte Frau, kehre jetzt ihren Weg nach Hause zurück, und es klang, wie wenn sie sagen wollte: Ich gehe heim, um in Frieden zu sterben; denn so fügte sie noch hinzu: «Ich bin zu alt, um noch einmal Kinder zu gebären, und wenn schon, wie lange müßtet ihr warten, ehe sie zum Mannesalter herangewachsen wären?» Mit dem Tod ihrer Söhne erlosch auch ihr Leben als Schwiegermutter über die Frauen ihrer Kinder, und so sollte nun eine jede getrennt ihres Weges gehen, ins Unglück die eine, ins Glück die anderen, eine endgültige Grenze sollte es sein, die schied zwischen den Lebenden wie zwischen den noch Blühenden und der bereits Welkenden, wie zwischen den Bleibenden und der endgültig Scheidenden. Doch stets an solchen Grenzen des Lebens sagen sich Worte des Abschieds anders, als sie sich fühlen, und was ist gemeint zwischen Wort und Gefühl? Orpa und Ruth begannen zu weinen, als sie hörten, wie schwer es Noemi ward um ihretwillen, und schwer ward es ihnen um Noemis willen, und das Mitleid der einen ward das Mitleid der anderen, und keine wollte die andere lassen. So oft auch Noemi sprach: Geht doch fort, meine Töchter, so sprachen diese: Wir gehen mit dir zu deinem Volk. Schließlich unter Tränen und Küssen machte Orpa sich auf; Ruth aber blieb, sie «hängte sich an sie», an ihre Schwiegermutter, an Noemi. Und als diese noch einmal in sie drang: »Sieh doch deine Schwägerin, mach es wie Orpa», da fuhr sie in schroffer Anhänglichkeit die trauernde Noemi an: «Setz mir nicht zu, dich zu verlassen und mich von dir zu wenden; denn: wohin du gehst, gehe ich, wo du rastest, raste ich: dein Volk ist mein Volk, dein Gott ist mein Gott. Wo du stirbst, sterbe ich, da will ich begraben sein. So tue der Herr mir, so fahre er fort; nur der Tod wird trennen zwischen mir und zwischen dir» (Ruth 1,16–17)[6].

Es sind Worte, die mit solchem Stolz und zugleich mit solcher Demut in der ganzen Bibel kein zweites Mal erklingen, Worte, die aufrührerisch sind in der Selbstverständlichkeit, mit der sie gesagt werden und in der sie ein Gottesbild «lehren», das jeder Theologenlehre entgegensteht. Denn nach Theologenlehre ist nur *ein* Gott, der sich offenbart hat *den Vätern,* von dem man Kunde besitzt durch die *Überlieferung* der Väter und dessen Wort erklärt wird durch die

Auslegung der *Ältesten* und der Schriftgelehrten. So und nicht anders redet dieser Gott zu den Menschen, und so und nicht anders müssen die Menschen reden von diesem Gott, wenn es wirklich das wahre Gotteswort sein soll, das sie im Munde führen. Wer es anders versucht, begibt sich auf schlüpfrigen Pfad und wird sehr leicht zum *Gegner* der rechten Lehre des rechten Gottes. Immer im Munde der Theologen ist der Gott des einen Glaubens der Gegner des Gottes eines anderen Glaubens, und im Namen seines jeweiligen Gottes herrscht Trennung und Krieg zwischen dem einen Volk und seinem Nachbarvolk. «Wenn der Herr, dein Gott, dich in das Land bringt, dahin du nun ziehst, es zu besetzen, und viele Völker vor dir vertreibt... und sie der Herr, dein Gott, in deine Hand gibt..., so sollst du an ihnen den Bann vollstrecken: du sollst keinen Vertrag mit ihnen schließen und sie nicht verschonen, und du sollst dich mit ihnen nicht verschwägern, nicht deine Töchter ihren Söhnen geben, noch ihre Töchter für deine Söhne nehmen... Vielmehr sollt ihr so verfahren: ihre Altäre sollt ihr niederreißen,... ihre Götzenbilder verbrennen. Denn du bist ein dem Herrn, deinem Gott, geweihtes Volk; dich hat der Herr, dein Gott, aus allen Völkern, die auf Erden sind, für sich erwählt, daß du sein eigen seiest» (Dtn 7,1–7)[7].

Wenn der Verfasser des Buches Ruth diese Bestimmung des Gottes Israel jemals gelesen hat, dann will er bewußt dieser Weisung im 5. Buch Moses entgegentreten; denn seine *Ruth,* diese moabitische Heidin, die natürlich von derlei Weisungen niemals gehört hat, findet zu dem Gott Israels auf einem ganz anderen, vielleicht weniger «göttlichen», doch ganz gewiß menschlicheren Wege. «Dein Gott ist mein Gott» – gilt dieses Wort der moabitischen Ruth, so ist die unmittelbare Begegnung unter Menschen der einzig wirkliche, der entscheidende Ort der Offenbarung Gottes, dann ist die Liebe unter den Menschen der Grund und das Maß für den Glauben an Gott, dann gibt es keinen Gott, der die Liebe unter den Menschen stören oder zerstören, begrenzen oder abgrenzen, hindern oder verhindern könnte oder dürfte. Dann ist Gott das Ende und das Ziel eines Wegs, den man nur gehen kann in der Gemeinsamkeit der Liebe. Dann ist alle «Lehre» von diesem Gott nichts weiter als das, was man mit in Kauf nimmt, um dem anderen nahe zu sein. Dann verglühen alle geschriebenen Worte im Namen des Gottes oder der Götter jedweden Volkes, jedweder Religion, jedweder Kultur in der stummen Gebärde der Liebe, die zwischen den Menschen gilt bis zum Tod und die Menschen miteinander versöhnt über die Schranken der Konfessionen hinweg.

Ein provozierender Glaube, ewig skandalös für die Gottwissenden, doch ewig tröstlich für die Gottsuchenden, für die einfach Liebenden.

Wenn das Wort gilt, das die Moabitin Ruth als das Wort einer Heidin richtet an Noemi, an die Mutter ihres verstorbenen israelitischen Mannes, dann ist die Liebe nicht länger eine «Funktion» schriftgelehrter Orthodoxie, dann ist umgekehrt Gott – oder was sich so nennt – eine Erfahrung, die man nur machen kann, wenn man liebt – so bedingungslos wie Ruth, so buchstäblich grenzüberschreitend wie sie; dann müssen die Bibelgläubigen aller Zeiten lernen von dieser Moabitin, die sich durch die Gebote des Gottes Israels nicht trennen ließ von dem Gott Israels selbst um der treuen Anhänglichkeit zu einer alternden, einsamen, sterbensmüden Frau aus Israel willen.

Ist denn nicht dies die Sprache der Liebe zu allen Zeiten: Zeige mir, was dir das Heiligste ist, und wie immer es heißt, wie immer du es nennst, es sei mir heilig und kostbar als ein Teil von dir, es sei mir so nah wie dein Leben, dein Sterben, dein Hoffen, dein Glauben . . ., auch ich möchte sein, wo dein Gott ist, um ganz innig zu sein *bei dir?* Für die Liebe existiert kein anderer Gott als die Kraft, die das Herz der Menschen verbindet, und alles, was im Namen des jeweiligen Gottes die Priester und Theologen an Anweisungen, Verweisen und Hinweisen erlassen, erläutern und erklären, kommt niemals auf gegen das Wissen der Liebenden aller Zeiten: alles ist relativ vor dem einzig gültigen Anspruch der Menschlichkeit.

Das Bekenntnis der Ruth gilt einzig der Liebe; an ihm muß sich messen, wie menschlich ein Gott ist. Hier triumphiert die einfache Humanität über die Komplikationen einer autoritären Religiosität; hier überwindet die Bindung menschlicher Treue die Angst vor den Sicherungszäunen der Konfessionen; hier zum ersten Mal muß man sich fragen beim Lesen der Bibel: was soll der Dünkel der besonderen Erwählung eines besonders geheiligten Volkes, wenn man das Allerwichtigste und Allereinfachste im menschlichen Leben lernen kann *und lernen muß* aus dem Mund einer Frau in den Steppen des heidnischen Moab: nur die Liebe lehrt uns, wer Gott ist; und trägt er auch noch so viele Namen, wie Sprachen und Völker auf Erden sind, so ist doch sein Mund nur der Mund der im Kuß Vereinten und seine Hand nur die Hand der im Leben Verbundenen und seine Wahrheit einzig die Lauterkeit, die der Segen der Liebe den Liebenden schenkt.

Ich höre, kaum daß ich dies schreibe, die Schriftgelehrten schon ihren Kommentar dazu geben: Das Buch Ruth, sagen sie, sei nachexilisch[8] entstanden, und es könne daher theologisch nicht mehr so klar sprechen wie vordem die Theologie des deuteronomistischen Geschichtswerkes[9], es sei eben ein synkretistisches Buch und sei zur Bibel doch nur zugelassen worden, weil hier immerhin eine Moabitin übertrat zum Glauben des Volkes der Erwählung[10].

Gleichgültig, aus welchem Motiv sich jemand zu dem wahren Gott der Offenbarung bekennt, wichtig nach dieser Auskunft ist es allein, *daß* er zu dem wahren Bekenntnis hinfindet! Das rechte Bekenntnis, wenn es so steht, ist gebunden und bleibt gebunden an den Inhalt der Überlieferung, und allein dessen Wahrung hat für Wahrheit zu gelten; menschliche Motive wie die Treue zu Noemi mögen demgegenüber schön und gut sein, doch ausschlaggebend sind sie einzig dann, wenn sie hinüberführen zu dem wahren Gott Israels; das allein ist entscheidend; das allein ist eine gerade und richtige Theologie. Doch gerade so dachte nicht Ruth, die moabitische Heidin. Und so dachte nicht einmal Noemi, die Israelitin, die bald schon in Bethlehem die Treue der Ruth belohnen wird mit ihrer eigentümlichen Treue zu ihrer Schwiegertochter – und mit der erklärten Untreue zu dem Gebotegott Israels. Ruth und Noemi – diese beiden Frauen werden bald schon zeigen, daß die Wege der Liebe sind wie die Wege eines Weberschiffchens: nie geht es nur in die eine Richtung, sondern in ständigem Wechsel, im Einschlag des Hin und Her seiner Fäden, webt es das Muster von Stoffen und Tuchen, die Menschen wärmen und schmücken, und nur dieses Muster der Wärme und Schönheit von Menschen spiegelt das Antlitz des Gottes, an den zu glauben Ruth in der Stunde der Not die Noemi lehrt mit dem Wort ihres gläubigen Beistands: – «Dein Gott ist mein Gott», «bis in den Tod», wenn es sein muß.

Selten wird es so klar wie an dieser Stelle, daß heilige Texte sogar den Religionsformen, die sich auf sie zu berufen pflegen, um sich vor den Gläubigen zu legitimieren, um Jahrtausende an Erkenntnis voraus sein können und sie in ihren Institutionen zersprengen müßten, wollte man ernsthaft auf sie hören. «Dein Gott ist mein Gott» und: «Wo du stirbst, da sterbe auch ich» – dieses stolze, bescheidene Wort der Menschlichkeit einer Moabitin hat vielleicht niemals in der Geschichte des christlichen Abendlandes eine ergreifendere Kommentierung erfahren als am 1. Juni des Jahres 1307, als Papst Clemens V. den ebenso streitbaren wie raffgierigen Bischof Rainerio von Vercelli anwies, den zum Ketzer erklärten aufrührerischen *Fra Dolcino* samt seiner Anhänger dem Tode zu überantworten.[11] Dolcino hatte unter dem Einfluß apokalyptischer Lehren der mächtigen, reichen und verderbten Kirche, wie er sie sah, den baldigen Untergang geweissagt, und er fand mit seinen Predigten bei der Bevölkerung auf den Vorbergen der Alpen Zustimmung und Unterstützung. Die Gefahr, die von ihm ausging, galt als so groß, daß eine der ersten Amtshandlungen des am 5. Juni 1305 gewählten Papstes Clemens V. darin bestand, mit Hilfe des Bischofs Rainerio und der Inquisitoren sowie der Unterstützung des Adels einen regelrechten Kreuzzug gegen die oberitalienische Ketzerei ins Werk zu setzen. Unter unglaublichen Strapazen gelang es *Dolcino* und seinen Anhängern, zwei Winter lang der Übermacht zu trotzen; dann aber, am 23. März 1307, am Gründonnerstag, war der Widerstand der ausgehungerten und zerlumpten Überlebenden gebrochen. Pardon ward nicht gegeben; und so «fanden diejenigen, welche Gott, den ewigen Vater, und den katholischen Glauben verspottet hatten, am Tage des hl. Abendmahles durch Hunger, Eisen, Feuer, Pestilenz und Elend aller Art Schande und schimpflichen Tod, wie sie es verdient hatten»[12]. Einzig *Dolcino* selbst und seine beiden Hauptanhänger, *Longino Cattaneo* und *Margarete von Trient,* wurden auf Befehl des Bischofs am Leben gelassen, um sie ihm unter Jubel im Schloß Biella vorzuführen. *Margarete* wird in den Quellen geschildert «als eine Frau von vornehmer Geburt, als reich und von gewinnender Schönheit... Sie war im Kloster der hl. Katharina in Trient erzogen worden, und dort hatte Dolcino, der eine Zeitlang im Dienste dieses Klosters stand, ihre Bekanntschaft gemacht. Von ihm betört, entfloh sie mit ihm und blieb ihm bis zum Ende treu. Dolcino erklärte zwar stets, ihre beiderseitigen Beziehungen seien rein geistiger Natur gewesen; seitens der Männer der Kirche aber wurde das natürlich bezweifelt und behauptet, sie habe ihm ein Kind geschenkt, dessen Geburt den Gläubigen gegenüber als ein Werk des Hl. Geistes dargestellt worden sei.»[13] Wie dem nun auch sei, fest steht, daß *Margarete* an der Seite *Dolcinos,* wie die anderen Frauen, in Männerkleidung ging, was allein schon ausreichte, um sie als Hexe zu verbrennen, getreu dem Gottesgebot aus Dtn 22,5[14], und daß sie mit ihm Hunger und Kälte und Grausamkeiten aller Art erduldete. Nach ihrer Gefangennahme, als man wochenlang mit dem Papst um die etwaige frei werdende Pfründe verrhandelte, mußte sie im Kerker der Hl. Inquisition zu Vercelli wie ihre Gefährten, «an Händen, Füßen und dem Halse mit Ketten gefesselt», ausharren. «Zwar machte man zugleich die üblichen Anstrengungen, um ein Geständnis oder eine Abschwörung zu erlangen. Aber so mutig die Gefangenen ihren Glauben bekannten, so taub waren sie andererseits gegen alle Anerbieten von Versöhnung.»[15] Dann, nach zwei Monaten, wurden die Gefangenen vorgeführt. Die Schönheit *Margaretes* rührte alle Herzen zum Mitleid. «Dieser Umstand in Verbindung mit dem Gerücht ihres Reichtums veranlaßte viele Adlige, ihr die Heirat und Begnadigung anzubieten, falls sie abschwören wolle. Sie aber zog, treu ihrem Glauben und treu dem Dolcino, den Scheiterhaufen vor. Nachdem sie langsam vor Dolcinos Augen verbrannt worden war, begann seine eigne, bedeutend länger währende Tortur. Man setzte ihn auf einen Karren, auf dem sich einige Kohlenfeuer befanden, um die Marterwerkzeuge glühend zu erhalten. Dann wurde er den ganzen langen Sommertag hindurch langsam durch die

Straßen gefahren und allmählich mit rotglühenden Zangen in Stücke gerissen. Mit wunderbarer Standhaftigkeit ertrug er seine Qualen, ohne seine Peiniger auch nur mit einer einzigen Veränderung seiner Gesichtszüge zu belohnen. Nur als ihm die Nase abgerissen wurde, beobachtete man ein leises Zittern seiner Schultern, und als man noch grausamere Marter anwandte, entschlüpfte ihm kein einziger Seufzer. Während er so eines langsamen und qualvollen Todes starb, wurde Longino Cattaneo in Biella in ähnlicher Weise mißhandelt, um dem Volke als heilsame Warnung zu dienen. So büßten die Fanatiker ihre Träume von einer Wiedergeburt der Menschheit.»[16]

Margarete – die Ketzerin des Dolcinismus –, keine Kirchengeschichte der vatikanischen Orthodoxie erwähnt das Sterben dieser mutigen Frau, deren einzige Schuld darin bestand, bis zum Tod dem Gott ihrer Liebe treu geblieben zu sein. Theologisch gesehen, erscheinen die Lehren des Fra Dolcino als wirr und abstrus, in gewissem Sinne war er ein italienischer *Thomas Müntzer*, nur ohne dessen theologische Bildung; doch seine geliebte Schwester Margarete war nahe dem Vorbild der Ruth – und nahe dem Beispiel der *Mirjam aus Magdala*, die dem Ketzer Jesus folgte bis unter das Kreuz.[17]

Ein anderes weit weniger dramatisches, doch menschlich überzeugendes Beispiel für den Glauben der Ruth zeigt das Leben des englischen Schriftstellers GRAHAM GREENE. In seiner Autobiographie *«Eine Art Leben»* erzählte er, wie er zum katholischen Glauben konvertierte, um seine Freundin Vivien zu heiraten. Er hatte sie kennengelernt, als sie sich wegen eines Artikels beschwerte, in dem er von der Verehrung der Katholiken gegenüber der Jungfrau Maria geschrieben hatte. Ausführlich beschrieb er, wie er seine Generalbeichte ablegte, als er Anfang Februar 1926 in die Kirche eintrat: «Ich erinnere mich deutlich, in welcher Stimmung ich die Kathedrale verließ: ich spürte keine Freude, nur eine düstere Vorahnung. Ich hatte den ersten Schritt getan, weil ich an meine zukünftige Ehe gedacht hatte, aber nun hatte ich den festen Grund unter den Füßen verloren und bangte davor, wohin mich die Flut wohl spülen würde.» – «Erst heute, mehr als vierzig Jahre später, kann ich darüber lächeln, wie unbegründet meine Furcht war, und gleichzeitig fühle ich Sehnsucht danach...» – «Angesichts des herannahenden Todes beschäftige ich mich weniger und weniger mit der Glaubenswahrheit. Man braucht nicht lange zu warten, bis die Erleuchtung oder das Dunkel kommt.»[18] In einem Interview, das GREENE im Jahre 1990 *John Cornwell* für die Ausgabe des katholischen Wochenblattes *Tablet* gab, schilderte sich GREENE als einen Mann, der wohl an «Verbrechen», nicht aber an «Sünden» glaube – schon des priesterlich verfeierlichten Klangs dieses Wortes wegen nicht. Seinen eigenen Worten nach lebte er in seinen letzten Jahren in Antibes an der Côte d'Azur hauptsächlich, um der verheirateten Frau nahe zu sein, die er liebte. An eine Hölle, sagte er, habe er nie geglaubt, und einen Himmel könne er sich nicht vorstellen. Dennoch ging er noch zur Beichte und empfing die Kommunion, hauptsächlich allerdings aus Gefälligkeit einem befreundeten Priester gegenüber. Ein GRAHAM GREENE wird in solchen Äußerungen sichtbar, der in vielem den Helden seiner Romane gleicht: «ungläubig, gegen jede theologische Einzelheit kämpfend, aber unfähig, den Katholizismus ganz loszuwerden»[19]. Im *«Anzeiger für die katholische Geistlichkeit»* hingegen hieß es Ende 1990, es sei dieses Interview ein «tristes Selbstportrait, nicht ungewöhnlich für zeitgenössische prominente ‹katholische› Schriftsteller, die in absurder ‹partieller Identifikation› mit dem Glauben und mit der Moral der Kirche zwar weite Bereiche einer ‹kranken Kirche› und einer wirren Theologie widerspiegeln, aber in Gefahr sind, ‹anonyme Heiden› zu werden oder zu bleiben»[20]. – Wie kann man nur so borniert selbstsicher daherreden! Wer sagt denn, was eine «wirre Theologie» ist? So lange das Buch Ruth einen Teil der Bibel bildet, gibt es auch das Recht zu der Art eines Glaubens, dessen einziger Grund darin liegt, denjenigen Menschen möglichst gut zu verstehen, der dem eigenen Herzen am nächsten steht, und ganz und gar kein Recht gibt es dann, einen solchen Glauben als oberflächlich zu erklären. «Heidentum» – ja, doch wie nahe bei Gott! Und daher: wie jüdisch, wie christlich!

Wer an dieser Stelle noch Zweifel trägt, die Entscheidung der Ruth in Fragen des Glaubens so entschieden zu nehmen, wie es hier geschieht, der wird durch das Beispiel der *Noemi* jetzt eines anderen belehrt. Es ist gerade Erntezeit, als sie mit ihrer Schwiegertochter nach Bethlehem zurückkehrt, und sie erduldet das Schicksal so vieler zu spät Heimgekehrter: entwurzelt zu sein in der eigenen Heimat. Was nutzt ein Glück, fragt ein altägytisches Sprichwort, das zu so später Abendstunde kommt, daß man es im Finstern nicht mehr sehen kann?[21] Noemi steht da wie eine von dem Allmächtigen selber ins «Murren» getriebene, wie eine «Mara», wie eine Bettlerin ohne Anspruch und Recht. Einzig ist da noch ein Landbesitz ihres verstorbenen Mannes Eli-Melech – wer den einlösen wollte, indem er die Erbschaft anträte und zahlte sie aus, der wäre ein «Erlöser» Noemis, ein aus Schuldverhaftung Befreiender (Ruth 2,20)[22]. Einer aus der eigenen Sippe müßte es sein, ein Verwandter Eli-Melechs, des Gatten. Doch brauchte er ein Motiv. Die Schwiegertochter Ruth, eine «tatkräftige Frau» (Ruth 3,11), schön von Gestalt und bescheiden im Umgang – wenn es gelingen würde, *den Boas* von Bethlehem auf sie aufmerksam zu machen, ein «tatkräftiger Mann» auch er (Ruth 2,1)! Die beiden paßten so gut zusammen!

Auch war er doch ein Freund Eli-Melechs, er ist sogar ein entfernter Verwandter! Doch wie sich ihm nahen? Man kann nur demütig bitten, nein, man darf noch nicht einmal bitten, man darf überhaupt keine Absicht verraten, alles muß aussehen wie ganz *ohne* Absicht, wenn es gelingen soll. Jetzt gilt es, klug zu sein, das weiß Noemi nur zu gut, und so plant sie recht sorgsam. Scheinbar ist es in der biblischen Geschichte Ruths eigener Vorschlag, aufs Feld zu gehen und bei den Erntearbeiten den Dienst einer Tagelöhnerin zu verrichten; aber man darf getrost unterstellen, daß Noemi selber ihr diesen Plan suggerierte; denn wirklich: «es begab sich die Begebenheit», «das Feld war des Boas, aus der Verwandtschaft Eli-Melechs» (Ruth 2,3). Ruth selbst darf offenbar jetzt noch nicht wissen, wer Boas ist, sie muß gegenüber dem möglichen «Löser» noch ganz unbefangen erscheinen; sie wird alles noch früh genug erfahren, wenn es gelingt. Eine andere Hoffnung hat Noemi nicht. Und so läßt sie ihre Schwiegertochter wie nichtsahnend Dienst tun bei *Boas.*

Alles, was man im folgenden liest, bildet eine merkwürdige Mischung aus Bescheidenheit und Anspruch, aus Ahnungslosigkeit und Absicht, aus demütigem Flehen und wohlkalkulierender Schläue. Selten, selbst in der Bibel, sieht man das Schicksal von Frauen so sehr in die Hände der Männer gegeben, doch nirgendwo sonst auch sieht man das Gewebe weiblicher Überlegung derart überlegen die Männer am Gängelband führen.

Gleich, als gegen Mittag Boas von Bethlehem herüberkommt, um die Erntearbeiten auf seinen Ländereien in Augenschein zu nehmen, fällt ihm da eine Frau auf, die unermüdlich, «vom Morgen bis hierher», ohne nach Schatten und Ruhe zu suchen, dasteht und die Arbeit verrichtet wie keine andere. Aufzufallen durch Fleiß, auf sich hinzulenken durch Tüchtigkeit, sich brauchbar zu machen und als nützlich angesehen zu werden – es ist die oberste Überlebensregel aller, die im Exil ihre Anwesenheit rechtfertigen müssen vor den Augen der Neider. Doch es ist auch ein Angebot, mit dem Ruth zumindest um Duldung und Aufenthalt bittet – der erste Schritt einer List, deren weiteres Ziel noch gar nicht gedacht, noch gar nicht erwähnt werden kann, und die doch hier schon Erfolg trägt: Denn schon bittet Boas die tüchtige Ruth, sie möge ja nicht auf anderer Leute Äcker arbeiten. «Meine Tochter...», sagt er zu ihr, «halte du dich an meine Mädchen!» Nur der Leser weiß, was Boas nicht weiß. daß er schon hier die gleiche Anrede verwendet, mit welcher vorhin noch Noemi die Schwiegertochter ermutigte: «Gehe nur hin, *meine Tochter*» (Ruth 2,2; vgl. 2,22; 3,18)[23]. Er wird diese Anrede beibehalten (2.8; 3,10,11), und ahnt doch nicht, welch ein Feld von Vaterpflicht und Versorgung er damit betritt, daß er Ruth, die Wahltochter Noemis, bei sich arbeiten läßt. Ja, alles in Boas scheint gestimmt nach Mitleid und Fürsorge mit dieser Fremden und Armen, der Moabitin, die doch aus Treue zu einer Israelitin den Weg nach Bethlehem wagte (Ruth 2,6); und so schafft er ihr erste Vergünstigung: die Aufseher sollen Ruth zur Arbeit nicht länger mehr antreiben – sie hat es ersichtlich nicht nötig, sie darf statt dessen mit ihnen trinken, wenn sie Durst hat (Ruth 2,9); ja, wie sie Boas zu Füßen fällt, als wäre *er*, der Besitzende, der huldvoll Gnadeübende, *ein Gott* für *sie*, die gänzlich Besitzlose, die auf Huld und Gnade vollständig Angewiesene (Ruth 2,10), da stellt ihr Boas, nun nicht als Gnade, sondern als Spruch der Gerechtigkeit fast, *die Vergütung* in Aussicht, die ihr für alles das zusteht, was sie an Noemi tat, als sie das Los dieser Einsamen auf sich nahm: «Der Herr vergelte dir dein Tun, es sollte dein Lohn vollkommen sein von seiten des Herrn, des Gottes Israels, zu dem du gekommen bist, Zuflucht zu finden unter seinen Flügeln» (Ruth 2,12).

Die Flügel Jahwes[24], der vollkommene Gotteslohn – das alles sind schöne, noch zu schöne Worte, um wirklich schon glaubhaft zu sein – die Nähe eines einzigen wirklichen Mannes aus Israel wäre im Augenblick völlig genug. Doch was *Boas* als recht empfindet *vor Gott*, warum sollte das nicht auch recht sein *vor Menschen?* Es ist noch nicht Mittag, da heißt Boas bereits die fremde Moabitin das Mittagsmahl halten an der Seite seiner Schnitter. Das «Mahl» ist freilich recht kärglich: einzig aus Brot besteht es, das in Essig getränkt wird, um in der Hitze des Tages nicht zu viel Wasser zu trinken und dadurch ermüdenden Schweiß zu treiben[25]; aber was diese Mahlzeit zur köstlichen Speise erhebt: Boas selber legt Ruth das Brot vor an der Seite der Schnitter (Ruth 2,14)! Es ist weit mehr, als sie hoffen durfte! Nicht nur gehört sie ab sofort zu den Arbeiterinnen auf den Feldern ihres Herrn, sie ist von nun an ganz deutlich seine Privilegierte: eigens soll man ihr *übriglassen* von den Korngarben, daß sie recht viel sich ersammle – ein Epha Gerste am Abend wird's sein (Ruth 2,15–17), und: sie soll sich nicht schämen müssen für ihre Stellung, weder als Tagelöhnerin noch als die neue Favoritin des Gutsherrn, niemand soll sie beschämen für die Gunst und Vergünstigung, die Boas ihr schenkt (Ruth 2,15). Doch wie sie am Abend Noemi mitteilt, wie glücklich der Tag sich gefügt hat und daß der Mann *Boas* hieß, der sie so freundlich empfing, da ist es ihre Schwiegermutter, die diesen Mann dem Segen Jahwes empfiehlt, «der seine Huld nicht aufgegeben hat, nicht an den Verstorbenen, nicht an den Lebenden», denn, so offenbart sie nun endlich der scheinbar immer noch Ahnungslosen: dieser Boas ist ein (entfernter) Verwandter, er könnte der *Erb*löser, der *Er*löser sein! (Ruth 2,19–20.)[26]

Der erste Schritt, so scheint es, ist damit gelungen, nun gilt es als nächstes, das gewonnene Terrain zu beruhigen und von den hochgespannten Erwartungen, den reinen *Träumen* zunächst, nur ja nichts nach außen dringen zu lassen. Die Erntetage gehen dahin in gewöhnlicher Arbeit und gewohntem Fleiß, da kommt die Zeit, daß Boas die Arbeit des Worfelns bevorsteht – eine fröhliche Arbeit, die Glück und Zufriedenheit schenkt, wenn sie getan ist –, ein rechter Augenblick, denkt sich Noemi, der sich nutzen läßt ohne Umschweife und geradeaus. Nur: welche Kühnheit erfordert ein solcher Plan! Nicht nur, daß jetzt alles in einem Nu gelingen oder mißlingen kann, es ist vor allem, daß Noemi selbst ihre eigene Schwiegertochter, die Moabitin, *gegen ausdrückliches Gotteswort* zur Ehe empfehlen muß einem Israeliten aus Bethlehem, einem Mann aus der Sippe des eigenen Mannes.

Es scheint in der Tat, daß an dieser Stelle das kleine *Buch Ruth* entsprechend dem Ratschlag der Noemi Partei ergreift für das Los all derer, die, aus dem Exil kommend, an der Seite von Fremdstämmigen, verloren unter den «Heiden», sich wiederansiedeln mochten in Israel[27], dem Land ihrer Väter, und konnten's doch nur, wenn sie's hielten wie ihre Väter selbst, die auch nicht ganz streng die Grenze zogen zwischen dem Jahwe-Volk und den Völkern. Aber es kommt in dieser erstaunlichen Erzählung noch weit kühner, noch weit verzweifelter.

Da soll in der Nacht, wenn Boas, müde von der Arbeit, nach reichlicher Mahlzeit sich schlafenglegt hat auf der Tenne von Bethlehem, Ruth, die so sittsame, die unbescholtene, die «tüchtige Frau», den Zeitpunkt erspähen, als Lauscherin versteckt, hinter der Wand, und dann am Ort, da Boas sich hinlegt, in der Dunkelheit leise sich zu ihm begeben, ihm *seine Füße* aufdecken und sich niederlegen. Die *«Füße»?* So sagt man in Israel sittsamerweise.[28] Sich *«niederlegen»* – das heißt doch wohl unverblümt: schlafen mit ihm. Der Noemi-Rat lautet einfach: begib dich zu ihm und gib dich ihm hin. Und wirklich: «erschüttert» wird der Mann, als er der Frau gewahr wird. Und doch ist Noemis verführerischer Rat auch wie ein hilfloses Gebet, das darum fleht, Gott möge dieses eine Mal Ruth segnen in all ihrer Dreistigkeit. Wie sagte doch Boas selbst, als er Ruth auf den Feldern begegnete: «Der Herr vergelte dir deine Tat..., Zuflucht zu finden unter seinen Flügeln» (Ruth 2,12). Jetzt, auf die Frage: «Wer bist du?», antwortet sie in der Nacht: «Ich bin Ruth, deine Magd; breite *du deinen* Flügel über deine Magd» (Ruth 3,9). Es ist ein ganz und gar demütiges, dienerhaftes, zweimal als «magdhaft» bezeichnetes Bitten; und doch gibt es keine andere Stelle der Bibel, an welcher die Liebe zwischen Mann und Frau so sehr die Stelle Gottes einnimmt[29] und wirkt in seinem Namen und an seiner Statt, was an Segen und Glück nur der

Himmel den Menschen zu schenken vermag, wie jetzt in der Stunde, da Ruth sich legt zu dem Mann aus Bethlehem.

Mit den Augen der Priester betrachtet, ist das, was sie tut, eine infame Verführung zu außerehelichem Verkehr und zu widergesetzlicher Vermischung der Völker[30]; ja, es ist ganz wie das typische Treiben der Heiden, die in der Geschlechterbeziehung wähnen, sich mit der Gottheit selbst zu verpaaren, und das eine vom andern nicht trennen können. Schon in den Urzeittagen war solches Treiben verurteilt von Jahwe, noch bevor er die Sintflut rief über die Erde (Gen 6,2.5)[31]. Doch man darf hier nicht schauen mit Priesteraugen, und viel an der Frömmigkeitshaltung der Bibel ist gerade dem Priesterdenken entgegen: Was *Ruth* in dieser Nacht unternimmt nach dem Rat ihrer israelitischen Schwiegermutter, das läßt sich nur verstehen als Gang zu dem einzigen Ausweg, der offensteht. Wie oft werden Frauen nichts anderes zu tun wissen, als inmitten ihrer Ausweglosigkeit sich ganz und gar zu wagen auf Gedeih oder Verderb und bei Nacht zu kommen und sich ganz in die Hand ihres «Retters» zu geben, ihres «Auslösers», den sie lieben, weil sie ihn brauchen, und den sie brauchen, weil sie ihn lieben – das eine ist nicht unterscheidbar vom anderen –, und er ist in jener Nacht ihnen alles: ihr Gatte und Gott, ihr Vater und Mann, ihr Bruder und Erbe ... Wenn etwas *fehl* geht in dieser Liebe, dann ist es nicht das Maß dieser rückhaltlosen, dieser fast sich verlierenden Hingabe, sondern allenfalls die noch allzu demütig bittende Unterwürfigkeit, die immer wieder eine qualvolle Frage aufwerfen wird: Ist es nur Mitleid oder ist es doch Liebe, wenn der andere schließlich Ja sagt zu diesem Flehen um *Gnade* – kein anderes Wort ist hier möglich –, denn es scheint schon und stimmt wohl, daß nur durch die Bitte der Armut die Gunst eines Boas sich erringen läßt.[32]

Manche Sagen muß man lesen wie *Märchen*, die sich im Gewand der *Geschichte* selber aufführen. Es ist ein uraltes Märchenmotiv, wie ein schönes, armes und fleißiges Mädchen Erhörung findet im Flehn seiner Liebe und einen Prinzen freit und hinfindet an den Hof eines Königs.[33] *Boas*, der Grundbesitzer, ist nicht gerade ein König – die Sage, die vorgibt, in den Tagen der *Richter* zu spielen, hat nichts im Sinn mit dem Gedanken eines wiedererwachenden Königsstaats Israel, eines wiedererwachenden davidischen Großreichs[34]; nach der Zeit des Exils muß die Gnade genügen, wieder Fuß fassen zu dürfen auf der Heimaterde[35]. Doch das Schema der «Hochzeit der Niederen mit dem Höheren» wird voll gewahrt in der Sage der Ruth, bis hin zu dem wichtigen Punkt, den die Märchen meist so genau zu beschreiben versuchen: daß der «König» sich selber erlöst, indem er die Geliebte «befreit».[36] Ganz entsprechend diesem Motiv hätte Boas von sich her den Schritt auf Ruth zu gewiß nicht gewagt; er *mußte* sich offenbar bitten lassen, er *brauchte,* zumindest zu Anfang, den Status des Gebenden, des alles Schenkenden, um sich der Liebe zu einer Frau zu getrauen; und die Rolle des *«Lösers»* scheint wirklich wie eine Liebesbedingung für Boas, der nur als «Flügel Gottes» es wagt, eine Frau in die Arme zu schließen.

Allerdings wird es bei dieser Pose der Überlegenheit nicht lange bleiben: «Er (Boas) wird dir wohl sagen, was du tun sollst», erklärte soeben noch Noemi ihrer Schwiegertochter, wenn sie nur hingehe und sich «niederlege» zu Boas (Ruth 3,4); doch nun, in den Armen der liebenden Geliebten erwachend, erklärt Boas selbst seine dankbare Freude, daß Ruth nicht ging zu den anderen Männern und daß sie kam zu ihm als zu ihrem Erwählten, der längst doch schon sie erwählt hatte und sein Auge geworfen hatte auf seine Magd als auf seine zukünftige Frau. Er jetzt bittet sie selbst: «Nun, meine Tochter, fürchte dich nicht; alles, was du sagst, das will ich dir tun» (3,11). *«Meine Tochter»,* das ist immer noch das alte Verhältnis von Schutz und Gönnertum, wie es bisher bestand, eine Beziehung von oben nach unten; und *«fürchte dich nicht»* – das heißt nach wie vor: «Ich bin dir Stärke und Festigkeit»; doch: *«Alles tu ich, was du willst»* – das ist die Sprache eines Untertanen der Liebe; so spricht nur ein Mensch, der sich aller Rollen begibt und nur eins möchte: die Geliebte, die Schöne, die so leis zu ihm kam wie der Mond in der Nacht, diese Scheherezade der Märchen, so glücklich zu sehn, als es geht; fortan der Lust und der Freude des anderen mit allem eigenen Sein zu dienen, zu helfen und dafür dasein zu dürfen – es ist der ganze Inhalt des eigenen Glücks.

So sprach Boas, meint die alte Lutherübersetzung, zu Ruth, «weil du ein tugendsam Weib bist» (Ruth 3,11). Doch *«tugendsam»* – das gerade war Ruth für den Augenblick dieser entscheidenden Stunde wohl nicht. Sie war, wie die Bibel sagt, eine «kraftvolle», eine «energisch handelnde», eine mit *einem* Gang alles aufs Spiel setzende Frau; doch gerade so war sie die Frau, die Boas liebte. Zwar: Ruth war eine Verführende in jener Nacht, doch wollte wohl Boas nur allzu gerne so «heidnisch» verführt sein, und auch er riskierte in dieser Stunde sich ganz ...

Dann, noch einmal, folgen für kurze Zeit Stunden des Wartens und des Verhandelns, da es gilt, noch eine mögliche andere Anwartschaft auf das Erbe des Noemi-Gatten Eli-Melech zu klären; doch als der mögliche andere «Löser» des Erbes freiwillig abtritt, da sprechen die Ältesten mit allem Volke in Bethlehem: «Es gebe Jahwe die Frau, die (nun) in dein Haus kommt, (daß sie sei) wie Rachel und Lea, die beide erbauten das Haus Israel» (Ruth 4,11). «Also nahm Boas die Ruth, und sie ward ihm zur Frau, und er ging zu ihr ein, und es gab ihr

Jahwe, daß sie schwanger ward, und gebar einen Sohn» (Ruth 4,13). «Und das Kind hieß Obed (der Dienende), der ist der Vater Isais, welcher ist der Vater Davids» (4,17). «Und Noemi nahm das Kind und legte es (wie ihr eigenes Kind) an ihren Busen und ward seine Wärterin» (4,16). «Und Ruth war ihr kostbarer denn sieben Söhne» (4,15).

So endet die Sage der Ruth, die spielt in den Tagen der «Richter» und die doch nur sagen will, daß es nicht sein kann, zu «richten» zwischen «Moab» und «Israel». Die Auferbauung des Hauses Israel selbst käme niemals zustande ohne die Toleranz der Bewohner Bethlehems gegenüber der Moabitin Ruth; ja, selbst *David,* der größte König, den Israel kannte, dieser Stolz aller nationalpolitischen Ansprüche oder Anmaßungen, war selbst der Urenkel jener Frau aus den Steppen Moabs[37]; und auch der «*Sohn* Davids», wenn er denn kommt, der *Messias,* kann in diese Welt doch nur kommen durch die «Vermischung» von Boas und Ruth, durch jene nächtliche «Verführung» zur offenen Mißachtung der priesterlichen Reinheitsgebote und durch eine Weitherzigkeit des Denkens und Fühlens, für welche die Fragen der Liebe und des Mitleids wichtiger sind als die ewig zwecklosen, weil stets unmenschlichen Versuche, das Heil Gottes zur Erde zu zwingen, indem man zwischen den Menschen ausgegrenzt und abgrenzt, was eins sein will in der Liebe. In jener Nacht, da Boas und Ruth miteinander verschmolzen, da war es, daß Gott selber Hochzeit hielt mit der Erde und zum Segen der Menschen ward, indem er sein eigenes Wort widerrief und Gnade den Gütigen schenkte.

d) David und Bathscheba oder: Macht und Gnade

Die sogenannte «Thronnachfolgegeschichte Davids»[1] ist wohl die älteste historische Geschichtsdarstellung, die uns in schriftlicher Form erhalten geblieben ist. Es ist ein zwiespältiges Buch, das einen König zeigt, der großzügig sein kann und grausam, lyrisch und verlogen, machtbesessen und milde, herrisch und hilflos, verbrecherisch und reuevoll.[2] Bei diesem König weiß man nie, ob, wenn er seine Untaten bedauert, das nur einen weiteren taktischen Trick im Umgang mit der Macht darstellt oder ob es sich wirklich ergibt aus tieferer Einsicht.[3] Jedenfalls ist dieses Buch der Geschichte Davids offenbar in Kreisen des Hofes selbst entstanden – nicht gerade ein Weißbuch, aber doch eine Darstellung, die David reinwaschen möchte von vielen Vorwürfen, die man gegen ihn erhob wegen seiner Macht- und Prachtentfaltung, sowie der Rücksichtslosigkeit wegen, mit der er mit seinen Gegnern abzurechnen pflegte. An der Seite Davids aber gab es eine Frau, die, obwohl gering an Geburt, ihm ebenbürtig war im Guten wie im Bösen und eben darin nicht minder zwiespältig als ihr Gemahl: *Bathscheba,* die Mutter des Salomo, den *sie* auf den Königsthron brachte als Nachfolger Davids, hinweg über die Leichen all seiner möglichen Thronkonkurrenten.[4] «David zeugte mit der Frau des Uria den Salomo», schreibt Matthäus in seiner Urkunde von der Herkunft des Messias (Mt 1,6), und er berührt damit eine der unheimlichsten Erzählungen der Bibel (2 Sam 11,1–27).

Den äußeren Gang der Geschichte kann man sich wohl so rekonstruieren: In der Zeit des Ammoniterkrieges, an einem der heißen Sommertage, erhebt sich am Spätnachmittag der König von Jerusalem von seinem Lager, genießt auf dem Dachbalkon des Palastes ein wenig die Erfrischung des kühler gewordenen Abendwindes und schaut, wie er es gern zu tun pflegt, auf die zahllosen Gassen, Höfe und Dächer der Stadt. Da bemerkt er eine Frau beim Bade, und seine Leidenschaft entbrennt. Sein ganzes Denken kreist nur noch um einen einzigen Punkt: wie kann er diese Frau besitzen. Er kommt davon nicht los. Je mehr er darüber nachdenkt, desto heftiger wird sein Verlangen, desto zwingender die Vorstellungen seiner Phantasie. Er fragt seine Diener. Ihre Antwort ist ermutigend: offenbar kennt er die Frau; sie ist die Gattin eines seiner Generäle. Boten gehen hin und her. Es wird unmöglich sein, die Sache geheim zu halten. Doch David riskiert es. Warnend sagt Bathscheba ihm, daß sie in den Tagen der Reinigung sei, die schon nach dem Wissen der Alten einen Schritt, wie der König ihn fordert, noch folgenschwerer machen kann. David aber läßt keinerlei Bedenken gelten. So jedenfalls schreibt es die Bibel. Vielleicht aber war alles ganz anders. Vielleicht hat es Bathscheba selbst darauf angelegt, den König zu verlocken? Dann wäre es möglich, daß die Berichterstattung sich «irrt» zugunsten der späteren Königsmutter und *sie* als ein Opfer des königlichen Verlangens schildert, während sie selber es war, die es mutwillig weckte, gerade als es an der Zeit war.[5] Ihr Gemahl, schreibt die Bibel, steht gerade im Kampfe vor Rabat Ammon. Langweilte sich Bathscheba einfach als Frau oder, wohl eher, verfolgte sie einen langfristigen Plan? Fest steht nur dies: Wenige Wochen später schon läßt Bathscheba dem König sagen, daß sie von ihm empfangen hat.

Und nun beginnt es sich in Davids Kopf zu überschlagen. Als erstes: Der Vorfall muß geheim gehalten werden. Nur keinen Eklat! Bathschebas Mann Uria bekommt sofort Heimaturlaub. Er, natürlich wegen seiner Verdienste im Felde, wird zum König eingeladen – der König selbst gibt ihm zu Ehren ein

Bankett, man macht ihn halbtrunken –, und dann heißt es absichtsvoll: Jetzt geh zu deiner Frau, wasch deine «Füße», für hebräische Ohren eine deutliche sexuelle Anspielung[6]: Uria soll in diesen Tagen mit Bathscheba schlafen; dann wird man schon nicht merken, wem das Kind gehört. Doch Uria lehnt ab!

Wieder bleibt alles zweideutig: Hat Uria bereits von Gerüchten um seine Frau gehört, ist er womöglich durch das sonderbar großzügige Verhalten des Königs nur noch mißtrauischer geworden? Ahnt er die Berechnung und die Hinterhältigkeit in den freundlichen Allüren seines Königs? Entscheidend ist: Uria kann sich nicht wehren. Was immer er von seinem König denken mag, er kann es ihm nicht sagen. Vielleicht ahnt er wirklich das Ungeheuerliche, den ganzen skandalösen Betrug, den man mit ihm ins Werk setzt, aber was er de facto zu sehen bekommt, ist nur die lächerliche Fassade aus undurchdringbarem königlichem Wohlwollen. Vor ihm sitzt ein König mit weißen Handschuhen, und wie treusorgend ist dieser König mit seine Leuten! Über alles wird am Tisch gesprochen: über das Wohlergehen des Oberkommandierenden, des General Joab, über das Wohlergehen der Mannschaften, über das Wohlergehen von diesem und über das Wohlergehen von jenem. Nur über das, was allein den Grund der ganzen Posse darstellt, darüber kein Sterbenswörtchen, darüber hüllt der König sich geflissentlich in Schweigen. Uria könnte sich geehrt fühlen, ist er doch plötzlich wie ein Vertrauter des Königs; allem Anschein nach wird er mitten hineingezogen in die Pläne und Absichten seines Gebieters. Er wird behandelt als des Königs Mitarbeiter; statt sich aufzulehnen, muß er sich nach außen hin dankbar verpflichtet zeigen. Aber gerade das ist das Unerträgliche: an der Tafel eines Mannes zu sitzen, dessen einschmeichelnden Worten man nicht mehr Glauben schenken kann, bei dessen gekonnter Galanterie und Höflichkeit man dennoch das Gefühl nicht los wird, daß man um alles betrogen wird, ja, bereits betrogen worden ist – um alles, was man liebt! Und nun die Unmöglichkeit, über das Wesentliche ins Gespräch zu kommen! «Das König-Davids-Gespräch» mag man diese Art des Nicht-Gesprächs in vielen Worten nennen.[7]

Nehmen wir an, daß Uria den Kern der Sache in etwa durchschaut hat, ja, daß er so gut wie sicher weiß, wieviel berechtigte Angst in der süffisanten Großmütigkeit seines Königs liegt – so kann er von sich her den Knoten doch nicht entwirren. Er kann versuchen, den Fallstricken der königlichen Hochherzigkeit auszuweichen; aber wenn er ablehnt, wenn er grob wird, wenn er den Panzer der aalglatten Zuvorkommenheiten Davids durchstoßen will, so macht er sich auf ungeheuerliche Weise schuldig; er beleidigt öffentlich den König, und er hat nichts dafür als Beweis in der Hand.

So kann Uria nur eines tun: Er kann die Zeit für sich arbeiten lassen, indem er das Possenstück seines Königs nachspielt und sich, in soldatischer Treue zu seinem so treusorgenden König, in der Zwischenzeit demonstrativ auf seinen Dienst zurückzieht. Natürlich ist die Treue seiner Pflichterfüllung dabei genau so doppelbödig und zweideutig wie die Gunst des Königs. Stets führt die Unwahrhaftigkeit der Mächtigen bei allen Abhängigen und Untergebenen zu einem unausweichlichen Zwang, gleichfalls zu lügen und ein doppeltes Spiel zu treiben. Auch Uria ist diesem furchtbaren Gesetz unterworfen.[8] Statt, wie König David ihm dringend ans Herz legt, nach Hause zu gehen und sich zu seiner Frau zu legen, schläft er am Toreingang bei den Untergebenen. Deutlicher kann er sich von seinem König nicht trennen, als indem er formal seinen Dienst tut. Eindeutiger kann er der Kumpanei Davids nicht ausweichen, als indem er sie kontrakariert. Vom Tisch des Königs aufgestanden, legt er sich zu den Dienern in den Staub, um nichts weiter zu sein als der jederzeit bereite Soldat seines Befehlshabers! Und er begründet sein Verhalten genau so hinterlistig wie unaufrichtig: Ich bin ja nur ein Soldat; ich will sein wie alle deine treuen Untertanen; ich erfülle ja nur meine Pflicht, ich tue, was du willst, mein König; und dabei weiß Uria ganz genau, wie sehr sich der König *ärgern* muß über diesen scheinunterwürfigen, ungehorsamen Gehorsam. «So treu bin ich», kann Uria vor aller Öffentlichkeit sagen; «selbst während meines kurzen Aufenthaltes in der Heimat bleibe ich ganz im Dienst und gehorche strikt der Regel des Heiligen Krieges, nicht zu einer Frau einzugehen.»[9] Wenn alles rauskommen sollte, ist Uria ein Mann, der nur an seine Pflicht gedacht hat, und dann gnade Gott einem König David, der den treuesten seiner Soldaten derart hintergangen hat.

Uria kann nicht anders, als die Umgarnungsversuche des Königs mit zweischneidiger Klinge zu parieren. Aber damit fordert er den König selbst allererst zum Äußersten heraus. In die Enge getrieben, setzt David ein Schreiben an General Joab auf, in dem er den Wunsch, ja, den Befehl äußert, den Hethiter Uria verschwinden zu lassen. Denn David weiß: Jetzt arbeitet die Zeit für Uria; darum muß der Hethiter vor der Zeit verschwinden. Das vornehme Intrigenspiel hat jetzt ein Ende; Uria selbst überbringt das Schreiben, das seinen Todesbeschluß enthält.

Menschen von der Art eines Joab wissen allemal, wie man jemanden fertigmacht und zur Strecke bringt, sie wissen es noch weit besser und raffinierter als David selbst. David wollte nur Uria umkommen lassen – er sollte in vorderster Front fallen; Joab aber weiß, daß ein solches Vorgehen nur zu viele Mitwisser schafft; man kann nicht einen ganzen Zug zu Eingeweihten eines schlichten

Attentatsversuches machen. Man muß die Sache geschickter anfassen. Für Joab ist es nicht wichtig, zu wissen, warum Uria fallen soll; genug das Wort des Königs, Uria solle auf ehrenvolle Weise sterben für das Vaterland – und bald *ist* kein Uria mehr! Umgehend veranlaßt Joab die Zuteilung des tapferen Hethiters an ein Himmelfahrtskommando; man macht einen Angriff auf Rabat Ammon, doch die ganze Einheit wird aufgerieben und, wie zufällig, Uria mit ihr. C'est la guerre. David, als er von der Schlappe vor Rabat erfährt, ist, wie Joab richtig vermutet, wütend über das sinnlose Verheizen seiner Männer, doch dann, als er wie beiläufig auch vom Tod des Uria erfährt, da atmet er auf, da versteht er die Klugheit des Joab. Doch sagt er es nicht. «Mach Joab Mut», tröstet er scheinheilig den Boten, als bedürfe ein General wie Joab des Trostes, wo er sich in Wahrheit gerade verdient gemacht hat um die Gunst seines Königs!

Dann aber ist der Augenblick für feinere Manieren gekommen; es bleibt gar nichts anderes übrig. Bathscheba muß an den Hof! Nur so kann ein Skandal der schwanger Gewordenen vermieden werden; außerdem: welch eine Ehre für die Witwe eines tapfer in vorderster Reihe Gefallenen! Welch eine Auszeichnung! Und welch eine Geste! So sorgt der Staat oder doch König David sich um die Hinterbliebenen! So kommt alles aufs beste in Ordnung. Ein staatliches Begräbnis, eine feierliche Totenklage und Ehrenwache für Uria, die Versorgung der trauernden Witwe am königlichen Hof – David in seiner Hochherzigkeit ist sozusagen verpflichtet, Bathscheba gerade jetzt nicht im Stich zu lassen.

Freilich: Sie wird niemals erfahren, wie ihr Gemahl ums Leben kam! Es ist eine *furchtbare* Barmherzigkeit, zu der David sich verurteilt sieht: er wird von seiner Schuld gerade gegenüber *der* Person nie sprechen dürfen, die es am meisten angeht. Er, der Mörder ihres Gatten, wird in Bathschebas Augen weiter die Rolle eines großmütigen Wohltäters spielen müssen; sie wird ihre Dankbarkeit und Unterwürfigkeit ihm zuwenden; und sie darf nicht einmal ahnen, welch einem Unwürdigen sie zuteil wird.[10] In den Augen der Menschen glänzend gerechtfertigt, ohne den Schimmer auch nur eines Verdachtes, ist David mit seiner Schuld vollkommen eingeschlossen und allein; niemand wird ihn erlösen können, denn er darf seine Schuld niemandem anvertrauen. Die Position der Macht verurteilt ihn zum Schweigen. So jedenfalls schildert die Bibel es.

Oder, erneut gefragt: War vielleicht alles ganz anders? Waren David und Bathscheba nicht vielleicht auch im Verbrechen zusammengehörig? Kann es zum Beispiel nicht sein, daß Bathscheba selber mit ihrer Schwangerschaft den König zum Gattenmord treiben wollte? Möglich, daß beide schon wortlos wußten, was hier zu tun war.[11] Jedenfalls wird Bathscheba ihres Gatten Uria ledig, und sie wird ineins damit die Gemahlin des Königs. Soll man denken, ein so wunderbarer Tausch ereigne sich ganz ohne ihr Mittun? Die Zielstrebigkeit jedenfalls, mit der diese Frau später auftritt, widerlegt diese Möglichkeit gründlich.

Gleichwohl bleibt *König David* der Schuldige; auf ihm ruht die Last der Verantwortung, auf ihn tritt der Prophet Nathan zu und klagt ihn an im Namen Gottes: des Ehebruchs und des Mordes, indem er ihm die berühmte Parabel von jenem reichen Mann vorträgt, der einem Armen sein Schäfchen raubte, das seine einzige Freude war.[12] Der König, als er die Geschichte hört, springt zornig auf, da erklärt ihm Nathan mit schneidender Stimme: «Du selbst bist der Mann!» Es mag sein, daß jemand seine Schuld noch so geschickt vor den Augen der Menschen zu verbergen weiß – Macht schafft kein Recht, und jeder weiß das, der ein Gewissen hat; er weiß es spätestens dann, wenn ihm ein Nathan ins Gewissen redet. Doch wann in der Geschichte der Menschheit geschieht das schon?[13]

In seinem Drama *Das Lamm des Armen* hat STEFAN ZWEIG die ganze Hilflosigkeit beschrieben, mit der in aller Regel der Schwache dem Starken gegenübersteht. Die historische Vorlage seines Stückes bietet die Affäre *Bellilotte*. Während des Ägyptenfeldzuges von 1798 lernt Napoleon die schöne Gattin des Leutnants François Fourès kennen, Pauline Fourès, genannt Bellilotte. Er begehrt sie vom ersten Augenblick an und schickt, um freie Hand zu haben, den Leutnant mit einem Brief nach Frankreich zurück, des einzigen Inhaltes, den Überbringer dieses Schreibens eine Weile lang in Paris zu beschäftigen. Doch die Engländer fangen den Brief ab, erraten die kitzelige Angelegenheit und schaffen Fourès wieder ins Lager der Franzosen bei Kairo zurück. Als Fourès dahinterkommt, was man mit ihm gemacht hat, ist alles zu spät. Doch nun geschieht etwas Unerhörtes. Der zum Hahnrei gewordene Leutnant begehrt auf im Namen des Rechtes der Republik gegen den Führer der Republik. Er fordert allen Ernstes eine Bestrafung Napoleons. Die Geschichte beginnt unangenehm zu werden, und so sieht der Polizeiminister Fouché eine Gelegenheit, sich bei Napoleon verdient zu machen und ihm die Sache vom Halse zu schaffen. Doch als Fouché gegenüber dem Hauptmann Fourès beginnt, von dem Schicksal der Republik zu sprechen, man stehe am Vorabend eines entscheidenden Feldzuges in Italien, der Konsul übernehme soeben das Kommando der Südarmee, ob Recht oder Unrecht, es gelte jetzt das höhere Recht des Vaterlandes, da bricht es aus Fourès heraus: «Das Vaterland, ho, ho, das Vaterland! Ich habe nur gewartet, daß Sie diese große Flagge hochziehn, hinter der ihr ja immer eure schmierigen Geschäfte versteckt. Danke für Belehrung, Bürger Minister, aber ich habe der Republik mit meiner Haut sieben Jahre gedient, ehrlich, brav und blind. Doch jetzt sind mir in Ägypten allerhand Lichter aufgegangen, und ich habe die Ehre, Ihnen zu sagen: ich furze auf ein Vaterland, das einen Freibeuter über die Freiheit stellt. Warum ich, warum immer nur wir, das Volk, die Dummen, uns rackern und opfern für das Vaterland? Beim Gewinn und beim Ruhm, da sind die Herren voran, aber wenn's an die Opfer geht, dann schleppt man uns vor. Nein, Bürger Minister, mit diesen großen Worten trommelt man mich nicht mehr nieder... Ich fordere als Bürger Recht von meinem Vaterland, Gerechtigkeit fordere ich! Und ich werde so lange schreien, bis man mich hört.[14]

Darauf entgegnet Fouché sehr ruhig: «Nein, Fourès, keine Illusionen! Es wird Sie niemand hören. Dafür ist gesorgt. *Er sieht ihn scharf an.* Sie wollen durchaus mit dem Kopf durch die Wand. Aber hinter dieser Wand steht ganz Frankreich. Deshalb – was immer Sie tun, es wird trotzdem keine Affäre Fourès geben –, einfach deshalb, weil ich sie nicht dulde... Sollten Sie dennoch weiter querulieren, so würde ich... *er spielt mit dem Bleistift* – dann würde ich höchstens annehmen, Sie seien von dem Wahn befallen, man verfolge Sie... sozusagen von einem Verfolgungswahn... und Sie wissen ja, wie man derlei Leute behandelt. Sie würden nicht vor ein Tribunal kommen, sagen Sie dieser Hoffnung Adieu, sondern nach Bicêtre... ein Haus mit sehr festen Türen und sehr dicken Wänden... ein Haus, wo die Tür nur nach innen aufgeht... Ich hoffe, Sie haben mich verstanden.

Fourès, *ganz blaß aufstehend, zitternd vor Zorn:* «Und eine solche Infamie wagen Sie offen auszusprechen!»

«Fouché *gleichfalls aufstehend, sehr stark* ‹Und ebenso rücksichtslos durchzuführen, jawohl, Bürger Fourès. Mein Gewissen und die Geschichte werden mir recht geben, wenn ich nicht dulde, daß irgendein Leutnant Fourès dem General Bonaparte in einem Schicksalsaugenblick der Nation Ungelegenheiten macht. Für die Justiz ist Ihre Person jetzt nicht wichtig genug, merken Sie sich das endlich, Bürger Fourès – nur ein Mann ist in dieser Stunde uns allen wichtig: Bonaparte. Wenn Sie gegen ihn kämpfen, werden Sie unterliegen, und nicht einmal in Ehren; kein Hahn wird nach Ihnen krähen, und es gibt nichts Dümmeres auf Erden als ein Opfer ohne Sinn. So steht die Sache, Leutnant Fourès. – Jetzt sind Sie informiert! Bitte, zweifeln Sie nicht an meiner Entschlossenheit.›»[15]

Als seinen letzten Trumpf, weil alles Zureden nichts helfen will, bietet Fouché schließlich Bellilotte selber auf; sie soll ihren seelisch zerbrochenen Mann *retten*, indem sie ihn von der Sinnlosigkeit jedes Widerstandes überzeugt; sie tut es, schon um ein wenig von ihrem eigenen Schuldgefühl abzutragen und auch aus der Resignation der eigenen Ohnmacht. «... was soll aus mir noch werden?», sagt sie. «Ich will ja auch nichts mehr. Sie sollen tun mit mir, was sie wollen ... Irgendwohin weg schicken sie mich, und ich bins zufrieden. Je weiter, desto besser. Ich wehr' mich nicht mehr. Wozu auch? Unsereins soll nicht so viel hermachen. Soll fressen, wenn man ihm zu fressen gibt, und leben, wenn man einen leben läßt. Wir sind nicht gewichtig genug, wir kleinen Leute. Für uns hat Gott keine Zeit.»[16] Zwar glaubt Fourès noch, seine Sache stehe gut, und er fleht seine Frau an: «Wir gehören zusammen.»

Doch sie antwortet: «Das nie ... das nie mehr ... wie könnte ich denn atmen neben dir nach all dem ... sie sind stärker, und in dieser Welt hat doch nur der Stärkere recht. Das kann man nicht ändern ... Laß ihnen den Sieg – sie haben ja nichts als ihre Siege, nichts als ihre erbärmliche Macht. Ich weiß, daß du im Recht bist, und du weißt es, und Gott, wenn es einen gibt, Gott weiß es auch. Wozu da noch betteln vor ihren bezahlten Richtern um ein Nein oder Ja ... Versuch nicht die Welt zu ändern, dort haben immer nur die Mächtigen recht. Aber laß sie ihnen, ihre erbärmliche Macht, und spei drauf – sie sind ja doch ihre Sklaven! ... Und dann, an mich denk auch, an mich! Denn es geht nicht allein um dein Leben! Glaubst du, ich könnt' es ertragen, daß sie dich hinmachen und dabei wissen, um meinetwillen geschieht's!»[17]

Was bleibt Fourès in dieser Lage, als zu kuschen wie ein geprügelter Hund beziehungsweise sich zähneknirschend in den Zynismus zu fügen: «Recht hast du, recht», schleudert er dem Bild Bonapartes entgegen – «die Menschen sind ein Dreck, den man mit den Stiefeln tritt; einzig über Leichen marschiert man in die Unsterblichkeit! Nur stehlen, und man wird reich! Nur andere erniedrigen, und man wird selber groß! ... Du Dieb, du Massenmörder!»[18]

Stefan Zweig schildert in seinem Drama eine Welt, in der man nicht mehr weiß, ob es einen Gott gibt oder nicht, in der aber einzig unzweifelhaft das Unrecht regiert. Es ist die Größe der biblischen Erzählung von David und Bathscheba, daß sie es wagt, im Namen Gottes den Mächtigen ins Gewissen zu reden und die Verbrecher auf den Thronen zur Rechenschaft zu ziehen. Allerdings wird man skeptisch, wenn man die «Thronnachfolgegeschichte Davids» liest: Immer erst, wenn es zu spät ist, das heißt, wenn seine Untaten jeweils erfolgreich waren, überkommt König David Reue und Bedauern[19]; stets dann erst will er am liebsten all seine Untaten nicht getan haben, doch erst einmal *hat* er sie getan, und die Menschen, die er hat töten lassen, stehen nicht wieder auf.

Gleichwohl gibt die Bibel den Glauben nicht auf, daß ein Mensch das Gefühl für Recht und Unrecht nicht gänzlich verliert und daß jemand so hoch gestellt sein mag, wie er will – er bleibe doch dem Recht unterstellt, er sei niemals der Herr über Gut und Böse. Und so wird auch David für seinen Frevel «von Gott» bestraft: das Kind, das ihm Bathscheba schenkt, erkrankt schwer und droht zu sterben.[20] In dieser Situation beginnt David zu beten und zu fasten, und er fleht zu Gott um das Leben des Kindes, doch vergebens. Es geschieht wie ein *jus talionis*, daß David für die Ermordung seines Generals Uria heimgesucht wird mit dem Tod seines neugeborenen Sohnes. Begangenes Unrecht zeugt kein neues Leben, es hat keine Zukunft. Die Lektion ergeht wie ein Gottesurteil.

Was aber können Menschen tun, die sich furchtbar vergangen haben, die jedoch ihre Vergangenheit wirklich nicht mehr zurückholen können, um daran vielleicht noch etwas wiedergutzumachen? Es ist eine merkwürdig archaische, doch immer noch wirksame Rechtsvorstellung, begangenes Unrecht damit zu bestrafen, daß man einen Menschen der Freiheit beraubt und ihn hinter Mauern und Kerkerwänden eine Weile lang lebendig beerdigt. David und Bathscheba denken hier anders, moderner, menschlicher, buchstäblich «fruchtbarer». Der Gegensatz ist deutlich. Die katholische Kirche zum Beispiel verbietet bis heute, daß Menschen einander heiraten dürfen, die sich den Weg zur Ehe durch Mord freigemacht haben[21]; ginge es danach, so müßten David und Bathscheba sich unverzüglich voneinander trennen und durch den Verzicht aufeinander lebenslänglich büßen für ihr Verbrechen. Doch wenn die Ungeheuerlichkeit ihres Tuns erst einmal feststeht – wem soll es dann nützen, unter der Last begangener Schuld auf ewig zu leiden? An dieser Stelle vor allem läßt sich von König David etwas menschlich Entscheidendes lernen. Es ist ein mutiger, in gewissem Sinne unerhörter Entschluß, daß David unmittelbar nach dem Tod seines Sohnes die Zeit des Fastens und Trauerns beendet, ißt und sich wäscht und zu Bathscheba zurückkehrt.[22] Nicht die mutwillige Zerstörung des Glücks, sondern das Ja zum Glück trotz aller Schuld soll die Art sein, das Verbrechen zu sühnen, meint David; nicht ein Weniger an Leben, sondern ein Mehr an Intensität soll die begangenen Untaten aufwiegen. Und so wird Bathscheba schon übers Jahr erneut einen Sohn gebären, und David wird ihn «Salomo» nennen – «seinen Frieden» (mit Gott); Bathscheba aber wird alles tun, diesen ihren «Gottfried» auf den Thron zu bringen. Es ist nicht einfach ein trotziges «Jetzt erst recht», was sich lernen läßt von Bathscheba und David, es ist vielmehr die Überzeugung, daß Menschen leben dürfen trotz aller Schuld und daß es kein besseres Mittel zu Wiedergutmachung und Sühne gibt, als so intensiv zu leben wie möglich.

Besteht dann aber, wird man vielleicht fragen, nicht doch die Gefahr, daß die Rechnung des Verbrechens aufgeht? Gewiß, die Grenze zwischen Zynismus und Vertrauen kann so schmal sein wie die Grenze zwischen Komödie und Tragödie. Aber einem Menschen, der wirklich bereut, muß es offen stehen, «richtig» zu leben mit all seinen Kräften. Man kann das Negative nur überwinden durch das Gute, die Zerstörung nur durch die Liebe, den Tod nur durch das Leben. Und trotz allem gibt es dieses feinnervige Organ, das wir Gewissen nennen. Darauf zu bauen, scheint die einzige Hoffnung der «Schwachen» inmitten einer oft schändlichen Welt, in welcher die Schurken scheinbar wie straffrei ausgehen.

Was aber am Ende waren David und Bathscheba? Berechnende Schurken oder wahrhaft Bereuende? Niemand kann das wissen, niemand das richten. Vielleicht waren sie beides zugleich? Es ist der Stammbaum des Matthäus, der auch und gerade David und Bathscheba einreiht in den Weg des Heils.

Was aber folgt dann aus diesen vier Frauenschicksalen im «Stammbaum» des Messias Israels? Wer immer die menschliche Geschichte in dem Kommen und Gehen ihrer Geschlechter betrachtet, den mag der Eindruck einer oft völlig sinnlosen Verworrenheit befallen. Wie aber, wenn der einzige rote Faden, die einzig ordnende Perspektive gar nicht in bestimmten folgerichtigen Schritten zur Erreichung eines vernünftigen Zieles gelegen wäre? Wenn vielmehr die scheinbare Sinnwidrigkeit des Ganzen nur dazu auffordern sollte, den einzelnen Menschen in seiner Not und in seinem Schicksal sehen und achten zu lernen und den Blick gerade nicht von ihm weg auf irgendwelche erhabenen Ziele über ihn hinaus zu lenken? Wenn die Unmöglichkeit, einen Sinn im ganzen zu finden, in Wahrheit nur dazu anleiten sollte, den einzelnen so, wie er ist, nur um so mehr zu lieben? Stünde es so, dann wäre man der Logik Gottes offenbar sehr nahe, der mit aller menschlichen Geschichte in der Bibel allem Anschein nach kein anderes Ziel erreichen möchte, als jeweils in all den Verwicklungen des menschlichen Lebens ein bißchen mehr Verständnis, Geduld und Güte im Menschen selber zu ermöglichen. In dieser Richtung jedenfalls wird die Gestalt eines Erlösers sichtbar und verständlich, der am Ende der Geschichte Israels nicht mehr straft, richtet und zurechtweist, sondern gekommen ist, um das Verlorene zu suchen (Mt. 18,12–14), und der wie ein Arzt die «Kranken» heilen möchte. Wenn Thamar, Rachab, Ruth, wenn, um den Stammbaum des Messias über David hinaus fortzusetzen, auch Bathscheba und Salomo an erster Stelle in die Abfolge von Menschen in der Heilsgeschichte Gottes gehören, sollte man dann nicht denken, es gebe letztlich gar keinen so großen Unterschied zwischen den Guten und den Bösen, zwischen den «Zugehörigen» und den «Ungehörigen», es gebe einfach nur Menschen, die allesamt, jeder auf seine Weise, der Erlösung harren und eben darin der Geduld und Güte fähig sind, deren sie selbst am nötigsten bedürfen? Die einzige Heilsgeschichte, die es wirklich gibt, setzt sich zusammen aus Schicksalen nach Art der Thamar, Rachab, Ruth und Bathscheba; daß dies so ist, rechtfertigt wohl allein die Hoffnung, daß schließlich auch Menschen wie wir vom Heile Gottes nicht ausgeschlossen sind. Gott geht mit uns nicht nach Utopia[23], er geht vielmehr mit uns, um selber bei uns anzukommen und Gestalt in unserem Leben zu gewinnen. Seine und unsere Menschlichkeit ist die einzige Art, die menschliche Geschichte zu heilen.

Mt 1,18–23
Die Engelbotschaft von dem König des Heils

Alles in der Erzählung von der Ankunft unseres Erlösers Jesus Christus ist das Bild und Symbol einer konkreten Poesie, die eigentlich beschreiben möchte, nicht wie Jesus zur Welt kam in Nazareth in Galiläa, sondern wie er geboren wird als der Sohn Gottes in unserem Herzen.[1]

All die Erfahrungen, die Menschen mit dem Mann aus Nazareth machen konnten, meditieren sich zurück in einen heiligen Anfang.[2] So geht es uns stets, wenn ein Mensch uns sehr wichtig wird. Wir beginnen zu spüren, daß wir ohne ihn kaum zu sein vermöchten, und je notwendiger er uns wird, um selber zu leben, desto mehr erscheint uns seine Nähe wie die Erfüllung einer von Ewigkeit her bestehenden Bestimmung. Ihn muß es für uns so sehr geben, daß das Gespür immer tiefer wächst, nichts an ihm sei Zufall und Beliebigkeit; vielmehr ist die Art, in der er in unsere Welt trat, und schon die Tatsache, daß er überhaupt in unser Leben kam, wie eine einzigartige Segnung und Begnadigung Gottes.

Grade so haben die Menschen die Person Jesu erlebt; sie sahen in ihr niemals etwas, das einmal gekommen ist, um dann wieder vorüberzugehen aus ihrem Dasein, sie sahen in ihr etwas, das sich wesentlich begibt, so daß es den Namen verdient, den der Engel hier einführt: *Jesus* wird er heißen – was soviel heißt wie: *Gott selber rettet.*[3] Es ist das ganze Wesen, das in Jesus lebte und das diesem Namen entspricht, daß sich an seiner Seite, im Atemwind seiner Worte, der Kerker der Welt zu öffnen beginnt.

Schon daß man die Botschaft eines *Engels* braucht, um zu verstehen, wer Jesus wirklich ist[4], gibt die Richtung an, in der man die Person des Mannes aus Nazareth wahrnehmen muß, ist doch die Gestalt Jesu für die Menschen, die an seiner Seite ein neues Vertrauen zu sich selber und zum Leben lernten, wirklich so etwas wie das sanfte Berühren unsichtbarer Schwingen, die ein Stück vom Himmel auf die Erde zu bringen vermögen, wie ein Eingehülltwerden in den Raum göttlichen Erbarmens und göttlicher Gnade, wie ein Geschenk des Behütetseins, wie ein Gefühl des Angenommenseins und wie eine Gewißheit, geboren zu sein unter den Flügeln der Hand Gottes, die sich um und über das Leben eines jeden von uns legt.[5] Gerade das war es, was Jesus uns sagen wollte und worauf zuzugehen er immer wieder uns lehrte: Niemand von uns sollte sich beliebig, ausgeschlossen oder überzählig fühlen; über dem Haupt eines jeden sollte etwas liegen von der Verheißung und dem Schimmer der Ewigkeit; und der Engel, der da heißt «Meine Kraft ist Gott» – *Gabriel*[6], wird es verheißen am Ende der Tage, wenn es darum geht, die endgültige Bestimmung des Lebens zu verstehen.

Was eigentlich versteht man von der Person Jesu, wenn man sie so sieht? Man belehnte Jesus – wie schon in diesem Text seinen Vater Joseph – mit dem Titel *«Sohn Davids»*[7], und man glaubte ihn unter diesem Titel als den *Messias*. Im Matthäus- und im Lukasevangelium wird vorweg sogar ein eigener Stammbaum konstruiert[8], der einmal über Joseph, ein anderes Mal über Maria die Person des Mannes aus Nazareth einordnen möchte in den Gang der Geschlechter von der Gegenwart zurück bis hin zu David und von David bis hin zu Abraham. Schon daß beide Stammbäume sich unterscheiden, zeigt die Mühseligkeit solcher Konstruktionen, aber die Richtung selber scheint nicht falsch zu sein: Man kann die Person Jesu nur sehen als das Ergebnis, als die Frucht eines langsamen, geduldigen Mitgehens Gottes an der Seite seines Volkes. Es ist, wie wenn all die Geschlechter in ihrem Warten, Sehnen und Hoffen wie eine einzigartige Vorbereitung wären auf diesen Punkt, da sich alles erfüllt. Denn dies ist das erste, was sich von Jesus sagen läßt: Er ist das, worauf wir gewartet haben, trotz der scheinbaren Widerlegungen von seiten all dessen, was wir so oft Geschichte nennen. In einer Welt, die sonst wie heimatlos erscheint, gab Jesus den Menschen ein Gefühl ihrer Beständigkeit, eines Bodens unter ihren Füßen, ja sogar eines Heimischwerdens in sich selbst; inmitten einer Welt der Zerrissenheit und der Widersprüchlichkeit bedeuteten seine Worte und seine Lehren, daß es möglich sei, den Standpunkt einer inneren Ruhe zu gewinnen, einer geistigen Gelöstheit, ja sogar einer gelassenen Heiterkeit.

Wie nennt man einen Menschen, der imstande ist, uns selbst so etwas zu verleihen wie ein königliches Gefühl für den Wert und die Größe der eigenen Berufung? Wenn man Jesus den *Sohn Davids* nennt, den König aus Israel, den *Gesalbten* des Herrn, den *Messias*, stimmt all dies sowohl, als es auch in die Irre führt. «Er wird den Thron Davids einnehmen» – das bedeutet in der Sprache der Tage Jesu wie in unserer Sprache mehr oder minder noch heute: Er wird die Erwartungen auf ein nationales Reich von Macht und Größe des auserwählten Volkes wiederherstellen[9] – mitten in einer Zeit, da Israel am Boden liegt, war dies eine starke und leidenschaftliche Sehnsucht. Doch gerade sie wird von Jesus Lügen gestraft, sie wird nicht in Erfüllung gehen; Jesus wird nichts von all dem unternehmen, was einer Reichsgründung ähneln und dem Triumph gewonnenen Stolzes im Sinne nationaler Stärke entsprechen würde. Ganz im Gegenteil: Er weigert sich mit Absicht, auf sein Haupt einen Kronreif zu legen, denn er fürchtet zu Recht, daß die Kronen menschlicher Macht den Kreis seines Denkens nur einengen würden und der Leichtigkeit seines Lebens zuviel an goldener Last auferlegen müßten; ja, griffen seine Hände jemals nach den Zeptern und Krummstäben der Mächtigen an Thron und Altar, so müßte er fürchten, mit all den Insignien der Macht nur das Herz der Menschen zu ängstigen. Immer ist der Hirtenstab der Völkerlenker auch der Prügel, mit dem sie auf die Unwilligen und Ungehorsamen einschlagen. So wollte Jesus niemals sein, und so war er nie. Er benützte *seine Hand* dazu, sehr leise die Stirn einer Frau zu streicheln, die fieberkrank im Bett lag, oder die Hand eines jungen Mädchens zu ergreifen, das wie tot darniederlag, oder einen Verkrümmten und Gelähmten aufzurichten, daß er sich getraute, in sein Leben zu treten; und seine Gedanken und *seine Stirn* benötigte Jesus, um sie festzumachen unter den Sternen. *So* wollte er uns lehren: *Groß* seien wir Menschen! Staubgeborene, ohne Frage, und dennoch beheimatet unter den Sternen der Nächte und den Strahlen der Sonne am Tage; ein jeder Mensch sei etwas vom Himmel zur Erde Gekommenes. Sein Leben möchte noch so besudelt sein vom Staub der Straße, es lebte doch in ihm etwas von der Klarheit des Firmaments, von der Helligkeit der Lichter und von der Größe des Göttlichen.

Wie nennt man einen Menschen, der alles, was er vermag, dareinsetzt, uns ein solches Gefühl zu geben: daß der ärmste der Sklaven Roms sich zu betrachten lernte mit genau derselben Würde, mit der man in der Antike einzig die Könige und die Mächtigen bezeichnete – wie nennt man ihn anders als *Sohn Gottes*, als *Kind der Sonne* und des Lichtes?[10] Wenn Jesus ein *Königreich* wollte, dann eines, in dem ein jeder wie eine Prinzessin und wie ein Prinz sein Leben als ein erfülltes Märchen aus Traum, Hoffnung, Phantasie und Poesie aufzunehmen beginnt. Jemanden, der *das* vermag, *ihn* einzig darf man getrost als den *wahren* König[11] oder als den *wirklichen* Messias bezeichnen. Mit König David und mit seiner Art zu herrschen hat er kaum mehr als das Symbol gemeinsam[12], doch alles, was wir uns unter einem *wahren König* vorstellen, füllt sich hier mit Realität.

Denn fragt man sich, wie sonst ein König herrscht, ist seine Regierungsform die Äußerlichkeit selber. Was er *befiehlt*, verleiht ihm Macht, und was er an Angst und Einschüchterung den Menschen auferlegen kann, um durchzusetzen, was er sagen möchte, erzwingt ihm die armselige Form seines Gehorsams. Es gibt indes eine Weise, Menschen zu führen, die ist innerlich, unsichtbar, bar jeder Demonstration von Macht und Gewalt, aber gerade deshalb ist sie ganz und gar machtvoll. Sie nimmt die Freiheit des Menschen auf und richtet sie auf das schönste Bild seiner selbst, und darin setzt sie im Zauber der Liebe die Sehnsucht des Menschen gefangen. Jeder Mensch ist berufen, auf dieses Bild seiner selbst, auf seine Engelsgestalt, auf seinen *Gabriel* zuzugehen.[13] Und gerade das wollte Jesus; dieses Bild seiner selbst zeigte er den Menschen und lehrte sie, daran zu glauben. Es ging ihm dabei durchaus nicht um sich selbst, es ging ihm um jeden einzelnen Menschen; es ging ihm darum so sehr, daß, wenn wir ihn *König* nennen, es fast schon wieder wegführt von dem eigentlich Gemeinten. Bei all den großen Anreden von «König» und «Messias» steht Jesus vor uns als der Große und als der Einmalige; in Wahrheit aber bestand die Einmaligkeit Jesu gerade darin, daß er es rundum ablehnte, sich verfeierlichen zu lassen. Wir selber sollten unsere eigene Größe ahnen an seiner Seite; er selber aber wollte für uns so durchsichtig werden, daß es keinerlei Schatten würfe über irgendeinen Menschen.

Das ist das *Königtum*, an das Jesus glaubte. Spricht man davon, so wird es in den Ohren der meisten vermutlich wie etwas ganz und gar Phantastisches und Verrücktes klingen. Es werden auf der Stelle die Leute sich zu Wort melden, die ganz genau wissen, was ein richtiger König ist, und sie werden versuchen, uns die Flausen von diesem neuen und unsichtbaren Messiasreich auszutreiben. Wer da redet von Königen, spricht allemal von Macht, so sagen sie, und Macht – die verwaltet man nach der Art, wie es sich gehört, sonst richtet man nichts an als Chaos und Anarchie; Leute hingegen, die glauben, sie könnten alles anders machen und von dem Königtum Davids nur reden, um am Ende alles aufzulösen in den Wolken des Himmels und die Menschen zu umschleiern mit ihrem verdrehten Realitätsbewußtsein, solche Leute *verführen* die Menschen; sie sind gefährlich für die Machthaber, und sie sind gefährlich für sich selbst, sie gehen notwendig in die Irre – man muß sie ausrotten, ehe sie allzugroßen Schaden stiften. Die Welt wird regiert von vernünftigen Leuten. Womöglich glauben diese vernünftigen Leute an nichts, womöglich haben diese Leute nur ein einziges Dogma – nämlich, daß es keinen Teil dieser Welt gibt, den man nicht in irgendein Geschäft verwandeln kann, und daß es keinen Menschen gibt, den man nicht tyrannisieren und einschüchtern könnte; sollte aber trotzdem jemand etwas zu äußern wagen, das diesem vernünftigen Konsens aller widerspricht, so wird man's ihm im Munde umdrehen. Leute, die solche Künste beherrschen, haben das Zeug zu *wirklichen* Königen; sie werden über die Menschen hinwegschreiten, ganz so, wie man es auf den Bildern in der Antike in Ägypten, Assur und Persien darstellte[14]: im Ansprung der Macht.

Zudem wird es auf der anderen, der religiösen Seite gewiß immer auch Leute geben, die wissen, was Gott ist, und sie werden ihn mit all ihrem Wissen so eindrucksvoll verkündigen, daß es erneut die Menschen demütigt, abhängig macht und in den Staub drückt. Gott ist in dieser Form der Verkündigung das Erhabene, das Feierliche, das Große, dem man sich unterwerfen muß in Gehorsam, Anpassung und Treue zu all denen, die ihn auf diese Weise verkünden. Und zwischen Priestertum und Präsidententum, zwischen Thron und Altar wird man die ewigen Mühlsteine aufstellen, die man den Menschen um den Hals hängt und zwischen denen man einen Menschen wie Jesus zermahlen wird, immer wieder.

Und doch wird es die ewige Frage bleiben: widerlegt das scheinbare Scheitern Jesu seinen Traum vom Königtum Gottes?

Einmal in diese Richtung geblickt, beginnt die Erzählung von der «Ankunft» Jesu, von seinem wahren Wesen sich dramatisch zu steigern. Es ist ihr zu wenig, mit israelitischen Worten Jesus zu benennen als den *Sohn Davids* oder als den *Messias*; wenn denn schon König, dann indem alles aufgegriffen wird, was im Alten Ägypten bereits ebenso wie in den Mythen der Antike über die Geburt eines Königs geglaubt wurde: Ein wahrhaft königlicher Mensch ist diesem Glauben zufolge ein *Sohn aus Licht*, geboren von dem Gott des Windes und des Sonnenglanzes, von dem ägyptischen Gott *Amun-Re.*[15] Seine Ankunft verkündet der ibisköpfige Gott *Thot*, der die schönste der Frauen aufsucht am Königshof und ihr die Ankunft eines neuen Königs verspricht, der sein Volk regieren wird in Wahrheit und Frieden zum Segen aller. Wie muß man Texte lesen von einer solch verdichteten Symphonie aus Sehnsucht, Vorstellung und Charme? Man müßte sagen, daß wir Menschen allesamt, wenn wir begreifen, was Jesus wollte, noch einmal von vorn zu leben beginnen, und zwar jetzt so, daß es gilt: unsere schönsten Seiten würden getaucht in den Atem des Göttlichen, die Schwingen unserer Seele würden umflutet vom Goldglanz der Sonne, und wir selber würden ganz aufgehoben in diesem leichtesten und klarsten aller Stoffe, in dieser Kaskade von Licht und gleißendem Gold. Wann immer es in unserem Leben so warm wird, so sonnendurchflutet und weit, daß es sich mitteilt für andere Menschen, dann wären wir wirklich solche *Kinder des Lichtes.*[16]

Und: *Kinder des Windes*! Es gibt im Fluten der Atmosphäre diesen ständig fließenden Ausgleich zwischen den Zonen des Kalten und des Warmen; das aber, was die Verbindung und den Ausgleich schafft, ist der belebende Atemwind Gottes, lehrten die Mythen der Alten.[17] Geboren zu werden *aus Wind*, das heißt, die Gegensätze des Lebens innerlich verbinden zu können, das bedeutet, sogar Kraft zu gewinnen aus den Gegensätzen und Stärke zu ziehen aus den scheinbaren Unvereinbarkeiten des Daseins und das zunächst unzusammengehörig Erscheinende zusammenzufügen aus Geist. Aus dem Wind geboren zu werden (Joh 3,5), das bedeutet, das feine Spiel der Natur zum Symbol des Lebens zu erwählen und sich der Weise anzugleichen, wie der Wind hinüberstreicht durch die Blüten, die Blumen, die Zweige der Bäume und alles aufweckt zum Leben.[18] Immer geht das wahre Leben hervor, ohne daß Menschenhand etwas dazu beiträgt. Für *jungfräulich* galt deshalb den Alten das Geheimnis allen Lebens ringsum.[19] Einzig die Kraft des unsichtbaren Windes bringt das Leben hervor auf eine Art, die man nicht bemerkt und die sich dennoch im Inneren stets von neuem vollzieht. Ein einziger freier Atem in unserer Seele nimmt dieses Geheimnis der Lebenskraft des Windes in sich auf. Er macht uns unbegrenzt, er entsetzt uns jedes Kerkers, in den Menschen uns einsperren könnten, er gibt uns das Geheimnis zurück, aus dem wir sind: frei Geborene, nie Festgelegte, immer Offene für jede mögliche Gestalt.

Freilich: Da wird man sehr bald wieder sagen: solche Menschen, die aus Wind und Geist geboren werden, was sind das anderes als Windbeutel; Menschen, die sich jeder Festlegung entziehen, was sind das anderes als Gespensterähnliche, die man fürchten muß? Ja, man muß sie fürchten! Denn alles Eis der Welt wird fürchten den Wind, wenn er herabkommt aus der Sphäre des Lichts und der Wärme und abtaut, was an Kälte über der Welt liegt wie ein Panzer, und macht, daß die Gletscher zu rutschen beginnen und ihren Halt verlieren an den Hängen der Berge.

Wirklich: Es ist nicht ohne Gefahr und ohne Risiko, den Wind zu entbinden von den Enden der Erde und der Sonne den Lauf freizugeben in den Herzen der Menschen. Aber gerade so – man kann nicht sagen, *war* Jesus von Nazareth –, so *ist* er in seinem ganzen Wesen. Diese Kraft des Lichts und der Wärme des Windes verleiht er jedem, der ihn begreift und in sein Herz aufnimmt. Ein wahrhaft königlicher Mensch ist er, einer, dem Gott selber im Himmel huldigt: Kind Davids du, du Kind des Lichtes, du Kind des Windes, du Menschenkind und Menschensohn, du bist alles, was wir sind. Und so mach uns zu dem, was wir sein könnten – und sein *sollten* unter Gottes Augen.

Mt 1,18–25

Die jungfräuliche Geburt oder: Das Weihnachten des Lebens

Ein ebenso sonderbares wie wunderbares Fest ist das, was wir Weihnachten nennen und als die Geburt Gottes unter uns Menschen begehen; sonderbar, weil es an Hoffnungen und Erwartungen so viel in sich vereinigt wie kein anderer Tag des Kirchenjahres, und wunderbar, weil dieser Gedanke der Menschwerdung Gottes jenseits aller Enttäuschungen uns tragen und uns neu bestimmen kann, wirklicher zu leben und zu sein, was Gott mit uns gemeint hat.

Was soll man sagen zu einem Fest, das schon dadurch auf das äußerste mißverständlich ist, daß man es als ein «Fest» ausgibt, so daß alle Worte, die darüber gesagt werden, mehr falsch als richtig werden müssen? Wie erlöst man das Weihnachtsfest sozusagen von sich selber? Zu jeder ordentlichen Weihnachtspredigt gehört wohl das Reden davon, wie glücklich wir darüber sind oder doch sein müssen, daß am heutigen Tag Gott «sein Heil an uns gewirkt» hat, indem er «seinen Sohn» in diese Welt sandte. Es mag sein, daß solche Erklärungen in der tradierten Theologensprache richtig sind. Dennoch scheint es, daß alles sich viel einfacher verhält – und in gewissem Sinne auch verbindlicher. Gott «handelt» überhaupt nicht, er ist einfach da; er wirkt nicht, er ist in sich selbst die Wirklichkeit schlechthin; er umhüllt und umflutet uns wie das Licht der Sonne.[1] Aber ab und an schlägt jemand die Augen auf, blickt in die strahlende Helligkeit, und es taucht vor ihm eine zauberhafte Welt auf. Dann sagt er: Gott wirkt ein Wunder, und kann es nicht fassen, traut sich's nicht zu und bemerkt den eigenen Augenaufschlag kaum, vergißt ihn wohl auch sehr bald wieder, und Jahrhunderte treiben dahin in dem alten Dunkel, bis ein anderer kommt, der den Mut hat, ins Licht zu schauen. Es ist wahr, selbst das Öffnen der Augen gelingt uns nicht von allein, wir fürchten die blendende Helligkeit gleißenden Lichts nach langen Zeiten der Finsternis. Es ist auch wahr, daß unser Auge in gewissem Sinn geschaffen wurde von dem strahlenden Glanz des Lichtes selber: es schuf sich mit unserem Auge die eigenen Voraussetzungen, um sich selber wahrzunehmen. Alles in diesem Sinne ist Wirken und Wirklichkeit Gottes, sogar unser Aufwachen, sogar unser Öffnen der Augen, sogar unsere Fähigkeit, überhaupt etwas Göttliches wahrzunehmen. Aber ist daraus ein Fest zu machen, und ist das Wunderbare überhaupt festzumachen?

Es gelingt uns nur mäßig, was wir da meinen – die termingerechte Freude. Natürlich, wir können pünktlich bis zum 24. Dezember alles mögliche herstellen, in Auftrag geben und produzieren: Tannenbäume, Weihnachtsgänse, Lametta, Kugeln, Christstollen, alles, was wir brauchen und haben möchten, aber die Freude selbst stellt sich selten termingerecht ein, und sie kommt nicht einfach, wenn sie dasein muß, pünktlich am Heiligen Abend, sagen wir, um 18.30 Uhr bei der Bescherung. So eine Weihnachtsvorbereitung ist vielleicht ganz gut gemeint, aber sie überfordert uns immer wieder mit dem Krampf der termingerechten, pünktlichen und dann «ganz intensiven» Gefühle. In Wirklichkeit ist Weihnachten gar kein Fest, sondern der Beginn einer Grundstimmung. Nicht *einmal* sollten wir's feiern, sondern unser ganzes Leben lang sollten wir uns betrachten mit den Augen Gottes als getaucht in Licht, und unser ganzes Leben sollten wir verbringen als einen einzigen Festtag. Denn darum geht es eigentlich: daß wir uns wahrzunehmen lernen, so wie Gott uns sieht, und daß wir wahrzumachen beginnen, was wir da zwischen Traum und Tag, zwischen Nacht und Helligkeit, zwischen Verzweiflung und Hoffnung immerhin doch schon als nahe Möglichkeit ahnen.[2]

Wir geben uns soviel Mühe, das, woran wir glauben, in Zeichen zu setzen, und sie alle stimmen natürlich in der Absicht und in der Richtung, die wir damit andeuten wollen, immer aber stehen sie auch in der Gefahr, durch zuviel guten Willen überstrapaziert zu werden. Da brauchen wir beispielsweise alle möglichen Geschenke zu Weihnachten, und sie sollen so etwas ausdrücken wie unsere Dankbarkeit und Freude aneinander; aber es liegt immer wieder auch die Angst über dem, was wir tun: Machen wir's richtig? Wird es dem andern gut genug sein? – eine geheime Konkurrenz waltet da, wer macht dies oder das noch besser als wir – schließlich, daß wir uns erschöpft sehnen nach dem Kreis der vertrauten Freunde und Bekannten, um ein paar Stunden wenigstens auszuruhen. Doch schon lauert da womöglich ein neuer Schrecken! Es gibt Leute, die ein halbes Jahr vor Weihnachten bereits in Angst davor leben, was ihnen Weihnachten bringen wird. Müssen sie ihre Mutter besuchen, müssen sie wirklich ihre Schwiegermutter zum Festtage einladen? Wie lange muß man die Großmutter zu Hause behalten? Und die Enkelkinder, was sie alles anstellen können! Ferner: Leute, die man alle Jahre einmal sieht und dann noch pflichtgemäß, *müssen* hochwillkommen sein, aber sie sind es keinesfalls immer, und so geht uns schließlich in der Kälte des Winters der gutgemeinten, aber ungereimten Redensarten jedes wahre Wort verloren, bis daß wir schließlich froh sind, wenn wir endlich wieder voneinander Abschied nehmen; dann atmen wir tief durch, und jetzt sollte eigentlich – ja, was eigentlich beginnen? Müdigkeit und Erschöpfung stellen sich ein und damit vielleicht überhaupt erst das richtige Weihnachten; denn *das* hat damit zu tun, daß wir überhaupt nichts «machen» müssen, sondern daß wir ein bißchen wenigstens werden wie Gott selbst; wir *sind* einfach da, wir sind einfach wirklich, und mehr brauchte es nicht. In den wirklich wichtigen Momenten unseres Lebens braucht es nicht mehr.[3]

Ein berühmtes «Weihnachtsbild» stammt aus der Schule des flämischen Malers Rembrandt (siehe Tafel 3), eine ruhige, besinnliche Szene. In einer Bürgerstube, getaucht in braun-schwarzes Dunkel, erhellt nur von einem einzigen Licht, sieht man eine Gruppe von drei Personen: eine Frau, von rückwärts her, die im überraschend hellen Schein dieses Lichtes über ein Buch gebeugt ist, in sich versunken und lesend; schräg vor ihr, dem Betrachter gegenüber, eine Alte, die in dem offenbar nur schwach geheizten Raum eine Nachtmütze trägt, die Augen schläfrig geschlossen – offenbar die heilige Anna –, und neben ihr, in einer Abstelle, ein Kind, das dort schläft. Kaum haben die Augen an das Dunkel dieses Zimmers sich ein wenig gewöhnt, da nimmt man in der Tiefe des Raumes einen Schrank wahr mit wenigen Geräten, zudem einen Bord mit Kanne und Krug, an der Seite etliche Gerätschaften – eine Stube, die nicht ganz aufgeräumt wirkt; ein Wagenrad ist vor eine Treppe gerollt, die von dem Lichtschein gerade noch erhellt wird und nach oben ins Freie zu führen scheint. Es ist, wie wenn die ganze Behausung kellerartig in die Erde gesenkt worden wäre. Der Titel des Bildes aber lautet: *Die heilige Familie*.[4] Kaum diesen Titel erfahrend, haben die Theologen sich über dieses Bild hergemacht, und sie haben jedes Detail auf dem Bild erklärt mit akribischem Fleiß: Das Rad sei womöglich der Kreis der Zeit oder ein Bild für die göttliche Vorsehung; die Stiege sei eine Treppe der möglichen Erwartungen des allmählichen Aufstiegs der Menschheit; das geheimnisvolle Licht auf dem Bild sei der aufscheinende Lichtglanz Gottes in dieser Welt und so weiter. Von all diesen Erklärungen stimmt vermutlich kein Wort. Was der Rembrandtschüler wirklich sagen wollte, und dies mit aller Leidenschaft, mit einem fast flehentlichen Bitten, ist womöglich genau das Gegenteil all dieser komplizierten Spurenleserei. Er bat uns, in das ganz einfach Menschliche nichts göttlich Überhöhendes hineingeheimnissen zu wollen, denn dieses ganz einfach Menschliche sei das einzige, das wirklich große Geheimnis des Göttlichen; und wer es dort nicht zu sehen vermöge, der finde es nirgendwo. *Das* meinte der Maler vermutlich. Deshalb ließ er das Licht in dem Raum dieser Bürgersfamilie gar nicht, wie es eigentlich dem Christenglauben entsprechen müßte, ausgehen von dem Kind in der Krippe; es ist ein ganz normales Licht, das auf seinem Bild einen Raum erhellt,

Tafel 1 (Zu Seite 92)
Salvador Dali,
The Sacrament of the Last Supper, 1955;
Foto: National Galery of Art, Washington.

Tafel 2 (Zu Seite 120)
Wilhelm von Kaulbach,
Die Zerstörung Jerusalems durch Titus, 1846,
Bayerische Staatsgemäldesammlungen –
Neue Pinakothek, München;
Foto: Arthothek, Kunstdia-Archiv
Jürgen Hinrichs, D-8123 Peissenberg.

Tafel 3 (Zu Seite 288)
Schule von Rembrandt, A 4119,
Die Heilige Familie am Abend;
Foto: Rijksmuseum-Stichting, Amsterdam.

Tafel 4 (Zu Seite 323)
Sitzbild des Wesirs Hem-iunu, Kalkstein,
Herkunft: Giza, Mastaba;
Foto: Perlizeus-Museum, Hildesheim.

1 Salvador Dali, Das Sakrament des Letzten Abendmahls

2 Wilhelm von Kaulbach, Die Zerstörung Jerusalems durch Titus

3 Schule von Rembrandt, Die Heilige Familie am Abend

4 Der Wesir Hem-iunu

in dem man tun kann, was man will: lesen, schlafen ausruhen, schweigend oder sprechend zusammensitzen. Wem es nicht gelingt, mitten im menschlichen Leben in seiner Einfachheit aus innen heraus das Göttliche zu sehen, der wird es nirgendwo bemerken. Dieses Licht, um es wahrzunehmen, mag schwach sein, aber es ist uns vergönnt, an diesem Weihnachtstag die Menschwerdung Gottes Wirklichkeit werden zu lassen.

Freilich, um das so menschliche Rembrandtsche Bild ganz «unsymbolisch» zu verstehen, müssen wir die Erzählung der Weihnacht am Anfang des Matthäusevangeliums ganz und gar *symbolisch* verstehen. Was wir hier hören, ist nicht eine Geschichte von der Geburt Jesu vor 2000 Jahren, sondern eine durch und durch bildhafte Darstellung all der Erfahrungen, die Menschen mit der Person des Jesus von Nazareth gemacht haben und immer wieder werden machen können. Um zu verstehen, wer er ist und was er uns zu sagen hat, bedarf es, meint Matthäus, der Traumbotschaft eines «Engels»; denn wir hören seine Worte nur, indem wir auf unsere stärksten Träume achten – nur sie erklären uns, was sich begibt, wenn wir von neuem – das heißt überhaupt erst wirklich – anfangen zu leben.[5]

Gott kommt zu uns, meint dieses Bild von der Traumerscheinung des Engels vor Joseph, indem wir gelten lassen, was unser Herz uns eingibt. Immer stehen wir vor der Wahl, die Welt zu betrachten, wie sie vermeintlich objektiv und «realistisch» erscheint, oder wie sie sich verklärt in einem Feld der Gnade und der Liebe. Rein «realistisch» betrachtet, steht in dieser Welt nur wenig zu hoffen und zu erwarten; da gilt es, möglichst rasch erwachsen und tüchtig zu werden und das Leben zu «meistern», so gut wir nur können. Alles hingegen, was Jesus uns sagen wollte, war das genaue Gegenteil dieser unserer «normalen» Lebenseinstellung. Er mochte, daß wir damit aufhören könnten, immer größer sein zu müssen als wir sind; er wollte, daß es sich wie begütigend vom Himmel her über uns legte und wir Geltung finden dürften in unserer Hilfsbedürftigkeit, Schwäche und Ohnmacht.

Eben weil Jesus uns lehren wollte, die *Kinder* zu werden, die wir niemals sein durften[6], schildert das Matthäusevangelium sein ganzes Wesen im Bild eines *Kindgottes*.[7] All die Mythen der Völker von der Geburt eines göttlichen Kindes beschreiben nicht den Anfang der Biographie eines Gottes, sie schildern die Offenbarung des Göttlichen in der Gestalt eines Kindes.[8] Der Gott, der möchte, daß wir leben – das war der Gott, in dessen Schutz uns Jesus bergen wollte. In seiner Nähe sollte Gestalt gewinnen, was wir selber nie zu leben wagen würden. Wie seine Töchter und wie Söhne sollten wir uns fühlen, und all die märchenhaften Träume unserer Sehnsucht sollten in Erfüllung gehen.

Ist es da ein Wunder, daß diese Geschichte von der Menschwerdung Gottes von Anfang an auch Angst auslöst? Es wird dem «rechtlich» denkenden Mann der Maria schier unheimlich, was sich da entfaltet[9] -, außerhalb all dessen, was sich planen, machen, kontrollieren, rechtfertigen oder in die Gleise des Gewöhnlichen zurechtrücken läßt. Alles, was von Gott ist, gewinnt «jungfräulich» in uns Gestalt als Erfüllung uralter und doch nie ganz geglaubter Verheißungen. Wir wissen nicht, woher es kommt, und doch tritt etwas in uns in Erscheinung, das wie seit Urzeittagen in uns angelegt war; wir können nicht sagen, worum es sich da wirklich handelt noch was daraus wird, und doch spüren wir deutlich, daß wir es akzeptieren und damit leben müssen, weil dieses unableitbar Neue unser wahres Leben ist; wir fürchten uns zutiefst vor dieser unheimlichen Veränderung unseres Wesens, und wir möchten sie am liebsten von uns weisen und verleugnen, und dennoch ist es unser *«Engel»*, unser Wesensbild selbst, das uns versichert, was sich da zum Leben melde, sei im Grunde unser Heil und Segen. Nicht etwas zu machen lehrt uns das Bild des Kindgottes Jesus, sondern in uns wachsen zu lassen, was die Wesensgestalt unseres «Engels» uns zeigt. Es ist eine milde, besänftigende, sehr ruhige und menschliche Botschaft, die von diesen Bildern der Weihnacht ausgeht.

All die Bilder, die wir vor uns schweben haben und die in der Weihnachtserzählung des Matthäusevangeliums anklingen, stimmen in diesem Sinne aufs Wort. Was Jesus uns lehren wollte, ist grade dies: Wir sollten mit Dankbarkeit die festliche Freude der Gnade unseres Daseins entdecken und sie leben – so intensiv wie nur möglich, so ekstatisch in den Momenten, die uns vergönnt sind, mit solcher Leidenschaft, daß alle Energie sich in dieser Freude verbraucht. Natürlich, daß fast alles gegen ein solches Fest der Freude steht und daß wir zunächst geneigt sind, es von uns zu weisen, wie Joseph die Frau seiner Liebe, sobald sie der Geist Gottes überschattete. Fast immer hat man uns gelehrt, daß wir uns geradezu fürchten müßten vor der Freude. Selbst die Kinder vor Weihnachten erziehen wir dahin, daß sie *lieb* sind oder wenigstens sein sollen: «Das Christkind kommt, wenn du artig bist!» Gott sei Dank hat der Advent 24 Tage, und das Liebsein fast über drei Wochen hin ist ein so wunderbares Erziehungsmittel! Es macht die Kinder fast so flott wie einen Hund hinter einem elektrischen Hasen. Und dann wird das Eigentliche kommen, genau termingerecht und pünktlich. Je verzweifelter Kinder sind, desto mehr werden sie den Erwachsenen den Gefallen tun und sind tatsächlich immer ganz lieb, bis daß sie merken, daß es sich bei der Sache mit dem Christkind wohl nur um einen Trick handelt; dann bricht ihre kleine Welt zusammen. Zwar werden sie auch als Erwachsene vermutlich immer noch artig und lieb sein, aber im Untergrund sind sie oft traurig und bitter. Man kann nur sagen: So hat Gott das nicht gewollt, als er als *Kindgott* sich uns offenbarte, so sollten wir als Menschen miteinander nicht umgehen. Aber am schlimmsten: Sehr viele lernen schon als Kinder mitten in den Vorweihnachtstagen, daß, sobald sie glücklich sind oder den Anschein zu machen drohen, sie könnten es werden, sie ihren Eltern oder Mitmenschen fast gleichgültig werden. Kaum geht es ihnen ein bißchen gut, ergeht der Ruf: Nun sorge für dich selber! Nun geh draußen spielen! Nun mach, was du möchtest! Und es bestraft sich das Glücklichsein solcher Kinder mit dem Uninteressantwerden, mit dem Herausfallen aus der Fürsorge ihrer Eltern. Schon aufgrund solcher Erfahrungen gibt es viele, die auch im späteren Leben immer noch die größte Angst haben, andere könnten merken, daß es ihnen relativ gut geht, und sie haben gelernt, daß dieselben Menschen erst wieder vor der Tür stehen, sobald es ihnen schlecht geht. Wenn ein Kind krank ist, wenn es hohes Fieber hat, dann kommen die Eltern, dann tun sie alles mögliche, dann setzen sie warme Milch mit Honig auf, massieren die Füße, legen Wickel um den Hals, und in all solcher Fürsorge spürt ein krankes Kind doch immerhin, was es am meisten braucht, um als Mensch zu leben: ein bißchen von der Liebe und der Zuwendung der Menschen, die es wirklich nötig hat. Dieses bißchen Liebe trägt, und sie braucht jeder Mensch. Wenn man aber Liebe und Zuwendung nur erhält um den Preis von Unglück und Krankheit, ist es am Ende womöglich ein großer Vorteil, nur noch unglücklich und krank zu sein.

Schaut man genau hin, so ist die Frömmigkeit des Christentums gerade mit Bezug zu Weihnachten wie gemacht und berechnet auf diesen Typus der *Krankheitsliebe* als Grundeinstellung zum Leben. Die ganze Welt, zufolge dieser Haltung, ist auszuspähen nach Notleidenden, nach Armen, nach solchen, denen wir hilfreich gegenübertreten können und denen wir etwas zu schenken vermögen. Das eigene Glück aber gilt in dieser Betrachtung als das Egoistische, und nur das, was wir dem anderen schenken, macht uns wohlgefällig vor Gott. So zieht ein unsichtbarer Krampf sich durch alle Gefühle und hindert uns, selber zu leben. Dabei wäre alles ganz einfach. Statt der Angst vor dem Glück könnten wir den Mut gewinnen, zu tun, was Jesus uns allen Ernstes lehrte: das ganze Leben zu betrachten wie ein nicht endendes Fest der Vermenschlichung, denn das ist der Sinn des Symbols von der *Menschwerdung Gottes*! Man muß nur hören, was Jesus einmal sagte, als die Finsterlinge aus Jerusalem kamen, die Hohenpriester und die Pharisäer, und ihn fragten: Warum fastest du nicht und deine Jünger auch nicht? (Mt 3,18–20; Mt 9,14–15.) Er sagte ganz einfach: Solange der Bräutigam unter euch ist, können doch die Jünger nicht fasten.[10] Er hatte übrigens auch an anderer Stelle schon etwas dagegen, immer herumzulaufen, hohlwangig und so, daß man von weitem schon sieht, wieviel die Frömmigkeit uns kostet, wieviel Askese, Zwang und Selbsteinschüchterung wir brauchen, um richtig gute Menschen zu werden (Mt 6,16–18). Er wollte, daß wir in gewissem Sinn uns sattessen, Wein trinken und miteinander glücklich sind; wenn wir nur lernen, miteinander menschlich umzugehen, unverkrampft und ohne Strapaze – es wäre soviel wert! Wirklich, da könnte das Leben sein wie eine heilige Hochzeit[11] – wie ein Vertrautwerden und Familiärsein mit sich selbst und miteinander. Was aber dazu gehören würde, ist einzig die Kunst der Einfachheit, und sie scheint das wirklich Schwierige. Denn wann lernen wir die Gnade, die darin besteht, sein zu dürfen?

Als *Kinder* manchmal, beim Spielen zum Beispiel. Wenn ein Kind spielt, so erhält jedes Ding einen eigenen Wert. Ein beliebiges Stückchen Holz verwandelt sich im Spiel eines Kindes in einen magischen Gegenstand und kann, belebt durch seine Phantasie, alles mögliche bedeuten: ein Pferdchen vor einem Kohlenwagen oder einen Zug, der fauchend über die Gleise fährt, oder einen riesigen Turm, in dem eine Prinzessin sich versteckt hält. Dasselbe Stück Holz verwandelt sich, je nach dem Zusammenhang, in etwas ganz Verschiedenes, und es überzieht sich mit einer Freude, die sich im spielerischen Tun wie von selbst erfüllt. Ein Kind kann einfach dasein, versonnen und versunken in sich selbst.

Und manchmal können das auch *die alten Leute*. Weihnachten, sagt man, ist ein Tag, wo sogar der Ochse und der Esel an der Krippe standen. In der Tat: Es ist ein Tag, zu merken, was für ein kreatürliches Geschenk das Leben ist, das wir selber sind und das wir mit allem ringsum teilen. Manche alten Leute scheinen in den Augen der vernünftigen, der erwachsenen Leute bloß ihre Zeit zu vertun; sie sind in Pension, sie leisten überhaupt nichts Wichtiges mehr, sie schalten aus der Konkurrenz der vermeintlich wirklich Lebenden und wirksam Tüchtigen endgültig aus, und für manchen ist dies sogar ein beruhigender Gedanke. Statt dessen aber sitzt eine alte Frau nur ganz einfach da mit einem Vogel im Käfig und redet mit ihm scheinbar dummes Zeug, oder sie streichelt von früh bis spät ihre Hauskatze, oder sie betrachtet, wie die Fische im Aquarium schwimmen. Aber was so eine alte Frau oder ein alter Mann auf diese Weise dabei sind zu lernen, ist etwas überaus Kostbares: Alles, was lebt, atmet etwas von Gott, und es ist in seiner unvergleichlichen, rätselhaften Schönheit von unübertrefflichem Wert. Man kann ihm gegenüber nicht zärtlich und aufmerksam genug sein. Und in jedem Augenblick lernt man etwas von der Art der Tiere zu leben. Man muß nur betrachten, wie ein Vogel sein Gefieder putzt, wie ein kleines Fischchen im Aquarium seinen Platz verteidigt gegen einen viel größeren Eindringling, oder: wie die Katze voller Majestät sich nicht korrumpieren läßt, nicht mal durch die Zärtlichkeit ihrer Herrin, sie bleibt eine Königin, sie trägt ihren Schwanz aufrecht, wenn's ihr gutgeht, sie schnurrt, wenn sie aus der Kälte kommt, sie ist ganz zu Hause und trotzdem nie eingesperrt... Was alles kann man lernen von der Lebensart einzelner Haustiere!

Und wie erst, wenn man die Augen noch einmal aufschlägt und sich umschaut und die Menschen betrachtet! Das ist es doch, was wir in Wirklichkeit in diesen Tagen sagen möchten, wenn wir einander *Geschenke* machen: Wir möchten eigentlich einer den andern umarmen und ihm sagen: Du bist für mich ein solcher Reichtum, du bist für mich ein solches Glück! Nicht daß ich dir etwas schenke – das ist das Unwesentliche, aber daß es dich gibt, das ist ein wunderbares Geschenk, das zumindest jetzt ein Echo in mir auslöst; ich möchte dir einfach nur mal sagen, was an sich immer gilt: Du bist ein wirkliches Geschenk für mich. – Alle Strapaze wäre dahin, wenn wir's so sähen. Sogar das Häuslich- und Familiärwerden im Kreis der engsten Angehörigen könnte gelingen, wenn wir nicht zuviel von uns verlangten. Wir würden äußerlich vielleicht recht wenig «machen», es genügte vielleicht, ein bißchen Tee zu kochen und ein wenig Gebäck auf den Tisch zu bringen – es muß durchaus keine Weihnachtsgans sein. Es genügte auch, sich ruhig der Wahrheit zu stellen, daß man sich nach rund einem Jahr der Trennung überhaupt nicht wirklich kennt. Man muß also auch nicht so tun, als hätte man seinen Bruder, Vetter oder Schwager mitsamt seiner Familiengeschichte immer präsent; es wäre durchaus möglich und erlaubt, ein bißchen neugierig auf ihn zu sein und ihn zu fragen, wer er ist und wie er sich verändert hat. Ja, die ganz Mutigen könnten sogar die alten Geschichten einmal ausgraben, weswegen man sich bisher wirklich allerhöchstens alle Jahre wieder einmal gesehen hat. Wie war das zum Beispiel bei dem letzten Erbschaftskrieg, der die Familie zerriß? Wie war das damals, als die Mutter allein stand und man nicht wußte, sollte sie im Altenheim sterben oder beim ältesten Sohn oder beim zweitältesten, und was war später beim Streit um die Beerdigungskosten – alles Streitpunkte, über welche wir unter Umständen Generationen lang nicht hinwegkommen können. Aber dann Weihnachten, das Fest des Friedens! Es beginnt mitunter erst dann, wenn wir die alten Konflikte, im Vertrauen, daß es mal geht, beim Namen nennen. Wieso auch sonst nennen wir Gott *das Wort*, das zu uns kam? (Joh 1,1 f.)

Wir könnten mit dem Blick auf den *Kindgott* von Bethlehem vor allem lernen, wieviel an *Armut* im anderen liegt, und das bedeutete jetzt einmal nicht die alte Rührseligkeit und das mildtätige Herabbeugen zu den Schwachen, es bedeutete einfach, daß auch wir selber nicht länger *mehr* sein müssen, als wir wirklich sind, und daß wir voreinander hintreten dürfen und nicht mehr Angst voreinander zu haben brauchen – der andere hat genau so seine Probleme wie wir selber. Allein in diese Räume der Menschlichkeit hinein breitet Gott sich aus. Das ist die ganze Art seiner Menschwerdung.

Dann aber stimmt es: Weihnachten ist ein Fest gleich einer heiligen Hochzeit, gleich der Gegenwart eines Bräutigams, und all die alten Erzählungen von der jungfräulichen Geburt eines Gottessohnes legen das nahe. Da verschmelzen miteinander der Himmel und die Erde, das Meer und das Festland, der Wind und die Blumen, die Schneekühle und der beginnende Frühling, die Nacht und der Tag, und aus all diesen Gegensätzen, aus der Spannkraft ihrer Kontraste, formt sich in der Schönheit des Lebens ein neuer Beginn, ein wirklicher Anfang. Weihnachten ist der Versuch, diese unsere scheinbar kalte, kleine, graue Welt zu sehen mit den Konturen eines Rembrandtschen Gemäldes, auf eine gewissermaßen poetische Weise. Und dann beginnt sich unser kleines Leben zu verklären. Dann wird aus einer einfachen Bürgersfamilie eine heilige Familie, aus einem einfachen Menschenpaar zwei Wesen, in deren Gegenwart es ist, wie wenn Engel auf die Welt kämen, dann wird aus jedem Kind, das dieses Licht der Welt erblickt, eine große Verheißung an die Welt, und aus einem schlafenden Mann wird ein Bild der Gnade des Göttlichen. Dieses unser kurzlebiges irdisches Leben ist umtaut und umflort von der Schönheit und dem Glanz des Göttlichen. Fragt man aber, woher gewinnen wir denn die Kraft, die Welt so zu betrachten: in der Freude und in dem Glück einer schwebenden Poesie, so gibt es dafür nur eine einzige Antwort: Alles, was man wirklich liebt, beginnt sich zu verklären. In all dem, was man in sich einläßt, beginnt eine wirkliche Erscheinung des Göttlichen. Und alles, woran unser Herz sich hängt, öffnet ein Stück weit den Himmel. Das aber ist Weihnachten: Man schlägt die Augen auf und sieht alles noch einmal von vorn, mit den Augen des Göttlichen, in der Verklärung der Liebe, und alles erscheint wie ein Stück Himmel auf Erden. Gott tut nichts, er ist. Wir aber, wenn wir wirklich *sind*, sind ihm ganz nahe.

Mt 2,1–23

Die Träume Gottes und die mörderische Wirklichkeit der menschlichen Geschichte

Wer noch irgendwelche Zweifel an der wirklichen Natur der Weihnachtsgeschichten des Matthäusevangeliums hat, der wird sie an dieser Stelle verlieren. Es sind Texte, deren Wahrheit nicht zu suchen ist auf der Ebene der historischen Wirklichkeit, in der Welt der Fakten, die uns vertraut sind; wir haben es vielmehr zu tun mit der Sprache der Legende und des Mythos.[1] Die erste Frage aller Weihnachtserzählungen des Matthäusevangeliums lautet daher: Welch eine Art von Wahrheit wohnt in diesen Geschichten? Soll es wirklich wahr sein, daß man den wahren König Israels nur finden kann, indem man unbeirrt des Nachts, wie hypnotisch gezogen, einem Stern folgt und damit eine heilige, magisch verzauberte Kunde erfüllt? Soll uns das Göttliche stets nur erreichen in den Visionen der Nacht und wie entschwunden sein in der sogenannten Welt der «Tatsachen» am hellichten Tag? Offenbar, meint das Matthäusevangelium, verhält es sich so. Alles, was göttlich ist, wohnt in unserem Innern, und anderswo lebt es gar nicht. Gott wohnt in den Träumen unserer Seele, er atmet in den Worten unserer Zärtlichkeit, er nimmt Gestalt an in den Bildern der Maler und Dichter, und er singt sich aus in den Liedern des Glücks. Beistand unseres Lebens, nicht Gegenstand unseres Wissens, ist Gott. Das ist die Wahrheit der Weihnacht.

Lernen durfte dies in den Vorweihnachtstagen die achtjährige Virginia O'Hanlon aus New York. Sie wollte es genau wissen und schrieb an die Tageszeitung «Sun» einen Brief: «Ich bin acht Jahre alt. Einige von meinen Freunden sagen, es gibt keinen Weihnachtsmann. Papa sagt, was in der Sun steht, ist immer wahr. Bitte, sagen Sie mir: Gibt es einen Weihnachtsmann? Virginia O'Hanlon.» Die Sache war dem Chefredakteur Francis Church so wichtig, daß er selber antwortete – auf der Titelseite der «Sun»: «Virginia, Deine kleinen Freunde haben nicht recht. Sie glauben nur, was sie sehen; sie glauben, daß es nichts geben kann, was sie mit ihrem kleinen Geist nicht erfassen können. Aller Menschengeist ist klein, ob er nun einem Erwachsenen oder einem Kind gehört. Im Weltall verliert er sich wie ein winziges Insekt. Solcher Ameisenverstand reicht nicht aus, die ganze Wahrheit zu erfassen und zu begreifen. Ja, Virginia, es gibt einen Weihnachtsmann. Es gibt ihn so gewiß wie die Liebe und Großherzigkeit und Treue. Weil es all das gibt, kann unser Leben schön und heiter sein. Wie dunkel wäre die Welt, wenn es keinen Weihnachtsmann gäbe! Es gäbe dann auch keine Virginia, keinen Glauben, keine Poesie – gar nichts, was das Leben erst erträglich machte. Ein Flackerrest an sichtbarem Schönem bliebe übrig. Aber das Licht der Kindheit, das die Welt ausstrahlt, müßte verlöschen. Es gibt einen Weihnachtsmann, sonst könntest Du auch den Märchen nicht glauben. Gewiß, Du könntest Deinen Papa bitten, er solle am Heiligen Abend Leute ausschicken, den Weihnachtsmann zu fangen. Und keiner von ihnen bekäme den Weihnachtsmann zu Gesicht – was würde das beweisen? Kein Mensch sieht ihn einfach so. Das beweist gar nichts. Die wichtigsten Dinge bleiben meistens unsichtbar. Die Elfen zum Beispiel, wenn sie auf Mondwiesen tanzen. Trotzdem gibt es sie. All die Wunder zu denken – geschweige denn sie zu sehen –, das vermag nicht der Klügste auf der Welt. Was Du auch siehst, Du siehst nie alles. Du kannst ein Kaleidoskop aufbrechen und nach den schönen Farbfiguren suchen. Du wirst einige bunte Scherben finden, nichts weiter. Warum? Weil es einen Schleier gibt, der die wahre Welt verhüllt, einen Schleier, den nicht einmal alle Gewalt auf der Welt zerreißen kann. Nur Glaube und Poesie und Liebe können ihn lüften. Dann werden die Schönheit und die Herrlichkeit dahinter auf einmal zu erkennen sein. ‹Ist das denn auch wahr?›, kannst Du fragen. Virginia, nichts auf der ganzen Welt ist wahrer und nichts beständiger. Der Weihnachtsmann lebt, und ewig wird er leben. Sogar in zehnmal zehntausend Jahren wird er dasein, um Kinder wie Dich und jedes offene Herz mit Freude zu erfüllen. Frohe Weihnacht, Virginia. Dein Francis Church.»

Dieser Briefwechsel zwischen Virginia O'Hanlon und Francis P. Church stammt aus dem Jahre 1897 und wurde Jahr für Jahr bis zur Einstellung der «Sun» im Jahre 1950 auf der Titelseite abgedruckt. Was immer diese Zeitung auch sonst noch geschrieben haben mag, in diesem Leitartikel schrieb sie wirklich völlig *wahr*: Wir können die Wahrheit unseres Lebens nur sehen mit den Augen unserer Seele, und so ist die Botschaft der «Magier» aus dem Aufgang der Sonne als erstes ein Appell an unseren Mut, daß wir der Wahrheit unserer Träume und Gesichte Glauben schenken. Jedes wirklich religiöse Erlebnis beruht auf der Offenbarung einer großen Vision, und jeder fühlende Mensch, der Gläubige jeder Religion, «die Heiden» der Welt sind fähig, mitten in der Verlorenheit ihres Lebens einen Stern der Hoffnung zu sehen.

Wollt man zum Beispiel einem Moslem die Weihnachtsbotschaft des Christentums erklären, so sollte man ihm nicht als erstes erzählen von der «jungfräulichen Geburt» Jesu, die auch der Koran, doch eben nicht als Geburt eines

Gottessohns, überliefert[2], man sollte ihn erinnern an die selige Nacht *Al Kadr*, als der Engel Gabriel aus dem siebenten Himmel herniederstieg und Mohammed die Suren des Korans offenbarte – jene Nacht der Macht und der Herrlichkeit, die «Friede und Heil bringt . . ., bis zum Erglühen der Morgenröte»[3]. Es gilt, etwas wahrzunehmen und an etwas zu glauben, das über uns in der Dunkelheit leuchtet und uns den Weg zeigt; wenn wir ihm folgen, werden wir wie von selber das «Kind» finden, das in uns «jungfräulich» zur Welt kommt am Ort, da der «Stern» stillsteht.

Freilich wird es Stunden geben, da die bloße Sehnsucht nicht weiterweiß und in denen sie der Auskunft am Hofe des «Königs Herodes» bedarf, um hinüberzufinden ans Ziel ihres Suchens. Es ist nicht falsch, was die Schriftgelehrten und Tradenten der überkommenen Religion zu sagen haben, die Inhalte ihrer Erklärungen können durchaus hilfreich sein – *wenn* man sie verwendet, um etwas zu *finden*; ohne die Vision eines «Sternes» indessen bleiben all die Theologentraktate nichts weiter als totes, beschriebenes Papier, und all ihr «Wissen» schwebt abstrakt über einer Wirklichkeit, die sie nicht kennen – von keinem der Schriftgelehrten am Hof des Herodes werden wir hören, er habe sich mit den Magiern hinüberbegeben nach Bethlehem. Doch auch umgekehrt: Ohne das Wissen der Heiligen Schriften mit ihren verborgenen Offenbarungen und verhüllten Enthüllungen verlöre unser Suchen sehr bald seine Richtung; es wäre geneigt, das Große und Rettende dort zu suchen, wo es nach allgemeiner Auskunft auch wohnt: in den Palästen der Mächtigen, in den Kanzleien der Regierenden, an den Höfen der Hoffärtigen. Es kann unter Umständen ein weiter Weg sein, den die Heiligen Schriften der Juden in Wirklichkeit weisen – vorbei an den prächtigen Prunkbauten der allmächtig scheinenden Potentaten hinüber in das vermeintlich Unscheinbare und Ohnmächtige – in das Bethlehem der Stille, darüber der «Stern» innehält. Menschliche Vision und göttliche Verheißung begegnen sich hier und ermöglichen sich wechselseitig, so daß man wirklich einen Moment lang glauben mag, die Welt fände an dieser Stelle zu ihrer Einheit und wüchse auf zu jener «Nacht des Schicksals», die «Frieden und Heil bringt bis zum Erglühen der Morgenröte».

In der Tat schenken die «Magier» aus dem Osten, diese Repräsentanten aller gottsuchenden Menschen, dem Kind in der Davidsstadt Bethlehem mit den Gaben von Gold, Weihrauch und Myrrhe, symbolisch gesehen, all das, was wir Menschen *wesentlich* sind, wenn wir nur uns selbst zu sehen beginnen, wie dieses «Kind» von Bethlehem es uns lehren wird.[4] Es wird das Zentrum der Botschaft Jesu bilden, einen Menschen selbst unter den Hüllen von Staub und Erbärmlichkeit zu entdecken als ein Stück lauteren *Golds*, indem man selbst in den Formen des Irrtums noch Augen behält für das Verlangen nach Reifung: in der Lüge die Angst vor der Wahrheit, in den Äußerungen von scheinbar grobem Sadismus die Spuren verletzter Sensibilität und unter der Maske der Starrheit die ständige Sorge, sich selbst zu entgleiten. Nie wird es Jesus uns erlauben, einen Menschen wie etwas Achtloses wegzuwerfen, sondern wer begreift, was der Mann aus Nazareth uns zu sagen hat, der wird sich auf die Suche machen nach den Spuren von Sternenstaub und Gold im Herzen jedes Menschen. Darum ist Gold als erstes das Zeichen unserer Dankbarkeit an dieses ewige Kind, das Jesus war und blieb in allem, was er sagte und tat. – Und dann die Gabe des *Weihrauchs*. Jeder, der in die Welt des Jesus von Nazareth eintritt, wird die Energie und die Glut spüren, die von diesem Mann ausgeht. «Wer mir nahe ist, der ist dem Feuer nahe», sagt Jesus einmal in einem Wort, das außerhalb des Neuen Testamentes überliefert wird.[5] Daß unser Herz verglüht im Sturm einer leidenschaftlichen Liebe und sich erhebt wie ein Duft von Weihrauch beim Abendopfer, ungebunden von den Kräften der Schwere und frei entschwebend den erstickenden Kerkerwänden der Angst – eben dazu wollte Jesus uns befähigen, und das drückt sich aus in der Gabe des Weihrauchs. Und daß wir den Schmerz und das Leid, die uns wie eine unvermeidliche Mitgift des Lebens begleiten, zu tragen vermögen ohne Verzweiflung, getröstet in Gott, wenn es geht – das drückt sich aus im Geschenk der *Myrrhe*. Und in all diesen Gaben schenken wir dankbar zurück, was wir dem Kind von Bethlehem verdanken, und in allem macht die Legende zur Gabe an das Kind Jesus, was uns sein kindliches Wesen selber ermöglicht.

In all diesen Szenen formt sich eine Gestalt von eigentümlicher Schönheit – ein Traum, der sich von innen erfüllt, eine Verheißung, die sich von selber bestätigt –, ein wirklich weihnachtlicher Friede durchweht die Erzählung von der Anbetung der «Heiden» an der Geburtsstätte des «Jesus», des «Retters» aus Israel (Mt 1,25).

Und doch ist bereits hier schon in Wahrheit alles ganz anders. Jäh und brutal bricht über die Bilder der betenden Magier die Macht- und Mordgier des Königs Herodes herein, und es ist der Friede der Weihnacht selbst, der die «Ordnung» der Welt zum Gegenschlag provoziert. Eine ungeheuere Dramaturgie hebt hier an, die dauern wird bis zum Ende der Tage und die immer wieder zu schmerzlichen Entscheidungen nötigt.

Man stelle sich zur Verdeutlichung dieses Umbruchs nur einmal vor, der Leitartikel des Francis Church an die kleine Virginia im Jahre 1897 hätte nicht auf der rechten Seite des Titelblattes der «Sun» gestanden, sondern auf der linken Seite im Nachrichtenteil, und es wäre auch gar kein Leitartikel gewesen, sondern der Auszug der Rede eines Politikers, der öffentlich nachgedacht hätte über die Grundlagen unseres Zusammenlebens – dann ist sofort klar, daß etwas, das soeben noch ganz rührend und idyllisch wirken konnte, plötzlich den heftigsten Widerstand hervorrufen muß. Die Weihnachtsbotschaft vom Frieden auf Erden – schön und gut, solange sie nur in den Kammern des Wünschens und Meinens verbannt bleibt; aber Gott sei davor, daß wir sie wirklich ernst nehmen!

Ein Beispiel dafür, was hier auf dem Spiel steht, begibt sich gerade in unseren Tagen. Seit dem 2. August dieses Jahres (1990) stürzt die Welt wie mit Absicht einem furchtbaren Krieg entgegen. Nach der Besetzung Kuwaits durch den irakischen Präsidenten Saddam Hussein droht der amerikanische Präsident George Bush mit dem Krieg. Bewußt erklärt er, sich die «Option» des Krieges offenhalten zu wollen. Mit Nachdruck verbittet und verbietet er sich und seinen Verbündeten jede Möglichkeit zu verhandeln, um eine Kompromißlösung zu erreichen.[6] Denkbar zum Beispiel als Lösung wäre an sich eine Verknüpfung der Kuwaitfrage mit dem Palästinenserproblem; 20mal haben die Länder Westeuropas für die Einsetzung einer Nahostkonferenz zur Lösung dieses Problems votiert, es wurde regelmäßig durch ein Veto der USA unterbunden, und auch jetzt erklärt US-Präsident George Bush kategorisch, eine solche Konferenz komme für ihn nicht in Frage, erst müsse der Irak sich bedingungslos bis zum 15. Januar 1991 aus dem besetzten Kuwait zurückziehen. Das gilt ultimativ, und es ist darauf berechnet, Saddam Hussein zu demütigen. Es ist ein Spiel wie unter amerikanischen Jugendlichen: Sie rasen in ihren Autos frontal aufeinander zu, und als ein Feigling gilt, wer zuerst ausweicht. Alles spricht dafür, daß wir in spätestens drei Wochen mitten im Krieg stehen. Dann wird man uns erklären, daß es keinen anderen Ausweg gegeben habe. Man wird uns das Bild von Saddam Hussein als dem Teufel, als dem zweiten Adolf Hitler, als dem Verbrecher am Abzugshebel von Atombomben an die Wand malen; und dann wird es nicht mehr darum gehen, Kuwait zu «befreien», sondern das Regime eines skurpellosen Diktators zu liquidieren.[7] Die psychologische Propaganda zur Kriegsvorbereitung, die moralische Vernichtung des «Gegners» ist jetzt bereits voll im Gange. Schon stehen rund eine Million Soldaten einander hochgerüstet gegenüber, und man weiß, in welcher Weise Amerikaner Krieg zu führen pflegen: mit gnadenlosen Bombardements aus 15 Kilometern Höhe und mit Tausenden von Tonnen Bomben, solange, bis von Bagdad und Basra weniger übrig sein wird als von Hamburg und Dresden 1945. Am Ende wird dieser Krieg Hunderttausende von Toten, Schwerverwundeten und Verletzten und Millionen von Flüchtlingen kosten, und wenn irgend die Besetzung von Kuwait als ein Verbrechen zu betrachten ist, so wird der drohende Krieg ein tausendfaches Verbrechen dem verübten Unrecht hinzufügen.[8]

Das alles ist klar und einfach zu sehen, und doch rührt sich weit und breit keinerlei Widerstand gegen diesen bewußt gesteuerten Kurs in den Krieg, ja, wer ihn verwirft, scheint wieder einmal ein vaterlandsloser Geselle zu sein, ein Antiamerikanist, ein Antisemit, ein politischer Einzelgänger oder was sonst. Daß er womöglich ganz einfach ein Christ ist, wer sollte das glauben?

Es gibt, sagen uns die Politiker, gegen Diktatoren kein anderes Mittel als den Krieg; man erinnert uns an 1938 und an das Münchner Abkommen zwischen Chamberlain und Hitler. Doch über welch eine Macht verfügt eigentlich Adolf Hitler, uns selbst 50 Jahre nach seinen Greueltaten immer noch glauben zu machen, daß man «Hitler» nur besiegen könne durch Adolf Hitler und die eine Hölle nur durch eine andere Hölle, und es hätte die Bergpredigt nie gegeben? «Reagiert nicht auf das Böse» (Mt 5,39), sagt Jesus an entscheidender Stelle. Soll das keine Möglichkeit des politischen Handelns sein? Saddam Hussein, wird erklärt, habe Kuwait besetzt, um seinen bankrotten Staatshaushalt zu sanieren; was wäre, wir böten ihm die Schuldsumme an im Tausch für einen freiwilligen Rückzug aus Kuwait? Der Aufmarsch am Golf kostet jetzt bereits schon weit mehr als die Schulden des Irak[9], und ein Krieg wird das 10- oder 20fache kosten, den Preis unzähliger getöteter und verstümmelter Männer, Frauen und Kinder gar nicht mitgerechnet. Sogar rein finanziell betrachtet käme die Bergpredigt uns billiger zu stehen als der Krieg.

Und ebenso das Palästinenserproblem. Schon jetzt hat die Bundesrepublik rund 3 Milliarden DM zahlen müssen für den möglichen Krieg am Golf; sollte er in drei Wochen losbrechen, werden wir gut und gern die fünf- bis zehnfache Summe für die Fabriken des Todes bezahlen müssen.[10] Es sind Summen, die wir über 40 Jahre lang nicht haben aufbringen können, um den 1,5 Millionen Palästinensern in den Flüchtlingslagern ein menschenwürdiges Leben zu ermöglichen oder dem Hunger und Elend der Dritten Welt den Kampf anzusagen. Sogar rein wirtschaftlich könnten wir merken, daß eine langjährig unterlassene Hilfeleistung uns irgendwann teuer zu stehen kommt. Was aber ist unsere Reaktion darauf?

Die biblische Erzählung des Matthäusevangeliums berichtet, daß König Herodes sich sehr interessiert gezeigt habe, den Erklärungen der Sterndeuter und der am Hof bediensteten Schriftgelehrten nachzukommen. Gar nicht genau genug habe König Herodes die Umstände und die Fakten all der heiligen Ereignisse kennenlernen können, damit, wie er sagte, auch er hingehe, um den neugeborenen König Israels anzubeten. Doch er wird nur hinübergehen, um alles zu töten, was ihn bedroht; und die Gefahr ist sehr groß, daß wir selber nicht anders sind als Herodes.

Alle wirklichen Fragen an uns Menschen sind wie zeitlos, und schon *das* ist eine Wahrheit der Legenden. Es gibt ein Problem in unserem Leben, das scheinbar nicht aufhört, und das ist die alles entscheidende Frage, wie wirklich und wahr wir unsere Träume, unsere Hoffnungen, unsere stärksten Empfindungen nehmen. Solange es nur darum geht, einem «Stern» zu folgen, hüllt sich ein solches Symbol in ein Bild von Romantik und Schönheit. Aber gleich am Wege werden die Leute stehen, die sagen: Es ist *nur* Romantik und Schönheit, und eben darum gilt es nicht wirklich; die *wirkliche* Welt *ist* nicht romantisch und schön, sie ist vernünftig – und also auch grausam, wenn nötig. Immer wieder vermeintlich müssen wir Schlimmes tun, um noch Schlimmeres zu verhindern. Wie sagte doch Adolf Hitler vor 50 Jahren: «Ich will nicht begreifen, warum wir Menschen weniger grausam sein sollten als die Natur.» Also, wie fügt sich in diese Menschenwelt die Botschaft von Frieden und Güte und Menschlichkeit? Vielleicht möchten wir wohl daran glauben, wie aber überwinden wir die Widerstände?

Es ist offensichtlich, daß diese Geschichte am Hofe des Königs Herdodes sich immer von neuem wiederholt, bis in unsere Tage hinein. Da sitzt auf dem Thron der Macht ein Herrscher, der sich augenblicklich bedroht fühlen muß, wenn es da wirklich ein Königtum des Herzens geben sollte, irgendwo anders, außerhalb seiner Kontrolle, und er wird die Religion selbst zu sich einladen, daß sie ihm erkläre, was sie zu sagen hat, nur um sie zu vernichten. Dieser ewige Mißbrauch der heiligsten Gefühle von Menschen für die absurden Ziele der Machthaber leuchtet uns sofort ein, wenn wir hören, wie in unsren Tagen nun auch Saddam Hussein die arabischen Massen für einen «heiligen Krieg» zu mobilisieren sucht. Aber allem Anschein nach sind wir wie blind für die Verfälschungen des Religiösen, die wir selber begehen. Wenige Kapitel nach der Geburtserzählung zum Beispiel wird der Jesus des Matthäusevangeliums erklären: «Niemand kann zweier Herren Diener sein: denn entweder wird er den einen hassen und den anderen lieben, oder er wird an dem einen hängen und den anderen mißachten. Ihr könnt nicht Gottes und des Mammons Knechte sein» (Mt 6,24). Da steht es auf Entweder-Oder. Folgen wir indessen dem Nachrichtenteil unserer Zeitungen am Ende des Jahres 1990, dann ist es uns ganz klar, daß wir Gott *und* dem Geld in eins dienen müssen und daß Idealismus und Geschäft sich auf das beste paaren. 28 Regierungen im Geleitzug der westlichen Führungsmacht USA *wollen* derzeit den Krieg, nehmen ihn in

Kauf und tun das für «erhabene» Ziele; ihren Worten nach geht es um Recht, Gerechtigkeit und Menschlichkeit, es geht ihnen um die Revision einer völkerrechtswidrigen Aggression, es geht ihnen um die Wahrung der Weltordnung – *das* ist das Göttliche, das Ideale, und es fügt sich wirklich ganz ideal, daß wir bei all diesen Worten gleichzeitig genau wissen: Es geht natürlich um Geld, um sehr viel Geld, es geht um Erdöl und Macht, es geht um die Verteilung des Rests der Welt nach dem Zusammenbruch des sowjetischen Imperiums. Und Gott, Geld und Macht – alles zusammen, ist eigentlich das, was wir nennen den «American way of life»: Da gibt es keine Skrupel; je mehr Geld und je mehr Reichtum, desto größer der Segen Gottes – das ist gut calvinisch und also wohl auch politisch sehr vernünftig; da ist wirklich ein heiliger Kreuzzug sowohl für Gott wie für die eigenen Interessen angezeigt. Und jetzt: Wer diese Synthese schafft, der ist in der Tat ein vernünftiger und zugleich ein frommer Mensch, soll man glauben.

Leider Gottes oder Gott sei Dank gibt es gewisse Kriterien, um Lüge und Wahrheit voneinander zu unterscheiden. Ginge es wirklich um die Durchsetzung von Recht und Ordnung im Nahen Osten, dann hätten dazu in den letzten dreißig, vierzig Jahren wunderbare Gelegenheiten bestanden. Die Palästinenser sind dafür ein Beispiel. Aber auch die Kurden; sie haben uns im Westen nie interessiert; die Auslöschung der Armenier durch die Türken um 1920, ein Verbrechen ebenso schlimm wie die Ausrottung der Juden durch die Nazis im Dritten Reich, ist bis heute kein Gegenstand westlicher Politik. Einzig wenn unsere eigenen Geldinteressen und Machtbedürfnisse auf dem Spiel stehen, sind wir augenblicklich mutig und klar – und fromm. Da bieten wir sogar die besten Begriffe, die heiligsten Worte, die feinsinnigsten Überlieferungen des Christentums auf und lassen uns wie in den Tagen des Königs Herodes genau erklären, wie wir die Lehren der Religion zur Rechtfertigung des Tötens gebrauchen können. Es ist eine bittere Welt, in der wir leben.

Am schlimmsten aber ist, daß wir im Raum des Göttlichen so wenig Mut haben zum Widerstand. Am Heiligen Abend haben die Bischöfe uns aufgefordert, für den Frieden zu beten, und es können bei den so gefalteten Händen die Mächtigen sich eigentlich nur ins Fäustchen lachen[11]; es ist ein ohnmächtiges Reden von Gott, das genau dieselbe Wirkung hat wie am Hofe des Herodes die Worte der Schrifterklärer, wenn sie dem König erläutern, was in den Schriften geschrieben steht. Alle Worte sind richtig, aber sie sollen überhaupt nichts bewirken. Sie sind lediglich das Alibi, daß wir hinterher sagen können: Wir waren ja immer schon dagegen, es ist bedauerlich, was geschieht, es tut uns wirklich leid. Jetzt aber bleiben uns noch ganze vierzehn Tage, daß es uns leid tut!

Freilich, es stimmt: Was auch immer wir hier reden, interessiert draußen bei den Entscheidungsträgern wohl niemanden. Aber warum korrumpiert immer wieder die Macht das Denken und Fühlen, warum können nur die Ohnmächtigen zu einem bißchen Menschlichkeit fähig sein, und sobald sie Verantwortung haben, geht das alles nicht mehr in dieser Welt? Dann funktionieren ihre Köpfe anders! Nichts von dem, was sie gelernt haben, gilt dann mehr, es wird verformt zur Lüge, die da lautet: «Meldet es mir, damit auch ich hingehe, um anzubeten.» Man wird jedes gerade göttliche Wort erwürgen beim Händefalten, und es wird am Ende nur den Sinn haben, das beabsichtigte Töten zu rechtfertigen.

In der Bergpredigt des Matthäusevangeliums etwa wendet sich Jesus ausdrücklich gegen das Prinzip des «Aug um Auge, Zahn um Zahn» (Mt 5,38). Wir aber, selbst am Ende des zwanzigsten Jahrhunderts, bekommen es immer noch fertig, uns auf Gott zu berufen, um uns in die Theorien eines gerechten oder «gerechtfertigten» Krieges zu versteigen[12]; wir reißen im Namen Gottes den Zusammenhang unter den Menschen auseinander und teilen sie ein in Gut und Böse, in Wächter des Rechtes und in Kriminelle, und am Ende dieser künstlichen und verlogenen Abspaltungen besitzen wir die Befugnis, mit Berufung auf Gott die Todesstrafe über Menschen zu verhängen[13] und sie mit gutem Gewissen und mit vermeintlich reinen Händen exekutieren zu können. Schließlich geben wir uns sogar das Recht, *heilige Kriege* zu führen, als wären wir selber der Erzengel Michael im Kampf gegen den Satan; ja, wir merken nicht einmal mehr, wie sehr wir unseren eigenen Projektionen unterliegen, indem wir andere Menschen verteufeln, nur um sie desto seelenruhiger und selbstgerechter vernichten zu können, und wir wollen einfach nicht mehr bemerken, daß sich auf diese Weise unser Reden von Gott in die Ideologie eines Götzen verwandelt.

Es gibt so viele Wege, *«hinüberzugehen nach Bethlehem»* und *«anzubeten»*, was man in Wirklichkeit lediglich töten möchte, um sich selbst an der Macht zu erhalten. Und keine Angst: Im Fall des Erfolges wird die gesamte Weltpresse in wenigen Wochen schon einmütig versichern, daß es anders auch wirklich nicht gegangen sei.[14] Wir verleugnen zum Beispiel gerade jetzt die vielfachen Schuldzusammenhänge, durch die wir in die Tragödie des Nahen Ostens selber verwickelt sind: unsere Unfähigkeit, beziehungsweise unsere mangelnde Bereitschaft, trotz aller möglichen längst vorliegenden UNO-Resolutionen die Palästinenserfrage durch eine Internationale Nahostkonferenz für alle Seiten befriedigend zu lösen oder eine Abrüstungskonferenz für die gesamte Region durchzusetzen; statt dessen haben wir massiv am Waffenhandel verdient, wir haben den Irak für den Stellvertreterkrieg gegen den Iran aufgerüstet, und wir haben jahrelang alles getan, um eine wirkliche Befriedung des Nahen Ostens zu verhindern. Menschen, die nichts weiter sind als heimatlose, verzweifelte Menschen, wie die 1,5 Millionen Palästinenser, galten uns jahrzehntelang als nichts anderes denn als Terroristen, statt zu sehen, daß ihnen kaum eine andere Sprache blieb, um sich Gehör zu verschaffen, als die Ersatzsprache der Gewalt.[15] Wenn wir unter diesen Umständen von «Gott» sprechen, so meinen wir damit lediglich die Rechtfertigung unserer eigenen Rechthaberei und machtbesessenen Grausamkeit. Ja, wir sind schließlich derart überzeugt davon, im Recht zu sein, daß wir selbst die Tötung vieler Tausender unschuldiger Frauen und Kinder allen Ernstes für eine moralische Pflicht erklären, um der Welt ein «Signal» zu geben und dem Bösen in der Welt eine «Lektion» zu erteilen.

Je weiter ein solches Denken und Handeln fortschreitet, desto weiter polarisieren sich die Schwarz-Weiß-Zeichnungen unter den Menschen, und es werden die vermeintlich Guten und Siegreichen immer besser und unanfechtbarer und die vermeintlich Bösen und Unterlegenen immer schlechter und schuldiger dastehen. Niemals wird auf diese Weise der Kampf zwischen Kain und Abel ein Ende finden[16], und statt irgendein Problem auf dieser Welt wirklich zu lösen, vertiefen wir auf diesem Wege nur von Stufe zu Stufe immer wieder die alten Fehler. Doch gerade dieses Mauerwerk aus Gewalt und Lüge gilt uns am Ende wie selbstverständlich für eine Realität, die wir nicht überschreiten können; und wer irgend es wagen sollte, einen solchen Begriff einer traumlosen Wirklichkeit im Namen Gottes für unmaßgeblich zu erklären, den wird man für einen ebenso unverbesserlichen wie gefährlichen und verantwortungslosen Phantasten halten.

Dabei wäre die Botschaft der Weihnacht im Sinne des Matthäusevangeliums eigentlich nicht schwer zu verstehen. Es käme lediglich darauf an, den Bildern der eigenen Träume so konsequent zu folgen, wie es die «Magier» tun. Gewarnt durch die Botschaft eines Engels ahnen sie die Gefahr, die von «Herodes» ausgeht, und sie «entweichen» vor ihm zurück in ihre Heimat. Wenn es nur Menschen gäbe, die den Evidenzen der Menschlichkeit blindlings wie die Magier folgen würden – es wäre vieles nicht möglich, was wir heute immer noch für ganz normal und richtig halten. Und doch gilt es, das göttliche Leben in uns zu retten und buchstäblich zu fliehen vor «König Herodes». Besser, wir verbringen lange Jahre wie im Exil, wie Fremde inmitten einer fast unverständlichen Welt, als daß wir um den Preis des Unlebens dort unser «zu Hause» behalten wollten, wo es längst kein «zu Hause» mehr gibt. Offenbar beginnt überhaupt nur um den Preis einer solchen inneren Emigration, um den Preis einer solchen Flucht vor der bürgerlichen Selbstgewißheit in uns etwas Wahres zu wachsen, wenn auch mit noch so gebrochener Zunge. Und doch: lieber die Fremdheit im Lande «Ägypten» als die Wohlvertrautheit all der leergeredeten und ausgedienten Formeln und Floskeln der offiziellen Religion, die immer nur den Herrschenden das Recht gibt und die in Wahrheit alles zerstört, was von Gott her in uns leben möchte.

Das einzige, was uns hindert, den Botschaften unseres Herzens zu folgen, ist freilich wohl nur an der Oberfläche der Sog des Geldes oder der Macht; tiefer in uns liegt das Gefühl *der Angst*, das sofort ausbricht, wenn man uns die beruhigenden Surrogate von Besitz und Einfluß entzieht. Selten nur haben wir den Mut zu uns selber, und irgendwo tragen wir alle etwas von der Gestalt des Königs Herodes in uns. Wir fürchten, die Kontrolle über uns zu verlieren und uns selber zu entgleiten, wenn wir der Faszination des Glücks einfach Folge leisten wollten. Riecht das nicht immer wieder nach Mangel an Durchsetzungswillen oder nach Verrat an der bürgerlichen Tüchtigkeit oder nach einem Verfall von Sitte und Charakter, wenn wir nur einfach Menschen sein möchten? Was überhaupt ist wirklich klar von Gott in uns und was nicht einfach nur eine Versuchung? Was ist nicht bloße Schwärmerei, und was soll wirklich gelten? Mit all diesen Fragen der Angst stehen wir uns immer wieder selber im Wege.

Manchmal können wir von den Tieren lernen, wie wir leben sollten. In der Antarktis brüten in diesen Tagen die Pinguine in den Falten ihres Körpers ihre Jungen aus. Mehr als 50 Prozent des Geleges kommt dabei um, doch immer noch hinlänglich viele Jungvögel werden schlüpfen. Die Alten werden alles tun, um sie großzuziehen, und die Jungtiere müssen sehr schnell wachsen. In weniger als einem Monat müssen sie selbst sich versorgen können, und wenn dieser Zeitpunkt kommt, hören an einem bestimmten Tag die Altvögel auf, ihre Jungen zu ernähren. Die Tiere haben Hunger, doch ein innerer Instinkt sagt ihnen, daß sie ihre Nahrung nur finden können, wenn sie sich hinausgetrauen auf die Weite des Meeres. Die Brandung ist dabei gefährlich stark, Kanten von Eis versperren den Weg, viele der jungen Pinguine, die sich in das Waser werfen, bezahlen ihren Mut mit ihrem Leben, und doch wissen die Tiere, daß sie das Leben nur finden können, indem sie sich auf dem Weg gegen die Angst hineingetrauen ins Wasser. Immer wieder, wenn die Wellen an den Strand rollen, sieht man eine große Zahl der jungen Vögel zunächst zurückfliehen aufs Festland, hilflos rufen sie nach ihren Elterntieren, doch die sind weit weg, und der Weg führt nur nach vorn. Am Ende bleibt den Vögeln nichts anderes übrig, als das Meer zu bestehen, das sie noch nie kannten; und diese Tiere, denen man nie gezeigt hat, was Schwimmen ist, breiten ihre stummelartigen Flügel aus und vertrauen sich dem Wasser an; tausend Meilen weit schwimmen sie ihrem endgültigen Aufenthaltsort entgegen, um dort ihr eigenes Leben zu lernen.[17]

Wenn die Pinguine denken könnten, läge ihr «Weihnachten» tausend Meilen weit entfernt von ihrem Geburtsort. Sie hätten es nie gesehen, und der Weg dahin käme ihnen, voller Angst vor den drohenden Gefahren, fast unzumutbar schwer vor; doch Gott spricht zu ihnen in der Stimme ihres Hungers, in der Triebkraft ihrer Sehnsucht, in dem Drang ihres Lebens, und er sagt ihnen: «Wagt euch ins Meer! Laßt das Land, wo ihr nicht leben könnt, hinter euch! Vertraut euch selbst und der stärksten Stimme, die euch leitet! Ihr werdet ankommen!» – Die ganze Kunst der Weihnacht besteht für uns Menschen darin, daß wir aufhören, im Dunstkreis der Angst uns weit instinktloser zu verhalten als die Pinguine, und daß wir es lernen, mit unserem Denken und Fühlen dem Ruf der Bilder zu folgen, die Gott in uns angelegt hat. Die Legenden sind wahr, und die Botschaft unseres Herzens ist richtig, und es könnte all das, worauf wir vertrauen, auch in der äußeren Wirklichkeit leben, wenn wir nur wagen würden, die Wahrheit wirklich zu tun, die wir gleich einem Stern über uns sehen.

Mt 3,1–12
Johannes der Täufer

Hinterher wissen wir's alle. Wenn der Sturm der Geschichte sich gelegt hat, ducken sich die Gräser im Schatten der stehengebliebenen Bäume und anerkennen sie als ihre gültigen Herren. Wie aber ist es zeitgleich, mitten im Sturm?

Träte Johannes der Täufer[1] in unseren Tagen auf, würde seine Stimme einen Orkan von Worten entfachen, die uns schwer in die Ohren und mühsam über die Lippen wollten. Schon der Ort der *Wüste*[2], den er sich für sein Wirken wählt, ist eine einzige symbolische Verneinung. Da hat man nach der Rückkehr aus dem Exil geglaubt, man könnte Israel wieder auferbauen, indem man sich klammerte an die geschriebenen Gesetzesworte und sie so getreu auslegen ließe, wie es rabbinischer Sachverstand nur irgend fertigbekommt, und man könnte das Leben vor Gott und zwischen den Menschen ordnen unter der Weisheit der Priester[3]; man hat die letzten Habseligkeiten für die Errichtung des Tempels ausgegeben, man hat sich eingeordnet in Kult und Opfer, und wirklich schien es eine Zeitlang, wie wenn der Segen Gottes auf seinem Volke ruhen wollte. Aber genau diesen Glauben will nicht und teilt nicht Johannes der Täufer. Ihm dauert die Ruhe längst schon über 300 Jahre zu lange; ihm ist es fast egal, daß von außen her das Volk der Erwählung umgetrieben wird von dem Treibstecken aller möglichen Besatzer, Eroberer und Zwingherren.[4] Was ihn quält bis zum Aufschrei, ist die Behäbigkeit einer Religion, von der kein neuer Funke mehr ausgeht, kein wirklicher Gedanke. Ein Volk, berufen, der gesamten Welt ein Leuchtzeichen im Dunkeln zu sein, und da: Es verwaltet voller Angst nichts weiter als seine eigene Tradition, es kuscht voller Verzagtheit zusammen, es duckt sich und ist froh, wenn es nur überlebt – das ist nicht die Religion, die ein Mann wie Johannes der Täufer sich vorstellt. Tatsächlich wagt in Israel in seinen Tagen niemand mehr, einen eigenen Gedanken, ein eigenes Wort zu äußern, alles ist von den Theologen zu Ende erklärt, vorwegkommentiert, gesetzlich reguliert, ehe es aus eigenem Erleben sich zurückmelden kann, und genau diesen Zustand will nicht Johannes der Täufer.[5]

Religionsgeschichtlich kann man sagen, er gehöre einer fast schon fanatischen Gruppe am äußersten rechten Rand Israels an[6], doch eine solche Einordnung erklärt nicht sein Geheimnis. Die Stärke seiner Person liegt auch nicht allein in dem Widerspruch seines ganzen Auftretens gegenüber dem Kulturland, sie ist nicht schon gegenwärtig in der Wüsteneinsamkeit und stacheligen Dorngestalt seiner ganzen Figur – nicht um Ledergürtel und Kamelhaargewänder im Typus des dramatisch zurückgekehrten Propheten Elija geht es primär[7]; wohl aber geht es Johannes als erstes um die Absage an die gesamte offizielle Religion. Was da geschieht in Jerusalem, was da ausgeht von der heiligen Stadt und herüberkommt von den Autoritäten, die sich, wie üblich, berufen auf Tempel, Thron und Altar, all das erstickt in den Augen des Johannes die Menschen, all das hindert sie am Leben, all das läßt sie nicht wirklich zu Gott kommen. *Das* offensichtlich ist der Punkt, weswegen er zurück will zur *Wüste* des *Moses* und zur Botschaft des *Elija*, zur alten Prophetie: Man soll endlich aufhören, sich mit faulen Ausreden zu beruhigen, indem man das Leben auf schizophrene Weise zweiteilt: *Hier* hat man sein bürgerliches Dasein, und *da* hat man seine verwaltete Religion. Eine solche Aufspaltung hat mit Gott nichts zu tun, sie hat mit Freiheit nichts zu tun, sie hat mit Aufbruch nichts zu tun. Ein solcher bürgerlicher Kompromiß verleugnet den Gott Israels, das ist die Meinung dieses Mannes.[8] Also gilt es zurückzukehren in die Tage, in denen noch nichts feststand zwischen Gott und Mensch und alles noch sich bewegte, wo der Exodus noch die gelebte Wirklichkeit eines ganzen Volkes war. Niemand damals wußte, was morgen kommen oder sein würde. Wenn jemand aus den Völkern damals die Menschen unter der Führung des *Moses* fragte: Woran glaubt ihr? so hatten sie keine Priestertheologie und keine Rabbinerüberlieferung zur Verfügung, um sich vor sich selbst und vor Gott zu schützen. Auf die immer wieder gestellte Frage: «Wie heißt denn euer Gott?» konnten sie nur sagen: «Er sagt's uns nicht; er hat uns erklärt: Mein einziger Name lautet: Ich werde dasein, als der ich dasein werde» (Ex 3,14)[9]; mit anderen Worten: «Verlaßt euch auf mich als auf ein Geheimnis, das ihr nicht kennen könnt; dieses unsichtbare Geheimnis wird euch trösten, wenn ihr es braucht; es wird euch quälen, wenn ihr euch darüber ausruhen wollt; es wird euch nach vorne zwingen, wenn ihr zurückschauen möchtet; es wird immer anders sein, als ihr es wünscht, wenn ihr nichts weiter haben möchtet als euere Ruhe. Aber dieses euer Voranschreiten durch die Wüste bin Ich, dieses Leuchten der Feuersäule bei Nacht, dieses flammende Rauchzeichen am Tage, diese ständigen Markierungspunkte am Horizont, die euch weiter und weiter nach vorn führen auf einem nicht endenden Weg einer Verheißung, auf dem Weg eines Traums und Versprechens, irgendwo hinter den Bergen jenseits der Wüste wohnte euer wirkliches Zuhause – dieses Gehen und Suchen und vorübergehende Finden – das bin Ich, euer Gott.»

So mochte Johannes der Täufer den Gott des Moses und Elija zurücktragen zu den Menschen: mit glühendem Herzen.

Mit der Religion ist es wie mit der Liebe – sie ist zeitlos und quer durch alle Historie, und man kann sie nur verstehen in der unmittelbaren Ergriffenheit der Gegenwart. So schrieb HEINRICH HEINE im «*Buch der Lieder*» von der Liebe einmal: «Es ist eine alte Geschichte,/doch bleibt sie immer neu,/und wem sie just passieret,/dem bricht das Herz entzwei.»[10] Solche Menschen mit einem glühenden oder zerbrochenen Herzen sind die Menschen, die wir «*Propheten*» nennen. Man kann sich ihnen nicht entziehen. Wie würden *wir* antworten, wenn Johannes der Täufer heute zu uns käme? Gewiß, er würde uns erschrecken, denn er raubte uns jede Sicherheit, und wir würden schon deshalb vermutlich dieselben faulen Erklärungen wieder auflegen, die seine Zeitgenossen damals schon bereithatten: So kann es nicht sein, dachten sie, ein wirklicher Neuanfang in Sachen Religion, das ist unmöglich! Gott offenbart sich nicht dem Abraham, dem Moses und all den Propheten später, er richtet keinen Tempel, keinen Kult, keinen Priesterdienst ein, ohne daß es dann dabei bleibt! Gott ist treu! Was er damals gesagt hat, das gilt auch heute, das gilt auf ewig. Da kommen keine Neuerungen zustande, wie dieser Johannes uns weismachen will, als ob alles Überkommene plötzlich nicht mehr gelten würde. Das kann nicht sein, dagegen steht der gesunde Menschenverstand, der gesamte theologische Sachverstand, das geballte nationale Überlebensinteresse, dagegen steht alles, was uns heilig, lieb, gut und wert ist.

Aber vielleicht ist es zumindest bei einzelnen Menschen auch umgekehrt. Immer wieder gibt es Menschen, die das alles nicht mehr aushalten, was den anderen, den Ordentlichen, den Gesunden, den Richtigen lieb und gut und empfehlenswert ist, sie leiden daran und fühlen sich darunter wie erstickt. Diese Leute, ganz sicher, werden kommen aus «Jerusalem» und «Judäa»; sie werden den Mut zu einer schon kaum noch für möglich gehaltenen Hoffnung gewinnen und denken: Vielleicht gibt es das doch – ein Leben noch einmal von vorn! – An dieser Stelle ist das Bild der kirchlichen Liturgie vom «*Advent*» nicht so falsch; wir müssen uns nur hüten, diesen «Advent» alle Jahre wieder zu einer rituellen Gewißheit zu verfeierlichen, die niemanden stört und niemandem nützt, so als wäre, was wir dieses Mal verpassen, beim nächsten Mal gewiß immer noch zu erhaschen. Ein solcher ritualisierter Advent gilt nie jetzt, nie unbedingt; er gleitet immer wieder ab, er entwischt zwischen den Fingern, und am Ende ist er wie nicht gewesen. – Gott sei Dank gibt es Menschen, die halten es nicht aus, zu lange zu warten. Sie verstehen den Mann am Jordan. Sie begreifen, warum Johannes der Täufer *Entscheidungen* erzwingen möchte, und zwar unbedingt heute, auch wenn die einzige Resonanz, die er bekommt, sich auf diese Menschen beschränkt, die sich wie gequält, wie ausgesetzt, wie am Rande des Lebens fühlen. Sie freilich haben ein Leben lang darauf gewartet, daß jemand sagt: Fangt von vorn an; wagt euch noch einmal und lebt, wie wenn ihr neu zur Welt gekommen wäret, beginnt noch einmal von vorn und lebt wirklich.

Die Botschaft des Johannes ist in der Tat wie ein adventlicher Traum voller Hoffnung und Gefahr. Wir müssen nur einmal anfangen mit dem Nachsinnen über unser ungelebtes Leben, über dieses so oft erstickte, mitunter sogar im Namen von lauter guten Absichten und Vorsätzen abgelebte Leben! Wie viele Auskünfte und Redensarten im Namen Gottes womöglich, wie viele zuversichtlich scheinende Erkenntnisse der Gesellschaft ringsum wurden uns seit Kindertagen mit auf den Lebensweg gegeben! Wer aber hat den anderen schon mal gefragt, was er hätte sein können und was er im tiefsten sein möchte, wie vieles in ihm verschüttet wurde und was alles nie zum Vorschein kommen durfte? Manchmal meldet es sich nachts, klopft an die Fenster, macht Angst wie ein Spuk und ist doch in Wahrheit unser Verbündeter. So viele Wahrheiten liegen und lauern in uns, sie knurren uns an wie bösartige, zur Unzeit geweckte Tiere, fletschen die Zähne, schlummern wieder ein, aber warten doch immer darauf, freigelassen zu werden. Und nähmen wir sie und fügten sie ein in unser Leben, so würden sie vermutlich zahm und fröhlich und bereiteten uns und den anderen Menschen viel an Freude, Vitalität und Zukunft. Wieviel Verschwistertes lebt in uns, das kennenzulernen wir nie gewagt haben! An all diesen Zonen des allzufrüh vom Leben Abgesonderten hängen unsichtbare Verbotsschilder, auf denen steht: Es geht nicht an, so zu leben; es ist unvernünftig, sich darauf einzulassen; so kommt man nicht vorwärts auf der Bahn des Erfolges; so dumm und kindisch sollte man nicht sein, sich derart zu blamieren. – Ein Leben lang haben wir es so gehört. Jetzt aber geht es buchstäblich darum, all das Kindliche, das Unterdrückte anzuschauen, es aufzunehmen und zum Leben zuzulassen. Ein solcher Neuanfang ist keine Illusion, wenn wir nur den Mut dazu haben.

Dabei schreckt Johannes nicht davor zurück, den fehlenden Mut der Angst mit noch größerer Angst zu beantworten. Wer das richtige Leben vor Gott nicht jetzt ergreift, dem entgeht die buchstäblich letzte Chance, meint er. Die spätere Erklärung der Bibel wird diesen Entscheidungsdruck noch verstärken und sagen, Johannes der Täufer sei nur ein Vorläufer dessen gewesen, der nach ihm kam: des Jesus von Nazareth, und er selber habe hingewiesen auf ihn wie auf jemanden, der mit heiligem Geist die Menschen taufen werde.[11] *Heiliger*

Geist! Wenn das wäre, so gäbe es in uns eine Stimme, die redete wahr, und wir brauchten sie nur zu hören – es meldete sich in uns selber etwas aus eigenem Leben zu Wort und trüge uns bis hinauf zu den Sternen, und wir könnten wirklich *sein* mit unserem oft so kleinen, gefürchteten, gedemütigten Leben! Wir wären so groß vor dem Horizont! Ganz zu Recht meint Johannes, daß wir dabei nicht warten sollten auf eine ferne Zukunft, auf ein späteres Leben; alles, was vor Gott gilt, gibt es jetzt, so unabgesichert auch immer, so wenig klar in den erscheinenden Konturen vielleicht noch; immer ist es möglich, die Unbedingtheit der Wahrheit aufzugreifen, die wir vor uns sehen, und die Entscheidung nicht zu verzögern. Mit glühender Ungeduld sollten wir das bißchen Wahrheit in unserem Leben zusammenkehren und mit aller Macht in die Asche blasen, bis daß es zum Feuer wird. – Freilich, es gibt Systemtheoretiker, die mit guten Gründen darlegen, daß man ein Gesellschaftssystem, ein lebendiges, organisches Gebilde überhaupt niemals total ändern könne, allenfalls nur in den winzigsten Formen, gewissermaßen nur an den nebensächlichen Rändern; die Grundstruktur, die Hauptformation aber müsse stets unangetastet bleiben.[12] In der Tat: Wer etwas im ganzen ändern will, den wird man behandeln, wie der menschliche Körper eingedrungene Schad- und Fremdstoffe abstößt – das gesamte Immunsystem richtet sich dagegen und sucht, das Fremde totzumachen. Johannes der Täufer wird nur wenige Monate noch leben, und auch Jesus von Nazareth, kaum daß er auftritt, wird nur wenige Jahre existieren unter den Menschen. Und doch muß der Wille, das Vertrauen dieser beiden Großen, es gebe einen wirklichen Anfang, als der Beginn unseres Lebens gelten. Auf wie vieles haben wir schon gehofft und denken bis heute noch immer, es könne nicht kommen, es lasse sich nicht realisieren!

Soziale *Gerechtigkeit* zwischen Norden und Süden zum Beispiel – sie scheint nach wie vor unerreichbar, obwohl wir sogar ganz deutlich wissen, daß wir sie dringend brauchen und daß der Kampf um die Ressourcen nicht auch noch das kommende Jahrhundert bestimmen kann.

Oder: *Beseitigung von Krieg, Militär und Rüstung* – es scheint uns ebenfalls heute noch unmöglich, auch nur in der BRD die Wehrmacht aufzulösen, und doch wissen wir, daß es keine Kriege mehr geben darf –, sie lösen keine Probleme, sie schaffen nur immer wieder nichts als Unglück, Tod und Leid. Es darf Kriege moralisch nicht mehr geben, wir wissen das genau, aber wir schlittern immer noch dahinein aus Gewohnheit, aus Trägheit oder auch nur, weil der nächste Krieg ein paar tausend Kilometer weit weg ist und er uns schon nicht treffen wird; *wir*, denken wir, werden schon obenauf schwimmen wie Öl auf dem Wasser bei den Kriegen, die wir um das Öl führen.

Oder: Noch vor einem Jahrthundert haben wir geglaubt, daß eine *Gleichstellung zwischen Farbigen und Weißen* ein Ding der Unmöglichkeit sei; wir wissen heute, daß es entweder *eine* Menschheit gibt oder keine Menschheit.

Oder *Gleichberechtigung zwischen Mann und Frau* – in weiten Teilen der Welt scheint ein solches Ziel noch unglaublich weit entfernt zu sein, und dennoch ist es schon heute ein Gebot der Stunde, nicht zuletzt in unserer eigenen Kirche.

Oder: Güte und *Mitleid mit der Kreatur*, die uns umgibt! Man denke sich eine Menschheit, die damit aufhören würde, Tiere zu töten, nur um sie zu essen! Solange Menschen Tiere essen, meinte LEO TOLSTOI, werden sie auch Kriege führen. Es gibt so viele Aufgaben und Ziele eines «neu begonnenen», eines «neu geborenen», eines «aus Geist getauften Lebens», es gibt so viele «Früchte der Umkehr» zu bringen, und es duldet keinen Aufschub. Die edelsten Hoffnungen lohnen; sie dürfen nicht einfach auf den Abfall der Enttäuschungen geworfen werden. Wir müssen sie verteidigen, unsere Träume, wir müssen sie retten, unsere Hoffnungen, und wir sollten eine heilige *johanneische Ungeduld* lernen, wir sollten uns nicht ständig von seiten der sogenannten «Realisten» dreinreden lassen, die uns erklären, was alles angeblich nicht geht, nur weil sie es noch niemals wirklich probiert haben. Wenn wir uns aufmachen und selber gehen, geht sehr vieles auf dieser Erde, und zwar heute schon.

Noch einmal Mt 3,1–12

Der Prophet oder: Epilog auf Johannes und Prolog zu Jesus

Was ist ein Prophet? Wie ist die Art seines Auftretens? Und: Was hat er uns zu sagen? Es entspricht der missionarischen Weite des Matthäusevangeliums, wenn wir die entscheidenden Fragen der Bibel, ja, sogar des christlichen Selbstverständnisses immer wieder zu messen versuchen an der großen Herausforderung der prophetischen Religion des Islam.[1] Denn recht hat vermutlich der Prophet MOHAMMED, wenn er im Koran, in diesem letzten großen Buch der Religionsformen bisheriger Menschheitsgeschichte, die Bilanz zieht über das Wesen der Sendboten Gottes und meint, zu jeder Zeit, in allen Sprachen der Menschheit, sende Gott seine Propheten, um das gültige, bindende Wort an die Menschen zu richten; doch zeitlos sei das Schicksal, das all diese erlitten, von Abraham anfangend über Moses, Johannes den Täufer, Jesus von Nazareth bis zu ihm, Mohammed selber: Ablehnung, Zweifel, Spott und Verleumdung.[2] Warum ist das so?

Das Ereignis, aus dem ein Prophet lebt, geschieht nicht selten wie das flammende Zucken eines Blitzes. Plötzlich und unverhofft, inmitten freilich eines oft lange brütenden Schweigens, entlädt sich ein Ungeheures an Energie und gestaltet auf Leben und Tod das Dasein dieser Menschen neu und zwingt sie in eine Pflicht hinein, die fortan auch anderen aufzuerlegen sie nicht müde werden. Wenn sie später zu beschreiben versuchen, was sie bei ihrer Berufung erfahren haben, so klingt es den Mitmenschen nicht selten wie lachhaft. Den offenen Sternenhimmel über sich sah Abraham (Gen 15,5–6), einen Dornbusch, der brennt, ohne sich zu verzehren, sah Moses (Ex 3,2), Jesus erblickte vor einem geöffneten Himmel, wie das Bild einer Taube sich zu ihm herabsenkte (Mk 1,10), Mohammed erfuhr in der «Nacht der Bestimmung» auf dem Berg Hira, wie der Engel Gabriel als die Verkörperung des Geistes Gottes zu ihm kam und ihn in die Geheimnisse der Welt einführte.[3] Schon daß ein einziger Augenblick ein ganzes Menschenleben entscheiden soll, berührt den bürgerlichen Verstand recht eigentümlich: Er liebt es nicht; es stört und verunsichert ihn, sich derart überwältigt und in Frage gestellt zu sehen. Vollends aber die Zeugnisse selbst, die jene «Gottesboten» von ihren Widerfahrnissen ablegen, muten bizarr und wie nicht ganz gesund an; zudem: sie lassen sich nicht beweisen, und wenn diese im Grunde doch wohl selbsternannten Ruhestörer, die sich Propheten nennen, nun sich auch noch darauf versteifen, daß ihre sonderlichen Visionen und Gehörswahrnehmungen göttliche Stimmen und Erscheinungen zur Grundlage hätten, beginnt man sie ein wenig für verrückt zu halten[4], denn in der Tat, die Logik des Alltags ist nicht die ihre, die Richtschnur der «normalen» Vernunft nimmt sie nicht gefangen, und alles, was sie sagen, dringt nach draußen wie der Aufruf zum Exodus in ein der Menge noch schier unbekanntes Land.

Denn das ist es, was sich mit ihrer Person immer wieder als erstes inhaltlich festmacht: die Botschaft des Aufbruchs. Ob in Ur in Chaldäa in der Person Abrahams oder beim Auszug aus Ägypten in der Person des Moses oder im Ruf aus der Wüste in der Gestalt Johannes des Täufers – immer wieder sind diese Männer bestrebt, ein Volk bei der Hand zu nehmen und wegzuführen aus dem Herkömmlichen und Konventionellen. Aber «bei der Hand nehmen», das ist fast schon zu milde und sanft gesprochen. Eher muß man sich diese Leute vorstellen wie im vergangenen Jahrhundert die Wolgaschlepper: Das Schiff der Gemeinde liegt breitbäuchig im Strom und folgt dem Fluß des Wassers nur allzugern; nicht den Zentimeter kommt solch ein Schleppkahn aus eigener Kraft gegen die Strömung an, diese Männer aber spannen die Seile in ihren Händen, ziehen mit aller Kraft, Meter um Meter gegen das reißende Wasser ankämpfend, und es wird bald ihre Sorge sein, daß die Stricke nicht reißen, weil sie zu geschwind dem Schleppkahn vorangehen. Immer wieder wird man ihnen vorwerfen, daß die Halterungen so weh tun, daß es ein solches Ungemach kostet, ihnen zu folgen, daß sie das Tempo der Bewegung übertreiben. Die Einwände gegen die Zumutung der Botschaft eines Propheten, so notiert Mohammed im 7. Jahrhundert aus der Erfahrung von fast 2000 Jahren, sind quer durch die Zeiten immer die gleichen. Sie mögen sprechen, wie sie wollen, es gibt immer Gründe wider sie.

Sie treten heraus aus dem feierlichen Sprechen im Amt und treten einfach mit ihrer eigenen Person vor die Menschen hin – das will besagen, sie machen sich persönlich wichtig, sie sind eitle Gecken und Fatzken, sie haben nichts weiter im Sinn als nur sich selbst. Und in der Tat: Käme jemand daher als gesetzter Priester, als eingesetzter Theologe, hängte er sich ein feierliches Kleid um, ein Meßgewand zum Beispiel, dann ohne Zweifel würde man ihm schweigend, gelangweilt, doch mit feierlicher Miene getreu und pflichtgemäß zuhören. Doch wenn jemand auftritt wie Johannes der Täufer: mit härenem Gewand, einen Gürtel umgebunden, Sandalen an den Füßen – das macht von vornherein einen eher negativen Eindruck, das ist zu struppig und zu wild, das will ja mit nichts anderem auskommen als mit sich selber! Man muß schon sagen: Diese Leute, die Propheten, diese Gottesnarren, sind einfach maßlos in ihrem Subjektivismus, und sie verwechseln offenbar ihr eigenes Ich mit dem absoluten Ich Gottes. Sie sind aufgeblasene Wichtigtuer und religiöse Possenreißer, nichts weiter. Freilich, in *ihrer* Sicht kehrt sich alles um. Sie werden nicht anstehen, die Leute in den feierlichen Gewändern ihrerseits herbeizuzitieren und ihnen vorzuwerfen, daß sie überhaupt nicht wirklich existieren. «*Ihr* treibt ein Possenstück mit eurer eigenen Existenz», werden sie sagen; «*ihr* macht euch wichtig mit gar nichts. Statt selber zu leben, behängt ihr euch mit Titeln und Orden. Ihr seid verfeierlichte Nullen, ihr seid getünchte Gräber...» (Mt 23,27). Und kaum daß sie so sprechen, geht der Kampf los zwischen Wüste und Stadt[5], zwischen dem Glutofen aus dem Mund Gottes und dem Säuseln aus dem Schmachten der feierlichen, vorwegerklärten, vorweggewußten Religiosität.

Im Munde der Propheten polarisiert sich, je länger sie auftreten, das Reden von Gott zwischen Erfahrung und Lehre, zwischen Neuschöpfung und Bewahrung, zwischen dem Drang nach vorn und dem Zwang des Vergangenen. Immer gibt es Leute, die aus dem Bestand der Vorfahren zusammenkehren, was Gott ist. Wie die Väter gelehrt haben, so sind die Jungen zu erziehen, und eines geht auf und unter im anderen, stets geordnet nach Gleichmaß, Konvention und Sitte. *Zeitlos* indessen sind die Propheten in gewissem Sinne auch; man wird ihnen immer wieder vorwerfen, daß sie eigentlich überhaupt nichts Neues zu sagen hätten, und das stimmt sogar[6]; denn alles, was sie zu ihrer Zeit sprechen, stammt zu einem Gutteil aus den Bildern, Redefiguren und Argumentationsmustern vergangener Zeiten, nur daß sie es in ihrem Munde umschmelzen; in ihrer Rede formt sich alles nochmal neu, es hört auf, bloße Literatur zu sein[7], es wird in dem Glutofen ihrer eigenen Existenz als geschriebenes Wort vernichtet und umgeschmolzen in die Rede einer lebendigen, herausfordernden Begegnung. Alles, was war, sieht sich anders an, hört sich anders an, greift sich anders, wenn sie es verkörpern, aussprechen, darstellen, denn es selber greift an. Es läßt nicht zur Ruhe kommen.

Der Unterschied ist deutlich. Solange man Gott historisch zu kennen meint, «hat» man ihn als das Beruhigende. Es ist, mit TUCHOLSKY gesprochen, so ähnlich, wie wenn ein Vortrag aus dem Munde eines gelehrten Chinesen anhöbe mit den Worten: «Ehe ich meine Ausführungen eröffne, verehrtes Publikum, lassen Sie mich beginnen mit der Geschichte meines Volkes in der Zeit um 2000 vor Christus«[8] – da mag man sich gemütlich hinsetzen, weil man von vornherein weiß: Zum Eigentlichen kommt das nie. Man lernt bei solchen Ausführungen im besten Falle rein intellektuell eine ganze Menge, aber man erfährt nichts über sich. Die Propheten hingegen sofort, auf der Stelle, durchkreuzen die Geschichte, sie packen die Menschen und versetzen sie mit drängendem Anspruch in die Gegenwart. Jetzt oder nie, das ist ihr Tempo. Immer geht es ihnen um das Endgültige, um das Entscheidende.

Und schon liegt ein neuer Vorwurf gegen sie bereit: «Sie halten sich selbst für unfehlbar, sie lassen keine Einwände zu, sie stellen sich hin, wie wenn sie die verkörperte Wahrheit wären. Sie sind von einer schrecklichen Arroganz und unverschämten Selbstsicherheit. Sie sind ärgerlich, impertinent und einfach degoutant.» So kann man das sehen, doch so mißversteht man es. Ein Prophet wie Abraham, Moses, Johannes der Täufer oder Mohammed wird gerade niemals von sich behaupten, er sei von Amts wegen, etwa nach der Art des römischen Papstes, unfehlbar; einfach deswegen, weil er ein Amt habe, irre er nie. Die Propheten sind ganz im Gegenteil extrem ausgesetzte, leidende Menschen; doch was sie eben deswegen verlangen, ist in ihren Augen unaufschiebbar, man muß sich entscheiden, so oder so. Die existentielle Dichte, der *Zwang* förmlich zur Stellungnahme, das ist es, was man ihnen nur allzugern unterschiebt als Anspruch des Rechthabens. Dabei möchten sie nur, daß das menschliche Leben endlich ins Lot kommt und auf die rechte Bahn gesetzt wird, und das ist ersichtlich etwas völlig anderes als persönliche Geziertheit und Gespreiztheit. Nicht um einen akademischen Anspruch, nicht um eine Wahrheitsgarantie geht es den Propheten, sondern um die Wahrhaftigkeit des Lebens.

Also, daß man ihnen gleich wieder vorhalten wird, alles, was sie redeten, sei ungebildet und ungelehrt, unwissenschaftlich, nicht nachprüfbar.[9] Und auch das stimmt in gewissem Sinne. Abraham konnte nicht lesen und nicht schreiben. Von Johannes dem Täufer weiß man nicht sicher, ob und wo er je etwas von Theologie gelernt hat, Mohammed, ganz gewiß, verstand die arabische Schrift in keinem Buchstaben; und Jesus von Nazareth war das Schreiben so egal, daß er uns nicht eine einzige Zeile schriftlich hinterlassen hat – mit Wissenschaft hatten all diese ersichtlich nicht viel im Sinn. Ungebildet deshalb nannte man sie, und man wehrte sich gegen sie mit der Kraft der eigenen Gelehrsamkeit. Die erste Antwort auf die Rede eines Propheten wird im Munde eines kirchlichen Theologen stets lauten: «Ich unterscheide.» Aber gibt es nicht etwas, das mehr ist als unterscheidbares Wissen? Gilt es nicht irgendwann, Weisheit zu lernen und Einsicht zu gewinnen? Und ist nicht Wahrhaftigkeit der Existenz viel mehr wert als die Wahrheit im Bereden des Äußeren?

Man wird diese Propheten nicht los, man mag sich vor ihnen schützen wie man will. Vor allem nämlich zwingen sie in *die Rede jetzt*, zu dem unausweichlichen Dialog zwischen Ich und Du in flammenden Bildern und Gleichnissen. Freilich, da wird man wieder sagen: Sie reden dem Volk nach den Ohren und nach dem Mund, sie sprechen ja nur die Ängste und Hoffnungen der Menschen aus, sie sind einfache Trendsetter, Wellenreiter und Rattenfänger. Auch diese Einwände kann man verstehen. Denn freilich, käme so ein akademisch gebildeter Rabbi daher, liefe niemand freiwillig ihm nach, man würde ihn weder hassen noch lieben, weder segnen noch verfluchen, er ginge für das Erleben der Menschen einfach spurlos vorüber und hinterließe nichts außer den Preßabdrücken der verpflichteten Angst, die er selber verkörpert. Propheten hingegen setzen frei, und schon deshalb sind sie der Menge unheimlich. Die Art, wie sie auftreten, ist zugleich schon der Inhalt, von dem sie reden[10]; denn einzig dies zu allen Jahrhunderten und Jahrtausenden ist ihre Botschaft: Man muß sich freimachen von allem, was nicht Gott ist.

Da bricht *Abraham* auf in Ur in Chaldäa und durchschneidet die Bande der Familientradition. Man wird ihm das sehr übelnehmen, sein eigener Vater Terach sogar, er aber folgt den Sternen am Himmel und seiner Vision, ein großes Volk dereinst zu werden und ein Segen über die Völker zu sein. *Moses* sieht nichts anderes vor sich als die Freiheit seines Volkes – kein Mensch soll herrschen über einen anderen Menschen, das ist seine Entdeckung und Erwekkung. *Johannes der Täufer* steht da und ruft auf, sich herauszubewegen aus der erstickenden Kultur der Städte, fernab vom Jerusalemer Tempel, und neu zu beginnen in der Einsamkeit der Wüste. *Jesus* wird geboren werden in dem Feuer des Täufers, geläutert in seinem Wasser, geöffnet in einer neuen Vision. Alles, woran wir glauben oder doch zumindest vorgeben zu glauben im Christentum, entstammt dem Flammenmeer und dem Wogenschwall des Prophetischen, oder es ereignet sich nie; entweder es wird gezeugt aus lebendigem Geist und angefacht von der Begeisterung glühender Leidenschaft, oder es vertut sich und hat nichts zu tun mit dem Mann aus Nazareth in der Dankbarkeit zu seinem eigenen Lehrer: Johannes dem Täufer. Wie man herausgefordert wird auf Leben oder Untergang, zu Umkehr und Aufbruch oder zu Verweilen, Ersticken, Erlahmen und Verwesen – *das* ist die dramatische Provokation der Botschaft dieses Mannes am Jordan. Und sie ist und bleibt die Ouvertüre auch des Christlichen.

Man muß es aber nur übertragen in unsere Zeiten, und man wird sofort all die Einwände, Widersprüche, aber auch die Ahnungen, die fast versteckten Hoffnungen wiederfinden, die bereits damals einen Kampf auf Sein oder Nichtsein entfachten. Die Botschaft Jesu oder Johannes des Täufers in unsere

Zeit hineinzusagen: «Macht euch frei von allem, was euch fesselt» – das würde all die Sicherheiten, die wir geistig und materiell um uns herum gelagert haben, mit einem Satz zersprengen. *Sie*, ohne Zweifel, sind unser Ägypten, *sie* unser Babylon. Und man braucht sie nur zu tangieren, und man wird die blanke Wut ernten, heute wie damals. Wenn da zum Beispiel auch nur jemand sagen würde: «Macht euch frei vom Geld» – nicht wahr, das ginge sofort an die Substanz. Es war aber die Botschaft aller dieser Großen der Religionsgeschichte; es sei lächerlich, meinten sie, sich zu binden an totes Metall, an bedrucktes Papier, und darin womöglich die eigene Seele zu setzen. So etwas braucht man aber nur ernsthaft am Montag, nicht am Sonntag, zu sagen, und man wird jemanden, der so redet, augenblicklich zum Phantasten stempeln. «So funktioniert das nicht», wird man sagen, «vor einem solchen muß man sich in acht nehmen; bei dem muß man aufpassen, was er den Leuten sagt und was er eigentlich will, ob eine heilige Sekte von Spinnern oder eine lebendige Gemeinschaft von Gläubigen mit dem Realitätssinn des bürgerlichen Alltags.»

Die Propheten sind immer lästig. Es ist ihr Grundgedanke, den Jesus ausspricht, wenn er unter anderem sagt, man müsse wählen zwischen Gott und dem Mammon, zwischen dem Götzendienst und dem Gott, der Leben stiftet (Mt 6,24). Es ist möglich, daß man in den akademischen Diskursen der Theologie über Gott so viel gelernt hat, daß man am Ende scheinbar alles weiß, und dennoch begegnet man Gott auf diesem Wege nie. Man hat ihn in heiligen Formen und Formeln liturgisch und dogmatisch vollkommen eingebunden, man verwaltet im Namen Gottes eine geistige Magie, eine Beschwörung von bloßen Worten, die die Angst der Menge vor dem Unheimlichen und Geheimnisvollen binden soll, das in Wirklichkeit Gott selber ist. Die Propheten indessen wollten, daß Gott uns naherückt, *er*, der fern sein kann wie die Sterne und dann doch wieder so nah wie das Brennen lodernden Feuers im Dornbusch und immer dabei offen und weit wie der Himmel im Bild einer Taube des Friedens. Wir könnten so groß sein, wenn wir nur wagten, Menschen zu sein; unterhalb dieser Größe aber tun es die Propheten nicht. Wir mögen gegen sie einwenden, was wir wollen, *diesen* Gefallen werden sie uns immer verweigern, daß sie den Preis unserer eigenen Größe durch Gefeilsche auf ein vermeintlich erträgliches Maß herabmindern.

Und so produzieren sie ein letztes Mißverständnis. Bei der Ungewißheit des Weges, zu dem sie rufen, werden wir dastehen und sagen: «Beweist uns doch eure Glaubwürdigkeit, bietet uns Zeichen vom Himmel»[11] – und die Propheten werden laut lachen und sagen: «Entweder ihr nehmt, was ihr seht, in euer Herz und werdet selber das Zeichen, das ihr sucht, oder es gibt kein anderes» (vergleiche Mt 12,38–42). Die Existenz bezeugt man nur, indem man existiert, die Liebe nur, indem man liebt, den Glauben nur, indem man glaubt, die Freiheit nur, indem man sich freimacht, und den Frieden nur, indem man ihn tut. Es gibt keine Zeichen des Glaubens vorweg, es gibt keine Mittel der Reflexion und der Argumentation, die Gott als Ergebnis hervorbringen könnten, es gibt zu Gott hin nur Wege, und man muß sie gehen. Es duldet aber keinen Aufschub; das ist das Drängende.

Vielleicht ist es zuviel gesprochen, wenn der Prophet Mohammed glaubte, jede Zeit und jede Sprache habe ihre eigenen Propheten.[12] Ehe zum Beispiel Johannes der Täufer auftrat, vergingen Jahrhunderte, und es hatte sich gelagert wie Mehltau, wie Blattläusehonig das schriftgelehrte Reden von Gott in den prophetenlosen Zeiten über die Menschen. Gleichwohl ist die Gestalt Johannes des Täufers *im Islam* nie vergessen worden. Sein abgeschlagenes Haupt verehrt man heute in der großen Moschee von Damaskus[13]; und im östlichen Minarett dieser großen Moschee hofft man, eines Morgens, wenn der Morgenstern im Aufgang der Sonne verblaßt, werde Jesus von Nazareth wiederkommen als Richter der Welt. – Die Propheten sind unser Grund, unser Maßstab, unser Anfang oder unser Ende. Nur in diesen Alternativen lassen sie sich begreifen, ergreifen. Wir aber müssen wählen. Dahin bekommen sie uns immer.

Mt 3,13–17
Die Taufe Jesu

Das Fest der Taufe Jesu wird von der Ostkirche begangen als der Tag der Erscheinung des Herrn, und das zu Recht. Denn in der Stunde der Taufe, so berichtet das Matthäusevangelium[1], hat Gott sich bekannt zu Jesus und ihn verkündet als seinen Sohn. In der Tat liegt in dieser kleinen Szene alles enthalten, was Jesus war und uns sein wollte.

Mit dem Bild der Taufe verbinden wir für gewöhnlich den Vorgang, durch den ein Kind wenige Wochen nach seiner Geburt in die Gemeinschaft der Gläubigen aufgenommen wird. Der dogmatischen Lehre nach bewirkt die Taufe den Nachlaß der Sünde, die Vergebung der Schuld, sie bedeutet somit den Beginn eines neuen Lebens, und man nennt sie daher eine geistige Wiedergeburt.[2] Doch selbst das Matthäusevangelium deutet an, daß Johannes seine Taufe nicht als «Geisttaufe» betrachtete, sondern als ein vorweggenommenes endgültiges Gericht (Mt 3,11–12).[3] Die Weise, in der wir leben, war für Johannes in sich so zerstörerisch, daß er nur denken konnte, sie verdiene von Gott her geradezu, sobald als möglich zerstört zu werden; wie in den Tagen des Noah sei Gott es sich gewissermaßen selber schuldig, all die Frevel der Menschen auszutilgen und die Erde in einer neuen Flut reinzuwaschen.[4] – Der Gedanke ist so abwegig nicht, wie er klingt.

Seitdem wir Menschen leben, kämpfen wir gegen die Natur und gegeneinander und haben gelernt, uns durchzusetzen. Dabei herausgekommen ist eine Gesellschaft mit wachsendem Wohstand und wachsender Gewalt. Es ist, wie wenn das Erbe der Evolution und die Jahrhunderttausende der Steinzeit uns nach wie vor dazu bestimmen würden, nicht anders zu existieren denn als denkende Tiere.

Auf der anderen Seite aber hat sich parallel zu der Angst und Gewalttätigkeit auch die religiöse Hoffnung der Menschen auf ein ganz anderes Leben geltend gemacht, in dem die Angst überwunden werden könnte durch die Liebe und die Gewalt durch Gemeinsamkeit. Sollte es nicht möglich sein, noch einmal ganz von vorn zu beginnen, erneuert und vermenschlicht, ohne die gräßliche Mechanik von ständiger Angst und Angstverbreitung, in der unablässigen Dialektik verinnerlichter, nach außen abgegebener und wieder rückverinnerter Gewalt, in dem scheinbar unentrinnbaren Gesetz von Besitz und Aneignung und also auch von Ausbeutung und Zerstörung?

Als Jesus an den Jordan kam, muß er Johannes in seinen Grundgedanken völlig recht gegeben haben, sonst wäre er nicht selber in dieses Zeichen der Taufe eingetreten.[5] Und dennoch muß Jesus in gewissem Sinn den Ansatz des Täufers noch radikaler gedacht haben als dieser selber, wirklich bis zu dem Punkt, daß alle «Gerechtigkeit» Gottes ihre «Erfüllung» fände (Mt 3,13–16).[6] Ist es nicht im Grunde noch ein Stück zu kurz gedacht, wenn Johannes zu glauben scheint, die Menschen könnten gut sein, einfach wenn man sie dazu aufruft und wenn sie beschließen, ein anderes Leben zu führen? Geht es nicht im Grunde zu wie seit den Tagen Adams und Evas nach dem Sündenfall? Zwischen uns und Gott, ja, sogar quer durch uns selber und untereinander besteht ein Bruch, der aus eigener Kraft nicht zu schließen ist. Selbst Gott, als er nach dem Bericht der Bibel am Schöpfungsmorgen in den Garten seines Paradieses kam, fand die Menschen in einem Zustand vor, in dem sie aus lauter Angst im Gesträuch des «Gartens» der Welt sich verkrochen hatten (Gen 3,8).[7] Entsprechend diesem Bild sind wir Menschen Wesen, die Gott, statt ihm zu vertrauen, von Grund auf fürchten und seiner Nähe zu entlaufen trachten aus lauter Scham und Schuldgefühl, und ebenso fürchten wir einander. Niemand traut sich, vor einem anderen Menschen sich so zu zeigen, wie er wirklich ist; immer bestimmt uns die Angst zum Ausweichen, zum Lügen, zur Flucht vor uns selbst und vor einander. Solange wir so fühlen, werden wir nicht gut sein können, nur einfach, weil wir es wollen. Selbst unser «gutes» Wollen wird noch ein Teil der Täuschung vor uns selbst und anderen sein.

Eben deshalb scheint Jesus zu denken, es komme alles darauf an, die Menschen zu lehren, nicht länger mehr vor sich selber auszuweichen und an sich selbst vorbeizuleben; es gelte vielmehr, sich zu stellen. Und eben das tut Jesus selbst in dieser Szene. Jeder, der sonst an den Jordan kommt, mag die Taufe des Johannes benutzt haben wie einen letzten verbleibenden Trick, um am Ende dem Seil der Hinrichtung doch noch zu entkommen. Jesus hingegen scheint die Taufe am Jordan so ernst genommen zu haben, daß er nicht mehr daran dachte, vor Gott sich zu ducken, zu verstecken oder fortzulaufen. Für Jesus war die Taufe mehr als nur eine Demonstration des guten Willens, um Gott zu zeigen, daß man fortan doch wieder auf der Straße des Rechts zu wandeln beabsichtige. Für ihn wurde die Taufe zu einem Zeichen, sich Gott auf Gedeih und Verderb zu überlassen, trotz aller Angst. So ließ Jesus sich in die Fluten des Jordans eintauchen, und es muß für ihn gewesen sein, wie wenn die Welt sich gleich einem Abgrund unter seinen Füßen öffnen würde. Doch dieser Moment der Angst mußte ausgehalten werden, um sich ohne jede Zurückhaltung und ohne jeden Schutz Gott ganz anheimzugeben, ganz so, als willigten wir in einem Akt des Einverständnisses in die eigene Aburteilung ein – wenn sie nur *von Gott* vollzogen würde. Denn Gott wird uns *nicht* aburteilen, dieses Vertrauen muß Jesus besessen und mitgebracht haben, als er von Johannes sich taufen ließ. Steht es auf den Anfangsseiten der Bibel denn nicht auch ganz anders, als es die Menschen für gewöhnlich fühlen und denken und Gott zutrauen? Am Ende der Sintflut hat Gott den Menschen ausdrücklich versprochen, *nie wieder* eine Sintflut über die Erde regnen zu lassen (Gen 8,21–22).[8] Gott also will den Menschen *begleiten,* wohin immer seine Wege ihn führen mögen, und er wird, wenn diese Worte stimmen, niemals mehr aufhören, an der Seite des Menschen zu stehen. Gerade weil Gott in seiner «Gerechtigkeit» tatsächlich nur alle Menschen vertilgen könnte, deshalb ist doch schon die bloße Tatsache, daß es uns gibt, ein deutliches Zeichen dafür, daß Gott niemals nur «gerecht» ist. Gott ist viel stärker, viel größer, viel gnädiger, dies muß das Gefühl Jesu bei seiner Taufe gewesen sein; er ist ein Gott der Vergebung, der nicht töten will, sondern der uns lebendig machen möchte. Wenn Allah, sagt der Prophet Mohammed einmal, die Menschen für ihre Sünde strafte, so würde er nichts, was sich regt, auf der Erde lassen[9]; doch Allah ist allbarmherzig – das ist die Entdeckung aller biblischen Frömmigkeit; erfahren aber kann sie nur, wer sich ganz und gar auf Gott einläßt. In diesem Moment, wo die Erde sich unter den Füßen Jesu öffnet gleich einem Abgrund, öffnet sich vor seinen Augen zugleich der Himmel, und es wird die Trennwand aufgehoben, die uns Menschen immer wieder von Gott fernhält. Es werden die Riegel beseitigt, die den Himmel für uns erscheinen lassen wie eine unerreichbare Zwingburg, wie eine Bastion göttlicher Einschüchterungen und Schrecken. In diesem Moment schickt Gott seinen «Geist» herab in der Gestalt einer Taube, der Schwester jener dritten Taube, die Noah nach dem Prasseln des Regens aus der Arche entließ, um zu erkunden, ob schon das Festland wieder erscheine (Gen 8,8–12)[10], und um Gott zu bitten, er möge uns Menschen, haltlos dahingetrieben wie wir sind, einen festen Grund unter unseren Füßen zurückgeben. Das in der Tat ist ein Neuanfang: ein Leben unter den Augen Gottes ohne Angst, das seine eigene Wahrheit nicht mehr zu scheuen braucht. Das wirklich ist so etwas wie eine Wiedergeburt, durch die wir unser Leben noch einmal, unbelastet von all den Zwängen und Ängsten, neu aufnehmen können. Es ist die Stunde der Offenbarung all dessen, was Gott uns zu sagen hat in der Person des Jesus von Nazareth als unseres Bruders. In diesem Augenblick tritt Friede und «Versöhnung» ein zwischen Gott und Mensch.

Es wird zugleich in dieser Szene deutlich, wie Jesus sich selbst sieht und wie er uns zu leben lehren wollte. Das Bild für diese neue Art des Sprechens Gottes ist die Gestalt des «Sohnes» oder «Dieners» Gottes – Jesus entnimmt sie der Verkündigung des «Zweiten Jesaja», der mitten in der Zeit des Exils einen künftigen Sendboten Gottes in Aussicht stellte[11], der sein Volk befreien werde durch die Sanftmut seines Wesens. – Die Vorstellung selber ist außerordentlich alt und schon im Alten Ägypten belegt. Bereits in der 4. Dynastie, im Alten Reich, 2530 v. Chr., wird der Wesir des Pharaos Cheops mit dem Namen Hem-iunu in seiner Titulatur zweimal angeredet als *mrr nb-f,* als «einer, den sein Herr sehr liebt und schätzt», und zugleich wird er als *sꜣnjśwt n ẖt-f,* als «leiblicher Sohn des Königs» bezeichnet[12] (vergleiche Tafel 4). Deutlich zeigt dieser Titel, was mit «leiblicher Sohn», «den sein Herr liebt», gemeint ist: Hem-iunu war nicht der Sohn, sondern der Neffe des Cheops, biologisch gesehen; aber er baute die große Pyramide, er war die Verkörperung, die Inkarnation (des Willens) seines Herrn und eben darum sein «lieber leiblicher Sohn». Geändert hat sich in der Bibel nicht der Titel, wohl aber die Auffassung davon, wer «Herr» ist und was der Wille des wahren Herrn der Welt ist.

Dieses uralte Bild von dem «Sohn» oder «Knecht» Gottes bei Jesaja (Jes 42,1–4) muß Jesus gekommen sein bei der Taufe im Jordan, es wurde in jedem Fall das Bild seiner eigenen Berufung und das Bild der Wahrnehmung der Menschen an seiner Seite.

Wie wird ein Mensch geartet sein, der Gott in diesem Sinne «dienstbar» ist und hilfreich? Es ist schon sonderbar genug, daß die ganze Bibel diesen erstaunlichen Gedanken nicht loswird, Gott benötige Menschen, damit sein Werk unter uns sichtbar und vollendbar würde. Man sollte im Deutschen freilich nicht sprechen von dem «*Knecht* Gottes», denn mit diesem Wort verbindet sich zu viel an Assoziationen von Sklaverei und Leibeigenschaft. Es ist im Gegenteil eine wunderbare Auszeichnung, zu denken, wir kleinen Menschen könnten Gott von Nutzen sein. Das Terrain, auf dem das Schicksal Gottes sich ereignet und vollzieht, sind wir selber und all die Menschen, mit denen wir leben. Dies jedenfalls schien Jesus ganz sicher zu sein: So, wie Jesaja es schildert, würde er auf die Menschen zugehen, um ihnen zu sagen, wie nahe Gott ihrem Herzen ist: Er würde nicht laut schreien[13] – von denen, die das tun, im Namen Gottes womöglich, kennen wir genügend; doch je lauter die Leute schreien, desto weniger haben sie meistens zu sagen. Worte, die wahr sind, sagt man am besten ganz leise, dann dringen sie in unser Herz, das sich nur öffnen läßt, wenn man Gewalt vermeidet. Es ist nicht nötig, für Gott Reklame zu machen, indem man straßauf, straßab Tumulte und Spektakel entfacht. Was von Gott zu sagen ist, teilt sich mit zwischen Ich und Du, sehr persönlich, fast privat; nur dann ist es glaubwürdig; es richtet den Schwachen auf, es zerbricht nicht das Geknickte, es löscht das Verglimmende nicht aus.

Was in dieser Szene am Jordan angefangen hat, lebte in Jesus und ist seither unsere Aufgabe – denn jeder, der den Namen eines Christen trägt, besitzt die Möglichkeit, nach dem Vorbild Jesu dem anderen fühlbar, sichtbar, hörbar, bis in die Sinne hinein etwas von Gott näherzubringen und ihm ein Stück vom Himmel zu öffnen. In einem jeden von uns ist etwas vom Himmel auf die Welt gekommen, unableitbar, unerklärbar durch den Gang der Welt, etwas absolut Freies, Kostbares und wunderbar Schönes, und dieses Geheimnis eines jeden Menschen, dieses Moment, an dem er einzig Gottes Kind und «Knecht» ist, gilt es zu schützen und lebendig zu halten. Wohl ist es möglich, daß unser wahres Leben oft erscheinen mag wie eine fast niedergebrannte Kerze, wie ein Licht, das im Wind der Welt verweht zu werden droht. Aber es ist doch möglich, den flackernden Docht leuchten zu lassen und den gebrochenen Zweig aufzurichten.[14] Ohne Zweifel gibt es keine andere Art, zu Menschen von Gott glaubwürdig zu sprechen, als sie in ihren Zerbrochenheiten, ihren Widersprüchen, ihren Niedergedrücktheiten zu erheben und aufzurichten und ihnen gegen ihr Gefühl, erbärmlich und schändlich zu sein, ein Empfinden für die Berechtigung ihrer Würde und ihrer Selbstachtung zurückzugeben. Ja, es kann immer wieder sein, daß wir unsere Worte, unser Leben, unsere Hände sehr behutsam um die flackernde Leuchte der Seele eines anderen Menschen legen müssen, bis sie sich wieder getraut zu brennen in dem Licht und in der Wärme ihres eigenen Wesens.

Das jedenfalls war es, was Jesus vor sich sah, als sich vor seinen Augen der Himmel öffnete und der Geist Gottes sich herabsenkte auf die Erde. Mehr noch als die Taube des Noah ist unsere Seele selber ein solcher unruhig flatternder Vogel, voller Sehnsucht nach seiner Heimat; die Wahrheit aber, an die wir glauben, kann sich doch nur in einer Menschlichkeit erfüllen, die allererst möglich wird, wenn Menschen sich wieder festmachen in einem ursprünglichen Vertrauen. Gott selber kommt uns entgegen, und sein Segen fällt begütigend und warm herab wie Regen über dürstendes Land; er schenkt uns die Fähigkeit, geistig zu leben und begeistert zu sein über die Schönheit der Menschen ebenso wie über die Schönheit der Welt. Segen statt Fluch, Verstehen statt Gewalt, Liebe statt Macht, Dienstbarkeit statt Geld – ganz nahe kann Gott uns sein in jedem Augenblick seit diesem Tag am Jordan.

Mt 4,1–11

Der Geist der Wüste oder: Die dreifache Pervertierung des Religiösen

Der kirchliche Festkalender hat, um diese 40 Tage Jesu in der Wüste abzubilden, den Gläubigen eine 40tägige Zeit des Fastens und der Buße auferlegt. Ein klägliches Abbild. Vielleicht sogar ein Mißverständnis. Denn in die Wüste dieser 40 Tage geht man nicht wie in die Exerzitien des heiligen Ignatius; in diese Wüste wird man hineingeworfen und umhergetrieben wie ein Verlorener, wie ein dem Tode Ausgelieferter.

Im Augenblick der Krise[1] selber weiß man meistens gar nicht, was geschieht, nur daß alles in Frage steht, nur daß jetzt alles darauf ankommt – und daß es schrecklich ist, selbst nicht zu wissen, was jetzt richtig ist. Es öffnen sich mit einemmal vor einem Wege, auf denen man noch nie gegangen ist, die sich jetzt aber ganz wie von selber nahelegen und die aussehen wie vollkommen normal und eigentlich vernünftig, und es sind doch gerade die Wege, die man nie gewollt hat. Etwas, das bisher als völlig ausgeschlossen galt, drängt sich plötzlich als sehr verlockend und sehr vielversprechend auf, ja, als die einzige überhaupt noch verbleibende Möglichkeit eines scheinbaren Ausweges; im Grunde sieht es womöglich sogar schon so aus, als sei man diesen neuen Weg, ohne es zu merken, bereits so weit gegangen, daß man jetzt nur noch Ja zu sagen brauchte zu dem Punkt, an dem man selber bereits angekommen ist. In all dieser Verwirrung der Gedanken und Gefühle ist nur eines klar: Man kann nicht mehr zurück. Man muß jetzt alle Kraft zusammennehmen, um sich selber zu behaupten und sich selber treu zu bleiben. Aber man weiß fast nicht mehr, wer man selber ist, und vor allem, es stellt sich die Frage, ob es überhaupt noch berechtigt und legitim ist, so zu sein wie bisher, angesichts dieser neuen Perspektiven, dieser jetzt sich darbietenden Möglichkeiten. Der Weg zu dem, was man gewesen ist, scheint wie verlegt; wenn man ihn weitergehen will, dann nur auf einer tieferen oder höheren Ebene, jedenfalls klarer, bestimmter, eindeutiger, ausschließlicher – unter *bewußtem* Ausschluß all dieser neuen verführerischen Möglichkeiten, die aber in diesem Augenblick eben nicht aussehen wie eine Verführung, sondern die gleißend funkeln wie eine unerhörte Wahrheit, wie ein Aufruf zum wirklichen Leben, wie eine Rettung.

Nachher, wenn es vorüber ist, mag sich das Gute und das Böse wieder ordnen; im Augenblick der Krise selbst sieht die Versuchung aus wie das Versprechen eines größeren und reicheren, erfüllteren und nicht so hungrigen, geborgeneren und nicht mehr gar so ausgesetzten Lebens. In dem Moment, da die Versuchung währt, erscheint das eigene Leben wie sinnlos verödet, wie armselig und entleert, wie unfruchtbar und unbrauchbar, buchstäblich wie eine leere Wüstenei.[2] Das, was bislang gut war und zu Gott zu führen schien, sieht jetzt so aus, als wenn es zu nichts führen würde, wie ein Weg, der im Wüstensand verkommt, und umgekehrt erscheint das Böse auf einmal als lebenfördernd und glückbringend – diese komplette Umkehrung der Werte von Richtig und Falsch, dieser Zweifel, der aus der Tiefe des eigenen Inneren aufsteigt und alles verwirrt, diese äußerste Herausforderung des ganzen bisherigen Lebensaufbaus, das ist «Versuchung»: der mögliche Umsturz von allem, was man jemals bisher gewollt und gemeint hat, wenn von Gott die Rede ging.

Es ist ganz gleich, wie man eine solche Erfahrung ausdrückt. «Die dunkle Nacht», sagten die Mystiker.[3] «In der Wüste umhergetrieben werden», sagt das Matthäusevangelium. In jedem Fall geht es um den Eindruck, daß der Weg zu Gott, wenn man ihn so weitergeht wie bisher, im Ausweglosen ende, daß das Leben verdorre, daß das Dasein veröde und es die Frage wird, was man eigentlich will, woran man eigentlich glaubt, was man wirklich bejaht. Eine Herausforderung der ganzen Person, eine Entscheidung über alles – das ist es, was hier auf dem Spiel steht.

Keineswegs beginnt die Versuchung Jesu mit einem bestimmten Inhalt oder einer bestimmten Aufforderung. Sie beginnt vielmehr mit den 40 Tagen der Wüste selbst.[4] Alle Stimmen der Versuchung melden sich erst nach diesen 40 Tagen der Einsamkeit und der Verlorenheit. So wird man die Darstellung des Matthäus wohl zu verstehen haben, und so geschieht es all den großen religiösen Gestalten: ob Buddha[5], Moses, Johannes dem Täufer oder Mohammed[6] – daß es sie alle innerlich wie äußerlich in dieses Gefühl einer trostlosen, versengenden Nichtigkeit hineintreibt, in der nichts mehr Bestand zu haben scheint, was ehedem als sicher galt. Es ist nicht, als wenn diese groß Versuchten nicht auch vorher schon Gott mit aller Leidenschaft gemeint und gesucht hätten – im Gegenteil; doch das Entsetzliche ist, daß mit einem Mal alles wie wertlos und sinnlos erscheint, wie eine vergebliche Mühe ohne Resultat, und daß alles, was man bisher gewollt hat, sich in Staub und Treibsand auflöst; man mag sich hierhin wenden oder dorthin, man flüchtet nur immer wieder in die gleiche Leere und schaut hinein in das gleiche Nichts, man wird hineingezwängt in die immer gleiche Haltlosigkeit und Ratlosigkeit, so daß alles sich zuspitzt auf die eine entscheidende Frage: Was soll jetzt sein? Was gilt im letzten? Was trägt überhaupt? Und: Worauf läßt sich bauen?

Dies ist die Stunde, da wie in einem psychotischen Anfall die Stimmen zu reden beginnen.[7] Erst aus dem Schweigen der Verlorenheit gewinnen sie, gleich einem Taifun aus einem Unterdruckgebiet, ihre Atemkraft. Erst in der Wüstenei des Hungers fangen die Steine an zu reden. Man muß ja nicht denken, daß Jesus «fastete»; der Evangelist Lukas zum Beispiel sagt einfach an gleicher Stelle, daß Jesus «nichts aß»[8], wie jemand, der an der Schalheit der Dinge den Appetit verliert, wie jemand, der in der Unruhe und der Angespanntheit aller Sinne nicht mehr ans Essen denkt, wie ein Schiffbrüchiger, dem im Kampf mit den Wellen nicht mehr nach Schiffszwieback zumute ist. Eine Zeit des Umhergeworfenseins und des Umhergetriebenwerdens hebt hier an, in der ein Übermaß des Suchens und Verlangens richtungslos nach hierhin und nach dorthin greift und sich doch überall nur unbefriedigt und voller Überdruß abkehrt.

Die Wüste, sagt man, sei ein Ort der Wahrheit. Daran ist etwas Wahres. In ihrer mitleidlosen Lebensfeindlichkeit zwingt sie zu äußerster Anstrengung des Überlebens.[9] Keinerlei Schnörkel, keinerlei äußerer Überfluß, keinerlei bloße Dekoration können hier bestehen. Mit ihrer trockenen Hitze schält sie den Lebewesen alles nicht Nötige vom Leibe, bis nur das Wesentliche, das zum Leben Unerläßliche verbleibt. Die Wüste, sagen die Araber deshalb, ist der Garten, in dem Gott spazieren geht. In ihr gilt nur, was wirklich stimmt. Sie ist der Ort der letzten Fragen, der letzten drei großen, aufeinander abgestimmten, *in der Reihenfolge bei Lukas*[10] sich steigernden «Versuchungen»: des *Hungers*, der *Macht* und des Suchens nach *Liebe*, nach Halt und Geborgenheit.

So auf sich selbst zurückgeworfen, so am Ende der physischen wie psychischen Substanz, so an den Rand des Lebens gedrängt, läuft zunächst alles auf die erste, *die orale Frage* hinaus, wovon die Menschen leben.[11] Es gibt Argumente des Leibes mit einer eigenen nicht widerlegbaren Logik. Unser Körper, meinte A. Camus einmal, war *früher* als der Geist, und seine Evidenz ist daher niemals aufzuholen.[12] Aber der Hunger Jesu, der sich jetzt mit elementarer Kraft zu Wort meldet, ist offenbar selbst nur die Folge und das Ergebnis einer tieferen Bedürftigkeit, eines größeren Verlangens; es geht nicht darum, satt zu werden; es geht darum, erfüllt zu werden. Nur: Kann man so denken, wenn man den Hunger kennt? Kann man die Antwort der Religion annehmen angesichts der Bannmeilen des Elends?[13] Hält eine solche Sicht des Menschen stand beim Anblick der Bettelarmut und der nackten Existenznot in den Vorortkloaken von Kalkutta und Bombay, im Angesicht der Notschreie und Rufe der Verdurstenden und Verhungernden der Sahelzone, im Niemandsland des Vergessens der sogenannten Länder der Dritten Welt? Es kann und darf nicht darum gehen, diese Not herabzumindern und sie für nichtig zu erklären, so als sei es die Meinung des Evangeliums, daß Jesus gewissermaßen nur zum Schein den Schmerz des Hungers gespürt hätte. Vielmehr wird es in diesem Augenblick gerade zu der größten und heftigsten Versuchung Jesu geworden sein, den physischen Hunger und seine Bewältigung für das Entscheidende am menschlichen Leben zu halten[14]: Wieviel Barmherzigkeit liegt darin, nur noch denken zu können, daß der Mensch leben will und daß er, um zu leben, essen muß; nur noch zu glauben, daß der Mangel an Nahrung das vorrangige Thema des Menschen sei und daß der Mensch glücklich sein könnte, wenn er nach Herzenslust – oder doch mindestens *genügend* – essen könnte, es wäre wahrlich genug für ein Menschenleben, sich dieser Idee mit ganzem Herzen zu widmen!

Den meisten Auslegern zufolge geht es bei der Versuchung Jesu an dieser Stelle lediglich um einen Machterweis Jesu. Sie sagen: mit der listigen Infragestellung: «Wenn ein Sohn du bist von Gott», wolle der Teufel Jesus provozieren, seine Wunderkraft unter Beweis zu stellen.[15] Aber eine solche Erklärung wäre gewiß zu äußerlich, sie bliebe viel zu sehr im Vordergründigen. Wie aber, wenn wir annehmen müssen, daß es im Leben Jesu wirklich einmal diesen Augenblick gegeben hat, daß er beinahe dachte, in dieser Welt könne von Gott legitimerweise überhaupt nur in der Sprache des Brotes die Rede sein?[16] Wie, wenn Jesus selbst angesichts des menschlichen Elends beinahe so weit gegangen wäre zu glauben, daß das tiefste Mitleid mit der Not der Menschen sich darin äußern müsse, ihren Hunger zu sättigen, und daß «Sohn Gottes» zu sein gerade dies bedeuten müsse? Es handelt sich ja nicht um das Problem, wovon Jesus selbst sich zu sättigen vermag – für eine solche Frage bräuchte man keinen Teufel; die Frage stellt sich vielmehr ganz so, wie Jesus sie später beantwortet: auf die ganze Menschheit bezogen[17]; nicht um den persönlichen Hunger Jesu ist es hier zu tun, sondern um den Hunger aller Menschen: Um die Frage nach dem Menschen geht es und um das, was wer am meisten braucht. Die Versuchung Jesu liegt mithin nicht darin, wie er selber Nahrung findet, sondern wie er den Hunger aller Menschen stillt. Daß all die Not, die ganze materielle Armut der Menschen vor ihn hintritt: die Armut des menschlichen Körpers mit seinem animalischen Hunger nach Zärtlichkeit und Liebe, mit seinem Mund, der offensteht wie eine Wunde, die sich niemals schließen will in ihrer Unersättlichkeit, mit seinem Empfindungsvermögen, das jedem Schmerz und jeder Zudringlichkeit ausgeliefert ist und preisgegeben, quälbar durch tausend Leiden und durch die Foltern einer Erde, deren Oberfläche das menschliche Leben wohl hervorgebracht hat und duldet, es aber nicht besonders schützt und es in jedem Fall bedenkenlos dem Jahrmillionen dauernden Spiel ihrer unmerklichen Bewegungen opfert: in Erdbeben und Hungersnöten, Dürren und Überschwemmungen – und wie der Mensch all dem letztlich hilflos gegenübersteht; wie er aus Hunger und Leidenschaft zum Mörder an seinem Bruder wird; wie in der Wüstenei des Lebens ein Mensch den Fußspuren des anderen nachgeht, um ihn zu töten eines Tropfen Wassers wegen, wie man Kriege führen wird um Ländereien und Brunnen, um Rohstoffe und Absatzmärkte, um Viehherden und Edelsteine; wie die Organisation der menschlichen Arbeit an der Natur zur Arbeit des Menschen am Menschen entartet[18] und sich verformt zur Verwandlung des menschlichen Körpers in eine sprechende und Befehle verstehende Maschine[19]; und wie der materielle Mangel den Menschen eine Kampfpraxis aufzwingt, die einen jeden zum Feind und Konkurrenten des anderen macht, wie wenn in einem Teich Fische nach den Brotstückchen schnappen, die man ihnen zuwirft und die doch nie ausreichen werden, alle satt zu machen – und wie sich aus diesem Anblick der endlosen Leiden ein Schrei nach Erlösung erhebt von all dieser Qual des Unrechts und der Gewalt – *das* ist es anscheinend, was Jesus in dieser Stunde bedrängt.

Es ist wohl die tiefste Versuchung des Mitleids, den Menschen nur noch so zu sehen: als eine bedürftige, geschundene, hilflose Kreatur, die nichts als essen will und Ruhe finden und sich zurücklehnen möchte in den animalischen Frieden des Körpers, der trotz aller Mühsal zumindest doch für Stunden erreicht werden kann. Es ist eine Versuchung, die jeden überkommen muß, der über die unheilbare Not der Menschen als ein tief genug Verwundeter nachdenkt.

Und doch, so verstehbar diese Weltsicht ist, es wäre in der Tat eine *teuflische* Versuchung, so zu denken. Denn es ist teuflisch, die Wertlosigkeit des Staubes, die bloße Kraft der Erde für etwas auszugeben, das den Menschen wirklich sättigen könnte. Es liefe darauf hinaus, über der Not des irdischen Hungers zu leugnen und zu vergessen, daß der eigentliche Hunger des Menschen nicht sein Verlangen nach Brot ist, daß der Mensch keinesfalls nur lebt, um zu essen, und daß der Sinn seines Lebens nicht darin besteht, sein Dasein mit mannigfacher Mühe äußerlich sich zu erhalten; ja, es würden bei einer solchen «materialistischen» Reduktion des Menschen die wahren Probleme nur zugedeckt, es würden höchstens einige Symptome der Misere des Daseins beruhigt, nicht aber der eigentliche Krankheitsherd geheilt. Der Hunger nach Brot ist nur für wenige Stunden zu beruhigen, und er erwacht mit periodischer Gesetzmäßigkeit;

der Friede des Menschen aber liegt nicht darin, die Bedürftigkeit seines Lebens für Stunden zu verschließen; vielmehr liegt nach einem Wort des russischen Dichters F. M. Dostojewski das Geheimnis seines Lebens gerade darin, daß er, wenn er gegessen und geschlafen hat, erst recht fragen wird: Was nun?[20] Gemessen an der menschlichen Sehnsucht ist alles, was die Erde bietet, *nur Stein,* der niemals sättigt; und es wäre teuflisch, die Steine für Brot zu erklären und das ewig Unbefriedigende, Äußerliche und Vordergründige als das Befriedigende, Letzte und Endgültige auszugeben; es wäre die teuflischste aller Versuchungen, aus Mitleid mit den Menschen ihr Leben auf die Bedürfnisse des Hungers zu reduzieren. Es wäre eine ungeheuerliche Lüge, den Menschen die Produkte der Erde als das Eigentliche zu verkaufen – die Steine als etwas, wovon sie leben könnten. Es hieße, die äußeren Bedingungen des Lebens mit seinen Zielen, die Notwendigkeiten seines Auftretens mit seinen wirklichen Ursachen, die Außenzonen des Daseins mit dem Zentrum zu verwechseln, würde man das Verhältnis zum Absoluten, mithin die Religion, wesentlich auf die Heilung der äußeren Not beziehen. Der «Sohn Gottes» zu sein bedeutet gerade nicht, diesem Betrug und dieser Täuschung zuzustimmen; es bedeutet vielmehr, daran zu erinnern, und deutlich zu machen, daß der Mensch davon lebt, daß sein Leben einen Sinn hat, davon, daß es Gott gibt, davon, daß Gott ihn meint und mit ihm redet, und daß der Mensch nicht ärmer, sondern reicher, nicht noch mehr in die Wüste, sondern aus ihr herausgebracht, nicht hungriger, sondern wirklich erfüllt wird, wenn er von Gott, nicht «nur» vom Brot allein sein Dasein fristet. Rein irdisch gesehen, gelangte das menschliche Dasein ohne Gott niemals über die Todesgrenze hinaus, würde es nie seine Nutzlosigkeit und Überflüssigkeit verlieren – würde es niemals dazu kommen, wirkliches Leben zu sein.

Es ist ein widerlicher Anblick, den Menschen auf ein solches «Glück» der Anspruchlosigkeit zurückgedrückt zu sehen. Wie groß die «teuflische» Gefahr indessen sein kann, das bloße Versorgtsein des Lebens für «Religion», für die letzte Antwort des Lebens, für «Gott» selbst auszugeben, hat paradoxerweise wohl niemand besser gesehen als der große «Gottes»-Leugner F. Nietzsche. Seinen prophetischen *«Zarathustra»* läßt er einmal zur Warnung sagen: «Es ist an der Zeit, daß der Mensch sich sein Ziel stecke. Es ist an der Zeit, daß der Mensch den Keim seiner höchsten Hoffnung pflanze. Noch ist sein Boden dazu reich genug. Aber dieser Boden wird einst arm und zahm sein, und kein hoher Baum wird mehr aus ihm wachsen können. Wehe! Es kommt die Zeit, wo der Mensch nicht mehr den Pfeil seiner Sehnsucht über den Menschen hinaus wirft, und die Sehne seines Bogens verlernt hat, zu schwirren! Ich sage euch: man muß noch Chaos in sich haben, um einen tanzenden Stern gebären zu können. Ich sage euch: ihr habt noch Chaos in euch. Wehe! Es kommt die Zeit, wo der Mensch keinen Stern mehr gebären wird. Wehe! Es kommt die Zeit des verächtlichsten Menschen, der sich selber nicht mehr verachten kann. Seht! Ich zeige euch den letzten Menschen. ‹Was ist Liebe? Was ist Schöpfung? Was ist Sehnsucht? Was ist Stern?› – so fragt der letzte Mensch und blinzelt. Die Erde ist dann klein geworden, und auf ihr hüpft der letzte Mensch, der alles klein macht. Sein Geschlecht ist unaustilgbar wie der Erdfloh; der letzte Mensch lebt am längsten. ‹Wir haben das Glück erfunden› – sagen die letzten Menschen und blinzeln. Sie haben die Gegenden verlassen, wo es hart war zu leben: denn man braucht Wärme. Man liebt noch den Nachbar und reibt sich an ihm: denn man braucht Wärme. Krank-werden und Mißtrauen-haben gilt ihnen sündhaft: man geht achtsam einher. Ein Tor, der noch über Steine oder Menschen stolpert! Ein wenig Gift ab und zu: Das macht angenehme Träume. Und viel Gift zuletzt, zu einem angenehmen Sterben. Man arbeitet noch, denn Arbeit ist eine Unterhaltung. Aber man sorgt, daß die Unterhaltung nicht angreife. Man wird nicht mehr arm und reich: beides ist zu beschwerlich. Wer will noch regieren? Wer noch gehorchen? Beides ist zu beschwerlich. Kein Hirt und eine Herde! Jeder will das gleiche, Jeder ist gleich: Wer anders fühlt, geht freiwillig ins Irrenhaus. ‹Ehemals war alle Welt irre› – sagen die Feinsten und blinzeln. Man ist klug und weiß alles, was geschehen ist: so hat man kein Ende zu spotten. Man zankt sich noch, aber man versöhnt sich bald – sonst verdirbt es den Magen. Man hat sein Lüstchen für den Tag und sein Lüstchen für die Nacht; aber man ehrt die Gesundheit. ‹Wir haben das Glück gefunden› – sagen die letzten Menschen und blinzeln.»[21]

Es ist ein widerlicher Anblick, den Menschen auf ein solches «Glück» der hygienischen, diätetischen Anspruchlosigkeit zurückgedrückt zu sehen. Aber es ist, wie wenn Jesus in diesem Augenblick selber unter dem Eindruck des ganzen Ausmaßes irdischer Bedürftigkeit, unter der Wucht des leiblichen Hungers von sich selbst her durchaus keine Antwort mehr auf diese äußerste Herausforderung des Hungers zu geben wüßte und wie wenn er sich selbst soweit in Frage gestellt sähe, was sein Ziel und was sein Weg sein soll, daß er sich nur noch wie von außen her sagen lassen kann, was richtig ist: Mit einem Schriftwort, mit dem also, was er immer gewollt hat und was er sich jetzt ganz fest aus der Erinnerung heraus sagen lassen muß, zitiert er das Wort aus dem 5. Buch Moses, 8. Kapitel, Vers 2–3: «Erinnere dich des Weges, den dich der Herr, dein Gott geführt hat, an die 40 Jahre in der Wüste, um dich zu beugen und dich zu prüfen, um zu erfahren, was in deinem Herzen ist, ob du die Gebote hältst oder nicht. Und er hat dich in Not geraten und dich hungern lassen und dir als Speise das Manna gegeben, das du selbst nicht kanntest und das deine Väter nicht kannten, um dich wissen zu lassen, daß der Mensch nicht vom Brot allein lebt, sondern daß der Mensch lebt von jedem Wort, das aus dem Munde Gottes kommt.»[22] Das war es, was Jesus in Wirklichkeit seit eh und je wollte, dieses Wort entdeckt er jetzt neu, dazu kann er sich bekennen, stärker, deutlicher und gültiger als jemals zuvor. Insofern hat die Versuchung letztlich auch ihr Gutes, führt die Krise in die Klärung, und an dieser Befreiung und Überwindung, an diesem Erwachen einer inneren Freiheit muß es liegen, daß Matthäus schreiben kann, *der Geist Gottes* selber habe Jesus in die Wüste geführt.[23] Am Ende kann man sogar dankbar dafür sein, daß es diesen Augenblick des Schwankens gab: er zeigt nur um so sicherer, daß einzig Gott uns trägt; dieser Augenblick äußerster Not läßt von innen her spüren, daß Gott allein unser Leben ausmacht; und nur ein Augenblick äußersten Hungers konnte Jesus offenbar lehren, die Dinge des kreatürlichen Daseins in ihrer Einfachheit wiederzuentdecken und sie in ihrer Begrenztheit und Armseligkeit zu lieben. Aus dem, was wir längst wußten und im Grunde wollten, tritt in solchen Momenten Gott hervor und läßt uns sein Wort wiederfinden und damit auch zugleich uns selbst. Wer Jesus ist und was er von sich halten soll, was es für ihn bedeutet, «Gottes Sohn» zu sein – jetzt weiß er es; es wird für ihn bedeuten, den Menschen dies zu zeigen und davon zu leben, daß Gott allein uns alles ist: das, was uns Frieden gibt und unseren Hunger stillt, was unser Leben trägt und unseren Schmerz beruhigt.

Überflüssig zu sagen, daß in einer Zeit wie der unseren, in welcher Jahr für Jahr 50 Millionen Menschen Hungers sterben, sich keinerlei Gleichgültigkeit oder Spiritualisierung des Hungers mit der Botschaft des Matthäus in dieser Szene vereinbart. Wenn wir, wie in diesen Tagen zu Beginn des Jahres 1991, immer noch Hunderte von Milliarden Dollar in wenigen Tagen für die Tötungsmaschinerie des Krieges ausgeben, aber jahrzehntelang unfähig sind, auch nur einen kleinen Prozentsatz davon im Kampf gegen das Elend der Welt einzusetzen, was tun wir da anderes, als den Menschen Steine statt Brot zu geben!

Aber der Hunger ist nur *eine* Leidenschaft des Menschen; eine viel tiefere, viel weniger unschuldige, weit innerlichere Triebkraft im Menschen ist sein *Wille zur Macht*[24], sein Verlangen, zu herrschen, sein Streben, obenan zu sein. Der Hunger dient nur dem äußeren Erhalt des Lebens, notfalls in der Verdrängungskonkurrenz mit anderen Menschen, der Wille zur Macht aber kann sich nur geltend machen, indem er *andere Menschen erniedrigt* und in den Staub drückt. Der orale Hunger bedroht den Menschen mit der biologischen Zerstörung, *der anale Machttrieb* aber bedroht ihn mit der sozialen Vernichtung. In Reaktion auf den Hunger schützt sich der Mensch vor der Vernichtung seitens der Natur; mit dem Streben zur Macht aber schützt er sich vor der Vernichtungsgefahr durch den anderen Menschen, sucht er sich unangreifbar zu machen vor der Gefahr des anderen, macht er sich selber zur Gefahr, um der Gefährdung durch den anderen nicht länger ausgesetzt zu sein.[25]

Auch an dieser Stelle denken die Ausleger meistens daran, Jesus sei beim Anblick der Königreiche der Erde von dem eigenen Verlangen nach Macht in Versuchung geführt worden; die Vorstellung der menschlichen Machtentfaltung habe ihn verlockt; doch habe er das Teuflische dieses Strebens erkannt und zurückgewiesen.[26] Eine solche Auslegung ist nicht falsch, aber sie ist viel zu asketisch und moralisch, um nicht an der Oberfläche zu bleiben. Es ist schwer vorstellbar, wie man Jesus zutrauen sollte, er habe den Drang in sich gespürt, Macht für sich selbst in Anspruch zu nehmen, um sich in narzißtischer Selbstgefälligkeit im eigenen Glanze zu sonnen. Die Faszination, das Verführerische in dem Gedanken, die Macht der Erde zu erringen, muß für ihn in etwas anderem gelegen haben[27], und das meint auch Matthäus ganz eindeutig. Das Eigentümliche ist ja, daß die Erzählung von der Versuchung Jesu bei Matthäus voraussetzt, der Teufel selbst sei als derjenige aufgetreten, der die Reiche dieser Erde zu vergeben und vorzustellen habe[28], ja, als jemand, der offenbar angebetet werden will und angebetet werden muß, ehe man in den Besitz weltumspannender Herrschermacht gelangen kann. Daß aber eben dies allen Ernstes eine Versuchung für Jesus gewesen sein soll, wie will man das erklären?

Eigentlich gibt es nur ein einziges Motiv, das einen Mann wie Jesus bestimmen könnte, eine solche Herausforderung des Bösen als eine äußerste Versuchung zu empfinden. Wie es Jesus aus Mitleid hätte als richtig erscheinen können, Steine in Brot umzumünzen, so hätte es ihm wohl *aus Verantwortung* einen Augenblick lang als möglich erscheinen können, sogar mit dem Teufel zu paktieren, wenn anders die Ordnung dieser Welt nicht zu ändern und zu bessern ist. Was für ein Weltbild gehört bereits dazu, die Machtausübung unter den Menschen als ein Teufelswerk zu sehen, und mit welchen Augen muß Jesus die Herrschermacht betrachtet haben, um einen Augenblick lang versucht zu sein, sie zu erobern![29] In der Tat muß Jesus diese Welt wie vom Teufel beherrscht erschienen sein in der immerwährenden Herrschaft des Menschen über den Menschen: vor Augen die ruhelosen Blutgerüste nie endender Hinrichtungen und Folterungen; den Verschleiß von Tausenden von Menschen zum Pyramidenbau der menschlichen Geschichte; die Vernutzung ganzer Generationen zur organisierten Feindseligkeit des Krieges und zur kollektiven Vernichtung Tausender von Menschen mit ausgeklügelten Präzisionswaffen; die systematische Verwandlung des Menschen in eine bewußtlose Termite inmitten der Anonymität eines bloßen Herden- und Massendaseins; die planmäßig verwalteten Abhängigkeiten und erniedrigenden Demütigungen des Menschen durch den Menschen; das ewige Rad von Unrecht und Gewalt, von Vergeltung und erneuter Rache; den gellenden Ruf der gefolterten Massen nach Frieden und die zynische Verhöhnung der elementarsten Lebensrechte der Ohnmächtigen durch die Mächtigen und Großen der Welt – welch ein Gedanke könnte bei dem Anblick des fürchterlichen Schauspiels der menschlichen Geschichte näherliegen, als gegen die Gewalt aufzustehen mit Gewalt und die Macht zu brechen mit Macht und dem Recht zum Sieg zu verhelfen mit dem Anspruch eigener Stärke! Nicht Machthunger wird Jesus beim Anblick der Reiche dieser Welt in Versuchung geführt haben, sondern die Verantwortung für die gesamte Menschheit.[30] Aber was ist zu tun, um die Welt von der Bedrückung der Macht des Menschen über den Menschen zu befreien?

Wir kennen aus dem Munde Jesu nur eine einzige in strengem Sinne *politische* Äußerung; sie enthält nicht zufällig eine vernichtende Kritik der politischen Macht: Mt 20,25: «Ihr wißt», sagt Jesus dort, «daß die Herrscher ihre Völker unterjochen und die Mächtigen ihre Macht über die Menschen mißbrauchen.» Stärker als mit diesen Worten läßt sich die Verachtung über die Reiche dieser Welt nicht ausdrücken – ein Panoptikum der Macht, das in der Tat wert ist, vom Teufel selber vorgestellt zu werden. Erst wenn man dies so total und umfassend begreift – den Zustand der gesamten Welt, das schauerliche Gesamtbild menschlicher Herrschaft –, eine Sicht wie die des heiligen Augustinus, der meinte, die Reiche dieser Welt seien nichts weiter als große Räuberbanden, die Mord und Raub einzig der Größe ihrer eigenen Verbrechen wegen nicht mehr unter Strafe stellten[31] – versteht man, woher der verführerische Sog ausgehen kann, *vor dem Teufel niederzufallen* und *ihn anzubeten.*[32] Es muß eine ungeheuerliche Versuchung für Jesus gewesen sein, das Böse in der Welt in der Gestalt der Macht für letztlich endgültig zu halten und sich schon aus lauter Resignation und Verzweiflung ihren teuflischen Gesetzmäßigkeiten zu unterwerfen – widersprechen die Erscheinungen der Geschichte doch so vollständig der Welt, wie sie eigentlich sein müßte, daß eine große Mutlosigkeit und ein heiliger Zorn denjenigen überkommen muß, der diese unaufhaltsame Lawine menschlichen Leidens den Berg der Geschichte sich hinabwälzen sieht. Eine gewisse Faszination der Solidarität kann und muß davon ausgehen, schon aus lauter Mitleid mit den unschuldig Gequälten *sich der eigenen Unschuld zu begeben* und die Schuld der Macht auf sich zu nehmen[33], um den Zustand der Welt zu verbessern, global, weltweit, aufs Ganze. Es ist der Traum aller großen Herrscher bis in unsere Tage hinein von einem weltumspannenden Reich der Macht[34], in dem die Verhältnisse der Erde ein für allemal zum Guten geordnet sein würden. Auch in die Seele Jesu muß mindestens einen Augenblick lang das erstickende Gefühl der Ohnmacht und der Trostlosigkeit des Guten in dieser Welt eingezogen sein und von ihm Besitz ergriffen haben, allein schon bei dem bloßen Gedanken, wie erfolgreich und wie brutal simpel die Gewalt, der Krieg, die Konzentration eines Maximums militärischer Gewalt imstande ist, alle Widerstände zu zerbrechen, alle Voraussetzungen des Guten, des menschlich Wertvollen und Großen zu zerstören und schließlich alles einzuebnen in der bürokratischen Langeweile des Planbaren und Machbaren. Läßt sich demgegenüber nicht denken, es sei gerade für Jesus verlockend gewesen, mit den Mitteln der Macht dem Rad der Gewalt in die Speichen zu greifen und es für sich in Gang zu bringen? Einmal sollte die Macht des Bösen doch dazu gebraucht werden können, das Gute durchzusetzen und, wenn auch notfalls mit einem Übermaß an Zerstörung und Verwüstung, um schließlich doch den Boden zu planieren für ein zukünftiges Wohnhaus aller Menschen inmitten einer gerechteren Welt.

Es ist immer wieder die gleiche Versuchung, man müsse und könne das Böse ein für allemal besiegen; wenn man nur entschlossen genug endlich den richtigen Krieg für die richtige Sache führe – dann endlich werde alles gut.[35] Es ist der Gedanke, den Max Weber einmal äußerte, es sei halt politisch ein Kind, wer meine, daß in der Geschichte aus Gutem immer nur Gutes und aus Bösem immer nur Böses folge.[36] Ja, kann es nicht sein, daß Albert Camus ganz recht hatte, als er schrieb, es sei heute so weit gekommen, daß die Unschuld auf der Anklagebank sitze und sich rechtfertigen müsse, nicht genug getötet zu haben?[37] Wenn Jesus etwas in Versuchung führen konnte, die als teuflisch vorgestellte Macht über die Erde selbst für sich in Anspruch zu nehmen, so war es sicher nicht der rohe Wille zur eigenen Machtentfaltung, sondern vielmehr die verzweifelte Verantwortung für eine Welt, die so sehr im argen liegt, daß es schon wie eine *Pflicht* erscheint, *sich vor dem Satan zu verneigen*, um den jammervollen Zustand dieser Welt in Ordnung zu bringen. Es wäre, ins Weltumspannende gewendet, eine Einwilligung in die tragische Notwendigkeit des Bösen, wie sie in begrenztem Umfang, doch an sich vergleichbar zum Beispiel in den Konzentrationslagern des Dritten Reiches den Ärzten auferlegt war, die Tag für Tag die Listen für den Abtransport jüdischer Häftlinge fertigzustellen hatten und die vor dem Problem standen, entweder 100 Menschen zum Tode verurteilen zu müssen, um vielleicht 5 oder 10 Menschen retten zu können, oder aber den Dienst zu quittieren und damit zu riskieren, daß irgendein SS-Arzt auch die restlichen 5 oder 10 mitauslöschen würde. Kann es eine Notwendigkeit geben, mit dem Bösen zu paktieren, um einzig so das Gute in die winzigen Nischen des Turmbaus der Macht einzupflanzen und ihn vielleicht doch einmal endgültig zum Einsturz zu bringen?

Oft und immer wieder scheint eine solche Notwendigkeit zur Kapitulation vor dem Bösen aus Verantwortung für das Gute das Naheliegende, ja, das einzig Mögliche zu sein. Wie sagte doch der ehemalige amerikanische Außenminister H. KISSINGER vor kurzem: «Die Zukunft wird nicht von der Moral gestaltet, sondern von der Macht.» Dem Matthäusevangelium zufolge war es offenbar eine der abgründigsten und unheimlichsten Versuchungen Jesu, im Hinblick auf die Welt, wie sie ist, der Versuchung zur Gewalt nachzugeben, sich dem Gesetz der Königreiche dieser Erde zu unterwerfen und selber die Macht nach Art der Herrscher dieser Erde in die Hand zu nehmen und auszuüben. Angesichts des Zustands dieser Welt muß es für Jesus eine zentrale Versuchung bedeutet haben, buchstäblich den Teufel anzubeten und aus seinen Händen die politische Macht, die Gewalt der Welt in Empfang zu nehmen![38]

Die Kraft zum Widerstand gegen den Drang dieser Verführung nimmt Jesus auch an dieser Stelle bezeichnenderweise erneut nicht aus sich selbst; wieder vermag er sich scheinbar nur zurückzubesinnen auf das, was er eigentlich war und was er immer schon gewollt hat, indem er sich ein Wort aus der Schrift in Erinnerung ruft, diesmal das 5. Buch Moses, 6. Kapitel, Vers 12–13: «Hüte dich, daß du den Herrn nicht vergißt, der dich aus Ägypten herausgeführt hat, aus dem Haus der Knechtschaft. Den Herrn deinen Gott sollst du fürchten und ihm dienen und bei seinem Namen dich verschwören.»[39] Anhand dieses Wortes findet Jesus wieder zu dem, was er meinte, als er sich auf Gott einließ, und es bestätigt sich jetzt, was «Gott» für ihn bedeutet: Es bedeutet, daß die Macht des Menschen über den Menschen nicht die letzte Wirklichkeit ist, sondern daß es über dem Menschen eine andere, höhere, absolut überlegene Macht gibt, die den Menschen befreien kann aus der gegenseitigen Versklavung; diese Macht allein verdient Respekt und Ehrfurcht, Unterwerfung und Anbetung. Diesen Gott würde man aus den Augen verlieren, wollte man vor der Satanei menschlicher Macht kapitulieren, indem man sie selbst instrumentalisiert. Gäbe es Gott nicht, so wäre in der Tat ohne jeden Widerspruch die Macht des Stärkeren das Recht, so wäre ohne jede Alternative der Mensch der Willkür des Menschen ausgeliefert[40], und ohne auch nur einen menschlichen Einspruch, ohne auch nur die Stimme des Protestes rechtfertigen zu können, müßte man mitansehen, wie die Würde der Schwachen von der zynischen Willkür der jeweils Stärkeren durch die Folterketten unaufhörlicher Demütigungen und Beleidigungen zerrieben würde; jeder Einwand gegen die scheinbare Allgewalt der am meisten Gewalttätigen liefe auf eine Rechtfertigung der Schwachheit hinaus und wäre mit Leichtigkeit als ein bloßes Argument ohnmächtigen Ressentiments abzutun, als ein Versuch, den Aufstand der Zwerge gegen die Riesen zu proben.

Alles Denken in den Kategorien von Macht und Ohnmacht muß in diesem Teufelskreis von Hoch und Niedrig, von Überlegenheit und Unterlegenheit, von Durchsetzen und Verlieren gefangen bleiben. Wer die Macht Gottes im Anblick der menschlichen Macht aus den Augen verliert, der wird unzweifelhaft auf der Stelle genötigt, «den Teufel anzubeten». Diese Einsicht bietet die Klärung, die die Erschütterung und Krise Jesu zu beenden vermag. Zu dem trostlosen Spiel menschlicher Willkür über den Menschen gibt es offenbar nur eine einzige Alternative, und sie liegt darin, über den Schatten, den Menschen über Menschen werfen können, den Blick auf den Himmel nicht aus den Augen zu verlieren, der sich hoch und majestätisch über alle Menschen unterschiedslos wölbt – das ist die *Er*kenntnis und das *Be*kenntnis, mit dem Jesus das Grundgesetz menschlicher Freiheit formuliert: «den Herrn deinen Gott allein sollst du fürchten und ihn allein anbeten.»[41]

Die Freiheit des Menschen erwächst einzig aus der Überzeugung, daß Gott allein die Macht besitzt; und alle Würde, alle Größe auch des schwächsten Menschen hängt daran, daß Gott auch ihn gewollt hat, daß es auch ihn geben muß und daß auch er berechtigt ist zu sein: Gott würde etwas fehlen, wenn es ihn nicht gäbe! Das ist die Entdeckung, die man aus dem Erbe der biblischen Religion[42] nicht vergessen darf: Bete an deinen Gott, der dich aus dem Haus aller menschlichen Abhängigkeit und Knechtschaft herausgeführt hat, bei ihm kannst du zu dir selber kommen und dich selber für etwas Unverzichtbares, Unvertauschbares und absolut Bedeutsames halten. In Gott ist es möglich, eine Freiheit zu finden, an welcher dem Treiben der äußeren Gewalt ein Ende gesetzt wird. Nicht der Sturz der Cäsaren und der Diktatoren, nicht die Reform der Macht durch die Macht kann die Welt von der Despotie der Herrschaft erlösen[43], wohl aber der Aufgang des religiösen Bewußtseins, daß der wahre Herrscher über den Menschen nicht der Mensch ist, sondern Gott allein. Der Mensch ist mehr als die Geschichte[44]; er ist nicht deren Produkt, nicht nur deren Opfer, er ist und bleibt ein Wesen, das sich gegenüber einem Absoluten verantworten kann und darf.[45] So erst wird der latente Kniefall aller äußeren Macht vor dem Teufel beendet. Von dem Zwang der Macht kann man nur durch eine Gegenmacht befreien; aber es gibt nur *eine* Macht, die den Menschen von der Versklavung durch den Menschen retten kann – und sie steht ganz allein bei Gott. Die Anbetung Gottes ist die Freiheit des Menschen; und eine andere Freiheit gibt es nicht.[46] Es ist die grundlegende Entscheidung und Gewißheit, die sich aus dem Augenblick der Versuchung für Jesus ein für allemal ergibt: daß eine Lösung des weltweiten Problems der menschlichen Macht und Gewalt nicht politisch mit den Mitteln der Macht, sondern nur religiös durch das Bewußtsein einer unveräußerlichen Freiheit in Gott möglich wird.

Und wieder kann man sagen, daß es gut war, wirklich ein Werk des *Geistes Gottes selber,* diese Klärung und Entscheidung herbeigeführt zu haben. Von diesem Moment an wird Jesus nicht müde werden, den Anbruch der «Königreichsherrschaft des Himmels» zu verkünden, einer unsichtbaren Macht, die den Menschen gefangennimmt durch den Zauber der Güte, durch die Faszination der Liebe und durch den Trost der Vergebung. Es ist das absolute Gegenprogramm zu all den Reichen dieser Welt in der Hand des Teufels; es ist das Ende des ständig eskalierenden Alptraums der Geschichte, mit den Mitteln des Krieges dem Frieden, mit den Mitteln der Gewalt der Freiheit und mit den Mitteln der Zerstörung dem Leben dienen zu sollen.

Eine letzte, entscheidende Frage aber verbleibt noch: Inwieweit eigentlich ist Verlaß auf Gott? Leistet dieser Glaube wirklich, was er vorgibt: die Befreiung von der Qual des Hungers, die Befreiung von der Qual der Menschenmacht? Was ist mit diesem Gott in Anbetracht all des Leidens und der Not der Menschen? Sollte nicht, wenn Gott so ist, wie Jesus ihn uns schildern wird, etwas von seiner Macht greifbar sich zeigen? Überall auf Erden wenden Menschen sich mit oft verzweiflungsvollen Bitten an den Gott des Himmels, ohne daß sie eine Antwort finden; sind nicht die heiligen Bücher aller Völker voll von Verheißungen und Erzählungen über die wunderbare Hilfe, die Gott den Menschen wird oder hat zuteil werden lassen? Doch wo erlebt man das Wunder dieser verheißenen oder behaupteten Rettung?

Es ist dies die wohl fundamentalste und schwerstwiegende Infragestellung Jesu überhaupt. In der *ersten* Frage des Teufels erschien es als schwankend und unsicher, was es bedeuten könnte, «Gottes Sohn» zu sein – *das Sein* Jesu, seine Person stand hier in Frage; in der *zweiten* Aufforderung des Teufels drohte hinter der Macht der irdischen Reiche die Macht Gottes unsichtbar zu werden; *das Tun* Jesu, die Möglichkeit einer Erlösung wurde hier zweifelhaft; jetzt aber steht Gott und sein Wirken überhaupt in Frage.[47] Kann man an einen Gott glauben, der sich nicht zeigt? Welch einen Beweis gibt es dafür, daß man sich Gott einfachhin überlassen kann? Es ist eine Frage, die die gesamte Religion herausfordert und provoziert; es ist die Frage nach der Möglichkeit des Glaubens überhaupt. Dementsprechend stellt sie sich auch im *Mittelpunkt* des Judentums: in Jerusalem, im Tempel, an dem Ort, wo er am höchsten ist.[48] Immer wieder ist diese Frage nach der Wirksamkeit und Wirklichkeit Gottes im Verlauf der menschlichen Geschichte gestellt worden – schreiend und fluchend, bittend und bettelnd, verzweifelt und enttäuscht, erwartend und drängend. Immer wieder haben Menschen von Gott Schutz und Rettung in ihren vielfachen Bedrängnissen erfleht, haben sie sich auf Gott verlassen wollen, und immer wieder kam es völlig anders, als sie hofften. Was ist dann Glauben, und wie ist er möglich?

Von der kleinen THERESE VON LISIEUX wird berichtet, sie habe sich an einen Vorfall aus der Kindheit gut erinnern können, der stets für sie als Vorbild des Glaubens gegolten habe. Als Kind habe ihr Vater sie einmal oben auf den Schrank gestellt und sie aufgefordert, in seine Arme zu springen; und trotz ihrer Angst und obwohl ihr die Entfernung ungeheuer groß erschienen sei, habe sie doch bedenkenlos und ohne zu zögern den Sprung gewagt in dem Bewußtsein, daß ihr Vater sie schon auffangen werde.[49] Tatsächlich ist dies ein wunderbares Bild für die Haltung des Vertrauens, die Jesus uns lehren möchte, denn worin bestünde der «Glaube» Jesu sonst, wenn nicht in der Gewißheit, daß Gott als unser Vater uns auffangen wird und wir nicht tiefer stürzen können als in seine Hand, weil unser Leben niemals gänzlich seiner Macht entgleiten kann? Und doch ist es möglich, selbst die heiligsten Begriffe und Vorstellungen in ihr Gegenteil zu verfälschen. Äußerlich gesehen, scheint das, wozu der Teufel Jesus auffordert, nichts anderes zu sein als eben eine solche Haltung des Vertrauens gegenüber Gott; und dieser Eindruck muß noch verstärkt werden durch das Bibelzitat, das der Teufel vorbringt, eine Stelle aus dem Psalm 91, der wie kein anderer von dem Schutz und Beistand spricht, den Gott demjenigen erweist, der ihm anhänglich treu sein wird: seine heiligen Engel werden einen Menschen, der an ihn glaubt, auf Händen tragen, um ihn vor allem Bösen und Unheil zu bewahren.[50] Dieses Zitat ist in diesem Zusammenhang besonders hinterhältig. Aller Rückhalt, aller Maßstab lag für Jesus bisher in der Schrift als dem gültigen Wort Gottes selbst. Ist es denn aber denkbar, daß auch der Teufel Gott zitiert? Kann es sein, daß er es fertigbringt, Gotteswort gegen Gotteswort zu stellen und damit den Zweifel und den Zwiespalt, die Haltlosigkeit und die Unsicherheit bis in den letzten Kern des menschlichen Herzens hineinzutreiben?[51]

Man kann ruhig sagen: dies ist nicht nur möglich, es ist sogar üblich. Was alles wurde nicht schon mit Bibelzitaten gerechtfertigt – von den Hexenprozessen bis zu den absurden Theorien von heiligen, gerechten oder doch gerechtfertigten Kriegen? «Gebt dem Kaiser, was des Kaisers ist» (Mk 12,17) zum Beispiel ist ein Lieblingsspruch aller «heiligen» Vergewaltigung von Menschen im Namen Gottes. Und doch ist es letztlich nicht möglich, ein Gotteswort gegen ein anders auszuspielen. Wohl ist es allenfalls möglich, das, was Gott dem Menschen zu sagen hat, auf eine satanische Weise zu verdrehen, und zwar zumeist unter vollständiger Beibehaltung seines Wortlauts, unter dem völligen Anschein der Richtigkeit also. Es ist zum Beispiel ganz einfach möglich, etwas, das rein innerlich gemeint ist und auf dieser Ebene ganz und gar stimmt, zur blanken Unwahrheit zu machen, indem man es äußerlich nimmt und damit aus dem Bereich der Freiheit und dem Verhältnis zwischen Personen in eine Ebene der Festgelegtheit und der reinen Sachlichkeit hineinzerrt, in der es zur Karikatur seiner selbst entarten muß. Alle wirklichen Äußerungen zwischen Personen sind dieser Gefahr ausgesetzt, und die Mitteilung Gottes an uns deshalb am meisten.

Ich kann zum Beispiel zu jemandem sagen: «Ich möchte dir mein Leben lang gehören, ich möchte ganz dein Eigen sein»; und ich meine damit: «Immer will ich mich einsetzen für dich; immer will ich zuerst fragen, was gut ist für dich; und was ich irgend für dich tun kann, möchte ich gern und immer für dich tun.» Eine entsprechende Antwort auf die Sprache der Liebe bestünde zweifellos in einer ähnlichen Haltung und Gesinnung, in einer gemeinsamen Dankbarkeit dafür, daß es den anderen gibt und daß er so ist, wie er ist. Alles aber verändert sich vollkommen und wird von Grund auf pervertiert, wenn der eine den anderen einfach als sein Eigentum betrachten wollte, das er besäße wie einen Gegenstand, wie ein Gebrauchsding. Wenn er aus dem freien Versprechen, ihm zu gehören, ein Verfügungsrecht ableiten wollte, das keine Freiheit mehr anerkennt, sondern mich behandelt wie eine tote Sache, wenn er sich selber dahin belügt, die Liebe, die ihm nur in Freiheit gegeben sein kann, wie eine selbstverständliche Tatsache zu nehmen, die nicht geschenkt werden müßte, sondern einfachhin vorhanden wäre wie das Wasser und der Sauerstoff, so wäre dies ein arger Betrug an sich selbst und an dem Partner der Liebe. Denn wohl wurde gesagt: «Ich möchte dir gehören», aber es war damit nicht gemeint: «Ich bin ein bloßes Objekt zu deiner Willkür.» Es kann aber zu einer solchen Verkehrung jeder persönlichen Beziehung nur kommen, wenn aus einem Wort der Liebe der eigentliche Inhalt herausgelöst und von der Voraussetzung der Liebe selbst getrennt wird, wenn also der andere gar nicht mehr als

Person geliebt und gemeint ist, sondern wenn seine Liebe wie ein lebloser Stoff benutzt und ausgebeutet werden soll.

Im Grunde rät der Teufel auf der Zinne des Tempels Jesus jetzt gerade zu einer solchen Verdinglichung seines gesamten Verhältnisses zu Gott. Anders gesagt: Eine wahrhaft teuflische Versuchbarkeit jeder Religion besteht darin, aus den Worten Gottes, die in der Schwebe und der Spannung von Freiheit und Liebe, von Dankbarkeit und Vertrauen, von Ungewißheit und Wagnis das ganze Glück des Menschen ausmachen können, eine platte Gegebenheit, eine fertige Sache, einen toten Knochen zu machen, den man gebrauchen könnte, wozu man will; es ist die teuflische Möglichkeit jeder Religion, sich selber dahin zu bringen, unter ständiger Berufung auf das, was Gott gesagt hat, die Person Gottes gar nicht mehr zu sehen und alles in scheinbar beruhigende, in Wahrheit aber alles verfälschende Formeln zu verwandeln, in Besitzansprüche auf Gott, die das Ungeheuerliche der Liebe Gottes in eine dumm-dreiste Selbstverständlichkeit zerreden. Zweimal hat Jesus bisher ein Wort Gottes gebraucht, um sich selber darin wiederzufinden; die Frage stellt sich jetzt an ihn, wie er es wirklich mit Gott meint, ob seine Berufung auf Gott nicht auch bei ihm in dem Verlangen nach Sicherheit und Geborgenheit zu einer seelenlosen Mechanik sich verflachen läßt, die eine Wahrheitsgarantie dort gibt, wo sich in Wirklichkeit eine Katastrophe anbahnt.

In gewissem Sinne sind alle drei «Versuchungen» Jesu im Matthäusevangelium wie eine Widerlegung des Kindermärchens von dem «Tischlein deck dich, dem Esel streck dich und dem Knüppel aus dem Sack».[52] Während Essen, Macht (Geld) und Sexualität in der Grimmschen Erzählung in reinem Wunschdenken als Inbegriff des Glücks gepriesen werden, betont die Versuchungsgeschichte gerade die Gefahr, die darin liegt, den Menschen mit seinen äußeren Triebbedürfnissen zu identifizieren. Auch die dritte «Versuchung»: der «Falltraum», spricht tiefenpsychologisch jetzt eine klare symbolische Frage: Es geht um das Bedürfnis nach Liebe und Verschmelzung. Das entscheidende aber ist jetzt, daß sich dieses Streben des Menschen nach einer absoluten Akzeptation und Daseinsberechtigung im letzten über alle menschlichen Beziehungen hinaus auf Gott richtet, und hier gilt, daß man Gott als der absoluten Person nur absolut, nur «blind» vertrauen kann, wenn nicht alles sich verkehren soll. Wer sich Gott in die Arme wirft und dabei nicht unverwandt ihm in die Augen schaut, der wird in dem Abgrund zwischen Schöpfer und Geschöpf zerschmettert werden wie in einer Felsschlucht. Der eigentliche Schutz Gottes ist ganz und gar nur seine Liebe: Unabhängig von ihr fallen wir sogleich ins Bodenlose. Das Gefühl, daß Gott uns liebt, ist schon der ganze Schutz unseres Daseins. Und dieses Empfinden ist ganz innerlich – es braucht keine äußeren Demonstrationen und Beweise. So wie eine Liebe nur anfanghaft und primitiv ist, solange sie an Geschenken und an äußeren Bezeugungen wesentlich hängt, so kann auch die Religion in ihrem Verhältnis zu Gott nur dann als «reif» und «erwachsen» gelten, wenn sie sich unabhängig macht von der Erwartung äußerer Erweise. Und so wie es in der Liebe ein Mißverständnis wäre, den anderen seiner Geschenke oder seiner Aufmerksamkeit wegen lieben zu wollen, statt darin nur ein an sich unwesentliches Ausdrucksmittel der Liebe zu erblicken, so besteht auch die Religion darin, Gott so zu lieben, daß es seiner Geschenke nicht mehr bedarf, um ihm zu vertrauen. So erst läßt man sich fallen in Gott, und so erst findet man seinen Schutz in Gott.

Nichts wäre deshalb falscher, als in der Antwort Jesu zum dritten jetzt nur ein weiteres Gegenspiel schriftgelehrter Argumentation zu erblicken. Wohl beruft sich Jesus erneut auf die Schrift, und zwar wiederum auf eine Stelle aus dem 5. Buch Moses, diesmal dem 6. Kapitel, Vers 16: «Ihr sollt den Herrn euren Gott nicht versuchen, wie ihr ihn versucht habt in Massa.»[53] Aber was Jesus damit meint, ist gerade nicht das rabbinische Kunststück, Schriftwort gegen Schriftwort auszuspielen, sondern er will in seiner Antwort darauf hinweisen, wie das Wort Gottes insgesamt aufzunehmen ist. Die Zusagen Gottes lassen sich nur verstehen, wenn man Gott liebt, nicht aber, wenn man distanziert abseits steht und Gott gewissermaßen ausbeuten will für seine äußeren Ziele und Absichten. Das Versprechen Gottes, zu uns zu stehen und uns treu zu sein, läßt sich von außen her so wenig verstehen, wie 1945 nach Kriegsende die Überzeugung mancher Frauen, die trotz langjähriger Trennung von ihrem Mann und ohne ein Lebenszeichen von ihm erhalten zu haben, in ihrer Überzeugung unerschütterlich verharrten, daß ihr Gatte eines Tages zu ihnen zurückkehren werde und daß die Zeit der Trennung sie nur um so enger miteinander verbinden könne. Was Jesus meint, ist das Vertrauen, daß es Gott so oder so gut mit uns meint und daß es ihm ganz und gar selbst überlassen bleiben muß, wie er an uns handelt. Um es paradox auszudrücken: Indem Jesus sich von der Tempelzinne gerade nicht stürzt, beweist er mehr Vertrauen zu Gott, als wenn er sich hinunterstürzen würde. Würde er das Ansinnen des Teufels akzeptieren, so würde er sich verhalten wie ein jungverliebtes, vertrauensunsicheres Mädchen, das die Liebe seines zweifelhaften Freundes daran erkennen wollte, ob dieser ihr einen Blumenstrauß zum Rendezvous mitbringt oder nicht, und das nicht fähig ist, seinem bloßen Wort, seinem bloßen Versprechen zu glauben. Mit einem solchen «Vertrauen» stünde Jesus in bezug zu Gott da wie ein Trapezkünstler im Zirkus, der bei all seinen tollkühnen Sprüngen doch weiß, daß er über Netz und doppeltem Boden turnt und nicht das Risiko des Ernstfalls unter sich hat. Ein durch Wunder bewiesener Gott wäre kein Gott des Glaubens, sondern ein bloßer Götze unserer Ängste, von denen er nicht zu erlösen vermöchte, weil er selbst ganz und gar nichts anderes wäre als das bloße Konterfei eben dieser Ängste. Schon deshalb wollte Jesus, daß wir über unsere Ängste hinausreiften und in ein offeneres, freieres Verhältnis zu Gott und zu uns selber zu gelangen vermöchten.

Wohl keine der großen Gestalten der Religionsgeschichte hat die Menschen so sehr aufgefordert, rückhaltlos Gott all unsere Bitten, Wünsche und Nöte zu sagen, wie Jesus von Nazareth; niemand auch hat uns so sehr gelehrt, daß die Menschen alles von Gott erbitten und erflehen sollten; doch nur scheinbar steht diese Botschaft in Widerspruch zu der Erklärung, die Jesus an dieser Stelle hier gibt: daß man Gott nicht mit der Erwartung äußerlich garantierter Leidlosigkeit und Sicherheit und mit dem Anspruch abwägender Wundersüchtigkeit gegenübertreten kann. In Wahrheit ist es ein und dieselbe Haltung, die Jesus zu Gott so offen sprechen läßt wie ein Kind zu seinem Vater und die es ihm auf der anderen Seite nicht erlaubt «auszuprobieren», ob Gott es wirklich gut mit ihm meint oder nicht; denn es ist nicht möglich, die Haltung des Vertrauens mit bestimmten Gebetserhörungen und Schutzbeweisen zu verknüpfen. Wohl ist es wahr, daß man Gott ganz offen alles sagen kann und soll – alle Wünsche, Nöte und Empfindungen, aber es ist genauso wahr, daß ein wirkliches Vertrauen keiner äußeren Beweise bedarf, weil die Liebe alle weiteren Beweise überflüssig macht und es nur alles verderben würde, sie mit gewissen «Proben» noch «sicherer» machen zu wollen.

So ist es denn auch das Gefühl Jesu, daß er sich unbedingt auf die Nähe und auf den Beistand Gottes verlassen kann – was immer auch passieren wird; und es wird viel passieren – *alles* im Grunde, was an Belastungen eines solchen Vertrauens überhaupt denkbar ist, alles, was die Enttäuschungen und Verbitterungen über das Schweigen Gottes in der Geschichte der Menschheit zusammenfassen und bestätigen kann. Und doch wird Jesus dieser seiner Einstellung zu Gott treu bleiben. Schon bald wird jener äußerste Augenblick kommen, da man ihm allen Haß und alle Gemeinheit aufladen wird; in jener Stunde wird man ihn von den Menschen isolieren und mit zynischen Worten verhöhnen gerade wegen seines Vertrauens zu Gott; und man wird sich ihm gegenüber auf einen Gott und auf eine Religion berufen, die ganz genau so sind, wie der Teufel sie an dieser Stelle Jesus antragen möchte: «Wenn du Gottes Sohn bist, steige herab vom Kreuz»[54], wird man ihm zurufen (Lk 23,35–39); «rette dich selbst und uns», wird man dem Gekreuzigten entgegenhalten, und man wird zu beweisen suchen, daß alles nur eine fromme Illusion war, was Jesus mit Gott verband, und daß es unsinnig war, sich so rein innerlich, so ohne jede äußere Beglaubigung auf Gott zu verlassen; doch selbst in der Gottverlassenheit der neunten Stunde des Karfreitags wird Jesus an der Überzeugung festhalten, daß, was immer geschehe, Gott es gut mit ihm meine.

Man muß den Höhnenden unter dem Kreuz zugeben, daß die Haltung des Glaubens, wie Jesus sie lehrt, keine Frage, kein Problem, keinen Zweifel von außen behebt. Sie gibt keine Antwort auf die Vorwürfe und Anklagen, die seit eh und je aus dem Leid der Menschen erwachsen, die sich von Gott und aller Welt im Stich gelassen fühlen. Aber es ist ja für die Not der Menschen von außen prinzipiell keine Lösung möglich, so wenig, wie es möglich ist, für einen anderen den Glauben von außen «machen» zu wollen. Wohl aber gilt, was Jesus meint, als er der Versuchung des Satans auf der Zinne des Tempels widersteht und damit einer Auffassung der Religion widerspricht, die so tut, als biete die Frömmigkeit eine Art Leid- und Not-Beseitigungsgarantie – eine solche Vorstellung wäre wirklich nichts als eine teuflische Verdrehung der eigentlichen Gottesliebe. Demgegenüber bleibt es die feste Überzeugung Jesu, daß kein Leid dem Vertrauen auf Gott widersprechen muß und daß Rettung aus Leid und Not nicht der Prüfstein dafür sein kann, ob es Gott gibt oder nicht. Denn für Gott ist unser Unglück kein Unglück und unser Glück kein Glück[55], und was für ihn allein zählt, ist ein Vertrauen, das ganz und gar aus der Liebe stammt. Die Menschen verzweifeln ja niemals an irgendwelchen Umständen, sondern wer immer verzweifelt, verzweifelt an sich selber[56]; und ein anderes Mittel, um den Glauben an sich selbst nicht zu verlieren, gibt es gar nicht, als sich bedingungslos an Gott zu halten und an ihn zu glauben jenseits aller äußeren Festlegungen, Beweise und Bestätigungen.

Damit eigentlich ist die bündige Antwort auf alle drei Versuchungen gegeben; es ist die grundlegende Rückbindung Jesu in bezug auf die drei zentralen Infragestellungen, deren er sich von innen her erwehren muß und die allein ihn bedrohen konnten: der Versuchung des Mitleids, der Versuchung der Verantwortung und der Versuchung des Glaubens. Es ist die feste Rückkehr zu der Grundüberzeugung, die Jesus sein ganzes Leben lang trug: was dem Menschen im tiefsten mangelt, ist Gott, und es gibt kein größeres *Mitleid*, als dem Hunger des menschlichen Lebens seine Erfüllung und seinen Sinn in Gott zu schenken; was der Mensch sucht, seine Freiheit und Würde, ist Gott, und es gibt kein größeres *Verantwortungsbewußtsein*, als dem Mißbrauch der Macht durch den Menschen die Macht gegenüberzustellen, die Gott selber ist und die allein

Anbetung und Verehrung fordern kann; was der Mensch erhofft und ersehnt an Gott, ist Gott selber, und es gibt keine bessere *Gottesverehrung*, als sich ohne Rückhalt dem Vertrauen und der Liebe zu überlassen, die Gott selbst ist und die keinerlei Beweise benötigt.

Das Matthäusevangelium erwähnt, daß, als Jesus diese Versuchungen bestand, Engel Gottes kamen, ihm zu dienen (Mt 4,11).[57] Wer sich Gott überläßt, bleibt niemals ohne Schutz und niemals ohne Antwort, so meint dieses Motiv; doch es ist der Schutz der *Engel* Gottes; und Gottes Engel sieht man nicht; sie reden nur zum Herzen deutlich. Ganz so wird Jesus, als er am Kreuz hängt, in dem Gebet, das er als Kind auf aramäisch lernte, sich an die Engel Gottes wenden – ein Gebet ähnlich den «14-Englein» des Gute-Nacht-Gebets der Kinder in früheren Jahren: als in der neunten Stunde der Ton der Tempelposaunen durch die Stadt hallt, spricht er auf Golgatha die Worte, die um diese Zeit ganz Israel zu beten pflegt: «In deiner Hand sind die Seelen der Lebendigen und der Toten. In deine Hände übergebe ich meinen Geist, du hast mich erlöst, Herr, du Gott der Treue... Im Namen des Herrn, des Gottes Israels: Zu meiner Rechten Michael, zu meiner Linken Gabriel, vor mir Uriel, hinter mir Raphael und über meinem Haupte die Gegenwart Gottes.»[58] Doch die Kraft zu diesem Gebet gewinnt Jesus hier. In dieser Stunde der Wüstenauseinandersetzung wurde dieser Kampf entschieden, und der Widersacher räumt das Feld. Und man kann wirklich sagen, daß es der *Gottesgeist* war, der den Herrn umhertrieb in der Wüste. Das Ende dieses Lebens Jesu ist die Bestätigung, der ganze Ausdruck dessen, was er war und wollte, als er im Angesicht des Todes diesem seinem Gebet noch die Worte des Psalms 31,6 hinzufügt: «Abba, mein Gott, mein lieber Vater, in deine Hände befehl ich meinen Geist» (Lk 23,46).[59]

Nachtrag
Der Teufel – wer ist das eigentlich?

Kein Zweifel: das *Markus*evangelium schon, doch nicht minder in der vorstehenden Geschichte auch *Matthäus* glaubt an den Teufel; er glaubt daran so sicher wie an die Existenz eines Kugelschreibers auf dem Tisch oder einer Wolke am Himmel, geheimnisvoller und unheimlicher zwar, doch im entscheidenden nicht weniger «real». Kein Zweifel deshalb aber auch, daß Markus und Matthäus, ja, daß auch Jesus selber, wenn er vom Satan sprach, einem mythischen Weltbild angehörten, das man nicht ohne weiteres, indem man es in falscher Weise wörtlich nimmt, in unser Denken und Vorstellen übersetzen kann. Der Realismus des Mythos ist symbolisch, nicht gegenständlich, und so ist die Frage unvermeidbar, was die Gestalt des Teufels eigentlich bezeichnet, welche Erfahrungen sich in ihr verdichten und welche Möglichkeiten und Strukturen des Daseins in der Person eines Fürsten der Finsternis, eines «Gegengottes» zum Reich des Guten verkörpert sind.[1]

Es gibt von seiten der Tiefenpsychologie sowie der Religionsgeschichte eine ganze Reihe guter Erklärungen, wie es zu der Vorstellung von bösen Geistern kommen kann.[2] Auch wenn diese Erklärungen nicht das «Wesen» des Teufels beschreiben können, so vermögen sie doch ein wichtiges Stück Aufklärung zu leisten und das Thema selber zu entdämonisieren und zu entdogmatisieren, und das ist nicht wenig. Teufel, erfahren wir da, sind nicht selten die Relikte alter Gottheiten. Was vormals als heilig, das gilt jetzt, nach der Definition einer neuen Religion, wenn sie so streng orthodox vorgeht wie zum Beispiel die christliche, als das Verbotene, Unsittliche, Verführerische und Böse. Gleichwohl hören die alten Götter nicht auf, im Herzen der Menschen weiterzuleben; sie verkörpern nach wie vor ihre Ängste und Sehnsüchte, Hoffnungen und Nöte, Wünsche und Begierden, Verbote und Zwänge. Mit dem Verbot der «alten Götter» werden im Laufe der Religionsgeschichte daher immer wieder ganze Bereiche der menschlichen Psyche in das Feld des Dämonischen verbannt. In den Teufelsgestalten des *christlichen* Abendlandes etwa verbirgt sich, leicht erkennbar, die Bocksgestalt des griechischen Hirtengottes *Pan*[3], der freilich schon in der Antike als Repräsentant des «Tierischen» im Menschen zum Widersacher des lichtvollen *Apoll* geriet[4]. Insbesondere diese Spannung zwischen Geist und Trieb, zwischen Kultur und Natur, zwischen Sittlichkeit und Sinnlichkeit ist in der Kultur- und Religionsgeschichte der Menschheit häufig als ein Kampf zwischen Gott und dem Teufel als den Personifikationen von Gut und Böse symbolisiert worden. Gleichzeitig konnte diese seelische Spannung auch in die weitgehend unbekannte «Natur» hineinprojiziert werden, indem alle dem Menschen angenehmen Erscheinungen dem Wirken gütiger Mächte zugeschrieben wurden, während alle unliebsamen Vorkommnisse den Machenschaften böser Geister zur Last gelegt wurden.

Was aber meint dann das Symbol des Teufels?

Geht man die Vielfalt der Teufelsvorstellungen einmal unter *daseinsanalytischem* Gesichtspunkt[5] durch, so polarisiert sich der Bedeutungsgehalt des Dämonenglaubens in zwei verschiedenen Sinnbildern beziehungsweise in zwei Grundmöglichkeiten der menschlichen Existenz, die man als Daseinsverweigerung aus Angst beziehungsweise aus Ekel bezeichnen könnte.

Bereits die persische Mythologie, der auch der biblische Teufelsglaube religionsgeschichtlich seinen Ursprung verdankt[6], entwickelte das dualistische Konzept des ewigen Kampfes zwischen dem guten Gott des Lichts, *Ahura Mazda,* und dem Dämon der Finsternis, dem bösen Gott *Ahriman*[7]. Mit dem «Guten» ist dabei, weit über den Umkreis einer rein moralischen Qualifikation hinaus, der Gedanke des Kreativen, nach vorne Weisenden verknüpft, während *Ahriman* bezeichnenderweise nur nach rückwärts zu denken imstande ist.[8] Das Böse, das Teuflische, erscheint, so betrachtet, als eine Macht, die sich dem Fortschritt, der Reifung, der Loslösung, letztlich der Zukunft verweigert und immer wieder zurückstreben möchte zu dem undifferenzierten lichtlosen Urzustand vollkommener Einheit und Geborgenheit. Nicht zu sein erscheint innerhalb dieser regressiven Tendenz in gewissem Sinne als vorteilhafter, denn auf der Welt zu sein; der Wunsch einer konsequenten Lebensaufhebung und Lebensverneinung aber, der alles Glück nicht in der Gewinnung und Gestaltung möglicher Zukunft, sondern in dem beharrlichen Protest gegen alles Werdende und sich Formende, ja, letztlich darin erblickt, am besten gar nicht auf die Welt gekommen zu sein, läuft auf eine Totalverweigerung gegenüber allem, was ist und lebt, hinaus und kann daher durchaus als ein teuflischer «Geist» verstanden werden.

Die *psychologische* Seite einer solchen Interpretation des «Dämonischen» tritt uns in der Religionsgeschichte wohl am eindrucksvollsten in der *polynesischen Schöpfungsmythe* entgegen, und es lohnt sich an dieser Stelle, sie kurz zu referieren.[9] Am Anfang der Welt, erzählen die *Maoris,* war *Te Kore,* das Nichts. Dann kam *Te Po,* die Nacht: *Te Ponui,* die Große Nacht, und *Te*

Paroa, die Lange Nacht. Und so ging es weiter durch unermeßliche Zeitalter der Dunkelheit. Schließlich kam *Te Atta,* die Dämmerung. Mit der Dämmerung entstanden aus Äonen des Nichts und aus dem Mutterleib der Dunkelheit selbst die Ureltern: *Rangi,* der Himmelsvater, und *Papa,* die Erdenmutter. Solange sie einander umfingen, waren Rangi und Papa glücklich. Sie zeugten Kinder männlichen Geschlechts. «Rangi und Papa waren zufrieden, doch nicht so ihre Nachkommen, denn da der Himmel auf der Erde lag, waren sie von der Dämmerung ausgeschlossen und erstickten in der Dunkelheit, die nur durch den schwachen Schimmer der Glühwürmchen spärlich erhellt wurde. Sie drängten sich an die Seite von Papa, ihrer Erdenmutter, und suchten Schutz in ihren Achselhöhlen. Dieses beengte Dasein wurde ihnen jedoch bald unerträglich. Lange berieten die Söhne, was zu tun sei. – Der weiseste unter den Nachkommen, Tane-mahuta, Vater der Wälder, Bäume und Vögel und Gott der Handwerker, stimmte dafür, die Eltern gewaltsam zu trennen. Whiro hingegen war entschlossen, im Leib seiner Mutter zu verbleiben. Dort bleibt er immer noch, die Personifikation der Finsternis, des Bösen und des Todes, sein Reich die Unterwelt. Auch einem anderen Sohn, Tawhiri-matea, dem Gott der Winde und Stürme, mißfiel Tanes Plan. Er fürchtete um die Unversehrtheit seines Königreichs der Lüfte, sollten Erde und Himmel auseinandergerissen werden. Eine Zeitlang hielt er seinen gewaltigen Atem an, doch dann fiel er mit Macht über seine Brüder her und war seither ihr unerbittlicher Feind. – Getreu seiner wilden Natur hatte Te-matauenga, der Gott des Krieges, nichts anderes im Sinn, als Papa und Rangi kurzerhand zu töten. Doch der weise und menschliche Tane beschwor ihn, davon Abstand zu nehmen: ‹Es ist besser, sie zu trennen, so daß der Himmel weit über uns steht und die Erde hier unten liegt. Laß den Himmel uns zum Fremden werden, doch laß die Erde als unsere nährende Mutter nahe bei uns bleiben.›» So wurde es beschlossen, und so geschah es, indem Tane mit seinen Beinen Rangi in die Höhe drückte. Doch da «faßte Tawhiri, der Gott der Winde, der als einziger unter den Brüdern bei seinem Vater Rangi geblieben war, den Beschluß, das Geschaffene wieder zu zerstören. Er sammelte seine Winde um sich und verwüstete die Wälder Tanes. Unbarmherzig peitschte er die Meere Tangaroas und trieb Rongo und Haumia, die Götter der kultivierten und unkultivierten Knollenfrüchte, unter die Erde. Allein Tu gelang es, den Stürmen zu widerstehen, und im Zorn darüber, daß ihn seine Brüder im Stich gelassen hatten, nahm er Rache an ihnen: Er stellte ihren Nachkommen Fallen, entwurzelte sie und fraß sie auf.

Mittlerweise weinten die grausam getrennten Göttereltern umeinander, und Rangis Tränen fallen seither für alle Zeit als Regenschauer auf die Erde. Trotz allem jedoch lagen ihnen ihre widerspenstigen Kinder immer noch am Herzen. ‹Sollte der Tod sie ereilen, so wollen wir sie zwischen uns nehmen›, sagte Rangi. Doch die Erdenmutter erwiderte: ‹Nein, überlasse sie mir, laß sie zu mir zurückkehren. Obwohl sie sich gegen uns aufgelehnt haben, sind sie doch meine Kinder. Ich habe sie in die Welt des Lebens hinausgebracht; im Tod sollen sie zurückkehren und in mir Ruhe finden. Ich werde mich der Toten annehmen.› So kommt es, daß die Menschen im Körper ihrer Erdenmutter Ruhe finden, wenn sie von Whiro, dem Bösen, vernichtet werden.»[10]

Folgt man diesem großen polynesischen Schöpfungsgesang, so ist die Welt voller gegensätzlicher, einander widerstreitender Kräfte, die mancherlei Leid und Übel über die Menschen zu bringen vermögen, doch gibt es hinter allen Gestaltungen der Natur letztlich nur eine einzige Grundform des Bösen, die sich in *Whiro* verkörpert. In ihm manifestiert sich so etwas wie ein metaphysischer Streik gegenüber jeder Weiterentwicklung, gegenüber jeder zukunftsorientierten Dynamik, gegenüber jeder Differenzierung, Trennung und Ablösung. *Whiro* – das ist in der Mythe der Maori der Wille, die Ureinheit im Schoße der «Mutter» niemals zu verlassen, das ist im Grunde die Weigerung der Geburt, das ist die Suche nach einem Glück ewiger Geborgenheit ohne all die Anfechtungen und Gefahren der irdischen Existenz, das ist das Verlangen nach einem einfachen Sein ohne Bewegung. – Und das soll «das Böse» sein? – Ja, muß man antworten; es ist zumindest ein außerordentlich sprechendes Symbol für eine Haltung, die zwar nicht zerstörerisch sein will, aber dennoch die konsequenteste Verneinung gegenüber der Welt darstellt, die wir kennen.

Psychologisch gesehen, findet sich die Gestalt des maorischen *«Whiro»* in jedem Gefühl depressiver Daseinsangst und regressiver Lebensvermeidung: eine Art umgekehrter Existenz, die das Leben mehr zu fürchten gelernt hat als den Tod und die sich innerlich dagegen sträubt, des Daseins bewußt zu werden, ja, überhaupt aus der Deckung des Nichtseins hervorgezogen worden zu sein: GOETHES *Mephistopheles* bringt diese Einstellung sehr genau zum Ausdruck, wenn er gleich im «Prolog im Himmel» gegenüber Gott bekennt: «Von Sonn' und Welten weiß ich nichts zu sagen, / Ich sehe nur, wie sich die Menschen plagen ... Ein wenig besser würd' er leben, / Hättst du ihm nicht den Schein des Himmelslichts gegeben; / Er nennt's Vernunft und braucht's allein, nur tierischer als jedes Tier zu sein.» Und als Gott ihn fragt: «Hast du mir weiter nichts zu sagen? / Kommst du nur immer anzuklagen? / Ist auf der Erde ewig dir nichts recht?» / – antwortet er: «Nein, Herr! Ich find' es dort, wie immer, herzlich schlecht. / Die Menschen dauern mich in ihren Jammertagen, / Ich mag sogar die armen selbst nicht plagen.»[11] *Der* beziehungsweise *das* Böse erscheint hier als die Konsequenz einer Weltbetrachtung, in der nichts sichtbar ist noch werden kann außer Mühsal, Plage und Sinnlosigkeit, und vor allem: das Licht der Vernunft erweist sich, wie aller Fortschritt, als ein allzu fatales Geschenk der Götter. Der maorische *Tane*, indem er das Urelternpaar Himmel und Erde voneinander trennt, bringt – gleich dem griechischen *Prometheus*[12] – Licht und Erkenntnis in die Welt und damit all ihren Reichtum und all ihre Schönheit, aber auch das Leid und das Wissen um die Sterblichkeit. Der bloße Stillstand hingegen – das Verweilen im Dunkeln, das Verhocken im Mutterschoß des Nichts – ist selber das Prinzip des Todes: Der Drang nach der Rückkehr ins Anorganische beziehungsweise zum Verweilen im Zustand vor der Geburt ist, mit S. FREUD gesprochen, selber identisch mit dem *Todestrieb*.[13] Als gewissermaßen geistige, metaphysisch verfestigte Überzeugung aber hört sich diese Einstellung im Munde von GOETHES *Mephisto* so an: «Ich bin der Geist, der stets verneint! / Und das mit Recht; denn alles, was entsteht, / Ist wert, daß es zugrunde geht; / Drum besser wär's, daß nichts entstünde. / So ist denn alles, was ihr Sünde, / Zerstörung, kurz das Böse nennt, / Mein eigentliches Element.» Und weiter: «Ich bin ein Teil des Teils, der anfangs alles war, / Ein Teil der Finsternis, die sich das Licht gebar, / Das stolze Licht, das nun der Mutter Nacht / Den alten Rang, den Raum ihr streitig macht, / Und doch gelingt's ihm nicht, da es, so viel es strebt, / Verhaftet an den Körpern klebt.»[14] – Die gesamte geschaffene Welt wieder in die Dunkelheit des Nichtseins zurückzustoßen, aus dem sie hervorging, das in der Tat ist buchstäblich «teuflisch».

Vergleicht man diese Bedeutungsrichtung der mythischen Konzeption des «Teufels» mit der Versuchungsgeschichte des Matthäusevangeliums, so muß man sagen, daß Jesus selber von ihr augenscheinlich *nicht* gefährdet wurde; statt dessen aber wird ihm diese Art des «Bösen», des «Dämonischen» immer wieder in den Krankheiten, Zerrissenheiten und Zerquältheiten der Menschen begegnet sein, die um seine Hilfe baten. Dieses verzweifelte Nicht-leben-Wollen und Nicht-sterben-Können, dieses lähmende Gefühl, zu einem Dasein verflucht zu sein, das zu tragen man die Kraft schon längst nicht mehr besitzt, ja, nie besessen hat, diese Grundstimmung einer äußersten Sinnlosigkeit und Leere in allem, was man denkt, wünscht oder tut, dieses deutliche Bewußtsein, in ganzen Teilen der Existenz sich überhaupt nicht selber zu gehören, sondern neben sich zu stehen wie neben einem fremdgesteuerten Automaten – das ist die «teuflische» Verhexung und Versuchung, der Jesus unmittelbar nach seiner Versuchung in der Wüste bei Matthäus auf Schritt für Schritt begegnen wird. Jede Heilung einer seelisch bedingten Krankheit ist wie ein Stück Geburtshilfe an dem maorischen Gott *Whiro* in uns selber, an diesem angstverkrochenen Götzen der Selbstbewahrung, der durchaus nichts riskieren möchte und gerade damit doch in Wahrheit alles, vor allem sich selber aufs Spiel setzt. Nein, von dem «Teufel» *Whiro* oder dem *Mephisto* des «Faust» wurde Jesus nicht «versucht», ihnen versuchte ganz im Gegenteil er selber mit allen Mitteln beizukommen, indem er allen Menschen im Namen Gottes persönlich zu sein und zu geben versuchte, was sie niemals kennengelernt hatten: so etwas wie eine mütterliche Geborgenheit.

Aber es gibt noch einen anderen, ganz entgegengesetzten «Teufel», der nicht nach rückwärts, sondern nur nach vorwärts schaut und der so sehr vom Ziel, vom Ergebnis her denkt, daß ihm auf dem Wege dahin alles zu langsam, zu zäh, zu träge, zu widerspenstig abgeht, so daß er beginnt, aus lauter Ungeduld und manchmal sogar aus Verzweiflung an dem eigenen Idealismus gewalttätige «Lösungen» herbeizwingen zu wollen. Folgt man den drei Szenen der Versuchung Jesu bei Matthäus (und Lukas), so ist es offensichtlich diese Art von «Teufelei», die gerade und insbesondere einen Mann wie Jesus von Nazareth sehr ernsthaft in Versuchung führen konnte.

Das beste Porträt *dieses* «Teufels» malt der *Koran*. Er erzählt, daß Iblis, der oberste der *Dschinn*, der Geister, zum «Teufel» allererst wurde, als er den Menschen verehren sollte. Er, der Feuergeborene, sollte sich verneigen vor einem staubgeborenen Menschen! Das war zuviel verlangt von Iblis; da kündigte er Allah den Gehorsam auf.[15] – Wirklich ist es die größte Versuchung aller Feuergeister, wie ganz gewiß Jesus selber einer war, die Welt unter der Leidenschaft ihrer Visionen in Flammen aufgehen zu lassen. «Wer mir nahe ist, der ist dem Feuer nahe», sagte Jesus einmal nach einem außerbiblisch überlieferten Ausspruch, und er fügte noch hinzu: «Doch wer fern von mir ist, der ist fern vom Reich.»[16] In der Bibel liest sich derselbe Satz so: «Ich bin gekommen, Feuer auf die Erde zu werfen, und was will ich anders, als daß es brenne!» (Lk 12,49)[17] Wie erträgt man eine Welt, die nur so langsam vorankommt und die jeden Schritt in die Zukunft sich nur unter äußerstem Druck lieber abpressen läßt, als ihn freiwillig zu gehen? Muß es beim Anblick einer solchen Welt nicht wirklich zu einer zentralen «Versuchung», das heißt zu einer überaus naheliegenden, ja, einzig «realistischen» Möglichkeit werden, die Menschen, wenn sie es denn schon nicht anders haben wollen, zu ihrem Glück zu *zwingen?*

2000 Jahre nach Christus diskutieren wir zum Beispiel immer noch darüber, ob wir allein auf amerikanischer Seite für viele Milliarden Dollar das Anti-Raketen-Raketen-System ausbauen sollen. Allein die USA geben jedes Jahr über

300 Milliarden nur für ihre Rüstung aus, es ist die gigantischste Verschwendung, die auf diesem Globus je betrieben wurde[18], und im Schatten davon sterben jährlich über 50 Millionen Menschen an Hunger und Elend. Wäre es da nicht wirklich an der Zeit, diesen steinzeitlichen Atavismus und Anachronismus des Denkens mit *einem* Federstrich wegzuwischen? Immer noch scheint es darum zu gehen, daß ein einzelner Staat seine Lebensform zur Ordnung der Welt erheben kann, indem er als die Nummer Eins vor die anderen hintritt, und immer noch gilt als die Nummer Eins derjenige, der im Handumdrehen, wenn er nur will, die meisten Menschen umbringen kann. Es ist nur *ein* Beispiel für die grandiose Langsamkeit und Trägheit unseres Denkens und unserer Menschlichkeit. Soll man da nicht wirklich wie Feuer in die Spreu fahren (Mt 3,12)?[19] – Genau besehen, ist für Jesus gerade *das* die am meisten «teuflische» Versuchung, was seinem Lehrer Johannes dem Täufer als «Hoffnung» vorschwebte: die Gestalt eines Messias der Gewalt gegen die Gewalt. Jesus muß es buchstäblich lernen, uns armselige, staubgeborene, schwache und haltlose Menschen im Namen Gottes trotz allem liebzugewinnen und zu «verehren», bestünde doch die Alternative dazu in nichts anderem als in einer wirklich «teuflischen», zynischen Menschenverachtung, die das flammende Gericht schon aus lauter Ungeduld dem Weg des schrittweisen Durcharbeitens vorzieht. Die besten, die am meisten göttlichen Motive verkehren sich dann ins Widergöttliche, ins Teuflische.

«Gibt» es also einen «Teufel»? Es gibt, so viel steht fest, zwei Lebenseinstellungen, die beide buchstäblich ins Nichts führen und die einander, gerade weil sie so extrem verschieden sind, einander ganz nahe kommen und sich am Ende sogar ähneln wie ein Ei dem anderen. In der einen Richtung sieht ein Mensch die Welt nicht mehr, weil er sich rückwärts wendet, um die Wirklichkeit zu fliehen, in der anderen Perspektive geht die Flucht in die Richtung nach vorn und «verteufelt» alles, was menschlich ist, als widergöttliche Schwäche und vernichtungswürdige Unzulänglichkeit. So oder so gibt es keine echte Synthese zwischen Realismus und Idealismus, zwischen Tag und Traum, zwischen Mensch und Gott, zwischen Schuld und Vergebung, und in dem Zerbruch des an sich Zusammengehörigen hausen die Schemen der «bösen Geister». Man bannt sie nur in der Kraft eines Vertrauens, das sich einläßt auf diese Welt und nicht aufhört, sie zu lieben, weil sie Gottes Schöpfung ist. «Erhebe deine Augen», sagt Mohammed einmal, «ob du irgendeine Spalte (einen Mangel) (scilicet in der Schöpfung, der Verfasser) sehen kannst, erhebe sie noch zweimal, und deine Augen kehren matt und müde zu dir zurück.» – «...in der Schöpfung des Allbarmherzigen wirst du kein Mißverhältnis sehen.»[20] Wer die Welt so zu betrachten vermag, für den gibt es keine «Teufel» mehr, so viele es deren sonst auch geben mag. Ein solcher wird sagen können wie Jesus bei der Rückkehr seiner Jünger: «Ich sah den Satan wie einen Blitz vom Himmel fallen. ... Jedoch freut euch nicht darüber, daß die Geister euch untertan sind, freut euch vielmehr, daß eure Namen eingeschrieben sind in den Himmeln» (Lk 10,18.20).[21]

Mt 4,12–22

Jesu Botschaft und die Berufung der ersten Jünger

Was ein Mensch wert ist, erkennt man am besten in den Augenblicken der Herausforderung. Johannes den Täufer läßt Herodes in den Kerker werfen[1], und ein Mann der Angst müßte daher denken, wie er im Sinne der Herrschenden denken soll: besser ist es, die Wahrheit zu verschweigen und zu verlügen, als sie öffentlich auf den Straßen und in den Kemenaten der Paläste zu sagen; praktischer ist es, der Furcht vor Menschen Raum zu geben als dem Gehorsam gegenüber Gott.

Menschen der Wahrheit können so nicht denken. Sie mögen innerlich laut aufschreien vor Not und Zerrissenheit, wenn sie sehen, wie brutal der Verrat, die Lüge und die Feigheit ihre Opfer in den Staub treten können und wie stolz und erfolgreich sie ihr Haupt zu erheben vermögen. Aber sie werden die Fakkel, die am Verlöschen ist, aufgreifen und eine neue daran entzünden, die ihr eigenes Leben ist. Johannes den Täufer mag man mundtot machen hinter 20 cm dicken Mauern, aber was er sagen wollte, von Gott her, wird weitergehen in einer neuen Gestalt, in *dem* Mann, den Herodes später nennen wird den wiederauferstandenen Johannes (Mt 14,2).[2] Es ist nicht totzukriegen, was von Gott ist, denn es lebt in den Menschen diese nicht auszutilgende Hoffnung: «Das Reich Gottes ist nahe» (Mt 4,17; 3,2).[3] So Jesus von Nazareth. In diesem Moment, da das öffentliche Wirken seines Lehrers Johannes von Herodes unterbunden wird, beginnt sein eigentliches Auftreten am See von Gennesareth[4], an jenem Ort, der für alle Zeiten die Stätte bleiben wird, an der man die vertrauensvollsten und unerhörtesten Worte, die je von Gott gesprochen wurden, vernehmen wird. Jesus muß diesen See außerordentlich geliebt haben, den man in der Sprache seines Volkes sogar das «Meer» nannte, ein kleines Oval, zwanzig mal zwölf Kilometer in der Erstreckung, das die Araber noch heute nennen: al ajin Allah, das Auge Gottes. Für Jesus muß es der Ort gewesen sein, an dem sich unverfälscht der Himmel auf der Erde spiegelte, ein Stück Welt, in das man nur zu schauen brauchte, und man sah darin die Wolken droben und die Sonne und die Vögel des Himmels. Wie sehr muß Jesus gewünscht haben, daß das Herz der Menschen werden möchte wie dieser reine und klare Spiegel Gottes, wie der See Gennesareth![5] Nicht umsonst wählte er die Stadt Kafarnaum an seinen Ufern sich zum Wohnsitz[6]; und entlang den Fischerdörfern dieses Sees tat er all die Wunder, die das Herz der Menschen wandeln sollten von Todschatten in Licht, von Dunkelheit in Sonnenaufgang. Ist nicht, was von «Sebulon und Naftali» durch Jesaja gesagt wurde, von uns allen gesprochen[7] – als einem Land, in dem Gott sich zeigen möchte und das sich dennoch Tag für Tag selber verdüstert und verdunkelt, weil es sich vorkommt wie umlauert von Feinden ringsum? Kein Volk an seinen Grenzen, das ihm nicht gefährlich wäre, kein anderes Leben, das es nicht bedrohlich fände, und immer befindet es sich auf der Flucht vor anderen Menschen, immer ist es gefangen in der Angst vor anderen, ständig ist es bestrebt, ein Leben zu sichern, das inmitten der Angst nur immer sinnloser wird – eine Flucht vor dem Tod, die jeden Augenblick des Lebens selber in ein unablässiges Sterben verwandelt, wie wenn schließlich nur noch der Tod unser einziger Freund wäre, das einzig Gewisse, das letztlich allein zu Ersehnende. Wie bekommt man es fertig, daß Menschen die Augen inmitten der Dunkelheit öffnen können für das Licht, das es gibt, daß sie die Enttäuschungen vergessen, die ihr Leben umdüstern, bis daß sie sehen, wie hell die Welt, von Gott her betrachtet, in Wirklichkeit ist?

Es ist immer wieder erstaunlich, wie souverän Jesus sich gleich von Anfang an unterscheidet von aller Menschenfurcht. Unmittelbar nachdem man den Täufer inhaftiert hat, nachdem also die Gründe, Menschen zu fürchten, eigentlich sich nur noch mehr bestätigen, tritt er auf und verkündet mit den Worten des Johannes: «Kehrt um!» Man kann auch sagen: Hört auf! oder: Besinnt euch auf euren wahren Ursprung![8] Denn: «Das Himmelreich ist nahe.»[9] Das soll heißen: Es liegt nicht an Gott, wenn ihr euch selber unendlich einsam, verlassen und ausgesetzt inmitten einer Welt der Kälte, der Feindschaft und des Un-Lebens vorfindet. In Wirklichkeit ist Gott ganz nahe bei euch. Ihr müßtet es nur glauben *gegen eure Angst.*

Von diesem Moment an beginnt jenes unerhörte, seltsam anmutende Wunder der Berufung, daß Jesus Menschen anredet, und sie vergessen buchstäblich alles, was man sie gelehrt hat; es ist, als könnte ein jeder unter dem Anruf Jesu sich noch einmal neu definieren und sein Leben so beginnen, wie es eigentlich gemeint ist.[10]

Da sieht Jesus am See von Galiläa zwei Brüder, Simon, den er später den «Felsen» nennen wird (obwohl er ein ausgesprochener Angsthase ist, wie man noch sehen wird), und seinen Bruder Andreas, gerade *wie sie dabei sind, ihrem alltäglichen Beruf nachzugehen.* Der alltägliche Beruf – *das* freilich ist bereits die erste Barriere, die uns immer wieder von Gott trennt: Wir sind gewöhnt, uns selber und andere Menschen im Umkreis dessen zu betrachten, was sie machen: Ihr Beruf ist, was sie sind, so glauben wir; weiß man, was sie verrichten, wähnt man, ihr Wesen zu wissen; sieht man, was sie aus sich selber machen oder was sie anderen vormachen, und nimmt man hinzu, was sie günstigstenfalls sogar wirklich für andere tun und darstellen, so scheint es uns festzustehen: der Beruf gibt sich als Berufung. Aber in Wirklichkeit verschleiert er zumeist nur die allgegenwärtige Angst. Es ist die Angst, die uns dazu zwingt, eine gesicherte Existenz zu gründen – *das* am allermeisten: *Sicherheit*, eine, die man sich selber herstellt als Einkommen und Auskommen, als Zukunftssicherung, als wirtschaftliche Sicherung, ferner: eine Versicherung gegen Diebstahl und Einbruch, gegen Unfall und Krankheit, zudem eine Sicherheit sogar gegen Unfall und Tod – eine Lebensversicherung. Am Ende ist alles so abgesichert, als es nur geht, und doch bleiben wir unsicher: Soll denn das Leben eines Menschen wirklich darin bestehen, daß man die Mittel verrechnet, die es kostet, um es zu erhalten? Weiß man von dem Wesen eines Menschen wirklich genug, wenn man sieht, was er betreibt, um seine Lebensnotdurft abzudecken? Kommt! meint Jesus – und es ist ein Ruf in eine grenzenlose Freiheit –, besinnt euch darauf, daß das, was ihr tut, euch nicht entscheidend ausmacht, begreift, daß das, was ihr beruflich tut, nicht euer wahres Wesen und eure eigentliche Berufung ist. Ihr seid unendlich viel mehr, als all die Maßnahmen eurer Existenzsicherung. Später wird Jesus diese Gedanken noch ausführen; dann wird er sagen: «Sorgt euch nicht um den morgigen Tag!» (Mt 6,34), «sammelt nicht Schätze, die Motte und Wurm fressen» (Mt 6,19–20). «Macht euch Freunde mit dem ungerechten Mammon» (Lk 16,9). «Gebt, wenn man euch den Mantel rauben will, am besten noch das Unterhemd» (Mt 5,38–42). Mit beschwörenden Worten wird er uns mahnen: Interessiert euch für die Not der anderen mehr als für die eigene Angst. Lernt, daß es eine Sicherheit nur gibt durch Vertrauen, nicht durch die Riegel der Abgrenzung. Einzig Gott ist euch sicher. Darum tut nicht so, als wäre nur der Tod oder die Geltung eurer Ehre oder die Mühsal eurer vermeintlichen Erfolge der Hauptinhalt eures Lebens. So zu leben ist nicht menschlich. In einem solchen Dunstkreis der Äußerlichkeiten existieren Leute, die Gott nicht wirklich kennen (Mt 6,32). Kommt, folgt mir nach (Mt 4,19).

Dabei fügt Jesus, als er Petrus und Andreas anredet, freilich noch ein sehr gütiges neues Wort hinzu, mit dem er im Grunde das Ende all dessen voraussetzt, was sich für gewöhnlich «machen» läßt: «Ich werde euch bestimmen zu Menschenfischern», erklärt er den beiden Fischern am See.[11] Was da gemeint ist, läuft auf eine völlig gewandelte Form von Leben und Umgang mit anderen Menschen hinaus: Man muß dazu gar nichts «machen»; es genügt, einem anderen Menschen ganz einfach mit Geduld, Ruhe und Vertrauen gegenüberzutreten, so wie ein Fischer sein Handwerk sich gründlich verderben würde, wenn er glauben wollte, mit viel Gelärme und mit viel Unruhe Fische in sein Netz zu bekommen. Auch Menschen wird man in ihrem Wesen sicher nicht erreichen, wenn man ihnen mit mächtigen Worten daherkommt, wenn man ihnen drohend und befehlend zusetzt und versucht, sie zu zwingen, indem man bestimmt, was sie vermeintlich glücklich machen könnte. Es gibt nur einen Weg zum Herzen des Menschen, und das ist, Gott darin wiederzufinden und darauf zu vertrauen, daß alle Wahrheit in ihm lebt – eine himmlische Menschenfischerei, ganz wörtlich. – Und ein solches Wunder der Lebensumkehr findet wirklich statt. Ohne zu zögern, berichtet Matthäus, ließen Simon, der Petrus, und Andreas ihre Netze liegen und folgten ihm nach. Nichts ist mehr wichtig anscheinend: All die Lebensmittel und die Geräte zum Erwerb des Lebensunterhalts sind nicht das eigentliche Leben. Was Menschen wirklich bestimmt, ist jenseits der Angst einzig Gott.

Doch es gibt noch ein anderes Wunder: das der *beiden Söhne des Zebedäus.* Sie verkörpern in gewisser Weise die zweite Barriere, die uns gleichermaßen und oft noch viel nachhaltiger von uns selbst und von Gott zu trennen vermag als der äußere Beruf. Menschen, so glauben wir oft genug, sind das Produkt der Produktionsverhältnisse – dieses Vorurteil hat sich soeben erst in der Berufung des ersten Jüngerpaares widerlegt; doch sind sie nicht wesentlich das Produkt ihrer Eltern – biologisch, psychologisch, soziologisch? Alles, was wir in der modernen Anthropologie über den Menschen lernen, scheint dieses Urteil zu bestätigen. Die *«Söhne des Zebedäus»* – es ist, wie wenn man von Johannes und Jakobus mehr nicht zu wissen brauchte, als wer ihr Vater ist; wer das von ihnen weiß, der kennt sie ganz.[12] Der Apfel fällt nicht weit vom Stamm, so sagen wir. Doch stimmt das auch? So wenig Menschen das Produkt dessen sind, was sie produzieren, so wenig sind Menschen einfach das Ergebnis ihrer Eltern. Wohl ist es wahr, daß wir als Kinder unendlich viel an Prägungen der Angst, der Hoffnung, der Sehnsucht, der Verzweiflung von seiten unserer Eltern in uns aufnehmen. Wir lernen ihre Weltsicht schon anhand der Sprache kennen, die wir Muttersprache nennen. Wir lernen alle Dinge so zu fühlen, wie sie uns von ihnen bezeichnet wurden. Wir lernen das Denken so, wie sie es uns beigebracht haben. Also stimmt es ohne Zweifel: In ungeheurem Maße wird unser Geist, unsere Seele geformt und gefügt von dem, was unsere Eltern mit uns beabsichtigt haben, oder zumindest von der Art, wie sie auf uns gewirkt haben. Die ganze Psychoanalyse besteht in dieser Einsicht. Und dennoch stimmt es nicht, daß wir unentwegt die Sklaven unserer Kindertage sind und bleiben müßten.

Die Wahrheit ist, daß Gott uns dazu berufen hat, jenseits der Menschenwelt ihn selber als unseren wahren Vater wiederzuentdecken[13], und daß es darauf ankommt, buchstäblich *ins Unendliche* zu träumen, zu hoffen, zu lieben, weit über Menschenmaß hinaus. Erst dort, im Jenseits der Menschen, beruhigt sich endgültig unsere Angst, erst in der Geborgenheit des Absoluten entstehen Bindungen, die nicht versklaven, und erst dort entsteht ein Vertrauen, das durch irdische Enttäuschungen nicht zu widerlegen ist.

Wenn Jesus selber später die Berufung der «Söhne des Zebedäus» begründen wird, so wird er sprechen: «Es soll keiner unter euch sich jemals Vater nennen lassen» – man könnte noch hinzufügen: *Mutter* nennen lassen –, «denn ein einziger ist euer Vater (eure Mutter): Gott» (Mt 23,9).[14] Es muß nicht dabei bleiben, daß unser Leben niemals etwas anderes ist als lediglich der infantile Status ödipaler Abhängigkeiten von Menschenfurcht, Autoritätsgehorsam, Unterwerfung und Anpassung. Es ist möglich, unser unendliches Verlangen nach Halt und Geborgenheit dort festzumachen, wo es den Menschen erhebt, statt erniedrigt, und erst wenn wir, gefestigt im Absoluten, zurückkehren in die relativen Bindungen der irdischen Existenz, können wir uns selber und andere Menschen gelten lassen und sie so lieben lernen, wie sie sind, ohne sie mit den Ansprüchen unserer Angst zu überfordern. Wenn Menschen einander wirklich lieben, meint Jesus, dann sollte es so sein wie unter Geschwistern, wie unter Brüdern und Schwestern als den Kindern *eines* Vaters (beziehungsweise *einer* Mutter). Und dann kann es sein, daß Menschen einander begegnen, ohne wie bislang Gott im Hintergrund ihres Lebens zu verstellen; dann kann es sein, daß ihr Vertrauen auch zueinander wächst aufgrund des gemeinsamen Ursprungs ihrer Verbundenheit. Auch Johannes und Jakobus, berichtet Matthäus, ließen unter dem Anruf Jesu am Ufer des Sees von Gennesareth alles stehen und liegen, was ihres Vaters war, sie verließen ihn und seinen Arbeitsplatz und folgten Jesus nach.

So begann die Erlösung der Menschen, daß Gottes Bild sich wieder zu spiegeln vermochte in den Herzen der Menschen wie die Wolken des Himmels in den Wassern dieses wunderbaren Sees von Gennesareth. *Gefangene Gottes* zu sein – eine größere Freiheit ist unter Menschen nicht möglich.

Mt 4,23–25
Die Kunde von Gott und die Gesundung der Kranken

Was in menschlichen Beziehungen sonst, gilt für die Evangelisten auch in der Beschreibung der Person Jesu: Jede intensive Beziehung setzt eine gewisse Einseitigkeit und Eingrenzung voraus; sie bedarf eines bestimmten Bildes, das uns besonders hilfreich und liebenswert erscheint. Das Bild des Evangelisten *Matthäus* von der Person Jesu ist in den wenigen Sätzen dieses kleinen Abschnitts enthalten.[1] Ganz bewußt stellt er ihn an den Anfang des öffentlichen Wirkens Jesu. Gerade noch hat er beschrieben, wie der Mann aus Nazareth in den Wochen der «Wüste», versucht vom «Teufel», sich selber, seine eigene Mission und sein Wirken bis in die Motive hinein zu läutern versucht hat gegenüber jedem Mißverständnis und jeder Verzerrung. Soeben hat Jesus die ersten Jünger am Ufer des Sees von Gennesareth berufen; und schon dringt die Kunde von ihm hinaus und verbreitet sich allerorten; sie bildet eine Resonanz in den Herzen der Menschen, und es umdrängen ihn alle, die leidend sind, mit ihrer Not.

Besonders ihnen verkündet er die Worte vom Reich. *Wie* er sie sagen wird, diese Worte der Herrschaft Gottes, das wird Matthäus mit flammendem Griffel sogleich anschließend im nächsten Abschnitt zu Papier bringen: die *Bergpredigt* werden wir's heißen; sie wird aber beginnen mit ebendiesen Worten: «Selig, die arm sind aus Geist» (Mt 5,3). Menschen, die den Mut gewinnen, zu ihrem Leid zu stehen, die aufhören, sich etwas vorzumachen, die nur noch so sind, wie sie sich vorfinden, solche Menschen stehen ganz dicht an der Machtsphäre Gottes. Ihnen als ersten ist Gott nahe. Darum geht es in dem Portrait des Jesus von Nazareth im Matthäusevangelium: Alles, was er zu sagen hat, wird begleitet werden von dem Beweis der Wirkung seiner Worte an den «Armen». Daß es stimmt, wenn er von Gott spricht, kann man nach der Darstellung des Matthäus vor allem daran ersehen, daß die Worte Jesu den Menschen guttun und sie heilen. Gewiß, viele Wunder hat man Jesus später anerfunden und anempfunden[2]; man wollte sie ihm zutrauen aus Vertrauen und um des Vertrauens willen; aber soviel unter den Übermalungen muß historisch stimmen, daß von der Person Jesu eine Kraft ausging, die Menschen immer wieder über die Schwellen ihrer Angst hinweghob. Ganz im Unterschied zu seinem eigenen Lehrmeister Johannes dem Täufer wird einzig von Jesus von Nazareth eine solche Kraft zum Wunderbaren überliefert.[3]

Und man kann verstehen, warum das so ist. – Im Mund Johannes des Täufers formte sich das Sprechen von Gott zu einem gewaltigen Gemälde von Drohung und Schrecken. Da steht vor uns die Gestalt eines Propheten, dessen Worte sind und wirken wie ein Schwert. In der Religionsgeschichte wird diese Hoffnung immer wieder bis zum Gefährlichen, bis zum Fanatischen von den Menschen Besitz ergreifen: Endlich komme da jemand, der Wahrheit und Kraft, der das Engagement für Gott notfalls mit der Gewalt gegen den widergöttlichen Widerstand vereinige. Matthäus hingegen will von derlei Vorstellungen der Gewalt nichts hören. Noch in der Szene der Gefangennahme Jesu am Ölberg (Mt 26,52) wird er den Messias Israels zu Petrus sagen lassen: «Steck das Schwert in die Scheide! Wer zum Schwert greift, kommt durch das Schwert um.»[4] Wohl ist auch der Jesus des Matthäus ein Prophet, unzweifelhaft, aber in seiner Hand muß man sich statt des Schwertes eher eine Blume vorstellen, wie sie gesucht wurde in der Romantik: am Ende der Welt mit einem Duft, der von weither auf sich hinlenkt und der ein neues Erblühen in den Menschen ermöglicht; oder man muß den Propheten Jesus bei Matthäus sich vorstellen mit einem Edelstein in der Hand, dessen Magie das Herz der Menschen wie in einem Brennglas so sehr in sich konzentriert, daß alle Zerstreuung und Zerrissenheit darunter geheilt wird. Wenn Johannes der Täufer von Gott sprach, konnte es immer wieder aufwühlen in der Direktheit, mit der da begonnen wurde, das Lebensgefüge entlang den Taten der Menschen zu ordnen; auch Jesus läßt es an Worten von Drohung und Deutlichkeit nicht fehlen. Aber als erstes filtert er aus der Beziehung zu Gott jegliche Zweideutigkeit, jegliche Angst heraus. Auch nach der Meinung Jesu sollen und müssen die Menschen sich entscheiden, aber wenn sie das tun, dann einzig entlang der Frage, wieviel Vertrauen sie auf Gott setzen und worauf sie sich in der Grundhaltung ihres Lebens wirklich einlassen; alle Fragen des richtigen Handelns kommen buchstäblich später. – Offensichtlich war es dies, was man in der Nähe Jesu am deutlichsten spürte: daß dieser Mann, seine ganze Person, alles, was er zu sagen hatte, im Raum einer rätselhaften Angstfreiheit auf ein unsichtbares Gegenüber gründete, das er seinen «Vater» nannte. Im Namen dieses Vertrauens lehrt er uns, all das wegfallen zu lassen, was uns sonst so sehr irritiert – all die Vorsorgen, die Ängste im Alltäglichen, die dauernde Neigung, kaum daß wir selber den Mund aufmachen, erst einmal nach links und nach rechts zu schauen, ob die Menschen neben uns es auch erlauben, daß wir so sprechen, und vor allem: die dauernde Mutlosigkeit, mit der wir uns selber begegnen.

In diesem Gemälde von der heilenden Kraft des Vertrauens, die von Jesus ausgeht, hat Matthäus *drei Krankheiten* summarisch vorweg genannt. Er wird sie später mit den Girlanden aller möglichen anderen Krankheiten ausschmükken und erweitern; aber nehmen wir diese drei Krankheitsformen, die er hier nennt, als den Kern von allem, nehmen wir sie als die drei Grundfarben des gesamten Spektrums des sichtbaren menschlichen Elends, dem Jesus später begegnen wird, dann ist allein die Tatsache schon unerhört, daß Jesus die Krankheit vor Gott überhaupt zuläßt und sich darauf einläßt. Im Tempel von Jerusalem galt Krankheit selber als «ausgeschlossen»[5], und zwar ganz wörtlich: War da jemand wirklich ein «Besessener», so gehörte er nicht in die Sphäre des Heiligtums Gottes; im Gegenteil: die Dämonen hatten ihn gepackt – also daß er ausgeschlossen gehörte auch von den Menschen. All die armen «Teufel» des Lebens hatten in einer solchen Religion der Rechtschaffenen durchaus keinen Platz.[6] Auch die Mondsüchtigen und die Gelähmten nicht, sie beleidigten Gott.[7] Gott, so wissen die Frommen, möchte *gerade* Charaktere sehen, straffe, aufrecht gewachsene Menschen; das Heilige selbst ist verschwistert dem Heilen und Gesunden! Es heilt nicht selber, es verlangt Gesundheit! Man muß in diesem Umfeld nur richtig hören, wie da Gott in Anspruch genommen wird zur Ideologie der Selbstrechtfertigung der ewig Richtigen und zu einer fast faschistoiden Ausschließungsmentalität. – Es war eine der großen Eigentümlichkeiten des Mannes aus Nazareth, daß er durch solche Schranken, die in der Religionsgeschichte der Menschheit unglaublich starr und fest sein können, hindurchging wie durch offene Wände. Wer denn sonst, dachte er, wenn nicht die Leidenden gehören zu Gott?

Da sind als erstes *die Besessenen*. In unsere heutige Sprache übersetzt, geht die Rede dabei nicht eigentlich von Dämonenheimsuchung und Teufelseinwirkung; das, was die Bibel in ihren symbolischen Worten mit «Besessenheit» meint, stellt sich uns heute als ein Kaleidoskop seelischer Auflösung und Verwüstung dar. Beschrieben wird mit solchen Worten das Lebensschicksal von Menschen, in denen «es» redet, statt daß sie selber sprechen könnten[8]; immer wieder repetieren sie unbewußt die Ängste, die Befürchtungen, die enttäuschten Hoffnungen ihrer eigenen Kindheit, und es gibt unter ihren Füßen keinen Grund; ihnen gegenüber findet sich nichts Festes, woran sie sich klammern könnten; und über ihnen ist nichts, was sie auffinge und trüge. So leben sie dahin in einer grenzenlosen Fluchtdistanz der Einsamkeit, sich selbst gegenüber wie Unbekannte und Fremde, getrieben und unruhig und niemals wissend, warum; gefragt, wer sie sind, empfinden sie sich selbst als ein undurchdringliches Rätsel. Wie heilt man im Namen Gottes solche Menschen, die wir heute als Neurotiker, Psychotiker oder einfach als seelisch Leidende bezeichnen? Es haben vor Jesus und nach Jesu so viele versucht, im Namen Gottes aufzutreten, und es schien ihnen oft alles ganz einfach: Man brauchte nur ein paar klare Anweisungen und Ordnungen zu erstellen, man brauchte nur neue Paragraphen, neue Gesetze, eindeutige Reglements und Bestimmungen zu erlassen, und die Welt würde in Ordnung sein! – Es war die Überzeugung Jesu, daß man von Gott ganz anders sprechen müsse, so daß etwas von einem umgreifenden Erbarmen über uns fällt, und daß dies nötig sei gerade für die Menschen, die an eine solche Güte des Daseins nie haben glauben können. Selbst in unsere Empfindungen Gott gegenüber, wenn wir ihn «Vater» nennen (oder «Mutter»), geht ja doch notwendig alles das auch ein, was wir als Kinder schon an Erfahrungen und Erinnerungen mit Vater und Mutter verbunden haben; und ohne daß sie es wollten, stehen manchmal die Eltern bereits, aus eigener Ratlosigkeit meistens, ihren eigenen Kindern gegenüber wie ein langer Schatten, der den ganzen Himmel verdunkelt. Selbst was wir dann später Gott nennen, ist wie eine einzige Zerrgestalt drohender Allmacht, die nur neuerlich kindliche Ängste erschafft.

Jesus mochte man sein kindliches Vertrauen zu Gott als einem wirklichen Vater (einer wirklichen Mutter) von Herzen glauben. Seine Art der Menschlichkeit war so gütig und unableitbar von all dem Gewöhnlichen sonst, was unter Menschen geschieht, daß man ihm zutraute, er komme geradewegs vom Himmel zu den Menschen. Doch fragte man, woher denn dieser Eindruck entstand, so lag er wohl immer darin begründet, daß Jesus den Menschen ein Stück vom Himmel zurückgab – eine Festigkeit ihres Vertrauens, ein Gefühl für die Berechtigung ihres Seins und eine ungeheure Energie, all das zu wagen und zu bündeln, was sonst so widerstreitend, so scheinbar unvernünftig und disparat in ihnen nebeneinander lag. Und mit diesem Mut des Vertrauens heilte er die Seelenzerrissenen, die von Dämonen Gejagten, die biblisch gesprochen *Besessenen.*

Desgleichen die *Mondsüchtigen.*[9] Solche Menschen gibt es: Die klettern nachts auf die Dächer, gehen mitten im Dunkeln auf irgendeinen flackernden Stern zu, und das winzigste Licht bringt sie um, denn immer wieder drohen diese Nichtschwankenden auf schmalsten Graden, wenn man sie unverhofft anrührt, aus ihren Träumen zu erwachen und abzustürzen. Für die anderen sind sie lächerliche Existenzen. Ein vernünftiger Mensch, wie man weiß, geht mit beiden Beinen über die Erde, dort ruht er auf, so ist es normal. Aber diese Jongleure und Phantasten, diese Aberwitzigen, die nicht wahrhaben wollen, daß die Dunkelheit die Dunkelheit ist und daß man Sterne nicht greifen kann, sind nicht zu retten. – Wieviel an Mondsüchtigkeit muß wohl in Jesus selber gelebt haben, daß er gerade diese umnächtigten Seelen, die sich wie Falter vom Licht und vom Feuer verlockt fühlten, retten konnte und sie alle verstand, diese idealistischen Spinner, die ihre Hoffnung nicht aufgeben mochten – sprach auch dagegen, was immer der gesunde Menschenverstand sonst einwenden mochte: «Träume sind Schäume», «zu kühne Hoffnungen machen stolz», und: «Hochmut kommt vor dem Fall» – wir haben tausend Redensarten, die uns beweisen, daß zwei mal zwei vier ist. Aber Jesus mochte offensichtlich gerade diese Ausgesetzten der Nächte, er wollte, daß die kühnsten Träumer Grund fänden in Gott, und so gab er in gewissem Sinne ihnen allen recht, diesen Lichtsuchern der Finsternis, diesen magisch Angezogenen vom Mond und den Sternen. Sie sollten recht haben, bis zu dem Punkt, daß es einen Morgen gibt und einen Sonnenaufgang, koste es, was es wolle. So heilte Jesus die *Mondsucht*.

Und die *Lahmen*.[10] Auch das kennen wir: wie man uns einschnürt in die völlige Resignation gegenüber der Hoffnung, daß wir mit eigener Kraft irgend etwas vermöchten, bis daß wir nur noch als abgeleitete Existenzen uns verhokken, als Gliederpuppen fremder Anweisungen, am Schnürchen gezogen, zu Tausenden auftretend, herumschwirrend wie Insekten im Haufen. In diesem Zustand machen wir nie etwas falsch, aber wir leben auch nie selber, wir sind niemals wirklich. Und eben darin bestärkt man uns noch! Eben dies ist wohl die gewöhnlichste Form der Gelähmtheit: es bewegt sich in uns durchaus nichts mehr, wir werden bewegt, es gibt keinen inneren Antrieb, kein eigenes Motiv mehr, und doch geschieht alles mögliche rings um uns her und letztlich auch mit uns selbst. Jesus wollte, daß, wenn die Rede geht von Gott, es uns gerade so ergreifen würde: als ein eigenes Gefühl, als ein eigenes Motiv, als eine innere Aufrichtigkeit, sich zu wagen und ins Leben zu treten. Er arbeitete diese chronische Ichverweigerung ab in den Dörfern, in den Synagogen, in den Städten Galiläas, indem er immer wieder den Gelähmten sagte: «Steht auf!» Und er nahm sie alle bei der Hand und richtete sie auf.

Matthäus meint, daß diese Wunder der Menschlichkeit weit über Israel hinaus schon damals bekannt geworden seien.[11] Ja, er datiert von daher den Auftrag der Kirche zurück in die Tage des Herrn: die Kirche Jesu, wenn sie tut, was sie soll, ist zu messen an der Kraft, Menschen zu heilen; nicht nur Jerusalem und Judäa, vor allem das Zehn-Städte-Land, das Gebiet der Heiden, die Menschen jenseits des Jordans – sie alle sind berufen zum Heil.[12] Die Woge der Gnade Gottes, wie Jesus sie anstieß, soll entsprechend der Theologie des Matthäus sich brechen an den Gestaden der Welt. Gewiß, historisch war es so nicht, historisch beschränkte Jesus sein Wirken ganz auf die engen Grenzen Israels[13]; und dennoch hat Matthäus nicht unrecht, wenn er die Wunder der Heilung, die Jesus wirkte, schon in seinen Tagen an alle Menschen adressiert. Denn spricht jemand *menschlich* von Gott, so gibt es kein Halten mehr unter all denen, die Menschen sind; aller Menschen Elend ist international, und also gilt die Botschaft der Heilung ihnen allen: *damals* räumlich über alle Landesgrenzen hinaus, und ebenso quer durch die Zeit, bis *heute*. Die Botschaft Jesu erreicht auch uns selbst nach 2000 Jahren noch wie eine Woge, deren Kraft ungebrochen ist, allerdings: Ihre Wasser sind trübe und schmutzig geworden.

Wir brauchen im Gegenüber zu den Wundern der Heilung Jesu nur einen Blick zu werfen auf uns selbst, auf unsere Art, vor Gott zu stehen und von Gott zu sprechen, dann wird der Unterschied uns deutlich. Das Heilen haben wir uns längst abgewöhnt in der Kirche von heute. Wenn es doch noch vorkommt, so allenfalls als ein Relikt von Magie und Aberglauben; ansonsten delegiert es sich an die Ärzte, an die Psychiatrie, an die Psychotherapie. Die Priester verrichten ohnmächtig spielend ihre Pflicht am Sonntag, die menschliche Not hat dabei keinerlei Platz mehr, so wenig wie im Tempel zu Jerusalem in den Tagen Jesu. Und der Grund dafür ist damals wie heute derselbe: Wir sprechen von Gott, wie die Rabbinen damals, nur noch wie von weitem, aus den Jahrtausenden der Tradition. Selbst über die Person Jesu sprechen wir inzwischen in den Formeln orthodoxer Redensarten. Natürlich lesen wir die Bergpredigt, wir kennen sie auswendig; alles, was Jesus sagte, bringen wir bereits den siebenjährigen Kindern in der Schule bei, solange eine religiöse Erziehung noch als staatliche Pflicht gilt. Auch die Art, wie Jesus betete, begleitet uns in den Gottesdiensten, sie bildet die weihevolle Amtssprache der Priester am Altar, aber sie erreicht uns nicht wirklich. Es stimmt schon seit langem im Kern nicht mehr, was wir tun. Es hat nichts mehr an sich von dem, was Jesus ausmachte: Er trat mit seiner eigenen Person vor die Menschen hin, und alles von Gott ereignete sich in dem Moment seiner Begegnung.[14] So stimmte es, so wurde es wirklich, so hatte es Wahrheit. Was *wir* daraus gemacht haben, ist eine beamtete Auskunftei. Sie kostet uns nichts, sie verlangt uns nicht ein, sie berührt uns nicht; es lebt darin zu wenig Mut, zu wenig Zärtlichkeit, zu wenig innere Energie. Wen meinen wir denn bei all dem Sprechen von Gott und seinem «Sohn» Jesus Christus? Es ist wie in den Tagen Jesu: Eine bestimmte Art, von Gott zu sprechen, heilt nicht den Wahnsinn, sie erzeugt selber Wahnsinn; sie bringt die Köpfe durcheinander, sie setzt das Herz in Widerspruch zum Denken, die Lehre in Widerspruch zum Leben, sie trennt, wo sie vereinigen sollte.[15] Sie ist selber die Quelle der *Besessenheit*.

Und nicht anders bei den *Mondsüchtigen*. Wir in unserer Kirche selber haben mittlerweile die größte Angst vor den eigenen Idealen, die wir predigen. Wir wollen überhaupt nicht ernsthaft daran glauben. Jahr für Jahr zum Beispiel in den Tagen vor Ostern sammeln wir für die Misereor-Kollekte. Wir möchten uns damit vorbereiten auf die Feier von Tod und Auferstehung Jesu, und wir meinen es subjektiv dabei womöglich ganz gut. Wenn wir sehr tüchtig in den Beutel greifen, bekommen wir am Ende tatsächlich für die Linderung der Not einer ganzen Welt mit 50 Millionen Verhungernden pro Jahr ungefähr 50 Millionen Mark zusammen – *wir*, das sind die deutschen Katholiken in der Bundesrepublik. Zur selben Zeit aber verhandeln wir im Bundestag ungeniert über 70 Milliarden DM allein für die Rüstung: für Panzerwagen, für Raketen, für Instrumente des Todes – für unseren «Friedenseinsatz», wie man die Vorbereitung möglicher Kriege verlogenerweise zu nennen wagt. Um 70 Milliarden Mark für Panzer und Raketen aufzubringen, brauchen wir nach Adam Riese 1500 Jahre mit 50 Millionen DM jedes Jahr für Misereor; dieser Zeitraum reicht vom heiligen Augustinus bis heute! Und nun muß man nur sehen, daß wir eine Kirche haben, die das ganz normal findet. Der Vorsitzende der deutschen Bischofskonferenz erklärte im Februar 1991 sogar, daß man für den Krieg am Golf, das heißt: für den «Friedenseinsatz» am Golf, wohl unvermeidbar Steuererhöhungen werde in Kauf nehmen müssen.[16] Wer das anders sieht, gilt nach wie vor als ein mondsüchtiger Spinner, als ein Phantast, der irgendwann schon sehr unliebsam abstürzen wird. Solche Leute kommen schon von alleine unter die Räder, und das ist offenbar auch nicht so schlimm; schlimm ist, daß sie manchmal *zwischen* die Räder geraten, dann werden sie störend, und spätestens dann wird sogar unsere Kirche sich gegen sie stellen. Es gibt Formen der Maßlosigkeit des Hoffens und Glaubens, die vertragen sich nicht mit der gesunden Lehre der Kirche, denn merke: wir leben noch nicht im Reich Gottes!

Aber zum Teufel, hat Jesus denn gesagt, das Reich Gottes sei sehr fern, es könne noch gar nicht kommen, es sei eine heilige Utopie, die wir am besten vorbereiten sollten durch eine ruhige Verwaltung in den Kanzleistuben des Generalvikariates – war das seine Meinung? Im Neuen Testament liest man, er habe gesagt, das Reich Gottes sei zum Greifen nahe! Nur weil die Menschen ihm das glaubten, wagten sie sich, gingen geradeaus, benutzten die Dachfirste, als ob sie Landstraßen wären, und es fügte sich, daß sie gesund wurden und es in ihnen eins ward zwischen Verstand und Gefühl. Ideale können wahrgemacht werden, das war die Meinung Jesu.

Dann aber ist ebenso Schluß mit der *Lahmheit*, mit dem Herumgesitze, mit dem Marionettendasein. Was wäre zum Beispiel, wenn wir in der Kirche, 99 Prozent aller Christgläubigen, der ganze Dritte Stand der Kirche, aufstehen und sagen würden: Wir sind das Volk, wir sind nicht länger die Hampelmännchen in den Händen des ersten und des einzigen Standes, der das Sagen hat, zum Vergnügen der Prälaten, Professoren und Monsignori der Kirche; was Glauben ist, richtet sich nach unseren Erfahrungen, und wir fangen an, das zu leben? Wir sind es leid, die dauernde Sprache der Angst zu vernehmen, mit der man uns vorschreibt, was es heiße, ein «Christ» zu sein – alle im Chor, alle identisch geklonte Nullen, vermasst und angepaßt, entsprechend dem Reglement? Wir getrauen uns zu sagen, was wir erlebt haben: unsere Verzweiflungen, unsere Schreie, unsere Hoffnungen, unsere Gesänge – wir tragen sie auf den Lippen? Das, was wir unseren Kindern sagen, das Beste, worauf wir vertrauen, das sprechen wir aus, das ist unser Glaube, das ist jedenfalls der einzige Glaube, den wir kennen, einen besseren haben wir nicht? Wir hätten, wenn wir so sprächen, plötzlich eine sehr lebendige Kirche. Sie würde bis jenseits des Jordan und bis in die Tiefe der Zeit keinen Menschen mehr ausschließen. Und sie wäre wohltuend und heilsam durch ihre angstfreie Menschlichkeit. 2000 Jahre nach Christus warten wir immer noch auf die Propheten mit der Blume und dem Edelstein. Aber wir dürfen nicht warten; das Warten verrät. Wir können es tun! Schon weil ein jeder von uns nur ein paar Jahrzehnte lebt, hat niemand Zeit zum Warten. So einfach ist das.

Mt 5, 1–12
Die Bergpredigt und die Seligpreisungen

Die Worte der Seligpreisungen sind wie ein fein geschliffener Diamant inmitten der Überlieferung des Neuen Testamentes. Wenn wir uns selber oder einem anderen verdeutlichen möchten, was Jesus uns gebracht und ermöglicht hat, so läßt es sich in der reinsten und besten Form nicht anders sagen als in diesen acht Preisungen, die all diejenigen glücklich nennen, die ihr Leben einzig gründen im Vertrauen auf Gott. Eine Stimmung wie von Morgenfrühe und von Neubeginn liegt über dem Berg der Seligpreisungen bei diesen Worten Jesu, so als begönne die Geschichte Israels noch einmal ganz von vorn – ein neuer Auszug aus dem Land der Knechtschaft und der Unterdrückung sowie die Verkündigung eines neuen Gesetzes der Freiheit von einem neuen Gottesberg herab.[1] Nur: wie ganz anders als damals ist diese Szene um die Gestalt Jesu bei diesen Worten der Bergpredigt!

Äußerlich wiederholt Matthäus hier in absichtsvoller Symbolisierung die Begebenheit des Exodus[2]; aber man flieht nicht mehr vor einem äußeren Zwingherrn in dem antiken Staatengebilde am Nil, *seelisch* entrinnt, wer diese Worte Jesu in sich aufnimmt, der Menschenfurcht und -abhängigkeit, wie sie ein jeder für gewöhnlich mit sich selbst herumschleppt. *Äußerlich* gesehen sucht man in Israel daher den Berg vergebens, an dem diese Worte der Seligpreisungen zum erstenmal gesprochen wurden; sie werden und wurden gesagt allein auf den Bergen des Herzens, und nur dort sind sie zu vernehmen.[3] Wo irgend wir uns selbst wie zu Gott emporgehoben und ganz nahe fühlen, dringen diese Worte an unser Ohr und erreichen unser Inneres. Im Unterschied zu der Szene des Exodus gibt es auch dies nicht mehr, daß man zu einem Gott aufschauen müßte, der im Wetterdräuen aus dem Wolkendunkel unter Blitz und Donner furchteinflößend zu den Menschen redete (Ex 19,18–19)[4] und mit Hammer und Meißel seine Gesetze in Stein prägen würde; vor uns steht als Gestalt eines zweiten Moses ein Mensch, in dem Gott erscheint, weil er nichts anderes ist und sein möchte als unser Bruder. Und auch wir selbst, die *Scharen,* die sich zu ihm drängen, gelten in diesem Augenblick als «neues Gottesvolk»[5]. Und wie damals die siebzig mit Moses zusammen auf den Berg stiegen, Gott entgegen (Ex 24,9)[6], so tritt jetzt ein engerer Kreis der Jünger um ihn zusammen, während er seinen Mund öffnet, um zu sprechen, was niemals so zu sagen war.

Freilich, der Diamant der Bergpredigt im Evangelium des Matthäus ist durch diese Redaktion des Evangelisten in eine Fassung gebracht worden, die nicht ohne Brüche und Widersprüche bleibt. Für das Matthäusevangelium bildet, kühn genug, die Bergpredigt gerade aufgrund der Parallelisierungen zum Alten Testament so etwas wie die Urkunde beziehungsweise wie die konstituierende Gesetzgebung der frühen Kirche.[7] Bewußt möchte Matthäus mit diesem neuen Gesetz des Neuen Bundes die frühe Kirche herauslösen aus der jüdischen Synagoge und sie doch zugleich verstehen als deren Fortsetzung und Vollendung.[8] Nie hat Jesus, historisch gesehen, selbst so gedacht, ganz im Gegenteil.[9] Der Jude aus Nazareth wollte uns, die wir aus den Heiden stammen, hereinholen in das Volk der Erwählung und uns einen Platz geben unter den Kindern Abrahams. Dem Volk Israel gilt daher unser aller Segen und unser aller Dankbarkeit, denn aus ihm kommt der Jude Jesus selbst. Auch ein «Gesetz» im Unterschied zu dem Gesetz des Moses wollte Jesus so nie aussprechen. Vielmehr: Ermächtigungsworte der Freiheit sind es, die er hier über die Menschheit vom Himmel herabkommen läßt wie Regen über Pflanzen, die in der Gluthitze der Dürre fast verdurstet und verkommen sind[10]; ein großes Erbarmen wollte er bringen, auf daß wir Menschen leben könnten und aus innen heraus eine Freiheit und eine Unabhängigkeit zu gewinnen vermöchten, wie sie in dieser Weise niemals zuvor bestanden hatte. Eine Botschaft sollte dies sein, die den Heerzug der Kranken und der Notleidenden aufrichtet; *darin* allerdings kommt auch die Konstruktion des Matthäus dem ursprünglichen Sinn der Worte Jesu außerordentlich nahe.[11] Denn Punkt für Punkt werden insbesondere die «Seligpreisungen» der Bergpredigt all die Formen menschlicher Erniedrigung aufgreifen und durchgehen – all das, wovor wir für gewöhnlich uns fürchten und was wir mit allen Kräften zu vermeiden trachten. Es war für Jesus offensichtlich, wie infolge bestimmter Ängste unser Leben immer von neuem sich in einen Kokon von Lügen einspinnt und sich verpuppt zu einem raupenartigen Etwas, das niemals seine Flügel zu breiten und sich in die Freiheit eines Meeres von Licht und Wind zu stürzen wagen wird. Gerade das, was normalerweise «Glück» genannt wird, kann unter diesen Umständen als die ausgemachteste Fluchtburg der Angst vor sich selber gelten, und alles kommt darauf an, den Menschen den Mut zur Ehrlichkeit sich selbst gegenüber zurückzuschenken. Mögen wir in den Augen unserer Mitmenschen oder sogar schon in unseren eigenen Augen auch noch so erbärmlich dastehen – wenn wir es nur erst wagen, uns zu dem zu bekennen, was wir wirklich sind, beginnt eine unerhörte stille Revolution der gesamten Lebenseinstellung, und was ehedem noch wie «verflucht» erschien, kehrt nun zurück in den Frieden eines verlorenen Paradieses.[12]

Die unerläßliche Voraussetzung dazu aber ist ein totaler Umsturz unserer Weltbetrachtung. Solange wir zur Bewertung unseres Lebens nur die Parameter des Endlichen wählen, bleiben wir die Gefangenen unserer eigenen Angst, die Ausgelieferten fremder Be- und Verurteilungen, die Marionetten des Äußeren.[13] Demgegenüber sind die «Seligpreisungen» Jesu am Anfang der Bergpredigt so etwas wie eine Probe aufs Exempel, inwieweit es gelingen kann, nachzuerleben, was Jesus selber bei der «Taufe» im Jordan erlebt haben muß: daß diese Welt des Todes sich auf den Himmel hin öffnet und das ganze Leben noch einmal neu und wirklich beginnen kann, wenn man es aufgreift von Gott her.

Kein Wort der Bergpredigt läßt sich daher verstehen als eine «Forderung», als ein «Sollensanspruch» in moralischem Sinne, ein jedes ist zu interpretieren stets und einzig als die Beschreibung dessen, was möglich wird für denjenigen, der sich wirklich auf Gott einläßt.[14] Wer versteht, was Jesus hier sagen will, für den ändert sich die Welt; er ist ein buchstäblich Verwandelter, ein aus Elend Geretteter, ein wie durch die sakramentale Magie der Worte des Glaubens Erlöster.[15] Und so muß man insbesondere die «Seligpreisungen» hören wie die Ouvertüre einer zauberhaften Symphonie, die in unser scheinbar so verlorenes Leben Töne von Heimweh und Rückkehr, von Verheißung und Wiedergefundenwerden zurückträgt, bis daß es uns verlockt, all die Wahrheiten und Überzeugungen endlich zu leben, die wir im Grunde immer schon wie schlafend in uns trugen und deren wir uns dennoch niemals wirklich getrauen mochten.

Glücklich die aus Geist Armen, ihrer ist das Königtum der Himmel

Alles beginnt mit der Seligpreisung der Armen. – Im *Lukas*evangelium sind damit Menschen gemeint, die auf jedweden äußeren Besitz Verzicht tun[1]; für Matthäus aber ist dieses Wort tiefer und innerlicher zu verstehen. Arm aus Geist sind für ihn diejenigen, die in ihrer Gesinnung und Selbstwahrnehmung sich nicht länger verleugnen, sondern die in der Kraft Gottes zu dem stehen, was sie sind.[2] Religionsgeschichtlich gab es zur Zeit Jesu die Bewegung der geistig Armen, der *anije ruach*, – wie sie bereits in den Psalmen mitunter erwähnt werden.[3] Aber nicht auf sie als eine religiöse Organisation bezieht sich das erste

Wort der Seligpreisungen; auf uns selber als Menschen richtet es sich, die wir von den Tagen Adams an uns unendlich schwertun, einfach so zu sein, wie wir sind. Deshalb läßt sich die erste Seligpreisung Jesu übersetzen mit den Worten: «Glücklich» – nicht: «die Armen im (aus) Geiste», sondern –, «die ihre Armut von Gott her (an)erkennen».[4]

Nichts gibt es, was wir in unserem Leben mehr zu vermeiden und wovor wir hastiger und angestrengter wegzulaufen suchen würden, als das Gefühl unserer Armut und Armseligkeit. Immer wieder halten wir dies für das allerschlimmste: nicht «reich» genug zu sein, und ständig schämen wir uns für unsere vermeintlichen und wirklichen Mangelstellen. Ständig entdecken wir, wo wir vermeintlich zu kurz geraten sind und nicht ausreichend erscheinen könnten unter den Augen der strengen Kritik anderer. Und schon geht es los – das Spiel der Selbstablehnung, der wechselseitigen Erniedrigungen, der Verfolgungsjagden, der Lügen, der Maskeraden. Es hört nicht auf, es müßte aber unbedingt beendet werden, wenn wir je die Chance wiedergewinnen wollen, Menschen zu sein. Deshalb offenbar rückt Jesus das Thema der Armut an den Anfang der Seligpreisungen, und er wird in seinem ganzen Leben auch künftig nichts anderes sagen, als daß wir zu Gott aufblicken könnten als zu unserem Vater, mit einem Vertrauen, daß Gott alles weiß, was uns auf der Seele liegt, noch ehe wir's aussprechen; ihm könnten wir *ehrlich* gegenübertreten, und es fiele das Gefühl der Schande und der Scham von uns ab; wir könnten uns zutrauen, aufrecht vor Gott zu stehen, und wir brauchten nicht mehr gegen uns selber, gegen unsere Kleinheit und Armseligkeit anzukämpfen, wir könnten unser Dasein Gott überlassen, und augenblicklich würden wir die Schönheit unseres Lebens zurückgewinnen und die Macht Gottes spüren, die nichts weiter möchte, als daß wir so sind, wie seine Hände uns geformt haben.

Genau besehen gibt es wohl nur diese eine Wahl, wenn man dies denn als eine Wahl bezeichnen möchte: zwischen Himmel und Hölle, zwischen Angst und Vertrauen, zwischen Selbstverachtung oder Selbstannahme, und sie entscheidet sich je nach unserer Stellung zu Gott. *Entweder* wir sehen ab von Gott und nehmen unser Leben, wie es ist; dann werden wir finden, daß es aus Staub gemacht ist[5], daß es eine mangelhafte Form besitzt und daß es endlos verbesserungsbedürftig ist; und schon werden wir beginnen, an uns herumzupressen und herumzumodeln, um etwas Besseres, Festeres, Konsistenteres aus uns zu machen, als wir sind, ein jeder selbst sein eigener Schöpfer, ein Ersatzgott im privaten, inmitten einer gnadenlosen Welt, und jeder zugleich folglich auch sein eigener Henker; und es wird dieser Terror des Selbsthasses nicht aufhören. Immer wieder wird es heißen: Verflucht ist, wer schwach ist, und: weh dem, der arm ist. *Oder* es beginnt eine Welt außerhalb der «Pharaonenherrschaft», außerhalb der Menschendespotie[6], und wir leben nicht mehr länger in «Ägyptenland», im Schmelzofen des Hasses, sondern sehen uns zum ersten Mal auf dieser Zwischenstation des *Berges*, unterwegs in das Land der Verheißung; dann ist es erlaubt, so zu sein, wie Gott uns wollte, keinen Deut anders, nicht mehr und nicht weniger; und alles fände sein Ende, womit wir uns sonst quälen, und wir hätten endgültig nichts mehr zu fürchten; wir wüßten, wie sehr Gott auf unserer Seite steht, und alle Seiten der Bibel würden wir neu verstehen, vor allem die Worte, die Jesus sprach, als er selber, nicht am Berg der Seligpreisungen, wohl aber am Ölberg, sein Schicksal und sein Leben in die Hände Gottes zurückgab (Mt 26,39).[7]

Auf keine andere Weise wird ein Mensch zu sich selbst befreit, als daß er es in dem Akt eines solchen äußersten Einverständnisses lernt, seine Beschränktheiten und Grenzen anzunehmen. Es ist die Grundformel zur inneren Befreiung und Erlösung aller Menschen, die Grundformel zur Wiederherstellung des Menschen aus seinen zwanghaften Deformationen: daß alle Schuld und Selbstverfehlung im letzten eine Art Selbstüberforderung aus Ekel an der eigenen Schwäche darstellt und es nur einen einzigen Gedanken gibt, der den Menschen vor sich selbst in Schutz nimmt und ihm die notwendige Selbstachtung zukommen läßt: der Glaube, daß Gott uns geschaffen hat *mit unserer Armseligkeit,* mit unserer Begrenztheit, mit all dem, was uns fehlt.[8] Anderenfalls werden wir gezwungen sein, uns auf irgendeine Art trotz allem zu beweisen, daß wir *kein* nichtiges Stück Etwas, kein bloßes Nichts sind, und es bleibt uns dann nichts anderes übrig, als das schier Unmögliche von uns zu fordern: Absolut ungerechtfertigt, verlangen wir von uns das Absolute, um uns zu rechtfertigen für unsere Nichtigkeit, und werden ständig von unserem überforderten schlechten Gewissen zu neuen Leistungen und neuen Resignationen angetrieben.[9] Unausweichlich ergehen wir uns dann, wie MAX FRISCH es einmal ausgedrückt hat, in einer Art koketter Selbsterkenntnis, die dem anderen stets mit der Beschreibung unserer eigenen Schwächen zuvorzukommen sucht und doch nichts ist als eine «lebenslängliche Melancholie, als geistreicher Umgang mit unserer früheren Resignation ... und Menschen dieser Art sind zuweilen die nettesten Tischgenossen«[10]. FRISCH meinte, es sei auch nicht wahr, daß «die Selbstannahme mit dem Alter von selber komme ... In gewisser Hinsicht wird es mit dem Alter sogar schwieriger. Immer mehr Leute, zu denen wir in Bewunderung emporschauen, sind jünger als wir, unsere Frist wird kürzer und kürzer und kürzer, eine Resignation immer leichter ... Es braucht die höchste Lebenskraft, um sich selbst anzunehmen ... In der Forderung, man solle seinen Nächsten lieben wie sich selbst, ist es als Selbstverständlichkeit enthalten, daß einer sich selbst liebe, sich selbst annimmt, so wie er erschaffen worden ist. Allein, auch mit der Selbstannahme ist es noch nicht getan! Solange ich die Umwelt überzeugen will, daß ich niemand anders als ich selbst bin, habe ich notwendigerweise Angst vor Mißdeutung, bleibe ihr Gefangener kraft dieser Angst... Ohne die Gewißheit», fügt MAX FRISCH hinzu, «von einer absoluten Instanz außerhalb menschlicher Deutung, ohne die Gewißheit, daß es eine absolute Realität gibt, kann ich mir... nicht denken..., daß wir je dahin gelangen können, frei zu sein.»[11]

Wir brauchen den Gedanken an Gott, um wir selbst zu sein; denn ohne Gott verschlingt sich unser Leben in der vergeblichen Bemühung, selbst sein eigener Schöpfer und sein eigener Gott zu werden und sich zu irgend etwas hochzustilisieren, das uns davor bewahren könnte, mit aller Leidenschaft des Daseins sich selber zu verachten. Die Haltung der Armut ist daher die einzige Form der Erlösung. Nur in ihr wird alles still und ruhig und klar. In ihr schwindet der Krampf. Armsein vor Gott bedeutet das befreiende Gefühl, nicht *mehr* sein oder darstellen zu müssen, als man ist[12]; es bedeutet die Erlaubnis, endlich zu sich selbst zu kommen und sich selber annehmen zu können ohne Selbsthaß und ohne verzweifelte Selbstverliebtheit; Armsein vor Gott, das heißt: einfach so dasein zu dürfen und zu wissen: der Sinn, daß es so etwas wie mich gibt, braucht nicht von mir hervorgebracht zu werden; ich brauche keine fremden Rollen mehr zu spielen; ich brauche nur den Part zu übernehmen, den Gott für mich auf der Bühne des Lebens vorgesehen hat.

In diesem Sinne ist arm zu sein vor Gott die Basisformel der Erlösung. Wir dürfen zu der Wahrheit unseres Daseins stehen; wir brauchen uns mit unseren Schwächen nicht mehr zu verstecken. Es gibt in uns etwas schlechthin Unzerstörbares und Unveräußerliches, das in sich gilt und Wert hat, denn Gott hat es schon anerkannt, als er uns schuf mit all den Grenzen unseres Daseins. Es ist des Menschen ganzes Glück, arm sein zu dürfen – ohne Stolz, ohne Verachtung, einfach so, weil Gott es so gewollt hat. Und anders als in diesem Glauben wird nie ein Mensch mit sich identisch werden. Ein Mensch kann zu sich selbst nur finden in einem Raum der absoluten Zuwendung, Bestätigung und Gnade. Und alle Gnade besteht darin, daß Gott vorweg schon existiert.

Man kann die Probe, ob es sich tatsächlich so verhält, sehr leicht im Umkehrschluß, am Beispiel des «Reichtums», durchführen. Wo in unserer Gesellschaft und in der Form unseres Zusammenlebens gäbe es Räume, in denen wir die Erlaubnis und Berechtigung gewinnen könnten, einfachhin unseres Mangels und unserer Bedürftigkeit geständig zu sein? Stets sind wir vermeintlich gezwungen, nach außen in irgendeinem Sinne «reich» zu sein. «Reich» im Sprachgebrauch der Psalmen und der Bergpredigt sind dabei nicht die Menschen, die zufällig dies und das in Händen halten. Reich im Sinn des Evangeliums sind die Menschen, die wie Verzweifelte an ihre Besitzstücke sich klammern müssen, um sich vor fremder Kritik zu schützen[13] – vor der Abwertung in den Blicken der anderen, vor den schleichenden Zerfaserungen des eigenen Minderwertigkeitsgefühls, vor dem ständigen Gefühl, über dem Abgrund zu hängen. Menschen, die sich so empfinden, benutzen alles, was sie haben, um es zwischen sich und die anderen Menschen zu stellen beziehungsweise um es sich zur Selbstvergrößerung unter die eigenen Füße zu legen. – Was Jesus demgegenüber versucht, indem er die Armen seligpreist, ist ein außerordentlich sensibles und geduldiges Bemühen, einen jeden von uns zurückzugeleiten in die Nähe Gottes, in das Königtum der Himmel, in das verlorene Paradies, auf daß wir «nackt» sein dürfen, ohne uns zu schämen, und glücklich in einem Feld der Liebe ohne jede Scheu und ohne jede Verstellung.

Was sich praktisch daraus ergibt, ist in der Tat ein Heilmittel gegen vielerlei Formen wirklicher «Krankheit». Wann zum Beispiel sprechen wir, der eine zum anderen, so, daß es die Armut, die wir sind, auflöst in Glück und jede Lüge überflüssig macht durch ein tieferes Vertrauen zur Wahrheit?[14] Zumeist kommen wir daher und signalisieren dem anderen schon von weitem, daß wir es haben und wissen und schon machen werden, ja, daß wir es überhaupt sind, auf die es ankommt, und so hat der andere an unserer Seite von vornherein schon keine Chance mehr, zu sagen, wie es wirklich um ihn steht; schon demütigt es ihn, verformt ihn und vergewaltigt ihn. Gehen wir aber aufeinander zu und sagen einander ganz einfach, wie es uns geht, so haben wir zumeist eine recht gute Möglichkeit, einander zu helfen und miteinander gemeinsam zu sein. Buchstäblich selig zu preisen sind wir dann unter den Augen Gottes.[15] Der ganze Wust eines angstverstellten Lebens schwände dahin, und wir fänden mitten in der scheinbaren Armut unsere Größe, unsere Würde und Schönheit, wir reiften zum Licht, und keinen Schatten mehr gäbe es über uns – wenn wir nur wirklich «arm» *sein dürften!*

Glücklich die Trauernden,
denn sie werden Zuspruch (von Gott) erfahren

Auch mit diesem Wort der Seligpreisungen ist es eigenartig. Wenn man es zum ersten Mal hört, wirkt es zunächst recht niederdrückend, ganz so wie die

Worte eines Dompteurs auf einen Hund, der wohl begreift und spürt, daß es ums Überleben für ihn darauf ankommt, die Ohren zu spitzen und zu horchen, was sein Herr ihm sagen will, und der es doch nur äußerst mangelhaft versteht und winselnd darum bitten muß, zumindest nicht sofort bestraft zu werden. Alles, was Jesus hier sagt, verrät eine Sicht der Dinge, die auf ungeheuere Weise in Frage stellt, was wir als selbstverständlich leben. «Glücklich die Trauernden» oder, wie das *Lukas*evangelium sagt, «Selig die Weinenden»[1] – das sind die ersten Worte Jesu über diese Welt, und sie kehren alles auf den Kopf, was wir gewohnt sind.

Dennoch kennen wir durchaus auch selber Augenblicke, in denen wir jemanden wirklich glücklich sprechen möchten gerade wegen seiner Traurigkeit, nur daß wir solche Augenblicke selten als wesentlich erkennen.

Nehmen wir etwa einen Menschen, der jahrzehntelang sein Leben mit Füßen hat treten müssen, um vor den Augen der anderen emporzukommen; keine Regung eines tieferen Gefühls hat er sich je gestatten dürfen; nach außen hin gab er sich heiter und froh; fast wie ein Sonnenschein stieg die Bahn seiner Karriere am Himmel empor; aber nun, wo er zusammenbricht und weint, wie wenn am Ende des Winters das Eis abschmelzen würde unter einem wärmeren Klima, und es wüßte nicht, wohin es fließen könnte: – einen solchen Menschen, der nach langen Zeiten einer arktischen Eissonne endlich zu seiner Wahrheit kommt, würden wir unzweifelhaft glücklich preisen seiner Tränen wegen; mit ihnen beginnt erkennbar ein Stück Menschlichkeit.

Oder: eine Frau, die in die Eheberatung kommt: Sie lebt an der Seite eines Mannes, der sich stets als die Tüchtigkeit und Formvollendung selber gibt – nie unterläuft ihm ein Fehler, und alles, was er spricht, bis ins Detail hinein, ist stets korrekt und richtig –, sie aber lebt in dem ständigen Gefühl, nur unberechtigt, linkisch und verkehrt zu sein; niemals an der Seite ihres Mannes wird auch nur ein Wunsch geäußert, nie eine Bitte vorgetragen, stets heißt es nur: «Man müßte eigentlich», und: «Im Grunde sollte man», und: «Es wäre deine Pflicht, daß …», und: «An sich hätte doch längt schon …» Niemals in über 20 Jahren ihrer Ehe hat diese Frau an der Seite ihres Mannes geweint; jetzt aber schon nach wenigen Minuten tut sie es hemmungslos, und man muß sie glücklich sprechen ihrer Tränen wegen; sie sind unendlich viel menschlicher als all das trostlose Perfektionsgehabe und die unerbittliche Kälte der Vollkommenheit in der Nähe ihres Mannes.

Oder: Auf einem Kinderspielplatz raubt ein älterer Junge einem schwächeren zehn bunte Klicker und zeigt sie stolz seinem Freund, lachend, im Triumph seiner Eroberung, in der Ecke aber steht der andere Junge und weint – möchte man diesen nicht glücklich sprechen seiner Tränen wegen, gewiß nicht aufgrund seiner Schwäche, wohl aber weil er, wenigstens in diesem Augenblick, weniger gemein ist?

So, in dieser Art, wird man das Wort Jesu wohl verstehen müssen: *Glücklich die Trauernden,* nur daß er es weit prinzipieller gemeint hat als im Zusammenhang der paar Augenblicke, an denen wir es uns klarmachen. Eben darin liegt ja die unerhörte Art der Menschlichkeit (oder Göttlichkeit) Jesu, daß er etwas, das wir nur punktuell erahnen, den Mut und die Kraft hatte, ins Grundsätzliche zu treiben.[2] Sollte man denken, daß Jesus uns und unsere Welt wirklich so sah: in gewissem Sinne unfähig, zu weinen, außerstande zur Traurigkeit, statt dessen aber ständig befangen in der Demonstration eines unablässigen Scheinglücks, gehalten geradezu in dem Verbot der Tränen, stets unterwegs zu einer imaginären Tüchtigkeit und Geltung?

Im Jahre 1965 hat der französische Filmregisseur Jean Luc Godard in einem «Zukunftsfilm» unsere Gegenwart einmal auf hintergründige Weise als einen permanenten Alptraum von derart «Glückseligen», von chronisch Trauerunfähigen[3] darzustellen versucht. Die Stadt der «neuen Welt», die er uns zeigt, trägt den symbolischen Namen *«Alphaville»*[4], weil hier eine Epoche der Zukunft gegenwärtig geworden ist, von der die Einwohner dieser Stadt selber nicht genau wissen, ob sie nicht eigentlich «Zeroville» heißen sollte: Nullpunktstadt. Eine ständige Unsicherheit der Sprache durchzieht das ganze Leben der Bewohner von Alphaville; das heißt, eine solche Unsicherheit würde ihr Leben durchziehen, wenn es so etwas wie Unsicherheit im Herzen dieser Bewohner überhaupt geben dürfte. In Alphaville leben die Menschen nach der Art von gesteuerten Puppen, sie werden beherrscht von Ersatzmenschen vollendeter Logik in Gestalt eines Regierungssystems von sich selbst fabrizierenden Computern. Daher gibt es in Alphaville keine Gefühle, keine Motive mehr. Man fragt nicht mehr, warum etwas geschieht; man kann nur noch sagen: das ist das. Statt Gründe gibt es nur noch Folgerungen, ein Geflecht von Wirkungen, und die Sprache des Herzens ist ersetzt durch die Sprache elektronischer Verknüpfungen. Dementsprechend sind die Bewohner von Alphaville Menschen des programmierten Glücks; sie sind im Grunde nichts weiter als relativierte Zahlen, die von den Großrechnern aus- und eingeschaltet werden. Fragt man sie: «Wie geht es dir?», antworten sie ebenso zufrieden wie mechanisch: «Mir geht es gut, danke.» In dieser Stadt ist es verboten, zu träumen oder traurig zu sein oder Gedichte zu schreiben oder Bücher zu verfassen. Wer so etwas trotzdem tut, wird im «Theater der Exekutionen» hingerichtet: Während einer Filmshow werden solche Außenseiter mittels einer Injektion schmerzlos umgebracht, und die Sitze im Hinrichtungskino entleeren sich in die unterhalb befindlichen Müllcontainer wie von selber des humanen Abfalls der immer noch nicht vollkommen ausgerotteten Gefühlsmenschen von Alphaville. In dieser Stadt erscheint an jedem Morgen ein neues Lexikon, in dem die eliminierten und nunmehr verbotenen Worte registriert sind. Am Morgen des Tages, den GODARDS Film beschreibt, sind gerade die Ausdrücke verboten worden: Rotkehlchen, Sehnsucht und Traurigkeit. In Alphaville lebt noch ein alter Mann, der sich an die Vergangenheit erinnert und der wiederholt und verzweifelt bettelt: *Rettet die Weinenden!* Doch es gibt in Alphaville weder Poesie noch Liebe, noch Verlangen, noch Hoffnung, noch Mut, es gibt weder eine Vergangenheit noch eine Zukunft, niemand hat hier gelebt, und niemand wird hier leben, es gibt nur die Gegenwart, die Bedürfnislosigkeit und die Anpassung. Die Phantasie ist vermittels der Logik zur Zerstörung fortgeschritten – das Zentrum von Alpha 60 im Inneren der Milchstraße plant die Vernichtung, und zwar ohne Reue, ohne Tränen, mitleidlos. In der Welt von Alphaville existiert nicht das Leid des Gewissens. Die Poesie ist hier nicht nur verboten, sie wäre geradezu gefährlich. «Was macht die Nacht zum Tag?» – «Die Poesie!» Nähme der Zentralrechner von Alphaville solche Worte und Gedanken in sich auf, so müßte er zugrunde gehen. In GODARDS Film rettet am Ende ein Mann *(Lemmy Caution)* ein Mädchen kraft der Liebe aus dem Labyrinth von Alphaville, und es ist in diesem modernen Märchen wie in der alten Sage der Rettung von Lots Frau aus dem brennenden Sodom[5]: man darf sich bei der Flucht nicht umschauen, während Alphaville zerbirst.

Es scheint, als habe Jesus schon vor 2000 Jahren uns gesehen wie die Bewohner eines solchen Alphaville. Er muß uns bereits vor 2000 Jahren gesehen haben als vollendete Angehörige einer Keep-smiling-Gesellschaft, für die Traurigkeit so etwas ist wie eine zu verbietende Charakterlosigkeit, weil sie die Blutspur des Fortschritts hemmt – sie ist für die «Großrechner» nicht kräftig genug, nicht mitleidlos genug, nicht gewalttätig genug; sie ist nicht tüchtig genug, um die Dinge richtig anzupacken und um vor sich zu zerbrechen, was sich der Hervorbringung neuer Errungenschaften entgegenstellt. Jesus wird zu seiner Zeit dabei vor allem die Zustände des römischen Reiches vor Augen gesehen haben – die Triumphzüge der Siegreichen, das Hohnlachen der Mächtigen[6]; doch was zwischen damals und heute hätte sich geändert?

Am 7. März 1991, in Heft Nr. 11, veröffentlichte das Magazin *Stern* ein Photo, das den amerikanischen Präsidenten *George Bush* am Ende des Golfkrieges im Kreis seines Beraterstabes im Weißen Haus zeigt.[7] Da sieht man Generalstabschef *Colin Powell,* der Kuwait in *killing boxes* einteilte und auf der

Straße nach Basra die in kilometerlangen Konvois fliehenden Iraker wie beim Truthahnschießen zu Tausenden vernichten ließ[8]; da sieht man Verteidigungsminister *Dick Cheney*, der Wochen vor dem Beginn des alliierten Dauerbombardements auf Bagdad bereits erklärt hatte: «Dieser Krieg wird geführt werden bis zum endgültigen Sieg.» Daneben sitzt Vizepräsident *Dan Quayle*, der am 1. Februar 1991 in London der Weltöffentlichkeit mitteilte, vermutlich werde man «es mit konventionellen Mitteln schaffen», doch auch der Einsatz von Atombomben sei *«a real option»*. Und *George Bush* selber ist dort zu sehen, der Tag für Tag erklärt hatte, der Krieg könne sofort beendet sein, man brauche nur das Wort «Abzug» dafür, der aber, als das Wort «Abzug» von *Tarik Asis* in Moskau klar und vernehmlich gesprochen worden war, an einem Samstagmittag, pünktlich um 12 Uhr, nun erst recht den Beginn der Bodenkämpfe befahl und westlich von Basra die größte Panzerschlacht seit dem Zweiten Weltkrieg durchführen ließ.[9] 260 000 irakische Soldaten in 29 Divisionen wurden damals in ein paar Tagen «ausgeschaltet»; insgesamt rechnete man mit weit mehr als 100 000 Toten und gewiß viermal so vielen Verletzten – man kennt bis heute nicht einmal auf 100 000 genau die Anzahl der Opfer dieses Krieges auf irakischer Seite[10]; eines der reichsten Länder des Mittleren Osten hatte man in Schutt und Asche gelegt. Doch wie sieht man das Achtergremium der amerikanischen Regierung, der Entscheidungsträger der «Nummer Eins», dieser Gründerväter einer «neuen Weltordnung», dieser «Sieger des Guten»[11] auf dem Bild? Sie alle lachen, *George Bush* biegt sich vor Vergnügen; und er erklärte im Rundfunk: «Nie zuvor war ich so stolz.» Und: «Der Schatten von Vietnam ist im Wüstensand Arabiens für immer begraben worden.» Endlich hatte man mal wieder einen großen Sieg errungen. Endlich hatte man sich bewiesen, daß man wirklich über das derzeit schlimmste Massenvernichtungspotential der Welt verfügt. Grund immer noch zu Stolz und Freude! Und es gibt niemanden, der weint; es gibt niemanden, der diese Welt entsetzlich fände, in der man beliebig schnell mal 100 000 Menschen töten kann, ohne darunter auch nur ein wenig zu leiden.[12] Es war 500 vor Christus, daß der chinesische Weise LAOTSE sagen konnte: «Wenn der Edle siegt, freut er sich nicht daran. Wenn er sich daran freuen wollte, würde er sich ja des Menschenmordes freuen... Menschen töten in großer Zahl, das sollte man beklagen mit Tränen des Mitleids. Wer im Kampfe gesiegt, der soll wie bei einer Trauerfeier weilen.»[13] Glücklich, in der Tat, wären die Menschen, die menschlich genug wären, ihre «Siege» zu beweinen. Sie würden wahre Größe zeigen. Doch für «groß» und bewundernswert gilt uns immer noch «Stärke» und Grausamkeit: Gerade eben am

Ende des Golfkriegs lag der Popularitätsgrad des amerikanischen Präsidenten bei 91 Prozent der Bevölkerung.

Nein, in unserer Gesellschaft wird nicht geweint, nicht jedenfalls von den rechten und mannhaften Charakteren. Vor fünfzig Jahren noch hieß es nicht anders in Deutschland; da galt eindeutig und klar: «Ein deutscher Junge weint nicht», vielmehr hatte er zu sein: «flink wie ein Windhund, zäh wie Leder, hart wie Kruppstahl». Wir haben solche Maximen der Gewalt noch immer nicht wirklich überwunden. Leute, die trauern und weinen, das sind in den Augen unserer Gesellschaft immer noch die Unzurechnungsfähigen, die Lebensuntüchtigen, und dieses Reglement geht bis in den Privatbereich. Gewiß, Frauen mögen weinen, Männer keinesfalls, allenfalls daß sie in solchen Momenten Gelegenheit gewinnen, zur rechten Zeit gegenüber dem «schwachen Geschlecht» als Kavaliere und Tröster sich einzuschmeicheln. Wir leben in einer Welt, die Tränen nicht verträgt. Wir verlangen gewissermaßen, daß man vorher in den Spiegel schaut, ehe man auf die Straße geht. Man ist einen solchen Auswurf des Leids nicht gewöhnt, und man erträgt ihn nicht. Die Mächtigen brauchen die optimistischen Prognosen des Fortschritts, und ihre Untertanen warten auf das Konstruktive in ihren Äußerungen, und alle müssen wir stark sein, fit sein, tapfer sein, fröhlich sein, munter sein – sonst holt uns der Teufel. Wie denn auch nicht? Und wiederum muß jeder lügen und sich anders geben, als er ist. Unser Maß an Leid ist randvoll, aber wir werden's nicht los, und je mehr wir die Traurigkeit fühlen, desto weniger wagen wir am Ende, sie zu äußern; und so wird der Weg zur *wahren Freude*[14] immer länger, immer unbegehbarer, weil immer schneller der Zwang sich meldet, vor den Augen der anderen «richtig» dazustehen, fertig zu sein, problemlos und souverän die Dinge gemeistert zu haben und nur ja niemanden wissen zu lassen, wie es wirklich um uns steht.

Vielleicht mag es scheinen, das Bild Jean Luc Godards von *«Alphaville»* sei denn doch eine Übertreibung; auch ein Visionär wie Jesus von Nazareth neige offenbar wohl zu gewissen Übersteigerungen; solche Leute liebten es halt, mit dramatischen Effekten an das Gewissen zu appellieren, aber es sei doch die Pflicht eines guten Interpreten, derartige Spitzen aus dem Ton herauszumodulieren und auf ein erträgliches Maß zu reduzieren. Die Wahrheit indessen lautet womöglich gerade umgekehrt: Man kann die Warnungen vor «Alphaville» gar nicht ernst genug nehmen.

Ein Beispiel für die Art, was in unseren Tagen aus unserer Sensibilität gegenüber «weicheren» Gefühlen oder gar lyrischen Ausdrucksformen zu werden droht: Man schlage einen Text auf, der vor ca. 2000 Jahren geschrieben wurde, irgendeinen antiken Mythos etwa, und man wird sehr bald merken, daß wir nicht mehr imstande sind, die Sprache einer solchen Erzählung zu verstehen. Oder man schlage auch nur ein Märchenbuch für Kinder auf, und man wird erleben, daß uns solche Geschichten so gut wie nichts mehr zu sagen haben. In solchen Erzählungen geht die Rede nicht von Informationen oder von logischen Tatsachenverknüpfungen, solche Geschichten sprechen in Bildern und symbolischen Verweisungen, und so ahnen wir wohl noch gerade ein wenig von ihrer rätselhaften Faszination und poetischen Schönheit, aber wir erleben sie bereits heute als weit weggerückt von uns selber. Ist die Furcht da übertrieben, es werde bald schon die Welt der Mythen, der Märchen, der Träume, der Lyrik, der Dichtung gar nicht mehr existieren?[15] Was aber sollte dann an menschlichen Empfindungen und Gefühlen noch mitteilbar sein? Die Sprache der Traurigkeit und der Sehnsucht, des Schmerzes und des Verlangens verfügt dann über keine Worte mehr; sie wird uns so fremd geworden sein wie die Sprache antiker Mythographen heute schon, und wir werden einfach nicht mehr begreifen, wovon ein SHAKESPEARE oder ein DOSTOJEWSKI eigentlich reden wollte.

Und muß man zur Warnung denn in die Zukunft schauen oder die entsetzliche Gegenwart des Golfkrieges beschwören? Schon *die Vergangenheit* spricht für sich selbst – ein Exempel etwa aus dem Norden Amerikas im Jahre 1855 mag das verdeutlichen. Damals verlangte die Zentralregierung der Vereinigten Staaten von dem Indianerhäuptling *Seattle*[16], er solle das Land seines Stammes verkaufen. Wir wissen von diesem Häuptling, nach dessen Namen man eine eigene Stadt in den USA benannt hat, nicht viel; aber seine Rede anläßlich des Verkaufsabschlusses ist uns erhalten – ein erstaunliches Dokument, das darin besteht, die eigene Poesie und Traurigkeit mit einem Anflug ironischen Stolzes gegenüber der Brutalität des amerikanischen Fortschritts zu reklamieren. Dieser Analphabet von einem Indianerhäuptling richtete damals sein Wort an die künftigen Bewohner von «Alphaville», an die Vertreter des Handelsabkommens der Vereinigten Staaten zum Verkauf seines Landes; und sinngemäß sprach er etwa so: «Wir Wilden verstehen nicht die Art des Weißen Mannes. Wir begreifen nicht, wie es möglich sein soll, unsere Brüder: die Tiere, die Bäume, die Sonne, die Sterne und unsere Mutter: die Erde, die Blumen und die Flüsse, zu verkaufen. Uns gehören unsere Brüder nicht, und wir wissen nicht, wie der Austausch eines weißen Stück Papiers, unterzeichnet mit fremden Buchstaben, einen Anspruch auf unsere Brüder begründen könnte. Vielleicht würden wir das verstehen, wenn wir wüßten, was der Weiße Mann des Abends seinen Kindern für Geschichten erzählt, welche Träume er in das Herz seiner Kinder pflanzt, welche Visionen er ihnen auf den Weg gibt, sich des Morgens zu erheben. Wir sehen nur, wie der Weiße Mann in die Wälder einbricht wie ein Fremder, wie ein Feind, und wie er alles zerstört und verwüstet, Landstrich um Landstrich. Sein Hunger verwandelt die ganze Erde in eine Wüste. – Wir werden uns den Verkauf des Landes überlegen müssen, denn was sollen wir tun? Der Weiße Mann wird mit Kanonen und Gewehren kommen, und wir sind nicht mehr zahlreich genug, um uns zur Wehr zu setzen. Daher fühlen wir uns geehrt, daß der Weiße Mann uns *fragt*, ob wir ihm unser Land abtreten wollen. Aber wenn wir das Land, in dem die Seelen unserer Väter zu uns reden, dem Weißen Mann verkaufen, dann nur unter einer Bedingung: daß ihr die Tiere, die wir lieben, und die Bäume, die wir verehren, heilig halten und gut behandeln werdet. Ohne die Tiere sind die Menschen einsam. Ihr sagt, ihr glaubt an einen anderen Gott als wir. Durch euch wird unser Volk vergehen wie eine Welle im Ozean. Aber vielleicht gilt dieselbe Wahrheit für alle Menschen; vielleicht ist Gott der Vater aller Menschen. Und vielleicht können wir und die Tiere euere Brüder sein. Wir werden sehen.»

So sprach vor 137 Jahren ein Mann außerhalb des Kulturkreises, den wir den christlichen nennen, ein Mann der Poesie, des Gefühls und einer *Traurigkeit männlichen Stolzes* über ein verlorenes Volk; Häuptling *Seattle* wußte, daß der Untergang seiner Welt an dem, was menschlich wahr ist, nicht das geringste ändern würde. Was gäbe man darum, eine derart selig zu preisende Traurigkeit, wie der Häuptling *Seattle* angesichts der Zerstörungsarbeit der Weißen an der Natur und an den Menschen seines Stammes sie besaß, so innig wie nur möglich in die Herzen der Menschen einzupflanzen! Freilich, man begreift auf der Stelle, daß ein solches Denken die Voraussetzungen der Welt, in der wir leben, bis in die Wurzel hinein in Frage stellen muß. Man begreift, welch ein Haß provoziert werden muß, wenn plötzlich all das nicht mehr stimmen soll, worauf wir unser normales Alltagsleben gegründet haben. Doch die Verheißung, ja, die Erfahrung in der Nähe Jesu bleibt: den Traurigen wird der Trost Gottes zuteil. Die Weinenden werden eine eigene Zukunft besitzen[17], und wahrhaft glücklich sind nur die Menschen, die sich den «Luxus» leisten, ihre Sensibilität nicht abzutöten, und die in ihrem Herzen weiter als Wert und Kostbarkeit bewahren, was draußen geschlachtet, getötet und gemordet wird, immer unter dem Anspruch, daß es einzig so richtig und notwendig und ohne Alternative sei; wenn an ihrer Seite ganze Völker und Kulturen niedergetrampelt werden mit dem Anspruch des Rechts, des Fortschritts, der Zivilisation und der Kultur, werden sie nicht aufhören, unter dieser Barbarei zu leiden; sie werden das Bewußtsein nicht verlieren, daß ihre Tränen kostbarer sind als das Gelächter der Cheese-Gesellschaft mit den fletschend-lachenden Zähnen menschlicher Raubtiere. Und Gott wird sie trösten; ja, es wird am Ende der einzige Trost sein, daß es im Meer der Grausamkeiten wenigstens sie gegeben hat. Was aber wäre, wir gäben den ganzen Plunder fauler Selbstbeweise von «Männlichkeit» und «Stärke» einfach auf, und wir hätten den Mut, das auszusprechen, was uns schmerzt, womöglich seit Kindertagen; wir leugneten ganz einfach die Pflicht, immer wieder hinwegzugehen über den Schmerz, die Zähne zusammenzubeißen und gradeaus zu marschieren; wir würden sagen, es gibt ein Recht vor Gott und den Menschen, auszusprechen, was weh tut und was weh getan hat, und es gäbe eine Sensibilität des Leids an der richtigen Stelle? Glücklich die Menschen, meint Jesus, die das wagen. Sie haben nichts mehr zu befürchten – keine Ablehnung, keine Schande; sie beginnen, wirklich zu sein. Und sie sind nahe bei Gott. Er wird sie trösten.

Glücklich die Wehrlosen, denn sie werden das Land erben

Es ist nicht ganz klar, wie man das Wort übersetzen soll, das Jesus hier verwendet. «Glücklich die Demütigen», sagte man früher. Doch so kann es nicht heißen. Schaut man sich den Aufbau der acht Seligpreisungen bei Matthäus an, so sind sie deutlich zweigeteilt[1]: die ersten vier beschreiben «Zustände», die allgemein als äußerst beklagenswert gelten, wie Armut, Trauer und Hunger, erst der zweite Abschnitt beschreibt, parallel zum ersten, wie Menschen nach außen hin handeln können, die diese «Zustände» von Gott her anzunehmen gelernt haben.[2] Statt zu sagen: «glücklich die Demütigen», könnte es also allenfalls heißen: «glücklich die *Gedemütigten*». Die «Einheitsübersetzung» neuerdings behilft sich mit der Formulierung: «Selig, die keine Gewalt anwenden»[3], doch abgesehen davon, daß dies eine reine Paraphase, keine Übersetzung darstellt, unterliegt auch diese «Übersetzung» dem gleichen Einspruch: an *dieser* Stelle geht es noch nicht um das Verhalten, sondern um das Verhältnis, in dem jemand angetroffen wird; nicht daß jemand keine Gewalt anwendet, sondern daß er sie gar nicht anwenden kann, weil er über keinerlei Mittel dazu verfügt, ist gemeint. Mit Bezug zu Mt 11,29 setzte die Lutherübersetzung: «Selig sind die *Sanftmütigen*»[4], doch auch diese Formulierung zielt mehr auf die Einstellung als auf die Stellung eines Menschen. Der Sinn des Wortes läßt sich hingegen leicht aus dem Zitat von Ps 37,14–15 erkennen, auf das die Stelle hier anspielt; dort heißt es: «Die Gottlosen ziehen das Schwert und spannen ihren Bogen, daß sie fällen den *Elenden* und *Armen* und morden die Frommen. Aber ihr Schwert dringt in ihr eigenes Herz, und ihr Bogen zerbricht.»[5] Das Paradox, das Jesus in der Bergpredigt mit Rekurs auf diese Worte aufgreift, gilt: «Die Elenden werden das Land erben» (Ps 37,11). Die «Elenden» oder die «Armen» – das sind an dieser Stelle erkennbar all diejenigen, die dem Schwert und dem Bogen der «Gottlosen» in völliger Hilflosigkeit nichts entgegenzusetzen haben.[6] Das einzige deutsche Wort, das diesen Zustand korrekt wiedergibt, ist «Wehrlosigkeit». So paßt es denn auch zu Mt 11,29, wenn Jesus die «Mühseligen und Beladenen» auffordert, sie sollten sein Joch auf sich nehmen, denn er sei selber (nach der Lutherbibel) «sanftmütig und von Herzen demütig» – «*wehrlos* und *ausgesetzt*», sollte man besser übersetzen – so daß man vor ihm keine Angst haben muß und man ihm zutrauen kann, daß er weiß, wovon er redet.[7] – Nur in dieser Wendung fügt sich die dritte Seligpreisung in die Umkehrlogik der ersten vier Worte Jesu ein, die allesamt Menschen bezeichnen, die eigentlich als unglücklich und bemitleidenswert gelten müßten und es auch wären, wenn sie ihren Zustand nicht von Gott her noch einmal ganz anders zu (er)leben wüßten.

«*Von Gott her*» – das muß freilich durchaus nicht deckungsgleich mit den Definitionen der herrschenden Religionsformen sein, ganz im Gegenteil. Vielleicht gibt es für das, was Jesus hier meint, kein besseres Beispiel als die Gestalt des amerikanischen Sozialistenführers und grundsätzlichen Pazifisten Eugene Debs[8]. Sein Leben stand ganz und gar im Schatten des US-Präsidenten Theodore Roosevelt, dessen Amtszeit zwischen 1901 und 1909 immer noch zu den populärsten Regierungsjahren der amerikanischen Geschichte zählt; denn in der Tat: weit mehr als der politisch ohnmächtige Debs verkörperte und verkörpert *Th. Roosevelt* das Bild des American Dream. «Er war ein Mann mit den eindeutig faschistischen Zügen eines Herrenmenschen und fühlte sich unbehaglich, wenn er keine Waffe bei sich trug. Der Mann, der vorgab, Tiere zu lieben, ‹liebte es sehr, sie zu töten›.» – «Theodore Roosevelt blieb lebenslang tief überzeugt, daß sich die Vereinigten Staaten in einem alles entscheidenden Kampf um die Dominanz der ‹fittest among nations› befanden, und sagte, als wäre er schon Mitglied der Hitler-Partei gewesen: ‹Wenn sich die besten Klassen nicht reproduzieren, wird es mit der Nation bergab gehen, denn die wirklich entscheidende Frage ist, die Tüchtigen zum Überleben zu ermutigen und die Untüchtigen zu entmutigen.› Die Untüchtigen waren in seinen Augen die Iren, die er mit einem sonderbaren Haß verfolgte, insbesondere aber die Schwarzen und die Amerikaner asiatischer Herkunft, die er für ‹zurückgeblieben und ignorant› hielt. Wiederum ganz wie der Nazi, der ein wenig später damit beginnen würde, die ganze Welt ins Unglück zu stürzen, trat

Theodore Roosevelt für die Sterilisierung der Kriminellen und der Geistesschwachen ein. Der ehemalige Hilfssheriff wünschte seinen Söhnen, lieber zu sterben, ‹als Schwächlinge zu werden›.»[9] THEODORE ROOSEVELT war es, der noch zu Beginn des zwanzigsten Jahrhunderts von den Indianern sagen konnte: «Ich gehe nicht so weit, zu denken, daß nur tote Indianer gute Indianer sind, aber ich denke, daß es für neun von zehn Indianer gilt, und was den zehnten angeht, so will ich den Fall nicht näher untersuchen. Jedenfalls hat der bösartigste Cowboy mehr moralische Prinzipien als der durchschnittlichste Indianer.»[10] Dieser Präsident, der von *Ronald Reagan* und *George Bush* als ihr liebster und vorbildlicher Präsident der amerikanischen Geschichte betrachtet wird[11], rechtfertigte das Abschlachten von circa 6 Millionen Indianern noch nachträglich mit den unglaublichen Worten: «Unser großes Land ist kein Tierschutzgebiet für schmutzige Wilde»; das Leben der Indianer galt ihm für «nur ein paar Grade weniger bedeutungslos als das von wilden Tieren.»[12]

Diese Denkweise der Stärke, der *Wehrhaftigkeit* und der Grausamkeit, dieser rücksichtslose Sozialdarwinismus, der gnadenlos jede menschliche Schwäche zum Tode verurteilt, begründet bis heute nicht allein den dogmatischen Überlegenheitsanspruch der US-Amerikaner, die Ideologie dieses ungehemmten Chauvinismus und Machotums beruft sich in ungezählten Präsidentenreden mit Vorliebe auch auf den Willen Gottes selber. «Warum», fragte *Roosevelts* Nachfolger *Woodrow Wilson* (1913–1921 Präsident der USA), «hat es Jesus Christus bisher nicht vermocht, die Welt zu veranlassen, seiner Führung zu folgen? Weil er zwar ein Ideal ersann, nicht aber praktische Wege wies, auf denen man zu ihm kommt. Deshalb schlage ich ein praktisches Schema vor, das seine Ziele verfolgt... Ich weiß, daß die ganze Welt ihr Herz verliert, wenn sich Amerika weigert, ihr den Weg zu weisen... Die Bühne ist bereitet, das Ziel ist klar. Nicht wir haben es gesetzt, sondern die Hand Gottes hat uns geführt. Wir können nicht zurück. Wir können nur nach vorn, den Blick erhoben, den Geist erfrischt. Wir folgen der Vision. Dies ist, wovon wir seit unserer Geburt träumten: Amerika soll in Wahrheit den Weg weisen... Amerika wurde geschaffen, um die Welt zu führen.»[13] Da gilt also der naive Nationalismus, da gilt der herausfordernde Imperialismus geradewegs als ein Zeichen göttlicher Beauftragung. – Man hat es, wohlgemerkt, bei diesem Denken nicht mit Texten aus der Hand etwa von König Assurbanipal oder Kaiser Augustus zu tun, sondern mit den Äußerungen christlicher Staatsmänner unseres Jahrhunderts, die, sekundiert von den geistlichen Würdenträgern ihrer Kirchen und ohne den nennenswerten Widerspruch von Bischöfen und Päpsten der katholischen Kirche, selbst 2000 Jahre nach Christus in so unverschämter Weise

Gott zum Narren zu halten und die Bergpredigt auf den Kopf stellen zu dürfen meinen, daß sie es geradewegs als ihr Mandat erachten, der Botschaft Jesu auf amerikanische Weise aufzuhelfen und sie noch ein bißchen «praktischer» zu gestalten.

Und nun stelle man dem gegenüber die Haltung von EUGENE DEBS. Er hatte im Jahre 1912 mit etwa 900 000 Stimmen, also etwa 6 Prozent, das beste Ergebnis erzielt, das je ein Sozialist in der Geschichte von *God's own Country* erringen konnte; doch eben darum: ein paar Jahre später wurde er wegen «Aufwiegelung» angeklagt und zu zehn Jahren Haft verurteilt; der Grund: EUGENE DEBS hatte mit pazifistischen Argumenten gegen den Eintritt der Vereinigten Staaten in den Ersten Weltkrieg agitiert. «Er quittierte das Urteil mit den Worten: ‹Euer Ehren, ich habe vor vielen Jahren erkannt, daß ich mit allen Menschen dieser Erde verwandt bin. Ich habe verstanden, daß ich keine Spur besser bin als der Geringste auf der Erde. Ich sagte damals und sage heute: Solange es eine untere Klasse gibt, gehöre ich ihr an. Und solange es kriminelle Elemente gibt, gehöre ich zu ihnen. Und solange auch nur eine Seele in einem Gefängnis sitzt, bin ich nicht frei.›»[14]

Das, ohne Zweifel, ist «Wehrlosigkeit», wie Jesus sie in der Bergpredigt beschwört und wie er sie in seiner Einladung an die «Mühseligen und Beladenen» (Mt 11,28) noch einmal ausdrückt: es ist eine schutzlose, offene Solidarität, ja Identität mit allen Menschen im Elend; *sie* preist Jesus glücklich, denn allein in ihr kann in seinen Augen ein Leben entstehen, das sich lohnt und innerlich trägt.

Aber man versteht sofort: Eine solche Haltung ist «Aufwiegelung» (vergleiche Lk 23,2)![15] Die «Ordnung» aller «Reiche dieser Welt» (Mt 4,8) steht dem im Wege! Alle Staatengebilde dieser Erde gründen sich seit dem sechsten Jahrtausend vor Christus auf den Faktor der Gewalt[16]; ja, ihr wesentlicher Sinn liegt darin, den Egoismus der eigenen Gruppe zu schützen, zu organisieren und nach außen hin durchzusetzen; also, daß nicht die Wehrlosigkeit, der Gewaltverzicht, sondern ganz im Gegenteil die Wehrhaftigkeit und Gewalttätigkeit die Grundlage ihrer Existenz und den Grundzug ihres Handelns darstellen. «Weh dem, der schwach ist», dieser furchtbare Satz *Adolf Hitlers* am 20. Mai 1937 auf dem Obersalzberg bringt die latente faschistoide Struktur aller politischen Gebilde innerhalb dessen, was heute noch «Geschichte» heißt, auf das prägnanteste zum Ausdruck.[17]

Wie wenig wir bis heute auch nur entfernt die Bergpredigt mit ihrem Lobpreis der Wehrlosen für realisierbar halten, sobald es um «Realpolitik» geht, zeigt wohl in unüberbietbarer Eindringlichkeit der immer noch vorherrschende Wahnsinn der *Aufrüstung*, und zwar vor allem in den Vereinigten Staaten; sich mit den Handlungsweisen unserer eigenen Verbündeten – statt etwa mit der Rüstung in der UdSSR oder in Ländern der Dritten Welt – zu befassen, ist an dieser Stelle wohl schon deshalb nötig, weil hier unser eigener Verantwortungsbereich unmittelbar angesprochen ist und weil vor allem die Größenordnungen hier besonders illustrativ sind. Also ein paar Beispiele: In der Ära von Reagan und Bush, in den zurückliegenden 10 Jahren, waren mehr «als 30 000 amerikanische Industrie- oder gewerbliche Unternehmen ... ganz oder weitgehend mit der Herstellung von Gegenständen beschäftigt, deren ausschließlicher Zweck darin bestand, Leben zu vernichten. Mehr als 6,5 Millionen Amerikaner waren existentiell vom ‹militärisch-industriellen Komplex› abhängig. An jedem Arbeitstag unterzeichneten Bevollmächtigte der vier Waffengattungen oder einer von 52 000 Bürokraten des US-Verteidigungsministeriums in Washington mehr als 50 000 Lieferkontrakte; das summierte sich zu mehr als 15 Millionen Verträgen pro Jahr. Das Monstrum, das sich aus dieser Geschäftigkeit entwickelte, wurde zu einem gigantischen Perpetuum mobile und verschlang an jedem Tag, der verging, nachdem Reagans Initiativen zu greifen begannen, annähernd 900 Millionen Dollar – und produzierten nichts außer der Möglichkeit, daß die Menschheit nun nicht mehr nur elf-, sondern zwölfmal umgebracht werden konnte; mehr: Es vermochte noch nicht einmal zu verhindern, daß, wie im Pentagon errechnet wurde, immer noch bei einem sowjetischen atomaren Erstschlag 130 Millionen Amerikaner ihr Leben verlieren würden.»[18] In einer Zeit, in der jedes achte amerikanische Kind an Hunger leidet, in der weltweit 15 Millionen Kinder jedes Jahr verhungern, stiegen in den USA die Ausgaben «für Forschung und Entwicklung auf militärischem Gebiet um 62 Prozent, während sie für zivile Forschung und Entwicklung um zehn Prozent sanken.»[19] Im Vergleich: «1940 war der ‹militärisch-industrielle Komplex›, die Streitkräfte und die sie beliefernde Industrie, eine der wirtschaftlichen Stützen des Landes, noch mit zwei Milliarden Dollar ausgekommen. 1945 waren daraus schon 86 Milliarden Dollar geworden. 1970 verlangte und erhielt der Komplex ... erstmals Dreistelliges: 104 Milliarden Dollar; das waren zwei Drittel mehr, als die Sowjetunion für Verteidigung ausgab. Nichts in den Vereinigten Staaten florierte auch nur annähernd so gut wie die Lieferindustrie des Pentagon.»[20] – «Zwar, allein die Flotte der ‹Poseidon›-Unterseeboote der amerikanischen Navy, von denen jedes 16 Raketen trägt, konnte mit ihrer Feuerkraft die meisten großen Städte der Sowjetunion mit einem Drittel der sowjetischen Bevölkerung und drei Viertel der sowjetischen Industriekapazität auslöschen ... gleichwohl: Die Potenzierung des Overkill wurde fortgesetzt und noch beschleunigt. Längst lag die Kapazität von 10 000 Bomben des Hiroshima-Typs abrufbereit, längst reichte sie, den ganzen Erdball – und zwar gleich mehrfach – zu zerstören, längst glich die Rüstung einer Bemühung, in einen randvollen Tank noch ein paar Liter zu schütten. Was in Washington betrieben wurde, war keine Rüstungspolitik, sondern eher ein Rüstungsrausch, eine perverse, fiskalische Katastrophe.»[21] – «Aber dahin sah kaum jemand. Es sagt eine Menge über den Charakter und das politische Verständnis der amerikanischen Nation, daß sie Reagan nicht nur gewähren ließ, sondern ihn bei seiner Wiederwahl eher noch ermutigte und schließlich auch noch den Mitverantwortlichen, George Bush, ins Weiße Haus berief. Es war offenkundig, daß die Nation auf die in ihrer Rüstungsindustrie hergestellten Waffen so stolz war wie auf die Handfeuerwaffen im heimischen Nachtschrank. Der Hang zur Gewalttätigkeit, das Kennzeichen der amerikanischen Gesellschaft, war fugenlos in den Hang übergegangen, ihn mit den modernen Massenvernichtungsmitteln auch in der internationalen Politik eine Rolle spielen zu lassen, und ganz so, wie früher die ‹pioneers› imponierten, indem sie deutlich sichtbar den Colt bei sich trugen, den ‹peace maker›, stellten sie nun ihre Raketen auf, von denen eine Spezies, bezeichnend genug, in der Tat ‹peace maker› genannt wurde. Die beispiellose Überrüstung fand gleichsam in einer patriotisch-heiteren Atmosphäre statt. Sie war nicht mit dem Schrecken der Vorstellung verbunden, daß jede interkontinentale Rakete für den Tod einiger hunderttausend Menschen gebaut worden war und jeder interkontinentale Bomber für den Tod einer Stadt, vielmehr genoß es die Nation, ‹Number one› zu sein und mit den Waffen die stärkste der Welt.»[22] – «Während die Vereinigten Staaten täglich 590 000 Dollar für den Unterhalt eines einzigen Flugzeugträgers ausgaben, starben südlich des Mittelmeers ... täglich 14 000 aufrikanische Kinder an Hunger oder Krankheiten, von denen sie nicht befallen worden wären, hätten sie nicht hungern müssen. Die Blaskapellen der amerikanischen Streitkräfte, oft und gern zum Einsatz gebracht, wenn im Inland patriotische Feste gefeiert werden sollen, verschlangen mehr Geld, als die Vereinigten Staaten jährlich für das von Präsident Kennedy gegründete ‹Peace Corps› ausgaben, das armen Völkern helfen und jungen Amerikanern die Gelegenheit geben sollte, sich in Entwicklungsländern zu engagieren. Der Unterhalt (allein, der Verfasser) der US-Luftwaffe kostete in den achtziger Jahren mehr, als die Länder Afrikas, Lateinamerikas und Asiens – Japan ausgenommen – aufbringen konnten, um ihre Kinder zu erziehen und zu bilden.»[23] Mehr noch: Inzwischen sind die Vereinigten Staaten selber mit 2,7 Billiarden Dollar Schulden das größte Schuldnerland der Welt und höher verschuldet als die Hochschuldnerländer Brasilien, Argentinien und Mexiko zusammen. Mit anderen Worten: Die USA sind in ihrer militärischen Stärke und Wehrhaftigkeit heute der größte Parasit des Globus.

In diesem Tempo müßte man nun die politischen Fakten weiter aufzählen, denn in diesem Tempo werden die politischen Fakten weiterhin gemacht. Heute unterhalten die USA die größte Militärmaschinerie in der Geschichte der Menschheit: unter Waffen stehen 584 000 Mann, von denen 35 Prozent außerhalb ihres Heimatlandes in 360 überseeischen militärischen Einrichtungen stationiert sind[24]; und sie werden in Gestalt von *George Bush* von einem Mann befehligt, der ernsthaft erklärt, daß Atomkriege geführt und gewonnen werden können.[25] Inzwischen bastelt die *Bush*-Administration weiter an *Reagans* «Krieg der Sterne». Unter Ausschluß der Öffentlichkeit arbeitet das Pentagon zur Zeit an speziellen Atomreaktoren, die helfen sollen, die Schubkraft herkömmlicher Raketen zu vervielfachen, um Hunderte schwerer Waffensysteme, Laserkanonen und Sensoren in den Weltraum zu schaffen. Obwohl von der Regierung dementiert, veröffentlichte die *New Yorker Times* im April 1991 Dokumente, die beweisen, daß solche Pläne im Rahmen des Star-Wars-Programms existieren. Erst am 7. Juni 1991 wurde bekannt, daß mitten in der Phase vermeintlicher Abrüstung die Amerikaner für 15,1 Milliarden Dollar eine «Tarnkappenrakete» mit einer Reichweite von 600 km entwickeln, die jede bekannte Radaraufklärung unterlaufen kann; gleichzeitig erfuhr man, daß die amerikanischen Rüstungsgeschäfte im Nahen Osten in den wenigen Wochen nach dem Golfkrieg bereits über 30 Milliarden Dollar betragen (Report, vom 26. 6. 1991). Mit anderen Worten: Noch niemals ist der Satz Jesu: «Glücklich die Wehrlosen» so systematisch und so zynisch verhöhnt und verpönt worden wie von gerade der Regierung, die nicht müde wird, sich der Menschheit als die Hüterin einer neuen Weltordnung zu empfehlen und immer wieder den Gott der Christen dabei im Munde zu führen; die Denk- und Handlungsweise eben dieser Regierung aber gilt auch in der Bundesrepublik seit mehr als 40 Jahren für vorbildlich und verbindlich, sie gilt als das Nonplusultra politischer Weisheit; und als eine Torheit für Träumer und unverantwortliche Phantasten erscheint, gemessen an diesem «Realitätssinn», immer noch die Bergpredigt.

Wie aber, wenn alles ganz anders wäre? – Die irrwitzige Hochrüstung der «Großmächte» ebenso wie der meisten Staaten der «Dritten Welt» hat ihren Ursprung in zwei Faktoren, die so alt sind wie die Psychologie der Saurier. Irgendwann vor 260 Millionen Jahren muß es der Evolution als sinnvoll erschienen sein, die *Männchen* der Fische in Erweiterung des Verhaltensrepertoires zum Kommentkampf um die Weibchen einzuladen und ihnen zudem die Verteidigung eines entsprechenden Brutreviers zur Pflicht aufzuerlegen. Die Neigung zur Machtdemonstration, zur Raumbeanspruchung und zur sozialen Wertschätzung des Stärksten gehören seither zu den ehernen Programmen des Reptiliengehirns[26], das auch wir Menschen in unseren Köpfen tragen. Nur funktioniert bei uns offensichtlich alles, was unter Tieren Sinn und Verstand macht, maßlos, sinnlos und zerstörerisch. Nur wir Menschen verfügen über die Fähigkeit zu denken, nur wir sind imstande, planvoll zu handeln, nur wir erfassen jedes Problem prinzipiell. Alle Konflikte, die in der Natur von Fall zu Fall, das heißt situativ, gelöst werden, wollen wir Menschen grundsätzlich, endgültig, ein für allemal lösen; doch damit richtet unsere Vernunft sich gegen sich selbst: endgültige Sicherheit – das kann nur der Tod aller sein; endgültige Größe – das wäre ein Monument aus unzerstörbarem Stein; endgültige Macht – das ist ein Widerspruch in sich. Offensichtlich verstehen wir Menschen die Handlungsanweisungen der Natur in unseren Köpfen gründlich falsch, solange wir sie mit Hilfe technischer Planung ins Unendliche zu treiben suchen. Inzwischen ruiniert der Machtkampf der «Großen» erkennbar die gesamte Natur, er löst nicht ein einziges der bestehenden Probleme, er vermehrt sie im Gegenteil bis zum Unlösbaren, er wälzt die Menschen zu Millionen vor sich her, wie wenn sie bloßer Rohstoff oder Abfall bei der Produktion des Stärkezuwachses der Mächtigen wären.

Und immer wieder lernen wir auf diese Weise das Falsche aus der Geschichte. Für groß sollte uns nicht länger mehr jemand gelten, der die bestehenden Konflikte lediglich für den eigenen Profit und zur Ausdehnung seiner Macht benutzt, für groß sollte uns derjenige gelten, der sich seiner Macht begibt und sich vorbehaltlos auf die Seite der «Elenden» stellt. – Was wäre im Jahre 1991 zum Beispiel gewesen, die Amerikaner hätten die Hunderte von Milliarden Dollar, die der unselige Krieg am Golf gekostet hat und in seinen Folgewirkungen immer noch kostet, dafür eingesetzt, den Irak zu entschulden, statt ihn wirtschaftlich bis zum Überfall auf Kuwait in die Enge zu treiben[27]; sie hätten sich dafür verwandt, die Palästinenser aus den Lagern zu holen und sie zu friedensbereiten Diskussionspartnern zu machen; ja, sie hätten damit in Ankara, Teheran, Bagdad, Damaskus und Jerusalem mit diesem Geld Vorteile in solcher Höhe erhandelt, daß die Gewährung der Autonomie an die Kurden und Palästinenser als ein vertretbarer Preis dafür erschienen wäre? – Oder: Was wäre, wir in der BRD fänden uns bereit, die 50 Milliarden DM, die wir immer noch Jahr für Jahr für die Rüstung ausgeben, samt und sonders im Kampf gegen Hunger und Elend einzusetzen? Wir machten uns *wehrlos* im Dienst an der Menschheit? Wir träten aus aus der Nato!

Träumereien? Phantastereien? – Wieso eigentlich! Warum nicht die einzige Form von Realpolitik, die der Herausforderung der horrenden Realitäten im Jahre 1991 standhält? Warum nicht die einzige Form, auf dieser Welt wirklich heimisch zu werden? «Die *Wehrlosen* werden das Land erben» – ihnen gelten die größten Verheißungen Gottes, meint Jesus, und wohl zu Recht, wie sich zeigt. Die Mächtigen werden augenscheinlich immer wurzelloser, immer irrealer, immer ignoranter und arroganter, sie stehen bereits jetzt schon vor dem völligen Ruin. Alle Kriege werden letztlich geführt zum Schutz gesicherter Grenzen für Frauen und Kinder – so das Programm der Reptilien. Doch Tiere führen keine Kriege, und die Kriege, die wir Menschen führen, schützen am Ende nicht Frauen und Kinder, sondern bringen sie schon bei der Rüstungsvorbereitung auf grauenhafte, mörderische Weise in Gefahr. Es führt kein Weg daran vorbei: 2000 Jahre nach der Bergpredigt gilt es zu begreifen, daß die «phantastische» Lehre des Mannes aus Nazareth die einzig realistische Chance zum Überleben darstellt. Denn: nur der Wehrlose macht keine Angst. Nur der Unbewaffnete kann *grenzenlos* sein in seiner Empfindsamkeit und seiner Verantwortung. Nur der Gewalt grundsätzlich Verabscheuende ist fähig, Ressourcen der Hilfe und des Mitleids zu bilden. *So* lautet die unaufschiebbare Lehre der Geschichte.

Keine dieser Einsichten übrigens ist neu. Im Sinne des «missionarischen» Impetus des Matthäusevangeliums ist es immer wieder angebracht, nach *Anknüpfungspunkten* und Parallelen zu der Botschaft Jesu *in anderen Religionsformen* zu suchen; und da bietet sich gerade bei den Worten der Bergpredigt auf Schritt und Tritt das Denken des *Taoismus* an, der bereits vierhundert Jahre vor Christus Einsichten formulierte, die denen des Mannes aus Nazareth in jedem Betracht kongenial sind, ja die zur Deutung dessen, was Jesus gemeint hat, oft weit besser geeignet sind als alle Traktate christlicher Moraltheologie im Abendland. Es war LAOTSE, der im *«Tao te king»* sagte: «Wer im rechten Sinn einem Menschenherrscher hilft, vergewaltigt nicht durch Waffen die Welt, denn die Handlungen kommen auf das eigene Haupt zurück. Wo die Heere geweilt haben, wachsen Disteln und Dornen. Hinter den Kämpfen her kommen immer Hungerjahre. Darum sucht der Tüchtige nur Entscheidung, nichts weiter; er wagt nicht, durch Gewalt zu erobern. Entscheidung, ohne sich zu brüsten, Entscheidung, ohne sich zu rühmen, Entscheidung, ohne stolz zu sein, Entscheidung, weil's nicht anders geht, Entscheidung, fern von Gewalt.»[28] Und er fügt hinzu: «Waffen sind unheilvolle Geräte, alle Wesen hassen sie wohl. Darum will der, der den rechten Sinn hat, nichts von ihnen wissen. Der Edle in seinem gewöhnlichen Leben achtet die Linke als Ehrenplatz. Beim

Waffenhandwerk ist die Rechte der Ehrenplatz. Die Waffen sind unheilvolle Geräte, nicht Geräte für den Edlen. Nur wenn er nicht anders kann, gebraucht er sie. Ruhe und Frieden sind ihm das Höchste.»[29] Am Ende sind «glücklich» zu preisen wirklich nur die Trauernden, wirklich nur die Wehrlosen. – Sehen wir weiter.

Glücklich die hungernd und dürstend sind nach richtigem Leben (vor Gott), denn sie werden gesättigt werden

Schritt für Schritt in der Bergpredigt begleitet uns das Problem der richtigen Übersetzung. «Selig, die hungern und dürsten nach der *Gerechtigkeit*» – in dieser Formulierung hat sich die vierte Seligpreisung Jesu im Deutschen eingeprägt; in dieser Form aber hat gerade sie dazu beigetragen, die ganze Bergpredigt mißzuverstehen. Wer von «Gerechtigkeit» hört, der denkt unweigerlich an den Ausgleich menschlicher Interessengegensätze, womöglich durch Gesetze und Verordnungen; Jesus aber ist gerade gekommen, um all das Pochen auf Recht und Gesetz aus der Welt zu schaffen[1]; das Wort «Gerechtigkeit» ist unauflösbar verbunden mit der Vorstellung von Pflichten und moralischen Forderungen, Jesus aber meinte gerade, daß man die Lösung menschlicher Probleme nicht mit moralischen Kraftanstrengungen erzwingen oder mit staatlichen bzw. kirchlichen Reglements herbeiführen könne.[2] Die Bergpredigt ist gerade keine Verordnung neuer Gesetze, so sehr selbst Matthäus diesen Eindruck zu vermitteln sucht; im Sinne Jesu soll sie «lediglich» beschreiben, wie Menschen leben können, die endlich damit aufhören, um ihr Recht zu kämpfen, und die in einem Feld der Güte und Gnade selber zu einer größeren Weite gefunden haben. Ein Leben, wie es von Gott her möglich und «richtig» ist, nicht «Gerechtigkeit» im Konkurrenzkampf menschlicher Interessen ist hier gemeint.[3]

Worum es bei den Menschen geht, die Jesus an dieser Stelle glücklich preist, weil sie (noch) nicht aufgehört haben, sich zu sehnen nach einem solchen «richtigen» Leben, beschrieb vor Jahren der japanische Spielfilm *«Ikiru»*, der im Deutschen bereits den Untertitel trägt: *«Einmal richtig leben»*.[4] Geschildert wird dort das Leben des Verwaltungsangestellten *Sangi Tanabe*, der tagaus tagein zwischen Papierbergen aus Anträgen und Akten pünktlich, akurat und freudlos seine Pflicht verrichtet. Längst hat er sich im Mund einer jüngeren Kollegin den Spitznamen «die Mumie» zugezogen, doch das merkt Herr *Tanabe* nicht. Schlimm wird es für ihn erst, als er wegen Magenbeschwerden einen Arzt aufsuchen muß. «Die Ärzte sagen nie die Wahrheit», erklärt ihm ein Patient im Warteraum. «Wenn sie Dir sagen, es handle sich nur um eine Magenschleimhautentzündung, eine eigentliche Behandlung erübrige sich, und Du könntest ruhig essen, was Du willst, am besten Haferflockenbrei, dann heißt es, Du hast Krebs und wirst bald sterben.» – «Herr Tanabe, Ihr Befund ist unbedenklich. Eine leichte Gastritis ...», erklärt ihm der Arzt. Von dem Tag an weiß Herr *Tanabe*, daß er sterben wird. Wie aber soll er mit diesem Wissen leben? Durch Zufall begegnet er jener jüngeren Kollegin wieder, die inzwischen den tristen Dienst an den Formularen aufgekündigt hat, und verbringt mit ihr einige Tage und Nächte vermeintlichen Glücks. Sie zeigt ihm das lärmende Leben der Bars, Kasinos und Karussels, und Herr *Tanabe* umwirbt die lebenslustige Gefährtin mit Einladungen und Geschenken. Doch statt in der erhofften Gemeinsamkeit Schutz gegen die Einsamkeit und die Angst vor dem Tod zu finden, muß er bemerken, daß seine Gefährtin ihn auf die Dauer als schrecklich altmodisch und langweilig empfindet, als einen Ballast mehr denn als einen angenehmen Zeitvertreib. In dieser Stunde der Verzweiflung entsinnt Herr *Tanabe* sich einer Gruppe von Frauen, die seit vielen Jahren bei der Stadtverwaltung die Trockenlegung eines seuchengefährlichen Sumpfgeländes fordern, doch immer wieder an den Winkelzügen des Instanzenweges gescheitert sind. *Sangi Tanabe*, schon weil er nichts mehr zu verlieren hat, macht sich diesen Antrag zum Auftrag: auf dem ehemaligen Sumpfgelände soll ein Kinderspielplatz entstehen. Wenn es in seinem Leben noch irgend etwas zu erledigen gibt, so ist es dieses Projekt. Nach endlosen Laufereien und Scherereien mit dem Bauamt, dem Ordnungsamt, dem Gesundheitsamt, dem Straßenverkehrsamt, der Feuerwehr und der Polizei, mit dem Bürgermeister und dem Stadtparlament ist es endlich soweit: An einem Winterabend, mitten im Schneetreiben, sitzt Herr *Tanabe* auf dem neu errichteten Kinderspielplatz in einer Schaukel und summt ein altmodisches, melancholisches Lied vor sich hin. Er ist an sein Ziel gelangt. Wohl werden bei der Feier seiner Beerdigung die üblichen Reden gehalten, die der «Mumie» gelten, die Tanabe vormals war; doch was ergibt sich, wenn ein Mensch beginnt, «einmal richtig zu leben»?

Der japanische Film spricht von «Gott» mit keinem Wort. Aber die Geschichte, die er erzählt, hätte Jesus gewiß gut verstanden. «Glücklich, die hungrig sind nach wirklichem Leben» – das kehrt die Welt der Arrivierten und der Etablierten auf den Kopf, das kündigt die bürgerliche Selbstzufriedenheit auf, mit der ein Leben nach der einfallslosen Schablone von Vorschrift und Pflicht für das einzig mögliche Leben erklärt, ja, sogar für ein gottwohlgefälliges Leben ausgegeben wird. Was für ein unerhörter Vorzug liegt darin, an der sogenannten «Normalität» eines allseits gestohlenen, entfremdeten, vorweg geplanten Lebens zumindest noch leiden zu können! Welch ein Aufbruch ist möglich, wenn Menschen das Gespensterdasein duckmäuserischer Anpassung und grauester Eintönigkeit aufgeben und es wagen, endlich die Dinge zu tun, die sie längst hätten tun wollen und sollen!

Wer von uns denn lebt eigentlich? Haben die meisten von uns sich nicht längst schon daran gewöhnt, ihr Lebendig-Begrabensein als ein unabänderliches Faktum und Fatum ihres Daseins zu akzeptieren? Da lebt der eine in einer Ehe, deren Gefühle seit Jahren wie erstorben sind, ein anderer setzt sich im Beruf für Ziele ein, an die er längst schon nicht mehr glaubt, über dem Leben eines Dritten liegt der Schatten der eigenen Kindheit wie ein Leichentuch, unter dem er niemals hat hervorlugen und in die Sonne schauen dürfen; und ein jeder von ihnen ist auf der Flucht vor sich selbst, in jener Mischung aus Demut und Wehmut, die jede aufkeimende Hoffnung auf eine immerhin noch mögliche Veränderung im vorhinein erstickt.

Wie tief eine solche Verzweiflungsroutine von Untoten, von Lemuren und Maskenträgern gefühlsmäßig gehen kann, zeigt mitten im Raum der Theologie ein Brief, den am 2. Okt. 1909 der Baseler Neutestamentler Paul Wernle an Karl Barth richtete; es heißt dort: «Arbeit ist heute das einzige, was einen einigermaßen erfrischen kann, denn sobald man sich auf die Reflexion über unsere verworrene Lage verlegt, wird es allenthalben bedenklich und jämmerlich. Steht man aber an der Arbeit, so geht doch etwas voran... Von den Tiefen unserer Seele soll man nicht schreiben... und soll überhaupt nicht... tun, als ob man solche hätte.»[5] Besser, das heißt schlimmer, läßt sich die Furchtbarkeit und Trostlosigkeit eines solchen Unlebens inmitten einer betriebsamen Geschäftigkeit und sogar einer angesehenen theologischen Gelehrtenexistenz nicht formulieren. Da steht jemand schon von Berufs wegen alle Tage seines Lebens vor dem Gott des Neuen Testaments, er legt professionell als Professor der Bibelexegese ein ganzes Semester lang eben diese Worte Jesu in der Bergpredigt aus, und doch flieht er aus dem wirklichen Leben in seinen Exegetenberuf hinein, um dem Gefühl einer ständigen Vergeblichkeit in allem tunlichst zu entkommen. Professor Wernle, der das Bündnis von Theologie und Sozialismus zutiefst verabscheute, merkte offenbar nicht, daß er die Gestaltung der Welt, die Auseinandersetzung mit der Wirklichkeit längst aufgegeben hatte und sich in ein Reden vom Reich Gottes der Bibel hineinsteigerte, das zu einem bloßen Ersatzleben verkommen mußte und damit am Ende dem ganzen Typ von Theologie, den er verkörperte, als eine bloße Ideologie des Todes denunzieren mußte. Mehr noch, da spricht jemand tagtäglich von der Rettung der

Seele, nur um am liebsten eine eigene Seele gar nicht mehr zu haben und ihr jedenfalls in ihrer Abgründigkeit um keinen Preis begegnen zu müssen. Die Ablehnung der Psychologie von seiten der Theologie aufgrund einer Dauerangst der Theologiedozenten von ihren eigenen Gefühlen – *hier* läßt sie sich beobachten; desgleichen die Verknüpfung von äußerer Betriebsamkeit und wissenschaftlichem Bienenfleiß mit innerer Leere und existentieller Nichtigkeit. Da ist kein Gott mehr, der noch irgendeinen Hunger nach dem Leben sättigen könnte, da ist Gott selber zum Götzen bürgerlicher Unbedarftheit und Unbedürftigkeit verkommen. Hunger und Durst danach, endlich einmal richtig zu leben – das hieße für einen Theologen wie Paul Wernle, die selbstberuhigte Gewißheit methodisch garantierter Richtigkeiten zu verlassen, die akademische Burg des sozialen Ansehens aufzugeben und sich an wirkliche Menschen wirklich hinzugeben; das hieße, an die Seite des Mannes von Nazareth zu treten und einem Gott zu leben, der nirgendwo sehnsüchtiger, verlangender und verzweifelter sich ausspricht als in der Seele des Menschen und der doch zugleich nirgendwo tröstlicher, treuer und vertrauter sich mitteilt als im Innersten des menschlichen Herzens. Den Sehnsüchten der Menschen nach einem reichen, sinnerfüllten, wirklichen Leben gelten die schönsten Worte und Gleichnisse Jesu. Ja, selig der Schmerz, der aus der Sehnsucht geboren wird. Wir Menschen könnten so groß sein, wenn wir uns nur nicht immer wieder durch falsche Rücksichtnahmen, kleinkindhafte Ängste und faule Kompromisse in die Nacht des Vergessens, der Selbstbetäubung und der Gefühlsabstumpfung drängen ließen.

Die wohl erschütterndsten Zeugnisse der Sehnsucht nach richtigem Leben, das sich unter der Peitsche menschlicher Knechtschaft gleichwohl kaum zu vollziehen wagt und sich nur aussprechen und erfüllen kann im Gegenüber Gottes, enthält unzweifelhaft die traurig-tröstliche Welt der *Spirituals* und *Gospel Songs* aus dem Süden der Vereinigten Staaten des neunzehnten Jahrhunderts. Es sind Texte darunter, in denen der Schmerz der geschundenen Menschen die Erde zu verlassen scheint und das Leben sich jetzt schon nur noch vollzieht buchstäblich aus der Tröstung Gottes. «Ich fühle mich manchmal wie ein Kind ohne Mutter», heißt es da zum Beispiel, «ich fühle mich manchmal wie ein Kind ohne Mutter,/ Weit weg von zu Haus. – Ich fühle mich manchmal, als wär ich schon fort/ Auf dem Wege zum Himmel.»[6] Solche Menschen vor allem muß Jesus vor sich gesehen haben, als er die «Hungernden nach richtigem Leben» glücklich nannte. Sie alle in ihrer Heimatlosigkeit und Verwaistheit standen in seinen Augen Gott so unendlich viel näher als die abgesättigt fertigen Menschen, denen nichts mehr wirklich fehlt – außer dem

Tod. In den *Spirituals* geschieht es mitunter, daß alle Hoffnung, weil sie auf Erden doch nicht mehr zu realisieren sein wird, sich in den Tod selbst hineinlegt, und er wird empfunden wie eine Befreiung von allem Schmerz der Welt. «Endlich frei, endlich frei./ Ich danke Gott, ich bin endlich frei», heißt es einmal. «Dort unten, auf dem Friedhof drüben,/ Ich danke Gott, ich bin endlich frei,/ Treff ich meinen Jesus, und wir sprechen dort,/ Ich danke Gott, ich bin endlich frei./ Auf meinen Knien, wenn das Licht vergeht,/ Danke ich Gott, ich bin endlich frei,/ Denke, daß sich meine Seele erhebt,/ Ich danke Gott, ich bin endlich frei./ Eines Morgens, wenn es hell ist und klar,/ Ich danke Gott, ich bin endlich frei,/ Treffen sich Jesus und ich hoch in der Luft,/ Ich danke Gott, ich bin endlich frei.»[7]

Wer ein solches Lied zum ersten Mal hört, der könnte denken, er habe es zu tun mit der Melodie einer endgültigen Melancholie; doch so ist es nicht. Hier setzt sich im Gegenteil die sehnsüchtige Gewißheit eines anderen Lebens absolut und erweist sich als stärker denn alle Dreinreden, Einschüchterungen und inhumanen Lebensverweigerungen einer christlich sich gebenden, doch rassistisch denkenden Gesellschaft. Ja, will man die Art des «Zuspruchs» sich vorstellen, den Jesus in der vierten Seligpreisung diesen Menschen der Hoffnung nicht in Aussicht stellt, sondern *vermittelt,* dann muß man miterleben, wie die Erwartung, zumindest im Tode der zynischen Ausbeutung der weißen Herrenmenschen zu entrinnen und in der Nähe Jesu einzutauchen in die Sphäre Gottes, schon jetzt das Leben völlig ändert. «Ein kleines Rad dreht sich in meinem Herzen ... Oh, ich fühl' mich so froh in meinem Herzen ... Oh, ich fühl' mich nicht müde in meinem Herzen»[8], heißt es in einem anderen Spiritual. Das gerade war es, was Jesus mit seinen Worten erreichen mochte: daß die am meisten Geschundenen unter den Menschen in eine Sphäre des Vertrauens geführt würden, die von den Mächten der Gewalt, der Arroganz und der Ausbeutung nicht mehr berührbar und zerstörbar sei. Es gibt im Menschen etwas, das von Gott ist und das kein Mensch vernichten kann; von diesem Funken Gottes im menschlichen Herzen legt das beredtste Zeugnis diese Tatsache einer Hoffnung gegen alle Hoffnung ab – eines Hungers und eines Durstes gerade bei den Menschen im Elend, die trotz allem ihre Würde nicht verlieren und nicht aufhören, an sich und ihre wirkliche Größe zu glauben.

Will man für diese Erfahrung Beispiele aus unseren Tagen? Man schaue in die Lager der Palästinenser am Rande der israelisch-arabischen Grenze; mehr als 40 Jahre Unrecht, alltägliche Gewalt, Schmutz und Entbehrung haben ihren Ruf «Allahu akbar» nicht von ihren Lippen nehmen können.[9] Man schaue in die Lager von Millionen kurdischer Flüchtlinge am Ende des verbrecherischen Kriegs um Kuwait; sie haben nach Jahrzehnten der Treibjagd zwischen den Regierungen des Iran, des Irak und der Türkei, selbst nach unermeßlichen Leiden, ihren Willen nach Freiheit und Selbstbestimmung nicht preisgegeben. Und dieser Wille zur eigenen Würde vererbt sich von Generation zu Generation, er liegt in der Kraft einer eigenen Sprache, er setzt sich frei in dem Bewußtsein einer eigenen Kultur, er spannt sich aus in dem Vertrauen, daß Gott mehr vermag als der Machtzynismus der sich allmächtig Wähnenden. Man kann diesen Stolz mitunter entdecken in den müden Augen eines Bettlers, in der herausfordernden Kopfbewegung einer Dirne, in dem verhaltenen Trotz eines Straffälligen. Es gibt wohl überhaupt keinen Menschen, der ohne den Hunger nach einem anderen, besseren Leben existieren könnte. Doch glücklich sind, die diesen Hunger spüren.

*Glücklich die sich Erbarmenden,
denn sie werden Erbarmen finden*

Wenn es zutrifft, daß die Seligpreisungen der Bergpredigt in zwei Hälften zerfallen, die zueinander parallel gebaut sind wie Ursache und Folge, wie Zustand und Handlung, wie Haltung und Verhalten, dann sind diese Worte Jesu (ebenso wie die folgenden) von einer überraschenden Einfachheit und Stringenz: «Glücklich die Armen, denn nur sie sind fähig zum Erbarmen.» Dies offenbar war die Meinung Jesu.[1] Nur wer am eigenen Leibe erlebt hat, wie ausgesetzt und hilflos Menschen sein können, wird für sie Verständnis aufbringen; nur wer im eigenen Leben erfahren hat, wie zerbrechlich und haltlos das eigene Ich sich fühlen kann, wird anderen Menschen mit Geduld und Güte begegnen; nur wer die eigene Schwäche und Ohnmacht zu akzeptieren vermag, wird auch die Irrungen und Wirrungen anderer hinzunehmen wissen. Und umgekehrt: Wer sich selber nur als wichtig, richtig und tüchtig kennen und anzuerkennen gelernt hat, der wird andere Menschen sehr leicht als nichtige Existenzen zu verachten geneigt sein, die mit seinen Wertvorstellungen nicht übereinstimmen.

Alles in diesem Zusammenhang ist eine Frage des Ausgangspunktes. Wer von dem eigenen Besitzstand ausgeht, der wird im besten Fall dahin gelangen, von seiner «Habe» den Habenichtsen etwas mitzuteilen, und dieses «etwas» wird niemals ausreichend sein, um die menschliche Not zu lindern; ja, die Bedingungen, es überhaupt zu Besitz und Ansehen zu bringen, erweitern im Grunde immer wieder nur das Elend der Menschen, statt es zu lindern, und zwar auf allen Ebenen, ob *moralisch, religiös* oder *wirtschaftlich.*[2] Solange ein Mensch den Besitz von etwas für wesentlich hält, wird er in gerade diesem Maße im Zugang zu sich selber und zu anderen Menschen behindert sein.

Zunächst *moralisch.* Im Sinne der bürgerlichen Selbstberuhigung erscheint es gewiß als überaus vorteilhaft, einen klaren Standpunkt einzunehmen, der es erlaubt, unzweideutig im eigenen wie in fremder Leute Leben zwischen Gut und Böse unterscheiden zu können. Man weiß, solange dieses Wertsystem in Geltung ist, immer schon im voraus, was man zu tun hat, und selbst wer sich nicht daran hält, kann doch im nachhinein durch tätige Reue seinen Fehler wiedergutmachen. Wie aber steht es um die Menschen, die das sogenannte «Gute» einfach nicht tun können?

Eine Frau beispielsweise hat mit 17 Jahren geheiratet, weil sie mit einem Kind unterwegs war; sie wollte dieses Kind nicht, aber sie wollte es auch nicht abtreiben lassen, sie liebte ihren Mann nicht, aber sie wollte als Mutter auch nicht völlig allein dastehen oder ihren ohnehin schon überlasteten Eltern noch mehr an Belastungen zumuten; ja, in gewissem Sinne hatte sie sich ihrem Mann, ebenfalls ein erst 20jähriger Junge, überhaupt nur so weit hingegeben, um der zerrütteten Ehe ihrer Eltern zu entfliehen und um zum ersten Mal in ihrem Leben so etwas zu spüren wie ein Zuhause. Doch statt des erhofften familiären Friedens merkte sie bald, daß ihr Mann ein Möchtegernbaron war, der zu exzessiven Formen von Alkoholismus und Jähzorn neigte. Um dem drohenden finanziellen Debakel zu entkommen, nahm sie selber tagsüber eine Arbeit an. Ihr Kind, das sie selbst hatte großziehen wollen, mußte folglich doch bei der Großmutter bleiben, und abends mußte sie oft genug die brutalen Attacken ihres Mannes über sich ergehen lassen, der sie im Rausch wie besinnungslos blutig prügelte. Den anderen erzählte sie dann am anderen Morgen, sie sei vor den Schrank gelaufen oder sie sei, selber etwas angeheitert, unglücklich gefallen – sie schämte sich für ihre Erniedrigungen und sie schützte ihren Mann; sie war noch keine 20 Jahre alt und mit ihrem Leben doch schon am Ende. Das einzige, worauf sie jetzt noch achtete, war die Vermeidung einer neuen Schwangerschaft, doch sie mußte die Pille heimlich nehmen, ihr Mann durfte davon nichts wissen. Mit dem Rest ihres Stolzes und einer enormen Zähigkeit versuchte sie durchzuhalten. Es dauerte fünf Jahre, ehe sie, nackt in der Badewanne liegend, von ihrem Mann derart mißhandelt worden war, daß sie in der gleichen Nacht noch mit ihrem Kind zurück in ihr Elternhaus floh, dem sie eigentlich mit der Heirat hatte entkommen wollen. Zwei lange Jahre gingen ins Land, ehe sie, eine im Grunde blühende Frau, den Mut wieder aufbrachte, einen Mann an sich heranzulassen. Sie heiratete ein zweites Mal, nicht gerade aus Liebe, aber um von ihren Eltern loszukommen, um einen Vater für ihren Sohn zu finden und auch, um als Frau nicht vor der Zeit zu verwelken. Der Mann, zu dem sie zog, war ein artiger, kontaktarmer Junggeselle, der es von Herzen gut mit ihr meinte, doch kaum eines Wortes fähig war, das über die Besprechung des Nötigsten hinausgegangen wäre. Als sie selber dann etliche Jahre danach an ihrem Arbeitsplatz einen anderen Mann kennenlernte, der ihr gewandt den Hof zu machen und ihrer versteckten Mädchenhaftigkeit und weiblichen Schönheit zu schmeicheln wußte, teilte sich ihr Herz in die Gefühle einer neuen heftigen Verliebtheit zu diesem Manne und dem Vorsatz der Treue zu ihrem Gatten, der sie aus den Stunden tiefster Einsamkeit befreit und dadurch ihre bleibende Dankbarkeit verdient hatte. In diesem Zwiespalt von Pflicht und Gefühl erstarb sie gänzlich als Frau; sie wagte nicht zu tun, was sie wünschte, und konnte doch nicht länger mehr tun, was sie sollte; und gequält von dem peinigenden Widerspruch, den sie als ein unverdientes Schicksal des Himmels beklagte, erstarb in ihr auch noch der Rest an Mütterlichkeit; sie begann, ihren Sohn zu hassen, dessen Dasein den Grund all dieser Widerwärtigkeiten bildete; dann wiederum haßte sie sich selber für derlei Gefühle, schalt sich eine unmögliche Mutter, nannte sich eine Gescheiterte, ja, Verlorene, und wollte vor allem von den ohnedies allzu spärlichen Liebesgeständnissen ihres Mannes kein Sterbenswörtchen mehr hören. Manchmal spielte sie mit dem Gedanken, sich wegzuwerfen und auf den Strich zu gehen, blieb es doch augenfällig, daß sie immer noch attraktiv genug war, um die Aufmerksamkeit eines Mannes auf sich zu lenken; oder sie würde sich vor den Zug werfen. Vielleicht aber würde sie, eine Kettenraucherin, auch bald schon an Lungenkrebs oder an Tuberkulose sterben – egal, es war alles egal. Sie, die unter dem Alkoholismus ihres ersten Mannes so unsäglich gelitten hatte, ertränkte nun selber ihre Wehmut in Wermut. In diesem Zustand begab sie sich in eine Psychotherapie.

Wie ist einer Frau zu helfen, die, kaum 27 Jahre alt, in so furchtbarer Weise leidet? Stellen wir uns einen Mann von rechtem Schrot und Korn vor, einen moralisch Klarsehenden – wie wird er auf diese Frau reagieren? Er wird sich sehr schwertun, das ganze Chaos dieses Lebens ohne eine Regung inneren Abscheus aufzunehmen, ja, er wird kaum in der Lage sein, auch nur das Maß an Offenheit und Geduld aufzubringen, das nun einmal nötig ist, um sich ein derartiges Schicksal so ausführlich erzählen und erklären zu lassen, wie es hier geschildert wurde. Weit eher wird er geneigt sein, Stelle um Stelle das Verhalten dieser Frau zu verurteilen. Eine Alkoholikerin – wie kann man nur den eigenen Mann und vor allem ein erst 10jähriges Kind derart vernachlässigen? So etwas ist Sünde, kein Zweifel, so etwas gehört sich nicht für eine anständige Frau und Mutter. Eine Frau, die heimlich einen anderen Mann liebt – man muß schon sagen; und das soll noch ein Grund sein, sich sinnlos zu besaufen, also wirklich! Ein zweites Mal verheiratet –, die katholische Kirche mit Berufung auf die Bergpredigt des Matthäus (Mt 5,31–32) verbietet ausdrücklich ein solches Tun; um den Segen der Kirche und um die Versöhnung mit der Kirche wiederzuerlangen, müßte diese Frau ihre zweite Ehe ganz aufgeben und zu ihrem ersten Mann zurückkehren. Wie, das kann sie nicht? Ihr Kind hat Angst vor seinem richtigen Vater? Papperlapapp. Wo ein Wille, da ein Weg. Warum denn hat sie ihren ersten Mann geheiratet? Damals war er ihr ja gut genug. Also: mitgefangen, mitgehangen. Natürlich aber muß sie als erstes mit dem Saufen aufhören; das geht natürlich nicht so weiter. Dann wird man schon weitersehen. Kopf hoch und geradehalten. – Also spricht die Moral aus dem Mund eines rechtschaffenen Mannes; also urteilt die Vernunft und die Sittlichkeit im Herzen der Unbescholtenen; sie sind einfach unfähig zu begreifen, was diese Frau fühlt. Sie können nur sehen, worin sie gefehlt hat, nicht was ihr fehlt, und die Schranken ihrer eigenen moralischen Verbote bilden zugleich die Schranken ihres menschlichen Vorstellungsvermögens. Es muß durchaus nicht sein, daß sie mit ihren Ratschlägen und Weisungen diese Frau wie mit Absicht quälen und demütigen wollen, doch genau das werden sie tun. Statt ihr zu helfen, werden sie ihr Schuldgefühle machen, statt sie aufzurichten, werden sie sie zerbrechen, und am Ende werden sie ein Verbrechen nennen, was lediglich die Grenzen ihres Urteilsvermögens zerbrechen müßte.

Es ist demgegenüber schwer zu glauben, daß jemand, der selber einmal in eine vergleichbare Situation geraten ist, mit seinen Ratschlägen auch in Zukunft so selbstsicher umgehen wird. «Das kann mir nicht passieren?» Offenbar doch. Wer aber sind dann wir Menschen, wenn wir nicht einmal über Tugend und Laster, Unschuld und Schuld, Liebe und Haß so bestimmen können, wie wir wollen? Angesichts der Hilflosigkeit des Menschen stehen wir offenbar vor einer prinzipiellen Wahl zwischen dem Verstehen und dem Verurteilen. Solange wir an dem Vorurteil des eigenen Reichtums, des moralischen Vermögens, der persönlichen Tüchtigkeit festhalten, werden wir uns mit eben diesem Vorurteil unweigerlich den Zugang zu einem fremden Leben verbauen. Eben deswegen bestand ein Grundgedanke der Psychoanalyse S. Freuds darin, man müsse, im Willen, einem Menschen zu helfen, auf alles eigene Beurteilen und Werten Verzicht tun; der andere selber trage in seiner Seele ein Organ untrüglicher Wahrheit, wenn es nur gelinge, die Verzerrungen der Angst rückgängig zu machen, die ihn seit Kindertagen an einem wirklichen Leben hindern.[3]

Noch heute verspricht am Beginn einer analytischen Behandlung der Therapeut seinem Patienten, er werde sich jeder moralischen Zensur enthalten, er werde weder dirigieren, noch kommandieren, noch manipulieren, er werde versuchen, so gut es gehe, zu akzeptieren, was auch immer an Seelenregungen in der Psyche des anderen sich zu Wort melde[4]; denn das wußte der Wiener Nervenarzt: Nur in einem Klima bedingungsloser Akzeptation gedeiht ein Vertrauen, in dessen Schutz der Mut zur Wahrheit heranreifen kann.

Dabei ist diese therapeutische Entdeckung FREUDS alles andere als nur ein technischer Trick. In Wirklichkeit spricht sich darin eine Einsicht in die eigene Armut aus. Es ist nicht möglich, zu wissen, was im Leben eines anderen Menschen richtig und nötig ist; selbst wer einem anderen bereits viele Jahre zugehört hat und ihn bereits recht gut zu kennen meint, wird dennoch immer wieder feststellen müssen, daß er in keinem Krisenaugenblick auch nur annähernd vorherwissen kann, wie ein anderer sich entscheiden wird und welche Entscheidung die richtige für ihn und seine Umgebung sein wird. Mehr noch: Gerade um die Selbstgewißheit der moralischen Vorurteile und fertigen Standards zu erschüttern, hielt FREUD es schon recht früh für unerläßlich, als Vorbedingung analytischer Psychotherapie eine Eigenanalyse zur Pflicht zu erheben[5]; es schien ihm unerläßlich, daß jemand erst einmal sich selber in seinen Gefährdungen, Abgründen und Hintergründen genügend kennenlernen müsse, ehe er damit beginnt, einen anderen Menschen durch begleitendes Verstehen heilen zu wollen. Man kann einen anderen Menschen stets nur bis dahin begleiten, bis wohin man selbst gekommen ist; und die Weite der Selbsterfahrung ist ebensogroß wie die Erkenntnis und Anerkenntnis der eigenen Armut. Nur sie lehrt, daß auch im Leben eines anderen nicht die großen moralischen Entschlüsse entscheidend sein können, sondern nur eine tiefere Annahme seiner selbst.

Jene Frau zum Beispiel hätte nicht die geringste Chance gehabt, von ihrem Alkoholismus loszukommen, wenn sie nicht erst einmal die Berechtigung ihrer so widersprüchlichen Gefühle hätte zulassen und verstehen dürfen. Sie war überhaupt keine schlechte Mutter oder treulose Ehefrau – ganz im Gegenteil, sie meinte es sogar besonders gut mit ihrem Kind und ihrem Mann. Dann aber stimmte es, daß sie in ihrem ganzen Leben bisher noch nie dazu gekommen war, in Ruhe etwas für sich selbst zu tun; sie hatte überhaupt noch niemals selber gelebt; ja, sie hatte auch noch niemals etwas selber entschieden – nicht einmal das Ja zu ihrem Kind damals war wirklich von ihr selber gekommen, sie hatte nur sehr viel Angst vor dem Arzt gespürt sowie ein unklares Schuldgefühl dafür, überhaupt als ein unverheiratetes Mädchen schwanger geworden zu sein. Im Grunde hatte sie sich gerade so verhalten, wie ihre Mutter sie ständig gewarnt hatte, und das wollte gesühnt sein! Jetzt erfuhr man sogar, daß schon ihre Mutter sie unehelich zur Welt gebracht hatte, daß schon ihr Vater ein Alkoholiker war, daß sich mit anderen Worten in ihrem Leben Punkt für Punkt das Leben ihrer eigenen Eltern wiederholte. Nicht noch mehr «Moral» mit noch mehr Schuldgefühlen, sondern ein Abbau der Schuldgefühle und ein unverstörtes Nachdenken über sich selbst schien der einzige Weg nach vorn zu sein. Alles war jetzt mühsamer, aber auch leichter: Es war schwierig, ein Kind zu lieben, das einem von Anfang an zur Last gewesen war, aber es war viel einfacher, es zu bejahen, wenn erst einmal eine ehrliche Auseinandersetzung auch mit den gegenteiligen Gefühlen erlaubt und möglich war. Am meisten problematisch war die Frage der Ehe. An eine Rückkehr in die alte Heirat, wie die kirchliche Moral es verlangte, war natürlich überhaupt nicht zu denken. Aber die neue Beziehung – würde es gelingen, all die neuen Elemente von Lob, Bestätigung und Charme in die alte Ehe mit ihrem Mann aufzunehmen? Man muß die Frage nur so stellen, und man wird alsbald verstehen, daß sie sich nicht im voraus mit Ja oder mit Nein beantworten läßt. Am Ende erscheinen alle Menschen als weit ärmer, aber auch als weit reicher, schätzenswerter und liebenswürdiger, als es in einer vordergründig moralisierenden Betrachtung sichtbar werden könnte. Nur die Armen sind fähig zum Erbarmen; sie stehen außerhalb der Sphäre der garantiert richtigen Maßstäbe und Maßnahmen; sie wissen, daß nur das Verstehen und die Güte Menschen helfen können. Wir aber begreifen, daß hier bereits der Schlüssel zu all den weiteren Worten der Bergpredigt liegt: «Richtet nicht, damit ihr nicht gerichtet werdet» (Mt 7,1). Und: «Wer euch nötigt, eine Meile Wegs mit ihm zu gehen, mit dem geht zwei» (Mt 5,41). Und: «Zieh zuerst den Balken aus deinem Auge, dann magst du dich kümmern um den Splitter im Auge deines Bruders» (Mt 7,5).

Ein ähnliches gilt *religiös*. Wie viel an Unheil und Zerstörung ist in der Geschichte der Menschheit nicht schon im Namen Gottes verübt worden, weil es immer wieder Leute gab, die sich *reich* genug vorkamen, die ganze Wahrheit Gottes zu besitzen! Insbesondere die Religion des Christentums schien bisher mit dem Prinzip eines dogmatischen Totalanspruchs untrennbar verbunden: Sie besaß in Gestalt eines unfehlbaren kirchlichen Lehramtes die ganze Wahrheit der göttlichen Offenbarung, sie hatte nach den Worten von Kardinal Ratzinger im Sommer 1990 sogar selber «teil an göttlichem Wissen»[6], und so kam es nur noch darauf an, den Unglauben und die Unmoral aus den Herzen der Menschen zu reißen. Es ist nicht erkennbar, wie solche

Vorstellungen von göttlicher Erwähltheit und Exklusivität in der Praxis ohne die Attitüde der Arroganz, Intoleranz und Ignoranz auskommen sollten.

Nimmt man indessen zum Vergleich einmal den *Buddhismus*, so trifft man im Gegensatz dazu auf eine Grundhaltung nicht des Habens und des Wissens, sondern zentral des Nichtwissens und des Nichtbesitzens.[7] Gerade die Entleerung des Ichs von allen wißbaren Inhalten und Irrtümern steht im Mittelpunkt der buddhistischen Meditationspraxis[8], und es zeigt sich, daß es weit und breit in der Religionsgeschichte der letzten 3000 Jahre keine Glaubensform gibt, die friedfertiger, geduldiger, gewaltfreier, ungezwungener und barmherziger gewesen wäre als der Buddhismus. Ein großes Erbarmen mit dem Leid aller Kreatur, inklusive der Tiere, bildet das Herzstück buddhistischer Ethik; die Einsicht in die gemeinsame Vergänglichkeit, Leidensfähigkeit, Ausgesetztheit und Einsamkeit führt hier gerade nicht zu dem angstbedingten Kampf aller gegen alle, sondern zu einem universellen Mitleid[9] mit der Beschwernis aller Lebewesen.

Es folgt daraus: Solange wir ausgehen von irgendeinem Besitz, ob geistig oder materiell, werden wir alles tun, um diesen «Besitz» zu verteidigen, zu vermehren und gegen den anderen durchzusetzen. Und umgekehrt: Es ist das Prinzip der *Armut*, das die Menschen im Umgang mit sich selbst und miteinander gut sein läßt. Nur eine Religion der Selbstentleerung, eine Mystik der «Wolke des Nichtwissens»[10], eine «negative Theologie» wird der Güte des Verstehens Raum geben können. Es scheint 2000 Jahre nach Christus, als ob wir die Botschaft des Mannes aus Nazareth von den Religionen Ostasiens her leichter verstehen könnten als im Erbe der eigenen Theologiegeschichte. Das Erbarmen der Armen – niemand hat es besser besungen als der chinesische Weise LAOTSE; er schrieb schon im 6. Jahrhundert vor Christus: «Dreißig Speichen umgeben eine Nabe:/ In ihrem Nichts besteht des Wagens Werk./ Man höhlet Ton und bildet ihn zu Töpfen:/ In ihrem Nichts besteht der Töpfe Werk./ Man gräbt Türen und Fenster, damit die Kammer werde:/ In ihrem Nichts besteht der Kammer Werk./ Darum: Was ist, dient zum Besitz./ Was nicht ist, dient zum Werk.»[11] Hilfreich, nützlich und ehrlich ist nur die Armut des Menschen; alles andere blüht auf, macht sich wichtig und ist untüchtig zum Leben, zum Lieben und zum Glücklichsein.

Und *materiell?* Hier, möchte man meinen, müsse die Weisheit eines LAOTSE, eines Jesus, eines Franziskus oder MAHATMA GANDHI endgültig scheitern. Doch sehen wir zu. Seit meiner Kindheit höre ich die Mächtigen, die Verantwortlichen, die Vernünftigen in Kirche und Gesellschaft sprechen, daß man mit den Armen Erbarmen nur üben könne, wenn man Geld genug habe, ihnen zu helfen. Wer anderen Menschen in ihrer Armut materiell helfen will, der muß nach dieser Logik als erstes einen bürgerlich verdienstvollen Beruf erlernen, dann muß er es in diesem Beruf recht weit zu bringen trachten, so weit, daß sein Lohn ausreicht, ein ansehnliches Kapital zu bilden; hat er ein ansehnliches Kapital gebildet, so muß er sich besonders davor hüten, es leichtfertig auszugeben – wem wäre auch damit gedient? Er muß es klug beisammenhalten, er muß es sinnvoll anlegen, er muß es für sich arbeiten lassen, bis daß es Zinsen heckt und er von den Zinsen leben kann; aber auch jetzt ist es noch nicht ratsam, wenigstens von den Zinsen etwas abzugeben, besser, er reinvestiert den Zinsenüberschuß in das Stammkapital, daß es noch mehr Zinsen bringt; das ist am einfachsten. Er kann aber auch z. B. ein Haus bauen und zu diesem Zwecke der Vermehrung des Bruttosozialproduktes als ein besonders lobenswerter Bürger seines Staates, sagen wir, eine Million Mark Schulden aufnehmen, damit ihm das Finanzamt nicht durch die Steuer alles wieder wegnimmt; und dann ist es die Frage, wie er die eingegangene Hypothek wieder abträgt. Die Zinsen für die Hypothek trägt womöglich eine Lebensversicherung, und dann kann er immer noch daran denken, in den nächsten 20 Jahren, wenn er nur immer tüchtig weiter verdient, die Schulden selber abzubezahlen. Doch er sollte sich dabei nicht überhasten, denn sonst würden ja wieder seine Steuern auf unvorteilhafte Weise anziehen. Doch warum auch nicht? Selbst die Steuern der Besserverdienenden sind noch, bei Licht betrachtet, eine soziale, eine moralisch hilf- und segensreiche, ja, in jeder Hinsicht wohltätige Ausgabe; man kann davon Straßen bauen oder Panzerwagen oder Deiche zur Eindeichung des Wattenmeeres, oder man kann davon Sümpfe trockenlegen und Flüsse begradigen, man kann davon die Fluren bereinigen und neue Häuser bauen, man kann davon die Reklame verbessern, damit auf dem öffentlichen Markt mehr konsumiert wird und nicht mehr so viele Konsumgüter unnütz produziert werden und schließlich sogar Arbeitskräfte in der Konsumgüterindustrie entlassen werden müssen – man kann, wenn man Geld hat, so viel Nützliches tun, was man niemals tun könnte ohne Geld. Das Armsein hingegen nützt niemandem. Auch die Kirche braucht deshalb erst einmal Geld, um es ausgeben zu können. Zwei mal zwei ist vier. So einfach ist das.

Wie aber kommt es dann, daß zwei mal zwei immer wieder eins oder höchstens drei zu ergeben scheint? – Die Vereinigten Staaten von Amerika zum Beispiel gelten als das wohlhabendste Land der Welt, und sie sind ihrem Selbstverständnis nach ein durch und durch christliches Land. Mithin, sollte man glauben, könnte man getrost den Kopf darauf wetten, die Vereinigten Staaten von Amerika, dieses wohlhabendste aller christlichen Länder der

Erde, würden sich nicht übertreffen lassen in ihrem Erbarmen mit den Armen, sie würden alles tun, um vor allem der Not in den Ländern der Dritten Welt entgegenzutreten. Doch nicht so hastig, lieber Leser, sonst könntest Du bald ohne Deinen Kopf herumlaufen müssen oder sonstwie kopflos und verwirrt werden. Denn wer hätte das gedacht! Die Vereinigten Staaten stehen in der Vergabe von Entwicklungshilfe mit an unterster Stelle da. Was sie Entwicklungshilfe nennen, ist nur ein kleiner Teil der Zinsen für die Schulden, die aus den Ländern der Dritten Welt an die USA zurückgezahlt werden müssen.[12] Offenbar also stimmt da irgend etwas nicht an der Rechnung, wonach der Reichtum besonders hilfreich ist im Kampf gegen das Elend. Offenbar verhält es sich gerade umgekehrt: Wer es in einer Welt von Hunger und Elend trotz allem dahin bringt, ein reicher Mann zu werden, mit dem muß, christlich gesehen, irgend etwas nicht in Ordnung sein. Darauf aber, daß ein reicher Mann Geld anhäuft, das er dann den Armen gibt, kann man offenbar so lange warten, wie darauf, daß ein Hund einen Vorrat an Würsten anlegt, um sie im Winter an notleidende Wölfe zu verschenken. Wer in dieser Welt das Zeug hat, ein Mann der Finanzen zu werden, der kann bis an sein Lebensende in der Tretmühle des Kapitals sich abstrampeln, er wird nicht einmal merken, wie sehr ihn sein Besitz, sein Eigenheim, seine Stadtrandvilla, sein verdienter Komfort, sein Naturrecht auf Erwerb von Besitz und Eigentum von all den Armen dieser Erde trennt. Er wird im besten Falle gerade noch ein bißchen von seinem Überfluß abgeben können, etwas anderes erlaubt ihm nicht die vernünftige Logik der Selbstvermehrung des Kapitals.

Was wundern wir uns da, daß auch die Musterfiliale der USA, die Bundesrepublik Deutschland, nachdem sie 1963 schon versprach, zumindest 0,7 Prozent des Bruttosozialproduktes für die Entwicklungshilfe einzusetzen, es in mehr als 28 Jahren lediglich dahin gebracht hat, ihre Hilfsmittel von 0,35 Prozent des Bruttosozialproduktes auf 0,41 Prozent zu steigern![13] Nein, günstig den Armen ist nicht der Reichtum. Die Reichen sind die natürlichen Gegner der Armen. Vor vier Jahren indes, als (wieder einmal) eine katastrophale Hungersnot in der Sahelzone wütete, war in der Zeitung zu lesen, daß grönländische Eskimos Nahrungs- und Geldmittel gesammelt hätten zur Linderung der Not am Südrand der Sahara. So also ist das. Wer weiß, was Hunger ist, hat Mitleid mit den Hungernden. Alles Mitgefühl basiert auf einem Akt der Identifikation. Selbst im Materiellen sind nur die Armen fähig zum Erbarmen. Drum: «Glücklich die Armen.» Und: «Glücklich, die Erbarmen üben.» Sie treten ein in eine Solidarität, die gilt, bei Gott nicht minder als bei den Menschen. Daher: «Sie werden Erbarmen finden.»

Glücklich die im Herzen Reinen, denn sie werden Gott schauen

Entsprechend der parallelen Zweiteilung der Bergpredigt sind die «im Herzen Reinen» identisch mit den soeben genannten «Trauernden», und wieder ist dieser Zusammenhang ebenso überraschend wie unmittelbar verstehbar.[1] Die Menschen, die noch weinen können – nur sie werden mit «reinen» Augen diese Welt zu betrachten vermögen.

«Das kann mir doch keiner mehr nehmen», sagte dieser Tage ein Mann zu mir. Er hatte viele Jahre lang an furchtbaren Ängsten und Zwängen gelitten; er hatte beim Autofahren immer wieder das Gefühl gehabt, jemanden überfahren zu haben, ihn quälte die Vorstellung, irgend etwas gestohlen zu haben, er war nur mit größter Anstrengung imstande, ein Papier im Dienst zu unterschreiben, und Geld, selbst in kleinen Beträgen, auszuhändigen oder in Empfang zu nehmen, konnte ihn vor unlösbare Schwierigkeiten stellen; gegenüber seinen Kindern war er oft in den heftigsten Zorn verfallen, hypochondrische Ängste und Minderwertigkeitsgefühle peinigten ihn seit Jugendtagen mit der Gewißheit, einen zu kleinen Penis zu haben, umgekehrt aber liebte er es, sich in der Pose eines Grand Charmeurs zu gefallen – kurz, es gab kaum ein Detail in seinem privaten wie beruflichen Leben, das nicht von Unsicherheiten und Überreaktionen irritiert worden wäre. Jetzt aber, nach vielen Jahrzehnten der Quälerei und nach vielen Jahren der Therapie begann dieser Mann eine eigenartige Form von Stolz zu entwickeln: «Das kann mir doch keiner mehr nehmen, was ich in all den Jahren gelernt habe», erklärte er. «Kein Studium kann das ersetzen. Ich habe gelernt, menschliches Leid zu verstehen.» Das stimmte. Er hatte aus vielen Tränen die Fähigkeit gewonnen, klarzusehen und bis auf den Grund der Dinge zu schauen; er vermochte, Geduld aufzubringen; er wußte, wie ohnmächtig Menschen ihren eigenen Ängsten, ihren «Geiern» und «Kobolden», wie er sie nannte, gegenüberstehen können; und so hatte er gelernt, im Gespräch mit anderen in einer Art schlängelnder Aufmerksamkeit all den Ausweichmanövern und Winkelzügen beharrlich zu folgen, mit denen der andere sich zu entkommen suchte, und Ausschau zu halten nach der verborgenen Wahrheit in der Tiefe. Er wußte aus eigener Erfahrung, daß diese Wahrheit allein dann zum Vorschein kommen würde, wenn er sich ganz still verhielte. Eines Tages hatte er mir einen Satz des libanesischen Dichters Khalil Gibran mitgebracht: «Die Wirklichkeit eines anderen Menschen liegt nicht darin, was er dir offenbart, sondern in dem, was er dir nicht offenbaren kann. Wenn du ihn daher verstehen willst, höre nicht auf das, was er sagt, sondern vielmehr auf das, was er verschweigt.»[2] Als er mir diese Worte vorlas, zitterte er am ganzen Körper: «Das ist buchstäblich wahr», «das ist buchstäblich wahr», flüsterte er immer wieder. «Verstehen Sie das?»

Ich verstand es ganz gut. Es waren die vielen Tage verzweifelten Schweigens gewesen, in denen er selber zu schweigen gelernt hatte, um heute anderen zuzuhören; es waren die vielen Stunden der Einsamkeit gewesen, die ihn jetzt zum Weggefährten für so manchen Unglücklichen werden ließen; es waren die zahllosen Augenblicke völliger Aussichtslosigkeit gewesen, die ihm jetzt helle Augen für die Nöte anderer verliehen. «Ein reines Herz» – das ist soviel wie Lauterkeit, Aufrichtigkeit und Ehrlichkeit; es kommt aber noch etwas hinzu: das ist die Absichtslosigkeit der persönlichen Beziehung, und gerade sie hatte dieser Mann ein Stück weit sich erworben. Wenn er auf jemanden zuging, dann nicht mit der Frage, wie der andere für ihn sein sollte, wozu er ihn in Dienst nehmen könnte oder was er für ihn tun müßte, sondern es war in ihm eine eigentümliche Neugier gewachsen, wer der andere wirklich war, woher er kam, was in ihm vor sich ging. Nicht primär gemeinsam etwas zu tun, sondern gemeinsam zu sein, wurde zu einem Grundzug seines Verhaltens. In der Art seiner Begegnung mit anderen kam ein eigentümlicher Respekt vor allem noch Unbekannten zum Ausdruck, eine gewisse Scheu davor, jemanden in seiner Freiheit einzuengen oder in seinem Wesen zu überfremden. Den anderen gelten zu lassen, so wie er war, bildete wie selbstverständlich seine Grundeinstellung gegenüber anderen Menschen. Aus all seiner «Trauer», aus all seinem psychischen Leid hatte er eine «Reinheit» des Herzens gewonnen, die nun anderen half, sich über das eigene Leben klarzuwerden.

Wie eigentlich kann man einen Menschen verstehen lernen? Man könne es nur, meinte S. Freud, wenn man dem anderen mit einer «gleichmäßig schwebenden Aufmerksamkeit» begegne; insofern gelte es, die eigenen Zielsetzungen und Interessen soweit als möglich zurückzustellen und den anderen möglichst «objektiv» sehen zu lernen. Tatsächlich gleicht das psychoanalytische Gespräch auf seiten des Analytikers einer systematischen Entleerung aller eigenen Vorstellungen, Absichten und Wertungen. Damit auch im Unbewußten die Neigung zur Verfälschung der Wahrnehmung durch persönliche Ängste, Wünsche, Erwartungen oder Hoffnungen zumindest in Grenzen gehalten wird, ist eine gewisse Klarheit sich selbst gegenüber eine unerläßliche Voraussetzung jeder Behandlung. Der Spiegel muß sich reinigen und klären, wenn er das Bild eines anderen Menschen unverfälscht in sich aufnehmen soll. Und eine solche «Reinigung» des eigenen Bewußtseins, gelernt oft aus den bittersten Erfahrungen mit sich selbst, scheint das zu sein, was Jesus hier «glücklich» preist.

«*Die reinen Herzens sind*», dieses Wort ist in der christlichen Askese über viele Jahrhunderte hin als Erhebung über die «unreinen» Gedanken und Begierden verstanden worden, insbesondere mithin als Freiheit von sexuellen Triebregungen.[3] Doch ein solches Verständnis stellt eher eine Karikatur denn eine Auslegung des Jesuswortes dar. In Wahrheit geht es bei der «Reinheit des Herzens» wohl auch um eine Beseitigung aller Antriebe des «bösen» Wollens, doch weit richtiger sollte man es verstehen als die Auflösung jedes «Wollens» überhaupt gegenüber der Person eines anderen Menschen. Denn bereits schon dies: etwas *für* ihn, *anstelle* von ihm oder *gegen* ihn zu wollen, ist im letzten ein Fehler. «Rein» ist eine Strebung nur, die nichts anderes zum Ziel hat als das «Selberwollen» des anderen; die Selbständigkeit und Eigenständigkeit des anderen zu fördern ist das ganze Ziel solcher Bemühungen, und die einzige «Absicht» besteht dabei im Absehen von sich selber.

Freilich sind auch solche Worte wieder mit den üblichen Assoziationen von Selbstunterdrückung und christlicher «Selbstlosigkeit» verbunden. Doch in Wahrheit ist davon gerade nicht die Rede. «Reinheit des Herzens» – das ist etwas, das sich ereignet, wie wenn jemand in einer Gemäldegalerie wie selbstverloren ein wunderschönes Bild betrachtet und ganz mit dem Thema und der Darstellung des Kunstwerks verschmilzt. Ein solches intensives *Schauen* ist alles andere als «selbstlos» im Sinne von uninteressiert oder unbeteiligt; es verwandelt vielmehr das eigene Ich in ein «reines» Organ des Sehens, einer Bewunderung der Schönheit des Fremden sowie eines möglichst vollkommenen Aufgehens in ihm. «Rein» ist in diesem Sinne eine Wahrnehmungsform, die sich auch durch die harte und unansehnliche Schale einer Auster nicht davon abhalten läßt, in die perlene Schatzkammer einer Zauberwelt kristallener Schönheit zu blicken. Man sagt von der Traurigkeit, sie mache «passiv»; daran ist etwas Richtiges. Denn wirklich geht es um ein eigentümliches Ersterben aller äußeren Aktivitäten, um ein Ende allen Machenwollens, um ein schöpferisches «Meditieren», wenn man so will; es geht mithin um ein konträres Gegenstück zu dem gesamten Kaleidoskop der traditionellen christlichen Tugendlehre, die wesentlich auf das rechte «Wollen» und «Handeln» ausgerichtet ist.

Denn selbst bis hierher scheint es ja immer noch darauf anzukommen, mit der «Reinheit» des eigenen Herzens etwas Nützliches oder Heilsames in dem Leben anderer Menschen *bewirken* zu wollen. Doch beließen wir es bei dieser Vorstellung, so hielten wir immer noch daran fest, im Leben des anderen etwas «verbessern» zu müssen. Nun befindet sich das Leben vieler Menschen zwar gewiß in einem recht bedauernswerten und durchaus «verbesserungswürdigen» Zustand, doch kommt es für gewöhnlich nicht darauf an, den anderen auf einen neuen Weg zu bringen, sondern in sein Leben Ruhe eintreten zu lassen, bis die Verwirrungen und Verstellungen sich von selber legen. Nicht etwas zu tun oder zu wirken, sondern ganz einfach in der gesammelten Ruhe des eigenen Daseins gegenwärtig zu bleiben, ist die ganze Bedingung einer wirklich wohltuenden, beruhigenden Ausstrahlung auf einen anderen Menschen. Nur: Man kann diese «Reinheit», diese unaufgeregte Stille des eigenen Herzens nicht «machen, damit...»; entweder sie stimmt in sich selbst, oder sie läßt sich nicht erzwingen. Es ist, wie wenn man unreines Wasser säubern will: es macht keinen Sinn, mit einem Stock darin herumzurühren, um die Verunklärungen des Wassers auf mechanischem Wege herauszufiltern; am einfachsten ist es, das Wasser zur Ruhe kommen zu lassen und selber in Ruhe abzuwarten, dann wird es bald durchsichtig werden und rein bis auf den Grund.[4]

Erneut läßt sich hier am meisten lernen von der Religion des Alten China, wo vor allem im Taoismus der Gedanke des *«Nichthandelns»* beziehungsweise der Reinheit des einfachen Seins in vorbildlicher Weise ausgeprägt war. «Also regiert der Berufene», schrieb im 6. Jahrhundert vor Christus LAOTSE: «Er verweilt im Wirken ohne Handeln. Er übt Belehrung ohne Reden. Alle Wesen treten hervor, und er verweigert sich ihnen nicht. Er erzeugt und besitzt nicht. Er wirkt und behält nicht. Ist das Werk vollbracht, so verharrt er nicht dabei. Und eben weil er nicht verharrt, bleibt er nicht verlassen.» «Er macht das Nichtmachen, so kommt alles in Ordnung.»[5] Dazu bemerkte TSCHUANGTSE: «Menschen, die die Menschlichkeit übermäßig ausbilden, die Tugend hervorheben und die Natur unterdrücken, um einen guten Ruf zu erwerben, lassen die Welt von ihren Diskussionen widerhallen und bringen sie dazu, unpraktischen Lehren zu folgen... Menschen, welche übermäßig diskutieren, wie wenn sie Ziegel aufeinanderlegen und Knoten knüpfen wollten, wobei sie alles analysieren und dem Unterschied zwischen hart und weich, Gleichartigkeit und Verschiedenheit nachgehen, erschöpfen sich in müßigen, nutzlosen Ausdrücken... Alles das sind überflüssige, abwegige Auswüchse des Wissens und nicht die richtige Lenkung der Welt. – Wer der höchste Lenker der Welt sein möchte, muß darauf achten, die ursprüngliche Menschennatur zu bewahren. Für ihn ist... das Lange... nicht... übermäßig, noch das Kurze... mangelhaft... Denn Entenfüße sind zwar kurz, können aber ohne Schaden für die Ente nicht gedehnt werden; Kranichbeine sind zwar lang, können aber auch nicht gekürzt werden, ohne dem Kranich Leiden zu verursachen. Das, was seiner Natur nach lang ist, darf nicht abgeschnitten, und das, was seiner Natur nach kurz ist, nicht verlängert werden. Man soll sich nicht bemühen, es zu verändern. Es scheint ja, als wären Menschlichkeit und Gerechtigkeit nicht Teile der Menschennatur! Wie sich diese Barmherzigkeitslehrer anstrengen! ... Die Barmherzigen unserer Zeit gehen mit sorgenvollen Mienen herum, betrübt über die Übel der Zeit, während die Unbarmherzigen den Begierden ihrer Natur und ihrer Gier nach Stellung und Reichtum freien Lauf lassen. Daher scheint es beinahe, als wären Menschlichkeit und Gerechtigkeit gar kein Teil der Menschennatur!»[6]

Statt der ständigen Belehrung von außen ging es den Taoisten um die Rückkehr zu der Einfachheit und Natürlichkeit des Seins. Ein «reines Herz» – das besitzt in diesem Verständnis ein Mensch, der zu seiner inneren Einheit und Wahrheit zurückgefunden hat. «Einem Menschen, der schön geboren wurde, geben die Leute einen Spiegel», erläuterte TSCHUANGTSE den Sachverhalt. «Aber wenn ihm die Leute nicht sagen würden, daß er schön ist, wüßte er es nicht. Er scheint sich dessen bewußt und doch nicht bewußt zu sein, davon gehört und doch nicht gehört zu haben. Solcherart verliert seine Schönheit nie, und die Leute bewundern ihn immer. Einem Menschen, der seine Mitmenschen liebt, geben die Leute einen Namen (Menschlichkeit). Aber wenn es ihm die Leute nicht sagen würden, wüßte er nicht, daß er gütig ist. Er scheint sich seiner Güte bewußt und doch nicht bewußt zu sein, von ihr gehört und doch nicht gehört zu haben. Solcherart verliert er seine Güte nie, und die Leute fühlen sich in seiner Gegenwart stets wohl.»[7] – «Der Weise schaut auf die Schönheit des Alls zurück und dringt in das den geschaffenen Dingen innewohnende Prinzip ein. Darum tut der vollkommene Mensch nichts, der große Weise vollbringt keine Taten. Indem er so handelt, folgt er dem Beispiel des Alls. Der Geist des Alls ist zart und gestaltet alles Leben.»[8]

Eine kleine taoistische Legende erzählt einmal von einem Seevogel, der sich nach Peking verflogen hatte. Die Leute in Peking hatten noch niemals ein Tier dieser Art gesehen, und so fingen sie an, eine pompöse Begrüßung für den Vogel zu organisieren. Eine Musikkapelle marschierte auf, auserlesene Speisen wurden serviert, alle Leute umdrängten voller Neugier den ungewöhnlichen Vogel – doch vor lauter Schrecken starb das Tier. Also ist nach taoistischer Ansicht die Wirkung der Leute des «guten Willens» und der Menschlichkeit auf alle, die sich «verflogen» haben.[9] Einem «Seevogel» gut zu sein bedeutet, ihn frei an den Ufern der Meere fliegen zu lassen, es bedeutet, ihn leben zu lassen, wie seine Natur es ihm eingibt, es bedeutet, überhaupt ihn zu *lassen*, statt in sein Leben einzugreifen. Glücklich sind die Menschen, die es vermögen, durch Nichteingreifen zu wirken. Sie wirklich sind «reinen Herzens». Für sie gilt die taoistische Weisheit: «Durch das Nichthandeln ist alles gemacht.»

»Wissen Sie», berichtete vor einer Weile eine Frau, «es hat in meinem Leben sich vieles geändert. Meine Kinder vertragen sich jetzt viel besser. Sie helfen sich untereinander, was sie früher nie taten. In der Schule sind sie fleißiger, und sogar im Haushalt muß ich nicht alles dreimal sagen. Auch mir selber geht es viel besser.» Tatsächlich hatte diese Frau viele Jahre in Angst und Traurigkeit zugebracht, und so sehr sie sich auch bemühte, hatte sie doch immer wieder die eigene Unruhe und innere Haltlosigkeit auf die anderen übertragen. Jetzt «wollte» sie eigentlich gar nichts mehr. Sie lebte sich selbst viel natürlicher und war einfach nur präsent. Sie «erzog» ihre Kinder nicht mehr, sie lebte einfach mit ihnen. Sie ergriff keine pädagogischen Maßnahmen mehr, sie verhielt sich ganz so, wie es für sie stimmte. Sie hatte nie geglaubt, wie einfach, wie vertrauensvoll und unverkrampft das Leben sein könnte; sie hatte im Gegenteil sogar gelernt, sich für egoistisch zu halten, wenn sie nur einfach leben wollte, und das hatte ihr Herz dunkel und schwer gemacht. Jetzt hatte sie ein «reines Herz». Sie war eine «glückliche» Frau. Und ihre Augen, die früher oft rot gerändert waren vom vielen Weinen, waren jetzt offen, schimmernd und tief; sie waren imstande, «Gott zu schauen» im Herzen der Dinge, im Herzen der Menschen, im Herzen der Welt.

Glücklich die Friedensstifter,
denn sie werden Söhne Gottes heißen

Wenn es vorhin noch hieß: «Glücklich die Wehrlosen» (Mt 5,5), so folgt jetzt für das praktische Verhalten *die Friedfertigkeit und die Friedensliebe* als Inbegriff von Glück und Lebenserfüllung.

Um einem beliebten Mißverständnis gleich entgegenzutreten: es hat keinen Zweck, dieses Wort Jesu auf die private Moral zu beschränken und die öffentliche, die staatliche Moral davon auszunehmen[1]; Jesus wollte, daß, auf der Basis der Wehrlosigkeit, Friede unter den Menschen sei; und was er gewiß nicht gewollt hat, das war die Zweiteilung der Moral zwischen christlicher Existenz und staatsbürgerlicher Pflicht; eine solche Dialektik war ihm völlig fremd.[2] Er wollte auch nicht, nach dem Vorbild mancher Theologen, die, um Ausreden ringend, auswegige Auskünfte geben, eine «Reichs-Gottes-Ethik» predigen, die im Zustand der Vollendung gelte, aber «heute leider noch nicht» erfüllbar sei[3]; er wollte ganz im Gegenteil, daß die Menschen hier und jetzt von Gott her zu leben begönnen, er wollte das «unbedingte Heute». Von daher hätte Jesus auch nicht das geringste Verständnis für die Relativierung aufgebracht, mit der Max Weber gegenüber der Bergpredigt die politische «Vernunft» zu rechtfertigen suchte: es gebe, meinte WEBER eine Ethik der Gesinnung und eine Ethik der Verantwortung[4]; die Lehren Jesu zum Beispiel wären nach diesem Verständnis beschränkt auf den Bereich des Wohlmeinens, der Gesinnung und Gesittung, doch sie müßten für geradezu gefährlich gelten im Bereich der Verantwortung; im Bereich der Verantwortung, meinte WEBER, könne es sehr wohl sein, daß der gute Wille nicht ausreiche und man sich gezwungen sehe, Dinge zu tun, die man eigentlich gar nicht tun wolle. In der Frage des Friedens etwa läuft dieser Widerspruch von Gesinnung und Verantwortung offenbar immer wieder auf das altbekannte lateinische Bonmot hinaus: *Si vis pacem, para bellum* – nur ein hoher Stand von Kriegsrüstung und Wehrbereitschaft schützt und erhält den Frieden. – Jesus hatte nichts gemein mit derlei Zynismen, die es erlauben, am Ende sogar noch, wie vorhin am Beispiel Amerikas gezeigt, Revolver und Raketen als «peacemakers» zu bezeichnen. Der Friede sollte für Jesus aus einer höchsten Form von Lebendigkeit und Glück hervorgehen, nicht aus der schnöden Tyrannei von Tod und Todesdrohung. Eben deswegen war der Friede für ihn alles andere als ein politisches Arrangement, als eine Resignation der Aggressionsneigung vor dem Gleichstarken, als ein Ergebnis der wechselseitigen Furcht und Einschüchterung, sondern im Gegenteil: Frieden, das bedeutete für Jesus einen Weg, den Menschen gehen können, wenn sie von Gott her ihr Dasein aufgreifen.[5]

Sehr zugestimmt hätte Jesus den Worten des Friedens eines reinen Vertrauens auf Gott, mit denen 600 Jahre nach ihm der Prophet MOHAMMED einmal seinen Glauben bezeugte: «Allah ist Allah, und außer ihm gibt es keinen Gott. Er kennt die geheime dunkle Zukunft und die offenbare Gegenwart, er, der Allbarmherzige. Allah ist Allah, und außer ihm gibt es keinen Gott, er, der König, der Heilige, der Friedensstifter, der Spender der Sicherheit, der Beschützer, der Mächtige, der Starke, der Hocherhabene. Allah ist hocherhaben über die Götzen, die sie ihm zugesellen. Allah ist der Schöpfer, der Gestaltende, der Bildner. Ihm sind die herrlichsten Namen. Ihn preist, was in den Himmeln und was auf Erden ist, ihn, den Allmächtigen, den Allweisen.»[6] Im Schutze Gottes, des «Spenders der Sicherheit», so *unbedroht* zu leben, daß es möglich wird, jedem Angriff zu widerstehen, – das war die Art Jesu, Frieden zu stiften; und so mochte er, daß wir selber zu Friedensstiftern, zu «Söhnen» Gottes als des Ursprungs allen Friedens würden (vergleiche Mt. 5,45). Es sollte möglich werden, in Gott eine Geborgenheit zu finden, die uns den Teufelskreis von Angst, Einschüchterung, Gewalt, Gegengewalt und Gegenterror endlich aufzubrechen hilft und uns auf Wege führt, die wir als «Kinder dieser Welt» niemals beschreiten würden; Menschen des Friedens hingegen – das waren in den Augen Jesu, altägyptisch ausgedrückt: die «leiblichen Söhne Gottes», die Wesire und Sachwalter, die inkarnierten Vertreter jener unsichtbaren Macht ewiger Güte, die wir als Gott bezeichnen.[7]

Wie weit wir von dem Denken Jesu auch 2000 Jahre danach noch entfernt sind, das heißt, um wie vieles wir uns selbst vom Stand der alten Assyrer und Römer in den Tagen der Bibel inzwischen entfernt haben, läßt sich am klarsten wohl erneut an dem Zustand und Verhalten gerade derjenigen Zivilisation ermessen, die uns als die am weitesten fortgeschrittene und am meisten entwikkelte gilt: am Beispiel der USA, wobei wir noch einmal besonders auf die Mentalität der Gewalt und den Faktor der Überrüstung eingehen müssen.

Kein Land der Erde muß heute psychisch, sozial und politisch als derart gewalttätig, ja, gewaltliebend gelten wie die Kultur, die in ihrem Selbstbewußtsein und Gehabe sich als durchaus vorbildlich, ja, als Hüterin der Weltordnung zu präsentieren sucht, wie die USA. «In einer von Präsident Lyndon B. Johnson in Auftrag gegebenen Studie über Ursache und Rolle der Gewalt in den Vereinigten Staaten formulierten Wissenschaftler: ‹Der amerikanische Charakter wurde durch eine 300 Jahre währende, ungewöhnliche Periode der Landesbesiedlung geprägt, in der wir die Indianer zurückschlugen, die Engländer, Spanier und Franzosen vertrieben, Afrikaner gegen ihren Willen ins Land schleppten, Mexikaner annektierten und die Einwanderer einem harten Existenzkampf aussetzten.›»[8] «Diese Geschichte unablässiger Gewalt in der formativen Periode der USA verklärt sich im amerikanischen Denken bis heute im Wildwestfilm, in dem «der erfolgreichste Raubzug, der je in der Menschheitsgeschichte stattgefunden hat», zu einer Heldensage der Durchsetzung von Recht und Ordnung mit Hilfe von Colt und Gewehr verherrlicht wird.[9] Die «Glorifizierung der Waffe» drückt sich in der Mentalität der Amerikaner in einem *fetischähnlichen Verhältnis zu Schußwaffen* aller Art aus. «Weit mehr als die Hälfte aller Amerikaner glauben, daß der Schutz ihres Eigentums nicht Sache des Staates ist, also der Polizei, sondern Sache des Eigners. Folgerichtig befinden sich in den Heimen der 245 Millionen amerikanischen Bürger etwa 100 Millionen Schußwaffen, das heißt: Mindestens statistisch ist jede Familie bewaffnet.»[10] Ohne Zweifel handelt es sich hier um einen *Waffenkult.* 2,8 Millionen Amerikaner sind Mitglieder der National Rifle Association (NRA), «einer Organisation, in der sich alles um die Freude dreht, die von der Handfeuerwaffe ausgeht»[11]; selbst hohe Politiker und Präsidenten wie J. F. Kennedy, D. D. Eisenhower, R. M. Nixon, R. Reagan und George Bush sind oder waren lebenslängliche Mitglieder der NRA, deren Vizevorsitzender J. Warren Cassidy nicht zu Unrecht sagt, die Liebe der Waffenbesitzer zu ihren Mordgeräten verkörpere «eine der großen Religionen dieser Welt.»[12] Tatsächlich sichert das Second Amendment, der zweite Verfassungszusatz der USA, jedem amerikanischen Bürger das Recht zu, eine Waffe zu tragen, und verstärkt so den Eindruck, daß die Waffe selber das Recht sei, zumindest das Recht, das der Staat nicht schützen kann. Geschätzt wird, daß Amerikaner pro Jahr in 650 000 Fällen von der Schußwaffe Gebrauch machen; «das sind 12 500 Lebensbedrohungen in jeder Woche»; in jeder Woche sterben in den USA 464 Menschen durch Handfeuerwaffen.[13]

Man braucht die amerikanische Neigung zur Gewalt nur in Relation zu anderen Ländern zu setzen, um das ganze Ausmaß dieser speziellen Eigenart des amerikanischen Volkscharakters zu erkennen. «Im Verlauf eines Jahres wurden in Japan 77 Menschen durch Handfeuerwaffen getötet, 8 in Großbritannien, 24 in der Schweiz, 8 in Kanada, 23 in Israel, 18 in Schweden, 4 in Australien – und, einer Statistik zufolge, 11 522 in den Vereinigten Staaten, während eine andere Zählung auf 15 000, noch eine andere gar auf 20 000 Opfer kam. Weitere 18 000 Amerikaner beenden im statistischen Durchschnitt in jedem Jahr mit der Schußwaffe ihr eigenes Leben. 65 000 Amerikaner werden jährlich durch Waffen verletzt – das sind weitaus mehr ‹Verwundete›, als die Vereinigten Staaten im achteinhalbjährigen Vietnamkrieg zu beklagen hatten. Legt man jeweils gleich große Bevölkerungsanteile in Europa und in den Vereinigten Staaten zugrunde und betrachtet die Kriminalitätsraten, so ergibt sich, daß auf fünf Vergewaltigungsfälle in Europa 36 Fälle in den Vereinigten Staaten kommen und 250 Raubüberfälle in den Vereinigten Staaen auf 50 in Europa.»[14]

Inzwischen ist die Gewalt vor allem zu dem großen Lehrmeister der amerikanischen *Kinder* geworden. Ohne Zweifel verfügen die USA derzeit über das weitaus gewalttätigste *Fernsehprogramm* der Welt. «Ein amerikanisches Kind im Schulabschlußalter, das 12 000 Stunden im Klassenzimmer verbrachte, hat 24 000 Stunden vor dem Fernsehgerät gesessen und mindestens sovielen Morden zugesehen.»[15] Und es hat oft und oft Texte gehört wie diese: « ‹Du bist eine Krankheit›, sagte Rambo und hatte dabei Mord im Blick, ‹und ich bin die Heilung.› »[16] – «In einem … der ungewöhnlich erfolgreichen ‹Rambo›-Filme, der 109 Minuten dauerte, kam es zu 245 gewalttätigen Szenen mit 123 Toten – sämtlich Russen. ‹Ich halte es für möglich›, schrieb David Denby im Magazin ‹New York› über die patriotisch gewandete Killerwelle, die aus den Kinos auf die Straßen kam, ‹daß wir Regungen eines beginnenden Faschismus sehen; eine distinkte amerikanische Variante, die Paranoia, militärische Phantastik und einen Stil von Individualismus verbindet, der in dieser extremen Prägung ans Krankhafte grenzt.› »[17]

Von daher ist es kein Zufall, daß besonders aggressive *Sport*arten wie Boxen, Catchen und American Football sich in den USA der größten Beliebtheit erfreuen. «Colleges und Universitäten sind ohne die Darbietungen der brachialen Gewalt ihrer ‹Football›-Teams undenkbar.»[18] «Gewalt in den Schulen, Gewalt in den Universitäten – 16,4 Prozent der Studentinnen der ‹University of Illinois› geben an, vergewaltigt worden zu sein, 23 weitere Prozent waren Opfer sexueller Gewaltanwendung geworden –, Gewalt in den Familien – 4000 Frauen starben in einem Jahr durch die Gewaltanwendung ihrer Partner –, alle fünf Sekunden irgendwo im Land ein gewalttätiges Schwerverbrechen, mehr als acht Millionen im Jahr, aber nur 724 000 Täter werden verhaftet, nur 193 000 von ihnen verurteilt, nur 149 000 müssen in eines der längst überfüllten Gefängnisse und werden lange vor Ablauf ihrer Strafzeit entlassen», um anderen neuen Straftätern notdürftig Platz zu machen.[19] Gewalt regiert bereits die *Kinder*stube. Jährlich werden «etwa 200 Millionen Kriegsspielzeuge verkauft – etwa vier für jedes amerikanische Kind ... Im statistischen Mittel» hat «jedes amerikanische Kind, wenn es 16 Jahre alt» ist, «in 33 000 Fällen zugesehen, wie im Fernsehen eine Waffe benutzt worden» ist.[20] Entsprechend sind die Folgen. «Der Dschungel frißt seine Kinder. Die Gewaltkriminalität ist unter Kindern und Jugendlichen verbreiteter, als sie es je in der traditionell gewalttätigen Geschichte des Landes war. Mord ist die am dritthäufigsten auftretende Todesursache. 34 Prozent aller Teenager geben an, schon einmal mit Gewalt bedroht worden zu sein; vierzehn Prozent wurden beraubt. Allein in New York kommt es jährlich zu 3528 schweren gewalttätigen Zwischenfällen; in 1400 dieser Zwischenfälle werden Schuß- und Stichwaffen eingesetzt.»[21]

Tatsächlich muß man unter diesen Umständen mit R. Winter fragen: «Kann ein Land, das in Gewalt so verkam, die Welt führen?» Und: «Entspricht nicht der krankhaft destruktiven Liebe der Nation zur privaten Waffe die Manie, mit der sie ihr Vermögen verschleuderte, um ihre staatlichen Arsenale der Massenvernichtung zu füllen? Wie sich die Nation im Innern bis zum ‹Overkill› hochrüstete, tat sie es nicht auch für den Gebrauch nach außen – und fährt sie damit nicht fort?»[22] «Anfang 1990, unter der Regierung des jetzigen Präsidenten George Bush, zu einer Zeit, als die Sowjetunion den kalten Krieg längst beendet hatte, entdeckte man interne Planungspapiere des Verteidigungsministeriums, die bis 1994 weitere Steigerungen der Rüstungsausgaben über das Volumen hinaus vorsahen, das für das Budgetjahr 1991 galt und mehr als ein Viertel sämtlicher Bundesausgaben verschlang.»[23] Es sind heute die USA, die von der fixen Idee nicht lassen wollen, nach dem Vorbild der alten Römer durch eine gigantische Militärmaschinerie die gesamte Welt zu dominieren.

«1980, also vor dem Wandel in Moskau, verhielten sich die amerikanischen Bundesausgaben, was Wohnungsbau und Rüstung anging, wie 1 zu 5; 1989 jedoch, als einerseits das große Rüstungsmotiv nicht mehr relevant war, aber andererseits die kriminalitätsgefährdeten Ghettos wie Krebszellen wucherten, verhielten sie sich wie 1 zu 31 – war das nicht die exakte Entsprechung der von Gewalt deformierten inneren Wirklichkeit des Landes? War nicht auch die Außenpolitik genannte Fixierung auf die Mittel der Gewalt in Wahrheit ein Wahnbild?»[24]

Bezeichnenderweise schnellt die Popularitätskurve eines amerikanischen Präsidenten in Zeiten des Krieges besonders nach oben: Als *George Bush* 1989, zum 44. Mal in der Geschichte, Panama völkerrechtswidrig überfallen ließ, diesmal, um General M. Noriega zu fangen, den der ehemalige Vorsitzende der CIA selber jahrelang unterstützt hatte, kostete die Aktion 23 amerikanischen Soldaten das Leben; die Zahl der Opfer in der Zivilbevölkerung Panamas hingegen wurde, wie immer, amtlich nie bekannt: «Schätzungen schwanken zwischen 300 bis 1000 Toten sowie 1600 bis 3000 Verwundeten.»[25] Das Ansehen des bis dahin als Zauderer verschrienen Präsidenten aber stieg gewaltig. Entsprechend diesem Erfolgsrezept steuerte die Regierung *Bush* von der Mitte des Jahres 1990 denn auch gleich auf den nächsten, diesmal weit größeren Krieg um *Kuwait* los, und jetzt bescherte der «Sieg am Golf» *George Bush* die Woge einer so begeisterten Zustimmung, wie sie seit dem 2. Weltkrieg einem Präsidenten niemals noch zuteil geworden war. Dabei führte dieser Krieg zu mehr als 100 000 Toten auf irakischer Seite, er legte die Infrastruktur eines ganzen Landes lahm, er machte 5 Millionen Menschen obdachlos und über 1 Million Menschen zu Flüchtlingen, er setzte das anachronistische Sabah-Regime wieder in Kuwait ein und führte zu der Vertreibung von 700 000 vor allem palästinensischen «Gastarbeitern» in dem 700 000 Bürger zählenden Ölscheichtum, er richtete die größten Umweltkatastrophen an, die je von Menschen verursacht wurden, er trieb im Süden des Irak die Schiiten und im Norden die Kurden in einen ebenso verzweifelten wie vergeblichen Aufstand mit erneut vielen Tausenden von Toten und Millionen Flüchtlingen, und er beließ nicht zuletzt den zum zweiten Adolf Hitler erklärten Saddam Hussein weiter im Amt – dieser, wie man heute weiß, *vermeidbare* Krieg im Nahen Osten[26] löste nicht ein einziges Problem, aber ganz Amerika feierte den «Sieg» am Golf als eine patriotische Tat – und als ein Ende des Debakels in Vietnam. Am 8. Juni in Washington, am 10. 6. 1991 in New York begingen in Hunderten von Siegesfeiern die USA ihren Triumph über den Irak. Allein in New York säumten rund 2 Millionen Zuschauer die Straßen beim Zug von 24 000 Kriegsteilnehmern durch Manhattan;

der Aufzug in dem sozial schwachen Stadtteil der amerikanischen Hauptstadt kostete allein 5 Millionen Dollar und geriet bei der größten Konfetti-Parade in der Geschichte der Vereinigten Staaten zu einem Volksfest, das die Sieger am Golf ehren und die Vietnam-Veteranen versöhnen sollte. Das Signal, die Botschaft dieser Veranstaltungen aber lautete, daß ab sofort wieder Kriege führbar und «gut» sein können, zumindest in der Sicht wirklicher Patrioten und aufrechter Amerikaner.[27] Ja, die gesamte rechtsstehende Presse auch in den europäischen Ländern sekundierte und applaudierte artig den Vereinigten Staaten, die im Golfkrieg so opferbereit ihre gewaltige Macht zur Wahrung der Menschenrechte und zum Schutz eines kleinen Landes eingesetzt hatten.

Man muß, um das Bild zu vervollständigen, noch hinzufügen, daß wir auch am Ende des 2. Jahrhunderts nach Christus immer noch die Anhäufung der schlimmsten Massenvernichtungswaffen mit menschlicher Größe und moralischer Stärke verwechseln, daß wir immer noch in der Logik einer steinzeitlichen Mentalität die Durchsetzung des blanken Gruppenegoismus für Politik halten und die brutalsten, weil höchsttechnisierten Formen von Gewalt förmlich anbeten. – Wie gleichgültig dem derzeitigen amerikanischen Präsidenten bei einem Rüstungsvolumen von jährlich 300 Milliarden Dollar die menschlichen Opfer seines Hangs zu militärischen Aktionen sind, bewies er bereits 1987. Als damals im sogenannten «Tankerkrieg» zwischen Iran und Irak die USA wieder einmal als Weltpolizisten auftraten und sich für sicheres Geleit der Öltanker verbürgten, schoß die Fregatte «Vincennes», obwohl sie mit allen erforderlichen Erkennungsgeräten ausgerüstet war, den vollbesetzten «Iran Air»-Flug 655, einen Airbus, ab; 290 Menschen fanden dabei den Tod; der damalige Vizepräsident *George Bush* aber erklärte dazu: «Ich werde mich nie für die Vereinigten Staaten entschuldigen. Es interessiert mich nicht, wie die Fakten sind.»[28] Recht hat unter diesen Umständen Albert Camus, der bereits 1946 am Ende des 2. Weltkriegs angesichts der «unangefochtenen Heiterkeit der Amerikaner» notierte: «Man empfindet, daß dieses Land den Krieg nicht gespürt hat. In wenigen Jahren bewegte sich Europa, das ein paar Jahrhunderte im Wissen voraus war, um ein paar Jahrhunderte in moralischem Bewußtsein voraus.»[29] – Nur: Müssen wir immer erst durch eigenes Leid lernen, daß, «wer zum Schwert greift, durch das Schwert umkommt» (Mt 26,52)? Und: Sind wir niemals vorher imstande, unserer Gier nach Größe und Gewalt im Blick auf die Opfer Einhalt zu tun? 2000 Jahre nach Christus würden selbst die alten Assyrer und Römer schamrot, wenn sie unsere Art der Kriegsführung und den eitlen Stolz der Sieger betrachten könnten. Kriege kann man nicht gewinnen! Wie oft haben wir diesen Satz gehört. Doch der derzeitige amerikanische Präsident *George Bush* glaubt, daß auch Atomkriege führbar und gewinnbar sind. Ein Krieg löst keine Probleme, er verschlimmert sie nur. Das wissen wir alle. Bis es darauf ankommt!

Was ist angesichts der chronischen Friedlosigkeit der Welt, angesichts des permanenten Götzendienstes der Waffentechnik und der Hochrüstung, angesichts der Umwertung nackter Barbarei in eine heroische und patriotische Pflicht zu tun? Der unerhörte Gedanke Jesu in den Seligpreisungen der Bergpredigt besteht darin, genau am anderen Ende zu beginnen: Nicht eine immer größere Wehrhaftigkeit, sondern im Gegenteil: die vollkommene Wehrlosigkeit sollte den Grund des Denkens und Handelns bilden; statt immer von neuem aus Angst einander wechselseitig noch mehr Angst zu machen, pries Jesus die Menschen glücklich, die dem Kreislauf der Gewalt *durch Akzeptieren ihrer Wehrlosigkeit* zu entkommen suchen, indem sie auf Waffen aller Art verzichten und statt dessen den kühnen Versuch unternehmen, ihre Angst von Gott her zu besiegen[30]. Einzig durch einen vollkommenen Verzicht auf Rüstung und Gewalt, so hoffte Jesus, würde man endlich dahin kommen, die Wurzel allen Übels, die menschliche Angst, zu bekämpfen, statt, wie bisher, nur immer wieder im Kampf gegen die Symptome der Angst die eigentliche Krankheit zu verschlimmern. Die Menschheit kann rüsten, so viel sie will, sie wird dem Frieden nicht näherkommen, sondern sich nur immer weiter von ihm entfernen; im Rückblick auf die Entwicklung der letzten 2000 Jahre kann man diese Sicht der Dinge nur bestätigen. Doch wer wäre schon bereit, dieser Einsicht zu folgen?

Der einzige Staatsmann des 20. Jahrhunderts, der die Bergpredigt beim Wort zu nehmen wagte, war bezeichnenderweise kein Christ, sondern ein Hindu: MAHATMA GANDHI. «Es ist», meinte er, «ein eigenartiger Kommentar auf den Westen, daß es dort, obwohl er sich zum Christentum bekennt, kein Christentum und keinen Christus gibt – sonst hätte es dort keinen Krieg gegeben.»[31] – Man muß, um GANDHIS Gedanken zur Gewaltlosigkeit und zum Frieden im Kontrast zu würdigen, wissen, daß die Vereinigten Staaten seit 1950 in Fort Bragg unter Leitung von Dr. Narut eine eigene Schule für psychologische Kriegsführung unterhalten; das heißt, das einzige Organ, das zwischen Krieg und Frieden entscheiden kann, das auch imstande ist, angesichts der Greuel von Grausamkeit und Gewalt umzukehren und selbst eine schon getroffene Entscheidung möglicherweise noch zu revidieren, *das menschliche Gefühl,* muß derart beeinflußt und «konditioniert» werden, daß es selber wie eine elektronische Bombe auf das «richtige», auf das optimal zerstörerische Programm eingestellt ist. «In einem Training dieser Art bekamen die sorgfältig ausgewählten Soldaten Filme zu sehen, in denen Menschen auf grauenhafte Weise verletzt oder getötet wurden. Während der Vorführung fixierte man die

Köpfe der Zuseher in einer Art Schraubstock in Richtung auf die Leinwand. Mit einer zusätzlichen Einrichtung hielt man die Augenlider der Filmbetrachter offen. Dr. Narut ging von der Annahme aus, daß die Betrachter nach einiger Zeit jede emotionale Regung auszuschalten vermochten. Dies versuchte er dadurch zu unterstützen, daß er die Betrachter nach den Vorführungen über nebensächliche Details befragen ließ, auf die sie sich konzentrieren sollten. – In einer letzten Trainingsphase wurden die Männer durch Vorträge und Propagandafilme so beeinflußt, daß sie potentielle Feinde, denen sie eines Tages gegenüberstehen würden, als Untermenschen betrachten sollten. So verhöhnte man beispielsweise fremde Bräuche und stellte die politischen Amtsträger feindlicher Staaten als üble Demagogen dar. Ziel war es, den Feind in der Vorstellung der Killer zu entmenschlichen. – Diese ‹Ausbildung› dauerte einige Wochen. Danach wurden die Soldaten an ihre Einsatzorte versetzt. Nach Aussagen von Dr. Narut selber sollen sie in einigen Fällen für amerikanische Botschaften bestimmt gewesen sein, wo sie unter irgendeiner Tarnfunktion politische Killeraufträge zu erledigen hatten.»[32] – Das ist es, was man psychologisch mit den *Soldaten* macht.

Was man mit der *Bevölkerung* macht, die den Krieg bis zum «endgültigen Sieg» akzeptieren soll, hat man im Jahre 1991 gesehen: das heißt, man hat *nicht* gesehen die Toten und Verwundeten von täglich 18 000 Tonnen Bomben auf irakische Städte, man hat statt dessen gesehen startende und landende Bomber, Panzer, aus denen glückliche Soldaten winkten, und befreite Kuwaits, die riefen: «George Bush, wir danken dir.» Der Krieg des Großen Buders bei ORWELL könnte sieben Jahre nach «1984» nicht perfekter inszeniert werden, die Wirklichkeit nicht gespenstischer sein[33].

Und nun höre man demgegenüber den «Nichtchristen» (im Sinne der Orthodoxie), den Hindu MAHATMA GANDHI bereits vor 55 Jahren: «Gerade so wie man die Kunst des Tötens lernen muß im Training für Gewalttätigkeit, so muß man die Kunst des Sterbens lernen im Training für Gewaltlosigkeit. Gewalt heißt nicht Freisein von Furcht, sondern nur, das Finden von Mitteln, die Ursache der Furcht zu bekämpfen. Die Gewaltlosigkeit kennt keine Ursache für Furcht. Der Anhänger der Gewaltlosigkeit muß die Fähigkeit der Bereitschaft zum letzten Opfer kultivieren, um von Furcht frei zu sein. Er macht sich keine Sorgen um sein Land, seinen Besitz oder sein eigenes Leben. Wer nicht alle Furcht überwunden hat, kann *ahimsa* (scilicet das Nichtverletzen) nicht vollkommen ausüben. Der Anhänger von *ahimsa* kennt nur eine Furcht – nämlich die Furcht Gottes. Wer seine Zuflucht zu Gott nimmt, hat die Idee, daß der *atman* (etwa: unsterbliche Seele) den Körper übersteigt; sobald man um einen unvergänglichen *atman* weiß, legt man die Liebe zum sterblichen Körper ab. Training in Gewaltlosigkeit ist darum dem Training in Gewalttätigkeit diametral entgegengesetzt. Gewalt ist nötig zum Schutz von äußeren Dingen, Gewaltlosigkeit ist nötig zum Schutz des *atman*, zum Schutz seiner Ehre.»[34]

«Diese Gewaltlosigkeit kann man nicht lernen, indem man zu Hause herumsitzt. Sie verlangt Unternehmensgeist. Um uns selbst auf die Probe zu stellen, sollten wir es lernen, Gefahr und Tod zu trotzen, das Fleisch abzutöten, und die Fähigkeit erwerben, alle Arten von Entbehrungen zu ertragen. Wer zittert oder davonläuft in dem Augenblick, da er zwei Leute miteinander kämpfen sieht, ist nicht gewaltlos, sondern feige. Ein gewaltloser Mensch wird sein Leben einsetzen für die Beilegung solcher Streitigkeiten. Die Tapferkeit des Gewaltlosen ist weit über der des Gewalttätigen. Das Abzeichen des Gewalttätigen ist seine Waffe – Speer, Schwert oder Gewehr. Der Schild des Gewaltlosen ist Gott.»[35]

«Gewalttätigkeit ist wie Wasser – wenn es einen Auslaß gefunden hat, stürzt es mit überwältigender Gewalt heraus. Gewaltlosigkeit kann nicht unvernünftig handeln. Sie ist Beherrschung selbst. Aber wenn sie am Kommen ist, kann keine noch so große Gewalt sie unterkriegen. Um sich voll auszuwirken, bedarf sie unbefleckter Reinheit und unerschütterlichen Glaubens.»[36]

«Gewaltlosigkeit ist die größte Kraft, die der Menschheit zur Verfügung steht. Sie ist mächtiger als das wirksamste Vernichtungsmittel, das des Menschen Erfindergeist ersonnen hat. Zerstörung ist nicht das Lebensgesetz des Menschen. Der Mensch lebt frei aufgrund seiner Bereitschaft zu sterben, wenn es sein muß auch durch die Hand seines Bruders, nicht aufgrund seines Tötens. Jeder Mord und jede Verletzung, die einem anderen zugefügt wird, gleich aus welchem Grunde, ist ein Verbrechen an der Menschheit.»[37]

«Gewaltlosigkeit ist nicht ein Deckmantel für Feigheit, sondern die höchste Tugend des Tapferen. Ausübung von Gewaltlosigkeit erfordert weit größeren Mut als den des Kämpfers. Feigheit und Gewaltlosigkeit passen nicht zusammen. Ein Übergang von Gewalttätigkeit zu Gewaltlosigkeit ist möglich, und manchmal sogar leicht. Gewaltlosigkeit setzt die Fähigkeiten zum Zuschlagen voraus. Sie ist eine bewußte und überlegte Zurückhaltung, die dem Rachegelüst auferlegt wird. Aber Rache ist einer passiven, weibischen und hilflosen Unterwürfigkeit überlegen. Verzeihung steht noch höher. Rachsucht ist (jedoch) auch Schwäche. Das Verlangen nach Rache entspringt der Furcht vor Schaden, ob dieser nun wirklich oder nur eingebildet ist. Ein Hund bellt und beißt, wenn er sich fürchtet. Ein Mensch, der niemanden auf der Welt fürchtet, würde es zu beschwerlich ansehen, sich über jemanden zu ärgern, der sich erfolglos bemüht, ihn zu schädigen. Die Sonne rächt sich nicht an kleinen Kindern, die ihr Schmutz entgegenwerfen. Sie schaden sich nur selber.»[38]

«Die erste Stufe in der Gewaltlosigkeit ist, daß wir in unserem täglichen Leben Wahrhaftigkeit, Bescheidenheit, Toleranz und Freundlichkeit pflegen. ‹Ehrlichkeit ist die beste Politik›, sagt man. Im Sinne der Gewaltlosigkeit ist es keine ‹Politik›. Eine Politik verändert sich. Gewaltlosigkeit ist ein unveränderlicher Glaube. Er muß behauptet werden im Angesicht der Gewalttätigkeit um uns herum. Einem gewaltlosen Mann gegenüber ist Gewaltlosigkeit kein Verdienst. Es ist schwer zu sagen, ob es überhaupt Gewaltlosigkeit ist. Aber wenn Gewaltlosigkeit der Gewalttätigkeit gegenübersteht, dann versteht man den Unterschied!»[39]

«Ein lebendiger Glaube an Gewaltlosigkeit ist unmöglich ohne einen lebendigen Glauben an Gott. Ein gewaltloser Mensch kann nichts tun ohne die Kraft und Gnade Gottes. Ohne sie hätte er nicht den Mut, ohne Zorn zu sterben, ohne Furcht und ohne Rachegefühle. Ein solcher Mut erwächst aus dem Glauben, daß Gott im Herzen aller wohnt und daß es in der Gegenwart Gottes keine Furcht geben darf. Das Wissen um die Allgegenwart Gottes bedeutet auch Respekt vor dem Leben derer, die man ‹Gegner› nennt.»[40]

Eindringlicher als in diesen Worten sind Gewaltlosigkeit und Friedfertigkeit niemals beschworen worden. Es ist beschämend, daß wir im christlichen Abendland bis heute nicht einmal den Versuch gemacht haben, Konflikte anders als durch Konkurrenz, Gewalt und Krieg zu lösen. Immer wußten die Machthaber, daß die «Realität» anders ist. Und immer haben die Ohnmächtigen, ihre Untergebenen, sich von ihnen vorschreiben lassen, was Realität sei. Immer hießen die Menschen der Wehrlosigkeit und des Friedens Spinner und Phantasten. Doch mit welchen Worten eigentlich sollten wir dann Menschen bezeichnen, die, um des Nachts ruhig zu schlafen, dringend Atombomben und biologische Massenvernichtungsmittel benötigen, mit denen sie 100 Milliarden Menschen, das Zwölffache aller bis heute lebenden Menschen, in ein paar Minuten zerstrahlen und verseuchen können?[41] Wenn es irgendwo Spinner und Phantasten gibt, dann sitzen sie heute auf den Stühlen der Macht, 2000 Jahre nach Christus weit schlimmer noch als in den Tagen Jesu. «Glücklich, die Frieden machen.» – Es ist ein unerhörter Kampf, eine geistige Revolution, diesem Satz zu folgen, und man versteht, warum sogleich im nächsten Satz der Seligpreisungen Jesus die Menschen glücklich preist, die um seines Namens willen Verfolgung leiden. Die Sanftmut ist eine ungeheure Macht.[42] Wir müßten nur einmal versuchen, sie trotz aller Widerstände und Widersprüche zu leben.

Glücklich die Verfolgung leiden um des rechten Lebens vor Gott willen, denn ihrer ist das Königreich der Himmel

Mit diesen Worten endet Jesus die Reihe der Seligpreisungen. Denn in der Tat: «Glücklich, die Verfolgung leiden», das ist wie die Zusammenfassung dieser vollkommenen Umwertung der gewöhnlichen Art, die Welt und unser Leben zu betrachten, die Jesus in der Bergpredigt vornimmt.[1]

Vor einer Weile diskutierten wir in einem Kreis über gerade dieses Wort aus dem Munde Jesu, als eine Frau sehr empört sich dagegen verwahrte, an Sätze wie diese zu glauben. «Die Männer in der Kirche», sagte sie, «lehren uns immer wieder nur das Leiden. Sie bringen uns bei, daß Schmerz der einzige Weg zu Gott sei, und ich will das nicht länger glauben. Sie sagen sogar, daß die Mutter Gottes sich gefreut habe unter dem Kreuz, als sie ihren Sohn leiden sah. Ich möchte mein Kind nicht leiden sehen, und ich kann auch nicht glauben, daß irgendeine Frau auf Erden sich über den Schmerz ihrer Kinder freuen wird.» – In gewissem Sinne hatte diese Frau sehr recht. Allzuviel ist im Namen des Christentums an Leidensmystik und Masochismus gepredigt und den Menschen eingeimpft worden. Viel besser, als den Schmerz zu lehren, ist es, den Widerstand gegen alles Unterdrückende und Schmerzbereitende den Menschen nahezubringen. Dennoch, so recht diese Frau menschlich hatte – das Leid, die Verfolgung, der Schmerz scheinen unabdingbar zur christlichen Existenz zu gehören. Warum?

Wir brauchen uns nur einmal fünfzig Jahre in unserer eigenen Geschichte zurückzuversetzen, um die Probe aufs Exempel zu machen. Nehmen wir an, diese Frau hätte damals einen Sohn gehabt, zwanzig-, fünfundzwanzigjährig, und er wäre ein kluger, ein körperlich gesunder, ein aufgeweckter junger Mann gewesen, dann hätte er unweigerlich vor einer Wahl gestanden: Er hätte eine rasche und steile Karriere bei der Wehrmacht des großdeutschen Reiches machen können, und hätte er sich dort bewährt, so wäre er unfehlbar sehr rasch hinübergewechselt zum Eliteorden der Faschisten, zur SS. Er hätte in einer schwarzen Uniform in jedem Saal, den er betreten hätte, ehrfürchtiges Schweigen um sich versammelt; die Mädchen auf den Straßen hätten hinter ihm hergeschaut, schmuck und adrett, wie er dagestanden hätte, wirklich ein Stolz seiner Mutter, ein Ziel der Bewunderung in den Augen aller. *Oder* er hätte alles das nicht getan; er hätte den Befehlen der Unmenschlichkeit, der Tyrannei und der Barbarei sich widersetzt und alle Energien in sich versammelt zum Widerspruch; dann wäre sein Schicksal nach sehr kurzer Zeit mit aller Wahrscheinlichkeit das Konzentrationslager gewesen. Die Frage ergeht an jede Mutter, auf was sie eigentlich stolz sein möchte, worüber sie eigentlich glücklich sein kann: über einen wohlangepaßten Sohn in den Händen von Verbrechern *oder* über einen – bürgerlich gesehen – Gescheiterten. Fünfzig Jahre danach fällt es uns nicht schwer, zu sehen, wie die Wahl «richtig» ausgefallen wäre; aber fünfzig Jahre danach sind eine lange Zeit, und sie liefern allzuviel Beruhigung. Im Abstand der Zeit sind wir leicht geneigt zu sagen: Das alles damals war ein Krisenaugenblick der Geschichte, ein Moment, in dem man wirklich sich entscheiden mußte; und gleich denken wir dabei: So dringlich ist das alles heute wohl nicht. Aber wenn wir das Christliche immer wieder nur zur zeitbedingten Ausnahme machen, zur Sonderregelung für besondere Zeiten, wird es uns heute nicht anders gehen als den meisten Deutschen vor fünfzig Jahren: Sie kamen gar nicht erst auf die Idee, daß just die Tage, in denen sie lebten, das Ungewöhnliche, das Außerordentliche bedeuteten, in dem es galt, Entscheidungen zu treffen, die vielleicht im Widerspruch zu allem ringsum standen.

In den Tagen des Matthäus war die Schar der Jesusgläubigen quer durch das Römische Reich verfolgt und ausgesetzt; schon deswegen adressiert der Evangelist die letzten Worte der Seligpreisungen ausdrücklich an seine eigene Gemeinde[2] und beschreibt ausführlich, wie es jedem ergehen wird, der sich zu dem Mann aus Nazareth bekennt. Historisch kann man gut verstehen, warum Verfolgungen damals das Los der Kirche bildeten.[3] Die Christen weigerten sich, gemeinsam mit den Juden, die staatliche Macht in der Person des Kaisers für göttlich zu erklären[4]; doch selbst mit den Juden schienen die Christen sich überworfen zu haben. Sie weigerten sich, den Kult des Tempels, die vielen überkommenen Ritual- und Formalgesetze anzuerkennen; sie saßen zwischen allen Stühlen; sie waren allerorten Ausgesetzte.[5] All die Feierlichkeiten und Riten, die Selbstverständlichkeiten, wie man leben muß, leugneten sie, und mit Vorliebe verbreiteten sie sich bei den Ungebildeten, bei den Sklaven in den Vorstädten.[6] Alles, was sonst einen ordentlichen, einen vornehmen Menschen ausmacht, wurde von ihnen ins Lumpige gebracht, wurde als widergöttlich verdächtigt und als unmenschlich diffamiert. Man haßte diese Christen, diese Anhänger eines gekreuzigten Fanatikers[7], ja, sie galten, wie einer der großen römischen Schriftsteller jener Zeit schrieb, als «ein Haß für das ganze Menschengeschlecht».[8]

Wenn wir solche Worte hören, liegt erneut eine historische Beruhigung gleich bei der Hand: Wahrheiten, die neu entstehen, wird man sagen, haben natürlich den Zeitgeist gegen sich; die Geburtsstunde von etwas Großem ist immer schmerzhaft; die Situation des Neuen Testaments bei seiner Entstehung aber läßt sich nicht quer durch die Jahrtausende tragen. In der Tat: Christenverfolgung, im Namen Jesu Leiden ertragen zu müssen, das gibt es heute scheinbar einzig im Süden des Sudan, wo sich Rassenfragen mit Religionsfragen mischen, aber sonst eigentlich auf dieser Erde kaum noch. – Nur, ist das wirklich so? Und: ist Christsein einfach nur ein Datum der Religionsstatistik? Ein Jünger Jesu ist, wer lebt wie Jesus selber; dann aber wird es ihm auch so ergehen wie Jesus. Man versuche einmal, für irgendeine Wahrheit, die man wirklich erkannt hat, bis zur letzten Konsequenz einzutreten, so wird man bald schon erleben, wie wenig sich geändert hat. – Ein paar Beispiele:

Was Jesus verkündete, war der Glaube an einen Gott, der seine Sonne aufgehen läßt über Gute und Böse, über Gerechte und Ungerechte (Mt 5,45) und der alle Menschen zusammenschließen wollte zu einer geschwisterlichen Gemeinschaft. Einer der wenigen in unserem Jahrhundert, der diese Botschaft Jesu ganz wörtlich genommen hat und unmittelbar so leben wollte, wie sie geschrieben ist, war, erneut, MAHATMA GANDHI. Er konnte sagen: «Ich bin Christ, Hindu, Muslim und Buddhist»[9], und er rief die Leute seines Landes auf, gleich welcher Konfession, gemeinsam mit ihm zu beten zu dem gemeinsamen Gott aller. Doch jeder, der so spricht, wird unfehlbar den Widerspruch all der Theologen der jeweiligen Religionsformen auf sich ziehen, die sehr genau wissen, was man glauben muß, wo der rechte Glaube endet und wo die Fehlmeinung beginnt; MAHATMA GANDHI wurde ermordet. Zu jeder Religion, heute noch, scheint die Starrheit des Denkens, das Prinzip der Ausschließung und der Durchsetzungswille gegenseitiger Konkurrenz zu gehören. Jemand, der auch nur ein wenig beginnt, an den Vater Jesu wirklich zu glauben als an den wahren Gott aller Menschen, riskiert um seiner Menschlichkeit willen augenblicklich die Gegnerschaft sogar der Besten unter seinen eigenen Glaubensangehörigen. Kann es sein, daß wir auch nur ein bißchen von der Weitherzigkeit Jesu auf dieser Erde zu leben beginnen sollten, und wir würden die Enge, die Angst rings um uns her bis zum Tödlichen mobilisieren?[10]

Vor einer Weile hörte ich von einem Franziskanerpater in Brasilien, daß er jeden Tag damit rechnen müsse, erschossen zu werden, für nichts anderes, als daß er sich einsetze für die Landarbeiter seiner Gemeinde. Es paßt nicht den Regierenden, es paßt nicht den Geldeintreibern, es paßt nicht den reichen, den guten, den arrivierten Leuten, die genau wissen, wie man mit Vernunft Wirtschaft betreibt, daß da irgendein Pfaffe sich das Recht nimmt, dazwischenzureden und die Leute mit «kommunistischen» Ideen auf die Barrikaden zu bringen. Dieser Pater aber setzt sich auch ein für das Recht der Natur gegen die Bulldozer, und auch das ist gefährlich. Wenn heute irgendein Großkonzern verfügt, daß ein bestimmtes Areal des tropischen Regenwaldes gerodet werden soll, um dort landwirtschaftliche Farmen für Rinder und Kühe anzusiedeln, damit zum Beispiel Mc Donald's noch billiger beliefert werden kann[11], so ist dies das gute Recht dieses Konzerns; er hat das Geld, er hat folglich auch die Regierung auf seiner Seite, und so besitzt er am Ende auch die gesetzliche Grundlage und Rechtfertigung für seine Machenschaften. Und wer sagt, da geschieht Unrecht an der Natur und an den Menschen, der ist ein Aufwiegler, ein Hetzer, ein Agitator. So einfach ist das. In Brasilien, in Nicaragua, auf den Philippinen – wo eigentlich nicht?

In unseren Tagen braucht es nur jemanden zu geben, der 2000 Jahre nach Christus sagen wollte, die Hochrüstung der Nato sei ein unausgesetzter Mord an den Hungernden und Elenden in unseren Tagen, und jeder Krieg sei nichts anderes als ein Rückfall in die Barbarei der Steinzeit, es sei ein Verbrechen, das Massenmorden von Menschen immer noch als ein Mittel der Politik zu betrachten – ein solcher käme, wenn er den Wehrdienst verweigerte, in christlichen Ländern wie der Schweiz (bis Juni 1991) oder Frankreich immer noch ins Gefängnis und er erntete, wenn er diese Ansicht wirklich ernst meinte, gewiß auch den heftigsten Widerspruch in der Bundesrepublik. Man braucht nur eine kleine Evidenz von dem, was man seit Jahrtausenden wissen könnte, ganz ernst zu nehmen, dann bricht es in diese Welt ein wie ein höchst unliebsamer ärgerlicher Störfaktor. Mitte Januar 1991 zum Beispiel hat Papst JOHANNES PAUL II. es gewagt, einmal *nicht* zu tun, was Dutzende seiner Vorgänger getan haben, die das Diktat der Macht hofierten und anbeteten, indem sie direkt oder indirekt die Waffen segneten und den Machthabern recht gaben; Anfang Januar 1991 hat Johannes Paul II. es gewagt, an den amerikanischen Präsidenten zu schreiben, das Ultimatum für den möglichen Kriegseintritt am 15.1. 1991 gegen den Irak solle aufgehoben werden, man solle den Weg von Verhandlungen statt der Option des Krieges wählen; und als ihm der amerikanische Botschafter im Vatikan sagte, *George Bush* unterstütze die Bemühungen des Heiligen Vaters, hat er wirklich geglaubt, daß man auf die ultimative Drohung zum Töten von Tausenden von Menschen verzichte und dem Frieden eine ehrliche Chance gebe. In der Nacht vom 16. zum 17. Januar 1991, als es losging, schlief der Heilige Vater beruhigt über seine diplomatischen Bemühungen.[12] Hat man indessen in der deutschsprachigen Presse, in der bürgerlichen, in der kirchlichen Presse irgend etwas von diesem unerhörten Vorfall verlauten hören? Nichts. Da hatte ein Papst einmal den Mut, etwas wirklich Christliches zu tun und im Widerspruch zu all den Gewißheiten sonst zu sagen: «Christlich ist einzig der Friede», da gibt es keinen deutschen Bischof oder Kardinal, der dem Heiligen Vater in diesem Punkte öffentlich zustimmen würde[13]; nur zwei

Ausnahmen wurden bekannt: der Bischof von Limburg, *Franz Kamphaus*, und im April 1991 der alternde Kardinal *König* von Wien; nur diese beiden konnten unabhängig voneinander sagen: Wir haben heute andere Probleme zu lösen, als mit den Mitteln des Krieges Recht durchzusetzen; um Recht zu schaffen, gibt es nur den Weg des Friedens, der Krieg ist kein Mittel der Politik mehr.[14] Sonst schwiegen alle; sie wurden, wie immer, zu unfreiwilligen oder freiwilligen Claqueuren der Macht und hielten es am Ende immer noch für möglich, in bürgerlicher Einvernahme zwischen Kirche und Gesellschaft, zwischen Gott und dem Mammon, zwischen Glauben und Konvention zu erklären, wir müßten nur immer so handeln wie bisher, ja, wir hätten dabei das Recht und sogar den lieben Gott auf unserer Seite.[15]

Es ist im Grunde egal, wo man beginnt. – Man setze die Worte der Bergpredigt nur einmal so, wie sie gemeint sind, dann geht der Tanz los. Da steht vor uns in Alabama und Atlanta vor dreißig Jahren MARTIN LUTHER KING mit keiner anderen Botschaft, als daß Nigger und Weiße gemeinsam Menschen sind und daß die unterschiedliche Hautfarbe keine Trennung unter Menschen bedeuten dürfe.[16] Für diese einfache Botschaft der Menschlichkeit wurde er umgebracht. Denn: Er brachte ein Wirtschaftssystem durcheinander, das immer noch auf mittelbarer Sklaverei basiert, auf der Ausbeutung von Menschen durch Menschen; er machte unruhig, er schuf Schuldgefühle da, wo man sich längst beruhigt hatte; er klagte Gesetze ein, die so ernst gar nicht genommen werden sollten. Er verlangte Menschlichkeit; er wartete nicht, er erwartete sie.

Oder: Man sage in unserer Kirche nur ein Wort darüber, daß zwischen Frau und Mann kein Unterschied sein dürfe vor Gott – psychologisch seien Frau und Mann vielleicht höchst unterschiedlich, Gott sei Dank, einander bereichernd, einander ergänzend – aber vor Gott gebe es keinen Unterschied, da hätten sie die gleichen Rechte und müßten Zugang finden dürfen zu denselben Funktionen und Aufgaben –, da bringt es auf der Stelle zweitausend Jahre kirchlicher Lehre und Tradition durcheinander;[17] jedes wahre Wort der Freiheit stört inmitten eines patriarchalischen Kulturgefüges, und jeder offene Mut zur Menschlichkeit schafft um sich her ein Feld von Unsicherheit und Aufruhr.

Oder ein anderes Beispiel, das so zwar nicht im Neuen Testament steht, aber sich doch vielleicht daraus ergibt. Würde jemand kommen und sagen, selbst zwischen Tieren und Menschen gebe es Ähnlichkeiten und Verwandtschaften so sehr, daß wir kein gutes Recht besäßen, in der Tretmühle der Naturgesetze, nach denen immer wieder ein Tier nur leben kann auf Kosten eines anderen, weiter mitzumachen, wir sollten die Tiere schonen, wir sollten sie nicht mißbrauchen als Versuchstiere zu Millionen in den Pharmalabors, als Schlachtvieh zu Milliarden in der Nahrungsmittelproduktion, als Zuchtobjekte in den KZ-ähnlichen Massenzuchtanstalten, dann würde ein solcher in die Selbstverständlichkeiten unserer Nahrungsgewohnheiten Schuldgefühle säen[18], er würde Sensibilität dort fordern, wo wir sie normalerweise zwar haben, aber dann doch wieder nicht haben, wenn es darauf ankommt; er würde unweigerlich Haß auf sich ziehen; man würde schon begreifen, daß es nicht falsch ist, was er will, aber seine Ungeduld, seine Heftigkeit, sein Nicht-abwarten-Können würde sehr bald den anderen unerträglich werden, und dann wird alles so kommen, wie Jesus es hier beschreibt.

Jede Frau, jeden Mann, der Jesu Worte wirklich leben will, wird man buchstäblich *verfluchen*, man wird sie oder ihn *ausstoßen* im Namen Gottes. Man wird mit heiligen Worten all das, was sie sagen und tun möchten, wegtun, abtun und verwünschen, so als wenn es am besten nie existiert hätte; mehr noch, man wird die einfachsten Wahrheiten ihnen so im Munde herumdrehen, daß sie äußerst kompliziert klingen, man wird ihre simpelsten Einsichten so wiedergeben, daß sie wie absurde Spinnereien erscheinen, man wird aus ganz klaren Gedanken der Wahrheit komplexe Lügen ableiten und über sie gerade so berichten, daß sie nicht mehr ernst zu nehmen sind und von vornherein nur als lächerliche Phantastereien in Erscheinung treten können. Aber, fügt Jesus hinzu: Wenn euch das so ergeht, erinnert euch daran, daß jedes wahre Sprechen von Gott schon immer so empfunden wurde. Es waren die Propheten zu allen Zeiten, die so gelebt haben. Sie hatten keine abgeleiteten Wahrheiten, kein Amt, auf das sie sich hätten berufen können, sie hatten nur ihre Person, und sie mochten, daß in ihrem schwachen Ich Gott zur Sprache komme. Das war und ist immer aufregend, das war und ist immer empörend. Aber, meint Jesus, hört zu; wenn ihr so empfindet und erlebt, merkt ihr dann nicht, wie ihr die Angst verliert? Ein Raum von Freiheit öffnet sich um euch, und ihr lernt, nichts mehr ernst zu nehmen, was nicht Gott selber ist; ihr gehört der Wahrheit an, und das schenkt euch ein Gefühl von Glück, das euch niemand nehmen kann. Ja, es ist möglich, im Leiden für Ziele, die sich wirklich lohnen, überhaupt erst so etwas wie eine eigene Identität zu finden. Und dann mag passieren, was will. Am Ende wird der Widerspruch, je kurioser und verrückter er sich äußert, zu einer geheimen Bestätigung, zu einer Art von merkwürdiger Versicherung für euch geraten, im Recht zu sein. Es geht, wohlgemerkt, nicht darum, Recht zu *haben* oder zu behalten, aber richtig zu *sein* und ein rechtes Leben zu führen vor Gott, das ist in sich Lohn und Freude genug.

Freilich: An jeder dieser Stellen mag der Einwand immer noch lauten, daß man nichts bewirke, wenn man zu direkt auf eine gute und richtige Sache zugehe; wer Erfolg haben wolle, der müsse sich arrangieren, der müsse überlegen, wie er das, woran er glaube, den anderen verständlich machen könne; also brauche man Zeit, man brauche einen langen Atem, man dürfe nicht zu rasch nach vorne preschen. Jesus hat erkennbar so nicht denken wollen. Er hat im Gegenteil gemeint, wenn wir die Wahrheit abhängig machten von ihren Erfolgsaussichten, verdürben wir sie nur, indem wir uns immer wieder zwängen, die Einwände gegen die Wahrheit miteinzuflechten. Auf diese Weise machten wir schließlich aus dem Richtigsten noch ein Amalgam der Lüge. Nicht die Prämie des Erfolges sei das Entscheidende. Die Frage, was dabei herauskomme, wenn wir das bißchen Wahrheit, das wir erkennen, offen sagten, könnten wir getrost begraben; es gelte, einfach zu sein und zu leben, was ist. Wie es dann wirke, ob es sich durchsetze, das alles buchstäblich stehe bei Gott.

Also trete man unverzüglich und ohne taktisches Kalkül unverblümt ein für die Wahrheit und sage ganz einfach: Gott ist ein Gott aller Menschen, und alle Religionen sind Wege zu ihm; man sage ganz deutlich: Kein Krieg mehr darf sein, und alle Rüstung ist ein Verbrechen an den Hungernden; man erkläre ganz offen: Der Wohlstand der Reichen basiert auf der Ausbeutung der Armen; man zögere nicht zu fordern: Alle Menschen sind gleich; man protestiere mit aller Kraft gegen die Schlächterei und Quälerei von Tieren – man *errege* Aufruhr und Unruhe; *glücklich,* die Menschen, die es wagen.

Es gibt in unseren Tagen ein unerhörtes Beispiel, wie man die Wahrheit sagt. Als vor fünfzehn Jahren der russische Dichter ALEXANDER SOLSCHENIZYN begann, seinen *«Archipel GULAG»*[19] zu schreiben, wußte er nicht und konnte nicht einmal ahnen, daß in relativ kurzer Zeit das Sowjetimperium wirtschaftlich zusammenbrechen und die sich auflösende Diktatur Freiheitsräume schaffen würde, gerade wie er selber sie ersehnte. Aber er war es sich und den Menschen, mit denen er litt, den Opfern des Stalinismus, schuldig, seinen *«Archipel GULAG»* zu schreiben. Er riskierte dabei Verbannung und Exil; schlimmer noch, er mußte erleiden, was jeden russischen Schriftsteller betrifft, der seiner Heimat beraubt wird: die Auszehrung sogar seines künstlerischen Sprachvermögens. Er riskierte, lebendig tot zu sein. Er mußte erleben, daß man ihn im Westen so lange begrüßte, als er den Bolschewiki widersprach; aber als er anfangen wollte, die kapitalistische Geldgier als unchristlich zu geißeln und das Scheffeln von Milionen auf dem Rücken von Elenden als Ausbeutung zu bezeichnen, da war es vorbei mit der Freundschaft zu dem Russen, dem Exulanten, dem Fremden, der uns, das Wesen des westlichen Wohlstandes und der Freiheit, ja gar nicht wirklich kennen konnte. ALEXANDER SOL-

SCHENIZYN ist heute ein einsamer, ausgesetzter, schweigender Mann geworden. So teuer kann es sein, eine Wahrheit zur Unzeit zu verkünden und sie selber zu überleben womöglich, statt direkt dafür gekreuzigt zu werden. Aber es ist untrüglich ein Zeugnis für die Wahrheit des Jesuswortes am Ende der Seligpreisungen: Am Tag, da sie euch jedes Wort im Munde umdrehen und euch verfolgen für das bißchen Wahrheit, das ihr leben wollt, freut euch und frohlockt, denn glücklich seid ihr für die Wahrheit, die den Widerspruch erzwingt und zur Entscheidung treibt. Entschiedene Charaktere liebt Gott. Sie sind Jesu Verwandte. Sie sind königliche Menschen. Sie sind die verborgenen Träger des Königreiches der Himmel. Freilich trifft das mongolische Sprichwort den Kern: «Wenn du die Wahrheit sagen willst, mußt du ein schnelles Pferd besitzen.»

Mt 5,13–16

Das Salz der Erde und das Licht der Welt oder: Bilder von Gemeinde

Kaum sind die Worte der Seligpreisungen am Anfang der Bergpredigt verklungen, da spricht Jesus die ihn Hörenden und die zu ihm Gehörenden mit diesen Bildern eines eigenen Selbstbewußtseins und einer eigenen Würde an.[1]

Welch einen Typ von Gemeinde oder von Kirche hat Jesus eigentlich gewollt?[2] Diese Frage stellt sich nicht erst uns am Ende des zweiten Jahrtausends, sondern sie stellte sich bereits ein halbes Jahrhundert nach dem Auftreten Jesu dem Evangelisten Matthäus. Aus der Tradition der ihm überkommenen Worte Jesu filtert er an dieser Stelle einige heraus und stellt sie auf seine Weise zusammen, um sich die Frage zu beantworten, was «Kirche» bedeutet, wenn wirklich Jesus so etwas wie «Kirche» jemals im Sinne hatte.

Wir, die wir uns an diesen Worten Jesu messen wollen und sollen, hören aus der Komposition des Matthäus vermutlich als erstes das zentrale Bildwort von der *Stadt auf dem Berge* heraus[3], und es erfüllt uns mit Freude und Stolz. Alte Prophetenweissagung scheint da in Erfüllung zu gehen; am Ende der Tage würden die Völker der Welt zum Berg Sion, zur heiligen Stadt wie in einer Wallfahrt kommen, um anzubeten im Heiligtum. Wäre es denkbar, daß die Gemeinde derer, die an Jesus glauben, daß am Ende womöglich *die katholische Kirche* diese «Stadt auf dem Berge» sei – *Rom,* gegründet auf den sieben Hügeln, als eine feste Bastion gegen den Unglauben[4], und wir könnten gleich jetzt den Organisten auffordern, uns das Kirchenlied vorzuspielen «Ein Haus voll Glorie schauet» – und es wäre ein erhabenes Gefühl, dabeizusein!?

Tatsächlich ist das Wort Jesu eher umgekehrt gemeint; es ist absolut gegenläufig zu jedem Stolz von Exklusivität und jedem Dünkel eines Dabeiseins einfach durch den Formalismus der eingeschriebenen Konfessionszugehörigkeit.

Was an den Worten Jesu an dieser Stelle besonders auffällt, ist die Tatsache, daß sie gewissermaßen ohne jeden Inhalt sind. Es gibt in ihnen offenbar keine besondere Lehre, keine bestimmte Wahrheit, die man formulieren könnte, und schon das kann ein schwerwiegendes Mißverständnis nach sich ziehen. Man könnte das Fehlen eines konkreten Inhaltes als eine Freigabe der Macht interpretieren, so als ob die Kirche einfach schon dadurch, daß sie Kirche ist, im Besitz jedweder Wahrheit sich befinde und es mithin gar nicht nötig sei zu sagen, was im einzelnen nun gelten solle, es genüge einfach, daß *sie* es sage als die Kirche Jesu[5]; ihre Autorität, gegründet auf Gott und auf die historische Herleitung durch Jesus Christus – mehr sei nicht vonnöten, um Wahrheit zu erkennen. Man kann nur mit aller Entschiedenheit sagen: Gerade umgekehrt wird es Jesus gemeint haben. «Ihr», spricht er, «seid das Salz der Welt.»[6]

Was er damit fordert, ist gerade nicht ein autoritärer Triumphalismus. Denn was geschieht mit einer Speise, in welche Salz gestreut wird? Ohne Salz ist sie fade und lasch und hat keinen Geschmack. Der menschliche Organismus bis in seine feinsten Sinneswahrnehmungen hinein ist darauf eingerichtet, daß ein gewisses Quantum Salz zu jeder Nahrung gehört. Tausende von Meilen legen Menschen im Inneren Afrikas zurück, um an die lebensnotwendigen Salzlager heranzukommen.[7] Salz besitzt die Kraft, eine Speise, die sonst leicht verderblich wäre, zu konservieren[8], und es wurde von daher in der Antike als Zugabe der Opferspeisen für die Götter oder für die Gottheit verwandt.[9] Aber entscheidend jetzt: Salz kann nur wirken, indem es sich auflöst. Jede Stelle gesalzener Nahrung wird unseren Lippen und unserer Zunge den Geschmack des Salzes vermitteln, aber dieser kleine kristalline Stoff ist selber in der Speise wie verwandelt, er ist nicht mehr sichtbar, er kommt überall vor und ist doch nirgends aufzufinden. So offenbar sollten im Sinne Jesu die Menschen werden, die an ihn glauben. Sie sollten sich gerade nicht hinstellen und sagen: Wir sind die Kirche – ein eng abgeschlossener Raum, wohldefiniert, eingerichtet in bestimmten Gesetzen im Unterschied zu allen anderen Menschen, wohlverwahrt vor jeder Verwechselung und Vermischung, versiegelt und «konfirmiert» in einer ehrwürdigen, fest normierten Identität. Gerade umgekehrt: Die Angst der Selbstbewahrung sollte bei den Jüngern Jesu der Frage weichen: Wie nützen wir den Menschen, wie öffnen wir uns bis zur Selbstverleugnung so weit, daß es anderen hilft, wie bauen wir die trennenden Schranken unter den Menschen ab bis zur Verschmelzung, bis zum Nicht-mehr-Wiederzuerkennenden?

Natürlich liegt da der Einwand gleich parat, so lasse eine Kirche sich nicht gründen, geschweige denn erhalten; ohne den Apparat der Verwaltung, des Reglements, der klaren Definitionen komme keine menschliche Gruppierung aus; was nicht in klaren Grenzen sich strukturiere, sei wie eine Zelle ohne Membran – sie fließe aus.[10] Und dennoch muß Jesus grade so gedacht haben, und zwar in betontem Gegensatz schon zu den «Orthodoxen» seiner Zeit. Auch in seinen Tagen hatte er ein Volk vor sich, das darauf pochte, auserwählt zu sein, abgesondert von den Heiden[11]; Jesus aber bestand darauf, daß grade die Heiden Aufnahme fänden in das Volk der Erwählung.[12] Er wollte endgültig nicht mehr die Grenzziehungen zwischen den Menschen; er wollte eine einzige Welt, von Sonnenaufgang bis Sonnenuntergang, umgriffen von der Gnade Gottes. Drum trat er an der Spitze all derer, die den Frommen und Wohleingerichteten für offenbar verkommen und gescheitert galten, den Marsch zur heiligen Stadt an, hinauf nach Jerusalem[13], und wollte, daß die Tempeltore sich öffneten gerade für diese, die sich als eine Herde der Verlorenen um ihn scharten. *Das* war *seine* «Völkerwallfahrt nach Sion»[14].

Manche in seiner Zeit, in der Frage, wer er denn sei, der Mann aus Nazareth, hielten ihn eben deshalb für einen wiedergekehrten *Jeremia*[15], und das nicht zu Unrecht. Der Prophet *Jeremia* im 6. Jahrhundert vor Christus sah die Lage des «auserwählten» Volkes ganz ähnlich wie Jesus. In jenen Tagen pflegte man in Theologenkreisen die Selbstberuhigung, Gott habe sein Volk auserwählt, so daß es ein für allemal gefestigt dastünde im Raum des Heiligtums. Den Propheten *Jeremia* überkam bei soviel Hybris, Selbstgefälligkeit und Arroganz ein solches Grausen, daß er es wagte, mitten im Heiligtum darum zu *beten,* all die ehrwürdigen Mauern, die heiligen Stätten möchten nur ja bald von König Nebukadnezar flachgelegt und zerstört werden.[16] Man schrie auf, als man diese Worte hörte, aber als das Volk wirklich versprengt war über die Hügel der Erde, sah *Jeremia* die Chance gekommen, daß alles noch einmal beginnen könnte, diesmal von innen her[17]: Würde ein jeder nur dort, wohin Gott ihn geführt hatte, leben, in dem, was in ihm angelegt war, es wäre der Anfang von allem, eine Wahrheit, die durch das Herz der Menschen gegangen wäre und die nicht mehr verordnet werden müßte von außen. Es würde ein Neuer Bund sein[18], geschlossen im Herzen der Menschen. – Gerade das muß es heißen, Salz der Erde zu sein. Es ist, wie wenn die gefestigte Organisation der Kirche als das Gleichgültige erklärt würde, wir aber würden es wagen, als Menschen von Gott her zu leben.

Vor einer Weile traf ich einen Missionar, der Jahrzehnte lang versucht hatte, im Sinne der Kirche auf nordafrikanische Muslime einzuwirken, daß sie den Glauben an Christus annähmen. Im Grunde sah er sein Bemühen für gescheitert an; aber inzwischen hatte er selber etwas gelernt. Die Gastfreundschaft der Muslime dankbar empfangend, hatte er dahin gefunden, mit ihnen gemeinsam zu beten in der Weise islamischen Gottvertrauens. Er sagte sich, Salz der Erde zu sein, das dürfe nicht länger mehr heißen, fremden Religionen und Kulturen die Speise zu zerstören, aus der sie existieren; es könne nur heißen, alles nach Möglichkeit noch schmackhafter und würziger zu machen, wovon sie lebten, und sich selbst dahinein so zu integrieren, daß es als äußere Struktur kaum faßbar sei, doch eben dadurch, durch die Verschmelzung mit der Umgebung, allem so etwas verleihen könne wie einen besonderen, lebensnotwendigen, heilsamen und angenehmen Geschmack.

Offenbar stehen wir heute in unserer Kirche fast unbarmherzig vor einer Wahl: Wir können so eingerichtet bleiben, wie wir sind, wohlversorgt mit allen Mitteln der Gnade; dann haben wir eine Kirche, die in gewissem Sinne nichts falsch macht, die in ihren eigenen Mauern gegen den Geist der Zeit wie hermetisch geschützt ist, die aber als ganze buchstäblich verkehrt ist. Jesus sagt das an dieser Stelle ganz deutlich: Wenn ihr so tut, werdet ihr erleben, daß die Menschen und die Zeiten über euch hinweggehen. Ihm stand dieses Bild plastisch vor Augen. Am Nordrand des Toten Meeres werden in großen Blöcken Salzsteine geschnitten, die man zur Einfassung des Herdes in die Häuser bringt, auf daß sie wie eine Wärmedämmung, wie eine Art Schamott, wirken. Sind sie ausgeglüht, legt man sie vor die Hauseingänge, und die Menschen, die barfuß das Haus betreten, massieren und reinigen ihre Füße an den Salzsteinen. So wird es sein mit einer Kirche, die sich fürchtet vor ihrer Öffnung und vor ihrer Verschmelzung, meint Jesus warnend: Sie bewirkt nach außen gar nichts mehr, sie ist wie ausgeglühtes schales Salz[19]; sie beantwortet nur Fragen, die keine sind, und beschäftigt sich mit Problemen, die nur sie selber hat. Es geht nichts mehr von ihr aus. Sie tut nicht weh und sie tut nicht gut, sie ist einfach langweilig. Sie wird niemandem zum Ereignis. Sie hält sich selber fest als etwas «Heiliges» gegenüber dem «Profanen», aber sie tut nicht, was sie soll: Sie hebt den Unterschied nicht auf, der die Menschen untereinander trennt und allesamt von Gott fernhält; sie arbeitet das «Profane» nicht durch, bis es sich heiligt, sie hütet nur sich selber und verweigert sich damit.

Woran zum Beispiel soll es liegen, daß alleine in den letzten zwanzig Jahren der Kirchenbesuch in der Bundesrepublik Deutschland sang- und klanglos um fünfzig Prozent zurückgegangen ist? Soll es die Schuld der Leute sein, wenn sie denken, wir erörterten in der Kirche lauter Dinge, die niemanden mehr beträfen? Es mache keinen Schaden, ob man die Botschaft der Kirche von Christus höre oder nicht, in dieser Form der Auslegung sei es eh ganz gleichgültig? Entweder hat die Kirche den Mut, ihre Angst um die narzißtische Wahrung ihrer Identität aufzugeben und sich zu öffnen nach draußen, oder es wird in Erfüllung gehen, was Jesus hier andeutet: Das Salz verliert seinen Witz und seine Kraft, und man wird darauf herumtrampeln, bis daß am Ende nichts mehr davon bleibt.

Gewiß kann man sich fragen: Was ist denn das, was uns als Glaubende derart auszeichnen könnte, als Salz der Welt, als Stadt auf dem Berge? Da muß man in der Tat entsprechend diesen Worten sagen: überhaupt keine besondere Lehre von Gott, nicht eine bestimmte Theorie über das Leben, keinerlei Wahrheit, die sich satzweise vermitteln ließe; um all das geht es nicht. Wohl aber geht es um eine Haltung von Vertrauen, wie Jesus sie brachte. Und da greift Matthäus einen Satz auf, den Jesus vermutlich sehr früh gesagt hat, um sich selber gegenüber bestimmten Vorhaltungen im eigenen Lager zu rechtfertigen. Ziemlich am Anfang des öffentlichen Auftretens Jesu schon müssen die Jünger ihren Meister gewarnt haben, er solle um Himmels willen nicht in dieser Weise, so forsch und klar und zur Entscheidung zwingend, reden, er solle sich vorsichtiger verhalten und unnötige Konfrontationen vermeiden, er solle einfach ein Stück leisertreten, er solle Kompromisse suchen und nach Vermittlungen Ausschau halten; derartig hart und hoch am Winde dürfe man nicht segeln, ohne den Untergang fürchten zu müssen; Jesus aber wird lachend zu ihnen gesagt haben: Man zündet keine Lampe an und stellt sie dann unter den Krug.[20] Es kostete in seiner Zeit oft mehr als eine halbe Stunde, ein Feuer anzulegen. Wenn man das tut, dann soll es sich auch lohnen, meint Jesus – eine Lampe stellt man oben auf den Leuchter, so hell sichtbar als es geht. Nur so macht es Sinn. «Ich», muß Jesus gedacht haben, «habe gerade erst angefangen, laßt mich, alle Dinge kommen noch.» Diesen Satz eines großartigen Mutes greift Matthäus hier auf, um zu sagen, wer *wir* sein könnten. Inmitten einer Welt, die sonst sehr dunkel sein kann, könnte das bißchen Licht, das jeder zu geben hat, wenn er sein Vertrauen festmacht im Gegenüber Jesu, wie eine Schar von Glühwürmchen wirken, die die Nächte erhellen. Wir hätten dieser Welt etwas zu schenken, wir dürfen nur nicht kleinlaut werden. Wir sollten den Mut haben, zu leben, was wir an Wahrheit in uns tragen.[21]

Es muß ein Wort des Matthäus selber sein, das er fast penetrant mit eigener Feder den Worten Jesu hinzufügt: «Laßt eure guten Werke sehen.»[22] Jesus nachzufolgen sei kein Lippenbekenntnis, meint Matthäus; sich auf Jesus zu beziehen, dürfe nicht entarten zu einer bloßen Schönrederei. Der einzige Maßstab, der gilt, besteht für Matthäus in dem, was wir sind und tun; und so setzt er hinzu: die einzige Wirklichkeit vor Gott sei das, was wir wirken. Man kann diese Einstellung des Matthäus, im Gegenüber zur Botschaft des Paulus etwa, durchaus verstehen als eine Art von Tatfrömmigkeit[23], nur daß es bei ihm tiefergeht. Wer wir unter den Augen Gottes menschlich *sind* im Gegenüber anderer Menschen, allein *das* ist ausschlaggebend, und wieviel Wärme wir dann zu schenken haben und wieviel Licht, oder umgekehrt: wieviel Dunkel wir zu überwinden imstande sind und wie viele Ängste wir auszuräumen vermögen, das macht uns zum Salz der Erde und zum Licht der Welt. Wir hätten die Kraft, der Welt Witz und Würze zu verleihen, ihr Geschmack am Leben zu schenken, das Kostbare in ihr zu reinigen und zu konservieren – wir hätten die Fähigkeit, mit LESSING gesprochen, «vor Gott und Menschen angenehm zu machen»[24]. Doch als salzloses Salz, als verdunkelte Stadt, als Licht unterm Leuchter – so zu leben, ist ebenso nutzlos wie lächerlich.

Noch einmal Mt 5,13–16

Das Problem des unwürdigen Boten und der Bedeutung der Botschaft

Keine andere Stelle des Matthäusevangeliums vermittelt ein solches Selbstbewußtsein aus dem Glauben wie dieses Wort aus dem Munde Jesu. Einem jeden, der nach dem Vorbild des Mannes aus Nazareth angefangen hat, an Gott zu glauben, sagt es: Denke fortan nicht mehr zu gering von dir; es kommt jetzt auf dich an; für dich und alle Welt hängt im Himmel und auf Erden etwas ab von dir und deinem Glauben; in dir lebt eine Wahrheit, an der das Schicksal der gesamten Welt sich endgültig entscheiden wird; bitte, verbirg dich nicht, halte dich nicht aus Angst zurück; du, gerade du, hast dieser Welt etwas zu sagen, das sie leben läßt. Du verfügst über das einzige Mittel, das, wie Salz, verhindert, daß die Welt wie totes Fleisch an sich selbst durch Fäulnis zugrunde geht. Du bist wie ein weithin sichtbares Licht inmitten einer sonst immer dunkler werdenden Welt.

Man muß sich immer wieder, wie zum Kontrast, nachdrücklich vorstellen, an wen diese Worte Jesu eigentlich sich richten: nach Matthäus (4,24) an Menschen, die ursprünglich mit allen möglichen Krankheiten und Leiden behaftet waren, an Menschen, die sich vor Not nicht mehr von der Stelle rühren konnten, an innerlich und äußerlich zerbrochene Geschöpfe, die sich selbst völlig entfremdet waren, außerstande, über sich selbst und ihr Leben zu entscheiden, getrieben und gejagt von einer Vielzahl unbeherrschbarer, chaotischer Mächte, die ihr Dasein in eine Hölle aus Ohnmacht, Unfreiheit, Angst und Verzweiflung verwandelten. Menschen gerade dieser Art sammelte Jesus um sich und machte sie heil. An seiner Seite spürten sie, wie es in ihnen zusammenwuchs; und gerade sie, diese Kranken und Verlorenen, verstanden Wort für Wort, was Jesus meinte, wenn er davon sprach, daß jeder Mensch im Himmel einen Vater habe, der unsere Schuld vergibt und unsere Gebrechen heilt. Sie wußten, daß es letztlich nur eine einzige Krankheit und ein einziges wirkliches Unglück gibt: mit sich selbst und mit Gott zerfallen zu sein und aus lauter Angst die Wahrheit über sich selber von allen anderen und sich selbst am meisten verstecken zu müssen. Und was das wichtigste ist: Gerade diese Menschen spürten in der Nähe Jesu, daß sie bei ihm geborgen waren wie in einem absoluten Geltungsraum. Der Mann aus Nazareth zeigte ihnen, daß in jedem von ihnen Gott selber gegenwärtig ist und daß es nur darauf ankommt, es für möglich und wirklich zu halten, daß Gott dieses unser kleines Dasein meint und ihm von vornherein eine absolute Würde und einen absoluten Wert verleiht. Das, was wir sind und was uns ausmacht, sollte nicht länger mehr von der Zustimmung, dem Wohlwollen oder dem Schiedsspruch eines anderen Menschen abhängen; von Gott her sollte jedes Leben seine eigene und unableitbare Bedeutung finden. Diese Befreiung, diesen Durchbruch der gesamten Existenz, diesen Neuanfang des Lebens konnten die Menschen durch Jesus erfahren; bei ihm machten sie die Entdeckung, daß es buchstäblich wahr ist, wenn der Mann aus Nazareth zu ihnen sagte: «Das Gottesreich kommt nicht mit äußerem Getöse – es ist mitten in euch selbst» (Lk 17,21)[1].

Dies aber ist schon das erste, was es weiterzusagen gilt, wenn man es einmal erfahren hat: Es gab und gibt auf dieser Erde eine Stelle, an welcher jeder Mensch, und die letzten der Menschen am ersten, das Gefühl haben darf, in seinem Dasein berechtigt zu sein. Diese Erfahrung einer bedingungslosen und alles heilenden Gnade, wenn je sie sich einmal ereignet, gilt es mitzuteilen. Man darf und sollte sich hier nicht dispensieren durch das Gefühl, im letzten stets ein unwürdiger Bote dieser Erfahrung zu sein und zu bleiben. Wir dürfen leben, obwohl wir von uns selbst her ehrlicherweise das Gefühl haben müßten, so etwas wie uns dürfte es im Grunde gar nicht geben; und dieses Empfinden, trotz allem in allem berechtigt zu sein, gibt in sich selbst bereits hinreichend Zeugnis dafür ab, daß doch auch für jeden anderen Menschen diese Möglichkeit existiert, die sich in Jesus ein für allemal gezeigt hat; denn seither ist das als Erfahrung, als Hoffnung, als Verheißung nicht mehr von dieser Erde wegzudenken: wir dürften als wir selber reinweg leben aus Gnade, und jeder von uns sei unmittelbar zu Gott; wir könnten uns freimachen von allem, was nicht zu uns gehört und nur unser eigentliches Leben mit Daseinslügen verdecken und verstellen würde. Wenn irgend etwas auf dieser Welt wichtig und wesentlich ist zu leben und zu sagen, so ist es dies.

Die Frage muß natürlich lauten: Können wir das, vermögen wir das glaubwürdig zu tun, sind wir dazu überhaupt die richtigen Leute? Indes: Solange wir die Frage in dieser Form stellen, werden wir wohl nicht vermeiden können, daß wir uns überfordern; denn dann hängt sozusagen alles von unseren Qualitäten und Befähigungen ab, dann müssen wir erst wer weiß was sein, ehe wir uns ein freies Wort über unsere Existenz zutrauen können. Aber darum geht es nicht, und wir würden mit einer solchen Einstellung nur wieder auf unsere eigene Armseligkeit zurückfallen. Vielmehr geht es einfach darum, in der Erfahrung der Gnade stehenzubleiben. Wir sollten die Frage unserer persönlichen

Würdigkeit nicht so wichtig nehmen; wichtig ist die Botschaft selbst, der Glaube selbst, nicht zunächst die etwaige Vortrefflichkeit unseres Ichs. Denn: Wer in Sachen des Christentums, des Glaubens überhaupt, die Person des Boten, des Verkünders, des Vermittlers der Sache für das entscheidende nimmt, der gehört offensichtlich noch nicht zu dem Heer der an sich selbst Verzweifelten, die Jesus hier um sich sammelt und von denen allein er sagt: «Ihr seid das Salz der Erde.» – «Ihr seid das Licht der Welt.» Um es in einem Bild zu sagen: Wer beim Trinken noch Zeit und Aufmerksamkeit hat, zu sehen, ob er aus einem Tonkrug oder aus einem Goldgefäß trinkt, der wird bestimmt nicht am Verdursten sein. So aber ist das doch, wenn es um *alles* geht, wenn es um *Gott* geht – wie bei einem Verdurstenden. Da kann es keine Rolle mehr spielen, ob der «Prediger» gut ist oder schlecht, ob der Verkünder würdig oder unwürdig ist, da geht es nur noch darum, daß die Botschaft selber als heilend erlebt wird. Die Verzweifelten, die Menschen, die wissen, daß sie nicht mehr leben können ohne Gott, und die Gott brauchen mehr als ihr tägliches Brot – für die ist es egal, ob der Bote des Glaubens ein Gefäß aus Ton oder aus Silber ist. Nur daß die Botschaft stimmt und daß sie von ihm menschlich glaubhaft übermittelt wird, ist wichtig.

Darum gibt es in dieser Sache auch keine Entschuldigung mit der eigenen Unfähigkeit. Wir sind ja nicht das Salz der Erde, weil wir selber uns einer besonders tugendhaften Menschlichkeit rühmen könnten. Wir sind es um Jesu willen, und weil die Menschen rings um uns her genausowenig leben können, wie wir selbst es konnten, ehe wir durch die Botschaft Jesu zu einem tieferen Vertrauen fanden. Wovon denn sonst sollten wir leben können, wenn nicht von dem Empfinden, daß alles in uns heil und frei werden kann im Glauben daran, daß Gott unser Leben trägt? Ohne diesen Glauben wäre unser Leben in der Tat dazu verurteilt, an sich selber zu verfaulen wie Fleisch, in das kein Salz gegeben wurde; dieser Glaube ist wirklich das einzige Mittel, das uns vor der inneren Auflösung und Verwesung rettet, er ist, wie Salz, das einzig radikale Konservierungsmittel für die Schwachheit unserer Existenz.

In seinem Drama *«Dantons Tod»* hat Georg Büchner einmal geschildert, wie vom menschlichen Leben, wenn man es rein in sich, das heißt allein im Gegenüber des Todes betrachtet, nur noch ein sinnloses Hin- und Herpendeln zwischen Todesangst und Lebensgier, zwischen Ekel und Genuß übrigbleibt. «Es ist mir», läßt er *Danton* dort sagen, «als wäre ich in ein Mühlwerk gefallen und die Glieder würden mir langsam systematisch von der kalten physischen Gewalt abgedreht. So mechanisch getötet werden!»[2] – «Und dann daliegen allein, kalt, steif in dem feuchten Dunst der Fäulnis ... – mit Bewußtsein vielleicht sich wegfaulen»[3] – dies wäre das Bild der menschlichen Existenz ohne Gott – ein organisches Verfrachtetwerden der Materie von (so wörtlich BÜCHNER)«einem Misthaufen auf den anderen»[4]. «Daß die Welt... das Grab (ist), worin es fault»[5], dies wäre die letzte Wahrheit über das Leben, wollte man ihm die Aussicht des Glaubens nehmen. «Wir sind (dann) alle lebendig begraben», fährt BÜCHNER fort, «und wie Könige in drei- oder vierfachen Särgen beigesetzt unter dem Himmel, in unseren Häusern, in unseren Röcken und Hemden. – Wir kratzen 50 Jahre lang am Sargdeckel.»[6] Und umgekehrt: Man klammert sich wie wahnsinnig an diese kurze verrinnende Spanne Zeit, die man um so gieriger festhalten möchte, je unabweisbarer ihre Auflösung beschlossen ist. «Ich kann nicht sterben, nein, ich kann nicht sterben», ruft der gleiche *Danton*. «Wir müssen schreien; sie müssen mir jeden Lebenstropfen aus den Gliedern reißen.»[7] Und so taumelt man unablässig zwischen Überdruß und Langeweile hin und her, ohne Ausweg, stets überschattet vom Tod, ein sinnloses, langsames Dem-Ende-zugeschoben-Werden ohne jede Hoffnung, ein inneres Hohl- und Leerwerden von allem. Ohne Gott sind wir alle grenzenlos allein.

«Es war einmal», erzählt die Großmutter in BÜCHNERS *«Woyzek»*, «ein arm Kind und hatte kein Vater und keine Mutter, war alles tot, und war niemand mehr auf der Welt. Alles tot, und es ist hingegangen und hat gesucht Tag und Nacht. Und weil auf der Erde niemand mehr war, wollt's in Himmel gehen, und der Mond guckt es so freundlich an – und wie es endlich zum Mond kam, war's ein Stück faul Holz, und da is es zur Sonn gegangen, und wie es zur Sonn kam, war's ein verwelkt Sonnenblum. Und wie's zu den Sternen kam, waren's kleine goldene Mücken, die waren angesteckt, wie der Neuntöter sie auf die Schlehen steckt. Und wie's wieder auf die Erde wollt, war die Erde ein umgestürzter Hafen. Und es war ganz allein. Und da hat's sich hingesetzt und geweint, und da sitzt es noch und is ganz allein.»[8] Genauso ist unsere Existenz beschaffen, wenn man ihr den Glauben an Gott nimmt; ohne Gott ist sie ein Waisenhaus, in dem man nicht mehr leben kann, weil alles, was schön aussieht im Himmel und auf Erden und auf das man zugehen möchte, weil es etwas Freundlichkeit um sich zu verbreiten scheint, über kurz oder lang als innerlich verfault und welk entdeckt wird und sich wie von selbst in ein Instrument durchbohrenden Schmerzes verwandelt. Ohne Gott sind alle Menschen in einer grenzenlosen Traurigkeit und Einsamkeit allein, ohne zu wissen, woher und wohin, in einer völligen Ziel- und Richtungslosigkeit. Eben deshalb hat Jesus all die Waisenkinder dieser Erde zu sich rufen wollen und sie gelehrt, hinter den Dingen Gott zu sehen und zu ihm zu sagen: «Vater unser, der du bist im Himmel»; einem jeden Menschen, der in der Wüstenei der Welt verkommt, wollte er sagen, daß er in seiner restlosen Verlassenheit im letzten nicht allein ist, sondern auf dem Untergrund von allem Gott begegnet, der ihn selbst hervorgebracht hat und ihn liebt, als wäre er sein einziges verirrtes Kind und als gäbe es nur ihn, für den er sorgen müßte.

Erst wenn man das so zugespitzt sagt, oder vielmehr, wenn man sich nur recht klarmacht, wie endgültig verloren wir Menschen in einer Welt ohne Gott sind, kann man verstehen, daß alles davon abhängt zu glauben, was Jesus war und lehrte, und daß ohne diesen Glauben tatsächlich alles buchstäblich in Fäulnis übergehen muß. Nur von daher versteht man diesen vermessenen Anspruch, ausgerechnet wir könnten etwas in uns tragen, um die Welt von ihrer Fäulnis zu erlösen und von dem Absturz in die Nacht zu bewahren.

Es ist erstaunlich, wie oft in den ersten drei Jahrhunderten der Kirche dieses Wort Jesu: «Ihr seid das Salz der Erde» – in den Schriften der früheren Christen auftaucht.[9] Inmitten der «Heidenwelt» beanspruchte die kleine Gruppe von Verfolgten und verhaßten Christen allen Ernstes, *der* Teil der Welt zu sein, um dessentwillen Gott die Welt noch leben lasse. Während der riesige Bau des römischen Reiches verfiel, hatten die Christen das Gefühl, daß diese Welt überaltert und im Absterben begriffen sei, von sich selbst aber glaubten sie, daß sie durch ihr Dasein die Erde in ihrem Verfall Gott angenehm erhielten wie das Salz das Opferfleisch der Tiere.[10] Und immer wieder, wenn sie ihren Glauben verteidigten, stellten sie als die Kernpunkte ihrer Überzeugung heraus, daß der Mensch von Gott geschaffen sei, ewig zu leben; die ganze Welt werde vergehen, der Mensch aber sei unsterblich; als eine freie Person stehe er Gott gegenüber, er sei keine bloße Marionette von Naturzwängen und undurchsichtigen Kräften; Gott selber sorge sich um das Leben eines jeden. Unter ungeheueren Wehen, in den langen Jahrhunderten der Verfolgung, brach sich dieser neue Glaube der Würde und der Freiheit des Menschen in Jesus Bahn. In diesem Glauben bekannten sich die Christen vor den Tribunalen ihrer Richter und in den Stadien ihrer öffentlichen Hinrichtung zu ihrer Unabhängigkeit von allen irdischen Formen der Knechtschaft und der Selbstentfremdung.[11] Mit dem Blick auf den Mann aus Nazareth gewann jeder einzelne von ihnen die Überzeugung seines unveräußerlichen Wertes und seiner Überlegenheit über die Welt; in ihm wußte er sich als ein Kind Gottes vertrauensvoll geborgen, voller Hoffnung und in der Gewißheit eines unsterblichen Lebens. Ja, man muß sagen, daß durch diesen Glauben in den frühen Christen ein völlig neuer Menschentyp entstand, wie es ihn zuvor nie gegeben hatte: freier, persönlicher, offener, eigenständiger, aber auch demütiger, innerlicher, im letzten angewiesener, als jemals Menschen es gewesen sind. Allesamt waren die Christen Menschen, die den Tod in ihrem Leben überwunden hatten und für die ihr Dasein nach dem Vorbid ihres Meisters mehr war als nur das langsame Dahinticken einer Totenuhr; für sie war es die Brücke, die über diese Zeit hinüberführt in die Welt Gottes, in die Ewigkeit.

Wir Heutigen stehen zweifellos nicht so sehr unter dem Eindruck des Endes der Welt im äußeren Sinne; doch um so deutlicher und quälender ist für uns die Erfahrung des Zusammenbruchs unserer eigenen persönlichen Welt, der Eindruck von Vergeblichkeit und Sinnlosigkeit, von Leid und Verfall, von Zerstörung und Verhängnis. Noch einmal sei an BÜCHNER erinnert, der in einem berühmten Brief an seine Braut im November 1833 schrieb: «Ich studierte die Geschichte der Revolution. Ich fühle mich wie vernichtet unter dem gräßlichen Fatalismus der Geschichte. Ich finde in der Menschennatur eine entsetzliche Gleichheit, in den menschlichen Verhältnissen eine unabwendbare Gewalt, allen und keinem verliehen. Der einzelne nur Schaum auf der Welle, die Größe ein bloßer Zufall, die Herrschaft des Genies ein Puppenspiel, ein lächerliches Ringen gegen ein ehernes Gesetz, es zu erkennen das Höchste, es zu beherrschen unmöglich... Ich gewöhnte mein Auge ans Blut. Aber ich bin kein Guillotinenmesser. Das Muß ist eins von den Verdammungsworten, womit der Mensch geboren wird... was ist das, was in uns lügt, mordet, stiehlt? Ich mag diesen Gedanken nicht weiter nachgehen.»[12]

Dieses tödliche Gefühl, von einem blinden Schicksal getrieben zu werden, verfangen zu sein in unauflösbare Gegensätze, herumgewirbelt zu werden wie Blätter im Sturm unter der Macht vernichtender Notwendigkeiten, dieses Empfinden, schlechthin dem Strudel der Zeit ausgeliefert zu sein und darin umkommen zu müssen – das schafft, übertragen auf die ganze menschliche Geschichte, ein ständiges Auf und Ab von metaphysischer Auflehnung und resignierter Langeweile, von Protest und Gleichgültigkeit, das verzweifelt nach einer Antwort verlangt, wenn es nicht an sich selbst zugrunde gehen soll. Es scheint, daß Menschen, die glauben, wie Jesus es lebte, in der Tat eine Antwort besäßen, deren die Welt bedürfte; wir müßten sie nur weitergeben. Mögen auch die Gesetze der Geschichte sein, wie sie sind, mögen ihre Notwendigkeiten menschenfressend sein und ihre Widersprüche mörderisch, so wird doch damit nichts gesagt gegen das wahre, eigentliche Leben, das bei Gott steht und unsterblich ist; nichts wird durch den äußeren Gang von Welt und Geschichte widerlegt von dem Glauben, den Jesus uns lehrte, daß das Leben eines jeden von uns jenseits der Grenzen irdischer Vernichtung bei Gott gesichert und geborgen sei. Die Zeit, die dieses Wort Jesu vom Salz der Erde und vom Licht der Welt am liebsten aussprach, war die Zeit der Märtyrer, derjenigen, die sich selbst vor das Rad der Geschichte warfen, nur um scheinbar von ihm überrollt zu werden; doch gerade so bezeugten sie eine Wahrheit, die jenseits der Zeit bei Gott steht und nicht untergeht. Und diese Wahrheit, die in jedem Menschen lebt, bewahrt, wie Salz das Fleisch, den Organismus dieser Welt davor, an seiner immanenten Sinnlosigkeit zu verfaulen, und wie ein Licht auf dem Berge davor, in der Orientierungslosigkeit der Nacht zugrunde zu gehen.

Mitunter muß man sich fragen, was eigentlich, wenn nicht eine solche Botschaft des Vertrauens, die Welt von morgen retten soll. Welch eine Antwort wird den Einzelnen in seiner Einsamkeit erlösen, wenn er aus dem Menschengewimmel der 32. Straße im 5. Stock seines Hauses das Zimmer 204 betritt und er mit sich allein ist? Die Frage der Zukunft wird sein, wie man den Einzelnen rettet vor der Beliebigkeit der Masse; und es wird darauf keine andere Antwort geben als den Hinweis auf jenen einzelnen, der in Nazareth lebte und in Jerusalem gekreuzigt wurde und der doch gerade dadurch zum Sohn Gottes für uns wurde. Dies ist die Formel, die die Menschheit retten wird: ein jeder Mensch ist Gottes Kind. Das Vertrauen, das die schon Verzweifelten damals zu Jesus faßten, hat sie gerettet vor der Fäulnis ihres Lebens und der Umdüsterung endgültiger Aussichtslosigkeit. Es wird und muß sich weiter vererben als das Salz der Erde und das Licht der Welt bis an das Ende aller Zeiten.

Mt 5,17–20

Zwischen Gesetzlichkeit und Chaos oder: Die Verbindlichkeit der Freiheit

Was ist ein Evangelium? Die bekannte notvolle Antwort lautet: Gottes Wort in Menschenwort. Notvoll ist diese Antwort, weil wir niemals wirklich ertragen werden, mit welch einem Feueratem Gott in unser Leben hineinzusprechen vermag. Wir werden uns gegen die Gewalt seines Ansturms immer wieder durch Vermenschlichung zur Wehr setzen, und am Ende werden wir sogar im Evangelium selbst nur noch sehr schwer trennen können, was denn hier Menschenwort, was Gotteswort sein soll.

Die Worte der Bergpredigt bilden den Kern des ganzen Neuen Testamentes. Das Matthäusevangelium insbesondere versucht in diesen Worten die Botschaft Jesu für die Gemeinde der Gläubigen seiner Zeit verbindlich zu machen und ihr damit für alle Zeit Geltung zu verschaffen; es will die Größe und Weite der Botschaft Jesu unmittelbar an uns herantragen, zugleich aber wird uns damit auch die zeitbedingte Enge des Matthäusevangeliums deutlich.[1]

«Ich bin gekommen: nicht aufzuheben, sondern zu erfüllen Prophetie und Gesetz bis zum letzten Jota.»[2] Wenn Jesus jemals so gesprochen hat, dann sicherlich ursprünglich nicht so, wie Matthäus es hier einfügt. Unter den Augen Jesu entschied sich in seinen Tagen ein unerhörter Aufbruch zu Gott. Die Visionen der Propheten, das Bemühen des Moses sollten endlich Wirklichkeit werden; der Abstand zwischen Gott und Mensch, der Sperriegel zwischen Himmel und Erde sollte endgültig durchbrochen werden, indem das ständige Zögern des Menschen vor seiner eigenen Wahrheit, das ewige Zurückschrekken aus Angst, endlich das zu tun, was längst in seiner Seele fühlbar war, beseitigt würde durch ein unmittelbares Vertrauen auf Gott. Da sollte nichts gemildert werden an all dem, was Jesaja und Elija wollten, aber es sollte endlich von innen her seine Gültigkeit erlangen; endlich sollte lebbar werden, was bisher bloße Hoffnung war: daß auf dieser Welt einzig Gott über den Menschen zu sagen hat und keine Menschenmacht mehr über Menschen bestimmen darf; denn eben dies unterscheidet die «Gottesherrschaft» von allen anderen Versuchen[3], auf Menschen Einfluß zu nehmen, daß Gott aus unserem Inneren redet. Ganz so redete Gott in der Person des Mannes aus Nazareth zum Herzen der Menschen, daß es sie frei machte in einem neuen, blühenden Anfang.

Das Problem des Matthäus indessen stellt sich genau umgekehrt. Man kann selbst die heiligsten Worte vollkommen auf den Kopf stellen. Da ahnen Menschen, wie frei sie sein können, sie schütteln wirklich alle Stricke und Fesseln ab, so daß nichts mehr gültig ist, was sie von außen bindet – doch statt des erhofften Glücks ereignet sich etwas ganz anderes. Matthäus muß offenbar miterleben, wie man die Freiheit Jesu dazu benutzt, um alles mögliche damit zu rechtfertigen und jede Art von Schindluder mit den Worten Jesu zu treiben. Ganze vierzig Jahre nach dem Auftreten des Mannes aus Nazareth zeigt sich, daß man sich auf ihn beruft, wie wenn es Moses und die Propheten nie gegeben hätte und all ihr Ringen um Gott völlig umsonst gewesen wäre.[4] Diese Leute, die da glauben, die ganze Tradition und alle Inhalte des Gesetzes über den Haufen werfen zu können, bringen nach der Meinung des Matthäus nicht das Königtum Gottes, sie etablieren nur die Willkür des Menschen.[5] Sie sind – man darf nicht sagen: «die Kleinsten», man muß sagen: sie sind rein gar nichts, sie sind reine Nullen, sie sind *Nichtsnutzige*[6] «im (= für das) Reich der Himmel». Die Gefahr, die Matthäus hier sieht, drückt er später in Visionen buchstäblich vom *Weltende* aus: «Wegen der Gesetzlosigkeit wird die Liebe in den Herzen vieler erkalten», wird er dann sagen (Mt 24,12).[7] Dieser Evangelist ringt wie verzweifelt mit der Frage, was eigentlich gilt im Angesicht der Freiheit, die Jesus uns zu bringen kam; und so formt er aus dem Aufbruch des Christus eine neue Ordnung; er friert gewissermaßen den Glutfluß des Magmas ein, bis daß die Schmelze starr und fest wird und wieder Halt zu geben scheint. Punkt für Punkt ordnet er die Jesusworte in seine Zeit hinein: «Kein Jota und kein Häkchen» – das heißt für ihn jetzt: Jedes Detail im Gesetz des Moses gilt, all die weit über 600 Gesetze[8], und zwar an jeder Stelle und in jedem Paragraphen. Da stockt einem der Atem, denn wenn das die Wahrheit sein soll, wofür hätte Jesus dann gepredigt? Matthäus selber sitzt hier in der Zwickmühle, ohne Frage; aber er schafft sich einen Ausweg in dem folgenden zunächst ungeheuerlich klingenden Satz, den er Jesus sprechen läßt: «Wenn eure ‹Gerechtigkeit› nicht größer ist als die der Pharisäer und der Schriftgelehrten (als die der Führer des Judentums, mit anderen Worten), werdet ihr niemals in das Königreich der Himmel gelangen» – das heißt: dann werdet ihr mit Jesus selber überhaupt keine Gemeinschaft haben. Die Gemeinde Jesu, die Kirche des Matthäus, soll nach dieser Auffassung ganz und gar jüdisch bleiben, zugleich aber soll sie sich der Religiösität der führenden Kreise des orthodoxen Judentums unendlich überlegen fühlen.[9] Im Rückblick von zweitausend Jahren gesehen, wird Theologie hier erklärtermaßen antijüdisch betrieben. Da werden die Weichen gestellt auf zweitausend Jahre theologischen Antisemitismus im Abendland. So rasch kann aus einem göttlichen Wort und aus einem Ringen, das Richtige zu sagen, etwas äußerst Zweideutiges, Gefährliches, ja, Falsches werden. Natürlich will Matthäus eine solche Konsequenz seines Ansatzes nicht. Er möchte, daß das Alte Testament im ganzen verbindlich bleibt, um jeder Gesetzlosigkeit entgegenzutreten; wie aber ist dann das *Neue* zu verstehen, das Jesus vollbracht hat und für das er gekreuzigt wurde? Wie vermittelt man in die Zeit hinein, was mit Jesus nicht nur anfing, sondern bleibend gegeben ist? Die Antwort des Matthäus lautet: Jesus brachte die innere Wahrheit des Gesetzes; er hob nicht auf, er verwirklichte; er beseitigte nicht, er bestätigte.[10]

Freilich, die Schwierigkeiten dieser Stelle beginnen bereits bei der Übersetzung. «Wenn eure *Gerechtigkeit* ...» – da denkt man gleich, vor allem im Sinne des Matthäus, an eine ganze Reihe geordneter Bestimmungen; doch das ist sicher ursprünglich nicht gemeint gewesen. Selbst für die Theologie des Matthäus ist «Gerechtigkeit» ein falsches Wort.[11] Was dieser Evangelist im folgenden anführen wird, sind eine Reihe moralischer Einstellungen und verpflichtender Ordnungen; man müßte also schon eher sagen: «Wenn eure *Moralität* nicht größer ist ...», doch «Moralität» ist viel zu eng und spießerhaft, und genau das hat Jesus sicher nicht gemeint. Am besten ist es, wie vorhin bei der vierten Seligpreisung, statt von «Gerechtigkeit» zu sprechen, die Übersetzung zu wählen: «Wenn eure Vorstellungen von einem *richtigen Leben* ...», dann aber kann man nicht fortfahren: (wenn eure Vorstellungen) «nicht *größer* sind als die der Pharisäer und der Schriftgelehrten», man müßte sagen: *«wenn sie nicht tiefer* gehen ...» Einzig so macht der Satz Sinn.[12] Historisch aber dürfen wir bei der Auslegung der Stelle nicht an die *Pharisäer und Schriftgelehrten* denken, wie sie Matthäus karikaturhaft aus dem Judentum seiner Tage uns vor Augen stellt[13], wir müssen vielmehr an eine Einstellung denken, mit der wir selber es immer wieder im Ringen um Gott und um uns selbst zu tun haben.

Was heißt dann in diesem Zusammenhang: *Vorstellung vom richtigen Leben?* Es heißt genau das nicht, was wir mit «Gerechtigkeit» meinen – ein Leben, geordnet nach fertigen Schablonen, eingezwängt in die immer richtigen Gesetze, aufgedreht an Spalieren, die ihm Sicherheit und Festigkeit verleihen sollen. Es ist nicht möglich, das Leben von Menschen von außen her lebendig zu machen; man kann Menschen nicht ein «richtiges Leben» schenken, indem man sie immer wieder mit künstlichen Notbegriffen von außen her zur Raison rufen will; es ist so unmöglich wie auch sonst im Umgang mit Lebendem. – Was wird jemand tun, der merkt, daß auf seiner Fensterbank die Blumen ihre Blätter schlaff herabhängen lassen? Ist er ein guter «Gesetzgeber», ein «Pharisäer» und «Schriftgelehrter» in diesem Sinne, so wird er kleine Lattenzäunchen zusammenbasteln und sie in die Erde senken, um daran die Blättchen aufzurichten, damit sie wieder optimal in die Sonne gedreht werden. Äußerlich ist damit eine «richtige» Maßnahme getroffen, doch der Blume ist damit nicht gedient. Sie nämlich hat ganz richtig gefühlt, daß sie ihre Blätter hängen lassen muß, damit nur ja nicht noch mehr Licht auf sie fällt. Was sonst ihr Leben ist: die volle Lichtmenge, der Umsatz von Licht und Luft in Zucker und in Energie, das ist jetzt ihre Gefahr, denn es ist nicht genügend Wasser im Wurzelwerk. Um nicht noch mehr auszutrocknen, hängt die Blume ihre Blätter abwärts in den eigenen Schatten, und sie tut nur gut daran; die Hilfe der Spaliere aber muß für sie tödlich sein. Ein guter Blumenzüchter weiß das natürlich und kommt deshalb auch gar nicht auf die Idee, eine verdurstende Pflanze am Spalier aufzurichten. Er wird sehen, daß er lediglich eine Gießkanne braucht und nichts weiter; milder Regen über die Erde ist alles, was seine Blume benötigt. Ganz so meinte Jesus es in Sachen Gottes: Die tiefere Einstellung zu einem richtigen Leben, *zu einer Ordnung aus innen,* sollte sich grade nicht durch den Parcours und das Spießrutenlaufen immer neuer Bestimmungen ergeben, es ging ihm vielmehr darum, eine Güte zu lehren und ein Vertrauen zu bieten, in welchem das menschliche Herz von innen her sich neu ordnen und die Gründe verlieren könnte, noch länger böse zu sein. Alles, was die Moral feststellen kann mit ihren Geboten und ihren Ordnungssystemen, ist negativ, im Fall der Übertretung nichts weiter als ein *Symptom* dafür, daß im Kern des Lebens etwas nicht stimmt, wenn Menschen verhindert sind, so zu sein, wie Gott sie gemeint hat und wie sie selber eigentlich sein möchten.[14]

Und eben deshalb ist der moralische Standpunkt eine Falle. Er appelliert immer wieder an den guten Willen und stellt Lösungen der menschlichen Tragik in Aussicht, die es auf der Ebene von Gesetz und gutem Willen nicht gibt und nicht geben kann. Die wirklichen Probleme des menschlichen Lebens liegen weit tiefer, als daß man sie mit moralischen Anweisungen aus der Welt schaffen könnte. Die eigentliche Schwierigkeit besteht nicht darin, daß die Menschen die gängigen Bestimmungen nicht genügend kennen oder anerkennen würden, die eigentliche Schwierigkeit liegt darin, daß sie nicht imstande sind zu tun, was sie wollen oder sollen. Insbesondere die Entdeckung des Unbewußten durch die Psychoanalyse hat uns gezeigt, wie widersprüchlich und dialektisch es wirken muß, wenn Menschen, die sich selbst zu wenig kennen, rein vom Bewußtsein her versuchen, «gut» im Sinne der vorgegebenen Verordnungen zu sein. Wieviel Zorn zum Beispiel bricht aus Menschen hervor, nicht weil sie zu unbeherrscht wären, sondern weil sie immer wieder erst viel zu spät merken, wieviel an unterdrücktem Widerstand gegen ein Übermaß an Überfremdung sich in ihnen regt?[15] Wie viele Ehen zerbrechen, nicht weil die Ehepartner nicht miteinander auskommen möchten, sondern weil sie bereits das Aufkommen von Gefühlen der Abneigung unter schweren Schuldgefühlen wegzudrängen suchen! Wieviel an Unversöhnlichkeit lebt in Menschen, nicht aus Unbarmherzigkeit, sondern aufgrund einer nie durchgearbeiteten Selbstunsicherheit! Die Neigung der Moralisten ist groß, mit immer neuen Abwehrmaßnahmen einen Deichbruch zu verhindern, der um so sicherer droht, je mehr der Druck hinter den Staumauern der moralischen Versperrungen von Tag zu Tag weiter wächst. Das religiöse Genie Jesu bestand demgegenüber darin, daß er mit aller Energie den Teufelskreis der schriftgelehrten Moralisiererei durchbrechen wollte; nicht wie man die Menschen noch mehr an die Leine von Zucht und Ordnung legen könnte, sondern wie es möglich wäre, ihrer seelischen Not nachzugehen und sie zu heilen, ja, zu erlösen, wurde die zentrale Frage des Mannes aus Nazareth. Natürlich löste er mit dieser Verschiebung der ganzen Fragestellung einen Erdrutsch neuer Ängste und Abwehrmechanismen aus; aber es hilft nichts: Was den Menschen wesentlich fehlt, ist nicht die Erneuerung von Geboten und Strafmaßnahmen, sondern ein tieferes Vertrauen in die «Herrschaft Gottes». Ohne dieses helfende und heilende Moment einer bedingungslosen Akzeptation läßt sich die ganze Bergpredigt nur mißverstehen.

Sogar gegenüber Matthäus ist dieser Standpunkt festzuhalten und zu betonen. Gewiß ist seine Sorge nicht unberechtigt, daß aus der Freiheit des Vertrauens Mißbrauch und Libertinage erwachsen kann. Doch darf diese Erfahrung ein für allemal den Unterschied nicht mehr verwischen, der zwischen der willentlich-moralischen und der religiösen, existentiellen Ebene des Daseins besteht. Außerhalb der Erfahrung einer unbedingten Nähe Gottes, eines Neuanfangs des Lebens in *Gnade* wird jedes Wort falsch, das mit den Mitteln bloßer Gesetze und Gebote das menschliche Leben ordnen möchte. In diesem Sinne ist es buchstäblich wahr, wenn Jesus das «Königtum der Himmel» an dieser Stelle jeder Art von «Gesetzesgehorsam» gegenüberstellt und ein radikales Entweder-Oder zwischen dem moralischen und dem religiösen Standpunkt formuliert. Gewiß: Wie Matthäus dieses Wort verwendet, ist hier nicht so sehr an eine Vertiefung der Existenz als an eine Überhöhung oder Perfektionierung der Moral zu denken.[16] Doch es hilft nichts: Den Menschen zu bessern vermag nur, wer ihn in therapeutischem Sinne *gelten* läßt und *annimmt,* nicht wer ihn voller Angst mit immer noch mehr Druck zu dirigieren sucht. Denn auch diese Einsicht läßt sich heute aus der Psychoanalyse für das Verständnis der Botschaft Jesu zurückgewinnen: wirklich hilfreich ist nur das Vertrauen.

Die Menschen verdienen nicht, daß man ihnen drohend und mahnend, stets ihren «bösen» Willen fürchtend, entgegentritt. Umgekehrt: Wer in wichtigen Fragen seines Lebens – in Fragen der Liebe, der Existenzsicherung, des Umgangs mit anderen oder des eigenen Selbstwertgefühls – in zynische Gleichgültigkeit, in rücksichtslose Ungehemmtheit oder in bedenkliche Formen von Blindheit und Maßlosigkeit verfällt, der handelt nicht entsprechend seiner wirklichen «Natur», sondern der muß für ernsthaft *krank* gehalten werden. Der Mensch ist kein Raubtier, das man bändigen müßte, er ist nur sehr oft ungebärdig und hilflos vor Angst und Verzweiflung.

Die Frage lautet deshalb ganz allein, wie man den Menschen in seiner Angst beruhigen und in seiner Krankheit heilen kann[17]; wenn man ihn nur geduldig genug begleitet, bis er zu sich selber zurückfindet, wird man von selber sehen, daß der Tumult sich legt und das «Königtum der Himmel» wächst. Um diesen Frieden aus innen, um diese Identität des Wesens, um diese Integration des Ichs geht es; dann wird alles andere wie von selbst sich erfüllen. Freiheit ist nicht Willkür, das ist wahr; doch kein Gesetz erzeugt die Freiheit, die dazu gehört, um wirklich gut zu sein.

Erneut findet man im *Taoismus* Worte, die um Hunderte von Jahren die Einsicht des Neuen Testaments an dieser Stelle vorwegnehmen. «Wenn der Leib unaufhörlich in Bewegung gehalten wird», heißt es da, «wird er müde. Wenn der Geist unaufhörlich in Bewegung gehalten wird, wird er sorgenvoll; und Sorge verursacht Erschöpfung. Das Wesen des Wassers ist, daß es klar wird, wenn man es in Ruhe läßt, und still, wenn man es nicht stört. Wenn es eingeschlossen wird und nicht fließen kann, kann es auch nicht klar bleiben. Es ist das Sinnbild der himmlischen Tugend.»[18]

Alles, was in der Bergpredigt im folgenden gesagt wird, muß auf diesem Hintergrund des *Nicht-Störens*, des Geltenlassens, der Beruhigung der Angst bzw. der Heilung durch Vertrauen gesehen werden. Gleichgültig, worum es im einzelnen jetzt gehen wird: um die großen Triebgebiete von Aggressivität (Mt 5,21–26), Sexualität (Mt 5,27–32) oder Oralität (Mt 6,19–24), um die klassischen «Werke» jüdischer Frömmigkeit: Almosen (Mt 6,1–4), Gebet (6,5–14) und Fasten (6,16–18), oder um Wahrhaftigkeit (5,33–37), Vergebungsbereitschaft (5,38–42; 6,14; 7,1–5), Feindesliebe (5,43–48) und Sorglosigkeit (6,25–34; 7,7–11) – immer wieder wird es entscheidend darauf ankommen, die Worte Jesu ganz buchstäblich «therapeutisch» statt gesetzlich, befreiend statt moralisierend, erneuernd statt restaurativ aufzugreifen. Das entfernt sich, zugegeben, von der akuten Problematik des Matthäus, aber es ist der einzige Weg, auch das Problem zu lösen, das Matthäus eher formuliert als überwindet:

wie ordnet man eine Gemeinschaft von Menschen in jener Freiheit Gottes, die Jesus uns zu bringen kam, wie ordnet man seine «Gemeinde» zwischen Chaos und Entfremdung?

Mt 5,21–26

Versöhnen statt Töten

Wie ordnet man das Zusammenleben einer Gruppe von Menschen? Diese Frage stellt sich der Evangelist Matthäus in der Bergpredigt an jeder Stelle.

Vor Augen haben wir aus dem Erbe von Jahrtausenden die Versuche der Menschen, einander Rechtsordnungen, Rechtsgrundlagen in klar gefaßten Vorschriften zu geben. Nur an wenigen Stellen indessen läßt sich der Unterschied zwischen einer politischen und einer religiösen Ordnung, zwischen einer staatlichen und, wenn man so will, einer «kirchlichen» Lebensform und Lebensbasis deutlicher erkennen als in dieser Rede Jesu über das 5. Gebot.[1] Es gibt keinen Staat der Welt, der unter halbwegs zivilisierten Bedingungen den Mord nicht generell verbieten würde. Gleichwohl gibt es auch keinen Staat der Welt, der nicht unter bestimmten Bedingungen das Töten von Menschen sogar zur Pflicht erheben würde. Aber eben: Zwischen dem Verbotenen und dem Gebotenen muß es, nach staatlicher Vernunft, klare Abgrenzungen geben. Die Folge: auch heute noch gibt es rund um den Globus kaum ein einziges Staatengebilde, in dem nicht Menschen darauf trainiert werden, auf Befehl hin Menschen zu töten, in Verteidigung der rechtmäßigen Güter des Gemeinwesens wohlgemerkt.[2] Nur privat, auf eigene Faust, darf das nicht geschehen. Dies ist der ganze Fortschritt. Viel weiter am Ende des 20. Jahrhunderts scheinen wir noch immer nicht gekommen.[3]

Es ist sehr deutlich, daß Jesus in diesen Worten Schluß machen möchte mit der Selbstberuhigung, man habe es bei einer solchen gesetzgeberischen «Vernunft» mit einer wirklich menschlichen Vernunft zu tun. Ihm scheint all dies eher wie eine bloße Lüge zu sein, mit der man die Menschen versichert, ganz in Ordnung zu sein, wenn sie nur die Eruptionen des Kraters im Untergrund ihres Lebens notdürftig vermeiden könnten; das Grollen in der Tiefe aber, das den Auswurf der Lava ankündigt, wollen sie nicht hören. Sie geben sich zufrieden, wenn eine Weile nichts passiert. Jesus aber möchte, daß sie nachsinnen, was in ihnen vor dem Magmaausbruch vor sich geht. Der Mord beginnt nicht erst beim Zücken der Dolche und der Bajonette, er fängt tief im Herzen an. Und so möchte Jesus eine Ordnung schaffen, die sich aus den Herzen der Menschen ergibt.

Wenn irgend der Evangelist Matthäus die Worte der Bergpredigt einsetzen möchte, um ein neues Gesetz für einen neuen Bund zwischen den Menschen und Gott zu begründen, dann wird die Filigranarbeit dieser neuen Verordnung Stelle um Stelle zersprengt durch die Wucht der Worte und Gedanken, die er selber aus der Jesus-Überlieferung wie Mauersteine zum Aufbau dieser Gesetzgebung verwenden muß.[4] Jedes Jota und Strichlein vom Gesetz soll gelten, das ist wahr, aber nur, indem jede Äußerlichkeit an Strichlein und Jota beseitigt wird. Denn *das* macht Jesus in den Worten, die Matthäus vorliegen, in aller Dringlichkeit klar: Man muß den Menschen das gesamte Gewand, den ganzen Vorhang all ihrer Rechtsideen, all ihrer Beruhigungen mit dem «guten Recht» von der Haut ziehen, ehe Wahrheit und Leben in ihr Dasein einkehren können.[5] Den ganzen Katalog des Dekalogs, *fünftes Gebot:* Du sollst nicht morden!, *sechstes Gebot:* Du sollst nicht ehebrechen!, *achtes Gebot:* Du sollst kein falsches Zeugnis geben!, nimmt Jesus sich Punkt für Punkt im folgenden vor, um mit Berufung auf Tradition und Buchstaben aufzustehen *gegen* Tradition und Buchstaben und nichts weiter anzuerkennen als die Wirklichkeit des menschlichen Lebens, so wie sie ihm vor Augen steht.[6]

An keiner Stelle der Bergpredigt darf man außer acht lassen, mit wem nach dem Szenarium, das Matthäus selbst gestaltet, hier eigentlich die Rede geht: Kranke – Besessene, Mondsüchtige, Gelähmte –, *Elende* allesamt, *das* sind die ersten Hörer, das sind die wahren Adressaten dieses Zentrums der Botschaft Jesu. Es sind Worte, gesprochen zur Versöhnung; aber als erstes muß man sie vortragen mit einem ungeheuren Atem von Zorn, Widerspruch und Schärfe. Es ist ein Frontwechsel, der hier stattfindet, und alles, was Jesus sagen will, begreift man einzig im Angesicht derer, für die er sich mit diesen Worten einsetzt; nur so wird die Revolution, die sich hier begibt, verständlich. Es sind Worte, aufgeladen mit vernichtenden Drohungen, Worte voller Gewalt, um zu beschwören, was sich im Herzen von Menschen ändern müßte, um alle Gewalt endlich fahrenzulassen. Denn es gilt, eine Wahl zu treffen auf Leben und Tod.

Dabei beginnt scheinbar alles ganz beruhigend mit der Normalität. «Du sollst nicht morden», heißt es. Doch *wir* sind keine Mörder, das weiß das gute, das beruhigte bürgerliche Gewissen nur allzu gut. Wohl gibt es an den Rändern unserer Gesellschaft gewisse Individuen, denen passiert so etwas, die sind kriminell und für solche haben wir juristische Begriffe und moralische sowie strafrechtliche Bestimmungen – altehrwürdige, von Gott gegebene: Mord für Mord, Hinrichtung für Tötung, das entspricht ältestem Rechtsempfinden[7]; Strafe muß sein, und so wird sie vollzogen. So war das schon immer, so ist es (von Gott) bereits den Alten gesagt worden, und mehr als *das* braucht man im Umgang mit menschlichen Streitfällen, Konflikten und Aggressionen nicht zu wissen. Man muß wissen, wie man straft und Recht spricht. Einzig dadurch ordnet sich das Leben, meint man. – Ordnet es sich wirklich? will Jesus wissen.

Womit denn beginnt der Mord eigentlich? Doch nicht erst im Tun, sondern im Herzen der Menschen. Doch wenn das gilt, ist es dann nicht möglich, daß sich die ganze vertraute Rechtsordnung umkehrt, indem das, was man eine Straftat nennt, eine eigene Vorgeschichte hat, die unter Umständen alles ganz anders erscheinen läßt? Ist es nicht denkbar, daß die Saat der Gewalt viel früher in die Seele eines Menschen eingestreut wurde, als es später im Augenblick der Tat sichtbar wird?

Was geschieht zum Beispiel in dem Moment, wo einer sich vor den andern hinstellt in einem Anfall von Zorn? Man sehe im Zorn einmal nicht nur einen momentan erhöhten Ausstoß von Adrenalin; man nehme Zorn einmal als Ausdruck dafür, daß ein Mensch den anderen endgültig nicht mehr sehen kann noch will, daß er das Empfinden hat, er müsse den anderen *vernichten*, um selber zu sein – dann beginnt mit dem «Zorn» in der Seele von Menschen ein mörderischer Kampf auf Leben und Tod[8], und wer *ihn* bejaht, wer *ihn* noch in Ordnung findet, der gehört als erstes vors Gericht, meint Jesus. Nicht der Täter, die *Vorgeschichte* einer Tat verdient untersucht zu werden, und dann wird man in aller Regel sehr bald finden, daß zwischen Opfer und Täter eine verborgene, aber innige Verbindung besteht; da rücken Menschen, die aufs tödlichste verfeindet sind, plötzlich zusammen, sie bilden eine Handlungseinheit, sie sind miteinander Verflochtene und tragisch aneinander Ausgelieferte oft, und schaut man erst einmal in diese Richtung, so liest sich ein vermeintlich einfacher Straftatbestand plötzlich als außerordentlich vielschichtig und uneindeutig. Klar ist nur: Wer den Mord bekämpfen will, der muß bereits jene Gefühlslage «verbieten» und unter Strafe stellen, die dahin drängt, den anderen aus dem Feld zu drängen.

Oder sogar erweitert: Nicht nur der momentane, vor allem der *chronisch* gewordene «Zorn», die permanente *Konkurrenz* unter Menschen auf Sein oder Nichtsein gehört vor Gericht, und dann schaue man sich um! Wie viele Weisen gibt es, Menschen zu ermorden! Man kann einen Menschen in den Herzinfarkt treiben, man kann ihn beruflich fertigmachen, man kann ihn durch den Kakao ziehen, bis daß er im öffentlichen Leben als Person jedes Renommee eingebüßt hat, man kann ihn auf den Chefetagen erledigen, man kann ihn aktiv oder passiv boykottieren, man kann ihm ganz einfach das Leben schwermachen, bis daß er mit seinen besten Gedanken und Absichten «ausgeglüht» ist, man kann aus allen Umständen eine Preßschraube für ihn machen, bis daß er erledigt ist. Ist das alles kein Mord, nur weil es sich mitunter jahrelang hinzieht? Braucht man, um zu morden, partout Revolver, Gift oder Dolch? Wer *Haß* sät, gleich in welcher Form, *den* sollte man vor Gericht stellen, meint Jesus.

Doch auch damit nicht genug. Eine Stufe tiefer beginnt die Konkurrenzauseinandersetzung sich scheinbar ganz harmlos und alltäglich zu äußern und aufzuladen. Sie fängt damit an, daß ein Menschen dem anderen erklärt: *Ich* bin das richtige, *ich* bin das nützliche, *ich* bin das tüchtige und brauchbare, und er präsentiert sich in dieser Weise nur, um den anderen zu demütigen und kleinzuhalten und ihm zu beweisen, wie untauglich er ist. In einer solchen Kain-und-Abel-Welt erzeugt sich immer wieder neu, was an Vernichtungsenergie und destruktiver Kraft im Menschen lebt.[9] Wie aber zieht man diesen Regenerationsprozeß des Todes in der Seele des Menschen zur Rechenschaft?

Viel wäre bereits gewonnen durch die Einsicht, welch große Wirkungen selbst kleine Ursachen im Zusammenleben der Menschen haben können. Es ist die Logik des Kochtopfs: Wenn der Energiestrom im Inneren der Erde nur groß genug wird, richtet das Zusammenballen der Kräfte von Hitze und Druck schwere Erdbeben an und erschüttert ganze Gebirge. Keine feindselige Ablehnung eines Menschen durch einen Menschen bleibt folgenlos, und die Endsumme aller Folgen, irgendwann, heißt Mord, Gewalt, Krieg, Terror, Haß, Zerstörung. Es kommt folglich darauf an zu sehen, wie all das Furchtbare in scheinbar ganz harmlosen und ganz normalen Zusammenhängen wurzelt. Also sollte man das Strafmaß paradoxerweise *erhöhen*, je niedriger scheinbar die einzelne Tat rangiert. Schon wer zum anderen sagt: *Raka*, du Nichtsnutz – gehört nicht einfach vor das Dorfgericht, sondern geradewegs zum Obersten Gericht, zum Synhedrium[10]; *dort* mag man darüber nachdenken, wie man denn über Menschen Recht sprechen will, außer man gewöhnt ihnen die Rechthaberei insgesamt ab und lehrt sie begreifen, daß sie selbst grundsätzlich Unrecht haben, wenn sie einen anderen Menschen verachten.

Und noch ein Stück darunter: Wie viele Verfahren gibt es, Menschen zu demütigen, einfach indem man ihnen abspricht, daß man mit ihnen überhaupt sprechen kann: Sie sind vermeintlich zu dumm, auf sie zu hören lohnt sich nicht, sie haben nichts zu sagen, sie gelten prinzipiell als Außenseiter der menschlichen Gesellschaft; sobald die Klugen, die Vernünftigen, die Wissenden, die Richtigen auftreten, müssen sie als Idioten[11], als Schafsköpfe oder als Esel gelten – das ganze Tierreich paßt auf solche Individuen scheinbar eher als der Vergleich mit Menschen. Wenn es im Feld der Konkurrenz noch schlimm war, untüchtig zu sein, so spielt der Vernichtungskampf sich jetzt auf einer

Ebene ab, auf der jede Form von Konkurrenz schon unterschritten ist. Hier wird man einander nicht mehr gefährlich, hier gerät es zur Beleidigung, sich auch nur aufeinander einlassen zu sollen; hier ist ein Mensch gewissermaßen schon nicht mehr wert, ermordet zu werden, hier wird er beseitigt, und zwar nicht mehr mit dem Stock, sondern «mit dem Besen», meinte DOSTOJEWSKI einmal, «weil es mehr weh tut»[12]. Doch Jesus hält dagegen, daß gerade Verachtung und Beleidigung eine Art von Mord sind, ja, eigentlich noch schlimmer als Mord, denn diese Art von Töten ist scheinbar alltäglich, sie geschieht lautlos und stets mit sauberen Händen und sogar mit gutem Gewissen. Aber so redet man nicht mit Menschen, das frißt sich fest, will Jesus sagen; da wird auf der Seele anderer herumgetrampelt, bis daß sie nicht mehr leben können. *Das* sollte man ernst nehmen. Nur: Dafür gibt es keine ordentlichen Gerichte. Wer wollte denn auch Spitzel aufstellen an jeder Straßenecke und lauschen, wie da Menschen miteinander umgehen? Doch eben deswegen legt Jesus noch zu und erklärt: Es mag sein, daß es für Beleidigung und Verachtung keinen Obersten Gerichtshof unter Menschen gibt, aber ich sage euch: *Gott* gibt es, und er hört jedes Wort. Er wird wissen, was man mit Menschen gemacht hat, und er wird in die Feuerhölle diejenigen werfen, die den anderen die Hölle heiß gemacht haben im ganz normalen bürgerlichen Alltag.

Man muß, um die Heftigkeit dieser Worte zu verstehen, noch einmal die Leute sich vorstellen, zu denen Jesus redet, dann begreift man leicht, worauf er hinauswill. Ihr alle, muß man da wohl zwischen den Zeilen ergänzen, die ihr hier steht am Fuße des Bergs der Seligpreisungen, ihr, die man Besessene und Kranke nennt, was denn hat man mit euch gemacht, ehe ihr zu Verrückten und Kranken wurdet? Ihr habt niemals in eurem Leben Recht bekommen, vor dem Dorfrichter nicht, vor dem Obersten Gerichtshof nicht, nie, weil die Leute, die die Gesetze machen, grundsätzlich die Machthaber, das heißt die Geld- und Geltungsbesitzer sind, sie sind die immer Gerechtfertigten im Bürgertum wie im Tempel, ihr aber seid und wart die Ausgestoßenen, mit euch konnte man's machen. Aber ich sage euch: Es ist Schluß damit, daß man es mit euch machen kann. Auf eurer Seite steht Gott, und er hört eure Schreie.[13] Alle Verwundungen, alle Verletzungen, den ganzen Terror der Normalität – er hat ihn mitbekommen, und er straft die scheinbaren Lappalien, die in Wahrheit tödlichen Verletzungen, wie sich's gehört.

Ein Beispiel aus der Rechtspflege der Gegenwart kann verdeutlichen, worum es hier geht. Über neunzig Prozent der Frauen in unseren Gefängnissen heute haben in ihrem Leben kein anderes Verbrechen begangen, als daß sie drogenabhängig sind. Sie sind ausgebeutet worden zumeist schon als sechsjährige oder zwölfjährige Mädchen; man hat sie mit Füßen getreten im eigenen Elternhaus, man hat sie aus der Schule herausgeworfen als unfähig, man hat sie aus der Arbeit entlassen, sie mußten ihr Geld als Prostituierte verdienen, sie gerieten immer wieder in den Kreislauf zwischen Verzweiflung und Verbrechen, sie hatten nie eine Chance. Solche Menschen sperren wir auch heute noch als erstes *ein* und dann für immer *aus,* und wir finden gar nichts dabei. Was aber hat man gemacht mit ihnen, und was ging in ihnen vor sich, als sie nichts weiter suchten als Liebe, Verständnis, Halt und Geborgenheit? Nur weil es das alles nicht gab in der Welt, die sie kannten, besorgten sie es sich künstlich mit einem Rausch für Stunden, in einer Phantasiewelt aus Drogen und Einsamkeit. – Die restlichen zehn Prozent der Frauen in unseren Gefängnissen übrigens sind vorwiegend Mörderinnen aus verletzter Liebe; sie haben getötet, weil sie sich wie getötet fühlten durch die Lieblosigkeit ihres Geliebten. Wer eigentlich ist am Ende schuldig an dem, was wir Verbrechen nennen? Und ist es in den Männergefängnissen so viel anders? Wieviel Gefühlskälte und Gefühlsdeformation muß ein Mensch durchgemacht haben, ehe er «kriminell» wird? Es ist lediglich die Gefühlskälte unserer «Normalität», die uns den Eindruck womöglich sogar von Gesundheit und Erfolg an Stellen vorgaukelt, wo seelisch sich längst schon Krankheit und Unheil ausbreiten. Und wo eigentlich ist der psychische Unterschied zwischen den sogenannten Erfolgreichen in Wirtschaft und Militär, in Kirche und Gesellschaft und den Gaunern und Gewaltverbrechern, den Hochstaplern und Trickdieben in den Gefängnissen?

Natürlich, gegen Überlegungen dieser Art wird man sehr bald sagen: «Es ist aber unser gutes Recht! Guter Mann aus Nazareth, es gibt Rechte, die wir einklagen können. Es ist nicht möglich, alles beiseite zu tun und die Grenzen zwischen Gut und Böse so einfach zu verwischen. Es gibt einen Rechtsanspruch auf das Recht, und zwar auf zwei Ebenen, bei Gott ebenso wie beim Staat.» – So denken sie alle, die ehrlichen, die ordentlichen Bürger. Doch eben deshalb traut Jesus gerade denen, die am meisten rechtlos sind, noch am ehesten jene entscheidende Einsicht zu, die er mit aller Kraft, sogar mit der Strenge äußerster Drohung vor Augen halten will: Sei's doch, scheint er zu denken, du kommst daher und willst dein Recht, und wie sieht es dann aus? Vor Gott hast sogar du Schuldgefühle. Vor Gott wirst sogar du finden, daß du dein Recht nur bekommst, wenn du dies und das in deinem Leben in Ordnung bringst, und freilich, dafür gibt es probate Verfahren und Anweisungen; im Namen der religiösen Ritualgesetze bist du ein ordentlicher Mensch, wenn du Gott *Opfer* bringst.[14] Aber stimmt das denn? Ich sage: Nein! Wollte man mit Gott zurechtkommen, indem man ihm Opfer darbringt, dann wären diejenigen mal wieder umso mehr im Recht, die die besseren und die größeren Opfer darbringen könnten, dann entschieden wieder mal Geld und Macht über die Rechtfertigung auch vor Gott. – Doch so wird es nie sein. Was Gott möchte, sind nicht Opfer, sondern Einsicht in die eigene Beteiligung an fremder Schuld und, damit verbunden, den Geist der Versöhnung. *Opfer!* Da werden Schuldgefühle delegiert, indem man Tiere tötet und zu Tode quält; wem soll damit denn geholfen sein?[15] Nein, wenn du Schuldgefühle hast, delegiere deine bösen Gedanken und Taten nicht an Unschuldige, laß keinen Fettdampf vom Altar aufsteigen in dem Glauben, daß auf diese Weise dein Gestank Gott angenehmer in die Nase zöge. Die Tage, in denen man so dachte, sind vorbei; seit dem Ende der Sintflut gibt es einen solchen Gott nicht mehr, der sich mit Opferdampf zufriedenstellen ließe (Gen 8,21).[16]

Es ist nicht möglich, Gott aufzusuchen *anstelle* der Menschen. Wohl ist es dies eine Beruhigung, die fast jede Religion bereithält: Wir könnten draußen vor der Kirchentür leben, wie wir wollten, dann aber gingen wir in die Kirche und fänden einen gnädigen Gott, indem wir ersatzweise irgend etwas opfern. Unserem Bruder hätten wir grade eben noch an die Gurgel gehen können, den hätten wir massakrieren mögen, aber jetzt: Wenn wir irgendein Schaf schlachten, ein unschuldiges, das nichts dafür kann, ersatzweise, so haben wir die Mordlust ausagiert, so haben wir scheinbar Gott versöhnt, und schon kann es draußen wieder weitergehen wie gehabt. So sah Jesus die Opferpraxis im Tempel von Jerusalem an, und so sagte er mit dem energischen Nachdruck der Propheten des Alten Testamentes: *So will es Gott nicht.*[17] Gott ist kein Blutsäufer und Fleischfresser, er hat die Herden der Schafe nicht nötig, daß man ihm Opfer bringe, weil er Hunger und Durst litte (Ps 50,9–15).[18] Was er möchte, ist das Herz von Menschen, die in sich rein sind und klar. *Das* macht ihm Freude; alles andere ist ihm gleichgültig.

Also: Wenn du dich schuldig fühlst, so gehe der Spur deiner eigenen Tat nach, bis du ankommst bei demjenigen, auf den sie sich bezieht, und dann bringe deine Sache mit ihm in Ordnung; vorher hast du mit Gott legitimerweise nichts zu schaffen, vorher will Gott dich nicht sehen. Was Gott sehen möchte, ist, wie Menschen mit Menschen sich vertragen. *Das* ist sein Maßstab.

Offenbar hofft Jesus an dieser Stelle einfach, zumindest die ewig Rechtlosen, zu denen er spricht, könnten es lernen, daß es vor Gott keinen Zweck hat, auf bestimmte Rechte zu pochen[19]; die Besitzlosen aller Rechtsansprüche, hofft er, könnten begreifen, daß, gerade wenn Gott auf ihrer Seite steht, es keinen Sinn macht, im Tempel zu erscheinen und Gott zu bitten: Verteidige mich gegen meine Schwester oder gegen meinen Bruder, sondern daß es gilt, zu sehen, wie alle Menschen zusammengehören, und daß das, was sie selber quält, in aller Regel nichts anderes ist als die Qual, die sie selber anderen zugefügt haben – und so immer im Kreise! Das bürgerliche Gesetzbuch führt grundsätzlich in die Irre, das will Jesus sagen. Im Gesetzbuch der Kirche und im Gesetzbuch des Staates gibt es zwar alle möglichen Paragraphen und Verordnungen, doch wer kommt damit zurecht? Niemand, der wirklich in Not ist. Es ist die Logik des einfachen Volkes, deren Jesus sich hier bedient, um etwas ganz anderes, Prinzipielles zu zeigen.[20]

Das einfache Volk damals dachte nicht anders als heute: Wer es erst einmal mit dem Gesetz zu tun kriegt, der ist wie ein Verlorener; jedenfalls, wenn er nicht genug Geld hat für Rechtsanwälte, die sich so durchzumogeln verstehen, daß am Ende aus Schwarz noch Weiß wird oder aus Grün Rot, so wird man mit ihm Katz und Maus spielen; das ist das «Recht» – ein kafkaesker Prozeß! Es ist der übliche Schrecken im einfachen Volk vor jedem Kontakt mit den Behörden, gerade so wie wenn jemand heute einen Brief vom Oberlandesgericht oder von einer Stadtdirektion bekommt – es fährt ihm gleich in die Glieder, weil er sofort denkt: Was hat er nur verbrochen? Gegen diese Angst ist kein Kraut gewachsen; und diesen ersten Schrecken, sobald der Name «Gesetz» fällt, nimmt Jesus hier auf und malt ihn dramatisch aus. Wenn da jemand kommt und droht mit dem Büttel, wird das Knie weich, und kein Rechtsanspruch gilt mehr, denn das hat man gelernt: Fällt man erst einmal in die Hände der Großen, so machen sie, was sie wollen, sie sind korrupt und bestechlich, und es hat keinen Zweck, mit ihnen zu rechten. Gut, sagt Jesus, probiert doch vor Gott, auch einmal so zu denken, wenn schon alles andere euch nicht zur Vernunft bringt; denkt, ihr fielet in die Hände des Allmächtigen – welche Chance hättet ihr dann außer – dem Erbarmen? Doch *diese* Chance hängt davon ab, wie versöhnungsbereit ihr selber gewesen seid.

Wenn ihr euch auf das «Recht» einlaßt und habt euch nicht als erstes versöhnt mit eurem Bruder, da werdet ihr erleben, wie man euch zum Kadi schleift; und dann geht es los, die ganze Mühle der Gesetze, alles nach der Prozeßordnung.[21] Da wird vornan der Richter auftauchen, und gleich hinter ihm der Gerichtsdiener, und dann kommen die Kasematten, da sitzt ihr, bis ihr jeden Pfennig bezahlt habt. Rechnet doch selbst: Nie kommt ihr da heraus; was euch erwartet, ist die reine Verzweiflung. Wirklich, *sie* ist es, die Jesus hier schüren möchte, um von Gott her zu sagen: Kümmert euch doch nicht um den Rechtsweg der bürgerlichen Ordnung; er hilft euch nur von der Pfanne in den Ofen. Das einzige, was euch wirklich nützt, ist die prinzipielle Abschaffung jedweder Rechthaberei.[22] Versöhnt euch, solange ihr *unterwegs* seid. Denn das ist euer ganzes Leben – es ist so unglaublich kurz; ihr habt keine Zeit, und es gibt nichts wiedergutzumachen. Das einzige Mittel, etwas wiedergutzumachen, ist gut zu sein zu anderen. Da kommt es nicht darauf an, wie man sich auf dem Rechtsweg durchsetzt, sondern wie man den anderen verstehen lernt, und nicht wie man recht *hat*, ist wichtig, sondern wie man recht *gibt*.[23]

Denn in der Tat: Was bleibt uns außer der Versöhnung? Die Lebensstrecke von vielleicht fünfzig, siebzig oder, wenn's hoch kommt, achtzig Jahren – an zwei Händen sind die Jahrzehnte unseres Lebens zu zählen – führt einen jeden von den unterschiedlichsten Enden der Welt unvermeidlich auf einen Punkt zu, wo der Tod auf ihn wartet. Was also haben wir zu verlieren? Alle sind wir unterwegs zu der Gerichtsstätte Gottes, und Gott wird am Ende uns einzig danach fragen, was wir denn gemacht haben aus unserer Angst, aus unserer Rechthaberei, aus unserem verdrehten Durchsetzungswillen, aus all den abgespaltenen Formen des Hasses, die letztlich nur uns selber galten; wer wir wirklich waren, wird er uns fragen, und wie viele Menschen an unserer Seite wir mitzunehmen vermochten; oder, anders gefragt: wen, wenn es auf's Ende zugeht, wir eigentlich jenseits der Grenze wiedersehen möchen.

Man stellt sich nach diesen Worten Jesu das Gericht Gottes gerne nach der Art irgendeines Dorfrichters vor: Da wird über uns ein Urteil verhängt, das wir nur mittelmäßig gerecht finden. Doch in Wahrheit ist alles ganz anders: wenn Gott uns richtet, bestraft alles sich durch sich selber. Gott tut überhaupt nichts, wenn er uns «richtet», er läßt nur einfach zu, daß alles, was wir tun, Konsequenzen hat[24]; aller Haß und alle Rache, die wir als Hypothek unserer Lebensbahn mitschleppen, hat Konsequenzen auch für uns selbst; sie schleifen sich ein, sie vermehren sich von selber als eine ungute Zinsenlast, die wir nur immer mühseliger abarbeiten können, und je mehr sie uns quält, desto weniger. Gott tut nichts Fremdes an uns, er geht uns lediglich nach und handelt am Ende, wie wir selber sind. Er erfüllt uns nur in alle Ewigkeit, was wir selbst gewollt haben. Wir bekommen als «Gericht» genau das serviert, was wir selber uns bestellt haben; doch heute noch haben wir's in der Hand, was wir uns bestellen wollen. Am Ende bleibt es dabei: Wir müssen um Vergebung bitten, um vergeben zu können, und dürfen es doch nur, wenn wir selber vergeben haben.

An dieser Stelle müssen wir erst einmal innehalten. Denn alles bis hierher sind gewiß ganz wunderbare Gedanken; und doch, lassen wir sie so stehen, wie sie bisher ausgesprochen wurden, so hinterlassen sie vermutlich eine ganz eigenartige Wirkung, gleich dem Nachhall eines Donners, der von einem Ungewitter oder von einem Erdbeben ausgeht. Uns, die wir zumeist nicht so verzweifelt sind wie die Menschen, zu denen Jesus hier redet, zerbricht bei seinen

Worten sehr viel, fast alles, worauf wir unsere Existenz gründen; uns geht so viel verloren, wenn wir Jesus folgen; er nimmt uns mit diesen Worten scheinbar jede Grundlage; und das Argument der Angst, das er verwendet, der Hinweis auf die Feuerhölle, das Abzahlen der Schuld bis zum letzten Heller – alles das schüchtert zunächst nur ein, es schafft nicht schon ein neues Vertrauen. Wie vermittelt man die Worte der Bergpredigt psychologisch so, daß sie keinen Schaden stiften?

Diese Frage ist sehr wichtig. Denn es läßt sich in der Frage der *Aggression* in der Geschichte des Abendlandes in etwa das gleiche beobachten wie im Umgang mit der Sexualität: fast ohnmächtig steht das Christentum den großen Triebgebieten der menschlichen Psyche gegenüber; es wertet ab, es verurteilt mit heftigen Worten, es erzeugt Angst, es zwingt zu Abspaltungen aller Art, es versucht, die Triebwelt des Menschen mit Macht zu verteufeln und in die Hölle zu verbannen, doch auf diese Weise löst es mit seinen moralischen Attitüden nicht die bestehenden Konflikte, sondern es vermehrt sie nur.[25] Statt Integration bewirkt es Desintegration, und es fördert dementsprechend mit seinen rigorosen Forderungen nur immer neue Formen von Triebdurchbruch und Perversion. Das Ergebnis liegt in 2000 Jahren vor aller Augen: Keine Kultur der Welt hat derartig viele und grausame Kriege hervorgebracht, befohlen oder toleriert wie die Kultur des christlichen Abendlandes. Schaut man dagegen auf die wirklich gewaltfreie Kultur des *Buddhismus* oder betrachtet man die Weisheit des alten *China,* so gewinnt man den Eindruck, als sei vor allem die psychologische Durcharbeitung der menschlichen Agressivität dort weit besser gelungen als innerhalb der christlichen Kultur.[26] Selbst die Worte der Bergpredigt bleiben hier zwiespältig: Sie operieren mit sehr viel Angst, um die Angst vor der Wehrlosigkeit einer reinen Vergebungsbereitschaft zu neutralisieren, sie setzen in einer fulminanten Kaskade von Antithesen eine Sprache des gewaltsamen Widerspruchs gegen den ewigen Widerspruch der Gewalt unter den Menschen, sie reißen mit heftiger Ungeduld die faulen Kompromisse des bürgerlichen Alltags auseinander und zwingen zu einer klaren Entscheidung auf Leben und Tod – das alles ist von einer überragenden Großartigkeit, von einer steilen Souveränität, eine wirkliche «Berg»-Predigt. Aber: Befriedet man mit Angst, Gewalt und Ungeduld die Menschen? «Merkwürdig», gestand mir einmal ein Priester, «man kann den Leuten so oft sagen, wie man will, die Bergpredigt sei kein Gesetz, es handle sich hier um Äußerungen einer Freiheit, die Menschen geschenkt werde, die sich auf Gott einließen – am Ende empfindet man sie doch als Forderung, am Ende macht sie depressiv und hinterläßt ein Gefühl der Ratlosigkeit und der Ohnmacht.»

So ist es, wenn man sich nicht große Mühe gibt, immer wieder der *Bedingung* nachzugehen, unter der man überhaupt nur verstehen kann, was Jesus hier sagen will: Kein Wort der Bergpredigt ist begreifbar ohne die Erfahrung einer absoluten Gnade in Gott; nur von ihr her spricht Jesus, ohne sie freilich in den Antithesen der Bergpredigt selbst mitzunennen. Wie aber vermittelt man die Erfahrung eines solchen voraussetzungslosen Seindürfens in der Nähe Gottes, so daß es die Seele der Menschen beruhigt und sie weit macht für den Frieden der Versöhnung? Das ist die entscheidende Frage.

Die östliche Weisheit bot hier das hervorragende Mittel der *Meditation* an, das aller westlichen Andachtsfrömmigkeit, wenn es um die Befriedung des Menschen geht, psychologisch weit überlegen scheint[27]; es rächt sich an dieser Stelle aber vor allem, daß man im Gefälle der Vorgaben des Matthäus die Worte Jesu in der Bergpredigt im Grunde doch immer wieder «gesetzlich» interpretiert hat, nur um die Menschen zwischen einer unverbindlichen, praktisch wirkungslosen Idealisiererei und einer tiefen Resignation hin und her zu treiben; oder man hat, zynisch genug, den Geltungsbereich der Bergpredigt einfach auf das Privatleben des Einzelnen festgelegt, während die öffentliche Moral in Kirche und Gesellschaft schon aus Gründen der «Verantwortung» vermeintlich gar nicht so denken und handeln durfte, wie Jesus es hier vorschreibt. Statt solcher Ausflüchte stellt sich uns das Erfordernis, konkret zu zeigen, wie es möglich ist, aus Angst und Unversöhnlichkeit hinüberzufinden zu einer inneren Festigkeit und Unbedrohtheit, die zur Versöhnung nicht nur bereit, sondern auch wirklich fähig ist.

Erneut kann und muß dabei die *Psychoanalyse* gute Dienste leisten; denn gerade dies: Wie man unter weitgehender Ausschaltung einer moralisierenden Betrachtungsweise einem Menschen dazu verhilft, ein stärkeres Ich zu finden, das es nicht mehr nötig hat, immer von neuem vergeblich um sein Recht zu kämpfen, das ihm womöglich schon in Kindertagen verweigert wurde, ist eine der zentralen Fragestellungen analytischer Therapie geworden. Auch hier ein Beispiel.

Vor einer Weile sagte eine Frau mit Tränen in den Augen: «Ich bin noch lange nicht so weit, daß ich meiner Mutter vergeben könnte. Ich weiß, sie meint es gut, im Grunde ist sie eine herzensgute Frau, aber ich kann mit ihr nicht reden. Schon wenn sie kommt, bin ich wie versteinert. Sie möchte mich in den Arm nehmen, ich aber versperre und verkrampfe mich. Ich kann schon ihre Stimme nicht hören. Wenn sie bei uns zu Hause ist, gehe ich fort. Ich weiß, es ist nicht richtig, ich leide selbst darunter, ich habe Schuldgefühle, aber was soll ich tun?» – Das erste, was wir tun konnten, bestand darin, dem nachzugehen, was die Frau als Kind bereits erlebt hatte, und dabei nicht, auch nicht mit Berufung auf die Bergpredigt, den Stab über sie zu brechen. Es wäre absolut falsch und kurzschlüssig gewesen, dieser Frau zu sagen: «Aber Sie kennen doch das 5. Kapitel des Matthäus: Wer nicht vergibt, ist ein bei Gott Ausgeschlossener; Sie müssen sich versöhnen, Sie haben ohne Versöhnung mit Ihrer Mutter nicht einmal das Recht, am Sonntag hier die Messe zu besuchen, denn so steht es da, dem Worte nach: Geh zuerst hin und versöhne dich...» Dieser Frau mußte man als erstes zu ihrem «Recht» vor sich selbst und auf sich selbst verhelfen. Man mußte ihr in gewissem Sinne «sagen»: «Es ist gewiß wahr: Oft werden Sie gescholten worden sein wie eine Nichtsnutzige, oft abqualifiziert worden sein wie eine Dumme und fühlten sich Ihrer Mutter gegenüber immer wehrlos und ohnmächtig.» Doch wie kommt man jetzt von dem langen Weg einer ewig Geschundenen und Elenden zu dem Bild eines Menschen, der in innerer Freiheit vergeben kann und aus Leid gelernt hat, gütig zu sein?

Von diesem entscheidenden Prozeß menschlicher Wandlung steht in dem Text bei Matthäus kein Wort, es fehlt darin jede Hilfe, jede Brücke; alles steht einfach da, schroff, als Kontrastordnung; es hilft daher nichts, wir müssen hier im Sinne Jesu nacharbeiten und ergänzen. Für diese Frau zum Beispiel war es wichtig, ihre ganze Kindheit noch einmal zu erzählen – wie ihre Mutter sie geschlagen hatte, jähzornig oft, wie sie ihr das Spielzeug aus der Hand gerissen hatte, einfach weil sie im Haushalt hätte mithelfen sollen; und plötzlich, bei diesen Schilderungen, begriffen wir, warum die Mutter so gewesen war: Oft war ihr alles viel zuviel gewesen, sie war am Ende, sie hatte einfach selber nicht mehr weiter gekonnt. Jetzt mit einem Mal wurde deutlich: Sich selber zu verstehen, auch in den Gefühlen, die uns am wenigsten passen und behagen, bedeutet doch auch, den anderen zu verstehen! Sich selber nach und nach sogar inmitten der eigenen Abwehrgefühle, des eigenen Abscheus und Hasses zu verstehen bedeutet doch auch, dem anderen «recht» zu geben, der womöglich nichts weiter war oder ist als verzweifelt und hilflos! Freilich: Es kann Monate und Jahre brauchen, ehe ein Mensch sich aufrichtet und zu einer eigenen Sprache findet. Doch erst dann ist er imstande, auf sein Recht nach außen zu «verzichten», denn er «besitzt» buchstäblich nichts vor Gott. Unter den Menschen aber gibt es, mit den Augen Gottes betrachtet, keine fertigen Rechtstitel; unter den Menschen gibt es nichts als hilfsbedürftige, schutzbedürftige Wesen; und sieht man die Menschen erst einmal so, so wird auch sehr bald deutlich, wie gut es die Menschen für gewöhnlich meinen. Alle ringen sie irgendwie darum, das Beste füreinander zu tun, selbst wenn sie einander *de facto* dabei in die Hölle quälen. Keiner von den Menschen verdient, daß man ihn anklagt und schuldig spricht. Doch um diese Sicht der Dinge einzunehmen, bedarf es eines wachsenden Vertrauens zumeist im Rahmen eines offenen Gespräches.

Erst dann wird möglich, was Jesus eigentlich wollte: Daß wir uns hinstellen könnten fast wie unbedroht, mit weitem Herzen, der eine ohne Angst vor dem anderen, und wir hätten nicht mehr nötig, uns von der Angst aller ersticken zu lassen. Wir hätten ein ruhiges Maß zwischen Distanz und Nähe erlangt und fänden ein Auskommen miteinander.

Das Wunder, welches sich da begeben kann, umschreibt Jesus mit der Formel von dem «Reich der Himmel», mit der Nähe zu Gott, mit einem Vertrauen also, daß es bei aller Angst auf Erden niemals um etwas Letztes und Absolutes geht, sondern daß wir zumindest die Nase über dem Wasser behalten können; denn wir können inmitten der Angst uns so lange tragen lassen, bis es wieder Boden unter unseren Füßen gibt. Um unser Leben zu kämpfen, einer gegen den anderen, brauchten wir endgültig nicht mehr, vielmehr begänne in uns etwas von der Ahnung eines himmlischen Friedens, es gäbe ein Ende des ewigen Ringens: Wer hat jetzt recht? und: Wer setzt sich durch? und: Wer ist der Stärkere? und: Wer macht wen kaputt? *Das* will Jesus beenden. Er will sagen: Hört damit auf; nicht der Mord ist das Problem; das, womit ihr euch selbst totmacht, wenn ihr drüber nachdenkt, sind die eigenen verklemmten Gefühle, die nie ausgesprochenen Worte, der ständige Buschkrieg des Ressentiments, in dem einer dem anderen einen Vorteil glaubt abjagen zu müssen; diese Praxis der wechselseitigen Zerstörung verdient nicht den Namen «Recht» und auch nicht den Namen «Leben», sie ist im Gegenteil der permanente Tod auf Raten, eine ständige Verwüstung der Existenz.

Unterstellen wir hingegen einmal, daß Jesus hier von Menschen spricht, die in sich ruhig geworden sind und klar wie Wasser, das sich gesammelt hat und durchsichtig geworden ist bis auf den Grund: für solche Menschen ist es nicht mehr das Problem, welche Motive zum Bösen in ihnen liegen; wir unterstellen im Gegenteil einmal einen phantastischen Zustand: Wir befänden uns mit uns selber vollkommen im Gleichgewicht; dann sollte es doch möglich sein, die psychische Energie einmal vom eigenen Schmerz abzulenken und sich zu fragen: Was geht in den Menschen an meiner Seite vor sich, wenn sie mir zürnen, wenn sie ärgerlich sind oder mich mißverstehen? Dann wäre es wirklich denkbar, auf die Tatsache angemessen zu antworten, daß *mein Bruder etwas gegen mich hat*.[28] Die Frage wäre dann nicht mehr, wie ich den eigenen «Zorn» besiege, sondern wie ich beachte, was an Gesichtszügen der Trauer, an Grimassen des Spotts, an Verzerrungen der Angst und des Abscheus im Antlitz des anderen sichtbar wird[29]; und *darum* sich zu kümmern, frei geworden vom eigenen Leid, das hieße, hinzugehen zum Nächsten und ihm zu sagen, wie weit man ihn versteht, oder ihn zu bitten, er möge erklären, was uns selber sich noch der Begreifbarkeit entzieht. So ginge man hin und versöhnte im Tempel sich mit seinem Bruder.

Vielleicht haben wir die Erlaubnis, das Wort Jesu vom «Gang zum Tempel» sogar noch ein Stück freier auszulegen; denn die Frage bleibt: Wie laden wir den anderen ein, sich mit uns zusammenzusetzen, unser Bruder, unsere Schwester auch er oder sie, Verwandte von gleicher Gesinnung und Herkunft? Könnte es nicht sein, daß der Gang in den Tempel, zur Stätte des Opfers, sich insgesamt ändern müßte, indem wir den ganzen Opfergedanken *auch innerlich* fahrenließen, und wir träten in den Tempel nicht länger ein, um etwas «zu machen», um etwas wiedergutzumachen, um etwas von uns abzutun, sondern wir wagten uns in den Raum des Heiligtums wie in eine letzte verbleibende Asylstätte?[30] Wir kommen so oft mit uns nicht zurecht, wir wissen so oft mit uns nicht ein noch aus, wir sind so oft von Ängsten und Verzweiflungen aller Art wie gequält, und wie soll ein Mensch gut sein, dem es so geht? Alle anderen ringsum wird er erleben wie auf der Treibjagd, alle wollen sie nur etwas *von* ihm, *gegen* ihn, *für* ihn – er aber wird immer weiter nur hineingehetzt in die Verwirrung. Wie aber wäre es, der «Tempel» wäre für uns ein solcher Raum, an welchem wir aufgehoben wären und dürften nur *sein,* eine Stätte reiner Annahme, und *das* wäre Gott?

Kein Zweifel, daß Jesus so dachte, wenn er von dem «Reich der Himmel» sprach. – Nicht «Opfer» sind zu bringen im «Heiligtum» unseres Lebens, sondern Erfahrungen sind hier zu «machen» von einer Gnade Gottes, die trägt und gilt. – Was also wäre, wir richteten unter den Worten Jesu uns auf, und der Himmel wäre uns nahe und unser Herz so weit wie zwischen Sonnenaufgang und Sonnenuntergang? Brauchten wir dann noch Gesetze? Müßten wir im Ernst noch hören: Du sollst nicht morden? Es wäre ebenso absurd, uns zu sagen: Morde nicht, wie daß man jemandem von uns sagen müßte: Du sollst nicht Menschenfleisch essen. Keiner von uns täte das, er würde sich selber eher übergeben, als auch nur einen solchen Gedanken für möglich zu halten. Derlei zu tun bildet für uns keine Möglichkeit unseres Gefühls mehr, und es ist daher völlig überflüssig, noch irgendein Wort darüber zu verlieren; der Kannibalismus hat von innen heraus sich erledigt; er ist passé. Und so könnte und müßte es sein mit allen Gesetzen. – Hebt sich dann irgendein Jota und Häkchen vom Gesetz auf? Im Gegenteil. Sie alle sind erfüllt, indem sie überflüssig werden.

Und ebendies, daß alle Gesetze überflüssig werden, indem wir beginnen, richtig zu leben, ist die Art, wie Gott herrscht. Sie ist wie ein Atemwind aus dem Paradies, ein sanfter, milder Frühlingswind des Gartens Eden, jenseits der Geschichte von Kain und Abel. Sie ist die Erinnerung an die Art von Menschsein, die Gott gewollt hat. «O ihr Gläubigen», heißt es einmal im *Koran*, «kein Mensch soll einen anderen bespotten, denn vielleicht sind diese, die Verspotteten, besser als jene, die Spötter; auch möge keine Frau eine andere, die vielleicht besser ist als sie, verspotten. Verleumdet euch nicht untereinander, und gebt euch nicht gegenseitig Schimpfnamen. Seitdem man den Glauben angenommen hat, ist ‹Ruchlosigkeit› ein sehr schimpflicher Name, und die nicht bereuen, sind Frevler... Forscht nicht neugierig nach den Fehlern anderer, und keiner spreche Böses vom anderen (in dessen Abwesenheit). Sollte wohl einer von euch verlangen, das Fleisch seines toten Bruders essen zu wollen? Gewiß habt ihr Abscheu dagegen; darum fürchtet Allah; seht, Allah ist versöhnend und barmherzig. O ihr Menschen, wir haben euch von einem Mann und einem Weib erschaffen und euch in Völker und Stämme eingeteilt, damit ihr liebevoll einander kennen mögt.»[31]

Die Verschiedenheit der Völker, Kulturen und Gebräuche auf dem Hintergrund der Einheit aller Menschen vor den Augen Gottes zu leben – es wäre das Ende all dessen, was heute noch Politik und Religion heißt. Jesus hat es versucht, Mohammed hat es versucht, doch ihre Anhänger beruhigen und belügen sich weiter, indem sie immer noch staatlichen Egoismus, religiösen Fanatismus und persönliche Rechthaberei für vereinbar mit der Lehre ihrer eigenen Religionsstifter ausgeben. Die wahre Religion Allahs – das ist die Einheit aller Menschen, das ist die Überwindung des Bösen durch das Gute. Die Frage ist nur, wann wir es wagen, dieser Sehnsucht unserer klarsten Hoffnungen und Visionen mehr zu vertrauen, als dem Diktat der sog. Realität, dieser hohlen Fassade von Geldgier, Zynismus, Machthaberei, Rechthaberei. Ein Aufstand ist nötig, ein Generalstreik, ein globaler Protest in dem Unisono aller Religionsformen der Menschheit. Nur das Verstehen und die Güte retten die Menschheit. Alles «Auge um Auge» ist mörderisch und am schlimmsten, wenn es geschieht mit gutem Gewissen, gerechtfertigt, weil im Namen des Rechts – welchen Rechts eigentlich, von Gott her betrachtet?!

Mt 5,27–32
Jeder, der eine Frau anblickt...

Nächst dem Thema der menschlichen Aggressivität nimmt Matthäus sich nun die Frage der Sexualität vor und versucht sie in derselben Weise zu beantworten wie vorhin: durch eine radikale Verinnerlichung des Gesetzesstandpunktes.[1] «Du sollst nicht morden» – das hieß für Matthäus, daß jeder Zorn, jede Beleidigung, jede Unversöhnlichkeit unter Menschen von Gott mit absoluter Strenge geahndet wird; es mag möglich sein, dem Gericht von Menschen zu entkommen, Gott aber sieht das Herz des Menschen, und seinem Gericht kann niemand entrinnen. Es ist eine Form prophetischer Predigt, die noch 600 Jahre später vor allem im *Koran* eine enorme Beredsamkeit und Überzeugungskraft gewinnen wird. Auch Jesus muß man durchaus zutrauen, daß er in dieser Weise gedacht und geredet hat; der Versuch jedenfalls, mit historischen Mitteln einen Jesus zu rekonstruieren, der nur sanft und gütig gesprochen hätte wie ein chinesischer Weiser oder wie Siddhartha Gautama Buddha, muß bereits an dem kulturellen Kolorit scheitern, in dem die Bibel entstanden ist[2]: Der Orient liebt ein Denken in Gegensätzen und dramatischen Spannungen weit mehr als jene Gesinnung des Ausgleichs und der Ergänzung wechselseitiger Kontraste, wie wir sie in Ostasien antreffen. Selbst die Rede der Versöhnung ist in der Bergpredigt, wie soeben dargestellt, in ein fast unerträgliches Klima von Gerichtsdrohung, Strafangst und heftigster Aggressivität getaucht – mit all den psychologischen Ambivalenzen und Belastungen, die sich daraus ergeben. Immerhin aber konnte man im Umgang mit der Aggressionsneigung des Menschen noch verstehen, daß hier auf einen groben Klotz ein grober Keil gesetzt werden sollte. Beim Thema der Sexualität indessen überzieht Matthäus jetzt offenbar jedes Maß des psychologisch Sinnvollen und predigt seiner Gemeinde eine Form von Moral, die quer durch die Jahrtausende der Kirchengeschichte eine unheilvolle, neurotisierende Wirkung entfalten sollte. Während die gewaltsame Bekämpfung der menschlichen Aggressivität angesichts unzähliger Kriege und Greuel in der Geschichte der Christenheit psychisch wohl kein sehr wirksames Mittel zur Befreiung des Menschen von den Sadismen seiner Geschichte darstellt, ist die Kampfansage, die Matthäus nunmehr mit Hilfe bestimmter Jesus-Worte gegen die menschliche Sexualität richten zu müssen glaubt, von einer geradewegs verheerenden Dynamik gewesen. Die Verfälschung einer ursprünglich befreienden Botschaft in ein moralisches Zwangsdenken wird sich 600 Jahre später übrigens im Islam noch einmal wiederholen: während der *Koran* an vielen Stellen sich bemüht, die Frauen vor Männerwillkür zu schützen[3], nimmt man bis heute in vielen islamischen Ländern (ähnlich wie in der katholischen Kirche) das vorgegebene patriarchale Grundschema für den eigentlichen Willen Gottes und übersieht dabei nur allzugern die zahlreichen Versuche des eigenen Religionsstifters, dieses Schema selbst zu korrigieren.

In der Bergpredigt beginnt alles damit, daß Matthäus aus der Vorlage des Markus ein paar Worte Jesu über die Versuchung zum *Unglauben* nimmt[4] und sie durch die Art seiner Zusammenstellung in rigorose Drohworte gegenüber der Versuchung zu sexueller Ausschweifung umwandelt. Dem Rahmenthema nach geht es dabei um die Gefahr des *Ehebruchs* – wann beginnt sie? Im Sinne des *Rechtes* kann gewiß nur die Tat eines Menschen bestraft werden; keine Tat aber beginnt mit dem Tun; sie bereitet sich vor. Sie ereignet sich nicht, sie ergibt sich aus einem Geflecht von Bedingungen und Ursachen, von Neigungen und Gefühlen, und *hier*, in der Seele eines Menschen, entscheidet sich seine Moralität. Bis zu diesem Punkt kann man den Grundgedanken, den Matthäus hier vortragen will, von der alltäglichen Erfahrung her recht gut mitvollziehen.

«Es hat mich von Beginn an gequält», erklärte zum Beispiel eine Ausländerin in gebrochenem Deutsch nach vielen Jahren ihrer Ehe, «daß mein Mann hinter jeder Frau herschaute. Er brauchte das offenbar, mich aber störte und beleidigte es. Er liebte es, sich besonders derb auszudrücken, wenn wir zusammen waren; das stimulierte ihn, und er erwartete, daß auch ich in gleicher Weise auf seine Bedürfnisse einging. Ich mußte bestimmte Kleider und Wäsche tragen, die ihn erregten; ich hatte vor seinen Augen verschiedene Haltungen und Stellungen einzunehmen, die er besonders gern mochte – ich glaube, er war einfach auf meinen Busen fixiert, den er als einziges an mir schön fand. Ich wußte, daß in seinem Zimmer stapelweise Pornoillustrierten herumlagen, aber ich war damals zu naiv. Ich habe wirklich geglaubt, ein Mann braucht so etwas, und ich wollte doch auch meine Ehe nicht gefährden.» – Tatsächlich hatte diese Frau sich bis zur Selbstpreisgabe um die Liebe eines Mannes bemüht, der in gewissem Sinne zur Liebe noch gar nicht fähig war. Als er sich dann noch einer wesentlich jüngeren Frau zuwandte, bangte und bebte sie jahrelang um den Bestand einer Ehe, in der sie hatte leben müssen wie eine freiwillig Abhängige – mal als Mutter, mal als Dirne, während ihr Mann zwischen den Rollen eines kleinen Jungen und eines großen Mannes ersichtlich nicht zurechtkam. – Es ist wahr, der «Ehebruch» beginnt oft genug ganz wörtlich mit den Augen. «Sage den Gläubigen, daß sie ihre Augen abwenden und sich bewahren sollen vor Unkeuschem», heißt es denn auch im Koran.[5]

Andere Eheleute hingegen bestätigen vom entgegengesetzten Erleben her die Umkehrung des Verhältnisses von Recht und Moral, von Tat und Gesinnung, die in der Bergpredigt von Matthäus Zug um Zug vorgenommen wird. Es kann zum Beispiel sein, daß ein Mann mit großer Regelmäßigkeit ins Bordell geht, ohne seine Ehe zu gefährden – was er tut, «bedeutet» seelisch nicht sehr viel; er reagiert sich sexuell ab, aber es führt zu keiner menschlichen Verbundenheit oder Verbindlichkeit; gewiß, sein Leben in ständiger Lüge, die wachsende Abspaltung zwischen Sexualität und Partnerschaft, die Desintegration eines wichtigen Antriebsbereiches in seiner eigenen Psyche, die rüde Umweglosigkeit in der Befriedigung seiner Bedürfnisse unter der kulturellen Maske eines galanten Edelmannes – das alles ist durchaus nicht unbedenklich, weder moralisch noch psychisch. Doch für den Bestand einer Ehe kann es zumindest auf längere Zeit hin weit harmloser wirken als der umgekehrte Fall, bei dem im Sinne einer bloßen «Tatmoral» äußerlich vielleicht gar nichts «passiert», innerlich aber chronisch immerfort die Ehe gebrochen wird. «Du denkst doch ständig an diese Frau – an diesen Mann –, und das ist viel schlimmer, als wenn Du mit ihr – mit ihm – schlafen würdest», lautet in solcher Situation ein recht häufiger Vorwurf unter Eheleuten. Je intimer und intensiver eine menschliche Beziehung ist, desto entscheidender wird das, was *innerlich* geschieht, und desto weniger wichtig ist das, wozu es äußerlich kommt. – Keine Frage: Ein «Ehebruch» ist längst schon innerlich vollzogen, ehe er im Sinne einer rechtswirksamen Beweisbarkeit vorliegt. Das alles, wie gesagt, ist gut verstehbar.

Doch was ist mit dieser Einsicht wirklich gewonnen? Soll daraus eine Ethik folgen, wie LEO TOLSTOI sie in völlig berechtigter Berufung auf den Wortlaut der Bergpredigt aus dieser Stelle des Matthäusevangeliums ableitete? «Wer eine Frau ansieht, um sie zu begehren, der bricht mit ihr die Ehe» – *das,* meinte TOLSTOI, gelte keineswegs nur im Umgang mit einer fremden, sondern auch und insbesondere im Umgang mit der eigenen Frau.[6] *Jedes* sexuelle Begehren war für TOLSTOI etwas, das als ein Krebsübel der Menschheit, als eine ständige Versuchung zu Unreinheit und Sünde radikal bekämpft gehörte.[7] Ausreißen der Augen, Abhacken der Hände, *das* in der Tat sind die Heilmittel, die Matthäus hier ausdrücklich vorschlägt. Vor allem gegen die «böse Lust» scheint ihm kein anderes Kraut mehr gewachsen, als notfalls die Organe der Empfänglichkeit (die Augen) und des Tuns (die Hände) mit Stumpf und Stiel auszumerzen. Klar: Wer nichts mehr sehen kann, ist durch den Anblick einer schönen Frau nicht mehr verführbar, und wer keine Hände hat, kann einen Frauenkörper nicht mehr unsittlich berühren; und wie praktisch jetzt: Wer nicht mehr fähig ist zur Sünde, der hat endlich Ruhe vor sich selber, der hat zugleich auch seinen Frieden mit Gott gemacht – er ist der sonst offenbar jederzeit drohenden Strafe der Hölle entronnen. Aber: Ist er deshalb auch «glücklich» zu preisen als jemand, der «reinen Herzens» ist, und wird er, geblendet für den Liebreiz der Frauen, wirklich, wie es verheißen wird, deshalb auch schon «Gott schauen» (Mt 5,8)?[8]

Eines ist wahr: selbst die Literatur der Kirchenväter ist voll von Darlegungen, die Matthäus in seiner Ansicht der Gefährlichkeit der menschlichen Sexualität recht zu geben scheinen. Alles sexuelle Begehren, versichern sie, sei tierisch, ekelhaft, eines Menschen unwürdig und unsittlich vor Gott[9]; zuversichtlich äußern sie sich, daß es im Paradies, vor dem Sündenfall, möglich gewesen sei, Kinder zu zeugen auch ohne die Infamie orgiastischer Lust.[10] Geistesgeschichtlich läßt sich in derlei Ausführungen vielleicht das Bestreben der frühen Kirche erkennen, das Ich, die «Seele» des Menschen im Gegenüber Gottes von den Fesseln der «Natur» zu befreien[11]; doch heute ist eine Sexualmoral wohl Gott sei Dank endgültig nicht mehr mitvollziehbar, deren Hauptmotiv in einer religiös überhöhten Strafangst besteht und deren Ergebnis auf die Exekution schwerer Abspaltungen, Verdrängungen und körperlicher wie seelischer Schädigungen und Krankheiten aller Art hinausläuft.[12] Nicht das «Ausreißen» und «Abhacken», sondern das «Annehmen» und «Einüben» muß als Kultur der Liebe im Umgang zwischen Mann und Frau verstanden werden. Und auch eine Betrachtung, wie Matthäus sie hier vorlegt, rein aus der Sicht der Angst der *Männer* vor der stets versucherischen «Eva», ist in unseren Tagen sozialpsychologisch und soziologisch ein für allemal indiskutabel.[13] Mit anderen Worten: was, wenn überhaupt, hat die Bergpredigt an dieser Stelle uns Heutigen noch zu sagen? Man *muß* die Frage so radikal stellen, weil der Schaden eines bibeltheologischen Nachredens überkommener Formeln hier, im Intimbereich der Seele, noch katastrophaler ausfallen muß als an vielen anderen Stellen des Neuen Testaments.[14] In gewisser Weise kann man die Frage allerdings auch anders stellen: Wie interpretiert man die Worte, die Matthäus hier aufgreift, in einem Sinnzusammenhang, der Jesus von Nazareth wirklich zu Wort kommen läßt und sein eigentliches Anliegen eines unbedingten Vertrauens auf Gott nicht geradewegs in sein Gegenteil verkehrt?

Denn schaut man auf das Beispiel, das Jesus sonst im Umgang mit Frauen gibt, so ist es undenkbar, daß auch er eine Moral der verdrehten Blicke und der verkrampftten Finger vertreten haben sollte.[15] Der Muff und die Engstirnigkeit, mit denen sich die Moral des «Rühr mich nicht an» sonst zu umgeben pflegt, sind ihm vollkommen fremd. Selbst Matthäus blendet die Szene aus Mk 14,3–9 nicht aus, da in Bethanien, im Hause Simons des Aussätzigen, eine Frau hereintritt und Jesus vor den Augen aller salbt (Mt 26,6–13)[16]; es ist eine mutige, in gewissem Sinne herausfordernde Gebärde der Freiheit im Umgang zwischen Mann und Frau, die all die Sicherungsvorkehrungen und Kontakttabus durchbricht, mit denen die moralisch befohlene Pflicht zur Sexualangst sonst sich zu umgeben trachtet. Nicht umsonst nennt man Jesus *auch bei Matthäus* den «Freund der Zöllner und Sünder» (Mt 11,19; vergleiche 9,10; 15,1); und Jesus selber bekennt sich gewissermaßen zu diesem Vorwurf, wenn er in Mt 21,31 gegenüber den Hohenpriestern erklärt: «Bei Gott, ich sage euch: die Zöllner und die Huren kommen in das Himmelreich – ihr nicht!« Da ist nichts zu spüren von Sündenangst und Verführungsgefahr; da sieht jemand einfach Menschen in ihrer Verzweiflung und in ihrer Liebe. Und *das* ist jetzt offenbar die eigentliche Frage: Wie gewinnt man Augen, die «rein» genug sind, um «Gott zu schauen» mitten im Elend und mitten in der Schönheit – unverblendete und ungeblendete, *hellsichtige* Augen, und wie gewinnt man Hände, deren Berührungen schützen und erwecken, beleben und aufrichten statt zu zerbrechen und zu verwüsten?[17]

Soviel scheint klar: wenn die katholische Moraltheologie jemals die Sünden ihrer eigenen Vergangenheit, das heißt noch der jüngsten Gegenwart, aufarbeiten will, so muß sie das Verbrechen eingestehen und durch tätige Reue korrigieren, das sie beging, als sie die Lehren des Matthäus von der vollkommenen «Reinheit» nicht nur Erwachsenen zur Wahrung ihrer Ehe vorlegte, sondern sie sogar bis in die Spiel- und Schlafzimmer von Kindern vordringen ließ.[18] Um die «Unschuld» der Acht- und Zwölfjährigen zu bewahren, lehrte man sie, es sei eine «schwere», eine die ewige Verdammnis nach sich ziehende Sünde, «Unkeusches freiwillig anzusehen» und durch «unehrbare Blicke» sich zu «beflecken». Ganze Generationen von Kindern und Jugendlichen mußten unter derartigen Formeln alle 14 Tage oder vier Wochen zur Beichte gehen, um im «Bußsakrament» des Empfangs des heiligen «Himmelsbrotes» würdig zu werden. Die meisten verstanden jahrelang überhaupt nicht, was sie da eigentlich beichteten, sie hatten nur ein ungutes Gefühl allem gegenüber, was sich unterhalb des Gürtels abspielte, und klagten sich tapfer aller beliebigen Sünden an, um nur ja keine zu vergessen; doch als sie dann anfingen zu begreifen, was da gemeint war, verdrängten sie in aller Regel die peinlichen Schuldgefühle, sie hörten auf, «Unkeusches» zu beichten, und ihr «Beichtvater» gab sich dankbar vor Gott, einem so frommen «Beichtkind» die Vergebung zusprechen zu können. Andere hingegen nahmen die kirchlichen Zuchtübungen ernst, und für sie gab es fortan kein Entrinnen mehr; sie bildeten ab sofort die Hefe, aus der sich die Spermien späterer Ordens- und Priesterberufungen entwickeln sollten, um den Lehr- und Wehrstand kirchlicher Sexualunterdrückung weiter zu reproduzieren.

«Es ist die Hölle», gestand mir vor einer Weile eine ältere Frau, die unter ihren unerträglichen Zwängen seit Kindertagen gelitten hatte. «Ich leide unter entsetzlichen Ängsten. Immer, wenn ich auf der Toilette war, muß ich dem Vorwurf begegnen, in den Abort geschaut zu haben.» Das Betrachten von Kot war die einzige Form, die im Erleben dieser Frau von der ursprünglichen Neugier eines kleinen Mädchens beim Betrachten des eigenen Körpers übriggeblieben war. «Sie können sich nur schwer vorstellen, wie ich aufgewachsen bin», erläuterte sie zögernd. «Doch Sie wissen ja selber, wie das war. ‹Hast Du Unkeusches freiwillig mit Freude angesehen?› Diese Frage verfolgte mich von früh bis spät. Auf dem 10-DM-Schein sah man, wie Europa nackt auf einem Stier entführt wird; ich hatte es gesehen – mit Lust? Freiwillig? Und wieso hielten alle Erwachsenen mit einem solchen Zehn-Mark-Schein etwas Unkeusches in den Händen? In der Illustrierten auf dem Schreibtisch meines Vaters sah man die Reklamebildchen für Büstenhalter und Busenvergrößerungsmittel – mich überlief es heiß, wenn ich das sah, aber eben deshalb wußte ich, daß ich so etwas wirklich nicht freiwillig angeschaut hatte – oder doch? Warum blätterte ich denn immer wieder in den Zeitungen? Man muß die Gelegenheit zur schweren Sünde meiden, hatte der Pfarrer gesagt. Ich hatte sie nicht gemieden, und auch das war doch in sich schon schwere Sünde. Wie aber konnte mein Vater nur in diesen Blättern lesen, ohne schwer zu sündigen? Wenn ich im Bad war, betrachtete ich, wie mein Körper sich entwickelte. Ich weiß noch, wie mir plötzlich einfiel, daß gerade das gemeint sein mußte mit: Unkeusches ansehen und berühren. Ich konnte machen, was ich wollte. Überall lauerte die Sünde. Auf den Filmplakaten an der Ecke, beim Betrachten der Vögel oder der Hunde – es gab nichts, was nicht Sünde war; und so lehrte die Kirche es ja: Die gesamte Natur ist verderbt und der Sünde unterworfen.[19] Der einzige Ort der Sicherheit wurde für mich der Beichtstuhl. Ich bettelte um Vergebung, und ich schämte mich doch so, daß ich immer wieder kam – immer wieder kommen *mußte*. Ich denke heute in all diesen Dingen ganz anders; aber was soll ich machen – mit so vielen Jahren Angst?»

Diese Frau hatte aus lauter Angst niemals den Mut gehabt, zu heiraten. Man muß indessen noch hinzufügen, daß die Sexualmoral der Kirche, indem sie die Worte des Matthäus beim Worte nahm, zahllose Ehen nicht geschützt, sondern geradewegs zerstört hat. Der Zusammenhang ist leicht zu begreifen. Wie soll ein Eheleben möglich sein, wenn ein Mann eine Frau nicht ansehen darf, ohne als Wüstling zu gelten? Wie soll eine normale Form von Zärtlichkeit als erlaubt gelten, wenn eine Frau oder ein Mann nur gelernt hat, sich und dem anderen die Hände zu verbieten, die ihn oder sie «unsittlich» bzw. «wollüstig» berühren könnten? Wie soll ein Mann, eine Frau ihren Partner für «schön» finden können ohne den Reiz eines Begehrens, dessen Auslöser möglichst sinnenfällig zu bilden die Natur Jahrmillionen der Evolution aufgewandt hat? Die Zerstörung der Freude am Schauen, Betasten, Riechen, Hören, Schmecken und Liebkosen hat in der «katholischen» Ehe aus den Wonnen der Zuneigung «eheliche Pflichten» abgezweckt[20] und auch diese noch gebunden an die «Fortpflanzung»[21]. Sie hat damit jede Poesie, jede Phantasie, jede Freiheit und Freizügigkeit mit Schuldgefühlen, Ängsten und Gewissensabhängigkeiten aus der Liebe herauszuquälen verstanden, bis daß schließlich die natürlichsten Empfindungen sich in einen Beweis für die Verdorbenheit einer gefallenen Natur verwandelten. Und am Ende hat sie selbst für die gescheiterten Ehen nichts weiter zu tun gewußt, als, erneut unter Hinweis auf diese Stelle des Matthäus in der Bergpredigt, das Leid der Eheleute zu ignorieren und die einmal geschlossene Ehe für «unauflöslich» zu erklären – «bis daß der Tod euch scheidet». Es ist schwer vorstellbar, wie man sich von dem wahren Anliegen Jesu weiter entfernen könnte als mit einer solchen Moral des Wahnsinns und der Krankheit beziehungsweise der «Unmoral» in allen Dingen. «Die allzu Guten sind die Diebe der Tugend», sagt ein chinesisches Sprichwort aus dem Taoismus.[22] Die kirchliche Sexualmoral, die mit Matthäus beginnt, ist ein einziger Beleg für die Wahrheit dieses Wortes.

Will man hingegen den Worten Jesu ihre ursprüngliche Menschlichkeit und «Sittlichkeit» zurückgeben, so muß man ganz im Gegensatz zu einer solchen Verdrängungsmoral und Seelenangst versuchen, eine Kultur der Erotik und eine Kunst der Sinnlichkeit zu entwickeln.[23] Man nehme als Beispiel die Malerei. Noch bis heute ist es im katholischen Spanien nicht möglich, Francesco Goyas *«Nackte Maja»* auch nur als Postkarte auf der Ladentheke zu handeln; das Bild gilt selbst 200 Jahre nach seiner Entstehung immer noch als Pornographie. Umsonst die Versicherung der Kunstkritiker, die zu diesem Gemälde bewundernd vermerken: «Goya wußte wie kein zweiter den Eindruck von Masse, Körperlichkeit und Gewicht hervorzurufen. Er ließ sich jedoch durch die Feinheit der Mittel, die zarten perlmuttfarbenen Töne der Haut und die fast ornamentale Kühnheit der Umrisse, die anschauliche Darstellung der lebensvollen Formen nicht zu krassem Realismus verleiten ... Die weiche, bequeme Haltung der Maja, ihr offener, auf den Betrachter gerichteter Blick, der völlige Gleichgültigkeit gegenüber ihrer Nacktheit ausdrückt ..., ließen das Bild zu einem der berühmtesten Werke der spanischen Malerei werden.»[24] Läßt sich die Doppelmoral klerikal verordneter Prüderie drastischer ausdrücken als durch das frivole Spiel, das Goya selber ironischerweise inszenierte, indem er, sozusagen als «Vorhang» vor dem Bild seiner Geliebten, die *«Bekleidete Maja»* malte und beide Bilder abwechselnd im Madrider Palast ausstellen ließ?[25]

Oder nehmen wir die Bilder von AUGUSTE RENOIR, diesem Verehrer und Verklärer nackter Frauenkörper. «Ich», meinte er, «stelle meinen Gegenstand so hin, wie ich ihn haben will. Dann fange ich an und male wie ein Kind. Ich möchte, daß ein Rot wie der Klang einer Glocke tönt. Gelingt es mir beim ersten Male nicht, dann nehme ich noch mehr Rot und andere Farben, bis ich es habe. Klüger bin ich nicht. Ich habe weder Regeln noch Methoden. Jeder kann mein Material prüfen oder mir beim Malen zuschauen – er wird sehen, daß ich keine Geheimnisse habe. Ich betrachte einen nackten Körper; ich sehe unzählige winzige Farbtupfer. Ich muß diejenigen herausfinden, die das Fleisch auf meiner Leinwand zum Leben und zum Schwingen bringen. Heutzutage will man alles erklären. Aber wenn man ein Bild erklären könnte, wäre es kein Kunstwerk ... Das Kunstwerk muß den Betrachter packen, sich um ihn legen und mit sich fortreißen. In ihm vermittelt der Künstler seine Leidenschaft, es ist der Strom, den er aussendet und durch den er den Betrachter in seine Passion einbezieht.»[26] Was Wunder also, daß RENOIR zu den am meisten «verführerischen», zu den sexuell am meisten stimulierenden Malern zählt? «Wenn ein Maler das richtige Gefühl für Brüste und Hinterpartien besitzt, dann kann ihm nichts mehr passieren.»[27] Wirklich! RENOIR verstand niemals, wie man seine Bilder frivol oder anstößig finden konnte; «für ihn waren sie geradezu eine Anbetung – ein unmittelbarer und ehrfürchtiger Widerhall dessen, was ihm als höchster Ausdruck der Natur erschien».[28] Und eben: Diese kindliche Naivität des Staunens und Bewunderns nicht nur auf der Leinwand, sondern *im Leben* wiederzugewinnen, das wäre die rechte Art, um «Augen» zu erhalten, die «rein» genug sind, Gott zu schauen, und Hände, «rein» genug, ihn zu ertasten. Einen Menschen zu betrachten wie ein lebendes Kunstwerk, durchweht vom Atem der Liebe, durchglüht von der Stimme der Sehnsucht, umhüllt von einem Schleier des Göttlichen, der ihm niemals genommen werden kann – es wäre der beste *Schutz* davor, die Enthüllung des Leibes als Entblößung der

Seele erleben zu müssen oder die Hingabe der Seele als Preisgabe des Ich zu erfahren, es wäre der Anfang einer Rückkehr zum Ursprung, da «der Mann und sein Weib nackt waren, und sie schämten sich nicht» (Gen 2,25).[29]

Oder man lese, zum dritten, um über die Malerei die *Dichtung* nicht zu vergessen, in den Novellen GUY DE MAUPASSANTS, die über Jahre hin wie selbstverordnete Medikamente gegen die unentrinnbaren Qualen der Syphilis entstanden sind.[30] Immer wieder wird man dort die Verzückungen der Leidenschaft, den Schmerz der Enttäuschung, die Melancholie des Alterns durchleben und durchleiden, und Seite für Seite wird man dabei ein Stück falscher Scham, obsoleter Prüderie und eitler Voreingenommenheit abstreifen lernen; man wird etwas einüben von jener Freiheit des Blickes, die Menschen sieht, wie sie sind – in ihrer Häßlichkeit und in ihrer Schönheit, in ihrem Kleinmut und in ihrer Größe, in ihrer Kauzigkeit und in ihrer Tragik, in ihrer Frivolität und in ihrer Fähigkeit zu lauterer Freude, in ihrem verzweifelten Suchen nach Liebe und in ihrem Scheitern und Zerbrechen, und man beginnt in all dem, die Wirklichkeit reicher zu sehen und sich ihr gegenüber weniger zu verschließen; man gewinnt, je länger man liest, unter Weinen und Lachen schließlich für sich selber eben solche verträumten, *dichterischen* Augen, die nicht müde werden zu schauen und zu schauen: die Wolken und das Wasser, die Bäume und die Wiesen, das Meer und die Schiffe und immer wieder das Schönste, was es für einen Menschen auf Erden zu sehen gibt: die malerischen Gestalten der Frauen. – «Die reinen Herzens sind, werden Gott schauen», so ist es wortwörtlich; doch kein Gedanke, durch Selbstverstümmelung der Hölle zu entgehen, ist damit vereinbar (Mt 5,30).[31]

Gewiß, der Einwand der sittenstreng Wachenden, der ängstlich Besorgten wird sofort lauten, was wohl bei soviel Freiheit aus der Ehe werden müsse? Die Ehe – das sei doch wohl das Ende des Suchverhaltens, des Werbens und des Kokettierens, die Ehe – das sei eine bedingungslose Bindung, ein Ja, das kein Nein mehr erlaube, eine Entscheidung, die keine Zurücknahme dulde. Es ist in der Tat diese Stelle der Bergpredigt, die (zusammen mit Mt 19,1–12) am meisten das kirchliche Verbot jedweder Ehescheidung motiviert hat – wir werden an gegebener Stelle darauf noch zu sprechen kommen. Doch hier bereits wird klar, daß man in einer solchen Interpretation der Stelle, die bis heute weiterwirkt, gleich zweierlei verkennt: *zum ersten:* Es ist – man kann es nicht oft genug sagen – definitiv *nicht* möglich, die Worte Jesu zur Grundlage eines kirchlichen Gesetzbuches zu nehmen; gerade *dagegen* hat Jesu sich am meisten verwahrt, Fragen des Lebens, statt von innen heraus, mit den Mitteln von Verordnung und Strafrecht lösen zu wollen[32]; alles, was Jesus in der Bergpredigt sagt, ist ein einziges klares *Veto* nicht nur gegen die Äußerlichkeit des *mosaischen* Gesetzes, sondern gegen die Äußerlichkeit jedes Gesetzes. Mit anderen Worten: wenn Fragen der Ehe sich nicht durch ehrliche Gefühle innerer Verbundenheit zwischen den Ehepartnern selbst beantworten lassen, dann wird ihnen kein noch so geheiligtes Gesetzbuch weiterhelfen können.

Und *zum zweiten:* Was Jesus in den Worten der Bergpredigt vor sich hat, ist mitnichten die Frage der Ehescheidung im heutigen «katholischen» Sinne; wovon er spricht, ist vielmehr das vermeintliche Recht der *Männer*, in einer (an sich polygamen!) Ehe ihre Frauen nach Belieben verstoßen zu können.[33] Dieser Freibrief der Willkür der Männer, sie könnten in jedem Falle ihre Frauen entlassen, stellt in den Augen Jesu kein gutes, kein göttliches Gesetz dar, sondern es läuft seiner Meinung nach auf einen klaren Verstoß gegen das 6. Gebot hinaus, das da heißt: «Du sollst nicht ehebrechen» (Ex 20,14).[34] Was Jesus hier bekämpft, ist der gesetzlich legalisierte Ehebruch einer reinen Männerherrschaft über die Frauen beziehungsweise, umgekehrt gewendet, die völlige Rechtlosigkeit der Frauen gegenüber der Willkür ihrer Männer. Vorstellungen und Verhältnisse dieser Art wollte Jesus mit seinen Worten unterbinden – zum Schutz der Frauen und zum Schutz der Ehe.[35] Was aus diesem Appell Jesu hervorgehen könnte und sollte, zielt allemal auf eine größere Fairneß im Umgang miteinander, es verlangt ein *mehr* an Ehrlichkeit, Offenheit, Gesprächsbereitschaft und Vertrauen; ja, wer aus dieser Stelle ein Votum zugunsten der *Gleichberechtigung* von Mann und Frau herauslesen wollte, hätte im Sinne Jesu gewiß so unrecht nicht. Doch was man aus dieser Stelle sicher nicht ableiten kann, das ist die Verfügung des *Codex Juris Canonici* der katholischen Kirche in der Ausgabe vom 1. Adventssonntag 1983, Canon 1060: «Die Ehe erfreut sich der Rechtsgunst; deshalb ist im Zweifelsfall an der Gültigkeit der Ehe so lange festzuhalten, bis das Gegenteil bewiesen wird.»[36] Denn mit einer solchen Verordnung kehrt man den Willen Jesu geradewegs auf den Kopf, indem man zur Bekämpfung *individueller* Willkür selber zu den Mitteln einer *kollektiven* Rechtswillkür greift. Wenn Eheleute nach Jahren des Ringens erklären, daß sie miteinander nicht mehr leben können, das heißt, wenn es zumindest einer der beiden Partner von sich her unzweideutig so sagt, dann hat das nichts zu tun mit «Willkür»; dann liegt hier kein Fall vor, an dem irgendeine Rechtsabteilung der kirchlichen Verwaltungsbürokratie «Zweifel» anzumelden hätte, dann geht es ganz einfach darum, daß die Kirche ihren eigenen Gläubigen Glauben schenken muß, und sie in ihrer Hilflosigkeit nicht noch zusätzlich vor Gott und den Menschen als Schuldige, ja, als offensichtliche Sünder verurteilt und vom Sakramentenempfang ausschließt. Es ist nicht möglich, wie die Rechtsprechung der katholischen Kirche es bis heute versucht, das «Rechtsgut» der Ehe immer wieder gegen die Eheleute selber zu «verteidigen» – «Ehebandverteidiger» heißt denn auch in den kirchlichen Scheidungsprozessen der Mann, der als Ankläger gegen den Scheidungswillen katholischer Eheleute aufzutreten hat. Deutlicher als in den Fragen der Liebe jedenfalls kann die psychische Grausamkeit eines Denkens in bloßen Rechtsbegriffen nicht in Erscheinung treten. Denn: wohl ist es richtig, daß man der Willkür im Umgang mit Menschen wehren muß, und ohne Zweifel war es das, was Jesus gegenüber dem mosaischen Gesetz einbringen wollte. Doch wer in der Liebe willkürlich ist, der ist seelisch ein kranker Mensch; dem helfen keine Gesetze, dem hilft selber nur die Liebe. Und das ist es, was die Kirche heute selber über den Wortlaut des Matthäusevangeliums hinaus aus dem Munde Jesu lernen müßte.

Mt 5,33–37
Du sollst nicht schwören

Jedes Wort Jesu in der Bergpredigt hat die Macht, eine ganze Welt zum Einsturz zu bringen und eine neue Welt hervorzubringen, soeben in der Frage von Mord und Zerstörung, von Ehebruch und Wollust, jetzt in der Frage von Lüge und Wahrhaftigkeit.[1]

Wohin wir auch schauen, finden wir die Praxis des *Eides.* In besonders wichtigen, für das Zusammenleben der Gesellschaft zentralen Punkten und Augenblicken verlangt man von jemandem, der ein öffentliches Amt bekleiden will oder eine öffentliche Funktion wahrnehmen soll, daß er in Staat und Kirche einen Eid ablegt auf die Verfassung, als Soldat auf die Fahne, als ein Mann der Kirche auf die Bibel. «Ein Eid, das ist die Anrufung des göttlichen Namens als Zeugen für die Wahrheit», heißt es.[2] Was eigentlich hat Jesus gegen eine uns so geläufige, fast alltägliche Praxis einzuwenden?

Die Antwort fällt nicht schwer: Solange in der Kirche verlangt wird, einen Eid abzulegen, gründet eine solche Kirche sich selber nicht auf die Haltung jenes Vertrauens, durch welches Wahrheit und Wahrhaftigkeit allererst möglich würden.[3] Solange ein Staat verlangt, daß seine Beamten ihre Treue eidesstattlich versichern müssen, setzt er die Untreue und den Verrat wie etwas Normales schon voraus. Müssen wir Menschen wie ganz normal und alltäglich mit der Lüge leben, und soll die Wahrheit nur ausnahmsweise zu verordnen sein, so daß sie erscheint wie eine Insel mitten in der Sintflut? Das ist das eigentliche Problem.

Tatsächlich spricht vieles dafür, daß, solange der Kampf ums Dasein währt, die Tricks und die Finten, die Lügen und Intrigen zum ganz normalen Handwerkszeug der Überlebensstrategie zählen. Die Natur ist überaus erfinderisch im Hervorbringen von Täuschungen und Ablenkungen. Sie hat in den Verfahren der Mimikry Lebewesen hervorgebracht, die völlig harmlos sind, aber die Gestalt von scheinbar höchst bedrohlichen, tödlich giftigen Lebensformen annehmen; umgekehrt können wirklich gefährliche Lebewesen sich mit dem Kleid der Harmlosigkeit tarnen.[4] Es gibt Lebewesen, bei denen der Kopf dort sitzt, wo wir den Schwanz vermuten würden, und umgekehrt[5]; ja, man könnte meinen, je höher das Leben im Verlauf der Entwicklung voranschreite, desto mehr wachse der Umfang von Lug und Betrug, fast nach der Regel: je intelligenter, desto verschlagener und trickreicher.[6] Vom Körperbau her verlagert sich die Lüge im Verlauf der Evolution offenbar zunehmend ins Verhalten, und je schlauer Lebewesen werden, desto mehr Witz und Klugheit wenden sie darauf an, den anderen hereinzulegen. Unsere Hauskatze zum Beispiel nennen wir hinterlistig, aber sie ist eigentlich zu dumm, um lügen zu können; sie kratzt und beißt erst dann, wenn sie auf jede ihr nur erdenkliche Weise uns vorher gewarnt hat.[7] Unser Haushund hingegen vermag wirklich ein falsches Bild von sich abzugeben; er vermag, sich schläfrig zu stellen, während er hellwach ist, reumütig zu tun, während er eigentlich froh ist, eine bestimmte Beute gemacht zu haben – er hat nicht umsonst schon über 15000 Jahre an der Seite von Menschen gelebt.[8] Denn in Wahrheit virtuos in der Lüge sind erst wir Menschen, so sehr, daß wir kaum wüßten, wie wir miteinander leben sollten ohne die Anweisungen der Mode, des Anstands, der Kultur und der Sitte, die uns allesamt zwingen, anders zu scheinen, als wir wirklich sind, uns anders zu geben, als wir es wirklich meinen, anders zu sprechen, als wir handeln, und im ganzen Menschen zu sein, die aus lauter Angst sich der Wahrheit nicht getrauen.[9] Spätestens von dem Zeitpunkt an, als die Menschen zu Hunderten und Tausenden in Dörfern und Städten zusammenzusiedeln begannen, muß die Lüge explosionsartig zugenommen haben.[10] Wenn Menschen dicht an dicht wohnen, müssen sie sich voreinander schützen, und die Lüge ist gewissermaßen die Waffe der Hilflosen.[11] Manch ein Menschenfreund möchte gar denken: besser doch, sich aneinander vorbeizumogeln, als ständig sich aneinander zu reiben. Was also hat Jesus gegen etwas so Verbreitetes wie Eid und Lüge einzuwenden? Und ist er nicht ein Träumer, wenn er die ganze Welt verpflichten will auf die Wahrheit und nichts als die Wahrheit?

Tatsächlich kann man mit der Lüge sehr weit kommen, nur wird man mit ihr niemals bei sich selbst ankommen. Da ist ihr eigentliches Problem. Sooft wir mit der Unwahrheit einen Augenblicksvorteil zu erlangen suchen, legen wir unsere Umgebung ein Stück mehr auf eine vorgetäuschte Wirklichkeit unseres Lebens fest. Wir können, womöglich aus Schamgefühl, nach außen uns sehr viel besser geben, als wir wirklich sind[12]; aber gerade wenn wir recht erfolgreich in der Lüge geworden sind, *glauben* die anderen uns schließlich den Standard, den wir selber eingeführt haben. Fortan müssen wir so sein, wie wir es eben noch vorgetäuscht haben, und von diesem Moment an wächst der Abstand zu uns selber mit jeder Lüge ein bißchen mehr. Am Ende möchte man schon wieder die Tiere beneiden, die nur mit ihrem Körper lügen können. Wir Menschen haben es dahin gebracht, daß einzig die Körpersprache bei uns noch relativ intakt ist; sie ist so wahr geblieben, daß schließlich nur sie noch über die Notsignale der Krankheit die verborgene Wahrheit unseres Lebens trotz allem zur Geltung zu bringen vermag. Am Ende erinnern uns überhaupt nur noch unsere körperlichen Beschwerden an die Wahrheiten, die wir ständig verleugnen, und unser Körper spricht zwangsweise die Wirklichkeiten aus, die wir freiwillig nicht wahrhaben wollen oder nicht wahrhaben können.[13] Ja, wir vermögen es dahin zu bringen, daß schließlich unsere ganze Lebensgrundlage nicht mehr stimmt. Der Beruf, in den wir uns hineinmanövriert haben, die Ehe, in der wir leben, die vielfältigen Strategien, zu überleben, die wir uns zu eigen gemacht haben – sie alle können schließlich auf einer einzigen Lebenslüge gründen, und sogar die Moral ringsum wird uns dann versichern, es sei förmlich unsere Pflicht und Verantwortung, nur immer weiter in der Lüge des Erfolgs und der Anpassung fortzufahren.

Das ist das Problem der Wahrhaftigkeit. Es stellt sich im Sinne Jesu nicht als eine moralische Forderung – man kann nicht durch die Welt laufen und jedem sagen: Äußere dich fortan nur noch in Wahrhaftigkeit. Die wirkliche Kunst besteht darin, wie man in dem anderen ein Vertrauen erweckt, es sei auch ihm erlaubt, sich ohne Schaden zu seiner Wahrheit zu bekennen. Das wirkliche Problem ist, wie wir aufhören können, dahinzuleben in der Verhaltenspsychologie von Wölfen und Hunden. Noch scheinen wir nichts weiter zu sein als sprechende Tiere. Aber was könnten wir sein, würden wir damit beginnen, gläubige Menschen zu werden!

Das offenbar ist der Punkt, weswegen Jesus sich jede Eidesleistung verbittet. Jede Eidesleistung besteht darin, am Ende sogar aus *Gott* ein Schreckmittel, einen Popanz zu machen, den man einführt, um Menschen in Zeit und Ewigkeit mit Strafandrohungen zu überziehen für den Fall, daß sie selbst in bestimmten Ausnahmesituationen immer noch die Unwahrheit sagen würden. Auf diese Weise, meint Jesus, zerstört man die letzte Grundlage, die es ermöglichen könnte, Wahrheit in unser Leben zu bekommen.[14] Wenn wir schon andere Menschen so fürchten wie Tiere im Kampf ums Dasein ihre Beutegreifer, dann bleibt uns doch nur noch dieser unsichtbare Hintergrund unseres Lebens, den wir Gott nennen, um ein Vertrauen wiederzugewinnen, das es uns erlaubt, als Mensch dem anderen Menschen offen, ohne Tarnkleid, ohne Mimikry und Mummenschanz, in Wahrheit gegenüberzutreten. Einzig Gott könnte ein solches Vertrauen in unserem Leben begründen, daß wir der Menschenfurcht vergäßen. Deshalb verbittet Jesus es sich kategorisch, daß wir sogar noch Gott zum Garanten der bürgerlichen oder kirchlichen Strafordnung erniedrigen und die Religion einsetzen, um die Normalität der Lüge in gewisser Weise lebbar zu machen. So lebt man nicht als Mensch, meinte Jesus, und so hat Gott uns nicht gemeint.

Zur Debatte steht die gesamte Grundlage, auf der menschliches Zusammenleben sich gründen kann. Solange es nötig ist, daß Gruppen Gewalt gegen sich selber ausüben, um ihre Gruppenmitglieder im eigenen Verband zusammenzuhalten, wird die innere Gewalttätigkeit des Zusammenlebens am Ende an den eigenen Versteinerungen zugrunde gehen.[15] Die Kirche aber muß 2000 Jahre nach diesen Worten Jesu wissen, was sie will. Will sie wahrmachen, was Jesus ihr verheißen hat: sie sei die einzige menschliche Gruppe, die im Verlauf der Geschichte von der Macht des Untergangs nicht berührt werde, anders als jede menschliche Gruppenbildung sonst (Mt 16,18), dann muß sie sich bekennen zum Prinzip des Vertrauens anstelle von Angst, Kontrolle, Rückversicherung und Eid.[16] Dann hilft im Raum der Kirche nichts, als diese Worte Jesu unbedingt ernst zu nehmen. Dann ist es immer noch besser, ab und an belogen zu werden, als prinzipiell das Zusammenleben der gesamten Gruppe auf die Voraussetzungen der Lüge und auf den rechtlich durch die Eidespflicht geregelten Abwehrkampf gegen die Lüge zu gründen. So dachte Jesus: wir könnten nur gewinnen mit der Wahrheit; dächten wir hingegen wie die Tiere, wir würden nur überleben mit Tricks und Finten, so wären wir buchstäblich Gottverlorene.

Das Leben könnte im Sinne Jesu sehr, sehr einfach sein: das Ja ein Ja, das Nein ein Nein. Wir sollten, wenn das zutrifft, dem anderen zutrauen, daß er uns mögen kann für das, was wir *wirklich* sind. Und dann sollten wir damit aufhören, wie seit den Tagen Adams und Evas ständig zu glauben, wir könnten nur um den Preis der Unwahrheit uns jenes Maß an Anerkennung, Achtung und Zuwendung ermogeln, das wir brauchen würden, um zu leben. Gott hat uns liebenswert genug gemacht, daß wir dem anderen zeigen können, wie wir wirklich sind.

Freilich müssen wir uns entscheiden; denn ständig stehen wir vor der Wahl zwischen Menschenfurcht und Gottvertrauen. Es ist dieselbe Wahl wie die zwischen Lüge und Wahrheit. Das heißt: auch hier gibt es eigentlich keine «Wahl» – die Alternative ist gar zu ungleichgewichtig. Immer wieder zwar scheint die Lüge einen erleichternden Ausweg zu bieten, und immer wieder auch scheint es eine Überforderung darzustellen, in Momenten der Scham und der Schande, der Gefahr und der Angst, des greifbaren Vorteils oder des drohenden Schadens die Wahrheit zu sagen; doch in Wirklichkeit stellt die Ableistung von Eiden zur Sicherung der Wahrheit eine weit größere Überforderung des Einzelnen dar. Der Eid (und das Gelübde) zwingt zu Erklärungen und Versprechen, deren Bestätigung oder Einhaltung von dem Einzelnen beim besten Willen nicht zu garantieren ist. Mit Hilfe des Eides möchte die Gemeinschaft (der Staat, die Kirche) seiner Mitglieder in Gegenwart und Zukunft sicher sein.[17] Doch dem Menschen gehört die Unabgegoltenheit seiner Freiheit, die Offenheit und Unwägbarkeit seines Lebens, die Nicht-Festlegbarkeit seines Daseins. Kein Mensch darf oder kann sich vermessen, zu sagen: So bin und so bleibe ich; oder er vermißt sich, etwas zu garantieren, das allein bei Gott steht. Kein Mensch ist Herr seiner Zukunft, kein Mensch kann wissen, was aus ihm wird, und eine Gesellschaft, die eines ihrer Mitglieder zum Eid zwingt, ist dabei, sich selber göttliche Befugnisse und Fähigkeiten zuzuschreiben; es ist nicht nur, daß sie selber Gott als den Garanten menschlicher Macht für sich beansprucht, schlimmer ist, daß sie den Einzelnen zwingt, seine faktische Ohnmacht gegenüber der staatlichen oder kirchlichen Gewalt durch die Beanspruchung einer fiktiven gottähnlichen Allmacht zu kompensieren.[18] Mit anderen Worten: der Eid verhindert nicht die Lüge, er ist selber nichts als Anmaßung und Lüge.

Und er ist nicht zuletzt eine Verfälschung des Wesens Gottes. Als Moses am brennenden Dornbusch den Gott Israels fragt: «Wie heißt Du» beziehungsweise «Wer bist Du», wird ihm keine andere Antwort als: «Ich bin da, als der ich da sein werde» (Ex 3,14).[19] Der Gott der Bibel ist kein Objekt theologischer Festlegungen und Definitionen; er ist nichts, das man aus der Vergangenheit als «bekannt für alle Zeiten» festlegen könnte; er ist ganz im Gegenteil der Grund und die Wirklichkeit absoluter Personalität und Freiheit. Von dem Gott der Bibel, von dem «Vater» Jesu zu erwarten, er legte sich auf irgendeine Zukunft fest, ist schlechterdings Verrat an Gott, ist Blasphemie, ist Gotteslästerung. Wohl ist es wahr: Jede Art von Hoftheologie legt großen Wert darauf, Gott selber Eide in den Mund zu legen: in 2 Sam 7 zum Beispiel erklärt Gott durch den Propheten Nathan unter Eid, er werde den Thron Davids für alle Zeiten stützen[20]; für unmöglich mußte es theologisch daher gelten, daß Gott selber einmal den Untergang des Königtums betreiben werde. Doch genau diese «Unmöglichkeit» wurde in den Tagen des Propheten Jeremia Wirklichkeit. Was Gott dem Menschen sagt, ist stets gesprochen in die Gegenwart heute; für alles, was morgen sein wird, muß gelten, was Jesus wenige Sätze später in der Bergpredigt sagen wird: «Sorgt euch nicht auf das Morgen hin, denn das Morgen wird um sich selber sorgen. Genug dem Tag sein eigen Übel!» (Mt 6,34) Es muß genügen, im Vertrauen auf Gott selber Wahrhaftigkeit zu lernen. Wer mehr will oder fordert, betritt von sich her wie von selbst das Feld der Lüge.

Offen bleibt freilich dann auch hier das psychologisch ungelöste Problem, wie Menschen fähig werden, so zu sprechen, wie Jesus es an dieser Stelle will: das Ja ein Ja, das Nein ein Nein. Relativ einfach mag es noch scheinen, die Wahrheit zu *sagen;* weit schwieriger ist es, so wahr zu *werden,* daß die Beziehung zu sich selbst und zu anderen Menschen nicht die ständige Verlogenheit geradezu braucht, aus der unvermeidbar dann immer neue Lügen entstehen.[21] Erneut helfen hier keine moralischen Gebote und Zwänge weiter. Wie lehrt man einen Menschen, seine inneren Spaltungen und Doppelbödigkeiten zu überwinden? Wie vieles ist unwahr nicht erst in den Worten, die wir sprechen, sondern in unserem ganzen Verhalten und Gehabe? Insbesondere die *Psychoanalyse* hat gezeigt, daß der gesamte Charakteraufbau eines Menschen auf Täuschung und Lüge beruhen kann.[22] Wie aber führt man jemanden dahin, die Verdrängungen und Verformungen zu revidieren, die ihn seit Kindertagen geprägt haben? Wie baut man die oft genug tragische Dialektik ab, die zwischen Gehemmtheit und Haltung besteht?[23] Wie oft glauben Menschen subjektiv, einer guten Sache zu dienen, und tragen doch nur dazu bei, das Gegenteil des Gemeinten zu erreichen? Wenn es stimmt, daß viele Krankheiten im Bereich der Psychosomatik so etwas wie eine Ersatzsprache der Wahrheit inmitten eines Feldes der Lüge darstellen, dann läßt sich Wahrhaftigkeit nicht fordern noch befehlen, dann ist sie das Ergebnis eines Wunders der Heilung. Nur ein Mensch, der mit sich selbst im Einklang ist, vermag im Reden und Handeln mit sich identisch zu sein; nur bei ihm ist das Ja ein Ja, das Nein ein Nein; außerhalb davon aber leben die Menschen unter dem Diktat der Angst, wie in Babylon (Gen 11,1–9)[24], indem sie immer wieder sagen müssen, was sie selbst nicht meinen, und wiederum nicht meinen können, was sie sagen. Die Reifung zur Wahrhaftigkeit ist der lange wunderbare Weg eines allmählich wachsenden Vertrauens, der durch keinen Zwang von außen abzukürzen ist.

Ein Mann zum Beispiel, der sich in der Arbeit seinen Kollegen gegenüber oft abweisend und brummig verhielt, erinnerte sich während eines Gesprächs einmal daran, daß er in dieser Weise schon seine Mutter abgefertigt hatte. «Sie kam immer wieder plötzlich in mein Zimmer», berichtete er, «und fing dann unentwegt an zu erzählen. Ich konnte ihr nicht sagen: Hör auf damit, oder: Erzähl das meinem Vater, sie tat mir irgendwie leid, und ich hätte Schuldgefühle gehabt, mit ihr in dieser Art zu reden; statt dessen fing ich demonstrativ an zu lesen oder zu schreiben oder Musik zu hören, sie aber redete immer weiter.» Es sind wirklich ganz oft solche Mischungen aus Angst vor dem Ja und aus Schuldgefühlen vor dem Nein, die zu allen möglichen Unklarheiten und

Unaufrichtigkeiten führen: zu einer Rücksichtnahme, die einer Abwehr gleichkommt, zu einer Brummigkeit, die ein verhaltenes Nein ersetzen soll usw. Es ist so schwer, eine wirklich klare, erwachsene, eindeutige Sprache und Verhaltensweise zu lernen; die Verwirrung der Gefühle und Motive aber erschafft ein Feld von Ausreden und Lügen.

Wer indessen in Sorge um das Allgemeinwohl immer noch meint, er müsse eben deshalb auf bestimmte Garantien der Wahrheit dringen und könne im Interesse der Allgemeinheit nicht auf die Verpflichtung des Einzelnen zur Eidesleistung verzichten, der sei darauf hingewiesen, daß das private Leben des Einzelnen heute wohl weit weniger verlogen anmutet als die Handlungsweise der Regierenden. Gerade das Interesse des Allgemeinwohls scheint immer noch die Lüge nicht nur zu erfordern, sondern geradewegs zu rechtfertigen. Jeder Parteienvorteil, jeder Stimmenfang, die Art der Propaganda verwandeln selbst die Wahrheit in ein Instrument der Macht, verwandeln den Fluß der Information in eine Ware auf dem Markt der Medien und machen sie zu einer Waffe in den Händen der Meistbietenden. «Handle so, daß die Absicht deines Handelns jederzeit öffentlich bekanntgemacht werden könnte» – mit dieser Regel der Publizität glaubte IMMANUEL KANT das Formalprinzip der Moralität alles öffentlichen Handelns ausgedrückt zu haben.[25] Statt daß die Regierenden in Staat und Kirche sich ihrer Untertanen mit Hilfe des Eides zu versichern suchten, scheint es längst schon an der Zeit, daß die Bürger oder Gläubigen von ihren Oberen verlangen, sie ernst zu nehmen und den Kantischen Imperativ der öffentlichen Moral: *das Gesetz der Öffentlichkeit* selber einzuhalten. Wüßte die Öffentlichkeit, was Hunger und Elend in der Dritten Welt bedeuten, so fände eine Politik gewiß ihr Ende, die immer noch den Egoismus des eigenen Volkes, der eigenen Partei, der eigenen Gruppe favorisiert; wüßte die Öffentlichkeit, was ein moderner Krieg heute anrichtet, er könnte spätestens seit Vietnam nicht mehr geführt werden; wüßte die Öffentlichkeit, wer wirklich verdient an den Geschäften des Todes und der Vorbereitung des Tötens, so bräche noch heute die Rüstungsindustrie zusammen; wüßte die Öffentlichkeit, welche Pläne vor einer Wahl ausgeheckt werden, sie wählte nicht diejenigen, die sie am geschicktesten belügen; wüßten die Gläubigen in der Kirche, was die klerikale Führungselite der Priester und Prälaten wirklich denkt, fühlt, meint und glaubt – es bräche die gesamte innerkirchliche Kontrollhierarchie noch heute zusammen. Wahrhaftigkeit als die Grundform der Herrschaft Gottes in der Öffentlichkeit – das wäre das Ende der Lüge in Kirche und Gesellschaft, das wäre der Anfang wirklicher Demokratie, das wäre die Abschaffung des Eides in jeglicher Form. Er wäre einfach überflüssig. Er ist ganz einfach überflüssig zugunsten einer menschlicheren Kultur des öffentlichen Umgangs miteinander.

Vor allem aber ersieht man hier etwas, das grundlegend die Bergpredigt prägt: Alles, was Jesus sagt, versteht man ganz leicht, wenn man es aus der Sicht der Bedürftigen, der Niedrigen, des «Volkes» liest; für sie ist es Stelle für Stelle Befreiung, Aufrichtung und Ermutigung. Doch wie ohne es zu wollen, stürzt es die bestehende Machtordnung um und entzieht den Regierenden die Grundlagen von Gewalt, Korruption und Lüge. An sie muß man die Texte adressieren, und es wird der ganze Aufruhr deutlich, den diese Worte enthalten.

Mt 5,38–48
Das Böse überwinden durch das Gute

a) 5,38–39
«sondern wenn dich einer auf die rechte Wange schlägt, dann halte ihm auch die andere hin.»

Es gibt Worte von der Sanftheit eines Föhnwinds und der Zerstörungskraft eines Taifuns. Dieses zählt dazu: «Ich sage euch: Überhaupt nicht reagieren auf den Bösen, sondern: Wer dich auf die rechte Wange schlägt, dem halte auch die andere hin.»[1] Man muß dieses Wort nur einmal so ernst nehmen, daß die Selbstverständlichkeit erschüttert wird, mit der man auch im Christentum unter bestimmten Umständen immer noch gewisse Abstriche und Ausnahmen davon machen zu können glaubt, man muß dieses Wort Jesu nur einmal so wörtlich nehmen, wie es gesagt und doch wohl auch gemeint ist; dann ist deutlich, daß es weder im privaten noch im öffentlichen Bereich vorderhand menschenmöglich scheint, so zu denken oder gar sich so zu verhalten, wie es Jesus hier fordert. Es ist ein Wort, das offenbar mit Absicht alles in Frage stellt, was wir im politischen ebenso wie im persönlichen Umgang miteinander für unser verbrieftes und gottgewolltes Recht erklären.[2]

Im öffentlichen Bereich ist es scheinbar das erklärte Recht, ja sogar die Pflicht aller Staaten, ihre Bürger davor zu schützen, daß «der Böse», ein «Aggressor», sie «auf die Wange schlägt», und noch mehr und erst recht gilt, sie davor zu bewahren, womöglich auch noch die andere Wange hinhalten zu müssen. Die Verhinderung des ersten Schlages des Gegners oder gar die Fähigkeit zum eigenen präventiven Erstschlag, mindestens aber die Drohung des Vergeltungsschlages – darauf beruht zum Beispiel seit Jahrzehnten die gesamte «Sicherheitspolitik» oder, besser, «Abschreckungspolitik» der Großmächte.[3] Auf dieser Welt gibt es kein Volk und kein Staatsgebilde, es müßte denn Tausende von Jahren hindurch von der übrigen Geschichte getrennt und durch Tausende von Meilen Meer oder Wüste von den umgebenden Völkern entfernt sein, in dem nicht auch heute noch wie selbstverständlich alle Jungen im Alter von 18 bis 25 Jahren dazu herangebildet würden, so automatisch wie im Programm bedingter Reflexe zu Automaten des Todes zu werden; sie müssen und sollen willens werden, *als Soldaten* im Namen von Volk und Vaterland pflichtgemäß, notfalls unter Androhung von Ehrverlust und Hinrichtung, auf die denkbar rationellste, sauberste und effektivste Art Menschen, so viele als nötig, prompt und gehorsam zu vernichten, gezielt oder unterschiedslos, ganz wie die Umstände es verlangen. In der dunkelsten Zeit der deutschen Geschichte konnte sogar ein hochgradiger Neurotiker, den man den «Führer» nannte, aussprechen, was damals fast alle dachten und empfanden: «Ich bin Nationalsozialist und als solcher gewohnt zurückzuschlagen.» Das Gefühl der Ohnmacht und der Angst nebst der daraus resultierenden Explosion tödlicher Gewalt – das war das ganze Geheimnis des braunen Spuks noch vor 50 Jahren hier in Deutschland.

Doch viel spukhafter noch als der Faschismus damals ist die eklatante Tatsache, daß es offenbar nirgendwo auf der Welt bis heute einen Glauben oder eine Kraft gibt, die imstande wäre, diesen Kreislauf aus Angst und Gewalt zu durchbrechen. Selbst die Kirche hat zu der scheinbar selbstverständlichen Praxis von Angst und Terror, von Gegengewalt und Gegenterror seit 1700 Jahren kein wirklich kritisches offizielles Wort mehr gefunden. In ihrer amtlichen Sprache jedenfalls konnte sie noch Mitte der 50er Jahre durch Papst Pius XII. sagen lassen, im Falle eines gerechten Krieges habe kein Katholik das Recht, mit Berufung auf sein Gewissen den Kriegsdienst zu verweigern.[4] So ist das gewesen noch 1956, und es hat sich erst geändert 1964 auf dem 2. Vaticanum durch die merkwürdige Kompromißformel, es gebe einen Friedensdienst mit der Waffe und einen Friedensdienst ohne die Waffe – ganz so, als wäre beides gleichwertig und als gäbe es auch im Sinne Jesu nach wie vor gute Soldaten und gerechte Kriege.[5] Gewiß, rein politisch betrachtet, ist es schwer zu sehen, wie man als Staatsmann in Anbetracht der Umstände einer bestimmten Zeit anders handeln könnte, als indem man ein gewisses Maß an Verteidigungsfähigkeit aufrechterhält. Er, Jesus, aber hat eine andere Sicht der Dinge vertreten; er wollte gegen die Gewalt endgültig nicht mehr die Gegengewalt, sondern die Gewaltlosigkeit, ja, die Wehrlosigkeit setzen. Das zu sagen, gebietet zumindest die Ehrlichkeit, wenn es darum geht, die Worte Jesu auszulegen. Nur: was dann?

Es war Blaise Pascal, der auf die Fragwürdigkeit hinwies, mit der die menschlichen Gemeinschaften sich das Recht nehmen, im Namen der Wahrheit Gesetze zu erlassen, die das Licht der Wahrheit nur verdunkeln können, indem sie die unmenschlichsten Handlungen als vereinbar mit dem göttlichen Willen hinstellen. Er schrieb: «Worauf wird der Mensch die Einrichtung der Welt, die er beherrschen will, gründen? Auf die Laune des einzelnen? Was für eine Verwirrung! Auf das Recht? Er kennt es nicht! – Sicherlich. Kennte er es, so würde man niemals diesen Grundsatz aufgestellt haben, der von allen Grundsätzen, die die Menschen kennen, der gewöhnlichste ist: daß jeder den Sitten seines Landes folgen solle; der Glanz der wahren Gerechtigkeit würde alle Völker bezwungen haben, und die Gesetzgeber hätten nicht an Stelle dieses unveränderlichen Rechtes die Hirngespinste und Launen von Persern und Deutschen zum Vorbild gewählt. Man würde das Recht in allen Staaten und zu allen Zeiten gehegt finden, während man so kein Recht und kein Unrecht findet, das nicht mit dem Klima das Wesen ändert. Drei Breitengrade näher zum Pol stellen die ganze Rechtswissenschaft auf den Kopf, ein Längengrad entscheidet über Wahrheit; nach wenigen Jahren der Gültigkeit ändern sich grundlegende Gesetze; das Recht hat seine Epochen, der Eintritt des Saturn in den Löwen kennzeichnet die Entstehung dieses oder jenes Verbrechens. Spaßhafte Gerechtigkeit, die ein Fluß begrenzt! Diesseits der Pyrenäen Wahrheit, jenseits Irrtum. – Man behauptet, daß das Recht nicht in diesen Gebräuchen liege, sondern in den Gesetzen des Naturrechts wohne, das allen Ländern gemeinsam sei. Sicher würde man hartnäckig auf dieser Ansicht bestehen, wenn die Willkür des Zufalls, die die menschlichen Gesetze unter die Menschen säte, wenigstens eines getroffen hätte, das allgemein gültig ist; der Scherz aber ist, daß sich die Menschen aus Laune so gründlich unterschieden haben, daß es keines gibt. – Der Raub, die Blutschande, der Mord an Kindern und Eltern, alles hat seinen Ort unter den tugendhaften Handlungen. Nichts kann lächerlicher sein, als daß ein Mensch das Recht hat, mich zu töten, weil er jenseits des Wassers wohnt und weil sein Fürst mit meinem Krieg führt, obgleich ich keinen Streit mit ihm habe!»[6] – «Weshalb töten Sie mich? – Weshalb? Wohnen Sie nicht jenseits des Wassers? Mein Lieber, würden Sie diesseits wohnen, wäre ich ein Mörder, und es wäre Verbrechen, Sie solcherart zu töten; da Sie aber am anderen Ufer wohnen, bin ich ein Held, und was ich tue, ist recht.»[7]

Wenn es so steht, haben alle staatlichen Gesetze Unrecht vor Gott, dessen einziges Gesetz in der Versöhnung der Menschen liegt; dann aber muß endlich Schluß damit sein, das brutale Schema von Gewalt und Gegengewalt, von Actio und Reactio als politische Vernunft zu definieren; dann kommt vielmehr alles darauf an, den ewigen Kreislauf von Angst, Haß, Zerstörung, Schmerz und Rache zu verlassen und nicht mehr Böses mit Bösem zu beantworten; dann geht es entscheidend darum, eine innere Freiheit zu gewinnen, die es erlaubt, von der Handlungsweise des andern sich nicht länger das Gesetz auch des eigenen Handelns vorschreiben zu lassen. Nur so wird Friede inmitten einer Welt der Unfreiheit und der Gewalt möglich werden. – So bereits im Bereich der *öffentlichen* «Ordnung».

Im privaten Bereich stellt sich das Paradox der Gewaltüberwindung durch Gewaltverzicht nicht minder deutlich. Jedes Mädchen zum Beispiel hat ein gewisses Recht darauf, daß der Junge an seiner Seite es beschützt, notfalls mit den Fäusten oder mit der Waffe. Es ist ein ungeschriebener Beweis der Männlichkeit, sich wehren und verteidigen, ja, im Grunde sogar auch erobern und in Besitz nehmen zu können.[8] Jahrmillionen der Evolution im Tierreich haben diese Definition der Männlichkeit begründet und offenbar auch im Menschen grundgelegt. Als ein wehrloser Schwächling muß demgegenüber gelten, wer sich nicht nach einer solchen Rollendefinition der Männlichkeit richtet. Von daher könnte man das Wort Jesu womöglich geradezu als eine Anweisung für lebensuntüchtige Schwächlinge verstehen. Es gibt ja Menschen, bei denen die Angst nicht nach außen, im Angriff, sich gewaltsam Luft macht, sondern bei denen umgekehrt die Größe der Angst die Flucht gebietet; solche Menschen sind *vor lauter Angst* wehrunfähig; sie sind so gehemmt und neurotisch, daß man ihnen fast nur wünschen kann, sie würden endlich fähig, ihre Aggressionsscheu, ihre Depressionen, ihre Rückzugsmentalität aufzugeben. Für solche Menschen muß das Wort Jesu: «dem halte auch die andere Wange hin» in der Tat wie eine gefährliche Rechtfertigung ihrer Gehemmtheit und Schwächen wirken, wenn sie nicht sogar schon als eine moralisch und taktisch bessere Überlebensstrategie in Geltung kommt. Auch dafür gibt es Beispiele schon im Tierreich. Wölfe im Zweikampf bedienen sich eines solchen Verhaltens: das unterlegene Tier wendet seine entblößte Halsschlagader dem stärkeren zu, und ein angeborener Instinkt verbietet es dem überlegenen Tier, den mörderischen Biß zu tun.[9] FRIEDRICH NIETZSCHE hat dementsprechend die christliche Moral so aufgefaßt: Wenn man die Worte der Bergpredigt ernst nähme, so meinte er, bedeutete die Ethik des Christentums eine Art Sklavenaufstand der Schwachen gegen die Starken, eine Diffamierung der großen und kräftigen Menschenraubtiere durch die Entarteten, durch die Mißgebildeten, sie wäre ein bloßes Räsonnement der Dekadenz, nichts weiter.[10] Tatsächlich hat NIETZSCHE in gewissem Sinne recht: Der neurotische Mißbrauch der Bergpredigt kann noch unnatürlicher und unmenschlicher wirken als die gewohnte Barbarei, als das vertraute Tierreich des Humanen. Nur muß man dabei sagen, daß jene Regel Jesu «dem halte auch die andere Wange hin» als Strategie zum Überleben wenig taugt: Menschen sind grausamer als Wölfe, und ihnen imponiert keine entgegengestreckte Halsschlagader; sie haben zu viel Verstand, um sich durch gewisse hemmende Instinkte von ihren Beschlüssen abbringen zu lassen. Wenn Menschen aufeinander einschlagen, dann oft genug und immer wieder bis zum Totschlag.[11]

Was also bleibt dann von dem Wort Jesu übrig: «Wer dich auf die eine Wange schlägt, dem halte auch die andere hin»? Wenn dieses Wort überhaupt einen Sinn haben soll, dann offensichtlich den, eine Stärke der Angstfreiheit zu dokumentieren, die unter Menschen etwas völlig Ungewöhnliches darstellt. Was von allen Worten der Bergpredigt gilt, zeigt sich hier besonders klar: Es handelt sich nicht um eine moralische Anweisung oder um ein juridisches Gesetz; es geht um etwas, das aus einer Sicherheit erwächst, die man einzig in Gott findet oder, anders gesagt, die man inmitten des Arsenals des Schreckens niemals finden wird.

In zwei Richtungen müßte eine solche Angstfreiheit gehen, wenn das Wort Jesu einen Sinn bekommen und behalten soll: die Angst vor den anderen müßte verschwinden, und die Angst um sich selbst müßte ein Ende finden können.

Sieht man genau hin, so ist es in einer überragenden Zahl von Fällen *die Angst vor den anderen*, die uns veranlaßt, Dinge zu tun, die wir eigentlich überhaupt nicht tun wollen. Am Ende eines Krieges, inmitten der verbrannten Städte und verwüsteten Landstriche, hat schließlich niemand das gewollt, was wirklich geschehen ist. Aber wieso ziehen die Menschen immer wieder zu Millionen wie eine Herde von Hammeln hinter irgendwelchen Führern her, die mit uns selber als Personen überhaupt nichts im Sinn haben? Es braucht nur jemand sich eine Uniform, einen Talar oder ein Bäffchen umzuhängen, dann kann er den Krieg befehlen und die Waffen segnen und zum Sieg die Glocken läuten, und er findet Beifall und Gehorsam allerorten. Das erste Problem ist daher nicht so sehr die Frage der Gewaltlosigkeit, sondern das entwürdigende Mißtrauen gegen uns selbst und die schnöde Bereitschaft, jedem anderen eher recht zu geben als unserem eigenen Denken und Empfinden. Gewiß, die 60 Radierungen des spanischen Malers Francesco Goya über den Krieg, die er kurz vor dem Ausbruch seiner Psychose malte, kann man im Prado in Madrid als Kunst ausstellen.[12] Aber was Goya mit diesen Bildern sagen wollte, war ein verzweifelter Appell an die Wahrheit und Evidenz der eigenen Augen; er wollte uns förmlich dazu zwingen, davon nicht abzurücken, daß das Grauen das Grauen ist, die Barbarei die Barbarei und die Unmenschlichkeit die Unmenschlichkeit, daß die *«Desastres de la guerra»*, die «Grauenhaftigkeiten des Krieges», wie er seine Bilderserie nannte, nichts anderes seien als Scheußlichkeiten und Gräßlichkeiten, niemals aber Pflichten und Notwendigkeiten. Das erste von allem ist daher, daß wir lernen, das schafsähnliche Nicken und Gehorchen dranzugeben und endlich zu glauben, daß unser Kopf mit seinen 13 Milliarden wohlverdrahteter Hirnzellen recht hat, wenn er Mord, Zerstörung, Roheit und Gewalt in jeder Form und Weise schlicht und einfach Wahnsinn nennt und sich dagegen wehrt, alle Begriffe von Gut und Böse dialektisch zu verfälschen, so als wenn man am Ende schon wieder schuldig wäre, für die «richtigen» Zwecke nicht genug gemordet und nicht gründlich genug «gesiegt» zu haben.[13] Prinzipiell kommt es darauf an, den Regungen des eigenen Herzens Glauben zu schenken, das sich zusammenkrampft und sich weigert, von «Zwecken» zu hören, die so erhaben seien, daß sie gewisse Mittel unvermeidlich machten, und von Pflichten zu erfahren, die wiederum gewisse Zwecke zur Auflage erhöben. Sehr im Gegenteil muß man WOLFGANG BORCHERT für einen rechten Interpreten dieses Jesus-Wortes halten, als er 1947 auf dem Sterbebett in Basel sein Manifest und Testament an die Menschheit verfaßte: «Du, Mann an der Werkbank, wenn sie dir befehlen, du sollst statt Kochtöpfen und Rohren Stahlhelme und Gewehre herstellen, sag nein. Du, Mutter, wenn sie dir befehlen, du sollst Kinder gebären, Mädchen für die Spitäler und Jungen für neue Schlachten, sag nein. Du Pfarrer auf der Kanzel, wenn sie dir befehlen, du sollst den Krieg segnen und den Mord heiligsprechen, sag nein.»[14] Der Mut zur Verweigerung der befohlenen Gewalt ist der erste Schritt, um das öffentliche Leben gewaltfrei zu halten. Aufhören müßte deshalb vor allem die Doppelbödigkeit der Moral der katholischen Kirche, die es in Canon 289 § 1 ihres Gesetzbuches ihren Klerikern untersagt, sich ohne «Erlaubnis ihres *Ordinarius* freiwillig zum Militärdienst (zu) melden», weil «der Militärdienst dem klerikalen Stand weniger angemessen ist»[15]. Der Militärdienst ist keinem Gläubigen «angemessen», er ist der erklärte Widerspruch zur Bergpredigt, und es kann nicht für den sogenannten «Laien» «angemessen» sein, was für die «in besonderer Weise» «Berufenen», für die Kleriker und Ordensleute, ganz richtig als «unangemessen» gelten muß – «weniger angemessen» ist angesichts der kompromißlosen Dringlichkeit der Sprache Jesu in der Bergpredigt in sich selbst schon eine unsinnige Phraseologie.

Im *privaten* Leben freilich muß man leiser reden. Hier geht es weniger um die Angst vor anderen, hier ist vor allem *die Angst um sich selber* das Problem. Ein Mann macht seiner Frau Vorwürfe: «Du kommst immer so spät nach Hause», oder: «Wo warst du wieder?» oder dergleichen. Gesetzt, die Frau hat wirklich etwas zu verbergen, so muß sie sich bei solchen Vorwürfen empfindlich getroffen fühlen; sie muß anerkennen, daß die Bemerkung ihres Mannes genau beobachtet und richtig gezielt ist, und so muß sie sich verteidigen. Merkwürdigerweise muß sie sich verteidigen, gerade weil sie – mindestens in einem gewissen Sinne – nicht ganz unschuldig ist. Aber sie kann darauf verzichten, zurückzuschlagen, wenn der Schlag ihres Mannes sie im Grunde gar nicht trifft, wenn sie sich nichts vorzuwerfen hat und ihr Mann einfach daran vorbei gezielt hat. Dann kann sie von sich so weit absehen, daß sie hört, was ihr Mann mit seiner Aggression wirklich sagen will: er möchte vielleicht nur sagen: «Ich hätte so gern, wir würden heute einen richtig schönen Abend miteinander verbringen können»; oder: «Ich habe dich schon so erwartet»; oder: «Ich mache mir Sorgen um dich» und ähnliches. Und in all dem wären die geäußerten Aggressionen eigentlich versteckte Liebeserklärungen, und man müßte hinter dem «Schlag» im Grunde eine – aus Angst oder Enttäuschung – übertriebene Bewegung der Zärtlichkeit wahrnehmen – und es gäbe keinen «Schlagabtausch» mehr; man wäre augenblicklich in der Wahrheit, und der ganze Streit wäre ein Unding; man brauchte sich nicht zu verteidigen, gerade weil man nichts zu «verteidigen» hat.

Ja, man könnte sogar den anderen nötigen, von sich her Farbe zu bekennen. Oft, wenn Menschen um sich schlagen, treffen sie wirklich die «rechte» Wange – das heißt, sie schlagen mit der «linken» Hand, es rutscht ihnen da etwas ohne weiteres Nachdenken heraus, wie unbewußt und ohne es zu wollen. Aber die Pause, während deren wir nicht zurückschlagen, dieser Augenblick des Wartens, des Nichthandelns in taoistischem Sinne, nötigt doch dazu, daß sich der andere überlegen muß, ob er das auch wirklich meint, was er da vielleicht nur unbeabsichtigterweise getan hat. In gewissem Sinne besteht eine wichtige Regel der *Psychotherapie* gerade in dieser Einsicht: je ungerechter die Vorwürfe, Beleidigungen, Unterstellungen und «Schläge» eines anderen sind, desto sinnloser und verkehrter ist es, sich zu rechtfertigen, sich zu verteidigen und mit «vernünftigen» Argumenten den anderen zu widerlegen[16]; wenn das, was der andere sagt oder tut, nicht wirklich «zutrifft», so daß man seine «Schläge» wirklich verdient hat, sollte man von sich selber am besten ganz absehen und sich um so mehr fragen, was eigentlich in dem anderen vor sich geht, wenn er sich so verhält. Zumeist wird man dann feststellen, daß die Verhaltensweise des anderen sich gar nicht auf die eigene Person bezieht, sondern aus Zusammenhängen früherer Erinnerungen stammt; ja, man wird feststellen, daß die «Schläge», die man jetzt von ihm bezieht, fast so etwas sind wie eine Liebeserklärung und ein großer Vertrauensbeweis – er empfindet Gefühle von Zuneigung, Angst, Hoffnung, Enttäuschung ganz wie damals der eigenen Mutter, dem eigenen Vater gegenüber. Um so wichtiger ist es jetzt, diese Gefühle in all ihrer Widersprüchlichkeit zuzulassen, sie nicht zu bekämpfen, sondern sie durchzuarbeiten durch ein späteres Verstehen. So meinte Dostojewski im

«Idioten», diesem tiefsinnigsten Christusportrait der Weltliteratur, einmal: «Die Sanftmut ist eine furchtbare Gewalt.»[17] Und: «Seine» – des «Idioten», des Christus – «Macht besteht darin, daß er einen jeden zwingt, zwischen Gut und Böse zu wählen.»[18]

Es gibt Worte von der Sanftheit eines Föhnwindes und von der Zerstörungskraft eines Taifuns. Wer sie vernimmt, dem bleibt in dieser Welt der mörderischen Selbstverständlichkeiten kein Stein mehr auf dem anderen. Das Wort der Sanftmut, «Wer dich auf die rechte Wange schlägt...», ist solch ein Wort, das alles umstürzt, mit dem wir jedoch heraustreten können aus dem Getto der Angst und mit dem alles anders werden kann, als es bisher scheinbar unausweichlich nötig war. Die «Aufräumarbeit» ist an dieser Stelle indessen auch zwischen den Religionen wohl besonders groß. Recht hat erneut der *Koran*, wenn er sagt: «Gutes und Böses ist wohl nicht einerlei; darum wende das Böse durch Besseres ab, und dann wird selbst dein Feind der wärmste Freund dir werden. Aber doch nur die Geduldigen werden dies erlangen, nur die, welche mit großen und glücklichen Eigenschaften begabt sind.»[19] Solche Worte immer wieder zu zitieren ist schon deshalb nötig und nützlich, weil es den Wahn der besonderen und einmaligen Vortrefflichkeit der christlichen Lehre beseitigt und einem wirklichen Dialog zwischen den verschiedenen Religionsformen Platz macht. Das «Böse durch Gutes zurückweisen und von dem, was wir (scilicet Allah, der Verfasser) ihnen verliehen haben, Almosen geben» – solche Weisungen sind ebenso «islamisch» wie «christlich», ebenso «menschlich» wie «göttlich»; und eben deshalb sind sie menschheitlich.[20]

b) 5,40–42
Alle Gewalt ist nichts als hilflose Not

Wie bereinigt man Konflikte im privaten wie im öffentlichen Leben? Die Meinung der Bergpredigt hierüber ist eindeutig: Einen Konflikt löst man nicht, indem man seine Ursachen akzeptiert und reproduziert; innerhalb der Spielregeln von Aggression, Gewalt und Egoismus mag man einen Konflikt vielleicht gewinnen, aber man wird damit nur den bestehenden Konflikt fortan in die eigene Person übernehmen: Man geht aus einem Streit vielleicht als Sieger hervor, doch man erscheint eben deshalb in den Augen der Besiegten nur als die momentane Steigerung und Zusammenfassung der bestehenden Streitigkeiten. Wer einen Konflikt besiegen will, der darf gerade nicht in einem Konflikt siegen wollen – der muß die ganze Reaktionsweise verändern, indem er aufhört, auf den «Bösen» nur zu «reagieren» und sich von ihm das Thema und die Form der Auseinandersetzung aufdrängen zu lassen; der muß einen Standpunkt außerhalb des Streits gewinnen. Und dieser Standpunkt – das ist «Gott» für Jesus.[1]

Der ganze Abschnitt in Mt 5,38–42 befaßt sich mit der Überwindung des Bösen durch das Gute, und Punkt für Punkt lautet der Vorschlag hier: Abbau der Spannungen durch Entgegenkommen, nicht durch Eskalieren, sondern durch Deeskalieren, Eingehen auf den anderen statt Losgehen gegen den anderen. Sogar in der formalen Gliederung der Worte Jesu herrscht hier das Prinzip des Herabsteigens und des Entschärfens.[2] «Nicht reagieren auf den Bösen (auf eine Aggression)!» Das wurde als erstes durchprobiert im Fall eines mutwilligen Angriffs (Mt 5,39: «Wer dich schlägt auf deine rechte Wange...»); jetzt geht es um einen Streit, der auf dem Wege des *Prozeßrechts*[3] ausgetragen werden soll (Mt 5,40); danach nimmt Jesus als Beispiel einen Fall von *Nötigung* (Mt 5,41)[4], und er endet schließlich mit dem Fall eines einfachen bzw. eines kläglichen Schuldeingeständnisses (Mt 5,42)[5]. Es ist, als wenn der ganze Abschnitt schon in seiner Gliederung darauf angelegt wäre, alle Formen von «Bösem», von Unrecht, aus der direkten Tätlichkeit herauszulösen und über mehrere Zwischenstufen auf ein einziges Motiv buchstäblich zu «reduzieren», das hinter all den Gestaltungen von Aggresssion und Gewalt sichtbar wird, wenn man nur lange genug zusieht: eine hilflose Art, um etwas zu *bitten*, das man zum Leben dringend braucht.[6]

Seit Menschengedenken hat man versucht, es anders zu machen, und es hat offenbar zur Befriedung der Menschheit nicht viel beigetragen. Man hat versucht, mit Hilfe von Gesetzen und mit dem Einsatz staatlicher Gewalt der menschlichen Aggressivität eine geordnete Form zu verleihen und auf dem Boden des Rechtes den Egoismus des einen an dem Egoismus des anderen zu begrenzen.[7] Erreicht hat man auf diese Weise das Gewaltmonopol des Staates, mit dem Ergebnis, daß die Aggression keinesfalls aus der Welt verschwunden ist, sondern gewissermaßen nur in immer größeren Einheiten zusammengefaßt wurde.[8] Innerhalb seiner Grenzen sorgte der Staat für die Ruhe und Ordnung seiner Bürger, aber das ermöglichte es ihm zugleich, mit immer größeren Menschenmassen, ausgestattet mit immer furchtbareren Vernichtungsmitteln immer schrecklichere Massenmorde an Menschen und Tieren zu verüben.[9] Das Problem der menschlichen Aggressivität konnte unter diesen Umständen natürlich nicht gelöst werden, es wurde lediglich quer durch die letzten 8000 Jahre[10] wie eine wachsende Geröllhalde vor einem riesigen Bulldozer an den Rändern der eigenen Staatsgrenzen und Bündnissysteme aufgetürmt. Nicht den Menschen zu erlösen, sondern ihn zu verwalten und sich mit dem Bösen zu arrangieren war und blieb das Ziel einer solchen «pragmatischen» Vernunft.[11] Spätestens heute, da alle Fehler, die wir begehen, mittelbar oder unmittelbar in ihren globalen Auswirkungen auf uns selbst zurückfallen, beginnen wir zu ahnen, daß wir uns mit der Beantwortung der wirklichen Fragen der menschlichen Geschichte sträflich viel Zeit gelassen haben; wir sind inzwischen mit unserer «pragmatischen» Weisheit endgültig am Ende, und wir haben zur Lösung so wichtiger Fragen wie Krieg oder Frieden, Zerstörung oder Bewahrung der Umwelt, Hunger und Verelendung weiter Teile der Erde oder der Schaffung einer internationalen Solidarität nurmehr zwei oder drei Jahrzehnte zur Verfügung.[12] Mit anderen Worten: Die Weisungen der Bergpredigt waren noch nie so dringlich, sie waren noch nie so klar als die einzige Alternative zu der verheerenden Welt der sogenannten «Realpolitik» erkennbar wie heute.

«Aug' um Auge, Zahn um Zahn» – das ist die Gesetzgebung des Hammurabi[13], das ist der Alte Orient, das ist das Alte Testament. So aber darf und soll es nicht länger weitergehen, meinte Jesus bereits vor 2000 Jahren; es darf nicht als Gottes Willen gelten, daß die Menschen nur immer weiter in ihren Rechtsansprüchen sich zerfleischen und sich dabei nur immer mehr in denkende Raubtiere verwandeln. Freilich, der Einwand liegt bei der Hand: Wer mag schon davon lassen, seinen eigenen Rechtsanspruch einzuklagen, und was wird aus der Würde des Menschen, wenn sie an Schwäche und Ohnmacht zusammenbricht? Allzu viele Menschen gibt es, die als Verlierer eines Rechtsstreites, als Ehefrau zum Beispiel vor dem Scheidungsrichter, lediglich kapituliert haben, und sie sind resigniert und verbittert davongegangen! Was Jesus indessen meint, ist nicht ein solches Nachgeben aus Schwäche, Kraftlosigkeit oder Feigheit, was ihm vorschwebt, ist ein Nachgeben aus Überzeugung und innerer Stärke. Gewiß, alle Altgewordenen, denen die Augen schwach geworden sind, werden mit matter Stimme der Jugend erklären: «Kämpft nicht um die Genauigkeit eurer berechtigten Forderungen, nicht Aug' um Auge, seht nicht so klar hin, laßt fünf gerade sein» – dies *ist* die Weisheit des Alters.[14] Aber *die Jugend* will es wissen, genau und präzise, und Jesus möchte, daß wir *sehenden Auges*, mit einem glühenden, jugendlichen Idealismus statt des Krieges und des Rechthabens die Entspannung und das Nachgeben wählen.

Immer wieder, sobald man die Botschaft der Bergpredigt mit zeitgeschichtlichen Gegebenheiten und Begebenheiten konfrontiert, um sie zu kommentieren, wird man den Widerspruch derjenigen erregen, die aus politischen Gründen eine andere Meinung vertreten. Sie nennen es gern einen Kurzschluß, die

Worte Jesu auf die Gestaltung der Welt anzuwenden; sie berufen sich gern auf die Eigengesetzlichkeit der staatlichen Subsysteme: der Wirtschaft, des Militärs, des Umgangs mit Macht in der Innen- wie Außenpolitik; es gebe, sagen sie, kein privilegiertes christliches Sonderwissen zur Lösung konkreter Fragen inmitten einer säkularisierten und pluralistischen Welt. Daran ist natürlich etwas Wahres.[15] Es geht nicht an, daß eine kleine Gruppe in einem Staat allen anderen Bürgern in dem gleichen Staat vorschreibt, was sie zu tun und zu lassen haben; es wäre im Gegenteil ein schwerer Fehler, in fundamentalistischem Sinne die Kirche zum Staat erweitern zu wollen.[16] Doch diesen Vorbehalt vor Augen, darf aus dem Macht- und Gewaltverzicht Jesu in christlichem Sinne gerade nicht geschlossen werden, der Umgang mit Macht, Gewalt, Recht und Gesetz sei etwas Neutrales, dem man einfach seinen Lauf lassen könne oder dürfe. Genau das nicht![17] Was Jesus wollte, läßt sich nur verstehen, wenn man den Kordon des politischen Denkens in den Bahnen von Volksinteressen und Nationalegoismen ein für allemal durchbricht, und zwar nicht, um sich aus den Fragen der «Welt» in eine Klosterenklave der Unverantwortlichkeit zurückzuziehen, sondern um von dem Standpunkt eines neu gewonnenen Vertrauens her dieselben Fragen noch einmal anzugehen und sie einer neuen im Getto der Angst bislang völlig utopisch erschienenen Lösung zuzuführen, mit einem Maß an Phantasie und Kreativität, auf das man im traditionellen Schema so wenig verfallen konnte wie auf das Trojanische Pferd. Nicht um «Politik» gegen Politik geht es, sondern um eine religiöse Neuformung des gesamten menschlichen Lebens, inklusive seiner wirtschaftlichen und politischen Dimensionen.[18]

Ein Mann, der aus der Zeit des griechischen Befreiungskampfes gegen die Türken um Kreta und um weite Teile des Balkans die Problematik von Gewalt und Recht zutiefst durchlitten hat, war der anfangs schon einmal zitierte Gottsucher, Dichter und Politiker Nikos Kazantzakis. In seinem Roman *Alexis Sorbas* läßt er seinen Titelhelden einmal verzweifelt fragen: «Wann wird der Mensch endlich Mensch werden? Da tragen wir Hosen, Kragen, Hüte und sind immer noch Maulesel, Wölfe, Füchse und Schweine. Wir sind das Ebenbild Gottes, heißt es. Wer? Wir?»[19] Und Sorbas erzählt ein Beispiel, wie er als griechischer Freiheitskämpfer in Bulgarien war:

«Eines Tages kam ich um die Dämmerung in ein bulgarisches Dorf und versteckte mich in einem Stall. Das Haus gehörte dem bulgarischen Popen, einem wilden, blutrünstigen Komitadschi. Nachts legte er seine Kutte ab, verkleidete sich als Hirt, nahm seine Waffen und überfiel die griechischen Dörfer. In der Frühe kehrte er vor Sonnenaufgang zurück, reinigte sich von Dreck und Blut und begab sich in die Kirche zur Messe. Er hatte gerade ein paar Tage zuvor einen griechischen Lehrer im Schlaf umgebracht. Ich legte mich also (scilicet in seinem Stall, der Verfasser) mit dem Rücken auf den Mist hinter den beiden Ochsen und wartete (scilicet auf ihn). Gegen Abend erscheint der Pope im Stall, um seine Tiere zu füttern. Ich falle über ihn her und schlachte ihn wie einen Hammel. Dann schneide ich ihm die Ohren ab und stecke sie in die Tasche. Ich sammelte damals bulgarische Ohren.

Nach einigen Tagen kam ich wieder. Am hellichten Mittag. In der Rolle eines Hausierers. Ich hatte meine Waffen in den Bergen gelassen und wollte Brot, Salz und Schnabelschuhe für meine Kameraden kaufen. Vor einem Haus stoße ich auf fünf kleine Gören, barfüßig und ganz in Schwarz. Sie haben sich angefaßt und betteln, drei Mädchen und zwei Jungen. Das größte mochte zehn Jahre sein, das kleinste war noch ein Säugling. Das älteste Mädchen trug ihn auf dem Arm, küßte und streichelte ihn, damit er nicht weinte. Ich weiß nicht, wie – vielleicht aus einer göttlichen Eingebung –, ich fragte sie auf bulgarisch: ‹Wem gehört ihr, Kinder?› Der älteste Knabe hebt seinen kleinen Kopf und antwortet: ‹Dem Popen, den sie vor einigen Tagen im Stall ermordet haben.› Die Tränen traten mir in die Augen. Die Erde begann sich wie ein Mühlrad zu drehen. Ich lehnte mich an die Mauer, und die Erde stand still. ‹Kommt näher, Kinder!› sagte ich, ‹kommt dicht heran!› Ich zog meine Börse aus dem Gürtel. Sie war mit türkischen Pfunden und Talern gespickt. Ich kniete nieder und leerte sie: ‹Da! Greift zu! Greift zu!›, rief ich, ‹das ist alles für euch!› Die Kinder warfen sich auf die Erde und lasen die Münzen auf. ‹Das ist alles für euch›, rief ich. ‹Nehmt! Nehmt!› Ich überließ ihnen auch meine Ware mitsamt dem Korbe. ‹Das gehört euch auch!› Dann laufe ich spornstreichs davon. Ich verlasse das Dorf, zerre die gestickte Hagia Sophia unter dem Hemd hervor, reiße sie in Fetzen und nehme die Beine in die Hand, als sei die wilde Jagd hinter mir her. Und ich laufe immer noch! Heute noch!› Sorbas lehnte sich an die Wand. ‹So wurde ich es los.›

‹Das Vaterland los?›

‹Ja, das Vaterland›, antwortete er ruhig und fest. Und nach Sekunden: ‹Das Vaterland los, die Popen los, das Geld los. Als liefe ich durch ein Sieb. Und je mehr durch das Sieb läuft, um so leichter werde ich an Ballast. Wie soll ich es erklären? Ich befreie mich, ich werde ein Mensch.› Seine Augen leuchteten, sein breiter Mund lachte. Nach kurzer Pause nahm er den Faden wieder auf. Sein Herz lief über, es ließ sich nicht mehr gebieten. ‹Es gab eine Zeit, in der ich sagte: Das ist ein Türke, das ist ein Bulgare oder ein Grieche. Wenn du wüßtest, Chef, was ich für das Vaterland alles getan habe, stünden dir die Haare zu Berge. Ich habe gemordet, gestohlen, Dörfer in Brand gesteckt, Frauen vergewaltigt, ganze Familien ausgerottet... Nur weil es Bulgaren und Türken waren. Du gemeiner Halunke, du Mistvieh! schimpfe ich mich oft selber. Heute sage ich: Der ist ein guter, jener ein schlechter Mensch. Ob Bulgare oder Türke, ist nebensächlich. Aber ob er gut oder böse, das ist die Frage. Ja, ich glaube, je älter ich werde – beim Brot, das ich esse –, ich sollte auch noch das Fragen lassen. Ob gut oder schlecht – ich beklage sie alle. Es kann mir durch Mark und Bein fahren, wenn ich mir einen Menschen ansehe, auch wenn ich tue, als ob ich mir einen Dreck aus ihm machte. Ich sage mir: Auch dieses arme Luder ißt, trinkt, liebt und hat Angst. Auch er muß eines Tages antreten und liegt steif und still unter der Erde, und die Würmer fressen ihn auf. Armer Schlucker! Wir sind alle Brüder! Und Fraß für die Würmer! Und handelt es sich um eine Frau, dann könnte ich mir die Augen ausweinen. Du foppst mich zuweilen, weil ich die Frauen so liebe. Warum soll ich sie nicht lieben? Sie sind schwache Geschöpfe und wissen nicht, was sie tun. Greifst du ihnen nach dem Busen, strecken sie gleich die Waffen.»[20]

Vermutlich steht diese «sittenlose», anarchistische, vaterlandslose, «unmoralische» Denkweise des *Alexis Sorbas* der Vorstellung Jesu von der Vermenschlichung des Menschen weit näher als all die christlichen Tugendideale, die man mit großem geistigem und machtpolitischem Aufwand aus der Botschaft des Mannes aus Nazareth herausdestilliert hat. Wieviel an künstlichen Grenzziehungen zwischen den Menschen, zwischen den Unterschieden des Standes, des Volkes, des Staates, der Geschlechter, der Lebensweise muß man sich *abgewöhnen*, um endlich an einen Gott zu glauben, wie Jesus ihn schildert, «der seine Sonne aufgehen läßt über Bösen und Guten und regnen läßt über Rechten und Unrechten» (Mt 5,45)[21]? Wieviel aber auch an jugendlicher Kraft muß ein Mensch sich bewahren, um eine solche Güte der Entgrenzung beziehungsweise der Öffnung aller Rechtsansprüche sich zu eigen zu machen? Im Sinne Jesu sollte Schluß damit sein, Menschlichkeit und Güte für Schwäche oder für Ressentiment zu halten. Es sollten aus einer stolzen Kraft der Desillusionierung und der Freiheit von Vorurteilen eine Energie und Spannkraft hervorgehen, die das Prinzip von Aug' um Auge, Zahn um Zahn ein für allemal als so lächerlich und blödsinnig erscheinen lassen, wie es ist.

Gehen wir, um das zu verstehen, die Beispiele Jesu im einzelnen durch.

Da verklagt dich jemand auf dein Untergewand; er will dich gerichtlich belangen. Und natürlich kannst du sagen: «Da muß ich mich wehren; wofür gibt es das Recht! Ich muß doch verhindern, daß das Gesetz mißbraucht und zum Unrecht verfälscht wird. Recht ist Recht, und es gibt doch eben dafür Gesetze, daß ich sie nutze.» So die übliche Vorgehensweise. Man ist sich den Rechtsstreit schuldig schon aus Prinzip. Und ein Rechtsstreit: das heißt bis heute, aus der Parteilichkeit von Egoismen einen Kompromiß zu erstellen, der dann als Wahrheit und Weisheit, als Entscheidung der Weltordnung, ja sogar als Ausdruck des Willens des Allerhöchsten betrachtet werden soll.[22] Was ein Possenstück, scheint Jesus gedacht zu haben! Gott als die Verkörperung des Sozialegoismus, als der oberste Schöffe und Büttel – so verkommt alles. Gott – das ist eine Macht in *allem,* was lebt, das ist die lebendige Verbindung zwischen allen Dingen; Gott – das ist gerade nicht die Abgrenzung und das Gegeneinander, sondern die Erweiterung und die Gemeinsamkeit. Wie anders wäre die Welt, wenn wir im Sinne Jesu ganz einfach die Blickrichtung änderten! Wir würden nicht fragen: Was will der andere?, und: Wie kann ich mich dagegen schützen?, sondern: Warum will der andere dies und das von mir?, und: Wie verhelfe ich ihm dazu, daß er bekommt, was er benötigt? Er will mein Hemd? Ja, vermutlich hat er sehr kalt und friert. Vermutlich ist er sehr einsam, und er hat nie gelernt, um etwas zu bitten. Vielleicht schaltet er den Rechtsweg überhaupt nur ein, weil er noch niemals erlebt hat, daß man ihm etwas freiwillig gibt – als Geschenk. All die «Rechtsmittel» ändern doch nichts an dem Grundproblem aller Menschen: an der fundamentalen Gnadenlosigkeit der Welt jenseits von Eden. Genau darauf aber käme es an: Man müßte, statt des Denkens in Rechtsbegriffen, sich auf eine Freiheit der Güte einlassen, die es erlaubt, hart gefrorene Forderungen in Bitten aufzutauen und als solche ganz einfache menschliche Bedürfnisse zu beantworten. In aller Regel wird man dann finden, daß der andere, selbst wenn er etwas fordert und mit rechtlichem Zwang durchsetzen will, in Wirklichkeit noch viel mehr braucht, als er auf diesem Wege je erhalten wird. Das «Recht» ist eine Decke, die immer zu kurz ist, um einen Menschen zu wärmen. Damit es der andere wirklich «warm» hat, bedürfte er vermutlich nicht nur eines Hemdes, sondern auch eines Mantels. Gib ihm den von dir aus, ungebeten, schlägt Jesus vor. «Aber dann friere ich selbst», wirst du entgegnen? Nein, gerade nicht, das ist die ganze Zuversicht Jesu. Der Mantel, den du dem anderen schenkst, wird euch gemeinsam wärmen; denn was du von dir aus dem anderen gibst, ist wie ein Zelt, das sich über euch ausspannt, um euch gemeinsam als Wohnung zu dienen. Wer gibt, der verliert nicht – immer wieder hat Jesus diese Erfahrung vorgelebt; wer gibt, der verwandelt die Welt, und er selber lebt leichter darin. Es besteht keine Gefahr, daß man friert, wenn man den anderen wärmt. Denn die Liebe ist wie ein Stück der Sonne, und wo sie aufgeht, erwärmt sie alle, ohne Grenze und Unterschied.[23]

Man kann Jesus nicht vorwerfen, daß er vor konkreten Fragen ausgewichen sei. In seinen Tagen waren all die Themen der Bergpredigt vom Umgang mit Aggression und Gewalt, mit Feindseligkeit und Streit unweigerlich assoziiert mit dem Haß aller orthodox und national gesonnenen Juden auf die Römer.[24] Sie waren der Feind schlechterdings, sie waren die Verkörperung allen Unrechts, sie waren die Ausbeutung, das Heidentum, die Gottlosigkeit, die Gewalt; sie standen für alles, was dem Gott und dem Volk der Juden entgegenstand. Es gibt daher kein Wort aus dem Munde des historischen Jesus, das sich nicht messen lassen müßte an der Frage: «Und was heißt all das in der Auseinandersetzung mit den Römern? – Sie kümmern sich um kein Gesetz. Sie anerkennen nicht den Gott der Väter. Sie plündern, morden, rauben, vergewaltigen, brandschatzen, führen in Gefangenschaft und Sklaverei, verwüsten Dörfer, Felder und Landstriche, sie sind ärger als die Heuschrecken, und am Ende stehen sie noch da und behaupten, im Recht zu sein. Am Ende nehmen sie für sich sogar eine höhere Bildung und Kultiviertheit, eine durchsetzungsfähigere Zivilisation und Technik in Anspruch. Und wirklich, sie haben bessere Waffen, bessere Armeen, effektivere Formen der Verwaltung; auf ihrer Seite stehen nach ihrer Vorstellung stets klügere und stärkere Götter. Bitte, Meister, sage uns, was sollen wir machen *gegen die Römer?* Solang du diese Frage nicht beantwortest, hängen all deine Worte in der Luft wie eine Wolke, die nicht regnen will.»

Das erste, was Jesus tut, ist typisch für die ganze Art des Mannes aus Nazareth: Er denkt nicht in moralischen Prinzipien, er stellt bestimmte *Szenen* vor; er dekretiert keine ethischen Normen, er entwirft konkrete Modelle des Verhaltens. Eine Situation, in der man «dem» Römer begegnet, kann darin bestehen, daß einer dieser Volksfeinde und Gotteslästerer mit vorgehaltener Lanze auf jemanden zugeht und ihn zwingt, für ein Stück Wegs ihn zu begleiten – das heißt, ihm das Gepäck zu tragen und die Richtung zu weisen.[25] Die «normale» Reaktion auf eine solche Zumutung wird in Zorn und Erbitterung bestehen: Wieso sind wir, die Juden, die Esel und die Hunde der Römer? Wieso kommen diese Fremden dazu, ein Land zu besetzen, das ihnen nicht gehört, und dann die Bevölkerung zu Hilfsdiensten zu pressen? Es mag sein, daß man sich ihrem Diktat fügen muß, doch wenn, dann nur, indem man sie das Unrecht fühlen läßt, das sie begehen. So zu handeln gebietet geradewegs das persönliche Ehrgefühl. Was *Jesus* möchte, ist indessen das genaue Gegenteil dieser «normalen» Verhaltensweise. Auch ihm liegt nichts an hündischer Unterwürfigkeit. «Aber», scheint er zu sagen, «warum denn sich unterlegen fühlen, wenn ein anderer Mensch unsere Hilfe benötigt? Der andere nötigt uns, ja; und dazu hat er kein Recht, das stimmt; doch er würde uns nicht nötigen, wenn er nur glauben könnte, daß man ihm freiwillig helfen würde; er zwingt uns zu der Hilfe, die er braucht, weil er von vornherein denken muß, daß eine mildere Sprache als Drohung und Gewalt nichts ausrichten wird – allenfalls Hohn oder Spott würde sie bewirken. Genauer gesagt: die Sprache der Nötigung ist nötig allein im Feld von Gewalt, und diese Sprache wird nicht widerlegt, sondern nur verstärkt durch die Demonstration von Haß oder Widerstand. Wenn, muß der andere denken, man mir schon nicht folgt, wenn ich den Speer erhebe oder das Schwert blankziehe, was werde ich da erst erreichen, wenn ich Schwäche zeige und mich aufs Bitten verlege? Mit anderen Worten: Du wirst solange mit der Sprache der Gewalt konfrontiert werden, als man dir gar nicht zutraut, du könntest etwas Gutes freiwillig tun. Du hältst es für ein Unrecht, daß man dich zu etwas zwingen will, das du nicht möchtest; doch das wirkliche Unrecht, das man dir zufügt, besteht darin, daß man etwas Gutes bei dir gar nicht für möglich hält, ohne Gewalt anzuwenden. Und dieses Unrecht kannst du rasch widerlegen. Du mußt nur einmal darauf achten, was der andere wirklich braucht. Er nötigt dich zu einer Meile Wegs; mehr wagt er nicht zu fordern, um dich nicht endgültig zum Widerstand zu reizen; bestimmt aber ist das nur gerade die Hälfte von dem, was er wirklich möchte. Verdopple getrost, wozu er dich nötigen will, und gewähre es ihm von dir aus, freiwillig. Du wirst sehen: es gibt mit einem Mal keine Römer und keine Juden mehr, es gibt nur noch dich und den anderen, zwei Menschen, die miteinander unterwegs sind, als Gleichberechtigte, als Brüder. Wenn du freiwillig gibst, was der andere braucht, wirst du nicht ausgenutzt noch gedemütigt; du bewahrst im Gegenteil deine Würde; du gewinnst einen Standpunkt jenseits der politischen Zerrissenheit der Nationen; du handelst ganz einfach als Mensch gegenüber einem anderen Menschen. Und so trittst du ein in das wahre Reich Gottes; so verläßt du die kleinlichen Grenzen des nationalstaatlichen Denkens von ‹Freund› und ‹Feind›; so senkt sich ein Stück vom Frieden Gottes durch dich über die Menschen.»

Die Großzügigkeit, die in einer solchen Haltung zum Ausdruck kommt, zeigt ihre Größe unter anderem auch daran, daß sie imstande ist, eine spezielle zeitbedingte Situation in ein überzeitlich gültiges Vorbild zu verwandeln. Was ursprünglich wohl in angegebenem Sinne auf die Begegnung zwischen Juden und Römern in den Tagen Jesu gemünzt war, erweitert sich zu einem außerordentlich dichten Bild des alltäglichen Umgangs miteinander. Wer von uns wird den anderen schon wirklich um etwas Wichtiges *bitten?* Für eine Nebensache wird ein Mann wohl seine Frau um eine Gefälligkeit bitten. «Nähst du mir mal bitte den Knopf an?» Oder: «Gehst du dies und das noch in der Stadt besorgen?» – das sind Wünsche, die man dem anderen noch sagen kann. Wer aber wird dem anderen schon sagen: «Ich brauche dich»? Oder: «Hilf mir, denn ich weiß endgültig nicht weiter»? Oder: «Du mußt mitanfassen, es wird im Moment mir alles zu schwer»? In den wirklich wichtigen Angelegenheiten, so haben wir gelernt, ist es beschämend, den anderen zu benötigen; wenn jemand allein nicht mehr zurechtkommt, so ist er ein Versager, und zudem bietet er Angriffsflächen, die seine Gegner alsbald ausnutzen werden.

Und auch von der anderen Seite her: Wer wird dem anderen schon zur Last sein wollen? Ist es nicht ein Gebot des Anstands, andere Menschen nicht mit den eigenen Mißliebigkeiten zu behelligen? Wenn also doch einmal jemand den anderen braucht, so wird er geneigt sein, seine wirkliche Not zu verschleiern; er wird sie, so gut es geht, herunterzuspielen suchen, und er wird, entscheidender noch, seine ursprüngliche Bitte in eine Notwendigkeit, in ein objektives Erfordernis, in ein «Du mußt» zu verwandeln trachten. Denn nur so steht er nicht als Versager da, nur so bleibt ihm das Empfinden der Schande erspart, nur so darf er hoffen, Erhörung zu finden. Doch gerade so versperrt er sich alles. Denn der andere wird sich wehren gegen den Ton von Befehl und Vorwurf; was er, gebeten, womöglich ganz gerne täte, das wird er, befohlen, verweigern. Und schon zerfällt die Gemeinschaft der Menschen, und aus der Einheit von Hilfe und Not wird der Kampf des im Grunde Schwächeren, des eigentlich Hilfsbedürftigen um Anerkennung und Macht. Es gibt aus dem ständigen Kampf aller gegen alle wirklich keinen anderen Ausweg, als der Fassade von Zwang und Gewalt hinter die Karten zu schauen und die ursprüngliche Ohnmacht und Abhängigkeit des vermeintlichen Herrn von seinem Sklaven zurückzuentdecken.[26] «Wenn jemand dich nötigt», scheint Jesus sagen zu wollen, «so höre nicht auf die Sprache der Nötigung, sondern achte vor allem auf die Not des anderen. Wenn er dich schlagen will, sieh als erstes, wie seine Hand zittert, ehe sie sich zur Faust ballt; wenn er dich als Begleiter seines Weges einfordert, so denke, sein Weg ist viel weiter noch, als er dir sagt; und wenn er dich bekämpft für etwas, das du hast, so frage dich, warum er es für sich selber so dringend zu benötigen glaubt. Alle Gewalt ist nichts als hilflose Not.»

Erneut läßt sich die bestechende Konsequenz der so paradox anmutenden Worte Jesu in der Bergpredigt wohl am besten wieder von seiten der *Psychoanalyse* verdeutlichen. Wie oft, wenn jemand kommt und bittet «nur mal» um «ein paar Minuten» Gespräch, kann man getrost sich hinsetzen und denken, es werde vermutlich Jahre in Anspruch nehmen, bis daß der andere einigermaßen seine Konflikte aussprechen und angehen kann! Die Dringlichkeit der Bitte und die «Bescheidenheit» seiner Forderung zusammen zeigen zumeist recht eindringlich, daß man nur gut daran tut, wenn man das, was der andere förmlich verlangt, ruhig noch mit dem Faktor «zwei» multipliziert und dann freiwillig sich dazu bereit erklärt. Denn tut man das nicht, verschlimmern sich nur alle Konflikte und verstärken sich in sinnlosen Rechthabereien. Zudem: Was heute Psychotherapie heißt, ist im Grunde nichts anderes als eine wörtliche Befolgung der Anweisung Jesu an dieser Stelle: Man macht sich ganz einfach zum Weggefährten des anderen; man fügt sich, so gut es geht, in sein Wandern und Suchen ein; man diktiert ihm nicht, wo es langgeht, man bleibt lediglich an seiner Seite, und man läßt ihn nicht allein, wenn es dunkel wird; im übrigen aber vertraut man darauf, daß der andere schon weiß, wo er zu Hause ist, und bis dahin begleitet man ihn. Das ist alles. Und was ehedem als «römisch», das heißt als fremd, bigott, gezwungen und gewalttätig am anderen erscheinen konnte, das löst sich nach und nach wie von selbst auf und vermenschlicht sich.

Und so jetzt in allem, nur daß es immer einfacher wird. War es noch schwer, auf die *Nötigung* eines anderen angemessen zu antworten, so läßt die *Bitte* eines anderen für gewöhnlich genügend Spielraum. Jede wirkliche Bitte ist wie ein Offenbarungseid aus Not – und aus Vertrauen. Wer eine offene Bitte abschlägt, der stößt den anderen wieder in die Grenzen seines Schamgefühls zurück, die er gerade überwinden wollte. Eine Bitte ist immer auch wie ein Geschenk.[27] Keine Kultur weiß das besser als die *indische.* Sie lehrt seit altersher die Bettler zu lächeln, und sie weist die Gebenden an, sich bei ihnen zu bedanken; denn diese, die Bettler, sind die eigentlichen «Wohltäter». Jede Bitte bereichert durch die Gabe des Vertrauens, und es ist eine eigene Kunst, sich ihrer als wert zu erweisen. Zu helfen, ohne zu demütigen, Beistand zu leisten, ohne abhängig zu machen, zu geben, so daß es den anderen aufrichtet, statt entmutigt, zu borgen womöglich, ohne den anderen zum «Schuldner» zu erniedrigen – das setzt eine äußerst sensible Mischung aus Nähe und Distanz, Verantwortung und Respekt, Engagement und Empathie voraus. Das atmet wirklich etwas von dem sanften Atem Gottes. Man wird dann sehr bald merken, daß die Bitte eines anderen zu erfüllen etwas gänzlich anderes bedeutet als Willfährigkeit und Willenlosigkeit. Oft genug geht es darum, überhaupt erst einmal herauszufinden, was der andere *wirklich* möchte.[28] Vielleicht klammert er sich an einen bestimmten Wunsch wie ein Ertrinkender an einen Strohhalm, es hilft ihm aber nicht der Strohhalm, sondern daß er selbst das Schwimmen lernt. Nicht selten begehrt ein bestimmter Mensch etwas, das nur *symbolisch* ausdrückt, was eigentlich von ihm gemeint ist, und wer das Symbol mit dem eigentlichen Inhalt einer Bitte verwechseln wollte, der richtet unter Umständen eine Katastrophe an. Manchmal ist ein Wunsch nur deshalb so heftig, weil in ihm uralte kindliche Bedürfnisse in veränderten Zusammenhängen sich zu Wort melden, und immer wieder scheint es daher nötig, zwischen dem Wunsch, den jemand äußert, und dem, was er wirklich wünscht, «zwei Meilen Wegs mit ihm zu gehen». Die beste Erfüllung einer fremden Bitte besteht ab und an darin, dem anderen zur Klarheit über sich selbst zu verhelfen. Und doch gilt als das A und O in allem die Anweisung Jesu: *mitzugehen* und zu *begleiten*, nicht abzuweisen, nicht zu «reagieren», sondern selber in der Kraft des eigenen Vertrauens sich dem anderen zu stellen, sich ihm auszusetzen und gemeinsam mit ihm einzutauchen in die Sphäre Gottes, aus der alle Menschen leben. «Jedem, der bittet, dem gib», denn, so müßte man im Sinne Jesu ergänzen, «alles ist Gnade»[29], alles ist Geschenk; und in Wahrheit gibt es nicht Arme und Reiche, Besitzlose und Besitzende; unter den Augen Gottes gibt es allesamt nur Bedürftige und Angewiesene; und der ganze Unterschied besteht einzig darin, inwieweit wir das wissen oder nicht.

c) 5,43–48
Die wahre Gottessohnschaft ist die Feindesliebe

Diese Worte bilden den krönenden Abschluß der Auseinandersetzung Jesu mit den Weisungen der überkommenen Vergesetzlichung des Religiösen. Sie bilden zugleich den ganzen Stolz des christlichen Selbstbewußtseins. Hier, so wird versichert, zeige sich die Unvergleichlichkeit der christlichen Moral, hier zeige sich der göttliche Ursprung der christlichen Botschaft; denn wo in der Religionsgeschichte der Menschheit sonst hätte man Lehren gehört, wie diese: «Liebt eure Feinde, tut Gutes denen, die euch hassen, betet für die, die euch verfolgen ...»? Sind dies nicht Forderungen, die der menschlichen Natur geradewegs entgegenstehen und schon deshalb von Gott sein müssen?[1]

Eines stimmt: Je mehr die Erhabenheit und Göttlichkeit der Bergpredigt an dieser Stelle gerühmt wurde, desto klarer schienen die Worte Jesu den natürlichen Neigungen des Menschen zu widersprechen, und desto unnatürlicher begannen sie sich auszuwirken – *wenn* sie denn wirkten! Da wurde erklärt, daß diese Worte so weltüberlegen und hoheitsvoll seien, daß man sie nur erfüllen könne, wenn die Gnade Gottes die Natur des Menschen zu ihnen erhebe; doch wer kann schon dafür, wenn die Gnade Gottes ihn nicht dazu erhebt, derart gnädig und großzügig gegenüber seinen Mitmenschen zu sein, wie es Jesus hier fordert? Oder man stellte theologisch heraus, daß diese Worte Jesu nur als Ausdruck einer reinen «Reichs-Gottes-Ethik» verstanden werden könnten und inmitten einer gefallenen Welt vor dem Ende nur bedingt gelebt werden könnten[2]; doch es ist mit Händen zu greifen, daß mit dieser Logik das eigentliche Anliegen Jesu völlig auf den Kopf gestellt wird; denn Jesus wollte gerade nicht, daß man mit der «Feindesliebe» solange «zuwarte», bis daß es keine Feindseligkeit unter den Menschen mehr gibt, sondern er wollte ganz im Gegenteil, daß wir hier und jetzt so lebten, wie es dem Willen und dem Wesen Gottes entspricht. Noch abenteuerlicher mutet die Auskunft an, in diesen Worten zeige sich eben die göttliche Natur Jesu als des von Gott gesandten Messias, hier besonders erweise sich der unendliche Abstand und Unterschied, der uns Menschen von dem Sohn Gottes trenne[3]; gerade umgekehrt läßt sich an dieser Stelle mit Händen greifen, daß Jesus überhaupt nicht als «Sohn Gottes» unter pompösen Titeln verfeierlicht und zum Himmel erhoben sein wollte; das einzige, worauf er Wert legte, war eine Lebensführung, die uns selber zu «Söhnen Gottes» machen würde. «Sohn Gottes», so hörten wir schon, hießen bereits im Alten Ägypten die Hofbeamten des Pharaos[4]; wer so lebt, daß er in seiner Existenz den Willen des Königs verkörpert, der galt als dessen «leiblicher Sohn». Der Wille Gottes, meint Jesus, das ist das Ende jeglicher Feindseligkeit unter den Menschen; wer *dazu* beiträgt, der ist in Wahrheit ein «Sohn Gottes». Absurd schließlich ist deswegen auch die Verlegenheitsauskunft, die Bergpredigt richte sich auf das private, nicht auf das öffentliche Leben; der Einzelne sei wohl (aufgrund der «Taufgnade») gehalten, seine «Feinde» zu «lieben»; die Kirche als Ganze aber oder der Staat könnten das nicht und brauchten es nicht, in Kirche und Staat stelle es womöglich sogar eine gefährliche Utopie dar, die christliche «Feindesliebe» praktizieren zu wollen; ein Staatsmann z. B. habe geradezu die Pflicht, seine Bürger vor jedem möglichen Aggressor zu schützen, und auch die Kirche müsse sich verteidigen gegen alle, die ihr zu schaden trachteten[5]; wer etwas Gutes in übertriebener Weise wolle, der handle nicht nur unverantwortlich, der sündige «per excessum» und bringe sich selbst und alle ihm Anvertrauten durch ein vermessentliches Gottvertrauen in Gefahr.[6] Es leidet keinen Zweifel, daß derartige theologische Konstruktionen unumwunden den Worten Jesu Hohn sprechen, der wollte, daß man tut, was er sagt (Mt 7,21), und nicht, daß man, womöglich noch in seinem Namen, davor warnt, es auch nur für möglich zu halten, daß man es tun könnte.

Wie aber dann? Der Ausfall einer wirklichen Vermittlung von Theologie und Psychologie hat die richtigsten und wichtigsten Lehren Jesu in der Tat in eine Art Gift verwandelt. Die einen rühren deshalb erst gar nicht daran oder bewahren sie in kostbaren Phiolen auf, die sie niemals öffnen; andere aber, die sie zu sich nehmen möchten wie ein Medikament, erkranken daran bis zum Tödlichen. Die Entgegensetzung von göttlichem «Gebot» und menschlicher «Natur» zwingt die Besten unter den Gläubigen zu immer neuen Verkrampfungen und Abspaltungen, so als sei die «Feindesliebe» nur eine verfeinerte Spielart von Selbsthaß. Wie viele Depressionen und Schuldgefühle hat die christliche Moraltheologie nicht schon über Menschen gebracht, die das Unglück hatten, bereits als Kinder mit dem «göttlichen Liebesgebot» in Kontakt zu kommen?[7]

«Ich kann meine Mitschwester nicht lieben, beim besten Willen nicht», gestand voller Verzweiflung eine Ordensschwester in der Beichte; «sie ist so grob zu mir und drangsaliert mich, wo sie kann; ich kann auf der Krankenstation machen, was ich will, es ist ihr nicht gut genug. Ich will mich woandershin versetzen lassen. Ich will sie nicht mehr sehen. Aber dann sage ich mir wieder: Wofür bist du denn Ordensschwester geworden, wenn du es noch nicht einmal schaffst, deine Mitschwester zu lieben? Es ist alles so verworren in mir.» – So wie diese Schwester fühlen viele, denen es ernst ist mit dem Christentum; sie bemühen sich redlich, aber sie scheitern immer wieder. Natürlich hilft ihnen nicht der wohlfeile Theologenkommentar, es heiße eigentlich auch gar nicht: «Liebt eure Feinde», sondern «lieben» bedeute hier so viel wie «mit Wohlwollen begegnen» oder «zu jemandem freundlich sein» oder «jemanden gut behandeln»[8]; das Hebräische verfüge halt nur über ein einziges Wort, um auf einen ganzen Bereich differenzierter Nuancen im Umgang miteinander hinzuweisen. Philologisch ist diese Erläuterung gewiß nicht falsch, doch wem hilft sie psychologisch? Was tut eine Frau, die von ihrem Mann jahrelang seelisch mißhandelt wurde; was macht jemand, der im öffentlichen Leben von den Journalisten der Klatschpresse mit allen möglichen Lügen und Intrigen durchgehechelt wird; was tut ein Mann, der von einem Kollegen rücksichtslos an die Wand gedrängt wird? Soll er ihn «lieben»? Ihm «mit Wohlwollen begegnen»? Oder ihn «freundlich behandeln»? Es läuft alles auf dasselbe hinaus: es geht nicht. Wenn man aber glaubt, etwas tun zu müssen, das einer einzigen Überforderung gleichkommt, so *verliert* man gerade die innere Freiheit, die nötig ist, um «Böses» mit «Gutem» zu überwinden.

Ja, man müßte im Sinne Jesu wohl sogar eine Art Kriterium aufstellen, inwieweit man seine Worte in der Bergpredigt richtig auffaßt oder nicht: Wenn sie jemanden wesentlich nur mutlos, traurig, gereizt, unglücklich und innerlich zerrissen sein lassen, dann versteht er sie gewiß noch nicht so, wie sie gemeint sind; oder von der anderen Seite her: Nur wer sich bei diesen Worten innerlich einheitlicher, freier, zufriedener und glücklicher fühlt, nimmt die Worte Jesu in ihrem eigentlichen Sinn auf.[9] Wie wenig Jesus an einer Moral der Abspaltungen und der neurotischen Verquertheiten gelegen ist, zeigt das Schlußwort des ganzen Abschnitts: (nicht: «Seid *vollkommen*», wohl aber:) «Seid *ganz*, wie euer Vater, der himmlische, ganz ist» (Mt 5,48).[10] Was Jesus möchte, ist sicher nicht, daß die Widersprüche, die zwischen Menschen bestehen, dadurch «gelöst» werden, daß man sie in Widersprüche mit sich selber verwandelt; umgekehrt: Er wollte, daß wir an der «Ganzheit» und «Heilheit» Gottes lernen, selber «heil» und «ganz» zu werden, und dann freilich hoffte und glaubte er, daß von dieser «Ganzheit» im eigenen Herzen her sich etwas mitteilen lasse nach draußen, so daß auch zwischen den Menschen zusammenwachsen könnte, was innerlich bereits «versöhnt» und «ganz» geworden ist.

Um das Anliegen Jesu zu verstehen, muß man demnach *in der Psychologie des Einzelnen beginnen* und *hier* abtragen, was es an «Haß» und «Feindschaft» gibt. «Ich weiß nicht, was da in mich fährt», schimpfte dieser Tage eine Frau auf sich ein; «meine Kollegin (in der Arbeit) braucht nur aufzutauchen, dann sträuben sich mir die Haare. Sie braucht nur den Mund aufzumachen, und schon werde ich wütend. Ich glaube wirklich, ich hasse sie. Dabei hat sie mir nichts getan. Sie sitzt nur da und weiß scheinbar alles.» – Es wurde recht bald deutlich, was sich da abspielte. Diese Kollegin verkörperte sozusagen all die Seiten, die diese Frau in sich selber bekämpfte und ablehnte. Zum Beispiel, einfach offen heraus ihre Meinung zu sagen, hatte sie sich selber stets verboten; von der in ihren Augen unverschämten Selbstsicherheit ihrer Kollegin fühlte sie sich kleingemacht; deren Ansichten konnten ihr allein schon dadurch bedrohlich werden, daß sie von ihren eigenen Meinungen abwichen; mit anderen Worten: der «Haß» auf ihre Kollegin galt im Grunde all den Stellen, die in ihrem eigenen Leben eingeschränkt und unentfaltet geblieben waren. Gleichwohl handelte es sich dabei nicht um eine einfache Reaktion von Mißgunst und Neid – dafür war ihre aggressive Gestimmtheit viel zu intensiv. Bei genauerem Hinhören wurde deutlich, daß sie als Kind *von ihrer Mutter* immer wieder auf das heftigste für jede Meinungsäußerung attackiert worden war – stets wußte die Mutter alles besser, grundsätzlich duldete sie keinen Widerspruch, und mit ihr in eine Diskussion einzutreten war von vornherein nicht möglich. Der unerklärliche «Haß» dieser Frau heute gegen ihre Arbeitskollegin ergab sich, psychoanalytisch gesehen, mithin aus einer merkwürdigen Verschiebung von Gefühlen, die damals der Mutter gegolten hatten, auf die viel jüngere Mitarbeiterin: Immer wenn sie dieser hätte widersprechen mögen, meldete sich unbewußt in ihr das alte Sprechverbot der Mutter nebst der Angst vor totaler Ablehnung und Verurteilung, wie sie seinerzeit gang und gäbe war. Zugleich aber drängte sich auch der alte Zorn auf die Mutter wieder vor, der all die Zeit über niemals hatte geäußert werden dürfen und heute noch ebenso stumm heruntergeschluckt werden mußte wie damals. Mehr noch: die lebenslange erzwungene Stummheit hatte auch objektiv zu einer völligen Wehrlosigkeit gegenüber jeder an sich möglichen oder nötigen Auseinandersetzung geführt, mit dem Ergebnis, daß heute bereits geringfügige Meinungsunterschiede als Konflikte auf Sein oder Nichtsein erlebt werden konnten. In dem «Haß» auf die Arbeitskollegin hatte sich also ein bestimmter Gefühlsdrang gleich viermal verknotet: da war zum ersten der «Haß», den diese Frau als Kind von seiten ihrer Mutter immer dann erlebt hatte, wenn sie selber gern «vorlaut» hätte sein mögen; dieser «Haß» der Mutter aber war längst schon im Über-Ich als eine Instanz des Selbsthasses verankert worden und führte jetzt dazu, daß diese Frau sich noch heute jede freie Rede verbot; das wiederum mußte sie immer wieder in Situationen bringen, in denen sie sich anderen Menschen, wie zum Beispiel ihrer gegenwärtigen Arbeitskollegin, ebenso ausgeliefert fühlte wie damals ihrer Mutter, und in solchen Momenten «haßte» sie sich selber gleich doppelt: sie schämte sich für ihre Ohnmacht und Unterlegenheit, sie verurteilte sich aber auch für die exzessiven Rachephantasien, die sie phasenweise heimsuchen konnten; ging man diesen nach, so fand sich indessen recht bald die ausgeprägte Neigung, die Arbeitskollegin für ihre frechen oder unbedachten Redensarten gerade so anzufahren – wie damals die Mutter ihre Tochter. – Es ist unter diesen Umständen nicht zuviel gesagt, wenn man den Haß auf die Arbeitskollegin letztlich als eine bloße Wiederholung des mütterlichen Hasses aus Kindertagen betrachtet.

Was also heißt hier: Liebt eure Feinde, und: Tut Gutes denen, die euch hassen (Lk 6,27.28)?

Deutlich war, daß diese Frau ihre Arbeitskollegin überhaupt nicht «hassen» wollte, und so war schon viel damit gewonnen, daß sie ihren «Haß» als eine im Grunde fremde, von außen in sie eingepflanzte Gefühlsreaktion erkannte, die zudem so etwas wie ein hochmoralisches Urteil enthielt, das da lautete: Man *ist* nicht vorlaut, und: Mutter hat immer recht. Zudem wurde deutlich, daß sie mit dem Ärger auf ihre Kollegin eigentlich sich selbst ablehnte; nicht die Kollegin – sie selber war ursprünglich mit all den Vorwürfen gemeint gewesen, die sie heute nach außen richtete. Um mit dem Haß auf die Kollegin fertig zu werden, halfen mithin (erneut) keine moralischen Vorhaltungen – es wäre schlechthin absurd gewesen, dieser Frau auf direktem Wege mit den Sätzen der Bergpredigt auf den Leib zu rücken. Statt dessen zeigte sich, daß die Ablehnung der Mitarbeiterin in einer tiefen Selbstablehnung wurzelte. «Liebt eure Feinde» –

das galt als erstes *ihr selbst*! Tut Gutes denen, die euch hassen – das war zunächst auf *sie selber* zu beziehen! Statt der Kollegin die freie Rede zu verbieten, kam es jetzt darauf an, sie sich selber zu gestatten. Also standen wir monatelang vor der Aufgabe, «schimpfen» zu üben, «Widerworte» zu geben, «Frechheiten» zu sagen und einfach drauflos «Quatsch» zu reden. Am wirksamsten war dabei die Vorstellung, die eigene Mutter säße wie damals am Tisch, und man könnte ihr jetzt all die Dinge geradewegs ins Gesicht sagen, die seinerzeit völlig undenkbar waren. Auf diese Weise verschob sich der Haß auf die Arbeitskollegin zurück auf das eigene Ich und von dort wiederum auf die eigene Mutter; aber er blieb dabei nicht stehen. Es zeigte sich jetzt, daß man durchaus nicht immer so stumm und mundtot bleiben mußte, wie die Mutter es damals erzwungen hatte – es war möglich, ihr Rede und Antwort zu stehen! Es war möglich, Meinungen auszutauschen! Es war also nicht mehr nötig, immer wieder aus lauter Angst und Minderwertigkeitsgefühlen überreagieren zu müssen – wie die Mutter damals schon. Ja, es wurde mit einem Mal klar, daß die Mutter damals sich wohl ganz genauso gefühlt haben mußte wie diese Frau heute – was also war ihr eigentlich vorzuwerfen? Statt sie noch nachträglich zu hassen und zu bekämpfen, erschien es als viel ratsamer, all die Verhaltensweisen nachzulernen, zu denen die Mutter in Kindheitstagen aus eigener Not den Zugang verwehrt hatte. Innerlich war die Mutter jahrelang als eine wahre «Verfolgerin» erschienen; jetzt wurde es möglich, buchstäblich für sie zu «beten» und ihr, der längst Verstorbenen, im nachhinein zu wünschen, sie möchte vom Himmel her gesegnet sein; sie hatte es erkennbar niemals böse gemeint, sie war nur einfach selber sehr hilflos gewesen. Es würde nicht helfen, ihr noch nachträglich alle möglichen Vorwürfe zu machen; wohl aber müßte es ab sofort erlaubt sein, sich abweichend von ihrem Vorbild zu verhalten und vor allem sich in Zukunft eines eigenen Wortes zu getrauen. «Liebt eure Feinde» – das hieß hier: Akzeptiere die Wünsche, die in dir seit Kindertagen nie leben durften; überwinde deine Angst, und versuche dich einmal so zu verhalten, wie es dir wirklich entspricht; höre damit auf, dich für Wünsche abzulehnen, die vollkommen berechtigt sind und die nur unter den speziellen Umständen deiner Kindheit nicht zugelassen waren; und: statt den anderen für gerade diejenigen Verhaltensweisen zu hassen, die du selber einnehmen möchtest, probiere einfach einmal, direkt zu tun, was du willst.

Es ist eine Formel, die fast überall zutrifft: Wir hassen am meisten das, was wir selber möchten, aber aus Angst und Schuldgefühlen uns nicht erlauben. Wir wehren uns geistig am heftigsten gegen diejenigen Wahrheiten, die in uns selber schon bereitliegen. Wir lehnen vor allem diejenigen Menschen ab, die bestimmte Seiten von uns verkörpern, mit denen wir noch nicht zurechtkommen. Unser »Haß» verweist in aller Regel also auf die ungelebten Anteile unserer eigenen Psyche, und ehe wir sie nicht in uns integrieren, wird es uns nicht erspart bleiben, an anderen Menschen stellvertretend auszuschließen, was für uns selber bislang als «ausgeschlossen» gelten mußte. Die «Feindesliebe» bildet daher zuallererst eine Form, geduldiger, toleranter, weitherziger und einheitlicher mit sich selber umzugehen.[11] Die Versöhnung mit anderen Menschen, wenn sie mehr sein soll als ein kurzlebiger und sehr doppelbödiger moralischer Kraftakt, kann nur zustande kommen unter der Voraussetzung einer Versöhnung mit sich selbst.

«*Ganz*» zu werden, wie Gott «ganz» ist, stellt daher die unerläßliche Bedingung dafür dar, auch die anderen Menschen so zu akzeptieren, wie sie sind. Solange in unseren eigenen Köpfen noch die permanente Maschinerie der Selbstzensur und Selbstablehnung existiert, werden die Schablonen der Verurteilung durch uns selbst auch auf andere übergreifen. Doch all diese Schablonen, muß man im Sinne Jesu sagen, mögen viel zu tun haben mit der Rechtsprechung der Menschen oder mit der Rechtfertigung menschlicher Machtausübung, sie können verkörpert gewesen sein schon in unserem eigenen Vater oder in unserer eigenen Mutter – das hindert nicht, daß all das mit Gott nicht das geringste zu tun hat. Gott – das ist gerade die Macht im Hintergrund von allem, die diese Maßstäbe der Dauerzensur in Frage stellt, indem *er* seine Sonne unterschiedslos aufgehen läßt über «Guten» und «Bösen», über «Gerechten» und «Ungerechten». Gott – man kann es nicht oft genug sagen – ist im Sinne Jesu nicht die Legitimation wechselseitiger Verdammung und Ausschließung, Gott ist für Jesus die Kraft eines Vertrauens, das es erlaubt, ganze Menschen zu werden und so integral zu leben, als es geht.

Mit einem gewissen Stolz stellt an dieser Stelle Jesus den Gott der Juden den religiösen Vorstellungen der «Heiden», der «Völker» gegenüber[12]; mit dem Glauben von Menschen, die den Gott Israels niemals kennengelernt haben, meint er, wäre es allenfalls noch vereinbar, die Inhalte des Religiösen zur Rechtfertigung aller möglichen Diffamierungen und dogmatischen Verketzerungen zu verwenden; der Gott der Juden aber ist in seinen Augen so niemals gewesen. Doch schon indem Jesus so spricht, setzt er natürlich voraus, daß es eine Menge «Heidnisches» auch mitten in dem Volke gibt und geben kann, das sich das «auserwählte» nennt, ja, es wird sogar auch das Umgekehrte Geltung haben: daß es in den sogenannten «heidnischen» Religionsformen zahlreiche Elemente gibt, an denen sich das eigene Anliegen besser verdeutlichen läßt als an der Lehrtradition der Rabbinen des Judentums oder der Kirchenväter des

Christentums. Und desgleichen tut Jesus an dieser Stelle so, als stünde er ganz an der Seite der «Rechtschaffenen»: die «Zöllner», die öffentlichen Sünder an der Grenze des «Heidentums», mögen mit Gott und ihren Mitmenschen berechnend und rechtlich eingeengt umgehen – für jemanden, der den Gott Israels kennengelernt hat, ist ein solches Verhalten unnötig und unsinnig. Natürlich weiß Jesus und will es sogar unterschwellig sagen, daß es eine Menge «Zöllnerhaftes» auch in den Kreisen der Musterfrommen gibt, und umgekehrt: viel wirklich «Gottförmiges» bei den sogenannten «Zöllnern».

Wieviel an theologisch begründetem Haß beispielsweise begegnet uns bei der Lektüre der christlichen Schriftsteller schon in den ersten Jahrhunderten? Wieviel Feindschaft gegenüber den Juden durchzieht nicht schon ganze Teile des Neuen Testaments?[13] Wieviel an polemischer Ablehnung gegenüber den «Heiden» spricht sich nicht schon in der biblischen Botschaft des Gottes der Offenbarung aus? Und doch scheint es in der Religionsgeschichte der Menschheit keinen Text zu geben, der dem Bild Jesu von einem Gott, der die Sonne aufgehen läßt über Guten und Bösen und der es regnen läßt über Rechten und Unrechten (Mt 5,45), so nahe kommt wie eine Betrachtung des TSCHUANG-TSE im Alten China; er schreibt: «Vom *Sinne* aus betrachtet: was ist da wertvoll und was wertlos? Das sind nur überflüssige Gegensätze. Laß dadurch nicht dein Herz gefangennehmen, daß du nicht im *Sinn* erlahmest! Was ist wenig, was ist viel? Das sind nur Worte beim Danken und Spenden. Mach nicht einseitig deinen Wandel, damit du nicht abweichst vom *Sinn!* Sei strenge wie der Fürst eines Staates, der kein Ansehen der Person kennt; sei überlegt wie der Erdgeist beim Opfer, der nicht parteiisch Glück verleiht; sei unendlich wie die Grenzenlosigkeit der Himmelsrichtungen, die keine bestimmten Gebiete umfassen! Alle Dinge gleichmäßig umfangen, ohne Vorliebe, ohne Gunst, das ist Unumschränktheit. Alle Dinge gleich betrachten: was ist dann kurz, was ist dann lang? Der *Sinn* kennt nicht Ende noch Anfang, nur für die Einzelwesen gibt's Geburt und Tod. Sie können nicht verharren auf der Höhe ihrer Vollendung. Einmal leer, einmal voll, vermögen sie nicht festzuhalten ihre Form. Die Jahre lassen sich nicht zurückholen, die Zeit läßt sich nicht aufhalten. Verfall und Ruhe, Fülle und Leere machen einen ewigen Kreislauf durch. Damit ist die Richtung, die allem Sein Bedeutung gibt, ausgesprochen und ist die Ordnung aller Einzelwesen genannt. Das Dasein aller Dinge eilt dahin wie ein rennendes Pferd. Keine Bewegung, ohne daß sich etwas wandelte; keine Zeit, ohne daß sich etwas änderte. Was du da tun sollst, was nicht tun? Einfach der Wandlung ihren Lauf lassen!»[14] – «Darum ist der Wandel des großen Mannes so beschaffen, daß kein Schaden für die andern herauskommt. Dennoch tut er sich nichts zugute auf seine Liebe und Gnade; er rührt sich nicht um des Gewinnes willen und schätzt doch nicht gering die Sklaven, die das tun. Er streitet nicht um Geld und Gut und macht doch nicht viel Wesens mit Ablehnen und Gönnen. In seinen Geschäften verläßt er sich nicht auf die Menschen, und doch tut er sich nichts zugute auf seine Stärke und verachtet nicht, die in ihrer Gier dem Schmutze sich zuwenden. In seinem Wandel unterscheidet er sich von der Menge und tut sich doch nichts zugute auf seine Abweichungen. In seinen äußerlichen Handlungen richtet er sich nach der Masse und verachtet nicht die Schwätzer und Schmeichler. Der Welt Ehren und Schätze sind nicht imstande, ihn zu beschimpfen. Er weiß, daß Billigung und Nichtbilligung sich nicht trennen lassen, daß Klein und Groß sich nicht scheiden lassen. Ich habe sagen hören: Der Mann des *Sinns* bleibt ungenannt; höchstes Leben sucht nicht das Seine.«[15] *Das* muß es heißen, *«ganz»* zu sein wie unser «himmlischer Vater ganz ist». Es bedeutet, daß wir *Söhne Gottes* werden können, indem wir Versöhnung untereinander wirken, und es bedeutet zugleich, daß wir Versöhnung untereinander wirken können, weil wir «Söhne», «*Ver*söhnte» Gottes sind. Beides ist eine Einheit.

Ein scheinbar berechtigter Einwand gegenüber diesen Ausführungen könnte noch lauten, es sei bisher aber nur von derjenigen Feindseligkeit und Feindschaft gesprochen worden, die der Einzelne selber im Herzen trage; wie aber sei es um die Feindschaft bestellt, auf die man, trotz besten Bemühens vielleicht, *im anderen* stoße? Die Antwort kann nur lauten, daß hier dieselben Gesetze gelten, nur spiegelbildlich versetzt. Auch der «Haß» des anderen entspringt den gleichen Verquertheiten und Versperrungen wie im eigenen Ich. Wer weiß, wie komplex zusammengesetzt, wie herkunftsbelastet, wie inadäquat in der jeweiligen Situation die heftigsten Gefühle der Ablehnung gegenüber einem anderen Menschen sein können, der wird förmlich damit rechnen, daß ihm der stärkste Widerstand womöglich gerade dann entgegenschlägt, wenn er ihn am wenigsten verdient, und er wird jetzt gerade nicht den Fehler begehen, der sonst wie selbstverständlich unterläuft: Er wird sich gerade nicht gegen das vermeintlich erlittene Unrecht zur Wehr setzen, sondern unterstellen, daß der andere zu seinen Attacken Gründe besitzt, die allem Anschein nach völlig außerhalb der eigenen Person sowie der gegebenen Situation liegen; und so wird er, statt sich auf Kampf, Konfrontation und Rechthaberei einzulassen, sich noch weit mehr für den anderen interessieren und engagieren. Er wird in ihm, wenn er derart viel Leid um sich her verbreitet, selber einen zutiefst Leidenden sehen; er wird in dem Hassenden jemanden wahrnehmen, der bislang in ganzen Teilen seiner Persönlichkeit zu allen möglichen Formen der Selbstablehnung gezwungen war; und in jedem Falle wird er, statt selber zurückzuschlagen, versuchen, diesen verborgenen Gründen des Hasses in der Seele des anderen nachzugehen. Und gerade so wird er zum Sachwalter Gottes, zum «leiblichen Sohn des Königs», der möchte, daß keines seiner Geschöpfe verlorengehe.

Dann freilich droht noch immer und gerade ein Schicksal, wie Jesus selbst es erlebte: Es kann sein, daß derjenige, der versucht, den bestehenden Haß mit Güte zu beantworten, überhaupt erst all die Ängste, Verzweiflungen und Aggressionen im Hintergrund freisetzt, und sie müssen sich über ihn als ersten entladen, ehe sie sich klären. Mitunter gibt es Versöhnung nur um den Preis des Äußersten.[16] Einfach ist der Weg Jesu nicht. Doch er ist spannungsreicher, phantasievoller, ehrlicher, weitherziger, menschlicher – also auch «göttlicher» als jede Alternative. Alle anderen Wege haben das Feld des Unfriedens bislang nur vergrößern können. Doch eine solche Kombination aus Selbsterkenntnis und Güte, aus Weisheit und Weite – was daran sollte «utopisch» sein? Schon 600 Jahre vor Christus meinte der altchinesische Weise LAOTSE: «Des Himmels *Sinn* streitet nicht und ist doch gut im Siegen. Er redet nicht und findet doch gute Antwort. Er wirkt nicht, und es kommt doch alles von selbst. Er ist gelassen und ist doch gut im Planen. Des Himmels Netz ist ganz weitmaschig, aber es verliert nichts.»[17] – «Was du zusammendrücken willst, das mußt du erst richtig sich ausdehnen lassen. Was du schwächen willst, das mußt du erst richtig stark werden lassen... Das Weiche siegt über das Harte. Das Schwache siegt über das Starke. Den Fisch darf man nicht der Tiefe entnehmen.»[18] So ist es.

Mt 6,1–4
Das Gute um des Guten willen

Im Messen von falschen Gewichten beim Gebrauch des Religiösen ist die deutsche Sprache wohl so feinnervig und genau wie eine Briefwaage. Da kann Jesus vor zweitausend Jahren gesprochen haben, was er will; wenn *wir heute* von einem «Almosen» sprechen, das wir geben, so meinen wir exakt die Karikatur dessen, was Jesus vorschwebte. Ein «Almosen», das ist, daß jemand ein weniges von seinem Eigentum sich abzweigt aus «Barmherzigkeit» angesichts fremder Not. Wir meinen auch damit, daß das, was da gegeben wird, ganz sicher nicht genügt, sondern, gemessen an der fremden Not, immer empörend wenig ist; und wir meinen mit «Almosen», daß es den Empfänger beleidigt und demütigt, denn es wird gegeben von oben herab. Eine Mischung aus Knausrigkeit, Heuchelei und Arroganz also nennen wir im Deutschen ein Almosen. Es ist, als wenn die letzten zweitausend Jahre lediglich dazu geführt hätten, all die Fehler wahrzumachen, vor denen Jesus warnen wollte.[1]

Es geht in diesem Text der Bergpredigt um den Anfang einer Neuinterpretation der drei jüdischen religiösen Hauptwerke: Almosen, Gebet und Fasten (Mt 6,1–18).[2] In einer Zeit, in der es möglich war, für religiöses Tun gesellschaftliche Anerkennung zu erlangen, schien es Jesus eine große Gefahr gerade der Frommen zu sein, eine Haltung, die im Grunde einzig Gott gilt, zu verfälschen, indem man sie den Menschen vorführt. Es ist nicht so, als sei das Problem nur beschränkt auf die Tage Jesu; wir selber können bis heute Mitleid, Güte und Menschlichkeit zelebrieren, einzig, damit die anderen es sehen. Und Jesus meint, in diesem Falle bringe sich alles um den Sinn, es belohne sich von der falschen Seite her, und es verfälsche sich im Motiv.

Wie überhaupt kann man etwas «Gutes» tun? Wir kennen die Berichte aus den Zeitungen und Illustrierten: Irgendwo hat ein großer Konzerninhaber, ein Unternehmer, ein Millionär eine Spende, eine Stiftung gemacht; es wird verbreitet, und es soll verbreitet werden, doch jeder weiß, es handelt sich hier um einen Teil der Public Relations, da wird Persönlichkeitsreklame oder Firmenreklame gemacht. Man weiß auch, daß da lediglich ein gewisser Geldbetrag umgeleitet wird und daß da nichts geschieht, was menschlich oder moralisch von Belang wäre. Es ist, wie wenn eine Welle abgeleitet würde, um sich eine Weile lang eigens für das Spielen von Kindern am Strand zu verlaufen; keinerlei Konsequenz, keinerlei neue Sehweise ist damit verbunden. Jesus meint dazu lakonisch: So etwas hat doch schon seinen «Verdienst»[3]; es macht sich verdient, indem es der Logik des Verdienens folgt; es verbleibt innerhalb des Austauschs von Ware und Geld, nichts weiter; mehr *soll* dabei gar nicht herauskommen. So weit, so gut; nur von Gott, meint Jesus, sollte dabei nicht die Rede sein, und von Menschen eigentlich auch nicht. Wie aber dann? Wie läßt sich etwas Gutes so tun, daß es stimmt und daß es wirklich Gott meint und den Menschen?

Das erste, was Jesus vorschlägt, besteht darin, jede Überlegung beiseite zu lassen, wie andere Menschen als Zuschauer von außen auf das reagieren könnten, was wir tun. Es ist überhaupt nicht wichtig, was andere Leute sagen, ob positiv oder negativ – ob sie sagen, so sei es vernünftig oder so sei es unsinnig –, es kommt auf fremder Leute Meinung überhaupt nicht an. Das Gute, schlägt Jesus vor, sollte man gewissermaßen *privat* tun, intim sozusagen. Wohl kann es sein, daß manchmal irgendeine gute Sache auch eine gewisse Reklame braucht so wie für Seife oder Damenunterwäsche, aber man gerät damit zumeist sehr bald schon an den Rand des Schamlosen, und niemals darf eine solche Aufmerksamkeitswerbung für eine gute Sache zum Selbstzweck werden. Wenn etwas Gutes geschehen soll als Hilfe für den anderen, dann müßte es wie selbstverständlich geschehen. Es müßte sich einfach ergeben zwischen Ich und Du, ohne weitere Überlegung, ohne jede Anstrengung, sogar ohne jede moralische Überwindung, denn auch *das* kann eine gute Absicht verfälschen, daß bei uns das Unbewußte, die *linke* Seite, genau darauf berechnet ist, zu wissen, was die Rechte, unser Bewußtsein tut.[4]

Seit Kindertagen hat man uns beigebracht, zwischen Gut und Böse zu unterscheiden; man hat uns gelehrt, die Schokolade, die wir geschenkt bekommen, mit den Geschwistern zu teilen und dafür von Mutter oder Vater Anerkennung zu bekommen. Irgendwann verfestigen sich solche Schablonen der Wertung und der Bestätigung; eines Tages tragen wir sie, ohne darüber weiter nachzudenken, in unseren Köpfen, und fortan bilden sie unsere ständigen Begleiter. Es kann am Ende sein, daß wir etwas Gutes tun, tatsächlich nicht so sehr, um es andern zu zeigen, wohl aber, um uns selber dabei ständig wie in einem Spiegel anschauen zu können. Wir fühlen uns dann so gut vor unserem eigenen *Über-Ich;* wir klopfen uns unsichtbar selber dabei auf die Schultern, und das, was wir tun, dient eigentlich gar nicht wirklich dem anderen, sondern weit mehr der eigenen Selbstbestätigung und dem Selbstgenuß. Es ist, psychologisch gesprochen, der reine *Narzißmus*, der uns da treibt[5], und der andere in seiner Not ist gewissermaßen bloß der willkommene Auslöser für unsere «guten Werke», mit denen wir uns beweisen können, welch gute Menschen wir doch sind.[6] So etwas, meint Jesus, führt zu nichts außer zur Heuchelei, zum «Pharisäertum». «Allah kannte euch, als er euch aus der Erde hervorbrachte, und auch schon, als ihr als Fruchtkeim in eurer Mütter Leib wart. Darum rechtfertigt euch nicht selbst, denn er kennt am besten den, der ihn fürchtet», heißt es im *Koran.*[7] So hat es Jesus auch gemeint.

Ein Philosoph um die Jahrhundertwende, der darüber nachdachte, wie man eigentlich ein moralisch gutes Handeln bestimmen könnte, kam auf die Idee, daß sich das Gute nur ereignen könne, wenn man es sich nicht vornehme, gut zu sein, wenn man es nicht zum Ziel erkläre; das Gute, meinte er, entstehe *auf dem Rücken der Handlungen,* sozusagen nebenbei und unabsichtlich.[8] Wenn, dachte er, ich etwas Gutes tun will, um ein guter Mensch zu sein, entsteht am Ende nichts als ein eingebildeter religiöser Pinsel, und wem soll ein solcher nützen?

Vielleicht kann man das Gute wirklich nur so selbstverständlich tun wie ein Kind, das spielt. Wenn die Mutter ihm sagt: Spiel einmal «schön» draußen, so erhält das Kind damit zunächst nichts weiter als die Erlaubnis, zu tun, was ihm gefällt und wozu es von innen her getrieben wird. Es braucht zu seinem Spiel durchaus keine große Anleitung, ja, es verträgt gar nicht, wenn man ihm lang und breit erklären wollte, was ein «schönes Spielen» sei[9]; mit einem bißchen Phantasie, Begleitung und Bestätigung kommt es schon von selbst auf alle möglichen Gedanken, was ihm Freude machen wird, und so belohnt sich sein Tun im Spielen einfach durch sich selber. Gerade so, meinte bereits die altchinesische Weisheit Jahrhunderte vor dem Christentum, sollte man den Menschen überhaupt nicht erklären, was gut ist und was böse ist, man sollte sie um Himmels willen nicht mit derartigen Definitionen durcheinanderbringen.[10] Man sollte sie vor allem nicht dauernd zwingen, darauf zu achten, ob sie schön genug sind, ob sie gut genug sind, ob sie nützlich genug sind, ob sie brav genug sind; man sollte sie ganz einfach in ihren Empfindungen *nicht stören* und sie ihrem inneren Gespür überlassen für das, was stimmt und was nicht stimmt; *dann,* meinte die chinesische Weisheit, ordne sich das Leben gewiß recht zuverlässig. Darum sagte man: «Durch Nicht-Tun wird der Himmel klar. Durch Nicht-Tun bleibt die Erde in Frieden. Durch das gemeinsame Nicht-Tun beider kommen alle Dinge der Schöpfung in Tätigkeit. Entweichend, entgleitend, kommen sie nicht aus einer Quelle? Entgleitend, entweichend, hat es (das Tao) nicht eine Form? Alle Dinge wachsen und mehren sich durch Nicht-Tun. Darum heißt es: ‹Der Himmel und die Erde tun nichts, und alles ist getan.› Wie kann der Mensch aus diesem Beispiel das Nicht-Tun lernen?»[11] – Von den *«Heuchlern»* aber sagte man: «Die Heuchler sind die, welche das für gut ansehen, was alle Welt als gut lobt, und das als recht betrachten, was alle Welt als recht preist. Wenn man ihnen sagt, sie seien Tao-Menschen, strahlt ihr Gesicht vor Zufriedenheit; wenn man sie Heuchler nennt, sehen sie mißvergnügt aus. Zeitlebens nennen sie sich ‹Tao-Menschen›, und zeitlebens bleiben sie Heuchler. Sie verstehen es, eine schöne Rede zu halten und passende Anekdoten zu erzählen, um die Menge anzulocken, aber vom Anfang bis zum Ende wissen sie nicht, worum das Ganze eigentlich geht. Sie kleiden sich in die richtigen Kleider mit den richtigen Farben und tragen ein würdiges Aussehen zur Schau, um sich beliebt zu machen, wollen aber nie zugeben, daß sie Heuchler sind. Sie mischen sich unter die Menge und erklären, die Meinung der Öffentlichkeit in allem zu teilen, behaupten aber gleichzeitig, daß sie etwas Besseres sind als die Masse. Ist das nicht der Höhepunkt der Torheit! Die, welche ihre eigene Torheit erkennen, sind keine richtigen Toren, und die, welche sich ihrer Verworrenheit bewußt sind, sind nicht wirklich verworren. Die wirklich Verworrenen können niemals aus ihrer Verwirrung heraus, und die echten Toren erholen sich niemals von ihrer Torheit.»[12]

Es scheint, daß Jesus ganz genauso dachte. Ist es nicht möglich, scheint er an dieser Stelle der Bergpredigt sagen zu wollen, einfach mit offenen, unverdorbenen Augen sich umzuschauen und wie von selber zu tun, was einem anderen hilft? Eine innere Stimme sagt uns untrüglich, was jetzt zu tun ist. Mit einem solchen Tun, das sich wie von selber ergibt, soll nichts Besonderes bewirkt werden, es geschieht ganz einfach von innen heraus. Wir selber empfinden uns dabei nicht als besonders großartig, im Gegenteil, wir spüren meist sogar recht deutlich, daß das, was wir gerade machen, allenfalls ein Anfang oder ein Übergang ist, jedenfalls noch lange nicht das Ziel, jedenfalls noch lange keine perfekte Handlung; wohl aber sind wir plötzlich mit einem anderen Menschen wesentlich verbunden, und dieses Gefühl strömt jetzt auf uns selber zurück. Es erschließt uns eine Welt, die wir zuvor niemals so gesehen haben.

Vielleicht ist es das, was Jesus meinte, als er sagte: «Euer himmlischer Vater sieht doch im verborgenen», und: «Er wird euch belohnen.»[13] Es gibt eine «Belohnung», die einfach darin liegt, etwas, das richtig ist, auch wirklich zu tun. Die «Belohnung» dafür liegt in dem Tun selbst, sie kommt nicht als Prämie hintendran.[14] Man kann mit dem Guten nicht etwas erreichen wollen, so wie man morgens zur Arbeit geht, um am Abend sein Geld dafür abzuheben; einzig indem etwas Richtiges im Zusammenhang mit anderen Menschen geschieht, ordnet es sich so, wie es unter den Menschen und im Menschen selber stimmt. Das ist alles. Das Gefühl, daß es stimmt, ist die ganze «Belohnung». Sie ist nichts anderes als eine Harmonie, die sich bildet, wenn man die Saiten einer Harfe richtig stimmt.

Der bengalische Dichter RABINDRANATH TAGORE hat einmal ein kleines Gedicht geschrieben, um zu zeigen, was geschieht, wenn man *einem Kind* seine Aufmerksamkeit schenkt, zum Beispiel indem man ihm ein Spielzeug bringt oder indem man es das Tanzen lehrt oder ihm Süßigkeiten gibt oder ihm auch nur einen Augenblick des Lächelns ermöglicht:

Wenn ich dir buntes Spielzeug bringe, Kind,
versteh' ich erst,
warum auf Wolken und auf Wasserflächen
ein Spiel von Farben tanzt
und warum Blumen in vielen Tönen leuchten,
wenn ich dir buntes Spielzeug gebe, du, mein Kind.

Wenn ich singe, dich zum Tanzen bringe,
so weiß ich ganz genau,
warum Musik in Blättern rauscht,
warum die Wellen ihre Chöre von Stimmen
ans Herz der lauschenden Erde senden,
wenn ich singe, dich zum Tanzen bringe.

Wenn ich Süßigkeiten in deine gierigen Händchen gebe,
weiß ich,
warum im Kelch der Blüte Honig ist
und warum Früchte mit süßem Saft gefüllt sind insgeheim,
wenn ich Süßigkeiten in deine gierigen Händchen gebe.

Wenn ich dein Gesichtchen küsse, Liebling,
dich zum Lächeln bringe,
versteh' ich ganz,
welch große Freude vom Himmel strömt im Morgenlicht
und welch Entzücken die kühle Sommerbrise meinem Körper schenkt,
wenn ich dich küsse, dich zum Lächeln bringe.[15]

Das ist die Art, wie Gott belohnt, wenn wir einem anderen etwas geben und uns in der Gabe selber hingeben. Es strömt in einem solchen Augenblick so viel zurück, weil wir plötzlich etwas von dem großen Zusammenhang begreifen, in den wir eintauchen, wenn wir die Wände unseres Ichs nach draußen öffnen.

Immer geschieht so etwas, wenn wir einen anderen Menschen wirklich bemerken. Alle Angst, alle Verkrampfung, auch das Streben nach Tugenden und Wohltaten läßt uns immer noch am eigenen Ich festhalten wie an einem Besitz, und dann bleibt selbst das, was wir geben, berechnet auf eine gewisse Bestätigung. Wenn uns aber das, was wir geben, fast spielerisch entgleitet, indem es übergeht in ein Geschenk, das dem anderen gehört, das sein Leben aufschließt und bereichert, dann mit einem Mal schwingt es aus uns heraus und macht uns selbst zum Teil einer großen Symphonie, die alles durchzieht, was lebt.

Ich habe in diesem Zusammenhang absichtlich einen *bengalischen* Dichter zitiert, weil die Sprachwissenschaftler sagen, kein Volk der Erde sei so musikalisch, so dichterisch und so poetisch wie das Volk der Bengalen[16]; es ist aber in diesen Tagen, im Mai 1991, ganz sicher zugleich das Volk, das am schlimmsten leidet, das am wenigsten beachtet wird und das fast abgeschnitten ist vom Rest der Welt. Zu anderen Zeiten gewiß, sind es andere Völker, die leiden; aber wenn es schon darum geht, von «Almosen» zu reden, so ist es unumgänglich, konkret zu werden, und da gibt es heute kein dringlicheres Anliegen als die Not in Ostbengalen. Wer nächstens in Ferien nach Nordfriesland fahren sollte und sich die Halligen- und Inselwelt dort anschaut, der sieht vor sich die Bruchstücke von zwei Jahrhundertfluten, die einen ganzen Lebensraum zerschlagen haben. Damals, 1634, versank das Land zwischen Sylt und Tondern endgültig im Meer, und ein paar tausend Menschen kamen ums Leben mitsamt ihrem Vieh in einer einzigen Nacht.[17] Jetzt, in Ostbengalen, muß man rechnen – es ist nicht übertrieben – mit vielen Hunderttausenden, womöglich mit Millionen von Menschen, die getötet wurden oder die die Folgen der Flut nicht überleben werden; und was wir da vor uns haben, ist ein Strukturproblem. Gewarnt hat man vor der Möglichkeit solcher Katastrophen schon oft; doch auf wen hört man schon, wenn es um die «Umwelt»-Fragen geht? Schon vor zehn Jahren konnte man bei H. GRUHL lesen, es gebe Gegenden der Welt, in die Menschen einfach nicht gehörten[18]; Ostbengalen nannte er als Beispiel. Das Delta-Gebiet des Ganges war schon immer überbevölkert, doch wurde es vollständig verstopft Anfang der siebziger Jahre, als über fünfzehn Millionen Menschen damals auf der Flucht waren – *Pakistan* brach damals auseinander, dieses Ost-West-Gebilde an den Rändern Indiens, das sich in den Religionswirren nach der Unabhängigkeit des Subkontinentes als ein islamisches Staatengebilde geformt hatte.[19] Die Katastrophen *jetzt* sind von Menschenhand gemacht, sie gehen nicht à conto des lieben Gottes. Man holzt in Nepal die Wälder ab, die früher das Regenwasser wie einen Schwamm gebunden haben, ehe es zum Ganges strömen konnte[20], man verschiebt den planetaren Windgürtel durch die Zerstörung der tropischen Regenwälder, man läßt die Polkappen abschmelzen durch den Treibhauseffekt, und da genügen wenige Zentimeter Meeresanstieg, um ein Terrain wie Ostbengalen unter Wasser zu setzen[21]; zudem: je mehr Menschen dort Grundwasser verbrauchen, desto mehr senkt sich das Land immer tiefer ab. Das Problem, das dadurch entsteht, ist nicht lösbar, je länger es dauert. Was wir jetzt dringend brauchen würden, wären gewaltige internationale Hilfsmaßnahmen in Höhe von Hunderten von Milliarden Dollar; doch dazu brauchten wir eine völlig andere Art von Politik, so daß Ländergrenzen sich öffnen könnten zugunsten von Menschen und nicht jeder Staat seinen privaten Egoismus durchzusetzen suchte.

Was können wir jetzt tun? Das beste wird sein, ein jeder geht privat, ohne daß es jemand sieht, an seine Reserven und versucht, sie auf das Konto von Medico International oder an den Roten Halbmond oder an irgendeine andere der Hilfsorganisationen zu überweisen, die für Ostbengalen irgendwas bewirken können. Das schlimme ist nur, daß all das, was wir machen können, wirklich nichts als ein «Almosen» sein wird. Und so darf es nicht bleiben. – Ich lese zum Beispiel in dem letzten Protokoll unseres Pfarrgemeinderates, daß es ärgerlich gewesen sei, als ich vor sechs Monaten sagte, wir brauchten nicht für sage und schreibe fünf Millionen Mark eine renovierte Kirche, wir könnten auch mit unserem Pfarrsaal auskommen. Damals, als wir hörten, was uns die Renovierung unserer Kirche kosten würde, war es noch möglich, unsere Meinung zu ändern und den ganzen Neubau abzublasen. Jetzt sitzen wir mitten in einem Wertekonflikt: Sollen wir Häuser bauen in Bengalen oder eine baufällige Kirche in Paderborn restaurieren? Was würde Jesus dazu sagen? Ich werde bestimmte Träume nicht los, z. B. diesen: Was wären wir in Paderborn in der St.-Georgs-Kirche für eine Gemeinde, wenn wir das erste Mal, soweit ich weiß, in der Geschichte der Kirche in Deutschland sagen würden: Uns sind die Obdachlosen in Bengalen diese unsere fünf Millionen DM der geplanten Kirchenrenovierung wert; *wir* haben ein Dach über dem Kopf, *wir* vermissen nichts, *wir* verzichten lediglich darauf, als katholische Gemeinde Schulden in einer Höhe aufzunehmen, daß daran noch unsere Kindeskinder in 60 Jahren werden abzuzahlen haben. Wir lassen uns statt dessen die ganze Summe für die Renovierung unserer Kirche von unserem Generalvikariat auszahlen und bauen damit *die* Kirche, die wir lieben: Wir lindern damit die Not notleidender Menschen. Ich bin mir ganz sicher: so eine Art von «Almosengeben» hat Jesus gemeint. Wir würden ganz einfach die Dinge tun, die menschlich selbstverständlich sind oder doch sein sollten. Wir brauchten einfach die Reaktionen unseres Mitleids nicht immer wieder von uns abzuklemmen, weil sie angeblich nicht vernünftig sind oder weil man «es» für gewöhnlich nicht so macht.

Es ist wahr, bis heute hat man vieles *so* noch nicht gemacht. Doch eben deshalb stehen wir heute mit der Welt, in der wir leben, dicht am Rande! Wir haben weltweit vielleicht noch ganze zwanzig, dreißig Jahre Zeit, um uns die Sache zu überlegen. Da fährt ein Zug mit wachsender Geschwindigkeit auf einen Prellbock, und es gibt bald schon kein Halten mehr. Ob das die Umweltfrage ist, ob das die Atomrüstung ist, ob das Hunger und Elend sind, ob das Klimakatastrophen sind – wo man auch hinschaut, darf nichts mehr so bleiben, wie es ist. Da erst begreift man, was die Bergpredigt uns zu sagen hat. Weit entfernt, ein Konstrukt weltfremder Ideale zu sein, ist sie ganz offensichtlich die erste vernünftig formulierte Alternative zu unserer weltweit ruinösen Normalität. Nicht die Realpolitik ist das reale, das begreifen wir gerade; unsere sogenannte «Realpolitik» erweist sich, je länger sie dauert, ganz im Gegenteil als das ungeheuerliche Resultat der Dauerfestschreibung von Faulheit und Gedankenarmut; *das* aber, was Jesus bereits vor 2000 Jahren wollte, wird unaufhaltsam zur Überlebensformel unserer Wirklichkeit oder zum Menetekel unseres Untergangs. *So* sieht das aus. Und wir, die wir vorgeben, an die Botschaft des Mannes aus Nazareth zu glauben, hätten langsam wohl die Pflicht, dahinterzukommen, all das auch wirklich zu tun und zu sagen, was er uns gesagt hat. Was Jesus wollte, war die Absage an jede Art von Reichtum. «Sammelt euch nicht Besitztümer, die doch nur Würmer und Motten verzehren» (Mt 6,19). Das war seine Meinung. «Ihr müßt wählen zwischen Gott und dem Mammon», das war seine Überzeugung (Mt 6,24).

Was also ist jetzt zu tun? Was sich zum Beispiel heute in Bengalen abspielt, ist *nicht* eine «Jahrhundertflut»; zwar ist diese Flut weit schrecklicher als alles, was Norddeutschland je in Jahrhunderten an Fluten erlebt hat; aber etwas Ähnliches kann sich jederzeit wieder ereignen, im nächsten Jahr, im übernächsten Jahr. – Vermutlich müßte man riesige Vordeichungen vornehmen, man müßte, wenn überhaupt diese Millionen von Menschen dort weiterhin wohnen bleiben sollen, das gesamte Riesendelta des Ganges zum Meer hin kanalisieren – ein unglaubliches Projekt, das von diesem Volk, dem viertärmsten der Erde, nie aufzubringen sein wird. Diese Leute brauchen dringend internationale Hilfe, sie benötigten ein Programm, großzügiger, energischer, phantasiereicher als vor Jahrzehnten die Eroberung des Mondes; vor solchen Aufgaben stehen wir heute. Wir haben keinen Spielraum mehr, uns zu vergeuden. Jesus hat recht: Was bisher Religion hieß, ist sehr, sehr ernst. Wer da noch herumspielt zum Posaunen und zum Trompeten, lebt nicht in der Welt, die wir heute haben. Und es stimmt auch: Großzügigkeit zur rechten Zeit belohnt sich durch sich selbst – sogar am Ende finanziell, wenn man so will. Auch wirtschaftlich ist Menschlichkeit das einzige, was uns auf die Länge der Zeit nicht unbezahlbar teuer zu stehen kommen wird. Wir müßten lernen, sehr viel zu bewirken, indem wir endlich damit beginnen, absichtslos gut zu sein und Gutes zu tun. «Durch das Nicht-Handeln ist alles gemacht.» Ein unterlassener Kirchenneubau zum Beispiel – was für ein Segen könnte er sein!

Mt 6,5–8

Rechtes Beten ist Empfangen oder: Erhört wird nur der Hörende

In der Religion ist es manchmal wie in der Musik oder in der Dichtung. Es gibt Kompositionen oder Gedichte, die in einer bestimmten Zeit viele Menschen zu ergreifen vermögen, dann aber fallen sie rasch aus dem Interesse der Leute heraus und werden leergeredet, leergesungen und geraten ins Vergessen. Andere Werke sind *klassisch.* Sooft man sie hört, erwecken sie Aufmerksamkeit, vermitteln sie etwas Neues, und gerade als das «Klassische» sind sie «das Alte, das niemals altern kann». – Von dieser Art sind die Worte Jesu über das Gebet. Immer wenn man sie hört, erfährt man sie anders, und je vertrauter sie einem werden, desto überraschender begegnen sie uns.[1]

Gesprochen sind diese Worte in der Bergpredigt an einer Stelle, da Jesus die Frömmigkeitswerke des Judentums der Reihe nach durchgeht, um sie von ihrer Äußerlichkeit zu befreien.[2] Nichts soll geschehen der Menschen wegen, denn es gilt Gott, und einzig im Verhältnis zwischen dem Einzelnen und seinem Gott hat es Berechtigung, oder es verfehlt sich.[3]

Wenn wir Jesus über das Gebet sprechen hören, würden wir im Rahmen dessen, was uns vertraut ist, zweierlei erwarten. Wenn wir hören, daß der Begründer des Christentums uns beten lehrt, müßte nach unserer eigenen dogmatischen Vorstellung wohl unvermeidbar *als erstes* ein Hinweis darauf enthalten sein, daß Jesus selber sich empfohlen hätte als Gegenstand und Gegenüber unserer Gebete.[4] Alles, was wir tun in einem christlichen Gottesdienst, besteht in der Anrufung Jesu *als des Herrn*; aber nicht eine einzige Silbe davon kommt Jesus über die Lippen. Erschreckend genug – *er* hätte es für Gotteslästerung gehalten, ihn anzubeten, er hätte es *nicht* gewollt.[5] – Deutlicher als an dieser Stelle läßt sich kaum zeigen, wie weit Jesus davon entfernt war, eine neue Religion aufzumachen mit einer neuen Form von Gebetsritual oder mit der Doktrin eines neuen sich offenbarenden Gottes; ganz im Gegenteil! Was er wollte, war, daß jegliches Hindernis zwischen den Menschen und Gott hinweggeräumt würde. Er wollte uns eintauchen in ein Klima des Vertrauens und uns den Gott zurückgeben, an den die Väter glaubten: einen Gott, der sieht im verborgenen und der uns kennt, noch ehe wir den Mund aufmachen, einen Gott, der um uns weiß und dem wir deshalb nicht viel weismachen können, einen gütigen Gott, einen vertrauenswürdigen, schützenden, barmherzigen Gott. Daß ein solcher Gott uns glaubwürdig würde, war das ganze Bemühen Jesu; alles andere ist aufzufassen als ein Kommentar, nicht mehr und nicht weniger.[6]

Zum anderen: Wenn wir hören, wie Jesus seine Jünger beten lehrt, so sollten wir auch bei ihm irgendeine Ähnlichkeit mit der Art und Weise der theologisch «richtigen» Form des Gebetes erwarten. Wie man Menschen *beten* lehrt, diese Frage ist von Hause aus die Domäne der Berufstheologen, der Herausgeber der *richtigen* Gebetbücher, Agenden und Rubriken, die anordnen, welches Gebet in welcher Intention mit welch einem Verdienst zu welcher Tageszeit zu leisten ist. Auch in den Tagen Jesu gab es natürlich derartige offizielle Gebetsformulare, es gab vorgeschriebene Gebetszeiten mit einem vorgeschriebenen Gebetspensum.[7] Doch wenn irgend wir Jesus wie mit Selbstverständlichkeit im Stil der alten Propheten auftreten sehen, so ist es an dieser Stelle der Fall. Als wenn da überhaupt kein Problem bestünde, räumt er all das, was überkommen ist, beiseite, stellt sich hin und erklärt: Beten bedeutet vor Gott hintreten. Nichts bleibt da von dem, was sonst in ehrwürdigen Traditionen und Kommentaren beschworen und gesagt wurde.

Jede offizielle Religion hat ein Interesse, Menschen zu versammeln, große Menschenmassen zu bestimmten Gebetszeiten und Andachten einzuladen und ihnen dabei die Einhaltung ritueller Gebetspflichten geradewegs vorzuschreiben. Wer zum Beispiel als Katholik am Sonntag nicht in die Messe geht, versündigt sich schwer – das ist im Ernst die Meinung der katholischen Kirche; das heißt, würde ein solcher, sagen wir, um Viertel vor zwölf, wenn die letzte Messe in Paderborn gerade zu Ende gelesen wurde, unversehens sterben, so käme er nach dieser Auffassung augenblicklich in die Hölle, es sei denn, er hätte zuvor noch «Reue und Leid» erweckt und den festen Vorsatz gefaßt, am nächsten Sonntag, wenn ihm dazu Gelegenheit wird, auf gar keinen Fall ein gleichermaßen schweres Vergehen wieder zu begehen.[8] Alles hat seine Ordnung, seine Zeit, sein festgelegtes Programm – nur so erreicht man Gott; das ist die Meinung der offiziellen Religion.[9] Genauer noch: Wer es wirklich ernst nimmt mit der Religion, wie zum Beispiel die Hauptvertreter des Religiösen, in der katholischen Kirche etwa die Priester und Ordensschwestern, der hat einen ganzen Katalog von Gebeten quer durch den Tag herzusagen, und zwar zu allen möglichen Zeiten, des Morgens, des Vormittags, des Mittags, des Nachmittags, des Abends, des Nachts, kurzum, rund um die Uhr.[10] Das Pensum ist so umfangreich, daß es in den Alltag eines gewöhnlichen «Laien» gar nicht hineinpaßt und auch in dem Tagesablauf eines Klerikers nur schwer unterzubringen ist. Doch eben deshalb ist es bereits als eine besondere Güte der Kirche zu erachten, daß man sich auf die festgelegte Zeit nicht unbedingt stundengenau festlegen muß; man kann notfalls das Morgengebet auch um Mitternacht beten, wenn man es nur betet. Diese Gebetspflicht einzuhalten hat ein Kleriker bei seiner Weihe unter Eid versprochen.[11] So genau gilt die Ordnung bzw. die Anordnung des Gebetes.

In den Tagen Jesu ging es nicht sehr viel anders zu. Doch wenn man das weiß, so ist es erstaunlich, daß Jesus darüber kein Wort verliert; er schafft das alles weg, wie wenn er einen großen Schwamm in der Hand hielte und putzte die ganze Tafel leer, auf die man all die heiligen Verfügungen im Namen Gottes geschrieben hat, und als putzte er damit zugleich die Augen der Menschen klar, daß sie das Wesentliche wieder zu sehen vermögen. Denn *das* ist wohl gemeint mit den Worten: Wenn du betest, dann geh in dein Gemach und schließ sogar die Tür noch hinter dir zu. Das heißt doch: Zieh dich in dich selbst zurück, in dein eigenes Herz, und verriegele es gut vor jeder Störung. Was dir die Leute sagen, gilt nicht. Was sie von dir zu sehen bekommen in Fragen der Religion, ist völlig nebensächlich. Jedes Gebet beginnt damit, daß die anderen Menschen aufhören, für dich maßgebend zu sein. Nur so wirst du Gott finden. Tritt vor ihn hin, indem du einen Raum aufsuchst, der in gewissem Sinne absolut ist, wo du beschützt bist, wo niemand von außen dich erreicht, keine Bestimmung, keine Vorschrift, kein falsches Schuldgefühl, sondern nur deine eigene Freiheit; du mit deiner Person stehst da vor Gott. Und umgekehrt: Alles beginnt damit, daß du anfängst zu glauben, Gott hätte an dir ein Interesse. Unter all den Leuten bist du vielleicht wie unsichtbar, eingegliedert in eine riesige anonyme Masse; aber siehst du, beten, das bedeutet, daß du Gott beim Namen nennst, denn du hast selber bei ihm einen Namen. Du bist für ihn etwas Besonderes, und auf dich kommt es an. Ausgenommen von allen anderen, bist du vor Gott etwas ausnehmend Wichtiges. Das sei die Haltung deines Gebetes.

Dann kann es vorkommen, daß du vor lauter Angst denkst, du hättest womöglich Gott so viel zu sagen und du müßtest alles auf einmal loswerden, was dich quält und was dich peinigt, wo du aufschreien möchtest oft vor Verzweiflung, und es gibt so viele Anliegen in der Welt, die du Gott vortragen möchtest. Wahr ist, daß es unendlich viel für dich bedeutet, allein schon zu glauben, daß es ein solches Gegenüber gibt, das dich hört in all den Dingen, mit denen du sonst bei niemandem ankommen kannst. Es ist ganz wahr: Gott achtet deiner und wird all die Dinge sehr sorgfältig aufnehmen, die du ihm zu sagen hast. Sag sie ihm alle: deine Tränen, deine Trauer, deine Freude, dein Glück. Sprich die Gefühle aus, die in dir sind. Wenn es dir schmerzhaft ist, bete deinen Schmerz.

Wenn es dich durchdringt von Freude, bete deinen Jubel. Mach Gott nichts vor und dir selber auch nicht. Gott ist ein Ort, an dem du sein kannst, wie du bist, mindestens vor ihm, deinem Schöpfer. Aber glaube nicht den Theologen. Die haben dir eingeredet, daß ein Gebet erst wirksam wird, wenn es dich möglichst viel kostet, wenn es möglichst lang ist, wenn es anfängt, dich zu quälen, wenn es ein «Opfer» wird; dann erst, so lehren sie, hätte Gott ein bißchen Freude an dir, und dann erst wäre er willens, auf dich einzugehen. Alles das stimmt nicht.

Tatsächlich, in der katholischen Kirche kann man heute noch ein «Bußwerk» verrichten[12], indem man ein gewisses Gebetspensum ableistet; für eine schwere Sünde beispielsweise kann in der Beichte ein ganzer Rosenkranz aufgegeben werden – ein Gebet, wenn es «ordentlich» abgeleistet wird, von doch immerhin zehn bis fünfzehn Minuten Länge. Kleinere Sünden regeln sich demgegenüber einfacher, da genügt vielleicht schon eine normale Litanei. Aber immer muß es ein Fixum sein, ähnlich wie auf der Bank, wenn man Schulden wiedergutmacht: Da wird die Schuldrate genau formuliert, und dann wird sie in entsprechenden Beträgen abgetragen.

Doch was hat das mit Beten zu tun? Jesus scheint zu sagen, daß er diese Praxis für einen groben Unfug hält – als wenn Gott damit zufrieden wäre, daß er sogar noch das Gebet eines Menschen, mithin das Lyrischste, Subjektivste und Persönlichste, das sich denken läßt, entfremdet vorgeführt bekommt als eine «Aufgabe», die von außen auferlegt wurde. In Jesu Augen bedeutet diese Praxis geradewegs die Zerstörung eines echten, eines stimmigen Verhältnisses zwischen den Menschen und ihrem Gott. Umgekehrt scheint er zu meinen: alles, was vor Gott gilt, braucht überhaupt keine Formel, braucht keinerlei Formalismus. Wenn es nur aus innen kommt, stimmt es, und Gott wird es verstehen: Wage dich selber so, wie dir zumute ist! Bei Gott gibt es keine klugen und keine dummen Worte. Die einzige Frage, die er stellt, lautet, ob du hinter den Worten stehst, die du machst, ob es *deine* Worte sind; nur das interessiert ihn. Gott interessiert nicht, ob du viel betest oder wenig. Er ist der Herr der Zeit; bei ihm gehen alle Uhren anders. Zwei Stunden sind für ihn nicht mehr als zwei Sekunden und zwei Sekunden nicht weniger als zwei Stunden. Was also kommt es bei ihm auf die Länge der Gebete an? Was er hören möchte, ist, wie intensiv das ist, was du zu sagen hast, wie weit dein Gefühl, dein Gedanke das verdichtet und ausdrückt, was in dir vor sich geht. Das ist *sein* Maßstab – ein ganz einfacher, ehrlicher Maßstab.

Die Menschen machen sehr viele Worte beim Beten, weil sie Gott nicht wirklich kennen, *das* ist die Überzeugung Jesu. Sie haben Angst vor Gott. Sie stellen ihn im Grunde sich vor wie einen cholerischen, polterigen, meist übelgelaunten Übervater; wenn man zu ihm nicht gekrochen kommt, wenn man sich vor ihm nicht «demütigt», dann fertigt er uns ab mit einem Fußtritt. So zu denken ist kein *jüdischer* Gedanke[13], sagt Jesus – mit nicht wenig Stolz an dieser Stelle. Er will sagen: so hat man zum Beispiel in den Psalmen euch niemals vorgelebt zu beten, so entspricht es überhaupt nicht dem heiligen Buch, in dem wir über Gott lesen, so ist es ein Gedanke aus den «Völkern». Da grenzt Jesus selber für einen Moment lang wirklich den Glauben der Juden ab von der Religion der «Heiden»[14]. Da ist er in *dem* Sinne Prophet, daß er die Religion, die er kennengelernt hat, reinigen möchte in sich selbst. Doch was da «heidnisch» genannt wird, sollte uns, Juden wie Christen, nicht einfach den Kamm schwellen lassen. Es gibt bei uns im Christentum und es gab auch damals im Judentum sehr viel «Heidnisches»; und genau das meinte Jesus ja: Wir, die Juden, sagt er im Grunde, führen uns manchmal so auf, als wenn uns alles Kostbare und Wichtige von Gott her nie gesagt worden wäre, während es umgekehrt womöglich sehr vieles Jüdische (und Christliche) bei den nichtjüdischen und nichtchristlichen Religionsformen gibt.

Hier zum Beispiel habe ich in der Hand das vermeintliche Schandinstrument, die Karikatur eines jeden Gebetes: eine tibetanische Gebetsmühle; sie gilt uns als Inbegriff mechanischen und sinnlosen Betens.[15] Tatsächlich ist eine solche Gebetsmühle recht praktisch eingerichtet: sie hat ein Schwunggewicht an der Seite, so daß man sie durch einfaches Drehen in Gang bringen kann. Manchmal klappert das Schwunggewicht dabei lustig, und auch das hören die Götter gern. Auf der metallenen Kapsel ist geschrieben das Gebetswort «Om mani padme hum – du Edler im Lotos»[16], und bei jeder Umdrehung ist es, wie wenn die Menschen selber diese Worte sprächen; inwendig befindet sich noch eine kleine Seidenfahne, in der dieselben Worte noch viele Male geschrieben stehen, so daß jede Umdrehung allein schon bis zu Hunderten von Gebeten, von «Om mani padme hum», ausmacht. So etwas finden wir albern, und die Tibetaner, die Nepalesen scheinen uns Götzenanbeter zu sein. Aber sie sind es nicht. Was sie in Wirklichkeit mit ihren Gebetsmühlen sagen wollen, ist weise und gut. Sie sagen sich: Genauso wie an einem Schwungrad von außen dreht sich das Leben, und alles dreht sich im Kreise; wir aber hoffen, erlöst zu werden vom ewigen Im-Kreis-laufen-Müssen. Und das ist ein sehr kostbarer Gedanke.[17] All die Welt dreht sich und dreht sich, der Wind und das Wasser und unser eigenes Herz, und wie finden wir bei alldem, was sich dreht, zu Ruhe und Festigkeit?

Da könnten wir plötzlich anfangen zu lernen, wie man betet, bei den tibetanischen Buddhisten. Sie machen eigentlich überhaupt keine Worte, sie möchten im Grunde, daß man alle Bilder, alle Vorstellungen, alle Gedanken, alle Inhalte, alle Wünsche und Gebetsanliegen wortwörtlich *vergißt*. Beten, das heißt für einen Buddhisten: sich hinzusetzen und sich ganz weit zu machen, das Becken zwischen den auseinander gebreiteten Beinen aufnahmebereit wie eine Schale, ganz geöffnet, und das Rückgrat aufrecht wie eine Säule zwischen Himmel und Erde, die Augen gesammelt auf einen einzigen Punkt oder ganz geschlossen in ruhiger Versenkung; so die äußere Haltung. Und jetzt hieße beten: alles loszulassen: das Wünschen, das Begehren, das Fürchten, das Fliehen, und sich selber klar zu werden bis auf den Grund.

Man bezeichnet eine solche Haltung im Buddhismus nicht mit dem biblischen Wort «Vertrauen», und doch hätte Jesus gewiß gut verstanden, wie die Buddhisten beten. Es hätte ihm aus dem Herzen gesprochen. Denn beten, das heißt auch im Sinne Jesu, sich in die unsichtbare offene Hand zu schmiegen, die Gott um unser Dasein legt, und ganz einfach dazusein und sich ihm zu überlassen. Genau das sagt Jesus an dieser Stelle doch immer wieder: Gott weiß doch, was ihr braucht, bevor ihr ihn bittet. Er ist euer Vater.[18] Was also sollen wir's noch aussprechen?

Wenn wir bestimmte Vorstellungen haben, wie das Leben sein müßte, irren wir uns für gewöhnlich. Gerade jetzt scheint uns etwas womöglich sehr erstrebenswert, doch würden wir's wirklich bekommen, so wäre es vermutlich bald unsere Pein. Andere Dinge möchten wir am liebsten fliehen, und doch erweisen gerade sie sich am Ende womöglich als Wohltat für uns. Es ist nicht möglich, unser Leben selbst auszurechnen. Aber das Vertrauen, daß uns etwas trägt und führt und bei der Hand nimmt, das allein ist genug; das jedenfalls ist das ganze Verhältnis zu Gott, das Jesus uns wünschte.[19]

Es ist eine Haltung, die gilt *sogar angesichts des Todes*. In diesem Zusammenhang könnten wir wiederum lernen von den Muslim, 600 Jahre nach Christus. Wenn sie beten, strecken sie sich aus auf dem Boden, schmiegen sich in den Sand, um Gott zu zeigen, wie nichtig wir sind in unserer irdischen Existenz. Dann aber richten sie sich auf, die Hand am Ohr, und wollen zeigen und sagen, daß wir Menschen leben aus den unhörbaren Worten, die zwischen Himmel und Erde von Gott her uns zugesprochen werden.[20] Fast liegt darin so etwas wie die Umkehrung aller Gebete. Nicht *wir* sprechen, rezitieren, psalmodieren, sondern wir hören, wie Gott zu uns spricht. Und durch uns hindurch gehen und geschehen seine Worte; eine Verschmelzung, eine wirkliche Mystik begibt sich da, so wie ein großer islamischer Lehrer einmal seine Schüler fragte: Was ist die vollkommene Gottesliebe? Und alle wie aus einem Mund antworteten: Die Liebe zu Gott ist die Furcht Gottes im menschlichen Herzen. Der Meister aber verneinte. Nicht daß *wir* Gott lieben oder fürchten, ist die wahre Frömmigkeit, sondern daß Gott *uns* liebt – sagte er.[21] – Wo immer dies spürbar wird, beginnt ein Gebet, wie Jesus es wollte. Ein solches Gebet ist international; keine einzelne Religion hat darauf einen Sonderanspruch, alle aber üben und mühen sie sich ehrlich in diese Richtung. Dabei gibt es gerade im Islam eine Gebetstradition, die der biblischen Frömmigkeit, der Haltung Jesu also, auf das äußerste ähnelt. So sagt der *Koran* einmal: «Ihm, dem Allbarmherzigen, der auf seinem Thron sitzt, gehört alles, was in den Himmeln und was dazwischen und was unter der Erde ist. Daher ist es nicht nötig, daß du mit lauter Stimme sprichst; denn er kennt das Geheimste und Verborgenste.»[22] Das ist fast wörtlich der Gedanke Jesu in der Bergpredigt.

Dann gibt es Psalmen im Gebetbuch Israels, die sogar die Vögel, den Hagel, den Wind und den Regen, die Blumen auf den Feldern und die Bäche auffordern, zu beten zu Gott.[23] Man muß sie nicht dazu auffordern. Es ist ein wichtiger Teil des menschlichen Betens, zu begreifen, wie alles rings um uns her in diesem Lobpreis des Göttlichen lebt. Ein jedes Ding tut, was es muß, ein jedes Lebewesen bewegt sich nach der Art, die in ihm liegt, und es kann nicht anders sein als gehorsam und fromm und ehrlich und dankbar. Wenn die Vögel, die Fische oder die Eichhörnchen denken könnten, so wüßten sie, daß ihr ganzes Leben ein einziges Gebet ist. Nur bei uns Menschen, die wir wirklich denken können, beginnt alles kompliziert zu werden, angstvoll, verkrampft, aufgesetzt und künstlich. Wie wir im Denken zu dem Vertrauen und zu der Selbstverständlichkeit zurückfinden, die alle Welt an unserer Seite sonst auszeichnet und durchzieht, das ist die eigentliche Frage des Gebetes. «Wenn ihr betet, dann still in euerm Kämmerlein, mit wenigen Worten. Denn Gott hört.» – Wie also sollen wir beten? Die Antwort Jesu wird lauten: Sprecht: «Unser Vater, himmlischer Du.»

Mt 6,9–15
Das Vaterunser

Buchstäblich in der Mitte der Bergpredigt steht dieses «Gebet des Herrn»[1], das man nicht «auslegen» kann, sondern nur mitvollziehen, nur mitmeditieren. Ein Gedicht kann man nur auslegen durch ein Gedicht, ein Lied nur durch ein Lied, ein Gebet nur durch ein Gebet. Das Vaterunser läßt sich nicht interpretieren, indem man es satzweise und Wort für Wort seziert, analysiert und kommentiert, man muß es, will man es verstehen, sich noch einmal vorsprechen, wie seit Kindertagen immer wieder, und es in Verbindung setzen zu den Szenen und Bildern, in denen es sich am meisten bewahrheitete und bewährte. Versuchen wir also, das Gebet des Herrn gemeinsam nachzubeten.

Unser Vater, himmlischer Du[2],

so dürfen wir Dich nennen, Du Antwort auf die Fragen der Verzweifelten, Du Trost der müde Gerufenen, Du Licht der Seelenumdüsterten, Du Halt der zu Boden Gesunkenen, Du Geländer am Steg, Du Brücke über dem Abgrund, Du unsichtbare Hand, die den Vogel im Nest birgt, den Fisch auf dem Grund, den Hamster in der Höhle, Du Kraft der Schöpfung, die sich regt in allem und die sich birgt in allem, Du übergroße, unauslotbare, Du rätselvolle, schreckliche Wirklichkeit hinter der widersprüchlichen Fülle der Erscheinungen – Dich nennen wir Vater in unserer Einsamkeit, auf Dich vertrauen wir in unserer Ausgesetztheit. Du machst diese flüchtige Welt zu unserer Heimat, Du schenkst uns Kindern des Exils eine Stätte der Zuflucht; zu Dir blicken wir auf, denn in Dir gewinnen wir Richtung und Weite. So überlegen bist Du und unerreichbar, so hoch über allem, was uns umgibt – ja, himmlischer Du, so nah wie der Atemwind und so fern wie die Sterne, nie Greifbarer und doch stets Gegenwärtiger, Du Träger aller Namen und Begriffe, Du Einheit aller Worte und Gedanken, Du schweigend Redender, himmlischer Vater Du, mach uns zu Deinen Kindern. Denn nur ein Teil sind wir in Deinem All, verflochten unauflöslich einer mit dem anderen; laß uns eins sein, Du unser Vater; mach, der Du in den Himmeln bist, die kleine Erde zu der Wohnstatt Deiner Kinder.

Geheiligt werde Dein Name (was Du bist, das gelte).[3]

Denn nur Du bist, und alles neben Dir verdankt sich Deiner Macht und Deiner Güte; es ist nur als Gedanke Deiner Weisheit und nur als Wort aus Deinem Munde. Drum nennt und rühmt Dich alles durch die Gnade seiner Existenz und trägt in sich das unauslöschliche Gedächtnis seines Herkommens von Dir. Aus Dir ist es hervorgegangen, zu Dir kehrt es zurück, Du Majestätischer, Du Unabweisbarer, Du Einziger. Dich anzurufen macht den Kranken heil, an Dich zu denken gibt dem Armen Größe, sich Deiner zu erinnern ordnet unser Leben. Von Deiner Wirklichkeit empfängt unsere Schwachheit Stärke, in Deinem Namen richten wir uns auf. Denn weil Du bist, vergeht der Nebel falscher Götzen, versprüht der Gischt der angemaßten Götter, im Schimmer Deines Lichtes fällt der Glanz der Ewigkeit über das Schattendasein, das wir sind. Du sprichst Dich aus in allem Lebenden, Du singst Dich aus im Tanz der Sphären, Du sagst Dich aus in allen Fröhlichen, Du klagst Dich aus in allen Leidenden. Du Sehnsucht unseres Suchens, Du Stille unseres Strebens, Du Friede unseres Forschens, erfülle uns mit dem Gefühl der Heiligkeit und Unantastbarkeit der sonderbaren Schönheit Deiner schützenswerten Welt.

Dein Reich komme (was Du wirkst, das komme).[4]

Denn was Du bist und wirkst, Dein Reich, das sind die Galaxien und die Sternenhaufen, das sind die Fixsternsonnen und Planeten, Dein Reich, das sind die Wolken und die Meere, die Berge und die Seen, das sind die Wälder und die Wüsten aus Eis, aus Sand und Salz. Du herrschst im ruhelosen Wogen der Gezeiten, Du wirkst im Aufbau der Kristalle, Du formst Dich in den Mustern einer Austernschale, Du regst Dich in den Gliederfüßchen einer Krabbe, Du schaust uns an im neugierigen Blick des Rhesusäffchens, Du bist die Zärtlichkeit, mit der ein Kätzchen seine Jungen leckt, Du bist die Kraft, mit der die Löwin ihre Beute reißt. Dein Reich ist Liebe, Ordnung, Weisheit und oft schier unbegreifbare Gleichgültigkeit und Grausamkeit; in Dir fügt sich zusammen, was, wenn *wir* es sehen oder tun, sich immer wieder widerspricht. Denn Du herrschst ganz aus innen, und Deine Macht ist in das Wesen aller Dinge eingeschrieben. Dein Reich, das ist der Freiheitswille der Geschändeten, das ist der Ruf nach Gleichberechtigung im Mund der Menschen, die als «Farbige» geächtet werden, das ist der Zorn der Kriegsversehrten und der Hinterbliebenen, Dein Reich, das ist die mutige Empörung der in Lohnabhängigkeit

Versklavten, das ist die Rebellion der ewig Ausgebeuteten, das ist der Streik der seelisch ebenso wie körperlich am Arbeitsplatz Zerbrochenen. Dein Reich, das ist zu kämpfen um die Würde jedes Menschen und um das Daseinsrecht selbst des geringsten Teiles Deiner Schöpfung. Dein Reich, das ist die Wahrheit, die wir deutlich fühlen. Darum: Zerbrich das Lügenreich, in welchem Menschen über Menschen herrschen, vereitle die Eitelkeit der Mächtigen, nimm weg aus unseren Herzen die angstgeduckte Fügsamkeit, die falsche Anpassung, den Untertanengeist des faulen, kopfnickenden, selbstverlorenen Gehorsams. Verteidige Dein Ebenbild in uns und: schenke uns die Kraft, nichts Gott zu nennen neben Dir. Dein Name, Deine Wirklichkeit, Dein Wesen sei das einzige, das gilt. Denn nur wo Du herrschst, werden Menschen groß. Kein Reich der Erde, das sich auf nichts weiter gründet als auf Waffen, Geld und Arroganz, beherrsche fortan unsere Herzen. Herr bist nur Du, Du einzig Zuverlässiger, Du einzig Dauerhafter, Du Ziel der Hoffnung aller Menschen – Dein Reich komme!

Dein Wille geschehe (was Du willst, geschehe) wie im Himmel so auf Erden.[5]

Denn was Du willst, ist das verborgene Gesetz im Innersten der Dinge. Du bist die reifende Gestalt im Herzen einer Rose, Du bist die leise Schwingung einer Kompaßnadel, Du bist das Heimweh einer Schwalbe, die nach Süden fliegt, Du bist das Gleiten einer Möwe vor dem Sturm; Du bist der Silberschein über dem Meer im Sonnenuntergang, Du bist der Regenbogen in den Wolken, Du bist der Perlentau im Herbst auf Spinngeweben, Du bist der Fleiß und die Genauigkeit der Ribosome in den Zellen. Du *bist,* Allmächtiger. Was Du willst, *ist,* und wieder formt sich, was Du willst, aus Deinem freien Spiel der Kräfte in den Dingen. Gleißendes Licht über dem Horizont, Verschmelzungspunkt von Meer und Himmel, o senke Dich herab, daß wir Dich in uns fühlen mit all den Fasern unserer Phantasie, mit aller Leidenschaft der Liebe, auf daß wir keinen Aufschub dulden, Deine Wirklichkeit zu werden. Denn was Du willst – das ist der unerschöpfliche, geheimnisvolle Drang nach Leben und nach Selbstentfaltung, der das All in jedem Teil durchzieht. Dein Wille läßt die Seenelken am Grund des Meeres blühen, er formt die zauberhafte Schönheit der Korallen, er lehrt den Steinbutt und die Scholle, sich im Sand zu bergen, er trägt auf seinen Schwingen Schmetterlinge über Ozeane. Dein Wille ist das Selbstvertrauen und das Glück, sich selbst zu leben und so reich und schön sich zu entfalten, als es irgend geht. Dein Wille ist der mühsam sich gestaltende Zusammenklang der unerhörten Vielfalt aller Dinge – das Hören aufeinander und die Festigkeit des eigenen Tons, die Gradheit eigenen Wollens und die Rücksichtnahme auf den Nächsten, die Stärke und der Mut zum Sein neben der Fähigkeit zu tastender Behutsamkeit. Du Lavaglut in den Kaminen der Vulkane, Du sanftes Abendlicht über den Wassern, vereine Du den Himmel mit der Erde, versöhne unsere Träume mit dem Tag, und laß uns auf der Bahn der Sonne wandeln, bis uns die Woge deines Lichts hinüberträgt zu Dir. Du Feuerball hinter den Wolken, Du Spiegellicht über dem Watt, verschmähe nicht unsere Schwachheit. Wir lieben Deinen Willen, der doch unser Leben ist. Hilf uns, ihn zu befolgen, denn nur indem wir Dir gehorchen, gehören wir uns selbst.

Unser tägliches Brot gib uns heute.[6]

Und steh uns bei in unseren alltäglichen Sorgen. Sie sind gewiß oft klein und kleinlich, doch so sind wir, und Du kennst uns. Unser tägliches Brot, das sind die lächelnden Augen des Menschen, den wir lieben, das ist ein Händedruck oder ein freundliches Wort, das ist eine Aufmunterung, wenn die Arbeit uns schwerfällt, das sind die ersten Veilchen am Steinhang und die blühenden Anemonen am Waldrand, das ist das lustige Springen des Hundes am Teich und das Singen der Amsel im Ginsterstrauch, das ist der reine Reif des ersten Frostes über den Zweigen und die vertraute Wärme der Stube, das ist das Ziehen der Wolken am Himmel und das Prasseln des Regens gegen die Scheiben, das ist ein neues Kleid auf der Haut und ein neuer Stuhl in der Ecke, das ist die Melancholie ablegender Schiffe und die erwartungsvolle Unruhe bei der Ankunft eines Zuges, das ist der unvorhersehbare Rhythmus von Abschied und Wiederkehr, das ist die zögernde Hoffnung des Kranken, daß es bald wieder Tag wird, das ist der erste Spaziergang eines Genesenden auf dem Korridor eines Spitals, das ist der treue und traurige Gang zu den Gräbern verstorbener Lieber. Von all dem leben wir, tagaus, tagein, in all dem sind wir, tagaus, tagein. Das ist unser tägliches Brot. – Aber auch *Brot* in wörtlichem Sinne! In seinem Namen werde die Menschen Kriege führen um jede Wasserstelle, um jede Erdölquelle, um jede Erzgrube, um jeden Flußlauf, um jedes Saatland – blutige Kriege mit vielen Toten, unblutige Kriege mit noch viel mehr Toten, Kämpfe um Arbeitsplätze und um Absatzmärkte, um Rohstoffe und um Marktanteile, um Informationen und damit immer wieder um Macht und immer wieder um noch mehr Macht. Im Namen des Brotes werden die Menschen die Erde und die Meere in Parzellen einteilen und sie den Mächtigsten als Beutegut vorwerfen. Im Namen von 400 verschiedenen Brotsorten in den Ländern der Ersten Welt werden in den Ländern der Dritten Welt Urwälder gerodet und Ackerböden verwüstet werden, bis daß es keine Orte mehr gibt für die Reisfelder der Hungernden und für die Hirsepflanzungen der Verhungernden. Im Namen des Brotes werden die schlimmsten Verbrechen begangen werden: die Taubheit der Ohren vor dem Schrei der Sterbenden, die Blindheit der Augen vor dem Elend der Wirtschaftsasylanten, die unersättliche Gier nach Grundstükken, nach Kapital und nach Arbeit. Oh, gib uns unser tägliches Brot, bis wir zumindest im Überfluß die Güte lernen! – Doch Du läßt reichlich genug Korn gedeihen auf den Halmen, und Deine Erde bietet hinreichenden Platz für viele Menschen. Drum gib uns als erstes Tränen des Mitleids, bis unsere Augen sich klären, und dann lehre uns den Mut, unsere kleinliche Angst zu besiegen und das Vorhandene großzügig untereinander zu teilen, in Dankbarkeit und Geschwisterlichkeit an dem einen Tisch Deiner Gnade. *So* gib uns unser tägliches Brot.

(Und dann bleibt ein Gebet hinzuzufügen, das so nicht im Vaterunser steht und doch hierhergehört. Es lautet:) Und gedenke auch unserer älteren Schwestern und Brüder, *der Tiere*. Erneuere zu ihrem Schutz mit Nachdruck Dein altes Gebot des sechsten Schöpfungstages, der Mensch solle essen von den Pflanzen des Feldes, aber nicht von den Tieren (Gen 1,29–39).[7] Verbiete dem Menschen, Tiere zu töten, um sie zu essen. Denn auch sie sind fühlende Wesen, auch in ihnen wohnt die Sehnsucht nach Leben; unsere Weggefährten sind sie auf dem gemeinsamen Weg zur Unsterblichkeit. Solange noch Menschen Tiere töten, werden sie auch Kriege führen. Solange noch Menschen Tiere essen, werden sie ihre unschuldigen Opfer zu Tode quälen: zu Hunderttausenden in den Labors und Massenzuchtanstalten, zu Millionen in den Schlachthöfen der Städte, zu Myriaden in den Weltmeeren. Ihr Blutstrom darf nicht länger mehr als Nahrung dienen, ihr Leib nicht länger mehr als Rohstoff, ihr Leben nicht länger mehr als Lebensmittel für uns Menschen. Verbiete uns, Herr, das tägliche Fleisch. Das tägliche Brot gib uns heute.

Und vergib uns unsere Schuld ...[8]

Noch weit mehr als vom Brot aber leben wir von der Vergebung. Jedoch: Vergib uns nicht die kleinen Schulden, vergib uns unsere ständigen Entschuldigungen, das Netz der großen Ausreden, in dem wir unser Ich gefangenhalten:

«Wir konnten nicht», nur weil es uns an Mut gebrach, «wir wußten nicht», nur weil wir es aus Angst vermieden haben, hinzusehen, «wir sind zu spät gekommen», nur weil wir uns nicht rechtzeitig getrauten. Vergib uns diesen Riß der Angst, der unsere richtigsten Erkenntnisse neutralisiert und uns von unseren besten Vorsätzen zurückhält. Vergib, daß wir nicht wirklich leben aus Mangel an Engagement, daß wir, statt selbst zu denken, vorgedachten Lügen Glauben schenken, daß wir statt selber zu entscheiden, die eigene Verantwortung an andere abgeben, daß wir, statt unsere Gefühle an der Wirklichkeit zu überprüfen, uns immer wieder in denselben Kinderzwängen drehen, daß wir, statt ehrlich zu uns selbst zu stehen, in Masken und in Rollen flüchten, daß wir uns leben lassen, statt das Leben selber in die Hand zu nehmen. Die Lüge und die Unechtheit vor allem mußt Du uns vergeben. Sie sind der Grund für alle anderen Vergehen, Fehler und Verbrechen, und nur in dem Vertrauen, daß Du trotz allem zu uns hältst, gelingt es uns, der Wahrheit unseres Daseins standzuhalten. Nur in dem Schutz Deiner Vergebung finden wir zu einer objektiven Einstellung uns selber gegenüber, nur in dem Glauben, daß Du uns verstehst, gewinnen wir die innere Entschlossenheit der eigenen Freiheit wieder, und nur in der Gewißheit Deiner Nähe vermögen wir uns selber zu erkennen. Du Atem unserer Seele, stärke uns bei jedem Neuanfang, schenk uns die Ausdauer und die Geduld der kleinen Schritte, begleite uns auf so noch nicht betretenen Pfaden, laß uns den Kreis der Zuständigkeit und der Mitverantwortung nicht allzu eng bemessen, schließ uns in Deine Weite ein. Heb uns hinweg über Selbsthaß und Kleinmut, lenke uns fort von der Fixierung unseres Schattens, tauche uns ein in Dein Licht, und laß das Gute in uns wachsen. Denn auch so bleiben immer noch die allzu vielen Fehler: die falschen Angewohnheiten mit ihrer eigenen Mechanik, die Konsequenzen einer unbewältigten Vergangenheit, die Augenblicke echten Scheiterns, die Schäden unvorhersehbarer Schwäche, die Stunden der Erschöpfung, gerade wenn es galt zu handeln, die Phasen von Ermüdung, Überdruß und Zweifel, während es darauf ankam, gerade jetzt besonders wach zu sein, die Hypotheken folgenschweren Irrtums trotz des Versuchs, das Richtige zu tun. Gerade den Menschen, die sich auf uns eingelassen haben, sind wir so vieles schuldig geblieben und dadurch an ihnen schuldig geworden; wer, wenn nicht Du, soll uns all dies verzeihen, denn die Betroffenen können es oft nicht mehr! Vergib uns vor allem die Lügen, die wir für unvermeidlich hielten, um den anderen zu schonen. Vergib uns, wo wir aus Unreife der fremden Not nicht gewachsen waren; vergib uns, *daß wir Menschen sind,* die immer wieder erst aus Irrtum und aus Fehlern lernen müssen und deren Lebensdauer viel zu kurz ist, um den Schaden wieder gutzumachen, den sie angerichtet haben. Verzeih uns all das, was wir sind, und kehr die Spuren fort, die wir zerstörerisch in fremdem Leben hinterlassen haben. Vergib uns, Vater, unsere Schuld, und lehre uns, uns selber zu vergeben. Schenk uns den Glauben, daß Du uns vergibst; schenk uns den Glauben an uns selbst.

... wie auch wir hiermit vergeben unsern Schuldigern.[9]

Und laß uns nie vergessen, wie sehr wir einander brauchen. Gerade weil die Schuld uns vereinsamt und uns voneinander isoliert, bedürfen wir der gegenseitigen Vergebung. In Gut und Böse sind wir unauflöslich verflochten miteinander, und es wird uns nicht einmal im Umgang mit uns selbst gelingen, zwischen Täter und Opfer, zwischen Gut und Böse eindeutig zu unterscheiden. Fest steht nur, daß alles, was wir denken, sagen und tun, sich in ein und demselben Schwingkreis ereignet, innerhalb dessen alles mit allem in Verbindung steht. Drum ist es nicht möglich, um Vergebung zu bitten, ohne selbst zu vergeben, und wer selbst für sich Vergebung empfängt, der gewährt sie in demselben Augenblick auch bereits all den Menschen, mit denen er zusammenlebt. Und doch fällt es uns oft so schwer, einander zu vergeben. Oft sagen wir zu früh: «Ich vergebe Dir», und haben nur Angst vor der drohenden Auseinandersetzung; oft sagen wir: «Es ist schon gut», und flüchten uns nur vor den eigenen Aggressionen in die Pose eines mitleidigen Verstehens, das den anderen nicht ernstnimmt. Um wahrhaft zu vergeben, mußt Du unser Rückgrat stärken, mußt Du uns Festigkeit und Selbststand geben, mußt Du den Schmerz erlittener Niederlagen mildern, mußt Du uns fähig zu Konflikten in der Suche nach der Wahrheit machen. Um zu vergeben, brauchen wir Deine Hand, in der wir uns geborgen fühlen. Und laß uns auch Verständnis haben für die Menschen, die nicht mehr vergeben können, weil es zuviel war, was man ihnen angetan hat. Sie leiden manchmal so, daß es sie tröstet, anderen ein ähnliches an Leid zu wünschen; in Wahrheit aber suchen sie nur nach Bestätigung, Gemeinsamkeit und Anerkennung. Du Vater aller Menschen, laß niemanden aus dem Gewebe Deines Lebens fallen. Vergib uns, wie auch wir hiermit vergeben.

Und führe uns nicht in Versuchung, sondern entreiße uns dem Bösen.[10]

Denn das wissen wir: Verloren sind wir, wenn Du uns nicht aufsuchst. Gewiß, es gibt die kleinen Versuchungen: den Hang zur Bequemlichkeit, die Neigung zum raschen Genuß, die Verlockung der günstigen Gelegenheit, die Verderbnis der Oberflächlichkeit und des mangelnden Nachdenkens. Doch *die Versuchung schlechthin* – das ist der Augenblick einer endgültigen Entscheidung, wo uns die klarsten Ziele schwankend werden und wir nicht mehr wissen, wer wir sind: Wenn unsere kleine Welt zusammenbricht und alles, was wir je geglaubt haben, wie irrig scheint, dann «führst *Du* uns in die Versuchung». Wir wissen wohl, daß Krisen dieser Art nicht zu vermeiden sind; sie sind ein Teil des Lebens und der Preis lebendiger Entfaltung. Deshalb auch bitten wir Dich als erstes, Du wollest uns nicht schonen; laß uns womöglich noch am letzten Tag des Lebens lieber alles widerrufen, was wir auf Erden gedacht und gemacht haben, als einen Tag zu lange an alten Irrtümern festkleben; gib uns wenigstens die Kraft der Krabben und der Krebse, immer von neuem die zu eng gewordenen Kalkschalen und Panzerungen zu verlassen und jung zu bleiben in neuen und erweiterten Gestaltungen. Doch dann bitten wir Dich, bewahre uns vor dem Verlust unserer Identität; mach, daß wir uns durchhalten in allen Wandlungsstufen, laß die Kontinuität unseres Ichs nicht vollständig abreißen, auf daß wir uns mitnehmen und wir es selbst sind, wenn wir hintreten vor Dich. Bewahre uns vor der Verzweiflung, in der wir uns selber zur Qual werden und uns lieber den Tod wünschen als das Leben und lieber das Hausen im Nichts als das Sein bei Dir. Denn das ist das einzig wirkliche Böse: der Geist der Angst, der das Werden nicht will, der die Wandlung verweigert und die Verantwortung flieht. Ja, laß uns lieber irren, als niemals dazuzulernen, laß uns lieber Fehler begehen, als an lauter Richtigkeiten und Artigkeiten zu ersticken, laß uns lieber an fernen Küsten stranden und scheitern, als die Reise ins Unbekannte niemals anzutreten. Entreiße uns der Mutlosigkeit, entreiße uns dem Starren nach rückwärts, entreiße uns der Lebensverweigerung; entreiße uns der Enge. Vater, entreiße uns dem Bösen.

Nachtrag: Kaum sind die letzten Worte des Vaterunsers aus dem Munde Jesu verklungen, da ergreift Matthäus die Gelegenheit, mit allem Nachdruck noch einmal auf ein Hauptanliegen seiner «Theologie» zu sprechen zu kommen: auf die Notwendigkeit, einander zu vergeben. Es ist eine Stelle, die deutlich zeigt, wie sich die Botschaft Jesu in den Texten der Evangelien fortsetzt und wie sie sich gleichzeitig dabei ändert. Die Bereitschaft, einander zu vergeben, gehört unzweifelhaft in den innersten Kern der Verkündigung Jesu von der «Königsherrschaft» Gottes; doch was bei Jesus aus einer Sphäre von Gebet und Gnade gesprochen wird, das verwandelt sich bei Matthäus an dieser Stelle in eine unerbittliche, gesetzmäßige Forderung christlicher Ethik; aus einem Geheimnis der Herrschaft Gottes in der Seele des Menschen wird bei ihm eine im Namen der Gottesherrschaft erhobene Anweisung zur moralischen Selbstbeherrschung; aus einem Entscheidungskriterium der Begegnung mit Gott wird ein Kriterium des rechten Umgangs miteinander. Gewiß, darin spiegelt sich der Versuch, den Ernst der Verkündigung Jesu an zentraler Stelle zu bewahren; aber es löst doch zugleich die Spannung auf, die das ganze Wesen Jesu in einzigartiger Weise bestimmte: von Gott als seinem «Vater» her wollte Jesus auf die Menschen zugehen und die Verwirrungen ihres Lebens lösen. Bei Matthäus wird daraus jetzt eher umgekehrt eine Bedingung, miteinander so umzugehen, daß man von daher auf Gott zurückschließen kann. Die Gefahr liegt bei dieser Umformung der ursprünglichen Botschaft auf der Hand, daß hier eine bestimmte Form befreiender Gotteserfahrung zugunsten einer festen Gemeindeordnung umgeschrieben wird, indem man die Folgen eines bestimmten Erlebens von seinen Voraussetzungen löst und in sich selber geltend macht. Man muß es für die Leistung des *Johannesevangeliums* halten, bereits wenige Jahrzehnte später schon die Problematik erkannt zu haben, die in dieser Entwicklung liegt. *Johannes* ist es, der das Thema der Vergebung noch einmal neu gestalten und es in den *Ostererzählungen* der Sphäre des Geheimnisses zurückgeben wird: Allein der Atem Jesu als des Auferstandenen wird im Vierten Evangelium die Jünger zur Vergebung fähig machen (Joh 20,19–23)[11]; nur wer am eigenen Leibe gesehen hat, wie Leid sich in Freude verklären kann, wird die verschlossenen Türen der Angst zu öffnen vermögen und hinaustreten in die schutzlose Offenheit wirklicher Vergebung. Doch das ist eine neue Geschichte.

Wer, erneut zur Anknüpfung der Botschaft Jesu an andere Religionen, außerhalb der rabbinischen Texte des Spät- (oder Früh-) Judentums in den Gebetsüberlieferungen der Völker nach einer Parallele zu dem Vaterunser Jesu sucht, der wird sie finden in dem wunderbaren Abschnitt der 3. Sure des *Koran* (Vers 27–28), wo es heißt: «Bete: Allah, der du das Reich besitzest, du gibst die Herrschaft, wem du willst, und entziehest sie, wem du willst. In deiner Hand ist alles Gute, denn du bist über alle Dinge mächtig. Auf die Nacht lässest du folgen den Tag und auf den Tag die Nacht. Aus dem Tode lässest du Leben hervorgehen und den Tod aus dem Leben, und du ernährest, wen deiner Geschöpfe du willst, ohne solches diesen an- oder abrechnen zu wollen.»[12] Und in der 40. Sure (8–10) läßt *Mohammed* die Engel am Throne Gottes um *Vergebung* für die Gläubigen bitten mit den Worten: «O unser Herr, du umfassest alle Dinge in deiner Allbarmherzigkeit und Allwissenheit; darum vergib denen, die bereuen und in deinen Wegen wandeln, und bewahre sie vor der Höllenstrafe! Führe sie, o Herr, in Edens Gärten, welche du ihnen und ihren Vätern, Frauen und Kindern, so sie rechtschaffen gehandelt, versprochen hast; denn du bist der Allmächtige und Allweise. Behüte sie vor allem Bösen; denn wen du an jenem Tage vom Übel befreist, dem hast du dich barmherzig gezeigt. Dies wird große Seligkeit sein.»[13] – Zu dem Thema Vergebung untereinander aber meinte der Prophet: «Die Wiedervergeltung für Übles sei nur ein diesem gleichkommendes Übel. Wer aber vergibt und sich aussöhnt, dessen Lohn ist bei Allah»[14] (Koran, XLII 41).

Mt 6,16–18

Fasten vor Gott

Mit dem Thema des Fastens greift Jesus ein drittes Mal die Frage der jüdischen Frömmigkeitswerke auf[1] und vertritt hier den gleichen Standpunkt wie gegenüber der Haltung des Gebetes: nur im Angesicht Gottes hat das Fasten einen religiösen Wert. Tatsächlich gehören «Gebet und Fasten» auch im Sprachgebrauch der Bibel eng zusammen[2]; wie man von dem einen denkt, so notwendigerweise auch vom anderen; und wenn wir vorhin das Gebet als den freiesten, persönlichsten und am meisten «lyrischen» Ausdruck der Persönlichkeit bezeichnet haben, der von sich aus jeder Veräußerlichung entgegensteht, so gilt das gleiche uneingeschränkt jetzt auch vom Fasten.

Man muß, um den Sinn des «Fastens» im antiken Orient zu verstehen, einmal all die Gedanken beiseite stellen, die wir Heutigen als Kinder einer Überflußgesellschaft fast unwillkürlich damit assoziieren. Wenn jemand heute ein paar Tage ernsthaft fastet, dann wohl in aller Regel, um ein paar Pfunde an Gewicht zu verlieren und um, besonders als Frau, ein wenig attraktiver auszusehen. Was indessen in der Mode einer bestimmten Kultur als «Attraktion» empfunden wird, bestimmt sich offenbar nach dem Gesetz des Kontrastes und des auffallenden Unterschieds.[3] In einer Zeit wie der unseren, in der die meisten im Durchschnitt genug zu essen haben und einem erhöhten Angebot von fett- und kohlenhydratreicher Nahrung ausgesetzt sind, muß es als auffallend und besonders anziehend gelten, ausnehmend schlank zu sein; in Hungerzeiten hingegen, wie sie in weiten Teilen der Welt noch heute herrschen, gilt eher die Übergewichtigkeit als Schönheitsideal. Mit anderen Worten: kein Mensch in den Tagen Jesu, ausgenommen an den Königshöfen vielleicht, wird aus ästhetischen oder kosmetischen Gründen gefastet haben. Wenn er fastete, so in aller Regel wohl aus Traurigkeit. Es handelt sich um eine Reaktionsweise, die im Menschen tief verankert ist. Beim Verlust von etwas, woran unser Herz hängt, insbesondere beim Tod eines geliebten Menschen, vergeht uns wie von selbst der Appetit. Allem Anschein nach setzt ein Reflex der Säuglingszeit sich hier bis ins Erwachsenenleben hinein fort: einem Kind, dem die Mutter abhanden gekommen ist, verordnet die Natur wie von selbst durch das psychische Erleben ein Unlustgefühl gegenüber jeder Nahrungsaufnahme, und sie überbrückt damit sehr vorteilhaft jene kritische Zeitspanne, in der es für das Kind ohne seine Mutter durchaus keine Nahrung geben würde; auf der anderen Seite dienen die begleitenden Trauersignale: das Weinen und Wehklagen, eigentlich dem Zweck, die verlorene Mutter wieder herbeizurufen. Ganz im Gegensatz zu dem Gedanken Jesu *soll* mithin *das Fasten aus Trauer* gerade von anderen Menschen gesehen werden; ohne die Neigung, auf sich aufmerksam zu machen, wäre ein solches Fasten biologisch und psychologisch überhaupt nicht sinnvoll; das Schreien und Rufen, das Appellieren an das Mitleid anderer, das demonstrative Vorzeigen der Abgezehrtheit und Blässe des Fastenden ist vom Ursprung her sogar als Grund der Dramaturgie des Fastens anzusehen. Es *will* um Mitleid flehen, es will darum bitten, vor weiteren Überforderungen verschont zu bleiben; es ist ein Verhalten wie in dem Märchen von *«Hänsel und Gretel»*, wo der Junge, um nicht von der (mütterlichen) Hexe gefressen zu werden, Tag für Tag einen Knochen aus dem Gefängnis strecken muß, um so die Kurzsichtige irrezuführen.

Doch ist dieses Fasten aus Depression, Angst und Verlassenheit[4] nicht die einzige Form des Fastens. Es gibt *noch* ein Motiv, das nicht so sehr dem Gefühl, etwas verloren zu haben, entsteigt, als vielmehr der *Angst vor einer drohenden Gefahr.* Einem Untergebenen zum Beispiel, der zu seinem Chef zitiert wird, versiegt der Speichelfluß im Mund, in extremen Fällen überkommt ihn sogar ein Gefühl von Brechreiz und Durchfall, ganz sicher jedenfalls ist ihm nicht nach der Aufnahme von Speise zumute, während der Überlegene unter Umständen mit Schaum vor dem Mund seinen Ärger frei heraussprudeln läßt.[5] Auf Dauer gestellt, erscheint eine solche Situation zum Beispiel bei Strafgefangenen, die schuldig geworden sind im Kampf gegen ein System, das sie als den schlechterdings Schuldigen betrachten.[6] Nicht umsonst ist das Fasten deshalb eine bevorzugte Waffe der *Ohnmächtigen* im politischen Kampf. Die Angehörigen der Roten-Armee-Fraktion zum Beispiel oder, wenngleich unter ganz anderen Umständen, MAHATMA GANDHI und seine Anhänger im Kampf gegen den britischen Kolonialismus setzten immer wieder das Instrument des Fastens als Demonstration ihres Widerstandes auf Leben und Tod gegen ein überlegenes System der Unterdrückung ein. All diese Formen des Fastens sind schon in der Psychologie der Tiere vorgeformt; sie ergeben sich mehr oder minder spontan, und natürlich besitzen sie stets eine starke Signalfunktion; sie wollen und sollen von den eigenen Artgenossen *wahrgenommen* werden.

Anders, ganz anders indessen verhält es sich im Feld des Religiösen, wenn man dem Gedanken Jesu folgt. Hier geht es nicht darum, *etwas* zu verlieren, hier macht das Fasten nur Sinn, wenn es sich auf die Trauer oder die Angst bezieht, *Gott* verlieren zu können oder schon verloren zu haben; hier geht es nicht länger mehr um andere Menschen, hier geht es darum, daß ein Mensch sich selbst wiederfindet. Das Fasten hier dient nicht dem Versuch, sich vor anderen zu schützen, sondern sich selber aus der Zerstreuung zurückzuholen und sich wieder auf das Wesentliche zu konzentrieren. Der Adressat hier ist in der Tat einzig Gott, und jede Beimischung anderer Motive kann das Anliegen des Religiösen nicht steigern, sondern nur verfälschen. Das versteht man leicht; doch was man nicht leicht akzeptieren wird, das sind die Konsequenzen.

Denn als erstes, wenn es so steht, ist in dieser Ansicht Jesu eine Totalabsage an die religiös übliche Ritualisierung des verordneten Fastens enthalten. Insbesondere die *katholische* Kirche tut sich noch heute besonders darin hervor, ihren Gläubigen in penibler Weise vorzuschreiben, wann und wieviel sie fasten müssen. Zwar gilt es auch in der katholischen Kirche inzwischen nicht länger mehr, wie noch vor einigen Jahrzehnten, als eine Todsünde, wenn jemand am Freitag statt Fisch Fleisch ißt; doch als eine «läßliche» Sünde wird es immer noch betrachtet. Desgleichen *versündigt* sich im Bewußtsein der Kirche auch heute noch, wer am Aschermittwoch, am Karfreitag oder am Vormittag des Heiligen Abends Speise zu sich nehmen wollte[7], wie das Nahrungsbedürfnis oder die Gewohnheit es ihm eingibt. Erkennbar handelt es sich hier buchstäblich um Gebote lediglich der Kirche, die aber getraut sich, bis in unsere Tage hinein nach wie vor von außen her etwas festzumachen, was im Sinne Jesu nur von innen her Sinn macht.

Des weiteren widerstrebt es der Haltung Jesu ganz offensichtlich, das Fasten nach kirchlich vertrautem Muster als eine Askeseübung im Kampf gegen die «Wollust» des «Fleisches» einzusetzen.[8] Im Unterschied zu der Wüstenstrenge seines Lehrers Johannes des Täufers etwa konnte Jesus von seinen Zeitgenossen ganz im Gegenteil sogar als «Schlemmer und Weinsäufer» beschimpft werden (Mt 11,19)[9] – ganz sicher war er ein eher sinnenfreudiger Mensch als ein Kostverächter, und wenn er zur Fastenregelung irgendeine Anweisung gegeben hätte, so würde sie wohl geklungen haben wie im Munde des chinesischen Weisen Yang Chu, der im Sinne des Taoismus Jahrhunderte vor Christus sagte: «Laß das Ohr hören, was es hören will, das Auge sehen, was es sehen will, die Nase riechen, was sie riechen will, den Mund sprechen, was er sprechen will, gib dem Körper alles, was er zu seiner Bequemlichkeit begehrt, laß dem Geist freien Lauf. Jetzt will das Ohr Musik hören, und wenn sie ihm versagt wird, verkrampft sich der Gehörssinn. Das Auge will fleischliche Schönheit sehen, und wird sie ihm versagt, so verkrampft sich der Gesichtssinn. Die

Nase begehrt die Nähe der duftenden Pflanzen... Wenn sie sie nicht bekommt, verkrampft sich der Geruchssinn. Der Mund begehrt von dem zu reden, was wahr und was falsch ist, und wenn er nicht reden darf, verkrampft sich das Wissen. Der Körper begehrt für sein Wohlbefinden Wärme und gute Speisen. Hinderst du sein Verlangen danach, so verkrampfst du das, was dem Menschen natürlich und wesentlich ist. Der Geist begehrt die Freiheit, nach Belieben umherzuschweifen, und hat er diese Freiheit nicht, so wird der Mensch in seinem Wesen selbst verkrampft und behindert. Tyrannen und Zwingherren verkrampfen uns auf solche Art und Weise. Setzen wir sie ab, und erwarten wir gleichmütig den Tod.»[10]

Deutlicher kann man auf den psychischen Schaden nicht hinweisen, den jede Zwangsregelung von außen in der Fastenfrage mit sich bringen muß. Weit wichtiger als dem Menschen alle möglichen Freuden und Genüsse der Sinne zu verbieten, wäre es, seinen *Geist* zu schulen und ihn mit einem gewissen Hunger nach Unendlichkeit zu erfüllen. «Der Mensch lebt nicht vom Brot allein» Mt 4,4) – dieses Wort Jesu ist eigentlich der beste Kommentar zur Fastenfrage. Als geistige Konzentration beziehungsweise als Verwesentlichung des Lebens mag das «Fasten» seinen Wert besitzen; dann aber hat es nur sehr begrenzt etwas damit zu tun, wie viel oder wie wenig jemand ißt oder trinkt. «Du versuchst dich selber zu einen», besagt ein Wort, das KONFUZIUS zugeschrieben wird, «also hörst du nicht mit deinen Ohren, sondern mit deinem Herzen (Gemüt); du hörst nicht mit deinem Gemüt, sondern mit deinem Geist (chi). (Laß) das Hören mit den Ohren aufhören, und das Gemüt höre mit dem Denken (oder den Symbolen) auf. Dann wird der Geist eine alles umfassende Leere sein, und nur das Tao umfaßt die Leere. Diese Leere ist das Fasten des Herzens (Gemüts).»[11] Fasten in diesem Sinne ist nichts weiter als ein Leerwerden der Seele für Gott beziehungsweise als ein Innewerden seiner selbst; es dient primär nicht einer asketischen «Selbstbeherrschung», mithin einer noch weiteren Ausdehnung der willentlichen Herrschaft des Ichs über sein Es, sondern es ist nützlich allein als ein Verfahren der Sammlung, der Sensibilisierung und der Verinnerlichung.

Doch gerade deshalb läßt es sich nicht willentlich verordnen; jedes «Fasten» aus Absicht würde nur zu immer neuen «Verkrampfungen», das heißt zu immer weiteren Abspaltungen, Verdrängungen, Fixierungen und Komplexbildungen führen. Es ist die gemeinsame Überzeugung der *Psychoanalyse* nicht minder als der asiatischen Weisheit, daß «Sinne, Gefühle und Gedanken... sich spontan äußern dürfen... im Vertrauen darauf, daß sie sich dann harmonisch ordnen werden. Der Versuch (hingegen), das Gemüt mit Gewalt zu kontrollieren, ist so, als wollte man Wellen mit einem Brett glätten, und kann nur noch mehr Aufruhr zur Folge haben.» – «In vielen Kulturen werden die Menschen so erzogen», meint ALAN WATTS, «daß sie ihrem eigenen Organismus mißtrauen, und als Kinder lernen sie, ihre Gedanken, Emotionen und Begierden mit ihren Muskeln zu kontrollieren, wenn sie beispielsweise ihre Zähne zusammenbeißen oder die Fäuste ballen, bei konzentrierter Aufmerksamkeit die Stirn runzeln, beim Nachdenken sich am Kopf kratzen, beim Sehen einen starren Blick bekommen, den Atem anhalten oder das Zwerchfell oder den After zusammenpressen, um Gefühle zu hemmen. Diese Anspannung ist weitgehend sinnlos, denn das Nervensystem besteht nicht aus Muskeln, sondern aus einem Stromkreis, und man verwendet keinen schweren Hammer, um das Radio einzustellen. Wer Kinder auf diese Weise erzieht, ist einfach unintelligent, denn er meint, daß Gewalt irgend etwas erreichen kann. Das erinnert an die Geschichte von dem zigarrekauenden Texaner, der ein Kätzchen vor seinen zusammengebrochenen Cadillac spannte. Als die Umstehenden ihn auf die Absurdität seines Treibens hinwiesen, antwortete er: ‹Das denkt ihr wohl, aber ich habe eine Reitpeitsche›.»[12]

«Fasten» bedeutet, so verstanden, zuoberst, das eigene Ich von der Illusion zu befreien, daß es alles erreichen könne, wenn es nur den genügenden Willen dazu aufbringe, das heißt, wenn es nur genügend Gewalt auf sich selbst ausübe. Statt durch eine entsprechende Askese willentlicher Enthaltsamkeit immer noch weiter den Aberglauben voluntaristischer Allmacht zu nähren und zu verstärken, kommt es beim Fasten offenbar gerade umgekehrt darauf an, das Ich zu lehren, wie es in gewissem Sinne auf sich selbst, das heißt auf bestimmte Identifikationen verzichten kann, die seine geistige Freiheit einengen. Gewiß können dazu auch bestimmte Fehleinstellungen im Umgang mit vereinzelten Es-Strebungen zählen, doch wird man sich aus diesen nur lösen können, indem man die entsprechenden Wünsche, statt sie «wegzufasten», aus ihrer angstbedingten Zerrform löst und zu ihrer eigentlichen Gestalt befreit. Ein wirkliches «Fasten», ein tatsächlicher Verzicht nicht auf etwas, sondern auf die Fehlidentifikationen des Ichs scheint unvermeidlich in der Auseinandersetzung mit gewissen falschen Bindungen an das Überich, die auf dem Weg zu sich selbst und zu Gott weit hinderlicher sein können als das so oft beschworene Abgleiten in eine unkontrollierte «Sinnlichkeit».

Eine Form eines solchen *geistigen* Fastens etwa besteht im Bereich aller Religion in dem notwendigen *Verzicht auf die Scheinberuhigung des Dogmatismus*. Jede Religionsform neigt im Verlauf der Zeit dazu, die kostbaren Erfahrungen ihres Weges in eine starre Lehre umzuformen und damit den Mystiker durch den Theologen, den Propheten durch den Priester, den Berufenen durch den Berufsbeamten zu ersetzen. «Für den Mystiker», meint ALAN WATTS in seiner Schilderung des Taoismus, «ist nicht der Glaube an die rechte Lehre entscheidend, sondern die wirkliche Erfahrung, während die scholastischen Theologen nicht durch Galileis Teleskop schauen wollten, weil sie der Meinung waren, daß sie die Himmelsordnung bereits aus der Heiligen Schrift kannten... Konfuzianer sowohl wie hebräische, islamische und katholische Scholastiker als auch protestantische Fundamentalisten sind wie Touristen, die ihre Führer und Landkarten studieren, anstatt frei umherzustreifen und die Aussicht zu betrachten. Rede und Schrift sind ohne Zweifel etwas Wunderbares, aber aus eben diesem Grunde haben sie eine hypnotische und faszinierende Qualität, die zur Vernachlässigung der Natur selbst führen kann, wenn des Guten zuviel getan wird. Wenn daher die ‹Gesetzesvorschriften› verabsolutiert werden und alles nach Regel und Computer geschieht, rufen die Leute verzweifelt nach einem vernünftigen Menschen. Deshalb gibt es keine Regeln... und kein Lehrbuch für Richter und Rechtsanwälte, das ihnen das Gefühl für Recht und Billigkeit beibringen könnte. Man muß ein Gespür dafür haben.»[13] – Es kommt mithin alles darauf an, von der geregelten Welt der verwalteten Ordnung Abschied zu nehmen und nichts weiter anzustreben als jene «Einheit von Auge und Herz», aus der sich die Ordnung der Dinge von selber einstellt. «Den Wald betreten, ohne daß sich das Gras bewegt; ins Wasser steigen, ohne daß eine Welle sich kräuselt»[14], über die Erde gehen, ohne Spuren zu hinterlassen – wer diese Kunst im Umgang mit sich selbst und anderen beherrscht, der ist ein wirklich «Fastender», ein buchstäblich «leicht» gewordener Mensch, der von dem Gepäck der Vorurteile schon einen Gutteil abgeworfen hat.

Andere Formen des «Fastens» ergeben sich wie von selbst aus einer gewissen *Konzentration des geistigen Lebens.* Kein Forscher, Dichter oder Künstler, kein wirklich «geistlicher» Mensch muß sich eigens vornehmen, zu «fasten»; er muß es in Kauf nehmen, auf alles mögliche zu verzichten, wenn nötig, und er *wird* es in Kauf nehmen, je nach der Art, wie es sich ergibt, aber der Verzicht ist die Folge, nicht der Grund des Forscher-, Dichter- oder Künstlerdaseins. JOHANN KEPLER zum Beispiel, als er um 1590 die entscheidenden Gesetze der Planetenbahnen entdeckte, hatte durchaus nicht die Absicht, als ein armer Mann zu leben, der bei allen Ehrentiteln nur mit äußerster Mühe die Drucklegung seiner berühmten Bücher finanzieren konnte, und doch mußte er auf regelmäßigen Unterhalt ebenso Verzicht tun wie auf eine in bürgerlichem Sinne «gesicherte» Existenz. Mehr noch, er mußte vor allem bei seinen Forschungen von gerade *den* Ideen Abschied nehmen, die er eigentlich hatte beweisen wollen, und am Ende erntete er für seine Behauptung, daß die Planeten, statt auf kreisförmigen Bahnen, sich in Ellipsen um die Sonne drehten, nicht einmal die Aufmerksamkeit, geschweige denn die Zustimmung des damals berühmtesten Physikers *Galileo Galilei,* der auch 20 Jahre später noch, weil er es nicht nötig fand, Keplers Schriften auch nur eines Blickes zu würdigen, unverdrossen an der Kreisbahn der Planeten festhielt und im übrigen aus lauter Eitelkeit dem berühmten Deutschen, dem gefährlichen Konkurrenten, die Möglichkeit vorenthielt, seine unerläßlich gewordenen astronomischen Meßinstrumente zu verwenden.[15] Wer sich wirklich für die Wahrheit interessiert, der wird nach und nach auf allerhand verzichten müssen, was in den Augen der Menge sonst als erstrebenswert gilt. Das gilt bereits im Erkennen von Wahrheiten der sichtbaren Welt. Noch weit mehr aber gilt es für die Wahrheit, die Gott ist.

Im Rückblick heute erscheint es uns fast unglaublich, wieviel Mühe es die Gelehrten zum Beispiel des 16. und beginnenden 17. Jahrhunderts kostete, von der platonischen Vorstellung kreisförmiger Himmelsbahnen loszukommen; der Kreis galt als diejenige geometrische Form, die als vollkommen der göttlichen Schöpfung einzig für angemessen erachtet wurde; doch um die Wirklichkeit zu erkennen, mußte diese liebgewordene, fixe Idee einer Tradition von fast 2000 Jahren einfach fallengelassen werden. Wie aber da erst, wenn es sich um Gott selbst handelt?

Ein Mann, der dem Fasten mit außerordentlichem religiösem Ernst gegenüberstand, war MAHATMA GANDHI – unwillkürlich verfällt man bei der Lektüre der Bergpredigt immer wieder auf diese überragende Persönlichkeit, die wie keine andere im 20. Jahrhundert den Geist der Lehre Jesu verkörpert. «Beim Fasten», meinte GANDHI, «hängt alles von der geistigen Einstellung ab. Gerade wie das Gebet zum mechanischen papageienartigen Lallen entarten kann, so kann das Fasten zu einer rein mechanischen Quälerei für den Körper werden. Wie das mechanische Lallen günstig auf die Stimme einwirkt, so kann das Fasten die Reinigung des Körpers mit sich bringen. In beiden Fällen aber bleibt möglicherweise die Seele unberührt. Aber das im Interesse seelischer Aufrichtung unternommene Fasten, wodurch die Seele den Körper überwindet, ist ein hervorragendes Mittel persönlicher Selbsterziehung.»[16] GANDHI fügte freilich hinzu: «Fasten ohne einen lebendigen Glauben an Gott ist nichts wert. Es darf keine mechanische Bemühung oder einfache Nachahmung darstellen. Fasten muß aus der eigenen Seele quellen; deshalb wird es selten in der rechten Weise geübt.»[17]

Wer aber ist dann der «Gott», der das «Fasten», wie Jesus meint, «im Verborgenen sieht»? GANDHI schrieb: «Für mich ist Gott die Wahrheit, die Liebe, die Sittlichkeit, die Furchtlosigkeit. Er ist die Quelle allen Lichts in unserem Leben und steht doch jenseits und abseits von alledem. Gott ist das Gewissen und der Herzensprüfer, der uns und unsere Herzen viel besser versteht als wir selbst. Er ist ein unpersönlicher Gott für die, welche keiner persönlichen Anwesenheit bedürfen. Er ist ein verkörpertes Wesen denen, die höchsteigene Berührung benötigen.»[18]

«Seit dem Anbeginn des Lebens hat die Welt, einschließlich der Weisen und der Narren, dies zum Ausgangspunkt genommen: Wenn wir da sind, so ist Gott auch da; wenn Gott nicht da ist, so sind wir auch nicht da. Und weil Gottesglaube als eine noch bestimmtere Tatsache aufgefaßt worden ist als der Glaube an die Sonne, hat dieses lebendige Glaubensbekenntnis Lebensrätsel in größter Zahl gelöst und namenloses Elend gelindert. Dieser Glaube ist uns im Leben zur Hilfe, im Tod zur Erleichterung geworden. Erst durch ihn wird die Suche nach der Wahrheit anziehend und der Mühe wert, denn Gott ist die Wahrheit... Selbst die Atheisten, die angeblich und eingebildetermaßen Gott verneinen, glauben ja doch an die Wahrheit. Ihre ganze Schlauheit besteht darin, Gott einen anderen Namen zu verleihen. Die Zahl der Namen ist Legion, das Wesen liegt einzig und beherrschend in der Wahrheit.» – «In meiner frühen Kindheit lehrte man mich die ‹Tausend Namen Gottes› unserer Hinduschriften zu wiederholen. Aber diese tausend Namen sind keineswegs erschöpfend. Wir glauben, daß Gott so viele Namen hat, als es Geschöpfe gibt, und darum sagen wir auch, daß Gott namenlos ist. Da Gott viele Formen hat, betrachten wir ihn als formlos. Da Gott zu uns in vielen Sprachen spricht, sehen wir ihn als ‹ohne Sprache› an... Mit denen, die sagen ‹Gott ist die Liebe› stimme ich auch überein: ‹Gott ist die Liebe›... Aber tief drinnen in meinem Innern sage ich mir, daß Gott, wenn er auch die Liebe sein mag, so doch vor allem die Wahrheit ist. Wenn es je für den Menschen möglich ist, die vollständigste Beschreibung Gottes zu geben, dann ist es die: ‹Gott ist die Wahrheit›. Vor zwei Jahren ging ich noch einen Schritt weiter und sagte: ‹Die Wahrheit ist Gott›... Ich fand damals, daß man durch Liebe der Wahrheit am nächsten kam. Aber ich fand auch, daß *love* im englischen viele Bedeutungen hatte... Aber ich fand nie ein Mißverständnis in bezug auf die Bedeutung von Wahrheit, und nicht einmal Atheisten begehrten gegen die Notwendigkeit oder Macht der Wahrheit auf. Aber in ihrer Leidenschaft, die Wahrheit zu entdekken, haben die Atheisten nicht gezögert, die Existenz Gottes zu leugnen – von ihrem eigenen Standpunkt aus gesehen mit Recht. Es war aufgrund solcher Überlegungen, daß ich einsah, man sollte anstelle von ‹Gott ist die Wahrheit› lieber sagen: ‹Die Wahrheit ist Gott›.» – «Wenn Sie die Wahrheit als Gott finden wollen, dann ist das einzige Mittel dazu die Liebe, das heißt Gewaltlosigkeit, und da ich glaube, daß letztlich die Mittel und das Ziel umkehrbare Ausdrücke sind, so würde ich nicht zögern zu sagen: ‹Gott ist Liebe›. – Was ist nun Wahrheit? ... ich sage: Es ist, was die Stimme im Innern sagt. Wie aber, wenn nun verschiedene Leute an verschiedene oder sogar an widersprüchliche Wahrheiten denken? Wenn ich sehe ..., daß die Entwicklung des menschlichen Geistes nicht für alle gleich ist, so folgt, daß das, was für den einen Wahrheit ist, für den anderen Unwahrheit sein mag.» – «Alles, was ich hier in wahrer Bescheidenheit sagen kann, ist, daß man die Wahrheit nicht in einem Menschen finden kann, der nicht einen überwältigenden Sinn für echte Demut hat.»[19]

Wie oft, wenn man diesen Gedanken GANDHIS aufgreifen will, wurde Gott von den Theologen einer bestimmten Religion nicht schon auf bestimmte Vorstellungen festgelegt, die sich in der Folgezeit quälend und verwirrend dem Leben und der Wirklichkeit entgegenstellten! Wer sagt: Ich kenne Gott, und danach bestimmt, was er als Wahrheit gelten lassen will, der definiert sich selber zumeist als bloßen Ideologen, nicht als Wahrheitssucher. GANDHIS Vorschlag hingegen ist weise und pragmatisch: Jede neu entdeckte Wahrheit, die zum Umdenken nötigt, mag noch so ungewohnt, unbequem und geradewegs unheimlich anmuten, sie wird auf irgendeine Weise den Menschen näher zu Gott bringen, wohingegen ein Hängen an den vertrauten Formeln überlieferter Wahrheiten den Menschen immer mehr der eigentlichen Wirklichkeit seines Lebens entfremden muß. Jeder Aufbruch ins Unbekannte aber ist ein «Fasten» des Geistes.

Wie sehr alle Äußerlichkeit im Umgang mit Gott die Religion in Götzendienst und Albernheit verwandelt, hat im Blick auf das Fasten wohl niemand klarer gesehen als ein Prophet am Ende des Exils, den man in der Literarkritik den *«Dritten Jesaja»* nennt; er läßt das Volk in der Unterdrückung Gottes fragen: «Warum fasten wir, und du siehst es nicht an?» Und Gott antwortet in seinem Munde: «Soll das ein Fasten sein, an dem ich ein Gefallen habe, ein Tag, an dem man sich kasteit, wenn ein Mensch seinen Kopf hängen läßt wie Schilf und in Sack und Asche sich bettet? Wollt ihr das ein Fasten nennen und einen Tag, an dem der Herr Wohlgefallen hat? *Das* ist ein Fasten, an dem ich Gefallen habe: Laß los, die du mit Unrecht gebunden hast, laß ledig, auf die du das Joch gelegt hast! Gib frei, die du bedrückst, reiß jedes Joch weg! Brich dem Hungrigen dein Brot, und die im Elend ohne Obdach sind, führe ins Haus! Wenn du einen nackt siehst, so kleide ihn, und entzieh dich nicht deinem Fleisch und Blut. Dann wird dein Licht hervorbrechen wie die Morgenröte, und deine Heilung wird schnell voranschreiten... Wenn du in deiner Mitte niemand unterjochst und nicht mit Fingern zeigst und nicht übel redest, sondern den Hungrigen dein Herz finden läßt und den Elenden sättigst, dann wird dein Licht in der Finsternis aufgehen... Und der Herr wird dich immerdar führen und dich sättigen in der Dürre» (Jes 58,3–11).[20] Menschlichkeit und Güte sind nach diesen Worten des *Tritojesaja* die rechte Art eines «Fastens» vor Gott; aber gerade mit diesem Widerstand gegen die ritualisierte Theaterfrömmigkeit seiner Zeitgenossen fordert er natürlich zu allen Zeiten den Widerspruch der Priester der jeweiligen Religionsform heraus. *Sie* wünschen und bilden sich genau das Volk, das die Bibel am meisten verächtlich findet: ein Volk mit «verfettetem Herzen» (Ps 17,10; 73,7; Ps 119,70). Wieviel Fasten des Geistes benötigt ein Mensch, um seine Merksamkeit, Fühlsamkeit und Hörbereitschaft, um seinen Hunger und seine Neugier, um seine Leidenschaft und Ursprünglichkeit wiederzufinden?

Gewiß ist das «Fasten», so verstanden, immer auch ein Stück *Einübung des Todes*, ein Stück *Weisewerden* im Fahrenlassen von allem Überflüssigen, ein Skelettieren des Lebens auf seine letzten Fragen und bleibend gültigen Antworten hin. In seiner Novelle *«Schnee auf dem Kilimandscharo»* beschrieb Ernest Hemingway einmal die Gestalt eines alternden Dichters, der sich mit seinem Dasein wie vergeudet beziehungsweise wie verstiegen vorkommt. Mit seinen Schriften rasch zu Ruhm, Geld und Anerkennung gelangt, hat er sein Genie, wenn er je eines besaß, wie mutwillig in Alkohol, Abenteuern und Liebschaften vertan und vertändelt. Jetzt aber hat er sich nach Afrika aufgemacht, um sich das Fett wieder von den Rippen zu schwitzen und an der Seite einer Frau, für die er nur mäßige Gefühle empfindet, seine ursprüngliche Gestalt und Form wiederzufinden. Ein an sich harmloser Jagdunfall führt jedoch dazu, daß er auf Leben und Tod erkrankt. Im offenen Zelt liegend, während die Geier sich bereits auf den umstehenden Bäumen lagern, läßt er, geschüttelt von Fieberphantasien, sein Leben noch einmal Revue passieren.[21] In Hemingways Erzählung freilich bleibt all sein Nachdenken ohne Folgen, ein Happy-End des Zufalls ohne eine wirkliche Wandlung; doch das Sujet der Geschichte kann eindrucksvoll zeigen, was «Fasten» eigentlich heißt: es bedeutet, im Angesicht des Todes sich umzuschauen und zu sehen, was letztlich trägt. «Fasten» – das heißt, durch die Maske des Todes hindurch auf die Wirklichkeit hinter dem Leben zu schauen, die «Gott» heißt; und Gott seinerseits ist es, meint Jesus, der ein solches «Fasten» anschaut und sich in ihm anschauen läßt. – Nur wenn man die Auflösung der Fastenfrage in der Bergpredigt in diesem

Sinne interpretiert, versteht man im übrigen jetzt, warum gleich der nächste Abschnitt überspringt zu dem nur scheinbar ganz anderen Thema: zum Sammeln von «Schätzen», die wirklich Bestand haben.

Mt 6,19–21

Eignet euch kein Eigentum auf Erden an

Mit diesen Worten beginnt ein langer Abschnitt der Bergpredigt (Mt 6,19–34), der von verschiedenen Ansätzen her um das Thema der Daseinssicherung kreist.[1] Zuende sind die moralischen und religiösen Fragen, die sich von der jüdischen Frömmigkeitshaltung her stellten: die verschiedenen Gebote sowie die «Werke» der «Buße»; statt dessen aber wendet sich Jesus jetzt im weitesten Sinne der Frage zu, was uns als Menschen Halt und Geborgenheit schenkt.[2] Es war bisher bereits auffällig, daß die Worte der Bergpredigt die «ersten», das heißt die grundlegenden «Gebote» Israels vollständig aussparten: keine Götzen zu verehren, keine Bilder anzubeten und den Sabbat zu heiligen (Ex 20,8.9)[3]; in diesen Punkten, die sich auf die Stellung des Menschen zu Gott beziehen, hat auch Jesus offenbar keine neue «Offenbarung» oder Botschaft zu bringen, die über das hinausginge, was die jüdische Religion aus ältestem Erbe in sich trägt. Doch worauf es Jesus ankommt, die Stelle, an der er radikal neue, prophetisch vertiefte Einsichten und Perspektiven formuliert, das ist die Souveränität, mit der er all die Hindernisse beiseite räumt, die uns für gewöhnlich davon abhalten, wirklich zu tun, woran wir den Worten nach glauben.[4]

Es liegt ein ungeheurer Ernst und zugleich eine unerhörte Freiheit in all dem, was Jesus bisher bereits sagte: es dreht das Verhältnis von Religion und Ethik in durchaus «reformatorischem» Sinne einfach auf den Kopf. Endgültig sollte Schluß damit sein, daß Menschen unter der Zuchtrute von Gebot und Gesetz wie die Schnecken sich mit dem Bauch an die Erde drücken und auf ihrem eigenen Schleim und Schweiß ein Stückchen in die Zukunft zu schwimmen und zu schlindern versuchen. Mit noch so viel gutem Willen vermag ein Mensch nicht gut zu sein oder zu werden, und wenn nicht Gott seine Angst in der Tiefe der Existenz durch ein tieferes Vertrauen beruhigt, müssen ihm all die Verordnungen und Weisungen aus Religion und Moral weit eher zu einer Falle denn zu einer Hilfe werden. Man gelangt zu Gott nicht über einen Haufen guter Werke, die sich aufschichten ließen wie die Quadersteine einer Pyramide, um stufenweise sich zum Himmel zu erheben – umgekehrt: man wird zu Güte und Menschlichkeit überhaupt erst frei und befähigt, wenn man von Gott her ins Leben tritt.[5] Das ganze menschliche Dasein von Gott her von Grund auf zu heilen – das war das ganze Bestreben der Bergpredigt bisher. Was die Gesetze der Menschen als Ehebruch, Meineid, Mord und Diebstahl definieren, läßt sich nicht lösen, indem man es simplerweise unter Verbot stellt; es läßt sich nur lösen, indem man den Menschen vor Gott stellt und ihn eine Anerkennung und Bestätigung finden läßt, wie sie nur im Gegenüber von Schöpfer und Geschöpf sich mitzuteilen vermag. – *So* die bisherige Einsicht der Bergpredigt in bezug zu den Geboten Israels und den Werken der Frömmigkeit in der Tradition der Väter.

Jetzt aber wechselt das Thema, und wir kommen auf Fragen zu sprechen, die in dieser Weise niemals einen Gegenstand moralischer Gesetze gebildet haben, obwohl doch gerade an ihnen sich zeigen kann, daß ein Mensch buchstäblich in allem sich «vertut», wenn sein Leben nicht in Gott gehalten ist. Allein schon dies ist von außerordentlicher Bedeutung: Jesus hält es für möglich, daß ein Mensch im Sinne der religiösen beziehungsweise der bürgerlichen Gesetzgebung durchaus sich keiner Schuld bewußt ist, und dennoch kann es sein, daß er in seiner ganzen Lebensanlage «verkehrt» ist. Wenn es bisher galt, daß die Fragen von Moral, Justiz und Religion sich nur durch eine Vertiefung der Existenz vor Gott beantworten lassen, so werden wir jetzt erleben, daß die Fragen der Existenz sich durchaus nicht mit Hilfe von Moral, Justiz und Religion ordnen lassen – sie stellen sich dort nicht einmal, geschweige denn, daß sie von dort her eine Lösung fänden.

Ein Grundproblem des menschlichen Daseins ist *die Frage der Sicherheit.* Man sehe einmal von den Unsicherheiten und Unwägbarkeiten ab, die sich aus dem Verhalten anderer Menschen ergeben: aus ihrer Angriffsbereitschaft, aus ihrer Genußgier, aus ihrer Habgier, aus ihrer Unzuverlässigkeit, aus ihrer Verlogenheit und Geltungssucht, dann bleibt immer noch die Tatsache bestehen, daß das menschliche Dasein in sich selbst haltlos und gefährdet ist. «Wir sind Bettler, das ist wahr», das waren die letzten Worte aus dem Munde MARTIN LUTHERS.[6] Wie aber leben wir mit dieser einzigen sicheren Gewißheit?

Es ist immer wieder bestürzend zu sehen, an welch schmalen Klippen das Boot des menschlichen Daseins zerschellen kann. Eine Grundangst, die das psychische Erleben bereits der Tiere seit Jahrmillionen durchzieht, ist, neben der Sorge, selber von einem Beutegreifer gefangen zu werden, die Furcht, nichts zu essen zu haben und elend verhungern zu müssen.[7] Gegen Krankheit, Kälte und Schmerz, gegen alle möglichen Widerwärtigkeiten und Widerfahrnisse des Lebens muß doch irgendein Kraut gewachsen sein, so lehrt es uns schon der Erfahrungsschatz der Tiere, und so verwenden auch wir Menschen «natürlicherweise» viel Scharfsinn, Phantasie und Energie darauf, durch möglichst planvolles Wirtschaften für alle erdenkbaren Situationen mit allen notwendigen Mitteln des Lebensunterhalts ausgerüstet zu sein. Selbst im Tode noch suchten die Menschen in früheren Zeiten durch reiche Grabbeigaben sich vor der Armseligkeit ihres Daseins zu schützen.[8] Zwar weiß man, wie das Sprichwort sagt, daß Geld nicht glücklich macht, aber man traut ihm doch eine beruhigende, eine gewissermaßen magisch schützende Wirkung zu. Man weiß im Verstand natürlich, daß man so viele Versicherungen – gegen Krankheit, Diebstahl, Feuer, Alter, Unfall, gegen was man will – abschließen kann, es gibt gegen den Tod keine Absicherung, man steht ihm nackt gegenüber. Und doch fühlen wir Menschen irgendwo immer noch wie die Hamster im Spätherbst: wenn sie mit viel Fleiß und Mühe über 20 Kilo Getreide in den Vorratskammern ihrer unterirdischen Höhlen gespeichert haben, dann seien sie gerettet. Für die Hamster stimmt dieses Gefühl, mit dem sie all ihre Angst in die Gefahr des Verhungerns investieren: die Kälte der Wintermonate, verbunden mit dem Absterben der Nahrungspflanzen, wäre ihr Tod ohne entsprechende Vorkehrungen. Doch was im Leben bestimmter Tierarten begrenzt sinnvoll und richtig sein mag, das wird im Leben von uns Menschen zwangsläufig sinnlos und verkehrt. In *unserem* Erleben paart sich das instinktive Wissen um bestimmte Gefährdungen des Daseins mit dem Wissen um die prinzipielle Unentrinnbarkeit des Todes[9]; bei uns Menschen werden all die Angstformen, die aus der Tierreihe uns psychisch überkommen sind, ins Unendliche, Grundsätzliche und Unentrinnbare getrieben.[10] Und jetzt ist es die Frage, wie wir darauf antworten. Die nächstliegende Reaktion besteht wohl immer wieder darin, daß wir versuchen, mit den althergebrachten biologischen Auskünften und Überlebensstrategien Fragen zu beantworten, die im Grunde aus unserem Bewußtsein, aus unserer Fähigkeit, zu denken und vorauszuplanen, stammen. Notwendigerweise gebrauchen wir dann unsere Vernunft recht unvernünftig. Wir machen uns absichtlich etwas vor. Wir reden uns eine Sicherheit ein, die es nicht gibt. «Wenn du so viel Besitz anhäufst wie ein Hamster im Winter», so lautet unsere Lebensausrichtung im Umgang mit Reichtum, Geld und Besitz, «dann kann dir in den Wechselfällen des Lebens nichts mehr passieren. Wenn du nur genügend große Vorräte anlegst, dann bist du gerettet.»

Es ist, als wenn uns die Größe unseres Hauses, die Pracht seiner Täfelungen, der Prunk seiner Innenausstattung, der Schmuck seiner Teppiche, Bilder und Möbel einen Schimmer von Dauer und Festigkeit schenken könnten. Zumindest behüten sie uns vermeintlich wirksam vor dem Gefühl der Nichtigkeit und Wertlosigkeit, das mit dem Tode einhergeht. Das Minderwertigkeitsgefühl einer Frau, die sich als nicht schön genug empfindet – wie einfach läßt es sich überspielen durch Kleider und Schmuck! Der Mangel an Selbstvertrauen bei einem Mann, wieviel in den Augen der anderen er wert ist – wie leicht läßt es sich kompensieren durch die Selbstdarstellung von Besitz und Eigentum! Alles scheinbar läßt sich kaufen mit Geld: Geltung und Einfluß, Ansehen und Macht, Beliebtheit und Achtung, Wertschätzung und Würde.[11] Jede Angst des Menschen reißt ein Loch in die Mauer des Daseins; Besitz und Geld aber wirken wie ein universeller Mörtel, um die Fugen und Risse der Wand zu verschließen.

Und doch sind sie nichts als ein unersättlicher Selbstbetrug, meint Jesus. Sie stopfen alle Löcher nur, indem sie noch größere aufreißen. *Sicherheit?* Gerade nicht! Wer *Geld* aufhäuft, handelt sich in Wahrheit nur neue Ängste ein. Von den Menschen bewundert und beneidet, erntet er alsbald auch die verborgene Mißgunst der Menge: Man wird sehr bald schon überlegen, wie man ihm seine Beute am besten wieder abjagen kann. Es ist wie bei einem Schwarm Möwen: kaum hat einer der Vögel einen besonders großen Bissen abbekommen, da werden sogleich die anderen Tiere sich auf ihn stürzen, um sich selber gütlich zu tun. Je reicher jemand im äußeren wird, desto gefährdeter lebt er. Einen Panzerschrank braucht er für sein Geld, gewisse Rücklagen benötigt er gegenüber einem Kurssturz an der Börse, einen Zaun muß er errichten, um sein Grundstück zu sichern, ja, wenn er es weit genug bringt, wie ein Papst oder Ministerpräsident, darf er nicht einmal mehr in die Öffentlichkeit gehen ohne einen Haufen durchtrainierter Leibwächter und Berufspistoleros; selbst sein Auto muß mit Panzerglasscheiben gesichert sein, und «Diebe» aller Art bedrohen ihn allerorten. Selbst die Warnung Jesu vor den «Würmern» und den «Motten», die im Verlaufe der Zeit Gelder und Kleider zerfressen können, bestätigt sich aufs Wort. Aus dem «Haben» ergibt sich kein «Sein»[12], und über kurz oder lang verlieren die schönsten Dinge an Wert einfach durch die Langeweile, die das bloße Besitzen mit sich bringt. Alles Äußere ist leer, wenn es nicht in ein Geflecht von lebendigen Bezügen eingespannt bleibt, und alle Dinge sind tot, die sich um sich selber schließen, ohne zu einer wirklichen Verwendung zu gelangen. Am schlimmsten aber ist, daß aller Reichtum nicht die Grundgefahr vergessen machen kann, die von der grundsätzlichen Sterblichkeit des Daseins ausgeht. Kein Seidenhemd, das nicht ein Totenhemd sein könnte, kein Kettchen oder Spängchen, das nicht den Kreis des Lebens zwischen Geburt und Sterben sichtbar machen würde, und alles Hab und Gut reicht doch nur aus für einen schönen Marmorstein am Grab. Das letzte Hemd hat keine Taschen. «Über das Leben hienieden stelle ihnen folgendes Gleichnis auf», sagt im *Koran* Allah zu MOHAMMED. «Es gleicht dem Wasser, das wir vom Himmel herabsenden, das von den Gewächsen der Erde eingesaugt wird. Und wenn diese dadurch grün geworden, dann – eines Morgens sind sie dürre Spreu, die der Sturmwind verweht; denn Allah ist aller Dinge mächtig. Reichtum und Kinder sind allerdings eine Zierde des irdischen Lebens; doch weit besser noch sind gute Werke, die ewig dauern.»[13]

Doch das Bedürfnis nach Sicherheit bleibt, und zwar so sicher, wie die Angst im Hintergrund des Daseins andauert. Je deutlicher man sich die Ungesichertheit des menschlichen Lebens vor Augen stellt, desto stärker wird sich die Suche nach Halt und Geborgenheit geltend machen. Nur, wie läßt sie sich befriedigen oder, besser, wie findet sie ihren Frieden? Psychologisch gesehen, gelingt Jesus in diesen paar Worten ein Meisterstück, indem er gerade im Umgang mit irdischen Gütern an das Sicherheitsbedürfnis der Menschen appelliert, nur um sie von all den Formen materieller Existenzsicherung wegzulocken[14] – es sind von vornherein aussichtslose Bemühungen. Wenn sonst in frommen Vorträgen die Rede von einer christlichen Lebensweise geht, so wird mit Vorliebe gesprochen von den «Opfern» und «Verzichten», die ein Mensch leisten müsse, der die wahre «Christusnachfolge» anstrebe. Im Munde Jesu hört sich das alles ganz anders an. Hier geht es nicht darum, auf etwas zu verzichten oder noch mehr zu riskieren; wozu Jesus mit diesen Worten auffordert, das ist, wenn man so will, nichts weiter, als endlich den eigenen Vorteil wahrzunehmen und auf diejenigen «Güter» zu setzen, die dem Menschen nicht genommen werden können, nicht einmal im Tod. Und hat er nicht recht?

Was bleibt von uns, wenn wir über unser Leben Bilanz ziehen? Was von uns *soll* wirklich als wertvoll gelten? Alles, was wir an Werten besessen haben, sind «nicht wir selber» gewesen, um es buddhistisch auszudrücken.[15] «Wer Geld liebt», heißt es einmal im Buche des «Predigers», «wird vom Geld niemals satt, und wer Reichtum liebt, wird keinen Nutzen davon haben. Auch das ist eitel. Denn wo viele Güter sind, da sind viele, die sie aufessen; und was hat ihr Besitzer mehr davon als das Nachsehen? Wer arbeitet, dem ist der Schlaf süß, er habe wenig oder viel gegessen; aber die Fülle läßt den Reichen nicht schlafen. Es ist ein böses Übel, das ich sah unter der Sonne: Reichtum, wohl verwahrt, wird zum Schaden dem, der ihn hat... Wie einer nackt von seiner Mutter Leibe gekommen ist, so fährt er wieder dahin, wie er gekommen ist, und trotz seiner Mühe nimmt er nichts mit sich in seiner Hand, wenn er dahinfährt. Das ist ein böses Übel, daß er dahinfährt, wie er gekommen ist. Was hilft's ihm denn, daß er in den Wind gearbeitet hat?»[16]

Dieses Klagelied der Vergänglichkeit, diese Entwertung der bürgerlichen Normalität zu einer selbstgeschaffenen Plage der Sinnlosigkeit klingt auch in den Worten Jesu an; aber im Unterschied zu der Skepsis der orientalischen Weisheitsliteratur bleibt Jesus nicht bei der Haltung der Resignation und des Bedauerns stehen. Es ist in seinen Augen an sich nicht falsch, nach Glück, Geborgenheit und Sicherheit zu streben, es ist auch nicht verkehrt, ein bestimmtes «Kapital» zu diesem Zwecke anzulegen; doch gerade wenn man die Suche des Menschen nach etwas Festem und Bleibendem in ihrer ganzen Unersättlichkeit und Maßlosigkeit ernstnimmt, begreift man, daß es sich hier um einen «Hunger» nach Leben handelt, der mit allen Gütern der Erde nicht zu sättigen ist. So paradox es sich auch anhören mag: das Geld, das man an fremde Not verschenkt, bildet ein bleibenderes Eigentum als der Besitz, den man für sich behält; das, was man hergibt für den anderen, kehrt wie eine Einzahlung auf die Ewigkeit zu uns zurück.

Also: ein Gutsein aus «Heilsegoismus»? *«Egoismus»* gewiß, doch einer, der am Ende die eigene Rechnung aufhebt. Es ist ein Grundsatz der *indischen* Askese, die Triebstrebungen des Menschen durch sich selbst zu läutern.[17] Gerade dies ist es, was Jesus hier versucht. Natürlich geht es nicht darum, wie in Franz Werfels «Veruntreutem Himmel» sich gewissermaßen in den Himmel einzukaufen. Es geht ganz einfach um die Erfahrung, daß es sich buchstäblich lohnt, die Güter der Welt einzig dafür zu verwenden, Gutes damit zu tun. Denn nur die Stunden, da wir jenseits der Angst zur Güte gereift sind, werden uns begleiten in der Stunde des Todes; nur die Augenblicke, in denen wir wirklich gelebt haben, werden uns den Mut geben, an ein ewiges Leben zu glauben; und nur die Momente, die wir unbeschwert genug verbracht haben, um keinen Gedanken an Profit und Gewinn daran zu vergeuden, heben sich auf – dem Himmel entgegen.

Es ist eine Überzeugung, die allen Religionsformen gemeinsam ist. «Den Menschen», meint Mohammed im *Koran* einmal, «ward eingepflanzt Trieb und Begierde zu Frauen, Kindern, Gold und Silber, edlen Pferden, Viehherden und Äckern. Doch dies alles ist nur von Nutzen für dieses Leben, und die schönste Stätte ist bei Allah. Saget selbst: Kann ich Besseres als das euch verkünden? Die Frommen werden von Allah einst Gärten, von Flüssen durchströmt, erhalten, und ewig werden sie darin verweilen. Unbefleckte Frauen und das Wohlgefallen Allahs wird ihnen zuteil, denn Allah sieht huldvoll auf seine Diener.»[18]

Oft bei der Auslegung des *Koran* haben christliche Ausleger sich lustig gemacht über die Einfalt des Propheten, der als himmlische Belohnung «mandeläugige Huris» den Männern versprach. Wie aber, wenn Mohammed ganz recht gehabt hätte, schon weil er so anders als Jesus offenbar gar nicht gedacht hat: es wäre gar keine Trennung möglich zwischen der Liebe der Frauen und der Liebe Allahs, und alles in unserem Leben käme nur darauf an, mit allem «Eigentum» so umzugehen, daß es uns selber aufrichtig liebenswert macht?[19] An die Männer gerichtet ist diese Rede wohl nur, weil seit Jahrzehntausenden *sie* es sind, die in Jagd und Krieg Besitzstücke aller Art nach Hause bringen und zusammenhalten mußten.[20] Das wirklich Gemeinte aber ist wechselseitig gültig und wahr: nur die Güte der Liebe ist ewig.[21] Sie ist das einzige Gut, um das zu mühen sich lohnt. Darum schildert Mohammed, wie einst das «Volk des Moses» den habgierigen Karun (den *Korach* der Bibel) mahnte: «Allah liebt die nicht, welche sich ihres Reichtums wegen so ausgelassen freuen. Suche vielmehr durch das Vermögen, welches dir Allah gegeben, die zukünftige Wohnung des Paradieses zu erlangen. Vergiß zwar nicht deinen Anteil an den irdischen Gütern, tue aber anderen wohl damit, so wie Allah dir wohlgetan.»[22]

Mt 6,22–23
Die Augenverfinsterung des Neides

Im Rahmen des Matthäusevangeliums und auch entsprechend der hebräischen Redensart vom «kranken Auge» warnt Jesus an dieser Stelle eindringlich vor Habgier und Neid.[1] Wer die Welt unter dem Blickwinkel einer solchen Haltung sieht, meint er, verzerrt nicht nur einen bestimmten Aspekt der Wahrnehmung, er verfälscht die gesamte Perspektive seiner Existenz. Die Welt zu sehen sollte das Herz weit und dankbar machen; man sollte lernen, die Augen aufzuschlagen und innerlich «hell» und «licht» zu werden über so viel Schönheit und Freude, die uns umgibt: Es ist, wie wenn man am Morgen die Vorhänge von den Fenstern zieht, und das Sonnenlicht flutet ins Zimmer, es umspielt die Schränke und Wände, glänzt auf an den Gläsern und spiegelt sich auf den Böden und Fliesen. Wirklich ist das Auge das «Licht» im Menschen.

Gewiß, «korrekter» gesprochen, müßte man das Auge als ein «Organ, das Licht sichtbar macht», bezeichnen; doch in gewissem Sinne sind alle Organe der Bewegung und Wahrnehmung wie ein Abbild der Wirklichkeit, auf die sie sich beziehen.[2] Die Schwingen eines Albatros sind ein Gestalt gewordener Ausdruck aufsteigender Luft, die Flossen eines Fisches sind ein Abdruck der Strömung des Wassers, die Augen der Wirbeltiere sind eine Darstellung des fließenden Lichtes im Medium der Atmosphäre unserer Erde.[3] Bis in die Einzelheiten hinein ist die Optik des menschlichen Auges auf das Spektrum des Tageslichtes der Sonne eingestellt[4], so daß jemand, selbst wenn er auf einem fernen Planeten nur dieses eine Organ des Menschen zur Verfügung hätte, um die Bedingungen des Lebens auf unserer Erde zu rekonstruieren, immerhin zu recht zutreffenden Schlußfolgerungen über die optischen Gegebenheiten der Erdatmosphäre gelangen könnte.

> «Wär' nicht das Auge sonnenhaft,
> es würd' die Sonne niemals schauen»,

meinte GOETHE[5]; doch eben diese Sonnenhaftigkeit und Sonnenhungrigkeit des Auges ist unser ganzes Leben. F. SCHILLER beschrieb im *Tell* einmal in ergreifenden Worten die Qual erblindender Augen – wenn die gesamte Welt in ewige Nacht versinkt.[6]

Doch nicht nur körperlich, vor allem seelisch ist es möglich, die gesamte Wirklichkeit in Finsternis zu tauchen. Mißgunst und Geiz, Habgier und Neid sind *ein* Beispiel dafür; es gibt deren aber viele, und bei jedem zeigt sich eine zentrale Schwierigkeit in der Interpretation der Bergpredigt: All ihre Worte treffen «diagnostisch» ins Schwarze, sie enthalten aber keinerlei Hinweise auf ihre «therapeutische» Umsetzbarkeit[7]; stets sind sie deshalb in der Gefahr, als moralisierende Forderungen und Vorwürfe zu wirken, und die ganze Kunst ihres Verständnisses liegt darin, sie in ihrer zugespitzten Fremdartigkeit, in ihrer paradoxen Schroffheit beziehungsweise in ihrem steilen Kontrast zu unserem «normalen» Leben zu lesen wie einen buddhistischen *Koan*, der sich wie ein zunächst bitter schmeckendes Medikament im eigenen Körper auflösen muß, um heilsam zu wirken.[8] Gehen wir von dem Problem des Neids und der Habgier aus, so leuchtet das Jesus-Wort «diagnostisch» ohne weiteres ein: Das Gefühl des Neides besteht gerade darin, die ganze Wirklichkeit ringsum schwarz anzustreichen. Was irgend sonst als erfreulich und glücklich erscheinen könnte, erscheint dem Neidischen gerade umgekehrt als empörend, ängstigend und zerstörenswert, während er andererseits an sich leidvolle und schmerzhafte Ereignisse in echter «Schadenfreude» mit einem Gefühl der Lust und Erleichterung belegen kann.[9] Die kirchliche Tugendlehre hat deshalb kurz und bündig den Neid in den Katalog der «Laster» aufgenommen, nicht anders übrigens als Geiz und Habgier[10]; und wenn es zur Begründung dazu noch eines Bibelzitates bedurft hätte, so wäre es gewiß an dieser Stelle des Matthäusevangeliums zu finden gewesen. Doch hier so wenig wie auch sonst kann es genügen, die «Seelenverfinsterung», den psychischen Schaden einer bestimmten Fehlhaltung zu monieren oder zu demonstrieren, es kommt darauf an, sie von innen heraus zu verstehen und durch Verstehen aufzulösen.

Die «Verdunkelung» des Neides ergibt sich in psychoanalytischer Sicht wohl stets aus dem Schattenwurf, den, zumeist schon in früher Kindheit, ein anderer Mensch über das eigene Leben geworfen hat.[11] Dieser andere hatte es unverdientermaßen und ungerechtermaßen besser als man selber, und es war nicht möglich, von sich selbst aus etwas an dieser Situation zu ändern; es blieb nur das hilflose Schmollen im Winkel. Äußerlich gesehen mögen die Gründe dafür alles andere als beneidenswert erscheinen, es genügt, daß sie seelisch so erlebt wurden. Da gab es zum Beispiel einen jüngeren Bruder, der an Epilepsie litt und schon aufgrund seiner Anfälle die gesamte Aufmerksamkeit der Mutter beanspruchte. Wofür eigentlich? *Man selber* konnte der Mutter gegenüber noch so rücksichtsvoll und hilfreich sich verhalten, *dieser Bruder* brauchte nur mal wieder das Bett naß zu machen oder sich wie irre mit Schaum vor dem

Munde am Boden zu wälzen, dann gehörte ihm alle Liebe der Mutter. Dabei war sie selber oft mit den Nerven am Ende, man hätte sie dringend beschützen mögen vor den sadistischen Quälereien dieses «Halbirren», doch gerade ihm galt die nächtelange, aufopferungsvolle Sorge und Obhut der Mutter. Offenbar hätte man selber ein Epileptiker werden müssen, um ein vergleichbares Maß an Zuwendung zu erringen; man war benachteiligt, nur weil man gesund war. Andererseits aber wußte man natürlich, daß es absurd war, einen Familienangehörigen zu beneiden, nur weil er krank war; man wußte auch, wie lächerlich und absurd all diese Gefühle des Neids waren – es war vor allem unmöglich, mit anderen Menschen auch nur andeutungsweise darüber zu sprechen. Am besten deshalb, man schloß sie tief in sich ein und sagte kein Sterbenswörtchen davon.

Es genügt, daß jemand auf diese Art seine Kindheit und Jugend verbracht hat, und es wird sein «Auge» buchstäblich «erkranken» und sein «ganzer Leib finster sein»: Jede kleine Zurückweisung langt aus, die alten Gefühle von unverdienter Benachteiligung wieder freizusetzen und inwendig die aufgespeicherten Regungen von Ressentiment und Rache wieder zu schüren. Dazu kommt jetzt womöglich noch das Gefühl, auf der Stelle zu treten und es «überhaupt nie» im Leben zu etwas zu bringen. Ja, am Ende kann der Selbsthaß, zumindest insgeheim ein Nichtsnutz und Versager zu sein, sich wirklich wie lähmend über die besten Pläne und Absichten legen. In der Tat muß es jetzt wie eine Erleichterung wirken, zu sehen, daß auch andere Pech haben können: man steht, wenn auch andere scheitern, nicht mehr gar so vereinzelt da! Was sich gemeinhin «Schadenfreude» nennt, ist oft nichts weiter als der Versuch, von der Rückseite her ins Leben zu treten und wenigstens für einen Augenblick die Rolle des schwarzen Schafes los zu sein. Nur: wer soll schon für derart verschobene und verschrobene Gefühle Verständnis aufbringen? Selbst die Schadenfreude bestärkt nur noch das Gefängnis seelischer Isolation. Was also ist da zu tun?

Jede *Heilung* dieser *Krankheit der umdüsterten Augen* setzt voraus, daß man, wie an allen anderen einschlägigen Stellen der Bergpredigt, den moralisierenden, gesetzlich verurteilenden Standpunkt aufgibt und als allererstes Erlaubnis gibt, all jene «negativen» Gefühle aus Kindertagen zuzulassen und auszusprechen, die bis heute den Zugang zu sich selbst und zur Wirklichkeit draußen versperren mußten. Es muß zunächst darum gehen, das Dilemma zu begreifen, das damals mit eigenen Mitteln durchaus nicht zu lösen war und das allein schon deshalb bis in die Gegenwart andauert. Vor allem aber kommt es darauf an, den Blick von den anderen einmal auf sich selbst zu lenken und sich immer wieder zu fragen, was man denn von sich selber her möchte, was man selber denn vom Ursprung her fühlt – wie man sich selber ohne den verwirrenden Vergleich mit den anderen wahrnimmt. Es gilt, die positiven Ansätze, Eindrücke, Chancen und Ziele konsequenter in den Blick zu bekommen, die im Schatten des Neides immer wieder übersehen wurden. Am erstaunlichsten jedoch wirkt zumeist die Tatsache einer solchen Suchwanderung nach dem verlorenen Ich bereits in sich selber; denn je länger sie währt, desto mehr verstärkt sich nach Jahren der Selbstablehnung jetzt ein gewisses Gespür für den eigenen Wert; ja, das bloße Faktum bereits, daß da ein anderer Mensch so viel an Aufmerksamkeit, Interesse und Begleitung aufwendet, um all diesen verborgenen Regungen der Seele gemeinsam nachzugehen, widerlegt schrittweise das uralte Vorurteil der eigenen Liebensunwürdigkeit. Die «Krankheit» des Neides auf das, was die anderen sind oder haben, darf als überwunden gelten, wenn das Gefühl der eigenen Berechtigung stark genug geworden ist; oder anders gesagt: Das Gegenteil des Neides ist nicht Selbstunterdrückung und Selbstverzicht, sondern ein gewisses Maß an Selbstachtung und Selbstzufriedenheit.

Allein diese Einsicht kann im Umgang mit sich selber und anderen goldwert sein. Sie bedeutet eine Anwendung der vorhin betrachteten Regel Jesu von der Überwindung des Bösen durch das Gute. Wir aber lernen auch an dieser Stelle zusätzlich noch etwas Wichtiges für die Interpretation der Worte Jesu in der Bergpredigt hinzu: Statt sie als göttliche Anwürfe oder Anforderungen zu verstehen, sollte man in ihnen so etwas erblicken wie die religiöse Evidenz eines praktisch gewordenen Glaubens an die Unbedingtheit der Gnade. Von Gott her, will Jesus sagen, ist Neid ein überflüssiges, ein unsinniges und ganz und gar unseliges Gefühl. Man spürt sehr wohl, daß diese Auffassung stimmt. Doch die entscheidende Frage wird in der Bergpredigt selber nicht artikuliert: Wie denn erfährt ein Mensch etwas von «Gott», so daß er sein Leben noch einmal ändern könnte? In der «Theologie» des *Matthäus* ist die Antwort auf diese Frage stets schon vorweggenommen: Es ist die Gestalt des Messias selbst, die dem Menschen Gott nahe bringt. Doch auch dieser «dogmatische» Standpunkt muß sich gerade im Sinne des Mannes aus Nazareth noch einmal übersetzen: Man lebt und erfährt «von Gott» «in Christus» gerade so viel, wie ein Mensch dem anderen ein Feld der Akzeptation und des Selbstwerts im Dasein eröffnet, in dem er unverstellt bei sich selber ankommt und in dem Gefühl eines eigenen Ansehens «heller» und «aufgeschlossener» auch die anderen ringsum zu «sehen» vermag. Die moralisierende ebenso wie die dogmatisierende Sicht der Bergpredigt wirkt immer wieder kurzschlüssig, äußerlich, unverständig und schädlich; als *Ausdruck und Auftrag aber eines therapeutischen Durcharbeitens der menschlichen Konflikte* gewinnen alle Worte Jesu eine überraschende Selbstverständlichkeit und menschlich wohltuende Verbindlichkeit. – Wir werden im Schlußkapitel der Bergpredigt auf diese Feststellung noch einmal zurückkommen.

Mt 6,24

Gott oder Geld – eins von beiden

Doch zurück zur Problematik von Geld und Besitz. Wenn es denn stimmt, daß Geld keinesfalls nur ein Äquivalent von Waren auf dem Markt darstellt, sondern psychologisch eine enorme Versuchung bildet, die Angst des menschlichen Daseins vor seiner Endlichkeit und Hinfälligkeit wie mit einem Palliativ zu beruhigen[1], so gilt es in der Tat, die Art unseres Umgangs mit Geld einer eindringlichen Prüfung zu unterziehen.

Schon wenn wir von der «*Versuchung* des Geldes» reden, reden wir uns an der Härte des Jesus-Wortes vorbei. Denn Jesus meint ja nicht, daß uns das Geld, der *Mammon,* wie er sagt, zum Götzen werden *könnte,* er sagt eindeutig, daß das Geld für uns ein Götze *ist.* Er warnt nicht davor, daß es mit uns dahin kommen könnte, das Geld wie einen Anti-Gott gewissermaßen kultisch zu verehren, er setzt ganz einfach als Tatsache voraus, daß das Geld wesentlich die Funktion hat, Gott zu ersetzen; und so fordert er lediglich dazu auf, sich eindeutig zu entscheiden: Gott *oder* Geld, eines von beidem, da muß man wählen.[2]

Es wird an dieser Stelle der Bergpredigt besonders deutlich, was auch sonst gilt: Nach 2000 Jahren Geschichte sind wir der Botschaft Jesu nicht näher gekommen, sondern wir haben uns noch viel weiter von ihr entfernt, als die politischen und sozialen Verhältnisse damals an Widerspruch freisetzen mußten; ja, man muß sagen, daß wir uns besonders in den Fragen des Geldes *de facto* auch im Raum der Kirche längst von der Botschaft des Mannes aus Nazareth verabschiedet haben. Ordensschwestern und Mönche, vielleicht, mögen als *einzelne* (wohlgemerkt: nicht als Ordensgemeinschaft) die Absage an das Geld, so gut es geht, auf eigene Faust zu leben versuchen; die Kirche als ganze kann und darf sich die Illusion gar nicht leisten, man könne in der Welt ohne Geld auskommen.[3] Und was ist denn auch dabei? Kein Mensch kann von nichts leben, er braucht Kleider und Nahrungsmittel; das Geld aber ist doch nur ein praktischeres Tauschmittel auf dem Markt. Was für ein moralischer Sinn soll darin liegen, das Geld abzuschaffen und zum Naturalienhandel zurückzukehren?[4] Der gesamte wirtschaftliche Fortschritt hochentwickelter Industrienationen fiele durch solche frühsozialistischen und anarchistischen

Ideen dahin, und am Ende wäre die allgemeine Not nicht verringert, sondern vergrößert. Man muß es nun einmal zur Kenntnis nehmen, daß die Überwindung des Mangels erst durch die Industrialisierung ermöglicht wurde; die Industrialisierung selbst aber wurde erst durchsetzbar durch den Kapitalismus der Wirtschaftsform[5]: kein Bergwerk ohne Kuxe, keine Schiffahrtsgesellschaft ohne Aktien, kein Geldinstitut ohne eine kalkulierte Zinswirtschaft, gegründet auf Pfandbriefe, Darlehen, Wechsel und Schulden – da kann in der Bibel gegen Wucher und Zins stehen, was will.[6]

Wie weit wir es heute gebracht haben, mag ein einfacher Vergleich zeigen. Wenn unsere heutigen Archäologen einen antiken Tell ausgraben, können sie hoffen, in den Mauerresten versunkener Städte von einst auf Tempel und Paläste zu stoßen, auf Heiligtümer und Herrschaftsanlagen, eventuell noch auf Theater und Thermen, auf heilige oder profane Vergnügungsstätten, und, nicht zuletzt, auf Grabanlagen, die, oft als einzige, das Leben vergangener Zeiten vor unseren Augen enthüllen. Wenn, sagen wir, in 2000 Jahren Archäologen damit beginnen, die Siedlungsschichten in Europa oder Nordamerika Ende des 2. Jahrtausends auszugraben, werden sie mit aller Sicherheit die größten Fundamente und Gebäudekomplexe nicht mehr als Kathedralen und Konzertsäle, sondern unfehlbar als Arbeits- und Finanzämter, vor allem aber als Banken und Versicherungen identifizieren, und sie werden die Wahrheit über uns aussprechen, die wir auf Grund des mangelnden Abstandes zu uns selbst vielleicht so klar noch nicht auszusprechen wagen: Diese Epoche der menschlichen Geschichte, werden sie sagen, begann damit, unverhüllt und ohne Vorwand, mit einer fast bewundernswerten Ehrlichkeit, nur noch zu glauben an die Macht des Geldes. Wo früher das Erleben von Musik und Tanz den Umgang mit der Zeit zu gestalten pflegte, legte sie sich auf die Sicherung der Zukunft fest; diese Kultur muß wie vernarrt gewesen sein von dem Glauben, sich vor der Bedrohung durch die heraufziehende Zeit schützen zu können durch eine Manipulation von Geldeinzahlungen und Geldauszahlungen. Sie teilte die Zeit in Millionstelsekunden[7], sie konnte einen Skiabfahrtslauf nach Unterschieden von Tausendstelsekunden bemessen, sie kämpfte um jeden kleinen Vorteil, einander zuvorzukommen, doch dann wieder versuchte sie, durch eine absurde Magie des Geldes, den Tod zu leugnen. 4000 Jahre nach den Alten Ägyptern glaubten die Menschen dieser Kultur immer noch, daß derjenige unsterblich sei, der über genügend Gold und Edelsteine verfügte, nur glaubten sie schon längst an kein Jenseits mehr; ihre «Unsterblichkeit» empfanden sie selbst als eine zynische Lüge, doch sie überklebten diese Lüge mit Geld. Der Gott, an den sie glaubten, hauste in den Banken – ein unsichtbarer Gott, der die

Anhänger seiner Religion dazu zwang, Großstädte mit Hunderttausenden von Einwohnern zu besiedeln, in denen der wichtigste «Schmuck» riesige Reklamestellwände mit den Abbildungen schöner Frauen waren, die mit ihrem Körper und ihrem Gesicht dem Betrachter jede Art von Irrsinn versprachen, zum Beispiel daß man trotz Zigarettenrauchen von Lungenkrebs verschont bliebe oder trotz 500 Millionen Autos auf der Erde gute Luft atmen und die tropischen Regenwälder retten könnte. Dieser unsichtbare, grausame, unwiderlegliche Gott hatte viele Gesichter, und jedes erstrahlte in der Kraft magischer Allmacht: er trug das Gesicht von Wertpapieren und Aktien, von Goldbarren und Rohdiamanten, von Grundbucheintragungen und Immobilien, und wo immer sein Gesicht erschien, verlieh er den Dienern seiner Anbetung Besitzrechte auf alles Land und alle Länder der Erde: die Meere und die Wälder, die Berge und die Flüsse – es gab nichts, das sich, mitsamt den Anrainern und Bewohnern, in seinem Namen nicht hätte kaufen lassen. Es ging ein schöpferischer Atem von ihm aus, der alles Tote beseelte und alles Beseelte tötete.

Dieser Gott verkörperte eine Revolution im Wertempfinden, wie sie vor dem Ende des 20. Jahrhunderts jedem Philosophen oder Religionsstifter als undenkbar erschienen wäre. Seine Tempel, die Banken, wuchsen 80 Stockwerke hoch aus Glas und Stahl bis in die Wolken hinein und überragten wie mahnende Finger und Wegweiser die Kirchen der alten Religion. Was aber in jener Zeit am erstaunlichsten war: es herrschte die Vorstellung, daß die alte und die neue Religion sich sehr gut miteinander vertragen könnten, ja, daß die Geldreligion eigentlich nur die logische Fortentwicklung beziehungsweise die bestmögliche Ausdrucksform der überlieferten christlichen Religion darstellte. Es gab ein allgemeines Credo, an das zu glauben man schon die Zehnjährigen lehrte und das seine triumphale Ausbreitung von den Vereinigten Staaten von Amerika aus nahm. Dieses Credo lautete: «time is money» und «money for honey» – Geldverdienen bestimmt den Rhythmus, oder: Zeit hat nur Sinn als Beitrag zum Geschäft; und: mit Geld kannst du alles kaufen, selbst die Liebe. Mehr als ein Drittel der Menschheit lebte damals auf Kosten der übrigen zwei Drittel, ganz nach der Formel, mit der *Mark Twain* schon ein halbes Jahrhundert zuvor das amerikanische Glaubensbekenntnis wiedergegeben hatte: «Was ist das Ziel des menschlichen Lebens? Reich zu werden. Wie? Unehrlich, wenn wir können; ehrlich, wenn wir müssen. Wer ist der einzige und wahre Gott? Geld ist Gott. Gold, Dollar und Aktien – Vater, Sohn und ihr Geist.»[8]

Während man in den Jahrtausenden davor die Götter dazu benutzt hatte, den Besitz von Geld und Reichtum in den Händen weniger zu legitimieren, brauchte man jetzt viel Geld, um überhaupt etwas sagen zu können, das Aussicht hatte, ernstgenommen zu werden. Man führte Kriege für Geld, und jeder wußte, daß «nur ein Idiot durch einen Krieg nicht reicher wird», aber den Geldbesitzern, vornehmlich in den Vereinigten Staaten als der Heimat dieser neuen Geldreligion, war es gestattet, vor aller Ohren zu verkünden, daß sie ihre Kriege zur Durchsetzung der Gerechtigkeit und der Freiheit führten.[9] Die Kapitalisten unter den Gründervätern der großen nordamerikanischen Nation hatten die Geldreligion vorgelebt: «Jeder im Lande träumte davon, die Gebote ihrer Religion so gut zu beherrschen wie sie – und so reich belohnt zu werden. Gewiß, man wußte, daß die Heroen auf ihrem Weg nach oben rechts und links Opfer liegen ließen, aber das war okay. Man wußte auch von ihren Bestechungen, von den innigen Beziehungen, für die sich Männer aus dem Kongreß in Washington hatten kaufen lassen, aber selbst das war okay. Das Staunenswerte an den Karrieren der Großen war eben gerade nicht, daß sie nach bestimmten und von Moral begrenzten Regeln avancierten, sondern daß sie Regeln nicht akzeptierten und mithin auf eine bestimmte Weise wirklich frei waren, die Wege nach oben zu finden, was nur bedeuten konnte: Ihre Freiheit war ersichtlich eine, auf der Segen ruhte.»[10]

Man glaubte das wirklich: daß Geld so viel sei wie der sichtbare Segen des alten Gottes. Man nannte das den *American way of life,* diesen Glauben an Gott *und* den Mammon oder, besser, an den Mammon als die Verkörperung Gottes. Man glaubte zu wissen, daß eines Menschen Freiheit nur so groß sein kann wie sein Geldbeutel, daß Individualität darin besteht, so viel Geld wie nur möglich auszugeben, und daß wahre Größe in der Fähigkeit gründet, möglichst rasch möglichst viel Geld zusammenzubringen. – Wenn es in 2000 Jahren Archäologen gibt, die ihr Handwerk verstehen, dann werden sie allein aufgrund ihrer Funde den Befund unserer Zeit auf diese Weise zu beschreiben wissen.

Es ist dabei keinesfalls so, als wenn es gegenüber diesem Zustand des *American way of life* an Warnungen und Mahnungen gefehlt hätte, doch sie waren niemals so prinzipiell als ein Entweder-Oder gemeint wie in diesen Worten der Bergpredigt, und deshalb kompromittierten sie sich über kurz oder lang selber. Das eindringlichste Beispiel dafür ist wohl *Joseph Pulitzer,* jener Journalist und Zeitungsverleger, nach dem noch heute der Preis benannt ist, der als wichtigste Auszeichnung journalistischer Arbeit gilt. «In St. Louis, wo er die ‹Dispatch› genannte Zeitung betrieb, schrieb er noch: ‹Was demoralisiert unser öffentliches Leben? Natürlich die Korruption. Und was ruft die Korruption hervor? Natürlich die Geldgier. Und wer liefert der Geldgier die größten Versuchungen? Die großen Wirtschaftsunternehmen. Geld ist die große Macht. Männer verkaufen ihre Seelen für Geld, Frauen ihren Körper, andere beten das Geld an.› Dann ging Joseph Pulitzer nach New York, wo ein ganz anderer Wind wehte. Dort schlug er sich mit seiner ‹World› gegen den Verleger Hearst. Es gab keine Regeln in diesem Kampf um Markt, Geld und Einfluß, und dann stifteten die Verleger, um die Auflagen ihrer Blätter zu erhöhen, zum Mord an, indem sie mit schwindelhaften Augenzeugenberichten jene Hysterie erzeugten, die um die Jahrhundertwende zum Krieg gegen Spanien führte.»[11]

So war und blieb es, nur daß die Ausmaße sich immer mehr erweiterten. Man weiß und wußte um das Übel; man sah und sieht sehr wohl, daß es im öffentlichen Leben keinen größeren Skandal gibt, ohne daß im Hintergrund viel Geld im Spiel wäre. Doch während die Geld- und Gewinngier strukturell maßlos ist, bleibt die Kritik stets maßvoll. Sie rührt niemals daran, das Prinzip des herrschenden Wirtschaftssystems selbst als verbrecherisch zu bezeichnen, wonach allen ökologischen Vorgängen als «rationales» Gestaltungsprinzip die Tendenz der Gewinnmaximierung, mit anderen Worten der gesellschaftlich eingefrorene (oder unverfrorene) Egoismus zugrunde liegt, sie bedauert lediglich mit moralischem Händeringen, was mit beiden Händen bekämpft und beseitigt werden müßte. Denn fast ein Jahrhundert nach den Machenschaften des ehrenwerten Joseph Pulitzer erleben wir heute die Gesellschaftsform der Vereinigten Staaten als der uneingeschränkten Vorbildgesellschaft der ganzen Welt in einem Zustand, der sich nach den Worten von *Lane Kirkland*, des Präsidenten des Gewerkschaftsbundes AFL-CIO, nur noch als «unternehmerischer Kannibalismus» beziehungsweise als «unverantwortliche Kriegsspiele» oder als «Orgien der Spekulationssucht» bezeichnen läßt.[12] Ein Beispiel: «Michael Porter von der ‹Harvard Business School› ermittelte, daß bei 1601 von ihm untersuchten Firmenkäufen, die zwischen 1950–1980 vorgenommen worden waren, in 53 Prozent der Fälle nichts anderes als die Erwägung der Käufer die ausschlaggebende Rolle spielte, das Erworbene, wiederum mit Profit, erneut zu verkaufen. – Seit 1968 (scilicet bis 1989, der Verfasser) haben in den Vereinigten Staaten mehr als 60 000 Zusammenschlüsse oder Firmenankäufe stattgefunden. Haie verschlangen Haie. Unternehmen, die bislang mit Metall zu tun hatten, rafften Betriebe der Nahrungsmittelbranche an sich, seltsam abartige Konglomerate bildeten und verformten sich ständig neu, jedes Unternehmen war prinzipiell feil und mußte sich vor einem ‹raider› fürchten, vor einem ‹feindseligen Ankäufer›, der sich diskret am Aktienmarkt betätigte, bis er stark genug war, die Daumenschrauben anzulegen. Immense Vermögen wechselten die Besitzer. 1984 wurden für Firmenkäufe noch etwa 125 Milliarden Dollar in Bewegung gesetzt; 1988 hatte sich diese Summe auf 366 Milliarden Dollar erhöht. Als der Gigant Kraft vom Moloch Philip Morris geschluckt wurde, strichen die Kraft-Aktionäre sechs Milliarden Dollar ein, ohne daß sie auch nur eine Hand gerührt hätten und ohne daß sich der tatsächliche Wert der von Philip Morris übernommenen Anlagen erhöht hätte. – Die Organisatoren des Kraft-Kaufes hatten zuvor schon einen anderen Konzern an sich gebracht und bewiesen, daß es sich lohnte, der stärkste Hai zu sein: Sie zerlegten den gerade erworbenen Konzern in seine Einzelteile, die sie dann profitabel verkauften. Kein Arbeitsplatz war bei diesen Transaktionen entstanden, nirgendwo ein Produktivitätszuwachs, kein volkswirtschaftlicher Nutzen – aber die ‹raider› hatten fabelhafte Gewinne eingefahren und begannen alsbald damit, das Terrain nach neuen Opfern zu überblicken. Der ganze freie Markt bewies noch einmal, wozu er fähig war.»[13]

Was also ist das für eine Freiheit, die sich allein auf die Macht des Geldes gründet, in der die «Freiheit» des Marktes die gesamte Welt in ein Schlachtfeld konkurrierender Profitinteressen zu verwandeln droht? In der Freiheit des Geldverdienens, ohne Zweifel, hat es keine Nation in der Geschichte der Menschheit weitergebracht als die USA. Noch schlimmer aber als die Brutalität dieses Gangstertums der Bestverdiener ist die Infamie der Lüge, da diese Gier nach dem *big deal* sich allen Ernstes verkauft als eine recht verstandene Art von Christentum. Weit zutreffender erscheint es, wenn der Psychologe Wess Roberts sich «angesichts der tumultuösen Übernahmeschlachten» der Konzernverkäufe und -ankäufe der letzten zehn Jahre auf dem amerikanischen Markt «an Attila erinnert» fühlt. «Der Hunnenführer», meinte er, «ist das perfekte Paradigma für moderne Wirtschaftsführer. Er hat den Ruf, mutig gewesen zu sein, entschlossen und ziemlich rücksichtslos, und das ist genau, wie man heute als Führer in der Wirtschaft sein muß. Die Natur der menschlichen Bestie, ob in Vorstandsbüros oder in jedermanns alltäglichem Leben, ändert sich nicht. Sie hat sich seit Attila nicht geändert. Man hat sich daran gewöhnt, die Hunnen mit Vergewaltigung und Plünderung zu assoziieren, aber der Drang nach neuen Märkten und einer Vergrößerung des Marktanteils ist, wenn man es genau betrachtet, nur eine volkswirtschaftliche Variante von Vergewaltigung und Plünderung.»[14]

In der Tat scheinen wir gerade dabei, die Verwüstungs- und Eroberungskriege der Vergangenheit im Namen des Geldes in einen gigantischen Verwüstungs- und Eroberungskrieg blanker Wirtschaftsinteressen zu verwandeln. Selbst die Übergänge zwischen der militärischen und der wirtschaftlichen Austragungsform des Krieges liegen offen zu Tage und werden mittlerweile tolerierbar, ja, sie werden als Zeichen internationaler Verantwortung gehandelt. Gerade, während ich dieses schreibe, bereitet sich die Bush-Administration nach der Invasion in Panama und dem Krieg am Golf allem Anschein nach schon auf ihr drittes militärisches Abenteuer vor: einen Drogenkrieg in Bolivien und in Peru. Man sollte denken, es sei recht einfach, den Coca-Anbau in Lateinamerika abzustellen – man müßte nur den Bauern für alternative Erträge bessere Preise bezahlen; doch warum sollte man? Steht nicht jedem das Elend der Drogensüchtigen in New York, San Francisco, Amsterdam oder Frankfurt deutlich vor Augen? Ist es nicht wirklich ein Verbrechen, derart rücksichtslos mit einem so verderblichen Produkt wie dem Coca Geld verdienen zu wollen? Hat da ein rechtlich denkender mächtiger Staat wie die USA nicht geradewegs die Pflicht, den kriminellen Campesinos, die trotz aller Warnungen von dem Coca nicht lassen wollen, das Handwerk zu legen? Man braucht nur ihre Felder mit Gift zu verseuchen, so wie man es jahrelang in Vietnam praktiziert hat. Jeder gerettete Drogensüchtige in der ganzen Welt wird den Amerikanern für ihren selbstlosen Einsatz gegen die Erzeuger der tödlichen Droge danken müssen; im Grunde wird man ja auch lediglich der Schwäche der bolivianischen oder peruanischen Regierung zu Hilfe gekommen sein, die selber um eine solche Intervention nachgesucht haben wird; und wie sollte sie auch nicht darum ersuchen, wenn man ihr widrigenfalls mit entsprechenden Handelssanktionen droht? Es scheint das einzige zu sein, was sich beim Lesen der Zeitung allmorgendlich lernen läßt: daß die Macht des Geldes jeden Wert diktiert und jedes Recht den Geldbesitzern übereignet. Wirklich: das Geld ist unser wahrer Gott; wir aber müssen wählen. Es gibt keinen Mittelweg.

«Wieviel ist sie wert?», hörte eine berühmte deutsche Schriftstellerin vor Jahren ihren Nachbarn quer über den Tisch fragen. Sie hatte an einem sogenannten Power-Breakfast teilgenommen, wo mit dem Morgenkaffee zugleich gewaltige Geldbeträge umgerührt und inhaliert zu werden pflegen. «Fünf Millionen», hörte sie sagen. War sie das wert? Sie fand es absurd, einen Menschen, eine Künstlerin, daraufhin zu taxieren, wieviel Geld in den nächsten zehn Jahren sich mit ihm verdienen läßt. Aber es war und ist innerhalb des *American way of life* allem Anschein nach ganz normal.

Es läßt sich nicht leugnen: 2000 Jahre nach Christus müssen wir im Umgang mit dem Geld noch einmal ganz von vorn anfangen. Es hat vor allem endgültig keinen Sinn mehr, die gutkatholische Heuchelei weiterzupflegen, wonach man die Bettelorden (die Franziskaner zum Beispiel) als Ausdruck echter Christusnachfolge preist, nur um sich selber und allen anderen das Recht zusprechen zu können, im alten Stil den Götzen Geld für allmächtig zu erklären. Die Lösung des Problems kann aber auch nicht darin liegen, die Welt in ein Bettel- und Armenhaus, in ein christliches Jakobinertum zu verwandeln, indem fortan alle zwangsweise zu klosterfreien Mönchen und Ordensschwestern gemacht werden. Worum es zentral gehen muß, das ist als erstes *die innere Loslösung von der Entwertung der eigenen Person* durch die Aufwertung des Geldes bzw. umgekehrt: die innere Befreiung von der Religion des Geldes durch die Aufwertung des eigenen persönlichen und individuellen Lebens. Die Grundhaltung gegenüber dem Geld sollte nicht von asketischen Mahnungen zu mehr «Konsumverzicht» bestimmt werden, wie es in den Ansprachen des katholischen Lehramtes auch heute noch unablässig geschieht[15]; aber es müßte möglich sein, den Menschen zu zeigen, daß ihr Leben wirklich nicht «vom Brot allein» abhängt (Mt 4,4) und daß sie unter den Augen Gottes einen Wert besitzen, den sie gegen ihre rücksichtslose Einbeziehung in den Kreislauf von Geld, Ware und Arbeitskraft mit allen Kräften verteidigen sollten. Alles, was wirklich glücklich macht, wird selber nicht «gemacht», sondern allenfalls gefunden; alles, was den Menschen wirklich reich macht, wird nicht «verdient», sondern geschenkt; alles, was wirklich trägt, wird nicht erarbeitet, sondern gewonnen.

Eine Grundregel des Glücks lautet daher buchstäblich, sich von allen Besitzansprüchen zu entleeren. Noch einmal: Mit «Verzichtleistungen» gleich welcher Art hat das nichts zu tun, wohl aber mit einer Entdeckung: alles, was man festhalten will, zerrinnt einem zwischen den Händen, und woran man sich zu klammern sucht, das zerbricht. Eine Liebe unter Menschen würde schweren Schaden leiden, sobald der eine zu dem anderen allen Ernstes im Sinne eines Besitzanspruchs sagen wollte: «mein Mann, meine Frau, mein Kind». Wohl kann man sagen: «mein Geliebter» oder «mein herzallerliebstes Du», und meint damit: «ich gehöre Dir» oder «wir gehören zusammen», doch das hat nichts mit «Besitzen» und «Haben» zu tun; «ich habe Dich lieb» meint gerade umgekehrt: «ich liebe Deine Freiheit, Deine Schönheit – ich möchte, daß Du lebst.» Jedes äußerlich verwendete Possessivpronomen hingegen ist das Ende einer menschlichen Beziehung, es verwandelt die Person des anderen unweigerlich in ein totes Ding. Doch selbst die «toten Dinge» lassen sich nicht «besitzen», wenn sie uns etwas Glück schenken sollen. Alle «toten» Dinge werden lebendig einzig durch den Kontakt mit lebenden Menschen, sie tauschen sich aus, sie werden zu Trägern einer geheimen Bedeutung, sie verwandeln sich aus Gegenständen in Symbole; in die Welt der Symbole aber kann man sich nur voller Gehorsam und Dankbarkeit einfügen, erst dann schließen sie sich auf und verströmen ihren zauberhaften Duft aus Traum, Poesie und Verschmelzung. Ja, es ist nicht einmal möglich, sich mit dem zu identifizieren, was man selbst hervorgebracht hat.

Jemand hat zum Beispiel ein Buch geschrieben, es ist unzweifelhaft *sein* Buch, und wenn es genügend Leser findet, wird er selber bald schon als der Autor eben dieses Buches vorgestellt; doch um seiner selbst willen muß er sich geradezu dagegen wehren, mit seinem Produkt identifiziert zu werden; er ist weit mehr als nur der Autor dieses Buches oder überhaupt als Buchautor; ja, er ist und bleibt als Mensch nur insoweit lebendig, als er sich seine Freiheit auch und gerade gegenüber seinen Produkten erhält. Von LION FEUCHTWANGER[16] weiß man, daß er seine Bücher nie mehr zu lesen pflegte – er wollte sich offenhalten für die wirklich neuen Möglichkeiten seines Lebens, und er wollte sich den Raum seiner Freiheit nicht mit selbstgeschaffenen Realisierungen von Teilbereichen seiner Möglichkeiten verstellen. Und dasselbe gilt von allem, was wir «hervorbringen»: Nicht einmal die Kinder, die wir gezeugt und zur Welt gebracht haben, gehören uns selber, und sogar «unsere» Hauskatze oder unser Hund führen ein Eigenleben. Zu besitzen, als besäße man nicht (1 Kor 7,30–31) – im Umgang mit allen geistigen beziehungsweise lebendigen Gegebenheiten leuchtet diese Weisung des Neuen Testamentes ohne weiteres ein. Was für ein Teufel aber reitet uns dann, wenn wir umgekehrt von dem Allertotesten und Abstraktesten, vom Geld her das wirkliche Leben zu bestimmen versuchen? Der Aberglaube herrscht immer noch vor, als sei das Geld wenigstens im Umgang mit totem Stoff nützlich und bereichernd, ja unser Geldfetischismus geht so weit, daß wir schließlich alle menschlichen Beziehungen mit Hilfe von Geld regulieren. Es gibt nach der Meinung Jesu nur einen einzigen Umgang mit Geld und Eigentum, der zu wirklichem Glück für uns selber und andere beiträgt: das ist die Großzügigkeit des *Schenkens.* «Macht euch Freunde mit dem ungerechten (= unnützen, schnöden) Mammon», meint Jesus einmal (Lk 16,9)[17]. Die Frage ist nur, wie frei ein Mensch sein muß, um *schenken* zu können.

Erneut ist an dieser Stelle die Erfahrung der Psychoanalyse unersetzlich. Sie zeigt uns, daß niemand innerlich großzügig sein kann, solange er noch in der Angst lebt, etwas Unentbehrliches verlieren zu können. Alle Angst macht eng, und ehe sie nicht überwunden ist, läßt sich das Wort Jesu von der grundsätzlichen Wahl zwischen Gott und dem Mammon nicht wirklich verstehen. Im Verlauf einer psychoanalytischen Behandlung aber wird man immer wieder sehen, daß nur jemand, der sich «reich» genug fühlt, wirklich freigebig sein kann; die Art, wie jemand schenkt, ist durchaus entsprechend der Art, wie er

Geschenke annimmt. Wer nicht gelernt hat, etwas zu nehmen, kann auch nicht wirklich geben. Das Hauptproblem von Geiz und Geldgier liegt daher nicht in einem wie auch immer gearteten «Egoismus» oder «Konsumismus», es liegt allenfalls in einer bestimmten Egozentrik der Angst: Man kann nicht einem anderen gut und gern etwas überlassen, solange man noch in dem Gefühl lebt, sich dabei buchstäblich etwas zu «vergeben»[18]. Wer hingegen weiß, daß für ihn kein Verlust aus dem Geben entsteht, eben weil er keinerlei Scheu trägt, auch für sich selber zu nehmen, was er braucht, der wird keine große Mühe haben, großzügig zu sein. – An dieser einfachen Tatsache liegt es, daß man nicht selten Menschen begegnet, die als Ordensleute oder Priester mit feierlichen Worten ihr ganzes Leben Gott geweiht haben, in Wahrheit aber außerordentlich knauserig mit ihrem Geld oder ihrer Freizeit umgehen, wohingegen man bestimmten «Kindern der Welt» begegnet, deren Freundlichkeit und Freimut, Generosität und Gefälligkeit sich schwerlich übertreffen läßt, obwohl sie über Gott niemals ein Sterbenswörtchen verlieren.[19] Was in der Wahl Jesu zwischen Gott und dem Mammon «Gott» genannt wird, ist vornehmlich der Grund beziehungsweise das Gegenüber eines Vertrauens, das die Angstbindung an die Habseligkeiten des Geldbeutels und der bürgerlichen Reputation für bestimmte Vermögenswerte aufhebt. Ein Mensch ist in sich selbst unendlich viel mehr (wert) als alle «Werte», die er meint, in Besitz nehmen zu können oder zu müssen. Er ist mit all dem Plunder womöglich nicht *mehr*, sondern weniger wert.

In seinem Roman *«Krieg und Frieden»* schildert Leo Tolstoi einmal in der Gestalt des noch jungen Kammerherren *Pierre* (des unehelichen Sohnes des kranken Kirill Wladomirowitsch Besuchow) den Zusammenbruch all der konventionellen Werte angesichts der Bedrohung Rußlands durch Napoleon. Ein melancholisches Mitleid und Selbstmitleid, eine geistvolle Lethargie überkommt den Romanhelden und begleitet ihn auf seinen Wegen durch die Moskauer Gesellschaft. «A quoi bon? Wozu? Was soll dies Treiben auf der Welt? fragte er sich zweifelnd wohl mehrmals am Tag und fing unwillkürlich wieder an, über den Sinn aller Lebenserscheinungen nachzugrübeln ... Helene, die nie etwas anderes geliebt hatte als ihren eigenen Körper und eines der dümmsten Frauenzimmer auf der ganzen Welt ist, dachte Pierre, erscheint allen Leuten als das Nonplusultra verfeinerter Geisteskultur, und alle Welt beugt sich vor ihr. Napoleon wurde damals, als er wirklich groß war, von allen verachtet, seit er aber zum jämmerlichen Komödianten geworden war, bemüht sich Kaiser Franz, ihm seine Tochter als illegitime Gattin aufzudrängen. Die Spanier senden durch die katholische Geistlichkeit Dankgebete zu Gott empor, weil sie am 14. Juni die Franzosen geschlagen haben, und die Franzosen senden durch ebendieselbe katholische Geistlichkeit ebenso Dankgebete empor, weil sie am 14. Juni die Spanier geschlagen haben ... Wir alle bekennen uns zu dem christlichen Gebot der Nächstenliebe und des Verzeihens, ein Gebot, auf dessen Grundlage Dutzende von Kirchen in Moskau gebaut worden sind, und gestern hat man mit der Knute einen Deserteur zu Tode gepeitscht, und ein Diener eben desselben Gebotes der Nächstenliebe und des Verzeihens, ein Geistlicher, hat dem Soldaten vor der Todesstrafe das Kreuz zum Küssen hingehalten. So dachte Pierre, und obgleich er doch daran gewöhnt war, staunte er immer wieder über die große, allgemeine, von allen anerkannte Lüge, als ob das etwas Neues wäre. – Ich habe diese Lüge und Verirrung erkannt, dachte er, wie aber soll ich ihnen das alles, was ich erkannt habe, sagen? Ich habe es versucht und immer gefunden, daß sie im Grunde ihrer Seelen alles ebenso erkennen wie ich, aber sich Mühe geben, dies alles nicht zu sehen ... Jedes Arbeitsfeld war in seinen Augen mit Lug und Trug verbunden. Worin er sich auch versuchte, was er auch unternahm, überall stießen ihn Schlechtigkeit und Lüge ab.»[20] So verbringt er sein Leben mit Schlafen, Schwatzen, Schmatzen und Alkoholschlürfen und ruiniert damit seine Gesundheit; doch wie kann ein Mensch leben, der die Wahrheit kennt, aber vor ihr Reißaus nimmt? «Mitunter dachte Pierre daran, wie er einmal gehört hatte, daß die Soldaten im Felde, wenn sie in einer Deckung vom Feind beschossen werden und nichts dagegen tun können, eifrigst nach einer Beschäftigung suchen, um die Gefahr leichter ertragen zu können. Und Pierre kam es vor, als machten es alle Menschen wie diese Soldaten, um sich vor den furchtbaren Fragen des Lebens zu retten: der eine durch Ehrgeiz, der andere durchs Spiel, einer durch Gesetzeschreiben, einer durch Weiber, einer durch Tändeleien, einer durch Pferde, einer durch die Politik, einer durch die Jagd, einer durch den Wein und einer durch den Staatsdienst. Nein, nichts ist nichtig und nichts wichtig, es ist alles ganz gleich. Die Hauptsache ist, sich vor diesen Fragen zu retten, dachte Pierre. Nur sie nicht sehen, die furchtbaren Fragen.»[21]

Was heute als «Psychotherapie» bezeichnet wird, besteht wesentlich in dem Bemühen, all den «furchtbaren Fragen» standzuhalten und wieder klar sehen zu lernen zugunsten der Wahrheit des eigenen Lebens, der es zu folgen gilt. Die ganze «Heilung» besteht zumeist «nur» in der Rückgewinnung eines Mutes, der die allgemeinen Lügen und Ausreden nicht länger toleriert, sondern beiseite räumt. Nicht duckmäuserische Askese, sondern ein starkes Selbstbewußtsein redet in dem Satz Jesu von der prinzipiellen Wahl zwischen Gott und dem Mammon. Ein Mensch muß wissen, wofür er lebt, er *muß* in diesem Sinne in jemandes «Dienst» treten und jemandes «Knecht» sein; doch nur Gott kann man «dienen, ohne versklavt zu werden, und nur im Dienst einer Macht, die selber niemandem «gehört», gewinnen wir unsere Freiheit, gehören wir uns selbst.

Erneut ist es die religiöse Haltung des altchinesischen Taoismus, dessen Denken der Sichtweise Jesu am nächsten kommt. DSCHUANG-DSI schrieb: «Mein Meister (scilicet Laotse, der Verfasser) sprach: Der *Sinn* schirmt und trägt alle Wesen; unendlich ist seine Größe. Ihm gegenüber muß der Edle alles eigene Streben aus seinem Herzen verbannen. Was wirkt, ohne zu handeln, heißt der Himmel; was Begriffe erzeugt, ohne zu handeln, heißt das *Leben.* Die Menschen lieben und den Dingen nützen, das heißt Güte. Das Nicht-Übereinstimmende übereinstimmend machen, das heißt Größe. Die Grenzen und Verschiedenheiten zu überwinden, das heißt Weitherzigkeit. Zahllose Widersprüche besitzen, das heißt Reichtum. Festhalten an den Prinzipien des *Lebens,* das heißt Herrschaft. Verwirklichtes *Leben,* das heißt Beständigkeit. Anschluß haben an den *Sinn,* das heißt Vollkommenheit. Der Edle, der in diesen zehn Dingen erleuchtet ist, zeigt die Größe seines Herzens darin, daß er *über* seinen Werken steht. Sein Einfluß übt auf alle Wesen eine anziehende Macht aus. Wer also ist, der läßt das Gold verborgen liegen in den Bergen und die Perlen verborgen liegen in der Tiefe. Nicht Güter und Besitz sind ihm Gewinn. Er hält sich fern von Reichtum und Ansehen. Langes Leben ist ihm nicht Grund zur Freude; frühzeitiger Tod ist ihm nicht Grund zur Trauer. Erfolg bedeutet für ihn keine Ehre; Mißerfolg bedeutet für ihn keine Schande. Und würden ihm alle Schätze der Welt zuteil, er hält sie nicht fest als sein eigenes Teil. Und wäre er der Herrscher der ganzen Welt, er sieht darin nicht eine persönliche Auszeichnung. Seine Auszeichnung ist es, daß er erschaut, wie alle Dinge eine Heimat haben und Leben und Tod gemeinsame Zustände sind.»[22]

Unvermerkt stehen wir damit bereits bei dem nächsten Wort der Bergpredigt: Sorgt euch allein, daß Gott in euch herrscht.

Mt 6,25–34

Sorgt euch allein, daß Gott in euch herrscht

Dies sind die ruhigsten, lyrischsten, einladendsten Worte aus dem Munde Jesu im ganzen Neuen Testament, aber gerade darum stellen sie all das in Frage, was wir für gewöhnlich tun und was wir von allen Seiten wie eine eherne Vorschrift an uns herangetragen sehen. Warum, noch einmal gefragt, müssen wir *wählen* zwischen Gott und dem Geld, zwischen dem Himmel und dem Mammon, daß dieses «Deswegen sage ich euch» nötig würde? Wieso ist es nicht möglich, ein guter steuerzahlender Bürger zu sein *und* zugleich ein guter, frommer Christ? Die Antwort haben wir soeben gehört: Weil wir aus dem bürgerlichen Status keine Weltanschauung machen können, ohne uns selber zugrundezurichten. Geld könnte eine neutrale Sache sein so wie ein Hut, ein Regenschirm oder ein neuer Anzug. Es bekommt indessen eine unheimliche Macht, indem es uns vorgaukelt, das Mittel zu sein, durch das wir alle Werte dieser Welt einkaufen könnten. Auf dem Markt bedeutet Geld jede beliebige Ware, also ist es scheinbar selber das Alles-Bedeutende, und wir Menschen werden bald schon selber vom Geld bedeutet und allein durch das Geld bedeutend. Wir haben in der Welt des Marktes, im öffentlichen Leben offenbar überhaupt nur soviel Bedeutung, als wir Geld in der Tasche haben. Das ist die erste Götzendienerei des Geldes, daß hier die gesamte Welt der Natur und der Menschen in käufliche Interessen umgelogen und umgebogen wird.

Der Grund dafür aber liegt noch ein Stück tiefer: Wir brauchen das Geld scheinbar, um Ängste zu beruhigen, die in jedem lebenden Wesen angelegt sind: Nahrungsbeschaffung und Federpflege, Schutz vor dem Verhungern und Schutz gegen Lieblosigkeit – überall schon im Tierreich sind die Lebewesen mit solchen Aufgaben und Sorgen beschäftigt, die dem Erhalt des Individuums dienen wie dem Erhalt der Art. Freilich hat die Natur uns Menschen miserabel darauf vorbereitet, mit den Augen der Vernunft das Licht der Welt zu erblikken. Einzig wir Menschen begreifen, was kein Tier begreift: daß es nicht genügt, hier ein paar Körner zu picken und dort ein paar Knospen zu fressen. Wir wissen, daß es gegen den Tod, gegen die äußerste Bedrohung unseres Daseins, kein Mittel gibt. Unser Verstand ist es, der über jeden einzelnen Moment hinweg unser Leben mit Angst durchzieht. Wir allein wissen um die Unausweichlichkeit von Alter, Krankheit und Einsamkeit, und unsere Sehnsucht nach Liebe sowie unsere Furcht, zurückgestoßen zu werden, sind grenzenlos. Alle Ängste verunendlichen sich in unseren Köpfen kraft unserer Fähigkeit zu denken, und doch sind wir stets geneigt, gerade diese Ängste, in denen der Geist sich an den Wänden der Endlichkeit spiegelt, nach uralten Anweisungen noch aus der Tierreihe zu beantworten; vor allem in dieser Mischung, in dieser falschen Synthese der Angst aus Unendlichkeit und Endlichkeit beginnen wir unser Dasein zu verwüsten bis zum Rand des Wahnsinns.[1] Gewiß, wir können wie die Tiere versuchen, gegen die Angst, zu verhungern, Nahrung aufzuhäufen; wir können nach tierischem Instinkt mit menschlichem Verstand die Geldmittel, die Machtmittel, die Erwerbsmittel endlos steigern, und doch stehen wir am Ende nicht mit weniger Angst da, sondern mit nur noch viel mehr Angst. Ja, am Ende kommt das, was wir subjektiv glaubten befürchten zu müssen, sogar objektiv auf uns selber zurück.

Die Angst: *Was sollen wir essen,* zum Beispiel! Schauen wir uns um, wie wir leben, so sehen wir, daß ein Teil der Menschheit noch niemals in einem derartigen Produktionsüberfluß von Nahrungsmitteln förmlich geschwommen ist wie heute, und doch schwemmt die Woge unserer *Habgier aus Angst* uns fort bis zu den Rändern der Welt, bricht sich daran und wird in sich zurückgeworfen: Mehr als 800 Millionen Menschen in vollkommenem Elend speit allein die Woge unserer Verhungerungsangst[2] heute bereits als Strandgut aus, sie tötet und überflutet mehr als 15 Millionen Kinder in jedem Jahr, und all das scheint uns offenbar immer noch nicht genug. Wir brauchen nur die Nachrichten zu hören oder die Zeitungen zu lesen, da werden wir von früh bis spät versichert, daß alles in der Welt sich um Geld und Wirtschaft dreht; *sie* scheinbar sind der Schlüssel für alles; sie verleihen die Macht über alles. Ganz im Ernst werden wir von vielen Seiten durch erhöhte «Kaufanreize» dazu aufgefordert, noch viel mehr zu kaufen und zu konsumieren, denn nur dann lösten sich die Probleme unserer nationalen Wirtschaft: Wir müßten beispielsweise die Löhne erhöhen, um noch mehr Geld ausgeben zu können und dadurch neue Produktionsanreize zu bieten, wir würden dadurch mehr Arbeitsstellen erhalten, und folglich würden noch mehr Menschen noch mehr Geld verdienen – ein wunderbarer Kreislauf zu immer mehr Wohlstand, zu immer mehr Freiheit – zu immer mehr Menschlichkeit?

Wir müssen in der Tat *wählen* zwischen Gott und dem Mammon. Doch wie engstirnig wir von allen Seiten geprägt und erzogen werden, darüber gibt das Leben eines jeden einzelnen von uns ein ebenso trauriges wie beschämendes Zeugnis. Soll es wirklich richtig sein, was man uns da vormacht? Ein richtiges bürgerliches Leben vollzieht sich heute in etwa so: Da gilt es als erstes, einen ordentlichen Beruf zu erlernen. Dann ist man fünfundzwanzig oder siebenundzwanzig, und spätestens jetzt beginnt der Ernst des Lebens, nun erweist sich unser sozialer Nutzen. Denn die nächsten 30 Jahre müssen wir arbeiten, müssen wir fleißig sein, müssen wir Geld verdienen und eine «Existenz» gründen, eine Familie gründen und am besten überhaupt ein Grundstück erwerben, und dann müssen wir noch mehr Geld verdienen und auf die hohe Kante legen, denn im Alter werden wir es brauchen: Da ist die Rentenversicherung, die Krankenkasse, die Lebensversicherung – all das ist unerläßlich; man muß ans Morgen denken, wie denn nicht? Schließlich sind wir mit siebenundfünfzig soweit, wir stehen kurz vor dem Herzinfarkt, wir stehen kurz vor der Pensionierung, und jetzt, so verspricht man uns, beginnt das wirkliche Leben. Wir werden Reisen unternehmen, nach Kenia, nach Thailand und Mexiko, wir werden, wenn wir fleißig sind, all die Länder besuchen, die wir auf dem Wege zu unserem Glück schon im voraus immer weiter verwüsten. Denn das Leben geht ja weiter: Wir brauchen Plantagen für Teakhölzer, für kostbare Teesorten, für Bananen, für Kaffee, für Zuckerrohr, wir brauchen Erdöl und Bodenschätze, und wir haben von all dem noch nicht genug, wir müssen importieren und müssen exportieren. Wie sollte es da Platz geben für Naturoasen und Tierparadiese, für Tierparks und Urwälder? Wir werden mit unserer Angst, «was werden wir essen», «was werden wir trinken», die ganze Erde verwüsten, und kein Stück der Welt wird vor dieser Logik unseres Geldes sich retten können. Ja, wir selber können uns davor offenbar kaum noch retten.

Dabei ist das, was wir lernen müßten, sehr einfach: Unser Leben beginnt heute und nicht erst morgen oder in 35 Jahren! Wer nicht heute damit beginnt, sein Leben so zu führen, daß es buchstäblich *leicht* ist und sich erfüllt voll Freude, der wird sich am Ende nur griesgrämig verhocken und das Dasein bedauern und betrauern, um das man ihn betrogen hat. Er wird vielleicht mit dem Ingrimm eines Rechtsanspruches weiter sich Freude einzukaufen suchen, doch er wird irgendwann merken müssen, daß man sich weder Freude noch Freunde im Laden nebenan besorgen kann. Die Dinge, die menschlich wirklich zählen und wichtig sind, sind vollkommen kostenlos und gratis.

Schauen wir genau hin, wie sich die Ängste beruhigen, die wir in unserer Seele tragen, so gibt es darauf nur eine einzige Antwort: Unsere Ängste beruhigen sich in der Nähe anderer Menschen, an deren Liebe wir glauben können. Nur sie beschützen uns gegen die Angst unseres Daseins. Ein bißchen Krankheit nur, und wir fühlen uns wie kleine Kinder: wir möchten versorgt sein, wir möchten uns anklammern und in den Armen eines anderen Menschen geborgen sein. Geld leistet das nicht, und die Menschen, die wir dafür bezahlen, können das nicht. Glaubwürdig ist nur das, was im Gefühl stimmt; die Liebe aber ist gerade die Kraft, die alle Angst des sorgenvergrämten, des sozusagen auf morgen vertagten Lebens besiegt; sie hebt die Lücke an Berechtigung und Zufälligkeit auf, die unser geschöpfliches Leben wesentlich prägt; sie schenkt uns den Eindruck, nicht beliebig und nebensächlich auf Erden zu sein; und sie führt uns zu dem Verständnis der Kraft im Hintergrund aller Welt, die wir die Liebe selber nennen. Sie macht uns wirklich zu «Kindern» Gottes.

Eben darum ist alles Vertrauen im Sinne Jesu nichts anderes als eine Schule der Liebe zueinander. Es ist die Liebe, die uns mit einer bewundernswerten, geradezu töricht erscheinenden Sorglosigkeit erfüllt. Für die Liebenden gilt nichts als die Intensität des Augenblicks. Sie verlangt einzig danach, im Augenblick jetzt sich aufeinander einzulassen und sich einander ohne Ablenkung zuzuwenden. Wohl gibt es die unzähligen Träume der Liebenden – wie sie einst leben werden, wenn die Kinder aus dem Hause sind, wenn sie einmal alt oder gebrechlich sind, wie sie sich beistehen werden, wenn diese oder jene Not sie heimsuchen sollte, und wie sie irgendwo am Ende oder am Rande der Welt eine bescheidene Behausung einrichten werden, um von den Menschen nicht gestört zu werden; doch in all diesen Erwägungen einer möglichen Zukunft sind die Liebenden weit entfernt von den Planungen der Versicherungsnehmer – sie versprechen einander ganz einfach die Ewigkeit des Augenblicks und daß sie auf immer zusammengehören werden.

Die gesamte Schönheit der Welt kehrt in dem beseligenden Gefühl der Liebe zurück. Dieselbe Welt, die eben noch als ein verrechenbares Waren- und Rohstofflager für den Beutegierigsten erscheinen mochte, verwandelt sich jetzt in einen Tempel voller Zauber und Wunder, in eine Schatzkammer sinnreicher Bilder und in einen unermüdlichen Souffleur der tausend Koseworte der Zärtlichkeit. «Siehst du die Schwäne dort?» Sie leben es wahrhaftig vor: den Gleichklang der Bewegungen der Köpfe, die vollständige Symmetrie und Korrespondenz aller Äußerungen des Körpers, dieses unglaubliche Verlangen im Balztanz der Liebe nach einer vollkommenen Einheit aller Gesten und Gebärden. «Und da das Hummelchen!» Es taucht in den Kelch einer Magnolienblüte auf der Suche nach Nahrung, es hat in seiner Emsigkeit keine Ahnung von der Schönheit der Welt, und doch folgt es gehorsam den Leuchtsignalen der Farben und der unwiderstehlichen Anziehungskraft spezieller Düfte von Verlokkung und Glück. «Und schau mal das Schwalbennest dort an dem Dach?» Es muß schon Junge in sich bergen, denn unermüdlich fliegen die Alten hin und her, um Nahrung herbeizuschaffen. Sie haben es gewagt, trotz des kaum erst begonnenen Sommers und trotz der Vielzahl noch recht kühler Regentage neues Leben an diese Welt weiterzugeben; die Natur hat ihnen die Fähigkeit verliehen, zwei bis drei Hungertage ohne Schaden zu überstehen; doch welch eine Tapferkeit und Unbedenklichkeit gegenüber dem Dasein! *Das* sind die Tiere doch auch, und so sind sie in Wirklichkeit. Sie sind ganz und gar eingespannt in die «Programme» der Daseinssicherung und der Sorge, und doch kennen sie allesamt nicht die Maßlosigkeit der menschlichen Angst, und wir können gerade von ihnen die Unbeschwertheit des Lebens wiedererlernen.[3]

In einem merkwürdigen Kontrast schildert der *Koran* einmal, wie ungewiß der Bestand der Welt in jedem Betrachte ist und wie doch alles erfüllt ist von einer unbegreifbaren Weisheit und Güte; es sind «Argumente» ganz ähnlich denen, die Jesus hier vorträgt. «Wie sollte denn der, der alles erschuf», fragt *Mohammed,* «nicht alles wissen? Er, der alles durchdringt und alles kennt? ... Seid ihr denn sicher, daß der, der im Himmel wohnt, die Erde nicht über euch zusammenstürzt? Siehe, sie erbebt ja schon! ... Haben sie denn noch nie die Vögel über ihnen beobachtet, wie diese ihre Flügel breiten (schweben ohne Flügelschlag) und sie wieder einziehen, und niemand hält sie als der Allbarmherzige, der alle Dinge sieht? Wer, außer dem Allbarmherzigen, kann euch schützen wie ein (ganzes) Heer?»[4] Die Liebe und das Vertrauen sind die einzigen Kräfte, die uns helfen, richtig zu leben; für sie zählt nicht die zählbare Welt; für sie gelten nicht Geld oder Geltung; doch alle wahren Religionsformen der Menschheit sind sich einig darin, daß es allein auf sie ankommt: auf die Liebe und auf das Vertrauen.

Wie die «Sorglosigkeit» um den morgigen Tag, die Jesus hier vorschlägt, sich buchstäblich heilend und heilsam auswirkt, davon liefert erneut die Psychoanalyse das Beispiel. In einer Therapie analytischer Richtung gilt es als ein wichtiger Behandlungsfortschritt, wenn ein Patient von den Fragen des Machens und Müssens allmählich herunterkommt und sich zunehmend dafür interessiert, wer er selber ist und was spontan in ihm vor sich geht. Immer bedeutet es eine anfänglich schwere Zumutung, in die Armseligkeit und Ungeschütztheit der Seelenregungen des Unbewußten ohne Manipulation und Zensur einzuwilligen und sich ihr ohne die Starrheit übernommener Ziel- und Wertvorstellungen zuzuwenden; doch nur in einem solchen Feld des «Sorgt euch nicht um das Morgen» gelangt ein Mensch zu sich selbst, und nur in dem Raum einer buchstäblich «väterlichen» (oder mütterlichen) Geborgenheit reift ein Mensch zu seiner Wahrheit. Nie ist er dabei sich gut genug. Stets sucht er materiell wie psychisch nach immer neuen «Kleidern» und «Gewändern», um sich vor sich selbst und den anderen zu verstecken.

Vor allem *die Frauen* treibt man in unserer Gesellschaft in ein ständiges Hin und Her der Gefühle. Wie viele Frauen kenne ich, die körperlich wie seelisch wunderschön sind und die sich dennoch für häßlich und unförmig halten und Morgen für Morgen schier verzweifelt vor dem Kleiderschrank und dem Spiegel stehen, um ihr vermeintlich «unmögliches» Äußeres mit den entsprechenden Kleidern und einer entsprechenden Aufmachung zu überdecken! Im Hintergrund stehen fast immer starke Pubertätsängste aus einer Zeit, in der gerade die auffallende Schönheit eines heranwachsenden Mädchens den Eltern moralische Bedenken und Warnungen aller Art entlocken konnte. Solche Frauen durften, besonders unter dem Einfluß kirchlicher Wertvorstellungen, durchaus nicht merken, wie schön sie waren – wenn sie sich für *häßlich* hielten, würden sie wenigstens nicht versuchen, einen Jungen zu verführen; man würde ihrer *sicher* sein können.

Doch in Wahrheit gingen gerade diese Frauen in ihrer Irritation und in ihrem Minderwertigkeitsgefühl oft nur um so heftiger und flehentlicher auf die Suche nach Bestätigung, immer hoffend und immer fürchtend, geliebt zu werden. Kein noch so schönes Kleid verhüllt derartige Gefühle der Selbstverachtung; doch ein einziges gutes Wort der Liebe kann ganze Teile des eigenen Ichs, der Seele wie des Körpers, der Person des anderen zurückschenken. Es ist mit etwas Geduld und Sensibilität meist gar nicht so schwer, die Hintergründe uralter Ängste der Kinder- und Jugendzeit bewußtzumachen, sie mit der Gegenwart zu vergleichen und sie einer gerechteren Stellungnahme sich selbst gegenüber zuzuführen, so daß eine neue Selbstverständlichkeit und Freude an sich selber beginnt – so eins mit sich und so schön vor den anderen wie eine Lilie auf dem Felde.

Unser Leben könnte so *reich* sein, und das wäre etwas ganz anderes als der Reichtum des Geldes; unser Leben könnte so sorglos sein, und das wäre keine Frage der materiellen Wohlversorgtheit; und aufhören könnte das materielle Mißverständnis, erst durch das, was wir haben, kämen wir dazu, etwas zu sein.[5] Umgekehrt: wir sind in unserem Sein vor Gott unendlich groß, und das Leben eines jeden ist in der Liebe, die Gott ist, unendlich kostbar. Gemessen daran, ist alles andere, wie «groß» oder wie «klein» wir sind, die pure Nebensache; es wird «zugegeben», sagt Jesus, es wächst durch sich selber, oder es vergleichgültigt sich einfach.[6] Eine herrliche Freiheit umgibt diese Worte, in denen die Lilien des Feldes die Könige beschämen und die Spatzen am Himmel uns zeigen können, wie zu leben ist.

In einem Gedicht: *«Täglich zu singen»*, hat MATTHIAS CLAUDIUS einmal den Geist dieser Worte der Bergpredigt nachzugestalten versucht:

Ich danke Gott und freue mich
Wie's Kind zur Weihnachtsgabe,
Daß ich bin, bin! Und daß ich dich,
Schön menschlich Antlitz! habe;

Daß ich die Sonne, Berg und Meer
Und Laub und Gras kann sehen
Und Abends unterm Sternenmeer
Und lieben Monde gehen;

Und daß mir denn zu Mute ist,
Als wenn wir Kinder kamen
Und sahen, was der heil'ge Christ
Bescheret hatte, Amen!

Ich danke Gott mit Saitenspiel,
Daß ich kein König worden;
Ich wär' geschmeichelt worden viel
Und wär' vielleicht verdorben.

Auch bet' ich ihn von Herzen an,
Daß ich auf dieser Erde
Nicht bin ein großer reicher Mann
Und auch wohl keiner werde.

Denn Ehr' und Reichtum treibt und bläht,
Hat mancherlei Gefahren,
Und vielen hat's das Herz verdreht,
Die weiland wacker waren.

Und all das Geld und all das Gut
Gewährt zwar viele Sachen;
Gesundheit, Schlaf und guten Mut
Kann's aber doch nicht machen.

Und die sind doch, bei Ja und Nein!
Ein rechter Lohn und Segen!
Drum will ich mich nicht groß kastei'n
Des vielen Geldes wegen.

Gott gebe mir nur jeden Tag,
So viel ich darf zum Leben.
Er gibt's dem Sperling auf dem Dach;
Wie sollt' er's mir nicht geben![7]

Diese Worte klingen vielleicht etwas «pietistisch» und «quietistisch», doch man darf darüber nicht die revolutionäre Kraft vergessen, die dem Sinn nach eigentlich in ihnen steckt.

Es gibt womöglich keine Stelle der Literatur, die den Kampf Jesu gegen das Ersticken der Menschen in Sorgen und Geldinteressen und zugleich das Aufschauen zu dem einfachen Trost der Kreaturen in der gelassenen Heiterkeit jeden Tages so eindringlich verkörpert, wie ein Brief, den ROSA LUXEMBURG, als Eingekerkerte inmitten einer Unzahl von Verhören, am 16. Juli 1917 aus dem Gefängnis schrieb: «... daß ich *allein* soviel Schönheit genießen soll. Ich möchte laut über die Mauer hinausrufen: Oh, bitte beachten Sie doch diesen herrlichen Tag! Vergessen Sie nicht, wenn Sie noch so beschäftigt sind, wenn Sie auch nur in dringendem Tagewerk über den Hof eilen, vergessen Sie nicht den Kopf zu heben und einen Blick auf diese riesigen silbernen Wolken zu werfen und auf den stillen blauen Ozean, in dem Sie schwimmen. Beachten Sie doch die Luft, die von leidenschaftlichem Atem der letzten Lindenblüten schwer ist, und den Glanz und die Herrlichkeit, die auf diesem Tage liegen, denn dieser Tag kommt nie, nie wieder! Er ist Ihnen geschenkt wie eine voll aufgeblühte Rose, die zu Ihren Füßen liegt und darauf wartet, daß Sie sie aufheben und an Ihre Lippen drücken.»[8] Das ist in schönstem Sinne Geist der Bergpredigt.

Mt 7,1–5
Richtet nicht!

Die Bergpredigt bleibt sich treu. Alles, was sie lehrt, ist Umsturz und Neuanfang, eine Revolution, die jeden Bereich des öffentlichen wie privaten Lebens erfaßt. Es gibt die Sicherungen des Geldes; sie gelten nicht – das war der Kern des ganzen zurückliegenden Abschnittes in Mt 6,19–34; Gott allein ist des Menschen Sicherheit und Schutz. In dem nächsten Abschnitt jetzt aber, in Mt 7,1–12, geht es um *die Sicherung des Menschen vor dem Menschen*[1] – auch sie existiert nicht, außer im Vertrauen auf Gott; das ist die feste Meinung Jesu. Was er Stelle für Stelle verlangt, ist nicht mehr und nicht weniger als eine Generalrevision aller überkommenen Selbstverständlichkeiten, aller tradierten Rechtstitel, aller bürgerlich geheiligten und verbrieften Ansprüche auf «Recht und Ordnung».

Zur unabdingbaren Grundlage des Zusammenlebens gehört seit alters her so etwas wie Rechtsprechung und Strafjustiz. Schon bei sozial lebenden Tieren findet man Formen des kollektiven Ausstoßes eines Einzeltieres durch die Aggressivität der Gruppe, durch den strafenden, hassenden, tötenden Mob.[2] Da können Möwen im Verband über ein einzelnes Tier herfallen, das in einer Öllache sich die Flügel verklebt hat; dieses Tier trägt an dem Zustand seines Federkleides keinerlei Schuld in moralischem Sinne; dennoch verstößt es gegen die «Kleidervorschrift» einer «ordentlichen» Möwe, sie macht sich in diesem Aufzug unter den Augen der anderen buchstäblich «unmöglich», und so werden diese mit wütenden Schnabelhieben versuchen, sie auszumerzen. Kennzeichnend für diese primitive Strafordnung ist vor allem die Äußerlichkeit und dementsprechend die Raschheit des Urteils: der Bewertungsmaßstab für Lebenswert und Lebensunwert ist denkbar einfach – der bloße Augenschein genügt, und ebenso einfach ist die Exekution: sie richtet sich allein nach der Tat, nach dem Tathergang, dem Verhalten, dem Äußeren; der «Täter» besitzt hier kein Innenleben; Motive und Gestimmtheiten, Absichten und Möglichkeiten – das gesamte Feld der Subjektivität spielt hier keine Rolle, und es *braucht* auch keine Rolle zu spielen, denn es existiert noch nicht. Zwar geschieht der einzelnen Möwe mit den teerverschmierten Federn wortwörtlich «schreiendes» Unrecht – bestraft werden müßte zum Beispiel der Kapitän oder, besser, der Leiter der Erdölgesellschaft, der einem sogenannten «Billigflaggenland» den Transport riesiger Ölladungen überantwortet; doch war im Gang der Evolution die Verschmutzung der Weltmeere durch gewissenlose Ölmultis offenbar nicht vorgesehen – nach ihren Gesetzen diente es bis vor wenigen Jahrzehnten dem Arterhalt, ein scheinbar krankes Tier von der Kette der Weitergabe des Lebens zu lösen. Wohlgemerkt, selbst *Krankheit* wird hier, im archaischen Erleben, behandelt wie Schuld; die Normabweichung in sich selbst genügt zur Strafe des Ausstoßes aus dem Gruppenverband.[3]

Schauen wir uns in den Gesetzbüchern von Kirche und Gesellschaft um, so herrscht von den Alten Babyloniern bis heute allüberall das gleiche Prinzip: Da tritt der Staat als Hüter des «Gemeinwohls» auf und überwacht durch entsprechende richterliche Maßnahmen die Einhaltung seiner Gesetze. Justiz und Jurisprudenz bilden einen integralen Bestandteil jeder staatlichen Ordnung, und es erscheint als das gute Recht und dann auch schon als die Pflicht der bürgerlichen Gesellschaft, das Unrecht zu bestrafen und den Straftäter aus der menschlichen Gemeinschaft auszusondern.[4] Das Urteil des Richters ergeht «im Namen des Volkes» oder, heiliger noch, im Namen Gottes. Der Gerichtsentscheid ist sakrosankt, er ist, in höchster Instanz, von unangreifbarer Autorität.[5] Der Zusammenhalt aller Bürger schiene gefährdet, wollte man solche Regelungen und Vorstellungen angreifen.

In welch einer Situation wir auch heutigentags noch stehen, mag ein letztes Mal das Beispiel des westlichen Vorbildlandes, der USA, zeigen. Wenn, wie vor Jahren, im Irak Menschen dutzendweise in öffentlicher Hinrichtung unter frenetischem Beifall der Zuschauer auf dem Marktplatz aufgehängt werden, gilt uns in der Bundesrepublik eine solche Form der Rechtsprechung als barbarisch, und viele sind bereit, in einem solchen Falle die Proteste von *Amnesty International* mitzuunterschreiben. Wir sehen in der Abschaffung der Todesstrafe nach 1945 zu Recht einen Beweis für das Funktionieren des Parlamentarismus, waren es doch die gewählten Mandatsträger des Volkes, die damals mit ihrem Votum gegen die Todesstrafe zugleich gegen den Volkswillen entschieden, der laut vielen Befragungen mit überwältigender Mehrheit zumindest für Mord und Vergewaltigung das alte «Rübe runter» forderte. Sogar die katholische Kirche lehrte bis zum 2. Vaticanum mit dem unfehlbaren Anspruch von 1500 Jahren theologischer Tradition einhellig das Recht des Staates auf die Todesstrafe und vertrat die sogenannte «Rechtsverwirkungstheorie»[6]: bestimmte Straftaten, das heißt Formen von Rechtsbruch, nähmen einem Verbrecher jegliches Recht gegenüber der menschlichen Gemeinschaft; zwar *müsse* in solchen Fällen der Staat die Todesstrafe nicht aussprechen, doch stehe es ihm frei, über das Leben eines Kapitalverbrechers nach Belieben zu verfügen. Da wurde ein absolutes Strafrecht in die Entscheidung irrtumsfähiger, relativer Menschen gelegt, und das Wort Gottes selber wurde bemüht, um diese Umkleidung des Menschen mit absolutem richterlichem Anspruch zu rechtfertigen.

In den Vereinigten Staaten mag die Mehrheit der Bevölkerung *de facto* inzwischen an nichts mehr glauben, was den Namen Gottes verdient, doch an das Recht des amerikanischen Volkes, die Todesstrafe über einen «Kriminellen» zu verhängen, glaubt man noch immer. Im Mai 1991 noch mußte man hören, wie die US-Fernsehgesellschaften sich um die Vergabe der Rechte zankten, die nächste Hinrichtung *life* aus einer Gaskammer übertragen zu können. Die Idee ist so uneben nicht, wie es scheint. Denn wenn wirklich der Todesstrafe jene abschreckende Wirkung zukommt, die man zu ihrer Rechtfertigung so hoch zu rühmen weiß, dann ist es natürlich ein Zeichen schwächlicher Inkonsequenz, ihre Exekution im verborgenen stattfinden zu lassen; dann muß all das unbedingt öffentlich und weltweit gezeigt werden: das Hereinführen des Verbrechers, während der Kommentator noch die Reihe seiner Untaten vorliest, die das Hinrichtungsurteil in den Augen der unbescholtenen, rechtschaffenen Bürger über allen Zweifel hinaus rechtfertigen; dann das Festbinden der Arme und Hände auf dem Stuhl – Gelegenheit, die sinnreiche Mechanik des elektromagnetischen Feldes in Volt und Ampère genau zu erläutern; dann der Anblick des Kriminellen – welch ein Gesicht hat er, ist in seinem Blick etwas von Angst oder Reue zu lesen, oder wird er noch wagen, frech zu lächeln; dann der Stromstoß, das Zucken des Leibes, es ist ein Erlebnis, das höchstens noch von einer Hinrichtung in der Gaskammer oder durch das Fallbeil übertroffen werden könnte – man wird davon reden, dieses Schauspiel wird das Tagesgespräch bilden.[7] So zeigt das Recht seine Stärke, so wird die Strafe als Abschreckung wirksam. Und ein guter amerikanischer Politiker weiß das. Als Ronald Reagan seinen ersten Präsidentschaftswahlkampf führte, erhielt er stürmischen Beifall «regelmäßig für den Passus seiner Rede, in dem er dazu aufforderte, endlich mit der Hinrichtung jener zu beginnen, die in den ‹death rows› (sc. Todeszellen, d. V.) der kalifornischen Gefängnisse saßen»[8]. Wie denn auch nicht! Die amerikanischen Gefängnisse sind, wie wir schon hörten, ohnedies absolut überfüllt, und soll man als ehrlicher Steuerzahler wirklich für Leute, die durch kaltblütigen Mord ihr Recht auf Leben «verwirkt» haben, Jahr für Jahr Steuern zahlen statt für die Kinder rechtschaffener Bürger in L. A. oder in (San Fran)Cisco?

Vor Jahren wurde nach dem Buch des homosexuellen Dichters Truman Capote unter der Regie von Richard Brooks der Film *«Kaltblütig»* gedreht. Er zeigte ein wirklich geschehenes Verbrechen, bei dem mit scheinbar unglaublicher Bestialität zwei junge Burschen eine ganze Familie erschossen hatten. Die Tat war so ungeheuerlich, daß nur die Todesstrafe sie sühnen zu können schien – Hinrichtung durch Erhängen lautete das Urteil. TRUMAN CAPOTES Geschichte aber drehte die Perspektive um. Er fing an, sich nicht nur für den äußeren Tathergang, sondern vor allem für die Täter zu interessieren und sich zu fragen, was mit ihnen los war, als sie zu solch einem Verbrechen fähig wurden. Die Untersuchung ergab, daß die so gräßliche Tat alles andere als «kaltblütig» zustandegekommen war; gerade weil sie so gräßlich war, hätte man im Gegenteil schon von vornherein vermuten können, daß sie von Menschen verübt worden sein mußte, die mit ihren Nerven völlig am Ende waren. Um zu verstehen, was sich wirklich zugetragen hatte, mußte man (nach psychoanalytischem Vorbild) weit in die Biographie der Betreffenden zurückgehen – eine alptraumartige Jugend vor allem eines der beiden «Kriminellen» an der Seite eines vereinsamten alternden Mannes, der mit den Träumen eines kleinen Kindes als Goldgräber in den Bergen das große Glück hatte machen wollen und der bei den anderen als der Einsame Wolf bekannt war. Dieser Mann hatte mit all seinen Plänen vom Glück das Unglück wie magisch angezogen, und eines Tages hatte er voller Zorn sein Gewehr genommen und auf seinen Jungen angelegt. Genau diese Szene: ein erhofftes Glück, die plötzliche Enttäuschung – es gab bei dem geplanten Einbruch wirklich kein Geld zu holen –, der Haß auf den Vater, mit dem Gewehr im Anschlag, wiederholte sich jetzt in einem der beiden Täter und machte aus einem verschüchterten, gehemmten Jungen einen mehrfachen Amokschützen, der wie im Blutrausch tötete und tötete. Er tötete eigentlich nicht die Menschen, die er in Wirklichkeit umbrachte, in seinem Bewußtsein tötete er seinen Vater, seine ganze Kindheit, alles, was er je gewesen war. In gewissem Sinne tötete er sich selber beziehungsweise alles, was sich an tödlichen Erinnerungen in ihm eingegraben hatte. «Kaltblütig» war hier überhaupt nichts. «Kaltblütig» erfolgte einzig die Hinrichtung; sie wurde von Menschen durchgeführt, die allesamt nur ihre Pflicht taten.[9] Keiner von ihnen kannte die «Täter» persönlich, keiner von ihnen interessierte sich für sie persönlich. Lebende Menschen hatten sich in «Fälle» einer Rechtssprechung verwandelt, die tödlich bereits darin ist, daß sie die Menschen aus dem psychosozialen Kontext ihrer Mitmenschen herausreißt, sie von ihrer eigenen Vergangenheit isoliert und sie objektivistisch präpariert wie einen Insektenflügel, den man zur besseren Sichtbarkeit auf den Objektträger eines Mikroskops aufbringt: Alles, was man da zu sehen bekommt, ist der vorweg organisierte Tod unter optimaler Vergrößerung einzelner isolierter Segmente des Lebens; eine solche Methode ist in sich selber der Tod; denn das wirkliche Leben läßt sich nicht isolieren; es ist in sich selbst nur als Austausch mit aller Welt ringsum wirklich. Das Wort Jesu: «Richtet nicht» ist als erstes daher ein klares Veto gegenüber jener künstlichen Zäsur, mit der man Menschen unter dem Vorwand ehrwürdiger Rechtstitel aus dem Zusammenhang des Lebens herauszuschneiden pflegt. «Gerechtigkeit» waltet hier niemals. «Gerechtigkeit», das wäre, daß man den Mörder fragen wird, was man ihm angetan hat!

Was eigentlich bestimmt uns dazu, im Umgang mit anderen Menschen uns das Recht zum Urteilen zuzusprechen? Es sind wohl zwei einfache Gründe. Der *erste* liegt in der Egozentrik des eigenen Maßstabes. Die Welt ist so, wie sie uns erscheint. Naives Denken hält die Wirklichkeit für gerade das, was subjektiv erlebt wird. Das Eigene ist anders als das Fremde – aber das Fremde ist zugleich das Verwerfliche.[10] Diese Art des Urteilens ist so absurd, als wenn jemand als Schuhverkäufer grundsätzlich nur seine eigene Schuhgröße verkaufen wollte, und doch ist sie sehr weit verbreitet. Schwule zum Beispiel sind Schweine, Wehrdienstverweigerer sind Drückeberger, unverstandene Künstler sind Spinner, Leute, die in der Psychiatrie waren, sind nicht ganz zurechnungsfähig, wer politisch eine andere Meinung vertritt, ist ein vaterlandsloser Geselle, wer gegen die geltende Autorität protestiert (gegen den Lehrer, gegen den Pfarrer, gegen den Bürgermeister, gegen den Chef), der ist ein Querulant oder ein Don Quijote, oder... oder... Also urteilt der «gesunde» Menschenverstand; es so darzustellen, ist das kommerzielle Interesse einer täglich erscheinenden Zeitung, die von Millionen Menschen in Deutschland mit dem Frühstück zugleich aufgenommen wird: Da wird ständig über Menschen geurteilt und verurteilt, schon weil es keinerlei Nachdenken darüber gibt, daß die Welt auch noch anders sein könnte, als man sie sieht. Urteilen ist hier so viel wie Essen und Trinken, Wasserlassen und Koten. Man ist sich selbstverständlich.

Eine *andere* Art des Urteilens kann durchaus gepaart sein mit Intelligenz und Reflexivität, doch werden alle Gedanken hier nicht dazu verwandt, die eigenen Hypothesen an der Wirklichkeit zu messen, sondern dazu, die vorgesetzten Urteile als unüberschreitbare Grenzen des eigenen und mithin jeden Denkens zu erweisen. Die gesamte Intelligenz des Ichs verbraucht sich hier in der Rechtfertigung vorgedachter Urteile, der Geist ist hier gewissermaßen außerhalb seiner selbst, das eigene Ich wird fremdgesteuert von den Dressaten des Überichs, deren Getto es aus lauter Angst niemals zu verlassen wagt. – In beiden Fällen handelt es sich um eine Art *mechanischen* Urteilens, das den Status der kollektiven Hinrichtung des Außenseiters in einer Tierhorde im

Grunde noch nicht verläßt. Die dumpfe Egozentrik der naiven Vorurteile ist prinzipiell nicht besser als die reflexive, aber rigide Überichmoralität und -mentalität; hier wie dort trifft eine spezifische Form der Subjektlosigkeit auf die deformierte Persönlichkeit eines Delinquenten und zeigt sich außerstande, ihr bei allem Gerede von «Gerechtigkeit» wirklich gerecht zu werden.

Den eigentlichen Fehler dieser ganzen Beurteilerei benennt Jesus in diesen Worten der Bergpredigt mit einer außerordentlichen Prägnanz und unglaublichen Hellsichtigkeit. Er erkennt, daß der Mangel an Subjektivität in den Schablonen der fertigen Urteile nicht einen einfachen Ausfall an Nachdenklichkeit und Realitätssinn darstellt, sondern einer reinen Vermeidehaltung, einer Flucht vor sich selber entstammt. Das Verurteilen anderer wird erst dann aufhören, wenn man die Menschen dahin bringt, *sich selber wahrzunehmen*. Das Verständnis des anderen beginnt allemal mit einer verbesserten Fähigkeit, in das eigene Innere zu schauen. Man wird dann sehr bald feststellen, wieviel an verdrängtem Material aus der eigenen Psyche in das Urteil über andere Menschen hineinprojiziert wird. Notwendigerweise wird man in dem anderen gerade diejenigen Verhaltensweisen und Handlungen kategorisch ablehnen, die man als eigene Möglichkeiten, Versuchungen oder Gefährdungen wie von weitem in sich spürt. Die Lust, den anderen zu zensieren, ist, so betrachtet, eine einfache Folge der Unlust an sich selber. Die Neigung zum Verurteilen eines anderen Menschen wird sich mit anderen Worten erst dann verringern, wenn jemand lernt, mit sich selber «unzensierter», freier, ehrlicher umzugehen. Auf das allerengste hängt das «damit ihr nicht gerichtet werdet» mit dem «richtet nicht» zusammen.[10]

Um erneut an dem Modell der analytischen Psychotherapie anzuknüpfen, stellt es sich regelmäßig als ein Hauptproblem jeder Behandlung dar, wie man die Dauerzensur im Umgang mit sich selber verringern kann. Freud «erfand» zu diesem Zweck die Traumanalyse, beziehungsweise er entdeckte sie (2500 Jahre nach dem Kult des *Asklepios*) neu.[11] Er forderte seine Patientinnen und Patienten einfach auf, sich auf die Couch zu legen, ihre Träume zu erzählen und in freier Assoziation zu schildern, was ihnen spontan zu den einzelnen Traumszenen einfiel. Freud hatte gefunden, daß es einem Menschen unmöglich ist, sich selbst gegenüber wahrhaftig zu werden, solange er in seinem Bewußtsein gehalten ist, auf alle möglichen Umstände und Erwartungen Rücksicht zu nehmen. Er fand zudem, daß der innere Apparat der Selbstzensur im Überich bis in die Träume hinein regsam ist und die ursprünglichen (latenten) Traumgedanken unter dem Druck der Abwehr durch eine komplizierte Arbeit aus Verdichtungen, Verschiebungen und symbolischen Entstellungen in die manifesten Trauminhalte verformt; ja, er gelangte sogar zu der Meinung, daß überhaupt erst die Herabsetzung der Wachzensur die Traumbildung ermögliche. Um die ursprünglichen Seelenregungen kennenzulernen, muß man das permanente Be- und Verurteilen seiner selbst aufgeben; doch erst wer sich kümmert um den «Balken» im eigenen Auge, wird imstande sein, die «Splitter» im Auge des anderen so zu behandeln, daß es die Schmerzen lindert statt vermehrt. Und was wir schon bei den «Seligpreisungen» sagten, bestätigt sich auch hier: nur wer im Leiden an sich selbst ein Stück Wahrhaftigkeit gelernt hat, wird für fremdes Leid Verständnis aufbringen.

Erneut geht es dabei um eine Einsicht, die religiös wohl zuerst im Taoismus formuliert wurde. Im *«Südlichen Blütenland»* schrieb DSCHUANG DSI bereits Jahrhunderte vor dem Christentum: «Wenn du diesen Standpunkt (sc. der Einheit, d. V.) erreicht hast, dann kannst du in den Zwinger (der Menschenwelt) eintreten und darin wandeln, ohne daß du ihnen äußerlich zu nahe trittst. Findest du Einlaß, so singe dein Lied; findest du keinen Einlaß, so halte ein! Nicht von außen her durch die Tür, nicht mit Gewaltmitteln und Giften (kommst du zu den Menschen). Du bist ihr Hausgenosse und wohnst unter ihnen, als könnte es gar nicht anders sein. Auf diese Weise kannst du vielleicht etwas erreichen. Seine Spuren verwischen ist leicht; nicht die Erde zu berühren beim Wandeln ist schwer. Als Abgesandter eines menschlichen Herzens mag man auch zum Truge greifen; der Himmel aber duldet in seinem Dienst keinen Trug.»[12] Gewaltlosigkeit und Reinheit (beziehungsweise Wahrhaftigkeit) erwachsen, so lernen wir noch einmal von anderer Seite, allein aus einem weniger moralisierenden, aus einem ehrlicheren und gütigeren Umgang mit sich selber.

Wer erst einmal weiß, wieviel auch nur ein wenig Wahrhaftigkeit und Nicht-Zensieren an leidvoller Erfahrung im Umgang mit sich selber kosten kann, der wird vor allem die unsinnige Unterstellung aller Moralisiererei fallen lassen, der andere, wenn er vom gegebenen Pfad der Tugend und des Rechtverhaltens abweicht, wolle es sich nur «leicht» machen; er wird im Gegenteil voraussetzen, daß der andere bestimmte Gründe für sein Verhalten haben wird, die sogar sehr tief liegen können und vielleicht nur deshalb nicht offen zu Tage treten. Er wird insgleichen sich wohlweislich hüten, mit raschen Ratschlägen den anderen wieder «auf Kurs» bringen zu wollen.

Nehmen wir als ein zur Zeit besonders in der katholischen Kirche zentral diskutiertes Beispiel die Debatte um die Abtreibungsfrage, den § 218. Jede Frau, die eine Abtreibung, aus welchen Gründen auch immer, vornimmt, gilt nach Canon 1398 des kirchlichen Gesetzbuches als exkommuniziert[13]; ein Mann, der eine Abtreibung vorgenommen oder «positiv daran mitgewirkt» hat, darf nach Canon 1041, Nr. 4 nicht zur Priesterweihe zugelassen werden[14], und er müßte im Fall eines Dispensgesuches beim Apostolischen Stuhl nach Canon 1049 § 2 «die Zahl der Straftaten» angeben[15]. Die Strafe der Exkommunikation bedeutet das strikte Verbot, «Sakramente oder Sakramentalien zu spenden und Sakramente zu empfangen» (Can. 1331 § 1 Nr. 2), und untersagt jedwede Form der Ausübung kirchlicher Ämter, Dienste oder Aufgaben (Nr. 3)[16]. Mit anderen Worten: der Exkommunizierte wird in der Kirche behandelt als *persona ingrata;* er hat nach Auffassung des katholischen Kirchenrechts die Grundlagen des Zusammenlebens unter Gläubigen zerschnitten; er hat sein Recht auf kirchliche Gemeinsamkeit «verwirkt»; er wird moralisch hingerichtet; ja, er darf nicht einmal mehr an all den «Gnadenmitteln» teilhaben, deren Bedeutung für das Heil der Seelen von der Kirche ansonsten mit solch überschwenglichen Worten gepriesen wird. Diese Strafe, wohlgemerkt, tritt *automatisch* in Kraft, auch wenn das Leben der Frau, einer Mutter von zwei Kindern vielleicht, bei der Geburt gefährdet wäre (im Fall der «medizinischen Indikation» also) oder wenn nach ärztlichem Ermessen das Kind mit schwersten Schäden zur Welt käme (die «eugenische Indikation»). Frauen, die aus psychischen Gründen nicht aus noch ein wissen (der Fall der «psychosozialen Indikation»), werden erst recht als Mörderinnen behandelt, denn sie haben «werdendes menschliches Leben» getötet. Es gerät in dieser objektivistischen Betrachtung völlig aus dem Blick, daß menschliches Leben nicht isoliert «werden» kann; ein Mensch *wird* nur im biologischen, psychischen und sozialen Austausch mit seiner Mutter, und an jeder dieser Stellen können Behinderungen auftreten, die eine Entfaltung neuen Lebens verhindern. Leben ist wesentlich Austausch, die klassische Moraltheologie der katholischen Kirche aber will nicht merken, daß ihre isolierende und fixierende Betrachtungsweise das «ungeborene Leben» im Grunde definiert wie einen toten Gegenstand.[17] Vor allem aber: Wie viele Frauen gibt es, die beim besten Wollen sich nicht in der Lage sehen, so wie sie heute sind und leben, einem Kind das Leben zu schenken! Es mag sein, daß sie nach Jahren einer Psychotherapie vielleicht die Mutter sein könnten, die sie gerne sein möchten, in den acht Wochen aber, die man ihnen nach geltendem Recht in der Bundesrepublik zur Entscheidung läßt, können sie es nicht.[18] Das Problem ist durchaus nicht, daß diese Frauen nicht guten Willens wären, es ist ganz einfach, daß sie nicht können, was sie wollen beziehungsweise sollen. Sie fühlen sich schuldig, und das, was sie tun, mag objektiv Schuld sein; aber es geschieht in einem Feld unentrinnbarer Tragik, und wie immer sie sich entscheiden, kommt ihnen am Ende die Abtreibung noch als das relativ kleinere Übel vor.

Und hier wiederum beginnt eine neue Schwierigkeit. Die katholische Moraltheologie lehrt eigentlich mit großem Nachdruck das Prinzip der sogenannten Güterabwägung; wenn sich zeigt, daß eine Wahl zwischen einem größeren und einem kleineren Übel getroffen werden muß, so ist die Wahl des kleineren Übels das Gute, das damit als das Gebotene, als das Pflichtgemäße[19] erscheint. Mit dieser Theorie wird das gesamte Gebiet des Tragischen von der anderen Seite her kategorisch geleugnet. Das «kleinere Übel» kann unter Umständen nach katholischer Auffassung sogar ein Atomkrieg sein – er ist gegebenenfalls als «das Gute» ohne Wenn und Aber, ohne unnötige Schuldgefühle vor allem, zu bejahen. Auf der Seite des Gebotenen wie auf seiten des Verbotenen leugnet die Moraltheologie der katholischen Kirche die Existenz des Tragischen im menschlichen Leben; sie nötigt die Menschen, Dinge zu tun, die sie nicht tun können, und redet ihnen andererseits Schuldgefühl bei Handlungen aus, die sie gar nicht tun wollen.[20] Im Falle des § 218 stehen viele Frauen indessen wirklich vor der Wahl eines «kleineren Übels»: in Anbetracht aller Umstände nötigt sie gerade ihre Verantwortung für ihre Ehe, für ihren Geliebten, für ihre Kinder dazu, ein bestimmtes Kind nicht auszutragen. Die katholische Kirche hingegen läßt in diesem Falle eine «Güterabwägung» in kategorischer Strenge nicht zu. Ein Menschenleben läßt sich nicht abwägen! Daran ist natürlich etwas richtig. Doch wie blind muß man sein, um zu leugnen, daß man mitunter zwischen dem Leben des einen und dem Leben des anderen sich entscheiden muß! Und würde man nur ernstnehmen, daß es ein «werdendes Leben» nur gibt in Verbindung mit einer lebenden Mutter, so läge es auf der Hand, die ganze Debatte um die Abtreibung als erstes aus der Sicht der betroffenen Frauen (statt der «rechtsprechenden» Männer) zu führen.

Doch steht hinter all dem noch etwas anderes. Im Grunde traut die katholische Kirche ihren eigenen Gläubigen nicht über den Weg: Wer die Frage der Abtreibung dem Gewissen der einzelnen Frau anheimstellen wollte, der dürfte ja nicht länger unterstellen, daß «die Frauen» gewissen- und skrupellos genug seien, um sich das Leben nur ja recht leicht machen zu wollen – sie müßten an Stelle eines Kindes nur eben auf einen Sommerurlaub auf Mallorca oder Gran Canaria verzichten. Ist es nicht mit Händen zu greifen, wieviel Ressentiment in derlei Redensarten und vorschnellen Urteilen steckt? Vor allem aber: Wie kann man nur glauben, mit dem Mittel des kirchlichen oder staatlichen Strafrechts «den Frauen» Moral beibringen zu können? Was das staatliche Strafrecht angeht, so zeigt sich nicht nur allerorten seine Unwirksamkeit, es lehrt auch zum Beispiel das kleine Holland, daß sich die absolute Zahl der Abtreibungen bei völligem Verzicht auf richterliche Maßnahmen spezifisch absenken läßt, wenn man nur eine verständige Form der Sexualaufklärung und Familienplanung betreibt, wie sie gerade von der katholischen Kirche am meisten bekämpft wird.

Was aber hätte bei all dem, fragen wir, Jesus getan? Waren es nicht gerade die Exkommunizierten, die «schwarzen», die *hundertsten* Schafe (Mt 18,12–14), auf die er am meisten zuging? «Aber hat er nicht die Ehebrecherin aufgefordert, fortan nicht mehr zu sündigen?» (Joh 8,1–11), lautet der übliche Einwand. Ganz richtig. Nur: wie etabliert man eine «Moral», in der das «Steinewerfen» (und zwar der Männer gegen die Frauen!) aufhört – das ist die erste Frage. Und dann ist es die Frage, wie man einen Menschen befähigt, wirklich so zu leben, wie er es innerlich selbst bejaht. Der lange Weg der Erlösung, die «zwei Meilen Wegs» (Mt 5,41), die man mit dem anderen gehen muß, ehe er zu Hause ankommt – *dort* liegt die wirkliche Schwierigkeit. Teilen statt urteilen, verstehen statt verurteilen, aufrichten statt richten – das, ohne Zweifel, bildete die Grundlage und die Zielsetzung der Botschaft Jesu.

Geht es also am Ende darum, alle Unterschiede zu nivellieren? Ist nicht das Chaos unvermeidbar, wenn sich Kirche und Staat des Mittels der Strafjustiz begeben sollten? Mitnichten! Die katholische Kirche freilich müßte unverzüglich erkennen, daß es gleich zwei Verstöße gegen das ausdrückliche Verbot Jesu darstellt, wenn sie in Canon 1454 ihres Gesetzbuches «Richter» und Gerichtsdiener in ihren Reihen bestellt, die sie dann auch noch unter Eid in Dienst zu nehmen sucht.[21] Kein Eid (Mt 5,34–37) und kein Gericht von Menschen über Menschen – eindringlich hat Jesus das gefordert. Der Staat aber sollte wissen, wo seine Grenzen liegen. Er ist nicht Gott, und er verwaltet nicht göttliches Wissen. Insbesondere der säkulare Staat hat jedes Recht verloren, in absolutem Sinne Recht zu sprechen. Es ist verständlich und richtig, unter Umständen Menschen in Sicherungsverwahrung zu nehmen, um sie vor sich selbst und ihre Mitmenschen vor ihnen zu schützen. Doch schon das erklärte Strafziel der Resozialisierung des «Delinquenten» wird durch die derzeit übliche jahrelange Gefangenschaft bis zur Groteske ins Gegenteil verkehrt: Es läßt sich nur schwer eine Maßnahme denken, die zur Wiedereingliederung in die menschliche Gesellschaft ungeeigneter wäre als die zwangsweise Isolation der «Gefängnishaltung», wie sie seit ca. 5000 Jahren in phantasieloser Sturheit beibehalten wird. C. Lévi-Strauss hat sehr zu Recht einmal darauf hingewiesen, daß Kulturen, die uns primitiv erscheinen, weil sie den kultischen Kannibalismus noch nicht aufgegeben haben, im Umgang mit straffällig Gewordenen weit humaner sein können, als es die derzeitige Gesetzgebung unseres nichtanthropophagen Kulturkreises zuläßt[22]: statt die «Delinquenten», wie bei uns, auszustoßen, gibt man sich dort die größte Mühe mit ihrer Eingliederung; man nimmt ihnen in der Regel all ihre Habseligkeiten fort, um sie desto abhängiger vom Wohlwollen ihrer Mitmenschen zu machen; statt die Gemeinschaft mit ihnen abzubrechen, zeigt man ihnen ganz im Gegenteil, daß sie ohne die Gemeinschaft mit anderen Menschen gar nicht zu (über)leben vermöchten. Nicht Ausstoßung, sondern Einbeziehung bildet hier die «Strafe».

Aus der Feder des russischen Dichters F. M. DOSTOJEWSKI stammt das wohl berühmteste, jedenfalls am meisten *christliche* Paradigma des Umgangs mit menschlicher Schuld. In seinem Roman *«Schuld und Sühne»* schildert er in dem jungen Studenten Raskolnikow einen Menschen, der selbst nach seinem Doppelmord an zwei alten, hilflosen Frauen immer noch an der wahnhaften Idee festhält, eine geniale, eine napoleonische Tat vollbracht zu haben, wenn er sich den Beweis, nach der Weise der Großen der menschlichen Geschichte im Notfalle auch über Leichen gehen zu können, nicht zu guter Letzt noch durch kleinliche und schwächliche Gefühle verderben läßt.[23] Obwohl der Untersuchungsrichter Porfiri Petrowitsch die Persönlichkeit Raskolnikows hinlänglich kennt, um gerade in dieser «modernen», in dieser haltlos gewordenen, nur von Gedanken genährten Seele die Fähigkeit zu einer solchen Tat zu vermuten, sieht er doch von einer rein polizeilichen Maßnahme gegen den wie fieberkrank wirkenden Studenten ab. Was er möchte, besteht in der Auslieferung des «Täters» an den unbestechlichen Gerichtshof seiner eigenen Seele; statt von Menschen verurteilt zu werden, soll Raskolnikow seinem wahren Richter, seinem eigenen Gewissen überantwortet werden, und die größte Sorge des Untersuchungsrichters besteht einzig darin, es könnte Raskolnikow aus lauter Ungeduld und Überdruß, aus ungebrochenem, hochfahrendem Stolz und einer maßlosen Selbstverachtung seinem Leben vorzeitig ein Ende setzen. Doch so sehr Porfiri auch den Studenten in immer neuen Verhören in die Enge zu treiben sucht – die entscheidende Wandlung Raskolnikows bewirkt allein die Liebe der jugendlichen Dirne Sonja. Sie ist es, die durch ihr Mitgefühl das ungeheuere Leid des Mörders an sich selbst wahrnimmt und ihm, dem völlig empfindungslos Gewordenen, allererst ein Gefühl für sich selber zurückgibt. Die christliche Ahnung DOSTOJEWSKIS war es, daß es eine andere Art unter Menschen, etwas zu «richten» (in «richtigem» Sinne), nicht gibt, als den anderen gerade in seinen Verbrechen ins Herz zu schließen, bis ihm in seiner inneren Gefangenschaft ein Fenster sich öffnet, durch welches das Licht des Himmels hereinfällt.[24]

«Wie steht's mit unsren Gesetzen?», läßt der libanesische Dichter KHALIL GIBRAN einmal einen Rechtsgelehrten fragen, und sein «Prophet» antwortet ihm: «Es ist euer Ergötzen, Gesetze zu verordnen. Doch ist euer Ergötzen, sie zu brechen, noch größer. Gleich Kindern, die am Meere spielen und unentwegt Sandburgen bauen, um sie dann lachend zu vernichten ... Und wenn ihr sie vernichtet, lacht das Meer mit euch. Wahrlich, das Meer lacht stets mit der Unschuld. Doch wie steht's mit jenen, für die das Leben nicht ein Meer ist, und denen die von Menschen geschaffenen Gesetze keine Burgen aus Sand bedeuten,/ Sondern für die das Leben ein Fels ist und das Gesetz ein Meißel, womit sie ihn gern behauen möchten, nach ihrem Ebenbilde; ... von jenen vermag ich nur dies zu sagen: Auch sie stehen im Sonnenlichte, doch mit dem Rücken der Sonne zugekehrt. Daher sehen sie nur ihre Schatten, und dieser Schatten ist ihr Gesetz. Und was ist die Sonne für sie anderes als ein Ding, das Schatten wirft? Und was ist die Anerkennung dieses Gesetzes anderes als ein Sichniederbükken und ein Nachzeichnen seines Schattens auf dem Erdboden? Doch ihr, die ihr wandelt nach der Sonne gewandt, wie vermöchte ein Schattenbild euch zu fesseln, das auf den Erdboden gezeichnet? Ihr, die ihr wandert mit dem Winde, welch Wetterhahn soll euch den Weg weisen?»[25]

«Dann trat ein Richter der Stadt vor und sprach: ‹Rede uns von Schuld und Sühne.› Und er antwortete also: Wenn euer Geist abschweift, den Wind unter sich,/ So begeht ihr, allein und unbewacht, ein Unrecht an anderen und somit an euch selber. ... Oft höre ich euch reden von einem, der Unrecht tat, als sei er nicht einer von euch, sondern ein Fremdling unter euch und ein Eindringling in eurer Welt. Doch ich sage euch: Wie der Heilige und Gerechte nicht höher steigen kann als das Heiligste, das in jedem von euch wohnet,/ Ebenso kann der Böse und Schwache nicht tiefer fallen, als das Niedrigste, das in euch liegt. Und wie ein einzeln Blatt nicht vergilbt, ohne das stumme Wissen des ganzen Baumes,/ So kann der Übeltäter kein Unrecht tun ohne den verborgenen Willen von euch allen. Wie im Festzuge wandelt ihr gemeinsam eurem göttlichen Ich entgegen. Ihr seid der Weg und die Wanderer. Und fällt einer von euch nieder, so fällt er für jene hinter ihm, als Warnung vor dem Stein, woran er gestrauchelt. Wahrlich, er fällt sogar für jene vor ihm, die, wenn auch flinker und sicherer zu Fuße, dennoch versäumten, den Stein des Anstoßes aus dem Wege zu räumen. Und noch ein Wort, mag es auch schwer auf eurem Herzen wiegen: Der Ermordete ist nicht ohne Verantwortung an seiner Ermordung. Und der Beraubte ist nicht ohne Tadel wegen seiner Beraubung. Der Rechtschaffene ist nicht ohne Schuld an den Taten des Bösen. Und der, dessen Hände unbefleckt, ist nicht rein von den Vergehen des Verbrechers. Fürwahr, der Schuldige ist oft das Opfer des Geschädigten. Und noch öfter wird der Verurteilte zum Träger für die Lasten der Unschuldigen und Tadellosen. Ihr vermögt nicht den Gerechten vom Ungerechten zu trennen, noch den Guten vom Bösen,/ Denn vor dem Antlitz der Sonne stehen sie beieinander, so wie der schwarze Faden und der weiße zusammen verwebt sind. Und reißt der schwarze Faden, so muß der Weber das ganze Gewebe prüfen und auch den Webstuhl untersuchen. Bringt einer von euch ein treuloses Weib vor Gericht, so wiege man auch das Herz des Mannes auf der Waage und messe seine Seele mit dem gleichen Maßstab. Und wer die Schuldigen geißeln will, der forsche erst in der Brust der Beleidigten. Und wer von euch im Namen der Gerechtigkeit strafen und die Axt setzen möchte an den Baum des Übels, der prüfe erst dessen Wurzeln;/ Und wahrlich, er wird finden die Wurzeln des Guten und des Bösen, des Fruchtbaren und des Unfruchtbaren, dicht verflochten miteinander im stummen Schoße der Erde. Und ihr Richter, die ihr gerecht sein möchtet,/ Welches Urteil sprecht ihr über jenen, der, so auch rechtschaffen im Fleische, dennoch ein Dieb ist im Geiste? Welche Strafe verhängt ihr über jenen, der im Fleische erschlägt und doch selber im Geiste erschlagen ist? Und wie verfolgt ihr jenen, der ein Betrüger und Unterdrücker ist in der Tat,/ Und doch selber gröblich beleidigt und gekränkt ist? Und wie straft ihr jene, deren Reue allein schon größer ist als ihre Missetaten? Ist nicht Reue das Strafgericht, das durch das Gesetz verhängt wird, dem ihr so gerne dienen möchtet? Doch ihr vermögt nicht dem Unschuldigen Reue aufzuerlegen, noch das Herz des Schuldigen davon zu befreien. Ungebeten wird Reue rufen in der Nacht, auf daß der Mensch wach bleibe und den Blick auf sich hefte. Und ihr, die ihr vorgebet, Gerechtigkeit zu verstehen, wie solltet ihr dessen fähig sein, so ihr nicht alle Taten betrachtet, im vollen Lichte? Erst dann werdet ihr wissen, daß der Aufrechte und Gefallene wie *ein* Mensch sind, stehend im Dämmern zwischen der Nacht seines Zwergseins und dem Tag seines göttlichen Ich,/ Und daß der Eckstein des Tempels nicht höher ist als der niedrigste Stein im Fundamente.»[26]

Mt 7,6

Nicht das Heilige den Hunden und nicht Perlen vor die Säue

Es gibt Worte im Neuen Testament, die man nur einmal hören muß, um sie nie mehr zu vergessen. Diese gehören dazu. Wären sie nicht aus dem Munde Jesu überliefert, so käme vermutlich niemand auf die Idee, sie ihm in den Mund zu legen, obwohl sie, ganz nach dem Geschmack Jesu, mit dem Sprachwitz der Volksweisheit und seiner Alltagslogik formuliert sind.[1] Im Neuen Testament finden sich noch manche Sätze dieser Art, zum Beispiel: Seid klug wie die Schlangen und arglos wie die Tauben (Mt 10,16)[2]. Pfiffige Lebensregeln scheinen das zu sein; und dennoch haben im Gebrauch der Kirche gerade diese Sätze eine merkwürdige Bedeutung angenommen. Sie haben dazu beigetragen, das Christentum gewissermaßen zu einer hermetisch abgeriegelten Religion gegenüber den Ungläubigen zu machen und innerhalb der gläubigen wiederum bestimmte Bereiche des Heiligen und des Kostbaren mit einem Tabu zu umkleiden gegenüber dem gemeinen Volk – eine Schichtung unter den Völkern sowie eine Abgrenzung innerhalb des Volkes der Gläubigen zwischen Klerikern und Laien, Auserwählten und Verworfenen, Heiligen und Sündern.[3] Insbesondere in dem Gesang und in der Mentalität des *Fronleichnamtages* sind diese Worte bestimmend geworden: Gebt das Brot der Engel («das Heilige») nicht den Hunden – das bedeutet, daß man das Sakrament des Abendmahles nicht leichtfertig verwalten darf. Durften beispielsweise alle Apostel im Abendmahlssaal den Leib des Herrn zu sich nehmen? Judas, so berichtet schon Markus (14,17–21), wurde von Jesus als Verräter entlarvt, noch bevor all die anderen sich versammelten zum Mahl mit dem Herrn.[4] Er, der Sünder, wurde ausgestoßen aus dem Kreis der Zugehörigen. In diesem Sinn hat man quer durch die Jahrhunderte weitergedacht: man müsse sich die Nähe zu Gott verdienen durch Tugendhaftigkeit und Reinheit.

Gewiß hat Jesus seine Worte an dieser Stelle so nicht gemeint. Gerade umgekehrt. Er wollte uns auf jedem Wege das Vertrauen lehren, daß wir zu Gott kommen könnten ohne Vorbehalt und ohne Hindernis.[5] Ja, er glaubte, daß die Kraft, gut zu sein, überhaupt erst aus einem solchen bedingungslosen Vertrauen erwachsen würde; als *Abgelehnte*, als *Verworfene* würden wir selber nur immer verzweifelter, verfinsterter und ungütiger. Was aber meint der Satz

Jesu dann: «Gebt das Heilige nicht den Hunden vor, und werft eure Perlen nicht vor die Schweine»? Ein merkwürdiges Kompositionsprinzip des Alten Testamentes schon, ganz gewiß aber auch des Neuen Testamentes, besteht in der Regel des ausgleichenden Kontrastes. Man nimmt bestimmte Worte aus dem Mund eines Propheten, die scharf und spitz pointiert sind, und bricht ihnen die Überschärfe ab, indem man ein ganz anderes, scheinbar völlig entgegengesetztes Wort danebensetzt, so als wollte man das Leben wieder in die Balance bringen. Gerade eben noch hat Matthäus in der Bergpredigt Jesus warnen lassen vor Selbstgerechtigkeit und Selbstgefälligkeit, mit der ein Mensch sich vor dem anderen hinstellt und erklärt, was dessen Sünde sei. «Hört damit auf», hat Jesus gesagt. «Kümmert euch zunächst einmal um den Balken in eurem eigenen Auge, ehe ihr anfangt, euch um den Splitter im Auge des Nächsten zu bekümmern» (Mt 7,1–5).[6] In dieser Perspektive betrachtet liegt alle Schuld im Umgang miteinander bei einem selber; keinerlei Recht, irgendeinen anderen Menschen zu verurteilen, ist unter dieser Voraussetzung legitim. Doch wenn diese Lektion erst einmal tief genug sitzt, kann selbst das Richtigste Schaden stiften. Es kann aus an sich lebenszugewandten Menschen grüblerische Skrupulanten machen, die schließlich so sehr auf der Suche sind nach dem Balken in ihrem Auge, daß sie aus jedem Staubkorn ein Gebirge halluzinieren und mit sich selber nicht mehr zurechtkommen; mit all ihrem guten Willen stehen sie sich dann unter Umständen völlig im Wege. Gleich im nächsten Satz jetzt scheint Matthäus dieser Gefahr vorbeugen zu wollen, indem er die ganze Logik wieder umkehrt. Hieß es eben noch: Sucht den Grund des Bösen einzig in eurem eigenen Herzen, so erklärt Matthäus jetzt aus der Überlieferung der Worte desselben Jesus, daß es in unserem Leben offenbar auch etwas *Kostbares* gibt, das wir nicht vertun sollten und an dem wir um Himmels willen festhalten möchten[7]; es ist sehr wichtig, läßt Matthäus seinen Jesus an dieser Stelle sagen, sich selber im Wertvollsten nicht zu profanieren und nicht die Schutzhüllen aufzubrechen, die wir benötigen, um selber zu sein[8]; vor allem unsere besten Überzeugungen, unsere wertvollsten Einsichten sollten wir nicht in einer Weise nach außen tragen, daß wir uns selber dabei förmlich verraten. Wir Menschen verdienen einen eigenen Schutz – *das* scheint der erste Sinn dieses merkwürdigen Wortes zu sein, mit dem Jesus andeutet, es gebe so etwas wie ein legitimes Recht auch auf Distanz beziehungsweise auf das Verbergen des Innersten; wir sollten uns nicht verlieren an diese selbstverlorene, depressive Ausgegossenheit, mit der mitunter einer dem andern wie völlig schutzlos offensteht, hilflos jeder Plünderung preisgegeben. Eine solche Haltung wäre auch im Sinne Jesu nicht richtig; seiner Meinung nach lebt in jedem Menschen etwas, das sozusagen nur ihm gehört, etwas Heiliges, auf dem ein solcher Wert ruht, daß man es nur manchmal, in verborgener Kammer, wie in einem gut gehaltenen Versteck öffnen sollte, um es anzuschauen oder es einem geliebten Menschen zu zeigen und sich daran zu erfreuen; dann aber sollte man dieses Juwel gleich wieder verschließen vor den zudringlichen Augen anderer.

Schon das ist eine eigentümliche Frage an uns selber, die von dieser Stelle her eigentlich nicht beantwortet wird, die aber einem jeden zur Antwort aufgegeben ist: Woran glaubt er bei sich selber als an das Allerschönste, als an das am meisten Kostbare, als an das, was nur er in einem Gefühl verschwiegener Vertrautheit einem andern mitteilen wird? Woran hängt er sein Herz am meisten? Was ist sein Geheimnis, aus dem er lebt und das mitzuteilen ihm schon deshalb sehr schwerfällt?

Es gibt offenbar *zwei* Formen der Scham. Meistens schämt man sich für bestimmte Mängel und Fehler, bei denen man fürchtet, sich vor den anderen bloßgestellt sehen zu müssen; es gibt aber auch eine Scham gerade gegenüber dem, was man besitzt, und diese Scham ist besonders schützenswert, scheint das Jesus-Wort *in der Zusammenordnung des Matthäus* zu besagen.[9] Ursprünglich gemeint aber hat Jesus es wohl noch anders. Aus der arabischen Tradition ist ein Sprichwort bekannt, das vermutlich schon von den frühen Übersetzern der Jesus-Tradition ins Griechische nicht mehr richtig verstanden, jedenfalls von dem Evangelisten nur noch recht verwirrend in der vorliegenden Form zitiert wird.[10] Es könnte gelautet haben: «Hängt (den) Schweinen keine Perlenketten um die Rüssel.» Diese Ausdrucksweise ist plastisch und derb. Da geht es überhaupt nicht mehr um den Schutz des eigenen Wertes, da geht es fast um eine Abwertung des anderen, auf den der tierische Vergleich zutreffen soll. Eben darin liegt ja das Überraschende dieser Stelle, daß Jesus hier allem Anschein nach ein *Gassenwort* aufgreift, aus dem vor der Hand eine geradewegs zynische Menschenverachtung zu sprechen scheint. Werft eure Perlen nicht vor die Säue, oder: Hängt den Schweinen keine Ketten um die Rüssel – das teilt die Menschen im Grunde doch wieder in die Guten und die Schönen beziehungsweise in die Minderwertigen und Häßlichen ein. Nur: was macht Jesus daraus? Worum es *ihm* an dieser Stelle geht, ist vermutlich die Frage, wie man von Gott so reden kann, daß es stimmt, und was er in Anlehnung an ein geläufiges Sprichwort formulieren möchte, ist eine Regel für seine Jünger, aber wohl auch eine Erklärung für seine eigene Art, von Gott zu sprechen.[11] Es handelt sich, wenn man so will um eine paradoxe Pädagogik, die Jesus hier einführt und die man am ehesten von der Psychologie her verstehen kann.

Was ist ein guter Lehrer in der Schule? Wir kommen, wenn wir die Frage von dieser Seite her stellen, bei der Auslegung dieses Sprichwort-Zitates Jesu sehr bald zur Aufhebung des ursprünglich verächtlichen Untertons und gelangen eher zu dem Prinzip einer bestimmten *ernstnehmenden Geduld.* Es wäre ein schlechter, ein wirklich menschenverachtender Lehrer, der, im Bilde gesprochen, so handeln würde, daß er den «Schweinen» mit «Perlenketten» kommt; ein schlechter Lehrer würde beispielsweise ohne jede Rücksicht auf die Verstehenskraft seiner Schülerinnen und Schüler irgendeine Wahrheit, eine kostbare, eine hochstehende Wahrheit womöglich, so verkaufen, wie wenn sie als *nichts* gälte und wie wenn jeder, der sie nicht sofort begreift, als ein Dummkopf gelten müßte. Aus *seiner* Sicht hätte ein solcher Lehrer vielleicht sogar recht. Da versucht er schon, den Schülern etwas beizubringen, und sie interessieren sich nicht einmal dafür, ja, sie trampeln nur mutwillig darauf herum und werden obendrein noch wütend auf ihren Lehrer! Tatsächlich aber greift Jesus das Sprichwort von den Perlen und den Schweinen nur auf, um eine derartige Praxis überhaupt aus der Welt zu schaffen. Ein guter Lehrer wäre in seinen Augen derjenige, der in den Schülern selber Fragen wachriefe, die nur neugierig machen, und er würde ihnen nicht eher Antworten geben, als sie selbst nicht bereits Ansätze zur Lösung der in ihnen geweckten Fragen gefunden hätten. Ein guter «Lehrer» im Namen Gottes teilt die Menschen nicht ein in die «Perlenbesitzer» und die «Primitivlinge», in die Besitzenden und die «Schweine», er wird im Gegenteil versuchen, sogar von den eigenen Schülern Neues zu lernen; *das* wäre die Art, wie ein guter Lehrer sich bemühen würde, gerade die Inhalte weiterzugeben, die ihm am kostbarsten sind. Es wäre ihm gewiß selbstverständlich, daß er mit Zehnjährigen nicht Probleme erörtern kann, die allenfalls für Sechzehnjährige interessant werden können, und daß er diese wiederum nicht mit Fragen konfrontieren kann, die selbst den Fünfzigjährigen zu schwer sind. Es gilt, die einzelnen Reifungsschritte, die Etappen seelischer und geistiger Entwicklung anzuerkennen, wenn man nicht «Perlen» vergeuden will. «Werft den Schweinen keine Perlen vor die Füße!» hieße bis dahin ganz einfach: Überfordert die Menschen nicht! Schon wenn ihr euch einbildet, ihr wüßtet alles sehr viel besser als sie, so verwendet euer «Wissen» nicht zur Demütigung anderer. – Doch auch ein solcher pädagogischer Ratschlag ist gewissermaßen nur erst die Außenhaut dessen, worum es hier geht. Die eigentliche Frage Jesu ist immer noch nicht beantwortet: Wie spricht man ehrlich und hilfreich von Gott? Da geht es auch um «Pädagogik», aber um eine existentielle, keine didaktische Pädagogik.

Es gibt eine Art, von Gott zu reden, die den Menschen als allererstes beweist, daß sie wirklich wie «Schweine» sind; eine bestimmte Art von Theologie treibt die Menschen förmlich allererst in den Sumpf und in den Morast und läßt sie in ihren Sünden sich geradezu suhlen, nur damit darüber eine Gruppe von Gotteserklärern zu schweben vermag, die insgeheim ihre «Kostbarkeiten», ihren Wert, ihr Ansehen wesentlich daraus bezieht, Menschen so zu verformen, daß sie überhaupt nur noch grunzen, quieken und sich dafür schämen können.[12] Eine solche «Theologie» der Menschendemütigung mag fromm klingen, doch in Wahrheit ist sie infam. Sie bringt über kurz oder lang die Menschen nur gegen das auf, woran sie eigentlich glauben wollen, bis sie das Allerkostbarste zertreten und vernichten und schon aus lauter Ärger und Enttäuschung über diese Art von Gottespredigern selber herfallen.

Es könnte durchaus sein, daß Jesus das Sprichwort von den Perlen und den Schweinen aufgegriffen hat, als seine eigenen Jünger ihn einmal fragten: «Rabbi, warum lehrst du so eigentümlich? Anders als Johannes der Täufer beispielsweise, dein eigener Lehrer, oder wie die Schriftgelehrten, die von Gott sprechen, indem sie entlang der Bibel einzelne Auslegungen bieten oder verschiedene Gesetze kommentieren, hältst du dich an all das überhaupt nicht; du erzählst Geschichten, solche, wie man sie nie gehört hat, du redest in Gleichnissen, du sprichst von Gott wie die Fabelerzähler – warum? Die Leute verstehen dich bei deinen Geschichten oft nicht besser, sondern mühsamer, sie begreifen manchmal nicht, was du eigentlich sagen möchtest, und vieles drückst du so paradox aus, daß man damit auf den ersten Blick überhaupt nichts anfangen kann; sogar wir müssen dann später zu dir kommen und dich fragen, wie du es gemeint hast, und auch dann sprichst du mit uns nicht immer klar und geradeaus.»[13] – Es kann wirklich sein, daß Jesus die Form seiner Lehrtätigkeit in diesem witzigen Sprichwort zusammengefaßt sah: «Werft eure Perlen nicht vor die Säue»: d. h., es ist nicht möglich, über Gott «praktisch», «direkt» und «geradeaus» zu reden, so als richtete man eine neue Bundesbahnstrecke zwischen Würzburg und Nürnberg ein. Wenn Menschen etwas von Gott verstehen wollen, müssen sie die Chance haben, es auf ihre eigene Weise zu begreifen; und dieser Notwendigkeit trug Jesus offenbar Rechnung.[14]

Im alten China, in Japan noch heute, gab es eine Lehrtechnik, die der Weise Jesu in diesem Punkte ganz ähnlich ist: Ein Schüler kommt zu seinem Meister und trägt ihm ein Problem vor, und der Meister antwortet ihm mit einem reinen *Rätselspruch.* Der Schüler kann Wochen und Monate damit zubringen, bis daß er versteht, was dieser Rätselspruch *ihm* bedeuten mag. Dann geht er zu dem Lehrer zurück und fragt ihn, ob die Auflösung stimmt. In solchen Paradoxien, analog zu asiatischen *Koans,* muß Jesus offenbar immer wieder geredet haben, und insbesondere seine Gleichnisse waren wohl ganz von dieser «Pädagogik» bestimmt: Werft eure Perlen nicht den Schweinen vor die Füße – das heißt: «Überschreitet nicht die Grenzschwellen des Verstehens, sondern legt einen gewissen Schutz um das, was Gottes ist. Menschen, die dafür reif sind, werden es von selber ergreifen. Profaniert und prostituiert euch nicht im Sprechen von Gott. Und bedenkt, daß alle Menschen nichts anderes sind als gemeinsam Suchende, als auf unterschiedlichen Wegen Ringende.» Wenn es da schon Vergleiche aus dem Tierreich benötigt – sind etwa die Würmer in der Erde weniger nützlich als die Vögel am Himmel? Lebt nicht alles voneinander und miteinander in ein und dem gleichen Strom des Daseins? Es bleibt bei dem, was Jesus oft genug sonst sagt: Vor Gott gibt es keine hohen Menschen und keine verächtlichen, keine guten und keine bösen, wohl aber gibt es Rücksichtnahmen aufeinander, und dazu zählt diese: den anderen nicht zu überfordern und ihm nicht vor die Füße zu werfen, was eine ganze Wegstrecke braucht, um in seiner Kostbarkeit entdeckt und verstanden zu werden.

Dann allerdings muß man sich wohl fragen, inwieweit Jesus sich selber an diese seine eigene Anweisung gehalten hat. Man kann nur sagen: allem Anschein nach miserabel. Denn wenn in der Geschichte der Menschheit jemand alles, was er besaß, in einem dramatischen Übermaß an Licht und Tempo, in einer unfaßbaren Rücksichtslosigkeit auf die Verstehenskraft seiner Mitmenschen zum Fenster hinausgeworfen und verschleudert hat, dann war es der Mann aus Nazareth: Das Schicksal jedenfalls, das er hier beschwört, hat ihn sehr bald schon ereilt. Kaum zwei Jahre lang hat sein öffentliches Wirken gedauert, da drehten, in diesem Bild gesprochen, die «Schweine» sich um und stürzten sich auf ihn. Von seinen «Perlen» wollten sie nichts sehen, aber ihn vernichten wollten sie allemal. Es bleibt das Merkwürdige, daß selbst Jesus manche Dinge sehr richtig gesagt und sogar sehr weise weiterempfohlen hat, und er hat ganz offensichtlich nicht danach gelebt. Aber wie denn auch? Entsprechend dieser Regel hier hätte Jesus gut und gern neunzig Jahre alt werden können, er hätte in Ruhe einschlafen können wie der Buddha, als er starb in Kusinara[15]; statt dessen hat Jesus in seinen Tagen die ganze Menschheit auf die Palme gebracht, und er tut es bis heute; er hat sie getrennt, herausgefordert, provoziert, er wollte und will, daß die Menschen endlich sich entscheiden.

Im ganzen: Das Wort von dem Heiligen und den Hunden, von den Perlen und den Schweinen ist gewiß keine Anweisung für alles, aber doch ein Hinweis auf manches.

Mt 7,7–11

Beten heißt, die Welt verändern

Dies ist das zweite Mal, daß Jesus in der Bergpredigt auf das Gebet zu sprechen kommt. Beim ersten Mal bestand der Anlaß in der jüdischen Frömmigkeitsübung mit den Bestimmungen des Fastens, Almosengebens und des Gebets. Damals lehrte Jesus seine Jünger das Vaterunser – nicht viele Worte, aber eine einzige Empfindung wirklichen Vertrauens entscheidet über alles, das war seine Lehre über das Gebet. Der Grund, daß Jesus, jedenfalls in der Zusammenstellung des Matthäusevangeliums, das Thema des Gebetes jetzt noch einmal anspricht, ist an dieser Stelle deutlich ein anderer. Der gesamte Rahmen jetzt ist thematisch geprägt von der Auseinandersetzung mit Menschen. «Richtet nicht» über sie! «Werft eure Perlen nicht vor die Säue!» Solche Worte gehen voran, und danach kommt die goldene Regel: «Was ihr den anderen tut, sei das, was ihr selber wünscht, man tue es euch.» Diese Formel enthält nach Jesu Meinung alles, was wichtig ist, das gesamte Gesetz und die Propheten; so einfach ist es, Gott zu verstehen. Und doch: wie gelangt man zu einer solchen Menschlichkeit? Das ist die eigentliche Frage, die in diesen Worten über das Gebet mitschwingt, folgt man der Darstellung des Matthäus.[1]

Welch eine Kraft befähigt den Menschen, gut zu sein im Angesicht anderer Menschen? Gewiß, man kann Jesus selber zutrauen, daß er die Menschen im großen und ganzen geliebt hat. Jedenfalls hatte er keine Scheu vor ihnen, weder vor ihrem Elend noch vor ihrer Not, nicht vor den Männern, nicht vor den Frauen, nicht vor den Kranken, nicht vor den Rechthabern – er fühlte sich mit ihnen auf das engste verbunden, und er vermochte wahre Wunder der Befreiung an ihnen zu wirken, offenbar durch seine unmittelbare Güte, die bei ihm nicht moralisch erzwungen war, sondern aus innen kam. Aber was ist die Kraft, die Menschen dazu befähigt, von innen her gut zu sein? Der bloße Humanismus ist an dieser Stelle eine Mißweisung oder ein Mißverständnis.[2] Er vertraut darauf, daß Menschen im großen und ganzen sich miteinander vertragen, und diese Überzeugung mag gut und recht sein. Aber es kommt doch auch oft genug vor, daß sie sich *nicht* vertragen, und was dann? Im allgemeinen, gewiß, kommen Menschen miteinander aus – wie hätten sie sonst auch mehrere hunderttausend Jahre der Lebensgeschichte auf diesem Planeten gemeinsam zubringen können? Aber es gibt eben Fälle, wo sie einander bekämpfen, und gerade in solchen Momenten wird deutlich, woraus Menschen wirklich existieren. Der Grundgedanke Jesu, das heißt, nicht eine Überlegung, sondern sein Grundgefühl, seine Grundüberzeugung muß es gewesen sein, daß sich all die Konflikte, die Verwirrungen, die Verschattungen im menschlichen Leben nur aufarbeiten und durchgehen ließen, wenn man in den Käfig der inneren Gefangenschaft, der Angst und der Verzweiflung, der Mutlosigkeit und der Resignation so etwas hineintrüge wie eine neue Grundlage, ein neues Prinzip: Um die Menschen zu verstehen, um sie zu dem Punkt zu bringen, zu dem sie selber kommen möchten, um sie wirklich Menschen sein zu lassen, müsse man von Gott ausgehen.

Merkwürdig: Um die Menschen zu finden, darf man nicht bei den Menschen beginnen! Diese Seltsamkeit muß das ganze Leben Jesu bestimmt haben. Sie geht noch heute ein in unsere dogmatischen Formeln über den Mann aus Nazareth, doch diese Formeln, so erhaben sie klingen, geben das eigentliche Geheimnis der Existenz Jesu nur sehr ungenügend wieder, denn sie vermitteln zu wenig an Erleben, an Ausgesetztheit, an buchstäblich weltentscheidendem Experimentieren über Gut und Böse. Dogmatisch sagen wir mit den Worten des Neuen Testamentes: Jesus war *Gottes Sohn;* aber wer unter uns Heutigen, der mit dem Sprachgebrauch der Bibel nicht wirklich mehr lebt, hört in dieser Wendung das immer wieder suchende Verlangen nach jenem Gegenüber für sich selbst und für uns Menschen heraus, das Gott heißt – ein ständiges Ausgreifen ins Unbeweisbare, Unsichtbare, Ungegenständliche? Und doch: Dieses nie Vorzustellende, dieses nie zu Fassende soll der Halt und die Festigkeit unseres ganzen Lebens sein; derjenige aber, der sich in diesem Raum des nie Gestalt Gewinnenden so fest fühlt, daß seine eigene Person darin Gestalt und Form erhält, der ist mit Recht als der «Sohn Gottes» zu bezeichnen.[3] Jesus muß eine solche Gottesversöhntheit von innen her gelebt haben, nicht um uns ein «Beispiel» von außen zu geben, sondern um uns bei der Hand zu nehmen und uns wegzuziehen von all dem Starren in den Abgrund, um unseren Blick aufzuheben zum Himmel, auf daß die Welt vor unseren Augen noch einmal ganz neu aufleuchtet.

Jesus muß die Frage nach den Grundlagen der Menschlichkeit in endlosen Auseinandersetzungen am eigenen Leibe durchlitten haben. Es hätte für ihn so viele Gründe gegeben, buchstäblich an den Menschen irre zu werden. Und doch hat er seinen Zeitgenossen zugetraut, sie könnten Gott ganz nahe sein und durch die Wand der Angst hindurchgehen[4]; ja, soeben noch in der Bergpredigt waren dies seine Worte: es liege eine ganze Welt uns zu Füßen, übersät mit Blumen, eine reiche, schöne, freie Welt. Diese Vision eines vertrauensvoll in Gott beruhigten Lebens trug Jesus so stark in sich, daß er offenbar überhaupt keinen Grund sah, wieso das «rechte Leben vor Gott» auch nur den geringsten Aufschub dulden sollte bei soviel an Glück und Wunder, die im Menschen nicht erst *beginnen* könnten, sondern wie abholbereit vor unseren Händen lägen. Doch um so schmerzlicher muß Jesus oft entfernt gewesen sein von gerade den Leuten, mit denen er redete, von seinen eigenen Jüngern zum Beispiel. Die schönsten Gleichnisse waren in ihr Herz gelegt, und doch, wenn er von ihnen ging, war scheinbar vieles wie nie gesprochen. Und wie dann erst bei den anderen, Fernerstehenden? Es muß im Leben Jesu viele Stunden gegeben haben ähnlich der von Gethsemane: Alle Wunder waren geschehen, und alle Worte waren gesagt, und doch wird all das einzig zum Tode führen, und zwar nicht zu einem beliebigen, gleichgültigen, sondern zu einem absichtlich geplanten, systematisch organisierten, mutwillig beschlossenen Ende. Doch wenn das so ist, wozu werden Menschen dann noch imstande sein? Sie kennen die Wahrheit, daran gibt es keinen Zweifel, aber sie fürchten sie, und so gehen sie als erstes wie in einem äußersten Bogen bis zum Extrem von ihr weg. Und wie lang wird dieser Ring der Zeit noch dauern, bis die Menschen auf den Umwegen ihrer Angst zu sich selber zurückfinden?[5]

Man hat manchmal gemeint, in solchen Stunden der eigenen Angst sei für Jesus *Gott* ferngerückt.[6] Vermutlich nicht; eher im Gegenteil. Wahrscheinlich ist, daß Jesus in solchen Stunden wie in Gethsemane nicht Gott, wohl aber die *Menschen* wiederfinden mußte.

Das jedenfalls ist es, was Jesus an dieser Stelle der Bergpredigt ausspricht, wenn er noch einmal auf *das Beten* zu sprechen kommt. Man muß das Matthäus wirklich glauben: Was Jesus hier malt, ist vorderhand ein überraschend negatives Bild von der Normalität der Menschen, ein Bild, so düster, daß man es dem Mann aus Nazareth kaum zutrauen würde. Sicher, dieses Bild ist witzig und ironisch vorgetragen, da wird rhetorisch in gewissem Sinne auch *gespielt* mit den Hörern, aber erst einmal stimmt es und steht so da: *Ihr, die ihr böse seid!* Es steht sogar da wie ohne Ausnahme. Und diese Weltsicht hat vieles für sich. Wo irgend sie können, treiben Menschen miteinander Schindluder. Und wann wären sie fähig zu irgendeinem Akt selbstloser Güte oder Offenheit? So etwas wäre gefährlich! Es widerstrebte unserer Auffassung von «Realität»! Doch indem Jesus die menschliche Wirklichkeit so negativ malt, beweist er genau das Gegenteil von dem, was man ihm immer wieder vorhält und was man jedem, der es mit ihm ernst meint, vorhalten wird: ein Phantast mit mangelndem Wirklichkeitsverständnis zu sein. Kein Vorwurf könnte falscher sein! Im

Gegenteil fordert Jesus den Widerspruch zur sogenannten Wirklichkeit an jeder Stelle bis zum Maximum heraus, er formuliert ihn selbst, er setzt, anders als LEIBNIZ, an dieser Stelle zum Beispiel geradewegs die schlechteste aller Welten voraus[7], schon um all den Leuten im ersten Anlauf recht zu geben, die immer wieder doch nur sagen werden, das Reich Gottes könne gar nicht kommen, alle Hoffnungen seien trügerisch, wir müßten halt einfach da durch, es gelte weiterzumachen. Also macht doch! lautet die ständige Antwort Jesu. Aber dann auf einmal findet er im Mauerwerk dieser Bollwerke der Angst und der Ichsucht filigrane Löcher, Ritzen in den Verfugungen, und mit einem Mal zeigt sich, wie verwehtes Leben zwischen den Steinen zu sprießen beginnt; und dieses Leben, läßt man ihm nur Zeit genug, wird irgendwann die Kraft gewinnen, selbst die Felsblöcke auseinanderzusprengen; entlang seinen Wurzeln wird sich das Wasser in den Stein graben, und eines Tages wird das Wasser zu Eis gefrieren, und das Eis, das Wasser, das Leben und der Wind, sie werden's besorgen – der *Stein* ist ohnmächtig! Die Energie des Lebens aber – das ist an dieser Stelle für Jesus ganz und gar *das Gebet:* Es wird erhört, das ist seine feste Überzeugung. Und sie gibt ihm Kraft.

Wie viele Menschen wird es schon gegeben haben, die sich auf diese Worte Jesu verlassen wollten: *Bittet, und ihr werdet empfangen!* – und sie haben gebetet um alles mögliche: Gegen soviel Unglück haben sie den Himmel bestürmen mögen, und so viele Wünsche, die ihnen dringlich schienen, haben sie kniend in der Kirche und in der eigenen Kammer sich von der Seele geredet, doch gekommen ist es, wie es wollte, ohne meßbare Veränderung jedenfalls; es ist statistisch im Verlauf der Menschheitsgeschichte gewiß ganz unbeweisbar, daß irgendein Gebet jemals erhört worden wäre.[8] Aber wer bei einer solchen äußeren Betrachtung stehenbleibt, vergißt, daß man Betende nicht beobachten kann. Die Erfahrungen des Gebetes lassen sich nicht äußerlich im Sinn eines naturwissenschaftlichen Experiments objektivieren und verallgemeinern. Wer wissen will, ob das Beten wirkt und wie es wirkt, erfährt es auf keinem anderen Weg, als daß er selber es mit dem Gebet versucht. Dann aber begibt sich etwas Eigentümliches. Es ist, wie wenn man in einen See eintaucht und immer schwerer wird, so wie ein Taucher, der ins Wasser springt und fällt und fällt, entsprechend der Schwerkraft, bis zu einem bestimmten Punkt; von da an gleichen sich die Schwerkraft und der Auftrieb aus; es tritt ein Stillstand ein, ein reines Schweben. So ist das Beten. Es gibt auf einmal nichts mehr, was nach unten zöge, es bildet sich inwendig ein Moment des Getragenwerdens und der Ruhe. Es ist nicht, als wenn man in solchen Momenten irgend etwas neu bewiesen bekäme oder dazugelernt hätte, es entsteht einfach das Gefühl, daß alles so gut ist, wie es ist. Man macht sich innerlich fest, das ist alles. Und solche Augenblicke, dachte Jesus, brauchen wir Menschen unbedingt. Es muß in unserem Leben tagtäglich Momente geben, in denen wir wissen, wofür eigentlich wir all die Dinge tun, die wir machen. Es muß Momente geben, da uns innerlich klar wird, wo wir wirklich stehen.[9]

So vieles, schauen wir nur auf die anderen Menschen an unserer Seite, kann uns ablenken, in Angst stürzen, durcheinanderbringen oder Gedanken in uns hineinzwängen, die wir überhaupt nicht denken wollten. Wir verhaspeln oder verkrampfen uns und verhalten uns schließlich grotesk in bezug zu dem, was wir eigentlich gemeint haben. Aber zu alldem, meint Jesus, gibt es doch so etwas wie ein Gegengift, das heißt Gebet. Beten – das ist soviel wie ein innerliches Ruhen oder ein innerliches Sichklarwerden. Da mögen Menschen äußerlich gesehen noch genauso erscheinen, wie sie immer schon waren, jetzt aber treten sie mit einem Mal anders vor uns hin. Leute zum Beispiel, die vor Egoismus bisher nur so zu platzen schienen, bekommen es doch schon zu ihrer Selbstrechtfertigung immer wieder fertig, zu erklären, daß sie all ihr Geld nur aufgehäuft hätten *für ihre Kinder* – damit *die* es einmal besser hätten. Und das ist keinesfalls nur eine Ausrede, oft genug stimmt das sogar. Irgendwo, mitten in dem oft so engstirnigen Sichverpanzern von Menschen, gibt es immer wieder doch auch Spuren von Güte zu entdecken. Und wenn das schon bei uns Menschen so ist, um wieviel mehr erst gilt es dann bei Gott! Wenn es aber soviel an unvermuteter Güte bei Gott gibt, wovor fürchten wir uns dann noch vor Menschen?

Eine solche Argumentationsweise mutet uns vielleicht seltsam an, doch sie gehört zur Bibel, und sie ist ganz und gar *jüdisch.* Man benennt danach sogar einen eigenen echt jüdischen logischen Schluß, bestimmte Teile der Erfahrung zu steigern: *um wieviel mehr…*[10] und dann das konkrete Beispiel sozusagen zu extrapolieren und ins Unendliche zu verlängern, um zu «beweisen»: Wenn so viel an Güte doch schon bei Menschen existiert, *um wie viel mehr* dann bei Gott. Es ist ein «Schluß», mit dem Jesus versucht, auch noch die dickste Wand unseres Herzens so lange mit bloßen Fingern zu betasten, bis sie dünn genug wird und ein kleiner Strahl von Licht durch diesen Spalt hineinfällt. Ein solcher kleiner Spalt entscheidet über alles, meint Jesus. Denn wenn auch nur ein kleines bißchen Licht durch eine dicke Mauer fällt, dann beweist dies doch, daß hinter der Mauer nichts ist als Licht, dann wirklich *um so mehr!* Dann wirklich ist mitten im Dunkel der kleinste Lichteinfall *ein Beweis* für die Tatsache einer ganz anderen Welt. Doch die Voraussetzung einer solchen Erfahrung liegt ganz und gar im Gebet. Es ist, wie wenn unser Taucher, bevor er sich auf der

Suche nach Perlen am Grund des Meeres ins Wasser begibt, zuvor sehr tief Luft holen müßte. Diese Luft in seinen Lungen ist das Gebet. Nur solange noch Sauerstoff in seinem Blut transportiert wird, lebt er, hält er den Mangel aus, verträgt er das Wasser; dann sofort, wenn der Sauerstoff verbraucht ist, muß er nach oben, um wieder Luft zu holen. – Genauso sieht man Jesus durch diese Welt gehen, immer wieder eintauchend in ein ihm eigentlich fremdes Element, das darauf wartet, erlöst zu werden, und er besteht dieses Element der Feindschaft und der Trägheit einzig, indem er etwas aufnimmt vom Atemwind der Unendlichkeit. Es handelt sich bei allem, was Jesus sagt, offenbar um gar keine Lehre, um gar keine Doktrin. Wenn er hier sagt: Alles, worum ihr betet, wird euch erfüllt, so ist dies die einfache Erfahrung, die er selber in seinem Leben gemacht hat.

Beten, hat man vor allem in der Tradition der Mystik oft gesagt, läßt sich verstehen als ein Gespräch der Liebe. So ist es. Man denke sich zwei Menschen, die einander sehr liebhaben. Sie schauen einander in die Augen, sie brauchen oft kein einzig Wort, um sich zu verständigen; sie sind einfach glücklich. Sie hatten womöglich, bevor sie zueinander fanden, einen ganzen Haufen von Wünschen: um anders zu leben, brauchten sie vermeintlich dies und das unbedingt, jetzt aber scheinen all ihre Wünsche wie vergessen, und die Gegenwart des anderen ist in sich selber die Erfüllung alles Wünschbaren, der ganze Inhalt des Lebens. In dieser Art *«findet»* wirklich jeder Suchende, «öffnet» sich die Tür jedem Klopfenden, «erhört» Gott jegliches Gebet. Man muß ihn lieben, diesen unsichtbaren Gott, um ihn in sich selbst und den Menschen zu finden; doch dann wieder sind es die kleinen Funken überraschender Güte in anderen Menschen, die uns Gott zu zeigen vermögen.[11]

Das Gebet hat man oft abgespalten vom Leben. Man hat gesagt: Zu beten schadet nicht, aber es bewirkt auch nichts, also ist es ungefährlich den Herrschenden und höchst willkommen den Regierenden; solange es ein frommes Volk gibt, ist es lenkbar wie eine Herde von Schafen – also: Betet nur fleißig! So der Zynismus der Machthaber. Sie fanden seit eh und je die Kirche besteuerungs- und bezuschussungswürdig, schon weil sie das Quietiv des Betens bereithielt, dieses Narkotikum für Verrückte. Doch im Sinne Jesu irrt man sich sehr, wenn man so über das Beten denkt. In Wirklichkeit ist das Gebet revolutionär, ein Kampfmittel, ein Aufputschmittel, sich für die Freiheit einzusetzen, für die Größe des Menschen zu kämpfen und alles zu tun für das Heraufziehen eines Weltzeitalters des Friedens.

Das Beste, was wohl je über das Gebet geschrieben wurde, stammt aus der Feder eines damals noch jungen Mannes, der vor 50 Jahren als gewaltfreier Widerstandskämpfer gegen das britische Kolonialregime an der Spitze von Hunderttausenden von Analphabeten antrat. Leute, die lesen konnten, fanden damals in den Zeitungen «Young India» und «Harijan» (Liebling Gottes auf deutsch – gemeint waren die Verelendeten, die Parias, die Ausgestoßenen) Betrachtungen MAHATMA GANDHIS. Er schrieb: «Beten heißt nichts begehren. Es ist ein Sehnen der Seele, eine tagtäglich erneuerte Erkenntnis der menschlichen Schwäche und Nichtigkeit. Dagegen werden wir felsenstark, wenn wir in Wahrheit behaupten können, daß wir nur für Gott und seine Pläne arbeiten. Dann wird alles um uns herum tageshell. Die Vergänglichkeit ist dann nur noch ein Schein. Tod und Verderbnis haben dann und nur dann keine Wirklichkeit mehr für uns; sie stellen nur einen Übergang oder eine Verwandlung dar. Der Künstler zerschlägt das eine Kunstwerk, um ein anderes zu schaffen. Der Uhrmacher ersetzt eine schlechte Feder in der Uhr durch eine neue und bessere ... Das gemeinsame Gebet ist etwas Mächtiges. Was wir einzeln nicht vermögen, vermögen wir in der Gemeinschaft ... Manche, die als Knaben vielleicht Spötter waren, sind in der Folgezeit Anhänger und Befürworter des wirkungsvollen Gemeinschaftsgebetes geworden. Alle, die sich in Kirchen, Tempeln oder Moscheen zum gemeinsamen Beten versammelten, sind keine Frevler oder Schwindler. Ihnen ist meist das gemeinschaftliche Gebet eine Lebensnotwendigkeit wie das tägliche Baden.»[12]

«Ein Student hat mich gefragt, auf welche Weise und wie lange er am besten beten solle. Im Gebet will sich das Menschenherz mit dem Schöpfer vereinen und seinen Segen erflehen. Die Hauptsache dabei ist die innere Anteilnahme, nicht das gesprochene oder das gemurmelte Wort. Aber öfters hat die Verwendung von frommen, aus alten Zeiten herrührenden Worten dabei eine Wirksamkeit, welche bei der Übertragung in die Muttersprache verlorengeht. Darum sollte man die uralten Sanskritverse als Gebete beibehalten. Daß man sie richtig verstehen muß, ist selbstverständlich ... Die Dauer der Andachtsübung kann nicht festgelegt werden. Es kommt auf die Veranlassung und das Anliegen des einzelnen an. Die Gebetsübungen machen die schönsten und glücklichsten Momente des Alltagslebens aus. Sie tragen dazu bei, uns innerlich zu beruhigen, zu erheben und zu belehren, daß uns wider des Herrn Willen nichts geschieht. Dem einen mag dazu eine Minute am Tag genügen, dem anderen werden vierundzwanzig Stunden zu wenig sein. Allen denen, die sich der Gottheit nahe fühlen, ist die Tagesarbeit selbst ein Gebet. Für den Durchschnittsmenschen hat jede Religion bestimmte Betzeiten als Normalforderung festgelegt. Leider ist gerade dadurch das Beten oft rein mechanisch, wenn nicht gar heuchlerisch geworden.»[13]

«Beginnt den Tag mit einem Gebet, inbrünstig genug, euch bis zum Tagesende mit dem Gedanken an Gott zu erfüllen. Beschließt den Tagesablauf mit dem Gebet um eine friedliche, traumfreie, sorgenfreie Nachtruhe. Kümmert euch nicht um die Gebetsform, jedwede Form wird euch mit eurem Schöpfer in Berührung bringen. Nur eins: Laßt den Geist nicht ins Weite schweifen, während die Lippen nur äußerlich Worte lallen.

Das Beten hat mir Leben und Gesundheit bewahrt. Ohne dies wäre ich längst ins Irrenhaus gewandert. Aus meinem Leben ist euch bekannt, wieviel Bitterkeit mir zuteil geworden ist. Nur die Gebetsübung hat mich davor behütet, in Verzweiflung zu verfallen, und mir gestattet, allem gegenüber Fassung zu zeigen... Drei der höchsten Menschheitslehrer, Buddha, Jesus und Mahomet, haben Zeugnis dafür abgelegt, daß sie ohne das Gebet nicht leben konnten und daß ihnen in der Andacht Gottes Wille offenbar wurde... Scheltet sie als Lügner oder als solche, die sich selbst täuschen; ich aber will euch sagen, daß dann solches Lügen mich, den Wahrheitssucher, entzückt hat, daß ihr Lügen mir Lebensstütze und Lebensinhalt geworden ist. Damit habe ich mein persönliches Zeugnis abgelegt. Nun probiert es selbst aus, und stellt fest, daß vermittels der täglichen Andacht das Leben unvergleichlich an Wert gewinnt.»[14]

Mt 7,12
Die Goldene Regel

Wenn man die gesamte Botschaft Jesu, alle Lehren des Christentums und die ganze Offenbarung Gottes in der Bibel in einem einzigen Satz zusammenfassen sollte, so würde er lauten gerade wie dieser: Was ihr nun wollt, daß die Menschen euch tun, das tut auch ihr ihnen.[1]

Am Anfang der Bergpredigt stellte Jesus in Aussicht, er werde in den folgenden Sätzen die Menschen ein Gottesverhältnis lehren, das alles bisher Gehörte im Umkreis der Schriftgelehrten und der Pharisäer «bei weitem übertreffen» werde, was soviel heißt wie: ganz und gar beiseite stellen und als überholt erledigen. Ja, er sagte sogar seinen eigenen Jüngern: Wenn euer Leben vor Gott nicht gründlich anders ist als das der Schriftgelehrten und der Pharisäer, werdet ihr zum Himmelreich keinerlei Zugang gewinnen (Mt 5,20). Andererseits sollte in den Worten Jesu vom Gesetz und von der Botschaft der Propheten nicht ein Jota und ein Häkchen weggenommen werden (Mt 5,17–19); deshalb gerade bemühte Matthäus sich, die Worte Jesu als das Gesetz des Neuen Bundes zu formulieren, als das Basisdokument des Zusammenlebens seiner Gemeinde. Jetzt aber, gegen Ende der Bergpredigt, läßt er Jesus diesen Satz sprechen und hinzufügen: Das *ist* das Gesetz und die Propheten.

Wo, bitte, möchte man fragen, liegt da das Neue und das Besondere? – Die sogenannte Goldene Regel findet sich nachweislich längst schon im Bestand auch der Überlieferungen der Rabbinen, der Schriftgelehrten, der Pharisäer.[2] Ist das Christliche also am Ende gar nicht so neu und grundverschieden vom Alten, wie es zunächst scheint? Wir sind gewöhnt, die christliche Religion sehr *in Differenz* zu allen anderen Religionen zu setzen in der Absicht, auf diese Weise ihre Vortrefflichkeit unter Beweis zu stellen. Die Religionsgeschichte aber zeigt eindeutig, daß Gedanken des Inhalts, wie sie in der berühmten Goldenen Regel ausgesprochen werden, keiner anderen der großen Religionsformen der Menschheit wirklich fremd sind.[3] Sollte mithin das Christliche im entscheidenden Kern, da wo es darauf ankommt, wirklich nichts anderes zu sagen haben als all die Religionen sonst? Genau das muß man denken! Wenn es um den wesentlichen Bestand von allem geht, läuft die gesamte Botschaft Jesu einzig auf die Vermenschlichung aller Gottesrede hinaus – auf nicht mehr und nicht weniger, und wenn sie etwas Unerhörtes in sich schließt, dann gerade in dem unerhörten Ernst, mit dem Jesus alles Sprechen von Gott auf den Menschen – man muß förmlich sagen – *reduziert* oder, vielleicht besser, konzentriert.

Was hat man im Rahmen einer bestimmten Moral den Menschen nicht schon alles im Namen Gottes befehlen und vorschreiben zu können geglaubt! Wieviel an Irreleitung ist in der Religionsgeschichte der Menschheit den Gläubigen nicht bereits zugemutet worden, indem man immer wieder sich berief auf ein fertiges Bild von Gott, auf einen ein für allemal endgültig «geoffenbarten» Gott, auf einen durch die Tradition von Theologenansichten geheiligten Gott! Und wollte jemand sagen: Ich finde, was jetzt befohlen wird, *nicht* als menschlich, so war er gleich ein Gotteslästerer, ein Gott Widersprechender, ein Atheist, ein unreligiöser Mensch, und man nahm sich das Recht, mit allen Mitteln gegen ihn vorzugehen und im Namen Gottes die menschlichsten Gefühle wie Mitleid und Mitempfinden systematisch zu strangulieren. Heilige Pflichten wußten es stets besser als die menschliche Intuition des Augenblicks, und so galt es, die einfache, humane Form des menschlichen Zusammenlebens für null und nichtig zu erklären – sobald die Gottesgelehrsamkeit in der Kraft und dem Anspruch des Übernatürlichen darüber herfiel.[4] So war das in allen Jahrhunderten und Jahrtausenden, soweit wir nur nach rückwärts blicken können. Was also will am Ende Gott von uns? Was sind seine Gebote? In jedem Punkt, an jeder Stelle hebt die Diskussion an und mit ihr der endlose Streit der theologischen Rechthaberei: Was hat Moses gesagt? Was haben die Propheten, was haben die Ausleger gesagt? Was haben die Autoritäten unter den Auslegern gesagt? – so kann man dranbleiben.

Vor diesem Hintergrund ist es an sich schon unerhört, wenn Jesus die ganze Debatte: Was sollen wir tun, hilf uns, Rabbi, und sag: Was sollen wir tun? – auf eine einzige, ganz simple Evidenz zusammenstreicht: Frage *dich selber*, was du für dich möchtest, und nimm *das* zum Leitmaßstab, es dem andern zu schenken.[5]

Diese Formel der Goldenen Regel ist großartig und hoch zu rühmen, gerade weil sie in allen Religionen immer wieder auftaucht und weil sie von Grund auf menschlich ist. Sie bietet zudem zwei Vorteile, die keinem Moralsystem sonst zu eigen sind.

Der erste liegt in der *Anschaulichkeit* beziehungsweise in der *Mitfühlbarkeit.* Wer sonst irgendeine ethische, religiöse Lehre oder Doktrin in die Welt setzt, bewegt sich von vornherein auf einem Niveau relativer Abstraktion, denn je allgemeiner seine Grundsätze ausfallen, desto weiter entfernen sie sich vom Gefühl, von der Anschauung. Die Goldene Regel hingegen klammert sich förmlich an die eigenen Empfindungen; sie möchte, daß nichts geschieht, was man nicht bis in die Fingerspitzen hinein, bis ins Zentralnervensystem hinein fühlen und erleben könnte – und das genau sei gerade der Ausgangspunkt! Wieviel da auf dem Spiel steht, zeigt sich vielleicht am besten daran, daß kein Geringerer als ALBERT SCHWEITZER diesen Ansatz zum zentralen Gedanken seiner ganzen Moralphilosophie gemacht hat. Auf vielen hundert Seiten hat er die gesamte europäische und asiatische Geistesgeschichte durchgeblättert auf all die Personen hin, die über das rechte Verhalten von Menschen, über die *Ethik*, irgendeinen wertvollen, kostbaren Gedanken gesprochen und überliefert haben, doch der einzige Maßstab, um zu prüfen, wie gültig all diese Lehren in ihren Auswirkungen waren und sein können, bestand für ALBERT SCHWEITZER allein in dem Gedanken der Mitfühlbarkeit: Ist das, was da gesprochen wird, eine Lehre nur für den Kopf, oder lebt darin eine Einsicht, die das Herz der Menschen zu ergreifen vermag? Leuchtet darin ein Ideal auf, mit dem der Einzelne selber sich identisch zu setzen vermag? Spricht es ihn so an, daß sein eigenes Leben darunter sich wandelt? ALBERT SCHWEITZER glaubte, daß nur eine Moral, die den Menschen in seinem Herzen erreichen kann, wirklich etwas ausrichtet.[6] Und gerade das versucht die Goldene Regel! Sie versucht den Menschen da abzuholen, wo er selber steht.

Wie oft beispielsweise schützen wir Menschen uns vor vermeintlichem Leid, indem wir dem anderen Leid zufügen! Immer wieder scheint gerade die Basis des Egoismus den stärksten Hinderungsgrund zu bilden, dem anderen wirklich gut zu sein. Die Goldene Regel aber bietet gerade an dieser entscheidenden Stelle ein Gleichgewicht. Sie lädt uns geradewegs ein, als erstes an uns selber zu denken und die stärksten Wünsche, die glühendsten Sehnsüchte, die besten Absichten zu mobilisieren und sich vor Augen zu stellen. Das, was wir selber als Glück erstreben, soll uns so spürbar und klar sein, als es nur irgend geht. Denn erst dann werden wir begreifen, daß wir all das, was wir da wünschen und wollen, niemals als singuläre, abgetrennte Atome erreichen können. Ein Glück in der Einzahl ist eine Unmöglichkeit. Etwas *nur* für uns selber in Isolation verurteilt uns zu Gefangenschaft und Unglückseligkeit. Alles, was wirklich menschlich ist, teilt sich mit und verbindet. Wenn es so steht, besteht mit einem Mal zwischen Egoismus und Altruismus, zwischen Ichsucht und Nächstenliebe gar nicht mehr ein solcher Gegensatz, wie er so oft beschworen wird. Es gilt vielmehr, die stärksten Leidenschaften des Menschen voll zur Geltung zu bringen, bis daß deutlich wird, daß sie den anderen miteinschließen und sich mit ihm verbinden müssen, um wirklich zu leben.[7]

Damit gegeben ist ein zweiter wichtiger Vorteil der Goldenen Regel: Sie lädt dazu ein, daß ein Mensch sich mit dem anderen identifiziert; sie geht davon aus, daß jede wirklich gute Tat, wie vor allem ARTHUR SCHOPENHAUER lehrte, auf Identifikation mit fremdem Leben beruht.[8]

Ein paar Proben aufs Exempel zeigen, wie einfach die Anwendung dieser Regel sein kann. – Irgendwo unterhält sich eine Gruppe älterer Frauen im Café über die heutige Jugend: Natürlich macht sie alles falsch; sie ist so genußsüchtig, so unzuverlässig, sie macht dauernd Radau, sie ist einfach rücksichtslos! Nun brauchte nur jemand zu kommen und zu irgendeiner der Frauen zu sagen: Aber Sie waren doch auch einmal jung; würde dann diese Frau zu erzählen beginnen, wie sie selbst einst gelebt hat, so fiele vermutlich der ganze Spuk der Verurteilungen in Windeseile dahin. Die Jugend heute ist überhaupt nicht anders als die Jugend damals, nur lebt sie unter anderen Umständen, das ist wahr. Aber welch ein Recht, sie zu verurteilen, ginge daraus hervor? Überhaupt das Recht zu verurteilen! Noch wenige Verse zuvor hat Jesus mit Nachdruck gesagt: Richtet nicht, damit ihr nicht gerichtet werdet (Mt 7,1–5). Damit Menschen sich hinsetzen, um über den anderen den Stab zu brechen mit den Worten: Im Namen der bürgerlichen Ordnung, im Namen des Volkes verkündigen wir…, im Namen Gottes gebieten wir…, muß die Fähigkeit, sich in den anderen hineinzudenken und hineinzufühlen, ja, sich mit ihm zu identifizieren, bereits weitgehend zerstört worden sein. Es muß der Dünkel wirklich tief gegriffen haben, daß ein Mensch, ich selber zum Beispiel, ganz verschieden sei von einem anderen Menschen, von dir zum Beispiel, und daß zwischen uns, zwischen dir und mir, eine Kluft liege gerade wie zwischen Gut und Böse, wie zwischen Gerecht und Ungerecht, wie zwischen Himmel und Hölle, wie zwischen Gott und Satan. Doch gerade diese Trennung stimmt nicht, nicht im Sinne Jesu. Man braucht nur irgendeinen Roman aufzuschlagen, und man wird darin Menschen geschildert finden, die uns aus einer ganz anderen Zeit oder aus einer ganz anderen Kultur begegnen mögen, doch wenn ein guter Dichter sie schildert, so wird der Leser mit einem Mal eingeladen und verführt, sich in diese zunächst fremden Menschen hineinzudenken, und plötzlich hebt der Unterschied sich auf; die Menschen in dem Roman können Dinge tun, vor denen es uns selber im Alltag schaudern würde, aber wir beginnen sie nach und nach zu verstehen. Auf einmal hören diese Menschen auf, bloße Verbrecher zu sein, sie fangen an, vor unseren Augen als Menschen wiederzuerstehen, ja, sie verkörpern augenscheinlich Handlungsmöglichkeiten, die auch in uns spürbar angelegt sind. Statt zu richten, beginnen wir zu verstehen, und schon fängt die Goldene Regel an, wirksam zu werden. Wenn wir so sein könnten wie der andere, wie würden *wir* dann wünschen, daß man uns begegnet?

Was von dieser ethischen Grundlage der Identifikation psychologisch abhängt, läßt sich vielleicht am einfachsten verdeutlichen an der Person STEFAN ZWEIGS. Im Wien der Jahrhundertwende hat er eigentlich nichts anderes versuchen wollen, als durch seine Erzählungen die Menschen einzuladen, bis ins Grenzenlose hinein sich selber in den Personen anderer kennenzulernen und zu verstehen.[9] Bestimmte *Frauengestalten* vor allem boten STEFAN ZWEIG in seinen Biographien, in seinen Novellen und Kurzgeschichten Gelegenheit, durch ihr Schicksal dem Leser ein Ungeheures an Leidenschaft und Leid nahezubringen. Eine Gestalt wie die der Königin *Maria Stuart* zum Beispiel![10] Sie war eine Mörderin, eine Ehebrecherin, eine Giftmischerin, eine Machtbesessene, eine Skrupellose, die man hingerichtet hat unter dem Schwert ihrer Konkurrentin, der Königin Elisabeth – alle Geschichte weiß, wie verworfen Maria Stuart war. Doch was wird aus ihr, wenn wir sie sehen lernen mit den Augen STEFAN ZWEIGS? Eine Verbrecherin? Man muß nur ihre Jugend bedenken, man muß ihre Umstände bedenken, und man muß sich ihr Leben vorstellen, Station für Station, dann enthüllt es sich plötzlich als das Leben einer ewig Leidenschaftlichen, einer unablässig nach Liebe Suchenden, einer unselbständig und hilflos Ringenden, einer von ihrer durch Geburtsadel verliehenen Rolle maßlos Überforderten. Wie begegnet man solchen Menschen? Die Goldene Regel sagt: Fühle dich ein, glaube an überhaupt nichts außer an das, was du vom anderen lernst, und dann frage dich, wie es auf dich wirkt, was es mit dir macht, wenn du dich an die Stelle des anderen begibst, und aus dem Geflecht, das dann entsteht, leite ab, was «Gut» und «Böse» ist. Es ist eine wunderbare Regel, die *Goldene* deshalb geheißen: Was du willst, das man dir tue, das tu auch dem andern. Es bestünden, würde dies gelten, keinerlei Schranken mehr unter den Menschen: Wir wüßten ab sofort, was Hunger ist, wir wüßten ab sofort, was Elend ist, wir wüßten ab sofort, was Not ist, wir wüßten ab sofort, was Armut ist: sozial, psychisch, menschlich und religiös; und wenn wir erst einmal wüßten, was der andere wirklich braucht, so hätten wir auch keine Hinderungsgründe mehr, es ihm augenblicklich zu geben.

Es gibt wohl nur eine einzige Bedenklichkeit, an welcher die Goldene Regel zu scheitern droht und an der sie selber offenbar eines neuen Momentes bedarf, um gewissermaßen *christlich* zu werden. Diese Bedenklichkeit besteht merkwürdigerweise gerade in den beiden eben genannten Vorzügen.

Zum ersten: Überall finden sich Menschen, die gerade die Abstraktion von der Wirklichkeit zur Grundlage ihres Lebens machen. Sie sind vollkommen damit einverstanden, für etwas, das abstrakt als richtig und pflichtgemäß definiert wurde, über Menschen hinwegzugehen. Das kann durchaus bis an die

Grenze des Ungeheuerlichen reichen. Da wurde zum Beispiel eine Diskussion unter Pennälern geführt über Krieg und Frieden, als jemand, ein Fünfzehnjähriger, aufzeigte und sagte: Aber wenn da jemand wäre, in dessen Kopf die Formel eines Atomkrieges enthalten wäre und man könnte den Atomkrieg verhindern, indem man diese Formel aus diesem Menschen herausfoltert, ist doch die Folter gut? – Ja, so kann man unter Umständen das Gute bestimmen. Man kann so aberwitzig sein, eine völlig abstrakte, eine völlig konstruierte Annahme am Rande der Wirklichkeit zur Grundlage der Definition ganz normaler Pflichten eines Bürgers zu nehmen und sich zu vermessen, von der absoluten Ausnahme, die sich nie verrechtlichen läßt, die Grundlage der Normalität zu definieren. Die Pflicht zum Krieg unter bestimmten Umständen zum Beispiel «bewies» dieser Schüler mit eben diesem Beispiel. Er merkte nicht, wie spukhaft eine Ethik werden muß, die das Gute als eine Pflicht definiert, die unter Umständen den einzelnen Menschen in ein Mittel zum Zweck verwandeln muß. So konnte man im Dritten Reich etwa dem deutschen Volk weismachen, daß das Leid in der Psychiatrie oder der Schmerz von körperlich Verkrüppelten in der Chirurgie so groß sein könne, daß es zum Akt des Mitleids zu geraten vermöge, den Tod über einen anderen Menschen auszusprechen. Es wird sich nicht leugnen lassen, daß es Situationen geben kann, in denen der Tod für einen Menschen das barmherzigste ist. Doch aus dieser Möglichkeit des Mitleids im Sinne der Goldenen Regel wurde auf dem Wege einer generalisierenden Abstraktion die Rechtfertigung der Gasfabriken, der Tötungsmaschinerien, der Barbareien eines ganzen Staatssystems. Aus einer Anschauung, die sich selbst hätte an der konkreten Erfahrung begrenzen können und müssen, wurde ein völlig abstraktes Prinzip bis hin zu Euthanasie, Rassenmord und Krieg. Wie sagte doch HEINRICH HIMMLER: «Ob beim Bau eines Panzergrabens 10 000 russische Weiber umkommen, ist mir völlig gleichgültig, wenn nur der Panzergraben für Deutschland fertig wird.»[11] Immer wieder wird das Gute, das sich nur innerhalb eines persönlichen Verhältnisses finden läßt, durch Abstraktion von der Situation in ein Prinzip jenseits des Menschen verwandelt. – Wie also beseitigt man in unseren Köpfen die Abstraktionen der Menschlichkeit, wie führt man ihre Idealbegriffe zurück auf Empfindung und Anschauung? Das ist das vielleicht größte Problem heutiger Ethik.[12] Es ist etwas Wunderbares an der Person Jesu, daß er niemals sich auf theologische Debatten eingelassen hat. Er hat sich hingestellt und Beispiele erzählt, und dann hat er gesagt: Jetzt macht es ebenso! Die Konkretion, die Situation war ihm der Maßstab des Reiches Gottes; außerhalb davon begann für ihn das Reich der Gespenster und Dämonen.[13]

Zum zweiten: Eine andere psychologische Bedenklichkeit reicht tiefer. Wie viele Menschen wünschen sich etwas und möchten, daß es ihnen geschieht, was ersichtlich nichts weiter ist als Quälerei und Selbstzerstörung! Um zur Identifikation mit dem anderen als Grundlage des Guten imstande zu sein, muß man mit sich selber einigermaßen identisch sein. Persönlichkeiten, die in sich so zerquält und uneins sind, daß sie an sich selber leiden, werden, schon im Gefälle der Selbstunterdrückung, auch den anderen, und zwar wie mit völligem Recht, unterdrücken. Ich kannte vor Jahren einen Lehrer, der im Klassenraum zu Tobsuchtsanfällen aller Art neigte. Er konnte im Zorn einem Schüler den Schlüsselbund an den Kopf werfen; er konnte fluchen, er konnte draufhauen, daß in Einzelfällen Trommelfelle platzten – es war vor mehr als vierzig Jahren. Doch die Schüler vergaben diesem Lehrer. Sie sagten: Er verlangt von uns ja nichts anderes als von sich selbst auch. Und das sah man. Bei einem Jagdbomberangriff 1945 war die gesamte linke Hälfte seines Körpers im MG-Feuer zerfetzt worden. Er war halbseitig ein Krüppel, aber er besaß einen eisernen Willen. Gelobt sei, was hart macht – solche Dinge aus der Zeit des Dritten Reiches dachte er immer noch. Und seine Schüler lernten und parierten. Die Goldene Regel hätte dieser Lehrer gewiß ohne Zögern auf sich anwenden mögen – er forderte von den anderen nur, was er von sich selbst verlangte. Die Frage aber, die sich daraus ergibt, lautet wohl: Wie erlöst man Menschen dazu, daß sie ein eigenes Glück, ein bißchen Wohlergehen, Frieden und Auskommen mit sich selbst überhaupt wieder für möglich und wünschenswert erachten? Nur Menschen, die halbwegs mit sich im Einklang sind, werden nach der Weisung der Goldenen Regel mit anderen im Einklang leben können.

Darum scheint es, daß selbst die Gebote der Bergpredigt noch einmal durchgearbeitet werden müssen, bis wir endlich Menschen vor uns haben, auf die sie sich anwenden lassen. Kein Wunder scheint es jedenfalls, daß Matthäus selbst auf dieses Wort noch einmal zurückkommen wird. Sehr viel später, achtzehn Kapitel danach, wird er in dem Gleichnisgemälde von dem großen Weltgericht Jesus noch einmal auftreten lassen, diesmal in der Gestalt des *Menschensohnes*, und er wird vor dem Throne Gottes die Lebenden und Toten befragen, wie sie's gehalten haben im Umgang mit den Menschen der Not. Der Jesus des Weltgerichts wird dann nicht mehr sagen: Menschlichkeit besteht darin, dem anderen zu geben, wovon ihr möchtet, daß man's euch gegeben hätte, er wird dann sagen: Der Maßstab liegt darin, daß ihr es *mir* als dem «Menschensohn» gegeben habt. Das ganze Geheimnis der Menschlichkeit besteht darin, daß man sie in gewissem Sinne immer schon voraussetzen muß.[14] Man muß ein Mensch sein, um menschlich zu sein, doch eben deshalb brauchen wir andere

Menschen, die uns helfen, zur Menschlichkeit zu reifen. Logisch ist das ein Widerspruch, ein Zirkelschluß, aber im menschlichen Leben geht es nicht anders. Nur die Güte erlöst zur Güte, und eben das wollte Jesus, ohne Schranken, ohne Grenzen. Bei jedem bißchen, das wir an Güte auf den Nächsten hin wirken, würden wir ein Stück von Gott selber zu sehen bekommen – das war seine feste Meinung.

Da gab es irgendwo in Ostgalizien einen jiddischen Rabbi, zu dem ein Bettler kam und ihn um Geld bat. Der Rabbi gab ihm ein paar Kopeken. Kurz darauf kam sein Schüler und sagte ganz aufgeregt: Hier, Rabbi, ist der Rest des Geldes, das du jenem Manne gegeben hast! Gleich ist er fortgegangen, es zu vertrinken. Ich hab' es ihm weggenommen! Da fuhr der Rabbi seinen Schüler an: «Von dem Geheimnis des Göttlichen halte ich in meinen Händen nur die Quasten des Saums seines Gewandes, und selbst die, mein Schüler, willst du mir noch nehmen?»[15] – Was du willst, daß man dir tue, das tu auch dem anderen.

Mt 7,13–14

Zwischen Selbstannahme und Selbstablehnung oder: Die enge Pforte

Viel Unruhe und Angst hat in der Geschichte der Kirche dieses Wort von der engen Pforte ausgelöst. Von Angst bestimmt ist schon die Frage, mit der parallel zu Matthäus der Evangelist Lukas den Ausspruch Jesu einleitet: «Ob es wenigstens *einige* gibt, die gerettet werden?»[1] Die Antwort Jesu bedeutet bei ihm: Ja, es gibt einige, allerdings *nur* einige, und *ihr* müßt euch anstrengen, darunter zu sein. Gebt euch Mühe, und zwar jetzt, denn bald wird die Türe geschlossen sein, und dann ist alles zu spät (Lk 13,22–30). Auch bei Matthäus klingt die Mahnung Jesu nicht sehr viel anders. Anstrengung, Angst, Eile, die Gefahr, nicht zu können und zu schwach zu sein, die drohende Gewißheit, daß es nicht genügend ist, nur durchschnittlich und wie die allermeisten anderen Menschen zu sein, die Vorstellung, sich mit Gewalt durch etwas hindurchzwängen zu müssen, das an sich zu eng ist, um Einlaß zu gewähren – das alles kann auf uns wie die Aufforderung zu einer rigorosen Askese, zu einer lebensfeindlichen Selbstbeschneidung und angstdurchsetzen Übermoral wirken.[2]

In einem seiner menschlich ergreifendsten Erzählwerke, dem er ausdrücklich den biblischen Titel *«Die enge Pforte»* gab, hat André Gide einmal eine Auslegung dieses Jesuswortes vorgelegt, die in ihrer verlockenden Sprache und quälenden Eindringlichkeit die ganze Fragwürdigkeit einer so verstandenen Deutung dieses Wortes offenbart.[3] Gide beschreibt in seiner Novelle die tragische Geschichte von Jérôme und Alissa, die beide von Jugend auf durch Neigung und Umstände als Lebensgefährten füreinander bestimmt zu sein scheinen. Beide spüren, daß sie gewissermaßen einander brauchen, um Gott zu lieben; beide spornt die Liebe an, durch Tugend und Vollkommenheit sich so anziehend zu machen für den anderen, als es nur geht; und dennoch durchzieht die Liebe beider von Anfang an ein nicht zu schließender Widerspruch. Jérôme gesteht schon bald, er habe das Gefühl, brennend nur dies zu wünschen: sich glühend in demselben angebeteten Ziel mit Alissa zusammenzufinden; und er fügt noch hinzu: «Ich glaube, gerade um dich zu finden, bete ich das an, wovon ich weiß, daß du es auch anbetest.[4] Alissa hingegen spürt, daß Jérôme, wenn er von Gott spricht, eigentlich nur seine Zuneigung zu ihr meint, und sie möchte ihn statt dessen zu einer «reinen», zu einer wahrhaft christlichen Liebe erheben, in der sie, einer den andern vergessend, zu Gott beten würden. Wohl bekennt Jérôme, daß gerade ihre Liebe ihn zu Gott führe, Alissa aber empfindet sich mehr und mehr wie ein Hindernis zwischen Gott und ihm; sie argwöhnt, daß ihre Liebe ihn in Wahrheit hindere, zu Gott zu gelangen, sie meint, er halte sich mit ihr nur auf, er gebe ihr vor Gott den Vorrang, er mache sie zum Idol, das ihn lähme, in der Tugend voranzuschreiten; und so bittet sie Gott um die Kraft, sich und ihre eigene Liebe zu überwinden und den Geliebten zu lehren, sie nicht mehr zu lieben, sie zu vergessen, auf daß ihm nur noch Gott zur Liebe bleibe. «Wenn meine Seele heute weint, weil sie ihn verlieren soll – geschieht es nicht, damit ich ihn später in Dir wiederfinde?»[5] betet sie und tröstet sich in dieser Hoffnung. Aber immer mehr treten ihr Wunsch nach Glück und ihr Streben nach Heiligkeit dabei auseinander. Während Jérôme sie anfleht: «Ich werde die Heiligkeit ohne dich niemals erlangen»[6], zwingt Alissa sich unter unsäglicher Mühe zu äußerster Selbstverleugnung. Sie reißt sich die Flügel ihres Geistes, ihrer Empfindung, ihres Herzens aus, um eine andere zu werden, die Jérôme nicht mehr lieben könnte; sie glaubt, Gott dieses Opfer gerade um ihrer Liebe zu Jérôme willen bringen zu müssen, und dennoch fühlt sie sich armselig und mittelmäßig in ihrer Tugend, wird hin und her gerissen zwischen Verlangen und Verzicht und gelangt am Ende, in den letzten Tagen ihres früh dahinscheidenden Lebens, schließlich dazu, den eifersüchtigen Gott, der sie enterbt hat, zu bitten, sich ihres Herzens zu bemächtigen, aus dem alle Wärme entflohen sei, und ihr zu helfen, die traurigen Überreste ihres Ichs zu besiegen, um endlich an jenen Ort zu entfliehen, wo sie nichts anderes mehr sehen werde als nur Ihn. Es bleibt Alissas tödlicher Widerspruch, um Jérômes willen nach einer Vollkommenheit zu streben, die der Lehre der Kirche zufolge nur ohne ihn erreicht werden kann. – Schärfer und eindringlicher hat kein Dichter die Frage nach dem Sinn des Jesuswortes von der engen Pforte gestellt und am Beispiel des menschlichen Lebens geprüft als der französische Dichter in diesem kleinen Roman.[7]

Ist es wahr, daß der Eintritt durch die *enge Pforte* im Matthäusevangelium bedeutet, auf alles zu verzichten? Jérôme sieht als Kind einmal in einem Wachtraum die enge Pforte in einer Kirche vor sich wie eine Art Walzwerk, in das man sich mit großer Mühe hineinzwängen müsse, unter sehr heftigen Schmerzen, in die sich indessen ein Vorgeschmack himmlischer Seligkeit mische, da diese Pforte zugleich die Tür sei zu Alissas Zimmer. Alissa hat gewiß recht, daß Jérôme nicht eigentlich «Gott» liebt, sondern sie, und daß er sich zu aller Entsagung nur zwingt, um am Ende sie nur um so reicher besitzen zu können. Aber hat sie auch recht damit, eben deswegen gegen sich derart zu wüten? Sie selber meint, sich ihre Liebe zu Jérôme verbieten zu müssen mit Berufung auf gerade dieses Wort Jesu von der engen Pforte: «Den Weg, den Du lehrst, Herr, ist ein schmaler Weg, so schmal, daß nicht zwei nebeneinander gehen können», sagt sie.[8] Aber ist das wirklich so? Meint es Jesus so? Das ist die alles entscheidende Frage. Heißt durch die enge Pforte einzugehen jeden Menschen von sich abstreifen zu müssen wie ein Hindernis, stets in der Wahl zwischen der Liebe zu Gott und der Liebe zum Menschen? Man muß André Gide danken, daß er durch seine Novelle diese Frage zum humanen Prüfstein des Christentums gemacht hat.

Sicher ist Alissa mit ihrer großmütigen und opferbereiten Gesinnung einem richtigen Verständnis des Jesuswortes näher als die Seichtigkeit des Herzens, mit der man für gewöhnlich ein solches Wort als eine nicht so ernst gemeinte eifernde Übertreibung oder als ein bloß dramatisierendes Stilmittel der religiösen Verkündigung erklärt.[9] Kein Zweifel, daß dieses Wort meint, was es sagt: daß alles auf dem Spiel steht; kein Zweifel auch, daß hier in absolutem Sinne der Einzelne in Frage steht: Die Menge gilt nichts, wenn ein solches Wort wie dieses von der engen Pforte zutreffen soll[10]; der Mehrheit der Menschen anzugehören muß eher unruhig und besorgt als sicher und zufrieden machen; die Masse hat keinesfalls ohne weiteres recht; sobald es um Fragen der Existenz geht, kommt es auf den Einzelnen an.[11] Allein, was *er* tut, zählt. Wichtig ist dabei nicht, ob viele mit ihm das gleiche tun, sondern ob das, was er tut, stimmt und vor Gott Bestand haben kann. Diese Isolation von der Menge, diese Trennung von dem großen Haufen, ist offenbar diesem Jesuswort zufolge der Anfang, um dem schmalen Weg durch die enge Pforte zu folgen[12] – daß ich mich nicht mehr von der Woge der Menge beziehungsweise der Mehrheit tragen lassen kann; die Brandungswellen der Masse werfen jeden Menschen irgendwann als überzähliges Strandgut an das Ufer; man darf sich nicht von der Strömung treiben lassen, wenn man nicht von der eigenen Wahrheit abgetrieben werden will. Insofern können wir bis hierher trotz all des Düsteren und bewußt Masochistischen in der Gestalt der Alissa dem Entscheidungsernst ihrer Frömmigkeit zustimmen. Es geht wirklich darum, etwas Unableitbares, Eigenes, ganz Persönliches vor Gott zu sein. In diese Richtung weist das Wort Jesu wirklich.

Und dennoch scheint Alissa auf eine grausame und tragische Weise das Richtige zu verfehlen, indem sie ihr Eigenstes, Besonderes im Absonderlichen, ihr Persönlichstes in dem sucht, was ihrer Person am meisten widerspricht. Alissa begeht, angestachelt durch das Bild von der engen Pforte, einen verhängnisvollen Irrtum, dem gerade besonders opferwillige, heroische Seelen so leicht erliegen, indem sie das Wahre verwechseln mit dem Schwierigen, das Richtige mit dem Abgetrotzten, das Reine mit dem Entkörperlichten, das Göttliche mit dem Unmenschlichen, das Himmlische mit dem Entweltlichten. So aber wird das Leben nicht mit sich eins, sondern zerrissen, nicht etwas Heiliges, sondern etwas Ersticktes – ein Friedhof, kein Palast oder Tempel Gottes.[13]

Aber was soll dann das Jesuswort vor allem bei *Lukas* besagen, wo noch hinzugefügt wird, es sei den meisten *unmöglich*, durch die enge Pforte zu gelangen?[14] Schwingt hier nicht doch die Vorstellung mit, es gehe nicht nur um etwas Besonderes, sondern um etwas ganz besonders Schweres, wenn man sich Gott nahen wolle? Das ist zuzugeben; die Frage ist nur, worin diese Schwierigkeit liegt.[15]

Die erste Schwierigkeit besteht bereits darin, überhaupt zu merken, daß es eine eigene persönliche Berufung gibt. Es ist so unsäglich schwer, sich aus dem Sog der Menge zu befreien und sich selbst gegenüber zu treten. Angst und Einsamkeit gehören dazu, der Mut, allein dazustehen und einen Augenblick lang in die Isolation zu geraten, sowie die Unbequemlichkeit, das Steuer des Lebens selber in die eigene Hand zu nehmen.

Ist dies aber einmal geschehen, ist einmal der Rausch der Menge verebbt, so beginnt eigentlich erst der schmale, wirklich schwer zu beschreitende Weg, der von zwei mächtigen Klippen eingerahmt wird, an denen man jederzeit scheitern kann. Die eine Klippe besteht darin, bei der Entdeckung des eigenen Lebens förmlich in Selbstverliebtheit und Entzücken auszubrechen. Der Eindruck kann da entstehen, es gäbe nur mich. Mein eigenes Ich, meine eigene Berufung beginnen mich so zu faszinieren, daß ich mich darin immer mehr versenke – und darin umkomme. Es geht mir dann so ähnlich wie dem Schmetterling in einer Fabel LEONARDO DA VINCIS: Eines Abends, als er im Dunkel hin und her flattert, sieht er ein Licht, und es wirkt auf ihn wie ein großes Wunder, das er lebhaft zu umkreisen und zu bewundern beginnt. «Wie schön ist doch dieses Licht», denkt er, während er mit seinen Flügeln der Flamme immer näher kommt; und nicht zufrieden damit, den Bewunderer zu spielen, setzt der Falter alles daran, sich auf dem Licht auszuruhen wie auf einer großen duftenden Blume. So lenkt er seinen Flug mutig gegen die Flamme, die er oberhalb streift. Betäubt findet er sich zu den Füßen des Lichtes wieder und nimmt mit Bestürzung wahr, daß ihm ein Fuß fehlt und seine Flügelspitzen angesengt sind. Außerstande zu begreifen, daß ihm von einem so schönen Wesen wie der Flamme irgendein Übel geschehen sein könnte, versucht er erneut, sich auf der Flamme niederzulassen. Verbrannt fällt er schließlich in das Öl, das die züngelnde Flamme nährt, und seufzt, sein Leben beendend: «Verfluchtes Licht, ich glaubte, in dir mein Glück zu finden und fand in Wahrheit den Tod.» – «Armer Falter», antwortet das Licht, «ich bin nicht die Sonne, wie du naiv glaubtest. Ich bin nur ein Licht. Und wer mich als die Sonne ansieht, der verbrennt sich.»[16]

Das ist ein treffendes Bild für die Gefahr, in die wir hineintaumeln, wenn wir uns selbst begegnen. Was nur ein Abbild und ein Widerschein Gottes ist, zu dem wir streben, das lockt uns an und suggeriert uns, es sei schon selbst das Absolute. Wir möchten uns darauf zur Ruhe niederlassen und merken vielleicht erst zu spät, daß wir daran zugrunde gehen. Wohl spüren wir, daß wir, fixiert auf uns selber, nur immer weniger, immer leerer werden, aber wir vermögen nicht zu sehen, daß uns gerade unser eigenes Ich, das wir am meisten lieben, tödlich versengt. Daß wir das Ich des eigenen Herzens verwechseln mit dem Ich, das Gott ist, daß wir unsere Freiheit, die ein Abglanz Gottes ist und ein Vermögen, über den Dingen zu stehen, selbst absolut setzen und bedingungslos uns selber wollen, das macht, daß wir aus Sehnsucht nach Gott zugrunde gehen können an dem, was von Gott nur Zeugnis gibt. Es gehört viel Wagemut dazu, sich selber zu entdecken; aber noch mehr an Weisheit gehört dazu, sich an sich selbst nicht zu verlieren. Der bloße Narzißmus ist ein Irrweg, auf dem das Tor zur Seligkeit nicht zu passieren ist. Und ist die Lebens- und Liebesverweigerung Alissas am Ende nicht auch eine Form stolzer Selbstverliebtheit und Selbstbewahrung?

Die andere Klippe (neben dieser: sich selbst absolut zu wollen) besteht darin, sich selbst in absolutem Sinne *nicht* zu wollen, und dafür jedenfalls kann die Gestalt Alissas stehen. Allerdings wirken ihre drohenden Umrisse schon von weitem so ängstigend, daß die allermeisten sich weitab von den Gestaden halten werden, an denen es ihnen selbst so gehen könnte. Sie fliehen vor sich selber wie vor einer tödlichen Gefahr. Sie werden das Gefühl nie los, als wenn sie sich, so wie sie sind, nur ablehnen und hassen könnten, und so legen sie alles darauf an, sich niemals selber ins Gesicht zu blicken. Sie meiden es oft jahrelang, das Haus des eigenen Lebens zu betreten, stets in dem unheimlichen Empfinden, daß dort, im Keller, irgendwo versteckt, ein Ungeheuer auf sie lauere; und lieber wandern sie ihr ganzes Leben lang ziellos und heimatlos umher, als bei sich selber einzutreten. Sich selber zu bejahen ist am Ende noch viel schwerer, als sich in sich selbst nicht zu verlieren; jedenfalls von einem bestimmten Grad an mangelnder Naivität an wird das immer schwieriger. Je deutlicher man seiner selbst gewahr wird, je mehr man die Fassaden der selbstbetrügerischen Sicherheiten niederreißt, desto höher türmt sich der Berg von

Gründen auf, sich zu hassen. Die Versuchung der einfachen Gemüter mag darin bestehen, an unweiser Selbstverliebtheit zugrunde zu gehen; die Versuchung der reflektierten Geister hingegen ist es, sich durch Selbsthaß zugrunde zu richten. Gemüter dieser Art wissen zu deutlich, daß ihre kleine Lampe nicht die Sonne ist, und so fühlen sie, daß sie sich nur verachten können und auf eine «einfache» menschliche Liebe durchaus nicht mehr zählen. Ihr Streben nach dem wahren Licht ist derart groß, daß sie nur fliegen, fliegen möchten, immer weiter, immer höher, ins Unendliche; und dabei lassen sie, trunken und berauscht von Selbstvergessenheit, nur allzu leicht außer acht, daß ihre kleinen Flügel nicht geschaffen sind, die Sonne anzufliegen. Sie sind doch nur gemacht, die kleine Lampe zu umkreisen aus Sehnsucht nach der Sonne. Gerade Menschen wie Alissa, gerade die heroischen Gemüter stehen in der Gefahr, sich selber auszuweichen; auf sehr sublime Weise geben sie lediglich vor, von Gott zu sprechen, während doch ihr Wunsch im Grunde darin besteht, sich selber umzudichten, und insgeheim beten sie zu «Gott» ständig nur um das eine, er möge sie in seiner Allmacht doch noch einmal anders, besser, schöner, tugendhafter schaffen. Was sie «Gott» nennen, ist das projizierte Ideal einer vollkommenen Antithese zu ihrer eigenen Wirklichkeit. Doch einen solchen Gott gibt es nicht. Der Gott der Schöpfung bleibt bei dem, was er geschaffen und gebildet hat. Zu ihm führt wirklich nur ein schmaler Weg; die Fahrrinne ist eng, die hier zwischen Skylla und Charybdis, zwischen den Klippenrändern der Selbstverliebtheit und des Selbsthasses hindurchführt.

Gerade darum ist es so schwer, *den schmalen Pfad der Mitte* zu finden.[17] Wohl ist der Selbsthaß erkennbar anstrengend, und doch vermeidet er die eigentliche Schwierigkeit des Daseins, sich selber anzunehmen. Selbstverliebtheit umgekehrt erscheint bequem, und doch vermeidet sie die eigentliche Erleichterung des Daseins, über sich hinaus zu blicken. Tatsächlich «schwer» oder leicht, eng oder weit ist nur der Weg des Vertrauens[18], und nur er öffnet das Tor zur Seligkeit. Er bildet die Mitte zwischen den breiten, aber zu nichts führenden Wegen der Selbstablehnung und Selbstverherrlichung. Er besteht in dem deutlichen Bewußtsein, daß die «Lampe» nicht die Sonne ist, daß sie nicht selbstgenügsam ist, sondern selber Nahrung zehrend, also selber bedürftig, kein Ort, gefahrlos auszuruhen; und doch besteht er zugleich in dem Bewußtsein, daß auch die Lampe etwas von der Sonne in sich hat, daß auch die Lampe wichtig ist und Wert besitzt und daß sie sein muß, weil es sonst vollkommen dunkel wäre auf Erden. Die Lebensform, der Glaube, den Jesus in dem Bild vom schmalen Weg und der engen Pforte meint, ist so etwas wie ein Balanceakt, an dem beide Gewichte gleich stark in den Waagschalen liegen: Das eine

Gewicht besagt: Ich bin berechtigt dazusein, denn Gott hat mich geschaffen; das andere Gewicht besagt: Ich liebe Gott, der mich geschaffen hat, denn das, was an mir gut ist, ist sein Abbild.[19]

Weder Selbstverlorenheit noch Selbstvergessenheit, weder Verbrennen noch Verfliegen – der Glaube ist der schmale Weg zwischen zwei Fehlhaltungen, die beide von einem wirklich glücklichen Leben ausschließen. Er ist die einzige Möglichkeit, in Übereinstimmung mit sich zu leben, ohne sich am Ende oder gleich am Anfang selber zu verfluchen.[20]

Zu glauben heißt in diesem Sinne wesentlich, sich selber anzunehmen, weil und wie Gott mich geschaffen hat. Der Glaube ist das selige Gefühl, dasein zu dürfen. Und, mit Bezug auf André Gide kann man auch sagen: Er ist die entscheidende Erlaubnis, miteinander sein zu dürfen. Niemand, wenn das stimmt, ist dem andern auf dem Weg zu Gott hinderlich, niemand schwebt in der Gefahr, den andern von Gott abzulenken, niemand braucht durch angequälte Tugenden leerer Verzichtleistungen den andern durch sich zu Gott zu erheben. Denn jeder kann Gott in sich selber finden; und findet er selbst Halt in Gott, so kann er auch dem anderen Platz und Raum schaffen zum Leben. Und auch umgekehrt: Erst wenn jemand sich auf die Liebe zu einem anderen Menschen vorbehaltlos einläßt, wird er dem Gott begegnen, der ihn selber schuf. Der schmale Weg zu Gott hat Platz für alle, ja, er ist der Platz im eigenen Ich für viele andere Menschen.

Dann aber wird man zueinander gerade sagen dürfen, was Alissa sich als Wunsch kategorisch verbietet und worum zu Gott zu beten sie sich gerade verweigert: «Herr», läßt André Gide sie sagen, «wenn wir, Jérôme und ich, auf Dich zuschreiten dürften, der eine mit dem anderen, der eine durch den anderen, während der ganzen Dauer des Lebens wie zwei Wanderer, von denen der eine bisweilen zum anderen sagt: ‹Stütze dich auf mich, Bruder, wenn du müde bist›, und der andere erwidert: ‹Es genügt mir, daß ich dich an meiner Seite fühle.›»[21]

So eng hängt dies alles, der Glaube an Gott, das Glück unseres Lebens, die Annahme der eigenen Person und die Liebe zum anderen zusammen, daß G. E. Lessing in einem Fragment hat schreiben können:

> Genug, wer Gott leugnen kann,
> muß sich auch leugnen können.
> Bin ich, so ist auch Gott.
> Er ist von mir zu trennen,
> Ich aber nicht von ihm.

Er wär', wär' ich auch nicht;
Und ich fühl was in mir,
das für sein Dasein spricht.
Weh dem, der es nicht fühlt
und doch will glücklich werden,
Gott aus dem Himmel treibt,
und diesen sucht auf Erden.[22]

Mt 7,15–20

An ihren Früchten sollt ihr sie erkennen oder: Die Wölfe im Schafspelz

Es geht merkwürdig zu in der Geschichte der Menschheit wie in der Geschichte der Religion: Bestimmte Themen, die zu ihrer Zeit von äußerster Aktualität und Dringlichkeit waren, erscheinen späteren Zeiten bald schon als fast unverständlich und fremd, solange man sie in ihrem historischen Kontext beläßt; nimmt man hingegen die Themen von einst als Konterfei bestimmter Grundkonflikte des menschlichen Daseins, so erwachen sie plötzlich zu neuem Leben und beweisen quer durch die Zeiten eine eigentümliche Virulenz.[1]

Rein historisch gesehen steht Matthäus bei den «Wölfen im Schafspelz» vor einem Problem, das für ihn nahezu apokalyptische Züge trägt. Gerade in seinen Tagen, dicht nach dem Untergang Jerusalems, muß er erleben, wie in Teilen seiner Gemeinde messianische Schwarmgeister Einzug halten, deren Treiben er selber später in der großen Rede vom Hereinbrechen der Endzeit so schildern wird: «Trugmessiasse und Trugpropheten werden sich erheben und gewaltige Zeichen und Wunderdinge tun, um, wenn möglich, auch die Auserwählten in die Irre zu führen» (Mt 24,24).[2] Jede Zeit des Zusammenbruchs bringt Menschen hervor, die der kollektiven Angst aller eine subjektive Heilsgewißheit entgegenzusetzen suchen. Was aber Matthäus dabei vor allem entsetzt, ist wohl die Tatsache, daß man, statt sich an die Person und Botschaft Jesu zu halten, immer noch das Auftreten eines neuen, «besseren» «Messias» in der Zukunft erwartet und diese Erwartung bereits mit konkreten Gestalten verbindet. Der Weg des Judentums nach dem Jahre 70 in den Aufstand Bar Kochbas gegen Rom bereitet sich im Hintergrund dieser Zeilen vor, mit all den fehlgeleiteten Hoffnungen, Gewalttaten und Enttäuschungen.[3] Andere wiederum gibt es, die sich womöglich auf die Botschaft Jesu berufen und in seinem Namen «Gesetzesverachtung» predigen. Sie anerkennen nichts als den «Geist», den sie in sich tragen - er ist der Garant ihrer «prophetischen» Sendung; doch das Ergebnis ihrer schwärmerischen Agitation ist Irrung und Wirrung: Durch ihr Treiben wird «die Gesetzesverachtung» überhandnehmen «und die Liebe in vielen erkalten» (Mt 24,11.12)[4], meint Matthäus.

Was läßt sich gegen dieses Werk schleichender Verführung tun? Der Evangelist ist hier offenbar ratlos. Er schärft seiner Gemeinde Strenge des «Gesetzes» und der «Propheten» bis hin zu jedem Jota und Häkchen ein (Mt 5,17–19); doch hält er es offenbar für aussichtslos, in einen theologischen Disput, nach dem Vorbild der paulinischen Briefe etwa, einzutreten.[5] Die gesamte Denkweise des Matthäus ist durch und durch «jüdisch», nicht «griechisch», das heißt, sie ist wesentlich praktisch und pragmatisch und schon deshalb der Art des Auftretens Jesu sehr verwandt; rein theoretische, theologische Dispute über «Gesetz» und «Evangelium» sind da nicht möglich. Das gesamte «Gesetz» und «alle Propheten», hörten wir vorhin noch Matthäus sagen, das ist *die Goldene Regel:* «Alles, was ihr wollt, daß die Menschen euch tun, das tut auch ihr ihnen» (Mt 7,12). Doch selbst das ist nicht klar. Denn was will schon ein Mensch für sich selber? Sogar bei dieser Frage kann man angesichts der Trugmessiasse und Trugpropheten irre werden. Was Matthäus bleibt, ist als einziger Maßstab dieses kostbare Jesuswort: «An ihren Früchten sollt ihr sie erkennen.» Es ist der Rat des Gamaliel aus Apg 5,34–42, der angesichts der zahlreichen Messiasprätendenten seiner Zeit ein gleiches Kriterium angab, um zu sehen, was von Gott ist oder was nicht von Gott ist: Die Wirkung entscheidet.[6] Ganz so Matthäus an dieser Stelle, nur in den plastischen Worten Jesu: «Sammelt man etwa von Dornen Trauben oder von Disteln Feigen?»[7]

Soweit die *historische* Fragestellung. Man muß sie nur schildern, und schon ist klar, daß in ihr weit mehr zum Ausdruck kommt als nur die Unsicherheit in der Bewertung bestimmter Messiasbewegungen und eschatologischer Schwärmereien damals. Die weit allgemeinere, *existentiell* verbindlichere Frage gilt dem Problem, worauf eigentlich im Menschen wirklich Verlaß ist und was wirklich trägt. Rein historisch steht Matthäus lediglich vor der Schwierigkeit, wie man in der Gemeinde seiner Zeit die «Trugpropheten» erkennen soll – was ist da Wahrheit, was Täuschung? Doch das Problem der «trügerischen Prophetie» selbst besteht ja nicht darin, daß jemand bewußt die Unwahrheit sagen oder den Irrtum predigen wollte – ein solcher Eindruck wird lediglich durch die deutschen Übersetzungen vermittelt, die immer noch von «Lügenpropheten» und «Lügenmessiassen» sprechen; einzig F. Stier übersetzt präzise genug: «Trug», nicht Betrug, Täuschung, nicht Täuschen, Irren, nicht absichtliches Verwirren ist die Gefahr, um die es hier geht.[8] Wie aber dann? Wie weiß ein Mensch, ob er sich in dem, was ihm am meisten heilig und kostbar ist, irrt oder nicht? Wie kann er wissen, ob das, was er sagt oder tut, anderen hilfreich und heilend oder verderbenbringend und schädlich sein wird? Solange man die Perspektive des Matthäus, den Blick von außen, einnimmt und die «Trugpropheten» wie seltsame Tiere mustert, die sich in der Herde Christi verlaufen haben, ist die Rede wohl schon von Drohung und Gefahr, doch es herrscht subjektiv immer noch die Gewißheit vor, die Wahrheit eigentlich zu kennen; der wirkliche Abgrund unter den Füßen des Menschen indessen öffnet sich erst, wenn man in das Innerste der «Trugprophetie» selber hineinleuchtet. Die eigentliche Beunruhigung ist, wie stets, psychischer Natur; nur sie führt uns an den Kern der Irrtumsfähigkeit heran, die unser *eigenes* religiöses Erleben durchzieht; sie zeigt uns die Stelle nicht einer fremden, fernen, historisch vergangenen Gefahr, sondern konfrontiert uns mit unserer eigenen, ständigen Gefährdung.[9]

Diese Gefährdung beginnt schon bei der Fragwürdigkeit der «Lösung», die Matthäus hier vorschlägt. Soll wirklich das «Ergebnis», die Wirkung, der Erfolg darüber entscheiden, was für ein Mensch jemand (gewesen) ist? Wie die Gedanken und die Taten eines Menschen bei der Menge ankommen und wie sie in der Geschichte weiterwirken, steht allzumeist vollkommen außerhalb des Entscheidungsspielraums der Person des Einzelnen; und solange der Wert eines Menschen abhängen soll von seiner Wirkung auf andere, kommt ein solcher Mensch gewiß niemals dazu, seine eigene Wahrheit zu finden. Gerade umgekehrt sollte man denken: Jemand ist so wirklich und wirksam, wie er selber lebt; was dann daraus wird, muß man sehen, aber es entscheidet, bezogen auf diesen Menschen selbst, über nichts mehr. Seine Bedeutung für andere mag im Verlauf der Geschichte wachsen oder abnehmen – über Trug oder Wahrheit seines Lebens bestimmt es nicht.

Thomas Müntzer beispielsweise – sollte er wirklich nichts weiter gewesen sein als die schmähliche Niederlage bei Frankenhausen von 1525 und die unfreiwillige Ursache für die strenge Rekatholisierung des Eichsfeld durch die Fürsten?[10] Oder: Luthers Reformation – wäre sie je in Gang gekommen ohne die Interessengegensätze zwischen Fürsten und Kaiser, Städten und Reich, Bauern und Adel, Volk und Klerus?[11] Menschen treten eine Lawine los, oder sie werden unter ihr begraben; aber wer sind sie selber, und wie kann man wissen, was in ihnen gilt und wahr ist? In den Augen Luthers etwa war Thomas Müntzer der Teufel selber, und umgekehrt galt auch diesem der anfangs hoch verehrte Reformator schließlich nur noch als «sanftlebendes Fleisch zu Wittenberg»[12], als Musterbeispiel der «hodensäckigen Doctores»[13] und als Verräter der Volksreformation an die Fürstenreformation.[14] Beide auf ihre Weise konnten Gewalt und Krieg säen, obwohl sie Gottes Gerechtigkeit meinten, und beide konnten die Barmherzigkeit mit Füßen treten, obwohl sie nichts anderes wollten als die Liebe Gottes unter den Menschen. «Barmherzig hin, barmherzig her! Wir reden jetzt von Gottes Wort... Ich will hier (scilicet in den Bauernkriegen, der Verfasser) nichts von Barmherzigkeit hören noch wissen, sondern acht haben, was Gottes Wort will»[15], schrieb MARTIN LUTHER in seinem *«Sendbrief von dem harten Büchlein wider die Bauern»;* und MÜNTZER warnte seine Mannen: «Laßt euch nur mit guten Worten zu keiner beschissenen Barmherzigkeit bringen, so wird euer Sach wohl bestehen.»[16] Wer ist hier Trugprophet? Wer Gottes Anwalt, wer ein Satansdiener?

Während Matthäus sich «vom Ergebnis her» sehr wohl ein absolutes, im Namen Gottes ergehendes Urteil zuspricht und sogar die Fluchrede Johannes des Täufers (Mt 3,10) von der Axt an der Wurzel der Bäume jetzt auf die «Trugpropheten» hin aktualisiert (Mt 7,19)[17], ist es zum Erfassen der eigentlichen Spannung, von der hier die Rede geht, weit hilfreicher, von den Bildworten Jesu selber auszugehen und sie *psychologisch* zu interpretieren.[18] Das Bild von dem Baum und den Früchten ist darin wohl ganz eindeutig: Zwischen Person und Geschichte, zwischen Sein und Tun, zwischen Wirklichkeit und Wirkung soll kein zufälliges oder nur äußerlich vermitteltes Verhältnis walten, sondern es soll das eine sich organisch aus dem anderen ergeben, als Indiz und Erkennungszeichen sogar für die Realität, die ihm zugrunde liegt. Was aber ist es dann mit den «Wölfen im Schafspelz», was ist die psychische Problematik, die sich in diesem Bildwort ausspricht? Matthäus bezeichnet damit lediglich den Kontrast zwischen Erscheinungsbild und Wirklichkeit; wir aber müssen uns fragen, wie Menschen dazu kommen, derartig widersprüchlich zu sein. Nicht Warnung und Verurteilung, sondern Einsicht und Verstehen ist nötig, um die Sprache der Bergpredigt nicht zur Rüstkammer wechselseitiger Verketzerungen und Vorwürfe verkommen zu lassen, sondern anhand ihrer Metaphern Konflikte durchzuarbeiten, die in dieser Zuspitzung sonst kaum sichtbar würden.

Allerdings müssen wir zu diesem Zweck auch hier noch einmal den Blickpunkt ändern – weg von der moralisierenden zu einer mitfühlenden Betrachtung. In der Diktion des Matthäus sind die «Wölfe im Schafspelz» nichts anderes als besonders verderbliche, hinterhältige, schädliche und schändliche Menschen, die für alles, was sie tun und anrichten, die volle Verantwortung tragen, denn, so wird unterstellt, sie wollen genau das, was passiert, sie arrangieren es selbst in gerade dieser Weise, sie sind in vollem Sinne moralisch schuldig. Doch wie soll ein solches Urteil gerecht oder hilfreich sein? In den Augen der katholischen Kirche zum Beispiel *hat* MARTIN LUTHER unnennbaren Schaden gestiftet, für sie war er ein «Wolf im Schafspelz», kein Zweifel. Aber: Wollte er wirklich so wirken? War es etwa seine Absicht, möglichst viel Schaden zu hinterlassen? Ja, hat er überhaupt Schaden oder hat er nicht viel mehr Nutzen gestiftet? Selbst über diese Frage gibt es nach 500 Jahren noch immer kein auch nur annähernd einhelliges Urteil. Oder: Was THOMAS MÜNTZER subjektiv wollte, war keinesfalls etwas «Wölfisches»; ganz im Gegenteil, er wollte die «Herde», die kleinen Leute, in Schutz nehmen gegen das Wüten der «großen Hansen»: «Die Herren», schrieb er, «machen das selber, daß ihnen der arme Mann feind wird. Die Ursache des Aufruhrs wollen sie nicht wegtun, wie kann das auf die Dauer gut werden? So ich das sage, muß ich aufrührerisch sein, wohlan!»[19]

Dies zum ersten also läßt sich lernen: daß Menschen unter Umständen «wölfisch» werden können nicht aus bösem, sondern aus gutem Willen. Sie müssen sich durchaus nicht, geborene Wölfe, die sie wären, die Schafskleider zur Tarnung überstreifen, sie sind oft genug im Gegenteil von Hause aus geborene Schafsnaturen, mitleidig, sozial empfindend, gutwillig und engagiert; sie werden allererst zu «Wölfen» an einer Welt der gutbestellten, hochgestellten Mordbrenner und rücksichtslosen Prasser allüberall auf Erden. Die Widersprüchlichkeit zwischen ihrem ursprünglichen Wollen und ihrem späteren Wirken beruht hier auf einer tragischen Brechung und Umkehrung ihrer besten Antriebe und Absichten, und wenn wir früher von einem «Teufel» beziehungsweise von einer Geisteshaltung sprachen, die, von einem ungeduldigen Idealismus vorangetrieben, umweglos auf ein bestimmtes Ziel zugehen will, so mag man in diesen Menschen, die aus Schafen Wölfe wurden, die rechte Verkörperung eins solchen «Geistes» erkennen. Nur: Statt von bösem Willen muß man hier unbedingt sprechen von bitteren Enttäuschungen, von langen Jahren des Unverständnisses, von dem langsamen Vergären der fröhlichsten Hoffnungsaugenblicke, von dem quälenden Zwang zur Geduld und dem schier unerträglich werdenden Warten – statt von Teufeln muß man von *Menschen* reden, die wie Engel sein wollten. Aber dann: Wer vermag schon zum Beispiel in einem Terroristen der Rote Armee Fraktion eine solche Tragödie des guten Willens wiederzuerkennen? Wer in unserer westlichen Politik wäre imstande, in einem Mann wie *George Habasch* den Kinderarzt wiederzuerkennen, der er einmal war, ehe er aus Schmerz und Zorn über das Elend und die endlosen Verletzungen seiner kleinen Patientinnen und Patienten in den israelisch besetzten Gebieten Palästinas zu dem Chef einer der gefürchtetsten palästinensischen Terrororganisationen der Volksfront zur Befreiung Palästinas wurde? In wie vielen Fällen muß man in den «Wölfen» Schafe erblicken, die es inmitten einer Welt von Raubtieren nur nicht länger mehr aushielten, in unverantwortlicher Weise «schwach» zu sein! *Schafe im Wolfspelz* – das ist zumeist eine Tragödie des guten Willens; eben nicht ein Dokument satanischer Bosheit.

Wie aber verhält es sich umgekehrt mit den «Wölfen im Schafspelz»? Wenn es im Raum der Tragik Steigerungen gibt, so ist *ihr* Unglück zweifellos noch größer. Denn wer als «Schaf» nach außen hin als «Wolf» auftritt, steht doch immerhin zumindest halbbewußt zu dem, was er nach außen tut; die Dramaturgie der «Wölfe im Schafspelz» hingegen vollzieht sich psychologisch ganz und gar im Unbewußten, und sie ist um so schmerzhafter, als hier das beste Wollen nicht erst aufgrund des Widerstandes der Außenwelt, sondern durch eine Widersprüchlichkeit der eigenen Psyche in sein gerades Gegenteil getrieben wird.

Wer kennt zum Beispiel nicht das *Märchen* von dem *«Wolf und den sieben Geißlein»?* Es berichtet davon, daß eine Gruppe von Kindern ihre eigene Mutter als «Wölfin» erleben kann. Keine Mutter der Welt *möchte* so wirken; doch fragt man, wie ein solches Erleben zustande kommt, so muß man sich eine Mutter vorstellen, die – schon aus lauter Angst – ihre Kinder im Übermaß versorgen und umsorgen möchte. Setzen wir einmal, daß selbst einer überaus fürsorglichen Frau die Erziehung einer so großen Kinderschar zu viel werden muß, vor allem, wenn wir, wie in dem Grimmschen Märchen, von einem Mann, der dieser Frau hilfreich zur Seite stehen würde, kein Sterbenswörtchen hören. Eine solche Frau wird ihre Kinder herzenslieb haben, sie wird sich in ihrer Erziehung alle nur erdenkliche Mühe geben, und doch werden die Kinder in allem, was geschieht, sehr deutlich auch die geheime Überanstrengung, den grollenden Zorn und die wachsende Ablehnung von seiten ihrer Mutter herausspüren. Im Grunde, so fürchten sie, ist der Mutter bei all ihrer Zuwendung eigentlich zum Weglaufen zumute. Und gerade diesen Moment schildert das Grimmsche Märchen; es setzt in dem Augenblick ein, da die Mutter buchstäblich «weggeht». Es genügt, daß sie auch nur für zwei Stunden ihre Kinder allein läßt, um in der Stadt einzukaufen, da kann die Verlassenheitsangst der Kinder ausbrechen: Wird die Mutter je wiederkommen? und wenn: *wie* wird sie wiederkommen? In einem solchen Klima der Angst und der Unsicherheit steht zu erwarten, daß die Kinder ihrerseits mit geheimen Aggressionen auf ihre Mutter antworten: Sie lieben sie, und sie sehnen sich nach ihrer Rückkehr, zugleich aber sind sie auch böse auf ihre Mutter, die einfach fortgegangen ist, und wünschen ihr den Tod. Dann wieder ängstigen sie sich um die Mutter, ob ihr vielleicht etwas zugestoßen sein könnte, und haben Schuldgefühle für ihre Aggressionen. Schließlich kommt die Mutter zurück – als ein «Wolf» in doppelter Hinsicht. Denn zum einen spürt natürlich auch sie die untergründigen Vorwürfe ihrer Kinder, aber sie frißt wortwörtlich Kreide; sie redet ganz ruhig und beruhigend auf die Kinder ein und versichert sie ihrer Liebe und Treue; andererseits aber grollt und brummt sie inwendig, daß sie nicht einmal zwei

Stunden allein sein kann, ohne daß für ihre Kinder ein Drama daraus wird. Diese wiederum merken die Künstlichkeit in dem Kreideton ihrer Mutter, ja, sie müssen schon aufgrund ihrer eigenen Aggressionen und Schuldgefühle mit einer verborgenen Strafbereitschaft ihrer Mutter rechnen. Und so werden sie jetzt schon «freiwillig» tun, was das Grimmsche Märchen als Handlung des Mutterwolfes schildert: Sie werden der Mutter wie einem gefährlichen Raubtier in den Bauch kriechen; sie werden ganz lieb, ganz verschmolzen, ganz identisch sein mit den Bedürfnissen der Mutter; aber sie werden eben dadurch selber nicht leben und auch in gewisser Weise ihre Mutter daran hindern, selber zu leben. – Ein einziges kleines Märchenbeispiel, eine winzige häusliche Szene: der Weggang der Mutter, genügt, um eine wirkliche Lebenstragödie psychischer Aufspaltungen zu beschreiben.

Oder ein anderes Beispiel. Ein Pfarrer hat auf seiner neuen Stelle all seinen guten Willen zusammengenommen, um in vorbildlicher Weise die Botschaft des Evangeliums zu verkünden und vorzuleben. Stundenlang sitzt er zu Hause, um seine Predigten vorzubereiten; so gut er vermag, hält er Hausbesuche ab, was bei seinem Vorgänger vollkommen ungebräuchlich war; selbst des Mittags steht die Tür seiner Wohnung jedem Besucher offen – es ist jedermann deutlich, daß dieser Pfarrer es wirklich ganz besonders gut meint. Trotzdem gibt es Eigentümlichkeiten im Umgang mit ihm, die, gelinde gesagt, sehr irritierend sind. Wenn man zum Beispiel mit ihm spricht, schaut er immerzu auf die Leute, die auf der Straße an ihm vorbeigehen, ob er sie grüßen muß oder nicht. «Ich glaube, er meint mich gar nicht. Ihm geht es stets um die Gemeinde als solche.» Das ist *eine* Erfahrung mit ihm. «In seiner Nähe fühlt man sich niemals einfach frei und ruhig. Er vermittelt eine ständige Unruhe, eigentlich müßte gerade irgend etwas anderes passieren.» So, wenn jemand ihn zu Hause besucht. «Er lebt wie ständig unter Dampf, so daß man stets ein schlechtes Gewissen bekommt, ihn überhaupt zu beanspruchen.» All diese Feststellungen stimmen aufs Wort; doch wenn sie gegenüber diesem Pfarrer auch nur andeutungsweise vorgebracht werden, so kann er vollends aus der Haut fahren. Wie denn? Da gibt er sich von früh bis spät alle nur erdenkliche Mühe, es, so gut wie möglich, jedem recht zu machen, und da sind diese Leute immer noch nicht zufrieden! Da wollen sie immer noch mehr von ihm. Da kann er aus der Haut fahren, und da fährt er aus der Haut. Er merkt durchaus nicht oder stets zu spät, daß «die Leute» gar nicht noch mehr von ihm wollen, sondern eigentlich weniger, das aber konzentrierter, persönlicher, gegenwärtiger, leibhaftiger. Statt noch öfter «ja» zu sagen, müßte er viel häufiger «nein» sagen, damit sein «Ja» wirklich ein «Ja» und sein «Nein» wirklich ein «Nein» würde (Mt 5,37).

Vor allem jedoch möchte man an der Seite eines so überguten und überbemühten Pfarrers nicht ständig Schuldgefühle haben müssen, nur weil er selber keine Grenzen zu ziehen versteht, und man möchte auch nicht ständig unter dem Zwang stehen, sich ausdenken zu sollen, was er wohl denkt, nur weil er selber nicht für sich selbst, sondern stets «für andere» denkt. Die Tragödie der «Wölfe im Schafspelz» besteht hier in einer ständigen Doppelbödigkeit der Existenz als eines ständigen «Seins für andere». Während Menschen dieser Art subjektiv so gutmütig und liebevoll sind, wie es nur irgend geht, geben sie objektiv die Schuldgefühle für ihr eigenes ungelebtes Leben unbemerkt an die anderen weiter. Es ist eine Güte, die nicht guttut, sondern wölfisch «verschlingend» wirken muß; und das womöglich sogar im Namen Gottes!

Psychoanalytisch betrachtet ergibt sich eine solche Doppelbödigkeit einer Widerspruchsexistenz zwischen Wolf und Schaf, zwischen ungesättigtem Lebenshunger im Hintergrund und einer Überbescheidenheit eigener Lebensansprüche im Vordergrund aus der Dialektik von Gehemmtheit und Haltung.[20] Während jener Pfarrer zum Beispiel seine eigenen Ansprüche auf Erholung, Genuß und Freizeit aufgrund eigener Gehemmtheiten stets unterdrückt, verlangt er passiv doch von seiner Umgebung ein solches Maß an Rücksichtnahme und Einfühlung, daß seine Erwartung an die anderen praktisch einer ebensolchen Überforderung seiner Mitmenschen gleichkommt, wie er sie sich selber im Rahmen seiner Berufsrolle pflichtgemäß auferlegt. Auf der Haltungsseite entstehen somit, parallel zur Schafsnatur seiner Triebeinschränkungen, völlig unerfüllbare Riesenansprüche[21], die vor allem diejenigen zu spüren bekommen werden, die sich persönlich näher auf ihn einlassen. Und nicht viel anders bei jener Mutter. Natürlich möchte sie subjektiv das Wohl ihrer Kinder, und sie nimmt dafür jede Art von Lebenseinschränkung in Kauf; doch auf der Haltungsseite, unausgesprochen, erwartet sie ein ähnlich großes Maß an Verantwortung, Hingabe und Selbstaufopferung, wie sie es aufgrund ihrer eigenen Gehemmtheiten mitbringt. Das Problem aller Wölfe im Schafspelz besteht darin, daß sie selbst zu wenig leben.[22]

Man kann diese Dialektik von Hemmung und Haltung ohne weiteres auch auf die gesamte Geschichte des Christentums im Abendland übertragen. Nirgendwo sonst in der Religionsgeschichte der Menschheit ist zum Beispiel so viel die Rede gewesen von Sanftmut und Liebe wie in der Religion des Christentums; doch zugleich ist von keiner Religions- und Kulturform sonst so viel an Krieg und Zerstörung ausgegangen wie ausgerechnet vom sogenannten christlichen Abendland mit seiner endlosen Kette von Religionskriegen, Eroberungskriegen, Einigungskriegen, Kriegen gegen die Ungläubigen, Kriegen gegen die Hexen, Kriegen gegen die Ketzer, Kriegen gegen so ziemlich alles, was in Selbständigkeit und Unabhängigkeit leben mochte.[23] In keiner Religionsform war so viel die Rede von Armut und Opfer wie im Christentum; von keiner Religion aber ging so viel an Raubgier und Plünderung ganzer Landstriche und Kontinente aus wie ausgerechnet vom christlichen Abendland. Jede Moral, die sich um den Preis von Verdrängung, Gehemmtheit und Desintegration erhält, erzeugt wie von selbst die Problematik der Wölfe im Schafspelz, und die christliche Verkündigung ist offenbar randvoll von dieser Problematik.[24]

Parallel zu der Dialektik von Schaf und Wolf, von Hemmung und Haltung in der menschlichen Psyche gehört notgedrungen das vergebliche «Suchen nach Feigen bei den Disteln», wie Jesus treffsicher das Problem auf den Punkt bringt. Auch dieses verzweifelte Erstreben von richtigen Zielen mit untauglichen Mitteln durchzieht die gesamte Geschichte des Christentums. Man möchte den Frieden, aber auf dem Wege dahin führt man einen Krieg nach dem anderen, rüstet sich zu Tode in dem Terror wechselseitiger Einschüchterung und glaubt immer wieder, der Friede sei ein Ergebnis statt eines Weges, und so behandelt man ihn wie eine kostbare Frucht, die aus allen möglichen verwerflichen Praktiken hervorgezüchtet werden könnte.[25] Oder die Beglückung der Menschheit mit «Gerechtigkeit» westlicher, das heißt christlicher Prägung: Auf dem Wege des «Rechts» auf «Eigentum», mit Hilfe der ideologischen Rechtfertigung jeder Art von Egoismus glaubt man, am Ende allen Ernstes die Wohlfahrt und den Wohlstand der Menschen auf der Erde «sichern» zu können. Nichts von alledem hat auch nur irgend etwas mit der Botschaft Jesu in der Bergpredigt zu tun, doch man gibt es selbst in höchsten Theologenkreisen nach wie vor für eine «verantwortliche» Ethik im Rahmen des «Naturrechtes» aus, die «Disteln» nach «Dornen» abzusuchen.[26] Was wir uns auf diese Weise selbst bescheren, ist eine phantastische Schizophrenie von Weg und Ziel, Methode und Ergebnis, Handeln und Wollen – eine absurde Logik innerer Zerspaltenheit, ein immerwährendes Suchen nach Feigen bei den Disteln und nach Trauben bei den Dornen.

Ja, sogar im *privaten* Bereich erleben und erleiden wir die gleichen Widersprüche. Eine Frau etwa liebt mit allen Fasern ihres Leibes und ihrer Seele einen Mann, der objektiv wie eigens geschaffen scheint, sie ins Unglück zu stürzen; schaut man psychoanalytisch ein wenig nach, so findet man in der Seele dieser Frau gewiß bald alle möglichen Mechanismen der Übertragung und des Wiederholungszwanges am Werke: Diese Frau hat womöglich schon als Kind ihren Vater als abweisend, gleichgültig, quälend und sadistisch erlebt, doch das Merkwürdige ist, daß sie auch im späteren Leben jetzt mit aller Wahrscheinlichkeit einen Mann liebgewinnen wird, an dem sich das ganze Geflecht von Zurückweisung und Hoffnung, Leid und Liebe, Schmerz und Verschmelzung noch einmal erleben läßt. Wer als Feigenbaum aufwächst unter den Disteln, wird immer wieder im Allerstachligsten das Allersüßeste suchen.

In keinem Falle, das sehen wir, geht es hierbei um Fragen, die sich moralisch, «gesetzhaft» beantworten ließen. Um die «Wölfe im Schafspelz» zu zähmen, genügt es keinesfalls, mit matthäischem Eifer vor ihnen zu warnen; es kommt im Gegenteil darauf an, ihnen ihr «Schafsein» wirklich zu glauben; es ist keinesfalls nur Larve und Lüge, es ist das, was Menschen in solcher Zerrissenheit wirklich sein möchten. Und es kommt zugleich darauf an, den «Wolf» in ihnen, den ungesättigten Hunger nach Leben bewußt zu machen und zum Leben zuzulassen.[27] Die Lösung des Dilemmas, die Erlösung dieser Zerspaltenheit und Zerquältheit kann nicht darin liegen, vor den «Wölfen» Reißaus zu nehmen; es müßte gelingen, den *«Wolf von Gubbio»* zu besänftigen und ihn innerlich zu integrieren. Denn so erzählt die Legende des heiligen *Franziskus:* Als einmal im Winter bei Gubbio eine schwere Hungersnot ausbrach, brach ein Wolf räuberisch ein in die Hürden der Hirten und mordete wild und verwegen die Herden der Schafe. Da zogen die Männer, bewaffnet mit Äxten und Forken, in die nahegelegenen Wälder, das Untier zu stellen. Doch als sie die knurrende, zähnefletschende, um ihr Leben kämpfende Bestie bereits eingekreist hatten, trat plötzlich Franziskus herzu, ging auf das Tier zu und sprach es an: «Bruder Wolf, nur aus Hunger hast du solches getan», und er appellierte an die Leute von Gubbio, den hungernden Wolf zu versorgen, zum Lohne, daß dieser nie mehr in die Herden einbrechen werde.[28] Die «Wölfe» bezähmen – das heißt psychologisch, den verbotenen, abgedrängten, an die Ränder des Lebens verdrängten Wünschen solange rechtzugeben, bis sie sich kultivieren, integrieren und, in gewissem Sinne, domestizieren lassen. Und dies müßte, im Sinne Jesu, geschehen buchstäblich von Gott her. Der Prozeß der psychischen Integration ist nicht neutral zur Religion, sondern er ist gewissermaßen der Beweis einer rechtverstandenen und rechtgelebten Gottesbeziehung. Denn das zeigt das Wort Jesu von den Wölfen im Schafspelz ganz deutlich: Selbst ein noch so gut gemeintes Reden von Gott wird nicht wirklich Gott meinen und Menschen guttun, wenn es einer angstverzerrten, in sich gebrochenen, psychisch widersprüchlichen Seele entsteigt. Selbst der Geist Gottes kann zum Ungeist entarten, wenn er in die Turbulenz jener Grenzschichten seelischer Unausgeglichenheiten gerät, die sogar das Prophetische in das Trügerische, das Messianische in das Unmenschliche, das Göttliche in das Dämonische verkehren können. Solange uns noch das Allerinnerste, Gott, begegnet wie etwas Abgespaltenes und Äußerliches, als ein Über-Ich-Inhalt statt des tragenden Gegenübers unseres Ichs, bleibt selbst der Raum des Religiösen gefährdet und gefährlich, ein Suchen ebenso wie eine Versuchung.[29] Doch die Religion Jesu ist, was sie ist: ein ruhiges Finden und Gründen, Vertrauen und Bauen, Versenken und Verschenken.

Mt 7,21–23
Rechtes Handeln statt bloßer Rechtgläubigkeit

Alles, was Matthäus schreibt, ähnelt einem Drahtseilakt. Da hat er eben noch von der «Frucht» gesprochen, an der man einen «guten» Baum erkennen soll, und er meint mit den «Früchten der Umkehr», wie in der Predigt des Johannes bereits (Mt 3,8), unzweifelhaft das Bekenntnis zu Jesus von Nazareth als dem Messias.[1] Gegenüber den (jüdischen) Trugmessiassen erhebt es Matthäus zum Kriterium der Wahrheit, was der Baum Jesse wert ist, ob daraus der Glaube an Jesus als den Christus erwächst oder nicht. Doch schon gerät ihm seine eigene Argumentation aus dem Gleichgewicht, und er muß in diesem Abschnitt jetzt das Gewicht sogleich auf die Gegenseite legen. Die Trugpropheten finden sich, wie wir inzwischen wissen, ja keinesfalls nur außerhalb der Gemeinde des Matthäus. Es gibt da Leute, die sich durchaus zu dem «Herrn Jesus» bekennen, ja, die in seinem Namen sogar Wunder der Heilung vollbringen und die dennoch zu offener «Gesetzlosigkeit», zu «gnostischer» Sittenlosigkeit auffordern. Die «Früchte» dieser Leute scheinen so schlecht nicht zu sein, und doch schmecken sie Matthäus bitter, sie sind für ihn vergiftet, denn sie bringen seiner Meinung nach die Menschen davon ab, den «Willen des Vaters» zu tun. Diese Trugpropheten wirken ganz offenbar Wunder der Heilung, und doch ist ihr Leben fernab vom Gesetz.[2] Die Unsicherheit des Matthäus gegenüber diesen Kreisen ist offensichtlich ebensogroß wie seine Entschlossenheit, ihnen zu widersprechen. Irgend etwas hindert ihn, zu tun, was die «Kirchenväter» späterer Jahrhunderte ohne alle Skrupel getan haben: sie zu exkommunizieren und zu anathematisieren; Matthäus, statt selber das Urteil zu sprechen, legt die endgültige Bewertung des Treibens dieser Leute dem Christus selbst in den Mund. Wenn er «wiederkommen» wird (zum Gericht!), wird er im Namen *seines* Vaters, mit der Vollmacht seiner «Gottessohnschaft» also, diese Handlanger der «Gesetzlosigkeit» von sich weisen: Sie haben nie zu ihm gehört![3] Dieses Urteil steht bereits fest; doch es steht bei Gott, es steht nicht Menschen zu. Noch also gilt für Matthäus selber, was die Kirche bereits 100 Jahre später mit wachsendem Eifer mißachten wird[4]: «Richtet (verurteilt) nicht (andere Menschen), damit ihr nicht gerichtet (verurteilt) werdet (von Gott)» (Mt 7,1–5).

Es sind gleich zwei Klippen, an denen Matthäus hier wie auf Leben und Tod vorbeisteuern muß. Die eine Klippe wird aufgeworfen von einer hohlen Orthodoxie – sie ist schon in den Tagen des Matthäus, knapp ein halbes Jahrhundert nach dem Tode Jesu, eine der größten Gefahren der frühen Kirche[5]; und daneben (oder dagegen) steht die Klippe der «Gnosis», was immer zu jener Zeit damit gemeint sein mag.[6] Hüben wie drüben – worum handelt es sich?

Rein religionsgeschichtlich gesehen, besteht die eine Hälfte des Problems, das Matthäus vor sich hat, in der Loslösung der frühen Kirche vom Judentum. Die jüdische Orthodoxie steht hier diametral in Widerspruch zur christlichen Orthodoxie – und die Kluft zwischen beiden besteht bis heute.[7] Sie ließe sich, wie eingangs gezeigt[8], nur schließen, wenn die christliche Theologie die Metaphysizierung ihrer eigenen Glaubenssymbole zurücknähme und die Vorstellungskomplexe gerade des Matthäusevangeliums von der «Jungfrauengeburt», der «Gottessohnschaft», der «Auferstehung», der «Himmelfahrt» des «Messias» Jesus und anderes mehr als *Chiffren* zur Deutung religiöser Erfahrungen interpretieren würde[9], statt sie als Manifestationen der Wirklichkeit Gottes in ihrem An-und-für-sich-Sein zu erklären (siehe oben Seite 74f.). Die urkirchliche Christologie selber interpretiert hier gewisse Stellen des «Alten» Testamentes auf eine Weise, die ganz und gar unjüdisch ist und die dem jahrhundertelangen Kampf des Judentums gegen die «Mythen» der «Heiden» geradewegs ins Gesicht schlägt.[10] Doch gerade darin liegt ein Moment, das in der späteren Kirchengeschichte eine noch weit größere Rolle spielen wird, als selbst Matthäus mit seiner ausgeprägten Sensibilität für kirchliche Fehlentwicklungen es zu ahnen vermag. Das Problem liegt in der christlichen Orthodoxie selber. Um sich zu Jesus Christus als dem «Sohn Gottes» zu bekennen, haben Personen wie der Diakon Stephanus den äußersten Widerspruch zur jüdischen Synagoge in Kauf genommen[11], und selbst Matthäus weist schon in der Bergpredigt auf die «Verfolgungen» hin, die dem christlichen Bekenntnis zu Jesus von Nazareth auf dem Fuße folgen werden (Mt 5,11–12).[12] In dieser äußerst schmerzlichen, mit vielen Ungerechtigkeiten für beide Seiten verbundenen Zeit der Scheidung und Entscheidung zwischen Synagoge und Kirche wurde das christologische Bekenntnis zum Erkennungszeichen eines wirklichen Christen, und das konnte es zu Recht, weil und solange es aus der Entscheidung der Existenz eines Menschen hervorging. Jesus von Nazareth ist der *«Messias»* – das war nicht einfach eine theologische Aussage; zu diesem Bekenntnis konnte nur kommen, wer in dem gekreuzigten Propheten von Golgotha die Wahrheit Gottes und das Gericht über die gesamte bestehende Weltordnung sah, gerade so, wie es in der Bergpredigt formuliert wird. Jesus Christus ist der Herr – das konnte nur sagen, wer in der Person und Botschaft des Mannes aus Nazareth den entscheidenden Inhalt und Maßstab seines Lebens erkannte. Jesus ist der Sohn Gottes – das setzte die Erfahrung eines inneren Neuanfangs, einer Überwindung der ständigen Angst vor dem Tod und der Wiedergeburt in der Kraft eines neuen Vertrauens voraus. Doch sehr bald schon müssen die symbolischen Formeln zur Deutung des Auftretens Jesu in ihrer wachsenden Abstraktheit isoliert, fixiert und objektiviert worden sein, und aus den Hilfsmitteln der Deutung wurde selbst das Bedeutende.[13] Die Formeln zum Bekennen des Glaubens wurden zu Formulierungen eines in doppeltem Sinne «bekannten» Glaubens, und wie stets in der Religionsgeschichte fingen sehr bald schon die Worte an, die Wirklichkeit zu verstellen, die sie eigentlich hatten erschließen sollen.

In diese Situation hinein spricht das Matthäusevangelium. Wir werden später noch in einem eigenen, äußerst scharf pointierten Kapitel endgültiger Abrechnung (in Mt 23) hören, wie Matthäus den Kreis der «Schriftgelehrten und Pharisäer» im Judentum beurteilt.[14] An dieser Stelle *hier* macht er deutlich, für wie gefährlich und verderblich er den Aufzug der «Theologen» inmitten der Kirche hält. Man kann mit einem gewissen Recht gerade im Matthäusevangelium Anzeichen einer starken «Rejudaisierung» im Sinne einer neuen Vergesetzlichung der Botschaft Jesu erkennen[15]; aber man kann ihm gewiß nicht vorwerfen, daß es sich gegen die Etablierung eines christlichen «Rabbinismus» in der frühen Kirche nicht rechtzeitig genug und nicht entschieden genug zur Wehr gesetzt hätte. Der Grund dafür ist klar und eigentlich gut «jüdisch»: «Niemand, der lediglich (die Bekenntnisformel der frühchristlichen Orthodoxie) aufsagt: (der) Herr (Jesus) (ist der) Herr, kommt in das Königtum Gottes.» So spricht Jesus selber.[16] Er duldet kein Verhältnis zu sich, das nichts ist als ein Sammelsurium von auswendig gelernten Redensarten.

Wie aktuell die Problematik des Matthäus über zwei Jahrtausende geblieben ist, zeigt ein einfacher Blick in die heutigen christlichen Gemeinden. Um ein «getaufter Christ» zu werden, bedarf es heute keiner Anstrengung. Getauft wird man als kleines Kind, auf eine Art und Weise, die subjektiv für den Säugling als Täufling weit weniger bedeutet, als trockengelegt und gewickelt zu werden. Die ganze, für die Ewigkeit «heilsbedeutsame» Prozedur ist in Minutenschnelle erledigt, ehe man sich dem geselligen Teil der Veranstaltung widmet, und sie mutet, gemessen an dem Ernst noch der Taufe des Johannes, wie ein vollendetes Possenstück an.[17] Und in diesem Stile geht es weiter! Ein Kind, das in einer katholischen Familie aufwächst, wird, wenn die Familie so ist, wie die Kirche es sich wünscht, noch nicht acht Jahre alt sein, und es hat all die «Heilsgeheimnisse» Gottes auswendig auf dem Schnürchen: wie Gott in Christus Mensch geworden ist, wie er zur Erlösung der Menschen von der Sünde gestorben und auferstanden ist und wie er die Kirche mit ihren Priestern und Bischöfen von den Aposteln her als die rechte Hüterin und Auslegerin all dieser göttlichen Wahrheiten eingesetzt hat und mit Heiligem Geiste begleitet, wie er durch den Priester am Altar Christus gegenwärtig setzt im Altarsakrament und die Sünden vergibt durch die Beichte und daß es eine ganz schwere Sünde ist, an Gott und der Kirche zu zweifeln, daß es ebenfalls Sünde ist, zu den Eltern ungehorsam zu sein, und daß es eine «läßliche» Sünde darstellt, die Katze am Schwanz zu ziehen.

Die kirchliche Erziehung macht sich auf diese Weise ein Gesetz der Lernpsychologie zunutze, wonach etwas dem Gemüt eines Menschen sich um so intensiver einprägt, je frühzeitiger es ihm vermittelt wird. Allein daran scheint es zu liegen, daß keine Aufklärung bis heute eine bestimmte Religion hat widerlegen und den Menschen aus dem Herzen treiben können. Keiner politischen oder sozialen Gruppierung sonst wird man so viel an Schuld und Vergehen nachsehen wollen wie der Religionsgemeinschaft, in deren Namen sie begangen wurden. Es ist zum Beispiel vollkommen unmöglich, daß die deutsche Sprache widerlegt oder beseitigt würde vom Faschismus, und ebensowenig kann offenbar eine bestimmte Religionsform durch ihre eigene Geschichte widerlegt werden; sie kann es zumindest so lange nicht, als sie fast gleichzeitig mit dem Erlernen der Sprache bereits den Kindern vermittelt wird.[18] Jede etablierte Religionsform besitzt deshalb ein Interesse, so früh wie möglich Zugang zu der Seele der Kinder zu gewinnen. Würde sie sich etwa nur darauf beschränken, die natürlichen religiösen Anlagen und Fähigkeiten der Heranwachsenden so gut wie möglich zu fördern, so wäre dagegen nichts einzuwenden; statt dessen aber bemüht sich speziell die christliche Religionsform, ihre besonderen Lehrinhalte fest in dem Bewußtsein der Heranwachsenden zu verankern; und um zu diesem Zweck in eine brauchbare Form gegossen zu werden, müssen ihre «Lehren» in einen möglichst «praktischen», leicht faßlichen, schulisch abfragbaren Katalog von Einzelsätzen gebracht werden, der als ein fertiges Pensum rasch und einfach herzusagen ist. Die größten Abenteuer des menschlichen Geistes: die großen Zeugnisse wahrer Gottesbegegnung verwandeln sich somit buchstäblich in ein Kinderspiel[19], das sich mitteilen läßt gerade so wie das Kleine Einmaleins und die deutsche Rechtschreibung. Zum Erhalt kirchlicher Macht ist eine solche Umwandlung des Religiösen in das Religionskundliche gewiß äußerst empfehlenswert, nur richtet sie das eigentliche Anliegen Jesu vollkommen zugrunde: Aus Momenten von Gefahr und Entscheidung wird jetzt ein Lehrbetrieb von Artigkeiten und Nettigkeiten, und die «christliche»

Lehre selbst verwandelt sich in ein reines Herrschaftsinstrument. Denn solange die «Gläubigen» ihren Glauben an ihrem eigenen, persönlich geführten Leben festmachen können, werden sie jederzeit eine eigene Kompetenz in Fragen des Christentums beanspruchen; erst wenn der «Glaubensinhalt» als eine fertige «Lehre» dem Leben des Einzelnen, seiner eigenen Erfahrung und Existenz, weit genug entfremdet ist, beginnt die Notwendigkeit eines kirchlichen *«Lehramtes»*, beginnt die autoritäre Außenlenkung des Religiösen, beginnt die Verbeamtung der Christusbotschaft und die Infantilisierung der «Gläubigen».[20] Um auf solche Weise ein «Christ» zu sein, bedarf es fortan nichts weiter mehr, als immer weiter nachzusprechen, was man bereits als Kind so und nicht anders gelernt hat. Wer, wenn es so steht, im Raum des Religiösen sich jetzt noch eines Wortes getrauen wollte, das so nicht schon seit eh und je gehört wurde, der wird sich augenblicklich einer unerhörten Feindseligkeit all der braven Sonntagsgläubigen gegenübersehen, für die der Wortlaut selbst der ganze Glaube ist[21]; und wollte er sich gar einer wirklich neuen Idee oder Erfahrung des Religiösen getrauen, so wird er bald schon in den Verdacht von Irrlehre und Häresie geraten. Am Ende wird gerade die prophetische Unbefangenheit, der Mut des Suchens, das Wagnis von Neuanfang und Aufbruch, die in dem Mann aus Nazareth so vorbildlich lebten, zu einer Gefahr für die Kirche, die sich auf ihn beruft, und umgekehrt: Indem die kirchliche Lehre die Person Jesu immer großartiger verfeierlicht, wird sie seiner Botschaft selbst geradewegs gefährlich. Sie erweckt jetzt wohl immer noch den Anschein, als wollte sie nach wie vor einladen zu einem Leben, wie Jesus es führte und forderte, doch in Wahrheit führt sie die Menschen mit der Rede vom Licht auf dem Leuchter (Mt 5,15) schlicht hinters Licht. Da steht denn Jesus nicht länger mehr da als Ermöglichungsgrund und Vorbild eines neuen, veränderten Lebens, sondern als ein unvergleichlicher, göttlicher Gnadenspender, der von uns einfachen, sterblichen Menschen so meilenweit überragend entfernt ist, daß es eines äußerst komplizierten theologischen und ritualisierten Apparates von Vermittlungsdiensten in den Händen und im Munde von eigens dazu bestellten Amtsträgern und Amtsdienern der Kirche bedarf, um dieses «Christus» überhaupt noch «teilhaftig» zu werden.[22] Und doch ist andererseits alles auch wieder ganz einfach; denn um ein Christ zu sein, bedarf es jetzt nichts weiter, als, statt selber zu leben, getreulich nachzusprechen, was die Kirche vorsagt und seit eh und je schon vorgesorgt hat. Die Lehre als Ersatz des Lebens und die kirchlichen Amtsträger als Ersatz Gottes – es genügt, daß aus der Person des Jesus von Nazareth der «Christus» des Kirchenglaubens wird, um genau diese Gefahr hervorzurufen.[23]

Man kann es dem Matthäusevangelium gar nicht hoch genug anrechnen, daß es diese Entartung des Religiösen in außerordentlicher Klarheit und Schärfe gesehen und deutlichgemacht hat. «*Be*kennen» mag ein Mensch, was er will; die Frage ist ganz allein, welche *Er*kenntnis ihn leitet, was er wirklich lebt, was für ein Mensch er persönlich ist. «Gott ist Person», meinte Sören Kierkegaard einmal; «und da magst du wohl ersehen, wie es ihm gefällt, wenn du ihm den Mund mit (theologischen) Musterblättern wischen willst.»[24] Ja, er fügte sinngemäß noch hinzu: Stelle dir eine Frau vor, die von ihrem Ehemann betrogen oder mißhandelt wird – sie wird es ihm verzeihen, wenn sie ihn liebt; doch was sie ihm niemals verzeihen würde und woran jede Regung ihrer Zuneigung augenblicklich ersterben würde, das wäre, wenn sie erfahren müßte, sie sollte geliebt werden – von Amts wegen![25] Kierkegaard sah völlig richtig, daß es keine religiöse Gefahr gibt, die größer sein könnte als die Homogenisierung lebendiger Erfahrung in fertigen Formeln, als die «Abhandlung» des Christlichen in einem hochdekorierten Dozententum, als die Verflachung des Individuellen in dem Einerlei einer «Gemeinde», die immer recht hat – und daher immerzu vor Gott im Unrecht ist. Denn: «Gott ist Person»![26]

Doch selbst dabei ist nicht stehenzubleiben. Sobald eine Religion beginnt, sich zugunsten allgemein vorgeschriebener verfeierlichter Phrasen im Munde von feierlich-würdigen Amtsträgern aus dem wirklichen Leben zurückzuziehen, beginnt notgedrungen auch die Gegenbewegung all derer, die nach wie vor Gott mit der Seele suchen wollen. Je mehr das Subjekt aus der offiziellen Religion herausgedrängt wird, wandert das Religiöse selbst ins Subjektive ab. Es wird als erstes im Namen der religiösen Obrigkeit verurteilt werden, und dennoch findet es gerade dadurch zu einer überraschenden Ähnlichkeit mit der Person und Wirksamkeit Jesu.[27] Man kann die Kreise, die in den Tagen des Matthäus diesen Weg gehen, in der Tat als «Gnostiker» bezeichnen, wenn man damit nicht sogleich einen dogmatischen Verurteilungsbegriff handhaben will, sondern das Wort in dem Inhalt nimmt, in dem es gemeint ist[28]: Das gesamte religiöse Verhältnis soll bestimmt sein durch innere Einsicht – in moderner Terminologie: Religion soll als Weg der Selbstfindung und der Selbsterfahrung begriffen werden.[29] Konsequenterweise wurden vor allem die Inhalte der frühen Christologie von der «Gnosis» als psychische Ausdrucksgestalten, gewissermaßen als Meilensteine auf dem Weg zu sich selbst, interpretiert. Zu Recht verlangte man vom Christentum, daß es einlöst, was es vorgibt zu sein: ein Ort der Erlösung und der Befreiung des Menschen, eine Form der «Heilung durch den Geist»[30]. Religion und Psychotherapie sollten eine unauflösliche Einheit bilden. – Es scheint, daß die «Gnostiker» diesem ihrem Anliegen wirklich recht nahe gekommen sind. Auch Matthäus jedenfalls setzt voraus, daß in diesen Kreisen wirklich geistig und körperlich Kranke im Namen Jesu geheilt wurden, und wir wissen, daß er in seinem Evangelium diesem Anspruch vollkommen zustimmt – es gibt jedenfalls keinen anderen unter den Evangelisten, der so sehr die Fähigkeit zu heilen zum Kriterium für die Glaubwürdigkeit der christlichen Botschaft erklären würde, wie Matthäus.[31]

Es ist eben deshalb wirklich tragisch zu nennen, daß diese wichtige Gemeinsamkeit mit den Bestrebungen der Gnosis im Verlauf der Kirchengeschichte aufgrund aller möglichen dogmatischen Streitigkeiten in Vergessenheit geraten ist. Das dogmatische Problem, das die «Gnosis» aufwerfen mußte, ergab sich unvermeidlich daraus, daß auch sie – man muß sagen: den *Fehler* beging, aus ihren Erfahrungen eine fertige Lehre, das heißt sogar ein außerordentlich kompliziertes, synkretistisches Weltbild zu entwerfen, innerhalb dessen die Selbstfindung des Menschen als Reflex der Selbstfindung Gottes gedeutet wurde.[32] Die Strukturen der menschlichen Psyche wurden hier nicht mehr nur als Bedingungen der «Offenbarung» Gottes verstanden, sondern sie wurden in das Göttliche selbst projiziert und als Strukturen des göttlichen Geistes an sich selbst absolut gesetzt.[33] Der einzige Punkt des Vertrauens, der den Menschen jenseits seiner Angst hätte auffangen können, wurde auf diese Weise ganz und gar in die Widersprüche der menschlichen Psyche hineingezogen.[34] Doch all das ist (noch) nicht der eigentliche Kritikpunkt des *Matthäus*. Für ihn können die «gnostischen» «Therapeuten» an Heilungen vollbracht haben, was sie wollen, sie führen seiner Meinung nach die Menschen in die Irre durch ihre *«Gesetzlosigkeit»*[35].

Was sich hinter diesem Vorwurf verbirgt, ist die ewige *«paulinische»* Frage nach dem Verhältnis von «Gesetz» und «Gnade».[36] Die Religion ist weder Ästhetik noch Ethik, sie ist ein Drittes, Unbedingtes, Existentielles hinter diesem Gegensatz. Wenn der Mensch wirklich «erlösungsbedürftig» ist, wie wird er dann fähig zum «Guten» in moralischem Sinne, und was alles muß erst geschehen, bis er sich so weit gefunden hat, um «richtig» vor Gott und den Menschen zu leben? An dieser Stelle beginnt eine Gratwanderung, auf die Matthäus sich gar nicht erst einlassen will; nach dem Bruch mit der jüdischen Orthodoxie möchte er zumindest die Kontinuität mit der jüdischen Frömmigkeit, wenngleich in «verinnerlichter» Form, gewahrt sehen. Für ihn gibt es zwischen «Gesetz» und «Gnade» keinen Unterschied noch Gegensatz; für ihn *ist* das «Gesetz» als Offenbarung Gottes «Gnade».[37] Doch eben damit benimmt er sich, ohne es selber wohl hinreichend zu ahnen, gerade der Möglichkeit, die seelischen Leiden und Versperrungen der Menschen im Namen und nach dem Vorbild Jesu wirklich durchzuarbeiten. Es beginnt mit Matthäus ganz deutlich die Umwandlung der erfahrbaren *Wunder* der Heilung und des Vertrauens an der Seite Jesu in eine kirchlich ritualisierte Praxis von metaphysizierten «Heilszuwendungen», die das Wagnis der Gnade letztendlich in die Gnadengarantie der kirchlichen Sakramentenspendung verwandeln möchte.[38] Gewiß, man kann Matthäus nur zustimmen: Die Gnade ist kein Freibrief zur Willkür. Doch wie vieles müssen Menschen erst einmal tun dürfen, um selber zu sein? Wenn sogar die Tötung des «Gottessohnes», wie Matthäus sagt, die Voraussetzung war, um die Menschheit von den Sünden zu erlösen (Mt 26,28), was muß dann erst in der Psyche jedes einzelnen sich ereignen können und dürfen (!), um die heilende Kraft eines solchen Vertrauens in Gott an sich selber erfahren zu können?[39] Matthäus hat völlig recht, wenn er sich gegen die Versuchung wehrt, mit Hilfe eines «gnostischen» Universalentwurfs in diesen unheimlichen Grenzbereichen der menschlichen Psyche neue, das heißt falsche Gewißheiten von Berechtigung und Rechtfertigung zu erstellen; doch seine eigene Alternative: diesen ganzen Bereich des Unfertigen und Unheilen, des Versucherischen und Suchenden, des Gefährlichen und Erfahrenden mit moralischem Veto aus der christlichen Existenz auszuklammern, schafft gleichermaßen eine «Sicherheit», die keine ist.[40] Die einzige «Sicherheit» im Sinne Jesu ruht in der Geborgenheit des Vertrauens selbst, mit der ein Mensch sich aussetzt und sich wagt; und das Bild, das Matthäus selber liebevoll ausgestaltet (Mt 14,22–33), stimmt vollkommen: «Glauben» – das heißt ein «Land» zu betreten, in dem ein Mensch an sich umkommen müßte, und doch: Er geht wie schlafwandlerisch über das Wasser, er versinkt nicht, er wird beschützt von seinem Vertrauen – und von seiner *Liebe.*[41] Die Liebe kann zerbrechen an «Gesetzlosigkeit» (Mt 24,12), das ist wahr; doch sie kann auch erstickt werden an einer Gesetzlichkeit der Angst und der Starre, die jedes Abenteuer der Seele von vornherein stranguliert.[42] Alle Gesetze schaffen keine Liebe, doch eine einzige Regung wirklicher Liebe kommentiert und «erfüllt» alle Gesetze. Selbst Matthäus anerkennt in der «Goldenen Regel» (Mt 7,12) diese Wahrheit.

Es gibt in DOSTOJEWSKIS Roman *«Schuld und Sühne»* einmal eine Stelle, die sehr gut zeigt, was gemeint ist. Als der Student *Raskolnikow* die Dirne *Sonja* kennenlernt, die sich prostituiert für ihren trunksüchtigen Vater, für ihre lungenkranke Mutter und für ihre hungernden Geschwister, denkt er spontan, daß diesem jungen Mädchen eigentlich nur drei Wege übrigblieben: Entweder sie werde sich umbringen, oder sie werde wahnsinnig werden, oder sie werde wirklich in die Gosse gezogen werden und moralisch verkommen. Doch *Sonja* tut nichts von alldem; sie geht über das «Wasser», sie erweckt sogar in *Raskol-*

nikow all die Gefühle wieder, die diesem an Einsamkeit und Stolz bis zum Mörderischen Erfrorenen wie abhanden gekommen waren; sie bleibt eine Heilige des Vertrauens auf Gott. «Sündige tapfer, glaube noch tapferer», meinte Martin Luther. Es ist ein Satz, der das Wagnis der menschlichen Freiheit auf das genaueste wiedergibt.

Zerfällt dann aber nicht alles endgültig in das nur Subjektive? Die entscheidende Einsicht, die aus der «schlingernden» Gedankenführung des Matthäus zwischen den Gegensätzen an dieser Stelle hervorgeht, lautet eigentlich, daß es nicht richtig sein kann, immer wieder das «Objektive» einer immer richtigen «Lehre» gegen das immer Gefährliche einer nur subjektiven Erfahrung auszuspielen.[43] Das wirkliche Leben ist das Entscheidende, gerade im Sinne des Matthäus; es gibt keine «Offenbarung» Gottes in «Christus» außer – für mich![44] Es gibt keine Rede von Gott außerhalb der gelebten Menschlichkeit. Die Kluft zwischen Existieren und Dozieren läßt sich nicht durch ein neues theologisches «System» vermitteln; die Wahrheit des Christlichen ist überhaupt nicht als eine Doktrin zu formulieren, sie ist eine Haltung, die sich an der Seite Jesu ergibt – oder nicht; die Kirche aber ist nicht eine Überbehörde zur Auskunft christlicher Ansichten und zur Ausstattung mit christlichen Accessoires, sie ist die gemeinsame Form eines Lebens aus dem «Geiste» Jesu, nichts weiter. All die Differenzen und Divergenzen zwischen Katholiken und Protestanten, die sich bis heute aus der Lektüre gerade des Matthäusevangeliums ergeben, fielen dahin, wenn man die zeitbedingten Gegensteuerungen des Evangelisten selber in ihrem gemeinten Ziel, statt in ihrer formulierten Einseitigkeit auffassen wollte.[45] Die historische Betrachtung der Bibel dient erst dem Leben, wenn sie geleitet ist von den Fragen der Existenz. Das matthäische Finale der Bergpredigt mündet selber geradewegs in dieses Bekenntnis ein.

Mt 7,24–29

Der feste Grund oder: Die «Moral» der Besitzlosen

Das Paradoxe bleibt bestehen bis zum Ende. Es gibt in der Geschichte der Menschheit keinen zweiten Text, der wie diese drei Kapitel des Matthäusevangeliums, die wir «Bergpredigt» nennen, die Grundlagen all dessen zerstört, worauf das Leben in Gesellschaft und Religion sich gründet. Wohin immer man schaut: auf den Umgang mit Macht, Geld, Militär, Verwaltung, Rechtssprechung, Eid, Strafrecht, Gerechtigkeit, Opfer, Gebet, Almosen, Ehe, Vorsorgewirtschaft – alles, wirklich alles, was das Zusammenleben der Menschen bestimmt, gerät hier ins Wanken. Nichts, was sonst als richtig, vernünftig, ja sogar als vor Gott und den Menschen geboten und pflichtgemäß gilt, hat noch irgend Bestand, wenn diese Worte Jesu Geltung haben sollen. Schlimmer noch: alles, was üblicherweise als gut, menschlich oder göttlich gilt, steht hier unter dem Verdacht, ja unter dem flammenden Vorwurf der Bosheit, der Unmenschlichkeit und der Widergöttlichkeit. Wenn die Bergpredigt die Wahrheit ist, dann sind alle Gesetze und Spielregeln des Zusammenlebens sonst nichts als Lüge; wenn sie das Leben ist, dann ist alles, was Menschen sonst mit gutem Gewissen treiben und betreiben, der chronifizierte Tod; und es ist kein Mißverständnis: genau das will die Bergpredigt sagen. Sie *will* die Lüge ersetzen durch die Wahrheit, den Tod durch das Leben, sie will die gesamte Menschheit erlösen von der Hypnose einer Angst, die wie unentrinnbar alle Facetten des menschlichen Daseins durchzieht.

Aber jetzt, als wenn es diesen Umsturz aller bestehenden Ordnungen gar nicht gegeben hätte, erklärt Jesus mit der größten Selbstverständlichkeit, daß es ihm ganz im Gegenteil: nicht um Unsicherheit und Unruhe, sondern um Festigkeit und Ruhe zu tun sei![1] Nicht Einsturz, sondern Sicherung ist das, was sich aus seinen Worten ergeben soll, so als säße er seelenruhig mitten in dem Auge eines Taifuns und achtete der Turbulenzen an den Rändern überhaupt nicht.

Jesus muß das wirklich geglaubt haben. In seinen Augen galten all die Einwände nicht: «Aber Rabbi, du nimmst uns alles, was wir haben. Wie sollen wir leben, wenn wir uns nicht verteidigen, uns nicht rechtfertigen, uns nicht bewaffnen, uns nicht schützen dürfen, wenn wir nicht einmal bei Gericht unser

Recht verteidigen sollen, wenn wir abgeben müssen, was wir haben, und sogar für das Morgen keine Vorkehrungen treffen sollen?» «Ich», würde Jesus geantwortet haben, «sehe allüberall nur Menschen, die niemals in ihrem Leben zurecht kommen bei dem, was die anderen ihr Recht nennen; ich sehe allüberall die Menschen bis aufs Mörderische sich verfeinden, indem sie sogar den Namen Gottes dabei zu ihrer Rechtfertigung mißbrauchen; ich sehe allüberall die Menschen sich selber zerstören mit absurden Ängsten und Befürchtungen, die sie mit all ihren Maßnahmen immer mehr vergrößern, weil sie ihnen nicht innerlich standhalten, sondern ihnen mit vermeintlich immer besseren Abgrenzungen und Absicherungen zu entlaufen suchen. Rede ich denn aus der Sicht der Besitzenden, der Verspießerten, der Satten, der Genügsamen, der ewig Richtigen? Ich habe euch doch gesagt, von wem und zu wem ich rede. Ich spreche zugunsten der Armen, der Trauernden, der Wehrlosen, der Sehnsüchtigen; meine Adressaten, das sind die Kranken, die Gekränkten, die Sensiblen, die Zerbrochenen, und ich weiß: alle, die ohnedies nichts mehr zu verlieren haben, werden meine Worte ergreifen und aufsaugen wie Brot und wie Wein, ihnen werden sie Speise und Trank sein. Sie werden nicht fragen, ob sie so leben *können,* ihnen *sind* meine Worte das Leben.» – «So ist mithin das, was Du sagst, Rabbi, nichts weiter als die Projektion der Entrechteten, der Rechtlosen, der Unrechtmäßigen, der outlaws und Verzweifelten?» – «Nein, doch es müssen die Richtigen auf ihr Recht verzichten, damit die Rechtlosen leben können, es müssen die Besitzenden ihre Habe fahren lassen, damit die Besitzlosen eine Chance haben. Nur in einer gemeinsamen Welt aller spiegelt sich das Antlitz meines Vaters, eures Gottes. Er ist der einzige Grund.»

«Er ist der einzige Grund.» Das ist der eigentliche Kern von allem. Allein darin liegt die prophetische Evidenz von allem, was Jesus sagt.[2] Nicht (nur!) eine soziale Revolution, sondern eine Neubegründung des ganzen Daseins, oder besser: eine endgültige Rückgabe des Daseins an sich selber aus allen Formen der Entfremdung heraus war das, was Jesus vorschwebte.[3] 600 Jahre später wird der Prophet MOHAMMED ganz ähnliche Worte wie diese von Gott gesagt bekommen: «Wer ist nun wohl besser (dran, der Verfasser)», wird er fragen: «der sein Gebäude auf die Furcht und das Wohlgefallen Allahs gegründet, oder der, welcher sein Gebäude gründet auf den Rand einer von Wässern unterspülten Sandbank, welche mit ihm in das Höllenfeuer stürzt? Ein ungerechtes Volk leitet Allah nicht. Ihr Gebäude, das sie erbaut, wird nicht aufhören, so lange Zweifel in ihrem Herzen zu erregen, bis ihre Herzen ganz zerschnitten sind; und Allah ist allweise und allwissend.»[4] Das ist dieselbe Denkweise, ja, sogar dieselbe Metaphorik, nur daß die Radikalität von Einsturz und

Neubeginn in den Worten Jesu ungleich tiefer reicht als in Mohammeds «Reformversuch» der Bibel. In der *Bergpredigt* geht es um nicht mehr und nicht weniger als um die Wiederherstellung der Welt, die Gott am Paradiesesmorgen meinte, als er sie erschuf. Diese Endgültigkeit, von Anfang an noch einmal zu beginnen, dieses Pathos des Täufergedankens ist in der Tat «endzeitlich», «eschatologisch», «prophetisch», «messianisch» – oder wie immer auch die gängigen Theologenphrasen zur Beschreibung dieser äußersten Zuspitzung des Daseins lauten mögen.[5] Gemeint ist in jedem Falle eine endgülige «Wahl», eine äußerste «Entscheidung», ein Entweder – Oder zwischen Verderben und Rettung, Tod und Leben, Hölle und Himmel, Verlorenheit und Gnade. Dazwischen gibt es keinen Kompromiß und keinen Mittelweg, kein katholisches Sowohl-als-Auch, keine quantisierende Annäherung von Mehr oder Weniger.[6] Ganz oder gar nicht: alles oder nichts – *das* ist es, was Jesus hier vorträgt. Jede andere Auslegung bleibt unterhalb des Niveaus der Auseinandersetzung, die Jesus hier verlangt.

Diese Feststellung vor Augen, kann man nur sagen, daß die Geschichte der Auslegung der Bergpredigt[7], jedenfalls soweit sie die Kirche maßgebend geprägt hat, eine einzigartige Kette von Mißverständnissen (im besten Falle) beziehungsweise von Ausreden und Ausflüchten aller Art (im gewöhnlichen Falle) darstellt. Es lohnt sich sehr, im Rückblick die wichtigsten dieser Ausreden und Ausflüchte einmal Revue passieren zu lassen, schon um dabei den eigenen Standpunkt in der Auffassung der Bergpredigt desto deutlicher formulieren zu können. Eine ebenso alte wie moderne Deutung dieser Zentralstelle des Neuen Testamentes verlegt sich entschlossen auf die *«eschatologische»* Dimension der Bergpredigt, allerdings nur, um daraus ein Moment des Bedauerns und der Resignation zu gewinnen. Die gesamte Botschaft Jesu, so heißt es, sei nur als Reichs-Gottes-Predigt verständlich[8], und die Bergpredigt insbesondere beschreibe einfach entlang einer Reihe grundsätzlicher Fragen des menschlichen Lebens in Form exemplarischer Szenen die Möglichkeiten eines Handelns in jenem Raum, den Gott selber durch sein Handeln eröffne. Nun aber sei die Gottesherrschaft, die Jesus so dicht vor sich gesehen habe, offensichtlich noch nicht wirklich geworden, und so sei es auch (noch) nicht möglich, sich nach den Worten Jesu in letzter Konsequenz zu richten. Man dürfe vor allem die Kirche nicht in einem schwärmerischen Utopismus mit der Gottesherrschaft verwechseln.[9] Aufgrund der Verzögerung des Anbruchs der Gottesherrschaft (oder der «Parusie», der erwarteten Wiederkehr Jesu als des Weltenrichters) sei die Bergpredigt allenfalls als eine vorweggenommene Beschreibung der Gottesordnung, nicht aber als eine gültige oder gar endgültige

Form menschlicher Existenz heute zu verstehen. Der Zustand der heutigen Welt sei der Zustand einer «gefallenen» Welt, in der es nicht möglich sei, das Gute «rein» zu verwirklichen.[10] In der Welt, wie sie wirklich existiere, brauchten wir daher nach wie vor Soldaten, Waffen, Kriege, Eide, Banken, Geschäfte, Versicherungen, Richter, Prälaten, Würdenträger und Machthaber – kurz, all das, was die Bergpredigt dem Worte nach verbietet; freilich, daß wir als Christen doch gewissermaßen die Pflicht hätten, zum wenigsten gewisse Schuldgefühle dafür zu entwickeln, daß wir die Bergpredigt immer noch nicht wirklich leben (können) und immer noch all das beibehalten, was sie uns «eigentlich» untersagt.

Betrachtet man den Wert und die Wirkung solcher seit eh und je sehr beliebten und dementsprechend weit verbreiteten Ansichten über die Bergpredigt, so zeigt sich, daß sie *de facto* nichts weiter bewirken als ein schlechtes Gewissen oder, umgekehrt, als eine Menge falscher Rechtfertigungen. Die Welt ist schlecht – also muß man doch den Teufel anbeten, um die Reiche dieser Welt zu verwalten (Mt 4,8–9)[11]? Es ist völlig richtig, daß diese Welt auch und gerade in den Augen Jesu im argen liegt; doch eben deshalb meint er, die gesamte Bergpredigt als eine einzige kompromißlose Kampfansage gegen diese Welt richten zu müssen; keinerlei Kapitulation vor der Wirklichkeit ist damit vereinbar. Vielmehr *soll* hier gerade die äußerste Entfernung von der «Realität» wirksam werden wie bei einem Bogen, dessen Sehne man immer weiter auseinanderzieht, um desto durchschlagender und treffsicherer den Pfeil ins Ziel abschießen zu können. Daß die Welt anders ist, als die Bergpredigt sie schildert, wußte Jesus auch; doch eben deshalb wollte er, daß diese Andersartigkeit der «Wirklichkeit» *endlich* geändert würde. Die Andersartigkeit der Welt war für ihn niemals ein Alibi zur Entschuldigung, sondern ein Anspruch und Auftrag.

«Aber», so lautet der Einwand, «*endlich,* wann ist das?» «Endlich», das kommt doch wohl erst, wenn wirklich das Ende und mit ihm die Gottesherrschaft gekommen ist? Gerade nicht. Man darf die (mythischen) Bilder, in denen Jesus sich ausdrückt (und an deren Vorstellung er subjektiv auch wohl geglaubt hat), keinesfalls historisch einfrieren, um dann, mit Berufung gewissermaßen auf Gottes Säumigkeit, die eigene Saumseligkeit zu legitimieren.[12] Die gesamte Wirklichkeit der sog. Weltordnung ist in den Augen Jesu überholt von der Wirklichkeit Gottes; dies ist das Endgültige, das «Eschatologische» seiner Botschaft; und daher gilt es jetzt, unverzüglich und ohne Aufschub diese «neue» Wirklichkeit Gottes zu leben. Es ist, wie wenn ein jahrelang an Beinen und Händen Gefesselter endlich befreit worden wäre und ihm nun bei jeder Bewegung als erstes die Glieder so weh täten, daß er sich überhaupt nicht vorstellen kann, wie er vor lauter Schmerzen jemals sich eines aufrechten Ganges getrauen soll. Er ist längst frei, die alten Fesseln sind von ihm abgefallen, und so schwer es auch scheinen mag: es gilt jetzt, diese neue Freiheit zu leben. – Bis ins körperlich Krankhafte hinein ist das Bild der «Fesselung» übrigens als symptomatisch zu nehmen! – Nicht Gott läßt auf sich warten; einzig unsere seelische «Lahmheit» ist es, die uns immer wieder um Aufschub bitten läßt, wo es darauf ankäme, sich «endlich» in Gang zu setzen. Unbedingt hat Jesus uns zugetraut, wir könnten die Banden und Binden alter Angst abstreifen und uns aufmachen zu unserer eigenen Wahrheit in Gott. «Das Reich Gottes ist mitten in (unter) euch» (Lk 17,21) – das war Jesu Meinung! Es war ihm, wie allen Propheten, zum Greifen nahe. Nie und nimmer hätte er es hingenommen, aus dem Munde von Theologen, die sich sogar auf ihn berufen, zu erfahren, wir könnten – leider – noch nicht so leben, wie die Bergpredigt es schildere, weil – leider – Gott noch nicht sein Reich habe kommen lassen, wie wir im Vaterunser immer wieder nach dem Vorbild Jesu beten (Mt 6,10). «Betet nicht», hätte Jesus gesagt, «nur um euch zu entschuldigen; tut endlich, was Gott will. Dies, daß ihr tut, was er will, das ist doch das Königtum Gottes! Das Königtum der Himmel hat sich genaht, das war meine ganze Botschaft an euch, das war das einzige, was ihr bezeugen solltet (Mt 4,17; 16,7). Und nur wer wirklich *tut*, das heißt lebt und verkörpert, was ich sage[13], wird im Treibsand dieser Welt festen Grund unter die Füße bekommen. Alles andere ist ein Fiasko (Mt 7,24–27). Entweder ihr begreift das, oder ihr begreift das nicht. Aber gebt nicht Gott die Schuld für etwas, das einzig ihr selber zu verantworten habt.»

In der Tat: es gibt nur eine einzige Erklärung für die augenscheinliche Tatsache, daß wir in den vergangenen 2000 Jahren in allen Punkten der Bergpredigt den Worten Jesu nicht nähergekommen sind, sondern mit aller Kraft, wie absichtlich, uns von ihnen entfernt haben; und diese Erklärung liegt nicht bei Gott, sondern einzig bei uns selber. Sie ist begründet in unserer ständigen Angst. Jeder kann das feststellen, er muß nur aus dem Fenster schauen. Denn wenn «Christentum» das ist, was die Bergpredigt schildert, dann gibt es weit und breit kein Christentum; was es statt dessen gibt, ist ein Kostümhandel, ein Designgeschäft in Sachen Christentum. Da gibt es millionenteure Kirchbauten im Namen des Christus, es gibt Orgeln, Glocken, Türme, Museen, Paramente, Angestellte, Beamte, Druckereien, Ländereien, Konkordate, Gesetze, Paragraphen, Fahnen, Kostüme – was immer man will. Doch all das hat mit dem Christentum der Bergpredigt nicht das mindeste zu tun. Wir bewundern die künstlerische Leistung, die zum Beispiel im Petersdom Gestalt gewonnen hat, doch man wird nicht christlicher dadurch, daß man viel Geld für einen Kirchbau ausgibt, sonst müßte, wer mehr Geld besitzt, damit doch auch schon näher bei Gott sein. Christlich betrachtet, verhält es sich gerade umgekehrt: Nicht die Errichtung von Prunkbauten, sondern die einfache Menschlichkeit zählt vor Gott in den Augen Jesu. Nicht goldene Kelche und Monstranzen sind die Gefäße des Göttlichen, wohl aber eine offene Hand und ein offenes Herz, das sich einem anderen Menschen entgegenstreckt. Das alles wissen wir seit eh und je, all das geben wir sogar vor zu glauben. Doch in Wahrheit fürchten wir uns geradewegs davor, daß irgend etwas von der Bergpredigt Wirklichkeit werden könnte. Es geht uns wie Süchtigen, die sehr wohl wissen, daß sie sich mit der Droge über kurz oder lang zugrunde richten werden, die aber doch den Tod weniger fürchten als das Leben, die Abhängigkeit weniger als die Freiheit, die Krankheit weniger als die Heilung; und so benutzen wir sogar das Reden von Gott zur Absicherung und Rechtfertigung unserer Verlogenheiten und Halbheiten und wagen es, die Summe dieses Possenspiels als kirchliches Lehramt, als kirchlichen Dienst und als kirchliche Gemeinschaft auf eine besondere Einsetzung des «Geistes» zurückzuführen, der von Jesus Christus ausgegangen sei. Für Jesus aber war die Religion keine kirchlich verordnete Wahrheit, sondern einzig und allein ein Weg zur Wahrhaftigkeit[14]; und am meisten wäre ihm die theologische Heuchelei zuwider gewesen, mit der wir erklären, den Willen Gottes im «Geiste» Jesu, ausgestattet mit Heiligem Geist, zu erfüllen, während wir alles daran setzen, Gott mit feierlichen Redensarten und rituellen Ersatzhandlungen zum Narren zu halten. «Wer diese meine Worte hört und nicht hält, der gleicht jemandem, der sein Haus auf Sand gebaut hat.» Auf was für ein «Felsenfundament», wenn es so steht, glaubt denn speziell die katholische Kirche im Sinne Jesu gegründet zu sein?[15]

Sie behilft sich seit anderthalbtausend Jahren mit einer geradezu unverschämten Lüge; sie erklärt, die Bergpredigt sei gar nicht eigentlich als «Gebot» zu verstehen; «geboten» sei nur: du sollst nicht töten, du sollst nicht ehebrechen und so weiter. Alles, was Jesus in der Bergpredigt sage, sei lediglich als ein «Rat» zu verstehen. Wie groß eigentlich muß der Hang zur Faulheit und zur Selbstverdummung in den Menschen sein, daß die gesamte Christenheit einen derart barbarischen Unfug über so lange Zeit mit artigem und wohlgefälligem Kopfnicken hat quittieren können? Da sagt Jesus – das ist nach kirchlichem Bekenntnis der *Messias,* der *Gottessohn,* der *Prophet,* der *Erlöser* der Welt, die *zweite Person* des dreifaltigen Gottes, die im Fleische menschgeworden ist, um die Menschheit von den Sünden zu befreien – da spricht also er die am meisten lyrischen, die innigsten, offenherzigsten, persönlichsten Worte, die uns aus seinem Munde überliefert worden sind; da sagt er frank und frei, was zu tun ist, um die Welt der Gottesferne, der Verlorenheit, der Verzweiflung, der Qual und Unmenschlichkeit hinter sich zu lassen, und da soll er lediglich gesagt haben: Du mußt so weiter leben wie bisher, wenngleich ich dir *rate*, noch ganz anders zu leben? All die Antithesen der Bergpredigt hätten lediglich den Sinn gehabt, das «Du mußt» durch ein bescheidenes «Möchtest du nicht» zu ergänzen? Und in dieser «Ergänzung» eines feinsinnigen Surplus-Vorschlages läge das «Werk der Erlösung» beschlossen? Wenn es irgendein Salz gibt, mit dem sich nicht salzen läßt, weil es sich selber verdumpft und verstumpft hat, dann ist es eine solche kirchenbeamtete Auskunft über die Bergpredigt. Eine solche Erklärung läuft geradewegs darauf hinaus, daß zwar die «Erlösung» des Menschen notwendig *war* (nicht: ist), aber doch wieder nicht so nötig, daß sie wirklich werden müsse; denn ob sie wirklich werde oder nicht, da eben lasse sich nur raten und empfehlen, nicht fordern und verlangen. – Das alles ist so viel, wie einen Arzt auf die Bühne zu stellen, der die ganze Welt, ja den ganzen Himmel abgesucht hat, um endlich zu seinem todkranken Patienten zu gelangen, der aber in dem Moment, da er an das Krankenbett tritt, schon um den Ärmsten nicht allzusehr zu erschrecken, als erstes seine Diagnose mildert und dann so freundlich ist, dem derart Erfreuten die Heilkur nicht auf Sein oder Nichtsein anzutragen, sondern sie ihm nach Geschmack und Widerwillen in Tropfenform «anzuraten».

Doch selbst diese Komödie von einem göttlichen Arzt war und ist der katholischen Kirche bis heute offenbar bei weitem noch nicht spaßhaft genug. Nicht genug damit, die entscheidende Botschaft der Erlösung der Menschheit zu einem «evangelischen Rat» zu entwerten, nach dem der Einzelne sich wohl schon richten sollte, doch eben nicht zu richten braucht, um ein gutes Mitglied der Kirche, dieses auf mystische Weise fortlebenden «Leibes» des Christus, zu sein[16] – ging sie als erstes dazu über, die Gläubigen in zwei verschiedene Stände einzuteilen: in die «Laien», für welche die Bergpredigt kein verbindliches Gebot (sondern eben nur einen «Rat») darstellt, und in die Ordensleute (und, später, die Priester), für welche die Bergpredigt als bindend und gültig gesetzt ist. Die *Laien*, wenn es so steht, können jetzt sogar ruhigen Gewissens auf eine Weise dahinleben, wie wenn es die Bergpredigt nie gegeben hätte, ja, sie können ganz gut für rechte Christenmenschen durchgehen, selbst wenn sie nichts von all dem beachten, was Jesus gesagt und gewollt hat; das einzige, was erfordert wird, ist die Erklärung, auf *die Kirche* hören zu wollen, die ihnen gerade erklärt hat, daß sie bereits durch ihre Kirchenzugehörigkeit ganz von selbst zu Christus gehören. Natürlich ist es auch jetzt noch recht löblich, sich um die Befolgung der Bergpredigt zu bemühen, aber wirklich notwendig ist es, regelmäßig die Kirchensteuer zu entrichten und des Sonntags die Kirche zu besuchen; in allem anderen genügen die Zehn Gebote. Die Bergpredigt befolgen können und müssen allein jene «besonders von Gott dazu Berufenen», und auch diese nur, wenn sie einer von der Kirche approbierten Ordensgemeinschaft beitreten; dann erst folgen sie wirklich Jesus nach, das heißt, sie folgen ihm aufgrund ihrer «besonderen» Berufung eben in «besonderer Weise» nach. «Wer diese meine Worte hört und sie nicht befolgt, der gleicht einem Manne, der sein Haus auf Sand baut.» Kein Wort steht da von einer «allgemeinen» und einer «besonderen» «Christusnachfolge», vielmehr führt eine derartige Exegese allererst dazu, daß in der Tat das Fiasko der «Sandbauer» sich «allgemein» verbreitet und die tragfähigen «Steine» immer seltener werden und immer seltsamer geformt erscheinen. Mit anderen Worten: Was die katholische Kirche mit ihrer Zweiteilung einer «allgemeinen» und einer «besonderen» «Berufung» der «Christusnachfolge» sich eingehandelt hat, ist in sich selbst der klare Widerspruch zur Lehre Jesu. Niemals hat der Mann aus Nazareth daran gedacht, wieder einen Kreis von «Pharisäern», von «Besonderen», um sich zu sammeln oder, noch weit abenteuerlicher, einen Orden nach qumranischem Vorbild zu gründen; ganz im Gegenteil! Er wollte, daß sich das Judentum der «100 Gerechten» (Mt 18,12–14) endlich öffnen würde für die Herde der Ausgestoßenen, der allenfalls negativ «Besonderen». Hier in der Ungeschütztheit und Offenheit, fernab aller moralischen und institutionellen Schranken, sollte die Freiheit in Gott sich bewähren. Keinerlei Zweiständeordnung nach katholischem Muster ist damit vereinbar.[17]

Doch selbst dieser offensichtliche Verrat an der Botschaft Jesu leistete der katholischen Kirche noch nicht wirklich, was er leisten sollte: einen wirksamen Schutz vor der Ernstnahme der Bergpredigt. Die «Laien» sollten nicht der Pflicht unterliegen, den Worten Jesu Folge zu leisten, sondern einzig die «besonders Berufenen». Aber nun: Ist die Kirche unter diesen Umständen nicht zum überwiegenden Teil eine Gemeinschaft der «Unvollkommenen» (Mt 5,48!), der Schwachen, der Unfertigen, der Sünder? Und wenn sie das ist, so ist doch vor allem von der katholischen Kirche selber durchaus nicht zu fordern, daß sie als ganze sich nach den Worten der Bergpredigt richte. Es war eine arge Irrlehre, als zum Beispiel die Franziskanermönche von Papst Bonifaz VIII. (1294–1303) forderten, auch er selber solle die vatikanische Hofhaltung mit ihrem Prunk und Pomp aufgeben und sich der Armut Jesu verschreiben.[18] Der Papst erklärte es für eine todeswürdige Häresie zu behaupten, die Apostel hätten kein privates Eigentum besessen, sie seien persönlich arm gewesen und auch die Kirche der Päpste und Prälaten, der Bischöfe und Kirchenbeamten sei im Sinne der Bergpredigt verpflichtet, arm zu sein.[19] Mitnichten! Die Kirche hat ein Recht, ja, sie hat sogar die Pflicht, wohlhabend oder zumindest wohlbegütert zu sein, schon um all den zahllosen Aufgaben der Weitergabe des rechten Glaubens, der Pflege des Gottesdienstes, der Einrichtung caritativer Hilfswerke und so weiter und so weiter gewissenhaft obliegen zu können. Es bleibt dabei: Leute, wie die Franziskanermönche, die es aufgrund ihrer offenbar «besonderen» Berufung partout nicht lassen können, aus der Armut eine Glaubensfrage zu machen, mögen so arm sein, wie sie wollen, sie müssen sich nur strengstens hüten, ein gleiches von und in der Kirche selber zu verlangen. Die Kirche kann und darf überhaupt nicht arm sein; sie *muß* schon von Amts wegen immer wieder versuchen, Gott zu dienen – *und* dem Mamon (Mt 6,24), und wer da fragen wollte, wo bei so viel Pflichterfüllung und Christlichkeit denn nun die Armut Jesu selbst geblieben sei[20], den wird man wiederum auf die Ordensschwestern und Ordenspriester hinweisen, die als die eigentlichen Tugendböcke der Kirche *stellvertretend,* versteht sich, der «objektiven Heiligkeit» der katholischen Kirche sichtbaren Ausdruck verleihen. Der Kreis hat sich geschlossen.

Es war der Mönch *Martin Luther,* der mit Macht diesen Zirkel der Verlogenheit aufsprengen wollte und sollte. Die Bergpredigt ist kein «Ratschlag für besonders Berufene», natürlich nicht – die Bergpredigt ist die Grundlage der Existenz eines wahren Christenmenschen. Mit einem Schlag beendete der Reformator die geistliche Zwei-Reiche- beziehungsweise Zwei-Stände-Ethik des Katholizismus, auch hier das Mittelalter durch die Neuzeit ablösend. Ganz im Sinne Jesu sollte es keine Trennung mehr geben zwischen Profan und Heilig, zwischen Weltlich und Geistlich, zwischen Laien und «Mönchen», vielmehr sollten alle Bereiche des menschlichen Daseins von der Gnade Gottes umgriffen und durchdrungen sein.[21] *Von der Gnade Gottes* – das freilich bildete für den ehemaligen Augustinermönch die entscheidende Voraussetzung von allem: die Bergpredigt galt für alle Menschen ohne Unterschied, aber es war keinem Menschen von sich her möglich, sie zu halten. Insofern zeigten die Worte Jesu für *Luther* als erstes, wie zerbrochen, unfähig und verkommen der Mensch seinem ganzen Wesen nach ist; die Bergpredigt machte als erstes die Sündhaftigkeit der «Welt» offenbar.[22] Für denjenigen freilich, der reumütig und bußfertig sich mit all seiner Schuld vertrauensvoll in die Hände des allmächtigen Gottes warf, wurde dennoch Heil und Rettung möglich, denn Gott erbarmte sich seiner und erklärte ihn trotz allem für gerechtfertigt. Theologiegeschichtlich gesehen, stellt dieser Ansatz einen entscheidenden Schritt in die richtige Richtung dar, doch nur, um dann wieder auf halbem Wege stehen zu bleiben. Aber der Reihe nach.

Die Hauptschwierigkeit der *lutherischen* Deutung, der Punkt, an dem selbst der Sündenernst des Reformators zur Ausrede geraten kann, liegt erkennbar darin, daß, genau betrachtet, die Bergpredigt, entgegen ihrem eigenen Finale, in lutherischer Deutung nicht länger dazu da ist, getan und befolgt zu werden, sondern dazu, die Unmöglichkeit ihrer Erfüllung an sich selbst zu erweisen.[23] Und doch ist diese zunächst geradezu bizarr anmutende Eigentümlichkeit der lutherischen Interpretation der Bergpredigt nicht anders denn als genial zu bezeichnen, vorausgesetzt, daß man sie *psychologisch* statt theologisch liest. Denn was in der Sicht katholischer Dogmatiker sich bis heute als logisch ungereimt und theologisch haarsträubend darstellt, ist doch geeignet, das ganze Drama der menschlichen Erlösungsbedürftigkeit psychologisch in unübertrefflicher Schärfe zur Sprache zu bringen.

Es ist wahr: als erstes macht die Bergpredigt deutlich, wie absurd die Voraussetzungen dessen sind, was wir im sozialen, politischen, wirtschaftlichen und militärischen Bereich als die moralischen und religiösen Grundlagen von Staat und Gesellschaft, Kultur und Geschichte ansehen; gemessen an der ruhigen, menschlichen Selbstverständlichkeit, gemessen aber auch an der drohenden, zornigen Leidenschaft, mit der Jesus seine Worte vorträgt, wird Zeile für Zeile deutlich, daß es eine humane Alternative zu diesen Entscheidungsaufrufen oder, besser, zu diesen Manifestationen einer endgültigen neuen Entschiedenheit (in der Sprache der Bibel: einer endgültigen «Umkehr») nicht gibt. Zugleich aber ist auch klar, daß sich bei allem existentiellen Pathos eine solche Grundentscheidung nicht «machen», nicht mit dem Willen erzwingen läßt. Auch darin hat LUTHERS Intuition in der außerordentlichen Klarheit des Schmerzes der Selbsterfahrung das Richtige gesehen, daß die Bergpredigt eine unbedingte Geltung besitzt und dennoch nicht im Sinne einer wenn auch noch so perfektionierten «Werkefrömmigkeit» abgeleistet werden kann; im Gegenteil: je mehr man versucht, die Weisungen der Bergpredigt, wie man sollte (!), mit aller Kraft zu erfüllen, wird man an ihnen scheitern. Die Dialektik des «Gesetzes» als einer Grundlage der Existenzbegründung, wie PAULUS sie am Beispiel des jüdischen Gesetzes erfahren und dargestellt hat[24], schwächt sich nicht ab, sondern radikalisiert sich noch, wenn man die Bergpredigt als ein «neues» «Gesetz», mosaischer als Moses, auffaßt. Matthäus, wie wir sahen, unternimmt eine Menge, um mit den Mitteln einer sorgfältigen Redaktion und Komposition gerade den Charakter der Bergpredigt als eines solchen *neuen* Gesetzes hervorzuheben[25]; doch Verbindlichkeit ist etwas anderes als Gesetzlichkeit, und es ist vor allem die *psychische* Erfahrung von Scheitern und Ohnmacht, die auch das theologische Verständnis der Bergpredigt auf eben den Weg führen muß, den der Mönch aus Wittenberg so klar gesehen hat: es ist buchstäblich *allein die Gnade,* aus der heraus die Bergpredigt ihren Sinn, ihre Verbindlichkeit und ihre Ermöglichung erfährt.

Ihren *Sinn:* gerade im Konterfei der Worte Jesu in Mt 5–7 erscheint die grundlegende *Gnadenlosigkeit* der «Welt» als das Kernübel der Verformung aller Handlungsimpulse, Beziehungen, Wertsetzungen, Verpflichtungen, Einrichtungen, Institutionen und Instanzen.[26] Es ist die Welt jenseits von Eden, aus welcher Jesus mit seiner Verkündigung der Nähe Gottes die Menschen *seiner* Zeit und *aller* Zeit zurückrufen möchte. Angst und Gnadenlosigkeit, Gnadenlosigkeit und Angst, das ist der ewig tödliche Teufelskreis, den er mit der Botschaft des Vertrauens in die Gnade Gottes aufbrechen möchte. Vor Gott ist alles das *nicht* nötig, was wir im Umkreis der Angst und Gnadenlosigkeit für unvermeidbar, pflichtgemäß und ganz vernünftig halten; wer das erkannt hat, dem wird die Bergpredigt zur unbedingten *Verpflichtung.* Aber sie tritt an ihn nicht als eine moralische Forderung heran, sie ergibt sich für ihn vielmehr als der ganz normale Ausdruck einer veränderten Existenz. «Feigen wachsen nur an Feigen, Trauben nur an Weinranken.» Das «Gute», das «rechte Leben vor Gott» ist möglich für den, der sich in der «Gnade» Gottes getragen weiß. Auch darin ist LUTHER ganz und gar zuzustimmen.

Dann aber muß man zugleich sehen, wie dieser entscheidende Schritt einer psychologischen und existentiellen Erkenntnis wieder zerrinnt, indem er zu schnell an die «Theologie» zurückgegeben wird. In «Gnade» – das heißt für LUTHER: *Gott* «rechtfertigt» den Menschen, er spricht ihn «gerecht», er deckt seine Schuld zu, er tut alles, was einen Menschen, der auf Gott vertraut, trotz aller Verfehlungen leben läßt. Diese lutherische Position markiert eine Grenze, von der an die Gefahr der buchstäblich «faulen Gnade» nicht nur droht, sondern bereits massiv gegeben ist und wo sogar die «katholische» Einrede gegenüber der lutherischen Gnadenlehre wieder an Berechtigung gewinnt. Solange die «Gnade» Gottes selber rein «forensisch», «äußerlich» («extrinsezistisch», in der Sprache der Dogmatik) verbleibt, ist sie wie ein Medikament, das im besten Falle die Haut des Menschen berührt und dort, an der Oberfläche, eine gewisse vitalisierende Wirkung hinterläßt, doch es dringt nicht vor bis zum Herd der Krankheit, bis zu «Herz und Nieren», biblisch geredet. Ja, es formt sich im Luthertum sehr bald eine neue Zweiteilung, die den inneren Widerspruch dieser Form von Gnadenlehre auch nach außen hin manifest macht: der Spiritualität der im «Glauben» aus «Gnade» «Gerechtfertigten» steht die nach wie vor unerlöste «Welt» in Form des Staates, ja sogar der sichtbaren Kirche gegenüber[27], der eben diese Gerechtfertigten nicht minder zugehören und innerhalb deren sie von den Bauernkriegen bis zu dem Schmalkaldischen Bündnisse offenbar immer wieder Dinge tun müssen, die der Bergpredigt stracks widerstreiten. Das großartige *simul justus et peccator* LUTHERS, diese Einsicht in die Tragik der Doppelexistenz eines Christen inmitten einer unerlösten Welt führt am Ende in eine mögliche Rechtfertigung von allem und jedem hinein, so daß schließlich nicht mehr klar ist, wieso eigentlich die papistische Hure zu Rom, dieses zweite Babylon, derart «reformiert» werden mußte, wenn, plus und minus gerechnet, doch mit Hilfe der alles vergebenden Gnade Gottes sich im wesentlichen an der Welt, wie sie ist, nicht viel geändert hat noch auch zu ändern braucht.[28]

Das Entscheidende in der Interpretation der Bergpredigt, das absolut Richtige an der Deutung LUTHERS indessen ist und bleibt der Grundansatz an der Gnade Gottes. Aber gerade diese elementare Wahrheit müßte verderben, wenn nicht zugleich gesehen würde, daß die «Gnade Gottes» als ein «Arbeitsmittel», als ein Umwandlungsprinzip, als ein «Medikament» verstanden und «gehandhabt» werden will. Die Grundlagen der Bergpredigt verhalten sich gegenüder der «Gnadenlosigkeit» der Lebenswirklichkeit der Menschen wie Föhnwinde gegenüber der Eiswand eines Gletschers: sie tauen ihn ab, sie lösen ihn auf, sie bringen ihn ins Rutschen, sie lösen nicht selten eine wahre Katastrophe aus, und doch kehrt erst mit diesem Kataklysmos eines neuen Klimaeinbruchs das Leben zurück.

Stelle für Stelle haben wir *deshalb* in der Auslegung der Bergpredigt sowohl den zunächst paradox erscheinenden Widerspruch der Worte Jesu zu der Welt der sogenannten «Realität» hervorgehoben als auch die Befreiung beschrieben, die aus diesen Worten eines «begnadeten» Lebens hervorgeht, wenn man sie *therapeutisch* liest. Die Erfahrung analytischer Psychotherapie scheint heute, am Ende des 20. Jahrhunderts, das wohl beste Modell zu liefern, um im konkreten zu zeigen, auf welche Weise das Prinzip der «Gnade» heilend, verwandelnd, in Widerspruch und Bestätigung neuschaffend wirksam wird.[29]

Es ist dies die Stelle, an welcher auch der leidige Graben zwischen der Gesetzlichkeit des Matthäus und der auch von ihm anerkannten (!) richtigen Zielsetzung der «gesetzlosen» «Gnostiker» überwunden werden kann. Wie wir gesehen haben, erweisen sich gerade die besonders paradoxen, ja, schier unmöglich scheinenden Forderungen Jesu, wie die «Feindesliebe» oder das «Nicht-Zurückschlagen» oder das «Richtet nicht» oder das «Dann geh mit ihm zwei Meilen», als die wirklich ganz selbstverständlichen, unbedingt vorauszusetzenden Bedingungen einer gelingenden Humanisation und Individuation. Unabhängig von den Voraussetzungen einer möglichst bedingungslosen Akzeptation, einer möglichst nicht-zensierenden Begleitung, eines nicht-reagierenden Ausagierenlassens, eines vertrauensvollen Gewährenlassens der sich regenden Wahrheit des anderen ist eine analytische Therapie nicht denkbar; sie ist im Grunde nichts weiter als der Versuch, jene «Gnade» zu vermitteln, die jedes Kind, das zur Welt kommt, bei seinen eigenen Eltern benötigt und die es doch auf weiten Strecken immer wieder so sehr vermißt.[30] Gewiß, alles, was Menschen einander an «Gnade», das heißt an bejahendem Wohlwollen gegenüber der Person eines anderen, zu schenken vermögen, verbleibt selber noch in den Grenzen menschlicher Beschränktheit, und doch ist es ein Schimmer des Lichtes der Ewigkeit und ein Abglanz dessen, worauf wir Menschen unbedingt hoffen. Daß wir einander zu solchen Brücken ins Unendliche würden, war alles, was Jesus wollte. Er mochte, daß wir einander derart verschwistert beziehungsweise verbrüdert würden, daß der eine vermittels des anderen sich selbst als «versöhnt», als Sohn (oder Tochter) des ewigen Vaters (der ewigen Mutter) wiederentdecken könnte. Und der ganze Spuk einer Welt der gnadenlosen Angst und der verängstigten Gnadenlosigkeit fiele dahin und wiche dem Aufzug eines nie mehr vergehenden Morgens. Das war *sein* Wunsch, wenn er uns lehrte zu beten: «*Dein* Reich komme.» Es wäre das Ende der Menschenherrschaft und der Menschenknechtung, es wäre der Anfang einer Freiheit, die den Fesseln der Angst endgültig entronnen ist.

Es ist klar, daß der psychotherapeutische Ansatz, den wir als einen konkreten Weg zur Durcharbeitung einer gnadenlosen Welt der Angst zum Verständnis der Bergpredigt vorschlagen, sich aus der Situation ergibt, in der wir *heute* leben, und insofern selber geschichtlich bedingt, aber auch geschichtlich «aufgegeben» ist.[31] Nach 2000 Jahren der «antignostischen» Verleugnung der wesentlich therapeutischen Dimension der Botschaft Jesu von der «Nähe» Gottes gilt es heute, die Bedeutung der *Heilung*, die gerade Matthäus der Bergpredigt erteilt, für das Christentum mit Hilfe von Verfahren zurückzugewinnen, die, historisch gesehen, gerade aus dem erklärten Widerspruch zu der Seelenlosigkeit heutiger «Verkündigung» und «Seelsorge» erwachsen sind[32] und die insbesondere die Gegenfinalität und Dialektik eines überichverzerrten, außengeleiteten, autoritären, im Grunde antihumanitären Sprechens von «Gott» am deutlichsten sichtbar machen.[33] Indem wir mit den Augen des Matthäus die Gestalt des Jesus von Nazareth in allem, was er tut und sagt, als wesentlich heilend (und insofern «erlösend») wiederentdecken, gelangen wir zu einer Überwindung nicht nur der uralten dogmatischen Richtungskämpfe zwischen kirchlicher Orthodoxie und «Gnosis», zwischen Gesetzlichkeit und Ungesetzlichkeit, zwischen Formelglauben und Erfahrung, sondern wir sehen zugleich, wie die lutherische Lehre des *«allein die Gnade»* das «katholische» Anliegen der «Mitwirkung» bei der Gnade allererst in einer synthetischen Einheit belebt und verständlich macht. LUTHER, FREUD und THOMAS VON AQUIN erscheinen auf dem Boden der Bergpredigt, so betrachtet, nicht länger mehr als Gegensätze, sondern als einander bedürftige Kommentatoren in dem Bemühen darum, daß der Mensch «ganz» sein möge, wie Gott, «unser Vater, der himmlische», «ganz» ist.[34]

Im einzelnen bedeutet dieser Interpretationsansatz, daß wir beim Hören der Bergpredigt, wie wir es versucht haben, von Fall zu Fall all die *Gefühle* des Widerstandes, des Erschreckens, der Abwehr, des Zorns und des Ärgers, des Schuldgefühls und der Ohnmacht in der Auslegung sammeln müssen, die sich unmittelbar regen, sobald wir die Worte Jesu an uns heranlassen; vor allem gilt es, die faktische Widersprüchlichkeit der real existierenden «Welt» sich möglichst deutlich vor Augen zu stellen, um die Verlogenheit der üblichen falschen und faulen Kompromisse und Beruhigungen beiseite zu räumen, die wie eine Grünspanpatina sich über die ehernen Schriften der Worte der Bergpredigt gelegt haben.[35] Ebenso aber kommt es zugleich darauf an, die spürbare Resonanz der Übereinstimmung zum Ausdruck zu bringen, mit der Zug um Zug ein jeder sich selber die Wahrheit der Worte Jesu im stillen eingestehen wird, und es gilt, die Sehnsucht und das Verlangen danach zu wecken, das eigene Leben und die Welt ringsum möchten so sein, wie es hier beschrieben wird. Dann freilich kommt der entscheidende Teil: Es ist Stelle für Stelle unerläßlich, die Widerstände gegenüber der «Erlösung» ebenso wie das Verlangen danach in den Motiven der Abwehr ebenso wie der Befreiung im einzelnen durchzugehen und bewußtzumachen; ohne die Einbettung der verschiedenen Themenstellungen der Bergpredigt in das Erlebnisfeld von Angst und Aufbruch, von frühkindlichen Verstellungen des Lebens und neuen, «erwachsenen» Stellungnahmen des Vertrauens, ohne den Hintergrund einer psychoanalytisch vermittelten Konkretion der Worte der Bergpredigt wird sich der Anknüpfungspunkt im Inneren des Erlebens nicht berühren lassen, an dem sich entscheidet, ob die Bergpredigt in einer bloßen (mehr oder weniger gesetzlich verbindlichen) Äußerlichkeit verbleibt oder ob sie die Kraft gewinnt, das menschliche Dasein von innen heraus zu verwandeln. Degeneration oder Regeneration der Zentralstelle christlicher Existenz hängt davon ab, inwieweit dieser vermittelnde Ansatz analytischer Psychotherapie exegetisch, moraltheologisch und dogmatisch aufgegriffen wird oder nicht.[36]

Dann bleibt freilich immer noch eine Schwierigkeit übrig, die in gewisser Weise das alte lutherische Dilemma unter den Bedingungen der Säkularisation im 20. Jahrhundert wiederholt: Immer, wenn jemand im Raum von Kirche und Gesellschaft versuchen sollte, mit der Bergpredigt ernstzumachen und zum Beispiel gegen die Aufrüstung und mögliche Kriegsbereitschaft der Staaten Einspruch zu erheben, immer, wenn er die Rechtssprechung in Kirche und Gesellschaft in Frage stellt oder die Geldwirtschaft der Neuzeit als Götzendienst und als Verbrechen an den Armen bekämpft, wird er von staatlicher ebenso wie von theologischer Seite die Auskunft Max Webers zu hören bekommen, es gelte zu unterscheiden zwischen «Gesinnung» und «Verantwortung».[37] Da wird die entscheidende Stelle der christlichen Offenbarung in einem Satz ebenso hoch gepriesen wie für belanglos erklärt; der Glaube, der angeblich Berge versetzen und die Menschheit erlösen soll, reduziert sich hier auf ein frommes Meinen und Mögen, auf eine rein subjektive Gestimmtheit, die nur, leider, mit der Wirklichkeit nicht übereinstimmt, und dieses «leider», dieser Ausdruck des subjektiven Bedauerns, ist denn auch schon der einzige Eindruck, den die Bergpredigt hinterlassen kann – und soll! Denn, so weiß der mit der Realität Erfahrene: Es ist unverantwortlich, es ist unsittlich, es ist eine rein subjektive Schwärmerei, die Vorstellungen der Bergpredigt auf die Weltwirklichkeit übertragen zu wollen!

Selbst die Unversöhntheit und Unerlöstheit, die in dieser Trennung des Subjektiven und des Objektiven sich ausspricht, wird inzwischen – schon wieder! – mit kirchlicher Redseligkeit hinweggeredet, indem der Einzelne geradewegs verpflichtet wird, im Namen dieser unerlösten Realität seine subjektive Gesinnung, das heißt die Lehren der Bergpredigt, den Interessen der höheren «verantwortungsethischen» «Sittlichkeit» zu opfern. So erklärte allen Ernstes der neu gewählte katholische Militärbischof Johannes Dyba am 26. März 1991, kurz nach Beendigung des Golfkriegs, gegenüber der «Welt», «daß der Pazifismus, der seiner Meinung nach aus der jüngsten Geschichte nichts gelernt habe, sich nicht aus der christlichen Lehre rechtfertigen lasse. Für Christen gebe es vielmehr eine ganze Bandbreite von Gewissensoptionen, beispielsweise auch jene, als Soldat seine Friedenspflicht zu tun.» – «An manchen Reaktionen auf den Golfkrieg habe sich gezeigt, daß man zwar technisch und physisch vorbereitet, gleichzeitig aber vor einem Ernstfall geistig und seelisch völlig unvorbereitet sein könne. In dieser Beziehung spiegele sich in der Bundeswehr ein allgemeiner gesellschaftlicher Zustand wider: ‹Wir sind in allen Lebensbereichen dermaßen an Konsum und Luxus gewöhnt, daß wir schon kleinere Belastungen als völlig unzumutbar ansehen.› Nachdrücklich sprach sich Dyba dafür aus, daß das geeinte Deutschland nunmehr auch die Lasten und Pflichten der europäischen Nachbarn und der Völkergemeinschaft mittrage. Übrigens habe auch die Deutsche Bischofskonferenz zu ‹tätiger Solidarität mit der Völkergemeinschaft in der Verteidigung einer gerechten internationalen Ordnung› aufgerufen, was natürlich auch Opfer erfordern könne.» – «Es gelte, inbesondere im Religions- und Geschichtsunterricht, deutliche Defizite aufzubereiten. Trotz der schrecklichen Erfahrungen mit dem zweiten Weltkrieg: ‹Das Trauma und die Angst sind nicht das Normale. Wir müssen da wieder herauskommen, unsere Rolle als Bürger wie als Staat und auch die Realitäten auf der Welt akzeptieren.› Dazu gehört nach Meinung Dybas jenseits von radikalem Nationalismus und irrationalem Pazifismus auch eine ‹ganz normale Vaterlandsliebe›, ein Patriotismus, wie er für Amerikaner, Engländer oder Franzosen selbstverständlich sei. Auch Opferbereitschaft für das gemeinsame Wohl müsse wieder geweckt werden.» Der Friedensbewegung hingegen warf der Bischof vor, «‹Wunschparolen aufzustellen und sich von der Wirklichkeit zu verabschieden›.» – «Die Realität sehen, den Frieden sichern», war denn auch der ganze Artikel von *P. Scherer* überschrieben.[38]

Es scheint, als wenn ein Bischof wie Herr Dyba nicht einmal mehr merken würde, daß er sich, ganz im Sinne der Weberschen Antinomie, mit diesen Worten zugunsten der «Realität», die er «akzeptieren» (!) möchte, von der Bergpredigt verabschiedet. Am Ende bleibt es dabei: Der Friedfertige ist derjenige, der am schlimmsten töten kann, und Gott, mal wieder, steht in dieser Theologie auf der Seite der jeweils stärksten Bataillone. 2000 Jahre nach Christus macht hier ein Bischof seinen Frieden mit der Bergpredigt, indem er sie sang- und klanglos beerdigt und den Krieg für einen akzeptablen Teil der Wirklichkeit und die Kriegsbereitschaft für eine sittliche Pflicht christlicher Bürger und «Patrioten» ausgibt. Und es gibt auf einer katholischen Bischofskonferenz im Jahre 1991 in der BRD nicht einmal einen nennenswerten Widerspruch gegenüber dieser offensichtlichen Verhöhnung der klaren und ausdrücklichen Worte Jesu!

Eines freilich ist und bleibt wahr: Die Bergpredigt ist nicht in sich selbst schon Wirtschaftsethik, Rechtsphilosophie, Sicherheitspolitik oder Geschichtshermeneutik, sie enthält in sich selbst nicht irgendeinen Hinweis für die Fragen von Marketing und Management, von Rüstung und Rüstungskontrolle, von Logistik und Strategie, von Vertragsabschlüssen und Verfassungsregelungen, und so wird die beste Auslegung der Bergpredigt weit davon entfernt sein, ein Passepartout zur Lösung der Weltprobleme zu bieten. Dennoch, so sehen wir, werden unzweifelhaft all diese Fragen in der Bergpredigt angesprochen, um sie samt und sonders tendentiell vorzuentscheiden, und diese *Vorentscheidung* darf keinesfalls auf den Bereich der «Gesinnung» als einer Einstellung der subjektiven Moralität beschränkt bleiben, sondern sie will und muß wortwörtlich «richtend» in das Innerste des Subjektes: *in die Welt seiner Motive* vordringen und als erstes diese weitgehend dem Unbewußten zugehörende Sphäre in ihrer strukturellen Gnadenlosigkeit und Unmenschlichkeit bewußtmachen und durcharbeiten. Wie das? Es ist nicht schwer zu sehen.

Ein Mensch zum Beispiel, der innerlich von dem Gefühl des eigenen Unwertes frei geworden ist, braucht nicht länger mehr Geld und Reichtum, um durch das Haben auszugleichen, was ihm, zumindest in der eigenen Vorstellung, an Sein ermangelt; ein Mensch, der in sich selber ruht, wird es ablehnen, die Extremform des völkerrechtlich legalisierten Staatsterrors, der sich («gerechter») Krieg nennt, für eine «Option» des politischen Handelns zu erklären; jemand, der eine genügende Einsicht in die Dynamik seiner eigenen Psyche gewonnen hat, um die Verflochtenheit und Gefährdung seiner eigenen Existenz bewußt zu bemerken, wird verständnislos einer Justiz gegenüberstehen, die sich immer noch zutraut, «im Namen des Volkes (Gottes!)» über einen «Schuldigen» ein rechtsgültiges «Urteil» «ergehen» zu lassen; und so weiter. In jedem Punkte zeigt sich, daß die beliebte Flucht in die bürgerliche Schizophrenie nicht erlaubt ist, wonach sich die WEBERsche Spaltung zwischen «Gesinnung» und «Gesittung» (Verantwortung) noch einmal in der Aufspaltung zwischen der Ebene des Individuellen und des Gesellschaftlichen (in Kirche und Staat) reproduzieren beziehungsweise organisieren soll, so als könne allenfalls der Einzelne versuchen, sich nach der Bergpredigt zu richten, während die Gemeinschaft sich gerade davor hüten müsse, diese Neigung einzelner zu der Haltung aller ausufern zu lassen.

Die Worte der Bergpredigt sind von Jesus nicht gesprochen worden, um einen privaten Luxus moralischer Eigenbrötler zu umschreiben; sie bedeuten die Darstellung der letzten Chance, die uns in den Augen Jesu verbleibt, diese Welt vor dem Untergang zu retten; und die humanen Evidenzen, die angesichts der Bedingungen eines therapeutischen Handelns in der Psychoanalyse gerade an den Spitzensätzen der Bergpredigt aufleuchten, machen deutlich, daß es nur eine einzige, in sich kohärente Welt gibt und geben kann, die als ganze ihrer Erlösung harrt: Wer mit den Mitteln des Vertrauens und der Güte um die Personwerdung eines einzelnen kämpft, der kämpft zugleich auch gegen all die Zustände, Strukturen und Faktoren, die der Menschwerdung dieses einzelnen im Wege stehen, ja, er lernt diese Widerstände zumeist überhaupt erst auf diesem Wege in ihrer Auswirkung kennen; und umgekehrt: man kann nicht um die Vermenschlichung staatlicher und kirchlicher Strukturen sich mühen, ohne die ständig begleitende Frage vor sich zu sehen, wie all das, was er tut und verändern möchte, sich auf die einzelnen auswirkt.

Konkret gesprochen: Wer in vielen hundert Stunden einer Psychotherapie jahrelang sich bemüht, den feinsten Seelenregungen eines anderen Menschen so sensibel wie möglich nachzugehen, um jede Gewalt aus seinem Leben zu entfernen, der wird augenblicklich die Meinung I. KANTS verstehen, der Mensch dürfe niemals als Mittel, stets nur als Ziel des eigenen Denkens, Fühlens und Handelns betrachtet werden[39], der wird zugleich aber auch um so deutlicher die Barbarei des militärischen Denkens, Fühlens und Handelns bekämpfen müssen, die geradewegs darin besteht, «notfalls» Tausende von Menschen für die Besetzung irgendeines strategisch «wichtigen» Punktes auf der Landkarte zu opfern; der wird den Zynismus einer Wirtschaftsform bekämpfen, die selbst die Verelendung von Millionen Menschen in Kauf nimmt, wenn es gilt, die eigenen Interessen durchzusetzen; der wird eine Justiz unmenschlich finden, die in Kirche und Gesellschaft immer noch so tut, als ließe sich ein Mensch isoliert auf eine bestimmte «Straftat» reduzieren, ohne auf die Dynamik seiner unbewußten Ängste, Zwänge, Übertragungen und so weiter auch nur ein Stück weit wertzulegen.

Und dann das Argument der «Verantwortung»! Wenn sich heute angesichts einer kaputtgerüsteten Umwelt, einer bis zum Wahnsinn militarisierten Denkweise und einer gesellschaftlichen Moral, die selbst Atombomben und Massenseuchen noch für «erlaubte» «Waffen» erklärt, sich inzwischen etwas herausgestellt hat, dann doch wohl dieses, daß all das Pochen auf die aus «Verantwortung» notwendigen Abweichungen von der Bergpredigt im Namen der «Realität» über kurz oder lang ins absolut Unverantwortliche, ins schlechtweg Gespenstische und «Irreale» führt. Das Matthäusevangelium hat ganz recht, wenn es, symmetrisch zur Bergpredigt am Anfang, im 24. Kapitel gegen Ende hin mit den Visionen der Apokalypse sein Finale beschließen wird.[40] Gerade das «Prinzip Verantwortung»[41] führt heute unversehens auf Positionen zurück, wie sie in der Bergpredigt geradezu klassisch formuliert wurden. Inzwischen haben uns die 2000 Jahre Zögern und Zaudern gegenüber diesen Forderungen in eine Lage gebracht, daß die letzte Zeit abzulaufen scheint, die uns noch zur Umkehr bleibt. So sieht das aus mit der Verantwortung!

Insofern bleibt es richtig und wichtig, beim Einzelnen zu *beginnen* und insbesondere die Bergpredigt als erstes mit den Mitteln der *Psychoanalyse* aus dem Raum der therapeutischen Erfahrung im Leben einzelner heraus zu interpretieren; denn jede Vorgehensweise, die ihren Ausgang nicht bei der individuellen Erlösungsbedürftigkeit nimmt, müßte unversehens wieder in eine neue Gesetzlichkeit einmünden und führte zudem wohl unvermeidbar die Gefahr willkürlicher Ideologiebildungen zur Deutung zeitgeschichtlicher Ereignisse in den Wertungsschemata absoluter, göttlicher Begriffe mit sich herauf.[42] Dann aber geht es darum, die unsinnige Zweiteilung zwischen «privater» und «öffentlicher» Verantwortung endlich zu überwinden. Es gibt zwischen einer «psychotherapeutischen» und einer «politischen» Interpretation der Bergpredigt zwar ein methodisch notwendiges Nacheinander, aber ganz sicher kein Entweder-Oder. Die Erlösung eines Menschen ist keine Privatangelegenheit, wenngleich sie wesentlich darin bestehen kann, die Meinung aller anderen zu relativieren und als ein einzelner seinem Schöpfer gegenüberzutreten; doch eben: die Relativierung aller Menschenmacht angesichts des Absoluten – das ist die entscheidende Wendung der Geschichte, die Jesus mit seiner Person im Erbe der alttestamentlichen Propheten verkörpert[43], das ist das Ende aller Vergewaltigung von Menschen im Namen von Menschen oder im Namen vermenschlichter Götter. In diesem Sinne ist der Mann aus Nazareth wirklich die Realisierung aller Verheißung, der Kristallisationspunkt einer neuen Form des Menschseins, der Durchgangsort einer Welt des Todes ins Leben.

Aber jetzt: Jedem, der auch jetzt immer noch sagen wollte: Das kann ich nicht, dem ist zugleich mit der Person des Jesus von Nazareth die Ausrede genommen. – «Wie kann ich so handeln?» Die Antwort ist einfach: Beweise dir nicht, daß es geht, beweise nicht anderen, daß du recht hast, wenn du so tust; tu es ganz einfach mit dem Hinweis auf den, der genau so handelte und gerade darin die Welt veränderte. «Aber die Folgen?» Überlasse sie Gott! Es gibt nur eine einzige wirkliche Gefahr: aus uralter Angst so weiterzumachen wie bisher. Das in der Tat wäre ein Hausbau auf Sand. Nicht noch mehr an «Schriftgelehrsamkeit» ist hier gefragt, nicht ein weiteres theologisches Kalkül, sondern eine Verkündigung in «Vollmacht», die sich selbst ermöglicht in der Nähe dessen, der sie uns bringt. Wenn wir leben wie er, ist der Himmel uns nah. Wenn wir hingegen so nicht tun, verlieren wir alles. Und gerade das, was wir am meisten erstreben: Geborgenheit, Sicherheit, Schutz – nichts davon bleibt uns, folgen wir immer noch weiter der zerstörerischen Logik der Angst.

Es war Albert Schweitzer, der für die Bergpredigt den nicht sehr glücklichen Ausdruck *«Interimsethik»* prägte; denn Jesus ging es weder um ein Interim noch um Ethik[44]; was er wollte, war eine Änderung des gesamten Lebens heute. Doch auch Albert Schweitzer meinte nicht eine «Ethik», die sich bis zum Herannahen des Endes aufschieben ließe, sondern eine Haltung, die gelebt werden will gerade angesichts der Welt, wie sie ist, betrachtet man sie im

Vertrauen auf Gott. ALBERT SCHWEITZER glaubte nicht im Sinne der metaphysischen Bezeichnungen der kirchlichen Dogmatik an die «Gottessohnschaft» Jesu, aber er glaubte mit Jesus an die Nähe Gottes in jedem notleidenden Menschen sowie an die Möglichkeit und an die Pflicht, die Welt der «Realitäten» von Friedlosigkeit, Unrecht und Gewalt zu besiegen mit den Mitteln der Güte, des Verstehens, der Geduld und der Vergebung.[45] Und er wußte, daß er von Gott in der Person und durch die Person des Mannes aus Nazareth nur gerade so viel zu erkennen vermochte, wie er von den Worten dieses erstaunlichen Mannes wirklich zu leben versuchte. In der Wahl zwischen Leben und Tod, zwischen Vertrauen und Angst, zwischen dem Neuen und dem ewig Alten, zwischen Sein oder Nichtsein, zwischen Offenheit und Verschlossenheit, zwischen Aufbruch und Abbruch hatte er sein Haus gebaut auf *felsigen* Grund. Als Pazifist, als Freund der Tiere, als der Lehrer eines universellen Mitleids mit allen Geschöpfen, als Gegner aller Gewalt und Unmenschlichkeit wurde er einer der großen Wegweiser zu der befreienden Kraft jener Botschaft, die zum ersten Mal vor 2000 Jahren in den Dörfern von Galiläa begann und bis in unsere Tage hinein darauf wartet, wirklich gehört zu werden. Wer sie hört, der jedenfalls weiß, daß es kein Warten mehr gibt. Ein Interim? Ja! Doch: «Es komme dein Reich.» Und wie die alte Kirche hinzufügte: «Vergehen möge diese Welt.» Und deshalb auch: «Vergehen möge diese Kirche!»

Auf diese Weise wird es jetzt möglich, abschließend auch die «paulinische» Frage nach dem Verhältnis von «Gesetz» und «Evangelium» noch genauer zu beantworten, und zwar mit einem überraschenden Ergebnis.

Immer wieder bis heute hat die christliche Moraltheologie ihren «Frieden» mit den Worten Jesu zu schließen versucht, indem sie die eigentliche Herausforderung der Bergpredigt in eine Surplus-Moral verwandelte und damit ästhetisch neutralisierte. Was Jesus wollte, so erklärte man, sei mitnichten eine Aufhebung oder Beseitigung des moralischen Standpunktes gewesen, sondern «nur» dessen Überhöhung oder Vervollkommnung; mit dieser Auskunft glaubte man, die Grundmauern und die unteren Stockwerke des Erbhofes der kirchlichen Morallehre unverändert bestehen lassen zu können, wofern man nur als ein besonderes Zierart im Dachstuhl noch eine Art «Königspesel» als Erker zur schönen Aussicht eröffnete. Natürlich glaubte man sich bei dieser seltsamen Architektur erneut von Matthäus gut beraten; seine Rede von der «ganzen Erfüllung» des Gesetzes beziehungsweise von der «größeren Gerechtigkeit» (Mt 3,15; 5,20) schien die tradierte Konstruktion nicht nur zu rechtfertigen, sondern sogar zu fordern. Gleichwohl kann das Mißverständnis grotesker nicht sein, gerade wenn man den Worten Jesu bei Matthäus aufmerksam genug zuhört. Keinesfalls geht es hier um eine Lebensbeschreibung der «High-Church» im oberen Stockwerk der Kirche im Unterschied zur «Low Church» der «gewöhnlichen» «Laien», es geht grundstürzend und grundlegend um nichts anderes als um die Beschreibung des einzigen Wegs, der zu Gott führt. Alles andere ist Täuschung und Trug und ein Mangel an Ernst in der Auffassung der Worte Jesu. Was hier geschildert wird, ist, wie wir sahen, nicht etwas, das man vielleicht auch noch tun könnte, um die Sache mit Gott noch ein wenig stattlicher und gewichtiger erscheinen zu lassen; was Jesus hier formuliert, ist seiner Meinung nach die einzige Rettung, die uns noch verbleibt. Und worin besteht diese Rettung? Im Grunde kennen wir jetzt die Antwort, aber man kann sie nur paradox ausdrücken; wir müssen sagen: Die Rettung besteht in einer «Moral», die einer vollkommenen *Preisgabe* der Moral gleichkommt! Das ist eine «Moral», die sich erst ergibt, wenn einem all die «Ideale» «durchs Sieb gelaufen» sind, um mit *Alexis Sorbas* zu reden.[46]

Alle Moraltheologie und Moralphilosophie bisher hat versucht, von bestimmten Voraussetzungen, über welche der Mensch verfügt beziehungsweise die er selber ist, auszugehen. «Der Mensch» galt zum Beispiel als frei in der Wahl zwischen Gut und Böse, er konnte erkennen, was gut und böse ist, er war daher verpflichtet, das Gute zu tun, denn er wurde als von Natur aus für fähig zum Guten befunden und so weiter In all diesen Annahmen ging die Moraltheologie von dem aus, was der Mensch *hat:* was er kann, was er weiß, was er besitzt; und im Rahmen dieser Annahme des menschlichen Besitzens und Vermögens formte sich die christliche Ethik mit einer Fülle von Satzungen und Gesetzen, Geboten und Statuten. Von diesem Ansatz her fällt es vielleicht wirklich schwer zu begreifen, was «moraltheologisch» das eigentlich Neue, ja, das Revolutionäre der Bergpredigt ausmacht. Man hat es traditionellerweise in der kirchlichen Lehre wie selbstverständlich nach wie vor mit den «guten» Bürgern zu tun, die im Grunde schon rein sozial all die Ordnungen repräsentieren, die sich mit derlei Lehren und Ansichten in ihnen selbst reproduzieren. Genau entgegengesetzt aber verhält es sich bei Jesus. Er geht eben nicht aus von den Leuten, die im Rahmen der bürgerlichen Ordnung mehr oder minder gut zurechtkommen und für die das gesamte Arsenal an Geboten und Vorschriften im Grunde nichts weiter darstellt als eine Rückversicherung ihres gesellschaftlichen Status im Rahmen der Rollenvorschriften, die sich aus ihrem persönlichen Rang ergeben; die Menschen, zu denen Jesus in der Bergpredigt spricht, die Menschen, von denen *er* ausgeht, sind allesamt Menschen, die durchaus nichts von all dem zu tun oder zu «leisten» vermögen, was ihnen im Namen des «Gesetzes» aufgetragen wird. Diese Leute kommen bei all dem

Sprechen von Gesetz und Recht und Ordnung und Pflicht und Gut und Böse immer wieder nur unter die Räder; sie sitzen nicht in dem Gefährt der gesellschaftlichen oder kirchlichen Moral, sie liegen auf der Straße; sie sind Ungesetzliche, Unrechtmäßige, Unrechtliche, Unordentliche – sie sind alles das nicht, was man sonst einen braven, guten und einwandfreien Menschen nennt. Mit BÜCHNERS *Woyzek* gesprochen, befinden sie sich nicht in der Rolle des Herrn Hauptmann, sondern des von Angst und Verzweiflung völlig hilflosen, fieberkranken, halbwahnsinnigen *Woyzek*[47]; sie sind zu *arm*, um «gut» sein zu können. *Das* ist die – auch und gerade gegenüber Johannes dem Täufer – entscheidende Erfahrung und Einsicht Jesu.[48] Diese Menschen, die unentwegt an jeder gesetzlichen Rede von Gott leiden, kümmern sich womöglich gar nicht mehr um irgendeines der mosaischen Gebote, und doch leben sie oft genug gerade infolge ihres Leidens menschlicher und gütiger, als es dem Wortlaut nach in irgendeinem formulierbaren «Gesetz» sich unterbringen ließe. Diese «Moral» der «Unmoralischen», diese Menschlichkeit der Parias ist die hintergründige Evidenz der Bergpredigt: diese Menschen sind nicht «schlecht», sie sind ganz im Gegenteil, meint Jesus, ganz nahe bei Gott. Wenn das aber stimmt, was ist es dann mit dem «Gesetz» des Moses, mit der Moral der Moraltheologen, mit all dem Du-Sollst und Du-Mußt im Namen Gottes und der Gesellschaft? Der moralische Kerngedanke Jesu in der Bergpredigt liegt darin, daß es darauf ankommt, das gesamte mosaische Gesetz (die gesamte Moraltheologie) aus den Angeln zu heben, nicht weil ihre einzelnen Inhalte falsch wären, sondern weil ihr gesamter Ausgangspunkt falsch ist.

Der Ausgangspunkt aller herkömmlichen Moral appellierte an das Sein und Können und Haben der Menschen; doch eben dieser Ausgangspunkt der Betrachtung führt unausweichlich zu einer Ausgrenzung all derer, die nichts sind und nichts können und nichts haben; statt der Einheit der Menschen unter den Augen Gottes zu dienen, dient ein solcher Ansatz immer wieder nur der Entzweiung *zwischen* den Menschen (sozial) und *im* Menschen (psychisch). Eine wahrhaft «göttliche», eine wahrhaft menschliche «Moral» darf deshalb gar nicht beginnen beim Sein und Sollen, beim Können und Müssen, sie muß genau am anderen Ende beginnen: beim Nichtsein, beim Unvermögen, beim Freispruch – bei der Gnade.[49] Nicht vom Vermögen des Menschen her, allein von der Gnade Gottes her kommt das menschliche Leben in Ordnung, das ist die feste Überzeugung Jesu. Keinerlei philosophische, naturrechtliche, thomistische, scholastische Ethik ist mit dieser Kehrtwende vereinbar. Hier hat MARTIN LUTHER recht.[50] Hier wird die Vernunft zur Hure. Denn hier wird die Grundlage des Menschlichen nicht mehr nach Rechten und Pflichten bestimmt, sondern einzig und allein durch Gnade und Freiheit.

Konkret gesagt: Wieviel Mühe beispielsweise gibt sich die katholische Moraltheologie bis heute mit der Herleitung aller möglichen «Rechte», die aus der «Natur» des Menschen beziehungsweise aus der «Natur» der «Sache» folgen würden! Da gibt es ein Recht, Eigentum zu erwerben, da gibt es ein Recht, das erworbene Eigentum zu genießen, da gibt es Gesetze, die bestimmen, wann und wie es ein Recht gibt, das rechtmäßig erworbene Eigentum gegen unrechtmäßige Übergriffe zu schützen und zu verteidigen. Und dann lese man dagegen Mt 6, 19: «Eignet euch kein Eigentum zu»! – *Oder:* Mit welcher Akribie sucht man in der heutigen Theologie das Prinzip der Gerechtigkeit zu formulieren und das Recht der «Armen» gegenüber den «Reichen» zugunsten einer «gerechteren» Verteilung der Güter inmitten einer «gerechten» Weltordnung zu urgieren! All diese Bemühungen stellen im Rahmen der traditionellen Moraltheologie immerhin einen wichtigen Fortschritt in Richtung der universellen Verantwortung eines «gerechteren» Teilens dar; doch mit der Intention der Bergpredigt hat das alles nicht bloß nichts zu tun, es ist das genaue Widerspiel zur Bergpredigt. Im Sinne einer solchen kirchlichen «Entwicklungshilfe» zum Beispiel müßten wir die Amazonasindianer, die australischen Aborigins oder die afrikanischen Pygmäenvölker für «arm» halten, da ihr Pro-Kopf-Verbrauch an Energie, gemessen an dem Durchschnitt des Mitteleuropäers, auffallend gering ist[51], und wir müßten sie, zur Verbesserung ihrer Lage, all die Tugenden lehren, die einer Bildung von Vorrat und Eigentum günstig sind, wie: Gewerbefleiß, Vorsorgewirtschaft, materielle Existenzsicherung et cetera; es wären just all die «Tugenden», die in der Bergpredigt so streng verurteilt werden, als seien es die ärgsten Laster! Und es *sind* auch «Laster» in den Augen Jesu.

Was Jesu wollte, war überhaupt nicht eine «Gerechtigkeit» im Sinne des Ausgleichs aller möglichen, vorwiegend materiellen Interessenkonflikte; was er wollte, war eine Versöhnung der Menschen unter Verzicht auf jeglichen Rechtsstandpunkt und Rechtsanspruch. Solange es um «Rechte» geht, geht es um Besitzstand und Egoismus, geht es um Unversöhntheit und Neid, geht es um Zwietracht und Konkurrenz, und solange stehen Menschen einander im Wege bei ihrer Suche nach Gott. Solange vor allem täuschen die Menschen sich über ihre wirkliche Lage, meinte Jesus. Sie denken immer noch im Umgang miteinander in Begriffen, die sie sogar auf Gott zurückzuführen wagen; doch sobald man diese Begriffe mit Gott in Verbindung bringt, zerstören sie den Menschen. Vor Gott hat ein Mensch keinerlei Rechte, vor Gott ist er niemals im Recht. Erst wenn man diese Härte des Kontrastes in allem, was Jesus tut und sagt, wirklich begriffen hat, versteht man, daß die Bergpredigt das Ende aller Moral und aller Gesetze darstellt und doch den Beginn einer absolut verpflichtenden Menschlichkeit bildet – so verpflichtend, wie nur die Güte und die Liebe einen Menschen einfordern können!

Die gesamte «Argumentation» so vieler Worte und Gleichnisse Jesu weist immer wieder in die gleiche Richtung: Der unbedingte Ausgangspunkt all dessen, was er sagt und lebt, besteht in der Evidenz der absoluten Verlorenheit des Menschen vor Gott – das ist sozusagen der *«johanneische»*, der «täuferische» Teil seiner Verkündigung –; dann aber, wenn es so steht, gründet sich die Berechtigung der menschlichen Existenz ganz und gar in dem Erbarmen und in der Vergebung Gottes – in dem Gleichnis von dem großmütigen König (Mt 18,21–27) macht Jesus diesen Gedanken überaus deutlich; aber auch das Bildwort vom verlorenen Schaf (Mt 18,12–14) und nicht minder das Gleichnis vom Pharisäer und vom Zöllner (Lk 18,9–14)[52] oder das Gleichnis von dem «ungerechten» Verwalter (Lk 16,1–9)[53] zeigen in diese Richtung.

Buchstäblich alles in der Botschaft Jesu läuft deshalb auf einen einzigen Punkt hinaus: daß wir die «Sintflut», daß wir *die Taufe* des Johannes nur überleben, weil Gott uns bedingungslos vergibt und uns mit seinem Erbarmen einen radikalen Neuanfang ermöglicht. *Das* ist die ganze Grundlage der «Ethik» der Bergpredigt. Sie gelangt nicht vom «Sein» zum «Sollen», von der «Natur» zum «Gesetz», von der «Freiheit» zur «Verpflichtung», sie spielt sich ab in einer einzigen Evidenz: Wenn es einzig das Erbarmen Gottes ist, das uns als Menschen leben läßt, dann ist unser ganzes menschliches Leben, wenn es mit rechten Dingen zugeht, nichts anderes als selber das gelebte Erbarmen. Alles Denken in Rechtsbegriffen, in Sollens- und Könnensvorstellungen verstellt nur diese ganz einfache Grundtatsache der menschlichen Existenz: «unnütze» Knechte sind wir (Lk 17,10)[54], deren Rettung einzig darin liegt, daß ihnen vergeben wurde, «so wie sie selbst hiermit auch ihre Schuldnern vergeben» (Mt 6,12). Jede Ethik, die vom Sein und vom Haben des Menschen ausgeht, führt nur zu immer neuen Rechthabereien und Einbildungen; die «Ethik» Jesu allein beginnt beim Nicht-Sein und beim Nichtssein; darum ist sie ganz «einfach» zu verstehen (Mt 11,25) und ganz «leicht» zu leben (Mt 11,29). Sie bedroht und gefährdet alle Besitzenden; aber den Habenichtsen dieser Erde bietet sie die einzige Chance zum Leben. Nur: wer, wenn er genau hinsieht, zählte nicht zu den «Habenichtsen»? Spätestens der Tod wird die Toren entlarven (vergleiche das Gleichnis von dem törichten Kornbauern, Lk 12,16–21).[55]

DAS ERBARMEN, DAS MITLEID ALS GRUNDLAGE DER ETHIK – das war, will man es *philosophiegeschichtlich* einordnen, auch der Gedanke ARTHUR SCHOPENHAUERS[56] und, von ihm beeinflußt, auch des ALBERT SCHWEITZER. Doch wir sehen jetzt, daß man sogar den Gedanken des Mitleids noch weiter radikalisieren muß: nicht das «Mitleid», das wir anderen schenken, ist das Prinzip der Ethik, sondern das Mitleid, das wir selber brauchen, um zu leben. Wir alle sind in dem Netz der *Maya* miteinander verwoben – SCHOPENHAUER ahnte das Richtige, und er knüpfte dabei vollkommen zu Recht an der *buddhistischen* Ethik an[57] mit der Überzeugung von der Leere und Leiderfülltheit des Daseins.[58] In unserem Jahrhundert war es vor allem der französische Dichter und Philosoph des Existentialismus, ALBERT CAMUS, der das gemeinsame Los aller Menschen angesichts des Todes zum Ausgangspunkt seiner Überlegungen nahm und leidenschaftlich forderte, wir sollten zusammenstehen, um den gemeinsamen Feind aller, den Tod, gemeinsam zu bekämpfen, statt die Absurdität der menschlichen Existenz zur Rechtfertigung von Mord und Selbstmord zu verwenden.[59] Bezeichnenderweise jedoch waren SCHOPENHAUER und CAMUS (und in gewissem Sinne wohl auch der BUDDHA) religiöse Atheisten und pessimistische Humanisten. Entscheidend an der Haltung Jesu ist demgegenüber, daß in ihr die Armut des Menschen als von Gott her umgriffen betrachtet wird. In der Nähe Jesu richtet es auf, arm sein zu dürfen; es befreit und erlöst, denn es gibt im Hintergrund einen Gott, der wollte, daß wir sind; vor ihm sind wir gut genug.[60] Das ist die Kehrseite unseres Mangels. Zugleich Gerechtfertigter und Sünder, ja; aber noch mehr: zugleich Bettler und Königskind, zugleich Verstoßener und Geretteter, zugleich Exulant und Beheimateter. *Die Mitte der Menschlichkeit des menschlichen Lebens ist Gott – seine Gnade zu uns und unser Vertrauen zu ihm.* Er ist die einzige Bedingung, unter der wir als Menschen «gut» zu sein vermögen. Diese Haltung offenbart alle moralischen Vorstellungen, die vom Menschen ausgehen, buchstäblich als Unmoral; und sie führt ebenso jede «Theologie» *ad absurdum*, die in Gott wesentlich den großen «Gesetzgeber» sieht – diese nur allzu menschliche Projektionsgestalt zur Selbstrechtfertigung des bürgerlichen Einmaleins. Was sich ergibt, wenn ein Mensch seinem Schöpfer begegnet und am Leben bleibt, das ist nicht Moral und es ist nicht Gesetz, es ist eine Freiheit der Güte, wie keine Moral sie jemals auch nur ahnen, geschweige denn verordnen kann. Die Beschreibung eines solchen befreiten, erlösten Daseins – das ist die Bergpredigt. Die Psychoanalyse liefert zu ihrem Verständnis gewiß nur ein erstes anfanghaftes Gleichnis. Doch sie zeigt zumindest, worum es geht: – um nicht mehr und nicht weniger als um die Wiederherstellung des Menschen weg von den

Obsessionen seiner Angst, zu denen Religion und Moral noch ihrerseits beitragen, wenn man sie nicht von Grund auf im Sinne Jesu erneuert. – Was Wunder, daß die nächsten Szenen des Matthäusevangeliums Zug um Zug *Heilungsgeschichten* sein werden!

Anmerkungen

I. Schwerpunkte und Leitlinien
(Seite 9 bis 217)

[1] E. Drewermann: Das Markus-Evangelium I, 161–170.

[2] Vgl. Eusebius: Kirchengeschichte III, 39, BKV Bd. 2,153–154, wo er Papias Mitte des zweiten Jahrhunderts zitiert: «Matthäus hat in hebräischer Sprache die Reden zusammengestellt; ein jeder aber übersetzte dieselben, so gut er konnte.» Vgl. E. Schweizer: Das Evangelium nach Matthäus, 3–4, der aus diesem Zitat folgert: «a) Mitte des zweiten Jahrhunderts war die Verschiedenheit der Evangelien ein Problem. b) Unser Evangelium wurde mit dem Herrenjünger Matthäus, der 9,9 erscheint, in Verbindung gebracht. c) Man wagte aber nicht, es direkt auf ihn zurückzuführen, sondern dachte an eine semitische Urform. d) Wahrscheinlich wurde diese sogar nur auf die oder einige darin enthaltene Jesusworte beschränkt... Möglich bleibt..., was schon die Änderung des Namens Levi (Mk 2,14) in Matthäus (Mt 9,9) vermuten läßt, daß der *Zöllner Matthäus* in der Gemeinde, die hinter unserem Evangelium steht, bekannt war und daß man vielleicht gewisse, im einzelnen nicht mehr faßbare Berichte über Jesus auf ihn zurückführte.» Das *Evangelium* des *Matthäus* ist, wenn es so steht, *wesentlich* die Botschaft von der voraussetzungslosen Berufung der Verlorenen durch die Person Jesu in die Nähe Gottes.

[3] Zur Zwei-Quellen-Theorie vgl. U. Lutz: Das Evangelium nach Matthäus, I/1,28–31. Vgl. aber auch J. Jeremias: Neutestamentliche Theologie, I 46–47, der mindestens zwei (mündliche!) Zweige der Logientradition annimmt. Zur Bearbeitung der Mk-Vorlage durch Mt vgl. R. Bultmann: Die Geschichte der synoptischen Tradition, 376–384. Zur Theologie der Q-Quelle vgl. P. Hoffmann: Studien zur Theologie der Logienquelle, Münster, 3. durchges. Aufl. 1982, wo insbesondere die Gerichtspredigt des Täufers und sein Verhältnis zu dem Menschensohn Jesus sowie die Aussendung der Boten in Mt 10; 11 untersucht wird. Nach G. Theissen: Wanderradikalismus, in: Studien zur Soziologie des Urchristentums, 79–105, ist die Logientradition an die Missionstätigkeit von charismatischen Wanderpropheten gebunden, die im Schatten endzeitlicher Erwartungen ein afamiliäres Ethos predigten, dessen Sprache das Aramäisch auf dem Lande war.

[4] Vgl. I. Asimov: Explodierende Sonnen, 120–141.

[5] J. Pfleiderer: Ursprung und Zukunft des Weltalls, 32–42.

[6] Vgl. N. Calder: Einsteins Universum, 142. Es handelt sich um eine einfache Folgerung aus *A. Einsteins* spezieller Relativitätstheorie.

[7] Vgl. J. Gribbin: Auf der Suche nach Schrödingers Katze, 95–168; R. Feynman: Vorlesungen über Physik, III 33–47.

[8] Zum Verhältnis von Mythos und Historie vgl. K. Hübner: Die Wahrheit des Mythos, 48–92 (Interpretationsgeschichte des Mythos); 142–158 (Zeit im griechischen Mythos); 324–348 (zur Entmythologisierung bei R. Bultmann; hier freilich manche Verzeichnungen der Situation der Theologie angesichts der historischen Kritik des biblischen Befundes); J. Campbell: Lebendiger Mythos, 53–70: Die Bedeutsamkeit von Riten; E. Drewermann: Tiefenpsychologie und Exegese, I 87–92; 250–374.

1. Jesus und die Kirche
(Seite 16 bis 43)

1 H. HESSE: Der Steppenwolf, 58–59.
2 A. a. O., 69.
3 A. a. O., 69–70.
4 A. a. O., 61.
5 A. a. O., 61–62; vgl. S. 193.
6 Vgl. S. KIERKEGAARD: Der Augenblick, Werkausgabe, II 562: «Aller Scharfsinn des ‹Menschen› strebt auf Eines hin: daß er ohne Verantwortung leben könne. Des Pfarrers Bedeutung für die Gesellschaft sollte darin bestehen, daß er alles tut, um jeden Menschen ewig verantwortlich zu machen für jegliche Stunde, die er lebt, auch für das Geringste, was er sich vornimmt, denn das ist Christentum. Seine tatsächliche Bedeutung für die Gesellschaft aber ist die, daß er die Heuchelei deckt, indem die Gesellschaft die Verantwortung von sich weg dem ‹Pfarrer› zuschiebt.»
7 Vgl. O. PFISTER: Das Christentum und die Angst, 175–181.
8 Zu dem Gleichnis von Mt 18,21–35 vgl. J. JEREMIAS: Die Gleichnisse Jesu, 207–211; E. LINNEMANN: Gleichnisse Jesu, 111–119.
9 Vgl. J. JEREMIAS: A. a. O., 29–35; 136–139; E. LINNEMANN: A. a. O., 87–94.
10 Zur Stelle vgl. J. GNILKA: Das Matthäusevangelium, II 136–139, der vor allem die Nähe zu Qumran betont (1 QS 6,1; Dam 9,2–4) und dann hinzugefügt: «Mt freilich sieht die Dinge anders und korrigiert die Praxis (sc. von 1 Kor 5; 2 Thess 3,6–15; 2 Joh 10; Did 15,3, d. V.) von *seinem* ekklesiologischen Konzept her... Auf jeden Fall stellt er das Gleichnis vom verlorenen Schaf der Regel voran und läßt Aufforderungen zur Vergebung folgen. Zwar hat er das Verfahren aufgenommen und damit dessen Gültigkeit bestätigt. Doch verschiebt er den Akzent vom Rechtsdenken auf ein pastoral-ekklesiologisches Anliegen.» Doch was hilft's? «Jesus hatte sich den Zöllern vorbehaltlos geöffnet» (I 138). «Die Gemeinde war auf ihre Heiligkeit bedacht» (I 139). «Qumran bietet die nächste Analogie» (I 139). H. BRAUN: Spätjüdisch-häretischer und frühchristlicher Radikalismus, II 27 fragt zu Recht: «Was steht... anstelle der den Wandel festlegenden juridischen Institutionen der Sekte (sc. von Qumran)? Da steht der lebende Jesus, dessen Autorität beträchtlicher ist als die der führenden Sektenpersönlichkeiten. Darum geschieht das Lehren durch ihn ohne eine juridisch begründete Autorisierung, nicht durch ein Gremium oder durch eine Einzelpersönlichkeit mit juridisch festgesetzter Autorität.» M. a. W. des Christentum dürfte nie zu einer zentralistisch geführten Sekte entarten!
11 Als Beispiele seien genannt die Fragen der Homosexualität oder der Ehescheidung; aber welche Frage der Moraltheologie kann da ausgenommen bleiben, wo es um die grundsätzliche Einsicht in die unüberwindliche Verlorenheit der menschlichen Existenz außerhalb der Gemeinschaft mit Gott geht?
12 Zur Theologie der *Beichte* mit Berufung auf Mt 16; Joh 20 vgl. A. VON HARNACK: Lehrbuch der Dogmengeschichte, III 593–600, der vor allem den überragenden Einfluß des hl. *Thomas* auf die katholische Praxis hervorhebt.
13 Insbesondere Can. 696–97 zeigt, wie die katholische Kirche in ihrem Rechtsbuch Mt 18,15–18 zu «aktualisieren» sucht.
14 Vgl. E. FROMM: Ihr werdet sein wie Gott, Gesamtausgabe, VI 83–226, S. 179–190: Die Vorstellungen über Sünde und Buße, bes. S. 187, die Geschichte von Rabbi Eleasar ben Dordai.
15 Vgl. z. B. G. LOHFINK: Wie hat Jesus Gemeinde gewollt?, S. 7, der gleich am Anfang es für «sinnlos» erklärt, «beim historischen Jesus nach einem förmlichen Stiftungsakt für die Kirche zu suchen», dann aber meint, es sei «äußerst sinnvoll zu fragen, auf welche Weise Jesus Israel gesammelt und wie er sich die Gemeinschaft des wahren Israel vorgestellt hat.» Freilich entwickelt LOHFINK dann ein kollektivistisches Idealgemälde von «Kirche», das dem Bemühen Jesu gerade um die Rettung und Heilung *einzelner* im Matthäusevangelium

eher widerspricht als entspricht. Zur Frage selbst vgl. H. FRANKEMÖLLE: Kirche, in: P. Eicher (Hrsg.): Neues Handbuch theologischer Grundbegriffe, II 294–309. Vgl. DERS.: Jahwe-Bund und Kirche Christi, 84–158: Die Gemeindemitglieder als Jünger (Jesu); und S. 159–172: Die Gemeindemitglieder als Söhne (Gottes).

[16] Bes. W. TRILLING: Das wahre Israel, 124–163, der (162) meint, Mt versuche, die «Ekklesia Christi als das wahre *Volk Gottes* zu erweisen und mit ihm zu identifizieren.» Doch ist das die «Theologie» des Mt, nicht die Botschaft Jesu. Zur Gemeindesituation des Mt vgl. U. LUZ: Das Evangelium nach Matthäus, I/1,59–62, der vor allem auf die Verwurzelung des Mt im Gottesdienst hinweist (vgl. z. B. Mt 28,19) und damit die häufige Verwendung von Septuaginta-Zitaten bei Mt begründet und meint: «Wir vertreten ... die These, daß das Matthäusevangelium aus einer Gemeinde stammt, die von den wandernden Boten und Propheten des Menschensohns der Logienquelle gegründet worden ist und weiter in engem Kontakt mit ihnen steht. Die Überlieferungen von Q spiegeln also für die Gemeinde Erfahrungen aus ihrer eigenen Geschichte. Sie sind ‹eigene Traditionen›. – Zu dieser These paßt, daß das Matthäusevangelium zwar judenchristlich geprägt ist, aber den Herrenbruder Jakobus, der nach Jerusalem gehört, nur am Rande erwähnt (13,55). Mt hat eher mit den Teilen der Kirche Berührungen, die Petrus als zentrale Gestalt ansehen.» E. SCHWEIZER: Matthäus und seine Gemeinde, 19–20, betont zu Recht «die enge Zusammengehörigkeit des Schicksals und Handelns Jesu mit dem seiner Jüngerschar»; so, wie schon in Mt 2 Jesus sich Verfolgungen ausgesetzt sieht, so die Gemeinde des Mt.

[17] Vgl. J. JEREMIAS: Neutestamentliche Theologie, I 59, der zu Recht die *Geistmitteilung* bei der Taufe Jesu (Mt 3,16) als «prophetische Inspiration» deutet und (81–84) Jesus wesentlich als «Propheten» kennzeichnet: «soviel wir wissen, fehlte Jesus die grundlegende Voraussetzung zum Schriftgelehrten, das theologische Studium» (81). Und wie er über die *Priester* seiner Zeit dachte, zeigt Lk 10,25–37, das Gleichnis vom barmherzigen Samariter; vgl. J. JEREMIAS: Die Gleichnisse Jesu, 200–203.

[18] Vgl. G. VON RAD: Theologie des Alten Testamentes, II 27–38.

[19] Vgl. A. WEISER: Der Prophet Jeremia, ATD 20,61–64; 215–219.

[20] Vgl. W. TRILLING: Das wahre Israel, 32–40, S. 33–34; vgl. bes. die Verbindung von Kelch und Taufe in Mk 10,38 f. = Mt 20,22 f.

[21] U. LUZ: Das Evangelium nach Matthäus, I/1,65 meint von den «Schriftgelehrten»: «Im Unterschied zu den Propheten (sc. die in der Q-Quelle als Wanderpropheten ihren festen Sitz haben, d. V.), werden sie vom Evangelisten redaktionell erwähnt (13,52, vgl. 8,19; 23,34). Die Logienquelle sprach von den sophoi (sc. den Weisen, d. V.), die neben den Propheten zu Israel gesandt sind (23,34). Die Absicht des Mt ist es nicht, die Stellung der Schriftgelehrten in der Gemeinde besonders zu betonen. Im Gegenteil! Da ‹einer euer Lehrer ist› (23,8) und ‹alle› – auch die Schriftgelehrten – ‹Brüder› und da die ganze Gemeinde Binde- und Lösegewalt hat (18,18), läuft die Mt Tendenz daher darauf hin, die Schriftgelehrten als Glieder der Gemeinde einzuordnen.» – E. SCHWEIZER: Matthäus und seine Gemeinde, 159–163: Die Frage des Amtes anerkennt wohl, daß es «faktisch immer eine bestimmte Gruppe von Gemeindemitgliedern gewesen sein (wird), durch die vor allem der Dienst des Lehrens geleitet worden ist»; aber die Gemeinde des Mt sei eine, «die weder die Ordnung der Ältesten noch die der Bischöfe und Diakone zu kennen scheint, ja, in der noch gegen eine Entwicklung gekämpft wird, die für diejenigen, die besondere Dienste ausüben, ... ein Amt schaffen will».

[22] A. WEISER: Der Prophet Jeremia, ATD 20,69–73: «Die ‹Verfälschung› des echten Jahwekultes ‹zur Lüge› sieht Jeremia ... in der schriftlichen Tora der Gesetzesschreiber (‹Lügengriffel›), die dem ursprünglichen Bundes-

kult fremd war... Die gesamte schriftliche Opfertora (man wird dabei an die Opferbestimmungen des Bundesbuchs und des Deuteronomiums, aber auch an andere rituelle Vorschriften zu denken haben...) hält Jeremia... für eine lügenhafte Verfälschung des Grundcharakters des Jahwekultes... Jeremia rührt hier an die Wurzeln des schwierigen, im Laufe der Geschichte der Religionen immer wiederkehrenden Problems der Buchreligion und ihrer gesetzlichen Theologie.»

[23] U. Luz: Das Evangelium nach Matthäus, I 1,65–66 meint, Mt liege auch nicht daran, die «Würde der Wanderradikalen, nämlich der Propheten und Gerechten (10,41) zu betonen, sondern eher daran, die ‹Kleinen› der Gemeinde als Jesusjünger im Vollsinn des Wortes zu stärken.» (Vgl. 10,42!)

[24] M. Buber: Die chassidische Botschaft, in: Werke, III 739–894, S. 876.

[25] E. Schweizer: Das Evangelium nach Matthäus, 281 erinnert zu Mt 23,4 an Apg 15,10 und ordnet den Abschnitt Mt 23,1–7 in die Zeit zwischen 70 bis 85 n. Chr. ein, zwischen der Zerstörung Jerusalems und der Verfluchung der «Ketzer» durch das Judentum. Insgesamt meint er: «hier hören wir also die Stimme eines Reformjudentums oder einer jüdisch-christlichen Gruppe, für die das pharisäisch ausgelegte Gesetz nicht mehr Freude und Gottesgabe, sondern Last geworden ist. Die Mönche von Qumran oder die konsequenten Pharisäer, die es mit dem Gesetz besonders ernst nahmen, haben bei ihren Zeitgenossen oft eine Stimmung der Verzweiflung heraufbeschworen... In der Gemeinde Jesu hat der Ansatz Jesu (... 5,21 ff.) schon vor Paulus zur Erkenntnis geführt, daß der Gehorsam Israels gegen Gottes Gebot zwar etwas Großes ist und dieses von den Heiden scheidet, aber noch nicht vor Gott gerecht macht« (286).

[26] Mt 23,14 «fehlt in allen alten Handschriften und ist erst duch Abschreiber aus Mk 12,40 ergänzt worden.» E. Schweizer: A. a. O., 282. Der Satz dürfte aber auf ein echtes Jesus-Wort zurückgehen. *Thomasevangelium* 102 gibt den Spruch so wieder: «Wehe ihnen, den Pharisäern, denn sie gleichen einem Hund, welcher liegt auf der Krippe der Rinder. Denn weder frißt er noch läßt er die Rinder fressen.» – Zu dem *Wehe* Jesu über Priester, Schriftgelehrte und Pharisäer vgl. J. Jeremias: Neutestamentliche Theologie, I 142–146.

[27] Die offenbar recht aktive (!) jüdische Missionsarbeit muß spätestens von dem Zeitpunkt an in Konkurrenz zu der christlichen Mission getreten sein, als letztere die Forderung der Beschneidung und das Einhalten der Kultgebote aufgabe. E. Schweizer: A. a. O., 287 meint, das «doppelt so schlimm» könne auch bedeuten «noch zwiespältiger».

[28] S. Kierkegaard: Der Augenblick, Werkausgabe, II 396, frei zitiert: Ders.: Tagebücher, V 224 bringt den Gegensatz von Lehre und Leben, von Doktrin und Existenz auf die Formel: «Griechisch ist Glaube ein Begriff, der in den Bereich der Intellektualität gehört... Dann verhält Glaube sich zum Wahrscheinlichen, und wir bekommen eine Steigerung: Glaube – Wissen. Christlich gehört Glaube in das Existentielle – Gott ist nicht als Dozent aufgetreten, der einige Lehrsätze hat, die man zuerst glauben, dann begreifen muß. Nein, ‹Glaube› hat seinen Ort im Existentiellen und hat in alle Ewigkeit nichts mit dem Wissen zu schaffen als einer Steigerung oder Höchststufe. Glaube ist der Ausdruck für: das Verhältnis von Person zu Person. Person ist nicht eine Summe von Lehrsätzen, auch nicht etwas unmittelbar Zugängliches... Nimm die beiden mit höchster Leidenschaft sich Liebenden, die jemals gelebt haben, wenn sie auch, wie es heißt, eine Seele in zwei Leibern sind: es kann doch niemals zu mehr kommen, als daß der eine glaubt, der andere liebe ihn oder sie. In diesem rein persönlichen Verhältnis zwischen Gott als Person und dem Glaubenden als Person im *Existieren* liegt der Begriff Glaube.»

[29] E. Schweizer: Das Evangelium nach Matthäus, 153: «Matthäus erzählt die Einsetzung des Zwölferkreises nie; er setzt ihn hier (sc. in 10,1, d. V.) ... einfach voraus, obwohl er nur

die Berufung von fünf Jüngern berichtet hat (4,18–22; 9,9). In ihrem Wort zieht Jesus weiter durch die Welt. Ihre Vollmacht ist ihnen von ihm ‹gegeben›. Sie ist weder die abgeleitete Autorität des Schriftgelehrten, der nur repetieren und interpretieren kann, noch die direkte des Gottbegeisterten ... Matthäus denkt dabei an die Zwölf als Vorbild aller Wanderapostel seiner Zeit.» A. a. O., 242 meint er zu 18,18: «Mit dem letzten Satz ist der ganzen Gemeinde zugesprochen, was 16,19 dem Petrus ... Wohl bleibt Petrus für die matthäische Gemeinde die Autorität, die Jesu neue Auslegung des Gesetzes tradiert und für das Leben der Gemeinde praktikabel gemacht hat; sein Nachfolger aber ist die Gesamtgemeinde.» Das ist wahr; doch läßt sich darauf folgern: «Es gibt also wohl Regeln für das Zusammenleben, aber keine institutionelle Hierarchie. Wortempfänger und Wortverkünder können noch nicht unterschieden werden; wer das Wort empfangen hat, muß es auch dem Bruder weitersagen, wenn dieser es nötig hat» (A. a. O., 242)? Bes. W. TRILLING: Das wahre Israel, 106–122 zeigt, in welchem Umfang in 18,18 das Kirchenbewußtsein des Mt zum Ausdruck kommt, «nach dem der Entscheidung der Ekklesia als solcher göttliche Rechtskraft zukommt» (120), sehr in Übereinstimmung mit qumranischen Vorstellungen. «Das Kirchenbild, das hinter den Worten steht, ist von einer dreifachen Struktur: der Vater im Himmel, der Erhörung schenkt, Christus in der Mitte und die Gemeinschaft seiner Gläubigen und die durch das Bekenntnis zu ihm geeinte Gemeinde» (121). G. D. KILPATRICK: The Origins of the Gospel according to St. Matthew, Oxford 1946, 79 sieht wohl zu Recht in Mt 18 eine Anweisung für die *Leiter* der Gemeinde. Noch weiter geht J. JEREMIAS: Die Gleichnisse Jesu, 36, der Mt 18 als «die große Anweisung für die Führer der Gemeinden bezeichnet» und hinzufügt: «denn so ist dieses Kapitel gemeint, die übliche Bezeichnung als Gemeindeordnung ist ungenau». Vgl. J. JEREMIAS: *kleis* (Schlüssel), in: Theologisches Wörterbuch zum NT, III 743–753, S. 751: «Sicher wird mit 18,18 auf Mt 16,19 Bezug genommen, wahrscheinlich auch in ... J 20,23. Die beiden Stellen zeigen, daß man im apostolischen Zeitalter die Vollmacht des Bindens und Lösens nicht mehr als ein Sonderrecht des Petrus betrachtet hat. Vielmehr ist sie J 20,23 auf die elf Apostel ausgedehnt. Schwieriger ist zu sagen, wie Mt 18,18 im jetzigen Zusammenhang als Träger der Binde- und Lösegewalt gedacht ist. Der unmittelbar vorhergehende V. 17 scheint die Annahme zu empfehlen, daß die Gemeinde als Trägerin der Binde- und Lösegewalt gedacht sei. Doch ist das schwerlich die Meinung des Evangelisten. Denn 1. läßt er die ganze Rede Mt 18 an die *mathätai* (Jünger) gerichtet sein (18,1), unter denen er im allgemeinen die Zwölf versteht, 2. gibt er Mt 18,12 ff. Weisungen Jesu für die *mathätai* in ihrer Eigenschaft als Hirten der Herde Jesu ... Es kommt 3. hinzu, daß Tt 3,10 (wo ein analoges Zuchtverfahren wie Mt 18,15–17 vorgeschrieben wird ...) es der bevollmächtigte Vertreter des Apostels ist – nicht die Gemeinde –, der den Ausschluß vollzieht.»

[30] Zu dem Begriff und der Funktion der *Zwölf* vgl. H. RENGSTORF: *dodeka* (Zwölf), in: Theologisches Wörterbuch zum NT, II 321–328: «Die Zwölf gehören ... allein zwischen ihn (sc. Jesus) und sein eigenes Volk, sind aber keine Größe, die auch abgesehen von dieser Stellung das Recht oder nur die Möglichkeit der Existenz hätte» (326). R. BULTMANN: Die Geschichte der synoptischen Tradition, 368–369 betont zu Recht den «Schematismus», mit dem bereits bei Mk «die Jünger (als Gruppe) als selbstverständliche Begleitung Jesu überall vorausgesetzt» werden. «... es versteht sich immer mehr von selbst, daß die Jünger Jesu ständige Begleiter waren ... Die Vorstellung wird dann dogmatisch: als die ständigen Begleiter sind die Zwölf die autoritativen Zeugen des Evangeliums Act 1,21 f.; 10,39 f.» Vgl. auch E. SCHWEIZER: Das Evangelium nach Markus, 66–68: die «Zwölf» kommen «meist in redaktionellen

Sätzen» vor und bleiben farblos; 1 QS 8,1 f. setzt ein Gremium von 15, nicht 12, Vorstehern voraus – echte Parallelen fehlen. «Vermutlich hat... Jesus die Zwölf als eine besondere innere Gruppe seiner Nachfolge berufen und darin schon den Hinweis auf die kommende Vollendung des Gottesvolkes gesehen.» Wenn das so ist, läßt sich die Gruppe der 12 nach der Enttäuschung der Naherwartung nicht mehr aufrechterhalten, und übrig bleibt die Institution einer inneren hierarchischen Gliederung. Vgl. entsprechend auch H. BRAUN: Qumran und das Neue Testament, II 326–342: Fragen der Kirchenordnung und Disziplin, der (327) die qumranischen Parallelen eher bestreitet, aber eine Gemeinsamkeit des eschatologischen Denkens hier wie dort betont. «Auch die drei Priester aus 1 QS 8,1 sollen ihre neutestamentliche Analogie besitzen» (328), doch scheint auch das nicht zwingend. «Daß in Qumran die *Leitung* der Gemeinde *durch einen einzelnen und auch durch einen Kreis* geübt wird, kann man natürlich mit dem Nebeneinander von Mt 16,19 und Mt 18,18 vergleichen; beiderseits freilich dürfte das nicht ein geplantes Nebeneinander, sondern ein bei der Entwicklung der Führungsverhältnisse zustande gekommenes zeitliches Nebeneinander sein» (II 328).

[31] Dies freilich schon entsprechend Mk 8,31–33; 9,30–32; 10,32–34.

[32] E. SCHWEIZER: Das Evangelium nach Matthäus, 152, meint zu Recht, daß mit Mt 10,1 «die Vollmacht der Jünger derjenigen Jesu gleich» gesetzt werde: Mt 9,35!

[33] E. SCHWEIZER: A. a. O., 164, findet «hier ausgesagt, daß im Boten Jesu Jesus selbst und mit ihm Gott bei dem einzieht, der ihn aufnimmt... Hinter diesen Sätzen... wird noch die Kirche sichtbar, in der Matthäus lebt: wandernde Missionare, Propheten und Gerechte, die vermutlich die Gebote Gottes und die Auslegung Jesu vollmächtig lehren, ziehen von Gemeinde zu Gemeinde, oft geschmäht und verfolgt, immer angewiesen auf die ihnen erwiesene Gastfreundlichkeit, und bringen das lebendige, sich in ihrem Leben ausprägende Wort Gottes mit sich.»

[34] Die Konstruktion der Drei liegt schon fertig vor in Mk 5,37; 9,2; 13,3; 14,33. E. SCHWEIZER: Das Evangelium nach Markus, 98 meint dazu: «Petrus, Jakobus, Johannes werden... immer, wenn es sich um letzte Geheimnisse handelt, ausgewählt.» Wenn man so will, sind sie das irdische, das kirchliche Pendant des «dreifaltigen» Geheimnisses Gottes (Mt 28,19), beides in archetypischer Parallelität.

[35] U. LUZ: Das Evangelium nach Matthäus, I/1,176 gerät eigentlich in Widerspruch zu seiner eigenen Feststellung von der Vorrangstellung, die insbesondere die Berufung des *Simon* hier spielt (175), wenn er resümiert: «Wir erhalten hier einen ersten Hinweis auf die Struktur der matthäischen Gemeinde, in der es weder eine Sondergruppe von Nachfolgern noch eine konstitutive Amtsstruktur gibt.» Es ist wahr, daß die «Nachfolge» der «Scharen» sich strukturell nicht unterscheidet von der «Nachfolge» der Jünger, aber es ist doch deutlich, wie sehr Mt im Erbe des Mk die Vorstellung einer hierarchischen Gliederung der Gemeinde auf die Gründung Jesus selber zurückzuführen sucht. Freilich ist es nicht möglich, aus den stark *symbolischen* «Gliederungen» des Kreises um Jesus linear die späteren institutionellen Hierarchiemuster der frühen Kirche abzuleiten; vgl. aber W. TRILLING: Amt und Amtsverständnis bei Matthäus, in: Mélanges Bibliques, hrsg. v. A. Descamps u. a., Gembloux 1969, 29–44. Für uns entscheidend ist vor allem die Konzeption von Gliederung und Vermittlung innerhalb der «Gemeinde» und der «Jünger» selber. Interessant, weil *typisch* ist die Tatsache, daß gerade die Gestalt des *Andreas*, von dem wir bei Mt nichts weiter erfahren, in der Legende breit ausgemalt wird. Vgl. P. M. PETERSON: Andrew, Brother of Simon Peter. His History and his Legends, New Testament Studies 1, 1958. J. DE VORAGINE: Die Legenda aurea, 15–26 erzählt vor allem von dem Schutz, den der hl. *Andreas* gegenüber den

vielfältigen Gefahren der Wollust zu spenden weiß.

[36] Vgl. O. CULLMANN: *Petros, Käphas,* in: Theologisches Wörterbuch zum NT, VI 99–112, der (S. 101) betont: «Ein Unterschied in der Behandlung der Person des Petrus durch die einzelnen synpt Evangelien besteht nicht.» Freilich kann man mit E. SCHWEIZER: Das Evangelium nach Matthäus, 220 fragen: «Seit wann ist Simon Kephas genannt worden? Nach Mk 3,16 seit der Berufung des Zwölferkreises, nach Mt 16,18, doch wohl, trotz 4,18, seit seinem Bekenntnis, nach Joh 1,42 seit der ersten Begegnung mit Jesus. Das zeigt die Unsicherheit; man weiß nicht mehr, wie weit der Name zurückreicht. Manches könnte für eine Namensverleihung nach Ostern sprechen. Die Simon widerfahrene Ersterscheinung des Auferstandenen (1 Kor 15,5) hätte ihn zum Felsgrund der ganzen Kirche gemacht. An Ostererfahrungen erinnern auch die hier (sc. in Mt 16,18, d. V.) mit der Namengebung verknüpften Worte vom zukünftigen (also nachösterlichen) Bau der Kirche... Aber daß ihm die Gemeinde einen sonst nirgends belegten Namen gegeben hätte, ist nicht leicht denkbar, und ginge er auf die Begegnung mit dem Auferstandenen zurück, warum ist dies völlig aus der Tradition verschwunden, obwohl Spuren eines besonderen Auftrages an ‹Simon› vorhanden sind (Lk 22,32; Joh 21,15–17)? Außerdem erscheint der Zuname in allen Evangelien schon in der Zeit des irdischen Jesus.» H. FRANKEMÖLLE: Amtskritik im Matthäusevangelium?, Biblica 54 (1973) 247–262, S. 258, weist darauf hin, daß Petrus (Mt 4,18) als Sprecher des Jüngerkreises «und als Hauptfigur des matthäischen Sondergutes (14,28–31; 16,17–19; 17,24–27; 18,21 f)» erscheine, und setzt diese Tatsache in Verbindung zu den «Anschauungen der Gemeinde des Matthäus im syrischen Raum, die sich später in der monarchischen Gemeindeauffassung des Ignatius von Antiochien unmißverständlich konkretisieren.» Eine «monokratische Tendenz» also!

[37] Vgl. E. DREWERMANN: Das Markus-Evangelium, I 84–85; E. SCHWEIZER: Jesus Christus, 128–132; DERS.: Die theologische Leistung des Markus, in: Ev Th 24 (1964) 337–355.

[38] E. SCHWEIZER: Das Evangelium nach Matthäus, 209 vermutet, «daß hinter der Geschichte einmal eine Ostererzählung stand, vielleicht die nirgends geschilderte Ersterscheinung Jesu vor Petrus (1 Kor 15,5; Lk 24,34). Nach Joh 21,7 stürzt sich Petrus dem auferstandenen Jesus entgegen ins Wasser und watet durch (nicht über) den See ihm entgegen. Sollte dies zu einer Episode im irdischen Leben Jesu umgestaltet worden sein? Darauf könnte vielleicht hindeuten, daß Matthäus den Satz des Markus, das Herz der Jünger sei verstockt geblieben, durch einen gegenteiligen ersetzt, der ihr anbetendes Niederfallen vor Jesus (... 8,2) und ihr Bekenntnis zu ihm als dem Gottessohn berichtet. Das entwertet eigentlich das Petrusbekenntnis 16,16, paßte aber gut in eine Ostergeschichte.» Vom *«Niederfallen»* vor Jesus, «das bei Mk nur 5,6 vorkommt», spricht Mt zehnmal (2,2.8.11; 8,2; 9,18; 14,33; 15,25; 20,20; 28,9.17). R. BULTMANN: Die Geschichte der synoptischen Tradition, 383.

[39] Vgl. CIC, Can. 330: «Wie nach der Weisung des Herrn der heilige Petrus und die übrigen Apostel ein einziges Kollegium bilden, so sind in gleicher Weise der Papst als Nachfolger des Petrus (!) und die Bischöfe als Nachfolger der Apostel (!) untereinander verbunden.»

[40] So spricht das Konzil von Trient von den «Bischöfen, die an die Stelle der Apostel getreten sind»; vgl. DENZINGER – SCHÖNMETZER: Enchiridion Symbolorum, S. 413, Nr. 1768. Dagegen schrieb M. LUTHER: Die Schmalkadischen Artikel (1537): 4. Artikel, S. 189: «Der Papst ist nicht jure divino oder auf Grund von Gottes Wort das Haupt der ganzen Christenheit; denn das gehört einem allein zu, der heißt Jesus Christus. Vielmehr ist der Papst nur Bischof oder Pfarrer für die Kirche in Rom.» Und Nr. 3, S. 193: «Der Papst... will nicht

glauben lassen, sondern sagt, man solle ihm gehorsam sein; nur so werde man selig. Das wollen wir nicht tun; lieber wollen wir in Gottes Namen drüber sterben. Das kommt alles daher, daß er jure divino der Oberste über die christliche Kirche hat heißen sollen. Darum hat er sich Christus gleich und noch über Christus setzen müssen.» Beide Standpunkte bilden heute noch ein vermeintlich trennendes Hindernis zwischen den Konfessionen. Es sollte aber doch möglich sein, anzuerkennen, daß die kirchliche Hierarchie zwar nicht von Jesus «eingesetzt» wurde, dennoch aber aus den Grundlagen lebendigen Zusammenlebens einer Gruppe von Menschen sich in bestimmter Weise ergeben mußte; die Gesetze, die den Zusammenhalt von Gruppen in hierarchischen Formen regeln, mag man «menschlich» oder «göttlich» nennen – sie sind in ihren Auswirkungen ebenso verbindlich wie veränderlich; und nimmt man die *symbolische* Vorstellung (nicht die historische Begründung!) einer solchen hierarchischen Gliederung in den synoptischen Evangelien als eine feste Tatsache an, so steht einer innerkirchlichen Bedeutungsverleihung der gewachsenen Strukturen als einer «göttlichen» Stiftung eigentlich nichts im Wege; – zwischen «göttlich» und «menschlich» bestünde kein Gesetz mehr, so wenig wie zwischen «Glaube» und «Geschichte».

[41] So J. J. DEGENHARDT (EB von Paderborn): Zur «Kölner Erklärung» der Theologen, Worte zur Zeit 21, S. 14: «Zum Auftrag von Papst und Bischöfen gehört nicht nur die Verkündigung der Lehre des katholischen Glaubens, wie sie etwa im Glaubensbekenntnis, in den Aussagen der Konzilien, in Aussagen von Bischofssynoden und Päpsten vorliegen, sondern auch die Erklärung und Anwendung der göttlichen Gebote und Weisungen, der sittlichen Normen und Regeln, der Anwendung der Aussagen der Heiligen Schrift auf unsere Zeit und die Stellungnahme zu aktuellen Fragen des sittlichen Lebens, wie etwa zur Unauflöslichkeit der sakramentalen Ehe, zur Homosexualität ...»

[42] R. RIEDL: Die Strategie der Genesis, 198–199.

[43] A. a. O., 204–205.

[44] A. a. O., 264 f. Vgl. DERS.: Die Ordnung des Lebendigen, 188–269.

[45] R. RIEDL: Die Strategie der Genesis, 269.

[46] Vgl. R. SCHNACKENBURG: Die Kirche im Neuen Testament, 64–71, der (69) mit Bezug zu Mt 18,17 erklärt: «nicht nur die von Jesus autorisierten Jünger haben leitende Funktionen, sondern es muß auch ‹Gemeindehirten› geben.» K. RAHNER: Kirche und Sakramente, 85–95 postuliert (94) «die letzte Untrennbarkeit zwischen Amt und Existenz.» Denn: «Die Verleihung des Amtes der Sakramentenspendung ... durch Gott muß also notwendig das Angebot der Gnade implizieren, ohne die die Durchführung des Amtsauftrags unmöglich ist, weil sonst Gott gleichzeitig eine Leistung fordern und sie durch Verweigerung der notwendigen Mittel unmöglich machen würde. Amtsgabe ist also notwendig auch Gnadenangebot zum Vollzug dieses Amtes. Da aber diese Amtsgabe wirklich immer als Grundakt der indefektiblen Kirche eine solche wirkliche und gültige Amtsgabe ist und bleibt und nie zum bloßen Schein einer solchen Amtsverleihung entleert werden kann, ist dieses Gnadenangebot von seiten Gottes im Ritus der Amtsverleihung *absolut* zugesagt, opus operatum, Sakrament.» Der ganze Gedankengang läuft auf die simple Tautologie hinaus, daß die Priesterweihe ein Sakrament sein muß, weil sie ein Sakrament sein muß, mit der Nuance allerdings, daß das, was *priesterliche Existenz* bedeutet, fortan aus der Sakramentalität des Priesterseins selbst gefolgert werden kann. RAHNER hat offenbar niemals gemerkt, wie er hier die Auslöschung der «Existenz» durch das Beamtete betreibt, indem er alle wesentlichen Bestimmungen der «Existenz» aus dem Amt glaubt ableiten zu können (zu müssen!). Man lese demgegenüber S. KIERKEGAARD: Tagebücher, V 349–350 die Betrachtungen über «Die zahme Gans», und man sieht klar das Aberwitzige in all diesen gelehrten Herleitungen.

[47] H. Riedl: Die Strategie der Genesis, 266 ff.
[48] S. Freud: Massenpsychologie und Ich-Analyse (1921), Ges. Werke, XIII 71–161.
[49] R. Riedel: Die Strategie der Genesis, 268.
[50] A. a. O., 269–270.
[51] Vor allem die Auslegung der Bergpredigt (Mt 5–7) wird Zug um Zug diesen Widerspruch thematisieren müssen.
[52] R. Schnackenburg: Die Kirche im Neuen Testament, 69–70 meint dazu: «Die paradoxe Forderung des Dienens gilt durchweg für alles ‹Groß-sein-Wollen› in der Kirche (vgl. 20, 26 ff. par). Vielleicht wird sogar die Frage: ‹Wer ist der Größte im Himmelreich?› (V. 1), bei der ‹im Himmelreich› ein matthäischer Zusatz gegenüber den Rangstreitszenen der anderen Synoptiker ist (Mk 9,34; Lk 9,46; 22,24), als Frage nach der Rangordnung *in der Gemeinde* verstanden.»
[53] Vgl. E. Drewermann: Die Spirale der Angst (Der Krieg und das Christentum), 46–106.
[54] Vgl. E. Drewermann: Strukturen des Bösen, III 387–401 zur Sozialphilosophie bei J. P. Sartre: Kritik der dialektischen Vernunft, 367–597.
[55] So sehr schön J. Jeremias: Neutestamentliche Theologie, I 170–174, bes. 173: «der Täufer nimmt die Schuldigen an, *nachdem* sie ihre Bereitschaft, ein neues Leben zu führen, kundgetan haben; Jesus bietet den Sündern das Heil an, *ehe* sie Buße tun, wie Lk 19,1–10 besonders deutlich zeigt.»
[56] Vgl. E. Drewermann: Kleriker, 201–206, am Beispiel des *Eides*.
[57] Die katholische Kirche verfügt in der BRD zweifellos in Gestalt der Priester über die einzige Gruppe von Arbeitnehmern, die frühestens mit 75 Jahren daran denken können, pensioniert zu werden. Zur Frage der *lebenslänglichen* Dauer des Klerikerseins in der katholischen Kirche vgl. E. Drewermann: Kleriker, 744–750. Vgl. auch A. Antweiler: Priestermangel, 238–239, der mit sehr guten Argumenten für ein Priestertum auf Zeit eintritt.
[58] Vgl. H. Kühner: Lexikon der Päpste, 78–79. *Coelestin* wurde am 5. Juli 1294 mit 80 Jahren unter dem Einfluß von Karl II. nach zweijähriger Sedisvakanz aus dem Streit der Häuser Orsini und Colanna zum Papst «gemacht», als politische Marionette für die einen, als endzeitlicher Engelpapst für die Spiritualen. Dante verwies ihn wegen seiner frühzeitigen Abdankung am 13. Dezember 1294 im 3. Gesang des *Inferno* unter die Feiglinge, weil er «den großen Auftrag von sich wies». Papst Paul VI. pilgerte zum Grabe des 1313 von Klemens V. Heiliggesprochenen, um sich bei ihm Rat zu holen vor der Verkündigung der Enzyklika «Humanae Vitae».
[59] J. Gnilka: Das Matthäusevangelium, II 276 gibt zwar zu: «Man wird die Warnung vermutlich sehr konkret nehmen und in Zusammenhang mit der Ausbildung des offiziellen Rabbi-Titels in der Synagoge sehen dürfen. Die starke Einflußnahme der Synagoge auf das Judenchristentum und dessen Fortsetzung kann bei aller gegenseitigen Polemik kaum unterschätzt werden. Es lebten angesehene Juden in der christlichen Gemeinde wie der Herrenbruder Jakobus der Gerechte in Jerusalem. Daß es in der mt Gemeinde Leute gab, die den Dienst von Lehrern, den Schriftgelehrten entsprechend, taten, ist nicht zu bestreiten (23,34; 13,52). Ihnen wird eingeschärft, daß es in der Gemeinde letztlich nur einen Lehrer gibt, Christus, wie von V. 10 her zu ergänzen ist. Ihm gegenüber haben sich alle als Brüder (und Schwestern) zu begreifen ... Den Anfängen soll entgegengewirkt werden.» Nicht sehr wirksam, allerdings, betrachtet man das «Lehramt» und, ihm zu Diensten, die theologische Dozentenschaft der «christlichen» Kirche(n). Von dem Grundübel: der Verwandlung des Glaubens in eine «Lehre» im Rahmen der Exegese historisch-kritischer Provenienz natürlich kein Wort! Man lese dagegen S. Kierkegaard: Der Augenblick, Werkausgabe, II 395–396: Der Amtliche – Das Persönliche –, und man weiß, worum es geht. Vgl. auch: E. Drewermann: Das Markus-Evange-

lium, I 180–202: Anders als die Schriftgelehrten oder: Die Vertreibung des bekennenden Dämons.

[60] Vgl. CH. SEEBER: Untersuchungen zur Darstellung des Totengerichts im Alten Ägypten, 120–139 zu den Leitern des Totengerichtes; J. ASSMANN: Ma'at. Gerechtigkeit und Unsterblichkeit im Alten Ägypten, 122–159, der (S. 124) bes. auf die Dualität und Synthese von Fortdauer (Kontinuität) und Unsterblichkeit (Diskontinuität), von Leib (Mumie) und Seele (Ba) in den ägyptischen Jenseitsvorstellungen hinweist. Mt 19,27–30 (V. 28) hat sein Vorbild wohl in der altägyptischen Konzeption der *šmsw-Ḥr*, der Gefolgsleute des Horus, jener «seligen Toten, die zusammen mit der Neunheit (sc. der Götter, d. V.) und Osiris zu Gericht sitzen.» *Ch. Seeber:* A. a. O., 115.

[61] Es ist blamabel, aber immer noch die Wirklichkeit im Jahre 1991, daß Politik wesentlich in der Wahrung des Gruppenegoismus der einzelnen Nationalstaaten gesehen wird. Wie sagte doch in der Zeit des 1. Weltkrieges der EB von München, M. VON FAULHABER: Waffen des Lichtes. Gesammelte Kriegsreden, 157: «Der einzelne kann aus höheren Beweggründen der Askese auf sein privates Recht verzichten und seinen Mantel verschenken... Die staatliche Obrigkeit dagegen hat es nicht in der Hand, mir nichts dir nichts heilige Rechte des Volkes und des Landes ohne Schwertstreich zu opfern.» Das Büchlein wurde zigtausendfach vertrieben, geschrieben und gesprochen wurde es anderthalb Jahre vor Verdun.

[62] Vgl. die ausgezeichneten Bemerkungen von F. CAPRA: Wendezeit, 257–289: Die Schattenseiten des Wachstums.

[63] Recht hat E. SCHWEIZER: Das Evangelium nach Matthäus, 104: «Es geht um den Besitz, nicht nur um den schlecht erworbenen oder schlecht verwalteten.» Aber dann öffnet er gleich wieder scheunentorweit die Hintertüre: «Die einzig legitime Frage ist, ob man ihm dient oder ob er dient.» «Dienendes Geld» – genau das gibt es nicht für Jesus, so wenig wie es einen «dienenden» Baal oder einen «dienenden» Marduk gibt. «Was der fromme Jude täglich betet, muß gelebt werden: Gott ist nur einer.» Also!

[64] M. VON PADUA: Der Verteidiger des Friedens, Teil II, Kap. 11, § 1–2, S. 133–135.

[65] ERASMUS VON ROTTERDAM: Lob der Torheit, S. 90: «Das Wort des Evangeliums ‹Wir haben alles verlassen und sind dir nachgefolgt› beziehen sie nicht auf Fluren, Städte, Steuereinkünfte, Hafenzölle und Gerichtsbarkeit des Kirchenstaates.»

[66] S. EBELSEDER – P. JUPPENLATZ: Schmutziges Geld, 288–313: Der Bankier der Mafia; 314–329: Der Gauner und der Vatikan; vgl. auch E. DREWERMANN: Kleriker, 369–385, S. 372–375; D. LINDLAU: Der Mob 165–188: München Connection, S. 188: «Und der Papst? Er sagt laut ‹Stern› vom 29. April 1987: ‹Ich verstehe nicht, daß man einen Menschen wie Marcinkus so brutal angreifen kann.›»

[67] Zur Sache vgl. N. LO BELLO: Vatikan im Zwielicht, 266 ff.

[68] Vgl. M. LAMBERT: Ketzerei im Mittelalter, 395–417: Die böhmische Reformbewegung, 418–455: Die Politik und das Hussitentum, bes. S. 426: Die Verwerfung des Papsttums als Institution göttlichen Ursprungs. Zu *Jan Hus* und seiner Bedeutung für die Reformation vgl. H. ZAHRNT: Martin Luther in seiner Zeit für unsere Zeit, 14–15; W. DURANT: Das Zeitalter der Reformation (Kulturgeschichte der Menschheit, IX), 175–179. Vor allem Hus' Streitschrift: *De ecclesia* verficht die Armut der Kirche, der nicht der Papst, sondern allein Christus vorsteht. Zur Psychologie und zur Problematik der *Lüge* vgl. E. DREWERMANN: Ein Plädoyer für die Lüge oder: Vom Unvermögen zur Wahrheit, in: Psychoanalyse und Moraltheologie, III 199–236.

[69] So A. SCHOPENHAUER: Preisschrift über die Grundlage der Moral, Sämtl. Werke, IV 103–275, S. 222–226.

[70] Zur Problematik des *Eides* vgl. E. DREWERMANN: Strukturen des Bösen, III 340–345, zu J. P. SARTRE: Kritik der dialektischen Ver-

nunft, 452 ff. Vgl. E. DREWERMANN: Kleriker, 201–206.

[71] Vgl. P. EICHER: Bürgerliche Religion, 120–137, zur «Anpassungsleistung der Theologie».

[72] So bleibt es bei *Bismarcks* Bonmot: «Mit der Bergpredigt ist keine Politik zu machen.»

[73] E. DREWERMANN: Kleriker, 201–206.

[74] A. a. O., 203–204, zu Firmung und Antimodernisteneid.

[75] Statt dessen scheint immer noch festzustehen, daß «es Demokratie in der katholischen Kirche nicht geben kann». J. J. DEGENHARDT: Zur «Kölner Erklärung» der Theologen, 68–70.

[76] E. JANTSCH: Die Selbstorganisation des Universums, 253–341: Selbsttranszendenz; bes. S. 333–338: Koordinierte Eigendynamik auf hierarchischen Ebenen; S. 338–341: Nicht Kontrollhierarchie, sondern statifizierte Autonomie.

[77] Vgl. R. RIEDL: Die Ordnung des Lebendigen, 267–269, der (S. 268) nicht müde wird, vor der «Senilitätsphase der Schachtelhierarchie (der Kammerherren und Kirchenfürsten)» zu warnen, aber mit Recht betont: «Hierarchie ist eine Notwendigkeit; jeder Versuch, sie zu ersetzen, ersetzt (vor ihrer Wiedereinführung) Ordnung durch Chaos.»

[78] Vgl. E. JANTSCH: Die Selbstorganisation des Universums, 117, der «Hierarchie» als Austauschprozeß definiert.

2. Von Zwang und Freiheit

(Seite 44 bis 69)

[1] Zur Gestalt *Johannes des Täufers* vgl. M. DIBELIUS: Die urchristliche Überlieferung von Johannes dem Täufer, Göttingen 1911; H. BRAUN: Qumran und das Neue Testament II, Tübingen 1966, 1–22; J. JEREMIAS: Neutestamentliche Theologie, I 50–56.

[2] Vgl. Y. YADIN: Die Tempelrolle, 265–277, bes. S. 271: Die Haltung gegenüber dem Tempel.

[3] Zur Gruppe der *Pharisäer* vgl. J. JEREMIAS: Jerusalem zur Zeit Jesu (1962), 279–303; H. L. STRACK – P. BILLERBECK: Kommentar zum Neuen Testament aus Talmud und Midrasch, II 494–519; IV 1, 334–339; E. MEYER: Ursprung und Anfänge des Christentums, II 282–319. Zur Gruppe der *Sadduzäer* vgl. STRACK – BILLERBECK: A. a. O., IV 1, 339–352; E. L. DIETRICH: «Pharisäer» und «Sadduzäer», in RGG 3/1957 ff, V 326–328; 1277 f.

[4] Vgl. J. JEREMIAS: Neutestamentliche Theologie, I 53–54: «Das ist die erstaunlichste Äußerung Jesu über den Täufer: Er hat die Heilszeit eingeleitet. Alle Worte, die eine so große Hochschätzung des Täufers verraten, sind sicher authentisch. Die Urkirche, die in Konkurrenz zur Täufergemeinde stand, hat derartiges nicht erfunden.» (54) Vgl. bes. Mt 11,12–13 (Lk 16,16); Mt 21,32: «Er brachte den rechten Weg». Zu Mt 11,2–19 vgl. P. HOFFMANN: Studien zur Theologie der Logienquelle, 190–233.

[5] Zur Stelle vgl. C. WESTERMANN: Das Buch Jesaja (40–66), ATD 19, 326–329; die Worte scheinen «im Gegensatz zu einer Richtung bald nach dem Exil gesprochen ..., die alles Heil vom Bau des neuen Tempels abhängig machte (Hag 2,19).»

[6] Vgl. J. JEREMIAS: Die Gleichnisse Jesu, 29–35; 136–138.

[7] J. W. VON GOETHE: Die Wahlverwandtschaften, 1. Teil, 9. Kap., S. 70.

[8] A. a. O., 1. Teil, 10. Kap., S. 72–75.
[9] A. a. O., 2. Teil, 18. Kap., S. 252–253.
[10] Vgl. J.W. von Goethe: Die Leiden des jungen Werthers, 87–89; 94–96; 99–100.
[11] E. Beutler: Nachwort zu: Die Wahlverwandtschaften, 263–269, S. 268–269.
[12] A. a. O., 269.
[13] A. a. O., 268.
[14] J.W. von Goethe: Die Wahlverwandtschaften, 1. Teil, 18. Kap., S. 121–122.
[15] A. a. O., 2. Teil, 17. Kap., S. 246; 18. Kap., S. 254.
[16] A. a. O., 2. Teil, 18. Kap., S. 259–261.
[17] Zur Stelle vgl. U. Luz: Das Evangelium nach Matthäus, I/1, 406–411, der das Kriterium der «Gesetzlosigkeit» des «Handelns» der charismatischen «Pseudopropheten» und «Wundertäter» zu Recht daraufhin befragt: «Sind nicht alle ‹ehtischen› Kriterien für die Wahrheit des christlichen Glaubens von vornherein zweideutig und damit unbrauchbar? Führt nicht die Betonung ethischer Kriterien letztlich zu einer Aufhebung der Gnade Gottes?» (S. 410) Vgl. dazu das Schlußkapitel: Der feste Grund (Mt 7,24–28). G. Strecker: Das Geschichtsverständnis des Mathhäus, in: J. Lange (Hrsg.): Das Matthäusevangelium, 326–349, S. 339, meint zu Recht, daß die matthäische Historisierung des Traditionsgutes nicht zu einer authentischen Leben-Jesu-Darstellung führe, sondern das theologische Verständnis des Evangelisten widerspiegele, dessen starke Ethisierung der Jesustradition mit einer ebenso starken Institutionalisierung «oder Verkirchlichung des Traditionsstoffes» einhergehe.
[18] G. Barth: Das Gesetzesverständnis des Evangelisten Matthäus, in: G. Barth – H. J. Held: Überlieferung und Auslegung im Matthäusevangelium, 1960, 54–154, S. 149–154 sah in den «Falschpropheten» hellenistische Antinomisten; J. Weiss: Das Urchristentum, Göttingen 1917, 585 f. dachte an Anhänger des hl. Paulus, die dessen Lehre von der Freiheit vom Gesetz falsch verstanden hätten; doch könnten beide Annahmen auf ein Stadium der frühen *Gnosis* hinweisen; daß die Trugpropheten nicht einer falschen *Lehre* wegen verurteilt werden, könnte einfach an der wesentlich praktischen, nicht-theoretischen Ausrichtung des Mt liegen. Vgl. auch E. Schweizer: Das Evangelium nach Matthäus, 114–115; 117. Für die *soziale Situation* der Gemeinde des Matthäus ist davon auszugehen, daß die «Propheten» und «Lehrer» ebenso wie die «Trugpropheten» und «Falschlehrer» unverheiratete und besitzlose Wanderprediger waren. «Hier zeigt sich also ein ganz anderer Gemeindetyp als bei Paulus, wo die Propheten seßhaft sind, ja wo eigentlich alle Gemeindemitglieder Propheten sein sollten (Röm 12,4; 1 Kor 12,4; 14,1 ff.). Aber noch weit ins zweite, ja in vielen Strömungen bis ins vierte Jahrhundert hinein lebt in Syrien ein eigenständiges Christentum der Armen und Wandernden, die in glühender Erwartung des Kommenden leben. Sie verzichten oft auf Ehe, Wein und Fleisch. ... Überhaupt ist Christsein hier weit mehr ‹Weg› als Lehre; d. h. diese wird als Anleitung zur Wanderung auf dem Weg verstanden ..., der Lösung von der Welt in Nachahmung des unverheirateten, armen und wandernden Jesus fordert. Wahrscheinlich stammt das 1945/46 aufgefundene Thomasevangelium mit seinen asketischen und weithin schon Jesus fremden Sätzen auch aus dieser Kirche» (117). Wenn das so ist, so wäre die Verbindung zu *gnostischen* Kreisen noch besser zu belegen. Vgl. auch E. Schweizer: Gesetz und Enthusiasmus bei Matthäus, in: J. Lange (Hrsg.): Das Matthäusevangelium, 350–376, S. 362–364. Zum Verständnis der *Gnosis* vgl. E. Pagels: Versuchung durch Erkenntnis, 157–173: Wessen Kirche ist die «wahre Kirche»? Bes. das Bild von den «Wölfen» könnte als Reaktion auf die Ablehnung der «Hirten» (der «Bischöfe») durch die Gnostiker zu verstehen sein (167–168). Zum *Thomasevangelium* vgl. a. a. O., 183–185. Vgl. auch R. Bultmann: Das Urchristentum, 152–162. Einen ersten Versuch psychologischer und religiöser Interpretation des *Thomasevangeliums* hat G. M.

Martin: Werdet Vorübergehende, Stuttgart 1988, vorgelegt.

[19] Vgl. E. Schweizer: Das Evangelium nach Matthäus, 202: «Seit 12,46 zeigt sich Matthäus an der Scheidung der Jünger... von der Menge interessiert (vgl. 13,10.16.18f.). Was meint er damit? 18,23 ff.; 25,1 ff. faßt die Gemeinde, in der es solche git, die berufen sind, aber versagen, und einst gerichtet werden, unter dem Begriff ‹Himmelreich› zusammen (vgl. 22,11 ff.; 25,14 ff.) ... Im Blick auf die Aussaat ist ‹die Welt› der Ort der Mission der Gemeinde (13,38), im Blick auf das kommende Gericht steht nur noch ‹das Reich des Menschensohns›, die Gemeinde und ihre Vollendung in Gottes Zukunft, im Zentrum.»

[20] Vgl. M. Buber: Die chassidische Botschaft, in: Werke, III 739–894, bes. S. 742–757.

[21] A. a. O., III 754 f.

[22] A. a. O., III 761–769, wo ebenfalls das «Trügerische» und «gnostische» Element der Erlösungssehnsucht herausgestellt wird.

[23] A. a. O., III 765.

[24] Vgl. z. B. H. Rorschach: Zwei schweizerische Sektenstifter (Binggeli – Unternährer), in: Ausgewählte Aufsätze, 115–157.

[25] Vgl. dazu H. L. Strack – P. Billerbeck: Kommentar zum Neuen Testament aus Talmud und Midrasch, I 303–321.

[26] Vgl. E. Drewermann: Das Markus-Evangelium, II 73–85. Zu den *«Kleinen»* vgl. E. Schweizer: Das Evangelium nach Matthäus, 116; vgl. ders.: Das Evangelium nach Markus, 106; 108. Vgl. O. Michel: *mikros* (kleiner), in: Theologisches Wörterbuch zum Neuen Testament, IV 650–661: «Während im Rabbinat der Ausdruck ‹die Kleinen› durchaus abwertend gebraucht wird (= die Unreifen, die noch nicht ‹Großen› und ‹Alten›!), während auch im Griechentum und Hellenismus das Wort ‹megas› (sc. Groß, d. V.) besonderen Glanz entfaltet und der ‹mikros› (sc. Kleine, d. V.) gewöhnlich geringgeschätzt wird..., scheint das Wort im Munde Jesu in paradoxer Weise auf ein Geheimnis, auf eine verborgene innere oder zukünftige Würde hinzuweisen.» (655) Bes. W. Pesch: Matthäus der Seelsorger, 17–33 stellt die «Kinder» und die «Kleinen» als die idealen Gläubigen in der Gemeinde des Matthäus heraus –, sie stehen (Mt 10,41) mit den Propheten auf einer Stufe!

[27] Vgl. hierzu die nicht unberechtigte Polemik bei E. Stauffer: Die Botschaft Jesu damals und heute, 68–85, S. 82–83.

[28] L. Tolstoi: Die Kreuzersonate, in: Sämtliche Erzählungen, II 697–801, die sich selbst als Kommentar zu Mt 5,28 versteht; S. 731 (Kap. 11).

[29] Zur Frage der Ehescheidung bei Mt vgl. U. Luz: Das Evangelium nach Matthäus, I/1, 268–279, der die «Unzuchtsklausel», die Ehe könne bzw. müsse im Fall von Ehebruch geschieden werden, aus der kultisch-rituellen Denkweise des Judentums ableitet.

[30] Vgl. E. Stauffer: Die Botschaft Jesu damals und heute, 13–16; 70–73 (zum antiken Palästinajudentum). Wahrscheinlicher noch als gewisse Anknüpfungen an qumranische Vorbilder dürfte die Einordnung der Spruchsammlung, die Mt vorliegt, in Kreise von Wanderpropheten sein, die zugleich mit jeglichem Privateigentum notwendig auch die Ehe verwarfen und deren Triebfeindlichkeit rigoros gewesen zu sein scheint. Vgl. aber zur Sexualfeindlichkeit der *Essener* Flavius Josephus: Der jüdische Krieg, II 8,2, Bd. I 172. Vgl. auch zum Thema W. Schultz: Das Geschlechtliche in Gnostischer Lehre und Übung, in: Dokumente der Gnosis, 57–83. Ferner: W. Foerster: Die Gnosis, I 400–415: Libertinistische Gnostiker, der aufführt, wie vor allem die vermeintliche geschlechtliche Unzucht der Gnostiker den Kirchenvätern ein Dorn im Auge war.

[31] Vgl. S. Freud: Die Disposition zur Zwangsneurose, VIII 442–452, der generell vermerkt: «Es ist bekannt und hat den Menschen viel Stoff zur Klage gegeben, daß die Frauen häufig, nachdem sie ihre Genitalfunktionen aufgegeben haben, ihren Charakter in eigentümlicher Weise verändern. Sie werden zänkisch, quälerisch und rechthaberisch,

kleinlich und geizig, zeigen also typische sadistische und analerotische Züge» (449–450).

[32] Vgl. E. DREWERMANN: Kleriker, 480–525.

[33] Zu den jüdischen Frömmigkeitswerken vgl. bez. des *Fastens* H. L. STRACK – P. BILLERBECK: Kommentar zum Neuen Testament, IV 1,76–114; zum *Gebet* a. a. O., S. 189–249; zu den *«Liebeswerken»* a. a. O., S. 559–610; dort werden die «Almosen» als «Armensteuer» aufgeführt (S. 609).

[34] Vgl. STRACK – BILLERBECK: A. a. O., I 240: «Die Worte der Tora hat Mose unmittelbar aus Gottes Mund oder aus Gottes Hand empfangen; das stellt sie hoch über alle übrigen Schriften des Alten Testaments, die eine Gabe des Geistes der Prophetie sind. Daher die Erwähnung zweier Teile des Kanons.»

[35] Zu den *«Schriftgelehrten»* vgl. a. a. O., I 78–83; 691–695; J. JEREMIAS: Jerusalem zur Zeit Jesu, 265–278; zu den *Pharisäern* a. a. O., 279–303. Vgl. auch E. STAUFFER: Jerusalem und Rom, 62–66: Die Schriftgelehrten und Pharisäer. Gegen das Übliche Negativ-Klischee der Pharisäer vgl. P. LAPIDE: Wie liebt man seine Feinde, 82–84, Anm. 12. Vgl. auch E. SCHWEIZER: Das Evangelium nach Matthäus, 114–117: Propheten, Weise, Schriftgelehrte und Gerechte in der Gemeinde des Matthäus. «Nach 16,19 wird Petrus, nach 18,18 aber allen Gemeindemitgliedern das verheißen, was Aufgabe des Schriftgelehrten ist: sie erklären in einer Vollmacht, die für die Ewigkeit verurteilt oder freispricht, was die Schrift für die praktisch vorliegenden ethischen Fragen bedeutet.»

[36] Vgl. U. LUZ: Das Evangelium nach Matthäus, I/1, 243, der vor allem am Beispiel der *Beschneidung* zeigt, daß die «beginnende Heidenmission ... unausweichlich zu einer Revision von Mt 5,17–19 führen» mußte. Und weiter: «Mt, für den die Autorität der Bibel durch Jesus gesetzt ist, kommt gar nicht darum herum, die Schriftgelehrten und Pharisäer an der durch Jesus gesetzten besseren Gerechtigkeit zu messen. An diesem Maßstab gemessen, der nicht der ihre ist, wird ihre Gerechtigkeit als zu leicht befunden» (242). Vgl. auch I. BROER: Die Antithesen und der Evangelist Matthäus, Biblische Zeitschrift, Neue Folge 19 (1975) 50–63; DERS.: Freiheit vom Gesetz und Radikalisierung des Gesetzes (Stuttgarter Bibelstudien 98) 1980, 75–113; E. LOHSE: Ich aber sage euch, in: Der Ruf Jesu und die Antwort der Gemeinde (Festschrift für J. Jeremias), hrsg. v. E. Lohse, Göttingen 1970, 189–203; G. STRECKER: Die Antithesen der Bergpredigt (Mt 5,21–48 par), Zeitschrift für Neutestamentl. Wiss. 69, 1978, 36–72. Vgl. auch M. BUBER: Zwei Glaubensweisen (1950), in: Werke, II 650–782, S. 690–708.

[37] U. LUZ: Das Evangelium nach Matthäus, I/2, 231–232 erkennt hier eine «antipharisäische Zuspitzung» insofern, «daß die Pharisäer gegenüber den Hunger leidenden Jüngern hätten barmherzig sein müssen ... Die Hungernden werden zum Maßstab der Barmherzigkeit, die Gott will.» All das aber «basiert darauf, daß durch den *Menschensohn* Jesus das biblische Gebot der Barmherzigkeit das größte Gebot wird, größer wird als der Tempel.» Ähnlich sieht auch A. SAND: Das Gesetz und die Propheten, 46–56, die *Antithesen* der Bergpredigt durch die «Betreuung der alttestamentlichen Tora und die Ablehnung der zeitgenössischen jüdischen Praxis» bestimmt und bei Mt noch verschärft.

[38] Vgl. E. SCHWEIZER: Das Evangelium nach Matthäus, 180: «Ferner wird die schon bei Markus stehende Aussage, der Menschensohn sei Herr des Sabbats, neu durch ein «denn» direkt mit V. 7 verknüpft, ähnlich wie in 9,13. Die Begründung des Grundsatzes von Hos 6,6 im Christusereignis ist ihm also wichtig. Deswegen mußte auch der bei Lukas ebenfalls fehlende Satz Mk 2,27, der Sabbat sei um des Menschen willen geschaffen und nicht umgekehrt, entfallen.»

[39] Vgl. J. GNILKA: Das Matthäusevangelium, II 323–324 findet es «interessant», daß auch der Sabbat Behinderungen schafft. «Das ist keinesfalls ein Anachronismus, sondern zeigt erneut den judenchristlichen Charakter der

Redaktion... Wir werden die Bemerkung als Indiz dafür nehmen dürfen, daß die mt Gemeinde noch den Sabbat gehalten hat.» Zu den *Gesetzlichkeiten* des Matthäusevangeliums vgl. R. WALKER: Die Heilsgeschichte im ersten Evangelium, 134–142, der freilich die Spannung des Mt auflöst, indem er mit Berufung auf Mt 7,12 (die goldene Regel) Mt selber zu einem «radikalen Antinomisten» erklärt, der die entgegenlaufenden Worte lediglich als «irrelevante» und überholte Aussprüche wiedergebe. Vgl. auch G. BORNKAMM: Der Auferstandene und der Irdische, Mt 28,16–20, in: Zeit und Geschichte, Dankesgabe an R. Bultmann, 1964, 171–191, S. 180 zu dem Kampf des Mt gegen die «Mission gesetzesfreier Hellenisten». Vergleiche bes. I. BROER: Freiheit vom Gesetz und Radikalisierung des Gesetzes. Ein Beitrag zur Theologie des Evangelisten Matthäus, 123–130: «Jesus hat nach Matthäus das alttestamentliche Gesetz nicht grundsätzlich, sondern nur ad hoc außer Kraft gesetzt» (127).

[40] Zu den Sabbatgeboten in pharisäischem Verständnis vgl. E. STAUFFER: Jerusalem und Rom, 64. H. L. STRACK – P. BILLERBECK: Kommentar zum Neuen Testament aus Talmud und Midrasch, I 622–630, S. 626; zwar wurde 1 Makk 2,41 das Verbot, am Sabbat zu kämpfen, aufgegeben, doch vgl. dagegen FLAVIUS JOSEPHUS: Der jüdische Krieg, I 7,3, Bd. I 42.

[41] So meint E. SCHWEIZER: Das Evangelium nach Matthäus, 180 zu Mt 12,7: «Während die Rabbinen Gesetz, Opfer und Liebeserweise als die drei Pfeiler, die die Welt tragen, nebeneinanderstellen..., versteht Matthäus die letzten als die endzeitliche Erfüllung der anderen... Eben dies ist Jesu neue Auslegung in endzeitlicher Erfüllung von Gesetz und Kult.» Doch das ist nur die eine Seite des Mt! Zu Mt 13,51–52 vgl. U. LUZ: Das Evangelium nach Matthäus, I/2 361–366. Vgl. insgesamt R. HUMMEL: Die Auseinandersetzung zwischen Kirche und Judentum im Matthäusevangelium (BEv.Th. 33) 1963. Für die systematische Theologie vgl. O. H. PESCH: Evanglium – Gesetz, in: P. Eicher (Hrsg.): Neues Handbuch theologischer Grundbegriffe, I 317–332.

[42] Vgl. E. FROMM: Psychoanalyse und Religion, in: Gesamtausgabe, VI 227–299, S. 248–250; 276–278.

[43] Vgl. DERS.: A. a. O., VI 274–275: «Es ist die Tragödie aller großen Religionen, daß sie ihre eigenen Prinzipien der Freiheit verletzen und umkehren, sobald sie zu Massenorganisationen werden und sich von einer religiösen Bürokratie beherrschen lassen. Die religiöse Organisation und jene, die sie repräsentieren, treten bis zu einem gewissen Grade an die Stelle von Familie, Stamm und Staat. Sie halten den Menschen in Fesseln, anstatt ihm die Freiheit zu lassen. Nicht mehr Gott wird verehrt, sondern die Gruppe, die in seinem Namen zu sprechen behauptet.»

[44] Vgl. E. FROMM: Der Sabbat, in: Gesamtausgabe, VI 1–9; vgl. auch M. BUBER: Moses, in: Werke, II 9–230, S. 93–99.

[45] Vgl. zur Stelle M. BUBER: Moses, a. a. O., II 47–66, S. 58–63.

[46] Vgl. E. DREWERMANN: Kleriker, 426–480.

[47] Vgl. R. RIEDL: Die Strategie der Genesis, 247–262: Kollektiv für Individualität.

[48] Vgl. a. a. O., 111–118: Herkunft und Wandel der Ordnung.

[49] R. RIEDL: Die Ordnung des Lebendigen, 267–269.

[50] R. RIEDL: Evolution und Erkenntnis, 183–266: Erkenntnis und Gesellschaft.

[51] R. RIEDL: Die Strategie der Genesis, 52–81.

[52] Vgl. U. LUZ: Das Evangelium nach Matthäus, I/2, 408–412, der zu Recht von einem sich erfüllenden Traum spricht und meint: «Wir begegnen hier einem Christus, der dem Orion und dem präexistenten Buddha mehr gleicht als dem irdischen Jesus.»

[53] Vgl. P. TILLICH: Systematische Theologie, I/II (Bd. II, 3. Teil), 129–150: Das Neue Sein in Jesus als dem Christus.

[54] Vgl. E. DREWERMANN: Strukturen des Bösen, I 103–106.

[55] Vgl. E. DREWERMANN: Das Markus-Evangelium, I 11–25.
[56] J. W. VON GOETHE: Die Wahlverwandtschaften, 1. Teil, 7. Kap., S. 55.
[57] A. a. O., 1. Teil, 8. Kap., S. 60–61: die Nachahmung des Klavierspiels; 1. Teil, 12. Kap., S. 87–88: die Nachahmung der Handschrift.
[58] Vgl. E. PAGELS: Versuchung durch Erkenntnis, 176–198, bes. S. 181; 189–191. Vgl. vor allem *Karpokrates,* der die «Notwendigkeit» «unsittlichen» Handelns mit dem Satz begründete, daß allein «Glauben und Liebe rettet». W. FOERSTER: Die Gnosis, I 29. – G. BARTH: Das Gesetzesverständnis des Evangelisten Matthäus, in: G. BORNKAMM/G. BARTH/H. J. HELD: Überlieferung und Auslegung im Matthäusevangelium, 54–154, S. 149–154, sieht in den «Anomisten» bloße Libertinisten und meint, Mt sei nicht antignostisch, sondern ungnostisch (153); aber so wird übersehen, daß nach Mt 7,22 die «Trugpropheten» sehr wohl «Früchte» der Heilung bringen, die aber für Mt «schlecht» sind aufgrund ihrer moralischen Voraussetzungen: der Gesetzlosigkeit; das erinnert an Kreise, die doch der «Gnosis» zumindest nahestehen.
[59] Zur *Gesetzesfeindlichkeit* der Gnostiker vgl. W. FOERSTER: Die Gnosis, I., S. 7–35, S. 29, bes. zur Lehre des *Karpokrates;* zu dem «therapeutischen» Entwicklungsprozeß der Selbstfindung in der Gnosis vgl. H. CH. PUECH: Phänomenologie der Gnosis, in: W. Schultz: Dokumente der Gnosis, 16–56, S. 22–29. Wundertätigkeit wurde vor allem *Simon Magus* vorgeworfen; vgl. W. FOERSTER: A. a. O., I 38–46. Vgl. auch: K. BEYSCHLAG: Simon Magus und die christliche Gnosis, Tübingen 1974. H. SCHLIER: Das Denken der frühchristlichen Gnosis. Neutestamentliche Studien für R. Bultmann, Berlin 1954, 67–82 (zu Simon Magus). Den besten Kommentar zu der gestellten Problematik hat E. M. CIORAN: Auf den Gipfeln der Verzweiflung, 160 formuliert: «Hütet euch vor den zum Laster Unfähigen, denn ihre Gegenwart kann nur langweilig, abgeschmackt und farblos sein. Denn was kann ein im Laster Ungeübter schon tun als euch Moral predigen? Und wer die Moral nicht zu überwinden wußte, hat keine vom Leben gebotene Erfahrung vertieft, keinen Aufschwung verfehlt und keinen Zusammenbruch verklärt. Eine erhabene Existenz beginnt erst, wo die Moral für sie aufhört, weil sie von dort an alles riskieren, das Absolute erklimmen kann ... Es bedarf unendlicher Verklärungen, um in die Höhenluft emporzusteigen, wo alles erlaubt ist, wo sich die Seele ohne Gewissensbisse in die Vulgarität, ins Erhabene oder Groteske stürzen kann und eine derart üppige Fülle verwirklicht, daß ihr keine Lebensrichtung und Lebensform verschlossen bleibt. Die Tyrannei des Äußerlichen und Allgemeinen, welche die gemeinen Seelen beherrscht, verrinnt, um der absoluten Spontaneität des einzigartigen Daseins zu weichen, dessen Norm in seinem innerlichen Fluten zerfließt, dessen Gesetz in ihm selbst begründet ist, jenseits jeder Form und jeden Schemas.»
[60] E. DREWERMANN: Kleriker, 630–654.

3. Wie glaubt man Jesus als den Christus
(Seite 70 bis 101)

[1] Vgl. E. Drewermann: Das Markus-Evangelium, I 25–80.
[2] Vgl. a. a. O., II 115–128, S. 120–122, Anm. 10–11.
[3] A. a. O., II 375–397, S. 395, Anm. 49.
[4] Vgl. E. Drewermann: Tiefenpsychologie und Exegese, II 105–114; 114–125.
[5] Vgl. bes. Origenes: Gegen Celsus, III 28, BKV, II 235; VIII 47, BKV, III 355–356, wo die Wunder Jesu als Hauptursache für die Ausbreitung des Christentums erklärt werden.
[6] Kh. Gibran: Jesus Menschensohn, 91.
[7] A. a. O., 89.
[8] A. a. O., 19–20.
[9] A. a. O., 77–79.
[10] Vgl. z. B. J. B. Metz (F. X. Kaufmann): Zukunftsfähigkeit, 106; vgl. dazu E. Drewermann: Kleriker, 665–667.
[11] Vgl. K. Rahner: Kirche und Sakramente, 11–18.
[12] Vgl. E. Fromm: Jenseits der Illusionen, in: Gesamtausgabe, IX 39–157, S. 67–78: zum Entfremdungsbegriff bei Marx; ders.: Wege aus einer kranken Gesellschaft, IV 1–254, S. 125–126, wo er den Monotheismus als unvereinbar mit der Entfremdung des Menschen erklärt.
[13] Vgl. E. Drewermann: Kleriker, 225–268.
[14] Vgl. E. Drewermann: Tiefenpsychologie und Exegese, II 239–246.
[15] Vgl. a. a. O., II 246–277, S. 264–267.
[16] A. a. O., II 277–309. – Ganz in diese Umwandlung von Erfahrung in Anspruch, von Leben in Lehre fügt sich, was U. Luz: Die Jünger im Matthäusevangelium, ZNW 62 (1971) 3/4, 141–171, S. 160–161, freilich ohne jede psychologische Problematisierung konstatiert: «Beide Aspekte, Vergangenheit und Transparenz, scheinen ... im Matthäusevangelium in bestimmter Weise der Christologie zugeordnet. Die Transparenz des Jüngerbegriffs scheint für die Zusage des Heils, also den Indikativ, besonders wichtig zu sein. Heil ist im Matthäusevangelium wesentlich die fortdauernde Vollmacht des Herrn in der Gemeinde, Empfang der von Jesus der Gemeinde anvertrauten wirksamen Sündenvergebung. Heil ist das Andauern von in Jesu Namen geschehenden Wundern in der Gemeinde ... Verkündigung des Evangeliums vom Reich Gottes ist ohne Wunder nicht möglich.» Doch läßt sich übersehen, wie formalisiert das Sprechen vom Wunder bei Mt bereits ist?
[17] Zur Kategorie des *Anfangs* in mythischer Denkweise vgl. E. Drewermann: Strukturen des Bösen, I. Bd., S. XVIII–XXXI.
[18] J. Assmann: Ägypten, 141–144: Die Zeugung des Sohnes.
[19] M. Noth: Geschichte Israels, 152–205, S. 153–157; M. Buber: Königtum Gottes, in: Werke, II 485–723, S. 683–723: Um die Theokratie.
[20] J. Assmann: Ägypten, 144; vgl. E. Drewermann: Dein Name ist wie der Geschmack des Lebens, 50 f.
[21] J. Assmann: Ägypten, 156–162.
[22] So verurteilte Papst *Hadrian* im Jahre 791 den «Irrtum» der «Adoptianer» *Eliphandus* und *Ascaricus*, «die einen Adoptivsohn Gottes zu bekennen sich nicht schämen, eine Gotteslästerung, wie sie noch keiner der Oberhäretiker vorzutragen gewagt hat, außer jenem den Glauben verratenden Nestorius ...» Denzinger – Schönmetzer: Enchiridion Symbolorum, Nr. 595, S. 200.
[23] Vgl. E. Drewermann: Dein Name ist wie der Geschmack des Lebens, 20–25; 44–51. Vgl. auch E. Schweizer: Das Evangelium nach Matthäus, 14–16, der hervorhebt, daß die jungfräuliche Geburt «auch außerhalb der christlichen Gemeinde» eine verbreitete Vorstellung war, die «nicht viel mehr» besagte, «als daß ein bestimmter Mensch der Welt von *Gott* geschenkt worden sei» (15).
[24] J. Gnilka: Das Matthäusevangelium, I 15–16 erinnert an Gen 16,11, die Ankündi-

gung der Geburt Ismaels durch den Engel des Herrn an Hagar, sowie an Gen 17,19, wo Abraham die Geburt Isaaks verkündet wird, und fügt hinzu: «Andere Geburtsankündigungen können jedoch verglichen werden.» Vgl. auch I. BROER: Die Bedeutung der «Jungfrauengeburt» im Matthäusevangelium, Bibel und Leben 12 (1971) 248–260; A. SUHL: Der Davidssohn im Matthäus-Evangelium, Zeitschrift für Neutestamentliche Wissenschaft 59 (1968) 57–81; R. PESCH: Eine alttestamentliche Ausführungsformel im Matthäus-Evangelium, Biblische Zeitschrift 10 (1966) 220–245; 11 (1967) 79–95. Vgl. auch F. HAHN: Christologische Hoheitstitel, 274–279: «Der Akzent liegt weniger auf dem Motiv der Jungfrauengeburt als auf der gleichwohl bestehenden Davidssohnschaft» (S. 274). Aber: Die Geburt eines Königssohnes *hat* «jungfräulich» zu sein, denn der König *ist* Gott!

[25] Zu dem Motiv des göttlichen Kindes vgl. von seiten der Religionsgeschichte E. NORDEN: Die Geburt des Kindes (1924), Darmstadt 1958; M. DIBELIUS: Jungfrauensohn und Krippenkind, in: Botschaft und Geschichte, 1. Bd., Tübingen 1953, 1–78; E. NELLESSEN: Das Kind und seine Mutter, Stuttgart (SBS. 39) 1969. Fundamentalistisch betont G. MAIER: Matthäusevangelium, I 27, die Übersetzung der LXX mit «Jungfrau» (Jes 7,14), um dann «den jungfräulichen Leib» der Madonna in «Achtung und Scheu vor Gott» zu preisen (27–28).

[26] U. LUZ: Das Evangelium nach Matthäus, I/1, 105 verweist auf Mt 17,17; 18,20; 26,29: «Die Gegenwart des erhöhten Herrn bei seiner Gemeinde erweist ihn als Immanuel.» Zur Auslegung von Jes 7,14 vgl. O. KAISER: Der Prophet Jesaja, ATD 17,79–82. Zur Immanuel-Formel vgl. auch Ri 6,16; Ps 46,8.12. Zur Institution des *heiligen Krieges* vgl. R. DE VAUX: Das Alte Testament und seine Lebensordnungen, II 69–80. Zur «mit euch»-Formel vgl. bes. H. FROMKEMÖLLE: Jahwe – Bund und Kirche Christi, 12–21: Jesus, der Emmanuel: «Jesus ist auf Erden der mit Gottes Autorität auftretende und Gottes Funktion übernehmende Gesandte, so daß in seiner Person Gott selbst gegenwärtig ist» (20).

[27] Zu dem Einfluß von Jes 7,14 und 8,10 vgl. J. GNILKA: Das Matthäusevangelium, I 20–21. Es ist wichtig zu betonen, daß der hebräische Text die Vorstellung einer Jungfrauengeburt nicht kennt. Allein die griechisch redende «christliche Überlieferung erblickt in der Frau Maria die Jungfrau und bezieht sich dabei auf den LXX-Text, der von einer *parthenos* (sc. Jungfrau, d. V.) spricht. Vermutlich hat auch die LXX noch nicht eine Jungfrauengeburt im Blick, obzwar dies im ägyptischen Milieu dieser Bibelübersetzung nicht auf Unverständnis gestoßen wäre.» A. a. O., I 21. Vgl. auch U. LUZ: Das Evangelium nach Matthäus, I/1, 105–111, mit dem Ergebnis: «Wer die Jungfrauengeburt, wie der Verfasser dieses Kommentars, historisch angesichts des reichen hellenistischen Parallelenmaterials und angesichts ihrer schwachen neutestamentlichen Bezeugung für recht unwahrscheinlich hält, muß darüber reflektieren, inwiefern die Wahrheit der Botschaft des Textes Mt 1,18–25 an der Tatsächlichkeit der Jungfrauengeburt hängt. Matthäus erleichtert und erschwert diese Aufgabe zugleich. Er hat selber natürlich an die ihm schon überlieferte Jungfrauengeburt geglaubt ...» (110). Die Fragen, die LUZ an dieser Stelle leider nicht stellt, müßten jetzt lauten: Wie kann Glaube etwas anderes sein als ein Vorstellen in *Symbolen*, und: wie interpretiert man Symbole der Vorstellung, und: wie findet man zu einer Anthropologie, die verständlich macht, warum bestimmte Symbole der Vorstellung in den Religionen der Menschheit immer wieder auftauchen? Zur *tiefenpsychologischen* Deutung der Kindheitsgeschichte bei Mt vgl. E. DREWERMANN: Tiefenpsychologie und Exegese, I 502–528. – K. STENDAHL: Quis et unde?, in: J. Lange (Hrsg.): Das Matthäusevangelium, 296–311, meint, «die Geschichte der Jungfrauengeburt bei Mt» bleibe «theologisch stumm» und enthalte «keine christologische Argumentation oder Einsicht» (304);

doch wird hier die Kraft des Mythos entschieden unterschätzt.

[28] Vgl. E. BRUNNER-TRAUT: Pharao und Jesus als Söhne Gottes (1961), in: Gelebte Mythen, 34–54.

[29] Zu den hellenistischen Parallelen der Geschichte der jungfräulichen Geburt vgl. U. LUZ: Das Evangelium nach Matthäus, I/1, 101–102, (Anm. 25), der (im Vergleich zur Geburt Platons, die historisch *besser* bezeugt ist!) zu Recht resümiert: «Angesichts der zahlreichen Parallelen ist die Frage nach der *Historizität* hoffnungslos: Für *diese* Geschichte, die so stark traditionellen Schemen folgt, braucht es keine Mitteilungen aus dem Kreis der Familie Jesu ... Die Jungfrauengeburt gehört ... zu den Mitteln des Glaubenszeugnisses und hat keinen direkten geschichtlichen Hintergrund.» Die Frage stellt sich dann freilich: wie kann etwas wahr sein, das in historischem Sinne «unwahr» genannt werden muß; und diese Frage sprengt den gesamten Rahmen der historisch-kritischen Exegese. Vgl. auch J. CAMPBELL: Der Heros in tausend Gestalten, 285–299: Die Geburt von der Jungfrau; J. P. MACKEY: Jesus. Der Mensch und der Mythos, 324–332. Die klassisch «katholische» Position vertritt A. SAND: Das Evangelium nach Matthäus, 62: «Nicht auf mythische Zeugung will diese Aussage verweisen, sondern auf einen in Gen 1,2f. vorgebildeten Schöpfungsakt Gottes. Nicht einem irdischen Erzeuger verdankt dieses Kind seine messianische Existenz, sondern einzig Gott allein.» Natürlich – seine «messianische» Existenz verdankt es Gott, aber seine Existenz? Wer da von Gott spricht, redet mythisch, oder er weiß nicht, was er sagt.

[30] Vgl. P. DE ROSA: Der Jesus-Mythos, 354–381, S. 356–362.

[31] Vgl. ORIGENES: Gegen Celsus, I 32–38, BKV, Bd. II, S. 44–52, der auf die von *Celsus* vorgebrachten Parallelen (Pythagoras, Platon und Empedokles) eingeht, im Zusammenhang mit der «Panthera»-Geschichte.

[32] A. a. O., I 37, BKV, 2. Bd., S. 52 erwähnt *Celsus,* daß auch Platon von Amphiktione geboren wurde, nachdem Ariston gehindert worden war, ihr beizuwohnen, ehe sie den von Apollo empfangenen Sohn geboren hätte. Desgleichen erinnert *Celsus* an Danae, Melanippe, Auge, Antiope usw., deren Erzählungen er samt und sonders für Erdichtungen hält – nicht minder als die Geschichte der Geburt Jesu bei Matthäus und Lukas.

[33] Vgl. THUKYDIDES: Geschichte des Peloponnesischen Krieges, I 20–22, S. 13–14: das Methodenkapitel.

[34] LIVIUS: Römische Geschichte, I 4, S. 16: «Die vergewaltigte Vestalin (Rhea Silvia) brachte Zwillinge zur Welt und bezeichnete Mars als Vater ihrer Kinder ohne Namen. Vielleicht tat sie es aus Überzeugung oder weil ein Gott als Geliebter ehrenvoller war.»

[35] Vgl. E. DREWERMANN: Tiefenpsychologie und Exegese, I 11–22; 30–31; II 760–782.

[36] Vgl. E. DREWERMANN: Dein Name ist wie der Geschmack des Lebens, 37–44.

[37] A. a. O., 51–58.

[38] Vgl. S. MORENZ: Gott und Mensch im alten Ägypten, 14, der offen gestand: «Auf Kenntnis der Formen einer alten und fremden Welt würde ich nicht die Mühe einer Lebensarbeit verwenden, hätte ich nicht die Aussicht, sie als Zeugen lebendiger Wirklichkeit zum Sprechen zu bringen.»

[39] E. DREWERMANN: Tiefenpsychologie und Exegese I 132–154.

[40] S. DALI: Sakrament des Letzten Abendmahles, Abb. 1.

[41] Vgl. R. WALLACE: Leonardo da Vinci und seine Zeit, 75–83; 84–100, zu Leonardos «Abendmahl».

[42] Zu der *Ich-bin*-Formel als der Offenbarungsformel Jahwes vgl. H. ZIMMERMANN: Das absolute *ego eimi* als die neutestamentliche Offenbarungsformel, in: Biblische Zeitschrift, Neue Folge 4 (1960), 54–69, 266–276; E. STAUFFER: Jesus, 130–146. Zu der Gesamtproblematik vgl. A. SCHWEITZER: Aus meinem Leben und Denken, 49–50: «Jesus mutet den Menschen nicht zu, daß sie in Worte und

Begriffe fassen können, wer er ist. Er hielt es nicht für nötig, denen, die seinen Worten lauschten, Einblick in das Geheimnis seiner Persönlichkeit zu geben und ihnen zu eröffnen, daß er der Abkomme Davids sei, der als Messias offenbar werden solle. Als einziges verlangte er von den Menschen, daß sie in Tun und Leiden sich als solche bewähren, die durch ihn aus dem Sein wie die Welt in das Anderssein als die Welt hineingezwungen sind und dadurch seines Friedens teilhaftig werden.»

[43] Kh. Gibran: Jesus Menschensohn, 9.

[44] A. a. O., 10.

[45] A. a. O., 51–52.

[46] A. a. O., 113–114. – *Exegetisch* führt kein Weg an der Einsicht von E. Schweizer: Matthäus und seine Gemeinde, 169, vorbei: «daß Jesus keine schon geprägten Hoheitstitel verwendet, die man einfach hätte zur Kenntnis nehmen und bejahen können, daß er nicht einmal repetierbare und ohne weiteres zu übernehmende dogmatische Sätze formuliert, sondern in Gleichnissen gesprochen hat, zeigt doch genau dies: nur der, der sich davon bewegen und auf den Weg schicken läßt, kann verstehen, wovon Jesus spricht.»

[47] Vgl. A. Gardiner: Egyptian Grammar, 71–76; J. von Beckerath: Handbuch der ägyptischen Königsnamen, 1–42.

[48] Vgl. A. Erman: Die Literatur der Ägypter, 26–27.

[49] «Aufsteigt er zum Himmel unter seine Brüder, die Götter», heißt es schon in Spruch 335 der *Pyramidentexte.* A. a. O., 27. Vgl. im römischen *Kaiserkult* Sueton: Leben der Caesaren, Caesar, Nr. 88, S. 54, der berichtet, wie beim Tode Caesars die «Aufnahme unter die Götter» erstmals als rituelles Spiel von Augustus aufgeführt wurde.

[50] Livius: Römische Geschichte, I 16, S. 31–32, der zu der Geschichte von der Himmelfahrt des Romulus hinzufügt: «Es ist erstaunlich, wieviel Glauben der Redner für seinen Bericht fand.»

[51] Kh. Gibran: Jesus Menschensohn, 140.

4. Von Juden und Heiden

(Seite 102 bis 139)

[1] Vgl. E. Drewermann: Das Markus-Evangelium, II 628–630, Anm. 13; L. Schenke: Der gekreuzigte Christus, 83 f.; J. Gnilka: Das Matthäusevangelium, II 473–474: «Gottes Sohn bin ich. Damit kann nur auf sein Bekenntnis vor Kajafas rekurriert sein (26,63). Diese Klammer läßt die Bedeutung des Bekenntnisses zu Jesus, dem Gottessohn, erneut in Erscheinung treten. Die Äußerung der Synhedristen bildet das negative Pendant zum Bekenntnis des Hauptmanns und der zu ihm Gehörigen (V. 54).»

[2] Vgl. E. Drewermann: Das Markus-Evangelium, II 525–544, S. 525–528, Anm. 1. Zu Mt 26,57–68 vgl. J. Gnilka: Das Matthäusevangelium, II 423–433: «Das offizielle Judentum befragt den Christus und sagt sich von ihm los» (432). Vgl. auch K. Kertelge (Hrsg.): Der Prozeß gegen Jesus, Freiburg (Quaestio disputata 112) 1988.

[3] Vgl. R. Pesch: Die Vision des Stephanus. Apg 7,55–56 im Rahmen der Apostelgeschichte, Stuttgart (SBS 12) 1966, 38–58.

[4] Vgl. P. de Rosa: Der Jesus-Mythos, 382–399, bes. S. 394–395. Zu dem Begriff des *Gottessohnes* vgl. E. Schweizer: Das Evangelium nach Markus, 195–197, der zu Recht betont: «‹Sohn› ist ... im alttestamentlichen Denken noch völlig Funktionsaussage und beschreibt die Regentschaft dessen, der an Gottes Stelle über sein Volk herrscht» (196).

[5] Vgl. zur Stelle U. Luz: Das Evangelium nach Matthäus, I/2, 90–93, der die Meinung favorisiert, daß es nach Mt 28,19 f. eine Sendung der Jünger an Israel «wenigstens prinzipiell nicht mehr» gibt. Mt 5,5 f. hätte dann die «Funktion, den Gedanken der Schuld Israels vorzubereiten: Obwohl sich Jesus und seine Jünger ausschießlich ihm zuwandten, hat es Jesus abgelehnt» (92–93). Vgl. auch W. Trilling: Das wahre Israel, 130–137: «Jesus ist zu den verlorenen Schafen des Hauses Israel gesandt ... Der topographische Rahmen des

Evangeliums wird dieser Anschauung ... angepaßt» (137).

[6] J. GNILKA: Das Matthäusevangelium, II 459 meint zur Stelle: «Mit diesem Ruf erklärt sich das ganze Volk bereit, das Unheil des vergossenen Blutes des Christus Jesus auf sich und seine Nachkommenschaft zu übernehmen. Mt hat das über Israel hereinbrechende Unheil in zwei Dingen verwirklicht gesehen: 1. An die Stelle des Gottesvolkes Israel ist die universale Kirche getreten ... (vgl. 21,43). 2. Über Israel ist im Jüdisch-Römischen Krieg die Katastrophe hereingebrochen. Land, Stadt und Tempel wurden dem Volk genommen. Mt sieht diese Ereignisse in einer unheilsgeschichtlichen Dimension (vgl. 23,37–39).» Vgl. auch W. TRILLING: Das wahre Israel, 71, der ungeniert von einer «kollektiven Verschuldung» Israels spricht, ohne die Folgen zu diskutieren, die sich aus der «Theologie» des Mt hier ergeben. S. SCHULZ: Die Stunde der Botschaft, 209–216, stellt heraus, daß Mt bes. in der Gerichtsszene vor Pilatus (Mt 27, 15–26) eine «sorgfältige und konsequente Überarbeitung» von Mk 15, 6–15 vornehme, um den «Nachweis der Alleinschuld Israels am Tode Jesu» führen zu können (209).

[7] Vgl. F. HEER: Gottes erste Liebe. Die Juden im Spannungsfeld der Geschichte, Esslingen 1967; Neudruck: Frankfurt (Ullstein 34329) 1986; K. DESCHNER: Abermals krähte der Hahn, 442–451; L. SPIEGELE-WENSCHKEWITZ: Mitverantwortung und Schuld der Christen am Holocaust, in: Ev Th 42 (1982) 171–190 fragt (S. 188) sogar: «Ist denn das noch Christentum, christliche Theologie, was Grundmann und Kittel (sc. im traditionellen Antisemitismus) dafür ausgaben?»

[8] Vgl. W. TRILLING: Das wahre Israel, 55–65 zu Mt 21,33–45, dem Winzergleichnis; bes. S. 84–85 zu Mt 22,1–14, dem Gleichnis vom Hochzeitsmahl: «Fallen Tempel und Stadt in Schutt und Asche, dann muß sich Gott von seinem heiligen Bezirk zurückgezogen haben. Gott weilt nicht mehr in Israel. Daß Matthäus dieser Gedanke nahelag, scheint sich aus 23,38f. (= Lk 13,35) in Verbindung mit 26,29.64 zu ergeben.» Vgl. auch K. H. RENGSTORF: Die Stadt der Mörder, in: Judentum – Urchristentum – Kirche (Festschrift für J. Jeremias, BZNW 26), Berlin ²1964, 106–129. S. SCHULZ: Die Stunde der Botschaft, 209, sagt zu Recht: «Für Matthäus ist ... die Anerkennung der messianischen Würdestellung Jesu gleichbedeutend mit der Ablehnung des Jerusalemer Tempels und damit des von Mose ausdrücklich angeordneten, heilsnotwendigen Tempeldienstes.»

[9] Zur Stelle vgl. J. GNILKA: Das Matthäusevangelium, II 296–303.

[10] Vgl. a. a. O., II 203: «Die Akklamation ... hat bei Mt eschatologische Bedeutung. Mit ihr soll auch der Parusie-Christus begrüßt werden (23,39).»

[11] Vgl. J. JEREMIAS: Die Gleichnisse Jesu, 61–62; 65–67; 175–179.

[12] Vgl. R. WALKER: Die Heilsgeschichte im ersten Evangelium, 11–33, der zu den «Pharisäern und Sadduzäern» bei Mt meint, sie seien «keine besondere, individuell qualifizierte Gruppe, sondern lediglich Spielart der einen Führerschaft Israels» (13). «Schließlich ist die Lehrerfunktion der Schriftgelehrten, der Pharisäer oder ‹Schriftgelehrten und Pharisäer› durch das ganze Evangelium hin mit Händen zu greifen» (12). «Die ‹Pharisäer und Sadduzäer› sperren sich gegen *jede* historisierende Einordnung; sie sind ... für das Jahr 30 historisch ebensowenig denkbar wie für die Zeit nach 70.» M. a. W.: der Terminus ist selber *symbolisch* zu nehmen; G. STRECKER: Das Geschichtsverständnis des Matthäus, Ev Th 6 (1966) 57–74; S. 68 meint wohl zu Recht, der Pharisäismus reflektiere bei Mt nicht primär die Situation des zeitgenössischen Judentums, sondern er bilde einen Topos, der im Gegenüber zur Forderung Jesu die Haltung des Unglaubens repräsentiere. Andererseits ist es aber auch nicht so, wie R. WALKER unterstellt, daß die ganze Auseinandersetzung für Mt bereits der Vergangenheit angehöre; das Israel, das hier in seinen «Führern» «als Einheit des Bö-

sen» (WALKER, 38) auftritt, existiert doch wirklich, und vor allem die christologische Frage wird jetzt, nach 70, zum Kern einer Auseinandersetzung, die, leider Gottes, bis heute anhält. R. HUMMEL: Die Auseinandersetzung zwischen Kirche und Judentum im Matthäusevangelium, BevTh 33, 2. durchges. u. verm. Aufl. 1966, 14, ist zuzustimmen, wenn er «die Vorherrschaft des Pharisäismus» bei Mt mit der Situation «nach der Tempelzerstörung» in Verbindung bringt; a. a. O., S. 12–17, macht deutlich, daß für Mt die Pharisäer «die eigentlichen Gegner Jesu» sind. «Für ihn sind die Pharisäer als solche die religiösen Machtträger» (16–17). Auch die «Schriftgelehrten» gehören für ihn in diesen Kreis (17). Damit ist die Spannung der judenchristlichen Gemeinde des Mt (S. 26–33) zur jüdischen Orthodoxie deutlich.

[13] Zu den Pharisäern und Sadduzäern vgl. historisch H. L. STRACK – P. BILLERBECK: Kommentar zum NT, I 230–252; IV/1, 334–352. R. MEYER: *saddoukaios*, in: Theologisches Wörterbuch zum NT, VII 35–54, S. 46–51: zur religiösen Haltung der Sadduzäer; es scheint insgesamt, «daß Matthäus dem geschichtlichen Sachverhalt (sc. der Sadduzäer, d. V.) wesentlich ferner steht als Markus» (S. 52). H. DANIEL – ROPS: Die Umwelt Jesu, 373–380. Zur Herleitung der *Essener* und der *Pharisäer* aus den *Chasidim* (1 Makk 2,42) vgl. M. HENGEL: Judentum und Hellenismus, 319–330. Vgl. auch E. SCHWEIZER: Das Evangelium nach Markus, 23–24: Schriftgelehrte, Pharisäer, Sadduziäer, Älteste, Synedrium; lesenswert ist immer noch H. J. HOLTZMANN: Lehrbuch der Neutestamentlichen Theologie, I 29–35.

[14] SCH. BEN-CHORIN: Bruder Jesus, 17–21; allerdings dürfte die Gestalt Jesu weit eher *prophetische*, als rabbinische Züge tragen (gegen S. 14).

[15] Zum Jesus-Bild der Synagoge vgl. J. MAIER: Jesus von Nazareth in der talmudischen Überlieferung, 1–41.

[16] R. MAYER: Der babylonische Talmud, 490–491. Zum 18-Bittengebet vgl. H. L. STRACK – P. BILLERBECK: Kommentar zum NT, IV/1, 208–249; zum *Synagogenbann* vgl. a. a. O., IV/1, 293–333.

[17] Zu den jüdischen *Ketzergesetzen*, die einen Mann wie Jesus von Nazareth todesschuldig sprachen, vgl. E. STAUFFER: Jerusalem und Rom, 113–122. SCH. BEN-CHORIN: Bruder Jesus, 51, erklärt die tödliche Feindschaft der Pharisäer gegen Jesus vor allem mit der Verbrüderung Jesu mit dem Am Haarez, mit dem ungebildeten Landvolk. «Jesus durchbricht diese Mauer, die durch die Gesetzesfrömmigkeit der Schriftgelehrten aufgerichtet worden war.» Allein dies genügt wohl – damals wie heute. Zu den *Schriftgelehrten*, ihrer Stellung zum Volk und der Art der Gesetzesauslegung vgl. H. J. HOLTZMANN: Lehrbuch der Neutestamentlichen Theologie, I 35–43.

[18] Vgl. z. B. W. FRICKE: Standrechtlich gekreuzigt, 235–253.

[19] Vgl. J. GNILKA: Das Matthäusevangelium, II 268 ff., S. 269, der meint, daß die Schriftgelehrten und Pharisäer für Mt und seine Gemeinde nicht bereits tot sind ... Die Stereotypie der Anrede ... kennzeichnet diese als die Kontrahenten unseres Evangeliums. Es ist das pharisäisch geleitete Judentum nach dem verlorenen Krieg» des Jahrs 70. H. FRANKEMÖLLE: «Pharisäismus», in: Judentum und Kirche, in: H. Goldstein (Hrsg.): Gottesverächter und Menschenfeinde?, Düsseldorf 1979, 123–189, 157f. vermutet demgegenüber, daß die Vorwürfe in Mt 23 als Gemeindeparänese zu verstehen seien, indem die ganze Rede von 23,1 an sich den Volksscharen zuwende. W. SCHRAGE: Ja und Nein – Bemerkungen eines Neutestamentlers zur Diskussion von Christen und Juden, in: EvTh 42 (1982) 126–151, S. 132, meint pointiert: «Israelkritik ist tatsächlich nur glaubwürdig, wenn sie von radikaler Selbst- und Kirchenkritik nicht getrennt wird.» Dann aber müßte man in den «Pharisäern» von einst ein Symbol für Möglichkeiten und Gefährdungen der eigenen Existenz sehen.

[20] TH. REIK: Dogma und Zwangsidee, 55–61: Zweifel und Hohn in der Dogmenbildung.
[21] Zur Gestalt des *Judas* vgl. E. DREWERMANN: Das Markus-Evangelium, II 422–449; vgl. auch TH. REIK: Der eigene und der fremde Gott, 75–97; 98–129.
[22] Vgl. das Konzil von Trient, DENZINGER – SCHÖNMETZER: Enchiridion Symbolorum, Nr. 1501, S. 364; das 1. Vatican. Konzil, a. a. O., Nr. 3006. Zum *Inspirationsbegriff* vgl. K. RAHNER: Über die Schriftinspiration, Freiburg 1958; M. LIMBECK: Inspiration, in: P. Eicher (Hrsg.): Neues Handbuch theologischer Grundbegriffe, II 216–226.
[23] Zur Stelle vgl. A. WEISER: Die Propheten, ATD 24, 151–153; 157–166.
[24] Zur Stelle vgl. A. WEISER: Der Prophet Jeremia, ATD 20, 200–212.
[25] Abb. 2; vgl. H. WIESLER: Wilhelm von Kaulbach (1805–1874): Die Zerstörung Jerusalems durch Titus (1846), in: W. von Bonin (Hrsg.): 100 Meisterwerke aus den großen Museen der Welt, Bd. 3, 54–59.
[26] Vgl. E. DREWERMANN: Das Markus-Evangelium, II 450–470.
[27] A. a. O., I 140: W. TRILLING: Das wahre Israel, 32–33.
[28] Zu Ex 24,8 vgl. M. NOTH: Das zweite Buch Mose, ATD 5, 160–161.
[29] Zur Stelle Sach 9,11 vgl. K. ELLIGER: Die Propheten, ATD 25, 151–154.
[30] Zu Jer 31,31 f. vgl. A. WEISER: Der Prophet Jeremia, ATD 21, 285–290.
[31] Zu Mt 10,6 vgl. U. LUZ: Das Evangelium nach Matthäus, I/2, 90–93.
[32] Vgl. J. ERNST: Matthäus. Ein theologisches Portrait, 18–19: «Der Bund, den Jesus beim Abendmahl für die vielen stiftet (26,28), versteht sich als Weiterführung des alten, ersten Bundesschlusses (Ex 24,8), dessen endzeitliche Ausrichtung schon im Prophetenwort (Jer 31,31–33) angeklungen war.»
[33] Vgl. J. JEREMIAS: Neutestamentliche Theologie, I 225–229: «Die Zwölfzahl der Jünger Jesu bedeutet ... nicht, daß das Heil partikularistisch auf das empirische jüdische Volk beschränkt sein sollte, sondern kündigt im Gegenteil die Aufrichtung des eschatologischen Gottesvolkes an, zu dem ... nach Jesu Erwartung auch die Heiden hinzuströmen würden» (226). Vgl. a. a. O., 235–237: Die Völkerwallfahrt. Vgl. zum Begriff des Neuen Bundes auch J. BEHM: *diathäkä* (Bund), in: Theologisches Wörterbuch zum Neuen Testament, II 106–137, S. 135–137, der bei «Bund» zu Recht nicht an ein «Testament», sondern an «Verfügung» bzw. «Stiftung» Gottes denkt. «Die Ausführung der neuen Verfügung, die Gott zur Regelung des Verhältnisses zwischen sich und der Menschheit erlassen hat, ... hat Jesus als seine Aufgabe angesehen.»
[34] Vgl. aber J. GNILKA: Die Verstockung Israels, 89–102: Das Wort von der Verstockung im Verständnis des Matthäus, der aber auch (S. 102) mit Rekurs auf Mt 23,39 (Ps 118,26) findet, man dürfe «nicht so ohne weiteres sagen ..., daß die eschatologische Stunde nur die Stunde des Strafgerichtes für Israel ist ... und das um so mehr, als ... Ps 118,26 im Rabbinismus auf die Enderlösung bezogen wurde.» Vgl. insbesondere F. MUSSNER: Die Stellung zum Judentum in der «Redenquelle» und in ihrer Verarbeitung bei Matthäus, in: L. Schenke (Hrsg.): Studien zum Matthäusevangelium, 211–225, der resümiert: «In der Urkirche kam es zur Sammlung von Herrenworten, weil sie in Jesus von Nazaret aufgrund ihrer christologischen Überzeugungen ihren einzigen normativen Lehrer sah, weshalb sie jüdische Lehrautoritäten ausschied (vgl. Mt 23!, d. V.). – Die Sammlung von Herrenworten in der ‹Redequelle› und ihren Vorstufen hat ihren ‹Sitz im Leben› in dem allmählichen Ablösungsprozeß der Kirche von Israel. – Die israelkritischen Akzente im Q-Material und in seiner redaktionellen Verarbeitung bei Mt hängen auch mit dem christologisch bedingten Ablösungsprozeß der Urkirche von Israel zusammen. ... Bedeutende Ansätze zur Israelkritik scheinen schon in der Predigt Jesu vorgegeben gewesen zu sein» (224–225).
[35] H. FRANKEMÖLLE: Eucharistie, in: P. Ei-

cher (Hrsg.): Neues Handbuch theologischer Grundbegriffe, I 297–305, der (S. 302–304) all die Motive zusammenfaßt, die bei den Einsetzungsworten als unhistorisch, weil unjüdisch, gelten müssen.

36 Vgl. DENZINGER – SCHÖNMETZER: Enchiridion Symbolorum, Nr. 963, S. 414. J. BRINKTRINE: Die Lehre von den heiligen Sakramenten der katholischen Kirche, II 188. K. RAHNER: Kirche und Sakrament, 37–67.

37 Vgl. K. KERÉNYI: Dionysos. Urbild des unzerstörbaren Lebens, 191–210, S. 205–206. Vgl. auch E. DREWERMANN: Die Spirale der Angst (Der Krieg und das Christentum), 296–298, Anm. 18–19.

38 Vgl. E. DREWERMANN: Die Spirale der Angst, 290–300.

39 Vgl. zur Stelle U. LUZ: Das Evangelium nach Matthäus, I/1, 111–133, der resümiert: «Der Leser hört..., daß die Kinder Israels durch den eigenen König vernichtet werden. Und er hört, wie die Bosheit der jüdischen Könige das Jesuskind nach Nazareth führt, so daß er Nazaräer heißen wird, genauso wie die eigene Gemeinde in Syrien. Der Leser ahnt also ein Stück vom kommenden Weg des Messias Israels zur christlichen Gemeinde, in Erfüllung von Israels Schrift» (133). Das *Schema des verfolgten Heldenkindes* ist weit verbreitet und ganz und gar legendär bzw. sagenhaft. Vgl. U. LUZ: A. a. O., I/1, die Synopse zwischen S. 84 und 85. Zur psychologischen Bedeutung dieses Schemas vgl. O. RANK: Der Mythos von der Geburt des Helden, 1922; E. DREWERMANN: Tiefenpsychologie und Exegese, I 393–397; 502–529, S. 512–522.

40 M. BUBER: Zwei Glaubensweisen (1950), in: Werke, I 651–782.

41 D. FLUSSER: Die konsequente Philologie und die Worte Jesu, in: Almanach auf das Jahr des Herrn 1963, Hamburg, 39–73; DERS.: Jesus, Hamburg 1968.

42 P. LAPIDE – U. LUZ: Der Jude Jesus, Einsiedeln 1979.

43 Vgl. SCH. BEN-CHORIN: Bruder Jesus, 106, der *J. Wellhausen* in seiner Einleitung zu den ersten drei Evangelien (1905) zustimmend zitiert: «Jesus war kein Christ, sondern ein Jude, er verkündete keinen neuen Glauben, sondern er lehrte den Willen Gottes zu tun.» – Zur Gesamtproblematik vgl. SCH. BEN-CHORIN – V. LENZEN (Hrsg.): Lust an der Erkenntnis. Jüdische Theologie im 20. Jahrhundert. Ein Lesebuch, München–Zürich (SP 879) 1988.

44 SCH. BEN-CHORIN: Mutter Mirjam, 49.

45 *Koran,* übers. v. L. Winter, S. 58–59; übers. v. H. M. T. Ahmad, arabisch-deutsch, S. 58.

46 *Koran,* übers. von L. Winter, S. 54 (3. Sure, Vers 20); übers. v. H. M. T. Ahmad, S. 50.

47 Vgl. E. HENNECKE – W. SCHNEEMELCHER: Neutestamentliche Apokryphen, I 279; Protoevangelium des Jakobus, Kap. 18–19, S. 287–288.

48 A. a. O., Kap. 20, S. 288, wo Salome sogar mit der Hand (nach dem Vorbild von Joh 20,25) die Jungfräulichkeit der Mutter Maria während der Geburt erprobt.

49 *Koran,* übers. v. L. Winter, S. 58; übers. v. H. M. T. Ahmad, S. 55.

50 Vgl. L. JEREMIAS: Neutestamentliche Theologie, I 235–237.

51 Zur Stelle vgl. J. GNILKA: Das Matthäusevangelium, II 426–427, der an dieser Stelle erneut die Zerstörung des Tempels mit dem Geschick Jesu in Verbindung sieht (vgl. Mt 23,28), sich dann aber dagegen verwahrt, den in drei Tagen wieder errichteten Tempel «spiritualisiert» auf den erhöhten Christus oder die Gemeinde zu deuten. «Gedacht ist an einen herrlich wiederaufzubauenden Tempel in Jerusalem» (426). Es ist wahr, daß diese Hoffnung in der jüdischen Apokalyptik ausgeprägt war, doch wie sollte es, nach Ablehnung der jüdischen Kultvorschriften und der Öffnung zum Heidentum, ernstlich die Hoffnung des Matthäus sein? G. MAIER: Matthäus-Evangelium, II 403 verweist wohl zu Recht auf Joh 2,19 ff. Vgl. auch I. BROER: Die Urgemeinde und das Grab Jesu. Eine Analyse der Grablegungsgeschichte im Neuen Testament (St ANT 31), München 1972, 36 f., der die «drei Tage» in Anlehnung an Mt 12,40 (das Jo-

nazeichen) für redaktionelle Bildung hält. G. THEISSEN: Die Tempelweissagung Jesu, in: Studien zur Soziologie des Urchristentums, S. 158–159, zeigt, daß die Weissagung Jesu vom Sturz des Tempels nicht «nur mit der Tempelaristokratie und den Römern in Konflikt» geraten mußte, sondern auch mit all denen, die den Tempel erbaut haben, den Handwerkern vor allem. «Generell sei gesagt, daß sich soziale Konflikte nicht auf Gegensätze zwischen Unter- und Oberschicht reduzieren lassen.» Der Gegensatz von Stadt und Land sei hier tiefergreifend.

52 Vgl. E. DREWERMANN: Tiefenpsychologie und Exegese, II 762–772.

53 Vgl. E. DREWERMANN: Milomaki oder Tod und Auferstehung im Geist der Musik. Eine Mythe der Yahuna-Indianer, 7–9; 10–14.

54 G. E. LESSING: Nathan der Weise, in: Werke, I 829–972, 3. Aufzug, 7. Auftritt, S. 890–894.

55 L. FEUCHTWANGER: Die Söhne, 327–328.

56 A. a. O., 329.

57 A. a. O., 329–330.

58 A. a. O., 330–331.

5. Der kommende Menschensohn

(Seite 140 bis 184)

1 Vgl. H. FRITZSCH: Vom Urknall zum Zerfall, 325–338: Gott und das absurde Universum.

2 Vgl. J. BRONOWSKI: Der Aufstieg der Menschheit, 59–89: Die Ernte der Jahreszeiten: A. TOYNBEE: Menschheit und Mutter Erde, 44–55: Technische Revolutionen von 70 000/40 000 bis 3000 v. Chr.; 55–59; Die Erschließung des Schwemmlandes; W. DURANT: Kulturgeschichte der Menschheit, 1. Bd.: Der alte Orient und Indien, 93–110: Die prähistorischen Anfänge der Kultur.

3 So am deutlichsten R. SCHNEIDER: Winter in Wien, 240–242: «... ein gewagtes theologisches Gespräch an der Grenze; ich verfalle nur allzu leicht auf an das Häretische streifende Fragen ... Natürlich war der Partner an Wissen, Zitaten, Belegen, Taktik mir weit überlegen. Ich kann nur staunen über diese Kunst, über alle Gefährlichkeiten hinweg und ohne diese zu leugnen, den Gott der Liebe zu demonstrieren. Für mich ist die Offenbarung der Liebe ein personales Wort an den, der glaubt, der zu glauben vermag, kein Wort an die Kreatur, die Räume, die Gestirne, auch nicht an die Geschichte (so paradox das zu sein scheint). Aus einer unbegrenzbaren kosmischen Dunkelwolke schimmert schwach ein einziger Stern; das muß uns genug sein; mehr ist nicht geoffenbart. Natürlich kann das kein Theologe akzeptieren; aber immer wieder treffe ich auf Priester, die der inneren Situation, der solche Vorstellungen entkeimen, nicht fern sind. Ihr Verständnis reicht um Dimensionen über ihre Repräsentanz ... Ganz betroffen war ich von der Kühnheit einzelner Definitionen. Aber ... es ist alles gesagt – und nichts gesagt. Und nie werde ich mir den Schlaf meines Kummers und das Leid meiner Schuld aus den Augen reiben.» – Exegetisch hat G. KLEIN: Bibel und Heilsgeschichte, ZNW 62 (1971) 3/4,1–47, die biblische «Resistenz» gegen heilsgeschichtliche Anwandlungen betont und die Spannung

dahin formuliert, «daß der Satz ‹Gott spricht *in* der Geschichte› unter keinen Umständen mit der Behauptung vertauscht werden darf, er spreche *aus* der Geschichte» (43).

[4] Vgl. E. DREWERMANN: Der tödliche Fortschritt, 71–78; 90–110; Nachwort zur 3. Aufl., S. 188–208.

[5] Vgl. G. VON RAD: Theologie des Alten Testamentes, I 52–70.

[6] Zur Passionsgeschichte des *Mk* vgl. E. DREWERMANN: Das Markus-Evangelium, II 482ff.; L. SCHENKE: Studien zur Passionsgeschichte des Markus. Tradition und Redaktion in Mk 14,1–42, Würzburg 1971; DERS.: Der gekreuzigte Christus, Stuttgart (SBS 69) 1974. Zu *Mt* vgl. R. KRATZ: Auferweckung als Befreiung. Eine Studie zur Passions- und Auferstehungstheologie des Matthäus, Stuttgart (SBS 65) 1973, der (S. 37–56) vor allem die «Zeichen» bei Jesu Tod (Mt 27,51–54) als Auferstehungshinweise deutet. – Zu den *Reflexionszitaten* bei Mt vgl. S. SCHULZ: Die Stunde der Botschaft, 164: «Matthäus übernimmt nicht nur sämtliche direkten Schriftbelege aus dem Markusevangelium (vgl. 3,3; 15, 4b.8f.; 19,5.18; 21,13.42; 22,24.32.37.39.44; 26, 38, 27, 46 u. a.), sondern auch seine indirekten Beziehungen (19,4; 21,9.33; 24,15.21.29.30; 26, 38.64; 24, 34.39). Aber auch die alttestamentlichen Schriftbelege der palästinensischen Q-Quelle werden von Matthäus durchweg berücksichtigt: 4,4.6, 7.10; 7,23; 11,10.23; 13,32; 18,16; 24,38.» «Besonders auffällig sind die vielen sogenannten Reflexionszitate, also die nur bei Matthäus begegnenden alttestamentlichen Zitate wie z. B. 1,23; 2,6.15.17f.23; 4,14–16; 8,17; 12,17–21; 13,35; 21,4f.; 27,9f.»

[7] E. DREWERMANN: Das Markus-Evangelium, I 45–80.

[8] E. DREWERMANN: Tiefenpsychologie und Exegese, I 48–58; 72–78; 101–162.

[9] M. BUBER: Zwischen Gesellschaft und Staat (1950), in: Schriften, I 1005–1020; DERS. Geltung und Grenze des politischen Prinzips (1951), in: A. a. O., I 1095–1108.

[10] E. EPPLER: Wenig Zeit für die Dritte Welt, 37–72, der vor Jahren schon ein Vielpunkteprogramm unerläßlicher Nahziele im Kampf gegen das Elend formulierte; DERS.: Wege aus der Gefahr, 192–205: Wie werden wir Partner der Armen?

[11] Vgl. M. COLLINS: Die letzten Regenwälder, 36–45; H. GRUHL: Ein Planet wird geplündert, 84–90: Der Wald verbrennt – die Wüste wächst. Soeben wird bekannt, daß die Regierung Nicaraguas in den nächsten 20 Jahren 375 000 ha des Regenwaldes, d. i. ein Achtel des Gesamtbestandes, für einen Kredit von 30 Mio. Dollar von einer taiwanesischen Firma roden läßt. NW 4. 9. 91.

[12] Vgl. E. DREWERMANN: Der tödliche Fortschritt, 208–220; 232–249; 288–294; K. FRANKE: Die Zeit zum Widerstand ist gekommen. Tierversuche, in: K. Franke (Hrsg.): Mehr Recht für Tiere, 205–222.

[13] Vgl. J. NIEDERHUBER: Allgemeine Einleitung, in: AMBROSIUS: *Exameron,* Schriften, Bd. 1, VII–CXXIV, S. XIV–XVI; LXXII–LXXVIII; Vgl. G. KRETSCHMAR: Der Weg der Reichskirche (Literaturbericht), Verkündigung und Forschung 13, 1968, 1, 3–44; V. SESAN: Kirche und Staat im römisch-byzantinischen Reiche seit Konstantin dem Großen bis zum Fall Konstantinopels, Bd. 1: Die Religionspolitik der christlich-römischen Kaiser von Konstantin dem Großen bis Theodosius dem Großen, Czernowitz 1911.

[14] Vgl. H. BORNKAMM: Luthers Lehre von den zwei Reichen im Zusammenhang seiner Theologie, in: H. H. Schrey (Hrsg.): Reich Gottes und Welt, Darmstadt 1969, 165–195; H. DOMBOIS – E. WILKENS (Hrsg.): Macht und Recht. Beiträge zur lutherischen Staatslehre der Gegenwart, Berlin 1956; G. WOLF (Hrsg.): Luther und die Obrigkeit (Wege der Forschung 85), Darmstadt 1972.

[15] Vgl. G. BRENDLER: Thomas Müntzer, Berlin 1989, 81–106: Offenbarlich Amt zu treiben ist einem Knecht Gottes gegeben; S. 147–148; 166–169: zum Streit zwischen Luther und Müntzer.

[16] So konnte AMBROSIUS: Über die Pflichten,

II 5,16, in: Schriften, III 954 noch erklären: «... die Scheingüter Reichtum, Genuß und Freude, die kein Leid trübt, sind nach dem klar ausgesprochenen Urteil des Herrn für den Seligkeitsgenuß von Nachteil.»

[17] Die tierische Lächerlichkeit der *«Rangmimikry»* wird vor allem von der Verhaltensforschung deutlich gemacht; vgl. D. MORRIS: Der Menschen-Zoo, 92–100; DERS.: Der Mensch, mit dem wir leben, 322–334, bes. S. 329–330.

[18] Vgl. M. HENGEL: Christus und die Macht, 60–71, der resümiert: «Die Macht Christi gewinnt Gestalt durch den ‹vernünftigen Gottesdienst› der Christen im Alltag der Welt» (71). Wie aber, wenn der *Teufel* Herr aller Reiche der Erde ist (vgl. Lk 4,5; Mt 4,8)? AMBROSIUS: Lukaskommentar, IV 31, Schriften, II 175 «löst» das Problem durch die Verlegenheitsauskunft: «Nicht also vom Teufel stammt die Gewalt, aber sie ist doch den Nachstellungen des Teufels ausgesetzt.» Ähnlich Petrus CHRYSOLOGUS: Matthäus-Evangelium, 9. Vortrag (Sermo 13), S. 64: «So sprach der, in dessen Macht nicht das Geben, sondern nur das Täuschen lag.»

[19] Vgl. der BRANDT-REPORT, 135–148; P. C. MAYER-TASCH: Die verseuchte Landkarte, 11–36.

[20] Vgl. B. COMMONER: Energieeinsatz und Wirtschaftskrise, 37–105.

[21] U. ALBRECHT – D. ERNST – P. LOCK – H. WULF: Rüstung und Unterentwicklung, 10–36: Militär und Unterentwicklung; F. VILMAR: Rüstung und Abrüstung im Spätkapitalismus, 90–132: Rüstungswirtschaft in der Bundesrepublik; 189–242: Politische Funktionen des Militarismus im Spätkapitalismus; P. KOCH: Wahnsinn Rüstung, 269–291: Ein Bombengeschäft.

[22] Vgl. C. AMERY: Natur als Politik, 123–138.

[23] Vgl. C. AMERY: Das Ende der Vorsehung, 131–143: Das progressistische Klima.

[24] Zur Bedeutung des Karfreitagserlebens für die frühchristliche Apokalyptik vgl. E. DREWERMANN: Tiefenpsychologie und Exegese, II 486–511. Vgl. auch R. BULTMANN: Ist die Apokalyptik die Mutter der christlichen Theologie? Eine Auseinandersetzung mit Ernst Käsemann (1964), in: K. Koch – J. M. Schmidt (Hrsg.): Apokalyptik, Darmstadt 1982, 370–376, der pointiert vor allem das Geschichtsbild Pauli nicht aus der Apokalyptik, sondern der Anthropologie, d. h. dem Selbstverständnis des begnadeten Sünders ableiten will. Doch genau darum geht es ja der Apokalyptik: um den Zusammenbruch einer gnadenlosen Welt. Vgl. auch E. LOHSE: Apokalyptik und Christologie, ZNW 62 (1971) 3/4, 48–67.

[25] Vgl. E. DREWERMANN: Tiefenpsychologie und Exegese, II 467–472.

[26] A. a. O., II 473–485.

[27] Gegen die Gefahr der Ideologisierung zeitgeschichtlicher Ereignisse vgl. a. a. O., II 627–635; 779–782. Recht aber hat D. SÖLLE: Gott denken, 201–221: Theologie des Friedens, wenn sie (S. 220) sagt: «Hoffnung (sc. in biblischem Sinne, d. V.) bezieht sich weder auf den Sieg des freien Westens nach der Apokalypse noch auf ein Jenseits für das Individuum ... Wo wir in dieses Leben eintreten, da hoffen wir in der Tat auf Gott. ... Erst wenn wir friedensfähig werden, merken wir, wie sehr wir Gott brauchen.» Aber: was wir in der Geschichte an «Fortschritten» und «Ergebnissen» erreichen – was davon ist von Gott? Und was ist mit den Kriegen, die gewalttätig geführt werden – war z. B. der Krieg der Sandinisten in Nicaragua ein «gerechter Krieg» –, wie D. SÖLLE (S. 212) meint? Jeder, der glaubt, relative Ziele mit absoluten Begriffen drappieren zu müssen, um sie vor sich selber besser rechtfertigen und gegenüber anderen besser durchsetzen zu können, endet irgendwann in der Rechtfertigung der einzig «absoluten» Tat von Menschen an Menschen: des Tötens im Namen irgendeines «guten» Zweckes. Bes. T. RENDTORFF: Politische Ethik und Christentum, 31, hat den christlichen Beitrag zur Politik wesentlich in der Entideologisierung gesehen.

[28] N. KAZANTZAKIS: Alexis Sorbas, 24.

[29] A. a. O., 22–23.

[30] Zur Problematik des Krieges als eines Mittels zur Lösung politischer Konflikte vgl. E. DREWERMANN: Die Spirale der Angst, 149–158.

[31] Vgl. R. JUNGK: Heller als tausend Sonnen, 46–48; 97–99; 189–191; 352–356; vgl. auch A. EINSTEIN: Mein Weltbild, 52.

[32] Vgl. D. A. PRATER: Stefan Zweig. Das Leben eines Ungeduldigen, 305–314; 317–346; 347–362.

[33] Zur Stelle vgl. J. GNILKA: Das Matthäusevangelium, II 419; «Jesus gebietet dem, der Gewalt anwenden will, Einhalt... Die Weisung richtet sich an den Jünger und damit die Gemeinde. Jesus spricht sie angesichts der Schwerter und Knüppel, die als Zeichen der Gewalt gegen ihn gerichtet sind.» – «Im Kontext des Evangeliums bestätigt Jesus mit seinem Verhalten die Weisung der fünften Antithese der Bergpredigt: ‹Nicht sich wehren gegen den Übeltäter...›»

[34] Zur Theologie des deuteronomistischen Geschichtswerkes vgl. M. NOTH: Überlieferungsgeschichtliche Studien, 100–110; vgl. G. VON RAD: Die deuternonomistische Geschichtstheologie in den Königsbüchern, in: Gesammelte Studien zum Alten Testament, 189–204.

[35] Vgl. J. P. CRUTCHFIELD – J. D. FARMER – N. H. PACKARD – R. S. SHAW: Chaos, in: Chaos und Fraktale, 8–21, S. 10.

[36] Vgl. J. GRIBBIN: Auf der Suche nach Schrödingers Katze, 171–193: Zufall und Unbestimmtheit; R. FEYNMAN: Vorlesungen über Physik, III: Quantenmechanik, 33–47.

[37] Vgl. N. SCHMIDT: Die Evolution von Geist und Gesellschaft, 56–85.

[38] Vgl. J. BRIGGS – F. D. PEAT: Die Entdekkung des Chaos, 92–111: Die Magie der Iteration.

[39] Zur Stelle vgl. E. DREWERMANN: Das Markus-Evangelium, II 350–352.

[40] Vgl. E. DREWERMANN: Der tödliche Fortschritt, 195–199: Vom anthropozentrischen Mitleid zum atheistischen Humanismus.

[41] H. DIELS: Die Fragmente der Vorsokratiker, Nr. 52, S. 27: «Die Lebenszeit ist ein Knabe der spielt, hin und her die Brettsteine setzt: Knabenregiment.» V. SOMMER: Das schöpferische Spiel, in: Geo Wissen, Nr. 2, 7. 5. 90, S. 64–70.

[42] J. BRIGGS – F. D. PEAT: Die Entdeckung des Chaos, 74–80.

[43] Vgl. E. DREWERMANN: Tiefenpsychologie und Exegese, I 250–374; II 592–635.

[44] Vgl. H. RENNER: Reclams Konzertführer, 139–144.

[45] S. KHALIFA: Der Feigenkaktus, 7–8.

[46] A. a. O., 11.

[47] Zur Zionstradition von der *Völkerwallfahrt* vgl. G. VON RAD: Theologie des Alten Testaments, I 59–60; M. NOTH: Jerusalem und die israelitische Tradition, in: Gesammelte Studien zum AT, München ³1966, 172 ff. E. ROHLAND: Die Bedeutung der Erwählungstraditionen Israels für die Eschatologie der Propheten, Heidelberg 1956; J. JEREMIAS: Neutestamentliche Theologie, I 235–237. K. W. CLARK: Die heidenchristliche Tendenz im Matthäusevangelium, in: J. Lange (Hrsg.): Das Matthäusevangelium, 103–111 hält (110) Matthäus für «streng parteiisch, er zog die Heiden vor und verwarf die Juden. Er war ein Heidenchrist, der sein Evangelium in Syrien schrieb, wo das Heidenchristentum seine Herrschaft bereits in den Tagen des Paulus aufkündigte.» Aber die eigentliche Spannung ergibt sich erst, wenn man von dem Judenchristentum der Gemeinde des Mt ausgeht!

[48] Vgl. E. LINNEMANN: Gleichnisse Jesu, 94–103; 162–170; J. JEREMIAS: Die Gleichnisse Jesu, 61–63; 65–67; 175–179.

[49] Zur Stelle vgl. E. DREWERMANN: Das Markus-Evangelium, I 247–267. Zu der geschichtlichen Konzeption des Mt vgl. R. WALKER: Die Heilsgeschichte im ersten Evangelium, 115, der, mit Abraham beginnend, einer Vorgeschichte des Messias eine Berufungsgeschichte Israels durch den Vorläufer, durch Jesus und durch den Tod des Messias folgen läßt; dann folgt nach 70 die Heidenberufung durch

die Boten, dann das Ende. Zur Geschichtstheologie des Mt vgl. bes. H. FRANKEMÖLLE: Jahwe-Bund und Kirche Christi, 360–400, der in Mt einen schriftgelehrten Interpreten der Geschichte mit einem neuen Interesse an der «Historie» sieht, in welcher sich für ihn die «Treue Gottes» erfüllt. Allerdings ist bereits diese «Historie» des Mt im wesentlichen ein theologisches Konstrukt, was von FRANKEMÖLLE zu wenig als Problem erörtert wird; dafür endet er: «Im Gegensatz zur Verengung des synagogalen Judentums auf den Pentateuch als ‹Gesetz› und der Erstarrung der großen atl. Geschichtswerke durch rabbinische Kasuistik hat Mt diesen ungeschichtlichen Ansatz wieder überwunden und zu einer Verbindung von ‹Gesetz› und Evangelium, von Bund und Geboten, d. h. zur Einheit der Geschichte zurückgefunden, die in dieser Komplexität nur mit dem dtr (deuteronomistischen) Geschichtsentwurf verglichen werden kann» (399).

[50] Vgl. E. DREWERMANN: Das Markus-Evangelium, II 233–246.

[51] Vgl. J. GNILKA: Die Verstockung Israels, 89–115.

[52] Vgl. U. LUZ: Das Evangelium nach Matthäus, I/1, 309, der eine «weisheitliche Argumentationsform», die nicht «spezifisch jesuanisch zu deuten» sei, hier annimmt, indem Gottes Güte gegen Gute und Böse nicht die Forderung der Liebe zu den *Feinden* motiviere. Aber wieso? Gerade nicht zu unterscheiden zwischen «Gute» und «Böse» ist die Voraussetzung der «Feindesliebe«!

[53] Vgl. H. GIESEN: Jesu Krankenheilungen im Verständnis des Matthäusevangeliums, in: L. Schenke (Hrsg.): Studien zum Matthäusevangelium, 11–24, der (22) zu Recht auf die «Entdämonisierung» und «Entmagisierung» der Q- und Markus-Stoffe durch Matthäus hinweist und meint: «Am Zusammenhang zwischen Christologie und Eschatologie, begründet durch Jesu Deutung seiner Heilsexorzismen als Zeichenhandlungen für den Anbruch des Gottesreichs, hält Matthäus fest (Mt 12,28 par. Lk 11,20), auch wo er die Exorzismen Jesu in Krankenheilungen verwandelt (Mt 4,23).» Und (S. 23–24): «Längst ist es der von der Gemeinde verehrte Kyrios, der die Wunder tut (Mt 8,2.6; 17,15); das Verhalten des Bittstellers ist das *proskynein* (sc. niederfallen, d. V.) des Beters (Mt 8,2; 9,15; 15,25), der nicht mehr um Exorzismus, sondern um helfende Heilung bittet (Mt 15,25 b statt Mk 7,26). ‹Neu› im Sinne von Mt 13,52 ist daher die Zurückdrängung der Berichte über Dämonen und Exorzismen, da Jesus als der erhöhte Herr nicht massiv-magisch, sondern in ‹Wort› (Mt 8,16) und ‹Geist› (Mt 12,28 statt Lk 11,20 ‹Finger›) in der Gemeinde gegenwärtig ist, deren Mitglieder in ihrer Taufe den Geist empfangen haben. Weil der Erhöhte alles weiß und der Beter sich vor ihm nicht fürchten muß, kann Mt 9,21 f. sowohl die Frage Jesu nach demjenigen, der ihn berührt hat (Mk 5,30–32), als auch die zitternde Angst der Blutflüssigen (Mk 5,33) weglassen. – Vor allem aber die Betonung des Glaubens, mit der Matthäus deutlich über seine Vorlagen (Logienquelle, Markus) hinausgeht (vgl. Mt 9,22 als einziges Überbleibsel von Mk 5,29–34, ferner Mt 9,28; 15,28; 17,19 f.), belegt, daß es dem Ersten Evangelisten nicht um die Situation des irdischen Jesus, sondern um diejenige seiner Leser geht: Der Glaube ist das, was den christlichen Beter der nachapostolischen Zeit mit den von Jesus einst Geheilten verbindet bzw. verbinden soll; er macht auch uns der Gebetserhörung durch Jesus Christus gewiß.» – Das alles wäre schön und gut, zeigte es nicht überdeutlich auch das ewige Dilemma der historisch-kritischen Methode: das psychologische Problem der Verschiebung der Erfahrung in die «Christologie» wird mit keinem Wort reflektiert; auch nicht die Verschiebung der Wunder*magie* in die Sakramententheologie; auch nicht die Problematik eines alles wissenden und alle Gebete erhörenden Christus: m. a. W.: am Ende verbleibt nichts als die orthodoxe Abstraktion ebenso richtiger wie nichtiger Redensarten. – Bes. H. J. HELD:

Matthäus als Interpret der Wundergeschichten, in: G. Bornkamm – G. Barth – H. J. Held: Überlieferung und Auslegung im Matthäusevangelium, 155–287, S. 240–252, zeigt, daß Mt die Wunder Jesu als «Schrifterfüllung» und als «machtvolles Werk des Knechtes Gottes» versteht, das (S. 252–257) noch heute sich fortsetzt als Gebetserhörung der Gemeinde.

[54] Vgl. E. HORNUNG: Tal der Könige, 149–164: Zum Nichtsein verdammt, bes. S. 156: «Eure Körper sollen gestraft werden mit dem strafenden Messer...»

[55] Vgl. H. L. STRACK – P. BILLERBECK: Kommentar zum NT, I 303–321; 801–805.

[56] Zu den Ehegesetzen der Antike aus der Sicht der *Frau* vgl. E. E. VARDIMAN: Die Frau in der Antike 184–206; 268–281.

[57] Vgl. H. ZIMMERMANN: Neutestamentliche Methodenlehre, 238–244. Vgl. auch A. SAND: Reich Gottes und Eheverzicht im Evangelium nach Matthäus, 49–59, der hier einen «prophetischen Legitimationsanspruch über das Verhalten einer bestimmten Gruppe» erkennt (59).

[58] Vgl. O. PFISTER: Das Christentum und die Angst, 176–180 (zur Predigt Jesu); 489–490.

[59] Vgl. insbesondere die Vorstellungen der Alten Ägypter über das Schicksal derer, die im Totengericht für nicht «gerechtfertigt» erfunden wurden; E. HORNUNG: Tal der Könige, 149–164; E. DREWERMANN: Tiefenpsychologie und Exegese, II 511–541: Altägyptische Analogien.

[60] Vgl. E. DREWERMANN: Tiefenpsychologie und Exegese, II 452–455; G. VON RAD: Theologie des Alten Testamentes, II 135; A. OHLER: Mythologische Elemente im Alten Testament, 65–70.

[61] Zur *iranischen* Apokalyptik im Hintergrund dieser Vorstellungen vgl. CH. RAU: Das Matthäus-Evangelium, 148–149. Vgl. P. BÖRGER: Quellen zu den Religionen der Völker, Heidelberg 1951, Quellensammlung Heft 1, S. 17: Lohn und Strafe im Diesseits und Jenseits. Vgl. auch W. BOUSSET: Die religionsgeschichtliche Herkunft der jüdischen Apokalyptik (1903), in: Apokalyptik, hrsg. v. K. Koch – J. M. Schmidt, Darmstadt 1982, 132–145. E. LOHSE: Apokalyptik und Christologie, ZNW 62 (1971), 3/4, 48–67, S. 59, sieht das Problem der Apokalyptik darin, daß sie an vergangenem Geschehen nur in der Sprache des Mythos interessiert sei; doch wenn er fortfährt: «Mit dem Bekenntnis zum gekreuzigten und auferstandenen Christus verbanden die ersten Christen... die Gewißheit, daß alle Zukunft diesem ihrem Herrn gehört» – wie wäre denn die Sprache dieser Zuversicht kein Mythos?

[62] So der sehr berechtigte *hinduistische* Einwand, den E. NIKHILANANDA: Der Hinduismus, 45–65, vorträgt: Die Seele und ihre Bestimmung, bes. S. 55–56.

[63] Vgl. O. PFISTER: Das Christentum und die Angst, 242–254, zur Angsterzeugung im Katholizismus durch Teufels- und Höllenvorstellungen.

[64] F. M. DOSTOJEWSKIJ: Die Brüder Karamasoff, 1. Teil, 6. Buch, 3 h: Kann man Richter sein über seinesgleichen? Über den Glauben bis ans Ende, 1. Bd., 399–402; 3 i: Von der Hölle und dem höllischen Feuer, 1. Bd., 402–405 wird die Fürbitte für die Verdammten empfohlen.

[65] Zu dem Dualismus der Theologie des Matthäusevangeliums vgl. CH. RAU: Das Matthäusevangelium. Entstehung. Gestalt. Essenischer Einfluß, 148–149, der im Hintergrund wohl nicht zu Unrecht an iranische Einflüsse denkt. Vgl. J. MAIER: Die Texte vom Toten Meer, I 124, 1 QM I 8–9, zu dem Kampf der Söhne des Lichtes gegen die Söhne der Finsternis.

[66] Vgl. E. DREWERMANN: Tiefenpsychologie und Exegese, II 580–591 (zur Apk. des Johannes).

[67] Vgl. O. PFISTER: Das Christentum und die Angst, 244–297, der zu Recht den Katholizismus als eine «angsterzeugende Hochmasse» beschreibt.

[68] So vor allem C. G. JUNG: Antwort auf Hiob, XI 385–506, S. 439–442; 446–449 zur

*Höllen*vorstellung; zum Begriff des *Menschensohnes* vgl. a. a. O. XI 460–466; zur Deutung der Joh. Apk. vgl. a. a. O., XI 466–477. Zur *Menschensohn-Theologie* in der Q-Quelle vgl. H. Schürmann: Gottes Reich – Jesu Geschick, 153–182.

[69] Obwohl der *Koran* an zahlreichen Stellen immer wieder mit der Höllenstrafe droht (vgl. M. Henning [Übers.]: Der Koran, S. 608–609, Register), kann doch Hazrat Mirza Tahir Ahmad: Der Heilige Qur-an, im Vorwort zur 1. Aufl. 1954 sagen: «Seine (sc. Allahs, d. V.) Gaben für die Ihm Ergebenen und Sein Strafgericht finden (sc. im Koran, d. V.) immer wieder neue und nachdrückliche Erwähnung. Unserer menschlichen Hilflosigkeit wird Seine gewaltige Natur gegenübergestellt, in deren vielfältigen Erscheinungen wir bis zur letzten Faser einbezogen sind. Also heischt er unsere Dankbarkeit und unser gläubiges Vertrauen. Aber von all Seinen Attributen ... ist ... Seine Barmherzigkeit als Seine wundersamste Äußerung bezeugt. In die Barmherzigkeit hat Gott seine übrigen Attribute eingeschlossen: Meine Barmherzigkeit umfaßt jedes Ding (7,157). Dieser Vers ist reinster Ausdruck der Lehren des Islams über Bestrafung und Belohnung. Das Dogma der ewigen Verdammung hat keine Platz im Qur-an.» Wie lange eigentlich hat es in den Augen christlicher Theologen noch Platz in der Bibel? «Die Predigt von der Nähe der Königsherrschaft Gottes will den Menschen warnen, sich selber zu verfehlen», meint H. Braun: Jesus, 61; so ist es.

6. Fragen der Übersetzung

(Seite 185 bis 217)

[1] Irenäus: Gegen die Häresien, III 1,1, in: Schriften, I 209.

[2] Eusebius: Kirchengeschichte, V 8, 1–5, in: Schriften, II 229.

[3] Vgl. B. Gerhardsson: Memory and Manuscript, 193–208, der sogar eine frühe Kirchenautorität bei der Auswahl und Kontrolle der «richtigen» Jesus-Überlieferung annimmt.

[4] Vgl. zur literarkritischen Methode der historisch-kritischen Exegese H. Zimmermann: Neutestamentliche Methodenlehre, 77–124.

[5] Vgl. J. Jeremias: Neutestamentliche Theologie, I 14–19: Die aramäische Grundlage der Jesuslogien der Synoptiker.

[6] Vgl. Y. Yadin: Bar Kochba, 124–139: Die Briefe sprechen, S. 124, der annimmt, das Hebräische sei «erst kurz zuvor durch einen Erlaß Bar Kochbas wiederbelegt worden».

[7] J. Jeremias: Neutestamentliche Theologie I 19 meint, «daß sich die These nicht halten läßt, das Hebräische sei zur Zeit Jesu in Palästina, vor allem in Judäa, Umgangssprache gewesen. Damit soll nicht geleugnet werden, daß Jesus des Hebräischen mächtig war, wie Lk 4,16–19 voraussetzt, wenn hier berichtet wird, daß er im Synagogengottesdienst die hebräische Lektion aus den Propheten (haphṭara) verlas.» Das Hebräische m. a. W. war eine lingua sacra, die dem «einfachen» Volk übersetzt werden mußte. Vgl. auch G. Dalman: Die Worte Jesu, 1–72. J. Jeremias: Die Muttersprache des Evangelisten Matthäus, in: Abba, 255–260, resümiert: «Wie bei einem Palästinenser zu erwarten, war seine Muttersprache aramäisch, seine Gebetssprachehebräisch.» Bes. G. Theissen: Wanderradikalismus, in: Studien zur Soziologie des Urchristentums, 79–105, weist darauf hin, daß die Traditionen der Q-Quelle aramäisch, nicht ursprünglich griechisch, gefaßt waren. Aramäisch war der «Dialekt der Landbevölkerung» (101).

[8] So vor allem neuerdings P. LAPIDE: Ist die Bibel richig übersetzt?, 78–80; aber auch H. BIRKLAND: The Language of Jesus, Oslo 1954.

[9] Vgl. J. JEREMIAS: Neutestamentliche Theologie, I 30–37, zu dem Rhythmus mancher aramäisch rückübersetzter Worte Jesu; vgl. bes. M. BUBER: Die Schrift und ihre Verdeutschung, in: Werke, II 1093–1186, S. 1096f.

[10] Vgl. E. DREWERMANN: Das Markusevangelium, I 119–123.

[11] Vgl. J. JEREMIAS: Jesu Verheißung für die Völker, Stuttgart 2. Aufl. 1959, 26, Anm. 98: vgl. DERS.: Neutestamentliche Theologie, I 161.

[12] Es beginnt schon damit, daß Mk 9,50: «wenn das Salz salzlos wird» für ursprünglich gelten muß gegenüber der Fehlübersetzung von Mt 5,13; Lk 14,34f.: «wenn das Salz töricht wird». Das zugrundeliegende *tpl* kann heißen «salzlos sein» oder «töricht reden»; um «töricht» wenigstens halbwegs sinnvoll wiederzugeben, setzen wir *«stumpf»*, das ebenfalls soviel bedeuten kann wie *«laff»* oder auch «dumpf», «unempfindlich». Vgl. J. JEREMIAS: Neutestamentliche Theologie, I 37–38. Die Übersetzung: «womit wird man es salzen» ist zwar «syntaktisch am einfachsten» (U. LUZ: Das Evangelium nach Matthäus, I/1, 219, Anm. 2), aber inhaltlich am sinnlosesten. Aramäisch *bema* sollte wiedergegeben werden als: «*womit* wollt ihr dann salzen» oder: «*was damit* wollt ihr dann salzen?» – Beispiele für mutmaßliche Übersetzungsfehler im Neuen Testament finden sich des weiteren bei P. LAPIDE: Ist die Bibel richtig übersetzt?, 90–130. CH. F. D. MOULE: Übersetzungsgriechisch und Originalgriechisch, in: J. Lange (Hrsg.): Das Matthäusevangelium, 312–315, zeigt allerdings, «daß der Redaktor eine gebildete Persönlichkeit war, die über ein einwandfreies Griechisch mit beträchtlichem Wortschatz verfügte. Er übernahm jedoch viele Semitismen und vielleicht einiges Latein aus seinen Quellen» (315). So ist etwa Mt 17,24–27, die Perikope von der Münze im Fischmaul, «das überzeugendste Beispiel für gutes Griechisch» (313). K. W. CLARK: Die heidenchristliche Tendenz, a. a. O., 103–111, S. 109 zeigt, daß der Verfasser des Mt-Ev. viele Semitismen nicht versteht.

[13] U. LUZ: Das Evangelium nach Matthäus, I/1, 401; 405 meint: «Jesus spricht hier als Weltrichter. Das verdoppelte *kyrie* (sc. Herr, d. V.) ist besonders ausdrucksstark und flehentlich. ‹Herr› ist bei Matthäus die Anrede der Jünger... Matthäus denkt also an die Gemeinde: Nicht alle ihre Glieder werden ins Himmelreich kommen. Die Anrede an den Weltrichter als ‹Herr› ist zwar theologisch richtig, aber an der richtigen Anrede entscheidet sich nichts.» Man sollte besser sagen: an dem formal orthodoxen Christusbekenntnis entscheidet sich nichts. In den anderen Satzteilen ist die Fehlübersetzung in den Kommentaren stereotyp. Zu dem Titel *«Herr»* vgl. F. HAHN: Christologische Hoheitstitel, 67–132, S. 97–98, wo bes. die Parallele zu Mt 25,1–12 hervorgehoben wird. Vgl. auch G. DALMAN: Die Worte Jesu, 266–272. Vgl. auch W. FOERSTER: *kyrios* (Herr), in: Theologisches Wörterbuch zum NT, III 1038–1098, S. 1081–1095: «Herr» im Spätjudentum, bes. S. 1087–1094. – Selbst wer die Stelle als «Akklamation» des «erhöhten Herrn» versteht, wird zugeben müssen, daß der Kontrast *hier* zwischen «Rechtgläubigkeit» und rechtem Sein beziehungsweise Tun gelegen ist. Die Nichtigkeit eines hohlen *Bekenntnisses* ist das Problem, und so muß übersetzt werden.

[14] Vgl. S. KIERKEGAARD: Der Augenblick, in: Werkausgabe, II 361–366, zu Mt 23,29–33: Wehe euch, ihr Schriftgelehrten.

[15] Zur Frage der «Werkgerechtigkeit» vgl. U. LUZ: Das Evangelium nach Matthäus, I/1, 405f., der meint: «Obwohl die Bergpredigt für Matthäus als ganze Imperativ und nicht Heilszuspruch ist, weiß er um die Gnade.» Das ist wahr, doch nicht die Wahrheit. Das Problem liegt in der Anthropologie: Wie erlösungsbedürftig ist der Mensch?

[16] So fälschlich J. GNILKA: Das Matthäusevan-

gelium, II 218 u. a. Richtig J. JEREMIAS: Gleichnisse, 126, Anm. 2; DERS.: Neutestamentliche Theologie, I 118: «Zöllner und Huren werden den Frommen in die Königsherrschaft Gottes ‹vorangehen› (Mt 21,31), wobei das *prosagoysin hymas = meqaddemin lekon* nicht ein zeitliches Vorangehen bezeichnet, sondern ein die anderen ausschließendes Zuvorkommen, so daß der Satz besagt: ‹Zöllner und Dirnen werden in die Königsherrschaft Gottes eingehen, ihr nicht.› Analog ... Lk 18,14.»

[17] Zum Vorkommen von «Amen» vgl. R. MORGENTHALER: Statistik des neutestamentlichen Wortschatzes, 71: Mt 31,; Mk 13; Lk 6; Joh 50mal.

[18] Vgl. J. JEREMIAS: Neutestamentliche Theologie, I 43–44: «Dem *amen lego hymin* (sc. amen, ich sage euch, d. V.) ... ist als einziges sachliches Analogon die von den Propheten benutzte Botenformel ‹So spricht der Herr› an die Seite zu stellen, mit der sie zum Ausdruck brachten, daß ihre Worte nicht eigene Weisheit, sondern göttliche Botschaft seien.»

[19] Vgl. J. JEREMIAS: Abba, in: Abba. Studien zur neutestamentlichen Theologie und Zeitgeschichte, 15–67.

[20] Vgl. F. STIER (Übers.): Das Neue Testament, S. 14.

[21] Vgl. E. DREWERMANN: Strukturen des Bösen, I 45–53.

[22] A. a. O., I 87–97.

[23] Vgl. A. GARDINER: Egyptian Grammar, S. 55–56; 326–328.

[24] Vgl. H. BRUNNER: Abriß der mitteläyptischen Grammatik, 28; fälschlich z. B. E. HORNUNG: Das Grab des Haremhab im Tal der Könige, S. 43 zu Abb. 15.

[25] Vgl. M. BUBER: Die Schrift und ihre Verdeutschung (1936), in: Schriften, II 1093–1186, S. 1124: «zedaqa ist die Bekundung der Übereinstimmung an der persönlichen Lebensführung, die ‹Bewährung›, zaddiq ist der in der Übereinstimmung Lebende, der ‹Bewährte›, hazdeq ist jemanden in der Wahrheit seiner Person oder seiner Sache erweisen, ihn ‹bewahrheiten›.» Vgl. a. a. O., II 1161–1162; 1173; 1178.

[26] F. STIER (Übers.): Das Neue Testament, S. 8. – Die Spannung geht unter, wenn U. LUZ: Das Evangelium nach Matthäus, I/1, 104 schreibt: «Die ‹Gerechtigkeit› des Josef besteht also darin, daß er die des Ehebruchs (sic!) verdächtige Maria nicht durch einen Ehebruchsprozeß der Schande preisgibt.»

[27] Vgl. M. BUBER: Abraham der Seher, in: Schriften, II 871–893, S. 882–885; DERS.: Die Schrift und ihre Verdeutschung, II 1142–1143; 1165–1166.

[28] Vgl. J. JEREMIAS: Das Vater-Unser im Lichte der neueren Forschung, in: Abba, 152–171, S. 157–160, zu der ursprünglichen Fassung des Vater-unsers; S. 161: deutsche Übersetzung. – Zu Ex 20, vgl. M. BUBER: Die Schrift und ihre Verdeutschung, in: Schriften, II 1163.

[29] Vgl. K. MARTI: O Gott! Essays und Meditationen, 138–146: Dein Reich komme.

[30] Vgl. J. JEREMIAS: Die Gleichnisse Jesu, 136–139, S. 137.

[31] Vgl. E. DREWERMANN: Strukturen des Bösen, I 48–50, zu den Begriffen «gut» und «böse» in Gen 2,9; 3,6.

[32] F. STIER (Übers.): Das Neue Testament, S. 22.

[33] J. GNILKA: Das Matthäusevangelium, I 179 übersetzt: «nicht sich wehren gegen den Übeltäter». Daran ist richtig, daß es nicht um die Auseinandersetzung in bezug auf *das* Böse geht, sondern in bezug auf *den* Bösen; – das Denken Jesu ist nie abstrakt, sondern konkret, nie prinzipiell, sondern situativ, nicht metaphysisch, sondern personal. «Sich nicht wehren» aber ist zu wenig; gemeint ist, sich nicht von dem Angreifer das Gesetz des Handelns vorschreiben zu lassen. *«Nicht reagieren»* ist insofern besser als das rein passive «sich nicht wehren». Dann aber geht es nicht mehr nur um eine einzelne Situation; es handelt sich um einen Verhaltensgrundsatz, der im anderen, auch wenn er Böses tut, den Menschen zu sehen gebietet. Im Deutschen ist es daher besser,

das Böse von dem Bösen zu unterscheiden – und zwar diesmal gegen den konkreten Wortlaut der Stelle. Sehr anzuerkennen ist, wie stark J. GNILKA: a. a. O., II 419 (zu Mt 26,52) das Grundsätzliche an diesem Jesuswort hervorhebt: keine Gewalt gegen Gewalt: «Den Krieg als Mittel zur Durchsetzung der Sache Gottes lehnt die christliche Gemeinde ab» (420). Richtig. Doch: wann eigentlich in der Geschichte?

[34] Vgl. M. BUBER: Zwei Glaubensweisen (1950), in: Werke, II 650–782, S. 655–657. Vgl. O. BÖCHER: Matthäus und die Magie, in: L. Schenke (Hrsg.): Studien zum Matthäusevangelium, 13–24, S. 24.

[35] Vgl. methodisch M. BUBER: Die Schrift und ihre Verdeutschung (1936) in: Werke, II 1093–1186, S. 1131–1149: Leitwortstil im Pentateuch; zu dem «matthäischen Vorzugsvokabular» vgl. U. LUZ: Das Evangelium nach Matthäus, I/1, 35–56, wo (S. 36) *anachorein* (entweichen) zwar als «Leitwort 2,12–22» aufgeführt wird, aber keine Konsequenz für die Theologie des Evangeliums daraus gezogen wird. Zur Übersetzung vgl. F. STIER (Übers.): Das Neue Testament, S. 10.

[36] Vgl. W. SCHENK: Die Sprache des Matthäus, 27–28, der richtig erkennt: «Mt will ... mit diesem literarischen Mittel (sc. des Ausweichens vor den Menschen, d. V.) den Kontrast zu dem späteren Weg nach Jerusalem noch stärker herausstellen und insgesamt die Konkretheit und Differenziertheit seines Vorsehungskonzeptes veranschaulichen.»

[37] Die «Abschlußformulierung», «die am Ende sämtlicher Reden mit geringen Variationen begegnen wird», stellt auch U. LUZ: Das Evangelium nach Matthäus, I/1, 415–416, heraus, betont auch die Übernahme dieser Formulierung vermutlich aus der Redequelle, doch trägt er Bedenken, darin einen bewußten Anklang an das Deuteronomium zu erkennen.

[38] Zur Theologie des deuteronomistischen Geschichtswerkes vgl. M. NOTH: Überlieferungsgeschichtliche Studien, 100–110. G. VON RAD: Die deuteronomistische Geschichtstheologie in den Königsbüchern, in: Ges. Studien, 189–204.

[39] Zur Stelle vgl. A. WEISER: Der Prophet Jeremia, ATD 21, 285–289.

[40] Vgl. W. PESCH: Matthäus der Seelsorger, 67–76, der im Anschluß an A. VÖGTLE: Literarische Gattungen und Formen. Die Evangelien, in: Anzeiger für die katholische Geistlichkeit 72, 1964, S. 185 f., an Stileigentümlichkeiten in Mt 18 herausstellt: liturgische Einflüsse; missionarische Rücksichten; katechetische Verallgemeinerungen; aktualisierende Vergegenwärtigungen; homiletische Erweiterungen sowie apologetische Rücksichten, christologische Formulierungen und kerygmatische Verdeutlichungen.

[41] KH. GIBRAN: Jesus Menschensohn, 163–170.

III. Einzelauslegung
(Seite 233 bis 667)

Mt 1,1–17
Der Stammbaum Jesu
(Seite 233 bis 279)

[1] Es ist nicht ganz verkehrt, dabei zu denken an F. NIETZSCHE: Also sprach Zarathustra, 1. Teil, Vorrede 4, S. 13: «Was groß ist am Menschen, das ist, daß er eine Brücke und kein Zweck ist: was geliebt werden kann am Menschen, das ist, daß er ein *Übergang* und ein *Untergang* ist.»

[2] Vgl. E. DREWERMANN: Reden gegen den Krieg, 31–34; 44–58.

[3] Zu der alten Frage der *«Theodizee»* vgl. G. W. LEIBNIZ: Die Theodizee, Einleitende Abhandlung, Nr. 31–36, S. 56–59.

[4] R. SCHNEIDER: Der Winter in Wien, 98–102: zu der *Psychologie* des «Unglaubens» vor dem Hintergrund des Leidens an der Welt.

[5] Vgl. bes. F. M. DOSTOJEWSKI: Tagebuch eines Schriftstellers, 255–259: Ein Todesurteil; vgl. dazu auch E. DREWERMANN: Ich steige hinab in die Barke der Sonne, 46–73, bes. S. 59–63.

[6] In dieser Hinsicht wird man G. W. LEIBNIZ: Die Theodizee, 3. Teil, Nr. 247–248, S. 290–291, mit der Idee der «Harmonie» des Ganzen zustimmen müssen.

[7] Vgl. E. DREWERMANN: Strukturen des Bösen, I 191–229, S. 224f.

[8] Vgl. a. a. O., I 222–227.

[9] Zum «Stammbaum» Jesu vgl. A. VÖGTLE: Die Genealogie Mt 1,2–16 und die matthäische Kindheitsgeschichte, in: DERS.: Das Evangelium und die Evangelien, 1971 (KBANT), 57–102; H. FRANKEMÖLLE: Jahwebund und Kirche Christi, 1974 (NTA. NS 10), S. 311–318; F. SCHNIDER – W. STENGER: Die Frauen im Stammbaum Jesu nach Matthäus, BZ NF 23 (1979), 187–196; H. STEGEMANN: «Die des Uria», in: J. Jeremias (Hrsg.): Tradition und Glaube (Festschrift für K. G. Kuhn), Göttingen 1971, 246–276; Y. ZAKOWITCH: Rahab als Mutter des Boas in der Jesus-Genealogie (Mt 1,5), NT 17 (1975), 1–5; J. JEREMIAS: Jerusalem zur Zeit Jesu, Göttingen, 3. Aufl., 1969, 308–331. – Vermutlich stammt der «Stammbaum» aus einem griechischsprachigen Judenchristentum und sollte die Königswürde Jesu über die Herleitung von David begründen. Der Akzent liegt auf 1,16: «Jesus, der Christus genannt wird.» Die Könige zwischen Ahasja und Usija (Joasch und Amazja) fehlen im Stammbaum und dürften wohl «wegen des Gleichlautes zweier Namen» durch das Versehen eines Abschreibers ausgefallen sein. «Matthäus hat dann festgestellt, daß der ihm vorliegende Stammbaum faktisch dreimal vierzehn Glieder enthält und dies in V. 17 festgehalten. Auf den Evangelisten Matthäus dürfte der abschließende V. 17 und damit das Schema der 3 × 14 Generationen zurückgehen.» U. LUZ: Das Evangelium nach Matthäus, I/1, 91. Eventuell geht auch die Nennung der vier Ahnfrauen, die wir im folgenden besonders herausstellen, auf Mt zurück (a. a. O., 92). E. KRENTZ: Der Umfang des Matthäus-Prologs, in: J. Lange (Hrsg.): Das Matthäusevangelium, 316–325, meint, daß Mt 1,1 von Gen 5,1 zu verstehen sei: «Gen 5,1–6,8 umfaßt die Zeit der Patriarchen von Adam bis Noah ... Die Parallele zu Mt 1–4,16 ist deutlich» (321).

[10] A. STIFTER: Bunte Steine (1835), in: Sämtliche Werke, II 7–278, 7–8.

[11] Vgl. H. JÜRGENS – H. O. PEITGEN – D. SAUPE: Fraktale – eine neue Sprache für komplexe Strukturen, in: Chaos und Fraktale, 106–119; L. M. SANDER: Fraktales Wachstum, in: a. a. O., 120–126.

[12] M. BUBER: Der Glaube der Propheten, in: Werke, II 231–484, S. 316–317.

[13] A. STIFTER: Bunte Steine, II 7.

[14] Zu der psychischen Seite der Genealogie vgl. aus anthroposophischer Sicht R. STEINER: Das Matthäusevangelium, 108–125, der (S. 120) die Drei-Generationen-Folge bei Mt als Abfolge der Entwicklung des physischen Leibes, des Ätherleibes und des astralischen Leibes deutet. Vgl. zum Verständnis solcher Gedankengänge G. WEHR: C. G. Jung und Rudolf Steiner, 165–192: Initiationsweg und Individuationsprozeß.

a) *Juda und Thamar*

(Seite 237 bis 247)

[1] Zur Interpretation von *Sagen* in der Bibel vgl. E. DREWERMANN: Tiefenpsychologie und Exegese, I 393–443; bes. II 635–658: Einige Frauengestalten des Alten und des Neuen Testamentes.

[2] A. a. O., I 226–228.

[3] Zur Stelle vgl. M. NOTH: Das zweite Buch Mose, ATD 5,42–43; Ex 6,13–30 ist ein sekundärer Einschub der Levitengenealogie.

[4] Zur Stelle vgl. M. NOTH: Überlieferungsgeschichtliche Studien, 201–203; es handelt sich um eine nachexilische Erweiterung zur Priesterschrift.

[5] Vgl. G. VON RAD: Theologie des Alten Testamentes, I 245–293, S. 246: «P (sc. die Priesterschaft, d. V.) zeichnet einen Geschichtsablauf, in dem von Epoche zu Epoche neue Setzungen, Stiftungen und Ordnungen offenbar werden.»

[6] TH. MANN: Joseph und seine Brüder, I 367.

[7] A. a. O., I 368.

[8] A. a. O., I 367–368.

[9] A. a. O., I 368.

[10] Zur Stelle vgl. G. VON RAD: Das erste Buch Mose, ATD 2–4, 290–295, der sehr zu Recht sich dagegen verwahrt, in der Thamar-Erzählung, die erst sekundär mit der Josephgeschichte verbunden wurde, nichts weiter sehen zu wollen als eine Ätiologie der Rivalität der beiden judäischen Geschlecher Perez und Serech. Er meint: «Es wäre Barbarei, dies, was gerade die Hauptsache ist..., vom Ethnologischen her aufschlüsseln zu wollen, denn damit würde etwas von ihrem Wesentlichsten verkannt: nämlich ihre wundervolle Aufgeschlossenheit dem Menschlichen gegenüber: Leidenschaften, Schuld, väterliche Sorge, Liebe, Ehre, Ritterlichkeit – und das alles in labyrinthischer Verschlingung den engen Kreis einer Familie aufwühlend... Die Erzählung ist so aufgebaut, daß kein Zweifel sein kann: Thamar ist trotz ihrer an die Grenze des Verbrechens führenden Handlungsweise am Ende die Gerechtfertigte... Wie stark hier der Mensch und das Menschliche dominieren, wird daran deutlich, daß die eigentliche Erzählung in V. 12–30 (sc. von Ex 38,1–30, d. V.) von einem Handeln oder Reden Jahwes überhaupt nicht spricht... Trotzdem hat dieser ihr Weg (sc. Thamars, d. V.) durch tiefste Schande und Schuld etwas Großartiges. Der Erzähler folgt ihr darin und läßt an ihr das tödliche Gesetz zerbrechen (3 Mose 18,15).» – Umgekehrt hat die Synagoge «die verborgene Gotteshand...in Thamars Leben nicht verkannt, aber die Wahrheit alsbald in ihr Gegenteil verzerrt, indem sie Judas und Thamars Sünde ausdrücklich auf Gottes Initiative zurückführt». H. L. STRACK – P. BILLERBECK: Kommentar zum NT, I 15.

[11] TH. MANN: Joseph und seine Brüder, III 1159.

[12] A. a. O., III 1159.

[13] Zu der archaischen *Gleichung von Krankheit und Tod mit Schuld und Strafe* vgl. R. BILZ: Paläoanthropologie, 430–438, S. 432–434.

[14] Zur Stelle vgl. G. VON RAD: Das erste Buch Mose, ATD 2–4, 290–295; zur Institution der *Schwagerehe* vgl. R. DE VAUX: Das Alte Testament und seine Lebensordnungen, I 72–74.

[15] Ein echtes *jus talionis* also, wie TH. MANN: Joseph und seine Brüder, III 1171, andeutet.
[16] A. a. O., III 1172; vgl. A. SCHOTT (Übers.): Das Gilgamesch-Epos, Tafel VI, S. 56.
[17] TH. MANN: a. a. O., III 1172.
[18] Zur Gestalt der *Judith* vgl. E. DREWERMANN: Tiefenpsychologie und Exegese, II 654.
[19] A. a. O.
[20] Vgl. E. DREWERMANN: Voller Erbarmen rettet er uns, 48–54.
[21] Vgl. E. DREWERMANN: Tiefenpsychologie und Exegese, II 654–658; DERS.: Das Markusevangelium, I 405–424.
[22] TH. MANN: Joseph und seine Brüder, III 1173 ff.
[23] Vgl. die Gestalt von *Luke O'Neill* bei C. MCCULLOUGH: Dornenvögel, 4. Teil, Kap. 10, S. 290–303.
[24] So mit Augenzwinkern angedeutet bei TH. MANN: Joseph und seine Brüder, III 1176.
[25] Vgl. J. SPRENGER – H. INSTITORIS: Der Hexenhammer, 1. Teil, S. 178–188: Die Erschrecklichkeit der Hexenwerke; M. HAMMES: Hexenwahn und Hexenprozesse, 50–69.
[26] Zur dem Motiv der *vertauschten Braut* vgl. E. DREWERMANN: Tiefenpsychologie und Exegese, I 175.
[27] Vgl. E. DREWERMANN – I. NEUHAUS: Marienkind, 48–54.
[28] Zur Stelle vgl. G. VON RAD: Das erste Buch Mose, ATD 2–4, 295.
[29] Vgl. F. SCHILLER: Über Anmut und Würde (1793), in: Werke, II 502–547.
[30] Zur Hypothese der Ätiologie der Stammesrivalität in der Thamar-Geschichte vgl. G. VON RAD: Das erste Buch Mose, ATD 2–4, 295–296.

b) Die Dirne Rachab
(Seite 247 bis 255)

[1] Vgl. M. NOTH: Geschichte Israels, 67–82, S. 72.
[2] Zu *Josua* vgl. M. NOTH: a. a. O., 89–92.
[3] A. a. O., 72.
[4] Vgl. M. NOTH: Das Buch Josua, 2. Aufl., 1953, 20 ff.; vgl. DERS.: Überlieferungsgeschichtliche Studien, 184–189.
[5] Es ist unschwer zu erkennen, daß die Erzählung aus zwei Quellen zusammengesetzt ist; vgl. O. EISSFELDT: Hexateuchsynopse, 203–205. Ob es aber neben der jahwistischen Überlieferung bereits eine zweite literarisch geformte Quelle gab, muß offenbleiben; vgl. H. W. HERTZBERG: Die Bücher Josua, Richter, Ruth, ATD 9, 17–22. Zur Landnahme vgl. auch G. VON RAD: Theologie des Alten Testaments, I 309–317, S. 313–315.
[6] Vgl. G. VON RAD: a. a. O., II 151–153.
[7] Vgl. E. DREWERMANN: Tiefenpsychologie und Exegese, I 389–413.
[8] Vgl. a. a. O., I 271–298.
[9] Vgl. a. a. O., I 251–262.
[10] Vgl. a. a. O., I 218–230.
[11] Vgl. a. a. O., I 413–428.
[12] Vlg. W. GESENIUS – F. BUHL: Hebräisches und Aramäisches Handwörterbuch über das Alte Testament, 753.
[13] B. BRECHT: Mutter Courage und ihre Kinder, 9.
[14] B. BRECHT: Gedichte und Lieder, 86.
[15] Man vergleiche die Situation der meisten Deutschen im Jahre 1945!
[16] Zum *«Heiligen Krieg»* und der *Bannbestimmung* vgl. M. BUBER: Königtum Gottes, in: Werke, II 485–723, S. 692–703 (auch zur Gestalt des Josua); R. DE VAUX: Das Alte Testament und seine Lebensordnungen, II 69–81. *Religionsgeschichtlich* vgl. H. VON GLASENAPP: Glaube und Ritus der Hochreligionen, 149–155: Die Stellung der Religionen zu Krieg und Frieden.
[17] A. SMITH: Der Wohlstand der Nationen, 2. Kap., S. 16–19: Das Prinzip, das der Arbeitsteilung zugrunde liegt.
[18] Vgl. V. SOMMER: Die Affen. Unsere wilde Verwandtschaft, 246–289: Totschlag, Mord und Krieg; V. B. DRÖSCHER: Sie töten und sie lieben sich, 185–195: Ohne Machtgefühl kein Sex; D. MORRIS: Die Horde Mensch, 130–155: Aggression und Krieg.
[19] Vgl. F. M. DOSTOJEWSKIJ: Die Brüder Ka-

ramasoff, I. Teil, 5. Buch, Kap. 3; 1. Bd., S. 283–293, bes. S. 291: zu dem Gedanken von Gottes Unentbehrlichkeit.

[20] Vgl. O. EISSFELDT: Hexateuchsynopse, 203–205: die Zeichenforderung der roten Schnur ist eine deutliche Doublette der Eidesforderung; vgl. H. W. HERTZBERG: Die Bücher Josua, Richter, Ruth, ATD 9, 17–22.

[21] Vgl. aber Hebr 11,31, wo Rachab gar als Zeugin des Glaubens aufgeführt wird.

[22] Vgl. H. W. HERTZBERG: Die Bücher Josua, Richter, Ruth, ATD 9, 283: «Der Abschluß des Buches (sc. Ruth, d. V.), die Stammtafel von Perez, also Juda, bis David, steht im Zusammenhang mit der Genealogie in 1 Chr 2,5–15 und stellt einen ‹nachexilischen› Zusatz dar, um ... die ... Hineinstellung der Hauptgestalten in die Königslinie noch nachdrücklicher in Erscheinung treten zu lassen.»

[23] Vgl. TH. MANN: Joseph und seine Brüder, III 1177–1178.

[24] Vgl. zur Stelle G. VON RAD: Das fünfte Buch Mose, ATD 8, 47–49: «Das späte Dt ist ... aus theologischen Erwägungen viel radikaler eingestellt, als es Israel in frühen Zeiten war.»

[25] Vgl. E. DREWERMANN – I. NEUHAUS: Der goldene Vogel, 45–49.

[26] A. a. O., 36–39.

[27] Vgl. zur Symbolik der *Stadt* W. MÜLLER: Die heilige Stadt, Stuttgart 1961.

c) *Das Leben der Ruth*

(Seite 256 bis 269)

[1] Vgl. H. W. HERTZBERG: Die Bücher Josua, Richter, Ruth, ATD 9, 257–283.

[2] Vgl. H. VON GLASENAPP: Glaube und Ritus der Hochreligionen, 58–60.

[3] Zur Eigenart und Interpreatition von *Sagen* vgl. E. DREWERMANN: Tiefenpsychologie und Exegese, I 393–443.

[4] M. NOTH: Geschichte Israels, 142–151: Die Auseinandersetzungen mit den Nachbarn.

[5] Vgl. M. BUBER: Königtum Gottes, in: Werke, II 485–723, S. 589–607: Der westsemitische Stammesgott: «Malk (sc. König, d. V.) ist wie Baal (sc. Herr) ein Beziehungsbegriff, wogegen die allgemeinste semitische Bezeichnung eines Namens, El, ein Erscheinungsbegriff ist. Alle drei sind Begriffe, nicht Eigennamen, alle drei haben die Strebung, sich, etwa durch immer engere Verknüpfung mit einem determinativen Wort: Attribut oder Objektgenitiv, zur benannten Individualität zu besondern. Aber El ist die bloße erscheinende Mächtigkeit ..., Baal und Malk sind persönliche Mächtigkeit im Verhältnis zu etwas» (589–590). Vgl. auch W. EICHRODT: Theologie des Alten Testaments, I 110–116.

[6] Es ist die Frage, wann das Buch *Ruth* entstanden ist. E. SELLIN – L. ROST: Einleitung in das Alte Testament, 153, meinen, die «archaisierende Sprache dieser idyllischen Erzählung mit ihren gelegentlichen Aramaismen ... rät zu einem nachexilischen Ansatz. Wahrscheinlich ist die Erzählung älter als die Chronik, ja älter als Nehemia und Esra, gegen deren Rigorismus vielleicht der später angefügte Stammbaum gerichtet ist.» Vor allem aus inhaltlichen Gründen dürfte dieser Zeitansatz zutreffen. Vgl. dagegen aber H. W. HERTZBERG: Die Bücher Josua, Richter, Ruth, ATD 9, 258, der zwar die Ähnlichkeit zu der Geisteshaltung etwa des *Jona*-Büchleins zugibt, aber ein relativ hohes Alter (zur Königszeit) annimmt. Gleichwohl vermutet auch er, daß «in späterer Zeit diese Geschichte von Kreisen, die gegen Esras rigorose Maßnahmen standen, in ihrem Sinne benutzt worden ist». C. WESTERMANN: Abriß der Bibelkunde, 158–159, nennt zu Recht das Buch *Ruth* «eine Führungsgeschichte (ähnlich Gen 24)».

[7] Zur Stelle vgl. G. VON RAD: Das fünfte Buch Mose, ATD 8, 47–49.

[8] Vgl. Anm. 6.

[9] Zur Theologie des deuteronomistischen Geschichtswerkes vgl. M. NOTH: Überlieferungsgeschichtliche Studien, 100–110; G. VON RAD: Theologie des Alten Testaments, I 232–244; DERS.: Die deuteronomistische

Geschichtstheologie in den Königsbüchern, in: Ges. Studien, 189–204.

[10] Die Aufnahme in den Kanon verdankt das Buch *Ruth* «wahrscheinlich dem am Schluß angefügten Stammbaum Davids, der zugleich ihre Verwendung als Festrolle für das Wochenfest legitimierte». E. SEELIN – L. ROST: Einleitung in das Alte Testament, 153. Kultisch wurde die Novelle «innerhalb des gottesdienstlichen Jahres» als «Festrolle für das Wochenfest am Abschluß der Weizenernte (Lev 23,15 ff.; Nu 28,26 ff.; Dt 19,9 ff.)» verwendet (a. a. O., 153).

[11] H. CH. LEA: Geschichte der Inquisition im Mittelalter, III 123–136.

[12] A. a. O., III 133.

[13] A. a. O., III 127.

[14] Zur Bedeutung von Dt 22,5 für die Hexenprozesse vgl. J. SPRENGER – H. INSTITORIS: Der Hexenhammer, II 193; W. G. SOLDAN – H. HEPPE: Geschichte der Hexenprozesse, I 215, zum Prozeß der *Jeanne d'Arc*.

[15] H. CH. LEA: Geschichte der Inquisition im Mittelalter, III 134.

[16] A. a. O., III 134–135.

[17] Vgl. E. DREWERMANN: Ich steige hinab in die Barke der Sonne, 158–177.

[18] G. GREENE: Eine Art Leben, 110.

[19] Zitiert nach G. FITTKAU: Graham Greene, der Zweifler. Ein Selbstporträt in einer englischen Zeitung, in: Beilage «Theologisches» der «Offertenzeitung», 1990, S. 691–692.

[20] A. a. O.

[21] (Verfasser ungenannt): Ägyptische Weisheiten, 19.

[22] Zur Institution des *«Erlösers» (Goel)* vgl. R. DE VAUX: Das Alte Testament und seine Lebensordnungen, I 48–50.

[23] Der *«Leitwortstil»* dieser Anrede ist zum Verständnis des Buches *Ruth* sehr wichtig, wird aber z. B. von H. W. HERTZBERG: Die Bücher Josua, Richter, Ruth, ATD 9, 267–268, nicht beachtet; statt dessen Betrachtungen über die möglichen Zudringlichkeiten der Feldarbeiter gegenüber einer schönen Fremden.

[24] Zu den *Flügeln Jahwes* vgl. O. KEEL: Die Welt der altorientalischen Bildsymbolik und das Alte Testament, 170–172, der zu Recht die ägyptische Herkunft dieses Symbols betont.

[25] Ganz so pflegten die Erntearbeiter noch in den 40er Jahren auch in Deutschland ihren Durst während der Feldarbeit zu löschen.

[26] Vgl. R. DE VAUX: Das Alte Testament und seine Lebensordnungen, I 49: «Noemi hat ein Grundstück, das sie ihrer Armut wegen verkaufen muß, ihre Schwiegertochter Ruth ist Witwe und kinderlos. Booz ist ein *go'el* von Noemi und Ruth, Rt 2,20, er hat aber einen Verwandten, der dieses Recht noch vor ihm ausüben kann, Rt 3,12; 4,4. Dieser erste *go'el* wäre in der Lage, den Besitz zu kaufen, aber er will die doppelte Verpflichtung nicht auf sich nehmen, die ihm erwächst: den Grund und Boden zu kaufen und Ruth zu heiraten, denn das Kind, das dieser Verbindung entspringen würde, trüge den Namen des Verstorbenen und wäre Erbe des Besitzers, Rt 4,4 ff. So erwirbt schließlich Booz den Familienbesitz und heiratet Ruth, Rt 4,9 f. – Dieser Bericht zeigt, daß man das Recht des *go'el* mit Rücksicht auf die Verwandtschaftsgrade ausübte. In Lv 25,49 wird die Reihenfolge näher bestimmt: zuerst der Onkel väterlicherseits, dann dessen Sohn, dann die anderen Verwandten.» Insgesamt also handelt es sich im Buch *Ruth* um einen *Levirats*fall, verbunden mit dem Kauf eines Akkerlandes.

[27] Das gilt natürlich nur unter der Hypothese der nachexilischen Entstehung des Buches Ruth; gewiß aber konnte und mußte es gegenüber den drakonischen Reformen des Esra in dieser Weise verstanden werden. Zu den Heiraten mit Fremdstämmigen vgl. R. DE VAUX: Das Alte Testament und seine Lebensordnungen, I 63.

[28] Vgl. E. DREWERMANN: Tiefenpsychologie und Exegese, II 379–392: Die Berufung des Mose, S. 383–385. R. DE VAUX: Das Alte Testament und seine Lebensordnungen, I 49, sieht in dem Ablegen der Schuhe in Ruth 4,7 f. einen symbolischen Ausdruck für «das Ablegen eines Rechtes ..., wie es bei einer ähn-

lichen Geste im Leviratsrecht der Fall ist, Dt 25,9»; doch muß auch er zugeben: «an letztgenannter Stelle verbindet sich allerdings mit dem Vorgang etwas Schimpfliches». Das eigentliche Thema ist offenbar das der *Nacktheit*. – Richtig erfaßt hat die Szene G. DE MAUPASSANT: Unsere Engländer, in: Yvette und andere Novellen, 307–315, S. 314–315, der die Moabiterin Ruth zu Recht mit Gen 19,30–38 in Verbindung setzt, wo der Stamm Moab aus dem Tochterinzest Lots gezeugt wird. «Nun aber war Ruth, die Ährenleserin, die den schlafenden Boas weckte, um ihn zum Vater zu machen, eine Moabiterin. Hat *Victor Hugo* nicht geschrieben:

Ruth aus Moabiterstamme
Legte zu Boas' Füßen sich mit nackten Brüsten,
Hoffend, daß nie gekannte Strahlen leuchten müßten,
Wenn im Erwachen jäh ein Gleißen sich entflamme.

Die nie gekannten Strahlen gaben Obed das Leben, und der wurde der Ahnherr Davids. War nun aber unser Herr Jesus nicht ein Nachkomme Davids?» Vgl. DERS.: Mondschein, in: a. a. O., 160–165, S. 165, wo das Liebesverlangen zur Sprache Gottes wird, wie zwischen Ruth und Boas.

29 Insofern ist die Theorie von W. E. STAPLES: The Book of Ruth AJSL (1937) 145 ff. nicht gänzlich falsch, der an Elemente des kanaanäischen Fruchtbarkeitskultes dachte: die Frau, die geschmückt zur Paarung auf die Tenne geht! Psychologisch ist jedoch die Erfahrung der Liebe der Grund für die Vergöttlichung der Fruchtbarkeit, nicht umgekehrt.

30 Vgl. Esr 9–10; Neh 10,31; 13,23–27!

31 Zur Stelle vgl. E. DREWERMANN: Strukturen des Bösen, I 210 f.

32 Zur Psychologie dieser Liebe unter dem «Erlösungsmotiv» vgl. E. DREWERMANN: Kleriker. Psychogramm eines Ideals, 603–629: Beziehungen im Verbotenen.

33 Vgl. z. B. das *Aschenputtel*-Motiv.

34 Immer ist es die Frage, ob man die religiösen Hoffnungen äußerlich oder innerlich versteht. Zu der ständig drohenden Gefahr der politischen Ideologisierung des Religiösen vgl. E. DREWERMANN: Tiefenpsychologie und Exegese, II 625–635.

35 Nur in der «Heimaterde» wohnt nach altem Glauben die Gottheit.

36 Vgl. z. B. E. DREWERMANN – I. NEUHAUS: Die Kristallkugel, 53.

37 Vgl. E. E. VARDIMAN: Die Frau in der Antike, 284–285, der sich dem Urteil von R. A. SCHROEDER anschließt: «Kein Dichter der Welt hat eine schönere Novelle geschrieben.»

d) David und Bathscheba

(Seite 269 bis 279)

1 Zur *Thronnachfolgegeschichte Davids* in 2 Sam 6–1 Kön 2 vgl. C. WESTERMANN: Abriß der Bibelkunde, 83–85; L. ROST: Die Überlieferung von der Thronnachfolge Davids (1926), 47 ff.; G. VON RAD: Theologie des Alten Testaments, I 322–331; DERS.: Der Anfang der Geschichtsschreibung im alten Israel, in: Ges. Studien, 148–188.

2 Vgl. C. WESTERMANN: Abriß der Bibelkunde, 85: «Für den Leser bleibt am Ende dieses Dramas der Kontrast zwischen der hohen Verheißung, die diesem König gegeben wurde..., und der Wirklichkeit von Schuld und Leid im Leben dieses so hoch erhobenen Königs das eigentliche Wort, das von der Bühne dieses Dramas wegweist auf den Herrn der Geschichte in seiner verborgenen Majestät.»

3 Vgl. G. VON RAD: Theologie des Alten Testaments, I 326: «Liebe und Haß, Intrigen, Ehrgeiz, Demütigungen, Verschlagenheit und Erweise echter Treue läßt er (sc. der Erzähler) an dem nachdenklichen Leser vorüberziehen, ohne das Dunkle zu tadeln oder Lichtes zu loben.» R. SMEND: Biblische Zeugnisse, 143, urteilt: «Dem David fehlt gänzlich der Heiligenschein, den spätere Generationen ihm aufgesetzt haben; er ist ein Ehebrecher und am Ende ein schwacher Mann. Die Gesamtten-

denz geht er gegen Salomo (dessen Person ganz blaß erscheint) als zu seinen Gunsten; es ist kein Ruhm, auf solche Weise auf den Thron gekommen zu sein.»

[4] Vgl. C. Westermann: Abriß, 84: «... was ist das für ein Sieg! Salomo hat das Königtum fest in seiner Hand; die Frage vom Anfang: ‹Wer wird sitzen auf dem Stuhle Davids?› ist beantwortet. Was aber die Geschichte von der Thronnachfolge Davids eigentlich zu sagen hat, geht in dieser Antwort nicht auf. Es wird gar nicht in Worte gefaßt; es spricht aus dem erschütternden Gefälle des Geschehens selber, das mit seltener Kunst das Stärkste mit dem sagt, worüber es schweigt.»

[5] So fragt zu Recht St. Heym: Der König David Bericht, 143: «war sie (sc. Bethscheba, d. V.) nichts weiter gewesen als das hilflose Weib eines Soldaten, das man gezwungen hatte, das Feuer in den königlichen Eingeweiden zu löschen, oder war sie Ursprung und Triebkraft all der Verbrechen, die auf die erste Sünde folgten, und hatte den König mittels ihres Leibs und der Frucht ihres Leibes dahin gebracht, daß nun ihr Sohn auf dem Thron saß ... ihr Salomo, der Spätling, Sohn einer minderen Frau.»

[6] Vgl. z. B. Jes 6,2.

[7] «König-Davids-Gespräche» sind eine Abart der «Doppelbödigkeit», indem man gegenüber der Macht, die sich als Recht setzt, obwohl sie im Unrecht ist, nicht sagen kann, daß sie im Unrecht ist, ohne sich selber vor ihr ins Unrecht zu setzen.

[8] St. Heym: Der König David Bericht, 141, denkt daran, daß Bathscheba selber, indem sie sich Uria gegenüber als das hilflose Opfer königlicher Begierde hinstellte, ihren Gemahl überredet haben könnte, nicht bei ihr zu übernachten, damit später die Vaterschaft Davids unzweifelhaft sei und er selber aufsteigen werde «im Dienst des Königs und an seiner Tafel sitzen unter den Großen im Königreich; und der kleine Prinz, der in mir ist, soll König sein über Israel».

[9] Vgl. R. de Vaux: Das Alte Testament und seine Lebensordnungen, II 70, zur sexuellen Enthaltsamkeit im heiligen Krieg (1 Sam 21,6; 2 Sam 11,11).

[10] Vgl. St. Heym: Der König David Bericht, 137–138.

[11] Vgl. a. a. O., 139: «Aber der König beugte (sc. vor Nathan, d. V.) das Haupt und sprach: Nathan, ich habe gesündigt wider den Herrn. Aber es ist zumeist Bath-shebas Schuld, ich weiß nicht, wie, und ich weiß nicht, warum, ich bin wie Ton in den Händen dieses Weibes.»

[12] 2 Sam 12,1–15.

[13] Das einzige große Beispiel der Bekehrung eines Mächtigen zu Friedfertigkeit und Güte ist die Konversion des indischen Kaisers *Ashoka* zum Buddhismus; vgl. E. Drewermann: Die Spirale der Angst, 35–36, Anm. 32.

[14] St. Zweig: Das Lamm des Armen, in: Die Dramen, 711–759, S. 55.

[15] A. a. O.

[16] A. a. O, 757.

[17] A. a. O.

[18] A. a. O., 759.

[19] Vgl. St. Heym: Der König David Bericht, 128–129 über die «Großzügigkeit» Davids bei der offiziellen Bestattung der Sauliden (2 Sam 21,1–14).

[20] 2 Sam 12,14–25.

[21] Vgl. E. Drewermann: Aus Schuld geschieden – verdammt zum Unglück?, in: Psychoanalyse und Moraltheologie, II 112–137, S. 117–119: Darf man an König David sich ein Beispiel nehmen?

[22] A. a. O., II 118.

[23] St. Andres: Wir sind Utopia, 43–44. – Zu dem *Geschichtswert* der beiden Stammbäume Jesu bei Mt und Lk vgl. J. Jeremias: Jerusalem zur Zeit Jesu, 308–337, S. 324–331.

Mt 1,18–23
Die Engelbotschaft
(Seite 280 bis 285)

[1] Vgl. E. DREWERMANN: Dein Name ist wie der Geschmack des Lebens, 13–16; 25–31; 32–37.

[2] H. SCHÜRMANN: Das Lukasevangelium, I 112; zur tiefenpsychologischen Interpretation der Symbole der Kindheitsgeschichte des Matthäus in ihrem Gesamtaufbau vgl. E. DREWERMANN: Tiefenpsychologie und Exegese, I 502–528; die folgenden Abschnitte gehen auf diese Auslegung zurück.

[3] Die Formulierung erinnert an Ps 129,8; *Jehoschua* heißt wörtlich: Jahwe ist Hilfe (nämlich in dem Messias!); vgl. H. L. STRACK – P. BILLERBECK: Kommenar zum NT, I 64. Entscheidend für Mt ist die Verbindung mit dem Titel *Immanuel* (vgl. Mt 17,17; 18,20; 26,29; 28,20), «die ein Grundthema markiert: Die Gegenwart des erhöhten Herrn bei seiner Gemeinde erweist ihn als Immanuel, Gott mit uns». U. LUZ: Das Evangelium nach Mt I/1, 105. Zum Immanuel-Titel vgl. H. FRANKEMÖLLE: Jahwe-Bund und Kirche, 12–19. – Zur Art der *Schriftzitation* vgl. H. BRAUN: Qumran und das Neue Testament, II 301–325: Schriftgebrauch und Schriftauslegung; E. SCHWEIZER: Das Evangelium nach Matthäus, 10–12: Reflexionszitat.

[4] Zur Engelerscheinung im Traum vgl. STRACK – BILLERBECK: a. a. O., I 53–63. Die «Topoi der ‹Geburtsanzeige› sind: Engelerscheinung, Botschaft, Namengebung.» Vgl. U. LUZ: Das Evangelium nach Matthäus, I/1, 100, Anm. 12, der an Gen 16,7–12; 17,19; Ri 13,3–5; Jes 7,14 erinnert.

[5] Zur *Bedeutung* der Engelerscheinung vgl. E. DREWERMANN: Dein Name ist wie der Geschmack des Lebens, 37–44; DERS.: Tiefenpsychologie und Exegese, I 509–512; DERS.: Der offene Himmel, 79–90.

[6] Vgl. Lk 1,26; E. DREWERMANN: Dein Name ist wie der Geschmack des Lebens, 37–38.

[7] Vgl. U. LUZ: Das Evangelium nach Matthäus, I/1, 104: «Wie schon V. 18 a andeutete, geht es Matthäus darum, die Einpflanzung des Jungfrauensohns in den Stamm Davids zu erläutern ... Der aus V. 18 schon bekannte Hinweis auf den Heiligen Geist wird wiederholt. Es ist dabei an das kreative Eingreifen Gottes durch den Geist und nicht an den (neutrischen!, hebräisch weiblichen!) Geist als geschlechtlichen Partner Marias zu denken.» Das hindert nicht, daß die mythische Vorstellung der jungfräulichen Geburt selber ihr Vorbild in der altägyptischen Szene von der Empfängnis der Königsmutter durch den Windgott Amun besitzt. – Zur Symbolik der *Heldengeburt* beziehungsweise zum Motiv des *«ewigen Knaben»* vergleiche C. G. JUNG: Antwort auf Hiob, in: Gesammelte Werke, XI 385–506, S. 491 f.

[8] Zur Szene bei *Lukas* vgl. E. SCHWEIZER: Das Evangelium nach Lukas, 16–21: Gottes neue Schöpfung: Ankündigung Jesu.

[9] Zur Ambivalenz des Königstitels vgl. E. DREWERMANN: Dein Name ist wie der Geschmack des Lebens, 59–66: Die Mächtigen des Reiches und der König der Könige.

[10] Vgl. a. a. O., 51–58.

[11] Vgl. a. a. O., 59–66.

[12] Zum Messiastitel selber vgl. F. HAHN: Christologische Hoheitstitel, 133–225, bes. 133–158, zu den Vorstellungen der Essener und Zeloten.

[13] Vgl. E. DREWERMANN: Dein Name ist wie der Geschmack des Lebens, 37–44.

[14] A. PARROT: Assur, Abb. 46, S. 39; K. MICHALOWSKI: Ägypten, Abb. 57: Palette des Königs Narmer; Abb. 108: Lanzenträger.

[15] Vgl. E. DREWERMANN: Dein Name ist wie der Geschmack des Lebens, 44–51.

[16] A. a. O., 51–52.

[17] A. a. O., 52–53; vgl. auch E. JONES: Die Empfängnis der Jungfrau Maria durch das Ohr, in: Jahrbuch der Psychoanalyse, VI (1914) 135–204, S. 140–154.

[18] Vgl. E. DREWERMANN: Dein Name ist wie der Geschmack des Lebens, 52–53.
[19] Zur historischen Bewertung des Motivs der Jungfrauengeburt vgl. noch einmal E. LUZ: Das Evangelium nach Matthäus, I/1, 108–111.

Mt 1,18–25
Die jungfräuliche Geburt
(Seite 286 bis 294)

[1] Vgl. E. DREWERMANN: Dein Name ist wie der Geschmack des Lebens, 25–31: Ein Christentum, so alt wie die Schöpfung selbst.
[2] Vgl. a. a. O., 85–98: Asklepios – der Heiland zwischen Traum und Tag.
[3] A. a. O., 37–44; E. DREWERMANN: Tiefenpsychologie und Exegese, I 504–509.
[4] Vgl. Abb. 3; neben Anna, Maria und dem Jesuskind erscheint Joseph (kaum sichtbar) unter der Treppe.
[5] Vgl. E. DREWERMANN: Tiefenpsychologie und Exegese, I 509–512.
[6] Vgl. Mk 10,13–16; zur Stelle vgl. E. DREWERMANN: Das Markusevangelium, II 104–114.
[7] Zur Gestalt des *Kindgottes* vgl. E. DREWERMANN: Dein Name ist wie der Geschmack des Lebens, 43–44; K. KERÉNYI (C. G. Jung): Das göttliche Kind in mythologischer und psychologischer Beleuchtung, 21–24.
[8] A. a. O.
[9] U. LUZ: Das Evangelium nach Matthäus, I/1, 104 meint: «Die ‹Gerechtigkeit› des Josef besteht ... darin, daß er die des Ehebruchs verdächtigte Maria nicht durch einen Ehebruchsprozeß der Schande preisgibt.» Das stimmt nur z. T.; F. STIER: Das Neue Testament, 8, übersetzt korrekt: «Josef aber, ihr Mann – rechtlich wie er war, und doch nicht gewillt, sie anzuprangern ...»
[10] Zur Stelle vgl. E. DREWERMANN: Das Markusevangelium, I 247–267.
[11] Zur Symbolik der *Heiligen Hochzeit* vgl. E. DREWERMANN: Strukturen des Bösen, II 332–337; DERS.: Tiefenpsychologie und Exegese, I 177; 197.

Mt 2,1–23
Die Träume Gottes
(Seite 295 bis 306)

[1] Vgl. U. LUZ: Das Evangelium nach Matthäus, I/1, 115, der zu Recht feststellt: «Unsere Geschichte (sc. Mt 2,1–12, d. V.) ist eine knapp und nüchtern erzählte Legende, die nicht nach den Gesetzen historischer Wahrscheinlichkeit fragt. Das zeigen die verzweifelten Fragen der Ausleger: Warum hat Herodes den Magiern nicht wenigstens einen Spion mitgegeben? Wie konnten das ganze Volk von Jerusalem und die Schriftgelehrten zusammen mit dem ungeliebten König Herodes über das Kommen des Messias erschrecken? Auch der Stern wird nicht realistisch, d. h. astronomisch plausibel geschildert.» Religionsgeschichtlich steht von den «verwandten Geschichten vom Königskind» die *Moses*überlieferung am nächsten: «Schriftgelehrte weissagen dem Pharao die Geburt des Moses; dieser erschrickt... und faßt den Plan des Kindesmords.» (A. a. O., 114.) Vgl. FLAVIUS JOSEPHUS: Jüdische Altertümer, 2, 205–206.

[2] 3. Sure, 43–48; 19. Sure, 17–41.

[3] 97. Sure, 6.

[4] CHRYSOSTOMUS: Matthäus-Kommentar, 8. Homilie, V. 11, Bd. I 134–135, hebt hervor, daß die Magier keine blutigen Opfer darbrachten, sondern «sie brachten dem Kinde Glaube, Gehorsam und Liebe dar». ORIGENES: Gegen Celsus, I 60, BKV II 82–83 sieht in der Myrrhe einen Hinweis auf Jesu Tod (vgl. Mk 15,23). Vgl. auch U. LUZ: Das Evangelium nach Matthäus, I/1, 121. Zur Psychologie des Schenkens als Aussage über sich selbst vgl. E. DREWERMANN: Der offene Himmel, 192–209. – Eigentümlich bleibt Mt 2,23: die Namengebung «Nazoräer», die von Mt auf «Nazareth» bezogen wird. Der Ausdruck könnte mit der Selbstbezeichnung der Qumrangemeinde zusammenhängen, deren Mitglieder sich als *Nozrei ha-Brit,* als Wahrer des Bundes bezeichneten, als «Nazarener» also. M. BAIGENT – R. LEIGH: Verschlußsache Jesus, 220–221, meinen deshalb, es «wäre die Gemeinde von Qumran mit der Urkirche in Jerusalem gleichzusetzen, also den ‹Nazoräern›, die sich um Jakobus, ‹den Bruder des Herrn›, scharten. Und tatsächlich steht denn auch im Habakuk-Kommentar, die Führung von Qumran, der sogenannte ‹Rat der Gemeinde›, habe zu jener Zeit ihren Sitz in Jerusalem gehabt.» Die Nähe Jesu zu Qumran (aber wohl auch seine Ferne) träte auf diese Weise in ein neues Licht.

[5] *Thomasevangelium,* Nr. 82.

[6] Vgl. E. DREWERMANN: Reden gegen den Krieg, 31–43; P. SALINGER – E. LAURENT: Krieg am Golf, 194–204: «Tatsächlich hatte sich Bush in eine Position hineinmanövriert, die nur schwer zu verändern und so gut wie unmöglich zu verhandeln war» (203). B. WOODWARD: Die Befehlshaber, 335 f.; 388–389; 402–403; 422–423; 463–464; 482–483.

[7] E. DREWERMANN: Reden gegen den Krieg, 68–79.

[8] Tatsächlich ist selbst heute (September 1991) nicht annähernd klar, wie viele 100 000 Menschenleben der Krieg am Golf gekostet hat, wie viele Verletzte, wie viele Flüchtlinge – man spricht von 5 Millionen. Es scheint egal zu sein, wenn «wir» nur «gesiegt» haben.

[9] Zu der Schuldenlast des Irak, und wie die USA sie ausnutzten, um das Regime in Baghdad zu schwächen, vgl. P. SALINGER – E. LAURENT: Krieg am Golf, 26–38; bes. S. 221–223: das Geheimabkommen der CIA mit dem Sabbah-Regime in Kuwait vom 22. Oktober 1989.

[10] Am Ende zahlte die BRD 17 Millionen DM, um den Sieg der USA am Golf zu finanzieren, während die USA selbst schon wieder sich mit Waffenverkäufen von über 35 Milliarden Dollar in der Region schadlos hielten. Vgl. *Welt am Sonntag,* Nr. 41, 13. Oktober 1991, S. 26: Militärisch-technische Hilfe für den Golfkrieg; von den 17,2 Milliarden DM gingen unter anderem 10,3 Milliarden an die USA, 1,36 Milliarden an Israel, 1,16 Milliarden an

Ägypten, 1 Milliarde an Großbritannien und die Türkei.

[11] Vgl. E. DREWERMANN: Reden gegen den Krieg, 21–30.

[12] Vgl. E. DREWERMANN: Die Spirale der Angst, 135–176.

[13] So schrieb die *Washington Post* vom 22. Juni 1991 unter dem Titel «Get Saddam», die Tötung des irakischen Diktators sei das erklärte Ziel der amerikanischen Bombardements gewesen. Vgl. E. DREWERMANN: Reden gegen den Krieg, 68–79.

[14] In der Tat äußerten sich die meisten westlichen Presseorgane denn auch vom 17. Januar 1991 an in dem Sinne der Unvermeidbarkeit des Krieges. Insbesondere die «Atomlüge» des amerikanischen Präsidenten gab der Kriegsforderung G. Bushs einen Anschein der Rechtfertigung. Vgl. *Der Spiegel,* Nr. 21, 45. Jg., 20. Mai 1991, 258–264: Phantom von Bagdad. Daß der Irak *Pläne* zur Herstellung von A-Waffen verfolgte, die in etwa zwei Jahren hätten zum Einsatz kommen können, ist inzwischen bewiesen, doch offensichtlich wußten die USA nicht einmal, wo diese Anlagen sich befanden, geschweige, daß man sie hätte ausschalten können. Vgl. bes. S. M. HERSH: Atommacht Israel, 249–267: zu Israels atomarer Kriegsdrohung.

[15] Vgl. E. DREWERMANN: Reden gegen den Krieg, 15–20.

[16] Vgl. E. DREWERMANN: Strukturen des Bösen, III 251–278.

[17] Vgl. B. STONEHOUSE: Die Pinguine, in: B. Grzimek (Hrsg.): Tierleben, VII: Vögel 1, 117–132, S. 120.

Mt 3,1–12

Johannes der Täufer

(Seite 307 bis 312)

[1] Zur Gestalt Johannes des Täufers vgl. E. DREWERMANN: Das Markusevangelium, I 128–129, Anm. 2; G. BORNKAMM: Jesus von Nazareth, 40–47; J. JEREMIAS: Neutestamentliche Theologie, I 50–55; H. BRAUN: Qumran und das Neue Testament II, Tübingen 1966, 1–22. U. LUZ: Das Evangelium nach Matthäus, I/1, 143, meint zur Analyse der Stelle: «Dem Evangelisten liegt als Quelle Mk 1,2–8 und ein Stück der Logienquelle vor, das vermutlich einen kurzen Bericht über das Auftreten des Täufers mit einem Schriftzitat aus Jes 40,3, die Bußpredigt des Täufers (V. 7–10), die Ankündigung des Stärkeren und seiner Feuertaufe (V. 11) und das Gerichtswort von der Worfschaufel (V. 12) umfaßte.» P. HOFFMANN: Studien zur Theologie der Logienquelle, 15–33: Die Gerichtspredigt des Johannes in der Logienquelle, S. 33: «Q nimmt in der Sammlung der Jesusworte die Ankündigung des unmittelbar bevorstehenden Gerichts und des kommenden Feuerrichters auf, weil diese Predigt für sie – im Unterschied zur späteren christlichen Johannesinterpretation – unvermindert Gültigkeit besitzt.» In Q werde Jesus mit der Gestalt des Feuerrichters identifiziert. Vgl. auch W. TRILLING: Die Täufertradition bei Matthäus, in: J. Lange (Hrsg.): Das Matthäusevangelium, 273–295, der (283) darauf hinweist, wie stark Mt Täufer- und Jesustradition miteinander austauscht und beide in die Frontstellung gegen die Pharisäer einrükken läßt.

[2] Zum Wüstenaufenthalt und zur Kleidung des Täufers, die offenbar an den Propheten Elia gemahnt (Mt 11,14; 17,12; 2 Kg 1,8) vgl. U. LUZ: a. a. O., I/1, 144–145. Geographisch liegt die Taufstelle nicht in der Wüste Judas, «da der Jordan nirgendwo das Stammesgebiet Judas streift. Entweder kennt Mt die Geo-

graphie Palästinas nicht genau ..., oder er denkt an das Territorum der damaligen Prokuratur Judäa» (a. a. O., Anm. 5).

[3] Ein übriges tut Mt, indem er die Bußpredigt des Täufers direkt gegen «die Pharisäer und Sadduzäer», «nicht einfach gegen ganz Israel wie bei Lukas» gerichtet sein läßt. E. SCHWEIZER: Das Evangelium nach Matthäus, 24.

[4] Vgl. E. STAUFFER: Jerusalem und Rom, 88–102.

[5] Die Bewegung, der Johannes zugehört, ist im weiteren Sinne die *Apokalyptik;* doch waren diese Kreise an den Rändern des Judentums angesiedelt; insbesondere die Ablehnung des Jerusalemer Tempels macht die Stellung des Täufers deutlich. – In der Art, wie Mt die Gerichtsdrohung des Täufers aufgreift, adressiert er sie an seine eigene Gemeinde: es «soll der Gemeinde, die das Evangelium hört, der Schreck davor, bloß Spreu zu sein, in die Knochen fahren. Sie soll wissen, daß Gottes Gericht, also Gottes Art, ihr Leben zu sehen, unausweichlich und ständig über ihr steht.» E. SCHWEIZER: Das Evangelium nach Matthäus, 27. J. GNILKA: Das Matthäusevangelium, I 65 meint richtig von der Täuferpredigt, sie sei «radikale Abkehr vom Bisherigen. Sie übersteigt aber das Vorbild der Propheten darin, daß sie nicht Rückkehr zum Ausgangspunkt ist, sondern Hinwendung zur ‹Herrschaft der Himmel›.» R. BULTMANN: Jesus, 20–22, sieht in der Täuferbewegung orientalische, nichtjüdische Vorstellungen am Werk und betont die Nähe zu den *Mandäern,* die sich ebenfalls Nazaräer nennen.

[6] Zu der Bewegung der *Essener* und dem Wüstenaufenthalt des Täufers vgl. H. BRAUN: Qumran und das Neue Testament, II 314f. Auch in Qumran wurde Jes 40,3 zitiert und zum Wüstenaufenthalt der Essener in Beziehung gesetzt (1 QS 8,13f.; 9,19f.). Vgl. J. GNILKA: Das Matthäusevangelium, I 67. BRAUN: a. a. O., II 24, meint allerdings einschränkend: «In der Tat können wirkliche Qumran-Analogien auf dem Wege über den Täufer zu der Urgemeinde ... gelangt sein. Man muß sich nur klarmachen: der Täufer selbst ist ... nur sehr teilweise qumrannah.» Vgl. II 254.

[7] Zur Kleidung des Täufers vgl. U. LUZ: Das Evangelium nach Matthäus, I/1, 145; J. GNILKA: Das Matthäusevangelium, I 67. – Zur Theologie der Essener vgl. M. HENGEL: Judentum und Hellenismus, 394–442. – Zum Verhältnis von Johannes und Jesus vgl. auch die Analyse von Mt 11,2–19 (Lk 7,18–35) bei P. HOFFMANN: Studien zur Logienquelle, 190–233, der noch vor der Bearbeitung durch Q mit einer Schicht der Überlieferung rechnet, in welcher Johannes als Bote der Weisheit und endzeitlicher Vorbote Jesu anerkannt war. «Vermutlich hat die Apokalyptisierung der Botschaft Jesu durch die ausgeprägte Naherwartung, welche die Logiensammlung bestimmt, hier ihre Wurzel» (233).

[8] Selbst CHRYSOSTOMUS: Matthäuskommentar, 11. Homilie, 8, Bd. 1, 195 ff., macht aus der Täuferpredigt eine erbauliche Tugendlehre nach dem Motto: «Dein Haus soll ein Kampfplatz sein und ein Feld der Tugendübung.»

[9] Vgl. zur Stelle M. BUBER: Moses, in; Werke, II 9–230, 56.

[10] H. HEINE: Buch der Lieder, 90–91, Nr. 39.

[11] Vgl. zu Joh 1,33 R. SCHNACKENBURG: Das Johannesevangelium, I 303–305. Zur Taufe in hl. Geist vgl. STRACK – BILLERBECK: Kommentar zum NT, III 240.

[12] R. RIEDL: Die Strategie der Genesis, 169–171: normative Überselektion.

Noch einmal Mt 3,1–12

Der Prophet

(Seite 313 bis 319)

[1] Vgl. H. ZIRKER: Christentum und Islam, 78–85: Die universale Verkündigung von Gottes Willen im Koran. – O. H. STECK: Israel und das gewaltsame Geschick der Propheten, 288–289, geht davon aus, daß «das frühe palästinensische Judenchristentum» die Vorstellung vom gewaltsamen Geschick der Propheten verwendete, «und zwar als solche polemisch den Schriftgelehrten vorgehalten» hat. Bes. Mt 21,28–22,7 (14) und 23,29–24,2, «die jeweils auf die Katastrophe des Jahres 70 zulaufen», richten sich «gegen das Judentum als solches und Ganzes».

[2] Vgl. *Koran,* XXVI 154: «Du bist nur der Behexten einer»; vgl. 26,186; 11,27; 23,26; 34,47; 44,15; 51,53; 68,52; weitere Stellen vgl. R. PARET: Der Koran. Kommentar und Konkordanz, S. 234 zu XI 27. – XV 11: «Und kein Gesandter kam zu ihnen, ohne daß sie sich (jedesmal) über ihn lustig gemacht hätten.» Vgl. 46,6f.; 36,30; 6,10; 21,41; 13,32. – Desgleichen: die Zeichenforderung! *Koran* 6,37; 29,50; 13,7; 10,20; 17,91–94; 2,118; 20,133; 21,5 (vgl. PARET: a. a. O., 139).

[3] Sure 44,4; vgl. R. PARET: a. a. O., 442.

[4] Vgl. Mk 3,21; zur Stelle vgl. E. DREWERMANN: Das Markusevangelium, I 311–321.

[5] Vgl. T. E. LAWRENCE: Die sieben Säulen der Weisheit, 161–162; 437–438. Vgl. E. DREWERMANN: Das Markusevangelium, I 146–147, Anm. 7.

[6] Vgl. *Koran* 36,15: «Ihr lügt uns ja nur an.» Vgl. 6,91; 17,94; 64,6; 54,24; 7,63; 67,9; R. PARET: Der Koran. Kommentar und Konkordanz, 146. Das ständige Problem ist, daß der Prophet «nur ein Mensch» ist, in dem doch Gottes Offenbarung sich ereignet.

[7] Im Koran lautet der ständige Vorwurf gegenüber Mohammed, er sei entweder «nur» ein Dichter, d. h. ein Phantast, oder, öfter, er sei *kein* Dichter und erzähle keine unterhaltsamen Geschichten. *Koran* XXI 5: Der Koran enthält nur eine Menge verworrener Träume – Mohammed ist ja ein Dichter; vgl. 12,44. Andererseits vgl. *Koran* 36,69: Mohammed ist *kein* Dichter: «Dichtkunst... steht ihm nicht an.» Vgl. 69,41; 21,5; 52,30; 37,36. Zum Vorwurf, der Koran enthalte nur alte Fabeln, vgl. XVI 24; 6,25; vgl. R. PARET: Der Koran. Kommentar und Konkordanz, S. 137–138.

[8] K. TUCHOLSKY: Zwischen Gestern und Morgen, 119–121: Ratschläge für einen schlechten Redner.

[9] Vgl. *Koran* 25,32, den Vorwurf, daß der Koran nicht in einem Zuge, sondern in 23 Jahren entstanden ist. – Mohammed konnte weder lesen noch schreiben; vgl. auch XXVI 111: «Nur die Niedrigsten folgen dir!» Vgl. 11,27. 29f.; 6,52.

[10] Vgl. *Koran,* IV 150: Es gibt keinen Unterschied zwischen Gott und seinen Gesandten. Vgl. 2,87: Prophetenlos! Vgl. 4,80; 42,48; 64,12; 5,92; 24,54: «Gehorchet Gott und gehorchet seinem Gesandten.»

[11] Vgl. Mk 8,11–13; zur Stelle vgl. E. DREWERMANN: Das Markusevangelium, I 507–519.

[12] Vgl. *Koran* XXII 34. 68: Die Riten aller Religionsgemeinschaften gehen auf Allah zurück! XXII 79: Der Islam als die Religion Abrahams! XXVI 192–196: Der Koran ist die Botschaft des Herrn der Menschen in aller Welt, in arabischer Sprache geoffenbart, doch enthalten schon in den Büchern der früheren Generationen. Vgl. XVI 102.

[13] Die Omajjaden-Moschee von Damakus, das großartigste Bauwerk der syrischen Hauptstadt, geht zurück auf einen Tempel des aramäischen Gottes *Hadad,* der in römischer Zeit dem Jupiter geweiht wurde. «Nach seiner Umwandlung in eine christliche Basilika wurde hier das Haupt Johannes des Täufers aufbewahrt. Im Jahre 708 befahl der Omaijadenkalif Al-Walid I. (705–15) den Bau einer Moschee, die an Pracht alles bis dahin Bekannte übertreffen sollte.» Vom «Jesus-Minarett» soll «nach moslemischem Glauben Christus am

Tag des Jüngsten Gerichts herabsteigen». Das Haupt Johannes des Täufers wird in einem kleinen Kuppelbau im Ostteil des prächtigen Gebetssaales aufbewahrt. Vgl. *Polyglott Reiseführer:* Jordanien, Libanon, Syrien, 30. Vgl. U. SCERRATO: Islam, 19–30: Die Omajjaden, S. 21–25.

Mt 3,13–17

Die Taufe Jesu

(Seite 320 bis 324)

[1] Vgl. U. LUZ: Das Evangelium nach Markus, I/1, 150–151: «Mit der Präsentation Jesu als ‹Sohn Gottes› kommt der Evangelist zu seiner eigentlichen christologischen Aussage. – Gegenüber der Markusquelle sind V. 14f. neu. Ob sie eine Schöpfung des Evangelisten sind oder auf mündliche Überlieferung zurückgehen, ist umstritten.» – «In Mk 1,9–11 ist dem Evangelisten der Taufbericht als ‹christologische Fundamentalgeschichte› überliefert ... Bei Matthäus wird die Argumentationsrichtung umgekehrt: Daß Jesus der auserwählte Sohn Gottes war, stand der glaubenden Gemeinde fest. Warum aber hat er dann die Johannestaufe auf sich genommen? Das heißt: Nachdem im Markustext die Himmelsstimme, die christologische Prädikation allein im Zentrum des Interesses gestanden hatte, wird nun von der Christologie her die Taufhandlung zum Problem. Die Frage lautet also: Was ist das für ein Gottessohn, der die Taufe durch den Geringeren auf sich nimmt?»

[2] Zu Taufe und Sündenbekenntnis vgl. U. LUZ: a. a. O., I/1, 146–147; A. VÖGTLE: Herkunft und ursprünglicher Sinn der Taufperikope Mk 1,9–11, in: Offenbarungsgeschichte und Wirkungsgeschichte, 70–108, hat historisch gewiß recht, daß die Herabkunft des Geistes nicht sowohl auf eine Berufungsvision Jesu als vielmehr auf die urchristliche Verkündigung des Christusglaubens zurückgeht (98); gleichwohl gilt es, die bildliche Darstellung des Textes so auszulegen, daß sie sich, im Zeugnis vergangener Erfahrungen mit der Person des Jesus von Nazareth, heutiger Erfahrung öffnet; d. h., man muß die Erzählung so auslegen *wie* ein Visionserleben bzw. *wie* eine Initiationserfahrung. Zur Täufergestalt vgl. auch E. DREWERMANN: Dein Name ist wie der Geschmack des Lebens, 67–81; J. JEREMIAS: Neutestamentliche Theologie, I 56–62. Vgl.

auch J. SCHNIEWIND: Das Evangelium nach Matthäus, 25–26, der von «Vision» und «Schauempfang» als den Mitteln spricht, in denen Gott zum Menschen redet.

[3] Vgl. W. TRILLING: Das wahre Israel, 32–40, der vor allem von Mt 28,18–20 her den Kontrast zwischen christlicher Geisttaufe und der Bußtaufe des Johannes betont. Vgl. auch GOPPELT: *hydor* (Wasser), in: Theologisches Wörterbuch zum NT, VIII 313–333, S. 328–331; bes. 318–319, setzt die Taufe zu der Sintflut in Verbindung.

[4] Zur Johannestaufe vgl. A. OEPKE: *bapto, baptizo* (taufen), in: Theologisches Wörterbuch zum NT, I 527–544, S. 534–535: «Die Johannestaufe teilt mit der Proselytentaufe die Einmaligkeit. Sie bedeutet für die Glieder des ‹auserwählten› Volkes eine starke Zumutung, sofern sie diese ‹schmutzigen› Heiden gleichstellt, die letztere auch anscheinend unter gleichen Bedingungen zuläßt (Lk 3,14). Ihre Eigenart hat sie aber auch der Proselytentaufe gegenüber in ihrer ganz unpolitischen und unritualistischen, ausgeprägt sittlichen Orientierung, außerdem in ihrem engen Verhältnis zur Eschatologie.» – Der Gedanke der *Wiedergeburt* aus dem Wasser, der in der Taufe mitschwingt, dürfte wesentlich *ägyptisch* geprägt sein; vgl. a. a. O., 530–532; vgl. dazu auch J. G. FRAZER: Der goldene Zweig, 1005 ff.; E. DREWERMANN: Ich steige hinab in die Barke der Sonne, 96–119. Religionsgeschichtlich ist die Taufpraxis der frühen Kirche offenbar in Verbindung mit dem Taufritus der Qumrangemeinde zu sehen. Sehr schön bemerkt M. BUBER: «was der geheime Sinn des Tauchbads ist. Man gibt sich auf, man gibt sich her, und da bekommt man sich.» In: Gog und Magog, Werke, III 1094.

[5] Vgl. J. JEREMIAS: Neutestamentliche Theologie, I 50–56, bes. S. 55–56: Jesus unter dem Einfluß des Täufers. Vgl. *Gemeinderegel* (1 QS) III 7, in: J. MAIER: Die Texte vom Toten Meer, I 25: «Durch seine Unterwerfung unter alle Gesetze Gottes wird gereinigt sein Fleisch, so daß er sich besprengen kann mit Reinigungswasser und sich heiligen mit Wasser der Reinheit.» – «Durch heiligmäßigen Geist für die Einung in Seiner Wahrheit wird er gereinigt von all seinen Sünden.»

[6] J. JEREMIAS: a. a. O., I 62 meint mit Bezug zu Mk 11,27–33, daß Jesu Vollmacht in der Johannestaufe gründe, «und das wiederum wird konkret besagen: meine Vollmacht beruht auf dem, was sich bei meiner (sc. Jesu, d. V.) Taufe durch Johannes ereignete». Man wird freilich eher sagen müssen: was die Gemeinde damit verband! – Zum «Erfüllen» bzw. «Verwirklichen» der *«Gerechtigkeit»* vgl. E. SCHWEIZER: Das Evangelium nach Matthäus, 28–30: «Gerechtigkeit Gottes ist also Heil Gottes.» – «Sicher ist bei Matthäus ... in 5,20 das menschliche Handeln nach der Norm der Gerechtigkeit Gottes gemeint, ebenso wohl 3,15; 21,32 ... Hingegen erscheint ‹Gerechtigkeit Gottes› in 6,33 als Parallelbegriff zu ‹Reich Gottes›, also doch als Gabe, Gnadengeschenk Gottes.» Vgl. G. SCHRENK: *dikä, dikaios, dikaiosynä* (Gerechtigkeit), in: Theologisches Wörterbuch zum NT, II 176–229, S. 200–201: «Die Gerechtigkeit wird hier (sc. bei Mt, d. V.) aufs engste mit Gott und seiner Herrschaft zusammengeschlossen, wiederum als reine Gabe von Gott her.» (Mt 3,15; 6,33!) Vgl. auch H. GIESEN: Christliches Handeln. Eine redaktionskritische Untersuchung zum dikaiosynä-Begriff im Matthäus-Evangelium, Frankfurt 1982. Bes. im Sprachgebrauch der Gemeinde von *Qumran* werden die Mitglieder durch Eid als «Wahrer des Bundes» bezeichnet, die den «vollkommenen Weg» bzw. den «Weg vollkommener Gerechigkeit» gehen müssen. Vgl. R. H. EISENMAN: Macabees, Zadokites, Christians and Qumran, Leiden 1983, 109: zu den Ausdrücken *tamimei derech,* der vollkommene Weg oder *tom derech* – Vollkommenheit des Weges. Vgl. M. BAIGENT – R. LEIGH: Verschlußsache Jesus, 218–219.

[7] Zur Stelle vgl. E. DREWERMANN: Strukturen des Bösen, I 79–86.

[8] Zur Stelle vgl. E. DREWERMANN: Strukturen des Bösen, I 191–229.

[9] *Koran,* XVI 62: «Und wenn Allah die Menschen für ihr Freveln bestrafen wollte, er würde nicht ein einziges Lebewesen darauf (auf der Erde) lassen, doch Er gewährt ihnen Aufschub...»

[10] Zur Stelle vgl. E. DREWERMANN: Strukturen des Bösen, I 220–222.

[11] Zu dem Titel des *«Sohnes»* oder *«Knechtes Gottes»* vgl. J. JEREMIAS: *pais theou* im Neuen Testament, in: Abba, 192–198. *Sohnschaft* und *«Wiedergeburt»* bildeten vor allem im Alten Ägypten eine Einheit: der als Gottessohn ausgerufene Pharao war selbst ein *whnmw anch,* ein Lebenerneuernder; vgl. G. VAN DER LEEUW: Phänomenologie der Religion, 602–608.

[12] Die Statue des *Ḥem-iunu* befindet sich im Pelizäus-Museum in Hildesheim. Vgl. H. KAYSER: Die ägyptischen Altertümer im Roemer-Pelizaeus-Museum in Hildesheim, S. 47, Abb. 15–16.

[13] Vgl. C. WESTERMANN: Das Buch Jesaja, ATD 19: Kap. 40–66, S. 77–81, das erste Gottesknechtslied: Jes 42,1–4: Siehe, mein Knecht!

[14] A. a. O.

Mt 4,1–11

Der Geist der Wüste

(Seite 325 bis 345)

[1] W. JAMES: Die Vielfalt religiöser Erfahrung, 185–247, hat die Psychologie der «Bekehrung» eindrucksvoll beschrieben, bes. S. 205–206. Die Weigerung vor allem, das «Böse» im Sinne der «Religion der robusten Geistesart» (87–128) in Gott oder in das Gute dialektisch hineinzudefinieren, wird psychologisch gut beleuchtet (S. 132–134), desgleichen die absurde «Hilfe», die die robuste Geistesart einer Seele im Stadium der Krankheit anzubieten hat (S. 141 ff.).

[2] Die Situationsangabe der *«Wüste»* muß hier als Symbol eines Seelenzustandes, nicht als topographische Angabe verstanden werden. Vgl. E. DREWERMANN: Das Eigentliche ist unsichtbar, 37–49: Die Weisheit der Wüste und die Suchwanderung der Liebe. Insbesondere die *Alten Ägypter* wußten um die Symbolik der Wüste als des «schönen Westen», in dem die Göttin *Meretseger* herrscht, «die Göttin, die das Schweigen liebt». Vgl. E. HORNUNG: Tal der Könige, 9.

[3] Vgl. R. SCHNEIDER: Die dunkle Nacht des Heiligen Johannes vom Kreuz, in: Die dunkle Nacht, 11–48, bes. S. 27: «Er ahnte mitten im Leide, daß ihn nichts mehr würde stillen können denn Gott... er hätte sich über das Leiden aller beugen können wie über einen grundlosen See, an den er seine Stunden und Tage, sein Wesen selbst verlieren konnte; und er fühlte doch, daß diese Traurigkeit nicht die himmlische war; daß sie nicht heimführen, sondern immer tiefer hinabziehen wollte. Denn dieser See war das Gegenbild des Himmels und trug den Abgrund in seinem Schoß.» Vgl. auch S. YUZEN: Der Mond schwebt durch die Leere, 119–123: Es war schwer, gegen diese Tränen anzukämpfen.

[4] Der Evangelist «schöpft die Versuchungsgeschichte aus zwei Quellen, aus Q hinsicht-

lich des dreigestaffelten Gesprächs Jesu mit dem Teufel (vgl. Lk 4,1–13), aus Mk 1,12f. hinsichtlich der Exposition 1f. und der Schlußbemerkung von den dienenden Engeln 11b ... In V. 2 schafft er mit den 40 Tagen und 40 Nächten die Analogie zum Fasten des Moses und spricht statt von ‹er aß nichts› (Lk 4,2) von ‹er fastete› ... hinsichtlich der Reihung der Versuchungen wird heute mit Recht Mt fast allgemein bevorzugt (Wüste, Tempel, Berg). ... Lk hat um seines Interesses an Jerusalem willen die Tempel-Versuchung an die letzte Stelle gerückt.» J. GNILKA: Das Matthäusevangelium, I 83–84. Das mag literarhistorisch zutreffen; psychoanalytisch aber ist die lukanische Abfolge der Versuchungen entsprechend den Themenstellungen der drei Hauptphasen der kindlichen Triebentwicklung «richtiger» und wird im folgenden vorausgesetzt. Vgl. zum Ganzen E. DREWERMANN: Das Markusevangelium, I 142–161. Daß Matthäus die *«Tiere»* aus Mk 1,13 wegläßt, ist psychologisch äußerst kennzeichnend. – Einen bedenkenswerten Hinweis hat B. GERHARDSSON: An ihren Früchten sollt ihr sie erkennen, Ev Th 42 (1982) 113–126, S. 122–123, gegeben, indem er die drei Versuchungen mit Mt 22,37–40, dem Hauptgebot, in Verbindung bringt: Gott zu lieben mit ganzem Herzen (also in Herrschaft über die animalischen Triebe), mit ganzer Seele (also in Bereitschaft, das Leben zu wagen) und mit ganzer Kraft (also in Unterstellung aller Machtmittel unter Gottes Willen). Ähnlich bereits J. SCHNIEWIND: Das Evangelium nach Matthäus, 29.

[5] Vgl. E. WALDSCHMIDT: Die Legende vom Leben des Buddha, 132–136: Der Bodhisattva versucht, durch Fasten die Reinheit zu gewinnen; *Mara,* der Böse, versucht vergeblich, den Bodhisattva zum Lebensgenuß zu überreden; vgl. K. SCHMIDT (Übers.): Buddhas Reden. Majjhimanikaya, II 12, S. 44–51: Löwengebrüll, S. 47–49: die vierfache Askese.

[6] F. BUHL: Das Leben Mohammeds, deutsch v. H. H. Schaeder, Heidelberg 1955, 137.

[7] Zu den schizophrenen Auditionen (bzw. Gehörshalluzinationen) vgl. E. BLEULER: Lehrbuch der Psychiatrie, 32–33.

[8] Das *«Fasten»* geht auf das Konto des Mt; s. o. Anm. 4.

[9] Vgl. die sehr schöne Schilderung bei W. DISNEY: Die Wüste lebt, 25–26: Das harte Gesetz.

[10] S. o. Anm. 4.

[11] Zur Entdeckung der Psychodynamik der oralen Phase vgl. K. ABRAHAM: Versuch einer Entwicklungsgeschichte der Libido aufgrund der Psychoanalyse seelischer Störungen (1924), in: Psychoanalytische Studien zur Charakterbildung, 113–183; M. KLEIN: Zur Psychogenese der manisch-depressiven Zustände (1935), in: Das Seelenleben des Kleinkindes, 44–71.

[12] Vgl. A. CAMUS: Der Mythos von Sisyphos, 13: «Wir gewöhnen uns ans Leben, ehe wir uns ans Denken gewöhnen. Bei dem Wettlauf, der uns dem Tode täglich etwas näher bringt, hat der Körper unwiderruflich den Vorsprung.»

[13] Vgl. L. DA SILVA: Die Favelas von Rio de Janeiro, in: E. Evans – Pritchard (Hrsg.): Bild der Völker, Bd. 5, Teil I: Südamerika östlich der Anden, Wiesbaden 1974, 122–128; J. M. ALFONSO: Das Elend der großen Städte, Hamburg 1978.

[14] Vgl. die eindringliche Analyse von F. ENGELS: Die Lage der arbeitenden Klasse in England, Leipzig 1845, MEW 2, 225–506, bes. S. 456–472: Das Bergwerksproletariat.

[15] Sehr zu Recht dagegen J. GNILKA: Das Matthäusevangelium, I 87: «Die an eine messianische Versuchung denken, möchten in der Regel das Mannawunder wiederholt sein lassen. Dagegen spricht jedoch mehreres. Es fehlt das Volk. Das Manna war ‹Brot vom Himmel› und wurde nicht durch verwandelnden Zauber gewonnen. Weil eine Inanspruchnahme der messianischen Vollmacht durch den Messias für sich selbst banal wäre und immer das letzte Ziel der Versuchung, der Abfall von Gott, zu bedenken ist, bleibt folgende Bestimmung: der Hunger soll den Sohn Gottes zur Auflehnung

gegen Gott bewegen. Der Sohn Gottes wird als Mensch versucht.»

[16] Und stimmt es denn nicht? Man lese G. GREENE: Der Honorarkonsul, 107–109: «‹Was haben Sie gegen die Evangelien, Vater› – ‹Sie haben keinen Sinn . . . jedenfalls hier in Paraguay.›»

[17] Es geht um die Frage von L. TOLSTOI: Wovon die Menschen leben, in: Sämtliche Erzählungen, II 386–412.

[18] Vgl. J. P. SARTRE: Kritik der dialektischen Vernunft, 778: «Ein Mensch ist ein praktischer Organismus, der mit einer Vielheit von seinesgleichen in einem Magnetfeld lebt. Aber dieser Mangel als negative Kraft bestimmt jeden Menschen und jede partielle Vielfalt als austauschbare menschliche und unmenschliche Realitäten zugleich. Jedes Individuum zum Beispiel, das ein Erzeugnis zu verzehren droht, das *für mich* (und für alle anderen) unbedingt notwendig ist, wird überzählig; es bedroht mein Leben in genau dem Maße, wie es meinesgleichen ist; es wird also als Mensch unmenschlich, meine Art erscheint mir als fremde Art. Aber in der Wechselseitigkeit und Austauschbarkeit entdecke ich im Feld meiner Möglichkeiten die Möglichkeit, meinerseits von den anderen objektiv als überzähliger Gegenstand oder als Unmenschlichkeit des Menschlichen hervorgebracht zu werden.»

[19] Das krasseste Beispiel der Instrumentalisierung menschlicher Freiheit durch menschliche Freiheit ist die *Sklaverei;* vgl. P. ANDERSON: Von der Antike zum Feudalismus, 22–23; M. WEBER: Die sozialen Gründe des Untergangs der antiken Kultur, in: J. Winckelmann (Hrsg.): Max Weber: Soziologie, Weltgeschichtliche Analysen, Politik, 10–18; E. DREWERMANN: Die Spirale der Angst, 71–73.

[20] Vgl. F. M. DOSTOJEWSKIJ: Die Brüder Karamasoff, 1. Teil, 5. Buch, 3. Kap.; Bd. 1, 285–286 – die verzweifelte Rechtfertigung des Lebens, das man »mit seinen Eingeweiden lieben» muß, gegen die «Logik», die in alldem nicht den geringsten Sinn erkennt. Dagegen aber steht die «Exegese», die DOSTOJEWSKI: Der Jüngling, 2. Teil, 1. Kap., 4, S. 215, über Mt 4,1 ff. gibt: «Steine in Brot zu verwandeln – da hast du einen großen Gedanken.» Doch: «hat der Mensch sich sattgegessen, so denkt er nicht mehr daran; im Gegenteil, er wird sofort sagen: ‹So, nun habe ich mich sattgegessen, und was soll ich jetzt tun?› Die Frage bleibt ewig offen.» Bilanz: «für einen Menschen wie mich ist das Leben lieben – unwürdig» (213).

[21] F. NIETZSCHE: Also sprach Zarathustra, 1. Teil, Zarathustras Vorrede, 5, S. 15–16.

[22] Vgl. zur Stelle G. VON RAD: Das fünfte Buch Mose, ATD 8, 50–53.

[23] Dies gegenüber dem an sich richtigen Versuch von C. G. JUNG: Antwort auf Hiob, in: Ges. Werke, XI 385–506, S. 460–466, der «das Dunkle und Böse», mithin den «Satan» selbst zum Teil des «Göttlichen» (der Ganzheit des Selbst) erklären möchte und an der Versuchungsgeschichte bemängelt, daß hier der Teufel abgewiesen statt integriert werde.

[24] Vgl. F. NIETZSCHE: Der Wille zur Macht, Nr. 972, S. 647–648: Der höchste Mensch als Gesetzgeber der Zukunft.

[25] Zur Charakterisierung der *Analität* vgl. S. FREUD: Drei Abhandlungen zur Sexualtheorie (1905), V 27–145, der diese «zweite prägenitale Phase» (S. 99) als die «Vorherrschaft des Sadismus» (S. 99) und der «Analerotik» (S. 155) beschreibt; vgl. auch K. ABRAHAM: Psychoanalytische Studien zur Charakterbildung, in: Psychoanalytische Studien, 184–226.

[26] Richtig meint J. GNILKA: Das Matthäusevangelium, I 90, in seiner «paradigmatischen» Deutung der Stelle: «Für zahlreiche Erklärer steht der politisch-messianische Charakter dieser Versuchung fest. Das zelotische Messiasideal werde von der Gemeinde zurückgewiesen. Man hat sich für diese Auffassung auch auf den berühmten Orakelspruch berufen, der in den Kreisen der Zeloten verbreitet war und im Jüdischen Krieg eine Rolle spielte. Er besagte, daß ‹zu jener Zeit einer aus jüdischem Lande die Herrschaft über den ganzen Erd-

kreis erhalten› werde. Die Versuchung aber liegt nicht in einem falschen Messiasbild – die universale Herrschaft des Messias ist im übrigen eine eschatologische Hoffnung, die E (sc. der Evangelist, d. V.) teilt (28,18) –, sondern darin, daß der Preis die Anbetung des Teufels ist... Der Teufel ist Weltherrscher, als Gott dieses Äons gesehen.» Gegen P. HOFFMANN: Die Versuchungsgeschichte in der Logienquelle, BZ 13 (1969) 207–223, 214. Das entscheidende Motiv aber, *die Verantwortung der Macht* als Kern der Versuchbarkeit gerade der Besten, entgeht den Auslegern allzumal.

[27] Bes. deutlich tritt dieser Gedanke in der Geburtslegende des *Buddha* in Erscheinung, wo es zu wählen gilt zwischen der Macht über die Erde oder der Erlösung der Menschheit von dem Leid des Daseins. Vgl. E. WALDSCHMIDT: Die Legende vom Leben des Buddha, 50: «verweilt er (sc. der Bodhisattva, d. V.) im Weltleben, so wird er ein weltbeherrschender König; wenn er aber aus dem Hause in die Heimatlosigkeit fortzieht, wird er ein Pfadvollender, ein berühmter und vollkommen Erleuchteter.»

[28] H. L. STRACK – P. BILLERBECK: Kommentar zum Neuen Testament, I 153, führen den Gedanken von der Weltherrschaft des Teufels auf «die damalige römische Weltmacht» zurück; doch auf diese Weise läßt sich die *wesentliche* Frage nach der Existenz des Menschen in der Versuchungsgeschichte nicht historisch relativieren.

[29] Es ist ein zutiefst *apokalyptischer* Gedanke, der hier im vollen Ernst aktualisiert wird. Zum apokalyptischen Welterleben und seiner Auslegung vgl. E. DREWERMANN: Tiefenpsychologie und Exegese, II 467–541.

[30] Sehr richtig meint E. SCHWEIZER: Das Evangelium nach Matthäus, 35: «Der praktisch die Macht Ausübende und der von Gott bestimmte wirkliche Weltenherr stehen sich gegenüber. Das Thema von Kap. 2 ist wieder aufgenommen (sc. in der Gestalt des Herodes, d. V.). Regiert nicht der Teufel die Welt? Ist nicht alles andere bloß Illusion? Muß man also nicht die Mittel des Teufels verwenden, wenn man in dieser Welt wenigstens einigermaßen Ordnung schaffen will? Damit fällt freilich auch die Maske... 17,1 und 28,16 wird Jesus wieder auf einem Berg stehen, dann aber als der wirkliche Weltenherr, der sich seine Herrschaft nicht vom Teufel schenken läßt und sie nicht durch ein Gleichgewicht des Schreckens und der Gewaltanwendung verwirklicht.»

[31] A. AUGUSTINUS: Gottesstaat, IV 4; BKV I 192–193.

[32] So akzeptierte z. B. J. KLEPPER den Wehrdienst in der Armee Hitlers, um die Gemeinschaft der Schuld aller nicht zu verlassen! Vgl. R. SCHNEIDER: Der Friede der Welt, 86: «Der sich Weigernde hat keinerlei Grund, sich unschuldig zu fühlen; er bleibt vielmehr im Zusammenhange einander mordender Menschen.»

[33] Vgl. J. ANOUILH: Antigone, 41–45.

[34] Vgl. neuerdings die Konzeption von der «Neuen Weltordnung», die der amerikanische Präsident G. BUSH aus Anlaß des Golfkrieges verkündete. Vgl. B. WOODWARD: Die Befehlshaber, 483.

[35] Vgl. a. a. O.: «Der Präsident sagte, eine friedlichere Welt sei möglich, wenn die Vereinigten Staaten und die Koalition Saddam die Stirn böten. ‹Das wird nicht der Fall sein, wenn wir einen Kompromiß suchen.›»

[36] M. WEBER: Der Beruf zur Politik, in: J. Winckelmann (Hrsg.): Max Weber: Soziologie, Weltgeschichtliche Analyse, Politik, 178.

[37] A. CAMUS: Der Mensch in der Revolte, 7–8.

[38] A. CAMUS: a. a. O., 271, wehrte sich entschieden gegen das (von J. P. SARTRE verteidigte) dialektische Prinzip der Instrumentalisierung des «Bösen» in Gestalt der politischen Gewalt zum Zwecke des «guten» Ziels am Ende der Geschichte: «statt zu töten und zu sterben, um das Sein hervorzubringen, das wir nicht sind, müssen wir leben und leben lassen, um zu schaffen, was wir sind».

[39] Zur Stelle vgl. G. VON RAD: Das fünfte Buch Mose, ATD 8, 44–47.

40 Die Meinung von J. LOCKE: Über die Regierung, XV 173, S. 138, die politische Gewalt sei «den Herrschern zum Wohl ihrer Untertanen durch freiwillige Übereinkunft verliehen, um den Untertanen ihren Besitz und den Gebrauch ihres Eigentums zu sichern», ist geradezu wohltuend berechnet auf die Selbstberuhigung der bürgerlichen Gesellschaft, aber völlig blind für die Gewalt, die von dieser selbst ausgeht.

41 Am klarsten wird dieser Gedanke in der Jüngeraussendung Mt 10,26–31: «Ängstet euch nicht vor denen, die (nur) den Leib töten, das Leben (die Seele) aber nicht töten können.»

42 Das Problem hat J. J. ROUSSEAU: Staat und Gesellschaft, 1. Buch, Kap. 1, S. 10, auf die bündige Formel gebracht: «Der Mensch ist frei geboren und überall liegt er in Ketten ... Wenn ich nur die Gewalt und die daraus entspringende Wirkung in Betracht zöge, würde ich sagen: solange ein Volk zu gehorchen gezwungen ist und gehorcht, tut es gut daran; sobald es sein Joch abschütteln kann und es abschüttelt, tut es noch besser daran; denn wenn es seine Freiheit durch dasselbe Recht, das sie ihm geraubt hat, zurückerlangt, ist es entweder berechtigt, sie sich wieder zu nehmen, oder man war nie berechtigt, sie ihm zu entziehen. Aber die gemeinschaftliche Ordnung ist ein geheiligtes Recht, das allen anderen zur Grundlage dient. Indessen entstammt dieses Recht nicht der Natur, also ist es auf Konventionen gegründet.» Die Frage lautet: Wem entstammt die «Heiligkeit» der Konventionen, außer der Angst vor der Strafe im Falle der Übertretung? Bes. J. P. SARTRE: Kritik der dialektischen Vernunft, 531, hat die Idee des «Gesellschaftsvertrages» als die «Terrorbrüderlichkeit» des bloßen Gruppenegoismus demaskiert: «Die Idee des Menschen ist in einer organisierten Gruppe nichts anderes als die Idee der Gruppe.» – F. HAHN: Christologische Hoheitstitel, 175–176, sieht in der Versuchung zur Weltherrschaft «ein Traditionsstück der frühen palästinensischen Gemeinde», die den Gedanken «der messianischen Weltherrschaft im irdisch-politischen Sinne abgelehnt, ja als eine geradezu widergöttliche Möglichkeit angesehen hat».

43 Bes. S. FREUD: Totem und Tabu (1912), Werke IX 173, hat die Verinnerlichung des Despoten beim gewaltsamen Sturz des Despoten psychoanalytisch nachzuzeichnen versucht: «Der Tote wurde nun stärker, als der Lebende gewesen war.»

44 Dies gegen die absurde Gleichung bei G. W. F. HEGEL: Die Vernunft in der Geschichte, 74: «die Weltgeschichte ist die Darstellung des göttlichen Prozesses, des Stufenganges, in dem der Geist sich selbst, seine Wahrheit weiß und verwirklicht».

45 Vgl. A. CAMUS: Der Mensch in der Revolte, 265: «Will der Mensch sich zum Gott aufschwingen, maßt er sich das Recht über Leben und Tod der anderen an. Als Hersteller von Kadavern und Untermenschen ist er selber ein Untermensch, nicht Gott, sondern der schmähliche Diener des Todes ... Sobald die Logik der Geschichte völlig hingenommen wird, führt sie entgegen ihrer höchsten Leidenschaft nach und nach dazu, den Menschen zu verwandeln.» Die Frage an CAMUS freilich bleibt bestehen, wie es ohne Gott etwas im Menschen geben kann, das größer ist als die menschliche Geschichte und das dem Einzelnen ein Recht gibt gegenüber dem Allgemeinen. – Natürlich liegt darin auch eine Anfrage an die politische Theologie, wie sie E. GRÄSSER: Der politisch gekreuzigte Messias, ZNW 62 (1971), 3/4, 266–294, S. 292, so formuliert hat: «Wird mit der These vom ‹politisch gekreuzigten› Christus nicht ein Anspruch erhoben, der sich überhaupt nicht einlösen läßt, der Anspruch nämlich, von der Tatsache der politischen Todesstrafe her politische Theologie zu begründen? Gerade weil Jesus durch ein politisches Urteil zu Tode kam ..., ist Jesu Tod das Ende aller Wege, die das Heil politisch suchen.»

46 Zu der unausweichlichen Krise der menschlichen Freiheit im Getto der Angst vgl.

E. DREWERMANN: Strukturen des Bösen, III 436–479.

[47] Insofern ist die *lukanische* Reihenfolge der «Versuchungen» nicht nur psychologisch, sondern auch theologisch plausibler als die Reihenfolge bei Mt; s. o. Anm. 4.

[48] Vgl. J. GNILKA: Das Matthäusevangelium, I 88–89: «Es müßte der höchste Punkt des Tempelbaus bezeichnet sein. Die Zinne, ein Balkon an der westlichen Mauer des Tempelvierecks ... Der Artikel läßt an eine bestimmte Örtlichkeit denken, die vielleicht doch mit der königlichen Stoa am Südrand gleichzusetzen ist ... (Aber, d. V.:) Der Ortswechsel bleibt Imagination und muß durchschaut werden. Die Insinuation ist, daß Jesus als Sohn Gottes Anspruch erheben darf auf den außerordentlichen Schutz Gottes, wie es in Ps 91 (90), 11 f., dem Frommen verheißen ist.» – «Die Versuchung hat wiederum keine messianische Qualität.» – «Der Mensch, der Gott wie eine Ware erprobt, wäre nicht mehr einer, der seinen Willen gehorsam anerkennt.» Er wäre einer, der seine Angst durch Verdinglichung des Glaubens statt durch Vertrauen überwinden wollte, müßte man besser sagen. – In der kirchlichen Praxis freilich *ersetzt* bis heute oft genug das «Wunder» die Brote, so z. B. in Neapel, wo seit 1610 einmal jährlich im Beisein des örtlichen Bischofs das Blut des hl. *Gennaro* vor den Augen der staunenden Menge verflüssigt wird. Das Blut des Märtyrers, der 305 bei Neapel enthauptet worden sein soll, wurde von einer Frau aufgefangen, und schon 1389 ward das Wunder der Blutverflüssigung erstmals erschaut. Laut *Darmstädter Echo* vom 11. 10. 91 könnte es sich um ein thixotropes Gel handeln, das durch leichte Bewegung flüssig wird.

[49] TH. VON LISIEUX: Geschichte einer Seele, 11–21, schildert aus der Sicht der Mutter das eigentümliche psychische Kolorit ihrer Kindheit, darunter (S. 19) einen Teufelstraum; die «Fallszene» wird hier allerdings nicht erwähnt.

[50] Zu Ps 91,11 f. vgl. A. WEISER: Die Psalmen II, ATD 15, 142–149.

[51] Der Teufel als Theologe! Und wieviel Teuflisches in einer Theologie, die, statt von lebendigen Erfahrungen, ausgeht von dem vorgegebenen Rechtfertigungsbedürfnis bestimmter Lehrmeinungen!

[52] KHM 36; zur Deutung des Märchens vgl. R. GEIGER: Märchenkunde, 487–500, der freilich, statt die einfache triebgebundene Wunscherfüllung des Märchens zur Sprache zu bringen, ausgerechnet hier «in innerliche Quellbereiche des Menschenwesens» (498) vorzudringen sucht, um ein «Geistes-Weisheitslicht ... in Richtung des Grales» aufzuspüren (499).

[53] Zur Stelle vgl. G. VON RAD: Das fünfte Buch Mose, ATD 8, 44–47.

[54] Zur Stelle vgl. E. SCHWEIZER: Das Evangelium nach Lukas, 238–241.

[55] Vgl. M. NOEL: Erfahrungen mit Gott, 78: «Man soll nicht auf Gott rechnen, um von irgendeinem Unglück verschont zu bleiben ... Denn Unglück ist nicht Unglück, Tod ist nicht Tod in den Augen Gottes ...»

[56] Vgl. S. KIERKEGAARD: Die Krankheit zum Tode, Werke IV 45–72.

[57] Das Motiv stammt aus Mk 1,13. Dort aber werden auch *die Tiere* dem «Menschensohne» «dienstbar»; psychologisch geht es dabei gerade um diese Einheit von Natur und Kultur, von Trieb und Moral, von Es und Über-Ich – um die Synthese des Selbst, für die Mt indessen keinerlei Verständnis zeigt. Die *Ausblendung des Unbewußten* und die Verstärkung des moralischen Standpunktes in der Auslegung der Botschaft Jesu sind dabei außerordentlich folgenschwer für den gesamten Typ von Frömmigkeit und Religion, der im Matthäusevangelium entsteht.

[58] Vgl. E. STAUFFER: Jesus. Gestalt und Geschichte, 107–108. Vgl. auch F. SCHNAPP: Die Testamente der 12 Patriarchen, in: E. Kautzsch (Hrsg.): Die Apokryphen und Pseudepigraphen des Alten Testaments, II 458–505, S. 485–488: Das Testament Naphthalis, Nr. 8, S. 488: «Wenn ihr das Gute thut, meine Kinder, so werden euch sowohl die Menschen als auch die Engel segnen, und Gott

wird verherrlicht werden durch euch unter den Heiden, und der Teufel wird von euch fliehen, und die wilden Tiere werden euch fürchten, und die Engel werden sich euer annehmen.»

[59] Zu Ps 31,6 vgl. A. WEISER: Die Psalmen I, ATD 14, 184–189.

Nachtrag

Der Teufel

(Seite 346 bis 353)

[1] Vgl. zum Problem des Bösen *exegetisch* E. SCHWEIZER: Das Evangelium nach Matthäus, 33–34, der die mythische Rede vom Satan so übersetzt: «Ein Gott, der den Menschen *nur* bestätigte und ihm alle Wünsche erfüllte, wäre nicht mehr vom Menschen zu unterscheiden. In diesem Sinne gehört nicht nur das Gute, sondern auch das Böse, auch der Satan, zu Gott.» Man sollte eher sagen: gerade die Erlaubnis und Bestätigung des menschlichen Seins nötigt auch und gerade zur Auseinandersetzung mit dem verdrängten Material der Psyche, das im Menschen, nicht in Gott liegt. Zur *Psychologie* der Teufelsvorstellung vgl. C. G. JUNG: Psychologische Deutung des Trinitätsdogmas, in: Ges. Werke XI 121–218; 187–193: Der Teufel als Affe Gottes und Herr der Welt; DERS.: Antwort auf Hiob, in: a. a. O., XI 386–506, S. 423; DERS.: Vorwort zu Z. Werblowsky: Lucifer und Prometheus, a. a. O., XI 340–344. – Zur Gesamtproblematik vgl. R. BULTMANN: Jesus, 42: «Zur Mythologie gehören die Vorstellungen vom Satan, der jetzt noch Gottes Regiment entgegenstrebt. Ist es richtig, daß für Jesus im Grunde die Welt nur insofern schlecht genannt werden kann, als die Menschen schlecht, d. h. bösen Willens sind, so ist klar, wie wenig die Satansvorstellung im Grunde für ihn bedeutet.» Um den Menschen, nicht um den Satan geht es, um Psychologie, nicht um Metaphysik des Bösen.

[2] Vgl. E. DREWERMANN: Der Teufel im Märchen, in: Archiv für Religionspsychologie, Bd. 15, Göttingen 1982, 93–128.

[3] Vgl. E. SIMON: Die Götter der Griechen, 175–176.

[4] Vgl. a. a. O., 118–146. OVID: Metamorphosen, XI 146f., S. 351f., erzählt von dem Wettstreit zwischen *Pan* und *Apoll.*

[5] Vgl. G. CONDRAU: Angst und Schuld als

Grundprobleme der Psychotherapie, 76–99: Angst und Existenz; 150–167: Schuld und Existenz.

[6] Zur jüdischen Dämonologie vgl. H. L. STRACK – P. BILLERBECK: Kommentar zum Neuen Testament aus Talmud und Midrasch, IV 1, 501–535. Zum *Bild* des Satans vgl. C. G. JUNG (u. a.): Der Mensch und seine Symbole, 225–226. Zu «Satan und Sünde» im Judentum vgl. H. J. HOLTZMANN: Lehrbuch der Neutestamentlichen Theologie, I 60–68. Fundamentalistisch 60 Jahre später immer noch G. MAIER: Matthäusevangelium, I 65: «Der Teufel ist ... eine persönliche Gestalt.» Überlegungen dann, ob am Schluß auch der Teufel selig werden kann. Er kann es nicht. (Vgl. S. 72.)

[7] Vgl. H. VON GLASENAPP: Die nichtchristlichen Religionen, 288–300: Zarathustrische Religion, S. 295–296. H. LOMMEL: Die Religion Zarathustras nach dem Awesta, Tübingen 1930.

[8] Vgl. C. G. JUNG: Vorwort zu Z. Werblowsky: Lucifer und Prometheus, in: Ges. Werke, XI 340–344.

[9] D. LEWIS – W. FORMAN: Die Maori, 11–12.

[10] A. a. O., 11–12.

[11] J. W. VON GOETHE: Faust, V. 278–298, S. 17.

[12] Zur Gestalt des *Prometheus* vgl. K. KERÉNYI: Die Mythologie der Griechen, I 164–175.

[13] S. FREUD: Jenseits des Lustprinzips (1920), Ges. Werke, XIII 1–69, S. 38–40; 58; 62–68; vgl. E. DREWERMANN: Strukturen des Bösen, II 178–185, zur Trieblehre FREUDS.

[14] J. W. VON GOETHE: Faust, V. 1339–1354, S. 47.

[15] Koran, II 32; VII 10–18; XV 26–43; XVII 61–65; XVIII 50; XX 116; XXXVIII 71–85; vgl. H. SPEYER: Die biblischen Erzählungen im Qoran, Hildesheim [2]1961, 54–60.

[16] Thomasevangelium, Nr. 82.

[17] Zur Stelle vgl. E. SCHWEIZER: Das Evangelium nach Lukas, 141–142.

[18] R. WINTER: Ami go home, 308–337. Wie sagte doch, freilich allzu spät, *Dwight D. Eisenhower:* «Jedes Gewehr, das feuert, jedes Kriegsschiff, das vom Stapel läuft, jede Rakete, die abgeschossen wird, bedeutet Diebstahl an jenen, die hungern und frieren und nicht genährt und gekleidet werden» (317).

[19] Zur Stelle vgl. U. LUZ: Das Evangelium nach Matthäus, I/1, 149: «‹Feuer› ist ein zentrales Stichwort der ersten und der letzten Verkündigung im Matthäusevangelium (25,41). Das kommende Vernichtungsgericht ist ein Schlüssel zur Theologie des Matthäus; wer hier Kritik übt, übt am Zentrum der matthäischen Theologie Kritik.» Genau das müssen wir tun.

[20] *Koran,* LXVII 2–5, übers. v. L. Ullmann – L. Winter, S. 458.

[21] Zur Stelle vgl. E. SCHWEIZER: Das Evangelium nach Lukas, 116–119.

Mt 4,12–22

Jesu Botschaft und die Berufung der ersten Jünger

(Seite 354 bis 358)

[1] Die Szene von 3,12 hat Mt selbst geschaffen; die Formulierung erinnert an 14,13: «Auch dort hört Jesus vom Schicksal des Johannes und zieht sich zurück.» In 3,17 ist die Jesusbotschaft genau parallel zu der Johannespredigt in 3,2 und sehr ähnlich der Jüngerpredigt in 10,7. Der Vers 3,13 ist «redaktionell, aber trotzdem durch und durch von der Tradition bestimmt», «wobei Matthäus eine alte Nachricht von der Übersiedlung Jesu nach Kafarnaum ... mit Wörtern aus Jes 8,23 f. verbindet». – «Erst nach der Übersiedlung Jesu nach Kafarnaum, durch die sich die Weissagung Jesajas erfüllt, kann die galiläische Verkündigung Jesu stattfinden.» U. LUZ: Das Evangelium nach Matthäus, I/1, 168–169.

[2] Auch dort wird «die Geschichte vom Tod des Täufers direkt neben die von der Verwerfung Jesu in Nazareth» gestellt. «Dadurch wird das Schicksal des Täufers noch näher an das Jesu herangerückt; was (14,5) von Johannes gesagt wird, wird 21,46 genauso von Jesus gesagt werden.» E. SCHWEIZER: Das Evangelium nach Matthäus, 206.

[3] Zur «Nähe» des «Reiches Gottes» vgl. H. SCHÜRMANN: Gottes Reich – Jesu Geschick, 70–71, der betont, daß die matthäische Redaktion die Formel vom «Reich» nicht nur in die Mk-Wiedergabe einträgt, sondern auch in Q-Einheiten. Vgl. bes. W. TRILLING: Das wahre Israel, 53–63; 143–163 zu dem Verständnis des Gottesreiches bei Mt. Zum Begriff *Himmelreich* oder *Gottesreich* vgl. H. L. STRACK – P. BILLERBECK: Kommentar zum Neuen Testament, I 172–184: «Jesus weist der Gottesherrschaft als Stätte das menschliche Herz an» (182). Zum Begriff des «Reiches Gottes» vgl. E. SCHWEIZER: Das Evangelium nach Markus, 20–21, der bes. die Gemeinschaft mit Jesu betont und hervorhebt: « ‹Buße› ist nichts anderes als die volle Zuwendung zur ‹Freudenbotschaft› ». «Das entspricht dem Verhalten Jesu selbst, der in unbegreiflicher Gelassenheit alles von Gott erwartet, darum nicht zu einem Missionsfeldzug nach Jerusalem und in die Welt hinaus rüstet, sondern in dem unbedeutenden Galiläa bleibt» (21).

[4] Das «Galiläa der Heiden» (3,15), in dem Jesus wirkt, wird Jesus laut Mt nach göttlichem Plan als Ort seiner Verkündigung an Juden *und* Heiden zugewiesen. U. LUZ: Das Evangelium nach Matthäus, I/1,170. Es geht also nicht um eine «Vorsichtsmaßregel», wie CHRYSOSTOMUS: Matthäus-Kommentar, XIV. Homilie, Kap. 1, BKV I 229 glaubt.

[5] Das topographische Bild dient hier lediglich als eine Hilfe der Vorstellung für die Entsprechung, die zwischen dem göttlichen Auftrag (oben) und dem Tun Jesu auf Erden (unten) besteht. Zu *Galiläa* vgl. H. L. STRACK – P. BILLERBECK: Kommentar, I 153–159.

[6] Zu dem Ausdruck «das galiläische Meer» (Mt 4,18) vgl. H. L. STRACK – P. BILLERBECK: Kommentar zum Neuen Testament, I/1, 184–186. Zu Kapharnaum vgl. a. a. O., I 159–160.

[7] Vgl. zu Jes 8,23 in der rabbinischen Literatur H. L. STRACK – P. BILLERBECK: Kommentar zum Neuen Testament, I 160–161. Vgl. auch U. LUZ: Das Evangelium nach Matthäus, I/1, 172–173.

[8] Zu der Formel *«Kehrt um»* vgl. STRACK – BILLERBECK: Kommentar, I 162–172, bes. Nr. 1: Buße als Bedingung der messianischen Erlösung. H. BRAUN: Spätjüdisch-häretischer und frühchristlicher Radikalismus, II 34–61, meint (S. 34): «Neben dem Drängen auf Toraverschärfung, welches der Jesusbewegung mit der Sekte (sc. von Qumran) gemeinsam ist, gibt es in der Jesusbewegung eine zweite Front, welche so in der Sekte fehlt: Toragehorsam ist für das Heil gefährlich ..., weil der Toragehorsam gerade das Mittel sein kann, um Gottes nicht zu bedürfen ... So ist die Bekeh-

rung nicht nötig, weil man alle Gebote getan hat, ... Gefährdung vor Gott.» Vgl. DERS.: Jesus, 62–71, S. 69, rechte Bekehrung sei, «anders als der sogenannte Schalksknecht (Matth. 18,23–35) zu verfahren: man soll sich klarmachen, ein wie grenzenlos Beschenkter man selber ist».

[9] Vgl. U. LUZ: Das Evangelium nach Matthäus, I/1, 174: «Die Nähe des Himmelreichs ist also für Matthäus kein neben dem Bußruf stehender, zweiter (‹indikativischer!›) Verkündigungsinhalt, sondern sein begründender, verschärfender und zuspitzender Horizont.»

[10] Zu dem folgenden vgl. E. DREWERMANN: Das Markusevangelium, I 161–171, zu Mk 1,14–20. U. LUZ: Das Evangelium nach Matthäus, I/1, 175–176: «Da ‹Jünger› für das Matthäusevangelium ein ekklesiologischer terminus ist und die Gemeinde von 4,15 f. her im ‹Galiläa der Heiden› ihren eigenen geistigen Ort sieht, weiß sie, daß in unserem Text von ihrem eigenen Ursprung gesprochen wird ... Aber Matthäus liegt nicht daran, die Anfänge der Gemeinde kirchengeschichtlich auf Jesus zurückzuführen ... Wie wenig er ‹historisch› denkt, ergibt sich daraus, daß der Kreis der Zwölf eigentlich nie konstituiert wird; nach der Berufung der vier Jünger und des Matthäus (9,9) ist er 10,1 f. einfach selbstverständlich vorhanden. – Matthäus sieht vielmehr den irdischen Jesus und den gegenwärtig wirkenden Herrn zusammen. So hat diese Geschichte vom Ursprung der Gemeinde für ihn zugleich ‹typische› Bedeutung. Wo das Evangelium Jesu vom Himmelreich verkündet wird (4,17), werden Menschen in radikalen Gehorsam gerufen. So entstand und entsteht Gemeinde.» Entsprechend müßte ausgelegt werden!

[11] Zu dem *Menschenfischen* vgl. J. GNILKA: Das Matthäusevangelium, I 101: «Die Anknüpfung an die Tätigkeit mit dem Wurfnetz ist frappierend. Das Bildwort vom Menschenfischer hat seine nächste Analogie in Jer 16,16 (dort negativ, etwa: jmd. ins Garn gehen lassen), hat aber hier im Hinblick auf die Himmelsherrschaft ... höchst positive Bedeutung. Die missionarische Tätigkeit ist angesprochen.» Vgl. auch U. LUZ: Die Jünger im Matthäusevangelium, ZNW 62 (1971) 141–171. H. L. STRACK – P. BILLERBECK: Kommentar, I 188.

[12] Vgl. U. LUZ: Das Evangelium nach Matthäus, I/1, 176: «Daß Matthäus dabei die Nachfolgeforderung eher radikalisiert, paßt zu ihm. Nicht nur das betonte ‹sofortige› Verlassen von Netzen und Vater ist hier zu erwähnen, sondern auch das Gewicht, das das Verlassen des leiblichen Vaters zugunsten des Gehorsams gegenüber dem himmlischen Vater im Matthäusevangelium überhaupt hat (vgl. 8,21; 10,35–37; 19,29 und vor allem 23,9, wo irdische Vaterschaft generell ausgeschlossen scheint!).» G. THEISSEN: «Wir haben alles verlassen» (Mc X,28), in: Studien zur Soziologie des Urchristentums, 106–141, S. 113, ordnet den Aufruf Jesu der «Dominanz subsiditiven Verhaltens» im Rahmen innerjüdischer Erneuerungsbewegungen in Gestalt prophetischer Lebensweisen (im Unterschied zu den Emigranten von Qumran oder den aggressiven Widerstandskämpfern) zu.

[13] Vor allem *psychologisch* gilt es, die Auflösung der Vaterbindung als Ende des Ödipuskomplexes zu verstehen. Vgl. E. DREWERMANN – I. NEUHAUS: Voller Erbarmen rettet er uns, 43–54.

[14] Zur Stelle vgl. E. SCHWEIZER: Das Evangelium nach Matthäus, 287: «Christliche Gemeinde ist grundsätzlich Bruderschaft.»

Mt 4,23–25

Die Kunde von Gott und die Gesundung der Kranken

(Seite 359 bis 366)

[1] Mt 4,23, das in 9,35 fast wörtlich wiederholt wird, ist eine Schöpfung des Evangelisten, jedoch im Anschluß an Mk 1,39 formuliert. Mt 4,24 geht auf Mk 1,28.32.33 zurück, Mt 4,25 auf Mk 3,7f. «Der Evangelist überblickt also weite Teile seiner Markusquelle und exzerpiert sie.» «Matthäus komponiert ein zusammenfassendes Summar, bevor er irgendwelche Einzelheiten aus Lehre und Heilungstätigkeit Jesu berichtet.» U. LUZ: Das Evangelium nach Matthäus, I/1, 179. Es ist eine ideale Szene, die Verkündigen (Lehren) und Heilen (Handeln) miteinander unauflösbar verbindet.

[2] Bei Matthäus heilt Jesu «als der Gottessohn» *jede* Krankheit und *alle* Kranken (vgl. Mt 8,16; 9,35; 10,1; 12,15; 14,35). U. LUZ: a. a. O., I/1, 179.

[3] In der Auslegung bedeutet dies, den Unterschied von Fordern und Fördern in der religiösen Existenz herauszuarbeiten; zu dem Unterschied zwischen *Johannes dem Täufer* und *Jesus* vgl. E. DREWERMANN: Dein Name ist wie der Geschmack des Lebens, 67–81.

[4] Zur Stelle vgl. J. GNILKA: Das Matthäusevangelium, II 419.

[5] R. DE VAUX: Das Alte Testament und seine Lebensordnungen, II 317 zieht «für alle Reinheitsgesetze von Lv 11–16» die Folgerung: «die nachexilische Gemeinde stellte wachsende Reinheitsforderungen, die Furcht vor Unreinheit wurde schließlich übersteigert, und die priesterlichen Gesetzgeber haben die Fälle von Unreinheit und ihre Heilmittel vervielfacht, indem sie ... so zahlreiche Vorschriften auferlegten, daß sie das Gesetz unausführbar machten». Vgl. J. JEREMIAS: Jerusalem zur Zeit Jesu, 149: «Zum priesterlichen Dienst am Tempel war körperliche Tauglichkeit Voraussetzung.»

[6] Zum Ausstoß des «Kranken» bei Tieren vgl. E. DREWERMANN: Strukturen des Bösen, II 223–226: Schuldangst.

[7] Mk 9,14–29 schildert ein epileptiformes Anfallsleiden; vgl. E. DREWERMANN: Das Markusevangelium, II 15–40.

[8] Zur *«Besessenheit»* vgl. E. DREWERMANN: Tiefenpsychologie und Exegese, II 228–231; 473–485.

[9] W. PSCHYREMBEL: Klinisches Wörterbuch, 1116: Somnambulismus, Nachtwandeln, *Mondsüchtigkeit* –: Form des Dämmerzustandes; schlafähnlicher Zustand, in dem die Betroffenen ähnlich handeln wie ein Wachender, nachts das Bett verlassen, schlafend umherwandeln und komplizierte Handlungen verrichten, für die beim Erwachen die Erinnerung geschwunden ist. Durch EEG-Untersuchungen weiß man, daß Schlafwandeln aus den Tiefschlafperioden, nicht aus den Traumphasen des Schlafes entsteht. Etwa 10–20 % aller Kinder unter 15 Jahren sind ab und an mondsüchtig, so daß ein Zusammenhang mit bestimmten Wachstumsphasen vermutet werden darf.

[10] Zur *Gelähmtheit* vgl. E. DREWERMANN: Tiefenpsychologie und Exegese, II 185–186.

[11] Mt 4,24 deutet bereits mit den drei Stichworten «Besessene», «Mondsüchtige» und «Lahme» auf Heilungen hin, die Mt später beispielhaft schildern wird: Mt 8,28–34; 9,1–8; 17,14–21. U. LUZ: Das Evangelium nach Matthäus, I/1, 180.

[12] E. SCHWEIZER: Das Evangelium nach Matthäus, 44, findet die Erwähnung Syriens zu Recht «merkwürdig», meint aber, es handle sich vielleicht um die Heimat des Evangelisten.

[13] Vgl. Mt 10,5; dazu E. SCHWEIZER: a. a. O., 152.

[14] Vgl. E. DREWERMANN: Tiefenpsychologie und Exegese, II 129–143.

[15] Vgl. E. DREWERMANN: Das Markusevangelium, II 15–19.

[16] Bischof *K. Lehmann* (Mainz) legte damit als Vorsitzender der Bischofskonferenz den Zustimmungskurs der deutschen Katholiken zum Golfkrieg fest.

Mt 5,1–12

Die Bergpredigt und die Seligpreisungen

(Seite 367 bis 369)

[1] Vgl. dazu im Überblick:
O. Böcher: Die Bergpredigt – Lebensgesetz der Urchristenheit, in: O. Böcher u. a.: Die Bergpredigt im Leben der Christenheit, 1981 (Bens H 56), 7–16.
M. Dibelius: Die Bergpredigt, in: ders.: Botschaft und Geschichte I, Tübingen 1953, 79–174.
L. Goppelt: Das Problem der Bergpredigt, in: ders.: Christologie und Ethik, Göttingen 1968, 27–43.
P. Hoffmann: Auslegung der Bergpredigt I–IV, in: Bibel und Leben 10 (1969) 57–65; 111–122; 175–189; 264–275; 11 (1970) 89–104.
R. Schnackenburg: Die Bergpredigt, in: Die Bergpredigt, hrsg. v. R. Schnackenburg, Düsseldorf 1982, 13–59.
G. Schneider: Die Botschaft der Bergpredigt, Aschaffenburg 1969.
H. Schürmann: Gottes Reich – Jesu Geschick, 83–88.
G. Strecker: Die Bergpredigt. Ein exegetischer Kommentar, Göttingen 1984.
P. Stuhlmacher: Jesu vollkommenes Gesetz der Freiheit. Zum Verständnis der Bergpredigt, Zeitschrift für Theologie und Kirche 79 (1982) 249–282. –
Bes. J. Jeremias: Die Bergpredigt, in: Abba, 171–189, hat sehr zu Recht betont, daß die Bergpredigt gerade *kein* Gesetz darstellt (S. 189) und man deshalb Begriffe wie «christliche Ethik» oder «Moral» geradewegs vermeiden müsse, um statt dessen besser «vom gelebten Glauben» zu reden. Die «Worte Jesu ... sagen: Dir ist vergeben, du bist Gottes Kind, du gehörst zu seiner Herrschaft. Die Sonne der Gerechtigkeit ist aufgegangen auch über deinem Leben ... Nun darfst du es erfahren: Aus der Dankbarkeit des erlösten Gotteskindes erwächst ein neues Leben. Das ist der Sinn der Bergpredigt.» Das stimmt aufs Wort für das, was *Jesus* sagen wollte; doch stimmt es nicht mehr für das, was Matthäus mit den Worten Jesu sagen will.
Vgl. I. Broer: Freiheit vom Gesetz und Radikalisierung des Gesetzes, 127, der die «Vergesetzlichung» des Evangelisten freilich vom «Liebesgott» (7,21; 9,13; 12,7) her umschlossen sieht. –
An *Gliederungsvorschlägen* des Aufbaus der Bergpredigt ist G. Bornkamm: Der Aufbau der Bergpredigt, NTS 24 (1977–78) 419–432, zuzustimmen, wenn er das Vaterunser in die Mitte von 6,19–7,11 gestellt sieht und davor den Abschnitt 5,1–48 und danach 7,13–27 als Hauptteile betrachtet – eine Dreigliederung also.
Vgl. J. Kürzinger: Zur Komposition der Bergpredigt nach Matthäus, Bib. 40 (1959) 569–589.
R. Riesner: Der Aufbau der Reden im Matthäus-Evangelium, Theologische Beiträge 9 (1978) 173–176.
Die *Dreiteilung* als Anordnungsprinzip hat vor allem U. Luz: Das Evangelium nach Matthäus, I/1, 185–187, bis in die Untergliederungen hinein nachzuweisen versucht, aber auch er gibt zu, daß es hier um «exegetische Ermessensfragen» geht. Was die *Quellen* der Bergpredigt angeht, so stammt ein Teil aus der Q-Quelle, «wobei die Texte z. T. beieinanderliegen und/oder in gleicher Reihenfolge erscheinen». Daneben stammt manches aus Sondergut. «Im Falle von Mt 5,21–6,18 ist wahrscheinlich zu machen, daß das Sondergut schriftlich überliefert war: Mt hat diesem Abschnitt eine Quellenschrift von 3 Antithesen und 3 Frömmigkeitsregeln zugrunde gelegt und erst an diesen Grundtext das Material aus Q angefügt. Andere Verse (z. B. 5,5.7–9.14b.41; 6,34) hat Mt wohl in seinem Q-Exemplar schriftlich vorgefunden. Nur bei ganz wenigen Versen können wir über die Herkunft gar nichts sagen (z. B. 6,7f.; 7,6).» –

J. GNILKA: Das Matthäusevangelium, I 111–114 bietet folgende Gliederung: *Einleitung:* Die Seligpreisungen (5,2–12); Die große Aufgabe (5,13–16); Jesus erfüllt Gesetz und Propheten (5,17–20). *1. Hauptteil:* Die Antithesen (5,21–48); *2. Hauptteil:* Almosen, Beten, Fasten (6,1–18); *3. Hauptteil:* Ungeteilter Dienst (6,19–7,12). *Ausleitung:* Die zwei Wege (7,13–14); Verwerfung der falschen Propheten (7,15–23); Gleichnis von der Sturmflut (7,24–27). Zu der Kulisse der *Berg*predigt bemerkt GNILKA (109) zu Recht: «Der Berg ist Ort der Offenbarung. Das gilt sowohl für Jesu Erscheinen in Herrlichkeit (17,1; 28,16) als auch für sein Wort ... Darüber hinaus ... will er an den Sinai, den Berg der Gesetzgebung und des Bundesschlusses erinnern.»
Vgl. bes. H. L. STRACK – P. BILLERBECK: Kommentar zum NT, IV 1, 1–22, S. 1: «Wenn Jesus in der Bergpredigt sich anschickt, der bisherigen Auslegung der Tora seine eigene neue entgegenzusetzen ..., so hat er damit recht eigentlich getan, was Israel von seinem Messias erwartete.» –
Vgl. auch E. SCHWEIZER: Das Evangelium nach Matthäus 124–135, der (127) bes. die Spannung der mit dem Judentum verbundenen Gemeinde gegenüber der «in das Herz geschriebenen» Botschaft Jesu reflektiert.

[2] Vgl. J. GNILKA: a. a. O., I 109–110: «Wie Mose steigt Jesus auf den Berg hinauf und von ihm herab (8,1; vgl. Ex 19,3; 24,15 u. ö.). Damit wird er nicht wie Mose oder zum zweiten Mose. Seine Mose bei weitem überragende Stellung kann schon darin erkannt werden, daß Mose die Gesetzestafeln empfing, während Jesus in Vollmacht Weisung gibt. Im Vordergrund steht wieder der Gottesvolk-Gedanke. Die Bergpredigt wird zu Charta des Gottesvolkes. Der Schluß der Bergpredigt, das Gleichnis von der Sturmflut, das den herausfordernden Entscheidungscharakter der Rede betont, läßt sich durchaus mit Dt 30,15–20 vergleichen. Das Szenario ist dreigeteilt. Auf dem Berg sitzt, fast möchte man sagen: thront Jesus, wie ein Lehrender oder Gebietender sitzt. Die Jünger, die an ihn herantreten, bilden seine nächste Umgebung. Als solche, die dereinst seine Weisung weitergeben sollen (28,20), sind sie die ersten Adressaten seiner Predigt. Sie sind den Ältesten vergleichbar, die mit Mose auf den Berg stiegen (Ex 24,1). Zu Füßen des Berges lagert das Volk.» Zu dem Begriff des *«Jüngers»* bei Mt vgl. K. H. RENGSTORF: *manthano ... mathätäs* (Jünger), in: Theologisches Wörterbuch zum NT, IV 392–465, S. 447–460, der betont, daß der Jünger Jesu wesentlich nicht Tradent, sondern Zeuge der Botschaft Jesu sei, der seinerseits dem Jünger nicht als Rabbi, sondern als Herr gegenüberstehe.

[3] Zur *Berg*symbolik vgl. im Anschluß an Mk 9,1–13 E. DREWERMANN: Das Markusevangelium, I 586–611. Zur Parallelisierung der Szenerie der Bergpredigt mit der Gesetzgebung am Sinai vgl. bes. W. D. DAVIES: The Setting of the Sermon on the Mount, Cambridge 1964, chap. II.

[4] Zur Stelle vgl. M. NOTH: Das zweite Buch Mose, ATD 5, 127–128.

[5] Trotz der offenbaren *Hierarchisierung* der Offenbarungsszene (Jesus, die Jünger, die Scharen) ist doch deutlich, «daß die Rede allem Volk gilt ... Gewiß ist die Bergpredigt Jüngerethik. Jüngersprüche werden unmittelbar nach den Heilrufen eingefügt, und vom Jünger wird eine bessere Gerechtigkeit gefordert als vom Pharisäer. Aber Jünger ist jeder, der sich von Jesus zu Gott rufen läßt. So richtet sich die Bergpredigt an das ganze Volk.» E. SCHWEIZER: Das Evangelium nach Matthäus, 44.

[6] Zur Stelle vgl. M. NOTH: Das zweite Buch Mose, ATD 5, 161–163.

[7] Die Bergpredigt ist für Mt die «Charta des Gottesvolkes»; J. GNILKA: Das Matthäusevangelium, I 109. Vgl. auch R. SCHNACKENBURG: Die sittliche Botschaft des Neuen Testamentes, 36–64, der sehr zu Recht die Strenge der Forderungen Jesu betont: «Jesu Ethik ist eine ‹Ethik der Heilszeit› (A. N. Wilder), die vor die radikalen Forderungen die Heilsbotschaft Gottes und hinter sie die Ver-

heißungen des Gottesreiches stellt» (63). Das Wort «Ethik» sowie das *Nach*einander von Forderung und Verheißung stellt aber gerade das Problematische dar: Was in der Nähe Jesu wie selbstverständlich schien, erscheint gänzlich anders in der Inszenierung des Matthäus!

[8] Zu dem *«Erfüllen»* in Mt 5,17 vgl. G. DELLING: *pläroo* (erfüllen), in: Theologisches Wörterbuch zum NT, VI 283–309, S. 292: «Die Sendung Jesu zielt ab auf das Erfüllen (Mt 5,17b); dabei ist nach Mt 5,17a zunächst an das Erfüllen von Gesetz und Propheten gedacht, also des ganzen AT... als der Kundmachung des Gotteswillens. Jesus stellt nicht nur fest, daß er sie gültig bleiben läßt, sondern er sieht seine Aufgabe darin, den im AT bekanntgegebenen Gotteswillen zu *verwirklichen.*» Vgl. auch W. TRILLING: Das wahre Israel, 167–187, S. 174–179: «Matthäus konnte das Logion Vers 18 (sc. Mt 5,18, d. V.) in der lukanischen oder einer ihr entsprechenden Form, in der die absolute Geltung jedes einzelnen Teiles der Tora unmißverständlich ausgedrückt war, nicht realisieren... wegen seines Verständnisses von *plärosai* (sc. erfüllen, d. V.). So ändert er die Richtung des Logions auf Vers 17 hin. Er greift den Gedanken des ‹Erfüllens› auf, konkretisiert ihn in der Richtung der praktischen Verwirklichung. Es muß alles ‹erfüllt›, nämlich ohne Abstriche – in vollkommener Weise (vgl. 5,20) von der Jüngerschaft getan werden –, aber in dem Sinn, in dem Jesus nach 5,17 durch seine Lehre das wahre und endgültige Verständnis von ‹Gesetz und Propheten› gebracht hat» (179). Ähnlich betont G. BARTH: Das Gesetzesverständnis des Evangelisten Matthäus, in: G. Bornkamm – G. Barth – H. J. Held: Überlieferung und Auslegung im Matthäusevangelium, 54–154, S. 65, die Einordnung der Gesetzesfrage «in das Ganze eines heilsgeschichtlichen Planes» (5,18c!) und die Verknüpfung mit der Person Jesu, mit der Christologie also.

[9] Wie stark Jesus selber sich *innerhalb* des jüdischen Gesetzes gesehen hat, betont eindringlich R. SCHNACKENBURG: Die sittliche Botschaft des Neuen Testamentes, 37–52. Vgl. auch W. GUTBROD: *nomos* (Gesetz), in: Theologisches Wörterbuch zum NT, IV 1029–1084, S. 1051–1057: «Hier (sc. in Mk 3,1 ff., der Sabbatfrage, d. V.) liegt also keine Reduktion des Gesetzes auf eine Moralität vor, sondern eine Radikalisierung des Gesetzes durch die Frage nach dem konkreten Gehorsam in der Liebe zum Nächsten» (1055). Das «Ineinander von Verneinung und Bejahung des Gesetzes» «ist unlösbar davon, daß Jesus das Verhältnis zwischen Mensch und Gott nicht auf die Grundlage der Gesetzeserfüllung stellt, sondern es auf die neue, schöpferische Gottestat der Vergebung gründet» (1057). Vgl. G. BORNKAMM: Jesus von Nazareth, 88–100: Jesus und das Gesetz. Die neue Gerechtigkeit. Bes. G. BARTH: Das Gesetzesverständnis des Evangelisten Matthäus, in: G. Bornkamm – G. Barth – H. J. Held: Überlieferung und Auslegung im Matthäusevangelium, 54–154, S. 88–98, sieht vor allem im Liebesgebot die entscheidende Radikalisierung und das rechte Auslegungsprinzip für das Gesetz, verbunden mit der Forderung der Nachfolge (97); vgl. Mt 7,12.

[10] Vgl. R. BULTMANN: Jesus, 48–62: «Jesus lehrt überhaupt keine Ethik als eine allgemein für den Menschen einsichtige Theorie über das, was man tun und lassen soll. Eine Theorie kann immer nur ausgehen von einem bestimmten Verständnis des Menschen... Eine solche Theorie macht den Menschen... zum Maßstab des Handelns; und eine solche Theorie sieht den Menschen an als gesichert in seiner Existenz, verfügend über die Möglichkeiten des Handelns, die ihm begegnen können. Jesus sieht den Menschen... in einer absoluten Ungesichertheit gegenüber dem, was ihm begegnet. Der Mensch kann nicht vorher verfügen über die Möglichkeiten dessen, was es zu tun gilt..., sondern jeder Moment der Entscheidung ist wesenhaft neu. Da... ist damit Ernst gemacht, daß die Forderung des Guten wirklich die Forderung Gottes ist.»

[11] Vgl. G. LOHFINK: Wem gilt die Bergpredigt? Eine redaktionskritische Untersuchung

von Mt 4,23 und 7,28 f., Theologische Quartalschrift 163 (1983), 264–284.

[12] Zu der Umqualifizierung des Daseins von Segen in Fluch durch die «Sünde» des Menschen vgl. E. DREWERMANN: Strukturen des Bösen, I 45–53; 87–106.

[13] Vgl. S. KIERKEGAARD: Die Krankheit zum Tode, 31–33: Die Verzweiflung der Endlichkeit ist das Fehlen der Unendlichkeit.

[14] Vgl. G. BORNKAMM: Jesus von Nazareth, 77–79: Leben in der Freude: «Die Freude (sc. des Vaters über die Heimkehr des verlorenen Sohnes, d. V.) ist die Rettung aus dem Tod. Um nichts Geringeres geht es» (78).

[15] Vgl. a. a. O., 100: «Die zu neuer Gerechtigkeit Gerufenen werden von der Welt befreit und doch neu in sie hineingestellt... Als die Befreiten inmitten einer Welt, die an ihrem Unrecht und an ihrem Recht, an ihrem Zukunftsenthusiasmus wie an ihrer Traditionsvergötzung, an ihrer Gesetzlichkeit wie an ihrer Gesetzlosigkeit... sterben muß, sind die Jünger gerufen, die Zeichen der neuen Gerechtigkeit aufzurichten.» Vgl. G. BORNKAMM: Enderwartung und Kirche im Matthäusevangelium, in: G. Bornkamm – G. Barth – H. J. Held: Überlieferung und Auslegung im Matthäusevangelium, 13–47: «Ihr (sc. schon der Antithesenreihe von Mt 5,21–48) durchgängiges Motiv ist der Durchstoß durch ein in formale Rechtssätze verkehrtes Gesetz, hinter dessen Ordnung das ungehorsame Herz des Menschen sich in Ordnung wähnt, und damit das Dringen auf den ursprünglichen radikalen Willen Gottes, der zur ‹Vollkommenheit› ruft.»

Glücklich die aus Geist Armen

(Seite 369 bis 373)

[1] Vgl. E. SCHWEIZER: Das Evangelium nach Lukas, 77–88, zu Lk 6,20–26: «Die Heilrufe gelten den Armen, Hungernden, Weinenden (ohne weiteren Zusatz)... Hier wird nicht derart geistlich formuliert, daß die konkreten, leiblich durchzustehenden Verhältnisse verschwänden. In Palästina haben sich die Armen weithin auch als die Demütigen, allein auf Gott Hoffenden verstanden (Mt 5,3); in den hellenistischen Städten der lukanischen Gemeinden gibt es soziale Bedrückung durch die Reichen (Jak 5,1–6). Dagegen wird nicht stoische Verachtung alles Äußeren gepredigt, sondern die schockierende Parteilichkeit Gottes für die Elenden... Aber wer hat recht, Matthäus oder Lukas: Meint Jesus geistliche oder wirkliche Armut? Er hat sich den Armen bedingungslos zugewandt und hat dabei nie schwärmerisch irdisches Elend übersprungen, als lebte der Glaubende schon im Himmel» (78). Vgl. auch P. HOFFMANN – V. EID: Jesus von Nazareth und eine christliche Moral, 29–39, die sehr zu Recht in der Seligpreisung der Armen die «Vorgabe der Güte betonen», durch die *alle* eingeladen werden (39), ähnlich dem Gleichnis von den Arbeiten im Weinberg (Mt 20,1–16).

[2] Vgl. E. SCHWEIZER: Das Evangelium nach Matthäus, 49: «Arme (oder Demütige) des Geistes... sind die, die um Gott wissen, der ‹den Knieweichen festen Stand und den zerschlagenen Rücken aufrechte Haltung schenkt›... Dabei ist nicht mehr scharf zu unterscheiden, ob dies heißt, daß sie arm sind, weil Gottes Geist sie dazu gemacht hat oder weil ihr menschlicher Geist sich so fühlt.» *Traditionsgeschichtlich* scheint es, als wenn die drei ersten Seligpreisungen in der Form von Lk 6,20 f. (ohne ‹jetzt›) auf Jesus zurückgehen. «Sie sind schon vor Matthäus in Q durch einen breiter formulierten Heilruf an die um Jesu willen Verfolgten ergänzt worden (Lk 6,22 f.).» (A. a. O., 49.) Vgl. E. SCHWEIZER: Formgeschichtliches zu den Seligpreisungen, in: DERS.: Matthäus und seine Gemeinde, 69–77; G. BRAUMANN: Zum traditionsgeschichtlichen Problem der Seligpreisungen Mt 5,3–12, NT 4 (1960) 253–260; G. STREKKER: Die Makarismen der Bergpredigt, NTS 17 (1970–1971) 255–275.

[3] Vgl. bes. Ps 33,19; Jes 61,1 f. in Verbindung mit Mt 11,5. Vor allem die *Qumrantexte* kennen den Ausdruck «die Armen des Geistes»:

1 QM 14,7; 1 QH 14,3. Zur Selbstbezeichnung der Gemeinde gehören auch die Wendungen «die Armen der Gnade» (1 QH 5,22), «die Armen deiner Erlösung» (1 QM 11,9) oder einfach «die Armen». «Das Kennzeichen dieser Armenfrömmigkeit ... ist, daß die Armut in erster Linie eine geistige Haltung Gott gegenüber bezeichnet ... ‹Die Armen im Geist› sind dann auch jene, die sich vor Gott als Bettler verstehen, die darum wissen, daß sie die Himmelsherrschaft nicht herbeizwingen können, sondern daß Gott sie ihnen schenken muß.» J. Gnilka: Das Matthäusevangelium, I 121. Bes. Ps 37 war nicht nur in Qumran von großem Einfluß (vgl. 4 Q p Ps 37), sondern auch für die Seligpreisungen bei Mt; vgl. Mt 5,5 mit Ps 37,11; Mt 5,8 mit Ps 24,3 f. E. Schweizer: Das Evangelium nach Matthäus, 47. J. Schniewind: Das Evangelium nach Matthäus, 41, sieht in den «Armen (im Geiste)» Fromme, «die Gott die Treue halten»; sie «sind verfolgt und verspottet, sie werden gedrückt und ihnen geschieht Unrecht; sie ringen mit dem Tode ..., mit Anklagen der Sünde und mit dämonischen Mächten. Aber sie sind in dem allen schlechthin auf Gott angewiesen ... Sie sind die ‹Stillen im Lande› (Ps 35,20) ... Sie sind den Pharisäern darin verwandt, daß sie sich streng zum Gesetz halten».

[4] Für diese Deutung spricht vor allem Mt 18,1–5, wo Matthäus in die Gemeindeunterweisung die Szene mit dem *Kind* einschaltet. Sehr schön meint J. Gnilka: a. a. O., I 122: «Die Seligpreisung der Armen im Geist, der Bettler vor Gott, ist ein Plädoyer für die göttliche Gnade.»

[5] So auch bes. in *Qumran*, vgl. 1 QH 1,21–23: «Ich bin ein Lehmgebilde, etwas mit Wasser Geknetetes, ein Ausbund von Schande und ein Quell von Abscheulichem, ein Schmelzofen der Schuld und ein Gebäude der Sünde, ein Geist des Irrtums, verdreht ohne Einsicht und erschreckt durch gerechte Gerichte.» J. Maier: Die Texte vom Toten Meer, I 73. Vgl. 1 QH 3,23–25. Umgekehrt geht die Hoffnung, daß Gott, der die Waise nicht verläßt und den Geringen nicht verachtet, «das Leben des Elenden und Geringen», «alle die ‹Armen der Gnade›», nicht im Stich lassen wird. 1 QH 4,13–15.20–22; a. a. O., S. 85. Vgl. J. Dupont: Les *ptochoi to pneymati* de Matthieu 5,3 et les *anawej ruach* de Qumran, in: Neutestamentliche Aufsätze (Festschrift für J. Schmid), hrsg. v. J. Blinzler u. a., Regensburg 1963, 53–64.

[6] Zum Daseinsproblem der *Armut* bzw. der «Nacktheit» von Gen 3,7 vgl. E. Drewermann: Strukturen des Bösen, I 72–74.

[7] Zur Stelle vgl. J. Gnilka: Das Matthäusevangelium, II 411–412, der an Ps 40,9; 103,21; 143,10 erinnert, an das «Lob» all derer, die Gottes Willen tun.

[8] Dramatisch ausgeformt ist die Szene einer solchen Selbstannahme im Gehorsam gegenüber Gottes Willen in der Berufungsgeschichte des Moses, Ex 3; 4. Vgl. dazu E. Drewermann: Tiefenpsychologie und Exegese, II 379–392. Vgl. auch E. Schweizer: Das Evangelium nach Lukas, 79, der meint, die Seligpreisung der «Armen» gelte «all denen, die um ihre Armut (in jeder Form!) wissen».

[9] Vgl. dazu die existentialanalytische Entgegensetzung der «Verzweiflung der Schwachheit» und der «Verzweiflung des Trotzes» bei S. Kierkegaard: Die Krankheit zum Tode, 48–65; 65–72.

[10] M. Frisch: Stiller, 322.

[11] A. a. O., 322. – Es ist klar, daß hier ein bestimmter hermeneutischer Standpunkt bevorzugt wird. G. Theissen: Wanderradikalismus, in: Studien zur Soziologie des Urchristentums, 104–105, meint: «Verfolgt man die Überlieferung der Worte Jesu im Urchristentum, so stößt man auf drei Sozialformen urchristlichen Glaubens: Wanderradikalismus, Liebespatriarchalismus und gnostischen Radikalismus. In ihnen sind jene drei Typen angelegt, deren Geschichte E. Troeltsch (Die Soziallehren der christlichen Kirchen und Gruppen, 1912) durch die ganze Christentumsgeschichte hindurch verfolgt hat: Sekte, Anstaltskirche und Spiritualismus.» Wer die

Sekte (den Handlungsradikalismus) ebenso ablehnt wie die Anstaltskirche des Liebespatriarchalismus, was bleibt dem religiös anders als der Erkenntnisradikalismus bzw. als der Existentialismus?

[12] Noch einmal M. FRISCH: Stiller, 407–408: «Solange ja ein Mensch nicht sich selbst annimmt, wird er stets jene Angst haben, von der Umwelt mißverstanden und mißdeutet zu werden; es ist ihm viel zu wichtig, wie wir ihn sehen, und gerade mit seiner bornierten Angst, von uns zu einer falschen Rolle genötigt zu werden, macht er zwangsläufig auch uns borniert. Er möchte, daß wir ihn freilassen; aber er selbst läßt uns nicht frei ... Die Selbsterkenntnis ... ist ja bloß der erste ... Schritt. Wie viele Menschen kennen wir, die eben auf dieser Stufe stehenbleiben, sich mit der Melancholie der bloßen Selbsterkenntnis begnügen und ihr den Anschein der Reife geben ... Er war im Begriff, den zweiten und noch viel schwereren Schritt zu tun, herauszutreten aus der Resignation darüber, daß man nicht ist, was man so gerne gewesen wäre, und zu werden, was man ist. Nichts ist schwerer, als sich selbst anzunehmen!»

[13] So E. SCHWEIZER: Das Evangelium nach Matthäus, 46: «All denen, die arm genug sind, um Ohren zum Hören zu haben, wird von Jesus das Heil zugesprochen, und zwar in einer Vollmacht, die schon künftige Erfüllung in ihre Gegenwart hineinspricht.» «Reich» in diesem Sinne sind die «Herzensverfetteten» aus Jes 6,10: «*Verfette* (nicht: «verstocke»!) das Herz dieses Volkes.»

[14] Zur Problematik der *Lüge* vgl. E. DREWERMANN: Ein Plädoyer für die Lüge oder: Vom Unvermögen zur Wahrheit, in: Psychoanalyse und Moraltheologie, III 199–236.

[15] Vgl. E. DREWERMANN: Kleriker. Psychogramm eines Ideals, 674–688: Von einer Armut, die freimacht.

Glücklich die Trauernden

(Seite 373 bis 381)

[1] Zu Lk 6,21 vgl. E. SCHWEIZER: Das Evangelium nach Lukas, 78–79. Deutlich ist die Erinnerung an Jes 61,2 f. Gemeint ist nicht, wie die Väterexegese lehrte, die Trauer um die «Sünde», gemeint ist «alle Trauer dieses Äons»; vgl. auch U. LUZ: Das Evangelium nach Matthäus, I/1, 208, der zu Recht auch hier bei Mt eine «Tendez zur Spiritualisierung» gegenüber Lk feststellt und hinzufügt: «Die Tendenz zur Ethisierung, die ihm schon in seiner Überlieferung vorgegeben war, hat er selber verstärkt (V. 6, sc. des 5. Kap., d. V.), aber nicht zu Ende geführt.» Im AT ist der Gegenstand der Trauer, die Gott trösten wird, das zerstörte Jerusalem (Sir 48,24; Jes 66,10–12); entsprechend *symbolisch* ist die «Trauer» hier zu verstehen: Es ist ein Schmerz, der aus der Verwüstung des Heiligtums der menschlichen Existenz entsteigt.

[2] Es ist die alte These aus G. W. F. HEGEL: Philosophie der Religion, II 315, es sei die «Natur des Geistes, die Vereinigung des unendlichen Gegensatzes» zu sein. *Existentiell* ist das menschliche Leben um so reicher, als es die bestehenden Konflikte nicht verleugnet, sondern durchlebt und durchliebt.

[3] Vgl. A. MITSCHERLICH: Die Unfähigkeit zu trauern, 77–83, der die Verweigerung der Trauerarbeit für ein kollektives Problem der Deutschen nach 1945 erklärte.

[4] J. L. GODARD: Alphaville, Frankreich 1965; vgl. L. A. BAWDEN (Hrsg.): rororo Film Lexikon, 4, Personen A–G, 1008–1012.

[5] Das Motiv der Rettung der Geliebten erscheint in zahlreichen Märchen; vgl. z. B. E. DREWERMANN – I. NEUHAUS: Der goldene Vogel, 45–55: Die Reinigung der Seele und das Verbot des Abschieds; zu Gen 19,1–28 vgl. H. GUNKEL: Genesis, 206–217; das Motiv von Lots Frau (19,26) ist freilich sekundär.

[6] Zu welchen «Späßen» römische Kaiser aufgelegt sein konnten, beschreibt die Skandalchronik des C. SUETON: Leben der Caesaren,

Tiberius, 121–163, Kap. 61, S. 154–155, über die Grausamkeit des Despoten.

[7] M. R. Dederichs: «Nie zuvor war ich so stolz», in: *Stern,* Nr. 11, 7. März 1991, S. 36–37. Vgl. auch J. Reich: Wie ein Boxer im Bademantel, in: Ärzte ⁄. Atomkrieg, Rundbrief der IPPNW und der Ärzte-Initiativen, Nr. 34, März 1991: Der Krieg am Golf, 30–31. Vgl. auch W. G. Lerch: Kein Frieden für Allahs Völker, 251–259: Illusion oder Hoffnung. Die «neue Ordnung» im Nahen Osten, der (S. 257) zu Recht bezweifelt, «man könne den Nahen Osten von außen so ordnen und gestalten, wie man es im Nachkriegs-Europa tat».

[8] Man schätzt heute, im September 1991, bereits die Zahl derer, die durch die Bombardements getötet wurden oder an ihren Verletzungen starben oder die durch Folter und Hunger umkamen, auf über 400 000. 50 Prozent der irakischen Bevölkerung besteht aus Kindern unter 14 Jahren. Im August 1991 wurde allein die Zahl der in den letzten Wochen aufgrund des Handelsembargos durch mangelnde medizinische Versorgung an ihren Verletzungen gestorbenen Kinder auf 14 000 angegeben. D. van Versendaal: Waffenstillstand, in: *Süddeutsche Zeitung. Magazin,* 2. August 1991, S. 27 spricht von 150 000 toten Irakern, die unmittelbar durch die Kampfhandlungen umkamen, auf seiten der Alliierten starben 500 Menschen aus 28 Nationen. «In Kuwait wurden 5000 Einheimische von den irakischen Besetzern ermordet.» – «Kaum beachtet von der Weltöffentlichkeit verloren von Kriegsende (sc. seit dem 28. Februar 1991, d. V.) bis heute 60 000 Menschen alleine durch Vertreibung und den Terror irakischer und kuwaitischer Geheimdienste ihr Leben. Bis zum Jahresende, vermuten Ärzte, werden noch einmal so viele an Verfolgung und Gewalt, an Cholera, Typhus und Ruhr sterben. Weitere 170 000 Kinder und Babys werden durch Austrocknung, Brechdurchfall und Hunger umkommen. Zwei Länder wurden zerstört. Fünf Millionen Menschen im Irak und in Kuwait verloren ihre Wohnungen oder ihre Arbeit. Irakische Krankenhäuser sind geschlossen oder überfüllt. Unterernährte Kinder werden gar nicht erst aufgenommen. Babymilch ist rationiert, es fehlt an Medikamenten und medizinischen Geräten. 18 der 20 stromerzeugenden irakischen Kraftwerke wurden aus der Luft zerbombt. Ohne Strom kann kein Wasser aufbereitet, können die Abwässer nicht entsorgt und landwirtschaftliche Bewässerungspumpen nicht betrieben werden. Der Anbau von Nahrungsmitteln ist zusammengebrochen, in weiten Teilen des Irak drohen Hungersnöte. Unmittelbar vor dem Waffenstillstand gaben US-Militärs den Befehl, gezielt zivile Einrichtungen des Irak zu vernichten, um eine rasche Erholung des Landes und der Menschen nach Kriegsende zu verhindern.»

[9] Vgl. E. Drewermann: Reden gegen den Krieg, 111–120.

[10] D. van Versendaal: Waffenstillstand, in: *Süddeutsche Zeitung. Magazin,* 2. August 1991, S. 27 resümiert: «Der Golfkrieg war kein ‹intelligenter› Krieg, erst recht kein Krieg der intelligenten Waffen. Der Anteil an treffsicheren Laserbomben und anderer High-Tech-Munition lag bei nur sieben Prozent. Es war im Gegenteil ein Krieg der Splitterbomben, der Explosionsbomben, der beton-, metall- und fleischzerfetzenden Bomben, wie sie auch auf Dresden, Hanoi und Pyöngyang fielen. Der Golfkrieg war ein effizienter Krieg. Unter militärischen Gesichtspunkten bedeutet dies: Um einen Menschen zu töten, wurde eine Tonne Munition verschossen. In Korea brauchten die Soldaten zur Erlegung jedes ihrer Opfer vier, in Vietnam immerhin noch zwei Tonnen Munition. Seit den Tests am sterbenden Objekt stiegen die Waffenexporte Frankreichs im Vergleich zum Vorjahr um siebzig Prozent. In den USA gingen allein seit März dieses Jahres neue Rüstungsaufträge für zwanzig Milliarden Mark ein. Das Rennen um die durchschlagende Wirkung westlicher Kriegstechnik geht weiter.» Zu den Waffenlie-

ferungen in den Nahen Osten allein zwischen 1983–87 vgl. M. BRZOSKA: Feuer aufs Öl, in: Ärzte ⁄. Atomkrieg. Rundbrief der IPPNW und der Ärzte-Initiativen, Nr. 34, März 1991; Der Krieg am Golf, 32–35.

11 Zu den psychischen Mechanismen im Vorfeld des Golfkrieges vgl. G. GRASS: Diese Regierung muß zurücktreten. Interview von M. Th. Mehr mit G. Grass über den Golfkrieg und die Bundesrepublik, in: Ärzte ⁄. Atomkrieg. Rundbrief der IPPNW und der Ärzte-Initiativen, Nr. 34, März 1991; Der Krieg am Golf, 27–29.

12 Denn: D. VAN VERSENDAAL: Waffenstillstand, in: *Süddeutsche Zeitung*, S. 27: «... die Sieger feierten. Sie feierten ihren Sieg, der keiner war, mit Paraden und Umzügen, die länger währten als der Krieg selber. Sie feierten ihre Helden unter Konfetti und Ballons, mit Fanfaren und den Geldern der Waffenindustrie (sc. in Höhe von ca. 60 Millionen Dollar, d. V.). Sie feierten die Heilung vom Trauma eines Krieges, den sie zwanzig Jahre vorher im Dschungel geführt hatten. Sie feierten ihren Präsidenten Bush und einen General Schwarzkopf, dem es dank des Krieges gelungen war, vom Militär zum Millionär aufzusteigen.»

13 LAOTSE: Tao te king, Nr. 31, S. 71, freies Zitat.

14 Vgl. G. BERNANOS: Die Freude, 68–69: «Der große, der ewige Durst hat sich von den lebendigen Quellen abgewandt, hat nichts anderes gewollt als den Essig und die Galle, nichts ersehnt als Bitternis.»

15 Selbst in der (katholischen) Kirche scheint es immer noch unmöglich, Symbole des Glaubens (z. B. die Jungfräulichkeit Mariens) als Symbole zu verstehen, ohne sich von bestimmten Kreisen dem Vorwurf der Häresie ausgesetzt zu sehen. Vgl. H. J. RICK (Hrsg.): Dokumentation zur jüngsten Entwicklung um Dr. Eugen Drewermann, 29–203, S. 94–126.

16 Abgedruckt in: E. DREWERMANN: Der tödliche Fortschritt, 160–165; 180.

17 Vgl. B. PASTERNAK: Doktor Schiwago, 1. Buch; Ein Mädchen aus anderen Kreisen, Kap. XVII, S. 62–63: «Selig sind die Leidtragenden ... Das war Seine Meinung. Das hatte Christus gelehrt.»

Glücklich die Wehrlosen

(Seite 381 bis 390)

1 Vgl. U. LUZ: Das Evangelium nach Matthäus, I/1, 199–200: «Die ersten acht Seligpreisungen präsentieren sich durch das nachgestellte *dikaiosynä* (sc. Gerechtigkeit, d. V.) in der vierten und achten Seligpreisung als zwei ‹Strophen› von genau gleicher Länge.» Die «Zweistrophigkeit» der Seligpreisungen ist aber nicht nur ein literarisches Stilmittel, sondern vor allem ein entscheidender Hinweis für die Übersetzung und Ausdeutung dieses Zentraltextes des ganzen Evangeliums.

2 So bemerkt an sich ganz richtig E. SCHWEIZER: Das Evangelium nach Matthäus, 46: «Die ... acht Heilrufe (sc. mit Ausnahme der letzten Seligpreisung, Mt 5,11.12, d. V.) bilden zwei Vierergruppen, die sogar in der Wortzahl übereinstimmen. In der zweiten Gruppe wird noch deutlicher eine bestimmte Haltung des Menschen, nicht nur ein Erleiden gepriesen.» Tatsächlich kommt es darauf an, die Parallelität zwischen den «Verhältnis»-Bestimmungen in der ersten Hälfte der Seligpreisungen und den «Verhaltens»-Beschreibungen in der zweiten Hälfte der Seligpreisungen zu erkennen und dementsprechend zu übersetzen.

3 Das Neue Testament. Einheitsübersetzung, S. 25. «Die Freundlichen» übersetzt U. LUZ: Das Evangelium nach Matthäus, I/1, 199, um (S. 207–208) doch wieder bei den «Demütigen» zu enden.

4 Die Bibel nach der Übersetzung Martin Luthers, Stuttgart 1985, S. 6.

5 Zur Stelle vgl. A. WEISER: Die Psalmen I, ATD 14, S. 215: «Die Sünde *ist* schon Gericht: die Waffe der Sünde richtet sich gegen den Sünder selbst und zerbricht ihm in der eigenen Hand.»

6 SCH. BEN CHORIN: Bruder Jesus, 58, sieht hier – nicht zu Unrecht – «eine Mahnung Jesu

gegenüber den aktivistischen Zeloten», «die sich mit Gewalt der römischen Fremdherrschaft widersetzen wollten. Er predigt den passiven Widerstand.» Aber: es geht hier nicht um den Verzicht auf Gewalt, sondern um das Unvermögen zur Gewalt. Das Thema ist mithin weit radikaler und weit grundsätzlicher als die zeitabhängige Frage des zelotischen Widerstandes gegen die Römer.

[7] FR. HAUCK – S. SCHULZ: praÿs («demütig»), in: Theologisches Wörterbuch zum NT, VI 645–651, S. 649–650 erinnern mit Bezug zu Mt 21,5 (dem Einzug Jesu in Jerusalem) ebenfalls an «den Einzug des gewaltlosen, unkriegerischen Heilskönigs und Friedensfürsten ... Jesus tritt damit in grundsätzlichen Gegensatz zu den Zeloten ... und allen Vertretern eines politischen Messianismus. In der Seligpreisung Mt 5,5 erscheinen die *praeis* (sc. die ‹Erniedrigten›, d. V.) als solche, die aufgrund ihrer gedrückten Lage nicht ihren eigenen Willen, sondern Gottes großen und gnädigen Willen anerkennen.» Deutlicher sollte man sagen: die in ihrer objektiv bestehenden Ohnmacht und Wehrlosigkeit nichts weiter haben als die Zuversicht auf Gott.

[8] R. WINTER: Die amerikanische Zumutung, 54.

[9] R. WINTER: Ami go home, 380.

[10] A. a. O., 136.

[11] A. a. O., 55.

[12] A. a. O., 55.

[13] A. a. O., 52.

[14] R. WINTER: Die amerikanische Zumutung, 54.

[15] Zur Stelle vgl. E. SCHWEIZER: Das Evangelium nach Lukas, 233: «Gefährdung von Ruhe und Ordnung, finanzielles Risiko, Angriff auf die Würde des Kaisers.»

[16] S. RIECKHOFF: Faszination Archäologie, 137; 160, schildert die Geschichte der Aggression im Übergang von den umherschweifenden Jägern der Altsteinzeit zu den neolithischen Bauern: «Auf der Suche nach Metallen oder angelockt vom Reichtum blühender Bauernkulturen, die Kupfer und Gold besaßen, entbrannte der Kampf um Besitz und Macht.»

[17] W. E. SIMMAT: Adolf Hitler. Ein Portrait in Tondokumenten (Ariola Eurodisc); 20. 5. 37: Rede vor Arbeitern auf dem Obersalzberg anläßlich der Einweihung einer Gemeinschaftshalle: «Wehe dem, der schwach ist, der nicht auf eigenem Boden steht, der darf von niemand irgendeine Hilfe erwarten, der wird immer nur ausgenützt.»

[18] R. WINTER: Ami go home, 321.

[19] A. a. O., 321.

[20] A. a. O., 315–316.

[21] A. a. O., 316.

[22] A. a. O., 316–317. – Noch im Jahre 1991, zwei Monate nach dem Golf-Krieg, vergab die US-Administration die Bestellung eines neuen Kampfbombers für 100 Mrd. Dollar, um die Luftüberlegenheit der Vereinigten Staaten im kommenden Jahrhundert zu sichern. NW 25. April 1991: Es geht um die Auftragsvergabe von 650 ATF-Kampfflugzeugen (Advanced Technical Fighter = Kampfflugzeug fortschrittlicher Technologie), die ab 2003 von dem Flugzeugkonzern Lockheed gebaut werden sollen. «Das neue Flugzeug soll ... bis zu anderthalbfacher Schallgeschwindigkeit ohne die unwirtschaftlichen Nachbrenner fliegen können und eine doppelt so weite Reichweite wie die F 15 haben. Sein Radarecho soll etwa tausendmal schwächer sein als das einer F 15.»

[23] R. Winter: Ami go home, 319.

[24] A. a. O., 70–71.

[25] A. a. O., 70; 391–392, zur Meinung von *George Bush* und *R. Reagan.*

[26] *Hamburger Abendblatt,* 4. April 1991. In diesem Licht muß man auch den an sich sehr begrüßenswerten Schritt zum Abbau der amerikanischen Nuklearwaffen sehen, den G. BUSH Ende September verkündet hat: 700 Gefechtsköpfe sowie mehr als 1000 nukleare Artilleriegeschosse sollen verschrottet werden; doch im Arsenal bleiben sowohl der Tarnkappenbomber wie auch die Interkontinentalraketen; im Programm bleibt auch das System GPALS (Globaler Schutz gegen begrenzte Schläge) – eine erweiterte Form des

«Kriegs der Sterne» aus der Reagan-Ära. «Für den USA-Schutzschirm, verstärkt durch Abfangsatelliten im All, käme die Rechnung bis zur Jahrtausendwende auf 40 bis 50 Milliarden Dollar. Zum Vergleich: Für SDI genehmigte der Kongreß seit 1985 nur 22,9 Milliarden Dollar (von beantragten 31,4 Milliarden).» M. R. DEDERICHS: Angebot mit Reserven, in: *Stern*, Nr. 41, 2. Oktober 1991, 214–216. Inzwischen liegt das Problem offenbar nicht mehr in der großen Konfrontation zwischen den Supermächten, sondern in der Vorbereitung des Kampfes um die Rohstoffe von morgen. Vgl. K. DUCHROW – G. EISENBÜRGER – J. HIPPLER (Hrsg.), Totaler Krieg gegen die Armen. Geheime Strategiepapiere der amerikanischen Militärs, München (Kaiser Tb. 62) 1991.

[27] Vgl. P. SALINGER – E. LAURENT: Krieg am Golf, 221–223: Streng geheim und persönlich: «Wir sind mit der amerikanischen Seite übereingekommen, daß es wichtig wäre, die Verschlechterung der wirtschaftlichen Lage im Irak auszunutzen, um die Regierung des Landes zu veranlassen, unsere gemeinsame Grenze festzulegen» (S. 222).

[28] LAOTSE: Tao te king, übers. v. R. Wilhelm, Nr. 30, S. 70.

[29] A. a. O., Nr. 31, S. 71.

Glücklich, die hungernd und dürstend sind nach richtigem Leben
(Seite 390 bis 395)

[1] Das Wort *«Gerechtigkeit»* ist ein Lieblingswort des Matthäus, das bei ihm 7mal (gegenüber 0mal bei Mk, 2mal bei Lk) vorkommt. R. MORGENTHALER: Statistik des neutestamentlichen Wortschatzes, 89. Im jüdischen Sprachgebrauch ist «Gerechtigkeit» «das von Gott in seinem Bund seinem Volk gebotene Verhalten. Inhaltlich wird sie in (Mt) 5,20–48 näher beschrieben.» So U. LUZ: Das Evangelium nach Matthäus, I/1, 211. G. STRECKER: Der Weg der Gerechtigkeit, Untersuchung zur Theologie des Matthäus (FRLANT 82), Göttingen 3. Aufl. 1971, 150–158 weist auf die redaktionelle Verklammerung des Wortes «Gerechtigkeit» in Mt 5,6.10 hin, das die Seligpreisungen deutlich in zwei Abschnitte teilt. Inhaltlich geht es um das «Tun des Gotteswillens»; so meint W. SCHENK: Die Sprache des Matthäus, 195: «Es bezeichnet die Eintrittsbedingung zur individuellen Unsterblichkeit wie Hen 99,10: ‹In jenen Tagen werden alle die glücklich sein, die diese Weisheitsrede annehmen und verstehen, also die Wege des Höchsten befolgen, auf dem Weg seiner Gerechtigkeit wandeln und nicht mit den Frevlern frevelhaft werden, denn sie sind es, die gerettet werden›.» Vgl. G. BEER: Das Buch Henoch, in: E. Kautzsch (Hrsg.): Die Apokryphen und Pseudepigraphen des Alten Testaments, II 217–310, S. 304. «Gerecht» in diesem Sinne ist der «Täter des Gotteswillens». Für Mt ist dabei vor allem die «nur scheinbare Befehlsausführung» bzw. die «äußere Gerechtigkeit» «als eine Erstattungs-Gerechtigkeit vom Ruhm der Bewunderer-Seite her» zu verstehen. (Vgl. Mt 5,20; 6,1; 23,28.) Der Inhalt der mt «Gerechtigkeit» ist «Barmherzigkeit» als Inbegriff einer «großherzig-teilenden Solidarität». W. SCHENK: a. a. O., 195. Vgl. H. L. STRACK – P. BILLERBECK: Kommentar zum Neuen Testament, I 201–203, die auf Spr 21,21 hinweisen.

[2] Bes. E. SCHWEIZER: Das Evangelium nach Matthäus, 28–30, S. 29 meint zu Recht: «Versteht man ... Gottes Gerechtigkeit ... als Liebesmacht, die sich auf Erden durchsetzen und den Menschen für sich gewinnen will, dann läßt sich nicht mehr streng scheiden zwischen Gottes Handeln am Menschen und dem davon lebenden Handeln des Menschen.» Vgl. auch J. JEREMIAS: Neutestamentliche Theologie, I 110–123: Die Frohbotschaft für die Armen. – Gottes *weltweite* Gerechtigkeit erwarten auch die Qumrantexte: 1 QH 14,16 z. B.

[3] E. SCHWEIZER: Das Evangelium nach Matthäus, 53: «Nach Bar 2,18 kann allein die ‹hungernde Seele› Gottes Herrlichkeit und Gerechtigkeit preisen. Von Jesus freilich wird nicht

eine schon bestehende Gruppe von Frommen oder auch von sozial Hungernden gepriesen wie bei Lukas. Der Spruch ist Heilswort, das die Menschen, denen es gilt, erst schafft, indem es zum Hören einlädt und den, der es hört, ins Heil Gottes stellt. ... Auf dem alttestamentlichen Hintergrund ist damit zunächst die Sehnsucht nach dem kommenden Reich und der darin verwirklichten Gerechtigkeit Gottes gemeint; der Schrei nach dem, der denen, die Gewalt leiden, Recht schaffen wird (Ps 146,7...), nach dem ‹Neuen Himmel und der neuen Erde..., in denen Gerechtigkeit wohnt› (2 Petr 3,13)... Gottes endzeitliche Tat... ist als Sattwerden beschrieben.» Vgl. auch G. DALMAN: Jesus – Jeschua, 62–79: Die Gerechtigkeit, die besser ist als die der Schriftgelehrten.

4 A. KUROSAWA: Ikiru – einmal wirklich leben, Japan 1952. Filmtext in: Spectaculum: Texte moderner Filme 2, Frankfurt 1964.

5 Zit. nach W. SCHILDMANN: Was sind das für Zeichen? Karl Barths Träume im Kontext von Leben und Lehre, 46 (Wernles Brief vom 2. Okt. 1909 an Barth). Vgl. P. WERNLE: Briefe an Karl Barth, im Barth-Archiv Basel. Die Briefe Barths an Wernle sind bislang nicht zugänglich.

6 K. H. HANSEN: Go down, Moses, 168–169.

7 A. a. O., 108–109.

8 A. a. O., 88–91.

9 Vgl. S. KHALIFA: Der Feigenkaktus, 112–115, die Szene der palästinensischen Kinder, die gegenüber den israelischen Soldaten skandieren: «Allah ist groß».

Glücklich die sich Erbarmenden
(Seite 395 bis 403)

1 H. L. STRACK – P. BILLERBECK: Kommentar zum Neuen Testament, IV 1, 559–610, zeigen das Erbarmen als Kern der altjüdischen «Liebeswerke»; vgl. a. a. O., I 203–205. Bes. Mt 9,13; 12,7; 23,23 zeigen das Erbarmen als das Zentrum des Gotteswillens. Mt 18,23–35 aber, das Gleichnis vom Schalksknecht, zeigt, daß nur die Menschen, die ihre Armut und damit ihre Angewiesenheit auf das Erbarmen kennen, auch zum Erbarmen fähig sein werden.

2 Die erste konsequente Ethik der Armut und der menschlichen Bedürftigkeit entwickelten die griechischen *Kyniker.* Vgl. K. v. FRITZ: Quellenuntersuchungen zu Leben und Philosophie des Diogenes von Sinope. Philologus, Suppl. 18,2, 1926. K. VORLÄNDER: Philosophie des Altertums, I 73–74, meint von den Kynikern: «Bemerkenswert bleibt ihre Willensstärke, Einfachheit, Selbständigkeit, endlich ihr geläuterter Gottesglaube, der nicht in Kulthandlungen, sondern allein in der Ausübung der Tugend den wahren Gottesdienst finden hieß. Revolutionär mußte auf hellenistisches Empfinden wirken ihr Eintreten für die Aufhebung aller menschentrennenden Schranken der Stände, Geschlechter, Staaten und Nationalitäten. Sie erkannten nur eine wahre Ordnung an, den Kosmos, und begründeten so die Idee des Kosmopoliten, des Weltbürgers.» In der Philosophie des Existentialismus hat vor allem A. CAMUS: Der Mythos von Sisyphos, 98–102, die Moral der Armut des Menschen angesichts der Absurdität des Daseins zu begründen versucht. Vgl. DERS.: Der Mensch in der Revolte, 300–330: Das mittelmeerische Denken.

3 Vgl. S. FREUD: Ratschläge für den Arzt bei der psychoanalytischen Behandlung (1912), Ges. Werke, VIII 376–387, S. 377: «folgt man bei der Auswahl (sc. der Aufmerksamkeit gegenüber dem vom Patienten dargebotenen Material, d. V.) seinen Erwartungen, so ist man in Gefahr, niemals etwas anderes zu finden, als was man bereits weiß; folgt man seinen Neigungen, so wird man sicherlich die mögliche Wahrnehmung verfälschen.» – «Wie man sieht, ist die Vorschrift, sich alles gleichmäßig zu merken, das notwendige Gegenstück zu der Anforderung an den Analysierten, ohne Kritik und Auswahl alles zu erzählen, was ihm einfällt.»

4 Vgl. S. FREUD: Wege der psychoanalyti-

schen Therapie (1918), Ges. Werke, XII 181–194, S. 187–189, zur sog. «Abstinenzregel». DERS.: Vorlesungen zur Einführung in die Psychoanalyse, Ges. Werke, XI 466–482: Die analytische Therapie, bes. zur Übertragungsanalyse.

[5] Vgl. S. FREUD: Die endliche und die unendliche Analyse, Ges. Werke, XVI 57–99, S. 93–96, zur Notwendigkeit der Eigenanalyse.

[6] Vgl. *Deutsche Tagespost* vom 24. Mai 1990: Die Wahrheit, ein Geschenk Gottes für sein Volk: Nr. 13: Gott «hat seiner Kirche durch die Gabe des Heiligen Geistes Anteil an seiner eigenen Unfehlbarkeit gegeben».

[7] Insbesondere die Schule des «Großen Fahrzeuges», die Mittlere Lehre, wurde auch als die «Lehre vom Leeren» als *shunyavada*, bezeichnet.

[8] Vgl. H. v. GLASENAPP: Die Philosophie der Inder, 341. Vgl. H. ZIMMER: Philosophie und Religion Indiens, 465–468.

[9] Vgl. G. GRIMM: Die Lehre des Buddho, 370 ff.

[10] E. STRAKOSCH (Übers.): Die Wolke des Nichtwissens. Ein anonymes Werk des 14. Jahrhunderts, eingel. v. E. v. Ivanka, Einsiedeln 1958.

[11] LAOTSE: Tao te king, Nr. 11, übers. v. R. Wilhelm, S. 51.

[12] Vgl. Der BRANDT-Report, 333–351: Ein Prioritätenprogramm.

[13] Vgl. E. EPPLER: Wenig Zeit für die Dritte Welt, 70–93. Bes. G. HANCOCK: Händler der Armut. Wohin verschwinden unsere Entwicklungsmilliarden? München 1989. Ebenso: P. BRUCKNER: Das Schluchzen des Weißen Mannes. Europa und die Dritte Welt, Berlin 1984.

Glücklich die im Herzen Reinen

(Seite 404 bis 409)

[1] Zu dem Begriff der *Herzensreinheit* vgl. H. L. STRACK – P. BILLERBECK: Kommentar zum Neuen Testament, I 205–206; vgl. Ps 24,4; 73,1; 51,12; R. MEYER: *katharos* (rein) in: Theologisches Wörterbuch zum NT, III 421–427: Rein und unrein außerhalb des NT, bes. S. 426–427; Reinheit des inneren Menschen. «Gemeint ist... ungeteilter Gehorsam gegenüber Gott ohne Sünde.» So U. LUZ: Das Evangelium nach Matthäus, I/1, 211. – Das *Herz* gilt als der Sitz des Willens und Gefühls des Menschen; vgl. H. W. WOLFF: Anthropologie des Alten Testaments, 68–95. – Wichtig ist bei dem Parallelaufbau der Seligpreisungen die «Herzensreinheit» als *Folge* der «Trauer» in Mt 5,4 zu verstehen. Vor allem geht es nicht einfach um «Gewissensreinheit», wie J. GNILKA: Das Matthäusevangelium, I 125, anzudeuten scheint, sondern weit eher um jene Einstellungen, die darüber entscheiden, ob ein Mensch so sein kann, daß er ein gutes Gewissen behält.

[2] KH. GIBRAN: Sand und Schaum, 15.

[3] Zur Wirkungsgeschichte vgl. U. LUZ: Das Evangelium nach Matthäus, I/1, 214: «Herzensreinheit ist (sc. bei *Clemens v. Alexandrien,* d. V.) Unterdrückung der wilden Begierden.» CHRYSOSTOMUS: Matthäus-Kommentar, 15. Homilie, V. 8, BKV I 247 meinte ähnlich: «Da nämlich viele zwar Almosen geben, nicht stehlen und nicht habsüchtig sind, dagegen die Ehe brechen und Unkeuschheit treiben, so wollte er (sc. Jesus, d. V.) zeigen, daß das erstere nicht genügt; darum fügte er auch diese Seligpreisung hinzu.» Vor allem ATHANASIUS: Leben des heiligen Antonius, BKV II 677–777, Kap. 5, S. 694–695 schildert die «fleischlichen» Versuchungen des Heiligen durch den Teufel, der des Nachts dem asketischen Jüngling als Weib erscheint; vgl. a. a. O., Kap. XXIII, S. 713: wie die Teufel als Weiber und wilde Tiere in riesenhaften Leibern erscheinen können.

[4] Vgl. LAOTSE: Tao te king, Nr. 78, übers. v. R. Wilhelm, S. 121. Vgl. LIN YUTANG (Hrsg.): Laotse, 77 (Nr. 15): «Wer kann in einer getrübten Welt Ruhe finden? Durch stilles Liegen wird sie klar.» Bes. vgl. DSCHUANG DSI: Südliches Blütenland, Buch XV, S. 172.

[5] A. a. O., Nr. 77, S. 120; vgl. Nr. 64, S. 107.
[6] LIN YUTANG (Hrsg.): Laotse, 49–50.
[7] A. a. O., 55.
[8] A. a. O., 55.
[9] DSCHUANG DSI: Südliches Blütenland, Buch XIX, Kap. 13, S. 206.

Glücklich die Friedensstifter
(Seite 409 bis 419)

[1] So z. B. die ungeheuerlichen Reden in der Zeit des 1. Weltkriegs von Bischof M. VON FAULHABER: Waffen des Lichtes, 157: «Das Wort vom Nichtwiderstehen und Hinhalten der andern Wange ist überhaupt keine sozialrechtliche Richtlinie. Der einzelne kann aus höheren Beweggründen der Aszese auf sein privates Recht verzichten und seinen Mantel verschenken – die christliche Sittenlehre hat auch der höchsten Selbstentäußerung und Aszese in der Form des Rates die Höhenwege gewiesen. Die staatliche Obrigkeit dagegen hat es nicht in der Hand, mir nichts dir nichts heilige Rechte des Volkes und des Landes ohne Schwertstreich zu opfern. Auf persönliche Rechte verzichten kann vollkommen sein; den Rock eines andern, das Recht seiner Volksgenossen verschenken wäre Unrecht; öffentlich Rechte des Vaterlandes opfern wäre Verrat.» Dann folgen Ausführungen über den «Offenbarungswillen Gottes» in dem «Gesetz der Lebensbehauptung und Lebensentwicklung» als «Naturwille». Der Schritt zu den wahnsinnigen Ideen des deutschen Faschismus wird im Grunde hier bereits vorweggenommen. Vgl. dagegen A. KLÖNNE: Zur Geschichte des «anderen Katholizismus». Initiativen katholischer Kriegsgegner in Deutschland von der Weimarer Republik bis heute, in: P. EICHER (Hrsg.): Das Evangelium des Friedens, 103–124.

[2] So sehr richtig P. EICHER: «Er ist unser Friede», in: DERS. (Hrsg.): Das Evangelium des Friedens, 42–102, bes. S. 86–102. Vgl. auch H. FRANKEMÖLLE: Die Makarismen (Mt 5,1–12; Lk 6,20–23), Biblische Zeitschrift 15 (1971) 52–75, der hier zu Recht die «Entfaltung des Evangeliums von der Himmelsherrschaft» (S. 73) sieht. Den Charakter der *Entscheidung* bei Mt betont J. GNILKA: Das Matthäusevangelium, I 130: «Jesus gibt vom Berg seinem Volk, dem Volk, das sich unter seinem Wort sammeln läßt, die neue Weisung. Es ist zunächst das Volk Israel, das seine Worte hört. Im Gesamtaufbau des Evangeliums ist die Weherede Kap. 23 der Antipode zur Rede vom Berg. Das Wort richtet und läßt Neues entstehen.» Und S. 126: «Es geht nicht an, den Gedanken der Friedensstiftung abzuschwächen, indem man auf die friedliche Gesinnung, die Friedfertigkeit o. ä. abgehoben sein läßt. Auch sollte man den Friedenseinsatz nicht begrenzen und die Möglichkeit seiner Ausdehnung auch auf Regierungen und Staaten nicht ausschließen, zumal jüdische Parallelen Friedensbemühungen um verfeindete Städte, Nationen, Regierungen ausdrücklich erwähnen.» Vgl. H. L. STRACK – P. BILLERBECK: Kommentar zum Neuen Testament, I 215. Vgl. auch P. LAPIDE: Wie liebt man seine Feinde, 31–35. Vgl. dagegen aber die konservative Ansicht von R. SCHNACKENBURG: Die sittliche Botschaft des Neuen Testamentes, 82–91, der (S. 83) es «ein groteskes Mißverständnis» nennt, Jesus wegen des Gebotes der «Feindesliebe als Pazifisten im politischen Sinne» bezeichnen zu wollen.

[3] Zu der Idee der Reichs-Gottes-Ethik vgl. A. SCHWEITZER: Geschichte der Leben-Jesu-Forschung, II 624: «Die Tat Jesu besteht darin, daß seine natürliche und tiefe Sittlichkeit von der spätjüdischen Eschatologie Besitz ergriff und so dem Hoffen und Wollen einer ethischen Weltvollendung in dem Vorstellungsmaterial jener Zeit Ausdruck gibt.»

[4] M. WEBER: Der Beruf zur Politik, in: J. Winckelmann (Hrsg.): Max Weber: Soziologie, Weltgeschichtliche Analysen, Politik, 175–177.

[5] Vgl. J. BLANK: Die Entscheidung für den Frieden, in: P. Eicher (Hrsg.): Das Evangelium des Friedens, 13–26, S. 20–22. «Jesus hat das Friedenstiften nicht an eine einzelne Mes-

sias-Gestalt delegiert, er hat es vielmehr zur allgemeinen Aufgabe gemacht, vor allem zur Aufgabe seiner Jünger. Im Grunde setzt das Gebot der Feindesliebe ein Wissen um die zahlreichen gesellschaftlichen, politischen und privaten Konfliktsituationen voraus, die es zu überwinden gilt» (21). Nüchtern, aber richtig weist E. SCHWEIZER: Das Evangelium nach Matthäus, 55 auf die Spannung des Jesuswortes hin: «Im übrigen dürfen diese Friedensstifter nicht idealisiert werden; es sind ja die, die sich gegenüber allen möglichen Angriffen nicht durchsetzen können.» Der Kommentar dazu steht in Mt 5,5: «Glücklich die Wehrlosen...»! Wie sehr die Friedfertigkeit der Jünger Jesu als Geschenk Gottes zu verstehen ist, zeigt die folgende Verheißung: den Friedensstiftern wird «Gottessohnschaft» versprochen; Lohn und Bedingung schließen sich hier zusammen wie Frucht und Same, wie Erfüllung und Grund, wie Wirkung und Ursache.

[6] *Koran*, LIX 23–25, übers. v. L. Ullmann, S. 446–447.

[7] Zu der Verheißung der *Gottessohnschaft* vgl. E. SCHWEIZER: Das Evangelium nach Matthäus, 55–56: «Außerhalb von Paulus und Johannes ist durchwegs festgehalten, daß Gotteskindschaft erst ein Geschenk ist, das dem Menschen im letzten Gericht für das ewige Leben zuteil wird (vgl. Hos 2,1, zitiert in Rom 9,26f.; Jub 1,24–28). Nach der Offenbarung wird der Glaubende erst einst sein (21,7), was der erhöhte Christus jetzt schon ist, Gottes Sohn (2,18); der vom Gottessohn handelnde Ps 2 wird dann an ihm wahr werden, wie er jetzt schon an Christus wahr geworden ist (2,26–28). So reden auch die ersten drei Evangelien von der Gottessohnschaft. Nur beim Wort von der Feindesliebe, das wahrscheinlich ursprünglich im gleichen Sinne zu verstehen ist (Lk 6,35), ist Mt 5,45 vielleicht daran gedacht, daß dieses Wunder sich schon dort vollzieht, wo ein Mensch ganz in den Gehorsam hineinwächst und in seinem Handeln Gott ähnlich wird.» U. LUZ: Das Evangelium nach Matthäus, I/1, 214 meint von der Verheißung der Gottessohnschaft an die Friedensstifter: «Der Leser des Matthäusevangeliums wird sie nicht primär auf dem Hintergrund jüdischer Analogien, sondern von 3,13–4,11 her verstehen: Wie sich der Gottessohn Jesus im Gehorsam gegenüber dem Vater bewährt, so führt der Gehorsam gegenüber seinem Willen auch die Jünger dazu, daß sie – im Eschaton – Söhne des Vaters heißen dürfen.» Ähnlich J. GNILKA: Das Matthäusevangelium, I 126: «Wer... den Frieden unter den Menschen wirkt, hat Teil an der Art Gottes.» Vgl. auch H. L. STRACK – P. BILLERBECK: Kommentar, I 219–220.

[8] R. WINTER: Ami go home, 75–76.

[9] A. a. O., 76.

[10] A. a. O., 76–77.

[11] R. WINTER: Die amerikanische Zumutung, 119.

[12] A. a. O., 119.

[13] A. a. O., 119; 117.

[14] R. WINTER: Ami go home, 77.

[15] A. a. O., 97.

[16] A. a. O., 97.

[17] A. a. O., 98. Vgl. R. WINTER: Die amerikanische Zumutung, 121.

[18] R. WINTER: Die amerikanische Zumutung, 122.

[19] A. a. O., 126.

[20] R. WINTER: Ami go home, 325.

[21] A. a. O., 359.

[22] R. WINTER: Die amerikanische Zumutung, 128–129.

[23] A. a. O., 129.

[24] A. a. O., 131.

[25] A. a. O., 132.

[26] Vgl. P. SALINGER – E. LAURENT: Krieg am Golf, 26–38: Irakische Drohungen und die Blindheit des Westens; B. WOODWARD: Die Befehlshaber, 355, zeigt vor allem, wie aus der Großsprecherei eines Präsidenten in einem Augenblick sich die Weichenstellung in Richtung eines dann unausweichlichen Krieges ergibt.

[27] Vgl. B. SCHWARZ: Jede Menge Panzer... aber wer soll sie kaufen?, *Die Zeit.* Dossier,

Nr. 25, 14.6.91, S. 15–18, über die Lage der Rüstungsindustrie nach dem Golfkrieg.

[28] R. WINTER: Ami go home, 31; vgl. S. 332–333.

[29] A. a. O., 38.

[30] Zu dem Zusammenhang von Angst und Krieg vgl. E. DREWERMANN: Die Spirale der Angst, 22–45; 56–106.

[31] M. GANDHI: Freiheit ohne Gewalt, 122.

[32] S. LOOSER: Die Psychologie marschiert (stramm) mit, in: Intra. Psychologie und Gesellschaft, Nr. 8, 1991, 31–34, S. 34. Vgl. auch M. A. LINEBARGER: Schlachten ohne Tote, Frankfurt 1960; P. WATSON: Psycho-Krieg, Düsseldorf 1982.

[33] G. ORWELL: 1984, S. 170–185: Krieg bedeutet Frieden: «Der Krieg ist jetzt, wie man sehen wird, eine rein innenpolitische Angelegenheit... Der Krieg wird von jeder herrschenden Gruppe gegen ihre eigenen Anhänger geführt, und das Kriegsziel ist nicht, Gebietseroberungen zu machen oder zu verhindern, sondern die Gesellschaftsstruktur intakt zu halten.»

[34] M. GANDHI: Freiheit ohne Gewalt, 149–150.

[35] A. a. O., 150.

[36] A. a. O., 159–160.

[37] A. a. O., 163.

[38] A. a. O., 165.

[39] A. a. O., 165–166.

[40] A. a. O., 166.

[41] Vgl. bes. U. ALBRECHT – D. ERNST – P. LOCK – H. WULF: Rüstung und Unterentwicklung. Iran, Indien, Griechenland/Türkei: Die verschärfte Militarisierung, Hamburg (rororo 4004) 1976, 10–36: Militär und Unterentwicklung.

[42] Vgl. F. M. DOSTOJEWSKI: Der Idiot, Dritter Teil, 6, S. 385.

Glücklich, die Verfolgung leiden

(Seite 420 bis 427)

[1] So verweist U. LUZ: Das Evangelium nach Matthäus, I/1,214–215 auf die Verallgemeinerung, die Mt hier vornimmt, indem er statt «ausgrenzen» von «verfolgen» und statt vom «Ausstoßen des Namens» von «übler Nachrede» spricht. «Mit Schmähung und Verfolgung muß die Gemeinde grundsätzlich rechnen. Das ist vor allem in der Zeit Domitians realistisch... Freude und Jubel soll in der Gemeinde über das Leiden herrschen. Der Grund zur Freude liegt in der Umkehr der Verhältnisse, die die Zukunft bringen wird: Euer Lohn im Himmel wird groß sein. ‹Lohn› ist bei Matthäus immer jenseitig, im letzten Gericht zugeteilt.» Dieses «Jenseitige» muß freilich in der Interpretation aus dem projektiven mythischen Zeitschema gelöst und in die innere Erfahrung rückübersetzt werden. Desgleichen muß das «Verfolgungsthema» aktualisiert, die Notwendigkeit von Verfolgungen realisiert werden.

[2] Für die Zeit von Verfolgungen unter Kaiser *Domitian* sprechen die «Verfolgungsparänesen» von Hebr 10,32–34; 1 Petr 2,12; 3,14.16f.; 4,12–17; vgl. 2 Tim! Vgl. für die zeitlose Allgemeinheit des Themas aber Ps Sal 12! Zu dem gesamten Thema vgl. H. L. STRACK – P. BILLERBECK: Kommentar zum NT, I 226–231, die resümieren: «Eine ausdrückliche Seligpreisung des unschuldig Verleumdeten ist uns in der rabbin. Literatur nicht begegnet.» Sie ist mithin spezifisch «christlich».

[3] Bes. TERTULLIAN: Apologetikum, Kap. 2, Bd. II 45 resümiert richtig: «Den Christen... hält man für einen Menschen, der sämtlicher Verbrechen schuldig ist, für einen Feind der Götter, Kaiser, Gesetze, Sitten, ja der ganzen Natur.»

[4] Vgl. bereits THEOPHILUS: An Autolykus, I 11, in: Frühchristliche Apologeten, II 21–22: «Also will ich lieber dem Kaiser Ehre erwei-

sen, nicht dadurch, indem ich ihn anbete, sondern dadurch, daß ich für ihn bete.»

[5] Vgl. JUSTIN: Dialog mit dem Juden Tryphon, XIX 1–6, BKV, S. 28–29: «Auch die Sabbatfeier hat er (sc. Gott, d. V.) euch nur zu dem Zweck verordnet, daß ihr an Gott erinnert werdet.»

[6] Vgl. ORIGENES: Gegen Celsus I 27, BKV Bd. II, S. 38.

[7] Vgl. das berühmte Sgrafitto vom Palatin, das einen Gekreuzigten mit Eselskopf zeigt und die griechische Beischrift trägt: «Alexamenos verehrt seinen Gott.» Abb. in: J. DANIÉLOU: Das Christentum als missionarische Religion, in: A. Toynbee (Hrsg.): Auf diesen Felsen, 293–298, Fig. 1, S. 295.

[8] Vgl. TACITUS: Annalen, XV 44, in: ed. C. Hoffmann, S. 391. Vgl. G. E. M. DE STE. CROIX: Zusammenstoß mit der Regierung des römischen Reiches, in: A. Toynbee (Hrsg.): Auf diesen Felsen, 345–351.

[9] Vgl. M. GANDHI: Handeln aus dem Geist, 111: «Aller Streit zwischen Muslim und Hindu kommt daher, daß einer den anderen durch *Gewalt* zu seiner Ansicht bekehren will.»

[10] Vgl. M. GANDHI: Handeln aus dem Geist, 62: «Eisenfresser finden sich immer, wo es Feiglinge gibt. Die Hindus müssen verstehen, daß niemand ihnen Schutz geben kann, wenn sie weiterhin Angstgefühle hätscheln. Furcht des Menschen bezeugt, daß er den Glauben an Gott verloren hat.»

[11] Vgl. E. DREWERMANN: Der tödliche Fortschritt, Anhang zur 6. Aufl., 238–239.

[12] Zu der Haltung der UCC (der United Church of Christ [USA]) vgl. *Shalom.* Sonderausgabe, Februar 1991, 3–4, hrsg. von H. Rösener, im Auftrag der Evangelischen Kirche von Westfalen, 584 Schwerte, Beckhausweg 20; vgl. auch S. 36–39: Der Krieg ist der Ernstfall des christlichen Friedensbekenntnisses. Erklärung des Leitungskreises der Arbeitsgemeinschaften «Solidarische Kirche Westfalen und Lippe» (21. Februar 1991). Zur Haltung des Papstes vgl. E. DREWERMANN: Reden gegen den Krieg, 76–77.

[13] Vgl. E. DREWERMANN: Reden gegen den Krieg, 21; 39–40.

[14] B. Marz: Zum Geleit, in E. DREWERMANN: Reden gegen den Krieg, 11; a. a. O., 77.

[15] Vgl. Militärbischof J. DYBA: Die Realität sehen, den Frieden sichern, in: *Die Welt,* 26. März 1991, der den christlichen Pazifismus vor dem Hintergrund des Golfkrieges dahin diffamierte, «Wunschparolen aufzustellen und sich von der Wirklichkeit zu verabschieden.»

[16] MARTIN LUTHER KING: Wohin führt unser Weg, 208–236: Das Haus der Welt.

[17] Vgl. Papst JOHANNES PAUL II.: Christifideles Laici, III 49, S. 77–79; III 51, S. 81–84: Sendung in der Kirche und in der Welt, S. 81: «In ihrer Teilhabe am Leben und an der Sendung der Kirche kann die Frau das *Sakrament des Ordo* nicht empfangen und somit die Funktionen, die dem Amtspriestertum vorbehalten sind, nicht erfüllen.»

[18] Vgl. E. DREWERMANN: Der tödliche Fortschritt. Anhang zur 6. Aufl., 288–294.

[19] A. SOLSCHENIZYN: Archipel Gulag.

Mt 5,13–16

Das Salz der Erde und das Licht der Welt

(Seite 428 bis 433)

[1] «Salz- wie Leuchterspruch sind in anderer Form auch sonst überliefert; der erste in Mk 9,50... und Lk 14,34f., der zweite in Mk 4,21... und Lk 8,16; 11,33. Der gleiche Spruch ist also an verschiedenen Orten eingeordnet worden. Ursprünglich dürften die Bildworte... auf Jesu Verkündigung, vielleicht sogar auf Jesus selbst hingewiesen haben. Daß solche Worte später gern auf die Jünger übertragen wurden, ist oft zu beobachten... Das gilt schon für Mk 9,50 (‹habt Salz in euch›), aber auch der noch näher verwandte Spruch Lk 14,34 f. ist nach V. 33 auf die Jünger zu beziehen. Matthäus macht das erst recht deutlich, indem er Salz- und Leuchterspruch zusammenstellt und beide mit je einer kurzen Einleitung direkt auf die Jünger bezieht.» E. Schweizer: Das Evangelium nach Matthäus, 58. *Sol et sal,* Sonne und Salz, sind dabei als parallele Einheit gesetzt. Für die Interpretation entsteht hier die übliche Brechung: Indem die Verkündigung Jesu von der «Gemeinde» übernommen wird, gelten ihr die gleichen Aussagen; doch was ist hier lebendige Wirklichkeit und was lediglich ein ideologischer (also theologischer) Anspruch? Und wie findet man zu den ursprünglichen Erfahrungen in der Nähe der Person Jesu zurück, die derlei Ansprüche einmal motivierten?

[2] So die Frage von G. Lohfink: Wie hat Jesus Gemeinde gewollt?, 79–84: «Die Kirche, die hier beschrieben wird, ist... alles andere als eine Gemeinschaft, die elitär um sich selbst kreist oder die sich gegen die Welt abschirmt... Sie ist Salz der Erde, Licht der Welt, weithin glänzende Stadt... Sie ist Kirche für die Welt.» Die «Kirche» (besser: die Jüngergemeinde Jesu) als «Kontrastgesellschaft» – wobei die «Gesellschaftsordnung» weit weniger zählt als die Menschlichkeit des Zusammenlebens –, so etwa ist die Übertragung der Jesus-Botschaft auf die «Jünger» zu verstehen.

[3] Zu dem Bild von der *Stadt auf dem Berge* vgl. G. von Rad: Die Stadt auf dem Berge, in: Gesammelte Studien zum Alten Testament, 214–224: «Das Wort von der allen sichtbaren Stadt gehört... sehr eng mit dem von dem Licht für die ganze Welt zusammen: die eschatologische Jüngergemeinde ist die Stadt auf dem Berge, und ihr Licht wird der ganzen Welt sichtbar. Damit ist ein altes eschatologisch-apokalyptisches Thema aufgegriffen, das schon im Alten Testament von Jesaja an immer wieder anklingt» (224). Vgl. Jes 2,1–4; Mi 4,1 ff.; Jes 60,1–22; Hag 2,6–9. Zu dem Bildwort von Mt 5,14b (der Stadt auf dem Berge) vgl. auch A. Jülicher: Die Gleichnisreden Jesu, II 88–91: Von der Bergstadt.

[4] Vgl. J. P. Kirsch – V. Luksch: Illustrierte Geschichte der katholischen Kirche, hrsg. von der Leo-Gesellschaft, München 1905, 38–40.

[5] Bes. die katholische Kirche leidet an ihrer eigenen Reduktion der Theologie auf den Zentralismus beamteter Macht. Vgl. Kardinal J. Ratzinger: Instruktion der Glaubenskongregation über die kirchliche Berufung eines Theologen: «Die Wahrheit, ein Geschenk Gottes für sein Vok», in: *Deutsche Tagespost,* 24. Mai 1990. Dazu am besten A. Jülicher: Die Gleichnisreden, II 89: «Die Deutungen der Bergstadt auf Jerusalem... sind für Mt so unbrauchbar wie die auf Rom, den Katholizismus und – das Christentum.»

[6] Insbesondere die ständige Sorge um die Wahrung der eigenen Identität durch den reinen Formalismus vorgegebener «Bekenntnis»-Formeln mit der entsprechenden Dialogverweigerung nach außen ist mit der Offenheit der Botschaft Jesu schlechterdings unvereinbar.

[7] Vgl. die sehr eindrucksvolle Schilderung bei A. de Saint-Exupéry: Die Stadt in der Wüste, Nr. 7, S. 36–39 über die «herbe Freude der Weite».

[8] Zur Verwendung von *Salz* vgl. H. L. Strack – P. Billerbeck: Kommentar zum

NT, I 232–236, S. 235: Das Salz als reinigende, würzende und erhaltende Kraft.

[9] Vgl. a. a. O., I 232: bes. das Salz vom Toten Meer «galt als besonders scharf und wurde zum Salzen der Opfer verwandt».

[10] So pocht G. LOHFINK: Wie hat Jesus Gemeinde gewollt?, 81 darauf, daß die Kirche «nicht selbst Welt wird ..., sondern ihre eigenen Konturen behält». Doch so richtig diese Feststellung ist, so falsch wird sie, wenn man statt «Konturen» *Strukturen* sagt und damit die verfaßte Ordnung statt der lebendigen Wirklichkeit meint.

[11] Vgl. H. DANIEL – ROPS: Die Umwelt Jesu, 36–39: Das Volk der Verheißung; S. 57–84: Die politische Umwelt.

[12] Vgl. G. LOHFINK: Wie hat Jesus Gemeinde gewollt?, 28–31.

[13] Vgl. J. JEREMIAS: Jesu Verheißung für die Völker, Stuttgart [2]1959; R. PESCH: Der Anspruch Jesu: Orientierung 35 (1971) 53–56; 67–70; 77–81 deutet vor allem die *Tempelreinigung* (Mk 11,15–19) als eine Demonstration der Öffnung des Tempels für die Heiden; dabei dürfte es freilich nicht um die Ausdehnung des Tempelkultes, sondern um die Öffnung der Frömmigkeit des jüdischen Gottesglaubens für alle Völker gehen.

[14] Schon M. DIBELIUS: Jesus, 51 deutete den Gang Jesu nach Jerusalem als Versuch «zur Entscheidung der Sache»: «in Jerusalem werden die Hoffnungen auf das Reich Gottes verwirklicht werden».

[15] Vgl. Mt 16,14, wo Matthäus die Gestalt des *Jeremias* gegenüber Mk 8,28 selber einfügt.

[16] Vgl. Jer 26,1–6, die Tempelrede; zur Stelle vgl. A. WEISER: Der Prophet Jeremia, ATD 21, 228–235, S. 230–232; Jer 27,1–22; vgl. a. a. O., 235–243.

[17] Vgl. Jer 32,1–44; vgl. zur Stelle A. WEISER: A. a. O., 290–301.

[18] Vgl. Jer 31,31–34; zur Stelle vgl. A. WEISER: A. a. O., 285–289.

[19] Das *Zertreten* des faden Salzes ist gegenüber Lk 14,35 wohl sekundär; vgl. J. GNILKA: Das Matthäusevangelium, I 133. Vorausgesetzt ist offenbar Blocksalz, wie es am Toten Meer verwendet wurde. Das Zertreten ist jedoch auch ein altes prophetisches Gerichtsbild aus dem Umkreis des Keltertretens (Jes 63,3–6) und des Strohdreschens (Jes 25,10).

[20] Vgl. J. JEREMIAS: Die Lampe unter dem Scheffel, in: Abba, 99–102.

[21] Vgl. J. JEREMIAS: A. a. O., 102: «Nach Matthäus vergleicht Jesus die Jünger mit der Lampe (5,15), nach dem Markus-Kontext (4,22) seine Botschaft, nach dem Lukas-Kontext (11,29–32) vielleicht sich selbst.» «Wenn eine Vermutung gewagt werden darf, so dürfte das Logion am ehesten sinnvoll sein, wenn Jesus es auf sich selbst bezog. Etwa in einer Lage, in der man ihm zuredete, sich nicht den Haß seiner Gegner zuzuziehen, ihn bat, sich zu schonen, ihn warnte (vgl. Lk 13,31–33), mag Jesus den Vergleich gebraucht haben: ‹Man zündet doch nicht eine Lampe an, um sie gleich wieder auszulöschen. Auf den Leuchter gehört sie!›»

[22] Mt 5,16; zum *Licht*-Motiv vgl. Eph. 5,8.9; bes. 1 Petr. 2,12 betont: «führet einen guten Wandel unter den Heiden, damit sie in dem, worin sie euch als Übeltäter verleumden, auf Grund eurer guten Werke, wenn sie näher zusehen, Gott preisen am Tage der Heimsuchung».

[23] Vgl. zu der *«Antinomisten»*-Tendenz bei Mt J. ERNST: Matthäus. Ein theologisches Portrait, 87.

[24] G. E. LESSING: Nathan der Weise, in: Werke, I 829–972, S. 891 (3. Aufzug, 7. Auftritt).

Noch einmal Mt 5,13–16

(Seite 434 bis 440)

[1] Zur Stelle vgl. E. SCHWEIZER: Das Evangelium nach Lukas, 180–181, der das schwierige Wort so deutet: «Mit Jesus ist es (sc. das Gottesreich, d. V.) schon in ihrer Mitte; sie müssen sich ihm nur öffnen.»
[2] G. BÜCHNER: Dantons Tod, in: Ges. Werke, 7–77, S. 62 (3. Akt).
[3] A. a. O., 62.
[4] A. a. O., 62.
[5] A. a. O., 63.
[6] A. a. O., 63.
[7] A. a. O., 63.
[8] G. BÜCHNER: Woyzeck, in: Ges. Werke, 141–166, S. 162.
[9] Vgl. *Thomasevangelium,* Nr. 33: «Was du hören wirst mit deinem Ohr..., predige(t) es auf euren Dächern. Denn niemand zündet eine Lampe an (und) stellt sie unter ein Gefäß noch an einen verborgenen Ort, sondern er stellt sie auf den Leuchter, damit alle, die hineinkommen, und alle, die hinausgehen, ihr Licht sehen.» Vgl. CHRYSOSTOMUS: Matthäus-Kommentar, 15. Homilie, I 256–257: «Ich, sagt Christus, habe das Licht angezündet; daß es aber weiter brenne, dafür soll euer Eifer sorgen.»
[10] Vgl. H. L. STRACK – P. BILLERBECK: Kommentar zum NT, I 233–234.
[11] Vgl. G. RAUSCHEN (Übers.): Märtyrerakten, in: Frühchristliche Apologeten, II 289–369, S. 330 das mutige Wort der Märtyrerin *Perpetua:* «So kann... ich mich nicht anders nennen, als was ich bin, eine Christin.»
[12] G. BÜCHNER: Werke und Briefe, Münchner Ausgabe, S. 288–289.

Mt 5,17–20

Zwischen Gesetzlichkeit und Chaos

(Seite 441 bis 447)

[1] Vgl. I. BROER: Freiheit vom Gesetz und Radikalisierung des Gesetzes, 11–74, der bes. auf die «christologischen Konsequenzen» der Stelle verweist: «Wenn... Jesus die Vollmacht hat, das Gesetz außer Kraft zu setzen..., dann aber... es... bestätigt, dann ruht in Zukunft die Autorität des Gesetzes nicht mehr ausschließlich darin, daß es Gottes gute Gabe für Israel ist, sondern gleichzeitig in der Autorität Jesu... Nach Jesus hat das Gesetz nur noch Autorität von Jesus her» (71). G. DALMAN: Jesus – Jeschua, 65 meinte: «Keine stärkere Verurteilung der Lehre der Schriftgelehrten konnte Jesus vollziehen. Sie glaubten den Befolgern ihrer Vorschriften und auch sich selbst die zukünftige Welt zu sichern. Jesus weiß, daß die Gottesherrschaft andere Anforderungen stellt, und läßt denen, die hinter dieser Norm in ihrem Handeln zurückbleiben, nicht einmal den geringen Platz... den er vorher für die... irrigen Lehrer offenließ.» Zu der gesamten Problematik des Gesetzes angesichts der «messianischen» Vollendung, d. h. der Heiligung allen Lebens, vgl. M. BUBER: Die chassidische Botschaft, in: Werke, III 739–894, S. 775–778: «Jede Handlung kann die sein, auf die es ankommt; entscheidend ist nur die Kraft und Konzentration der Heiligung, mit der ich sie tue» (778).
[2] Zu Mt 5,17 vgl. I. BROER: A. a. O., 11–34, der die Frage offenläßt, inwieweit der Vers redaktionell ist (24), und dann fortfährt: «Mt 5,17 will sagen, daß Jesu Lehre positiv zum Gesetz steht und es nicht außer Kraft setzen will» (28). G. STRECKER: Der Weg der Gerechtigkeit. Untersuchungen zur Theologie des Matthäus, Göttingen 2. Aufl. 1966, 145–147 dehnt diese «Bestätigung» des Gesetzes durch die Lehrautorität Jesu zu Recht aber auch auf die Modifikationen in den nach-

folgenden Antithesen aus. Vgl. bes. auch W. TRILLING: Das wahre Israel, 167–186, der (S. 186) resümiert: «Das primäre Problem scheint für Matthäus das der neuen Wertung der alttestamentlichen Offenbarung überhaupt zu sein, hinter dem die Frage nach der Geltung und positiven Verbindlichkeit des Gesetzes zurücktritt.» Und 185: «Vers 17 weist auf die Messiastheologie der Kirche des Matthäus, Vers 18 in seiner jetzigen Gestalt auf ihre Gesetzestheologie, Vers 19 auf Diskussionen um die Geltung der Tora innerhalb der Judenchristen, Vers 20 auf die Lebenslehre der Kirche des Matthäus in ihrem Gegenüber zu Pharisäismus und Rabbinat.» 5,20 ist nach allgemeinem Urteil der Redaktion des Mt zuzuschreiben. – Es ist möglich, daß 5,17 einmal sich auf das Leiden Jesu bezogen hat; vgl. Apg 26,22! Bes. J. JEREMIAS: Die Bergpredigt, in: Abba, 171–189, der die Bergpredigt als urchristlichen Katechismus deutet (180–183), betont zu Recht: «Das Vorbild Jesu steht hinter jedem Wort der Bergpredigt.» S. SCHULZ: Die Stunde der Botschaft, 189, verweist auf Mt 11,13: «Alle Propheten und das Gesetz *prophezeiten* bis auf Johannes»; damit ändert Mt die Q-Vorlage, wo es (Lk 16,16) hieß: «Das Gesetz und die Propheten *waren* bis Johannes.» Während in Q das Gesetz mit dem Auftreten des Täufers zu Ende ist, wird es von Mt wieder in Kraft gesetzt – als eine erfüllte Verheißung!

[3] J. JEREMIAS: Die Bergpredigt, a. a. O., 187 meint sehr richtig: «Es ist ... zu jedem Wort der Bergpredigt als Vordersatz zu ergänzen: ‹Dir sind deine Sünden vergeben› (Mt 9,2) ... Zu jedem dieser Worte gehört die Botschaft: der alte Äon ist im Vergehen. Ihr seid durch die Verkündigung des Evangeliums und durch die Jüngerschaft in den neuen Äon Gottes hineinversetzt. Und nun sollt ihr wissen: so sieht das Leben aus, wenn ein Mensch zum neuen Äon Gottes gehört. So sieht die Kindschaft aus. So sieht der gelebte Glaube aus. So sieht das Leben derer aus, die in der Heilszeit Gottes stehen, die befreit sind aus der Macht des Satans und an denen sich das Wunder der Jüngerschaft vollzieht.»

[4] Vgl. W. GUTBROD: *nomos* (Gesetz), in: Theologisches Wörterbuch zum Neuen Testament, IV 1016–1084, S. 1077–1079, der in der «Gesetzlosigkeit» soviel sieht wie «Aufruhr gegen Gott» (1079). Vgl. auch A. SAND: Das Gesetz und die Propheten, 32–45, der (S. 45) Mt eine Neubewertung der Tora im Sinne der alttestamentlichen Prophetie vornehmen sieht, «deren Forderung nach mitmenschlichem Erbarmen in Notsituationen kultischen Dienst und Tempelliturgie außer Geltung setzte» (44).

[5] Vgl. O. MICHEL: *mikros* (klein), in: Theologisches Wörterbuch, IV 650–661, S. 658–661. Vgl. auch F. DIBELIUS: Die kleinsten Gebote, ZNW 11 (1910), 188–190. Da das Semitische keine Steigerung von Adjektiven kennt, verwendet auch Mt den Superlativ und Komparativ nur selten.

[6] Die übliche Übersetzung «der Kleinste» tut immer noch so, als sei da ein Etwas an Wert, nur in verringertem Maßstab. Es ist aber ein Etwas, das gegen Null strebt. Es geht gewiß nicht um die «Rangstufen der Seligen»; gg. H. L. STRACK – P. BILLERBECK: Kommentar zum NT, I 249.

[7] Zur Stelle vgl. E. SCHWEIZER: Das Evangelium nach Matthäus, 295: «Damit ist nicht der Abfall von einer pharisäisch-buchstäblichen Beobachtung aller mosaischen Gesetze gemeint, sondern ein Leben, das kein Gottesgesetz mehr über sich anerkennt, was für Matthäus identisch ist mit einem Leben, in dem der Nächste kein Recht mehr hat.» Vgl. DERS.: Matth 5,17–20, in: J. Lange (Hrsg.): Das Matthäusevangelium, 164–173, S. 167: «ein Teil der Urgemeinde hat vor Matth. V. 18f. formuliert in der Abwehr gegen eine Lehre, die nicht mehr das ganze Gesetz für verbindlich erklärte. Matth. übernimmt sie, interpretiert sie aber dahin, daß diese immerdauernde Geltung des Gesetzes bestehe, ‹bis alles geschieht›. Dabei geht es ihm keineswegs mehr um das Weiterbestehen der Einzelgebote, sondern ... so,

daß er (sc. Jesus) als der Bringer der neuen Tora ihr erfüllendes Ziel darstellt.»

[8] Vgl. H. L. STRACK – P. BILLERBECK: Kommentar zum Neuen Testament, I 244–250.

[9] Zu Mt 5,20 vgl. I. BROER: Freiheit vom Gesetz und Radikalisierung des Gesetzes, 57–63, der den Sinn des Satzes so formuliert: «Ihnen (sc. den Christen, d. V.) ist das Heil in Form des von Jesus ausgelegten und damit zur Fülle gebrachten Gesetzes angeboten, und sie müssen sich angesichts dieses Angebotes entscheiden, ob sie es mit allen Konsequenzen annehmen oder aber ausschlagen wollen.» – «So mangelt es nach Ansicht des Matthäus den Schriftgelehrten und Pharisäern sowohl an einer Treue zum Gesetz des Alten Testaments wie auch an der Kenntnis (und damit Treue) des von Jesus erfüllten Gesetzes – deswegen haben sie keine Chance auf das ewige Heil.» Vgl. auch H. J. HOLTZMANN: Lehrbuch der Neutestamentlichen Theologie, I 182–210, der (185) hervorhebt, daß nur «ein Mensch, der frei und leicht über Zeit und Mittel verfügte, ein Mensch, der volle Muße und ein auskömmliches Vermögen hatte», das Gesetz «dem Buchstaben nach zu halten» fähig war.

[10] Das Wort vom *«Erfüllen»*, das Mt hier gebraucht, bedeutet soviel wie «zur Fülle bringen»; vgl. I. BROER: A. a. O., 30–34. D. ZELLER: Jesus als vollmächtiger Lehrer (Mt 5–7) und der hellenistische Gesetzgeber, in: L. Schenke (Hrsg.): Studien zum Matthäusevangelium, 299–317, S. 303 faßt die Anliegen des Mt so zusammen: «1) Um den tatsächlichen Bruch mit dem Judentum zu verwinden, stellt er heraus, daß Jesus in Lehre und Tat den vom Gesetz und den Propheten eingeschärften Gotteswillen erfüllt und daß das Gesetz so Bestand hat. 2) Dadurch wehrt er zugleich sittlicher Nachlässigkeit in der christlichen Gemeinde, die sich im Handeln als das bessere Gottesvolk erweisen soll. 3) In den Antithesen bringt er aber auch die Vollmacht Jesu zum Ausdruck, das Neue, das Israel hätte erkennen können; da es sich aber letztlich verschlossen zeigte, ist der Bruch gerechtfertigt.» Im Kontext des Hellenismus sieht ZELLER den Jesus der Bergpredigt als den *König*, der in Vollmacht als Gesetzgeber auftritt. «Hellenistisch vermittelt» erscheint vor allem «die Verbindung von königlicher Vollmacht und autoritativer Gesetzeslehre in einer Gestalt göttlicher Herkunft» (316). Das allerdings deutet wohl auf den eigentlichen Bruch gegenüber dem Judentum hin: auf die (hellenistisch interpretierte) Lehre von dem Messias als dem Gottessohn.

[11] Vgl. inhaltlich H. L. STRACK – P. BILLERBECK: Kommentar zum Neuen Testament, I 250–252, S. 252: «Hiernach kommt die Gerechtigkeit aus dem Gesetz zustande dadurch, daß der Israelit durch pünktliche, wäre es auch nur äußerliche Erfüllung der einzelnen Gesetzesbestimmungen eine solche Menge von Gebotserfüllungen und einen solchen Schatz von Verdiensten erwirbt, daß die Gebotsübertretungen und die daraus sich ergebenden Übertretungsschulden nach Zahl und Gewicht überragt werden... Diese Art von Gerechtigkeit hat Jesus nicht anerkannt... nicht dem Buchstaben nach gilt es, das Gesetz zu erfüllen; Gott will eine bessere Erfüllung seiner Gebote.» Wie diese aussieht, zeigen die nachfolgenden Antithesen.

[12] Die quantitative Denkweise des Lohn- und Strafedenkens wird hier zwar noch angesprochen, aber nur, um sie durch existentielle Radikalisierung der Gottesbeziehung zu überwinden.

[13] J. JEREMIAS: Die Bergpredigt, in: Abba, 171–189, S. 182–183 untergliedert: «Wenn man den Unterschied zwischen Schriftgelehrten und Pharisäern beachtet, dann sieht man, daß Mt 5,20 von einer dreifachen Gerechtigkeit die Rede ist, und dem entspricht genau der Aufbau der Bergpredigt: Sie handelt nacheinander von der Gerechtigkeit der Theologen (sc. der Schriftgelehrten, d. V.), der frommen Laien (sc. der ca. 6000 Pharisäer, d. V.) und der Jünger Jesu. Nach der Einleitung (5,3–19) und dem Themasatz 5,20 bringt der erste Teil der Bergpredigt die Auseinandersetzung Jesu mit

der Schriftauslegung der Theologen (die sechs großen Antithesen Mt 5,21–48). Als zweiter Teil folgt seine Auseinandersetzung mit der Gerechtigkeit der Pharisäer; denn Almosengeben, Einhaltung der drei Gebetsstunden und stellvertretendes Fasten sind Kennzeichen dieser frommen Laiengruppen (6,1–18). Der Schlußteil entfaltet die neue Gerechtigkeit der Jesusjünger (6,19–7,27). Das Thema dieser dreigeteilten Didache ist also die Lebensführung der Christen im Unterschied zu der ihrer jüdischen Zeitgenossen.» Mt 5,20 ist in diesem Sinne der *Kelal*-Vers, die zusammenfassende Überschrift für alles weitere.

[14] Insofern ist es mehr als irreführend, wenn z. B. G. LOHFINK: Wie hat Jesus Gemeinde gewollt?, 46–50 bei der Bergpredigt von einer «ethischen Unterweisung» spricht; «Unterweisung» gewiß, doch gerade nicht «ethisch», sondern soteriologisch. Vgl. auch P. STUHLMACHER: Jesu vollkommenes Gesetz der Freiheit. Zum Verständnis der Bergpredigt, Z Th K 79 (1982) 283–322.

[15] Gerade wenn man nach Mt 4,24–25 in den Kranken und mit Qualen Behafteten die eigentlichen Hörer der Bergpredigt erkennen muß, so kann keine Interpretation dieses Schlüsseltextes der Christenheit genügen, die nicht immer wieder den heilenden Aspekt der Jesus-Worte auf dem Hintergrund der Psychodynamik von Angst und Krankheit mitreflektiert.

[16] Vgl. H. L. STRACK – P. BILLERBECK: Kommentar zum Neuen Testament, I 252: «Dabei stellt er (sc. Jesus, d. V.) überall der buchstäblichen Ausdeutung der Gebote, wie sie von den Schriftgelehrten beliebt wurde, *seine* Auslegung entgegen, die den vollen religiös-ethischen Gehalt aufdeckt, den Gott in seine Gebote hineingelegt hat. In solcher Tiefe sollen seine Jünger die Gebote erfassen und erfüllen.»

[17] J. ERNST: Matthäus. Ein theologisches Portrait, 85–89 sieht mit gewissem Recht die Bergpredigt des Mt zwischen Traditionalismus und Progressismus gestellt: «er (sc. Mt, d. V.) scheut nicht zurück vor Formulierungen, welche sich anhören wie ein flammender Aufruf zur Verteidigung längst aufgegebener Bastionen. Auf der anderen Seite zeigt er aber für den, der genau hinschaut, das neue Handlungsprinzip oder den Weg der neuen, der wahren Gerechtigkeit auf.» Einer solchen Darstellung entgeht freilich das Wesentliche, das in der *Rahmung* liegt, die Mt selbst für seine Bergpredigt geschaffen hat: die Kulisse von Krankheit und Not zu Beginn und die Fülle der Heilungen hernach (Mt 8–9!).

[18] LIN YUTANG (Hrsg.): Laotse, 60.

Mt 5,21–26

Versöhnen statt Töten

(Seite 448 bis 462)

[1] Vgl. H. L. Strack – P. Billerbeck: Kommentar zum NT, I 254–275 zur rabbinischen Auslegung von Ex 21,12; Lv 24,17.21; Nu 35,16 ff.

[2] Zur Kulturgeschichte der Aggression vgl. E. Drewermann: Die Spirale der Angst, 22–45.

[3] Auf die Formel gebracht hat das Problem Cyprian: An Donatus, 6, BKV I 45: «Es trieft die ganze Erde von gegenseitigem Blutvergießen; und begeht der einzelne einen Mord, so ist es ein Verbrechen; Tapferkeit aber nennt man es, wenn das Morden im Namen des Staates geschieht. Nicht Unschuld ist der Grund, der dem Frevel Straflosigkeit sichert, sondern die Größe der Grausamkeit.»

[4] Vgl. J. Jeremias: Die Bergpredigt, in: Abba, 171–189, S. 189: «Die Bergpredigt ... ist nicht Gesetz, sondern Evangelium. Denn das ist doch der Unterschied zwischen Gesetz und Evangelium: Das Gesetz stellt den Menschen auf die eigene Kraft und ruft ihn auf, das Äußerste einzusetzen. Das Evangelium dagegen stellt den Menschen vor die Gabe Gottes und ruft ihn auf, die unaussprechliche Gabe wirklich zur Grundlage des Lebens zu machen. Das sind zwei Welten.» Vgl. zu Mt 5,21–48 auch E. Schweizer: Das Evangelium nach Matthäus, 66–77: Die neue Gerechtigkeit.

[5] Die Dialektik alles «Gesetzlichen» erscheint bereits in der Geschichte von Kain und Abel in Gen 4,1–16, als Gott den potentiellen Mörder rein moralisch ermahnt, das Böse zu meiden, das dann doch schier unvermeidlich eintritt. Vgl. E. Drewermann: Strukturen des Bösen, I 117–147.

[6] Vgl. P. Lapide: Wie liebt man seine Feinde, 14–16. Mt 7,28–29 sagt ausdrücklich, daß Jesus hier nicht lehrt «wie die Schriftgelehrten», die Theologen, sondern wie einer, «der Macht hat», d. h. wie jemand, der von Gott her eine neue Grundlage des Lebens schafft. Andererseits hat D. Flusser: Der historische Jesus, in: A. Toynbee (Hrsg.): Auf diesen Felsen, 225–234, S. 225 gewiß recht, wenn er darauf hinweist, daß Jesus «nicht einmal mit seinen revolutionärsten Taten die Grenzen der zeitgenössischen Auslegung des mosaischen Gesetzes überschritt. ... Es bestand zwar tatsächlich eine gewisse Spannung zwischen Jesus und den ‹Orthodoxen› in den Dörfern Galiläas, aber zu Spannungen solcher Art kommt es in allen religiösen Gemeinschaften.» S. 226: «Aber die falsche Einschätzung von Jesu Kritik an den religiösen Auswüchsen mancherorts und ihre Übertragung auf das Judentum schlechthin, die als Verwerfung desselben gedeutet wurde, ist später für das Christentum zu einer reichen Quelle von Irrtümern geworden. Die notwendige Voraussetzung für die ‹gesetzesfreie› Interpretation von Jesu Worten war die Tatsache, daß das Christentum die Religion der Heiden wurde.» Vielleicht ist es weit weniger mißverständlich, wenn wir die Theologensprache von dem Wesensgegensatz zwischen «Gesetz» und «Evangelium» ersetzen durch den Kontrast von Rigidität und Güte bzw. zwischen einer Überich-Moral und einer personalen, situativ flexiblen Verantwortung. Worum es Jesus wesentlich ging, war kein «anderes» «Gesetz», wohl aber wollte er einen anderen Umgang mit dem Gesetz, so daß es sich öffnet für all die Menschen, die mit ihrem Leben nicht Aus noch Ein wissen.

[7] D. Medicus: *Talio*, in: Der Kleine Pauly, V 503 meint: «Die Talion findet sich in allen antiken Rechten ... Entwicklungsgeschichtlich ist die Talion eine schon fortschrittliche Milderung gegenüber dem unbeschränkten Racherecht des Verletzten.» Zu den Gesetzen des *Kodex Hammurabi* vgl. E. Cassin – J. Bottéro – J. Vercoutter: Die Altorientalischen Reiche, I 199–201, wo das Talionsrecht neu eingeführt wird (S. 201).

[8] Vgl. am Beispiel von Kain und Abel E. Drewermann: Strukturen des Bösen, II 257–294:

Die psychoanalytische Deutung des Motivs der streitenden Brüder.

[9] H. L. Strack – P. Billerbeck: Kommentar zum NT, I 279 erklären das Wort *mora* («du Tor») als Synonym von *rascha* («du Gottloser»), während in *«reiqa»* der «Vorwurf eines intellektuellen Defektes» liege. J. Gnilka: Das Matthäusevangelium, I 151 meint: «In formaler Hinsicht handelt es sich um Rechtssätze, die ein Delikt und die dazugehörige Sanktion nennen. Ist an eine Steigerung gedacht (Gericht, Synhedrion, Feuergehenna)?» Offenbar; aber dem entspricht keine Steigerung der «Straftaten». «Zwischen Raka und Tor läßt sich kaum eine Steigerung in der Bosheit ausmachen» (I 155). E. Schweizer: Das Evangelium nach Matthäus, 72 folgert: «dann wäre gesagt, daß, wer durch seine Beschimpfung die menschliche Beziehung des anderen stört, dem menschlichen, wer die Beziehung zu Gott stört, dem göttlichen Gericht verfalle. Freilich würde diese Praxis damit auch lächerlich gemacht; wo so verfahren würde, bräche die ganze Rechtsordnung zusammen; denn wo sollte es genügend Gerichte geben, um alle diese Prozesse durchzuführen?»

[10] J. Jeremias: *raqa* (Dummkopf), in: Theologisches Wörterbuch, VI 973–976, S. 975–976 meint, daß in Mt 5,22 nicht drei gerichtliche Instanzen (Lokalgericht, Hoherrat, Hölle – Gott –) aufgezählt würden, sondern daß hier in drei sich steigernden Wendungen die Todesstrafe verfügt werde. Er schlägt als Übersetzung vor: «Ihr habt (bei der Schriftverlesung) gehört, daß Gott zu den Vorfahren gesagt hat: ‹Du sollst nicht morden; der Mörder soll (mit dem Tode) bestraft werden.› Ich aber sage euch: Jeder, der seinem Bruder zürnt, verdient es, (mit dem Tode) bestraft zu werden. Wer zu seinem Bruder ‹Du Schafskopf!› sagt, verdient es, durch den Hohenrat (zum Tode) verurteilt zu werden. Wer sagt ‹Du Idiot!›, verdient es, (den Tod) in der Hölle zu erleiden!» «schon das von jedermann als harmlos empfundene, im Unmut gesprochene Schimpfwort ist ein todeswürdiges Verbrechen. Es steht mit dem Mord auf einer Stufe, und es verdient dieselbe, ja noch schwerere Strafe als dieser: nämlich Verhängung der Todesstrafe durch das höchste Gericht (was zusätzlich die Ausstoßung aus der Volksgemeinschaft bedeutete), mehr noch, die ewige Todesstrafe.» Vgl. auch G. Dalman: Jesus – Jeschua, 65–79. Vgl. J. Schniewind: Das Evangelium nach Matthäus, 59: «Jesus reduziert das Gebot (sc. Du sollst nicht töten) auf einen letzten tötenden Machtspruch: das Todesurteil über den Sünder. Hier gilt ein Gesetz, das bis aufs letzte geht – und das jeden Hörer Jesu bis aufs letzte verurteilt.»

[11] Insofern ist das Wort «Idiot» menschlich noch verheerender als das Wort «Du Gottloser» bzw. «Du Tor», das «nur» ein moralischer Vorwurf ist.

[12] F. M. Dostojewski: Schuld und Sühne, 15: «Einen Bettler jagt man nicht einmal mit dem Stock weg, sondern fegt ihn mit dem Besen aus der menschlichen Gesellschaft, damit es desto kränkender ist.»

[13] Vgl. Ex 3,7.

[14] Vgl. J. Jeremias: Laß allda deine Gabe (Mt 5,23 f.), in: Abba, 103–107: Die Wendung: «auf dem Altar als Opfer darbringen» stammt aus der Kultsprache. «Das Opfer, von dem Jesus ... redet, ist ein Privatopfer. Da es selbständige Privat-Trankopfer nicht gab, kann es sich nur um ein Tieropfer oder ein Speisopfer handeln. Die Speisopfer waren vorwiegend Pflichtbeigaben zu Tieropfern; doch gab es daneben (aufgrund von Lev 2,1–10) vier Arten freiwilliger Speisopfer.» Gedacht aber ist in erster Linie an ein Tieropfer. Für den Fall der Opferunterbrechung gibt es ein rabbinisches Beispiel: «Es handelt sich um den Fall, daß jemand ein Eigentumsdelikt sühnen will, was normalerweise durch Zahlung der Entschädigungssumme ... und Darbringung eines Schuldopferwidders zu geschehen hatte. Im vorliegenden Falle ist die Entschädigungssumme noch nicht erstattet, weil ein ganz bestimmtes Hindernis vorlag. Der Geschädigte war nämlich ein Proselyt, der ohne Hinterlas-

sung von Erben gestorben ist. In diesem Falle hatte der Schuldige die Entschädigungssumme zum Tempel zu bringen, und sie fiel den Priestern zu... Wir haben also folgende Situation: der Schuldige hat seinen Widder zum Priestervorhof gebracht, ein Priester der diensttuenden Wochenabteilung hat das Tier geschlachtet und das Blut aufgefangen, fragt jedoch, ehe er das Blut an den Brandopferaltar sprengt, nach dem Anlaß der Opferdarbringung und erfährt, daß die Entschädigungssumme nicht erstattet worden ist, weil der geschädigte Proselyt ohne Erben zu hinterlassen gestorben ist. Daraufhin unterbricht der Priester die Darbringung, ohne das Blut durch Umrühren vor dem Gerinnen zu bewahren und dadurch opferfähig zu erhalten. Vielmehr wird das Opfer für ungültig erklärt.» – «Es ist nicht ausgeschlossen, daß die Worte... den Fall im Auge haben, daß die Schlachtung schon erfolgt ist und der Priester im Begriff steht, das Blut zu sprengen, und daß jetzt erst, im entscheidenden Moment, dem Jünger Jesu das unvergebene Unrecht gegen den Bruder einfällt. Dann würde Jesus die Unterbrechung der Opferhandlung fordern, obwohl er weiß, daß das Opfer ungültig wird und ein neues Opfertier beschafft werden muß. Aber der Wortlaut... spricht dafür, daß es sich nicht um ein zweites, sondern um ein und dasselbe Opfertier handelt.» Tatsächlich aber verändert sich damit die ganze Einstellung gegenüber dem Opfer: Es wirkt nicht mehr durch sich selbst, sondern nur als ein Zeichen der Versöhnung. «Was Jesus sagt, gilt... von jedem Opfer, ja darüber hinaus von jeder Bitte um Gottes Vergebung, Gottes Gnade und Gottes Erhörung (Mk 11,25), und nicht nur vom Eigentumsdelikt, sondern von jeder Verletzung des Bruders. Jede unvergebene Verschuldung gegen den Bruder trennt von Gott. Das gestörte Verhältnis zum Bruder muß zuvor bereinigt sein, ehe das Verhältnis zu Gott bereinigt werden kann.» Das heißt: die Opferidee weicht der Menschlichkeit! E. Schweizer: Das Evangelium nach Matthäus, 72 meint denn auch: «Wo die Kulthandlung um des Bruders willen abgebrochen wird, wie es von Jesus gefordert wird, ist solches kultische Denken grundsätzlich überwunden.»

15 Zur Stellung der Tiere in der israelitischen Frömmigkeitshaltung vgl. O. Keel: Tiere als Gefährten und Feinde des biblischen Menschen, in: Heiliges Land, Nr. 4/79, S. 51–60; 2/80, S. 19–26. Vgl. auch H. Meyer: Der Mensch und das Tier, 104–115, zur christlichen Einstellung.

16 Zur Stelle vgl. E. Drewermann: Strukturen des Bösen, I 223–227.

17 Zu dem Kampf der Propheten gegen den Opferkult vgl. G. von Rad: Theologie des Alten Testaments, II 208, das Beispiel des Jeremia: «Für ein Volk, das den Dekalog mißachtet – so führt Jeremia in seiner berühmten ‹Tempelrede› aus –, bietet auch der Tempel keinen Schutz mehr (Jer 7,1–15).» Vgl. bes. a. a. O., II 415.

18 Zur Stelle vgl. A. Weiser: Die Psalmen, I. Bd., ATD 14, 264–270: «Neben der Steigerung des Opferkults ist die äußere Abneigung der Gebote, das Auswendiglernen und Herzählen, das Pochen auf Kenntnis und Leistung (vgl. Jer 8,8) ein Kennzeichen der Veräußerlichung des religiösen Lebens im israelitischen Volk gewesen.»

19 Ganz im Sinne etwa des Gleichnisses von dem Schalksknecht in Mt 18,21–35; vgl. E. Linnemann: Gleichnisse Jesu, 111–119: «Wir sollen uns mit unserem Leben einlassen auf die Ordnung der Barmherzigkeit» (118). «Es heißt die Wirklichkeit darauf zu befragen, ob sie nicht selber einen Weg für die Barmherzigkeit anweise dort, wo sie nötig ist, ... nicht nur eine Verbotstafel» (119).

20 Vgl. Mt 18,34; gedacht ist in dem Bildwort offenbar an die «endgültige Verurteilung durch Gottes Gericht, weil es völlig aussichtslos ist, alles bis auf den letzten Heller zu bezahlen. Auch Lk 12,59 ist der Satz so verstanden... Da Matthäus immer wieder den Hinweis auf Gottes drohendes Gericht unterstreicht (22,13; 24,51; 25,30.46), hat er wahr-

scheinlich auch hier an das letzte Gericht Gottes gedacht. Ein wörtlich verstandenes ‹Bezahlen› paßte auch gar nicht, weil ja vorher nicht von Schulden die Rede war. Dann bezeichnet ‹auf dem Wege› einfach die Zeit des Menschenlebens, und es ist an jede Uneinigkeit mit einem Widersacher gedacht, der einst vor Gottes Gericht anklagen könnte.» E. SCHWEIZER: Das Evangelium nach Matthäus, 72–73.

[21] G. DALMAN: Jesus – Jeschua, 75: «Jesus … Was er will, ist nur, daß der Hörer einen starken Eindruck davon erhalte, wie in dem von ihm verkündigten Recht böser Gedanke und böses Wort gegenüber dem Bruder ebenso, ja unter Umständen ernster beurteilt und geahndet werden als nach dem alten Gesetz ein Mord.» U. LUZ: Das Evangelium nach Matthäus, I/1,260 verweist darauf, daß Schuldhaft im jüdischen Recht unbekannt war; «es geht also um die Schrecken eines heidnischen Prozesses, wo der arme Schlucker bis zum letzten Pfennig eingesperrt wird. Diese bedrohliche Situation weist hin auf die metaphorische Tiefenebene.»

[22] Hier ist noch einmal das Gleichnis vom Schalksknecht Mt 18,21–35 illustrativ. Vgl. A. JÜLICHER: Die Gleichnisreden Jesu, 2. Teil, 302–314, der an Sir 28,1 ff. erinnert und Sir 28,6 mit Mt 18,35 vergleicht, mit dem Ergebnis, das «Gedenken der letzten Dinge» werde hier wie dort «als Motiv für Versöhnlichkeit gegenüber dem Nächsten» verwandt.

[23] Es ist der Gedanke des LAOTSE: Tao te king, Nr. 67, übers. v. R. Wilhelm, S. 110: «Wenn man Liebe hat im Kampf, so siegt man. Wenn man sie hat bei der Verteidigung, so ist man unüberwindlich. Wen der Himmel retten will, den schützt er durch die Liebe.»

[24] Vgl. z. B. die ersten «Strafen» in der Bibel, in Gen 3,8–24; E. DREWERMANN: Strukturen des Bösen, I 75–106.

[25] Vgl. E. DREWERMANN: Die Spirale der Angst, 177–215.

[26] Vgl. a. a. O., 108–1[illegible]

[27] Vgl. E. CONZE: [illegible] Buddhismus, 90–9[illegible].

[28] CHRYSOSTOMUS: Matthäus-Kommentar, 16. Homilie, 9; BKV I 294 bemerkt treffend: «auch hier scheint mir der Herr eher den Beleidigten zum Beleidiger zu senden. Er sagte ja auch nicht: Versöhne dich mit deinem Bruder, sondern: ‹Werde versöhnt›; das scheint mehr für den gesagt, der Unrecht begangen hat, während das Ganze sich an den richtet, dem das Unrecht widerfahren ist.»

[29] Das treffendste hebräische Wort für diesen Gemütszustand steht in Gen 4,5.6: da *«fiel das Antlitz»* Kains, d. h. die Gesichtszüge ziehen sich (vor Schmerz, Groll, Erbitterung, Trauer, Niedergeschlagenheit usw.) nach unten.

[30] Zum *Tempel* als einer Asylstätte vgl. R. DE VAUX: Das Alte Testament und seine Lebensordnungen, I 258–263, der auf Ex 21,13 f.; 1 Kg 1,50–53; 1 Kg 2,28–31; Ps 27,2–5; 61,4 f. verweist.

[31] *Koran*, 49,12–14; übers. v. L. Winter, S. 418.

Mt 5,27–32

Jeder, der eine Frau anblickt...

(Seite 463 bis 473)

[1] Vgl. E. STAUFFER: Die Botschaft Jesu, 26–36: Moral oder Gesetz, bes. S. 31: «Jesus... will Gefolgsleute, die an sein Wort und Beispiel gebunden sind... Das Gesetz ist der Feind der geschichtlichen Tat. Sein Wort ist lebendig. Das Gesetz ist tot. Sein Wort ist schöpferisch. Das Gesetz ist ertötend. Sein Wort macht frei. Das Gesetz macht unfrei. Sein Wort schafft Männer. Das Gesetz schafft Quietisten und Kreaturen.» «Jesus weiß, daß die Konflikte zwischen Gesetz und Moral in dieser Welt nie aufhören werden. Darum will er Menschen, die sich im Konfliktfall mit aller Klarheit, Freiheit und Unerschrockenheit für die Moral entscheiden gegen das Gesetz, gegen Paragraph, Eid und Befehl.» Psychoanalytisch gesprochen, müßte man sagen: Jesus verkörpert eine ichzentrierte, nicht überichgebundene Form der Moral.

[2] Vgl. zu Recht die Hinweise auf die aggressiv-drohenden Momente in der Botschaft Jesu bei O. PFISTER: Das Christentum und die Angst, 175–181.

[3] Vgl. *Koran*, LXV 2–8, die Anweisungen des Propheten zur Ehescheidung.

[4] Zu Mk 9,43–48 vgl. E. DREWERMANN: Das Markus-Evangelium, II 73–85. U. LUZ: Das Evangelium nach Matthäus, I/1,261–262 meint mit Bezug zu Mt 18,8f., der Evangelist habe die Fassung der Sprüche vermutlich nicht aus Mk, sondern aus Q übernommen. Doch warum fehlt das Wort dann bei Lk? «vielleicht war es ihm unsympathisch radikal?»

[5] *Koran*, XXIV 31. – Bes. CHRYSOSTOMUS: Matthäus-Kommentar, 7. Homilie, 6–7, BKV, I 129–131 legt sich die Frage vor, wie er das Gebot der Bergpredigt mit den heidnischen Schauspielen (sozusagen dem Fernsehen von heute) in Zusammenhang bringen könne, und findet: «Du... gehst zur Quelle des Teufels, um eine badende Hure zu sehen... Jenes Wasser (im Theater) ist ein Meer der Unzucht, das nicht dem Leibe, sondern der Seele den Untergang bringt. Sie schwimmt mit entblößtem Leibe, und du, der du zuschaust, versinkst in den Abgrund des Lasters.» «Wenn ‹derjenige, der ein Weib aus Begierlichkeit ansieht, die Ehe schon gebrochen hat›, wie soll dann der, der gezwungen ist, ein entblößtes Weib zu sehen, nicht tausendmal eher in die Fesseln der Lust verstrickt werden?» «Denn glaube nur ja nicht, du seiest frei von Schuld, weil du mit der Hure nicht gesündigt hast. Du hast eben durch deine Begierde gesündigt.» «Fliehe das Meer der Hölle und den Strom des Feuers, fliehe das Schwimmbad im Theater.» Freilich: CHRYSOSTOMUS erkennt auch klar den patriarchalen, frauenverachtenden Grundzug der «Schauspiele»: «Über die Ehrbarkeit deiner Frau wachst du mit solcher Strenge, daß du sogar das rechte Maß überschreitest und ihr nicht einmal die notwendigen Ausgänge erlauben willst; dir selber dagegen, meinst du, sei alles erlaubt. Das gesteht dir Paulus nicht zu; er gibt auch der Frau die gleichen Rechte.» A. a. O., S. 132.

[6] Vgl. L. TOLSTOI: Die Kreuzersonate, in: Sämtliche Erzählungen, II 697–801, S. 731 (Kap. 11).

[7] A. a. O., II 729–731. Vgl. L. N. TOLSTOI: Mein Glaube, 114–120: «Mache die Wollust der geschlechtlichen Beziehungen nicht zu einer Belustigung für dich.»

[8] Vgl. E. STAUFFER: Die Botschaft Jesu, 68–85: Mann und Weib, S. 83: «hat Jesus... überhaupt etwas wie Mt 5,28 gesagt...? Schwerlich. Mt 5,28 ist ein Lieblingsspruch der jüdischen Supermoral, der nur im Sondergut des Mt begegnet und ausgezeichnet zu den rigoristischen Idealen des Matthäuskreises paßt, aber mit Jesu Kampf gegen die Extrafrömmigkeit unvereinbar ist. Mit solchen Sätzen haben die Pharisäer den kleinen Mann in Gewissensnot, Höllenangst und unaufhörliche Bußprobleme gejagt.» Anders freilich G. BORNKAMM: Jesus von Nazareth, 95: «nicht nur den Ehebruch, sondern schon den lüsternen Blick und

den begehrlichen Gedanken zu meiden», sei die Forderung Jesu. Der kleinliche Formalismus immer neuer Gesetzesbestimmungen werde hier durch Radikalisierung des moralischen Standpunktes überwunden. Aber: Woher stammt die seelische Haltung, die es erlaubt, «rein» zu sein? J. SCHNIEWIND: Das Evangelium nach Matthäus, 62, weist auf den Pharisäismus zur Zeit Jesu hin: «der fromme Pharisäer schlägt die Augen nieder, wenn er über die Straße geht, und stößt sich womöglich wund – nur damit er sich nicht versündige.» Und das hätte Jesus noch «verschärfen» wollen?

9 PAPST LEO I: Sermo XXII, Bd. I 82–83 z. B. erklärte, daß «bei allen Müttern die Empfängnis nicht ohne sündige Befleckung vor sich geht».

10 Vgl. AUGUSTINUS: Gottesstaat, XIV 21–24, Bd. II 344–353, der erklärte, im Paradies hätten die Sexualglieder sich rein willentlich, auch ohne Lust, bewegen lassen.

11 Vgl. R. BULTMANN: Das Urchristentum, 152–162, zur Gnosis.

12 Zu den Praktiken der körperlichen Kastration vgl. E. BORNEMAN: Das Patriarchat, 324, der den Arzt *Paulos* zum Zerdrücken oder Herausschneiden der Hoden zitiert: «Man setzt das Kind in eine Schüssel mit heißem Wasser, und wenn die Teile durch die Wärme weich geworden sind, zerdrückt man, und zwar im Wasser selbst, mit den Fingern die Hoden, bis man sie nicht mehr fühlen kann.» «Beim Ausschneiden muß der zu Eunuchisierende rücklings auf eine Bank gelegt werden. Dann faßt man mit den Fingern der linken Hand, fest zupackend, den Hodensack samt den Hoden und zieht ihn in die Länge; hierauf macht man rechts und links je einen Durchschnitt durch den Hodensack, worauf die Hoden herausspringen. Diese werden jetzt abgeschnitten, indem man sie aus ihren Gefäßen ringsum ausschält.» Zumeist diente die Kastration dem Zweck der Päderastie und sollte die Knaben mädchenhafter erscheinen lassen. Das «unberührte» Kind, der sexuell unerfahrene Knabe, wird denn auch zum Ideal der christlichen Kommunionkindermoral.

13 AMBROSIUS: Exameron, V, cap. VII 17–20, Bd. I 181–182 hält denn auch die Unauflöslichkeit selbst einer für die Frau unerträglichen Ehe für rechtens, hat doch die Frau schon immer den Mann zur Sünde verführt.

14 Vgl. S. FREUD: Die «kulturelle» Sexualmoral und die moderne Nervosität (1908), Ges. Werke, VII 141–167.

15 Vgl. E. STAUFFER: Die Botschaft Jesu, 83: «Das Lieblingsthema der kleinen Moralisten ist allezeit das Thema ‹Unzucht›. Jesus hat sich von den zelotischen Strafpredigten seiner Zeitgenossen demonstrativ ferngehalten.»

16 Zur Stelle vgl. E. DREWERMANN: Das Markus-Evangelium, II 412–421.

17 Vgl. E. LUZ: Das Evangelium nach Matthäus, I/1,266: «Weil Jesus den Umgang mit Frauen nicht, wie manche Rabbinen, aus religiösen Gründen mied, bedeutet seine Forderung etwas anderes als die der Rabbinen... Ging es Jesus um den Schutz der benachteiligten Frau? Ging es ihm darum, sie zu befreien und durch ein offenes, weder durch sexuelle Begierde noch durch die Angst vor ihr gekennzeichnetes Zusammenleben zu ‹integrieren›?»

18 Vgl. E. DREWERMANN: Kleriker. Psychogramm eines Ideals, 563–580. Vgl. auch G. DENZLER: Die verbotene Lust. 2000 Jahre christliche Sexualmoral, München–Zürich 1988.

19 Bes. TERTULLIAN: Über die Aufforderung zur Keuschheit, Kap. 9, BKV, I 339–340 findet richtig, daß es gar nicht möglich ist, eine Frau zu heiraten, «ohne sie angesehen und ihrer begehrt zu haben. Freilich ist es ein großer Unterschied, ob man als Ehemann oder als Eheloser das Weib eines anderen anschaut.» Daraus folgt für ihn: «Wie es scheint, begründen nur die Gesetze die Verschiedenheit zwischen Ehe und Hurerei, vermöge des Unterschieds im Unerlaubten, nicht wegen der Beschaffenheit der Sache an sich. Was dient denn übrigens bei Mann und Weib zum Vollzug der Ehe wie der Hurerei? Nur die fleisch-

liche Vereinigung, wonach zu verlangen der Herr (sc. in Mt 5,28, d. V.) der Hurerei gleich erachtet.» Die Ehe also «basiert auf demselben Akte wie die Hurerei. Darum ist es das beste für den Menschen, kein Weib zu berühren.»

[20] Vgl. CIC, Can. 1055 § 1 sagt auch heute noch vom «Ehebund», er sei «auf das Wohl der Ehegatten und auf die Zeugung und die Erziehung von Nachkommenschaft hingeordnet».

[21] Nach Can 1101 § 2 wird die Ehe ungültig, wenn einer der Partner «eine Wesenseigenschaft der Ehe» (Nachkommenschaft z. B.) ausschließt.

[22] A. Watts: Der Lauf des Wassers, 126.

[23] Vgl. P. Brown: Die Keuschheit der Engel, 438–457, der nach einer vorzüglichen Darstellung der Sexualfeindlichkeit der frühen Kirche bis zum Mittelalter resümiert: «Für Menschen von heute, ganz gleich welcher religiösen Überzeugung, haben die frühchristlichen Themen sexuelle Entsagung, Enthaltsamkeit, Zölibat und jungfräuliches Leben inzwischen eisige Untertöne» (457).

[24] J. Gudiol: Goya, 112.

[25] A. a. O., 110; 112.

[26] W. Pach: Pierre Auguste Renoir, 19.

[27] A. a. O., 92.

[28] A. a. O., 92.

[29] Zur Stelle vgl. E. Drewermann: Strukturen des Bösen, I. Band, Nachwort zur 3. Aufl., 389–408: Von der Geborgenheit im Ring der Liebe.

[30] E. Sander: Einleitung zur Gesamtausgabe von Maupassants Novellen und Romanen, in: Das Haus Tellier und andere Novellen, 7–50, S. 17–19; 41–50.

[31] G. Stählin: *kopetos* (Wehklagen, Trauer), in: Theologisches Wörterbuch zum NT, III 829–860, S. 851–853, der in Mk 9,43.45 an eine Selbstbestrafung, nicht an die Vermeidung künftiger Versuchungen denkt; es gehe darum, «einer ewigen Bestrafung vorzubeugen». Das AT schließt die Kastration als religiöse Praxis bei Mensch und Tier aus; vgl. Lv 21,20; 22,24: «für Gott ist nur das Tadellose gut genug.» Eine Auslegung in eher übertragenem Sinne ergibt sich bei der Betonung des *rechten* Auges, das zur «Verführung» offenbar nicht minder tauglich ist als das linke Auge. W. Grundmann: *dexios* (rechts), in: Theologisches Wörterbuch zum NT, II 37–39 geht von der Bedeutung «günstig, glückbringend, ehrenhaft» aus; der Sinn der Stelle wäre dann, lieber auf Glück, Ehre und Freude zu verzichten als zu sündigen. – A. Sand: Reich Gottes und Eheverzicht im Evangelium nach Matthäus, 73, macht für das «Eunuchentum» um des Himmelsreiches willen gegenüber der qumranischen Praxis geltend, daß es hier nicht um das sexuelle Tabu kultischer Reinheit, sondern um eine freie Willensentscheidung gehe – psychologisch aber scheint hier lediglich das kollektive archaische Tabu der Sexualität durch asketischen Zwang individualisiert zu werden.

[32] Der Unterschied zeigt sich z. B. in der Szene der Ehebrecherin von Joh 7,53–8,11; vgl. E. Stauffer: Die Botschaft Jesu, 80–82.

[33] P. Hoffmann: Jesu Wort von der Ehescheidung und seine Auslegung in der neutestamentlichen Überlieferung, Concilium 6 (1970) 326–332 sieht in dem Ehescheidungsverbot Jesu eine Befreiung der Frau von ihrer Rechtsabhängigkeit von der Willkür der Männer; ähnlich meint E. Schweizer: Das Evangelium nach Matthäus, 73, es gehe hier um «das Recht der Frau» bzw. um den «Schutz der Frau» (74). U. Luz: Das Evangelium nach Matthäus, I/1,225–226 meint: «Das Verbot, eine Geschiedene zu heiraten, weitet das alttestamentliche Verbot an den Mann, die eigene geschiedene Frau ein zweites Mal zu heiraten (Dt 24,4), auf alle geschiedenen Frauen aus. Auch dieses Verbot atmet kultisch-rituelles Denken. Seine katastrophalen Folgen für die geschiedenen Frauen werden in der matthäischen Gemeinde wenigstens für Frauen von Christen gemildert: Da Scheidung nur noch bei Unzucht möglich ist, läuft es auf ein Verbot, eine Ehebrecherin zu heiraten, hinaus. Die Antithese spiegelt also die Eherechtspraxis der matthäischen Gemeinde. Die Stimme des

Evangelisten spiegelt sie nur insoweit, als er diese Praxis explizit dem Alten Testament gegenüberstellt. Mt 19,3–9 wird deutlich machen, wie. Auffällig bleibt, daß der Evangelist hier die Praxis seiner Gemeinde nicht, wie etwa bei der Exkommunikationsordnung 18,15–17, unter den Grundgedanken der Vergebung Gottes stellt. Insofern ist unser Text nicht spezifisch matthäisch.» Vgl. auch P. Hoffmann – V. Eid: Jesus von Nazareth und eine christliche Moral, 109–146, S. 118–121, die eine «Umkehrung geltenden Rechts ... in Jesu Stellungnahme» zugunsten der Frauen erblicken (119).

[34] Zur Stelle vgl. M. Noth: Das zweite Buch Mose, ATD 5,133.

[35] Wie wenig psychologisch indessen das ganze Denken in den vorgegebenen Bahnen des Eherechts bleibt und wie unbarmherzig das Jesus-Wort gegenüber «schuldig» gewordenen Frauen wirken mag, wenn man es biblizistisch liest, kann ein einziger Satz von F. Nietzsche: Also sprach Zarathustra, S. 162: Vom Geist der Schwere, Nr. 24 lehren: «So sprach mir ein Weib: Wohl brach ich die Ehe, aber zuerst brach die Ehe – mich.» Und: «Besser noch Ehebrechen als Ehe-biegen, Ehe lügen.»

[36] Das hindert nicht, daß *formal* U. Luz: Das Evangelium nach Matthäus, I/1, 276–277 recht hat, wenn er die «katholische» Möglichkeit einer Trennung von Tisch, Bett und Wohnung der Ehebruchsklausel und dem Scheidungsverbot bei Mt am nächsten sieht. Aber der Formalismus selber ist Jesus entgegen, und hier liegt das Problem.

Mt 5,33–37

Du sollst nicht schwören

(Seite 474 bis 481)

[1] Vgl. zu dem Gesamtproblem E. Drewermann: Ein Plädoyer für die Lüge oder: Vom Unvermögen zur Wahrheit, in: Psychoanalyse und Moraltheologie, III 199–236. Vgl. auch L. N. Tolstoi: Mein Glaube, 121–126: «Wahrlich, was uns hauptsächlich verhindert zu begreifen, daß das Evangelium jeden Schwur, um so mehr den Eidschwur verbietet, ist, daß die pseudochristlichen Lehrer mit ungewöhnlicher Dreistigkeit die Menschen durch das Evangelium eben auf das Evangelium zu schwören zwingen.»

[2] CIC, can. 1199, § 1.

[3] Vgl. E. Drewermann: Kleriker. Psychogramm eines Ideals, 201–206.

[4] Vgl. W. Wickler: Mimikry. Nachahmung und Täuschung in der Natur, 111–119: zur Mertensschen Mimikry. Umgekehrt vgl. S. 120–154: die Packhamsche oder Angriffs-Mimikry.

[5] A. a. O., 70–77.

[6] Vgl. K. Lorenz: So kam der Mensch auf den Hund, 64–69: Falsche Katze – lügender Hund.

[7] Zu den Warnsignalen der Katze vgl. P. Leyhausen: Biologie von Ausdruck und Eindruck (1967), in: K. Lorenz – P. Leyhausen: Antriebe tierischen und menschlichen Verhaltens, 297–407, S. 327. Ders.: Verhaltensstudien an Katzen. Zeitschrift für Tierpsychologie, Beiheft 2, 1956.

[8] Vielleicht noch länger! K. Lorenz: So kam der Mensch auf den Hund, 7–14 rechnet noch mit der Züchtung des Hundes aus Schakalen und Wölfen zwischen Paläolithikum und Mesolithikum, d. h. vor etwa 10 000 Jahren. Vermutlich aber ist die Züchtung von Tieren mit dem Auftreten des anatomisch modernen Jetzt-Menschen, den wir stolz *homo sapiens sapiens* nennen, vor ca. 35 000 Jahren verknüpft. Vgl. E. Probst: Deutschland in der

Steinzeit, 36: «Vor etwa 13 000 Jahren wurden manche der damaligen Jäger und Sammler schon von gezähmten Jungwölfen, deren Eltern man getötet hatte, auf der Pirsch begleitet. Sie wurden die ersten Haustiere des Menschen.»

[9] Vgl. MOLIÈRE: Der Menschenfeind, übers. v. A. Luther, Stuttgart (RUB 394) 1957.

[10] Spätestens mit der Gründung der ersten Stadtkulturen im 3. Jahrtausend v. Chr. muß das erfunden worden sein, was man «Diplomatie» nennt.

[11] So ganz richtig A. SCHOPENHAUER: Preisschrift über die Grundlage der Moral, Sämtl. Werke, IV 103–275, S. 222–226.

[12] Zum Problem der *Scham* vgl. E. DREWERMANN: Strukturen des Bösen, II 203–221. Bes. H. P. DUERR: Der Mythos vom Zivilisationsprozeß, 1. Bd.: Nacktheit und Scham, Frankfurt 1988.

[13] Als Beispiel empfiehlt sich die Schilderung des Filmschauspielers A. QUINN: Der Kampf mit dem Engel, S. 8, wie er seine Stimme verliert aufgrund einer «faustgroßen Lüge» im Halse.

[14] E. SCHWEIZER: Das Evangelium nach Matthäus, 77: «In einer ersten Antwort werden die getroffenen Unterscheidungen (sc. zwischen bindenden und ungültigen Eidesformeln, d. V.) lächerlich gemacht... Die Tatsache, daß der Mensch nicht ein einziges Haar nach seinem Willen verändern kann, ... zeigt, daß er mit allem, was er ist, auf Gott angewiesen bleibt.» Und S. 78: «Wo... das menschliche Wort verfälscht wird..., wird alle Gemeinschaft zerstört.» Dann aber stellt sich die Frage: Wie findet der Mensch zur Wahrhaftigkeit. Zu der Praxis der Eidesleistung im Judentum und zu der *vollständigen* Ablehnung des Eides in den Worten Jesu vgl. H. L. STRACK – P. BILLERBECK: Kommentar zum NT, I 321–337. Vgl. bes. Jak 5,12. Wichtig ist, daß Jesus hier das Mosaische Gesetz keineswegs nur «radikalisiert», sondern in einem zentralen Punkte beseitigt. CHRYSOSTOMUS: Matthäus-Kommentar, 17. Homilie 6, BKV I 316–319 sieht immerhin das Problem, daß Jesus hier alte göttliche Satzungen für böse erklärt.

[15] Vgl. J. P. SARTRE: Kritik der dialektischen Vernunft, 452 ff. E. DREWERMANN: Strukturen des Bösen, III 331–352, S. 343–344.

[16] Vgl. E. DREWERMANN: Kleriker. Psychogramm eines Ideals, 201–205.

[17] A. a. O., 205–206.

[18] A. a. O., 205.

[19] Vgl. M. BUBER: Moses, in: Werke, II 9–230, S. 58–65.

[20] Zur Stelle vgl. H. W. HERTZBERG: Die Samuelbücher, ATD 10, 231–236.

[21] Vgl. E. DREWERMANN: Ein Plädoyer für die Lüge, in: Psychoanalyse und Moraltheologie, III 199–236, S. 204–210.

[22] A. a. O., III 208–210.

[23] Vgl. dazu E. DREWERMANN: Das Tragische und das Christliche, in: Psychoanalyse und Moraltheologie, I 19–78, S. 26–33.

[24] Zur Stelle vgl. E. DREWERMANN: Strukturen des Bösen, I 277–312.

[25] Vgl. I. KANT: Zum ewigen Frieden, in: Werke, XI 191–251, S. 244–245; 229.

Mt 5,38–48

Das Böse überwinden durch das Gute

a) Mt 5,38–39 sondern wenn dich einer auf die rechte Wange schlägt

(Seite 482–489)

[1] Vgl. F. Alt: Liebe ist möglich, 127–136, der im Anschluß an ein desillusionierendes Zitat A. Solschenizyns die «alte Politik» so zusammenfaßt: «Gewalt erzeugt... wieder Gewalt. Die Revolution Jesu, die Revolution der Liebe ist ganz anders. Spätestens jetzt im Atomzeitalter wird immer deutlicher, daß Jesu Weg der einzige ist, der unseren Untergang noch aufhalten kann.» «Jesu ‹Feindesliebe› ist die Alternative zum heutigen Wahnsinn.» Vgl. L. N. Tolstoi: Mein Glaube, 127–145: «Und jetzt? Jetzt ist gar keine Frage mehr, ob der Christ am Krieg teilnehmen dürfe. Alle jungen Leute, die nach dem kirchlichen, sogenannten christlichen Gesetze erzogen worden sind, gehen jeden Herbst, sobald der Termin eintritt, zu den Rekrutierungsstellen und sagen sich mit Hilfe kirchlicher Priester vom Gesetze Christi los» (140).

[2] F. Alt: Liebe ist möglich, 129: «Die ‹andere Backe hinhalten› heißt: Habt den Mut, den ersten Schritt zu tun. Durchbrecht als erste den Teufelskreis der Gewalt. Wenn nicht ihr, wer denn sonst? ‹Feindesliebe› heißt, dem Gegner nicht Angst machen, sondern Angst nehmen.» J. Blank: Die Entscheidung für den Frieden, in: P. Eicher (Hrsg.): Das Evangelium des Friedens, 13–26, S. 21 meint: «Jesus hat in Verhältnissen gelebt, die keineswegs friedlich waren, wo vielmehr Gewalt und Terror an der Tagesordnung waren. Die Erscheinung des ‹politischen Messianismus›, der Versuch einer jüdischen Gruppe, das ‹Reich Gottes› oder das messianische Friedensreich mit bewaffneter Gewalt heraufzuführen, war ihm sicher bekannt. Jesus hat sich davon ausdrücklich durch radikalen Gewaltverzicht distanziert und jenen Weg als gefährlichen Irrweg erkannt.» P. Lapide: Wie liebt man seine Feinde, 33–35 meint: «Die Entfeindung bekämpft die Feindschaft – aber nicht den Feind. Sie ist die (bisher) reifste Entwicklungsstufe einer jahrtausendelangen moralischen Evolution im sittlichen Bewußtsein des Alten Israel.» Und er greift eine Geschichte auf, die M. Buber: Gog und Magog, in: Schriften, III 999–1261, S. 1045 von Rabbi *Mosche Löb* erzählt: «Er vertrug es überhaupt nicht, wenn man einen Menschen böse nannte. ‹Ein Mensch tut wohl Böses›, pflegte er dann zu sagen, ‹wenn ihn der böse Trieb überwältigt, aber dadurch wird er doch nicht selber böse, kein Mensch meint das Böse, entweder gerät er hinein, er weiß gar nicht wie, oder aber er hält das Böse für das Gute. Du mußt ihn eben lieben, diesen Menschen, der Böses tut, du mußt ihm liebend helfen, dem Wirbel zu entkommen, in den ihn der Trieb zieht, du mußt ihm liebend erkennen helfen, was oben und was unten ist, anders als liebend wirst du nichts zustandebringen, sondern er wird dich zur Tür hinausschmeißen, und er wird recht haben. Nennst du ihn aber böse und hassest oder verachtest du ihn dafür, dann machst du ihn böse, auch wenn du ihm dann helfen willst, erst recht wenn du es willst, du machst ihn böse, denn du machst ihn verschlossen. Erst wenn der Mensch, der Böses tut, sich in der Welt seiner Handlungen verschließt, erst wenn er sich in ihr verschließen läßt, wird er böse.› P. Lapide: Ist die Bibel richtig übersetzt? 122, weist darauf hin, daß es sich bei dem Schlag auf die *linke* Wange in Mt 5,39 wohl um einen Schlag mit dem rechten Handrücken handle. «Also nicht von Schmerzensgeld ist hier die Rede, sondern von einer gezielten Verunglimpfung.»

[3] Vgl. E. Drewermann: Der Krieg und das Christentum, 161–177.

[4] Herder Korrespondenz 4/1957; vgl. E. Drewermann: A. a. O., 182–183; K. H. Deschner: Abermals krähte der Hahn, 584–596.

[5] Vgl. H. REUTER (Hrsg.): Das 2. Vatikanische Konzil, S. 279, in: Die Kirche in der Welt von heute, 2. Hauptteil, Kap. 5, Abschn. 1, Nr. 79, wo sich neben deutlichen Worten zur Verdammung des totalen Krieges die üblichen Wendungen über das «Recht legitimer Verteidigung» finden. So auch J. SCHNIEWIND: Das Evangelium nach Matthäus, 72, der sich auf LUTHERS Schrift «Ob Kriegsleute auch in seligem Stande sein können» bezieht und an Mk 13,7 erinnert, es werde immer Kriege geben. «Der Krieg steht unter der gleichen Beurteilung wie Recht und Staat überhaupt.» Eben.

[6] B. PASCAL: Über die Religion, V. Die Gesetze, Nr. 294, S. 147–148.

[7] A. a. O., Nr. 293, S. 147.

[8] Vgl. I. EIBL-EIBESFELDT: Krieg und Frieden aus der Sicht der Verhaltensforschung, 126–144: Vorprogrammierungen im aggressiven Verhalten des Menschen; S. 145–155: Die kulturelle Evolution zum Krieg. Vom Mythos der aggressionslosen Urgesellschaft; Territorialität und Aggressivität bei Jägern und Sammlern; DERS.: Der Mensch – das riskierte Wesen, 105–124: Gefährdung durch Angst. Bes. J. GOODALL: Ein Herz für Schimpansen, 118–133, S. 122 schildert die Aggression der Männchen gegen die Weibchen und gegen die Kleinkinder, wohl zur Durchsetzung der eigenen Gene (S. 122), sowie einen vierjährigen Krieg zwischen zwei Schimpansengruppen, der von den Männchen ausgetragen wird. – G. THEISSEN: Gewaltverzicht und Feindesliebe, in: Studien zur Soziologie des Urchristentums, 179, meint, daß die «Feindesliebetradition Erfahrungen des jüdischen Krieges und der Nachkriegszeit» reflektiere. Aber das «Nie wieder Krieg» ist nicht zeitbedingt, sondern wesentlich zu nehmen! Dem entspricht *Theißen* selbst, wenn er (197) sagt: «Das unbestreitbare Phänomen, daß eine Offenbarungsreligion zu ähnlichen Ergebnissen kommt wie eine religiös engagierte Philosophie, sollte zu denken geben.» Auch PLATON: Kriton, 49 a ff.; Gorgias 474 b ff.; Politeia 332 e ff., vertrat das Prinzip des «Besser Unrecht leiden als Unrecht tun».

[9] P. LEYHAUSEN: Über die Funktion der Relativen Stimmungshierarchie, dargestellt am Beispiel der phylogenetischen und ontogenetischen Entwicklung des Beutefangs von Raubtieren (1965), in: K. Lorenz – P. Leyhausen: Antriebe tierischen und menschlichen Verhaltens, 169–271, S. 224–271, bes. S. 235, führt die Hemmung des Tötungsbisses bei unerfahrenen Katzen auf «die Scheu vor der lebenden Beute» zurück; K. LORENZ: Das sogenannte Böse, 155–195, S. 182–187 beschreibt die große Zahl von ritualisierten Demuts- oder Befriedungsgebärden zur Hemmung innerartlicher Aggression.

[10] F. NIETZSCHE: Also sprach Zarathustra, S. 49–51: Vom Weg des Schaffenden; DERS.: Jenseits von Gut und Böse, 5. Hauptstück: Zur Naturgeschichte der Moral, Nr. 186–203, S. 73–90; bes. Nr. 195, S. 82 – vom «Sklaven-Aufstand in der Moral». Andererseits stammt der geistreichste Satz über das *Vergeben* von F. NIETZSCHE: Also sprach Zarathustra, 1. Teil, Von den Mitleidigen, S. 69: «Tut dir ein Freund Übles, so sprich: ‹ich vergebe dir, was du mir tatest; daß du es aber *dir* tatest – wie könnte ich das vergeben!›»

[11] Vgl. N. TINBERGEN: Von Krieg und Frieden bei Tier und Mensch, in: G. Altner (Hrsg.): Kreatur Mensch, 324–354.

[12] P. LECALDANO: Goya. Die Schrecken des Krieges; 230, der zu den Bildern des spanischen Malers erklärt: «Nichts, so bezeugt uns Goya, rechtfertigt einen Krieg, nicht einmal die kriegerische Abwehr des Krieges.» Vgl. auch R. DIEDERICH – R. GRÜBLING (Hrsg.): Picasso. Grafik gegen den Krieg, Berlin 1988, Abb. 18: Guernica; Abb. 70: Massaker in Korea.

[13] Vgl. A. CAMUS: Der Mensch in der Revolte: «Am Tage, an dem das Verbrechen sich mit den Hüllen der Unschuld schmückt, wird … von der Unschuld verlangt, sich zu rechtfertigen.» «Es geht darum zu wissen, ob die Unschuld, sobald sie zu handeln beginnt, sich

vom Töten nicht abhalten kann.» G. THEISSEN: Gewaltverzicht und Feindesliebe, in: Studien zur Soziologie des Urchristentums, 191–197, S. 195, findet bei Jesus «jene drei Verhaltensmuster, deren Kombination jeder Macht gefährlich werden kann: 1. den Mut zur öffentlichen Kritik (und eine entsprechende Resonanz), 2. die Bereitschaft zu provokativen Handlungen, durch die bestehende Regeln kompromittiert werden, und 3. eine demonstrative Wehrlosigkeit.»

[14] W. BORCHERT: Das Gesamtwerk, S. 347–349, Nachwort von B. Meyer-Marwitz.

[15] Codex Juris Canonici, S. 124; 125.

[16] Zur Auflösung negativer Übertragungsanteile vgl. S. FREUD: Bruchstück einer Hysterie-Analyse, V 161–286, S. 282–284. – Sehr schön schreibt CHRYSOSTOMUS: Matthäus-Kommentar, 18. Homilie, 4, BKV I 333: «Auch die Ärzte haben ja gerade dann, wenn sie von ihren Kranken im Fieberwahn geschlagen und beschimpft werden, am meisten Mitleid mit ihnen und geben sich Mühe, dieselben zu heilen, da sie wohl wissen, daß die Schimpfworte nur eine Folge des übermäßigen Fiebers sind.»

[17] F. M. DOSTOJEWSKIJ: Der Idiot, 3. Teil, 6., S. 385.

[18] A. a. O., 1. Teil, S. 151: «Der Fürst hat für mich die Bedeutung, daß ich in ihm zum erstenmal in meinem Leben einen wahrhaft ergebenen Menschen gefunden habe. Er hat an mich auf den ersten Blick hin geglaubt, und auch ich glaube an ihn.» – Noch einmal L. N. TOLSTOI: Mein Glaube, 73: «Christi Lehre vom Nichtwiderstreben – ein Wahn! – Das aber, daß das Leben der Menschen, in deren Seele Mitleid und Liebe zueinander gelegt ist, bestand und besteht: für die einen in Errichtung von Scheiterhaufen, in Peitschenhieben, Rädern, Spießrutenlaufen, Aufreißen der Nasenlöcher, Foltern, Ketten, Galeeren, Galgen, Erschießungen, Zuchthäusern für Frauen und Kinder, in Kriegen, in denen Tausende von Menschen hingeschlachtet werden, in periodischen Revolutionen mit all ihren Schrecknissen; für die anderen in der Ausführung all dieser Greueltaten, und für die dritten darin, solche Leiden zu verhindern und dieselben zu rächen – ein solches Leben wäre kein Wahn!»

[19] Der *Koran,* XLI 35, übers. v. L. Ullmann, S. 387–388.

[20] Der *Koran,* XXVIII 55, übers. v. L. Ullmann, S. 317.

b) Mt 5,40–42
Alle Gewalt ist nichts als hilflose Not
(Seite 489 bis 500)

[1] H. FRANKEMÖLLE: Friede und Schwert, 130–135 betont zu Recht die Abhängigkeit der Friedensforderung von der «größeren Gerechtigkeit» (Mt 5,20), die (Mt 5,48) in Gott selber ruht. G. BORNKAMM: Jesus von Nazareth, 99 meint dementsprechend: «Aus Gottes Gegenwart und im Angesicht seiner Zukunft zu leben, ist die Gnade, die Jesu Seligpreisungen zusprechen, und nicht minder die Gnade seiner Gebote.» Vollkommen sein – «ist nicht ein Schritt für Schritt zu verwirklichendes Ideal, sondern meint das ‹Ganz-sein› im Unterschied zu allem Gespalten- und Gebrochensein, ein Sein und Verhalten, das in Gott Wirklichkeit ist. Mit höchstem Nachdruck werden die Jünger in Jesu Forderung darin auf Gott gewiesen, den kommenden und den schon gegenwärtigen und wirkenden Gott.»

[2] U. LUZ: Das Evangelium nach Matthäus, I/1,291–292 meint: «Mt hat die Logien Lk 6,29 f. aus dem Ganzen der Q-Komposition über die Feindesliebe (Lk 6,27–36) herausgelöst und daraus die Erläuterung der fünften Antithese gestaltet.» «Die Antithese V. 38–39 a geht wahrscheinlich auf den Evangelisten zurück. Gründe: Das Zitat aus Ex 21,24; Lev 24,20; Dtn 19,29 entspricht dem LXX-Text.» - «In V. 39 b. 41 verändert Mt die Partizipialkonstruktion.» – «In V. 40 muß offenbleiben, ob die mt-Fassung (Prozeßsituation, Reihenfolge Hemd - Mantel) oder die lk (Situation eines Raubüberfalls?, Reihenfolge Mantel – Hemd) ursprünglicher ist. Redaktionell ist keine der

beiden Fassungen.» – «V.41 wird meist als vorredaktioneller Zusatz in QMt angesehen. Möglich ist, daß Lukas diesen Vers weggelassen hat, denn er lebte entweder in einer senatorischen Provinz oder in Rom, wo keine Fronleistungen vorkamen.» – «V.42: die mt Fassung von 42 b ist viel weniger radikal als die lk.» – Das trifft zu; doch daß sich inhaltlich dadurch eine immer schwächer werdende Form aggressiver Provokation abzeichnet, wird in der rein formalen Analyse übersehen.

[3] Vgl. H. L. Strack – P. Billerbeck: Kommentar zum NT, I 342; es geht um den *Chiton*, das Untergewand, «ein langes, mit Ärmeln versehenes Kleid, das auf bloßem Leib getragen wurde»; wer dieses Gewand (als Pfand) nehmen will, dem soll man auch noch das Obergewand lassen, den Mantel, der dem Armen des Nachts zugleich als Decke diente; Ex 22,25.

[4] H. L. Strack – P. Billerbeck: Kommentar zum NT, I 344: das Verb *angareyein* bedeutet: «Menschen oder Tiere zu einer Dienstleistung zwingen. Ein solcher Zwang galt als verwerflich. Dagegen wurde das freiwillige Ehrengeleit, das man einem Lehrer usw. gab, als löblich und verdienstlich angesehen.»

[5] Zum *Borgen aus Armut* vgl. Dt. 15,7–11; Sir 29,1 f.: «Wer Barmherzigkeit übt, leiht seinem Nächsten ... Leihe deinem Nächsten zur Zeit, wo er's nötig hat, und gib du es wieder zurück deinem Nächsen zur bestimmten Frist.»

[6] Je mehr die äußere Aggressivität abnimmt, desto deutlicher wird ihr inneres Motiv! Dann aber auch umgekehrt: man muß in der heftigsten Aggression stets so etwas sehen wie ein Maximum an Hilflosigkeit.

[7] So die Formel bei I. Kant: Die Metaphysik der Sitten, Werke VIII, 303–634, S. 337: «Das Recht ist also der Inbegriff der Bedingungen, unter denen die Willkür des einen mit der Willkür des anderen nach einem allgemeinen Gesetze der Freiheit zusammen vereinigt werden kann.»

[8] Vgl. S. Freud: Zeitgemäßes über Krieg und Tod (1915), Werke X, 323–355, S. 329–330: «Der einzelne Volksangehörige kann in diesem Kriege mit Schrecken feststellen, was sich ihm gelegentlich schon in Friedenszeiten aufdrängen wollte, daß der Staat dem einzelnen den Gebrauch des Unrechts untersagt hat, nicht weil er es abschaffen, sondern weil er es monopolisieren will wie Salz und Tabak.»

[9] Vgl. E. Drewermann: Die Spirale der Angst, 31–37.

[10] Vgl. L. Tiger – R. Fox: Das Herrentier. Steinzeitjäger im Spätkapitalismus, 249: «Die moderne Kriegführung hat nicht mehr die geringste Ähnlichkeit mit jenem Krieg, den zu führen und zu kontrollieren wir aufgrund unserer Evolution imstande sind. Sie gehört zum Apparat der bürokratisch organisierten Wirtschaft, in der Entscheidungen nach technokratischen Gesichtspunkten getroffen werden.»

[11] Vgl. I. Eibl-Eibesfeldt: Menschenforschung auf neuen Wegen, 194–206, zu den Kampfspielen der Jungen und den Territorialkämpfen der Männer. Vgl. auch die pessimistischen Gedanken bei Th. Löbsack: Die letzten Jahre der Menschheit, 203–204, der einfach aufzählt: «Anfang der achtziger Jahre gab es zusammengerechnet etwa 40 000 bis 50 000 Atomwaffen verschiedenen Kalibers auf der Erde mit einer Sprengkraft von insgesamt mehr als einer Million mal derjenigen der Hiroshima-Bombe.» – «Nach einer Schätzung fließen rund um die Erde derzeit etwa ein Million Dollar je Stunde (!) in die Waffenproduktion.»

[12] Insbesondere das Problem der *Überbevölkerung* stellt den Kern aller Schwierigkeiten dar. Vgl. bereits P. Leyhausen: Soziale Organisation und Dichtetoleranz bei Säugetieren (1965), in: K. Lorenz – P. Leyhausen: Antriebe tierischen und menschlichen Verhaltens, 142–168, S. 160–168. Und dann: Th. Löbsack: Die letzten Jahre der Menschheit, 233: «Man vergegenwärtige sich nur einmal den Widersinn, daß es der amtierende Papst Johannes Paul II. im Jahre 1982 fertigbringt, im bevölkerungsreichsten afrikanischen Land Nige-

ria die Empfängnisverhütung zu verdammen.»

[13] Vgl. H. W. F. SAGGS: Mesopotamien, 295–346, bes. S. 308–314; eine kommentierte Übersetzung des Gesetzestextes bietet W. EILERS: Die Gesetzesstele Chammurabis (Der Alte Orient, Bd. 31, 3, 4) Leipzig 1932. A. ALT: Zur Talionsformel (1934), in: Kleine Schriften, I 341–344 führt das Talionsgesetz auf kultische Ersatzleistungen zurück. Vgl. DERS.: Die Ursprünge des israelitischen Rechts (1934), a. a. O., I 278–332, S. 306.

[14] Dabei dürfte die «Weisheit» des Älteren darin liegen, als der «Klügere», d. h. als der (inzwischen) Schwächere nachzugeben – nachgeben zu *müssen*.

[15] Das notwendige Scheitern des christlichen Fundamentalismus liegt u. a. in der Tatsache begründet, daß es nicht möglich ist, bestimmte moralische Vorstellungen im Namen Gottes als abstrakte Norm einem komplizierten und hoch differenzierten Sozialgebilde verordnen zu wollen, dessen Mechanismen der Selbststeuerung und -regulation nicht wirklich verstanden sind. Vgl. ST. WEHOWSKY: Die unvernünftige Gesellschaft, in: Geo Wissen, Nr. 2, 7. 5. 1990, 152–161, der mit N. LUHMANN zu Recht darauf hinweist, daß ein Subsystem der Gesellschaft, wie die Wirtschaft z. B., nur mit Meßfühlern auf Veränderungen reagieren kann, die diesem System eigentümlich sind. «Systeme sind blind für Ziele anderer Systeme, also auch für übergeordnete Ziele» (S. 161).

[16] H. FRANKEMÖLLE: Friede und Schwert, 31–36 warnt zu Recht vor der historisch so verführerischen «Verbindung der Friedensidee mit dem Herrscherkult», ohne freilich den christlichen Integralismus dabei als ständige Versuchung zu erwähnen.

[17] R. SCHWAGER: Offenlegung der Gewalt und christliche Offenbarung, in: P. Eicher (Hrsg.): Das Evangelium des Friedens, 27–41, S. 37–39 verweist zu Recht auf die «Entsakralisierung der Gewalt» durch das Christentum.

[18] Vgl. R. GIRARD: Das Evangelium legt die Gewalt bloß, in: Orientierung 38 (1974) 53–56. U. LUZ: Das Evangelium nach Matthäus, I/1, 298 meint zwar, Mt habe an «eine primär politische Konkretion des Gewaltverzichts ... nicht gedacht». Er fügt aber hinzu: «Allerdings darf man den politischen Bereich auch nicht ausschließen.» A. a. O., 298–302 gibt er einen langen Katalog der Abschwächungsgeschichte dieser Stelle wieder.

[19] N. KAZANTZAKIS: Alexis Sorbas, 182–183.

[20] A. a. O., 183–184.

[21] Vgl. zu Mt 5,45 H. L. STRACK – P. BILLERBECK: Kommentar zum NT, I 371–377. Das Gebot der Feindesliebe (Mt 5,44) klingt in Ex 23,4 f. an, hat aber zu einer klaren positiven Formulierung in der alten Synagoge nicht geführt. Zu 5,43 b: «du sollst deinen Feind hassen» vgl. a. a. O., I 353–368. U. LUZ: Das Evangelium nach Matthäus, I/1, 306 sieht in 5,43 eine Antithese, die der Evangelist selbst geschaffen habe; Lk 6,27 f. 35 und 32–34 zeigen aber, daß Mt hier Logien der Q-Quelle verwendet. In 5,4 hat er anscheinend Lk 6,27 f. auf zwei Glieder verkürzt, 5,45 aber dürfte ursprünglicher sein als die lk. Formulierung; Mt 5,46 f. hat offenbar wieder eine Verkürzung auf zwei Glieder vorgenommen. Mt 5,48 (vgl. Lk 6,36) ist weitgehend von Mt neu formuliert worden, um die Antithesenreihe abzuschließen und auf 5,20 zurückzuweisen. Das «Gebot», den Feind zu *hassen*, erinnert an die Sektenrolle von Qumran, 1 QS 1,10; 9,21 f.; J. MAIER: Die Texte vom Toten Meer, I 22: «Alle Söhne des Lichtes zu lieben, jeden nach seinem Los, in Gottes Gemeinde und alle Finsternissöhne zu hassen, jeden nach seiner Verschuldung, in Gottes Rache.» S. 40: «Ewigen Haß gegen alle Männer des Verderbens.»

[22] Vgl. D. LÜHRMANN: Liebet eure Feinde (Lk 6,27–36; Mt 5,39–48), Zeitschrift für Theologie und Kirche 69 (1972) 412–438; L. SCHOTTROFF: Gewaltverzicht und Feindesliebe in der urchristlichen Jesustradition (Mt 5,38–48; Lk 6,27–36), in: G. Strecker (Hrsg.): Jesus Christus in Historie und Theologie, Tübingen 1975, 197–221 zeigt das Milieu der kleinen Leute, in denen Jesus umging. Zu Recht aber bemerkt J. GNILKA: Das Mat-

thäusevangelium, I 181: «In der Antwort Jesu wird zunächst... juridisches Denken aufgebrochen. In ihr wird die Talionsformel über ihre richterliche Anwendung hinaus als Kategorie menschlichen Verhaltens entlarvt.» S. 185: «Wenn ein katholischer Moraltheologe (sc. G. HÄRING: Das Gesetz Christi, Freiburg 5. Aufl. 1959, S. 1317) ein prozessuales Vorgehen des einzelnen gegen seinen Gegner unter Wahrung bestimmter Kautelen... rechtfertigt, mag das durchaus mit den Realitäten übereinstimmen, widerspricht aber letztlich der Bergpredigt.»

[23] G. THEISSEN: Gewaltverzicht und Feindesliebe (Mt 5,38–48; Lk 6,27–38) und deren sozialgeschichtlicher Hintergrund, in: Studien zur Soziologie des Urchristentums, Tübingen 1979, 160–197, S. 188 verweist darauf, daß die Verwandtschaft aller Menschen schon in der stoischen Ethik ein Motiv für Gewaltverzicht darstellt.

[24] J. GNILKA: Das Matthäusevangelium, I 183: «Die Weisung, zwei Meilen das Geleit zu geben, kann als Weisung Jesu antizelotisch gemeint gewesen sein. Den Zeloten war jedes Eingehen auf die Römer Verrat.» P. LAPIDE: Wie liebt man seine Feinde, 25–27: «Jesus schlägt... vor: den Frondienst nach der Vorschriftsmeile in ein freiwilliges Geleit zu verwandeln, um den erstaunten Römern durch Zuvorkommenheit im besten Sinne des Wortes: zu *entwaffnen*.»

[25] Vgl. J. GNILKA: Das Matthäusevangelium, I 185: «Für den Satz vom Weggeleit, aber auch vom Schlag auf die Wange kann als Background Kritik zelotischer Gesinnung und Praxis vermutet werden.»

[26] Zur Dialektik von Herr und Knecht vgl. G. W. F. HEGEL: Phänomenologie des Geistes, 146–150.

[27] G. THEISSEN: Gewaltverzicht und Feindesliebe, s. o. Anm. 23, S. 183 ff. hat als sozialgeschichtlichen Hintergrund die Armut frühchristlicher Wandermissionare auszumachen versucht, die alle Habe verlassen hatten; doch ginge es allein darum, so müßte man die Forderungen Jesu auf einen Kreis von «besonders» Berufenen beschränken, wie es die kath. Kirche bis heute tut, indem sie die Bergpredigt im Grunde nur für Ordensleute und – abgeschwächt – für ihre Kleriker verbindlich macht. In Wahrheit geht es um ein menschheitliches Problem, und entsprechend ist daher auszulegen.

[28] Die beste Hilfe wird oft darin bestehen, den anderen allererst zum Verständnis seiner eigenen Wünsche zu führen und dann in ihm die Kräfte freizusetzen, die ihn zur Erfüllung seiner eigentlichen Bedürfnisse führen können.

[29] Vgl. G. BERNANOS: Tagebuch eines Landpfarrers, 305.

c) Mt 5,43–48
Die wahre Gottessohnschaft ist die Feindesliebe

(Seite 500 bis 509)

[1] Vgl. P. LAPIDE: Wie liebt man seine Feinde, 17–20: «Dem Auftrag Jesu am nächsten kommt wohl sein Lehrkollege Rabbi Nathan, der die Frage stellt: ‹Wer ist der Mächtigste im ganzen Land?› Die Antwort: ‹Wer die Liebe seines Feindes gewinnt.›» Aber die Frage von L. RAGAZ: Die Bergpredigt Jesu, 3. Aufl. 1979, 92 bleibt: «Ist das (sc. die Freiheitsliebe, d. V.) nicht zuviel verlangt? Kann man das halten? Kann man diejenigen lieben, die uns hassen und Böses antun? Ist das nicht eine moralische Illusion?» P. HOFFMANN – V. EID: Jesus von Nazareth und eine christliche Moral, 147–185, weisen darauf hin, «daß das Gebot der Feindesliebe keine Aufteilung zuläßt in Freunde und Feinde, daß vielmehr alle in jeder Hinsicht Betroffene sind.» (178) Gerade diese Einsicht aber gilt es in der Auslegung psychologisch zu vermitteln!

[2] H. THIELICKE: Theologische Ethik, 3 Bde., Tübingen 1958–1964, II/2, Nr. 2616 stellte sogar die These auf, es sei eine götzendienerische Utopie, von dieser Welt erwarten zu wollen, sie könne zum Reich Gottes werden.

K. BARTH: Kirchliche Dogmatik, 4 Bde., Zürich 1932–1967, IV/2, 199 sieht in der Bergpredigt keine politische Ethik formuliert, wohl aber eine Infragestellung aller menschlichen Ordnungen, soweit sie auf Gewalt basieren. Aber Jesus wollte nicht nur «in Frage stellen», er wollte positiv etwas getan sehen!

[3] Zu dem Begriff des «Sohnes Gottes» vgl. E. SCHWEIZER: *hyios* (Sohn), in: Theologisches Wörterbuch zum NT, VIII 334–357; 364–395; S. 392–394: Die Menschen als Gottessöhne: «Die Sohnschaft ist hier... nicht eine natürlich gegebene, sondern ist begründet in der Vaterliebe Gottes, die erst die Möglichkeit des Gehorsams und damit die Sohnschaft schenkt.» Vgl. auch H. WINDISCH: Friedensbringer – Gottessöhne, ZNW 24 (1925) 242 f.

[4] Vgl. den Wesir Ḥem-iunu, den der Pharao Cheops mit «Sohn meines Leibes» anredete; vgl. H. KAYSER: Die ägyptischen Altertümer, Abb. 15, S. 47; A. EGGEBRECHT: Das Alte Reich, Abb. 3, B. SCHMITZ: Sitzbild des Wesirs Ḥem-iunu, 4. Dynastie, um 2530 v. Chr.

[5] CIC, can. 1373 z. B. setzt fest, daß jemand, der «die Untergebenen zum Ungehorsam» gegen den Ordinarius auffordert, mit dem Interdikt, d. i. dem Entzug der Teilnahme an den Sakramenten, bestraft wird. Kein Zweifel, nach solchen Gesetzen wurde auch Jesus als Pseudoprophet und als vom Teufel besessen von der Synagoge ausgeschlossen. Vgl. E. STAUFFER: Jesus. Gestalt und Geschichte, 86–90; DERS.: Jerusalem und Rom, 113–122: Die jüdischen Ketzergesetze.

[6] So unnachahmlich die präfaschistischen Tiraden des Münchner Bischofs M. VON FAULHABER: Waffen des Lichtes, 158–159: «Für das einzelne Menschenkind, dessen Sterben in der Gnade Gottes der Übergang zu einem besseren ewigen Jenseitsleben ist, kann der Wille zum Leben sich als opferfreudige Lebenshingabe betätigen ... Für die Völker dagegen, die als Völker nur ein Diesseitsleben führen, schließt das Gesetz der Lebensbehauptung die Pflicht der Notwehr gegen alle Schädlinge des gesunden Diesseitslebens in sich. Für die Völker, die nur ein Diesseitsleben führen, wäre die Preisgabe notwendiger Lebensrechte Selbstmord, und der ist im fünften Gebot und im Evangelium (Mt 15,19) verboten.» Dieser Kriegshetzer und Worteverdreher scheint niemals so etwas wie Schuldgefühle dafür gespürt zu haben, daß seine organizistische Volksmystik von dem «Leben» der Staaten das einzig wirklich Lebendige: die lebenden Einzelnen, in den seriellen Suizid treiben mußte – und mit heiligen Phrasen treiben sollte!

[7] Vgl. E. DREWERMANN: Kleriker. Psychogramm eines Ideals, 385–410: Vom Ideal der Armut zu der Armseligkeit des Menschlichen.

[8] Vgl. P. LAPIDE: Wie liebt man seine Feinde, 21–23: Zwei Arten der Liebe: «Da Jesus in parallelen Kontrastpaaren zu lehren pflegt, muß ... auch diese Steigerung ‹Liebet eure Feinde!› im ursprünglich semitischen Wortlaut diesen Dativus Ethicus beinhaltet haben, der keineswegs zur platonischen Feindesliebe auffordert, sondern zum versöhnlichen Umgang mit dem Gegner, der einzig und allein seine *Entfeindung* bezweckt.»

[9] Vgl. E. DREWERMANN: Tiefenpsychologie und Exegese, II 753–759: Regeln zur Interpretation der Worttraditionen.

[10] Zur *«Vollkommenheit»* vgl. U. LUZ: Das Evangelium nach Matthäus, I/1,312–314: «Warum hat Matthäus überhaupt die Q-Überlieferung verändert, wenn es ihm doch auch um die Barmherzigkeit ging? Durch ... (das Wort vollkommen, d. V.) hebt er die grundsätzliche Bedeutung der Feindesliebe hervor. Sie ist nicht eine Forderung neben anderen, sondern Mitte und Spitze aller Gebote, die zur Vollkommenheit führt.» «Mit V 48 lenkt ... Matthäus die Paränese der Antithesen auf Gott selbst zurück. *Er* ist vollkommen, der ‹Gerechte und Ungerechte› (V 45) beschenkt.» Trifft diese Auffassung zu, so ist die «Ungeteiltheit des Herzens» (313), das *Ganzsein*, die unerläßliche Bedingung, auch den «Feind» lieben zu können. Zudem verändert Mt mit dieser Neuinterpretation des Begriffs der «Voll-

kommenheit» auch den Sprachgebrauch der *Qumran*-Gemeinde, deren Mitglieder sich als diejenigen bezeichnen, «die auf vollkommenem Wege wandeln, wie Er befohlen». 1 QS VIII 21; gegen M. Baigent – R. Leigh: Verschlußsache Jesus, 172, die aus solchen Formulierungen auf eine Identität zwischen Qumran und der Jesus-Gemeinde schließen wollen. Vgl. 1 QS 1,8.13 f.; J. Maier: Die Texte vom Toten Meer, I 21 spricht von den «Willigen», die «vor Ihm vollkommen ... wandeln».

[11] Es ist schlechterdings unglaublich, mit welcher Angst und Arroganz immer noch die heutige Theologie, dabei die Exegese vornean, sich weigert, die einfachsten Folgerungen aus ihren eigenen Einsichten zu ziehen. Da geht es um das «Ganzsein» der menschlichen Existenz als der unerläßlichen Bedingung der Feindesliebe; doch statt nun psychologisch zu untersuchen, wie eine wirkliche Integration des «Feindseligen» in der eigenen Psyche gelingen könnte, wissen Bibelerklärer wie K. Kertelge: Auch für besondere Wege sollte Platz sein, in: Kirche und Leben, Nr. 41, 13. Okt. 91, S. 20, daß es sich bei diesem Anliegen nur um «das moderne Verständnis vom Menschen» handle, «der sich selbst an den eigenen Haaren aus dem Sumpf ziehen will. Erlösung wird erfahren, indem der Mensch sich selbst verwirklicht – in all seinen natürlichen Möglichkeiten. Das aber ist nicht mehr die Botschaft des Evangeliums von der Erlösung als Gnade.» Natürlich ist es dies! Denn eben, daß Selbstverwirklichung nur durch «Gnade» möglich ist, weiß jeder Psychotherapeut. Aber: an die Stelle des «Selbst» muß partout die Kirche treten; denn, so fährt K. Kertelge a. a. O. fort: «Die Gnade Gottes macht aus dem Sünder einen Gerechten, d. h. ein Glied am ‹Leibe Christi›. Seine ‹Selbstverwirklichung› erlangt der Glaubende, indem er als Glied an der ‹Erbauung› des Leibes Christi mitwirkt. Und der Leib Christi ist die Kirche.» Wie schön! Jetzt müßte nur noch gezeigt werden, daß diese «Kirche» just mit der real existierenden römisch-katholischen Kirche identisch ist. Doch das versteht sich in dieser Ideologie des theologischen Kollektivismus von alleine.

[12] Vgl. U. Luz: Das Evangelium nach Matthäus, I/1, 312: «Negatives Gegenüber sind Zöllner und Heiden: Matthäus übernimmt sie aus der Tradition; daß er sie beibehält (Lukas ersetzt sie durch den allgemeineren Ausdruck ‹Sünder›), zeigt, daß seine Gemeinde nach wie vor im Horizont des jüdischen Denkens lebt.»

[13] Vgl. E. Endres: Die gelbe Farbe. Die Entwicklung der Judenfeindschaft aus dem Christentum, 36–54: Das Fundament der Evangelien; vgl. auch S. 68–77; F. Heer: Gottes erste Liebe, 45–56.

[14] Dschuang Dsi: Südliches Blütenland, XVII 5, S. 185.

[15] A. a. O., XVII 3, S. 182.

[16] Vgl. E. Drewermann: Das Markus-Evangelium, I 45–80.

[17] Lao-tse: Tao te king, Nr. 73, übers. v. R. Wilhelm, S. 116.

[18] A. a. O., Nr. 36, S. 76.

Mt 6,1–4

Das Gute um des Guten willen

(Seite 510–518)

[1] Zur «Almosen»-Praxis und ihrer Verdienstlichkeit im Judentum vgl. H. L. STRACK – P. BILLERBECK: Kommentar zum NT, I 387–391.

[2] Bildeten bisher die «Theologen» mit ihrer Auslegung des Dekalogs das unsichtbare Gegenüber der Antithesen der Bergpredigt, so sind jetzt die «Laien» mit den klassischen «guten Werken» angesprochen. J. GNILKA: Das Matthäusevangelium, I 200 meint: «Mit diesem Text beginnt ein neuer Abschnitt der Bergpredigt. V.1 kommt die Funktion einer Überschrift zu.» Dieser Vers ist denn auch wohl der mt Redaktion zuzuschreiben. Die Dreiheit von Fasten, Almosen und Gerechtigkeit findet sich in Tob 12,8. Der Aufbau der drei Erläuterungen ist jeweils gleich strukturiert. Insgesamt gilt: «Ohne Zweifel atmet der Text Jesu Geist: die Lauterkeit des Dienstes, die Abhängigkeit vom Vater sind völlig mit seinen Anliegen vereinbar, auch der Lohngedanke spricht nicht gegen ihn, auch nicht der jüdische Rahmen. Dennoch ist der Text als nachjesuanisch anzusehen. Der Block 2–4.5 f.16–18 muß als einheitlich entstandener beurteilt werden. Die in 16–18 vertretene Fastenpraxis spiegelt nachösterliche Verhältnisse... Dann wird auch die Einkleidung der Weisung in eine Polemik gegen die Heuchler verräterisch. Ohne daß der oben herausgestellte Vorrang der Weisung in Frage zu stellen ist, ist damit doch die Auseinandersetzung der Gemeinde mit der Synagoge angezeigt» (206).

[3] Damit wird die gesamte Verdienstlehre der katholischen Kirche hinfällig! Zu deren klassischer Form vgl. J. BRINKTRINE: Die Lehre von der Gnade, 221–254.

[4] Zur Dialektik von Bewußtsein und Unbewußtem vgl. E. DREWERMANN: Das Tragische und das Christliche, in: Psychoanalyse und Moraltheologie, I 19–78, S. 26–39.

[5] Zur Narzißmustheorie vgl. S. FREUD: Zur Einführung des Narzißmus, in: Ges. Werke, X 137–170.

[6] So z.B. J. G. FICHTE: Grundlage des Naturrechts, 1. Hauptstück, § 3, S. 30–40, mit der ungeheuerlichen These: «Der Begriff des Menschen ist sonach gar nicht Begriff eines einzelnen, denn ein solcher ist undenkbar, sondern der einer Gattung» (S. 39).

[7] Der *Koran*, LIII 33, übers. v. L. Ullmann, S. 428.

[8] M. SCHELER: Vom Ewigen im Menschen, 303: «Denn es ist ja überhaupt falsch, das Gute zu bestimmen als irgendeinen Inhalt eines zuvor gegebenen *Wollens* – sei es Gottes oder einer praktischen Vernunft. ‹Gut› ist primär eine Wertqualität, sittlich gut aber eine Personqualität, und jegliches Wollen – also auch dasjenige Wollen, das vermeintlich erst zu bestimmen hätte, *daß* etwas *gut sei* und *was* es sei – müßte schon gut *sein,* um es zu bestimmen. Gut ist also auch in bezug auf Gott ein *Wesensprädikat* der göttlichen *Person als Person.*»

[9] Vgl. J. HUIZINGA: Homo Ludens. Vom Ursprung der Kultur im Spiel, 9–37: Wesen und Bedeutung des Spiels als Kulturerscheinung.

[10] Vgl. LAOTSE: Tao te king, Nr. 38, übers. v. R. Wilhelm, S. 81.

[11] Vgl. L. YUTANG (Hrsg.): Laotse, S. 94–95.

[12] A. a. O., S. 93.

[13] Zu der Wendung: «Dein Vater, der im Verborgenen sieht, wird dir vergelten», vgl. H. L. STRACK – P. BILLERBECK: Kommentar zum NT, I 392–396; zu: «der Vater im Himmel» vgl. G. DALMAN: Die Worte Jesu, 150–159.

[14] G. E. LESSING: Die Erziehung des Menschengeschlechts, in: Werke, II 977–997, Nr. 55: «dieser Teil des Menschengeschlechts war in der Ausübung seiner Vernunft so weit gekommen, daß er zu seinen moralischen Handlungen edlere, würdigere Bewegungsgründe bedurfte und brauchen konnte, als zeitliche Belohnung und Strafen waren.»

[15] R. TAGORE: Gitanjali, Nr. 62, S. 75.

[16] Vgl. A. CHAKRAVARTY: Vorwort, zu: R. Tagore: Gitanjali, 5–8.

[17] Vgl. G. RIECKEN: Die Flutkatastrophe vom 11. Okt. 1634, in: B. Hinrichs – A. Panten – G. Riecken: Flutkatastrophe 1634, S. 11–63.
[18] Vgl. H. GRUHL: Das irdische Gleichgewicht. Ökologie unseres Daseins, Düsseldorf 1982, 58–63.
[19] Vgl. KAVALAM MADHAVA PANIKKAR: Neue Staaten in Asien und Afrika, in: Propyläen Weltgeschichte, X 103–164, S. 143–147: Pakistan und die mohammedanische Welt.
[20] Vgl. E. DREWERMANN: Der tödliche Fortschritt, Anhang zur 6. Aufl., 232–249.
[21] A. a. O., 258.

Mt 6,5–8

Rechtes Beten ist Empfangen

(Seite 519–525)

[1] In Mt 6,5–15 liegt eine Gebetskatechese vor, die, bezeichnenderweise, mit der Aufforderung zur Vergebung (Mt 6,14–15) endet. J. GNILKA: Das Matthäusevangelium, I 208 meint: «Wie 2–4 ist 5 f. am besten als mündlich vorgegebene Tradition anzusehen... Ist 7f. Bildung des Mt? V. 8 b besitzt eine Parallele in 6,32 b/Lk 12,30 b (Q). V. 7 ist wegen des seltenen Wortbestandes vormt.» V. 8 a ist offenbar eine Überleitung für 8 b, das nach 6,32 b geformt wurde.
[2] Der gesamte Abschnitt Mt 6,1–18 bildet eine Einheit, in der die drei Abschnitte Almosen, Beten und Fasten zusammengestellt sind. Gattungsmäßig handelt es sich um ein katechetisches Lehrstück. R. BULTMANN: Die Geschichte der synoptischen Tradition, 350–351 spricht von «Gesetzesworten», doch «Worte über die Frömmigkeitsübungen» paßt besser. 1 QS III 13, J. MAIER: Die Texte vom Toten Meer, I 25 gibt wieder, worum es sich handelt: «Für den Unterweiser, um zu unterweisen und zu belehren alle Söhne des Lichtes» – gemeint ist ein Katechismus für Gemeindekatecheten.
[3] J. GNILKA: Das Matthäusevangelium, I 208–209: «In Israel war das private Beten in der Öffentlichkeit durchaus üblich, ja geradezu gefordert, weil die Gebetszeiten geregelt waren, zeitlich parallel mit den beiden Opferhandlungen im Tempel am frühen Morgen und am Nachmittag. Rabbinische Diskussionen berücksichtigen dies... Uns aufgeklärten Europäern erscheint der Gedanke, daß man mit einer privaten Gebetsdemonstration auf der Straße Eindruck schinden könne, absurd (anders etwa in arabischen Ländern).» «Das positive Gegenbeispiel ist das Gebet in der Kammer bei verschlossener Tür. Das hat Vorbilder. So betete Elischa im Haus bei verschlossener Tür (2 Kg 4,33)... Kaum lehnt sich das Wort an Is 26,20 an... Selbstverständ-

liche Voraussetzung ist, daß überhaupt gebetet wird. Gebet ist Herzenssache, sein Wesen ist die Erhebung des Herzens zu Gott und damit Ausdruck des Glaubens an ihn. Ist dieses Wesen nicht vorhanden, so ist es genausowenig Gebet, wie die Putzen (Zwerge) in den Gärten Menschen sind.» Nach M. LUTHER: Evangelien-Auslegung, hrsg. v. E. Mülhaupt, Göttingen, 5. Bd. 4. Aufl. 1969, II 132.

[4] Es ist aber gerade das *kultische* Gebet, das Jesus hier kritisiert! Wieviel Heuchelei christlicher Theologie gehört dazu, die dogmatische Umwandlung der Person Jesu von einem Lehrer des vertrauensvollen Gebetes in einen Gegenstand göttlicher Gebetsverehrung mit dem Juden aus Nazareth in legitimen Zusammenhang zu bringen! Und zusätzlich noch die *prophetische* Einstellung Jesu zum Gebet in die priesterlich-beamtete Ritualisierung des Gebetes umzufälschen!

[5] Vgl. Mk 10,18! Zur Stelle vgl. E. DREWERMANN: Das Markus-Evangelium, II 115–128.

[6] Vgl. J. JEREMIAS: Abba, in: Abba, 15–67.

[7] Vgl. J. JEREMIAS: Das tägliche Gebet im Leben Jesu und in der ältesten Kirche, in: Abba, 67–80.

[8] Keiner Gruppe in der heutigen Gesellschaft ist es gelungen, die Menschen unter Androhung ewiger Höllenstrafen zur Einhaltung eines Versammlungsgebotes (!) zu zwingen.

[9] Vgl. H. VON GLASENAPP: Glaube und Ritus der Hochreligionen, 96–100: «Das Gebet ist in zwei Formen möglich: entweder ist es der selbständige Herzensgruß eines Frommen... Oder es besteht in der Hersagung von bestimmten feststehenden Bitten, Formeln, liturgischen Anrufungen.» Dazwischen muß man *wählen*, meinte Jesus!

[10] Vgl. E. DREWERMANN: Kleriker. Psychogramm eines Ideals, 177–180.

[11] A. a. O., 201–206.

[12] Vgl. J. BRINKTRINE: Die Lehre von den heiligen Sakramenten der katholischen Kirche, II 57–82: Die Genugtuung (inklusive des Ablasses).

[13] Natürlich ist und war es ein jüdischer Gedanke! Vgl. H. L. STRACK – P. BILLERBECK: Kommentar zum NT, I 403–406, wo freilich auch die innerjüdische Selbstkritik an der «Vielbeterei» aufgeführt wird.

[14] Für «heidnisch» ist hier allerdings keine Religionsgrenze, sondern ein Haltungsunterschied gegenüber Gott zu nehmen, der die Grundentscheidung zwischen Angst und Vertrauen widerspiegelt. Wie reich die «heidnische« Gebetspraxis in Wahrheit ist, zeigt z. B. die Sammlung von A. M. DI NOLA: Gebete der Menschheit, Düsseldorf – Köln 1963.

[15] Zur tibetanischen Gebetspraxis vgl. E. CONZE: Der Buddhismus, 198–200.

[16] F. SPIEGELBERG: Die lebenden Weltreligionen, 459–473, S. 467.

[17] Zum *Kreislaufgedanken* im *Buddhismus* vgl. GAUTAMA BUDDHA: Die vier edlen Wahrheiten, 92–108, bes. S. 95–97, zum Kreislauf der Wiedergeburten.

[18] Wunderbar z. B. ist das Gebet bzw. die Meditationsanweisung, die im 8. Jh. der indische Prinz und Wegbereiter des tibetanischen Buddhismus *Padma Sambhava* zur Verehrung der Berggöttin Tseringma, der guten Mutter des langen Lebens und Tochter des Gottes Himachal, im Kloster Thangboche verfaßte: «Man stelle sich die Gottheit vor wie einen mächtigen schönen Berg, über dessen Mitte sich die Wolken bewegen. Am Fuße des Berges wachsen Blumen und Medizinbäume. Das Geräusch von fallenden Wassern ist vernehmbar, und in den Wäldern singen die Vögel. Daraus steigt es empor wie ein Schloß aus Diamanten und Rubinen. Wer diesen Ort kennt, wird immer dorthin streben. Im Innern des Schlosses befindet sich ein Thron aus einem Mond, der auf einer Blume ruht. In der strahlenden Mitte steht die Göttin Tseringma. Sie hat ein leuchtendes, schmales Antlitz, drei Augen und schimmerndes, blauschwarzes Haar, das schlangenartig hochgebunden ist. Ihre Hautfarbe ist wie die einer goldenen Jungfrau. Sie strahlt wie ein Licht, das im Wasser brennt. Und ihre Gesichtsfarbe ist die des leuchtenden Mondes in einer Herbstnacht.» Natürlich wer-

den katholische Theologen alles daransetzen, die Ähnlichkeit der eigenen *Marienmystik* zu solchen Gebeten zu verleugnen; doch was *Padma Sambhava* hier gelingt, ist in der Tat weit mehr, als alle Marienminne je vermocht hat: hier wird die gesamte Natur (Berg, Mond, Wasser, Blume und Gestein) zum Bild der Gottheit, und zwar in vollem Bewußtsein der projektiven Kraft dieser Gebetsanalogien, und ebenso werden die Kräfte der Liebe, der inneren Natur des Menschen, zur Verehrung der Göttin erhoben. Integraler kann ein Gebet nicht sein. Die mütterliche Gottheit ersetzt dabei die «väterliche» Gebetsanrede des NT's. – P. Koch – H. Stegmüller – H. Rumpold: Die Sherpas, ZDF 1991; Zitate nach M. Oppitz: Khumbu Himal. Geschichte und Sozialordnung der Sherpa, Bd. 8.

[19] Der «mütterliche» Vatergott ist der Kern der gesamten Haltung Jesu; vgl. J. Jeremias: Neutestamentliche Theologie, I 67–73.

[20] Das islamische Gebet kennt 6 Haltungen: den *Ruf* zum Gebet, bei dem man die Hände an die Ohren legt, *Subhanaka*, bei der man mit den Händen am Körper nach Mekka gewendet vor Gott steht, *Ruku*, die Verneigung mit den Worten: Ehre sei meinem großen Herrn, *Sadschda*, die zweimalige Niederwerfung mit der Bekenntnisformel Gott ist groß, *At-tahijjat*, das Knien auf den Füßen, bei dem aus der Tradition stammende Sätze gesprochen werden, und die *Dua*, das Gebet mit erhobenen Händen, das auch in der Muttersprache und in freier Formulierung erfolgen kann. Vgl. Smail Balić: Ruf vom Minarett. Weltislam heute – Renaissance oder Rückfall? Eine Selbstdarstellung, Rissen 1984; A. Th. Khoury: Gebete des Islam, Mainz (Topos Tb. 111) 1981. Vgl. A. Th. Khoury – L. Hagemann – P. Heine: Islam Lexikon, II 280–286: Gebet.

[21] T. Andrae: Islamische Mystiker, 128–148: Gottvertrauen und Gottesliebe, S. 131: «Man sagte zu einem frommen Manne: Du bist einer, der Gott liebt – aber er erwiderte: Nein, nicht einer, der liebt, sondern einer, der geliebt wird. Wer liebt, steht noch unter Zwang.»

[22] Der *Koran*, XX 6–8, übers. v. L. Ullmann, S. 251.

[23] Vgl. Ps 148.

Mt 6,9–15

Das Vaterunser

(Seite 526 bis 535)

[1] Vgl. U. LUZ: Das Evangelium nach Matthäus, I/1, 186. – An meditativen Auslegungen des Vaterunsers vgl. CYPRIAN: Über das Gebet des Herrn, in: Schriften, BKV, I 161–197, der Nr. 3, S. 168 seine Predigtauslegung beginnt mit den Worten: «Laßt uns also beten, geliebteste Brüder, wie Gott unser Meister es gelehrt hat.» GREGOR VON NYSSA: Das Gebet des Herrn, in: Schriften, BKV, 89–150; ORIGENES: Vom Gebet, in: Schriften, I 7–148; TERTULLIAN: Vom Gebet, in: Schriften, BKV, I 248–273, der im Vaterunser die Zusammenfassung des ganzen Evangeliums sieht. Vgl. auch M. CLAUDIUS: Vom Vaterunser, in: Sämtliche Werke, 602–606; R. SCHNEIDER: Das Vaterunser, in: Das Kreuz in der Zeit, 7–57, der zu Recht beginnt mit der Feststellung: «Das aus gläubigem Herzen gesprochene Vaterunser ist weit mehr als eine Auslegung und irgendein Gedanke, der sich daran knüpft» (7). – Zur *wissenschaftlichen* Untersuchung vgl. vor allem G. DALMAN: Die Worte Jesu, 283–365; J. JEREMIAS: Das Vater-unser im Lichte der neueren Forschung, in: Abba, 152–171. Zu dem Verhältnis des Vaterunsers zur *jüdischen* Gebetspraxis vgl. F. MUSSNER: Das Vaterunser als Gebet des Juden Jesus, in: Traktat über die Juden, München 1979, 198–208.

[2] U. LUZ: Das Evangelium nach Matthäus, I/1, 341 weist darauf hin, daß der Zusatz «himmlischer Du», den Mt der Anrede «Vater» hinzufügt, sich dem Sprachgebrauch der Synagoge ebenso anschließt wie das sekundäre «unser», d. h.: «Matthäus distanziert sich von der Synagoge, nicht von ihrem Gott.» Zu der Anrede selbst meint GREGOR VON NYSSA: Das Gebet des Herrn, 2. Rede, S. 106: «Soviel ist gewiß: wer nur irgendwie zu denken imstande ist, wird sich, wenn er nicht die nämlichen Eigenschaften, wie an ihm, auch an sich selbst sieht, niemals erkühnen, jenes Wort Gott gegenüber auszusprechen und ihn ‹Vater› zu nennen.» Daraus aber folgt dann für ihn (S. 107), die Anrede wolle uns ein «reines, erhabenes Leben» anbefehlen. Schlimmer kann das Vertrauen in Gott, das den Menschen allererst zum Guten befähigt, nicht an die Moral verkommen. Ins Zentrum hinein spricht R. SCHNEIDER: Das Vaterunser, in: Das Kreuz in der Zeit, 9: «Das Vaterunser beginnt mit einem großen Trost; wir dürfen Vater sagen.» Und (S. 15): «Die Welt ist uns fremd geworden. Aber wir sind Deine Kinder in dieser fremden Welt und wollen uns als solche bewähren. Alles andere steht bei Dir.» – Zur «Vater»-Anrede im *Judentum* vgl. H. L. STRACK – P. BILLERBECK: Kommentar zum NT, I 392–396; 410. – Als die *«Urfassung»* des Vaterunsers läßt sich im Vergleich mit Lk 11,2–4 (und Didache 8,2) die folgende Fassung plausibel machen: *Anrede* (Lieber) Vater; *zwei* (bei Mt drei) *Du-Bitten* im Parallelismus: Dein Name werde geheiligt, dein Reich komme; *zwei* parallele *Wir-Bitten:* Unser Brot für morgen gib uns heute. Und vergib uns unsere Schulden, wie auch wir hiermit unseren Schuldnern vergeben; *Schlußbitte:* Und laß uns nicht der Versuchung anheimfallen. J. JEREMIAS: A. a. O., 161. Zur Vater-Anrede vgl. A. SAND: Das Evangelium nach Matthäus, 129–133, der zur Recht an Hos 11,4–8.9 erinnert (S. 133).

[3] Vgl. R. SCHNEIDER: A. a. O., 16: «Es ist, als ob sich noch einmal der Himmel auftun würde über diesen Worten; alle Tiefen und Höhen des Raumes öffnen sich, und ein Schauer durchweht sie. Der Mensch spricht tief unten die Bitte des Heilands nach, und die ganze Schöpfung scheint ihm zu antworten.» – Zur *«Heiligung des Namens»* vgl. H. L. STRACK – P. BILLERBECK: Kommentar zum NT, I 411–418; zu erinnern ist an Ez 36,23: «Ich (Gott) will meinen großen Namen heiligen.» – «Auch in den Anfangsworten des Qaddisch des Gottesdienstes ... ist sachlich Gott das

Subjekt des Heiligens» (411; 408 f.). Inhaltlich «besteht... die Heiligung des göttlichen Namens im Gehorsam Israels gegen Gottes Willen» (412). Aber: Gott selbst muß diesen «Gehorsam» bewirken! M. LUTHER: Der Große Katechismus (1529), 105–129 hat in seiner Vaterunser-Auslegung (S. 112–129) den Zusammenhang so formuliert: «Ist es doch auch für einen leiblichen Vater eine Schande und Unehre, wenn er ein böses, ungeratenes Kind hat... Geradeso gereicht es auch für Gott zur Unehre, wenn wir... anders lehren, reden und leben, als sich's für rechtschaffene und himmlische Kinder gehört» (113). Aber, was LUTHER wie kein anderer wußte: es ist die Liebe des «Vaters» selbst, die «gute Kinder» schafft! Zu denken ist auch an die «eschatologische» Deutung: «Von Gott würde dann erbeten, daß Menschen durch rechten Gebrauch des Gottesnamens und Gehorsam gegenüber seinem Willen seinen Namen heiligen.» U. LUZ: Das Evangelium nach Matthäus, I/1, 342–343. Doch auch so ginge es doch wesentlich um die Liebe Gottes, die sich endlich und endgültig durchsetzt im Verhalten der Menschen zueinander! – Zur Verwandtschaft des Vaterunsers mit dem jüdischen *Achtzehngebet* vgl. H. L. STRACK – P. BILLERBECK: Kommentar zum NT, IV/1, S. 208–249: Das Schemone Esre; J. HERRMANN: Der alttestamentliche Urgrund des Vaterunser, in: Festschrift für Otto Procksch, Leipzig 1934, 71–98.

[4] Den Kontrast, daß ein Mensch bittet um die Herrlichkeit und Wirklichkeit Gottes, um das Kommen Seines Reiches, hat M. LUTHER: Der große Katechismus, S. 116 gesehen: «Er (sc. Gott, d. V.) begehrt von uns nichts Höheres, als daß man viele und große Dinge von ihm erbittet, und umgekehrt zürnt er, wenn man nicht getrost bittet und fordert. Denn es ist, wie wenn der reichste, mächtigste Kaiser einen armen Bettler um alles bitten hieße, was er nur begehren möchte..., der Narr aber würde nicht mehr als eine Bettelsuppe heischen.» Doch unsere «Bettelsuppe» besteht gerade darin, zu merken, daß da Gott ist...! M. CLAUDIUS: Vom Vater unser, Werke, S. 604–605 verweist auf das Reich Gottes, das in anderer Weise *in der Natur* besteht: «das ist freilich Gottes Reich und kommt ohne unser Gebet von ihm selbst. Doch in diesem Reich sind... Herr und Knecht einander fremd und geschieden; hier herrscht nur Macht, Zwang und Strenge, nur blinder, toter, bewußtloser Gehorsam; und das erfreuet und befriedigt sein Vaterherz nicht. – Aber ist ein ander Reich Gottes in den Wesen seiner Natur; und in diesem Reich herrscht und regiert nur Liebe und Freude und Friede. Der Vater teilt sich selbst den Kindern mit und sieht mit Huld und Wohlgefallen auf sie her; und die Kinder hangen an den Vater und wissen ihres Glücks kein Ende. Dies Reich Gottes kann auch zu den Menschen auf Erden kommen... Aber dies Reich kommt nicht ohn' unser Gebet, und darum heißt Christus uns beten: daß es *zu uns komme.*» GREGOR VON NYSSA: Vom Gebet des Herrn, 3. Rede, II, S. 118 denkt bei der Heiligung des Gottesnamens und der Ankunft seines Reiches an die «Zügelung der Leidenschaften», auf daß wir «wie bedrängte Seefahrer» «nach dem Hafen der Ruhe zu gelangen» vermögen. Sieht man von der neuplatonischen Aszetik dieser Auslegung ab, so wird hier doch richtig geahnt, daß das Gebet um die Ankunft des Reiches Gottes etwas zu tun hat mit der Befriedung des Menschen. Zum *Begriff* vom *Reich Gottes* vgl. M. TH. WACKER: Reich Gottes, biblisch, in: P. Eicher (Hrsg.): Neues Handbuch theologischer Grundbegriffe, erw. Neuausgabe, IV 382–389; H. KLEINKNECHT, G. VON RAD, K. G. KUHN, K. L. SCHMIDT: *basileys, basileia* (König, Königtum) u. a., in: Theologisches Wörterbuch zum NT, I 562–595.

[5] G. DALMAN: Die Worte Jesu, 317 meint zu der Formel: wie im Himmel, so auf Erden: «Im Himmel sind es die Engel, welche dem Willen Gottes in vollkommenem Gehorsam dienen (Ps 103,21); ebenso gehorsam sollen die Menschen werden.» Wieder aber muß Gott selber dafür sorgen, daß die Menschen so han-

deln können, wie Gott will! R. SCHNEIDER: Das Vaterunser, in: Das Kreuz in der Zeit, 29–30 zieht daraus die Konsequenz: «Welches Dasein dürfte es wagen, nur im mindesten Grade sich jener Ordnung zu vergleichen? Und selbst wenn das unsäglich Schwere gelänge und unser Wille sich dem Willen des Vaters anschlösse, würden dann nicht noch immer die Neigungen und Wünsche, die Träume, über die wir keine Macht erlangen, ihm widersprechen? Das Schicksal kommt hinzu und wirft ein Leben aus seinem Kreise von einer Schuld zur anderen; die Zeit verwirrt und liefert der Versuchung aus; der Böse bemächtigt sich der Verwirrten; das Leid trübt das Auge, so daß wir Gottes Ordnung nicht mehr sehen. Und ist in diesem ‹Geschehe› nicht alles geschehen, die ganze Geschichte vom ersten bis zum jüngsten Tag eingeschlossen? So auch soll sich die Geschichte begeben wie das Leben im Himmel, im Umkreis des Vaters ... Dort oben währt keine Geschichte mehr; über dem Kommen und Schwinden der Völker, dem Tun der Mächtigen glänzt das Sein der Verklärten, einem Sternbilde gleich, das die Vorgänge auf Erden einfordert.» Auch das ist neuplatonisch in der Ahnung der (prinzipiellen!) Unvollendbarkeit der endlichen, materiellen Welt. E. SCHWEIZER: Das Evangelium nach Matthäus, 96 deutet die «Engel» im Himmel «modern»: «Was im ganzen Weltall selbstverständlich ist, daß alles, beherrscht von ordnender Kraft, seinen bestimmten Lauf geht, das soll auch unter den Störenfrieden dieser Ordnung, den Menschen wahr werden. Wenn Menschsein heißt, im Auftrag und nach dem Willen Gottes Verantwortung zu übernehmen (1 Mose 1,26–28), dann wird hier darum gebetet, daß der Mensch wahrhaft Mensch werde.» Entsprechend diesem Glauben an ein *inneres* Gesetz im Menschen ist die vorstehende Meditation konzipiert; doch über welche Abgründe des heutigen Naturverständnisses hinweg müssen wir da sprechen? Und wo angesichts der Grausamkeit und Blindheit der Naturgesetze gibt es eine Berechtigung, von Gott als dem Schöpfer und Vater so zu sprechen? Alle Probleme, die die Kirche durch Verurteilung verdrängen wollte, kehren irgendwann auf furchtbare Weise zurück, so in diesem Zusammenhang die Fragen MARCIONS. Vgl. A. VON HARNACK: Marcion. Das Evangelium vom fremden Gott, 30–35: Der Ausgangspunkt: Gesetz und Evangelium; die Erlösung von der Welt, dem Gesetz und dem Schöpfer.

[6] Vgl. E. SCHWEIZER: Das Evangelium nach Matthäus, 99–100: «das Brot, das wir Tag für Tag brauchen, (wird in dieser Bitte, d. V.) so ernstgenommen wie im ganzen Wirken Jesu. Wie er Kranke heilt und Stürme stillt (Kap. 8f.), so speist er auch Hungrige mit wirklichem Brot und wirklichem Fisch (14,13–21; 15,32–39).» Aber es geht nicht nur um «Brot». «Mit ‹Brot› ist alles umschlossen, was der Mensch wirklich braucht.» Unklar ist das absolut ungewöhnliche Adjektiv «täglich» in der Brot-Bitte, das soviel wie *«notwendig»*, *«heutig»* oder *«für den kommenden Tag»* bezeichnen kann. Vielleicht hat bei der Übersetzung ins Griechische der Gedanke an das Abendmahl eine Rolle gespielt, und man wollte auf das endzeitliche Festmahl hinweisen (Mt 26,29; Lk 22,16–18.30). Doch jenseits der kultisch-eschatologischen Verfeierlichung des Wortes ginge es selbst dann noch und gerade dann um die Hoffnung eines Mahls für *alle* Menschen; denn wer um *unser* Brot bittet, der betet als erstes um die Gemeinsamkeit aller Menschen, und sie würde in sich selber das Ende des Hungers bedeuten; vgl. E. DREWERMANN: Die Spirale der Angst 334–337. – *Jüdische* Parallelen zu der Bitte existieren nicht, allenfalls Spr 30,8: «Armut und Reichtum gib mir nicht; laß mich essen mein zugemessenes Brot.» H. L. STRACK – P. BILLERBECK: Kommentar zum NT, I 420. So verstanden, handelt es sich um eine Arme-Leute-Bitte, die als Grund der Existenzsicherung einzig Gott kennt und anerkennt. «Man kann etwa an die Situation eines Tagelöhners denken, der noch nicht weiß, ob er am folgenden Tag wieder eine Arbeit findet, wovon er mit seiner Familie

leben kann.» U. LUZ: Das Evangelium nach Matthäus, I/1, 347.

[7] Zur Stelle vgl. G. VON RAD: Das erste Buch Mose, ATD 2–4, 40: «Als Nahrung ist dem Menschen jegliche pflanzliche Speise zugeordnet, den Landtieren nur das Kraut des Feldes. Das ist die einzige Andeutung von dem paradiesischen Frieden in der Schöpfung, wie sie aus Gottes Hand gegangen und wie er gottgewollt war... Nicht durch Gottes Ordnung und Gebot ist also das Töten und Schlachten in die Welt gekommen. Auch hier redet der Text nicht nur von prähistorischen Dingen, sondern von einer Sache, ohne die das Zeugnis vom Schöpfungsglauben nicht vollständig wäre. Kein Blutvergießen innerhalb der Tierwelt und kein tötendes Eingreifen des Menschen. So bedeutet dieses Gotteswort doch auch eine Begrenzung des menschlichen Herrschaftsrechtes.» Zu dem religiös und ökologisch motivierten Vegetarismus vgl. E. DREWERMANN: Der tödliche Fortschritt, 57; 91; 96; 204–205; 289f. Daneben wird man leben müssen mit Meldungen wie dieser aus der Neuen Westfälischen, 31. Okt. 91, Paderborn: *Hubertusmesse der Jäger:* «Auch in diesem Jahr findet die schon zur Tradition gewordene Hubertusmesse des Hegerings Paderborn statt. Diesmal wird die Messe, zu der alle Jäger sowie Freunde der Jagd und Natur eingeladen sind, zum zehnten Mal in der Pfarrkirche ‹Maria zur Höhe› gefeiert. Um allen Freunden, Gönnern und der gesamten Bevölkerung die Möglichkeit zur Teilnahme zu geben, beginnt die Messe... Zelebrant... ist Monsignore von... Er selbst ist Jäger und kommt aus einer traditionsreichen Jägerfamilie.» Adel + Jagd = Kirche?

[8] Zur Parallele der Vergebungsbitte mit dem jüdischen Achtzehngebet (6. Bitte) vgl. H. L. STRACK – P. BILLERBECK: Kommentar zum NT, I 421–422; G. DALMAN: Die Worte Jesu, 335–338 verweist bes. auf die «in den Gleichnissen von den Schuldnern (Mt 18,23 ff.; Lk 7,41 f.) hervortretende Verwandtschaft zwischen Sündenschuld und Geldschuld... Bei Lukas tritt die ‹Sünde›... an die Stelle der Schuld» (337). Zum *Achtzehngebet* vgl. a. a. O., 340–344: «Das Achtzehngebet enthält keine Erinnerung an die bei Gottes Vergebung vorausgesetzte eigene Vergebungswilligkeit des Menschen. Aber es fehlt nicht an jüdischen *Mahnungen* in dieser Richtung.» Vgl. Sir 28,1 ff.; 18,13.

[9] *Philologisch* ist der griechische Aorist («wie auch wir *vergeben haben* unsern Schuldnern») schwierig zu verstehen; er enthält scheinbar die Bedingung dafür, daß Gott dem Menschen vergibt. Doch so hat Jesus nicht gedacht: das Gleichnis vom Schalksknecht (Mt 18,23–35) zeigt deutlich, wie sehr die Vergebungsfähigkeit des Menschen gebunden ist an die Vergebung Gottes. Vor allem *psychologisch* zeigt sich, daß allein in einem Feld vorgängiger Akzeptation ein Mensch *sich selbst* vergeben kann und daß man wiederum auch einem anderen nur diejenigen Fehler zu vergeben vermag, über die man selber innerlich hinausgereift ist. Näher betrachtet, legt sich diese Auffassung auch sprachlich nahe. J. JEREMIAS: Das Vaterunser, in: Abba, 160 meint: «In Wahrheit liegt... der Vergangenheitsform des Matthäus im Aramäischen ein sogenanntes Perfectum praesens zugrunde, das eine hier und jetzt eintretende Handlung bezeichnet. Die richtige Übersetzung der Matthäus-Fassung hat also zu lauten: ‹wie auch wir *hiermit* denen vergeben, die uns etwas schuldig sind.› Die lukanische Fassung hat durch die Wahl des Präsens bei den griechisch sprechenden Christen ein Mißverständnis ausschließen wollen, indem sie (sachlich richtig) sagt: ‹Denn auch wir vergeben einem jeden, der uns etwas schuldig ist.› Außerdem ist in der von Lukas gebotenen Fassung die Vergebungsbitte durch den Zusatz ‹einem jeden› erweitert, der eine Verschärfung darstellt, indem er betont, daß es keine Ausnahme geben dürfe bei unserem Vergeben.»

[10] A. VÖGTLE: Der «eschatologische» Bezug der Wir-Bitten des Vaterunser, in: Jesus und Paulus, Göttingen 1975, 344–362 legt den Akzent auf die endzeitliche Dringlichkeit der Bit-

ten Jesu. U. Luz: Das Evangelium nach Matthäus, I/1, 348–349 wehrt wohl zu Recht eine solche «eschatologische» Deutung der «Versuchung» ab; gleichwohl geht es (wie in Mt 4,1–11) um *letzte* Infragestellungen der menschlichen Existenz. Die theologische Frage, ob Gott selber in Versuchung führen könne, ist nicht das Problem dieser Stelle. «Es ist vielmehr verständlich, daß im Gebet Gottes unbedingte Macht einfach vorausgesetzt wird» (349). Die Haltung Jesu ist an dieser Stelle nicht anders als das Sprechen *Mohammeds* von der Allmacht Allahs, in dessen Händen der Mensch auf Gedeih und Verderb gegeben ist. Deutlich wird die nur bei Mt überlieferte Weiterführung «sondern entreiße uns dem Bösen», in welcher «die Realität der Macht des Bösen» so geschildert wird, daß nur Gott den Menschen davor bewahren kann. Was mit dem *«Bösen»* gemeint ist, hängt mit dem Verständnis dessen zusammen, was hier als «Versuchung» begriffen wird. Vom *jüdischen* Sprachgebrauch her läßt sich an alles mögliche «Böse» denken – an den «bösen Trieb», an «böse» Menschen, an «böse» Schicksalsschläge; vgl. H. L. Strack – P. Billerbeck: Kommentar zum NT, I 422–423; IV/1, S. 466–483: Der gute und der böse Trieb; G. Dalman: Die Worte Jesu, 352–360. Entsprechend der *Versuchungsszene* von Mt 4,1–11 aber ist eher an *den* Bösen, an den Satan also, zu denken (vgl. Mt 13,19!). Dafür spricht vor allem die innere Konzentration des Vater-unsers, das – wie bei der Bitte um das Kommen des Reiches, wie bei der Bitte um das Brot *für heute!* – stets die äußerste Entscheidungssituation voraussetzt. Gemessen daran wirkt das *palästinensische Morgengebet,* das G. Dalman (353) zum Vergleich heranzieht, geradewegs behäbig: «Zwinge meinen Trieb, sich dir zu unterwerfen, und entferne mich von bösen Menschen und bösen Genossen»; ebenso das *Abendgebet:* «Und errette mich ... vor bösem Zufall und vor bösen Krankheiten, und nicht mögen mich schrecken böse Träume und böse Phantasien.» M. Luther: Der große Katechismus, S. 128–129 hat recht, wenn er zur letzten Vaterunser-Bitte schreibt: «es sieht gerade so aus, als rede das Vaterunser hier vom Teufel, wie wenn alles auf den kurzen Begriff gebracht werden wollte, daß der gesamte Inhalt des ganzen Gebetes wider diesen unseren Hauptfeind gehe.» – «Darum haben wir auf Erden nichts zu tun, als ohne Unterlaß gegen diesen Hauptfeind zu beten. Denn wenn uns Gott nicht bewahrte, wären wir keine Stunde vor ihm sicher.» Freilich kommt es darauf an, auch die Rede vom «Teufel» noch einmal zu übersetzen und aus ihren psychologischen Projektionen zu lösen. R. Schneider: Das Vaterunser, in: Das Kreuz in der Zeit, 51–54 erläutert zu Recht die «Versuchung» durch den «Satan» als den Inbegriff der Versuchungen Jesu in Mt 4,1–11.

[11] Vgl. dazu E. Drewermann: Ich steige hinab in die Barke der Sonne, 184–204. – U. Luz: Das Evangelium nach Matthäus, I/1, 353 meint: «Das Logion hat die Gestalt eines doppelgliedrigen Maschal mit schönem Parallelismus. In Mk 11,25 hat es eine unabhängige Variante, die Mt später wegläßt. Inhaltlich entspricht es der Vergebungsbitte im Unservater und kann wie diese gut auf Jesus zurückgehen.» Dagegen aber spricht, daß hier ein Lieblingsgedanke des Matthäus ausgesprochen wird: «daß menschliches Vergeben Bedingung für göttliches Vergeben ist.» Tatsächlich handelt es sich um «kasuistische Rechtssätze», die ein einfaches jus talionis des Gottesgerichtes formulieren. J. Gnilka: Das Matthäusevangelium, I 233. Eingeschärft wird mit dieser Warnung «die Pflicht zur Vergebung. Diese Pflicht erstreckt sich – im Anschluß an das Herrengebet – zunächst auf die Jüngergemeinschaft. Es soll in ihr keine verfeindeten Brüder geben. Dann richtet sie sich aber auch auf die anderen Menschen ... Im Unterschied zum ursprünglichen Sinn der 5. Bitte denkt Matthäus an die immer wieder zu gewährende Vergebung, von der eine Gemeinschaft lebt.» Besonders Mt weist darauf immer wieder hin (Mt 5,23 f.; 18,35).

[12] *Koran,* III 27–28, übers. v. L. Ullmann, S. 55.
[13] *Koran,* XL 8–10, übers. v. L. Ullmann, S. 379.
[14] *Koran,* XLII 41, übers. v. L. Ullmann, S. 393.

Mt 6,16–18

Fasten vor Gott

(Seite 536 bis 546)

[1] Vgl. dazu H. L. Strack – P. Billerbeck: Kommentar zum NT, I 426–431; IV/1, 77–114: Exkurs zum Thema Fasten. *Im Testament der 12 Patriarchen,* XI. Das Testament Josephs, 3, in: F. Schnapp: Die Testamente der 12 Patriarchen, in: E. Kautzsch (Hrsg.): Die Apokryphen und Pseudepigraphen des Alten Testaments, II 458–506, S. 497 heißt es: «diejenigen, welche um Gottes willen fasten, bekommen ein anmutiges Gesicht.»
[2] Vgl. J. Gnilka: Das Matthäusevangelium, I 234: «Nach Almosen und Gebet ist das Fasten das letzte Thema des katechetischen Lehrstücks.» S. 235: «Das Gesetz schreibt nur das Fasten des Versöhnungstages vor (Lv 23,27 ff.; 16,29). Hinzu traten allgemeine Fasttage zur Erinnerung an Tage nationalen Unglücks oder in Notzeiten, etwa beim Ausbleiben des Regens im Herbst. Das Fasten, immer mit Gebet verbunden, bezweckte die Abwendung des Übels, die Besänftigung des Zornes Gottes, erflehte die Vergebung. Unser Text aber kritisiert das private Fasten, dessen sich vor allem die Pharisäer befleißigten. Man fastete am 2. und 5. Wochentag (Montag und Donnerstag). Als besondere Fastenbräuche gesellten sich zur Einschränkung der Nahrung hinzu: das Anlegen eines sackartigen Kleides, das Bestreuen des Kopfes mit Asche, den Körper weder zu waschen noch zu salben, barfuß zu gehen usw. ... Kritik an einem veräußerlichten Fasten übte auch das AT (Is 58,6 ff.; Sir 34,31).» Zu der Formel «Gebet und Fasten» vgl. Mt 17,21 (= Mk 9,29).
[3] Vgl. D. Morris: Körpersignale, 192, zu den kulturellen Schwankungen des Ideals der weiblichen Taille.
[4] Vgl. zum Thema der *Anorexia nervosa* A. Dührssen: Psychogene Erkrankungen bei Kindern und Jugendlichen, 238–251; E. Drewermann: Strukturen des Bösen, II 226–228;

243–247; H. THOMÄ: Anorexia nervosa, 265–266.

[5] Vgl. R. BILZ: Paläoanthropologie, 488–495.

[6] Zu der Situation des *Ausgesetztheit* vgl. E. DREWERMANN: Strukturen des Bösen, II 223–226; R. BILZ: Paläoanthropologie, 30–31; 444.

[7] Vgl. CIC, can. 1251; 1252; S. 544–547.

[8] Vgl. P. BROWN: Die Keuschheit der Engel, 47–79: Vom Apostel zum Apologeten: Sexuelle Ordnung und sexueller Verzicht in der Frühkirche.

[9] Zur Stelle vgl. J. GNILKA: Das Matthäusevangelium, I 424.

[10] A. WATTS: Der Lauf des Wassers, 169–170.

[11] A. a. O., 170. Vgl. DSCHUANG DSI: Südliches Blütenland, IV 1, S. 62.

[12] A. WATTS: Der Lauf des Wassers, 171–172.

[13] A. a. O., 173.

[14] A. a. O., 175.

[15] Vgl. A. KOESTLER: Die Nachtwandler, 357–384: Kepler und Galilei.

[16] P. SHRI S. NEHRU: Mahatma Gandhi, 109.

[17] A. a. O., 111–112.

[18] A. a. O., 112–113.

[19] A. a. O., 113–114; MAHATMA GANDHI: Freiheit ohne Gewalt, 93–97.

[20] Zur Stelle vgl. C. WESTERMANN: Das Buch Jesaja, ATD 19, 264–270.

[21] E. HEMINGWAY: Schnee auf dem Kilimandscharo, in: Schnee auf dem Kilimandscharo, 6 Stories, 87–130.

Mt 6,19–21

Eignet euch kein Eigentum an

(Seite 547 bis 553)

[1] Vgl. U. LUZ: Das Evangelium nach Matthäus, I/1, 354: «6,19–34 besteht aus einem längeren und drei kurzen Abschnitten, die Mt selbst zusammengestellt hat. Zwei der vier Textstücke gehörten schon in Q zusammen, aber in umgekehrter Reihenfolge (6,25 – 33.19 – 21 = Lk 12,22 – 31.33 f.). Das dritte Stücke (V. 22 f.) stammt aus einem Q-Zusammenhang, den Mt bereits benutzt hatte und der ihm deshalb vertraut war (= Lk 11,34–36, vgl. Mt 5,15 = Lk 11,33). V 24 hat eine Entsprechung in Lk 16,13 (Q?). ... Das durch die matthäische Komposition hervorgehobene Thema ist das Verhältnis der Jünger zum Besitz. Wenn Mt nach dem zentralen Abschnitt 6,1–18 einen inhaltlich *neuen*, nicht im ganzen vom Unservater her gegliederten Abschnitt zum Thema des Verhältnisses der Jünger zum Besitz mitten in seine programmatische Bergpredigt stellt, so zeigt er damit, daß auch für ihn, nicht nur für Lk, diese Frage grundlegend ist.»

[2] Den Aspekt der *Barmherzigkeit* heben H. L. STRACK – P. BILLERBECK: Kommentar zum NT, I 429–431 hervor, nach dem Vorbild von Tob 4,8 ff.: «Wenn du viel hast, so übe damit Barmherzigkeit; wenn du wenig besitzest, so scheue dich nicht, dem Wenigen entsprechend Barmherzigkeit zu tun; denn so sammelst du dir einen guten Schatz auf den Tag der Not; denn Barmherzigkeit errettet vom Tode und läßt nicht in die Finsternis eingehen.» Vgl. Hen 38,2; Ps Sal 9,5; 4 Esra 6,5; Apoc Baruch 14,12: «Die Gerechten erwarten gern das Ende, und furchtlos gehn sie aus diesem Leben, weil sie bei dir einen Schatz von Werken haben, der in den Vorratskammern aufbewahrt wird.»

[3] Zur Stelle vgl. M. NOTH: Das zweite Buch Mose, ATD 5, 131–132.

[4] Richtig sieht CHRYSOSTOMUS: Matthäus-Kommentar, 20. Homilie, BKV, II 32 zu

Mt 6,21 den «Schaden» des Eigentums darin, daß «du an die irdischen Dinge gekettet bist, weil du statt eines freien Mannes ein Sklave geworden, den himmlischen Dingen entfremdet und nicht einmal mehr fähig bist, einen hohen Gedanken zu fassen, sondern nur noch an Geld, Wucher, Zinsen, Profit und Kramläden denkst. Kann es etwas Erbärmlicheres geben als das? Ein solcher Mensch wird ja ärmer daran sein als der ärmste Sklave, da er sich der ärgsten Tyrannei überliefert und das Edelste preisgegeben, das es gibt, den Adel und die Freiheit des Menschen.» Ähnlich setzt M. LUTHER: Der große Katechismus, 1. Teil, 1. Gebot, S. 29, das Gebot: «Du sollst keine anderen Götter haben» in den Gegensatz zum Mammonsdienst.

[5] Auch die «guten Werke» können zu einem «Besitzen» entarten, wie vor allem die reformatorische Kritik an den «Kirchenschätzen» der «Heiligen» im Himmel im Umkreis der «Ablaßtheologie» deutlich gemacht hat. Vgl. M. LUTHER: Die Schmalkaldischen Artikel, 1537, 3. Teil: Von der falschen Buße der Papisten, in: Der große Katechismus, Calwer Luther-Ausgabe, I 173–221, S. 199–207.

[6] Vgl. H. ZAHRNT: Martin Luther in seiner Zeit für unsere Zeit, 216: «Nach Luthers Tod fand sich auf dem Tisch eine Notiz, die er zwei Tage zuvor geschrieben hatte. Dieser sogenannte ‹letzte Zettel› Luthers lautet: ‹Den Virgil mit seinen Bucolica und Georgica kann niemand verstehen, er sei denn fünf Jahre Hirte oder Bauer gewesen. Den Cicero in seinen Briefen – so stelle ich mir's vor – kann niemand verstehen, er habe denn zwanzig Jahre in einem hervorragenden Staatswesen zugebracht. Die Heilige Schrift meine niemand hinreichend verstanden zu haben, er habe denn hundert Jahre mit den Propheten die Gemeinden geleitet. Darum ist es ein Wunder um Johannes den Täufer, Christus und die Apostel. Du lege nicht die Hand an diese göttliche Aeneis, sondern beuge dich nieder und verehre ihre Fußspuren. Wir sind Bettler, das ist wahr.»

[7] Vgl. E. DREWERMANN: Strukturen des Bösen, II 226–228; R. BILZ: Das Syndrom unserer Daseins-Angst, in: Paläoanthropologie, 427–441, S. 440.

[8] Vgl. vor allem zur Religion des Alten Ägypten H. KEES: Totenglauben und Jenseitsvorstellungen der Alten Ägypter, 108–132: Die Entwicklung des Totenglaubens nach den Zeugnissen der Privatgräber des Alten Reiches.

[9] Vgl. R. BILZ: Situationen der Ausweglosigkeit, in: Paläoanthropologie, 418–425.

[10] Vgl. E. DREWERMANN: Strukturen des Bösen, III 234–251.

[11] Vgl. F. M. DOSTOJEWSKIJ: Die Dämonen, 2. Teil, 8. Kap., S. 436–439: «In der Welt mangelt es nur an einem: am Gehorsam ... Kaum ist Familie oder Liebe da, schon keimt darin das Verlangen nach Eigentum. Wir werden dieses Verlangen erwürgen.» DERS.: Der Jüngling, 1. Teil, 5. Kap. III, S. 94–95: «daß das Geld der einzige Weg ist, der selbst den Nichtigsten auf den ersten Platz bringen kann.» «Geld macht alle Ungleichheiten gleich.»

[12] Vgl. E. FROMM: Haben oder Sein, in: Gesamtaugabe, II 269–414, bes. S. 319–362: Die Existenzweise des Habens; Die Existenzweise des Seins.

[13] *Koran*, XVIII 46–47, übers. v. L. Ullmann, S. 239.

[14] Diese «Technik» der Umformung der Antriebsrichtung ist besonders in den *Gleichnissen* Jesu zu beobachten; vgl. E. DREWERMANN: Tiefenpsychologie und Exegese, II 712–738, S. 725 ff.

[15] Vgl. G. GRIMM: Die Lehre des Buddha, 335–354: Die Konzentrationen.

[16] Prediger 5,9–15.

[17] Vgl. H. ZIMMER: Philosophie und Religion Indiens, 498–534; diese Ausführungen zum *Tantrismus* zählen zu dem besten, was darüber je geschrieben wurde. – FRANZ WERFEL: Der veruntreute Himmel. Die Geschichte einer Magd, Stockholm 1939; Frankfurt (Fischer Tb. 9) 1952.

[18] *Koran,* III 15–16, übers. v. L. Ullmann, S. 54.
[19] Vgl. E. FROMM: Die Seele des Menschen. Ihre Fähigkeit zum Guten und zum Bösen, in: Gesamtausgabe, II 159–268, S. 179–198: Die Liebe zum Toten und die Liebe zum Lebendigen.
[20] Diese Tatsache hat selbst die äußere Gestalt von Mann und Frau sichtbar geformt; vgl. D. MORRIS: Körpersignale, 137–144 (Die Arme), 161–172 (Die Brust); 221–236 (Die Beine); 237–249 (Die Füße).
[21] Vgl. E. DREWERMANN: Ich steige hinab in die Barke der Sonne, 119–154: Die Auferstehung der Liebe (am Beispiel der ägyptischen *Isis*).
[22] *Koran,* XXVIII 77–78, übers. v. L. Ullmann, S. 319.

Mt 6,22–23

Die Augenverfinsterung des Neides

(Seite 554 bis 558)

[1] Zu dem schwierigen Bildwort vgl. A. JÜLICHER: Die Gleichnisreden Jesu, II 98–108: Vom Auge als des Leibes Licht, der sich zu Recht gegen die Deutung des *Neides* wehrt (S. 102–103); er selber schlägt vor: «Wie das Auge, das Licht des Leibes, den Leib dunkel macht, wenn er es nicht leuchtend hat, ihn aber erhellt, sobald es strahlt, so sieh Du nach, ob ‹das Licht in Dir›... das Licht Deiner Seele, auch nicht Dunkelheit ist, weil ohne dessen Strahlen Du ganz und gar der Finsternis verfallen bist.» (108) Gemeint war in Q wohl einmal die Teilhabe des Menschen an Gottes Lichtwelt; U. LUZ: Das Evangelium nach Matthäus, I/1, 360, Anm. 41. Dem entspricht entfernt auch die rabbinische Auffassung von der *Seele* als dem Licht im Inneren; vgl. H. L. STRACK – P. BILLERBECK: Kommentar zum NT, I 432–433, die in Mt 6,23 das geistig sittliche Erkenntnisvermögen angesprochen finden. Vgl. aber auch a. a. O., I 833–835, die Belege zu dem «bösen Auge». Andererseits ist klar, daß Mt das Wort in einen Abschnitt über das *Besitzstreben* gestellt hat und daß er damit eine Haltung beschreiben will, die den Menschen verblendet bzw. blind macht. Der Gegensatz zwischen dem «heilen» und dem «kranken» Auge hat für ihn offenbar die Bedeutung von «weitherzig» und «engherzig», «wohlwollend» und «neiderfüllt». Vgl. W. MICHAELIS: *horao* (sehen), in: Theolog. Wörterbuch zum NT, V 315–381, S. 377–378; vgl. Mt 20,14; Mk 7,22. Vgl. bes. Spr 22,29; 23,6; 28,22; Sir 35,9.
[2] Vgl. H. VON DITFURTH: Der Geist fiel nicht vom Himmel, 110–124: Vom Lichtempfänger zum Sehorgan; vgl. auch S. 169–171.
[3] A. a. O., 31–46: Biologische Vorentscheidung.
[4] A. a. O., 170: «Bau und Funktion der Augen... geben Auskunft über wesentliche

Eigenschaften des Zentralgestirns, dessen Strahlung die Umwelt des Tiers erfüllt. Denn Augen sind zum Sehen in ebendieser Strahlung entwickelt und daher ‹sonnenhaft› gebaut.»

[5] J. W. von Goethe: Gedichte, kommentiert von E. Trunz, Die weltanschaulichen Gedichte, S. 367: «Wär nicht das Auge sonnenhaft, / Die Sonne könnt' es nie erblicken; / Läg' nicht in uns des Gottes eigne Kraft, / Wie könnt' uns Göttliches entzücken?»

[6] F. Schiller: Wilhelm Tell, in: Werke, I 1131–1232, 1. Aufzug, 4. Szene, S. 1153: «O, eine edle Himmelsgabe ist / Das Licht des Auges – Alle Wesen leben / Vom Lichte, jedes glückliche Geschöpf...»

[7] Vgl. zur Interpretation religiöser Rede E. Drewermann: Tiefenpsychologie und Exegese, II 757–758.

[8] Zur Technik des *Koan* (chin.: Kung-an, wörtl.: offizielles Dokument; theologisch: Rätselwort) vgl. E. Conze: Der Buddhismus, 193–195.

[9] Zur Psychologie des *Neides* vgl. H. Schultz-Hencke: Der gehemmte Mensch, 157–163, der vom Neid meint: «In ihm... ist die Note des Habenwollens gehemmt und daher auch das Moment der Trauer, daß man etwas nicht hat. Statt dessen ist ein Druck da, eine Bedrücktheit, etwas, das von innen nach außen drängt... schwere Aggression als Haltung, aber nicht als vollständiges helles Erleben» (157).

[10] Zum *Geiz* vgl. a. a. O., 153–154. Es ist sehr wichtig, die Not, die Angst, die innere Gequältheit, die *Gehemmtheit* in all diesen Haltungen zu bemerken; denn nicht das Wollen selbst, sondern das zu wenige Wollen-Können ist das eigentliche Problem.

[11] Zur Kain-und-Abel-Problematik vgl. E. Drewermann: Strukturen des Bösen, II 267–276.

Mt 6,24
Gott oder Geld
(Seite 559 bis 570)

[1] Im Grunde wird hier die Angst vor dem Tode mit der Liebe zum Toten beantwortet; vgl. E. Fromm: Die Seele des Menschen, in: Gesamtausgabe, II 179–198.

[2] U. Luz: Das Evangelium nach Matthäus, I/1, 362 meint zu Recht: «Aus dem Matthäusevangelium spricht... weder das schlechte Gewissen einer wohlhabenden Stadtgemeinde noch die Armenfrömmigkeit der ‹kleinen Leute›, sondern das Wissen um Jesu Absage an den Besitz vom Gottesreich her. Was verlangte Matthäus konkret von seiner Gemeinde? V. 24 voran gehen zwei Sprüche, die das Handeln der Menschen betonen. Der folgende Abschnitt V. 25–34 von der Sorglosigkeit spricht von Wanderradikalen; es ist undenkbar, daß dies der matthäischen Gemeinde nicht bewußt war. Die Mahnung, keine irdischen Schätze zu sammeln und dafür Wohltätigkeit zu üben (V. 19f.) steht betont am Anfang eines neu komponierten Abschnitts über den Besitz unmittelbar nach dem Zentrum der Bergpredigt. Und schließlich nimmt Matthäus das Thema des Besitzverzichts in seinem Evangelium nochmals auf, nämlich in der Geschichte vom reichen jungen Mann 19,16–30, wo er das Verkaufen der Güter nicht nur wie Markus mit der Nachfolge, sondern 19,19 auch mit dem Gebot der Nächstenliebe zusammenbringt. Alles das zeigt, daß die bewährte Unterscheidung zwischen dem durchaus erlaubten *Haben* des Besitzes und dem absolut verbotenen Mammons*dienst* nicht dem Denken des Matthäus entspricht. Gottesdienst wie Mammonsdienst werden für ihn in *Taten* mit dem Geld sichtbar... Matthäus verfährt offenbar ähnlich wie Lukas, der in seinen Schriften den totalen Besitzverzicht im Jüngerkreis als Appell an seine Leser gestaltet, soviel wie möglich zu tun.» H. Braun: Spätjüdisch-häretischer und frühchristlicher Radikalismus, II 73–80, betont,

«daß, was die Entsicherung des Menschen anlangt, Jesus noch radikaler vorgeht als die Sekte» von Qumran (80); dafür aber stellt Jesus kein starres Prinzip auf, das er für alle unterschiedslos fordert.

[3] So bereits seit Papst *Bonifaz VIII.* im 13. Jahrhundert; vgl. E. DREWERMANN: Kleriker. Psychogramm eines Ideals, 345–368, S. 353. Vgl. bes. H. HERRMANN: Die Kirche und unser Geld, 145–189.

[4] Vgl. A. SMITH: Der Wohlstand der Nationen, 22–28: Ursprung und Gebrauch des Geldes: «Auf solche Weise ist Geld in allen zivilisierten Völkern zum unentbehrlichen Hilfsmittel im Handel geworden, das Kauf, Verkauf oder Tausch aller Waren vermittelt.» Vgl. auch A. KOSTOLANY: Wunderland von Geld und Börse, 110–144: Geschichte der Börse.

[5] A. a. O., 227–308: Natur, Ansammlung und Einsatz des Kapitals.

[6] Zur Gesetzgebung des AT's zum *Geld* vgl. R. DE VAUX: Das Alte Testament und seine Lebensordnungen, I 332–336; zu Arm und Reich vgl. H. DANIEL-ROPS: Die Umwelt Jesu, 139–158: Kleine und Große.

[7] Vgl. J. RIFKIN: Uhrwerk Universum. Die Zeit als Grundkonflikt des Menschen, 21–42: Die neue Nanosekunden-Kultur.

[8] Nach R. WINTER: Die amerikanische Zumutung, 8.

[9] A. a. O., 92.

[10] A. a. O., 93.

[11] A. a. O., 96–97.

[12] R. WINTER: Ami go home, 263.

[13] A. a. O., 263–264.

[14] A. a. O., 264.

[15] Als z. B. im Okt. 1991 Papst *Johannes Paul II.* Brasilien besuchte, kostete die Organisation dieser Art von Favela-Tourismus mehr als 25 Millionen DM. Mit: «Hungern für den Papst» kommentierte denn auch eine Zeitung den neuerlichen Aufruf des katholischen Oberhirten gegen künstliche Empfängnisverhütung während seines jüngsten Brasilienbesuches.

[16] L. FEUCHTWANGER: Die Füchse im Weinberg, 3 Bde., beschrieb vor allem im 1. Teil: Waffen für Amerika, in der Gestalt von *Pierre Caron de Beaumarchais* die Verflechtung persönlicher Besitzgier mit scheinbar hohen politischen Zielen: die private Bereicherung, die Unabhängigkeit der nordamerikanischen Kolonien von England, die Vormachtstellung Frankreichs nach dem Sturz der Monarchie – wie viel an Fortschritt der Menschheit ist zu bewirken, wenn man nur Geld hat und es richtig einsetzt!

[17] Zur Stelle vgl. E. SCHWEIZER: Das Evangelium nach Lukas, 169, der auf das «Wortspiel» von «Mammon» (von kanaanäisch *mon:* Verpflegung, Vorrat) und «Amen» (Vertrauen) hinweist. Vgl. auch U. LUZ: Das Evangelium nach Matthäus, I/1, 362, A. 50.

[18] Vgl. H. SCHULTZ-HENCKE: Der gehemmte Mensch, 153: «Der Geiz ist die Verlebendigung und dann Erstarrung des retentiven Verhaltens, wenn andere Wege zu expansiverem Leben verschlossen sind. Zum Beispiel, wenn auch in kaptative Impulse nicht ausgewichen werden kann, weil schwere Hemmungen dies verhindern... Man muß endgültig davon überzeugt sein, daß es sich hier *nicht* um autochthone Gebilde handelt.»

[19] Daraus geht hervor: Man kann Gehemmtheiten nicht mit Drohung und Einschüchterung bekämpfen wollen – und «Laster» nicht mit Moral!

[20] L. TOLSTOI: Krieg und Frieden, 8. Teil, Kap. 1, S. 734–736.

[21] A. a. O., 736.

[22] DSCHUANG DSI: Südliches Blütenland, XII 2, S. 129–130.

Mt 6,25–34

Sorgt euch allein, daß Gott in euch herrscht

(Seite 571 bis 578)

[1] Vgl. E. Drewermann: Strukturen des Bösen, III 226–251.

[2] Vgl. a. a. O., II 226–228. – Traditionsgeschichtlich läßt sich zeigen, «daß es keine entscheidenden Gründe gibt, den Grundtext V.25 f.28–33 (evtl. ohne V.25 d.e und 32 a) nicht als jesuanisch anzusehen. Dafür spricht auch, daß dieser Grundtext schon vor Q durch Zusätze in weisheitlichem Stil interpretiert worden ist.» U. Luz: Das Evangelium nach Matthäus, I/1, 366.

[3] Vgl. H. von Ditfurth: Der Geist fiel nicht vom Himmel, 142–145: Geborgen, aber unfrei.

[4] *Koran,* LXVII 15–21, übers. v. L. Ullmann, S. 459.

[5] Vgl. E. Fromm: Haben oder Sein, in: Gesamtausgabe, S. 368–371: Ist die westliche Welt christlich?; S. 372–378: Die Religion des Industriezeitalters. Die kybernetische Religion. S. 390–392: Der neue Mensch.

[6] A. a. O., 385: «Im Denken Buddhas, Eckharts, Marx's und Schweitzers sind bemerkenswerte Parallelen festzustellen: ihre radikale Forderung nach Aufgabe der Orientierung am Haben, ihre antiautoritäre Position und ihr Eintreten für völlige Unabhängigkeit, ihre metaphysische Skepsis, ihre ‹gottlose› Religiosität und ihre Forderung nach gesellschaftlicher Aktivität im Geiste der Nächstenliebe und menschlichen Solidarität.» Sehr prägnant meint A. Camus: Tagebuch 1951–1959, S. 56: «Wer nichts gibt, hat nichts. Das größte Unglück besteht nicht darin, nicht geliebt zu werden, sondern nicht zu lieben.»

[7] M. Claudius: Sämtliche Werke, hrsg. v. H. Geiger, 149.

[8] Zitiert nach H. Hirsch: Rosa Luxemburg, 95. Vgl. auch E. Ettinger: Rosa Luxemburg, 274 mit dem berühmten Satz: «Freiheit nur für die Anhänger der Regierung, ... nur für die Mitglieder einer Partei, mögen sie noch so zahlreich sein, ist keine Freiheit. Freiheit ist immer Freiheit des anders Denkenden.» – Zu dem «Sitz im Leben» bes. von Mt 6,31–33 meint U. Luz: Das Evangelium nach Matthäus, I/1, 370–371, daß Jesus «ganz bestimmte Menschen, die von der Botschaft des Gottesreiches ergriffen waren, seine Jünger also, ermutigt hat mit dem Blick auf Gottes Fürsorge für seine Kreatur... Wahrscheinlich hat Jesus diesen Text als Zuspruch und Anspruch an seine Jünger formuliert, die mit ihm zusammen um der Verkündigung des Gottesreiches willen ihren Beruf nicht mehr ausübten. Er ist an Jesus und seine Botschaft vom Gottesreich gebunden und ist weit entfernt davon, Ausdruck allgemeiner theologischer Weisheit zu sein.» « In der *Logienquelle* war der Text primär auf die Wanderradikalen bezogen. Das zeigt der Zusammenhang mit Lk 12,2–12, besonders mit Lk 12,11 f. Dennoch deutete sich bereits hier eine Öffnung an: Die weisheitlichen Zusätze V 25 de.27 (und 34!) zeigen, daß man Jesu Zuspruch *auch* als Ausdruck einer allgemeinen gültigen Wahrheit verstehen konnte. Dem entspricht, daß es im Urchristentum m. E. keine prinzipielle Scheidung zwischen Wanderradikalen, die auf Berufsausübung und Familienleben verzichteten, und seßhaften Anhängern Jesu gegeben hat. Vielmehr waren alle Anhänger Jesu potentielle Wanderradikale und in die Nachfolge gerufen, genauso wie diese sich für die Gemeinden verantwortlich wußten.» «Matthäus hat den Text, wie z. B. die Stichworte ‹kleingläubig› und ‹Gerechtigkeit› implizieren, als zur ganzen Gemeinde gesagt verstanden.» In *diesem* Sinne ist der Deutung von R. Bultmann: *merimnao* (sorgen), in: Theologisches Wörterbuch zum NT, IV 593–598 weitgehend zuzustimmen, wenn er erklärt: «Soweit der Mensch um die Lebensmittel sorgen muß, soll... diese Sorge auf das wenige Notwendige beschränkt sein ... Denn er gehört, wenn es ihm als Glaubendem in echtem Sinne um sich selbst geht,

gar nicht mehr dieser Welt an, sondern der künftigen» (596). Tatsächlich wird das ganze Paradox der Botschaft Jesu nur verstehbar auf dem Hintergrund der Daseins*angst* des Sorgens; erst wenn sie in einer Perspektive des Vertrauens, wie sie rein immanent niemals zu gewinnen ist, sich hat überwinden lassen, wird das menschliche Herz weit genug, in Sorglosigkeit zu *geben* – das Wunder der Brotvermehrung (Mt 15,32–39). So erst löst sich auch das Problem, das E. Bloch: Atheismus im Christentum, 130 aufwirft: «Sehr oft ist die ökonomische Naivität aufgefallen, mit der in der Predigt Jesu der Arbeits- und Ernährungsvorgang behandelt wird, in Analogie zu den Lilien auf dem Felde und den Vögeln unter den Himmeln (Mt 6,25–28). Das Ergebnis eben war die schnelle Verarmung der jerusalemischen Gemeinde, wonach Paulus für sie bei den Korinthern und Römern betteln muß. Es bewährte sich das große Wort eines Rabbi der frühchristlichen Zeit: der Mensch sei leichter zu erlösen als zu ernähren.» *Umgekehrt:* erst eine Menschheit, die sich von der Egozentrik ihrer Versorgungsängste freigemacht hat, wird zu einer gütigen Verteilung ihrer Güter imstande sein. Freilich: Erst unter Hinzufügung der psychischen Diagnose des menschlichen Elends in der *Angst* wird der rigorose und konsequente «Idealismus» der Lösungsvorschläge Jesu bzw. seiner Erlösungs(an)gebote verständlich.

Mt 7,1–5
Richtet nicht!
(Seite 579 bis 591)

[1] Dieser Wechsel der Blickrichtung, mit dem Matthäus die neu gewonnene «Sicherheit» im Vertrauen auf Gott jetzt als die «größere Gerechtigkeit» im Verhalten gegenüber anderen Menschen praktisch werden läßt, wird von den Gliederungsvorschlägen der Bergpredigt für gewöhnlich übersehen. W. Zeller: Die weisheitlichen Mahnsprüche bei den Synoptikern, FzB 17, 1977, 113–117, S. 114 hat Mt 7,3–5 als eine weisheitliche Mahnung eingeordnet, die er für eine Gemeindebildung zur Auslegung von 7,1 hält; doch ist der Wechsel zwischen «Ihr» und «Du» in der Anrede (wie in 5,21–26. 27–30. 38–42) als «auf den einzelnen zuspitzende Einschärfung» zu verstehen. U. Luz: Das Evangelium nach Matthäus, I/1, 376 betont zudem, daß 7,3–5 fast wörtlich mit der Lk-Parallele übereinstimmt und eine Redaktion außer in dem «siehe» bzw. «da» von 7,4b nicht zu erkennen ist. «V. 1 wird um seiner Radikalität willen fast allgemein auf Jesus zurückgeführt, während V. 2a–b als sekundäre Begründungen gelten. V. 3–5 ist m. E. ein in sich geschlossenes Traditionsstück, das keine sicheren Anhaltspunkte zu einer traditionsgeschichtlichen Dekomposition bietet.»

[2] Vgl. E. Drewermann: Strukturen des Bösen, II 223–226; R. Bilz: Über die menschliche Schuldangst (1958), in: Paläoanthropologie, 351–369.

[3] Vgl. E. Drewermann: Strukturen des Bösen, II 224–225.

[4] Vgl. R. Girard: Das Heilige und die Gewalt, 439, der vor allem die *Todesstrafe* als «Verlängerung der Gründungsgewalt» interpretiert, indem er den sakral-rituellen Zusammenhang von Strafe und Opfer hervorhebt; damit erklärt sich, warum u. U. gerade nicht der Schuldige bestraft, sondern ein Unschuldiger *geopfert* wird: «Aus dem Schuldigen ein Opfer machen würde bedeuten, genau jene

Handlung zu vollziehen, nach der die Rache verlangt, es würde bedeuten, die Forderungen einer gewalttätigen Gesinnung strikt zu befolgen. Indem nicht der Schuldige, sondern eine ihm nahestehende Person geopfert wird, entfernt man sich von einer perfekten Reziprozität, von der man nichts wissen will, weil sie zu offenkundig dem Rachegedanken entspringt. Richtet sich die Gegengewalt gegen den Gewalttätigen selbst, dann nimmt sie gerade dadurch an dessen Gewalt teil und unterscheidet sich nicht mehr von ihr.» – «Die Primitiven versuchen die Symmetrie der Vergeltungsmaßnahmen auf der Ebene der Form zu durchbrechen ... Die Moderne hat keine Angst vor der gewalttätigen Reziprozität. Sie ist es, die jede legale Bestrafung strukturiert ... Wir nehmen nicht einmal mehr wahr, was den Primitiven an der reinen Reziprozität der Rache erschreckt» (43; 45–46).

[5] Vgl. zu der gruppenpsychologischen Dynamik und Mechanik der Strafe G. C. HOMANS: Theorie der sozialen Gruppe, 294–297: Strafe als Ritual: «Die Majestät des Gesetzes ist eine religiöse Majestät, und unsere Gerichte sind Kirchen.» Das ist wahr, aber so sollte es niemals sein im Sinne Jesu!

[6] Selbst in der neuen Ausgabe von 1983 enthält das Gesetzbuch der katholischen Kirche nicht nur ein eigenes Buch über das «Kirchenvermögen», sondern gleich zwei Bücher über «Strafbestimmungen» und «Prozesse» mit insgesamt 441 Paragraphen – das sind 24 Prozent aller Statuten des CIC! Zur «Rechtsverwirkungstheorie» vgl. G. ERMECKE: Zur ethischen Begründung der Todesstrafe heute. Vortrag beim Antritt des Rektorats 1958–59 der Philos.-Theolog. Akademie zu Paderborn, Paderborn 1959, 30–36.

[7] Vgl. die bittere Kritik bei A. CAMUS: Die Guillotine, in: Fragen der Zeit, 114–181, S. 119–120. Vgl. auch V. HUGO: Die Elenden, 1. Teil, 1. Buch, S. 19–20: Ein guter Bischof; vgl. auch F. M. DOSTOJEWSKIJ: Der Idiot, 1. Teil, 5, S. 61–68.

[8] R. WINTER: Ami go home, 393. – Am 24. Oktober 1991 brachte die *Kölnische Rundschau* den Beitrag von J. ROWLEY: Erbitterte Redeschlacht um die Todesstrafe in Amerika: «Washington. (ap) Nach dreitägigen erbitterten Debatten hat das Repräsentantenhaus in Washington gestern der von Präsident George Bush geforderten Ausweitung der Todesstrafepraxis in den USA zugestimmt. Danach sollen künftig im Bundesstrafrecht mehr als 50 weitere Straftatbestände mit Todesstrafe bedroht werden, darunter grobfahrlässige Tötung und Rauschgifthandel in großem Stil. Die Verabschiedung der jahrelang heiß umkämpften Vorlage gilt als wichtiger Sieg des Präsidenten. Der Republikaner Bush hatte gedroht, er werde sein Veto einlegen, wenn das Repräsentantenhaus nicht auf Einschränkungen verzichte, die es 1990 auf Betreiben der oppositionellen Demokraten beschlossen hatte, die aber vom Senat zweimal abgelehnt worden waren. Im Mittelpunkt stand dabei die unterschiedliche Behandlung von Schwarzen und Weißen. Die Schwarzen machen zwölf Prozent der Bevölkerung der USA aus. Von den rund 2400 zum Tod Verurteilten, die Ende vergangenen Jahres in Zuchthäusern des Bundes und von mehreren Dutzend Staaten auf ihre Hinrichtung warteten, waren jedoch nach amtlichen Mitteilungen 40 Prozent Schwarze. Niedergestimmt wurde jetzt die im vorigen Jahr beschlossene Einschränkung, wonach eine Hinrichtung nicht statthaft sein sollte, wenn aufgrund von Statistiken der jeweiligen örtlichen Gerichte Rassendiskriminierung nachzuweisen gewesen wäre. Statt dessen nahm das Haus einen Vorschlag des Republikaners Bill McCollum aus Florida an, wonach die Geschworenen künftig eidlich versichern sollen, daß bei einem von ihnen gefällten Todesurteil wegen Mordes die Rasse des oder der Beschuldigten keine Rolle gespielt habe. McCollum argumentierte, die von den Demokraten gewünschte Einschränkung würde praktisch das Ende der Todesstrafe in den USA bedeuten. Sein Parteifreund Henry Hyde aus Illinois sagte: ‹Wenn jemand eine 45er auf meinen

Kopf richtet und mir das Gehirn wegbläst, dann ist es mir egal, welche Hautfarbe diese Person hat; er gehört auf den Stuhl.› Das andere Lager führte Studien ins Feld, wonach in den USA jemand, der einen Weißen umgebracht hat, weitaus eher mit einem Todesurteil rechnen muß als jemand, der des Mordes an einem Schwarzen für schuldig befunden wird. Der texanische Demokrat John Bryant verwies darauf, daß sich unter den seit Wiedereinführung der Todesstrafe Mitte der 70er Jahre hingerichteten 144 Personen nur ein einziger Weißer befand, der einen Schwarzen umgebracht hatte. Bryant sagte: ‹Es wäre absolut unmoralisch, wenn dieses Gremium die Gelegenheit versäumte, einen großen Fehler in unserem Strafrecht zu beseitigen.›»

[9] T. CAPOTE: In cold blood. A true Account of a Multiple Murder and its Consequences, New York 1965; dt.: Kaltblütig. Wahrheitsgemäßer Bericht über einen mehrfachen Mord und seine Folgen, übers. v. K.H. Hansen, Wiesbaden 1966. Verfilmt von R. BROOKS: Kaltblütig, USA 1967.

[10] Vgl. J. HESSING: Der Fluch des Propheten. Drei Abhandlungen zu Sigmund Freud, 123–134: Das Gesetz; 245–261: Die Erbschuld, wo vor allem die *jüdischen* Quellen des *Freud*schen Denkens bzgl. der Fragen von Schuld und Strafe, Gesetz und Heilung, Wort und Kultur vorzüglich beschrieben werden. – Den Aberwitz des «Richtens» hat ANDRÉ GIDE: Souvenirs de la Cour d'Assises. Aus dem Schwurgericht, 94–95 deutlich gemacht: «Wir glaubten, nach Belieben diejenigen verurteilen zu können, die wir wollten; und wenn wir den Hehler verurteilten und den Dieb freisprachen: brachten wir damit nicht zum Ausdruck, daß wir der Meinung waren, daß Hehlereien von größeren Warenmengen vorlagen, als die genannten Diebstähle erbracht hatten; ... Wir hatten ganz entschieden unsere Bedeutung überschätzt. Jetzt werden wir zur Erkenntnis der Grenzen unserer Vollmacht gebracht.»

[11] Vgl. bes. F. ALEXANDER – H. STAUB: Der Verbrecher und sein Richter. Ein psychoanalytischer Einblick in die Welt der Paragraphen, in: A. Mitscherlich (Hrsg.): Psychoanalyse und Justiz, 205–411, S. 231–247: Die Kriminalität als allgemein menschliche Erscheinung; S. 231–241. Vgl. zur tiefenpsychologischen Traumanalyse E DREWERMANN: Tiefenpsychologie und Exegese, I 107–162.

[12] DSCHUANG DSI: Südliches Blütenland, IV 1, S. 62.

[13] CIC, S. 612–613.

[14] CIC, S. 462–463.

[15] CIC, S. 464–465.

[16] CIC, S. 584–585.

[17] Solange Leben wesentlich Austausch mit der Umwelt ist, bleibt die Frage unverzichtbar, wie die Welt der Mutter (!) beschaffen ist, in die ein Kind hineingeboren werden soll: geht es oder geht es nicht!

[18] Vgl. zu der Problematik der Abtreibung E. DREWERMANN: Das Tragische und das Christliche, in: Psychoanalyse und Moraltheologie, I 19–78, S. 40–45.

[19] Die Lehre von der *«Epikie»* löst durchaus nicht das Problem, wie es sich betroffenen Frauen stellt; ihnen ist die Tötung ihres Kindes kein «geringeres Übel», sondern etwas, für das sie sich schlechtweg schuldig fühlen. Auch die Aussicht, daß es *später*, nach der Tat, eine Vergebung durch die Amtsträger der Kirche gebe, ist für sie im Moment der Entscheidung kein Trost. Gott muß ihnen vergeben, was sie sind und wie sie sind – *das* ist das Problem.

[20] Vgl. E. DREWERMANN: Das Tragische und das Christliche, in: Psychoanalyse und Moraltheologie, I 63–71.

[21] CIC, S. 641. – Die Frage ist deshalb, inwieweit die Worte Jesu überhaupt für Kirche und Gesellschaft gelten. Vgl. dazu U. LUZ: Das Evangelium nach Matthäus, I/1, 377, der den Katalog der Ausreden recht vollständig aufführt. Eine Ausnahme bildet H. THIELICKE: Theologische Ethik, III, Tübingen 1964, 337f., der in Mt 7,1 immerhin einen Hinweis darauf erkennt, daß «der Mensch selbst die Rechtsordnung transzendiert». L. TOLSTOI: Mein

Glaube, Leipzig 1902, 41–60, sah zu Recht in der Auslegungsgeschichte dieser Stelle durch die kirchlichen Erklärungen eine einzigartige Ideologie der Selbstberuhigung und der Lüge am Werke. – F. NIETZSCHE: Jenseits von Gut und Böse, Nr. 219, S. 109, meint sehr wahr: «Das moralische Urteilen und Verurteilen ist die Lieblings-Rache der Geistig-Beschränkten an denen, die es weniger sind, auch eine Art Schadenersatz dafür, daß sie von der Natur schlecht bedacht wurden, endlich eine Gelegenheit, Geist zu bekommen und fein zu *werden:* – Bosheit vergeistigt. Es tut ihnen im Grunde ihres Herzens wohl, daß es einen Maßstab gibt, vor dem auch die mit Gütern und Vorrechten des Geistes Überhäuften ihnen gleich stehn: – sie kämpfen für die ‹Gleichheit aller vor Gott› und *brauchen* beinahe dazu schon den Glauben an Gott.»

22 C. LEVI-STRAUSS: Traurige Tropen, 357–358.

23 F. M. DOSTOJEWSKI: Schuld und Sühne, 3. Teil, Kap. 5, S. 268–291.

24 F. M. DOSTOJEWSKI: Schuld und Sühne, 6. Teil, Kap. VII–VIII, S. 559–580.

25 KH. GIBRAN: Der Prophet, 34–36.

26 A. a. O., 31–34. Vgl. DERS.: Rebellische Geister, 34–35: «Ein Mann tötet einen anderen, und die Menschen bezeichnen ihn als Mörder; doch wenn es der Emir ist, der ihn daraufhin töten läßt, nennt man ihn einen gerechten Richter ... Eine Frau hat ihren Mann betrogen, und die Menschen nannten sie eine schamlose Ehebrecherin, doch als der Emir sie nackt durch die Stadt führen und steinigen ließ, nannten sie ihn einen ruhmreichen Emir. – Blut zu vergießen ist verboten, aber wer gab dem Emir das Recht dazu ... Die Untreue einer Frau ist zu mißbilligen, wer aber kann es billigen, daß Menschen gesteinigt werden? – Ist es richtig, Böses mit Bösem zu vergelten im Namen der Gerechtigkeit? ... Ist es gutzuheißen, ein Verbrechen durch ein noch größeres Verbrechen zu bestrafen und zu glauben, daß dies gerechtfertigt sei? ... Und wer sind diejenigen, die seine (sc. des Emirs, d. V.) Befehle ausführen: die den Dieb hängten? Waren es Engel, die vom Himmel herabgestiegen sind, oder Menschen, die auch stehlen und unterschlagen, was ihnen unter die Hände kommt? – Und wer köpfte den Mörder? Waren es himmlische Propheten oder Soldaten, die selber töten und Blut vergießen, wo sie auftauchen? Und wer steinigte die Ehebrecherin? Waren es Asketen, die aus ihren Einsiedeleien kamen, oder Menschen, die sich selber ehrlos und schamlos betragen – allerdings verborgen hinter dem Schleier der Dunkelheit? – Und das Gesetz? Was ist das Gesetz? Wer sah es mit dem Licht der Sonne aus dem Herzen des Himmels herabsteigen? Welcher Sterbliche blickte in das Herz Gottes und las darin Seinen Willen für die Menschen? In welcher Epoche kamen die Engel zu den Menschen und forderten sie auf: Entzieht den Schwachen das Licht des Lebens! Vernichtet die Gefallenen und schuldig Gewordenen mit scharfem Schwert, und zermalmt die Sünder mit eisernen Füßen!»

Mt 7,6

Nicht das Heilige den Hunden

(Seite 592 bis 597)

[1] H. L. Strack – P. Billerbeck: Kommentar zum NT, I 447, nehmen als Sinn des Wortes an: «Man überliefert die Worte der Tora nicht einem Goi.» Ps 147,20. J. Jeremias: Matthäus 7,6a, in: Abba, 83–87, geht aus von der Entdeckung von J. A. Bolten (Der Bericht des Matthäus von Jesus dem Messias, Altona 1792, S. 119, Anm. 2), daß das aramäische Wort für das Heilige *(qudscha)* denselben Konsonantenbestand hat wie das Wort für Ohrring bzw. Nasenring *(qedascha)*; der ursprüngliche Sinn des Wortes könnte also gewesen sein: «legt den Hunden keinen Ring an». In dem zweiten Teil des Wortes hat ein Übersetzer offenbar das aramäische «an die Nase, an den Rüssel» mit «vor» wiedergegeben, was an sich möglich ist, aber an dieser Stelle keinen Sinn ergibt. Zudem ist das «werfen» (wie Mt 9,17; 26,12 u. ä. zeigt) wohl als «legen» oder «hängen» gemeint; die korrekte Übersetzung müßte also lauten: «Und hängt nicht eure Perlen an den Rüssel der Schweine.» – «Dieses drastische Bild war Jesu Hörern von Spr 11,22 her geläufig: ‹Wie ein goldener Ring am Rüssel der Sau, / so ist ein schönes Weib ohne Sitte.› Und ein palästinensisches Sprichwort sagte: ‹Hänge einem gewissen Ding (= Schwein) Palmkohl um, es tut doch das Seine (d. h. wälzt sich im Schmutz).› Al-Ghazali erwähnt unser Wort in seinem Buch ‹Die Wiederbelebung der Religionswissenschaften› (I 43,4) in folgender Fassung: ‹Es sprach Jesus: Hängt nicht Perlen an die Hälse der Schweine›.»

[2] Zur Stelle vgl. H. L. Strack – P. Billerbeck: Kommentar zum NT, I 374–375. Vgl. auch A. Jülicher: Die Gleichnisreden Jesu, II 505.

[3] Vgl. *Didache* 9,5: «Aber keiner darf essen oder trinken von eurer Eucharistie, außer die auf den Namen des Herrn getauft sind. Denn auch hierüber hat der Herr gesagt: Ihr sollt das Heilige nicht den Hunden geben.» F. Zeller (Übers.): Die Apostolischen Väter, S. 12.

[4] Zur Stelle vgl. E. Drewermann: Das Markusevangelium, I 422–449.

[5] Vgl. z. B. das Gleichnis von der Witwe und dem Richter in Lk 18,1–8; dazu E. Linnemann: Gleichnisse Jesu, 126–130.

[6] Auf diese Weise könnte sich das Problem lösen, das U. Luz: Das Evangelium nach Matthäus, I/1, 382, für zur Zeit unauflösbar erklärt: was das Wort im Kontext des Mt's bedeuten könne. Richtig ist, daß das Wort im Sinne des Mt's sicher nicht als eine Warnung vor der Heidenmission oder vor christlichen Apostaten verstanden werden kann, und auch ein Weisheitswort zur Warnung vor Dummköpfen ist in diesem Zusammenhang auszuschließen; desgleichen soll das Wort gewiß auch nicht sagen, es habe selbst die christliche Brüderlichkeit irgendwo ihre Grenzen – nie hat Jesus so gedacht! Aber *psychologisch* kommt es offenbar darauf an, der Gefahr von Selbstverlust und Skrupulantentum vorzubeugen, die gerade bei denen entstehen kann, die den vorstehenden Abschnitt Mt 7,1–5 wirklich ernst nehmen.

[7] Nicht um die «Hunde» und «Schweine» sondern um die *Perlen* geht es! H. L. Strack – P. Billerbeck: Kommentar zum NT, I 447–448, führen eher in die Irre, wenn sie die «Perlen» als treffende Gedanken und Aussprüche, die «Schweine» aber für die Römer bzw. für die nichtisraelitische Welt erklären (I 449–450). Von all dem kann im Kontext des Mt's keine Rede sein, wohl aber paßt der Gedanke, etwas Kostbares in sich selber schützen zu müssen, vortrefflich in den Zusammenhang.

[8] Zu dem Bild von der *Perle* vgl. das Gleichnis von dem Kaufmann in Mt 13,44–46; vgl. dazu A. Jülicher: Die Gleichnisreden Jesu, II 581–585. Tiefenpsychologisch ist die Perle als ein Bild des Selbst zu verstehen. Vgl. E. Drewermann – I. Neuhaus: Die Kristallkugel, 52–54, zum Bild der kristallenen Kugel.

[9] Zum Problem der *Scham* vgl. E. DREWERMANN: Strukturen des Bösen, II 203–221.
[10] S. o. Anm. 1.
[11] Daß Jesus in seinen Gleichnisreden Bilder und Szenen ausmalen kann, die seinen moralischen Vorstellungen zunächst zuwiderlaufen, zeigt am klarsten das Gleichnis vom ungerechten Haushalter, Lk 16,1–12; dazu vgl. A. JÜLICHER: Die Gleichnisreden Jesu, II 495–514.
[12] F. NIETZSCHE: Also sprach Zarathustra, 2. Teil: Von den Priestern, S. 69–71: «Sie nannten Gott, was ihnen widersprach und wehe tat: ... Und nicht anders wußten sie ihren Gott zu lieben, als indem sie den Menschen ans Kreuz schlugen» (S. 70).
[13] Es wäre eine Antwort, weit leichter verstehbar als die theologische Konstruktion in Mk 4,10–12.
[14] Zur «Technik» des *paradoxen* Sprechens in der religiösen Rede vgl. E. DREWERMANN: Tiefenpsychologie und Exegese, II 673–681.
[15] Zum Tode des *Buddha* vgl. E. WALDSCHMIDT: Die Überlieferung vom Lebensende des Buddha, 187–354.

Mt 7,7–11

Beten heißt, die Welt verändern

(Seite 598 bis 605)

[1] Auch die Einordnung der «Gebetslehre» in den Kontext von Mt 7 fällt den meisten Kommentatoren schwer, weil sie von der formalen Gliederung der Thematik ausgehen, aber sich nicht genügend auf die psychische und existentielle Bedeutung des Gesagten einlassen. Tatsächlich aber ergibt sich der Zusammenhang wie von selbst, wenn man die Frage: Wie begegne ich den Menschen, ohne zu (ver)urteilen, nur in der Absicht, gut zu sein? an sich heranläßt. Man kann es nur in der Verbindung mit Gott, lautet die Antwort des Mt durch die Art seiner Komposition. Traditionsgeschichtlich handelt es sich um einen Q-Text, den Mt nur in 7,11 (euer Vater in den Himmeln) und vielleicht in 7,9 (wer unter euch ist *ein Mensch*) redaktionell verändert hat. «Der Abschnitt ist eine Einheit; eine traditionsgeschichtliche Dekomposition ist m. E. nicht möglich. Er dürfte von Jesus stammen.» U. LUZ: Das Evangelium nach Matthäus, I/1, 383.
[2] Vgl. E. DREWERMANN: Das Markusevangelium, II 482–505, zur Gethsemane-Szene.
[3] Vgl. a. a. O., II 395, Anm. 49.
[4] Vgl. a. a. O., I 11–25.
[5] Vgl. a. a. O., I 25–45; 45–80.
[6] A. a. O., II 488–494.
[7] G. W. F. LEIBNIZ: Die Theodizee, II. Teil, 122, VII, S. 184–185: «Gott kümmert sich um die Menschen, er liebt das menschliche Geschlecht, er will sein Bestes – das ist sonnenklar.» Wirklich?
[8] Ja, man kann aus den Enttäuschungen an dem Wunder- bzw. Gebetserhörungsglauben der offiziellen Theologie in gerader Linie den Weg der europäischen Geistesgeschichte in den Atheismus ableiten. Vgl. E. DREWERMANN: Ich steige hinab in die Barke der Sonne, 21–45: Dramaturgie des Todes oder der Atem der Pest. – Zu der magisch gefärbten Vertrauensseligkeit der Gebetserhörungen im Juden-

tum vgl. H. L. STRACK – P. BILLERBECK: Kommentar zum NT, I 450–458.

[9] Eine solche Szene ist die Geschichte vom Sturm auf dem Meere in Mk 4,35–41; vgl. dazu E. DREWERMANN: Das Markusevangelium, I 350–359.

[10] Der sogenannte *qal-wachomer*-Schluß, der Schluß vom Leichteren aufs Schwerere, war bei den Rabbinen beliebt; vgl. H. L. STRACK – P. BILLERBECK: Kommentar zum NT, III 223–226, zu Röm 5,9.

[11] Das Paradox hat B. PASCAL: Über die Religion, Nr. 555, S. 247, auf die Formel gebracht: «Vergleiche dich nie mit anderen, sondern mit mir. Findest du mich in denen nicht, denen du dich vergleichst, so vergleichst du dich mit einem Verworfenen. Findest du mich dort, vergleiche dich damit. Aber was wirst du vergleichen, dich oder mich in dir? Wenn du es bist, so ist es ein Verworfener. Wenn ich es bin, vergleichst du mich mit dir. Nun, ich bin Gott in allem. – Oft spreche ich zu dir und tröste dich, weil dein Beichtiger dich nicht sprechen kann, denn ich will nicht, daß es dir an Führung mangle. – Und vielleicht tue ich es durch sein Gebet, und so leitet er dich, ohne daß du ihn siehst. Du würdest mich nicht suchen, wenn du mich nicht besäßest. Beunruhige dich also nicht.»

[12] P. SHRI S. NEHRU: Mahatma Gandhi, 106–107.

[13] A. a. O., 107–108.

[14] A. a. O., 108–109. Vgl. MAHATMA GANDHI: Freiheit ohne Gewalt, 124 ff.

Mt 7,12

Die Goldene Regel

(Seite 606 bis 613)

[1] Auch im Sinne des Mt besitzt die Goldene Regel die Funktion einer Zusammenfassung alles bisher Gesagten. «Die Goldene Regel stand in Q fast sicher im Abschnitt über die Feindesliebe; Mt hat sie an den Schluß des Hauptteils der Bergpredigt versetzt. Der Nachsatz ‹denn dies ist das Gesetz und die Propheten› stammt von ihm; er weist damit zurück auf die Erfüllung des Gesetzes und der Propheten durch Jesus in 5,17 und schafft eine Klammer um den Hauptteil der Bergpredigt. Außerdem stammt das verstärkende ... (*alles*, d. V.) von ihm; vielleicht auch ... (das: *so auch*, d. V.).» U. LUZ: Das Evangelium nach Matthäus, I/1, 387.

[2] Vgl. H. L. STRACK – P. BILLERBECK: Kommentar zum NT, I 459–460, die an Tob 4,15 erinnern, allerdings hinzufügen: «In der altjüdischen palästin(ensischen) Literatur findet sich der Ausspruch nur in negativer Fassung.» J. JEREMIAS: Neutestamentliche Theologie, I 204–206, S. 204, knüpft sehr zu Recht an *Rabbi Hillel* an, der sagte: «Alles, was dich schädlich dünkt, füge keinem anderen zu; das ist die ganze Tora. Alles andere ist Kommentar.»

[3] Vgl. L. PHILIPPIDIS: Die «Goldene Regel» religionsgeschichtlich untersucht, Leipzig 1929; H. REINER: Die Goldene Regel. Die Bedeutung einer sittlichen Grundformel der Menschheit, in: Die Grundlagen der Sittlichkeit, Meisenheim 2. Aufl. 1974, 348–379.

[4] U. LUZ: Das Evangelium nach Matthäus, I/1, 392, weist treffend auf die Wechselseitigkeit hin, mit der die Goldene Regel «von der Bergpredigt her radikalisiert» wird, so wie sie «ihrerseits die Bergpredigt interpretiert: Sie hält mit ihrer umfassenden Formulierung fest, daß in der Bergpredigt eine Summa christlicher Gerechtigkeit proklamiert ist ... Sie ruft nochmals in Erinnerung, daß die einzelnen Anwei-

sungen der Bergpredigt konkrete Beispiele der Vollkommenheit waren.»

5 E. FROMM: Psychoanalyse und Ethik, in: Gesamtausgabe, II 1–157, S. 141–142, meint sehr richtig: «Das Problem der psychischen Gesundheit und Neurose ist mit dem Problem der Ethik untrennbar verbunden ... Reife und Integration der Gesamtpersönlichkeit nicht zu erreichen ist im Sinne der humanistischen Ethik ein moralisches Versagen.» «Sogar wenn ein Mensch nur anderen gegenüber destruktiv zu sein scheint, verletzt er das Lebensprinzip in sich selbst ebenso wie in anderen ... In säkularer Sprache würden wir sagen, daß wir alles, was wir einem anderen antun – es mag gut oder böse sein – auch uns selbst antun» (141). Wesentlich, wenn das stimmt, ist die Durcharbeitung der Weisungen der Bergpredigt mit den Mitteln der Psychoanalyse!

6 A. SCHWEITZER: Kultur und Ethik, 333: «Aus innerer Nötigung entstehend, ist die Ethik der Ehrfurcht vor dem Leben nicht davon abhängig, inwieweit und inwiewenig sie sich zu einer befriedigenden Lebensanschauung auszudenken vermag. ... Bedeutungsvoll für die Welt ist die Tatsache an sich, daß in dem ethisch gewordenen Menschen ein von Ehrfurcht vor dem Leben und Hingebung an Leben erfüllter Wille zum Leben in der Welt auftritt.»

7 Vgl. a. a. O., 331: «Ethik besteht also darin, daß ich die Nötigung erlebe, allem Willen zum Leben die gleiche Ehrfurcht vor dem Leben entgegenzubringen wie dem eigenen.» Und S. 330: «Wahre Philosophie ... lautet: ‹Ich bin Leben, das leben will, inmitten von Leben, das leben will.› Dies ist nicht ein ausgeklügelter Satz ... Mystik ethischen Einswerdens mit dem Sein wächst aus ihm hervor.»

8 A. SCHOPENHAUER: Preisschrift über die Grundlage der Moral, in: Sämtliche Werke, IV 103–276, § 16, S. 205–212: Aufstellung und Beweis der allein ächten moralischen Triebfeder.

9 Vgl. ST. ZWEIG: Vierundzwanzig Stunden aus dem Leben einer Frau, in: Meisternovellen, 265–325; DERS.: Über Sigmund Freud, 249–252: Worte am Sarge, 26. September 1939.

10 ST. ZWEIG: Maria Stuart, 7–11: Einleitung.

11 W. HOFER (Hrsg.): Der Nationalsozialismus, Dokumente 1933–1945, S. 113: H. Himmler über SS-Moral: «Ob die anderen Völker in Wohlstand leben oder ob sie verrekken vor Hunger, das interessiert mich nur soweit, als wir sie als Sklaven für unsere Kultur brauchen, anders interessiert mich das nicht. Ob bei dem Bau eines Panzergrabens 10 000 russische Weiber an Entkräftung umfallen oder nicht, interessiert mich nur insoweit, als der Panzergraben für Deutschland fertig wird. Wir werden niemals roh und herzlos sein, wo es nicht muß; das ist klar. Wir Deutschen, die wir als einzige auf der Welt eine anständige Einstellung zum Tier haben, werden ja auch zu diesen Menschentieren eine anständige Einstellung einnehmen, aber es ist ein Verbrechen gegen unser eigenes Blut, uns um sie Sorge zu machen.» Rede bei der SS-Gruppenführertagung in Posen am 4. Oktober 1943. Vgl. auch H. HIMMLER: Geheimreden 1933–1945, 162–183: Rede vor Reichs- und Gauleitern in Posen am 6. Oktober 1943, bes. S. 165–166; 169; 175.

12 Vgl. E. DREWERMANN: Der tödliche Fortschritt, 133–142.

13 Kein Wahn der Menschheit im 20. Jahrhundert ist und war so schlimm wie die Idee, die jedem *Krieg* und jeder Barbarei zugrunde liegt: daß es möglich sei, zugunsten bestimmter «Zwecke» beliebig viele «Opfer» an Menschen «in Kauf nehmen» zu können. Vgl. z. B. H. HIMMLER: Geheimreden, 203: Die «Endlösung der Judenfrage» (1944): «die Judenfrage ... wurde nach Befehl und verstandesmäßiger Erkenntnis kompromißlos gelöst.»

14 Zum *«Menschensohn»*-Titel als Inbegriff des Menschlichen und zu seiner Wandlung zum *Christus*-Titel vgl. E. BLOCH: Atheismus im Christentum, 135–152.

15 Frei zitiert nach M. BUBER: Die Erzählungen der Chassidim, Werke, III 68–712, S. 292.

Mt 7,13–14
Die enge Pforte
(Seite 614 bis 621)

[1] U. LUZ: Das Evangelium nach Matthäus, I/1, 395, urteilt über die Tradition und Redaktion der Stelle: «Mit Lk 13,23 f. sind nur wenige Worte gemeinsam; dennoch ist m. E. sicher, daß Mt Q benutzt hat. Lk hat in 13,23–29 eine straffe, sekundäre Komposition geschaffen, die vom Eingehen ins himmlische Gemach zum Festessen mit Abraham, Isaak und Jakob handelt. Weil er dafür nur das Motiv des Tors brauchen kann, ist denkbar, daß er das Logion verkürzt hat.» So auch D. ZELLER: Die weisheitlichen Mahnsprüche bei den Synoptikern, 139–142, S. 139. Insgesamt ist von zwei «Toren» nur recht selten, von zwei «Wegen» aber relativ oft im Judentum die Rede. Vgl. H. L. STRACK – P. BILLERBECK: Kommentar zum NT, I 460–464. Es scheint aber, daß Mt den «Weg» dem Wort von der «Türe» hinzugefügt hat; U. LUZ: a. a. O., 396. Zur *Zwei-Wege-Lehre* vgl. vor allem *Didache* 1,2–5,2; in: F. ZELLER (Übers.): Die Apostolischen Väter, 1–16, S. 6–10.

[2] Zum Bild von *der engen Pforte* vgl. J. JEREMIAS: pylä (Pforte), in: Theologisches Wörterbuch zum NT, VI 920–927, S. 922–923: «Die Enge des zum Leben führenden im Gegensatz zur Breite des ins Verderben bringenden Weges und Tores bringt zum Ausdruck, daß das ewige Leben schwer zu erlangen ist, weil der Weg zu ihm Opfer und Entsagung fordert; daher ist die Zahl derer, die zum Leben gelangen, klein ... So macht Jesus seinen Jüngern an dem doppelten Pfortenbild deutlich, daß sie den Mut haben müssen, sich von der großen Menge zu lösen und den Passionsweg der kleinen Schar zu gehen, wenn sie zu dem Tor der künftigen Gottesstadt gelangen wollen.» Das Bild selber könnte aus dem Alten Ägypten stammen, wo die «Pforte» ein zentrales Symbol des (eschatologischen) Jenseitsweges dargestellt; vgl. E. HORNUNG (Übers.): Äyptische Unterweltsbücher, 195–308: Das Pfortenbuch.

[3] A. GIDE: Die enge Pforte, in: Sämtliche Erzählungen, 181–298.

[4] A. a. O., 199; vgl. S. 194.

[5] A. a. O., 286.

[6] A. a. O., 259.

[7] Vgl. a. a. O., 262–263, wo GIDE schildert, wie auf dem Wege der «Heiligkeit» die Liebe zur Höflichkeit zerquält und das Herz an den «Verstand» (255) verraten wird.

[8] A. a. O., 286–287.

[9] Man mache sich nur recht klar, daß der gesamte Gedanke einer «Volkskirche» mit diesem Wort eines entschiedenen Lebens schlechtweg unvereinbar ist!

[10] So bereits, wenn auch in stark moralisierender Zuspitzung, CHRYSOSTOMUS: Matthäus-Kommentar, 23. Homilie, Nr. 6, Bd. II 83: «Durch die Worte (sc. von den Wenigen, d. V.) ... hat dann Christus auch hier wieder die Trägheit der großen Menge geoffenbart und hat seine Zuhörer angewiesen, nicht auf das Wohlleben der großen Masse zu achten, sondern auf die Mühsale der Wenigen.»

[11] Vgl. a. a. O., II 83: «Denn die große Masse ... geht nicht nur auf diesem Weg, sondern will ihn überhaupt schon gar nicht betreten; und das ist gewiß eine schwere Anklage.» Bes. S. KIERKEGAARD: Tagebücher, IV 74: «Existenz bezieht sich auf das Einzelne ... ein einzelner Mensch hat ja doch wohl keine Begriffsexistenz.»

[12] Vgl. S. KIERKEGAARD: Tagebücher, V 287–290: Eine ganz eigene Art Verkündigung: «wenn das Ganze bloß eine Belehrung ist, wenn man nicht mit Individualitäten rechnet, sondern mit Exemplaren, dann kann man bald Tausende bekommen ... Aber die Individualitäts-Verkündigung ist so langsam, daß ein einziger schon eine große Masse ist.»

[13] Vgl. A. GIDE: Die enge Pforte, 294: «Müde, als wäre ich sehr alt, bewahrt meine Seele doch eine seltsame Kindlichkeit ... So möchte ich mich rüsten zum Sterben.»

[14] E. SCHWEIZER: Das Evangelium nach Lukas, 149–150, meint, «daß vorlukanisch an die für Israel begrenzte Frist gedacht war».

[15] U. LUZ: Das Evangelium nach Matthäus, I/1, 399, sieht den Schwerpunkt der Auslegungsgeschichte des Wortes «im christologischen Verständnis ... Die Gerechten sind auf dem schmalen Weg des Leidens. Christus aber, der ‹Weg› ist (sc. nach Joh 14,6, d. V.), hilft auf dem ‹Weg›.» Vgl. auch W. MICHAELIS: *hodos* (Weg): Theologisches Wörterbuch zum NT, V 42–118, S. 71–77: «es ist leicht, kein Jünger Jesu zu sein, aber es führt zum Verderben; es ist schwer, ein Jünger Jesu zu sein, aber es führt allein zum Leben» (75).

[16] L. DA VINCI: Die Fabeln, 66.

[17] Vgl. U. LUZ: Das Evangelium nach Matthäus, I/1, 398: «Der beschwerliche Weg, der unter Bedrängnissen die wenigen zur engen Pforte führt, ist der in der Bergpredigt vorgezeichnete Weg der Gerechtigkeit», die hier «neben das Gottesreich gestellt (vgl. 6,33)» werde. Doch um so wichtiger ist es, die Erfahrung des «Gottesreiches» als die Bedingung dieser «Gerechtigkeit» zu verstehen und als erstes psychologisch nachzuzeichnen, wie ein Mensch lebt, der in der Nähe einer vorgängigen Erlaubnis zum Sein zu sich selbst zurückgefunden hat.

[18] Alles Vertrauen besitzt seine Schwierigkeit bzw. «Enge» darin, auf jeden «Beweis» zu verzichten und sich ungeschützt in die Hand des anderen zu geben; dann aber weitet sich das Leben und gewinnt seinen eigentlichen Reichtum. Insofern stehen der «breite» und der «schmale» Weg in einer merkwürdigen Dialektik von außen und innen zueinander.

[19] M. BUBER: Die Erzählungen der Chassidim, Werke, III 69–712, S. 633, frei wiedergegeben.

[20] Vgl. S. KIERKEGAARD: Die Krankheit zum Tode, 52 ff.; E. DREWERMANN: Strukturen des Bösen, III 487–497.

[21] A. GIDE: Die enge Pforte, 286. Der Abschnitt fährt aber fort: «Aber nein! Der Weg, den Du lehrst, Herr, ist ein schmaler Weg, so schmal, daß nicht zwei nebeneinander gehen können.»

[22] G. E. LESSING: Gedichte und Fabeln, in: Werke, I 204.

Mt 7,15–20

Die Wölfe im Schafspelz

(Seite 622 bis 632)

[1] Zur Interpretation religiöser Reden vgl. E. DREWERMANN: Tiefenpsychologie und Exegese, II 666–673.

[2] Zur Stelle vgl. E. SCHWEIZER: Das Evangelium nach Matthäus, 296; die Warnung vor den Trugmessiassen ist schon aus Mk 13,22 entnommen. Jedoch ist der ganze Abschnitt Mt 7,15–20 von Mt außerordentlich stark redaktionell bearbeitet worden. Vgl. U. LUZ: Das Evangelium nach Matthäus, I/1, 401: «V 15 ist ganz mt, z. T. in biblischer Sprache formuliert. Mt umformuliert ist der Rahmen V. 16 a/20. V. 19 ist eine von Mt repetierte Stelle aus der Täuferpredigt des Johannes (Mt 3,10). V. 16–18 entsprechen nur teilweise der Q-Perikope vom Baum mit den Früchten und ihrer Anwendung auf das Reden eines Menschen (Lk 6,43–45), die in der Feldrede (sc. bei Lk, d. V.) hinter dem Spruch vom Balken und dem Splitter stand. Der Schlußvers 45 paßte nicht ins mt Konzept und fiel darum weg. Mt wird diese Perikope nochmals vollständiger in 12,33–35 bringen. Auch die übrigen Änderungen gehen fast alle auf sein Konto. Er ist verantwortlich für die Voranstellung von V. 16b = Lk 44b; der Leser konnte so ‹Dornen› und ‹Disteln› unmittelbar auf die Falschpropheten beziehen.» Aus dieser intensiven Redaktion geht die Bedeutung der Auseinandersetzung mit den «Trugpropheten» und «Trugmessiassen» hervor. Hinter den «Trugpropheten» könnte die Problematik der charismatischen Religiosität stehen, die in der zweiten Generation nach dem Auftreten Jesu der sich etablierenden Kirche unlösbare Schwierigkeiten geschaffen haben muß. U. LUZ: a. a. O., I/1, 403, weist etwa auf die Perikope aus Mk 9,38–40 von dem fremden Exorzisten hin, die bei Mt ganz weggelassen wird. Zudem zitiert Mt 12,30 das Wort aus Mk 9,40 gerade umgekehrt: Wer nicht für Jesus ist, der ist schon gegen ihn! «Hier zeigt sich eine Zurückhaltung gegenüber freiem Charismatikertum.» Aber entscheidend ist doch nach Mt 7,22, daß die «Trugpropheten» Heilungswunder vollbringen und sich nicht an das Gesetz halten; es handelt sich mithin um charismatische, antinomistische Therapeuten! Was Mt ihnen vorwirft, ist dabei keine *Lehre*, sondern ihre Haltung bzw. ihr Verhalten. Zu denken ist aber auch (im Zusammenhang mit den Trugmessiassen aus Mt 24,5) an ein eschatologisches Schwärmertum in der Nähe der Zeloten. Bes. M. HENGEL: Nachfolge und Charisma, BZNW 34 (1968) 23–27 verweist auf zelotisches Prophetentum.

[3] Vgl. Y. YADIN: Bar Kochba, 17–18, der die Zeit nach 70 so schildert: «alle betrachteten das Leben ohne den Tempel und Jerusalem nur als eine vorübergehende Phase. Im tiefsten Herzen glaubte jeder Jude, der Tag der Rückkehr nach Jerusalem sei nicht mehr fern, der Tempel werde wieder aufgebaut und der Messis werde erscheinen, um sein Volk zu erlösen.» Und gerade dieser Hoffnung widersprachen die Christen, indem sie Jesus von Nazareth für den Messias ausgaben und die Zerstörung Jerusalems als die Strafe für seine Kreuzigung erklärten!

[4] Zu den *Trugpropheten* vgl. bes. E. SCHWEIZER: Das Evangelium nach Matthäus, 118–119. DERS.: Matthäus und seine Gemeinde, 126–131: Die «Weissagung» von Jer 14,14; 27,15 ist erfüllt; die Trugpropheten im typischen Fellmantel (so die «Schaffelle»?) sind als Gemeindemitglieder (!) gegenwärtig – ein endzeitliches Phänomen; als Kern des Unheils betrachtet SCHWEIZER das «Erkalten der Liebe» (Mt 24,11 f.) und erinnert an die Gleichgültigkeit gegenüber den Nachbarn oder gegenüber der Dritten Welt (130). Doch wird auf diese Weise die enorme heilende Wirksamkeit (!) nicht beachtet, mit der die «Trugpropheten» Dämonen austreiben und Machttaten (Wunder) vollbringen (Mt 7,22!).

[5] Bes. J. WEISS: Das Urchristentum, Göttingen 1917, 585 f., sah in den Trugpropheten die

Vertreter eines paulinischen Gesetzesverständnisses, wie es Mt schon in 5,17–19 zu bekämpfen suchte. Doch ist auch ohne eine solche Zuordnung die prophetische Gottunmittelbarkeit, die Paulus in seiner Berufung vor Damaskus erlebte, jeder Bewegung charismatischer Therapeuten verwandt, desgleichen der *freie* Umgang mit dem «Gesetz», dessen Wert immer wieder an den Erfordernissen menschlicher Not relativiert werden muß.

[6] Zum Rat des *Gamaliel* vgl. H. CONZELMANN: Die Apostelgeschichte, 42–43.

[7] H. L. STRACK – P. BILLERBECK: Kommentar zum NT, I 467, kennen nur das Bild der Weintrauben unter Dornbeeren als Zeichen von Disharmonie. Das Bild von den Wölfen im Schafspelz «ist in der rabbin. Literatur nicht nachweisbar». (A. a. O., I 465.) Vgl. aber O. BÖCHER: Wölfe in Schafspelzen. Zum religionsgeschichtlichen Hintergrund von Mt 7,15, ThZ 24 (1968) 405–426. – Das Bild von den guten (süßen) und schlechten (bitteren) Früchten findet sich auch im *Buddhismus;* vgl. G. BUDDHA: Die vier edlen Wahrheiten, Nr. 186, S. 272–278.

[8] Vgl. F. STIER (Übers.): Das Neue Testament, 20.

[9] Inzwischen leben wir in einer Zeit der Kirche, die das «Prophetische» so weit fürchtet, daß sie es durch Inflation neutralisiert: Da wir – durch die Kindertaufe! – alle teilhaftig der Gnadengabe der Prophetie geworden sind, bedarf es durchaus nicht mehr des Auftretens wirklicher Propheten. Vgl. S. KIERKEGAARD: Der Augenblick, Nr. 8, in: Werkausgabe, II 503–522, zu Mt 10,41–42, wo der dänische Religionsphilosoph, dieser vorerst letzte wirkliche Prophet des «christlichen» Abendlandes, den Gedanken der Gleichzeitigkeit gegen den «objektiven» Lehrbetrieb der Theologiedozenten richtet; bes. S. 516–518: zu dem doppelten Vorteil der Heuchler.

[10] Zur Schlacht bei Frankenhausen vgl. G. BRENDLER: Thomas Müntzer, 183–193; E. BLOCH: Thomas Münzer als Theologe der Revolution, 71–82.

[11] Vgl. H. ZAHRNT: Martin Luther in seiner Zeit für unsere Zeit, 170–186. G. BRENDLER: Martin Luther. Theologie und Revolution, Berlin O. 2. Aufl. 1990.

[12] Vgl. G. WEHR: Thomas Müntzer, 142, zit. aus: Martin Luther, Tischreden 1533: «wer den Müntzer gesehen hat, der mag sagen, er habe den Teufel leibhaftig gesehen in seinem höchsten Grimme.» Umgekehrt vgl. TH. MÜNTZER: Hochverursachte Schutzrede und Antwort wider das geistlose, sanftlebende Fleisch zu Wittenberg, 1524; vgl. G. WEHR: a. a. O., 104–106.

[13] G. BRENDLER: Thomas Müntzer, 114–128, zu den theologischen Hintergründen der Kontroverse zwischen *Luther* und *Müntzer;* bes. 127–128. Zu den entsprechenden Schimpfworten vgl. a. a. O., 167.

[14] Vgl. G. WEHR: Thomas Müntzer, 94.

[15] G. WEHR: Thomas Müntzer, 93; zit. nach M. LUTHER: Ein Sendbrief vom harten Büchlein wider die Bauern, in: Hauptschriften, Berlin 1951, 304–319.

[16] G. BRENDLER: Thomas Müntzer, 186; zit. nach: G. FRANZ (Hrsg.): Thomas Müntzer. Schriften und Briefe. Kritische Gesamtausgabe, Gütersloh 1968, 458. – *Müntzer* vor allem beruft sich in seinem ersten Brief an die Allstedter aus Mühlhausen ausdrücklich auf Mt 7,15–20: «Ich hab in der Wahrheit nicht anders können tun mögen denn wider die reißenden Wölfe bellen, wie einem rechten Knechte Gottes zusteht... Hab ich doch anders nicht getan, denn in der Summa gesagt, daß ein Christe den andern nicht also ganz jämmerlich auf die Fleischbank opfern soll, und so die großen Hänse das nicht lassen wollen, soll man ihnen das Regiment nehmen.» A. a. O., 137; nach G. FRANZ (Hrsg.): a. a. O., 434.

[17] U. LUZ: Das Evangelium nach Matthäus, I/1, 405: «Den Falschpropheten steht Gottes Vernichtungsgericht bevor. Matthäus formuliert es mit den Worten Johannes des Täufers von 3,10 und betont so noch einmal mehr, daß die Gerichtsverkündigung Jesu und des Johan-

nes die gleiche ist.» M. a. W.: Da wird die rigorose Gesetzlichkeit des Täufers zum mt Interpretationsrahmen der Botschaft Jesu, nur um der drohenden «Gesetzlosigkeit» zu wehren!

[18] Vgl. E. DREWERMANN: Tiefenpsychologie und Exegese, II 673–681.

[19] Zit. nach G. WEHR: Thomas Müntzer, 11, aus: Hochverursachte Schutzrede, in: G. FRANZ (Hrsg.): Thomas Müntzer, 329.

[20] Vgl. dazu H. SCHULTZ-HENCKE: Lehrbuch der analytischen Psychotherapie, 78–81; W. SCHWIDDER: Hemmung, Haltung und Symptom, in: Fortschritte der Psychoanalyse, I 115–128.

[21] H. SCHULTZ-HENCKE: Lehrbuch der analytischen Psychotherapie, 80–81.

[22] Zu dem Zirkelerleben von Gehemmtheit und Haltung vgl. a. a. O., S. 81.

[23] Vgl. E. DREWERMANN: Die Spirale der Angst, 177–183.

[24] A. a. O., 195–215; 232–254.

[25] A. a. O., 158–176.

[26] Man vergleiche nur, mit wieviel Mühe die katholische Kirche ihren Besitzstand rechtlich abzusichern sucht: CIC, Buch V, can. 1254 § 1: «Die katholische Kirche hat das angeborene Recht (!), unabhängig von der weltlichen Gewalt, Vermögen zur Verwirklichung der ihr eigenen Zwecke zu erwerben, zu besitzen, zu verwalten und zu veräußern.»

[27] Das therapeutische, nicht-moralisierende Vorgehen hat S. FREUD: Erinnern, Wiederholen und Durcharbeiten (1914), Werke, X 125–136, klassisch beschrieben.

[28] W. VON DEN STEINEN – M. KIRSCHSTEIN (Übers.): Franz von Assisi. Die Werke. *Die Blümlein*, XXI, S. 93–95.

[29] Zur Außenlenkung des Religiösen vgl. TH. REIK: Der eigene und der fremde Gott, 130–153: Gott und Teufel.

Mt 7,21–23

Rechtes Handeln statt Rechtgläubigkeit

(Seite 633 bis 641)

[1] E. SCHWEIZER: Das Evangelium nach Matthäus, 119–121, erinnert an Jak 3,11 f. und Mt 12,36: Eine Zunge, die Gott lobt, kann so wenig Böses hervorbringen als eine gute Quelle bitteres Wasser. «Daneben findet sich aber schon Lk 6,44a eine andere Auslegung. Vom Gedanken her, daß Frucht Kennzeichen des Baumes, das Tun also Kennzeichen des Innersten eines Menschen ist, kann man auch den Unterschied zwischen einem rein äußerlichen Ritus, der noch nichts von echter Umkehr erkennen läßt, und innerem Wandel des Herzens betonen (vgl. 3,7–10)… Auch die Verdoppelung von Lk 6,43 in (Mt 7) V. 17 f. weist in dieselbe Richtung. Für diese Linie der Auslegung sind der Wechsel zu den stärker sittlich zu verstehenden Eigenschaftswörtern (sc. in Mt 7,18: gute und böse Früchte!) und die Mehrzahl ‹Früchte› typisch. Paulus unterscheidet Gal 5,19.22 klar zwischen den offenbaren Werken des Fleisches und der Frucht des Geistes. Diese stellt also ein einziges Gewachsenes, nicht Geleistetes und auch nicht einfach Offenbares dar, im Gegensatz zu den Werken, die man einzeln aufzählen und begutachten kann. Auch Lk 6,43–45 und Mt 12,33–35 verraten noch das Wissen darum, daß das, was der neue Mensch hervorbringt, die eine ‹Frucht›, die Ganzheit und Ungeteiltheit eines Lebens ist (vgl. … 3,8). Mt 7,15–20 hingegen denkt an die vielerlei Taten der Falschpropheten, die auf ihr Wesen zurückschließen lassen. Endlich wird die Tendenz einer scharfen Warnung vor dem alles enthüllenden Gericht Gottes durch die Wiederholung des Täufersatzes (… 3,2.10) noch stark unterstrichen. – In der kurzen lukanischen Form ‹Was ruft ihr mich Herr, Herr, und tut nicht was ich sage› (Lk 6,46) könnte das Wort auf Jesus zurückgehen. Gemeint wäre dann die höfliche Anrede, wie sie auch

einem Rabbi gegenüber geübt wird. Bei Matthäus aber ist im folgenden Vers zweifellos die Anrede an den erhöhten Herrn beim letzten Gericht gemeint. Darauf weist die Wendung ‹an jenem Tage›. Sie geht zurück auf die alttestamentliche Erwartung des ‹Tages des Herrn› (Amos 5,18.20; Joel 2,1 usw.), der dann im Neuen Testament zum Tag des Menschensohnes (Lk 17,24) oder des Herrn (Christus) wird (1 Thess 5,2 usw.).»

[2] Vgl. U. LUZ: Das Evangelium nach Matthäus, I/1, 403 weist zu den «Trugpropheten» darauf hin, daß «die mt Gemeinde ... selbst stark prophetisch geprägt (war) und verfügte in Q auch über eine stark prophetisch geprägte Tradition (vgl. 5,12; 23,24.37).» «Aus 24,9–12 lernen wir schließlich, daß die Falschpropheten, die viele zur Gesetzlosigkeit und zur Lieblosigkeit verführen werden, eine Erscheinung der Endzeit sind.»

[3] Vgl. E. SCHWEIZER: Das Evangelium nach Matthäus, 120–121: «Zum erstenmal läßt hier Matthäus Jesus von ‹seinem› Vater sprechen ... als Delegierter des Vaters.»

[4] U. LUZ: Das Evangelium nach Matthäus, I/1, 406: «Im Rückblick wird es bedeutsam, daß Matthäus in V.15–20 nicht von einer Exkommunikation der Pseudopropheten (vgl. 7,1 f.!) gesprochen hatte. Das entspricht seinem Gemeindeverständnis: Die Gemeinde soll das göttliche Gericht nicht vorwegnehmen und nicht selbst zwischen Unkraut und Weizen scheiden (13,36–43, vgl. 22,11–14).»

[5] Vgl. E. SCHWEIZER: Das Evangelium nach Matthäus, 120, der die Anrede «Herr» deutlich als «Bekenntnis» zu Jesus als dem «Herrn» interpretiert. «Matthäus wird dabei an das Bekenntnis denken, wie es etwa im gottesdienstlichen Ruf oder in kurzen Glaubensformeln wie ‹Jesus der Herr› (1 Kor 12,3) ausgesprochen und vom Bekenner auch im letzten Gericht als Legitimation seiner Zugehörigkeit zu Jesus angesehen wird. Dieses Verständnis setzt schon die nachösterliche Entwicklung und den Gottesdienst der Gemeinde voraus. Das heißt aber: gerade die Gemeinde, für die Matthäus sein Evangelium schreibt, soll dringlich davor gewarnt werden, das Tun des Willens Gottes zu vernachlässigen.»

[6] Vgl. E. PAGELS: Versuchung durch Erkenntnis, 157–175: Wessen Kirche ist die «Wahre Kirche»?

[7] S. o. S. 100–112.

[8] S. o. S. 113–120.

[9] S. o. S. 123–137.

[10] S. o. S. 68–99.

[11] Vgl. R. PESCH: Die Vision des Stephanus. Apg 7,55–56 im Rahmen der Apostelgeschichte, Stuttgart 1966.

[12] S. o. S. 420–427.

[13] Vgl. E. FROMM: Die Entwicklung des Christusdogmas, in: Gesamtausgabe, VI 11–68.

[14] Vgl. E. HAENCHEN: Matthäus 23 (1951/1965), in: J. Lange (Hrsg.): Das Matthäus-Evangelium, 134–163: «Jesus hat die Pharisäer nicht bekämpft, weil es ihnen mit ihrer Frömmigkeit nicht ernst war. Nein, das Schwere für Jesus war, daß er nicht mit einer Bande von ehrgeizigen, verlogenen, sich selbst schonenden und gewissenlosen Egoisten und berechnenden Heuchlern im Streit lag, sondern – aufs Ganze gesehen – mit Männern, welche die Forderungen Gottes bitterernst nahmen ... Nicht Immoralisten, sondern gerade ‹Moralisten› waren seine Feinde, weil just sie es nicht begriffen, daß er zu den Zöllnern und Sündern ging. Daß er damit Gottes Willen und Art zu folgen behauptete, mußte ihnen als Lästerung erscheinen» (156).

[15] Vgl. E. SCHWEIZER: Matthäus 5,17–20. Anmerkungen zum Gesetzesverständnis des Matthäus (1952/1963), in: J. Lange (Hrsg.): Das Matthäus-Evangelium, 164–173: «ein Teil der Urgemeinde hat vor Matth. (5,) V.18 f. formuliert in der Abwehr gegen eine Lehre, die nicht mehr das ganze Gesetz für verbindlich erkärte. Matth. übernimmt sie, interpretiert sie aber dahin, daß diese immer dauernde Geltung des Gesetzes bestehe, ‹bis alles geschieht› ... so, daß er (sc. Jesus, d. V.) als der Bringer der neuen Tora ihr erfüllendes Ziel darstellt. Inhalt dieser Tora aber ist die Nächstenliebe, die

Barmherzigkeit, die an die Stelle der Opfer tritt und ihre Geltung allein vor Gott ... sucht» (167).

[16] Vgl. E. Schweizer: Das Evangelium nach Matthäus, 120, der das Wort in Lk 6,46 als jesuanisch für möglich hält.

[17] Bes. S. Kierkegaard: Der Augenblick, XIV 177, in: Werkausgabe, II 388–390 hat diesen «Kriminalfall» eines beamteten Christentums in Gestalt der Pfarrerschaft sowie der Vielzahl der «Christen» durch die Kindertaufe treffend und trefflich karikiert und kritisiert: «so haben wir in ganz kurzer Zeit mehr Christen, als es zur Heringszeit Heringe gibt»; «durch Fälschen von Zollstempeln oder durch unberechtigtes Benutzen von berühmten Fabrikmarken!» Vgl. a. a. O., II 458–463: «Als Kind muß man Christ werden ... das will heißen: Die Eltern wollen davon befreit sein, Christen zu werden» (462).

[18] S. Kierkegaard: Der Augenblick, XIV 128, in: Werkausgabe, II 345–346 verglich diese «Naturalisierung» der Existenz mit der List Jakobs, gefleckte Lämmer dadurch zu züchten, daß er die Mutterschafe bei der Paarung gefleckte Stäbe in den Tränkrinnen betrachten ließ, und so empfahl er zur Vermehrung des Christentums die Einsetzung einer Arbeitsgemeinschaft aus Tierärzten und Pfarrern. (Vgl. Gen 30,25–43.)

[19] S. Kierkegaard: Der Augenblick, XIV 199, in: Werkausgabe, II 407–408: «In der Christenheit ... ist die Fortpflanzung der Ernst des Lebens geworden mitsamt dem Christentum; und der Pfarrer – dieser in lange Kleider gehüllte Inbegriff des Unsinns! –, der Pfarrer, der Lehrer des Christentums, des neutestamentlichen Christentums: sein Einkommen ist sogar im Verhältnis dazu bemessen, daß die Menschen wirksam sind in Richtung auf Fortpflanzung, für jedes Kind bekommt er eine gewisse Summe.»

[20] Noch einmal: S. Kierkegaard: Tagebücher, IV 177–179: «ethisch-religiös, und besonders christlich, gibt es keine Lehre in dem Sinne, daß sie das Wesentliche ist und die Person das Zufällige, hier ist die Nachfolge das Wesentliche. Was für ein Unsinn dann, daß jemand anstatt Christus nachzufolgen ... Professor wird – in welchem Fach? Ja, darin, daß Christus gekreuzigt ward.»

[21] Vgl. J. Escrivá (der Gründer des Opus Dei, der 1992 von Papst Johannes Paul II. selig gesprochen werden wird): «Wenn ihr also Dinge hört, die euch völlig neu vorkommen, dann sind sie nicht von Gott! ... Nehmt einen alten Katechismus, meine Kinder, diese alten Katechismen sind ein wunderbarer Schatz.» P. Hertel: «Ich verspreche euch den Himmel», 20; P. Berglar: Opus Dei. Leben und Werk des Gründers Josemaria Escrivá, Salzburg 1983, 266.

[22] Vgl. O. Pfister: Das Christentum und die Angst, 231–244: Der Katholizismus als Religion der Angstbeschwichtigung.

[23] S. Kierkegaard: Tagebücher, V 224: «Griechisch ist Glaube ein Begriff, der in den Bereich der Intellektualität gehört ... Dann verhält Glaube sich zum Wahrscheinlichen, und wir bekommen eine Steigerung: Glauben – Wissen. Christlich gehört Glaube in das Existentielle – Gott ist nicht als Dozent aufgetreten, der einige Lehrsätze hat, die man zuerst glauben, dann begreifen muß. Nein, ‹Glaube› hat seinen Ort im Existentiellen, und hat in alle Ewigkeit nichts mit dem Wissen zu schaffen als einer Steigerung oder Höchststufe. Glaube ist der Ausdruck für: das Verhältnis von Person zu Person ... Nimm die beiden mit höchster Leidenschaft sich Liebenden ... es kann doch niemals zu mehr kommen, als daß der eine glaubt, der andere liebe ihn oder sie. In diesem rein persönlichen Verhältnis zwischen Gott als Person und dem Glaubenden als Person *im Existieren* liegt der Begriff Glaube.»

[24] S. Kierkegaard: Der Augenblick, XIV 186, in: Werkausgabe, II 396: «glaube mir, es gibt nichts, was Gott so widerwärtig ist, keine Ketzerei, keine Sünde, nichts ist ihm so widerwärtig wie das Amtliche. Und das kannst Du leicht verstehen; denn da Gott ein persönliches Wesen ist, kannst Du wohl begreifen, wie wi-

derwärtig es ihm ist, daß man ihm den Mund mit Musterblättern wischen will, ihm aufwarten will mit amtlichen Feierlichkeiten, amtlichen Redensarten usw.»

[25] A. a. O.: «gerade deswegen ist das Amtliche ihm (sc. Gott, d. V.) unendlich viel widerwärtiger als wie einer Frau die Entdeckung, daß um sie gefreit wurde nach – einem Briefsteller.»

[26] S. KIERKEGAARD: Tagebücher, V 338–339: «Nein, Gott ist persönlich, die Sache ist ganz sicher.» «Aber während von Professoren und Pfarrern vor Millionen über Beweise für Gottes Persönlichkeit geschwatzt wird, ist die Wahrheit die, daß längst keine Menschen mehr leben, die den Druck und das Gewicht, einen persönlichen Gott zu haben, ertragen können.» *Exegetisch* meinte B. GERHARDSSON: An ihren Früchten sollt ihr sie erkennen, EvTh 42 (1982) 113–126, S. 126, wir verwechselten «leicht die existentielle Jesusauslegung mit den leidenschaftslosen Analysen moderner Wissenschaftler, die durchgeführt werden, um das Ganze *rein intellektuell* zu verstehen. Die urchristliche Deutung von Jesu Person und Werk geschah aber *im Glauben*. Man suchte nach persönlicher Klarheit in bezug auf den, der ‹unsere Gerechtigkeit› war... Zu dieser Frage mußte man Stellung nehmen, besonders weil der Hohe Rat ihn zum Tode verurteilt hatte mit dem Hinweis auf das Gesetz Gottes.»

[27] Vgl. Mt 5,11–12: «Wenn sie euch schmähen und verfolgen und alles Arge wider euch reden um meinetwillen und damit lügen, freut euch und frohlockt...»

[28] Vgl. E. PAGELS: Versuchung durch Erkenntnis, 176–201: Gnosis: Selbsterkenntnis als Gotteserkenntnis.

[29] Vgl. a. a. O., 183: «Viele Gnostiker teilen mit den Psychotherapeuten eine... Grundvoraussetzung: beide meinen – gegen das orthodoxe Christentum –, daß die Psyche in ihrem Innern das Potential für ihre Befreiung oder Zerstörung trägt. Im *Thomasevangelium*...: «Wenn du hervorbringst, was in dir ist, wird das, was du hervorbringst, dich retten. Wenn du nicht hervorbringst, was in dir ist, wird das, was du nicht hervorbringst, dich zerstören» (Th Ev. 70).

[30] Vgl. ST. ZWEIG: Heilung durch den Geist, 7–22: «Alle Medizin der Erde beginnt als Theologie, als Kult, Ritual und Magie, als seelische Gegenspannung des Menschen gegen die von Gott gesandte Prüfung.»

[31] Vgl. O. BÖCHER: Matthäus und die Magie, in: L. Schenke (Hrsg.): Studien zum Matthäusevangelium, 11–24.

[32] Vgl. R. BULTMANN: Das Urchristentum im Rahmen der antiken Religionen, 152–162.

[33] Vgl. dazu auch die Vorbehalte gegenüber der Psychologie *C. G. Jungs* bei E. DREWERMANN: Strukturen des Bösen, II 427–430.

[34] Vgl. a. a. O., III 148–166; 177–185.

[35] Vgl. W. SCHULTZ: Das Geschlechtliche in gnostischer Lehre und Übung, in: W. Schultz (Hrsg.): Dokumente der Gnosis, 57–83, S. 83: «Wohl wenige von den Vielen, die heutigen Tages eine ‹Umwertung aller Werte›, ein ‹Sich-ausleben-lassen› und ähnliche wohlfeile Schlagworte verkünden, dürften eine Ahnung haben, wie schroff und rücksichtslos ganz nahe verwandte moralische Experimente von den ‹Gnostikern› in abscheulichen Taten verwirklicht wurden und wie trostlos niedrig das Ende war, zu dem sie führten.»

[36] Vgl. dazu H. SCHLIER: Der Brief an die Galater, 176–188: Die Problematik des Gesetzes bei Paulus.

[37] Vgl. O. H. PESCH: Gnade, in: P. Eicher (Hrsg.): Neues Handbuch theologischer Grundbegriffe, erw. Neuaufl., II 253–265, S. 259–262: Pelagius-Augustinus-Streit. – Der «jüdische» Standpunkt des Gesetzes ist unnachahmlich wiedergegeben in Dt 5,23–33

[38] So die kath. Dogmatik, der zufolge die Wunder Jesu in den Sakramenten fortleben.

[39] Vgl. E. DREWERMANN: Strukturen des Bösen, II 577–586: Die Unmöglichkeit einer Selbstheilung; DERS.: Das Markus-Evangelium, I 45–80.

[40] Vgl. A. VON HARNACK: Lehrbuch der Dogmengeschichte, I 186–194: Die Auffassung

vom christlichen Heil; 249–291: Das Wesen des Gnosticismus als dogmengeschichtliche(r) Erscheinung.

41 Vgl. noch einmal LAOTSE: Tao te king, Nr. 67, übers. v. R. Wilhelm, S. 110: «Wen der Himmel retten will, den schützt er durch die Liebe.»

42 E. SCHWEIZER: Das Evangelium nach Matthäus, 121 bemerkt richtig: «Wo ... das Jesusgebot der Nächstenliebe vernachlässigt wird, da scheidet sich der Gerichtsherr von denen, die so handeln. Darum können sogar die das Gesetz genau beachtenden Pharisäer voller ‹Gesetzlosigkeit› sein (23,28).»

43 Vgl. S. KIERKEGAARD: Einübung im Christentum, XII 24, in: Werkausgabe, II 31: «Kann man aus der Geschichte etwas über Christus zu wissen bekommen? Nein. Warum nicht? Weil es überhaupt kein ‹Wissen› von ‹Christus› gibt; er ist das Paradox, des Glaubens Gegenstand, nur da für den Glauben.»

44 S. KIERKEGAARD: Der Augenblick, XIV 208–210, in: Werkausgabe, II 414–416: zur Heuchelei, das Christentum der Armut – als Sonntagsredner und Pfründenbesitzer zu «bezeugen».

45 Das hellsichtigste Wort über die Eigenart der konfessionellen Spaltung steht bei S. KIERKEGAARD: Tagebücher, V 372: «Wenn der Katholizismus entartet, welche Form von Verderbnis wird sich dann zeigen? Die Antwort ist leicht: Scheinheiligkeit. Wenn der Protestantismus entartet, welche Form von Verderbnis wird sich dann zeigen? Die Antwort ist nicht schwierig: geistlose Weltlichkeit.»

Mt 7,24–29

Der feste Grund

(Seite 642–667)

1 U. LUZ: Das Evangelium nach Matthäus, I/1, 412: «Die Doppelparabel geht auf Q zurück. Wieweit der Parallelismus der beiden Gleichnishälften durch Mt verstärkt worden ist bzw. wieweit Lk einen ihm vorgegebenen semitischen Parallelismus variiert hat, ist schwer zu entscheiden.» Dem gesamten Kolorit nach ist Mt der palästinensischen Wirklichkeit weit näher als Lk 6,47–49, der aus dem Unwetter der Regenzeit eine Flußüberschwemmung und aus dem Felsuntergrund ein (städtisches?!) Steinhaus macht. A. JÜLICHER: Die Gleichnisse Jesu, II 259–268, S. 266–267 nimmt als den Sinn der Worte: «Hören ohne Thun ist gegenüber meinen Worten ein so sinnloses Verhalten wie bei einem Hausbau die Ausführung des Oberbaues ohne Fürsorge für gründliche Fundamentierung.» Doch wird J. GNILKA: Das Matthäusevangelium, I 282–283 zuzustimmen sein, wenn er «die Rede vom Berg mit dem eschatologischen Ausblick auf das Gericht» beendet sieht und die Logik der Mahnung dieser Worte mit dem Gleichnis von den klugen und törichten Brautjungfern vergleicht; vgl. zu Mt 25,1–13 E. LINNEMANN: Gleichnisse Jesu, 131–135. H. BRAUN: Spätjüdisch-häretischer und frühchristlicher Radikalismus, 29–34: Tun und Hören, verweist sehr zu Recht auf «die ungrundsätzliche Art der Lehre Jesu» (31); denn: «Auch der fromme Mensch besteht vor Gott ausschließlich als Beschenkter.» (121) Gnade aber läßt sich nicht verrechtlichen oder in ein ethisches Prinzip verwandeln.

2 Vgl. R. BULTMANN: Jesus, 28–35: Die Gottesherrschaft.

3 Vgl. a. a. O., 35–38: «Allen gilt der Bußruf, und keiner hat vor dem anderen etwas voraus und kann auf ihn herabblicken» (37–38).

4 *Koran*, IX 109–110, übers. v. L. Ullmann, 163–164.

[5] S. a. Anm. 1. Vgl. z. B. R. BULTMANN: Jesus, 38–42, der das «eschatologische» Moment als «die Entscheidung» deutet, «in der Gegenwart seines Lebens nach dem Willen Gottes zu handeln».

[6] Die Alternative lautet vielmehr: Entweder-Oder, wie in der Lehre von den zwei Wegen (Mt 7,13–14). Vgl. S. KIERKEGAARD: Der Augenblick, XIV 127, in: Werkausgabe, II 344–345, der zu Recht den «breiten Weg» des «Volkschristentums» mit Bezug auf diese Worte verspottet.

[7] Zur Aktualisierung der Bergpredigt vor dem Hintergrund ihrer Wirkungs- und Auslegungsgeschichte vgl. U. LUZ: Das Evangelium nach Matthäus, I/1, 416–420; E. SCHWEIZER: Das Evangelium nach Matthäus, 124–135; J. GNILKA: Das Matthäusevangelium, I 285–295: Das Auslegungsproblem der Bergpredigt; P. HOFFMANN – V. EID: Jesus von Nazareth und eine christliche Moral, Freiburg (Quaestiones disputatae 66) [3]1979; A. SAND: Das Evangelium nach Matthäus, 159–173, der an die Unterschiedlichkeit gemahnt, mit der die frühchristlichen Wanderradikalen Besitzverzicht und Wehrlosigkeit weit strenger nahmen als etwa die Missionare um Paulus, die in den Städten wirkten (159). Vgl. P. STUHLMACHER: Jesu vollkommenes Gesetz der Freiheit, ZThK 79 (1982) 283–322, S. 294–307.

[8] Bes. A. SCHWEITZER: Das Messianitäts- und Leidensgeheimnis, 1901 hat die These von der *Interims-Ethik* aufgestellt, der zu widersprechen schon deshalb schwer ist, weil SCHWEITZER (Kultur und Ethik, 335) den Gedanken der *Resignation* als einen notwendigen und positiven Teil wahrer Ethik definiert und sich mit der ganzen eigenen Person dem Beispiel Jesu moralisch verpflichtet fühlte. Vgl. DERS.: Aus meinem Leben und Denken, 50–51: «Was vermögen wir gegen die Worte, die klärlich in den Evangelien stehen? Entspricht es wohl dem Geiste Jesu, daß wir sie durch die gewagtesten Deuteleien mit der dogmatischen Lehre seiner absoluten und universellen Irrtumslosigkeit in Einklang zu bringen suchen? Er selber hat auf solche Allwissenheit niemals Anspruch erhoben. Wie er den Jüngling, der ihn mit ‹Guter Meister› anredete, darauf hinwies, daß nur Gott gut sei (Markus 10,17–18), so wäre er auch denjenigen entgegengetreten, die ihm göttliche Unfehlbarkeit hätten beilegen wollen. Das Wissen um die geistige Wahrheit hat sich nicht in dem um die Ereignisse des Weltgeschehens und die Dinge der Welt zu erweisen. Es liegt auf einem anderen Gebiete als dieses und ist von ihm unabhängig. – Ergreifend am historischen Jesus ist seine Unterordnung unter Gott. In dieser steht er größer da als die um der griechischen Metaphysik willen allwissend und irrtumslos gedachte Christuspersönlichkeit des Dogmas.» «Als ein Unbekannter und Namenloser kommt er zu uns, wie er am Gestade des Sees an jene Männer, die nicht wußten, wer er war, herantrat. Er sagt dasselbe Wort: Du aber folge mir nach! und stellt uns vor die Aufgaben, die er in unserer Zeit lösen muß. Er gebietet. Und denjenigen, welche ihm gehorchen, Weisen und Unweisen, wird er sich offenbaren in dem, was sie in seiner Gemeinschaft an Frieden, Wirken, Kämpfen und Leiden erleben durften, und als ein unaussprechliches Geheimnis werden sie erfahren, wer er ist...» In diesem ernsten Sinne genommen, wäre Interims-Ethik eine durchaus treffende Bezeichnung; sie bedeutete, daß zu Jesus nur derjenige finden kann, der seine Worte tut; nicht Unverbindlichkeit, sondern gerade: Verbindlichkeit jetzt, wäre damit gemeint. Doch ausgelegt wurde der Begriff zumeist in Richtung des Vorläufigen bzw. des einstweilen Unmöglichen.

[9] Vgl. dazu E. BLOCH: Thomas Münzer als Theologe der Revolution, 117–175: Exkurs über die Kirchenkompromisse zwischen Welt und Christus: «Die Liebesforderung Christi wurde zur freiwilligen Karität oder zur bloßen Psychologie im Rahmen der Amtsmoral eingekapselt; und diese eben triumphiert als absolutes Ziel, als Erscheinung des allein möglichen Gottesdienstes» (119). – Zum Gedanken der *Interims*-Ethik vgl. auch J. WEISS: Die Predigt

Jesu vom Reiche Gottes, [2]1900, Nachdruck: Göttingen 1964, 138–144.

[10] Vgl. zum Gesamtthema U. LUZ: Die Bergpredigt im Spiegel ihrer Wirkungsgeschichte, in: J. Moltmann (Hrsg.): Nachfolge und Bergpredigt, München [2]1982, 37–72. In modifizierter Weise versuchte R. GUARDINI: Der Herr, 100–115: Möglichkeit und Unmöglichkeit. Die Saat und der Boden, den Gedanken A. SCHWEITZERS aufzugreifen: «Gott ist... hier nicht der erhabene Gesetzgeber, der den Menschen harte Lasten auflegt und nachher Gericht darüber hält, ob sein Gesetz erfüllt worden ist, sondern er gebietet in Liebe und hilft erfüllen. Mit seinem Gebot kommt er selbst zu den Menschen» (107). Insofern wäre mithin die Bergpredigt *an sich* von Gott her erfüllbar; alles aber habe sich geändert durch die Ablehnung Israels: «Es war, als Entscheidung des verpflichteten Volkes, Menschheitsentscheidung. Was nachher kam, bedeutete nicht nur, daß jetzt die Botschaft an andere weiterging, sondern daß nun die Situation der Botschaft, die heilsgeschichtliche Gesamtlage selbst bis in den Grund verändert war. Daß das Volk den Herrn nicht annahm, war der zweite Sündenfall.» (108) Desgleichen betont R. SCHNACKENBURG: Die sittliche Botschaft des Neuen Testamentes, 3–35 den Zusammenhang der Verkündigung der Gottesherrschaft mit den sittlichen Forderungen Jesu: «Der Ruf zur Umkehr im Munde Jesu, des von Johannes erwarteten Messias (!?), gewinnt trotz des äußeren Gleichklangs eine tiefere Bedeutung. Jesus verbindet damit die Forderung, an die Heilsbotschaft zu glauben» (13). Die nächste Frage müßte jetzt lauten, was eigentlich den Menschen daran hindert, an die Gnade Gottes wirklich zu glauben; doch diese Frage wird weder bei GUARDINI noch bei SCHNACKENBURG gestellt, und so führt der übliche Ausfall psychologischer Reflexion notgedrungen dazu, die neutestamentliche Geschichtstheologie zu metaphysizieren und als ein Drama Gottes zu schildern, was in Wahrheit ein Drama der menschlichen Existenz darstellt. M. a. W.: Die Bergpredigt muß bei allem guten Zureden in der Tat so lange für unerfüllbar erscheinen, als die Dramaturgie der Gnadenlosigkeit und der Gnade, der Angst und des Vertrauens, der Ichverschlossenheit und der Offenheit nicht mit *psychologischen* Mitteln von innen her verstanden und durchgearbeitet wird. – Zum Thema selber vgl. auch R. SCHNACKENBURG: Gottes Herrschaft und Reich, 49–76, bes. 69–76: Der fordernde Charakter der Gottesherrschaft.

[11] So vor allem in der *reformatorischen* Auslegung der Bergpredigt, die sehr stark die Unerfüllbarkeit der Worte Jesu betont, um dadurch die um so größere Angewiesenheit des Menschen auf Gottes Erbarmen zu betonen. Vgl. M. LUTHER: Von Conciliis und Kirchen, WA 50, 562; H. ZWINGLI: Von göttlicher und menschlicher Gerechtigkeit, Hauptschriften 7, Zürich 1942, 53–64; J. CALVIN: Institutio, 2, 7,5; S. 208–209 (übers. s. O. WEBER): Uns ist die Erfüllung des Gesetzes unmöglich. Vgl. dazu U. LUZ: Das Evangelium nach Matthäus, I/1, 194–197. Bes. R. KITTEL: Die Bergpredigt und die Ethik des Judentums, ZSTh 2 (1925) 555 ff. hat in diesem Sinne die Bergpredigt als eine kompromißlose und konzentrierte Darstellung der Kernanliegen jüdischer Ethik interpretiert, zu deren Erfüllung die Person Jesu durch ihre Unmittelbarkeit gegenüber dem Reich Gottes ermächtigt habe; gleichwohl zeige sie als erstes das Unvermögen des Menschen auf und treibe ihn so durch Not und Verzweiflung in die Arme des Gekreuzigten. H. R. REUTER: Die Bergpredigt als Orientierung unseres Menschseins heute, Z ev Ethik 23 (1979) 84–105, meint richtig, daß in den Seligpreisungen nicht Tugenden, sondern Befindlichkeiten (88) angesprochen werden, und sieht den Sinn der Bergpredigt darin, daß hier Glück gegen Not, Freiheit gegen Zwang und Liebe gegen Markt gesetzt werde; der Verstehensrahmen, der sich so ergibt, ist äußerst fruchtbar.

[12] Bes. A. SCHWEITZER: Aus meinem Leben und Denken, 48 sprach von dem «gewaltigen Gedanken der Seligpreisungen der Bergpre-

digt, daß wir durch die Liebe Gott erkennen und ihm angehören». Jesus stelle diesen Gedanken «in die spätjüdisch-messianische Erwartung hinein, ohne irgendwie darum besorgt zu sein, diese realistischen Vorstellungen vom Reiche Gottes und der Seligkeit zu vergeistigen». – «Niemals unternimmt es Jesus, das spätjüdische Dogma vom Messias und dem messianischen Reich darzulegen. ... Von der Liebe und überhaupt von der innerlichen Vorbereitung auf das Reich handelt seine Verkündigung.» – «Die spätjüdisch-messianische Weltanschauung ist der Krater, aus dem die Flamme der ewigen Religion der Liebe hervorbricht.»

13 Insofern ist es eine folgenschwere Reduktion, wenn A. von Harnack: Das Wesen des Christentums, 74–76 das Evangelium nur «an den inneren Menschen» gerichtet sah (75). Wahr ist, daß Jesus nicht an eine «politische Theokratie» dachte, «welche der Papst verwirklichen will», und daß es ihm wesentlich darum ging, «ein Kind Gottes und Bürger seines Reiches zu sein und Liebe zu üben». Andererseits aber geht der Protest verloren, mit dem Jesus «die Welt ... mit ihren Ordnungen und Gütern» (75) nicht erst in ferner Zukunft, sondern in jedem seiner Worte jetzt schon in Frage stellt und zum Einsturz bringt. Ähnliches gilt von T. Rendtorff: Politische Ethik und Christentum, 31, der als «christliches Verständnis der Politik ... der Tendenz nach zugleich ein entideologisiertes oder ideologiekritisches Verständnis von Politik» sieht; das ist zwar richtig, doch nach der Ideologiekritik kommt die Strukturkritik, und dann kommt die Kritik der vermeintlichen Sachzwänge, und endlich beginnt die psychische und soziale Durcharbeitung all der chronifizierten Zustände von Herrschaft und Entfremdung ...

14 Vgl. S. Kierkegaard: Tagebücher, V 272–273, der bes. die Sakramente in ihrem kirchlichen Gebrauche für bloße Mittel hielt, um das Christentum auf das Judentum zurückzubringen: «Durch die Taufe ist man – objektiv – das Gottesvolk, und das obendrein durch die Kindertaufe – ganz wie man durch die Beschneidung das Gottesvolk ist. So hat man denn Christi Nachfolge völlig abgeschafft. Das Sakrament, das ist etwas Objektives, und nach etwas Objektivem muß jeder Ernsthafte Bedürfnis empfinden – ja, besten Dank. Und mit Hilfe dieses Objektiven ist dann auf die bequemste und preiswerteste Art der Welt das Ganze mit der Ewigkeit ein für allemal entschieden – und nun haben wir unser ganzes Leben, um uns zu freuen und zu ergötzen und zu vergnügen und dieses Leben zu genießen – und dann hernach eine Ewigkeit, so daß das Vergnügen ins Unendliche fortdauern kann ... Das ist Christentum. Und daß es das Christentum des neuen Testamentes ist, wird daraus bewiesen – daß Christus bei einer Hochzeit zu Kana anwesend war. Ehre sei der Christenheit!»

15 Insbesondere Thomas von Aquin: Summa theologica, I/II q 108 a 4, Bd. 2, 543–544 betonte den Unterschied zwischen «Rat» und «Gebot», indem ein Gebot eine Verpflichtung bzw. «Notwendigkeit» mit sich bringe, während ein Rat in das Belieben (in optione) dessen gestellt sei, dem er gegeben werde. Daraus folgt für ihn, daß in dem neuen Gesetz, das ein Gesetz der Freiheit sei, zu den Geboten die Ratschläge hinzugefügt worden seien: nämlich Armut, Keuschheit und Gehorsam.

16 Vgl. F. Malmberg: Ein Leib – ein Geist. Vom Mysterium der Kirche, 65–69: Das lebendige Lehramt über die Kirche als den mystischen Leib Christ. Wenn in solch praktischer Weise die Kirche der fortlebende Christus selber ist, so ist es natürlich nicht mehr möglich, legitimerweise zu fragen, was Jesus eigentlich gewollt hat; die Kirche wird es wissen und von Amts wegen durch den Mund ihrer *Bischöfe* als der durch Handauflegung fortlebenden *Apostel* den «Gläubigen» kundtun; wie denn geschrieben steht CIC can. 567: «Aufgabe der zuständigen kirchlichen Autorität ist es, die evangelischen Räte auszulegen, ihre Anwendung gesetzlich zu regeln und ... feste Formen für eine dementsprechende Le-

bensweise zu schaffen.» Denn: can. 575: «Die evangelischen Räte, grundgelegt in Christi, des Meisters, Lehre und Beispiel, sind ein göttliches Geschenk an die Kirche, das sie von ihrem Herrn empfangen hat und dank Seiner Gnade allezeit bewahrt.» Also wirklich!

[17] Vgl. J. JEREMIAS: Die Bergpredigt, in: Abba, 171–189, S. 189: «Die Worte Jesu, die in der Bergpredigt zusammengestellt sind, wollen nicht ein gesetzliches Joch auf Jesu Jünger legen ... Sie sagen: Dir ist vergeben, du bist Gottes Kind, du gehörst zu seiner Herrschaft.» *Das* psychologisch glaubhaft als Erfahrung, als innere Evidenz und ethische Konsequenz zu vermitteln und zu leben muß der Sinn einer Auslegung der Bergpredigt sein.

[18] Vgl. E. DREWERMANN: Kleriker, 345–368, bes. S. 355–357.

[19] A. a. O., 356

[20] Vgl. P. HERTEL: «Ich verspreche euch den Himmel», 142–155: Wie Opus Dei gegen die Theologie der Befreiung vorgeht. Vgl. bes. H. HERRMANN: Die Kirche und unser Geld, 11–19: «Die Verfilzung von Staat und Kirche in der Bundesrepublik ist einmalig auf der Welt. Sie wird auch nicht annähernd in den sogenannten katholischen Nationen wie Italien, Spanien oder Frankreich erreicht.» Vergleiche auch J. CORNWELL: Wie ein Dieb in der Nacht. Der Tod von Papst Johannes Paul I, S. 405–422: Der Fall *Wall Street Journal* gegen Marcinkus.

[21] Vgl. M. LUTHER: Die Schmalkaldischen Artikel 1537, 2. Teil, Artikel 3, in: Der große Katechismus, 189: «Wenn Stifter und Klöster dazu (sc. zu Bildungszwecken, d. V.) nicht dienen wollen, lasse man sie wüste liegen oder reiße sie ein; das ist besser als daß sie mit ihrem lästerlichen, von Menschen erdichteten Gottesdienst für etwas Besseres gehalten werden als der gewöhnliche Christenstand und die von Gott gestifteten Ämter und Berufe. Denn das geht alles auch gegen den ersten Hauptartikel von der Erlösung Jesu Christi.» Vgl. DERS.: Der große Katechismus 1529, das 5. Gebot, Das Gebot, dem Nächsten Gutes tun, 3. Die Erfüllung dieses Gebots ist besser als alles, was Mönche tun, 60–61.

[22] Vgl. M. LUTHER: Die Schmalkaldischen Artikel, 3. Teil. Vom Gesetz, S. 196–198: «Das vornehmste Amt und wichtigste Wirkung des Gesetzes ist aber: es hat die Erbsünde mit ihren Früchten und allem zu offenbaren und dem Menschen zu zeigen, wie sehr seine Natur gefallen und wie abgründig sie verderbt ist.» «Aber zu diesem Amt des Gesetzes fügt das Neue Testament flugs durchs Evangelium die tröstliche Verheißung der Gnade, der man glauben solle. So sagt Christus Mark 1,15: ‹Tut Buße und glaubet dem Evangelium.›»

[23] Vgl. bes. M. LUTHER: De servo arbitrio, WA 18, 686f.; H. ZAHRNT: Martin Luther in seiner Zeit für unsere Zeit, 49–74, bes. S. 55–56: zum Römerbrief-Kommentar von 1515–16. Vgl. auch M. LUTHER: Martin Luthers Evangelien Auslegung, hrsg. v. E. Mülhaupt, Göttingen, 1. Bd. [4] 1964; 2. Bd. [4]1973; 5. Bd. [4]1969.

[24] Vgl. H. SCHLIER: Der Brief an die Galater, 176–188: Die Problematik des Gesetzes bei Paulus.

[25] Vgl. J. GNILKA: Das Matthäusevangelium, I 109–110.

[26] Vgl. dazu E. DREWERMANN: Strukturen des Bösen, III 226–251.

[27] Vgl. J. GNILKA: Das Matthäusevangelium, I 186: «Die altprotestantische Lösung geht davon aus, daß die Radikalismen Jesu die Vorläufigkeit dieses Äons offensichtlich machen, nicht ihn zertrümmern wollen, mit dem Ziel, daß wir unter der Relativierung der Ordnungen im Sinn des eschatologischen Vorbehalts zu leben lernen ... Die notwendige Einsicht in die Unausrottbarkeit des Bösen darf aber nicht zur Resignation anleiten. Die Luthersche Unterscheidung zwischen Privat- und Amtsperson, dahingehend, daß die Weisungen Jesu nur für den privaten Bereich, nicht aber für den öffentlichen, für meine Tätigkeit als Beamter, Politiker, Richter usw., Geltung beanspruchen, stößt heute zunehmend auf Kritik.»

[28] Vgl. H. ZAHRNT: Martin Luther in seiner

Zeit für unsere Zeit, 131–134: Die umstrittene Zwei-Reiche-Lehre, der (S. 133) offen von einer «doppelten Moral» spricht, die nur überwunden werde durch die Radikalisierung des Verweises auf das Gewissen.

[29] Vgl. in diesem Sinne schon O. PFISTER: Das Christentum und die Angst, 1–10; 443–476.

[30] Vgl. E. DREWERMANN: Zum Verhältnis von Psychotherapie und Seelsorge, in: Psychoanalyse und Moraltheologie, I 163–178.

[31] Es trifft durchaus nicht zu, was G. LOHFINK – R. PESCH: Tiefenpsychologie und keine Exegese, 32–36; 45 gegen meine tiefenpsychologische Schriftauslegung geltend gemacht haben, hier werde die Tiefenpsychologie verabsolutiert; das Gegenteil ist richtig. Man lese E. DREWERMANN: Tiefenpsychologie und Exegese, II 787–790; DERS.: An ihren Früchten sollt ihr sie erkennen, 119–172.

[32] Vgl. E. DREWERMANN: Heil und Heilung, in: Psychoanalyse und Moraltheologie, I 179–189.

[33] E. FROMM: Psychoanalyse und Religion, Gesamtausgabe VI, 263: «Wenn ein Psychoanalytiker sich an erster Stelle für die menschliche Realität hinter religiösen Doktrinen interessiert, wird er die gleiche Realität hinter verschiedenen Religionen entdecken und entgegengesetzte menschliche Haltungen innerhalb der gleichen Religion. So ist die menschliche Realität, die den Lehren Buddhas, Jesajas, Christi, Sokrates' oder Spinozas zugrunde liegt, dem Wesen nach die gleiche. Sie ist bestimmt vom Streben nach Liebe, Wahrheit und Gerechtigkeit. Die menschliche Realität hinter Calvins theologischem System und diejenige hinter autoritären politischen Systemen sind sich ebenfalls sehr ähnlich. Es ist der Geist der Unterwerfung unter die Macht und der Mangel an Liebe und Achtung vor dem Individuum.» Man muß wählen!

[34] Vgl. E. FROMM: Psychoanalyse und Religion, VI 264–281: Der Psychoanalytiker als «Seelenarzt».

[35] Vgl. E. DREWERMANN: Tiefenpsychologie und Exegese, II 673–681.

[36] A. a. O., II 673–681; vgl. auch E. DREWERMANN: Die Spirale der Angst (Der Krieg und das Christentum), 215–231: Der Schaden eines ethischen Mißverständnisses der Bergpredigt.

[37] M. WEBER: Der Beruf zur Politik, in: J. Winckelmann (Hrsg.): Max Weber: Soziologie, Weltgeschichtliche Analyse, Politik, 175–177: «Es ist nicht möglich, Gesinnungsethik und Verantwortungsethik unter einen Hut zu bringen oder ethisch zu dekretieren: welcher Zweck *welches* Mittel heiligen solle, wenn man diesem Prinzip überhaupt irgendwelche Konzessionen macht.»

[38] P. SCHERER: Die Realität sehen, den Frieden sichern. Interview mit Militärbischof Johannes Dyba, in: Die Welt, 26. März 1991.

[39] I. KANT: Kritik der praktischen Vernunft, Werke, VII 210: «Der Mensch ist zwar unheilig genug, aber die *Menschheit* in seiner Person muß ihm heilig sein. In der ganzen Schöpfung kann alles, was man will, und worüber man etwas vermag, auch *bloß als Mittel* gebraucht werden; nur der Mensch, und mit ihm jedes vernünftige Geschöpf, ist *Zweck an sich selbst.*»

[40] Im Aufbau des Matthäusevangeliums ist Kap. 24 zudem als *Folge* zu der groß angelegten Abrechnung mit den «Pharisäern» und «Schriftgelehrten» in Kap. 23 zu verstehen; d. h., die Apokalypse ist unvermeidlich infolge der Verweigerung, eine «Gerechtigkeit», «*größer* als die der Schriftgelehrten und Pharisäer», auszubilden (Mt 5,20). Das *Himmelreich oder* die *Apokalypse,* dazwischen war zu wählen, und die «Wahl» ist schon getroffen: zwei Kapitel später beginnt die Passion des Menschen(sohnes)!

[41] Vgl. H. JONAS: Das Prinzip Verantwortung, 393, der sich zwar mit den Gefahren des utopischen Denkens ausführlich auseinandersetzt, dann aber resümiert: «So wenig wie Hoffnung darf auch die Furcht dazu verführen, den eigentlichen Zweck – das Gedeihen des Menschen in unverkümmerter Menschlichkeit – auf später zu verschieben und inzwi-

schen eben diesen Zweck durch die Mittel zuschanden zu machen.»
[42] Vgl. E. DREWERMANN: Tiefenpsychologie und Exegese, I 251–262: Vom Vorrang des Individuellen vor dem Kollektiven.
[43] Vgl. a.a.O., II 364–368: Der Widerspruch von König und Prophet.
[44] A. SCHWEITZER: Aus meinem Leben und Denken, 30–37: Studien über das Leben Jesu; 45–52: Der historische Jesus und das heutige Christentum: «Der Irrtum der bisherigen Forschung ist, daß sie Jesus eine Vergeistigung der spätjüdischen messianischen Erwartungen zuschreibt, wo er in Wirklichkeit die ethische Religion der Liebe einfach in sie hineinstellt. Daß so tiefe und geistige Religiosität und Ethik sich mit so naiv-realistischen Anschauungen verbinden können, will uns zunächst nicht in den Sinn. Es ist aber Tatsache» (34). DERS.: Geschichte der Leben-Jesu-Forschung, II 587: «Alle Versuche, Jesu Ethik geschichtlich anders denn als ‹Interimsethik› aufzufassen, endigen in haltlosen Kompromissen.»
[45] Vgl. A. SCHWEITZER: Kultur und Ethik, 342–346: Das Verhalten von Mensch zu Mensch – eine der großartigsten Passagen zum Thema Menschlichkeit, die je geschrieben wurden!
[46] N. KAZANTZAKIS: Alexis Sorbas, 184. Vgl. S. 185: «Du sprichst noch von Vaterland? ... Du glaubst an die Albernheiten, die in deinen Schmökern stehen. Du solltest mir lieber glauben! Solange es Vaterländer gibt, drohen die Menschen Tiere zu bleiben, wilde Tiere.»
[47] G. BÜCHNER: Woyzeck, in: Werke und Briefe, 223–224: «Sehn Sie, wir gemeinen Leut, das hat keine Tugend ...»
[48] Vgl. E. DREWERMANN: Dein Name ist wie der Geschmack des Lebens, 67–81: Von der Begegnung zweier Welten; DERS.: Das Markus-Evangelium, I 127–141.
[49] Vgl. M. LUTHER: Die Schmalkaldischen Artikel 1537, 3. Teil, Von der falschen Buße der Papisten, 2: Das Evangelium lehrt Buße als nie endendes Werk des Gottesgeistes, in: Der große Katechismus, S. 205: «Eine solche (sc. evangelische, d. V.) Buße lehrt uns die Sünde erkennen, nämlich, daß es mit uns allen hoffnungslos ist, daß wir mit Haut und Haar nicht gut sind und daß wir, ganz schlicht gesagt, neue und andere Menschen werden müssen.»
[50] Vgl. a.a.O., 206: «was auf unsere guten Werke gebaut ist ..., das ist alles auf einen faulen, nichtigen Grund gebaut ... Denn in Wirklichkeit ist doch kein gutes Werk da, sondern lauter böse Werke.» «Hiervon weiß kein Papst etwas, keine Theologen, keine Juristen und überhaupt kein Mensch. Sondern das ist eine Lehre vom Himmel, durchs Evangelium geoffenbart; und sie muß Ketzerei heißen bei den gottlosen ‹Heiligen›.»
[51] Vgl. E. DREWERMANN: Der tödliche Fortschritt, 9; C. LÉVI-STRAUSS: Rasse und Geschichte, 42.
[52] Vgl. dazu E. SCHWEIZER: Das Evangelium nach Matthäus, 238–241: Von der Verantwortung für den Bruder (Mt 18,10–14); DERS.: Das Evangelium nach Lukas, 186–188: Ruf zu rechter Selbsteinschätzung (Lk 18,9–14).
[53] E. SCHWEIZER: Das Evangelium nach Lukas, 167–170: Befreiung für die Zukunft Gottes (Lk 16,1–13, vgl. Mt 6,24).
[54] Zur Stelle vgl. E. SCHWEIZER: Das Evangelium nach Lukas, 174–175: «‹Unnütz› ist der Jünger Jesu nicht, weil er nichts ist und nichts kann, sondern weil er bei weitem nicht erfüllt hat, was es alles noch zu tun gäbe.» Aber der Knecht, den Jesus schildert, *hat* «alles getan», «was ... aufgetragen war» (Lk 17,10). Es ist sein *Sein,* nicht sein Tun, was als «ungenügend» (in diesem Sinne: als «unnütz») in Erscheinung tritt.
[55] Zur Stelle vgl. A. JÜLICHER: Die Gleichnisreden Jesu, II 608–617, der darin zu Recht eine nicht spezifisch christliche Wahrheit ausgesprochen findet; «ein Weiser Israels könnte die Geschichte ... ebensogut wie Jesus vorgetragen haben.»
[56] Vl. A. SCHOPENHAUER: Preisschrift über die Grundlage der Moral, in: Sämtliche Werke, IV 107–275, bes. § 16: Aufstellung und Beweis

der allein ächten moralischen Triebfeder, S. 205–212.

[57] A. a. O., § 19: Bestätigungen des dargelegten Fundaments der Moral, S. 231–249, bes. S. 238–245: zu dem Mitleid mit den Tieren! (S. 241)

[58] A. SCHOPENHAUER: Die Welt als Wille und Vorstellung, Sämtliche Werke, III 692–729: § 48: Zur Lehre von der Verneinung des Willens zum Leben, bes. S. 697–699.

[59] A. CAMUS: Der Mythos von Sisyphos, 9–14: Das Absurde und der Selbstmord; DERS.: Der Mensch in der Revolte, 7–16: Das Absurde und der Mord; vgl. DERS.: Tagebuch 1951–1959, S. 275: «Diese Augenblicke, in denen der Mensch die Fassade aufgibt und sich auf der Ebene des Bedürfnisses duckt. So ist die Geschichte... Die Meeresvögel haben nichts, wo sie sich niederlassen können, es sei denn die wechselnde Höhlung der See oder das schwankende Kreuz des Großmasts.»

[60] Vgl. E. DREWERMANN: Kleriker. Psychogramm eines Ideals, 674–688: Von einer Armut, die frei macht.

Verzeichnis der zitierten Literatur

(zitiert stets nach der letztgenannten Ausgabe)

1. Exegese

a) Hilfsmittel und Übersetzungen

K. Aland (Ed.): Synopsis Quattuor Evangeliorum. Locis parallelis evangeliorum apocryphorum et patrum adhibitis, Stuttgart 1964.

Die Bibel nach der Übersetzung Martin Luthers, Deutsche Bibelgesellschaft Stuttgart 1985.

H. Birkland: The Language of Jesus, Oslo 1954.

F. Blass: Grammatik des neutestamentlichen Griechisch, bearb. v. A. Debrunner, 12. Aufl. Göttingen 1965, mit einem Ergänzungsheft von D. Tabachowitz.

M. Buber: Die Schrift und ihre Verdeutschung (1936), in: Werke, 2. Bd.: Schriften zur Bibel, München–Heidelberg 1964, 1093–1186.

M. Buber – F. Rosenzweig: Bücher der Geschichte, Köln 1956.

G. Dalman: Grammatik des jüdisch-palästinensischen Aramäisch. Nach den Idiomen des palästinensischen Talmud, des Onkelostargum und Prophetentargum und der Jerusalemischen Targume, Leipzig ²(erw.) 1927; Neudruck: Darmstadt 1960.

K. Elliger – W. Rudolph (Hrsg., unter Mitarbeit von H. P. Rüger und J. Ziegler): Biblia Hebraica Stuttgartensia, Stuttgart 1977.

W. Gesenius: Hebräisches und aramäisches Handwörterbuch über das Alte Testament, in Verbindung mit H. Zimmern, W. M. Müller, O. Weber, bearb. v. F. Buhl, ¹⁷1915; unveränderter Neudruck: Berlin–Göttingen–Heidelberg 1962.

W. Jens: Am Anfang der Stall, am Ende der Galgen: Jesus von Nazareth, Stuttgart 1972.

P. Lapide: Ist die Bibel richtig übersetzt?, Gütersloh (GTB 1415) 1986.

G. Lisowsky: Konkordanz zum Hebräischen Alten Testament nach dem von R. Kittel besorgten Masoretischen Text, Stuttgart 1958.

R. Morgenthaler: Statistik des neutestamentlichen Wortschatzes, Zürich 1958.

Ch. F. D. Moule: Übersetzungsgriechisch und Originalgriechisch im Matthäusevangelium (1962), in: J. Lange (Hrsg.): Das Matthäusevangelium, Darmstadt (Wege der Forschung 525) 1980, 312–315.

Münchner Neues Testament. Studienübersetzung, erarbeitet vom «Collegium Biblicum München e. V.», Schülerkreis um Otto Kuss, hrsg. v. J. Hainz, Düsseldorf ²1989.

Das neue Testament. Einheitsübersetzung, Kath. Bibelanstalt Stuttgart 1984.

Nestle-Aland: Novum Testamentum graece, post Eberh. Nestle et Erw. Nestle ed. K. Aland, M. Black, C. M. Martini, B. M. Metzger, A. Wikgren, Stuttgart, 26. neu bearb. Aufl. 1979.

A. Schmoller: Handkonkordanz zum Griechischen Neuen Testament (Text nach Nestle), Stuttgart ¹²1960.

F. Stier: Die Heilsbotschaft nach Markus, übersetzt von F. Stier, München–Düsseldorf 1965.

F. Stier (Übers.): Das Neue Testament, aus dem Nachlaß hrsg. v. E. Beck, G. Miller u. E. Sitarz, München–Düsseldorf 1989.

Die Zürcher Bibel. Die Heilige Schrift des Alten und des Neuen Testamentes, Zürich 1942; ¹⁷1980, hrsg. v. Kirchenrat des Kantons Zürich.

b) Altes Testament und Judentum

A. Alt: Die Ursprünge des israelitischen Rechts (1934), in: Kleine Schriften zur Geschichte des Volkes Israel, München 1953, I 278–332.

A. Alt: Zur Talionsformel (1934), in: Kleine Schriften zur Geschichte des Volkes Israel, München 1953, I 341–344.

M. Baigent – R. Leigh: The Dead Sea Scrolls Deception, London 1991, dt.: Verschlußsache Jesus. Die Qumranrollen und die

Wahrheit über das frühe Christentum, übers. v. P. S. Dachs u. B. Neumeister-Taroni, München 1991.

G. BEER: Das Buch Henoch, in: E. Kautzsch (Hrsg.): Die Apokryphen und Pseudepigraphen des Alten Testaments, Tübingen 1900; Neudruck: Darmstadt 1962, II 218–310.

SCH. BEN-CHORIN – V. LENZEN (Hrsg.): Lust an der Erkenntnis. Jüdische Theologie im 20. Jahrhundert. Ein Lesebuch, München–Zürich (SP 879) 1988.

M. BUBER: Zwei Glaubensweisen (1950), in: Werke, 1. Bd., München–Heidelberg 1962, 651–782.

M. BUBER: Moses (hebr. 1945; dt.: 1948), in: Werke, Bd. 2: Schriften zur Bibel, München–Heidelberg 1964, 9–230.

M. BUBER: Der Glaube der Propheten (holländ.: 1940; dt.: 1950), in: Werke, 2. Bd.: Schriften zur Bibel, München–Heidelberg 1964, 231–484.

M. BUBER: Königtum Gottes (1932), in: Werke, 2. Bd.: Schriften zur Bibel, München–Heidelberg 1964, 485–723.

M. BUBER: Abraham der Seher (hebr. 1939), in Schriften, Bd. 2: Schriften zur Bibel, München–Heidelberg 1964, 871–893.

M. BUBER: Die Erzählungen der Chassidim (1949), in: Werke, III. Bd.: Schriften zum Chassidismus, München–Heidelberg 1963, 69–712.

M. BUBER: Die chassidische Botschaft (1952), in: Werke, Bd. III: Schriften zum Chassidismus, München–Heidelberg 1963, 739–894.

M. BUBER: Gog und Magog (hebr. 1943), in: Werke in 3 Bänden, III: Schriften zum Chassidismus, München–Heidelberg 1963, 999–1261.

E. DREWERMANN: Gott heilt – Erfahrungen des Buches Tobit. Eine psychologische Meditation, in: H. Becker–R. Kaczinski (Hrsg.): Liturgie und Dichtung, Bd. II, St. Ottilien 1983, 359–404; Neudruck: E. Drewermann – I. Neuhaus: Voller Erbarmen rettet er uns. Die Tobit-Legende tiefenpsychologisch gedeutet, Freiburg–Basel–Wien [3]1985.

W. EICHRODT: Theoloie des Alten Testaments, 2 Bde. (3 Teile), Göttingen [7]1962.

R. H. EISENMAN: Macabees, Zadokites, Christians and Qumran, Leiden 1983.

O. EISSFELDT: Hexateuchsynopse. Die Erzählung der fünf Bücher Mose und des Buches Josua mit dem Anfang des Richterbuches, in ihre 4 Quellen zerlegt und in deutscher Übersetzung dargeboten samt einer in Einleitungen und Anmerkungen gegebenen Begründung, Leipzig [1]1922; Darmstadt [2]1962.

K. ELLIGER: Die Propheten, ATD 25, 2. Bd.: Nahum, Habakuk, Zephanja, Haggai, Sacharja, Maleachi, Göttingen 1956.

E. ENDRES: Die gelbe Farbe. Die Entwicklung der Judenfeindlichkeit aus dem Christentum, München 1989.

H. GUNKEL: Genesis, Göttingen [3]1910; [8]1969, eingel. v. W. Baumgartner.

F. HEER: Gottes erste Liebe. Die Juden im Spannungsfeld der Geschichte, Eßlingen 1967: Neudruck erw. um das Schlußkapitel: «Rückblick und Ausblick», Frankfurt–Berlin (Ullstein Tb. 34329) 1986.

M. HENGEL: Judentum und Hellenismus. Studien zu ihrer Begegnung unter besonderer Berücksichtigung Palästinas bis zur Mitte des 2. Jahrhunderts v. Chr., Tübingen [3](durchges. u. erg.) 1973.

H. W. HERTZBERG: Die Bücher Josua, Richter, Ruth, Göttingen (ATD 9) [2](durchges.) 1959.

H. W. HERTZBERG: Die Samuelbücher, Göttingen (Das Alte Testament Deutsch, Teilband 10), [2](neudurchges.) 1960.

FLAVIUS JOSEPHUS: Der jüdische Krieg (bellum Judaicum, ca. 74–79 n. Chr.), übers. u. eingel. v. H. Endrös, 2 Bde., München (GGTb. 1642–1645) 1965–1966.

FLAVIUS JOSEPHUS: Jüdische Altertümer (Antiquitates; 94 n. Chr., 20 Bücher), übers. u. eingel. v. H. Clementz, Wiesbaden (Fourier Verlag) o. J.

O. KAISER: Der Prophet Jesaja, Kap. 1–12, Göttingen (Das Alte Testament Deutsch, Teilband 17) ²(verb.) 1963.
O. KEEL: Die Welt der altorientalischen Bildsymbolik und das Alte Testament. Am Beispiel der Psalmen; Zürich–Einsiedeln–Köln 1972.
O. KEEL: Tiere als Gefährten und Feinde des biblischen Menschen, in: Heiliges Land, Nr. 4/79, S. 51–60; 2/80, S. 19–26.
R. KITTEL: Die Bergpredigt und die Ethik des Judentums, ZSTh 2 (1925) 555 ff.
J. MAIER: Die Texte vom Toten Meer. Erste deutsche Gesamtübertragung, 2 Bde., München–Basel 1960.
J. MAIER: Jesus von Nazareth in der talmudischen Überlieferung, Darmstadt (Erträge der Forschung 82) 1978.
R. MAYER: Der babylonische Talmud. Ausgew., übers. u. erkl. v. R. Mayer, München (Goldmann Tb. 1330–1332) 1963.
M. NOTH: Das Buch Josua, Göttingen ²1953.
M. NOTH: Geschichte Israels, Göttingen ²(verb.) 1954.
M. NOTH: Überlieferungsgeschichtliche Studien. Die sammelnden und bearbeitenden Geschichtswerke im Alten Testament, Halle 1943 (²unverändert, Tübingen 1957).
M. NOTH: Das zweite Buch Mose. Exodus, Göttingen (Das Alte Testament Deutsch, Teilband 5) ²1961.
M. NOTH: Jerusalem und die israelitische Tradition, in: Gesammelte Studien zum AT, München ³1966, 172 ff.
A. OHLER: Mythologische Elemente im Alten Testament. Eine motivgeschichtliche Untersuchung, Düsseldorf 1969.
G. VON RAD: Theologie des Alten Testamentes, 2 Bde., München ⁴1957/1960.
G. VON RAD: Das fünfte Buch Mose. Deuteronomium, übers. u. erkl., Göttingen (ATD 8) 1964.
G. VON RAD: Der Anfang der Geschichtsschreibung im Alten Testament (1944), in: Gesammelte Studien zum Alten Testament, München (Theologische Bücherei, Bd. 8) ³(erw.) 1965, 148–188.
G. VON RAD: Die deuteronomistische Geschichtstheologie in den Königsbüchern (1947), in: Gesammelte Studien zum Alten Testament, München (Theologische Bücherei, Bd. 8) ³(erw.) 1965, 189–204.
G. VON RAD: Die Stadt auf dem Berge (1949), in: Gesammelte Studien zum Alten Testament, München (Theologische Bücherei, Bd. 8 ³(erw.) 1965, 214–224.
G. VON RAD: Das erste Buch Mose, ATD 2–4, Göttingen ⁹(überarb.) 1972.
E. ROHLAND: Die Bedeutung der Erwählungstraditionen Israels für die Eschatologie der Propheten, Heidelberg 1956.
F. SCHNAPP: Die Testamente der 12 Patriarchen, in: E. Kautzsch (Hrsg.): Die Apokryphen und Pseudepigraphen des Alten Testaments, Tübingen 1900; Neudruck: Darmstadt 1962, II 458–505.
E. SELLIN – L. ROST: Einleitung in das Alte Testament, Heidelberg ⁹1959.
R. SMEND: Biblische Zeugnisse. Literatur des alten Israel, Frankfurt (Fischer Tb. 817) 1967.
W. E. STAPLES: The Book of Ruth, AJSL (1937) 145 ff.
H. STEGEMANN: «Die des Uria», in: J. Jeremias (Hrsg.): Tradition und Glaube (Festschrift für K. G. Kuhn), Göttingen 1971, 246–276.
R. DE VAUX: Les Intitutions de l'Ancien Testament, Paris 1958–60; dt.: Das Alte Testament und seine Lebensordnungen, 2 Bde., übers. v. L. Hollerbach; Freiburg–Basel–Wien ²1964.
A. WEISER: Die Psalmen, 1. Bd.: Ps 1–60 (ATD 14), Göttingen 1950.
A. WEISER: Die Psalmen, Bd. 2, ATD 15: Ps 61–150, Göttingen 1950.
A WEISER: Die Propheten, ATD 24, 1. Bd.: Hosea, Joel, Amos, Obadja, Jona, Micha; Göttingen 1950.
A. WEISER: Der Prophet Jeremia. Kap.

1,1–25,14, Göttingen (ATD 20) [4](neu bearb.) 1960; Kap. 25,15–52,34, Göttingen (ATD 21) [3](neu bearb.) 1960.

C. WESTERMANN: Abriß der Bibelkunde, Stuttgart 1962; Neudruck: Frankfurt–Hamburg (Fischer Tb. 935) 1968.

C. WESTERMANN: Das Buch Jesaja, Kap. 40–66, ATD 19, Göttingen 1966.

H. W. WOLFF: Anthropologie des Alten Testamentes, München 1973.

Y. YADIN: Bar Kokhba – The Rediscovery of the legendary hero of the last Jewish Revolt against Imperial Rome, London 1971; dt.: Bar Kochba. Archäologen auf den Spuren des letzten Fürsten von Israel, übers. v. H. Balling, Hamburg 1971.

Y. YADIN: The Temple Scroll. The hidden Law and the Dead Sea Sect, London 1985; dt.: Die Tempelrolle. Die verborgene Thora vom Toten Meer, übers. v. E. Eggebrecht, München–Hamburg 1985.

Y. ZAKOWITCH: Rahab als Mutter des Boas in der Jesus-Genealogie (Mt 1,5), NT 17 (1975), 1–5.

c) Neues Testament und Urkirche

G. BARTH: Das Gesetzesverständnis des Evangelisten Matthäus, in: G. Bornkamm–G. Barth–H. J. Held: Überlieferung und Auslegung im Matthäusevangelium, Neukirchen 1970, 54–154.

J. BEHM: *diathäkä* (Bund), in: Theologisches Wörterbuch zum Neuen Testament, 2. Bd., hrsg. v. G. Kittel, Stuttgart 1935, 106–137.

SCH. BEN-CHORIN: Mutter Mirjam. Maria in jüdischer Sicht, München 1971; München (dtv 1784) 1982.

SCH. BEN-CHORIN: Bruder Jesus. Der Nazarener in jüdischer Sicht, München 1967; Neudruck: München (dtv–List 1253) 1977.

J. BLANK: Entscheidung für den Frieden, in: P. Eicher (Hrsg.): Das Evangelium des Friedens. Christen und Aufrüstung, München 1982, 13–26.

O. BÖCHER: Wölfe in Schafspelzen. Zum religionsgeschichtlichen Hintergrund von Mt 7,15, ThZ 24 (1968) 405–426.

O. BÖCHER: Die Bergpredigt – Lebensgesetz der Urchristenheit, in: O. Böcher u. a.: Die Bergpredigt im Leben der Christenheit, 1981 (Bens H 56), 7–16.

O. BÖCHER: Matthäus und die Magie, in: L. Schenke (Hrsg.): Studien zum Matthäusevangelium, Stuttgart 1988 (Festschrift für W. Pesch), 11–24.

J. A. BOLTEN: Der Bericht des Matthäus von Jesus dem Messias, Altona 1792.

G. BORNKAMM: Jesus von Nazareth, Stuttgart (Urban Tb. 19) 1956.

G. BORNKAMM: Der Auferstandene und der Irdische, Mt 28,16–20, in: Zeit und Geschichte, Dankesgabe an R. Bultmann, 1964, 171–191.

G. BORNKAMM: Enderwartung und Kirche im Matthäusevangelium, in: G. Bornkamm–G. Barth–H. J. Held: Überlieferung und Auslegung im Matthäusevangelium, Neukirchen 1970, 13–47.

G. BORNKAMM: Der Aufbau der Bergpredigt, NTS 24 (1977–78) 419–432.

G. BRAUMANN: Zum traditionsgeschichtlichen Problem der Seligpreisung Mt 5,3–12, NT 4 (1069) 253–260.

H. BRAUN: Qumran und das Neue Testament, 2 Bde., Tübingen 1966.

H. BRAUN: Spätjüdisch-häretischer und frühchristlicher Radikalismus. Jesus von Nazareth und die essenische Qumransekte, 2 Bde.; 1. Bd.: Spätjudentum, Tübingen, 2. durchges. u. erg. 1969; 2. Bd.: Die Synoptiker, 2. durchges. u. erg. 1969.

H. BRAUN: Jesus. Der Mann aus Nazareth und seine Zeit, Stuttgart 1969.

I. BROER: Die Bedeutung der «Jungfrauengeburt» im Matthäusevangelium, Bibel und Leben 12 (1971) 248–260.

I. BROER: Die Urgemeinde und das Grab Jesu. Eine Analyse der Grablegungsgeschichte im Neuen Testament (St ANT 31), München 1972.

I. BROER: Die Antithesen und der Evangelist

Matthäus, Biblische Zeitschrift, Neue Folge 19 (1975) 50–63.

I. Broer: Freiheit vom Gesetz und Radikalisierung des Gesetzes. Ein Beitrag zur Theologie des Evangelisten Matthäus, Stuttgart (SBS 98) 1980.

R. Bultmann: *merimnao* (sorgen), in: Theologisches Wörterbuch zum Neuen Testament, 4. Bd., hrsg. v. G. Kittel, Stuttgart 1942, 593–598.

R. Bultmann: Die Geschichte der synoptischen Tradition, Marburg 1931; Göttingen 1957.

R. Bultmann: Das Urchristentum im Rahmen der antiken Religionen, Zürich 1949; Neudruck: Reinbek (rde 157–158) 1962.

R. Bultmann: Jesus, Tübingen 1926; München–Hamburg (Siebenstern Tb. 17) 1964, mit einem Nchw. v. W. Schmithals.

R. Bultmann: Ist die Apokalyptik die Mutter der christlichen Theologie? Eine Auseinandersetzung mit Ernst Käsemann (1964), in: K. Koch–J. M. Schmidt (Hrsg.): Apokalyptik, Darmstadt 1982, 370–376.

K. W. Clark: Die heidenchristliche Tendenz im Matthäusevangelium (1947), in: J. Lange (Hrsg.): Das Matthäusevangelium, Darmstadt (Wege der Forschung 525) 1980, 103–111.

H. Conzelmann: Die Apostelgeschichte. Handbuch zum Neuen Testament, Bd. 7, Tübingen 1963.

O. Cullmann: *Petros,* in: G. Friedrich (Hrsg.): Theologisches Wörterbuch zum Neuen Testament, VI 99–112, Stuttgart 1959.

G. Dalman: Die Worte Jesu mit Berücksichtigung des nachkanonischen jüdischen Schrifttums und der aramäischen Sprache, Bd. I: Einleitung und wichtige Begriffe. Mit Anhang: A. Das Vaterunser. B. Nachträge und Berichtigungen, Leipzig ²1930; Nachdruck: Darmstadt 1965.

G. Dalman: Jesus – Jeschua. Die drei Sprachen Jesu in der Synagoge, auf dem Berge, beim Passahmahl, am Kreuz. Im Anhang: Ergänzungen und Verbesserungen, Leipzig 1922; Reprint: Darmstadt 1967.

H. Daniel-Rops: La vie cottidienne en Palestine au temps du Jesus, Paris 1961, dt.: Die Umwelt Jesu. Der Alltag in Palästina vor 2000 Jahren, übers. v. S. Stahlmann, München (dtv 1597) 1980.

W. D. Davies: The Setting of the Sermon on the Mount, Cambridge 1964.

G. Delling: *plăroo* (erfüllen), in: Theologisches Wörterbuch zum NT, 6. Bd., hrsg. v. G. Friedrich, Stuttgart 1959, 283–309.

F. Dibelius: Die kleinsten Gebote, ZNW 11 (1910) 188–190.

M. Dibelius: Die urchristliche Überlieferung von Johannes dem Täufer, Göttingen 1911.

M. Dibelius: Jungfrauensohn und Krippenkind. Untersuchungen zur Geburtsgeschichte Jesu im Lukasevangelium, Heidelberg 1932.

M. Dibelius: Jungfrauensohn und Krippenkind, in: Botschaft und Geschichte, 1. Bd., Tübingen 1953, 1–78.

M. Dibelius: Die Bergpredigt, in: DERS.: Botschaft und Geschichte 1, Tübingen 1953, 79–174.

M. Dibelius: Jesus (1939), 3. Aufl. mit einem Nachw. v. W. G. Kümmel, Berlin (Sammlung Göschen 1130) 1960.

E. L. Dietrich: «Pharisäer» und «Sadduzäer», in Religion in Geschichte und Gegenwart 3/1957ff., V 326–328; 1277f.

E. Drewermann: Tiefenpsychologie und Exegese, 2 Bde.; 1. Bd.: Die Wahrheit der Formen. Von Traum, Mythos, Märchen, Sage und Legende, Olten–Freiburg 1984; 2. Bd.: Die Wahrheit der Werke und der Worte. Wunder, Vision, Weissagung, Apokalypse, Geschichte, Gleichnis, Olten–Freiburg 1985.

E. Drewermann: Dein Name ist wie der Geschmack des Lebens. Tiefenpsychologische Deutung der Kindheitsgeschichte nach dem Lukasevangelium, Freiburg–Basel–Wien 1986.

E. Drewermann: Das Markusevangelium, 2 Bde., Olten–Freiburg 1987–1988.

E. DREWERMANN: An ihren Früchten sollt ihr sie erkennen. Anwort auf R. Pesch und G. Lohfinks «Tiefenpsychologie und keine Exegese», Olten–Freiburg 1988.
E. DREWERMANN: Ich steige hinab in die Barke der Sonne. Altägyptische Meditationen zu Tod und Auferstehung in bezug auf Joh 20/21, Olten–Freiburg 1989.
E. DREWERMANN: Der offene Himmel. Predigten zum Advent und zur Weihnacht, hrsg. v. B. Marz, Düsseldorf 1990.
J. DUPONT: Les *ptochoi to pneymati* de Matthieu 5,3 et les *anawej ruach* de Qumran, in: Neutestamentliche Aufsätze (Festschrift für J. Schmid), hrsg. v. J. Blinzler u. a., Regensburg 1963, 53–64.
J. ERNST: Matthäus. Ein theologisches Porträt, Düsseldorf 1989.
D. FLUSSER: Die konsequente Philologie und die Worte Jesu, in: Almanach auf das Jahr des Herrn 1963, Hamburg, 39–73.
D. FLUSSER: Jesus, Hamburg 1968.
D. FLUSSER: Der historische Jesus, in: A. Toynbee (Hrsg.): Auf diesen Felsen. Das Christentum – Grundlagen und Weg zur Macht, Wien–München 1970, 225–234, übers. v. H. Leutner.
W. FOERSTER: *kyrios* (Herr), in: Theologisches Wörterbuch zum Neuen Testament, 3. Bd., hrsg. v. G. Kittel, Stuttgart 1938, 1038–1098.
H. FRANKEMÖLLE: Die Makarismen (Mt 5,1–12; Lk 6,20–23), Biblische Zeitschrift 15 (1971) 52–75.
H. FRANKEMÖLLE: Amtskritik im Matthäusevangelium?, Biblica 54 (1973) 247–262.
H. FRANKEMÖLLE: Jahwebund und Kirche Christi, 1974 (NTA.NS 10), S. 311–318.
H. FRANKEMÖLLE: «Pharisäismus», in: Judentum und Kirche, in: H. Goldstein (Hrsg.): Gottesverächter und Menschenfeinde?, Düsseldorf 1979, 123–189.
H. FRANKEMÖLLE: Friede und Schwert. Frieden schaffen nach dem Neuen Testament, Mainz 1983.
H. FRANKEMÖLLE: Jahwe – Bund und Kirche Christi. Studien zur Form- und Traditionsgeschichte des «Evangeliums» nach Matthäus, Münster (Neutestamentliche Abhandlungen, Neue Folge Bd. 10), 2. erw. Aufl. 1984.
H. FRANKEMÖLLE: Eucharistie, in: P. Eichler (Hrsg.): Neues Handbuch theologischer Grundbegriffe, München 1984–1985, I 297–305.
H. FRANKEMÖLLE: Kirche, in: P. Eichler (Hrsg.): Neues Handbuch theologischer Grundbegriffe, München 1984–1985, II 294–309.
W. FRICKE: Standrechtlich gekreuzigt. Person und Prozeß des Jesus aus Galiläa, Freiburg 1986.
P. GAECHTER: Die literarische Kunst im Matthäusevangelium, Stuttgart (SBS 7) o. J.
B. GERHARDSSON: «An ihren Früchten sollt ihr sie erkennen.» Die Legitimationsfrage in der matthäischen Christologie, in: Evangelische Theologie, 42. Jg. 1982, 113–126.
H. GIESEN: Christliches Handeln. Eine redaktionskritische Untersuchung zum dikaiosynä-Begriff im Matthäusevangelium, Frankfurt 1982.
H. GIESEN: Jesu Krankenheilungen im Verständnis des Matthäusevangeliums, in: L. Schenke (Hrsg.): Studien zum Matthäusevangelium (Festschrift für W. Pesch), Stuttgart 1988, 11–24.
R. GIRARD: Das Evangelium legt die Gewalt bloß, in: Orientierung 38 (1974) 53–56.
J. GNILKA: Die Verstockung Israels. Is 6,9–10 in der Theologie der Synoptiker (St ANT 3), München 1961.
J. GNILKA: Das Matthäusevangelium, 1. Teil: Kommentar zu Kap. 1,1–13, 58, Freiburg–Basel–Wien [2]1988; 2. Teil: Kommentar zu Kap. 14,1–28,20 und Einleitungsfragen; 1988.
L. GOPPELT: *hydor* (Wasser), in: Theologisches Wörterbuch zum NT, 8. Bd., hrsg. v. G. Friedrich, Stuttgart 1967, 313–333.
W. GRUNDMANN: *dexios* (rechts), in: Theolo-

gisches Wörterbuch zum Neuen Testament, Bd. 2, hrsg. v. G. Kittel, Stuttgart 1935, 37–39.

R. Guardini: Der Herr. Betrachtungen über die Person und das Leben Jesu Christi, Würzburg 1951.

W. Gutbrod: *nomos* (Gesetz), in: Theologisches Wörterbuch zum NT, 4. Bd., hrsg. v. G. Kittel, Stuttgart 1942, 1029–1084.

E. Haenchen: Matthäus 23 (1951/1965), in: J. Lange (Hrsg.): Das Matthäusevangelium (Wege der Forschung 525), Darmstadt 1980, 134–163.

F. Hahn: Christologische Hoheitstitel. Ihre Geschichte im frühen Christentum, Göttingen 1963; [2]1964.

Fr. Hauck–S. Schulz: *praÿs* (demütig), in: Theologisches Wörterbuch zum NT, Bd. 6, hrsg. v. G. Friedrich, Stuttgart, 1959, 645–651.

H. J. Held: Matthäus als Interpret der Wundergeschichten, in: G. Bornkamm–G. Barth–H. J. Held: Überlieferung und Auslegung im Matthäusevangelium, Neukirchen 1970, 155–287.

M. Hengel: Nachfolge und Charisma, BZNW 34 (1968) 23–27.

E. Hennecke: Neutestamentliche Apokryphen in deutscher Übersetzung, 3. völlig neu bearb. Aufl. hrsg. v. W. Schneemelcher, 1. Bd.: Evangelien, Tübingen 1959.

P. Hoffmann: Die Versuchungsgeschichte in der Logienquelle, BZ 13 (1969) 207–223.

P. Hoffmann: Auslegung der Bergpredigt I–V, in: Bibel und Leben 10 (1969) 57–65; 111–122; 175–189; 264–275; 11 (1970) 89–104.

P. Hoffmann: Jesu Wort von der Ehescheidung und seine Auslegung in der neutestamentlichen Überlieferung. Concilium 6 (1970) 326–332.

P. Hoffmann: Studien zur Theologie der Logienquelle, Münster (Neutestamentliche Abhandlungen, Neue Folge 8), 3. durchges. 1971.

H. J. Holtzmann: Lehrbuch der Neutestamentlichen Theologie, 2 Bde., 2. neu bearb. Aufl. Tübingen 1911.

R. Hummel: Die Auseinandersetzung zwischen Kirche und Judentum zum Matthäusevangelium, B ev Th 33, 2. durchges. u. verm. Aufl. 1966.

J. Jeremias: *kleis* (Schlüssel), in: Theologisches Wörterbuch zum Neuen Testament, Bd. 3, hrsg. v. G. Kittel, Stuttgart 1938, 743–753.

J. Jeremias: Jesu Verheißung für die Völker, Stuttgart 2. Aufl. 1959.

J. Jeremias: *pylä* (Pforte), in: Theologisches Wörterbuch zum Neuen Testament, Bd. 6, hrsg. v. G. Friedrich, Stuttgart 1959, 920–927.

J. Jeremias: *raqa* (Dummkopf), in: Theologisches Wörterbuch zum Neuen Testament, Bd. 6, hrsg. v. G. Friedrich, Stuttgart 1959, VI 973–976.

J. Jeremias: Die Gleichnisse Jesu ([1]1947), Göttingen [6](neu bearb.) 1962.

J. Jeremias: Jerusalem zur Zeit Jesu. Eine kulturgeschichtliche Untersuchung zur neutestamentlichen Zeitgeschichte, 3. neubearb. Aufl. Göttingen 1962.

J. Jeremias: Abba, in: Abba. Studien zur Neutestamentlichen Theologie und Zeitgeschichte, Göttingen 1966, 15–67.

J. Jeremias: Das tägliche Gebet im Leben Jesu und in der ältesten Kirche (1961), in: Abba. Studien zur neutestamentlichen Theologie und Zeitgeschichte, Göttingen 1966, 67–80.

J. Jeremias: Matthäus 7,6a (1963), in: Abba. Studien zur Neutestamentlichen Theologie und Zeitgeschichte, Göttingen 1966, 83–87.

J. Jeremias: Die Lampe unter dem Scheffel (1940), in: Abba. Studien zur neutestamentlichen Theologie und Zeitgeschichte, Göttingen 1966, 99–102.

J. Jeremias: Laß allda deine Gabe (Mt 5,23 f.) (1937), in: Abba. Studien zur Neutestamentlichen Theologie und Zeitgeschichte, Göttingen 1966, 103–107.

J. JEREMIAS: Das Vaterunser im Lichte der neueren Forschung (1962), in: Abba. Studien zur Neutestamentlichen Theologie und Zeitgeschichte, Göttingen 1966, 152–171.

J. JEREMIAS: Die Bergpredigt (1959), in: Abba. Studien zur Neutestamentlichen Theologie und Zeitgeschichte. Göttingen 1966, 171–189.

J. JEREMIAS: pais (theou) (Sohn, Knecht Gottes) im Neuen Testament (1954), in: Abba. Studien zur Neutestamentlichen Theologie und Zeitgeschichte, Göttingen 1966, 192–216 (neu bearb.).

J. JEREMIAS: Die Muttersprache des Evangelisten Matthäus (1959), in: Abba, Studien zur Neutestamentlichen Theologie und Zeitgeschichte, Göttingen 1966, 255–260.

J. JEREMIAS: Neutestamentliche Theologie, 1. Teil: Die Verkündigung Jesu, Gütersloh 1971.

A. JÜLICHER: Die Gleichnisreden Jesu, Tübingen 1910; 1. Teil: Die Gleichnisreden Jesu im allgemeinen; 2. Teil: Auslegung der Gleichnisreden der drei ersten Evangelien; Neudruck: 2 Teile in einem Band, Darmstadt 1976.

K. KERTELGE (Hrsg.): Der Prozeß gegen Jesus, Freiburg (Quaestio disputata 112) 1988.

G. D. KILPATRICK: The Origins of the Gospel according to St. Matthew, Oxford 1946.

G. KLEIN: Bibel und Heilsgeschichte. Die Fragwürdigkeit einer Idee; Zeitschrift für die Neutestamentliche Wissenschaft, 62 (1971) 3/4, 1–47.

H. KLEINKNECHT: G. v. Rad, K. G. Kuhn, K. L. Schmidt: *basileys, basileia* (König, Königtum), in: Theologisches Wörterbuch zum Neuen Testament, 1. Bd., hrsg. v. G. Kittel, Stuttgart 1933, 562–595.

R. KRATZ: Auferweckung als Befreiung. Eine Studie zur Passions- und Auferstehungstheologie des Matthäus (besonders Mt 27,62–28,18), Stuttgart (SBS 65) 1973.

E. KRENTZ: Der Umfang des Matthäus-Prologs. Ein Beitrag zum Aufbau des ersten Evangeliums (1964), in: J. Lange (Hrsg.): Das Matthäusevangelium, Darmstadt (Wege der Forschung 525) 1980, 316–325.

A. KRETZER: Die Herrschaft der Himmel und die Söhne des Reiches. Eine redaktionsgeschichtliche Untersuchung zum Basileiabegriff und Basileiaverständnis im Matthäusevangelium, Stuttgart (Stuttgarter Biblische Monographien 10) 1971.

P. LAPIDE – U. LUZ: Der Jude Jesus, Einsiedeln 1979.

R. LAPIDE: Wie liebt man seine Feinde. Mit einer Neuübersetzung der Bergpredigt (Mt 5–7) unter Berücksichtigung der rabbinischen Lehrmethoden und der jüdischen Muttersprache Jesu, Mainz 1984.

E. LINNEMANN: Die Gleichnisse Jesu. Einführung und Auslegung, Göttingen 1961.

G. LOHFINK: Wie hat Jesus Gemeinde gewollt? Zur gesellschaftlichen Dimension des christlichen Glaubens, Freiburg–Basel–Wien 1982.

G. LOHFINK: Wem gilt die Bergpredigt? Eine redaktionskritische Untersuchung von Mt 4,23 und 7,28 f., Theolog. Quartalschrift 163 (1983) 264–284.

E. LOHSE: Ich aber sage euch, in: Der Ruf Jesu und die Antwort der Gemeinde (Festschrift für J. Jeremias), hrsg. v. E. Lohse, Göttingen 1970, 189–203.

E. LOHSE: Apokalyptik und Christologie, Zeitschrift für die Neutestamentliche Wissenschaft 62 (1971) 3/4, 48–67.

D. LÜHRMANN: Liebet eure Feinde (Lk 6,27–36; Mt 5,39–48), Zeitschr. f. Theol. u. Kirche 69 (1972) 412–438.

M. LUTHER: Deutsche Auslegung des Vaterunsers für die einfältigen Laien (1519), in: Die Werke Luthers in Auswahl, hrsg. v. K. Aland, Bd. 5: Die Schriftauslegung, Göttingen (UTB 1656) 1991, 205–273 (WA 2, 81–130).

U. LUZ: Die Jünger im Matthäusevangelium, Zeitschrift für die Neutestamentliche Wissenschaft 62 (1971) 3/4, 141–171.

U. LUZ: Die Bergpredigt im Spiegel ihrer Wirkungsgeschichte, in: J. Moltmann (Hrsg.): Nachfolge und Bergpredigt, München ²1982, 37–72.

U. Luz: Das Evangelium nach Matthäus. Evangelisch-katholischer Kommentar zum Neuen Testament, 1. Teilband, Mt 1–7, Neukirchen–Vlnyn ²durchges. 1989; 2. Teilband, Mt 8–17, 1990.

J. P. Mackey: Jesus, the man and the Myth, London 1979; dt.: Jesus. Der Mensch und der Mythos. Eine zeitgemäße Christologie, übers. v. U. Hühne, München 1981.

G. M. Martin: Werdet Vorübergehende. Das Thomas-Evangelium zwischen Alter Kirche und New Age, Stuttgart 1988.

G. Maier: Matthäusevangelium, 1. Teil, Neuhausen–Stuttgart 1979.

R. Meyer: *saddoukaios* (Sadduzäer), in: Theologisches Wörterbuch zum Neuen Testament, Bd. 7, hrsg. v. G. Friedrich, Stuttgart 1964, 35–54.

W. Michaelis: *hodos* (Weg): Theologisches Wörterbuch zum Neuen Testament, 5. Bd., hrsg. v. G. Friedrich, Stuttgart 1954, 42–118.

W. Michaelis: *horao* (sehen), in: Theologisches Wörterbuch zum Neuen Testament, 5. Bd., hrsg. v. G. Friedrich, Stuttgart 1954, 318–381.

O. Michel: *mikros* (klein), in: Theologisches Wörterbuch zum Neuen Testament, Bd. 4, hrsg. v. G. Kittel, Stuttgart 1942, 650–661.

F. Mussner: Das Vaterunser als Gebet des Juden Jesus, in: Traktat über die Juden, München 1979, 198–208.

F. Mussner: Die Stellung zum Judentum in der «Redenquelle» und in ihrer Verarbeitung bei Matthäus, in: L. Schenke (Hrsg.): Studien zum Matthäusevangelium (Festschrift für W. Pesch), Stuttgart 1988, 211–225.

E. Nellessen: Das Kind und seine Mutter, Stuttgart (SBS. 39) 1969.

A. Oepke: *bapto* (taufen), in: Theologisches Wörterbuch zum NT, 1. Bd., hrsg. v. G. Kittel, Stuttgart 1933, 527–544.

R. Pesch: Die Vision des Stephanus. Apg 7,55–56 im Rahmen der Apostelgeschichte, Stuttgart (Stuttgarter Bibelstudien 12) 1966.

R. Pesch: Eine alttestamentliche Ausführungsformel im Matthäusevangelium, Biblische Zeitschrift 10 (1966) 220–245; 11 (1967) 79–95.

R. Pesch: Der Anspruch Jesu: Orientierung 35 (1971) 53–56; 67–70; 77–81.

R. Pesch: Das Markusevangelium, 1. Bd.: Einleitung und Kommentar zu Kap. 1, 1–8, 26, vierte durchges. Aufl. mit einem 2. Nachtrag, Freiburg–Basel–Wien 1982; 2. Bd.: Kommentar zu Kap. 8, 27–16, 20 mit einem 2. Nachtrag, Freiburg–Basel–Wien 1984.

R. Pesch – G. Lohfink: Tiefenpsychologie und keine Exegese, Stuttgart (SBS 129) 1987.

O. H. Pesch: Evangelium – Gesetz, in: P. Eichler (Hrsg.): Neues Handbuch theologischer Grundbegriffe, München 1984–1985, I 317–332.

O. H. Pesch: Gnade, in: P. Eicher (Hrsg.): Neues Handbuch theologischer Grundbegriffe, erw. Neuauflage, München 1991, II 253–265.

W. Pesch: Matthäus der Seelsorger. Das neue Verständnis der Evangelien, dargestellt am Beispiel von Matthäus 18, Stuttgart (SBS 2) 1966.

L. Ragaz: Die Bergpredigt Jesu, 3. Aufl. 1979.

Ch. Rau: Das Matthäusevangelium. Entstehung, Gestalt, Essenischer Einfluß, Stuttgart 1976.

H. Reiner: Die Goldene Regel. Die Bedeutung einer sittlichen Grundformel der Menschheit, in: Die Grundlagen der Sittlichkeit, Meisenheim 2. Aufl. 1974.

K. H. Rengstorf: Die Stadt der Mörder, in: Judentum – Urchristentum – Kirche (Festschrift für J. Jeremias, BZNW 26), Berlin ²1964, 106–129.

H. Rengstorf: *dodeka* (Zwölf), in: Theologisches Wörterbuch zum Neuen Testament,

Bd. 2, hrsg. v. G. Kittel, Stuttgart 1935, 321–328.
K. H. RENGSTORF: *manthano... mathätäs* (Jünger), in: Theologisches Wörterbuch zum NT, 4. Bd., hrsg. v. G. Kittel, Stuttgart 1942, 392–465.
R. RIESNER: Der Aufbau der Reden im Matthäusevangelium, Theologische Beiträge 9 (1978) 173–176.
P. DE ROSA: The Great Myth, 1991; dt.: Der Jesus-Mythos. Über die Krise des christlichen Glaubens, übers. v. M. Huber, München 1991.
W. ROTHFUCHS: Die Erfüllungszitate des Matthäusevangeliums. Eine biblisch-theologische Untersuchung (Beiträge zur Wissenschaft vom Alten und Neuen Testament, 5. Folge, Heft 8), Stuttgart–Berlin–Köln–Mainz 1968.
A. SAND: Das Gesetz und die Propheten. Untersuchungen zur Theologie des Evangeliums nach Matthäus, Regensburg (Biblische Untersuchungen, Bd. 11) 1974.
A. SAND: Reich Gottes und Eheverzicht im Evangelium nach Matthäus, Stuttgart (Stuttgarter Bibelstudien 109) 1983.
A. SAND: Das Evangelium nach Matthäus, Regensburg (Regensburger NT) 1986.
W. SCHENK: Die Sprache des Matthäus. Die Text-Konstituenten in ihren makro- und mikrostrukturellen Relationen, Göttingen 1987.
L. SCHENKE: Studien zur Passionsgeschichte des Markus. Tradition und Redaktion in Mk 14,1–42, Würzburg 1971.
L. SCHENKE: Der gekreuzigte Christus, Stuttgart (SBS 69) 1974.
H. SCHLIER: Der Brief an die Galater, 10. neubearb. Aufl. Göttingen 1962.
R. SCHNACKENBURG: Die Kirche im Neuen Testament. Ihre Wirklichkeit und theologische Deutung. Ihr Wesen und Geheimnis, Freiburg–Basel–Wien (Quaestiones disputatae 14) 1961.
R. SCHNACKENBURG: Die sittliche Botschaft des Neuen Testamentes. Handbuch der Moraltheologie, hrsg. v. M. Reding, Bd. VI; München [2](verm. u. verb.) 1962.
R. SCHNACKENBURG: Gottes Herrschaft und Reich. Eine biblisch-theologische Studie, Freiburg–Basel–Wien [3]1963.
R. SCHNACKENBURG: Das Johannesevangelium, 3 Teile, Freiburg–Basel–Wien 1972–1975.
R. SCHNACKENBURG: Die Bergpredigt, in: Die Bergpredigt, hrsg. v. R. Schnackenburg, Düsseldorf 1982, 13–59.
G. SCHNEIDER: Die Botschaft der Bergpredigt, Aschaffenburg 1969.
F. SCHNEIDER – W. STENGER: Die Frauen im Stammbaum Jesu nach Matthäus, BZ NF 23 (1979), 187–196.
J. SCHNIEWIND: Das Evangelium nach Matthäus, NTD 2, Göttingen 1964.
L. SCHOTTROFF: Gewaltverzicht und Feindesliebe in der urchristlichen Jesustradition (Mt 5,38–48; Lk 6,27–36), in: G. Strecker (Hrsg.): Jesus Christus in Historie und Theologie, Tübingen 1975, 197–221.
W. SCHRAGE: Ja und Nein – Bemerkungen eines Neutestamentlers zur Diskussion von Christen und Juden, in: Evangelische Theologie, 42. Jg. 1982, 126–151.
G. SCHRENK: dikä, dikaiosynä (Gerechtigkeit), in: Theologisches Wörterbuch zum NT, 2. Bd., hrsg. v. G. Kittel, Stuttgart 1935, 176–229.
S. SCHULZ: Die Stunde der Botschaft. Einführung in die Theologie der vier Evangelisten, Hamburg–Zürich, 2 (durchges.) 1970, 157–234: Matthäus.
H. SCHÜRMANN: Gottes Reich – Jesu Geschick. Jesu ureigener Tod im Licht seiner Basileia-Verkündigung, Freiburg–Basel–Wien 1983.
H. SCHÜRMANN: Das Lukasevangelium, 1. Teil: Kommentar zu Kap. 1,1–9,50, Freiburg–Basel–Wien 1969; [3]1984.
A. SCHWEITZER: Das Messianitäts- und Leidensgeheimnis, 1901.
A. SCHWEITZER: Geschichte der Leben-Jesu-Forschung (1913; 1906 unter dem Titel:

Von Reimarus zu Wrede); Neudruck: München–Hamburg (Siebenstern Tb. 77–80) 1966, 2 Bde., eingel. v. J. M. Robinson.

E. SCHWEIZER: Die theologische Leistung des Markus, in: Ev Th 24 (1964) 337–355.

E. SCHWEIZER: *hyios* (Sohn), in: Theologisches Wörterbuch zum Neuen Testament, Bd. 8, hrsg. v. G. Friedrich, Stuttgart 1967, 334–357.

E. SCHWEIZER: Jesus Christus im vielfältigen Zeugnis des Neuen Testamentes, Hamburg (Siebenstern Tb. 126) 1968.

E. SCHWEIZER: Formgeschichtliches zu den Seligpreisungen, in: DERS.: Matthäus und seine Gemeinde, Stuttgart (SBS 71) 1974, 69–77.

E. SCHWEIZER: Matth. 5,17–20. Anmerkungen zum Gesetzesverständnis des Matthäus (1952/1963), in: J. Lange (Hrsg.): Das Matthäusevangelium, Darmstadt (Wege der Forschung 525) 1980, 164–173.

E. SCHWEIZER: Gesetz und Enthusiasmus bei Matthäus (1970), in: J. Lange (Hrsg.): Das Matthäusevangelium, Darmstadt (Wege der Forschung 525) 1980, 350–376.

E. SCHWEIZER: Das Evangelium nach Lukas, Göttingen (NTD 3) 1982.

E. SCHWEIZER: Das Evangelium nach Markus, Göttingen (NTD 1) 1983.

E. SCHWEIZER: Das Evangelium nach Matthäus, Göttingen (NTD 2), 1986.

G. STÄHLIN: *kopetos* (schlagend, trauernd), in: Theologisches Wörterbuch zum Neuen Testament, Bd. 3, hrsg. v. G. Kittel, Stuttgart 1938, 829–860.

E. STAUFFER: Jerusalem und Rom im Zeitalter Jesu Christi, Bern (Dalp Tb. 331) 1957.

E. STAUFFER: Jesus. Gestalt und Geschichte, Bern–München (Dalp 332) 1957.

E. STAUFFER: Die Botschaft Jesu damals und heute, Bern–München (Dalp Tb. 333) 1959.

O. H. STECK: Israel und das gewaltsame Geschick der Propheten. Untersuchungen zur Überlieferung des deuteronomistischen Geschichtsbildes im Alten Testament, Spätjudentum und Urchristentum, Neukirchen (Wissenschaftl. Monographien zu AT und NT, Bd. 23) 1967.

R. STEINER: Das Matthäus-Evangelium. Ein Zyklus von 12 Vorträgen, gehalten in Bern, vom 1. bis 12. Sept. 1910, Berlin 1918, hrsg. v. P. Jenny u. P. G. Bellmann; Neudruck: Dornach [7]1988.

K. STENDAHL: Quis et Unde? Eine Analyse von Mt 1–2 (1960), in: J. Lange (Hrsg.): Das Matthäusevangelium, Darmstadt (Wege der Forschung 525) 1980, 296–311.

H. L. STRACK – P. BILLERBECK: Kommentar zum Neuen Testament aus Talmud und Midrasch, München, I 1922, II 1924, III 1926, IV 1 1928, IV 2 1928 (hrsg. v. J. Jeremias, bearb. von K. Adolph) 1956, VI (hrsg. v. J. Jeremias in Verbindung mit K. Adolph) 1961.

G. STRECKER: Die Makarismen der Bergpredigt, NTS. 17 (1970–1971) 255–275.

G. STRECKER: Der Weg der Gerechtigkeit, Untersuchung zur Theologie des Matthäus (FRLANT 82), Göttingen 3. Aufl. 1971.

G. STRECKER: Die Antithesen der Bergpredigt (Mt 5,21–48 par), Zeitschrift für Neutestamentl. Wiss. 69, 1978, 36–72.

G. STRECKER: Das Geschichtsverständnis des Matthäus (1966), in: J. Lange (Hrsg.): Das Matthäusevangelium, Darmstadt (Wege der Forschung 525) 1980, 326–349.

G. STRECKER: Die Bergpredigt. Ein exegetischer Kommentar, Göttingen 1984.

P. STUHLMACHER: Jesu vollkommenes Gesetz der Freiheit. Zum Verständnis der Bergpredigt, in: Zeitschrift für Theologie und Kirche 79 (1982) 283–322.

A. SUHL: Der Davidssohn im Matthäus-Evangelium, Zeitschrift für Neutestamentl. Wissenschaft 59 (1968) 57–81.

G. THEISSEN: Wanderradikalismus. Literatursoziologische Aspekte der Überlieferung von Worten Jesu im Urchristentum (1973), in: Studien zur Soziologie des Urchristentums, Tübingen 1979; 3. Aufl. (erw.) 1989, 79–105.

G. THEISSEN: «Wir haben alles verlassen»

(Mc X 28). Nachfolge und soziale Entwurzelung in der jüdisch-palästinensischen Gesellschaft des 1. Jahrhunderts n. Chr. (1977), in: Studien zur Soziologie des Urchristentums, Tübingen 1979; 3. Aufl. (erw.) 1989, 106–141.

G. THEISSEN: Die Tempelweissagung Jesu. Prophetie im Spannungsfeld von Stadt und Land (1976), in: Studien zur Soziologie des Urchristentums, Tübingen 1979; 3. Aufl. (erw.) 1989, 142–159.

G. THEISSEN: Gewaltverzicht und Feindesliebe (Mt 5,38–48/Lk 6,27–38) und deren sozialgeschichtlicher Hintergrund (1979) in: Studien zur Soziologie des Urchristentums, Tübingen 1979; 3. Aufl. (erw.) 1989, 160–197.

Thomas-Evangelium, in: K. Aland: Synopsis Quattuor Evangeliorum, Stuttgart 1964, 517–530.

W. TRILLING: Das wahre Israel. Studien zur Theologie des Matthäus-Evangeliums, München (Studien zum Alten und Neuen Testament, Bd. 10) [3](umgearb.) 1964.

W. TRILLING: Amt und Amtsverständnis bei Matthäus, in: Mélanges Bibliques, hrsg. v. A. Descamps u. a., Gembloux 1969, 29–44.

W. TRILLING: Die Täufertradition bei Matthäus (1959), in: J. Lange (Hrsg.): Das Matthäusevangelium, Darmstadt (Wege der Forschung 525) 273–295.

A. VÖGTLE: Literarische Gattungen und Formen. Die Evangelien, in: Anzeiger für die katholische Geistlichkeit 72, 1964, S. 185 f.

A. VÖGTLE: Die Genealogie Mt 1,2–16 und die matthäische Kindheitsgeschichte, in: DERS.: Das Evangelium und die Evangelien, 1971 (KBANT), 57–102.

A. VÖGTLE: Der «eschatologische» Bezug der Wir-Bitten des Vaterunser, in: Jesus und Paulus, Göttingen 1975, 344–362.

A. VÖGTLE: Herkunft und usprünglicher Sinn der Taufperikope Mk 1,9–11, in: Offenbarungsgeschichte und Wirkungsgeschichte. Neutestamentliche Beiträge, Freiburg 1985, 70–108.

M. TH. WACKER: Reich Gottes, biblisch, in: P. Eicher (Hrsg.): Neues Handbuch theologischer Grundbegriffe, erw. Neuausgabe, München 1991, IV 382–389.

R. WALKER: Die Heilsgeschichte im ersten Evangelium, Göttingen 1967.

J. WEISS: Die Predigt Jesu vom Reiche Gottes, [2]1900, Nachdruck: Göttingen 1964.

H. WINDISCH: Friedensbringer – Gottessöhne, ZNW 24 (1925) 242 f.

D. ZELLER: Die weisheitlichen Mahnsprüche bei den Synoptikern, Würzburg (Forschung zur Bibel 17) 1977, bes. S. 55–143.

D. ZELLER: Jesus als vollmächtiger Lehrer (Mt 5–7) und der hellenistische Gesetzgeber, in: L. Schenke (Hrsg.): Studien zum Matthäusevangelium (Festschrift für W. Pesch), Stuttgart 1988, 299–317.

H. ZIMMERMANN: Das absolute *ego eimi* als die neutestamentliche Offenbarungsformel, in: Biblische Zeitschrift, Neue Folge 4 (1960), 54–69, 266–276.

H. ZIMMERMANN: Das absolute *ego eimi* als die neutestamentliche Offenbarungsformel, in: BZ NF 4 (1069), 54–69; 266–276.

H. ZIMMERMANN: Neutestamentliche Methodenlehre. Darstellung der historisch-kritischen Methode, 7. neubearb. Aufl. v. K. Kliesch, Stuttgart 1982.

2. Patristik, Kirchengeschichte und Dogmatik

AMBROSIUS: Exameron, übers. v. J. E. Niederhuber, in: Ausgew. Schriften, Bd. 1, München–Kempten (BKV 17) 1914.

AMBROSIUS: Über die Pflichten der Kirchendiener, in: Ausgew. Schriften, übers. v. J. E. Niederhuber, 3 Bde., Kempten–München (BKV 17; 21; 32) 1914; 1915; 1917; III 1–269.

AMBROSIUS: Lukaskommentar mit Ausschluß der Leidensgeschichte, übes. v. J. E. Niederhuber, in: Ausgew. Schriften, Bd. 2, München–Kempten (BKV 21) 1915.

A. ANTWEILER: Priestermangel. Gründe und Vorschläge, Altenberge (Verlag für Christlich-Islamisches Schrifttum) 1982.

ATHANASIUS: Leben des heiligen Antonius (365 n. Chr.), aus dem Griech. übers. v. M. Mertel, in: Des hl. Athanasius ausgew. Schriften, 2. Bd., München 1917, 677–777 (Bibliothek der Kirchenväter Bd. 31).

A. AUGUSTINUS: De civitate Dei (413–416); dt.: Des hl. Kirchenvaters Aurelius Augustinus 22 Bücher über den Gottesstaat, aus dem Lat. übers. v. A. Schröder, in: Augustinus' ausgew. Schriften, Bd. I u. II, Kempten–München 1911; 1914; BKV Bd. 15–16; eingel. v. J. N. Espenberger.

K. BARTH: Kirchliche Dogmatik, 4 Bde., Zürich 1932–1967.

N. LO BELLO: The Vatican Papers, 1983; dt.: Vatikan im Zwielicht. Die unheiligen Geschäfte des Kirchenstaates, übers. v. H. Jelinlek, München (Heyne 7261) 1986.

P. BERGLAR: Opus Dei. Leben und Werk des Gründers Josemaria Escrivá, Salzburg 1983.

E. BLOCH: Thomas Münzer als Theologe der Revolution (1921), erg.: Frankfurt 1969; Neudruck: Frankfurt (stw 551) 1985.

G. BRENDLER: Thomas Müntzer. Geist und Faust, Berlin O. 1989.

G. BRENDLER: Martin Luther. Theologie und Revolution, Berlin O. 2. Aufl. 1990.

J. BRINKTRINE: Die Lehre von der Gnade, Paderborn 1957.

J. BRINKTRINE: Die Lehre von den heiligen Sakramenten der katholischen Kirche, 2 Bde., Paderborn 1961–62.

P. BROWN: The Body and Society. Men, Women and Sexual Renunciation in Early Christianity, New York 1988; dt.: Die Keuschheit der Engel. Sexuelle Entsagung, Askese und Körperlichkeit am Anfang des Christentums, übers. v. M. Pfeiffer, München–Wien 1991.

J. CALVIN: Institutio Christianae Religionis. Unterricht in der christlichen Religion, nach der letzten Ausgabe übers. u. bearb. v. O. Weber, 5. Aufl. der einbändigen Ausgabe, Neukirchen Vluyn 1955/1988.

Petrus Chrysologus: Matthäusevangelium, in: G. Böhmer (Übers.): Ausgew. Predigten, Kempten (BKV 43) 1923, 15–140.

J. CHROSOSTOMUS: Matthäus-Kommentar, aus dem Griech. übers. v. J. Ch. Baur, 4 Bde., Kempten–München (BKV Bd. 23: Mt 1,1–5,48; Bd. 25: Mt 6,1–12,37; Bd. 26: Mt 12,38–22,46; Bd. 27: Mt 23,1–28,20) 1915–1916, in: Ausgew. Schriften, Bd. 1–4.

CODEX DES KANONISCHEN RECHTES, lat.-dt. Ausgabe, hrsg. im Auftr. der dt. Bischofskonferenz, übers. die Gruppe: W. Aymans . . ., Kevelaer 1983.

J. CORNWELL: Wie ein Dieb in der Nacht. Der Tod von Papst Johannes Paul I., aus dem Engl. (A Thief in the Night, 1989) v. K. Pemsel, Wien–Darmstadt 1989.

G. E. M. DE STE. CROIX: Zusammenstoß mit der Regierung des römischen Reiches, in: A. Toynbee (Hrsg.): Auf diesen Felsen. Das Christentum – Grundlagen und Weg zur Macht, Wien–München 1970, 345–351, übers. v. H. Leutner.

CYPRIAN: An Donatus, in: J. Baer (Übers.): Sämtliche Schriften, Bd. 1: Kempten–München (BKV 34) 1918, 33–55.

J. DANIÉLOU: Das Christentum als missionarische Religion, in: A. Toynbee (Hrsg.):

Auf diesen Felsen. Das Christentum – Grundlagen und Weg zur Macht, Wien–München 1970, 293–298, übers. v. G. Steinböck.

J.J. DEGENHARDT: Zur «Kölner Erklärung» der Theologen. Worte zur Zeit Nr. 21, hrsg. v. Erzbisch. Generalvikariat, Paderborn 1989.

H. DENZINGER – A. SCHÖNMETZER: Enchiridion Symbolorum, Definitionum et Declarationum de rebus Fidei et Morum, Freiburg [32]1963.

K. DESCHNER: Abermals krähte der Hahn. Eine Demaskierung des Christentums von den Evangelisten bis zu den Faschisten, Stuttgart 1962; Neudruck: Hamburg (rororo 6788) 1972.

EUSEBIUS: Kirchengeschichte, aus dem Griech. übers. v. P. Haeuser, in: Das Eusebius von Cäsarea ausgew. Schriften, Bd. 2, München–Kempten (BKV) 1932.

G. FRANZ (Hrsg.): Thomas Müntzer. Schriften und Briefe. Kritische Gesamtausgabe, Gütersloh 1968.

GREGOR VON NYSSA: Das Gebet des Herrn, in: Schriften, aus dem Griech. übers. v. K. Weiß, München (BKV 56) 1927, 89–150.

A. VON HARNACK: Das Wesen des Christentums (Vorlesungen 1899–1900), mit einem Vorwort von W. Trillhaas, Gütersloh (Siebenstern Tb. 227) 1977.

A. VON HARNACK: Lehrbuch der Dogmengeschichte, 1. Bd.: Die Entstehung des kirchlichen Dogmas, Tübingen [4]neu durchgearb. u. verm. Aufl. 1909; Neudruck: Darmstadt 1983.

A. VON HARNACK: Marcion. Das Evangelium vom fremden Gott. Eine Monographie zur Geschichte der Grundlegung der katholischen Kirche, Leipzig 1924; Neudruck: Darmstadt 1985.

M. HENGEL: Eigentum und Reichtum in der frühen Kirche. Aspekte einer frühchristlichen Sozialgeschichte, Stuttgart 1973.

H. HERRMANN: Die Kirche und unser Geld. Daten, Tatsachen, Hintergründe, Hamburg 1990.

P. HERTEL: «Ich verspreche euch den Himmel», Geistlicher Anspruch, gesellschaftliche Ziele und kirchliche Bedeutung des Opus Dei, Düsseldorf [3](erw.) 1991.

IRENÄUS: Gegen die Häresien, 5 Bücher (ca. 180–192 n. Chr.), übers. v. E. Klebba, 2 Bde., Kempten–München 1912.

PAPST JOHANNES PAUL II: Christifideles Laici. Über die Berufung und Sendung der Laien in Kirche und Welt. Nachsynodales Apostolisches Schreiben, AAS 87, 1988, hrsg. v. Sekretariat der Deutschen Bischofskonferenz.

JUSTIN: Dialog mit dem Juden Tryphon (ca. 155 n. Chr.), aus dem Griech. übers. u. eingel. v. P. Häuser, Kempten–München (BKV 33) 1917.

K. KERTELGE: Auch für besondere Wege sollte Platz sein, in: Kirche und Leben, Nr. 41, 13. Okt. 91, S. 20.

J. P. KIRSCH – V. LUKSCH: Illustrierte Geschichte der katholischen Kirche, hrsg. von der Leo-Gesellschaft, München 1905.

G. KRETSCHMAR: Der Weg der Reichskirche (Literaturbericht), Verkündigung und Forschung 13, 1968, 1, 3–44.

H. KÜHNER: Lexikon der Päpste von Petrus bis Johannes XXIII.; neu bearb. Ausg. Frankfurt (Fischer Tb. 315) 1960.

M. LAMBERT: Ketzerei im Mittelalter. Häresien von Bogumil bis Hus, München 1981; Neudruck: Freiburg (Herder spektrum 4047) 1991.

LEO DER GROSSE: Sämtliche Sermonen, aus dem Latein übers. v. Th. Steeger, 2 Bde., München 1927, Bibliothek der Kirchenväter, Bd. 54–55.

M. LIMBECK: Inspiration, in: P. Eicher (Hrsg.): Neues Handbuch theologischer Grundbegriffe, München 1984–1985, II 216–226.

M. LUTHER: Ein Sendbrief vom harten Büchlein wider die Bauern (1525), in: Die Werke Luthers in Auswahl, hrsg. v. K. Aland,

Bd. 7: Der Christ in der Welt, Göttingen (UTB 1656), 3. durchges. Aufl. 1983, 201–225 (WA 18, 384–401).

M. LUTHER: Ob Kriegsleute auch im seligen Stande sein können (1526), in: ebd. 52–86 (WA 19, 623–662).

M. LUTHER: Der große Katechismus (1529), in: Der große Katechismus, hrsg. v. W. Metzger, München–Hamburg (Bd. 1 der Calwer Luther-Ausg., Siebenstern Tb. 7) 1964, 9–171.

M. LUTHER: Die Schmalkaldischen Artikel (1537), in: Der große Katechismus. Die Schmalkaldischen Artikel, Bd. 1 der Calwer Luther-Ausg., hrsg. v. D. W. Metzger, München–Hamburg (Siebenstern 7) 1964, 173–217.

M. LUTHER: Von den Conciliis und der Kirche (1539), in: Die Werke Luthers in Auswahl, hrsg. v. K. Aland, Bd. 6: Kirche und Gemeinde, Göttingen (UTB 1656), 3. durchges. Aufl. 1983, 22–43 (WA 50, 606–650).

M. LUTHER: Vom unfreien Willen (1525), in: Die Werke Luthers in Auswahl, hrsg. v. K. Aland, Bd. 3: Der neue Glaube, Göttingen (UTB 1656), 4. erw. Aufl. 1983, 150–334 (WA 18, 600–787).

M. LUTHER: Von weltlicher Obrigkeit, wie weit man ihr Gehorsam schuldig sei (1523), in: Die Werke Luthers in Auswahl, hrsg. v. K. Aland, Bd. 7: Der Christ in der Welt, Göttingen (UTB 1656), 3. durchges. Aufl. 1983, 9–51 (WA 11, 246–280).

M. LUTHER: D. Martin Luthers Evangelienauslegung, 5 Bde., hrsg. v. E. Mühlhaupt, Göttingen; Bd. 1: Die Weihnachts- und Vorgeschichten bei Matthäus und Lukas, [5]1984; Bd. 2: Das Matthäus-Evangelium, Kap. 3–25, 4. durchges. Aufl. 1973; Bd. 5: Die Passions- und Ostergeschichten aus allen 4 Evangelien, [4]1970.

F. MALMBERG: Één Lichaam en één Geest, Utrecht 1958; dt.: Ein Leib – ein Geist. Vom Mysterium der Kirche, Freiburg 1960.

MARSILIUS VON PADUA: Defensor Pacis, 1324; dt.: Der Verteidiger des Friedens, übers. v. W. Kunzmann, bearb. v. H. Kusch; ausgew. und komm. v. H. Rausch, Stuttgart (reclam 7964) 1971.

E. MEYER: Ursprung und Anfänge des Christentums, 3 Bde., Stuttgart–Berlin 1921–1923.

J. B. METZ (F. X. KAUFMANN): Zukunftsfähigkeit. Suchbewegungen im Christentum, Freiburg 1987.

N. NIEDERHUBER: Allgemeine Einleitung, in: Ambrosius: Exameron, Schriften, Bd. 1, München–Kempten (BKV 17) 1914, S. VII–CXXIV.

ORIGENES: Vom Gebet (ca. 233–234 n. Chr.); in: Des Origenes ausgewählte Schriften in 3 Bänden; aus dem Griech. übers. v. P. Koetschau; Bd. 1; Des Origenes Schriften vom Gebet und Ermahnung zum Martyrium; München (BKV 48) 1926, 1–148.

ORIGENES: Gegen Celsus (ca. 248 n. Chr.); aus dem Griech. übers. u. eingel. v. P. Koetschau, in: Des Origenes ausgew. Schriften, Bd. 2–3; Kempten–München 1926, 1927; BKV Bd. 52, 53.

K. RAHNER: Über die Schriftinspiration, Freiburg 1958.

K. RAHNER: Kirche und Sakramente, Freiburg–Basel–Wien (Quaestiones disputatae, 10) 1960.

KARD. J. RATZINGER, in: Deutsche Tagespost, vom 24. 5. 1990: Die Wahrheit, ein Geschenk Gottes für sein Volk.

G. RAUSCHEN (Übers.): Echte alte Märtyrerakten, in: Frühchristliche Apologeten, 2 Bde., Kempten–München (BKV 12; 14) 1913, II 291–369.

H. J. RICK (Hrsg.): Dokumentation zur jüngsten Entwicklung um Dr. Eugen Drewermann, Paderborn 1991.

V. SESAN: Kirche und Staat im römisch-byzantinischen Reiche seit Konstantin dem Großen bis zum Fall Konstantinopels, Bd. 1: Die Religionspolitik der christlich-römischen Kaiser von Konstantin dem Gro-

ßen bis Theodosius dem Großen, Czernowitz 1911.
P. SCHERER: Die Realität sehen, den Frieden sichern. Interview mit Militärbischof Johannes Dyba, in: Die Welt, 26. März 1991.
W. SCHILDMANN: Was sind das für Zeichen? Karl Barths Träume im Kontext von Leben und Lehre, München (Kaiser Tb. 101) 1991.
D. SÖLLE: Gott denken. Einführung in die Theologie, Stuttgart [3]1990.
L. SPIEGELE-WENSCHKEWITZ: Mitverantwortung und Schuld der Christen am Holocaust, in: Evangelische Theologie, 42. Jg. 1981, 171–190.
W. VON DEN STEINEN – M. KIRCHSTEIN (Übers.): Franz von Assisi. Die Werke. Sonnengesang. Testament. Ordensregeln. Briefe. – Die Blümlein, Hamburg (rk 34) 1958.
E. STRAKOSCH (Übers.): Die Wolke des Nichtwissens. Ein anonymes Werk des 14. Jahrhunderts, eingel. v. E. v. Ivanka, Einsiedeln 1958.
TERTULLIAN: Vom Gebet, in: Schriften, übers. v. K. A. H. Keller, 2 Bde., München–Kempten (BKV 7; 24) 1912; 1915; I 248–273.
TERTULLIAN: Über die Anforderungen zur Keuschheit, in: Schriften, übers. von K. A. H. Keller, 2 Bde., München–Kempten (BKV 7); 24) 1912; 1915; I: Private und katechetische Schriften, 325–346.
TERTULLIAN: Apologetikum (198 n. Chr.), aus dem Latein. übers. u. mit Einl. vers. v. G. Esser, in: Ausgew. Schriften, Bd. II, Kempten–München (BKV 24) 1915, 33–183.
THEOPHILUS: An Autolykus, in: Frühchristliche Apologeten und Märtyrerakten, aus dem Griech. u. Latein. üers., 2 Bde., Kempten–München (BKV 12; 14) 1913; II 9–110, übers. v. A. Di Pauli, 2. verb. Ausg. der Übers. v. J. Leitl.
THERESIA MARTIN: Geschichte einer Seele, Trier (Kreuzring Bd. 1) 1953.
THOMAS VON AQUIN: Summa theologica. Straßburg 1466 (secunda secundae partis); Mainz 1471 (Prima secundae partis); Venedig 1473 (Pars I); Venedig 1478 (Pars III); Basel 1485 (Partes I–III); Rom 1888–1906 (in: Opera omnia, Bd. 4–5, 9–12; Editio Leonina).
P. TILLICH: Systematic Theology, 3 Bde., Illinois 1951; 1957; 1963; dt.: Systematische Theologie, übers. v. R. Albrecht, M. Rhine, G. Siemsen, G. Stöber, Dr. Schrey, hrsg. v. A. Rathmann; 1.–2. Bd. Berlin–New York [8]1987; 3. Bd. Stuttgart 1966.
J. DE VORAGINE: Die Legenda aurea (1263–1273), aus dem Lat. übers v. R. Benz, Heidelberg [8]1975.
G. WEHR: Thomas Müntzer in Selbstzeugnissen und Bilddokumenten, Hamburg (rm 188) 1972.
J. WEISS: Das Urchristentum, Göttingen 1917.
H. ZAHRNT: Martin Luther in seiner Zeit für unsere Zeit. Bildredaktion v. H. Dollinger, München 1983.
F. ZELLER (Übers.): Die Apostolischen Väter, Kempten–München (BKV 35) 1918, S. 1–18: Didache oder Apostellehre.
H. ZWINGLI: Von göttlicher und menschlicher Gerechtigkeit, Hauptschriften 7, Zürich 1942, 53–64.

3. Religionsgeschichte

Ägyptische Weisheiten; Bayreuth 1988.
T. ANDRAE: I myrtenträdgården Studier i sufisk mystik, Stockholm 1947; dt. Islamische Mystiker, übers. v. H. Kanus-Credé, Stuttgart (Urban Tb. 46) 1960.
J. ASSMANN: Ägypten – Theologie und Frömmigkeit einer frühen Hochkultur, Berlin–Köln–Mainz (Urban 366) 1984.
J. ASSMANN: Ma'at. Gerechtigkeit und Unsterblichkeit im Alten Ägypten, München 1990.
SMAIL BALIĆ: Ruf vom Minarett. Weltislam heute – Renaissance oder Rückfall? Eine Selbstdarstellung, Rissen 1984.
J. VON BECKERATH: Handbuch der ägyptischen Königsnamen, München (Münchner Ägyptologische Studien, hrsg. v. H. W. Müller, Heft 20) 1984.
K. BEYSCHLAG: Simon Magus und die christliche Gnosis, Tübingen 1974.
P. BÖRGER: Quellen zu den Religionen der Völker, Heidelberg 1951, Quellensammlung Heft 1.
W. BOUSSET: Die religionsgeschichtliche Herkunft der jüdischen Apokalyptik (1903), in: Apokalyptik, hrsg. v. K. Koch – J. M. Schmidt, Darmstadt 1982, 132–145.
GAUTAMA BUDDHA: Die vier edlen Wahrheiten. Texte des ursprünglichen Buddhismus, hrsg. u. übertragen von K. Mylius, Leipzig 1983; Neudruck: München (dtv 2166) 1985.
F. BUHL: Das Leben Mohammeds, dt. v. H. H. Schaeder, Heidelberg 1955.
H. BRUNNER: Abriß der mittelägyptischen Grammatik. Zum Gebrauch in akademischen Vorlesungen, 2. verb. u. erw. Aufl., Graz 1967.
E. BRUNNER-TRAUT: Pharao und Jesus als Söhne Gottes (1961), in: Gelebte Mythen. Beiträge zum altägyptischen Mythos, Darmstadt 1981, 34–54.
J. CAMPBELL: The Hero with a Thousand Faces, New York 1949; dt.: Der Heros in tausend Gestalten, übers. v. K. Koehne, Frankfurt 1953; Neudruck: Frankfurt (st 424) 1978.
J. CAMPBELL: Lebendiger Mythos, aus dem Engl. übers. v. J. Wilhelm, München 1985.
E. CONZE: Buddhism, its Essence and Development, Oxford 1951; dt.: Der Buddhismus. Wesen und Entwicklung, Stuttgart (Kohlhammer Tb. 5) 1953.
E. DREWERMANN: Milomaki oder vom Geist der Musik. Eine Mythe der Yahuna-Indianer, Olten 1991.
DSCHUANG DSI: Das wahre Buch vom südlichen Blütenland (um 350 v. Chr.), aus dem Chines. übers. u. eingel. v. R. Wilhelm (1912), Köln–Düsseldorf 1972.
A. EGGEBRECHT: Das Alte Reich. Ägypten im Zeitalter der Pyramiden, Katalog, Hildesheim (Pelizaeus-Museum) 1986.
W. EILERS: Die Gesetzesstele Chammurabis (Der Alte Orient, Bd. 31, 3, 4) Leipzig 1932.
A. ERMAN: Die Literatur der Ägypter. Gedichte, Erzählungen und Lehrbücher aus dem 3. und 2. Jahrtausend vor Christus, Leipzig 1923.
W. FOERSTER: Die Gnosis. 1. Bd.: Zeugnisse der Kirchenväter, unter Mitwirkung von E. Haenchen u. M. Krau eingel., übers. u. erl. v. W. Foerster, Zürich–München 2. rev. Aufl. 1979.
J. G. FRAZER: The golden Bough, 3 Bde., London 1890; 12 Bde., London [3]1907–1915; Nachtrag 1936; abgek. Ausg. 1922; danach dt.: Der goldene Zweig. Das Geheimnis von Glauben und Sitten der Völker, übers. v. H. v. Bauer, Leipzig 1928.
A. GARDINER: Egyptian Grammar being an introduction to the study of hieroglyphs, Oxford [3]1957.
H. v. GLASENAPP: Die nichtchristlichen Religionen; verf. u. hrsg. v. H. v. Glasenapp; Frankfurt (Fischer Lexikon 1) 1957.
H. VON GLASENAPP: Glaube und Ritus der Hochreligionen in vergleichender Übersicht, Frankfurt (Fischer Tb. 346) 1960.

G. Grimm: Die Lehre des Buddha. Die Religion der Vernunft und der Meditation (1915), hrsg. v. M. Keller-Grimm u. M. Hoppe, Wiesbaden (Löwit-Verlag) o. J.

E. Hornung: Das Grab des Haremhab im Tal der Könige, Bern 1971 (unter Mitarbeit von F. Teichmann).

E. Hornung: Ägyptische Unterweltsbücher, eingel., übers. u. erl., Zürich–München 1972.

E. Hornung: Tal der Könige. Die Ruhestätte der Pharaonen, Zürich–München 1982.

H. Kayser: Die ägyptischen Altertümer im Pelizäus-Museum in Hildesheim, Hamburg 1966.

H. Kees: Totenglauben und Jenseitsvorstellungen der Alten Ägypter. Grundlagen und Entwicklung bis zum Ende des Mittleren Reiches, Berlin ³1977.

K. Kerényi (C. G. Jung): Das göttliche Kind in mythologischer und psychologischer Beleuchtung, Amsterdam–Leipzig (Albae vigiliae VI–VII) 1940.

K. Kerényi: Die Mythologie der Griechen; 2 Bde.; 1. Bd.: Die Götter- und Menschheitsgeschichten; 2. Bd.: Die Heroen-Geschichten, München 1958; Neudruck: München (dtv 1345–1346) 1966.

K. Kerényi: Dionysos. Urbild des unzerstörbaren Lebens, Werke VIII, hrsg. v. M. Kerényi, München–Wien 1976.

A. Th. Khoury: Gebete des Islams, Mainz (Topos Tb. 111) 1981.

A. Th. Khoury – L. Hagemann – P. Heine: Islam – Lexikon, Gütersloh 1990; Neudruck: 3 Bde., Freiburg (Herder spektrum 4036) 1991.

P. Koch – H. Stegmüller – H. Rumpold: Die Sherpas, ZDF 1991.

Der Koran. Übers. v. L. Ullmann, neu bearb. v. L. Winter, München (Goldmann Gelbe Tb. 521–522) 1959.

Der Koran, übers. aus dem Arabischen von M. Henning, Stuttgart (reclam 4206) 1960.

R. Paret (Übers.): Der Koran. Übersetzung, Kommentar und Konkordanz, 2 Bde., Stuttgart–Berlin–Köln–Mainz, 5. und 4. Aufl. 1989.

Der heilige Qur-an, übers. v. Hazrat Mirza Tahir Ahmad, Imam der Ahmadiyya Muslim Jamaat, arabisch-deutsch, 5. überarbeitete Aufl., Ahmadiyya Muslim Jamaat BRD und Schweiz (Hamburg, Zürich) 1990.

Laotse: Tao te king. Das Buch des Alten vom Sinn und Leben; aus dem Chines. übertragen und erl. v. R. Wilhelm (1910), Köln–Düsseldorf (1957.)

G. van der Leeuw: Phänomenologie der Religion (1933), ²(erw.) Tübingen 1956.

H. Lommel: Die Religion Zarathustras nach dem Awesta, Tübingen 1930.

D. Medicus: Talio, in: Der Kleine Pauly. Lexikon in 5 Bänden, hrsg. v. K. Ziegler, W. Sontheimer, H. Gärtner, München (dtv 5963) 1979, V 503.

K. Michalowski: L'Art de l'Ancienne Égypte, Paris 1968 (in der Reihe: L'art et les grandes civilisations, collection créée et dirigée par Lucien Mazeno); dt.: Ägypten. Kunst und Kultur, übers. v. W. Seipel, Vorw. v. E. Otto, Freiburg–Basel–Wien 1969.

S. Morenz: Gott und Mensch im alten Ägypten, Vorw. von E. Blumenthal, Zürich–München–Leipzig ²(erw.) 1984.

W. Müller: Die heilige Stadt. Roma quadrata, himmlisches Jerusalem und die Mythe vom Weltnabel, Stuttgart 1961.

S. Nikhilananda: Hinduism: Its Meaning for the Liberation of the Spirit, 1958; dt.: Der Hinduismus. Seine Bedeutung für die Befreiung des Geistes, übers. v. L. Voelker, Frankfurt (Ullstein Tb. 291) 1960 (Weltperspektiven, hrsg. v. R. N. Anshen, Bd. IV).

E. Norden: Die Geburt des Kindes (1924), Darmstadt 1958.

M. Oppitz: Khumbu Himal. Geschichte und Sozialordnung der Sherpa, Bd. 8.

E. Pagels: The Gnostic Gospels, New York 1979; dt.: Versuchung durch Erkenntnis. Die gnostischen Evangelien, übers. v. A. Schweikhart, Frankfurt (st 1456) 1987.

A. Parrot: Assur. Die mesopotamische Kunst vom XIII. vorchristlichen Jahrhundert bis zum Tode Alexanders des Großen, München ²(erw.) 1972.

L. Philippidis: Die «Goldene Regel» religionsgeschichtlich untersucht, Leipzig 1929.

H. Ch. Puech: Phänomenologie der Gnosis, in: W. Schultz: Dokumente der Gnosis, München 1986, 16–56.

H. W. F. Saggs: The Greatness that was Babylon, London 1962; dt.: Mesopotamien. Assyrer – Babylonier – Sumerer; übers. v. W. Wagmuth; Zürich 1966.

H. Schlier: Das Denken der frühchristlichen Gnosis. Neutestamentliche Studien für R. Bultmann, Berlin 1954.

K. Schmidt (Übers. u. Komm.): Buddhas Reden. Majjhimanikaya. Die Sammlung der mittleren Texte des buddhistischen Pali-Kanons. In kritischer, kommentierter Neuübertragung v. K. Schmidt; Hamburg (rk 87–88) 1961.

A. Schott (Übers.): Das Gilgamesch-Epos, durchges. u. erg. v. W. v. Soden, Stuttgart (reclam 7235/35 a) 1958.

W. Schultz: Das Geschlechtliche in gnostischer Lehre und Übung, in: W. Schultz (Hrsg.): Dokumente der Gnosis. Mit Aufsätzen von G. Bataille, H.-Ch. Puech u. W. Schultz, München 1986, 57–83.

U. Scerrato: Islam, Milano 1972; dt.: Islam; Vorw. v. J. Johansen; übers. v. J. Schlechta, Wiesbaden 1974.

Ch. Seeber: Untersuchungen zur Darstellung des Totengerichts im Alten Ägypten, München–Berlin (Münchner Ägyptologische Studien 35) 1976.

E. Simon: Die Götter der Griechen. Aufnahmen von M. Hirmer u. a., München ³1985.

H. Speyer: Die biblischen Erzählungen im Qoran, Hildesheim ²1961.

F. Spiegelberg: Living Religions of the World, Englewood Cliffs 1956; dt.: Die lebenden Weltreligionen, aus dem Amerikanischen v. D. Fischer-Barnicol, Frankfurt 1977; Neudruck: Frankfurt (st 1305) 1986.

E. Waldschmidt: Die Legende vom Leben des Buddha. In Auszügen aus den heiligen Texten. Aus dem Sanskrit, Pali und Chinesischen übers. u. eingef. v. E. Waldschmidt, verm. u. verb. Nachdruck der Ausg. von 1929 (Berlin), Graz 1982.

A. Watts: Tao. The Watercourse Way, 1975, unter Mitwirkung von Al Chungliang Huang; dt.: Der Lauf des Wassers. Eine Einführung in den Taoismus, übers. v. S. Schaup, Frankfurt (st 878) 1983.

Lin Yutang (Ed.): The Wisdom of Laotse, New York 1948; dt.: Laotse, übers. v. G. Coudenhove, Frankfurt (Fischer Tb. 89) 1955.

S. Yuzen: Der Mond schwebt durch die Leere. Zen-Übende auf der Suche nach dem Selbst, Wien 1988.

H. Zimmer: Philosophies of India, New York 1951; dt.: Philosophie und Religion Indiens, übers. v. L. Heyer-Grote, Zürich 1961; Neudruck: Frankfurt (stw 26) 1976.

H. Zirker: Christentum und Islam. Theologische Verwandtschaft und Konkurrenz. Düsseldorf 1989.

4. Profangeschichte, Soziologie und Ethnologie

P. ANDERSEN: Passages from Antiquity to Feudalism, London 1974; dt.: Von der Antike zum Feudalismus. Spuren der Übergangsgesellschaft, Frankfurt (sv 922) 1978.

E. BORNEMAN: Das Patriarchat. Ursprung und Zukunft unseres Gesellschaftssystems, Frankfurt 1975; Neudruck: Frankfurt (Fischer Tb. 3416) 1979, mit einem Nachw. zur Taschenbuchausgabe.

J. BRONOWSKI: The ascent of man, 1973; dt.: Der Aufstieg der Menschheit. Stationen unserer Entwicklungsgeschichte, übers. v. G. Kemperdick, Frankfurt–Berlin–Wien 1976.

E. CASSIN – J. BOTTÉRO – J. VERCOUTTER: Die Altorientalischen Reiche, 3 Bde., Frankfurt (Fischer Weltgeschichte 2; 3; 4) 1965–1967.

W. DURANT: Kulturgeschichte der Menschheit, 1. Bd.: Der alte Orient und Indien (The Story of Civilization. I. Our Oriental Mentage I–II, 1935), übers. v. J. Blei, München 1981.

W. DURANT: Kulturgeschichte der Menschheit, Bd. IX: Das Zeitalter der Reformation (The Story of Civilization. VI The Reformation I–II, New York 1957), übers. v. E. Thorsch u. M. Lang, München 1982.

F. ENGELS: Die Lage der arbeitenden Klasse in England, Leipzig 1845; MEW II, hrsg. v. ZK. der SED für Marxismus-Leninismus, Berlin 1957, 225–506.

E. ETTINGER: Rosa Luxemburg. A Life, Boston 1986; dt.: Rosa Luxemburg. Ein Leben, übers. v. B. Bortfeldt, Bonn 1990.

R. GIRARD: La Violence et le sacré, Paris 1972; dt.: Das Heilige und die Gewalt, aus dem Franz. v. E. Mainberger-Ruh, Zürich 1987.

H. HAMMES: Hexenwahn und Hexenprozesse, Frankfurt 1977.

H. HIMMLER: Geheimreden 19331945 und andere Ansprachen, hrsg. v. B. F. Smith u. A. F. Peterson, eingef. v. J. C. Fest, Frankfurt–Berlin–Wien 1974.

H. HIRSCH: Rosa Luxemburg mit Selbstzeugnissen und Bilddokumenten, Hamburg (rm 158) 1969.

G. C. HOMANS: The Human Group, New York 1950; dt.: Theorie der sozialen Gruppe, übers. v. R. Gruner, Köln–Opladen 1960.

W. HOFER (Hrsg.): Der Nationalsozialismus. Dokumente 1933–1945, Frankfurt (Fischer Tb. 172) 1957.

J. HUIZINGA: Homo Ludens. Vom Ursprung der Kultur im Spiel (1938), aus dem Niederländischen übertragen v. H. Nachod, Nachw. A. Flitner, Hamburg (rde 435) 1956.

G. JOROUSCHEK (Hrsg.): Malleus Maleficarum (Hexenhammer von J. Sprenger und H. Institoris (Kramer), Hildesheim, New York (Nachdruck des Erstdrucks von 1487) 1990.

T. E. LAWRENCE: Seven Pillars of Wisdom, London 1926; dt.: Die sieben Säulen der Weisheit, übers. v. D. v. Mikusch, 1936; Neudruck: München (dtv 1456) 1979.

H. CH. LEA: History of the Inquisition of the Middle Ages, 3 Bde., New York 1887; dt.: Geschichte der Inquisition im Mittelalter, übers. v. H. Wieck und M. Rachel, rev. v. J. Hansen, 3 Bde., Bonn 1905, 1909, 1913; Neudruck im Auszug: Nördlingen 1985.

C. LÉVI-STRAUSS: Tristes Tropiques, Paris 1955; dt.: Traurige Tropen, übers. v. S. Heintz, Köln–Berlin (Pocket 10) 1970.

C. LÉVI-STRAUSS: Rasse und Geschichte, aus dem Franz. (1952) v. T. König, Frankfurt (st 62) 1972.

D. LEWIS – W. FORMAN: The Maori, Heirs of Tane, London 1988; dt.: Die Maori. Die Erben Tanes, übers. v. Th. Kierdorf, Luzern–Herrsching 1988.

T. LIVIUS: Römische Geschichte (Ab urbe condita), übertr. u. ausgew. v. J. Felix, 2 Bde., München (GGTb. 675; 831), 1. Bd. [4]1971; 2. Bd. [2]1972.

T. Livius: Römische Geschichte. Der Zweite Punische Krieg, übers. v. W. Sontheimer, 3 Bde., Stuttgart (reclam 2109; 2111–2112; 2113) 1959–1961.

N. Luhmann: Funktion der Religion, Frankfurt 1977.

Publius Ovidius Naso: Metamorphosen (8 n. Chr.), übers. v. R. Suchier, bearb. v. M. Vosseler; München (GGTb. 583–584) o. J.; übers. v. H. Breitenbach, Zürich–Stuttgart 1958; Neudruck: Stuttgart (reclam 356–57a–f) 1975; eingel. von L. P. Wilkinson.

K. M. Panikkar: Neue Staaten in Asien und Afrika, in: Propyläen Weltgeschichte, hrsg. v. G. Mann, 10 Bde., Berlin–Frankfurt 1986 (Sonderausgabe von 1960–1964) x 103–164.

E. Probst: Deutschland in der Steinzeit. Jäger, Fischer und Bauern zwischen Nordseeküste und Alpenraum, München 1991.

G. Riecken: Die Flutkatastrophe vom 11. Okt. 1634, in: B. Hinrichs – A. Panten – G. Riecken: Flutkatastrophe 1634. Natur, Geschichte, Dichtung, Neumünster 1985, 11–63.

S. Rieckhoff: Faszination Archäologie. Bayern vor den Römern, Regensburg 1990.

A. Smith: A Inquiry into the Nature and Causes of the Wealth of Nations, London 1776; [5]1789; danach dt.: Der Wohlstand der Nationen. Eine Untersuchung seiner Natur und seiner Ursachen, aus dem Engl. übers. v. H. C. Recktenwald, München 1974; München (dtv 6094) 1978.

W. G. Soldan – H. Heppe: Geschichte der Hexenprozesse (1879). Neu bearb. u. hrsg. v. M. Bauer, 2 Bde., Berlin [3]1911; Neudruck: Hanau (Müller u. Kiepenheuer) o. J.

Gaius Suetonius Tranquillus: De vita Caesarum (8 Bücher, 120 n. Chr.); dt.: Leben der Caesaren, übers. u. hrsg. v. A. Lambert (1955), München (dtv 6005) 1972.

Tacitus: Annalen (ca. 100 n. Chr.), hrsg. v. C. Hoffmann, Wiesbaden (Vollmer V.) o. J.

Thukydides: Geschichte des Peloponnesischen Krieges (ca. 410 v. Chr.), übers. v. G. P. Landmann; Hamburg (rk 100–102) 1962.

A. J. Toynbee: Mankind and Mother Earth. A narrative History of the World, Oxford 1976; dt.: Menschheit und Mutter Erde. Die Geschichte der großen Zivilisationen; übers. v. K. Berisch; Düsseldorf 1979.

E. E. Vardiman: Die Frau in der Antike. Sittengeschichte der Frau im Altertum, Düsseldorf–Wien 1982.

M. Weber: Die sozialen Gründe des Untergangs der antiken Kultur, in: J. Winckelmann (Hrsg.): Max Weber: Soziologie, Weltgeschichtliche Analysen, Politik, Stuttgart (Kröner Tb. 229) [4](durchges. u. verb.) 1968, 1–26, eingel. v. E. Baumgarten.

St. Wehowsky: Die unvernünftige Gesellschaft, in: Geo Wissen, Nr. 2, 7. 5. 1990, 152–161.

5. Zeitfragen

J. M. ALFONSO: Das Elend der großen Städte, Hamburg 1978.

C. AMERY: Das Ende der Vorsehung (rororo 6874) 1972.

C. AMERY: Natur als Politik. Die ökologische Chance des Menschen, Hamburg (rororo 7146) 1978.

U. ALBRECHT – D. ERNST – P. LOCK – H. WULF: Rüstung und Unterentwicklung. Iran, Indien, Griechenland/Türkei: Die verschärfte Militarisierung, Hamburg (rororo 4004) 1976.

H. J. BECKER: Polyglott Reiseführer. Jordanien, Libanon, Syrien; Köln [3]1965.

Der Brandt-Report. Bericht der Nord-Süd-Kommission (North-South: A Programme for Survival, 1980); übers. v. B. Bortfeldt, H. Kober, L. Schwartz, Köln 1980; Neudruck: Frankfurt–Berlin–Wien (Ullstein Tb. 34102) 1981.

P. BRUCKNER: Das Schluchzen des Weißen Mannes. Europa und die Dritte Welt, Berlin 1984.

M. BRZOSKA: Feuer aufs Öl, in: Ärzte ./. Atomkrieg. Rundbrief der IPPNW und der Ärzte-Initiativen, Nr. 34, März 1991; Der Krieg am Golf, 32–35.

F. CAPRA: The turning Point, 1982; dt.: Wendezeit, Bausteine für ein neues Weltbild, übers. v. E. Schuhmacher, Bern–München–Wien [7]1984.

M. COLLINS (Hrsg.): The Last Rain Forests, 1990; dt.: Die letzten Regenwälder, mit einem Vorw. v. D. Attenborough, übers. v. Ch. Arndt, Gütersloh 1990.

B. COMMONER: The Poverty of Power, New York 1976; dt.: Energieeinsatz und Wirtschaftskrise. Die Grundlagen für den radikalen Wandel, Hamburg (rororo 4193) 1977, übers. v. H. Gaethe.

M. R. DEDERICHS: «Nie zuvor war ich so stolz», in: Stern, Nr. 11, 7. März 1991, S. 36–37.

E. DREWERMANN: Der tödliche Fortschritt. Von der Zerstörung der Erde u. des Menschen im Erbe des Christentums, Regensburg [6](erw.) 1990; Neudruck: Freiburg (Herder Spektrum 4032) 1991.

U. DUCHROW – G. EISENBÜRGER – J. HIPPLER (Hrsg.): Totaler Krieg gegen die Armen. Geheime Strategiepapiere der amerikanischen Militärs, München (Kaiser Tb. 62) 1991.

S. EBELSEDER – P. JUPPENLATZ: Schmutziges Geld, Gütersloh 1982.

E. EPPLER: Wenig Zeit für die Dritte Welt, Stuttgart–Berlin–Köln–Mainz (Urban Tb. 822) [2]1971.

E. EPPLER: Wege aus der Gefahr, Hamburg 1981.

G. GRASS: Diese Regierung muß zurücktreten. Interview von M. Th. Mehr mit G. Grass über den Golfkrieg und die Bundesrepublik, in: Ärzte ./. Atomkrieg. Rundbrief der IPPNW und der Ärzte-Initiativen, Nr. 34, März 1991; Der Krieg am Golf, 27–29.

H. GRUHL: Ein Planet wird geplündert. Die Schreckensbilanz unserer Politik. Mit einem aktuellen Vorw.; Frankfurt 1975; Neudruck: Frankfurt (Fischer alternativ 4006) 1978.

G. HANCOCK: Händler der Armut. Wohin verschwinden unsere Entwicklungsmilliarden? München 1989.

R. JUNGK: Heller als tausend Sonnen. Das Schicksal der Atomforscher, Bern–Stuttgart–Wien 1956.

P. KOCH: Wahnsinn Rüstung, Hamburg 1981.

A. KOSTOLANY: Wunderland von Geld und Börse, Stuttgart 1982.

G. KRELL – B. W. KUBBIG (Hrsg.): Krieg und Frieden am Golf, Frankfurt (Fischer Tb. 11010) 1991.

W. G. LERCH: Kein Frieden für Allahs Völker. Die Kriege am Golf. Geschichte, Gestalten, Folgen, Frankfurt 1991.

D. LINDLAU: Der Mob, Recherchen zum organisierten Verbrechen, Hamburg 1987.

M. A. LINEBARGER: Schlachten ohne Tote, Frankfurt 1960.
TH. LÖBSACK: Die letzten Jahre der Menschheit. Vom Anfang und Ende des Homo sapiens, München 1983; Neudruck: Frankfurt–Berlin (Ullstein Tb. 34312) 1986.
P. C. MAYER-TASCH: Die verseuchte Landkarte. Das grenzenlose Versagen der internationalen Umweltpolitik, München (BsR 329) 1987.
J. REICH: Wie ein Boxer im Bademantel, in: Ärzte ./. Atomkrieg, Rundbrief der IPPNW und der Ärzte-Initiativen, Nr. 34, März 1991: Der Krieg am Golf, 30–31.
P. SALINGER – E. LAURENT: Guerre du Golfe. Le Dossier Secret, Paris 1991; dt.: Krieg am Golf. Das Geheimdossier, aus dem Franz. übers. v. S. Kerschenstein u. R. Hesse, 1991.
B. SCHWARZ: Jede Menge Panzer... aber wer soll sie kaufen?, Die Zeit. Dossier, Nr. 25, 14. Juni 1991, S. 15–18.
L. DA SILVA: Die Favelas von Rio de Janeiro, in: E. Evans-Pitchard (Hrsg.): Bild der Völker, Bd. 5, Teil 1: Südamerika östlich der Anden, Wiesbaden 1974, 122–128.
D. VAN VERSENDAAL: Waffenstillstand, in: Süddeutsche Zeitung, Magazin, 2. August 1991.
F. VILMAR: Rüstung und Abrüstung im Spätkapitalismus. Eine sozio-ökonomische Analyse des Militarismus, Hamburg (rororo 6797) 1973.
P. WATSON: Psycho-Krieg, Düsseldorf 1982.
R. WINTER: Ami go home. Plädoyer für den Abschied von einem gewalttätigen Land, Hamburg 1989; München (Goldmann Tb. 11685) 1990.
R. WINTER: Die amerikanische Zumutung. Plädoyers gegen das Land des real existierenden Kapitalismus, München (Heyne Tb. 133) 1990.
B. WOODWARD: The Commanders, New York 1991; dt.: Die Befehlshaber, übers. v. R. de Hollanda, Pociao, S. Weidle; Köln 1991.

6. Philosophie und Ethik

F. ALT: Liebe ist möglich. Die Bergpredigt im Atomzeitalter, München (SP 429) 1985.
E. BLOCH: Atheismus im Christentum. Zur Religion des Exodus und des Reichs (Frankfurt 1968), Hamburg (rde 347) 1970.
H. BORNKAMM: Luthers Lehre von den zwei Reichen im Zusammenhang seiner Theologie, in: H. H. Schrey (Hrsg.): Reich Gottes und Welt, Darmstadt 1969, 165–195.
M. BUBER: Zwischen Gesellschaft und Staat (1950), in: Werke, 1. Bd.: Schriften zur Philosophie, Heidelberg–München 1962, 1005–1020.
M. BUBER: Geltung und Grenze des politischen Prinzips (1951), in: Werke, 1. Bd.: Schriften zur Philosophie, Heidelberg–München 1962, 1095–1108.
A. CAMUS: Carnets III, mars 1951–décembre 1959, Paris 1989; dt.: Tagebuch. März 1951–Dezember 1959, übers. v. G. G. Meister, Hamburg 1991.
A. CAMUS: Le Mythe de Sisyphe, Paris 1942; dt.: Der Mythos von Sisyphos. Ein Versuch über das Absurde; übers. v. H. G. Breuner – W. Rasch, Boppard 1950; Neudruck Reinbek (rde 90) 1959, mit einem komm. Essay von L. Richter.
A. CAMUS: L'Homme révolté, Paris 1951; dt.: Der Mensch in der Revolte. Essays; übers. von J. Streller; neubearb. v. G. Schlocker unter Mitarbeit von F. Bondy, Hamburg 1953.
E. M. CIORAN: Auf den Gipfeln der Verzweiflung, Frankfurt (sv 1008) 1988.
G. DENZLER: Die verbotene Lust. 2000 Jahre christliche Sexualmoral, München–Zürich 1988.
H. DIELS: Die Fragmente der Vorsokratiker; nach der v. W. Kranz hrsg. 8. Aufl.; eingel. v. G. Plamböck; Hamburg (rk 10) 1957.
H. DOMBOIS – E. WILKENS (Hrsg.): Macht und Recht. Beiträge zur lutherischen Staatslehre der Gegenwart, Berlin 1956.

E. DREWERMANN: Strukturen des Bösen. Die jahwistische Urgeschichte in exegetischer, psychoanalytischer und philosophischer Sicht.
1. Bd.: Die jahwistische Urgeschichte in exegetischer Sicht, Paderborn; 1977; 21979, erw. durch ein Vorwort: Zur Ergänzungsbedürftigkeit der historisch-kritischen Exegese; 31981, erg. durch ein Nachwort: Von dem Geschenk des Lebens oder: das Welt- und Menschenbild der Paradieserzählung des Jahwisten (Gn 2,4b–25), S. 356–413.
2. Bd.: Die jahwistische Urgeschichte in psychoanalytischer Sicht, Paderborn 1977; 21980 erw. durch ein Vorw.: Tiefenpsychologie als anthropologische Wissenschaft; 71981: Neudruck der 2. Aufl.
3. Bd.: Die jahwistische Urgeschichte in philosophischer Sicht, Paderborn 1978; 21980, erw. durch ein Vorw.: Das Ende des ethischen Optimismus; 31982: Neudruck der 2. Aufl.

E. DREWERMANN: Das Tragische und das Christliche. Von der Anerkennung des Tragischen – oder: gegen eine gewisse Art von Pelagianismus im Christentum, Schwerte 1981; erweitert um Teil 3: Die Tragik der menschlichen Unzulänglichkeit oder: die Tragik Gottes, in: Psychoanalyse und Moraltheologie, 3 Bde., Mainz 1982–84, 1. Bd. Angst und Schuld, 19–78.

E. DREWERMANN: Zum Verhältnis von Psychotherapie und Seelsorge (1981) in: Psychoanalyse und Moraltheologie, 3 Bde., Mainz 1982–1984, 101991, I 163–178.

E. DREWERMANN: Heil und Heilung. Eine Meditation über das Verhältnis von Psychotherapie und Seelsorge, in: Psychoanalyse und Moraltheologie, 3 Bde., Mainz 1982–84, Bd. I: Angst und Schuld, 179–189.

E. DREWERMANN: Aus Schuld geschieden – verdammt zum Unglück?, in: Psychoanalyse und Moraltheologie, 3 Bde., Mainz 1982–1984, Bd. 2: Wege und Umwege der Liebe, 112–137.

E. DREWERMANN: Ein Plädoyer für die Lüge oder: Vom Unvermögen zur Wahrheit, in: Psychoanalyse und Moraltheologie, 3 Bde., Mainz 1982–83, 3. Bd.: An den Grenzen des Lebens, 199–236.

E. DREWERMANN: Der Krieg und das Christentum, Von der Ohnmacht u. Notwendigkeit des Religiösen, Regensburg 21984; Neuauflage: Die Spirale der Angst. Der Krieg und das Christentum, mit vier Reden gegen den Golfkrieg, Freiburg 1991.

E. DREWERMANN: Reden gegen den Krieg, hrsg. v. B. Marz, Düsseldorf 1991.

P. EICHER: «Er ist unser Friede», in: ders. (Hrsg.): Das Evangelium des Friedens, Christen und Aufrüstung, München 1982, 42–102.

P. EICHER: Bürgerliche Religion. Eine theologische Kritik, München 1983.

A. EINSTEIN: Mein Weltbild, hrsg. v. C. Seelig; Amsterdam 11934; neue vom Verf. durchges. u. wesentl. erw. Aufl., Frankfurt–Berlin (Ullstein Tb. 65) 1972.

ERASMUS VON ROTTERDAM: Lob der Torheit (Encomium moriae, 1508, übers. u. hrsg. v. A. J. Gail, Stuttgart (reclam 1907) 1980.

G. ERMECKE: Zur ethischen Begründung der Todesstrafe heute. Vortrag beim Antritt des Rektorats 1958–59 der Philos.-Theolog. Akademie zu Paderborn, Paderborn 1959.

M. VON FAULHABER (Bischof von München): Waffen des Lichtes. Gesammelte Kriegsreden, Freiburg 1918.

J. G. FICHTE: Grundlage des Naturrechts nach Prinzipien der Wissenschaftslehre, Jena–Leipzig 1796; Neudruck nach der 2. v. F. Medicus hrsg. Aufl. v. 1922: Hamburg (Philos. Bibl. 256) 1960, eingel. u. mit Reg. vers. v. M. Zahn.

K. FRANKE: Die Zeit zum Widerstand ist gekommen. Tierversuche, in: K. Franke (Hrsg.): Mehr Recht für Tiere, Hamburg 1985, 205–222.

K. v. FRITZ: Quellenuntersuchungen zu Leben und Philosophie des Diogenes von Sinope. Philologus, Suppl. 18,2, 1926.

MAHATMA GANDHI: Freiheit ohne Gewalt,

eingel., übers. u. hrsg. v. K. Klostermeier, Köln 1968.

M. Gandhi: Handeln aus dem Geist, ausgew. u. eingel. v. G. u. Th. Sartory, Freiburg–Basel–Wien 1977.

E. Grässer: «Der politisch gekreuzigte Christus.» Kritische Anmerkungen zu einer politischen Hermeneutik des Evangeliums, Zeitschrift für die Neutestamentliche Wissenschaft 62 (1971) 3/4, 266–294.

G. Häring: Das Gesetz Christi, Freiburg, 5. Aufl. 1959.

G. W. F. Hegel: Phänomenologie des Geistes (1808); hrsg. v. J. Hoffmeister (1937); Philos. Bibl. 114; Hamburg [6]1952.

G. W. F. Hegel: Die Vernunft in der Geschichte (Vorlesungen von 1822, 1828, 1830 sowie Zusätze aus dem Wintersemester 1826–27), hrsg. v. J. Hoffmeister, [5]1955; Philos. Bibl. Bd. 171 a; Hamburg 1963.

G. W. F. Hegel: Vorlesungen über die Philosophie der Religion (Vorlesungen von 1821, 1824, 1827, 1831); Einf. v. Ph. Marheineke; hrsg. v. G. Glockner, in: Sämtliche Werke in 20 Bänden, Bd. 15–16, Stuttgart–Bad-Cannstatt [4]1965.

M. Hengel: Christus und die Macht. Die Macht Christi und die Ohnmacht der Christen. Zur Problematik einer «Politischen Theologie» in der Geschichte der Kirche, Stuttgart 1974.

P. Hoffmann – V. Eid: Jesus von Nazareth und eine christliche Moral. Sittliche Perspektiven der Verkündigung Jesu, Freiburg–Basel–Wien (Quaestiones disputatae 66) 1975.

K. Hübner: Die Wahrheit des Mythos, München 1985.

I. Jesudasan: Mahatma Gandhis Weg zur Freiheit, Olten–Freiburg 1987.

H. Jonas: Das Prinzip Verantwortung. Versuch einer Ethik für die technologische Zivilisation, Frankfurt 1979.

I. Kant: Grundlegung zur Metaphysik der Sitten, Riga 1785 (A); 1786 (B), in: Werke in 12 Bänden, hrsg. v. W. Weischedel, Frankfurt (Suhrkamp Verlag) 1968, Bd. vii, 7–102.

I. Kant: Kritik der praktischen Vernunft, Riga 1788; in: Werke in 12 Bänden, hrsg. v. W. Weischedel, Frankfurt 1968, Bd. vii 103–302.

I. Kant:Die Metaphysik der Sitten. 1. Blatt: Die Metaphysik der Sitten; 2. Blatt: Metaphysische Anfangsgründe der Rechtslehre; Königsberg 1797 (A); 1798 (B), in: Werke in 12 Bänden, hrsg. v. W. Weischedel, Frankfurt (Suhrkamp V.) 1968, Bd. viii 303–634.

I. Kant: Zum ewigen Frieden. Ein philosophischer Entwurf, Königsberg 1795 (A); 1796 (B); Werke in 12 Bänden, hrsg. v. W. Weischedel; Frankfurt (sv) 1968; Bd. 11, 191–251.

S. Kierkegaard: Die Krankheit zum Tode. Eine christliche psychologische Entwicklung zur Erbauung und Erweckung, von Anti-Climacus; Kopenhagen 1849; übers. ins Deutsche von L. Richter, in: Kierkegaards Werke in 5 Bänden, in neuer Übertragung und mit Kommentar versehen v. L. Richter, Hamburg (rk 71; 81; 89; 113; 147) 1960–64; Bd. 4 (rk 113) 1962.

S. Kierkegaard: Indövelse i Christendom. Af Anti-Climacus, Kopenhagen 1850; dt.: Einübung im Christentum, von Anti-Climacus, übers. v. E. Hirsch u. H. Gerdes, Werke xii, Düsseldorf–Köln [4]1971; in: Werkausgabe in 2 Bänden, Bd. 2, 9–307, Düsseldorf–Köln 1971.

S. Kierkegaard: Der Augenblick. Aufsätze und Schriften des letzten Streits zwischen 1854–1855; übers. v. H. Gerdes, Werke xiv, Düsseldorf–Köln 1959; in: Werkausgabe in 2 Bänden, Bd. ii, 309–567, Düsseldorf–Köln 1971.

S. Kierkegaard: Tagebücher, 5 Bde., ausgew. u. übers. v. H. Gerdes, Düsseldorf–Köln 1962–74.

Martin Luther King: Where do we go from there, New York 1967; dt.: Wohin führt unser Weg. Chaos – oder Gemeinschaft, übers. v. H. Jany, Wien–Düsseldorf 1968.

A. KLÖNNE: Zur Geschichte des «anderen Katholizismus». Initiativen katholischer Kriegsgegner in Deutschland von der Weimarer Republik bis heute, in: P. Eicher (Hrsg.): Das Evangelium des Friedens. Christen und Aufrüstung, München 1982, 103–124.

G. E. LESSING: Die Erziehung des Menschengeschlechts (1780), in: Werke in 2 Bänden, hrsg. v. P. Stapf, Bd. 2, Wiesbaden (Vollmer V.) o. J., 977–997.

G. W. LEIBNIZ: Die Theodizee (1710); übersetzt von A. Buchenau, eingeführt von M. Stockhammer; Hamburg (Philos. Bibl. Bd. 71) ²1968.

J. LOCKE: The second Treatise of Government, 1690; dt.: Über die Regierung, übers. v. D. Tidow, mit einem Essay: John Locke – Der Weg zur Freiheit, Hamburg (rororo 201–202) 1966.

H. MEYER: Der Mensch und das Tier. Anthropologische und kultursoziologische Aspekte, München 1975.

P. SHRI S. NEHRU: Mahatma Gandhi. Leben und Werk des großen Freiheitskämpfers, Bergisch Gladbach (Bastei-Lübbe Tb. 61083) 1983.

F: NIETZSCHE: Also sprach Zarathustra. Ein Buch für alle und keinen (1883–1884: Teil I–III; 1885: Teil IV), München (GGTb. 403) 1960.

F. NIETZSCHE: Jenseits von Gut und Böse. Vorspiel einer Philosophie der Zukunft (1885), München (Goldmann 990, Ges. Werke in 11 Bänden; Bd. 8), o. J., nachw. v. B. H. Bonsels.

F. NIETZSCHE: Der Wille zur Macht. Versuch einer Umwertung aller Werte (1887); ausgew. u. geordn. v. P. Gast u. E. Förster-Nietzsche, Stuttgart (Kröner Tb. 78) 1964, Nachw. v. A. Baeumler.

B. PASCAL: Pensées de M. Pascal sur la religion et sur quelques autres sujets, qui ont esté trouvées après sa mort parmy ses papiers, postum 1669; dt.: Über die Religion und über einige andere Gegenstände, übersetzt von E. Wasmuth, Stuttgart ⁵(erweitert und neu bearbeitet) 1954.

PLATON: Kriton, in: Sämtliche Werke in 6 Bänden, übers. v. F. Schleiermacher, hrsg. v. W. F. Otto – E. Grassi – G. Plamböck, Hamburg (rk 1; 14; 27; 39; 47; 54) 1957–1959, Bd. 1, 1957, S. 33–47.

PLATON: Gorgias, in: Sämtliche Werke, übers. f. F. Schleiermacher, hrsg. v. W. F. Otto – E. Grassi – G. Plamböck, 1. Bd.: Apologie, Kriton, Protagoras, Hippias (Das kleinere Gespräch dieses Namens), Charmides, Laches, Ion Eutyphron, Gorgias, Briefe, Hamburg (rk 1, 1 a) 1957, 197–283.

PLATON: Politeia (Staat), in: Sämtliche Werke in 6 Bänden, in der Übers. v. F. Schleiermacher mit der Stephanusnumerierung hrsg. v. W. F. Otto, E. Grassi, G. Plamböck, Reinbek (rk 1; 14; 27; 39; 47; 54) 1957–1959; Bd. 3, 1958, 67–310.

T. RENDTORFF: Politische Ethik und Christentum, München 1978.

H. R. REUTER: Die Bergpredigt als Orientierung unseres Menschseins heute. Ein kritischer Diskurs in ethischer Absicht, Zeitschrift für evangelische Ethik, 23 (1979) 84–105.

J. J. ROUSSEAU: Staat und Gesellschaft. «Contrat Social», übers. u. komm. v. K. Weigand, München (GGTb. 532) o. J.

J. ROWLEY: Erbitterte Redeschlacht um die Todesstrafe in Amerika, Kölnische Rundschau 24. Oktober 1991.

J. P. SARTRE: Critique de la raison dialectique, précédé de Question de méthode. Tome 1: Théorie des ensembles pratiques, Paris 1960; dt.: Kritik der dialektischen Vernunft. 1. Bd.: Theorie der gesellschaftlichen Praxis, übers. v. T. König, Reinbek 1967.

M. SCHELER: Vom Ewigen im Menschen (1920); Ges. Werke, Bd. 5; hrsg. v. M. Scheler, Bern–München ⁵1968.

F. SCHILLER: Über Anmut und Würde (1793), in: Werke, 2 Bde., hrsg. v. P. Stapf, Wiesbaden (Vollmer V.) o. J., II 502–547.

A. SCHOPENHAUER: Preisschrift über die

Grundlage der Moral, *nicht* gekrönt von der Königlich Dänischen Societät der Wissenschaften zu Kopenhagen, am 30. Januar 1840; in: Sämtliche Werke, hrsg. v. A. Hübscher, Bd. IV: Schriften zur Naturphilosophie und zur Ethik, Wiesbaden ³1972.

R. SCHWAGER: Offenlegung der Gewalt und christliche Offenbarung, in: P. Eicher (Hrsg.): Das Evangelium des Friedens. Christen und Aufrüstung, München 1982, 27–41.

A. SCHWEITZER: Aus meinem Leben und Denken (1931), Frankfurt–Hamburg (Fischer Tb. 18) 1952.

A. SCHWEITZER: Kultur und Ethik. Unter Einschluß von: Verfall und Wiederaufbau der Kultur; München 1960.

Shalom. Sonderausgabe, Febr. 1991, 3–4, hrsg. v. H. Rösener, im Auftrag der Evangel. Kirche von Westfalen, 584 Schwerte, Beckhausweg 20.

H. THIELICKE: Theologische Ethik, 3 Bde., Tübingen 1958–1964.

L. N. TOLSTOI: Mein Glaube, aus dem Russ. v. R. Löwenfeld, eingef. v. R. Löwenfeld, (Sämtl. Schriften II, Leipzig 1901), München 1990.

E. TROELTSCH: Die Soziallehren der christlichen Kirchen und Gruppen, 1912.

K. VORLÄNDER: Philosophie des Altertums, Geschichte der Philosophie in 5 Bänden, 1. Bd., bearb. v. E. Metzke, mit einem Anhang «Quellentexte» ausgew. v. E. Grassi u. E. Keßler, Hamburg (rde 183–184) 1963.

M. WEBER: Der Beruf zur Politik; Erstdruck: Politik als Beruf. Geistige Arbeit als Beruf. Vier Vorträge vor dem Freistudentischen Bund. Zweiter Vortrag. 1919; ²1926, 50–67; ⁴1964; Abdruck in: M. Weber: Soziologie. Weltgeschichtliche Analysen. Politik; mit einer Einl. v. E. Baumgarten; hrsg. u. erl. v. J. Winckelmann; Stuttgart (Kröner Tb. 229) ⁴(erneut durchges. u. verb.) 1968, 167–185.

G. WEHR: C. G. Jung und Rudolf Steiner. Konfrontation und Synopse, Zürich 1990.

G. WOLF (Hrsg.): Luther und die Obrigkeit (Wege der Forschung 85), Darmstadt 1972.

7. Tiefenpsychologie

K. ABRAHAM: Versuch einer Entwicklungsgeschichte der Libido aufgrund der Psychoanalyse seelischer Störungen (1924), in: Psychoanalytische Studien zur Charakterbildung und andere Schriften, hrsg. v. J. Cremerius, Frankfurt 1969, 113–183; Neuausgabe in 2 Bänden; Gesammelte Schriften, Frankfurt (Fischer Tb. 7319) 1982, II 32–102.

K. ABRAHAM: Psychoanalytische Studien zur Charakterbildung (1925), in: Psychoanalytische Studien zur Charakterbildung und andere Schriften„ hrsg. v. J. Cremerius, Frankfurt 1969, 184–226.

F. ALEXANDER – H. STAUB: Der Verbrecher und sein Richter. Ein psychoanalytischer Einblick in die Welt der Paragraphen (1929), in: T. Moser (Hrsg.): Psychoanalyse und Justiz, Frankfurt 1971, 205–411, Nachw. v. T. Moser.

E. BLEULER: Lehrbuch der Psychiatrie, Berlin–Heidelberg–New York, 11. umgearb. Aufl. von M. Bleuler 1969.

G. CONDRAU: Angst und Schuld als Grundprobleme der Psychotherapie, Bern–Stuttgart 1962.

E. DREWERMANN: Der Teufel im Märchen, in: Archiv für Religionspsychologie (hrsg. v. W. Keilbach u. K. Krenn), Bd. 15, Göttingen 1982, 93–128.

E. DREWERMANN – I. NEUHAUS: Der goldene Vogel (Grimms Märchen tiefenpsychologisch gedeutet, Bd. 2), Olten–Freiburg 1982.

E. DREWERMANN – I. NEUHAUS: Marienkind. Grimms Märchen tiefenpsychologisch gedeutet, Bd. 5, Olten–Freiburg 1984, ³1989.

E. DREWERMANN – I. NEUHAUS: Die Kristallkugel, Olten (Grimms Märchen tiefenpsychologisch gedeutet, Bd. 6) 1985.

E. DREWERMANN – I. NEUHAUS: Das Eigentliche ist unsichtbar. Der Kleine Prinz tiefenpsychologisch gedeutet, Freiburg–Basel–Wien 1984.

E. DREWERMANN: Kleriker. Psychogramm eines Ideals, Olten 1989; Neudruck: München (dtv) 1991.

A. DÜHRSSEN: Psychogene Erkrankungen bei Kindern und Jugendlichen. Eine Einführung in die allgemeine und spezielle Neurosenlehre, Göttingen 1954.

S. FREUD: Drei Abhandlungen zur Sexualtheorie (1905), in: Ges. Werke, Bd. 5, London 1942, 27–145.

S. FREUD: Bruchstück einer Hysterie-Analyse («Dora») (1905); Werke V, London 1942, 161–286.

S. FREUD: Die «kulturelle» Sexualmoral und die moderne Nervosität (1908), in: Ges. Werke VII, London 1941, 141–167.

S. FREUD: Ratschläge für den Arzt bei der psychoanalytischen Behandlung (1912), in: Ges. Werke VIII, London 1943, 375–387.

S. FREUD: Die Disposition zur Zwangsneurose (1913), in: Ges. Werke VIII, London 1945, 442–452.

S. FREUD: Totem und Tabu (1912), Ges. Werke IX, London 1940.

S. FREUD: Erinnern, Wiederholen und Durcharbeiten (1914), in: Gesammelte Werke, X 125–136, London 1946.

S. FREUD: Zur Einführung des Narzißmus (1914), in: Ges. Werke X, London 1946, 137–170.

S. FREUD: Zeitgemäßes über Krieg und Tod (1915), in: Werke X, London 1946, 323–355.

S. FREUD: Vorlesungen zur Einführung in die Psychoanalyse (1917), in: Ges. Werke XI, London 1944.

S. FREUD: Wege der psychoanalytischen Therapie (1918), in: Ges. Werke XII, London 1947, 181–194.

S. FREUD: Jenseits des Lustprinzips (1920), Ges. Werke XIII, London 1940, 1–69.

S. FREUD: Massenpsychologie und Ich-Analyse (1921), Ges. Schriften XIII, London 1940, 71–161.

S. FREUD: Die endliche und die unendliche Analyse (1937), in: Ges. Werke XVI, London 1950, 57–99.

E. FROMM: Man for Himself. An Inquiry into the Psychology of Ethics, 1947; dt.: Psychoanalyse und Ethik. Bausteine zu einer humanistischen Charakterologie, übers. v. P. Stapf u. I. Mühsam, in: R. Funk (Hrsg.): Gesamtausgabe in 10 Bänden, Stuttgart 1980, II 1–157.

E. FROMM: The heart of Man. Its Genius for Good and Evil, 1964; dt.: Die Seele des Menschen. Ihre Fähigkeit zum Guten und zum Bösen, übers. v. L. u. E. Mickel, in: R. Funk (Hrsg.): Gesamtausgabe in 10 Bänden, 2. Bd., Stuttgart 1980, 159–268.

E. FROMM: To Have or to Be, 1976; dt.: Haben oder Sein. Die seelischen Grundlagen einer neuen Gesellschaft, übers. v. B. Stein, in: R. Funk (Hrsg.): Gesamtausgabe in 10 Bänden, 2. Bd., Stuttgart 1980, 269–414.

E. FROMM: The Sane Society, 1955; dt.: Wege aus einer kranken Gesellschaft, in: Gesamtausgabe in 10 Bänden, hrsg. v. R. Funk: übers. v. L. u. E. Mickel, IV. Bd.: Gesellschaftstheorie, Stuttgart 1980, 1–254.

E. FROMM: Der Sabbat (1927), in: Gesamtausgabe in 10 Bänden, hrsg. v. R. Funk, VI 1–9, Stuttgart 1980.

E. FROMM: Die Entwicklung des Christusdogmas. Eine psychoanalytische Studie zur sozialpsychologischen Funktion der Religion (1930); in: The Dogma of Christ and other Essays on Religion, Psychology and Culture, New York 1955; dt.: Das Christusdogma und andere Essays; übers. v. C. Dietlmeier; überarb. v. R. Funk; Gesamtausgabe in 10 Bänden, VI 11–68, Stuttgart 1980.

E. FROMM: You shall be as Gods. A radical Interpretation of the Old Testament and its Tradition, New York 1966; dt.: Ihr werdet sein wie Gott. Eine radikale Interpretation des Alten Testamentes und seiner Tradition, in: Gesamtausgabe in 10 Bänden, hrsg. v. R. Funk, VI: Religion, Stuttgart 1980, 83–226.

E. FROMM: Psychoanalysis and Religion, 1950; dt.: Psychoanalyse und Religion, übers. v. E. Rotten, in: Gesamtausgabe in 10 Bänden, hrsg. v. R. Funk, VI 227–299, Stuttgart 1980.

E. FROMM: Beyond the Chains of Illusion. My Encounter with Marx and Freud, 1962; dt.: Jenseits der Illusionen, in: Gesamtausgabe in 10 Bänden, hrsg. v. R. Funk; übers. v. L. u. E. Mickel, IX. Bd.: Sozialistischer Humanismus und Humanistische Ethik, Stuttgart 1981, 37–157.

R. GEIGER: Märchenkunde. Mensch und Schicksal im Spiegel der Grimmschen Märchen, Stuttgart 1982.

J. HESSING: Der Fluch des Propheten. Drei Abhandlungen zu Sigmund Freud, Rheda–Wiedenbrück 1989.

W. JAMES: The Varities of Religious Experience, Edinburgh 1901/1902; dt.: Die Vielfalt religiöser Erfahrung. Eine Studie über die menschliche Natur, übers., hrsg. u. mit Nachw. vers. v. E. Herms, Olten–Freiburg 1979.

E. JONES: Die Empfängnis der Jungfrau Maria durch das Ohr. En Beitrag zu der Beziehung zwischen Kunst und Religion, in: Jahrbuch der Psychoanalyse, hrsg. v. S. Freud, VI. Bd., Leipzig–Wien 1914, 135–204.

C. G. JUNG: Antwort auf Hiob (1952), in: Ges. Werke XI: Zur Psychologie westlicher und östlicher Religion, Olten 1963, 385–506.

C. G. JUNG: Versuch einer psychologischen Deutung des Trinitätsdogmas (1942), Werke XI, Olten–Freiburg 1971, 119–218.

C. G. JUNG: Vorwort zu Z. Werblowsky: Lucifer und Prometheus (1951), Werke XI, Olten–Freiburg 1971, 340–344.

C. G. JUNG: Antwort auf Hiob (1952), Werke XI, Olten–Freiburg 1973, 385–506.

C. G. JUNG (M. L. VON FRANZ, J. L. HENDERSON, J. JACOBI, A. JAFFÉ): Man and his Symbols, London 1964; dt.: Der Mensch und seine Symbole, übers. v. K. Thiele-Dohrmann, Olten 1968.

M. KLEIN: Zur Psychogenese der manisch-depressiven Zustände (1935), in: Das Seelenleben des Kleinkindes und andere Beiträge zur Psychoanalyse; hrsg. v. A. Thorner; Stuttgart 1962, 44–71.

S. LOOSER: Die Psychologie marschiert (stramm) mit, in: Intra. Psychologie und Gesellschaft, Nr. 8, 1991, 31–34.

A. MITSCHERLICH: Die Unfähigkeit zu trauern. Grundlagen kollektiven Verhaltens, München 1967.

O. PFISTER: Das Christentum und die Angst, 1944; Neudruck: Olten 1975, mit einem Vorw. v. Th. Bonhoeffer; Neudruck: Frankfurt–Berlin–Wien (Ullstein Tb. 35219) 1985.

W. PSYCHREMBEL: Klinisches Wörterbuch, Berlin–New York 254. neu bearb. Aufl. 1982.

O. RANK: Der Mythos von der Geburt des Helden. Versuch einer psychologischen Mythendeutung, Leipzig–Wien [2](verb.) 1922; Schriften zur angewandten Seelenkunde, hrsg. v. S. Freud, 5. Heft.

TH. REIK: Der eigene und der fremde Gott. Zur Psychoanalyse der religiösen Entwicklung (1923), mit einem Vorw. zur Neuausgabe v. A. Mitscherlich, Frankfurt (st 221) 1975.

TH. REIK: Dogma und Zwangsidee. Eine psychoanalytische Studie zur Entwicklung der Religion (1927); Neudruck, eingel. v. Y. Spiegel u. J. Scharfenberg, Köln–Berlin–Mainz (Urban Tb. 601) 1973.

H. RORSCHACH: Zwei schweizerische Sektenstifter (Binggeli–Unternährer), in: Ausgewählte Aufsätze, hrsg. v. K. W. Bash, Bern; München (Kindler Tb. 2044) o. J., 115–157.

H. SCHULTZ-HENCKE: Der gehemmte Mensch. Entwurf eines Lehrbuches der Neo-Psychoanalyse ([2]1947); Stuttgart 1965.

H. SCHULTZ-HENCKE: Lehrbuch der analytischen Psychotherapie (1951), Stuttgart 1965.

W. SCHWIDDER: Hemmung, Haltung und Symptom, in: Fortschritte der Psychoanalyse. Internationales Jahrbuch zur Weiter-

entwicklung der Psychoanalyse, Bd. 1, Göttingen 1964, 115–128.
H. THOMÄ: Anorexia nervosa. Geschichte, Klinik und Theorien der Pubertätsmagersucht; Bern–Stuttgart 1961.
ST. ZWEIG: Heilung durch den Geist. Mesmer, Mary Baker-Eddy, Freud, Frankfurt 1966.
ST. ZWEIG: Über Sigmund Freud. Porträt, Briefwechsel, Gedenkworte, Frankfurt (Fischer Tb. 9240) 1989.

8. Biologie und Verhaltensforschung

R. BILZ: Paläoanthropologie. Der neue Mensch in der Sicht einer Verhaltensforschung, Frankfurt 1971.
R. BILZ: Über die menschliche Schuldangst (1958), in: Paläoanthropologie. Der neue Mensch in der Sicht einer Verhaltensforschung, Frankfurt 1971, 351–369.
R. BILZ: Situationen der Ausweglosigkeit (1969), in: Paläoanthropologie. Der neue Mensch in der Sicht einer Verhaltensforschung, Frankfurt 1971, 418–425.
R. BILZ: Das Syndrom unserer Daseins-Angst (Existenz-Angst). Erörterungen über die Misere unseres In-der-Welt-Seins (1969), in: Paläoanthropologie. Der neue Mensch in der Sicht einer Verhaltensforschung, Frankfurt 1971, 427–464.
H. VON DITFURTH: Der Geist fiel nicht vom Himmel. Die Evolution unseres Bewußtseins, Hamburg 1976; Neudruck: München (dtv 1587) 1980.
V. B. DRÖSCHER: Sie töten und sie lieben sich. Naturgeschichte sozialen Verhaltens, Hamburg 1974; Neudruck: Hamburg (rororo 6998) 1977.
I. EIBL-EIBESFELDT: Krieg und Frieden aus der Sicht der Verhaltensforschung, München–Zürich 1973.
I. EIBL-EIBESFELDT: Menschenforschung auf neuen Wegen. Die naturwissenschaftliche Betrachtung kultureller Verhaltensweisen, Wien–München–Zürich 1976.
I. EIBL-EIBESFELDT: Der Mensch – das riskierte Wesen. Zur Naturgeschichte menschlicher Unvernunft, München–Zürich 1988.
J. GOODALL: Through a Window. Thirty Years with the Chimpanzees of Gombe, London 1990; dt.: Ein Herz für Schimpansen. Meine 30 Jahre am Gombe-Strom, übers. v. I. Strasmann, Hamburg 1991.
E. JANTSCH: Die Selbstorganisation des Universums. Vom Urknall zum menschlichen

Geist, mit einem Vorw. v. P. Feyerabend, München 1979; München (dtv 4397) 1982.

P. LEYHAUSEN: Verhaltensstudien an Katzen. Zeitschrift für Tierpsychologie, Beiheft 2, 1956.

P. LEYHAUSEN: Soziale Organisation und Dichtetoleranz bei Säugetieren (1965), in: K. Lorenz – P. Leyhausen: Antriebe tierischen und menschlichen Verhaltens. Ges. Abhandlungen, München 1968, 142–168.

P. LEYHAUSEN: Über die Funktion der Relativen Stimmungshierarchie, dargestellt am Beispiel der phylogenetischen und ontogenetischen Entwicklung des Beutefangs von Raubtieren (1965), in: K. Lorenz – P. Leyhausen: Antriebe tierischen und menschlichen Verhaltens. Ges. Abhandlungen, München 1968, 169–271.

P. LEYHAUSEN: Biologie von Ausdruck und Eindruck (1967), in: K. Lorenz – P. Leyhausen: Antriebe tierischen und menschlichen Verhaltens. Gesammelte Abhandlungen, München 1968, 297–407.

K. LORENZ: Das sogenannte Böse. Zur Naturgeschichte der Aggression, Wien 1963.

K. LORENZ: So kam der Mensch auf den Hund, München (dtv 329) 1975.

D. MORRIS: Manwatching, London 1977; dt.: Der Mensch, mit dem wir leben. Ein Handbuch unseres Verhaltens, übers. v. K. H. Silber und W. Wagmuth, München–Zürich (Knaur 3659) 1978.

D. MORRIS: The Human Zoo, London 1969; dt.: Der Menschenzoo, übers. v. F. Bolle, Zürich 1969.

D. MORRIS: Bodywatching, London 1985; dt.: Körpersignale, übers. v. M. Curths u. U. Gnade, München 1986.

D. MORRIS: Tribes, Devon 1988; dt.: Die Horde Mensch. Individuum und Gruppenverhalten, übers. v. H. Fliessbach, München 1989.

R. RIEDL: Evolution der Erkenntnis. Antworten auf Fragen aus unserer Zeit, München (SP 378) 1982.

R. RIEDL: Die Strategie der Genesis. Naturgeschichte der realen Welt, München 1976; Neudruck: München (SP 290) 1984.

R. RIEDL: Die Ordnung des Lebendigen. Systembedingungen der Evolution, Hamburg–Berlin 1975; Neudruck: München (SP 1018) 1990.

V. SOMMER: Die Affen. Unsere wilde Verwandtschaft, Hamburg 1989.

B. STONEHOUSE: Die Pinguine, in: B. Grzimek (Hrsg.): Tierleben. Enzyklopädie in 12 Bänden, Zürich 1970; München (dtv) 1980; VII: Vögel 1, 117–132.

L. TIGER – R. FOX: The imperial animal, 1971; dt.: Das Herrentier. Steinzeitjäger im Spätkapitalismus; eingef. v. K. Lorenz; übers. v. S. Schmitz; Wien 1973.

N. TINBERGEN: Von Krieg und Frieden bei Tier und Mensch, in: G. Altner (Hrsg.): Kreatur Mensch. Moderne Wissenschaft auf der Suche nach dem Humanum, München 1969; Neudruck: München (dtv 892) 1973, 324–354.

W. WICKLER: Mimikry. Nachahmung und Täuschung in der Natur, München 1968; Neudruck: Frankfurt (Fischer Tb. 6192) 1973.

9. Physik und Kosmologie

I. Asimov: The Exploding Suns. The Secrets of the Supernovas, New York 1989; dt.: Explodierende Sonnen. Geheimnisse der Supernova, übers. u. mit Schlußkapitel von H. M. Hahn.

J. Briggs – F. D. Peat: Turbulent Mirror. An Illustrated Guide to Chaos Theory and the Science of Wholeness, New York 1989; dt.: Die Entdeckung des Chaos. Eine Reise durch die Chaos-Theorie, übers. v. C. Carius, München–Wien 1990.

N. Calder: Einstein's Universe, London 1979; dt.: Einsteins Universum, übers. v. W. Knapp, Frankfurt 1980.

J. P. Crutchfield – J. D. Farmer – N. H. Packard – R. S. Shaw: Chaos, in Chaos und Fraktale. Spektrum der Wissenschaft, Heidelberg 1989, 8–21.

A. Einstein: Über die spezielle und die allgemeine Relativitätstheorie, Braunschweig 1920.

R. Feynman (R. B. Leighton, M. Sands): The Feynman Lectures on physics, III: Quantum Mechanics, 1965; dt.: Vorlesungen über Physik, Bd. 3: Quantenmechanik, übers. v. H. Wessel, München 1988.

H. Fritzsch: Vom Urknall zum Zerfall. Die Welt zwischen Anfang und Ende, München–Zürich 3(überarb.) 1983.

J. Gribbin: In Search of Schrödinger's Cat. Quantum Physics and Reality, London 1983; dt.: Auf der Suche nach Schrödingers Katze. Quantenphysik und Wirklichkeit, übers. v. F. Griese, München–Zürich 1984.

H. Jürgens – H. O. Peitgen – D. Saupe: Fraktale – eine neue Sprache für komplexe Strukturen, in: Chaos und Fraktale. Spektrum der Wissenschaft, Heidelberg 1989, 106–119.

A. Koestler: The Sleepwalkers; dt.: Die Nachtwandler, übers. v. W. M. Treichlinger, Bern–München–Wien 1959.

J. Pfleiderer (Hrsg.): Ursprung und Zukunft des Weltalls. Pflanzen, Tiere, Menschen; Innsbruck–Frankfurt 1983.

J. Rifkin: Time Wars, 1987; dt.: Uhrwerk Universum. Die Zeit als Grundkonflikt des Menschen, übers. v. M. Huber, München 1988.

L. M. Sander: Fraktales Wachstum, in: Chaos und Fraktale, mit einer Einf. v. H. Jürgens, H.-O. Peitgen und D. Saupe, in: Spektrum der Wissenschaft, Heidelberg 1989, 120–126.

N. Schmidt: Die Evolution von Geist und Gesellschaft. Hoffnung, Chance und Aufgabe, mit einem Vorwort von E. Drewermann, Olten–Freiburg 1991.

V. Sommer: Das schöpferische Spiel, in Geo Wissen, Nr. 2, 7. 5. 1990, 64–70.

10. Belletristik, Malerei und Film

St. Andres: Wir sind Utopia. Novelle; München 1951.

J. Anouilh: Antigone, Paris 1942; dt.: Antigone, übers. v. F. Geiger, München–Wien (Theater Texte) 1971.

L. A. Bawden (Hrsg.): rororo Film Lexikon 4–6, Personen. Regisseure, Schauspieler, Kameraleute, Produzenten, Autoren (The Oxford Companion to Film, London 1976), Luzern–Frankfurt 1977; Hamburg (rororo 6231) 1978, 3 Bde.

G. Bernanos: La Joie; dt.: Die Freude, übers. v. E. Peterich, Frankfurt (Fischer Tb. 476) 1962.

G. Bernanos: Journal d'un Curé de Campagne (1936); dt.: Tagebuch eines Landpfarrers; übers. v. J. Hegner, Köln [11]1966.

W. Borchert: Das Gesamtwerk, Nachw. v. B. Meyer-Marwitz, Hamburg 1949.

B. Brecht: Mutter Courage und ihre Kinder. Eine Chronik aus dem Dreißigjährigen Krieg (1939), Frankfurt 1959.

B. Brecht: Gedichte und Lieder, ausgew. v. P. Suhrkamp, Berlin–Frankfurt 1973.

R. Brooks: Kaltblütig, USA 1967.

G. Büchner: Woyzeck (1850), in: Ges. Werke, hrsg. v. H. Honold, München (Goldmann Tb. 7510) o. J., 141–166.

G. Büchner: Dantons Tod (1835), in: Ges. Werke, hrsg. v. H. Honold, München (Goldmann Tb. 7510) o. J., 7–77.

G. Büchner: Werke und Briefe, Münchner Ausgabe, hrsg. v. K. Pörnbacher, G. Schaub, H.-J. Simm, E. Ziegler, München 1988; München (dtv 2202) 1990.

T. Capote: In cold blood. A true Account of a Multiple Murder and its Consequences, New York 1965; dt.: Kaltblütig. Wahrheitsgemäßer Bericht über einen mehrfachen Mord und seine Folgen, übers. v. K. H. Hansen, Wiesbaden 1966.

M. Claudius: Vom Vaterunser, in: Sämtliche Werke. Gedichte, Prosa, Briefe in Auswahl, hrsg. v. H. Geiger, München o. J. 602–606.

C. Mc Cullough: The Thorn Birds, New York 1977; dt.: Dornenvögel, übers. v. G. Pauske, München 1981, Neudruck: München (Heyne Tb. 5738) 1985.

A. Dante: Göttliche Komödie (La Divina Comedia) (1307–1321), 1472; übers. v. I. u. W. von Wartburg, Zürich 1963.

R. Diederich – R. Grübling (Hrsg.): Picasso. Grafik gegen den Krieg, Berlin 1988.

W. Disney: Die Wüste lebt. Nach dem Film beschrieben v. M. Hausmann, Stuttgart 1955.

F. M. Dostojewskij: Prestuplenie i nakazanie (1866); dt.: Schuld und Sühne. Roman in 6 Teilen und einem Epilog; übers. v. W. Bergengruen; München (Droemer V.) o. J.

F. M. Dostojewskij: Idiot (1868); dt.: Der Idiot; übertr. v. K. Brauner, München (GGTb. 361–362) 1958.

F. M. Dostojewskij: Besy (1872); dt.: Die Dämonen; übers. v. G. Jarcho, München (GGTb. 575–577) 1959.

F. M. Dostojewskij: Podrostok (1875); dt.: Der Jüngling, übers. v. E. K. Rahsin, München 1957; Neudruck: Frankfurt a. M. (Fischer EC 6) 1960, mit einem Nachw. v. A. Naumann.

F. M. Dostojewskij: Bratja Karamazovy (1880); dt.: Die Brüder Karamasoff, übers. v. K. Noetzel, München (GGTb. 478–79; 480–81) 1958.

F. M. Dostojewski: Tagebuch eines Schriftstellers (1873; 1876; 1877; 1888); übers. v. E. K. Rahsin, München 1963.

A. de Saint-Exupéry: La citadelle, 1948; dt.: Die Stadt in der Wüste, übers. v. O. v. Nostiz, in: Ges. Schriften in 3 Bänden, München (dtv 5959) 1978, Bd. 2.

L. Feuchtwanger: Die Söhne, Berlin–Weimar 1960; Neudruck: Frankfurt (Fischer Tb. 5710) 1982.

L. Feuchtwanger: Die Füchse im Weinberg, 3 Bde., Berlin–Weimar 1947–48; Neudruck: Frankfurt (Fischer Tb. 2545–47) 1983; 1. Bd.: Waffen für Amerika; 2. Bd.: Die Allianz; 3. Bd.: Der Preis.

G. FITTKAU: Graham Greene, der Zweifler. Ein Selbstporträt in einer englischen Zeitung, in: Beilage «Theologisches» der «Offertenzeitung», 1990, S. 691–692.

M. FRISCH: Stiller, Frankfurt 1954; Neudruck: Frankfurt (st 105) 1974.

K. GIBRAN: The Prophet, New York 1972; dt.: Der Prophet, übers. v. C. Malignon, Olten–Freiburg 1972.

KH. GIBRAN: Al Arwah almutamarrida, 1908; dt.: Rebellische Geister. Geschichten, übers. aus dem Arabischen v. U. Assaf-Nowak u. S. Y. Assaf, Olten 1986.

K. GIBRAN: Jesus – The Son of Man. His Words and His Deeds As told and recorded By those who knew Him; dt.: Jesus Menschensohn. Seine Worte und Taten, berichtet von Menschen, die Ihn kannten, übers. v. U. Assaf-Nowak, Olten 1988.

A. GIDE: Souvenirs de la Cour d'Assises. Aus dem Schwurgericht, übers. v. U. F. Müller, München 1956.

A. GIDE: Die enge Pforte (1909), übers. aus dem Franz. v. M. Honeit, in: Sämtliche Erzählungen, Stuttgart (Bücher der Neunzehn Bd. 122) 1965, 181–298.

J. L. GODARD: Alphaville, Frankreich 1965.

J. W. VON GOETHE: Die Leiden des jungen Werthers (1773), mit einem Nachwort von E. Beutler, Stuttgart (reclam 67) 1948.

J. W. VON GOETHE: Die Wahlverwandtschaften (1809), mit einem Nachwort von E. Beutler, Stuttgart (reclam 7835) 1956.

J. W. VON GOETHE: Gedichte, komm. v. E. Trunz, München [10]1974.

J. W. VON GOETHE: Faust. Der Tragödie erster und zweiter Teil. Urfaust, hrsg. u. komm. v. E. Trunz, München 1980 (nach: Goethes Werke, Bd. III, Hamburger Ausgabe, textkritisch durchges. v. E. Trunz, 10. Aufl. München 1976).

G. GREENE: A Sort of Life, 1971; dt.: Eine Art Leben, übers. v. M. Felsenreich u. H. W. Polak, Hamburg–Wien 1971; Hamburg (rororo 1671) 1973.

G. GREENE: The Honorary Consul, 1973; dt: Der Honorarkonsul, übers. v. S. Rademacher u. H. W. Polak, Wien–Hamburg 1973; Neudruck: Hamburg (rororo 1911) 1976.

J. GUDIOL: Goya, New York; dt.: Francisco Goya, Köln 1977.

K. H. HANSEN: Go down, Moses. 100 Spirituals und Gospel Songs. Originaltext und deutsche Fassung, ausgew., übertr. u. eingel. v. K. H. Hansen, Hamburg (Furche Stundenbücher 26) 1963.

H. HEINE: Buch der Lieder. Mit der Nachlese zu den Gedichten 1812–1827, in: Sämtl. Schriften, hrsg. v. K. Briegleb, Bd. 1, München [2]1975; Neudruck: München (dtv 2112) 1983.

E. HEMINGWAY: The snows of Kilimanjaro; dt.: Schnee auf dem Kilimandscharo, 6 Stories, übers. v. A. Horschitz-Horst, Hamburg (rororo 413) 1961, 87–130.

H. HESSE: Der Steppenwolf (1955), Frankfurt (sv 226) 1971.

ST. HEYM: The King-David-Report, 1972; dt.: Der König David Report, übers. vom Autor, München 1972; Neudruck: Frankfurt (Fischer Tb. 1508) 1974.

V. HUGO: Les Misérables (1862), dt.: Die Elenden. Szenen und Bilder aus dem Frankreich des 19. Jahrhunderts, übers. v. E. Th. Kauer, München (Goldmann Tb. 975–977) o. J.

N. KAZONTZAKIS: Alexis Sorbas, übers. v. A. Steinmetz, Hamburg 1955; Hamburg (rororo 158) 1988.

S. KHALIFA: AL-Subbár; dt.: Der Feigenkaktus. Roman aus Palästina; aus dem Arabischen übers. u. mit Nachwort vers. v. H. Fähndrich, Zürich 1983.

AKIRA KUROSAWA: Ikiru, Japan 1952.

P. LECALDANO: Goya. Die Schrecken des Krieges (Mailand 1975), aus dem Italien. v. U. Knöller-Seyffarth u. H. Werner, München 1976; Vorw. v. R. Hagelstange.

G. E. LESSING: Gedichte und Fabeln (1777), in: Werke in 2 Bänden, hrsg. v. P. Stapf, Wiesbaden (Vollmer Verl.) o. J., 17–239.

G. E. LESSING: Nathan der Weise (1779), in: Werke in 2 Bänden, hrsg. v. P. Stapf, Wiesbaden (Vollmer Verl.) o. J., I 829–972.

TH. MANN: Joseph und seine Brüder. Roman in 4 Teilen, Stockholm–Amsterdam 1948; Neudruck: Frankfurt–Hamburg (Fischer Tb. 1183, 1184, 1185) 1971.

K. MARTI: O Gott! Essays und Meditationen. Essays und Meditationen, Stuttgart 1986.

G. DE MAUPASSANT: Clair de Lune (1884); dt.: Mondschein, übers. v. W: G. Hartmann, E. Sander u. I. Schauber, in: Gesamtausgabe der Novellen und Romane, Bd. 5: Yvette, München (G Tb. 8564) 1987, 160–165.

G. DE MAUPASSANT: Unsere Engländer, in: Gesamtausgabe der Novellen und Romane, Bd. 5: Yvette, München (G Tb. 8564) 1987, 307–315.

MOLIÈRE: Der Menschenfeind, übers. v. A. Luther, Stuttgart (RUB 394) 1957.

M. NOEL: Notes intimes, Paris; dt.: Erfahrungen mit Gott. Eine Auswahl, übers. v. A. Heitzer, Vorw. v. K. Pfleger, Stuttgart 1961.

G. ORWELL: 1984, übers. v. K. Wagenseil, Zürich [1]1950; Neudruck: Frankfurt–Wien–Berlin (Ullstein Tb. 3253) 1976.

W. PACH: Pierre Auguste Renoir, New York 1928; dt.: Auguste Renoir, übers. v. Dumont-Verlag, Köln 1979, [5]1983.

B. PASTERNAK: Doktor Schiwago, Milano 1957; dt.: Doktor Schiwago, aus dem Russ. übers. v. R. v. Walter, Frankfurt 1958.

D. A. PRATER – V. MICHELS: Stefan Zweig. Leben und Werk im Bild, Frankfurt (it 532) 1981.

A. QUINN: The Original Sin; dt.: Der Kampf mit dem Engel. Eines Mannes Leben, übers. v. H. Hermann, München (GGTb. 3401) 1972.

H. RENNER: Reclams Konzertführer. Orchestermusik, Stuttgart (reclam 7720–31) [8](neu bearb.) 1967.

E. SANDER: Einleitung zur Gesamtausgabe von Maupassants Novellen und Romanen, in: Das Haus Tellier und andere Novellen, München (GTb. 8560) 1986 (Nachdruck der Ausgabe von 1963), 7–50.

F. SCHILLER: Wlhelm Tell (1804), in: Werke in 2 Bänden, hrsg. v. P. Stapf, Wiesbaden (Vollmer V.) o. J., I 1131–1232.

R. SCHNEIDER: Das Vaterunser, in: Das Kreuz in der Zeit. Das Vaterunser. Der Kreuzweg. Die sieben Worte am Kreuz, Freiburg 1947, 7–57.

R. SCHNEIDER: Die dunkle Nacht des Heiligen Johannes vom Kreuz, in: Die dunkle Nacht. Erzählungen, München 1947; Neudruck: Freiburg (Herder Tb. 70), 1960, 11–48.

R. SCHNEIDER: Der Friede der Welt, Wiesbaden 1956.

R. SCHNEIDER: Winter in Wien. Aus meinen Notizbüchern 1957–1958. Mit einer Grabrede von W. Bergengruen, Freiburg–Basel–Wien 1958.

A. SOLSCHENIZYN: Archipel Gulag (Paris 1973), aus dem Russ. v. A. Peturnig u. E. Walter, Hamburg (rororo 12214) 1988.

A. STIFTER: Bunte Steine (1835), in: Sämtliche Werke, 3 Bde., hrsg. v. H. Geiger, Wiesbaden (Vollmer V.) o. J., II 7–278.

R. TAGORE: Gitanjali; dt.: Gitanjali, aus dem Engl. übers. v. G. M. Muncker u. A. Haas; Vorwort von A. Chakravarty, Freiburg 1958.

L. TOLSTOI: Krieg und Frieden. Historischer Roman (1864–69), übers. v. M. Kegel, Zürich 1974.

L. N. TOLSTOI: Wovon die Menschen leben (1881), übers. v. A. Eliasberg, in: Sämtliche Erzählungen, hrsg. v. G. Drohla; 3 Bde., Frankfurt 1961; Bd. II 386–412.

L. TOLSTOI: Die Kreuzersonate (1891), übers. v. A. Luther, in: Sämtliche Erzählungen, 3 Bde., hrsg. v. G. Drohla, Frankfurt 1961, II 697–801.

K. TUCHOLSKY: Zwischen Gestern und Morgen. Eine Auswahl aus seinen Schriften und

Gedichten, hrsg. v. M. Gerold-Tucholsky, Hamburg (rororo 50) 1952.

R. Wallace: Leonardo da Vinci, 1968 (Time Life International); dt.: Leonardo da Vinci und seine Zeit, 1977.

Franz Werfel: Der veruntreute Himmel. Die Geschichte einer Magd, Stockholm 1939; Frankfurt (Fischer Tb. 9) 1952.

H. Wiesler: Wilhelm von Kaulbach (1805–1874): Die Zerstörung Jerusalems durch Titus (1846), in: W. von Bonin (Hrsg.): 100 Meisterwerke aus den großen Museen der Welt, Bd. 3, Köln 1987, 54–59.

St. Zweig: Maria Stuart (1935); Frankfurt 1951; Neudruck: Frankfurt (Fischer Tb. 1714) 1959.

St. Zweig: Das Lamm des Armen (1929), in: Die Dramen, hrsg. u. eingel. v. R. Friedenthal, Frankfurt 1964, 711–758.

S. Zweig: Vierundzwanzig Stunden aus dem Leben einer Frau (Die Verwirrung der Gefühle, Leipzig 1927), in: Meisternovellen, Frankfurt 1970, 265–325.